1月4日 江苏高水平大学建设领导小组(扩大)会议在南京召开,会上东南大学与江苏省教育厅签署一流大学建设高校服务区域发展项目任务书。

1月8日 2018年度国家科学技术奖励大会在北京举行,东南大学共有7个项目获奖,其中作为第一完成单位荣获5项大奖。获奖总数位居全国高校第七,江苏第一。

1月9日　副校长金保晟在无锡分校建校30周年大会上讲话。

1月14日　副校长吴刚在人工智能学院成立仪式上讲话。

1月18日　党委副书记、纪委书记任利剑在主持中共东南大学第十四届代表大会2018年年会暨第八届教职工代表大会第三次全体会议。

1月26日　东南大学中国画研究院成立仪式暨顾伟玺作品《六朝松》捐赠仪式在东大四牌楼校区图书馆举行。

3月8日　中南大学湘雅医院与东南大学附属中大医院战略合作签约仪式在东南大学附属中大医院2号楼会议中心学术报告厅隆重举行。

3月9日　国家863计划5G重大项目在东南大学通过科技部高新司组织验收。

4月1日至2日　校常务副校长王保平一行赴南华县调研定点扶贫工作。

4月12日　东南大学第六十一届学生田径运动会在九龙湖校区体育馆开幕。

4月21日　东南大学党委书记左惟赴云南省南华县调研、参加2019年滇西脱贫攻坚部际联系会暨教育部直属系统扶贫工作推进会。

5月14日　党委副书记刘攀主持东南大学第四届海外青年学者论坛。

5月16日　第三届京都大学生国际创业大赛在日本京都举行。东南大学报送的2个项目"石墨烯'黑金'滤材"和"全息3D智能炫屏"获得两个二等奖的好成绩。

5月26日　第十六届"瑞华杯"江苏省大学生课外学术科技作品竞赛暨"挑战杯"全国竞赛江苏省选拔赛决赛落幕。东南大学六件作品获特等奖,两件作品获一等奖,获特等奖数量及总成绩位列全省第一。

5月28日　副校长丁辉出席2019南京创意设计周。

6月6日　党委书记左惟主持建校117周年庆祝大会。

6月27日　诺贝尔奖获得者、东南大学吴健雄学院名誉院长丁肇中教授一行到东南大学访问并与吴健雄学院学生对话交流。

7月23日　东南大学与华为技术有限公司在南京召开会议，双方将依托该联合实验室在无线通信技术领域开展广泛而深入的长期合作。

8月26日　校长张广军在新生开学典礼上讲话。

8月28日　副校长黄大卫在雄安创新研究院成立仪式上讲话。

8月30日 最高人民检察院检察研究基地授牌仪式暨检察理论工作座谈会在北京举行,东南大学被授予"最高人民检察院民事检察研究基地",副校长周佑勇参加授牌仪式。

9月10日 党委副书记郑家茂主持教师节庆祝大会。

9月25日 "青春为祖国歌唱"——东南大学庆祝中华人民共和国成立70周年大合唱活动在九龙湖校区焦廷标馆举行。

9月28日 在新中国成立70周年之际,"我的南京·我与祖国共奋进"在宁62所高校院所2019级大学新生开学典礼在东南大学九龙湖校区体育馆举行。

10月15日　东南大学在四牌楼校区举行第36次南极科考队员出征暨南极泰山站能源模块("东大极能")启动仪式。

10月21日　常务副校长王保平与英国伯明翰大学校长一行交谈。

12月27日　东南大学"第十四届大学生创新创业成果展示会"在九龙湖校区举行。

12月31日　由东南大学艺术指导中心、大学生艺术团主办的"贰零贰零　不忘初心"——"2019—2020甘廿不忘跨年演唱会"在九龙湖校区体育馆精彩上演。

东南大学年鉴

(2019)

东南大学校长办公室 编

东南大学出版社
SOUTHEAST UNIVERSITY PRESS
·南京·

图书在版编目(CIP)数据

东南大学年鉴.2019/东南大学校长办公室编.—南京：东南大学出版社，2021.12
ISBN 978-7-5766-0027-8

Ⅰ.①东… Ⅱ.①东… Ⅲ.①东南大学－2019－年鉴 Ⅳ.①G649.285.31-54

中国版本图书馆CIP数据核字(2022)第010173号

东南大学出版社出版发行
(南京四牌楼2号 邮编210096)
网　　址：http://www.seupress.com
电子邮件：press@seupress.com

责任编辑：唐　允　装帧设计：企图书装　责任校对：子雪莲　责任印制：周荣虎
全国各地新华书店经销　江苏凤凰数码印务有限公司印刷
开本：889mm×1194mm　1/16　印张：58.75　彩插：14面　字数：1758千字
2021年12月第1版　2021年12月第1次印刷
ISBN 978-7-5766-0027-8
定价：288.00元

本社图书若有印装质量问题，请直接与营销部调换。电话(传真)：025-83791830

编委会

主　　审　冀　民

主　　编　姜平波

副 主 编　赵　光

主要编写人员　（以姓氏笔画为序）

丁　苏　刘海涛　汤咏梅　许启彬　李　昕
李丹凝　李国锦　李建梅　李庭红　杨盈珂
吴　敏　吴　婵　吴明全　张建树　周　林
郑苗苗　赵会泽　郝庆九　胡　娟　贺　庆
夏建春　徐　军　徐继红　高　明　黄红富
董世坤　焦淑琳　舒晓梅　滕　航

目 录

概况 (1)
    学校概况 (1)
    机构与干部 (3)
    党群系统 (3)
        中国共产党东南大学第十四届委员会组成名单 (3)
        中国共产党东南大学纪律检查委员会组成名单 (3)
        东南大学第八届教职工代表大会暨第十五届工会委员会组成人员名单 (3)
        共青团东南大学第二十届委员会名单 (4)
        党群系统机构及干部名单 (4)
        中共东南大学各校区工委、基层党委、党总支、直属党支部及干部名单 (6)
    行政系统 (10)
        校长及校长助理 (10)
        行政机构及干部名单 (10)
        院系及干部名单 (13)
        直(附)属单位及负责人名单 (17)
        各级人大代表、政协委员、民主党派成员、省政府参事任职情况及有关机构设置 (19)
        2019年成立或调整的各类委员会、领导小组名单 (21)

重要文件与讲话 (43)
    中共东南大学委员会2018年工作总结和2019年工作要点 (43)
    中共东南大学委员会2019年上半年工作总结和下半年工作补充要点 (52)
    东南大学2018年工作总结和2019年工作要点 (60)
    东南大学2019年上半年工作总结和下半年工作补充安排 (67)
    勇担新使命　展现新作为
    奋力推进中国特色世界一流大学建设
        ——中共东南大学第十四届代表大会2018年年会工作报告 (73)
    推进一流治理　冲刺一流目标
    奋力打赢中国特色世界一流大学建设第一步攻坚战
        ——中共东南大学第十四届代表大会2019年年会工作报告 (78)
    新使命　新担当　新作为
    在转型发展中加快推进中国特色世界一流大学建设 (85)
    在东南大学"不忘初心、牢记使命"主题教育动员部署会上的讲话 (88)
    坚守初心使命　强化责任担当
    以全面从严治党新成效开创"双一流"建设新局面 (92)

在东南大学纪念五四运动100周年暨2019年五四表彰大会上的讲话 …………………………… (97)
牢记初心使命　勇做领军人才
　　——在东南大学2019级本科生开学典礼上的讲话 ……………………………………… (100)
以奋斗担当使命　以创新引领未来
　　——在东南大学2019级研究生开学典礼上的讲话 ……………………………………… (103)
坚守初心　止于至善
　　——在东南大学2019年本科生毕业典礼暨学位授予仪式上的讲话 …………………… (106)
勇担使命　引领未来
　　——在东南大学2019年研究生毕业典礼暨学位授予仪式上的讲话 …………………… (108)
勇担时代使命　共筑一流梦想
　　——在东南大学建校117周年庆祝大会上的讲话 ………………………………………… (111)
立德树人铸师魂　倾心为国育英才
　　——在2019年庆祝第35个教师节大会上的讲话 ………………………………………… (114)
东南大学差旅费管理办法(修订) ……………………………………………………………… (117)
东南大学促进科技成果转移转化管理办法(暂行) …………………………………………… (123)
东南大学大类招生、培养与管理工作的实施办法(试行) …………………………………… (127)
东南大学定点扶贫工作领导小组办公室工作制度 …………………………………………… (131)
东南大学定点扶贫工作领导小组工作规则 …………………………………………………… (132)
东南大学法制工作管理办法 …………………………………………………………………… (133)
东南大学工会会员日常慰问实施办法 ………………………………………………………… (137)
东南大学国内公务接待核算管理办法 ………………………………………………………… (138)
东南大学合同管理办法 ………………………………………………………………………… (140)
东南大学横向科研项目经费管理办法 ………………………………………………………… (145)
东南大学基本建设、修缮工程竣工结算审计办法 …………………………………………… (148)
东南大学基建工程设计直接委托管理办法 …………………………………………………… (150)
东南大学家庭经济困难学生认定工作办法 …………………………………………………… (151)
东南大学教师岗位聘用聘期考核办法(修订) ………………………………………………… (154)
东南大学教师师德失范行为处理办法(试行) ………………………………………………… (162)
东南大学教职工在职攻读博(硕)士学位管理办法 …………………………………………… (165)
东南大学离退休教职工日常慰问实施办法 …………………………………………………… (167)
东南大学学生勤工助学管理办法 ……………………………………………………………… (168)
中共东南大学委员会关于贯彻落实《2018—2022年全国干部教育培训规划》的实施方案 …… (179)
中共东南大学委员会关于开展"不忘初心、牢记使命"主题教育的实施方案 ……………… (185)

党建与思想政治工作 …………………………………………………………………………… (189)

党风廉政建设与纪检监察工作 ………………………………………………………………… (189)
组织工作 ………………………………………………………………………………………… (190)
宣传思想工作 …………………………………………………………………………………… (193)
安全保卫工作 …………………………………………………………………………………… (196)
统战工作 ………………………………………………………………………………………… (198)
老干部工作 ……………………………………………………………………………………… (201)

工会工作 ··· (203)
　　共青团工作 ·· (205)

本科教育 ·· (209)
　　综述 ··· (209)
　　本科专业设置一览表 ··· (210)
　　2019年医学教学基地名单 ·· (212)
　　2019年国家级大学生创新创业训练计划项目立项信息一览表 ················ (214)
　　2019年江苏省高等学校大学生创新创业训练计划项目立项信息一览表 ···· (227)
　　2019年文化素质教育中心讲座及活动一览表 ······································ (242)
　　2019届本科毕业生名册 ·· (244)
　　2019年校级SRTP结题优秀项目一览表 ·· (259)
　　2019年"课程思政"校级示范课改革试点项目一览表 ····························· (278)
　　2019年东南大学在线开放课程立项建设名单 ······································ (282)
　　2019年校级教学改革与研究立项建设项目一览表 ································ (283)
　　2019年江苏省高等教育教学改革研究课题申报项目汇总表 ··················· (290)

研究生教育 ·· (292)
　　综述 ··· (292)
　　2019年度博士学位研究生招生专业及指导教师 ··································· (294)
　　2019年度硕士学位研究生招生学科、专业 ·· (299)
　　入选江苏省2019年度普通高校研究生科研创新计划项目名单 ··············· (301)
　　入选江苏省2019年度研究生教育教学改革研究与实践课题名单 ············ (306)
　　入选2019年度江苏省企业研究生工作站名单 ····································· (307)
　　2019年度新增博士研究生指导教师名单 ·· (308)
　　2019年度新增硕士研究生指导教师名单 ·· (308)
　　江苏省优秀博士学位论文获奖名单(2019) ·· (310)
　　江苏省2019年度优秀学术型硕士学位论文名单 ··································· (310)
　　江苏省2019年度优秀硕士专业学位论文名单 ······································ (311)
　　2019年博士学位授予名单 ··· (312)
　　2019年学术型硕士学位授予名单 ·· (315)
　　2019年硕士专业学位授予名单 ··· (322)

科技工作 ·· (329)
　　综述 ··· (329)
　　2019年国际合作项目 ··· (336)
　　2018年度重大专项表 ··· (336)
　　2019年江苏省自然科学基金项目表 ·· (336)
　　2019年国防科技活动大事记 ·· (341)
　　2019年国防科技项目 ··· (342)
　　2019年度江苏省前沿引领技术基础研究专项 ······································ (344)

2019年江苏省重点研发计划 ……………………………………………………………… (344)
2019年度国家重点研发计划课题 ………………………………………………………… (345)
2019年国家重点研发计划项目 …………………………………………………………… (347)
2019年国家重点研发计划国际合作项目 ………………………………………………… (348)
2019年国家自然科学基金项目 …………………………………………………………… (348)
2019年度国家科学技术奖奖励项目 ……………………………………………………… (363)
2019年度高等学校科学研究优秀成果奖(科学技术)奖励项目 ………………………… (364)
2019年度江苏省科学技术奖奖励项目 …………………………………………………… (366)
第十一届江苏省专利奖奖励项目 ………………………………………………………… (370)
2019年度其他省部级科学技术奖奖励项目 ……………………………………………… (371)
第四十七届日内瓦国际发明展项目 ……………………………………………………… (371)
2019年度其他科学技术奖 ………………………………………………………………… (372)
2019年东南大学专利授权表 ……………………………………………………………… (382)
2018年被SCI、EI、ISTP、CITA收录论文统计(2019年发布) ………………………… (503)

人文社会科学研究工作 …………………………………………………………………… (504)
综述 …………………………………………………………………………………………… (504)
2019年人文社会科学主要科研统计表 …………………………………………………… (505)

人才与人事工作 …………………………………………………………………………… (510)
综述 …………………………………………………………………………………………… (510)
院士名录 ……………………………………………………………………………………… (512)
"万人计划"专家名单 ………………………………………………………………………… (513)
"青年千人计划"专家名单 …………………………………………………………………… (514)
全国杰出专业技术人才名单 ………………………………………………………………… (515)
人事部"百千万人才工程"入选人员名单 ………………………………………………… (515)
江苏省"333高层次人才培养工程"第五期培养对象名单 ……………………………… (516)
江苏省突出贡献青年专家名单 ……………………………………………………………… (519)
江苏特聘教授名单 …………………………………………………………………………… (519)
2019年东南大学新聘兼职专家一览表 …………………………………………………… (520)
2019年晋升高级专业技术职务人员名单 ………………………………………………… (521)
2019年专任教师年龄情况统计 …………………………………………………………… (527)
2019年专任教师学历情况统计 …………………………………………………………… (527)
博士后科研流动站一览表 …………………………………………………………………… (527)
2019年在站博士后名单 …………………………………………………………………… (530)
2019年博士后获中国博士后科学基金特别资助情况统计表 …………………………… (533)
2019年博士后获中国博士后科学基金面上资助情况统计表 …………………………… (533)
2019年博士后获江苏省博士后科研资助计划资助情况统计表 ………………………… (535)
2019年度中国博士后"香江学者"计划人员名单 ………………………………………… (536)
2019年度中国博士后创新人才支持计划人员名单 ……………………………………… (536)
2019年中国博士后国际交流计划引进项目人员名单 …………………………………… (536)
2019年调入引进人员名单 ………………………………………………………………… (536)

2019年离校人员名单 …………………………………………………………………… (537)
　　2019年退休人员名单 …………………………………………………………………… (537)
　　2019年死亡人员名单 …………………………………………………………………… (538)
　　2019年岗位晋级通过人员名单 ………………………………………………………… (539)

国际交流合作与港澳台合作 ……………………………………………………………… (543)
　　综述 ………………………………………………………………………………………… (543)
　　2019年与国(境)外高等院校及科研机构合作交流一览表 …………………………… (545)
　　2019年授予国外学者名誉教授、客座教授和名誉顾问名单 ………………………… (549)
　　2019年举办国际会议/两岸会议情况 …………………………………………………… (551)
　　2019年华英文化教育基金会推荐资助"华英学者"出国研究一览表 ………………… (552)
　　2019年华英文化教育基金会奖助回国教学访问学者一览表 ………………………… (554)

学科建设与发展规划工作 ………………………………………………………………… (555)
　　综述 ………………………………………………………………………………………… (555)

学生工作 …………………………………………………………………………………… (556)
　　综述 ………………………………………………………………………………………… (556)

实验室建设与设备管理 …………………………………………………………………… (563)
　　综述 ………………………………………………………………………………………… (563)
　　2018—2019年度实验室基本情况表 …………………………………………………… (566)
　　2018—2019年度东南大学教学科研仪器设备统计表 ………………………………… (573)

财务与审计工作 …………………………………………………………………………… (575)
　　财务工作 …………………………………………………………………………………… (575)
　　审计工作 …………………………………………………………………………………… (582)

继续教育 …………………………………………………………………………………… (585)
　　2019年工作综述 ………………………………………………………………………… (585)
　　2019年远程教育专业设置一览表 ……………………………………………………… (587)
　　2019年远程教育毕业学生人数统计表 ………………………………………………… (588)
　　2019年成人高等教育专业设置一览表 ………………………………………………… (629)
　　2019年成人教育学生人数统计表 ……………………………………………………… (629)
　　2019年远程教育高起专毕业生名单(春季) …………………………………………… (629)
　　2019年远程教育专升本毕业生名单(春季) …………………………………………… (630)
　　2019年远程教育高起专毕业生名单(夏季) …………………………………………… (631)
　　2019年远程教育专升本毕业生名单(夏季) …………………………………………… (631)
　　2019年成人教育业余专升本毕业生名单 ……………………………………………… (633)
　　2019年成人教育函授专升本毕业生名单 ……………………………………………… (654)

教学科研服务工作 ………………………………………………………………………… (656)
　　2019年图书馆工作综述 ………………………………………………………………… (656)

2019年图书馆事实数据 …… (659)
2019年档案馆工作综述 …… (660)
2019年出版社工作综述 …… (661)
2019年学报(自然科学版)工作综述 …… (662)
2019年学报(哲学社会科学版)工作综述 …… (663)
2019年学报(医学版)工作综述 …… (664)
2019年网络与信息中心工作综述 …… (664)

后勤管理与基本建设工作 …… (666)
2019年总务处工作综述 …… (666)
2019年基本建设处工作综述 …… (670)

医疗卫生工作 …… (672)
2019年东南大学中大医院工作综述 …… (672)
2019年东南大学医院工作综述 …… (676)

资产经营与管理工作 …… (681)
综述 …… (681)

合作共建与校友会工作 …… (684)
2019年基金会工作综述 …… (684)
2019年东南大学教育基金会奖助项目设置一览表 …… (685)
2019年校友会工作综述 …… (690)

校区与院系及其他 …… (692)
丁家桥校区 …… (692)
建筑学院 …… (693)
机械工程学院 …… (695)
能源与环境学院 …… (697)
信息科学与工程学院 …… (700)
土木工程学院 …… (703)
电子科学与工程学院、微电子学院 …… (707)
数学学院 …… (712)
自动化学院 …… (713)
计算机科学与工程学院、软件学院、人工智能学院 …… (716)
物理学院 …… (719)
生物科学与医学工程学院 …… (723)
材料科学与工程学院 …… (725)
人文学院 …… (728)
艺术学院 …… (731)
法学院 …… (736)
经济管理学院 …… (739)
电气工程学院 …… (742)

外国语学院 …………………………………………………………………………………… (745)
　　体育系 ……………………………………………………………………………………… (747)
　　化学化工学院 ………………………………………………………………………………… (760)
　　交通学院 …………………………………………………………………………………… (761)
　　仪器科学与工程学院 ………………………………………………………………………… (767)
　　医学院 ……………………………………………………………………………………… (771)
　　公共卫生学院 ………………………………………………………………………………… (775)
　　马克思主义学院 ……………………………………………………………………………… (777)
　　吴健雄学院 ………………………………………………………………………………… (780)
　　海外教育学院 ………………………………………………………………………………… (783)
　　东南大学无锡分校 …………………………………………………………………………… (786)
　　东南大学成贤学院 …………………………………………………………………………… (787)
　　东南大学苏州校区 …………………………………………………………………………… (791)
　　东南大学建筑研究所 ………………………………………………………………………… (793)
　　智能运输系统(ITS)研究中心 ………………………………………………………………… (793)
　　生命科学与技术学院 ………………………………………………………………………… (794)

奖励与表彰 ……………………………………………………………………………………… (798)
　　2019年获上级表彰的先进集体、先进个人名单 …………………………………………… (798)
　　东南大学校级荣誉名单 ……………………………………………………………………… (801)
　　2018—2019学年学习优秀生名单 …………………………………………………………… (806)
　　2020届本科毕业生免试攻读研究生推荐名单 ……………………………………………… (812)
　　2015级七年制生物医学工程专业本硕连读学生名单 ……………………………………… (820)
　　2014级七年制临床医学专业本硕连读学生名单 …………………………………………… (821)
　　2018年东南大学江苏省优秀本科毕业设计(论文)获奖名单 ……………………………… (821)
　　2019届校级优秀毕业设计(论文)名单 ……………………………………………………… (823)
　　2019年第七届大学生学术报告会"优秀报告" ……………………………………………… (827)
　　2019年第七届大学生学术报告会"十佳报告" ……………………………………………… (831)
　　2018—2019学年三好研究生名单 …………………………………………………………… (832)
　　2018—2019学年优秀研究生干部名单 ……………………………………………………… (841)
　　2018—2019学年研究生先进班级名单 ……………………………………………………… (846)
　　2019届优秀硕士毕业生名单 ………………………………………………………………… (847)
　　2018—2019学年江苏省优秀学生干部、三好学生和先进班集体名单 …………………… (851)
　　2018—2019学年本科生先进班集体、三好学生标兵、优秀学生干部、三好学生表彰名单 …… (853)
　　2019届本科优秀毕业生名单 ………………………………………………………………… (860)
　　2018—2019学年东南大学获国家奖学金学生名单 ………………………………………… (862)
　　2018—2019学年校长奖学金表彰名单 ……………………………………………………… (878)
　　2018—2019学年奖教金、奖学金获奖名单 ………………………………………………… (880)
　　2019届到基层就业的本科生表彰名单 ……………………………………………………… (914)
　　2019届最具影响力毕业生表彰名单 ………………………………………………………… (919)

大事记 …………………………………………………………………………………………… (920)

概　　况

学　校　概　况

东南大学坐落于六朝古都南京，是享誉海内外的著名高等学府。学校是国家教育部直属并与江苏省共建的全国重点大学，是国家"985工程"和"211工程"重点建设大学之一。2017年，东南大学入选世界一流大学建设A类高校名单。

东南大学是一所历史悠久、底蕴深厚的大学。学校创建于1902年的三江师范学堂，后历经两江师范学堂、南京高等师范学校、国立东南大学、国立中央大学等重要发展时期。1952年全国高校院系调整，学校文理等科迁出，以原国立中央大学工学院为主体，先后并入复旦大学、交通大学、浙江大学、金陵大学等校的有关系科，在国立中央大学本部原址建立了南京工学院。1988年5月，学校复更名为东南大学。2000年4月，原东南大学、南京铁道医学院、南京交通高等专科学校合并，南京地质学校并入，组建新的东南大学。在近120年的办学历程中，东南大学始终心怀天下、心系祖国，为科学进步、民族复兴而自强不息、追求卓越，逐步形成了"严谨、求实、团结、奋进"的优良校风和"以科学名世、以人才报国"的办学理念，铸就了"止于至善"的校训精神。

东南大学现有34个院系、83个本科专业，有34个博士学位一级学科授权点，48个硕士学位一级学科授权点。有全日制在校生36 277人，其中本科生16 200人，研究生20 077人；在校留学生1 966人，其中学历留学生1 523人。学校建有四牌楼、九龙湖、丁家桥等校区，占地面积392.53万平方米，其中九龙湖校区250.16万平方米，总建筑面积约78.97万平方米。学校图书馆面积6.69万平方米，藏有各类图书资料445万册。学校还设有无锡分校和苏州校区。

东南大学是一所以工科为主要特色的综合性、研究型大学，涵盖哲学、经济学、法学、教育学、文学、理学、工学、医学、管理学、艺术学等多个学科。学校11个学科入选国家"双一流"建设学科名单、5个学科在第四轮学科评估中获得A＋，两者均列全国第八位；12个学科进入ESI世界前1%，其中工程学列20位、计算机科学列16位，这两个学科均进入ESI世界前1‰。学校共有3个国家重点实验室，4个国家工程研究中心，2个国家工程技术研究中心，1个国家专业实验室，11个教育部重点实验室，7个教育部工程研究中心，33个博士后科研流动站，1个国家级文科智库，以及2个江苏省重点高端智库。

东南大学拥有一支高水平的师资队伍。学校现有专任教师2 991人，其中具有博士学位的教师2 569人，正、副高级职称教师2 021人；博士研究生指导教师1 071人，硕士研究生指导教师2 166人。

有两院院士12人,欧洲科学院院士1人,国务院学位委员会第七届学科评议组成员13人,国家"万人计划"专家37人,国家级教学名师奖获得者6人,"万人计划"教学名师5人,"长江学者奖励计划"教授63人,国家杰出青年科学基金获得者50人,人事部"百千万人才工程"国家级人选25人,全国十大青年法学家2人。东南大学正深化人才强校战略,大力推进"高端师资倍增计划",加快建设一流师资队伍。

东南大学教育教学声誉卓著。学校始终把人才培养作为办学的根本任务,一个多世纪以来,为国家和社会培养了35万各类优秀人才,涌现了一大批建功立业的精英翘楚,在东南大学工作或学习过的两院院士达200多位。学校是首批国家级创新创业教育改革示范高校,教育部首批"三全育人"综合改革试点高校。共有20个专业入选国家级一流本科专业建设点,5个专业入选国家级综合改革试点项目,23个专业入选国家特色专业建设点,有36门首批国家级精品资源共享课、11门国家精品在线开放课程、5个国家虚拟仿真实验教学项目、8个国家级实验教学示范中心及建设点、3个国家级虚拟仿真实验教学中心。2018年,50人次入选新一届全国教学指导委员会委员,其中主任委员3人次、副主任委员10人次。学校建有12个国家级人才培养模式创新实验区,12个国家级工程实践教育中心,11个团队入选国家级教学创新团队。东南大学连续四届(每四年一届)获得国家级教学成果一等奖,其中2018年获国家级教学成果奖9项,并列全国高校第三位。东南大学在新时代坚持立德树人,继承优良传统、与时俱进超越,重塑人才培养目标,努力造就具有家国情怀和国际视野、担当引领未来和造福人类的领军人才。

东南大学是我国科学技术研究与辐射的重要基地。学校坚持产学研结合,2019年科研经费到款28.3亿元,申请发明专利3 001件,发明专利授权1 783件,申请PCT专利105件,其中发明专利授权量位列全国第三位。SCI、EI论文收录均列全国高校前列。2011—2019年,学校共牵头获得国家级科技奖项31项,其中2011年获国家技术发明一等奖1项、2014年获国家科技进步一等奖1项。近年来,学校参与了"探月计划"、"三峡工程"、"500米口径射电望远镜"、北京副中心、港珠澳大桥、高铁技术、南极科考、南海造岛、无线充电等国家重大工程。近五年共牵头获教育部高校人文社会科学优秀成果奖20项。当前,东南大学正着力打造高水平科技创新格局,以更好服务国家重大发展战略。

东南大学是我国国际交流与合作最为活跃的高校之一。学校已与美国麻省理工学院、加州大学伯克利分校、马里兰大学,加拿大不列颠哥伦比亚大学,英国剑桥大学、帝国理工大学、利兹大学,瑞士苏黎世理工学院,瑞典皇家理工学院,德国慕尼黑工业大学,比利时鲁汶大学,爱尔兰都柏林圣三一学院,澳大利亚蒙纳士大学,日本东京工业大学等众多世界一流大学和高水平研究机构紧密合作交流关系。特别是2017年,东南大学发起成立了"中英大学工程教育与研究联盟",该联盟是中国与英国合作建立的第一个以工程教育与研究为特色的大学联盟,贝尔法斯特女王大学、伯明翰大学、剑桥大学、卡迪夫大学、利兹大学、利物浦大学、伦敦大学学院、诺丁汉大学和华威大学等9所英国著名高校加入联盟。学校还与澳大利亚蒙纳士大学合作建立了东南大学—蒙纳士大学苏州联合研究生院,是教育部批准的第一个中外联合研究生院;与法国雷恩一大合作建立了东南大学—雷恩一大研究生学院。东南大学正以"全球高端、实质合作、引领发展"为方向,加快形成全方位、有重点、多层次、宽领域、高水平的国际交流合作格局。

迈进新时代,阔步新征程。今日的东南大学,将坚持以习近平新时代中国特色社会主义思想为指导,秉承和践行"止于至善"校训,树立一流意识、围绕一流目标、贯彻一流标准,坚持瞄准前沿、服务战略、师生为本、人才为先,推进多学科融合、理工文医综合、产学研结合、国际化联合,全面深化综合改革,努力实现人才培养、科学研究、师资队伍、国际合作等方面的重大突破,争取早日建成具有鲜明中国特色、东大气质、人民满意的世界一流大学,为实现中华民族伟大复兴、促进人类文明发展进步作出卓越贡献。

机构与干部

党群系统

中国共产党东南大学第十四届委员会组成名单

书　　记　左　惟
常务副书记
副 书 记　张广军　郑家茂　任利剑
常务委员　(以姓氏笔画为序)
　　　　　丁　辉　王保平　左　惟　仲伟俊　任利剑　刘　攀(2019.01—)　李　鑫　吴　刚
　　　　　张广军　金保昇　周佑勇(—2019.11)　郑家茂　黄大卫
委　　员　(以姓氏笔画为序)
　　　　　丁　辉　王　炜　王保平　毛惠西　左　惟　冯建明　仲伟俊　任卫时　任利剑
　　　　　刘　攀(2019.01—)　刘乃丰　孙岳明　李　鑫　李久贤　吴　刚　张广军　陆　挺
　　　　　陆祖宏　金保昇　周佑勇(—2019.11)　郑家茂　钟文琪　袁久红　顾忠泽　郭小明
　　　　　黄大卫　雷　威

中国共产党东南大学纪律检查委员会组成名单

书　　记　任利剑
副 书 记　吴荣顺
委　　员　(以姓氏笔画为序)
　　　　　王　军　朱小良　任利剑　任祖平　华为国　刘　静　李　涛　吴荣顺　孟　红
　　　　　赵林度　秦　霞　冀　民

东南大学第八届教职工代表大会暨第十五届工会委员会组成人员名单

一、东南大学第八届教职工代表大会执行委员会委员(25名,按姓氏笔画为序)
　　　　　卫平民　王承慧　刘　攀　刘乃丰　任卫时
　　　　　任利剑　华为国　仲伟俊　孙伟锋　汤勇明
　　　　　张　宇　张建琼　张福保　李久贤　李新德
　　　　　周　勇　周建成　范　斌　封卫东　钱　华
　　　　　郭小明　贾民平　曹玖新　董　帅　童小东

二、东南大学第十五届工会委员会委员(31名,按姓氏笔画为序)

马民华　凤启龙　王萃寒　吕　霞　任卫时
华为国　江伟新　刘建利　李　涛(人文学院)
李　晶　吴　娟　时　斌　陆　海　陈　坚
陈金喜　张立武　张翠英　张赛娟　邰扣霞
邱振清　姚红红　赵嘉宁　秦文虎　高庆华
黄　鹏　符影杰　蒋明霞　董梅芳　蔡国军
董世坤　董世坤

共青团东南大学第二十届委员会名单

一、共青团东南大学第二十届委员会委员
　　王婧菲(女)、史红叶(女)、付林、吉鑫、李鑫(女)、杨文燮、邱峰、张琰(女)、林琼(女)、罗磊、罗澍、钮长慧(女)、钱怡君(女)、尉思懿(女)
二、共青团东南大学第二十届委员会常务委员会委员
　　王婧菲(女)、杨文燮、邱峰、张琰(女)、罗澍、钱怡君(女)
三、共青团东南大学委员会第二十委员会书记、副书记
　　副书记(主持工作)　杨文燮
　　副书记　邱峰、张琰(女)
　　副书记(学生兼职)　陈佳龙、魏鑫

党群系统机构及干部名单

党委办公室
　　主　任　冯建明
　　副主任　周　虹(兼)　李昭昊　李黎藜(兼)

党委统战部
　　部　长　冯建明
　　副部长　周　虹(兼)　李黎藜

党委发展规划与学科建设部
　　部　长　钟文琪
　　副部长　张　胤　郭　彤(—2019.03)

党校
　　校　长　左　惟(兼)
　　副校长　朱小良(兼)

社会主义学院
　　院　长　左　惟(兼)

副 院 长 朱小良(兼)

党委组织部
    部　　　长　刘 攀(兼)(2019.02—)
    常务副部长　朱小良
    副 部 长　邢纪红(—2019.07)　潘勇涛(2019.07—)
    组 织 员　陆 玲　李庭红　施春陵

党委宣传部
    部　　　长　顾永红
    副 部 长　李小男　宋晓燕(2019.07—)
    东南大学报主编　宋业春

党委教师工作部
    部　　　长　汤勇明(2019.12—)
    副 部 长　顾建新　江雪华(—2019.12)　赵松立(2019.12—)

纪委办公室
    主　　　任　吴荣顺(兼)
    副 主 任　夏建春(2019.07—)
    纪 检 员　李 瑛(兼)　夏建春(—2019.07)　李冬梅　陈 波

党委巡察工作办公室
    主　　　任　吴荣顺(兼)
    副 主 任　李 瑛(兼)

党委学生工作部
    部　　　长　孙莉玲(—2019.03)　秦 霞(2019.03—)
    副 部 长　张晓坚(—2019.12)
    心理健康教育中心主任　孙莉玲(兼)(—2019.03)　秦 霞(兼)(2019.03—)

人民武装部
    部　　　长　孙莉玲(兼)(—2019.03)　秦 霞(兼)(2019.03—)

党委研究生工作部
    部　　　长　钟文琪(—2019.03)
    副 部 长　赵松立(—2019.12)　张晓坚(2019.12—)

党委保卫部
    部　　　长　华为国
    副 部 长　吴 扬(兼)　刘培高(兼)　李建平(兼)

党委老干部处
　　处　　长　张俊琴
　　副 处 长　胡建人
　　丁家桥校区办公室主任　胡建人(兼)

工　会
　　主　　席　李　鑫
　　副 主 席　张赛娟　陆　海
　　兼职副主席　吴国新(—2019.11)　贾民平(—2019.11)

团　委
　　书　　记
　　副 书 记　杨文燮(主持工作)　邱　峰　张　琰
　　大学生艺术指导中心主任　洪海军

中共东南大学各校区
工委、基层党委、党总支、直属党支部及干部名单

丁家桥校区党工委
　　书　　记　张立武
　　副 书 记　刘晓芸

后勤党工委
　　书　　记　何　林
　　副 书 记　邱佳川

产业党工委
　　书　　记　米永强
　　副 书 记　王松林　刘国兴(兼,无行政级别)　潘久松(兼,无行政级别)
　　　　　　　高　嵩(兼,无行政级别,2019.10—)

建筑学院党委
　　书　　记　冷嘉伟
　　副 书 记　李向锋(—2019.12)　张豪裕(2019.12—)

机械工程学院党委
　　书　　记　张志胜
　　副 书 记　王　斌

能源与环境学院党委
　　书　　记　蔡　亮
　　副　书　记　司风琪

信息科学与工程学院党委
　　书　　记　李久贤
　　副　书　记　孙　威

土木工程学院党委
　　书　　记　刘　静
　　副　书　记　张豪裕(—2019.12)

电子科学与工程学院、微电子学院党委
　　书　　记　汤勇明(—2019.12)
　　副　书　记　宋晓燕(—2019.07)　江雪华(2019.12—)

数学学院党委
　　书　　记　吴映红
　　副　书　记　曹海燕

自动化学院党委
　　书　　记　袁晓辉
　　副　书　记　金立左(—2019.12)

计算机科学与工程学院、软件学院党委(—2019.04)
　　书　　记
　　副　书　记　裴　峰(—2019.04)

计算机科学与工程学院、软件学院、人工智能学院党委(2019.04—)
　　书　　记　杨　蕙(2019.04—)
　　副　书　记　裴　峰(2019.04—)

物理学院党委
　　书　　记　王勇刚
　　副　书　记　潘勇涛(—2019.07)　徐　进(2019.12—)

生物科学与医学工程学院党委
　　书　　记　洪宗训
　　副　书　记　周　平

材料科学与工程学院党委
　　书　　记　杨树东

副 书 记 李 磊

人文学院党委
    书 记 李 涛
    副 书 记 何 熠

经济管理学院党委
    书 记 仲伟俊
    副 书 记 祝 虹（—2019.12）

电气工程学院党委
    书 记 顾永红（—2019.04） 米永强（2019.04—）
    副 书 记 杨 蕙（—2019.04） 付小鸥（2019.05—）

外国语学院党委
    书 记 马 强
    副 书 记 汤顶华

化学化工学院党委
    书 记 蒋 波（—2019.08） 孙岳明（2019.08—）
    副 书 记 陆 娟

交通学院党委
    书 记 秦 霞（—2019.05） 陈 怡（2019.05—）
    副 书 记 陈 怡（—2019.05）

仪器科学与工程学院党委
    书 记 王 军
    副 书 记 张 力（—2019.01） 丁小丽（2019.05—）

艺术学院党委
    书 记 赵天为
    副 书 记 袁 琴

法学院党委
    书 记 毛惠西
    副 书 记 高 歌（—2019.12）

医学院党委
    书 记 谭东伟
    副 书 记 周明阳（2019.05—）

公共卫生学院党委
  书 记 李 涛
  副 书 记 凤启龙

马克思主义学院党委
  书 记 袁健红

网络空间安全学院党委
  书 记 施 畅
  副 书 记 张 璐

无锡分校党委
  书 记 王 强（2019.03—）
  副 书 记 殷 璎

校机关党委
  书 记 吴 娟

苏州研究院党委（—2019.12）
  书 记 顾 芳（—2019.12）
  副 书 记 于向军（—2019.12）

苏州校区党委（2019.12—）
  书 记 顾 芳（2019.12—）
  副 书 记 祝 虹（2019.12—）

中大医院党委
  书 记 郭小明
  副 书 记 李吉海（—2019.07） 邱海波（2019.07—）
  中大医院纪委书记 李吉海（—2019.07） 邱海波（2019.07—）

成贤学院党委
  书 记 徐 悦（—2019.04） 邢纪红（2019.04—）
  副 书 记 王 荣

继续教育学院党委
  书 记 徐 悦

离休干部党委
  书 记 钱炳昌
  副 书 记 张 楠 殷 立

丁家桥校区离休干部党委
  书　　记　方明宇
  副 书 记　付逊芳　胡建人(兼)

体育系党总支
  书　　记　王　强(—2019.03)　蒋　波(2019.08—)

吴健雄学院党总支
  书　　记　陆　挺
  副 书 记　钟　辉

图书馆党总支
  书　　记　黄松莺(—2019.03)　孙莉玲(2019.03—)

东南大学医院直属党支部
  书　　记　李向阳(—2019.03)　钱杰生(2019.03—)

生命科学研究院直属党支部
  书　　记　邱振清

行 政 系 统

校长及校长助理

  校　　　长　张广军
  常务副校长　王保平
  副 校 长　黄大卫　吴　刚(2019.04起挂职共青团中央书记处书记两年)　金保昇
       周佑勇(—2019.11)　刘　攀(2019.01—)　丁　辉(2019.11—)
  总 会 计 师　丁　辉(—2019.11)
  校 长 助 理　刘乃丰　任祖平(2019.03—)　钟文琪(2019.03—)

行政机构及干部名单

校长办公室
  主　　任　冀　民
  副 主 任　姜平波　赵会泽　单　良(2019.07—)
  合作共建办公室主任　冀　民(兼)

国际合作处(港澳台办公室)
  处　　　长　叶智锐
  副　处　长　许克琪　段伦博(2019.03—)
  兼职副处长　李启明(—2019.11)
  港澳台办公室主任　叶智锐
      副主任　许克琪(兼)　段伦博(兼)(2019.03—)

研究生院
  院　　　长　金保昇(兼)
  常务副院长　钟文琪(—2019.03)　金　石(2019.03—)
  副　院　长　袁榴娣
  兼职副院长　王修信(—2019.11)　董寅生(—2019.11)　苟少华(—2019.11)
  研究生招生办公室主任　宛　敏
  研究生培养办公室主任　陆　建(2019.09—)
  兼职副主任　舒华忠(兼)(—2019.11)
  学位办公室主任　吴在军(2019.01—)
  研究生管理办公室主任　赵松立(兼)(—2019.12)　张晓坚(兼)(2019.12—)

教务处
  处　　　长　孙伟锋
  副　处　长　朱　明(—2019.09)　王栓宏　吴　涓　沈孝兵　张　力(2019.03—)
      陆金钰(2019.11—)
  兼职副处长　丁德胜(兼)(—2019.11)　梅姝娥(兼)(—2019.11)
  教育技术中心主任　姜昌金

科研院
  院　　　长　吴　刚(兼)
  常务副院长　孙岳明
  副　院　长　张晓兵
  基础研究与海外合作办公室主任　刘　磊
  先进技术与装备办公室主任
  应用技术办公室主任　郝勇生
  高新技术与社会发展办公室主任　刘　威
  基地与协同创新办公室主任　蒋金洋
  科研成果与基地管理办公室主任　方　红
  国防科学技术院(先进技术与装备院)院长　张晓兵(兼)
  应用技术院院长　孙岳明(兼)
  副　院　长　郝勇生(兼)

人事处
  处　　　长　王景全
  副　处　长　刘明芬(—2019.11)　吴凌尧

兼职副处长　孙子林(兼)(—2019.11)

学生处
　　处　　长　孙莉玲(—2019.03)　秦　霞(2019.03—)
　　副 处 长　蔡　亮(—2019.01)　宋健刚　徐　进(—2019.12)　张　力(2019.01—2019.03)

保卫处
　　处　　长　华为国
　　副 处 长　吴　扬　刘培高(兼)　李建平

财务处
　　处　　长　任卫时
　　副 处 长　张晓红　孙红霞　刘　岚　王绍灵(兼)　张慧丽
　　校园一卡通管理中心主任　高　进
　　采购中心主任　王绍灵

审计处
　　处　　长　李智敏
　　副 处 长　陈　晴
　　兼职副处长　周　勤(兼)(—2019.11)

监察处
　　处　　长　吴荣顺
　　副 处 长　李　瑛　李吉海(2019.07—)
　　监 察 员　夏建春(—2019.07)　李冬梅　陈　波

总务处
　　处　　长　任祖平
　　副 处 长　章荣琦　周建华　沈建辉　丁　乐　刘润　王　亮(兼)

发展规划与学科建设处("双一流"建设办公室)
　　处　　长(主　任)　钟文琪
　　副 处 长(副主任)　张　胤　郭　彤(—2019.03)
　　学科建设办公室兼职副主任　张为公(兼)(—2019.11)

社会科学处
　　处　　长
　　副 处 长　甘　锋

资产经营管理处
　　处　　长　江汉
　　副 处 长　过秀成　单　良(—2019.07)　李成明(2019.09—)

实验室与设备管理处
  处　　　长　熊宏齐
  副 处 长　刘加彬　王继刚

发展委员会
  主　　　任　周佑勇(兼)(—2019.12)　黄大卫(兼)(2019.12—)
  常务副主任　金志军
  副 　主 　任　姚志彪　芮振华

基本建设处
  处　　　长　李维滨(—2019.11)　米永强(2019.11—)
  副 处 长　汤磊　尤鋆

保密办公室
  主　　　任　吴刚(兼)
  常务副主任　孙岳明(兼)
  副 　主 　任　周虹　陈镭

丁家桥校区管理委员会
  主　　　任　张立武
  党政办公室主任　刘晓芸(兼)
  保卫办公室主任　刘培高
  后勤办公室主任　王亮

四牌楼校区管理委员会
  主　　　任　梁书亭
  副 　主 　任　李爽

网络与信息中心
  主　　　任　费庆国
  副 　主 　任　王健

苏州校区管理委员会
  主　　　任　郑建勇
  副 　主 　任　于向军(2019.12—)

院系及干部名单

建筑学院
  院　　　长　韩冬青(—2019.05)　张彤(2019.05—)

副　院　长　石　邢(—2019.05)　葛　明　张　彤(—2019.05)　孙世界(—2019.12)
　　　　　　鲍　莉　李向锋(兼)(—2019.12)　朱　渊(2019.05—)　江　泓(2019.05—)
　　　　　　李向锋(2019.12—)　张豪裕(兼)(2019.12—)

机械工程学院
　　院　　　长　倪中华
　　副　院　长　陈云飞(—2019.05)　孙蓓蓓(—2019.05)　殷国栋　王　斌(兼)
　　　　　　　　毕可东(2019.05—)　陈　震(2019.05—)
　　工业发展与培训中心主任　张远明(—2019.09)

能源与环境学院
　　院　　　长　肖　睿
　　副　院　长　黄亚继(—2019.05)　朱光灿　李舒宏　许传龙　梁　财　司风琪(兼)
　　　　　　　　张会岩(2019.05—)

信息科学与工程学院
　　院　　　长　陆　军(兼职)
　　执　行　院　长　张在琛
　　副　院　长　高西奇(—2019.05)　黄永明　陆卫兵(—2019.05)　王　蓉　孙　威(兼)
　　　　　　　　蒋之浩(2019.05—)　蒋卫祥(2019.05—)

土木工程学院
　　院　　　长　王景全(—2019.12)
　　副　院　长　李　霞(主持工作,2019.12—)　舒赣平(—2019.05)　黄　镇　张　建
　　　　　　　　陆金钰(—2019.11)　张豪裕(兼)(—2019.12)　李德智(2019.05—)

电子科学与工程学院、微电子学院
　　院　　　长　孙立涛
　　副　院　长　王著元　仲雪飞(—2019.05)　徐　申　宋晓燕(兼)(—2019.07)
　　　　　　　　吴　俊(2019.05—)　贺龙兵(2019.05—)

数学学院
　　院　　　长　曹进德
　　副　院　长　陈文彦(—2019.05)　虞文武　李玉祥(—2019.05)　曹海燕(兼)
　　　　　　　　王小六(2019.05—)　曹婉容(2019.05—)

自动化学院
　　院　　　长　魏海坤(—2019.06)　费爱国(兼职)(2019.06—)
　　执　行　院　长　魏海坤(2019.06—)
　　副　院　长　李世华　金立左(兼)(—2019.12)　张　亚(2019.05—)　金立左(2019.12—)

计算机科学与工程学院、软件学院
　　院　　　长　罗军舟(—2019.06)　耿　新(2019.06—)
　　副 院 长　舒华忠(—2019.06)　耿　新(—2019.06)　李　伟　董永强　裴　锋(兼)
　　　　　　　杨绍富(2019.06—)　杨冠羽(2019.06—)

人工智能学院
　　院　　　长　芮　勇(兼职)
　　执 行 院 长　罗军舟(2019.03—2019.06)　耿　新(2019.06—)
　　副 院 长　舒华忠(2019.03—2019.06)　耿　新(2019.03—2019.06)　李　伟(2019.03—)
　　　　　　　董永强(2019.03—)　裴　锋(兼)(2019.03—)　杨绍富(2019.06—)
　　　　　　　杨冠羽(2019.06—)

物理学院
　　院　　　长　杨永宏(—2019.05)　倪振华(2019.05—)
　　副 院 长　戴玉蓉(—2019.05)　潘勇涛(兼)(—2019.07)　邱　腾　倪振华(—2019.05)
　　　　　　　陈殿勇(2019.05—)　董　帅(2019.05—)　徐　进(兼)(2019.12—)

生物科学与医学工程学院
　　院　　　长　顾忠泽
　　副 院 长　徐春祥(—2019.05)　谢建明(—2019.05)　赵祥伟　周　平(兼)
　　　　　　　张　宇(2019.05—)　涂　景(2019.05—)

材料科学与工程学院
　　院　　　长　薛　烽(—2019.05)　孙正明(2019.05—)
　　副 院 长　张亚梅(—2019.05)　沈宝龙(—2019.05)　储成林　李　磊(兼)
　　　　　　　郭丽萍(2019.05—)　陶　立(2019.05—)

人文学院
　　院　　　长　王　珏
　　副 院 长　乔光辉　王　兵(—2019.05)　邵永生(—2019.05)　何　熠(兼)
　　　　　　　洪岩璧(2019.05—)　夏保华(2019.05—)

经济管理学院
　　院　　　长　赵林度(—2019.06)
　　副 院 长　张玉林　舒　嘉　祝　虹(兼)(—2019.12)　吕鸿江(2019.06—)
　　　　　　　浦正宁(2019.06—)

电气工程学院
　　院　　　长　赵剑锋
　　副 院 长　吴在军(—2019.01)　高　山(—2019.05)　黄允凯　杨　蕙(兼)(—2019.04)
　　　　　　　徐青山(2019.05—)　顾　伟(2019.05—)　付小鸥(兼)(2019.05—)

外国语学院
　　院　　　长　陈美华
　　副　院　长　刘克华　马冬梅(—2019.05)　朱善华(—2019.05)　汤顶华(兼)
　　　　　　　　胡永辉(2019.05—)

体育系
　　主　　　任　蔡晓波(—2019.05)　金　凯(2019.05—)
　　副　主　任　沈　辉　金　凯(—2019.05)　王青禾(—2019.05)　姬晶晶(2019.05—)
　　　　　　　　智永红(2019.05—)

化学化工学院
　　院　　　长　周建成
　　副　院　长　杨　洪　陆　娟(兼)　姜　勇(2019.05—)　游雨蒙(2019.05—)

交通学院
　　院　　　长　刘　攀(—2019.05)　陈　峻(2019.05—)
　　副　院　长　陆　建(—2019.05)　程建川(—2019.05)　钱振东　顾兴宇　陈　峻(—2019.05)
　　　　　　　　陈　怡(兼)(—2019.05)　马　涛(2019.05—)　刘志远(2019.05—)
　　　　　　　　杨　敏(2019.05—)

仪器科学与工程学院
　　院　　　长　宋爱国(—2019.12)
　　副　院　长　刘澄玉(主持工作,2019.12—)　李宏生(—2019.12)　祝雪芬　张　力(兼)(—2019.01)
　　　　　　　　丁小丽(兼)(2019.05—)　赵立业(2019.12—)　潘树国(2019.12—)

艺术学院
　　院　　　长　王廷信(—2019.05)　龙迪勇(2019.05—)
　　副　院　长　崔天剑(—2019.05)　李轶南(—2019.05)　袁　琴(兼)
　　　　　　　　卢文超(2019.05—)　程万里(2019.05—)

法学院
　　院　　　长　刘艳红
　　副　院　长　欧阳本祺(—2019.05)　李煜兴(—2019.05)　高　歌(兼)(—2019.12)
　　　　　　　　王禄生(2019.05—)　单平基(2019.05—)

医学院
　　院　　　长　刘乃丰(兼)(—2019.11)　刘必成(2019.11—)
　　副　院　长　孙子林(—2019.11)　王立新(—2019.11)　赵春杰　姚红红　周明阳(兼)(2019.05—)
　　　　　　　　仲　明(2019.11—)　居胜红(2019.11—)

公共卫生学院
　　院　　　长　尹立红

副 院 长　金　辉　梁戈玉（—2019.05）　凤启龙（兼）

吴健雄学院
　　院　　　长　张广军（兼）
　　执 行 院 长
　　副 院 长　况迎辉　钟　辉（兼）

海外教育学院
　　院　　　长　郭　彤（2019.03—）
　　副 院 长　徐　健　杨智勇（—2019.08）

马克思主义学院
　　院　　　长　袁久红
　　副 院 长　盛凌振　叶海涛（—2019.05）　翁寒冰（2019.05—）

网络空间安全学院
　　名 誉 院 长　于　全
　　院　　　长　张广军（兼）
　　执 行 院 长　程　光
　　副 院 长　陈立全　曹玖新　张　璐（兼）

生命科学与技术学院（2019.06—）
　　院　　　长　韩俊海（2019.12—）
　　副 院 长　柴人杰（2019.12—）　潘玉峰（2019.12—）

直（附）属单位及负责人名单

图书馆
　　馆　　　长　李爱国
　　副 馆 长　范　斌　钱　鹏

档案馆
　　馆　　　长　钱杰生（—2019.03）　黄松莺（2019.03—）
　　副 馆 长　李宇青　刘云虹
　　校史研究室主任　刘云虹（兼）

学报（自然科学版）编辑部
　　主　　　编　毛善锋

学报(哲学社会科学版)编辑部
  主 编 徐 嘉

学报(医学版)编辑部
  主 编 卫平民

继续教育学院
  院 长 封卫东
  副 院 长 曹效英 王燕蓉

校医院
  院 长 李向阳(2019.03—)
  副 院 长 龚丽萍

无锡分校
  校 长 金保昇(兼)
  常务副校长 张继文
  副 校 长 秦文虎 殷 缨(兼)

苏州研究院
  院 长 金保昇(兼)
  副 院 长 李成明(—2019.09)

生命科学研究院
  院 长 谢 维(—2019.12)
  副 院 长 韩俊海(—2019.12)

教师教学发展中心
  主 任 孟 红(2019.01—2019.12) 汤勇明(2019.12—)

中大医院
  院 长 滕皋军
  副 院 长 刘必成(—2019.09) 邱海波(—2019.07) 卢 斌 陈 明
       沈 杨(2019.09—) 黄英姿(2019.09—)
  总 会 计 师 张宇欣

成贤学院
  院 长 郑家茂(兼)
  常务副院长 许映秋

各级人大代表、政协委员、民主党派成员、省政府参事任职情况及有关机构设置

一、各级人大代表

江苏省十三届人大代表：崔铁军（常委、九三）
南京市十六届人大代表：成玉宁（无党派）　王保平（中共）
鼓楼区十八届人大代表：邱海波（中共）
玄武区十八届人大代表：孙伟峰（中共）　李爱国（无党派）　刘　攀（中共）
江宁区十七届人大代表：金志军（民盟）

二、各级政协委员

全国十三届政协委员：吴智深（教育）
江苏省十二届政协委员：肖国民（常委、新闻出版）　韩冬青（常委、科技）　马坤岭（民革）
　　　　　　王修信（九三）　王雪梅（科技）　尹立红（民进）　孙子林（农工）
　　　　　　李启明（民建）　肖　睿（科技）　赵春杰（致公）　徐春祥（农工）
　　　　　　葛　明（科协）　薛　涛（致公）　左　惟（教育）　冯建明（社科）
南京市十四届政协委员：梅姝娥（科协）　石　邢（经济）　况迎辉（少数民族）
鼓楼区二届政协委员：王彩莲
玄武区十二届政协委员：赵剑锋（政协副主席）　孔令龙　徐盈之
浦口区四届政协委员：王大勇
江宁区十一届政协委员：陈文彦（常委）
无锡市新吴区第一届政协委员：李　冰

三、民主党派成员、侨联成员在各级组织任职情况

民盟十二届中央委员：肖国民
民建十一届中央委员：滕皋军（2019年增补）
农工十六届中央委员：吴智深
九三十四届中央委员：崔铁军
民进中央第十四届妇女儿童委员会委员：韩俊海

民革十一届江苏省委员会：委员　马向真（兼监督委员会副主任）

民盟十二届江苏省委员会：委员　梅姝娥
青年工作委员会：副主任　金　石

民建九届江苏省委员会：滕皋军（民建第十一次全国代表大会代表）
专委会：苟少华（监督委员会副主任委员）　李启明（金融委员会主任）
　　　　王彩莲（医药卫生委员会副主任）　周革利（对外联络委员会副主任）

民进十届江苏省委员会:常委　尹立红(民进第十二次全国代表大会的代表)
专委会:监督委员会成员　韩俊海

农工党十二届江苏省委员会:副主任委员　吴智深(农工党第十六次全国代表大会代表)
　　　　　　　　　　　　常委　孙子林(兼任直属委员会主任、农工党第十六次全国代表大会代表)
　　　　　　　　　　　　委员　徐春祥
专委会:中青年工作委员会副主任　陈惠苏
　　　　医疗卫生工作委员会委员　王艳丽　王玉华

致公党六届江苏省委员会:常委　赵春杰
　　　　　　　　　　　　委员　薛涛
专委会:参政议政委员会　委员　石邢
　　　　文化体育委员会　委员　卢爱华
　　　　青年工作委员会　委员　王大勇
　　　　党务研究会副主任　陶思炎

九三学社八届江苏省委员会:常委　王修信　崔铁军(九三学社第十一次全国代表大会代表)
江苏省归国华侨联合会七届:常委　吕晓迎
江苏省政府参事:林保平　成虎　徐康宁(中共)　周勤
南京市政府参事:李智群
全国中央文史馆馆员:陶思炎(2011.02)

民主党派东南大学机构设置

民革二届东南大学总支部委员会(2016.12.27换届,32人)
　　主任委员:马向真
　　副主任委员:周勤　马坤岭

民盟四届东南大学委员会(2014.06.26换届,235人)
　　主任委员:肖国民
　　副主任委员:钱瑞明　梅姝娥　王世和　薛星美　魏家泰
　　委　　员:王秋严　陆建明　周子华　何平　金志军　徐立臻　杨舒惠　吴祖民　康学军
　　　　　　毛世怀　陈文彦　丁建东

民建一届东南大学基层委员会(2017.12.6成立,31人)
　　主任委员:李启明
　　副主任委员:苟少华　王彩莲　周革利
　　委　　员:朱纪军　周臻　葛丽芹

民进四届东南大学委员会(2012.05.07换届,63人)
　　主任委员:尹立红

副主任委员:董寅生　郭　毅　曹玖新　肖　睿
委　　　员:孙　瑾　郭　斐　韩俊海　梁衡弘　戴启明　高　冲

农工四届东南大学委员会(2016.11.29换届,126人)
　　主 任 委 员:徐春祥
　　副主任委员:孙子林　陈惠苏
　　委　　　员:徐春祥　孙子林　陈惠苏　王玉华　糜长稳　章美华　蔡永胜　刘松琴　张绍东

致公党四届东南大学总支委员会(2018.10.16换届,52人)
　　主 任 委 员:赵春杰
　　副主任委员:李智群　薛　涛
　　委　　　员:马民华　王大勇　吴晓菁　章　炜

九三四届东南大学委员会(2017.06.04换届,213人)
　　主 任 委 员:王修信
　　副主任委员:崔铁军　舒华忠　叶行舟　赵剑峰
　　委　　　员:戴　丽　祁争建　辛海洋　郑意楠　柳　萍　王雪梅　徐盈之　施智祥　俞　燕
　　　　　　　袁榴娣　程科萍

社会团体机构设置

东南大学侨联四届(2019.4.22调整)
　　名 誉 主 席:林中达　林金明
　　主　　　席:吕晓迎
　　副 　主 　席:李先宁　姚红红
　　委　　　员:孙清江　高　良　孙荣玲

东南大学无党派知识分子联谊会(2019.11.22换届)
　　会　　　长:游雨蒙
　　副 　会 　长:倪振华　花　为　潘玉峰　卢文超　冯煜清
　　秘　　　书:王贝伦

2019年成立或调整的各类委员会、领导小组名单

关于调整东南大学财经工作领导小组成员的通知

2019年1月3日

各校区,各院、系、所,各处、室、直属单位,各学术业务单位:
　　因工作需要及人员变动,经研究决定,现将东南大学财经工作领导小组成员进行调整,调整后的成员

名单如下：
  组　长：张广军
  副组长：王保平　丁　辉　任利剑
  成　员：（以姓氏笔画为序）
    王景全　冯建明　任卫时　李智敏　吴荣顺　冀　民
  秘　书：周　利　孔琪蕾

校发〔2019〕2号

关于成立东南大学公车改革工作领导小组和工作组的通知

2019年1月8日

学校各部门、单位：

  为了深入开展公车改革工作，有效规范公车管理，推进实施《东南大学公务用车改革方案》，经研究决定，成立东南大学公车改革工作领导小组，名单如下：
  组　长：王保平
  副组长：任利剑　丁　辉
  成　员：（按姓氏笔画排列）
    王景全　冯建明　江　汉　任卫时　任祖平　孙岳明　吴荣顺　熊宏齐　冀　民
东南大学公车改革工作领导小组下设工作组，工作组设立在校长办公室。

校发〔2019〕8号

关于成立东南大学"三全育人"综合改革试点工作领导小组的通知

2019年1月11日

各党工委，各基层党委、党总支、直属党支部，党委各部、委、办，工会、团委；各校区，各院、系、所，各处、室、直属单位，各学术业务单位：

  根据"三全育人"综合改革试点工作需要，经党委常委会研究决定，成立东南大学"三全育人"综合改革试点工作领导小组。现将有关事项通知如下。

一、组成人员

  组　长：左　惟　　党委书记
     　张广军　校长、党委副书记
  副组长：王保平　常务副校长
     　郑家茂　党委副书记
     　金保昇　副校长
  成　员：冯建明　党委办公室主任
     　冀　民　校长办公室主任
     　朱小良　党委组织部常务副部长
     　顾永红　党委宣传部部长
     　孙莉玲　党委学工部部长、学生处处长
     　钟文琪　党委研工部部长、研究生院常务副院长

杨文燮　　团委副书记（主持工作）
孙伟锋　　教务处处长
孙岳明　　科研院常务副院长
任祖平　　总务处处长
甘　锋　　社会科学处副处长
袁久红　　马克思主义学院院长

二、工作机构

由党委办公室牵头成立领导小组办公室，作为领导小组的具体办事机构。办公室主任由党委副书记郑家茂兼任，党委办公室主任冯建明兼任副主任。办公室成员名单如下：

主　任：郑家茂　　党委副书记
副主任：冯建明　　党委办公室主任
成　员：李昭昊　　党委办公室副主任
　　　　姜平波　　校长办公室副主任
　　　　邢纪红　　党委组织部副部长
　　　　张晓坚　　党委学工部副部长
　　　　赵松立　　党委研工部副部长
　　　　江雪华　　党委教师工作部副部长
　　　　张　琰　　团委副书记
　　　　陆　海　　工会副主席
　　　　沈孝兵　　教务处副处长
　　　　王栓宏　　教务处副处长
　　　　郝勇生　　科研院应用技术办公室主任
　　　　吴凌尧　　人事处副处长
　　　　李建平　　保卫处处长
　　　　刘　润　　总务处副处长
　　　　甘　锋　　社会科学处副处长
　　　　芮振华　　发展委员会副主任
　　　　叶海涛　　马克思主义学院副院长

领导小组办公室下设秘书组，由党委办公室、校长办公室、党委组织部、党委宣传部、党委学工部、党委研工部、党委教师工作部、团委、工会、教务处、科研院、人事处、保卫处、总务处、社会科学处、发展委员会、马克思主义学院等相关成员单位派人参加日常工作。

东大委〔2019〕2号

关于成立伺服控制技术教育部工程研究中心第一届技术委员会的通知

2019年1月16日

电气工程学院：

因工作需要，经研究决定，聘任梁志成研究员级高级工程师为伺服控制技术教育部工程研究中心第一届技术委员会主任，技术委员会成员名单详见附件。请严格按照《教育部工程研究中心建设与管理暂行办法》的规定，充分发挥技术委员会对中心的发展战略、研究开发计划、工程设计与试验方案、技术经济、市场信息等方面的技术指导作用,每年至少召开一次技术委员会会议。

伺服控制技术教育部工程研究中心第一届技术委员会名单

序号	姓名	年龄/岁	所在单位	专业/研究方向	职称/职务
1	梁志成	58	国网电力科学研究院有限公司	电气工程	研究员级高工/主任
2	孙玉坤	60	南京工程学院	电气工程	教授/副主任
3	周 波	56	南京航空航天大学	电气工程	教授/副主任
4	胡敏强	57	南京师范大学	电气工程	教授/委员
5	赵剑锋	46	东南大学	电气工程	教授/委员
6	卫志农	56	河海大学	电气工程	教授/委员

校发〔2019〕21号

关于成立传感器网络技术教育部工程研究中心第一届技术委员会的通知

2019年2月28日

电子科学与工程学院:

因工作需要,经研究决定,聘任邢涛研究员为传感器网络技术教育部工程研究中心第一届技术委员会主任,技术委员会成员名单详见附件。请严格按照《教育部工程研究中心建设与管理暂行办法》的规定,充分发挥技术委员会对中心的发展战略、研究开发计划、工程设计与试验方案、技术经济、市场信息等方面的技术指导作用,每年至少召开一次技术委员会会议。

传感器网络技术教育部工程研究中心第一届技术委员会名单

序号	姓名	所在单位	专业/研究方向	职称/职务
1	邢 涛	中科院上海微系统与信息技术研究所	电子电路、信号处理	研究员/主任委员
2	夏善红	中科院电子学研究所传感技术国家重点实验室	传感器与微系统技术	研究员/委员
3	梅 涛	合肥中科院合肥智能机械研究所	信息获取科学与技术、特种机器人、微机电系统	教授/委员
4	黄庆安	东南大学	微电子学与固体电子学	教授/委员
5	王志功	东南大学	电路与系统	教授/委员
6	张 晖	中国电子技术标准化研究院物联网研究中心	物联网技术	研究员/委员
7	时龙兴	东南大学	微电子学与固体电子学	教授/委员
8	郝一龙	北京大学微电子研究院	微电子学与固体电子学/微机电系统、集成电路技术	教授/委员
9	苏 巍	无锡华润上华半导体有限公司	集成电路	研究员/委员
10	陈 岚	中国物联网研究发展中心	计算机系统结构、微电子学与固体电子学	研究员/委员

校发〔2019〕38号

关于成立低碳型建筑环境设备与系统节能教育部工程研究中心第一届技术委员会的通知

2019 年 2 月 28 日

能源与环境学院、土木工程学院、建筑学院、材料科学与工程学院：

因工作需要，经研究决定，聘任江亿院士为低碳型建筑环境设备与系统节能教育部工程研究中心第一届技术委员会主任，技术委员会成员名单详见附件。请严格按照《教育部工程研究中心建设与管理暂行办法》的规定，充分发挥技术委员会对中心的发展战略、研究开发计划、工程设计与试验方案、技术经济、市场信息等方面的技术指导作用，每年至少召开一次技术委员会会议。

低碳型建筑环境设备与系统节能教育部工程研究中心技术委员会成员名单

序号	姓名	所在单位	专业/研究方向	职称/职务
1	江 亿	清华大学	建筑能源应用	院士、教授/主任
2	吴智深	东南大学	结构工程及复合材料	教授/副主任
3	王如竹	上海交通大学	工程热物理	教授/委员
4	徐 伟	中国建筑科学研究院建筑环境与节能研究院	建筑环境与节能	教授级高工/委员
5	黄 翔	西安工程大学	制冷空调	教授/委员
6	黄显怀	安徽建筑大学	建筑技术	教授/委员
7	茅靳丰	陆军工程大学	建筑环境与设备	教授/委员
8	刘加平	高性能土木工程材料国家重点实验室	建筑材料	教授/委员
9	沈 炯	东南大学	热能工程及自动化	教授/委员
10	张吉礼	大连理工大学	节能控制	教授/委员
11	公茂琼	中国科学院理化所	制冷与低温	教授/委员
12	邢子文	西安交通大学	制冷技术	教授/委员
13	邱利民	浙江大学	低温与高效冷却	教授/委员

校发〔2019〕39 号

关于成立射频集成电路与系统教育部工程研究中心第一届技术委员会的通知

2019 年 2 月 28 日

信息科学与工程学院：

因工作需要，经研究决定，聘任倪光南院士为射频集成电路与系统教育部工程研究中心第一届技术委员会主任，技术委员会成员名单详见附件。请严格按照《教育部工程研究中心建设与管理暂行办法》的规定，充分发挥技术委员会对中心的发展战略、研究开发计划、工程设计与试验方案、技术经济、市场信息等方面的技术指导作用，每年至少召开一次技术委员会会议。

射频集成电路与系统教育部工程研究中心第一届技术委员会成员名单

序号	姓名	所在单位	专业/研究方向	职称/职务
1	倪光南	中科院计算所	电子信息	院士/主任
2	许居衍	中电集团第58所	集成电路	院士/副主任
3	严晓浪	浙江大学电气学院	集成电路	教授/副主任
4	任晓敏	北京邮电大学	电子技术	教授/成员
5	郝跃	西安电子科技大学	集成电路	教授/成员
6	魏少军	清华大学微电子系	微电子	教授/成员
7	程旭	北京大学计算机系	集成电路	教授/成员
8	时龙兴	东南大学国家专用集成电路系统工程技术研究中心	集成电路	教授/成员
9	洪伟	东南大学毫米波国家重点实验室	微波技术	教授/成员

校发〔2019〕41号

关于调整东南大学定点扶贫工作领导小组成员的通知

2019年3月4日

学校各部门、单位:

因人员变动和工作需要,经研究,决定对学校定点扶贫工作领导小组成员进行调整,调整后的成员名单如下:

组　　长:左　惟　张广军

副组长:王保平

成　　员:(以姓氏笔画为序)

　　冯建明　朱小良　任卫时　任祖平　江　汉　孙伟锋　孙岳明　孙莉玲　李　鑫
　　杨文燮　金志军　封卫东　钟文琪　顾永红　熊宏齐　滕皋军　潘久松　冀　民

秘　书:赵会泽

特此通知。

校发〔2019〕45号

关于成立东南大学校史编纂委员会的通知

2019年3月5日

各校区,各院、系、所,各处、室、直属单位,各学术业务单位:

为加强学校文化建设,进一步推进和统筹校史研究工作,经研究,成立东南大学校史编纂委员会。委员会成员名单如下:

主　　任:胡凌云

常务副主任:周佑勇

副　主　任:顾永红　时巨涛

秘　书　长:刘云虹

委　　员:(以姓氏笔画为序)

王向渤　纪晓群　肖太桃　宋业春　张　星　郑立琪　罗庆来　金洪钦　单　踊

耿有权　钱杰生

秘　　书：郭淑文　徐　源

校发〔2019〕49号

关于调整东南大学网络安全和信息化领导小组成员的通知

2019年3月8日

学校各部门、单位：

因人员变动和工作需要，经研究，决定对东南大学网络安全和信息化领导小组成员进行调整，调整后的成员名单如下：

组　　长：左　惟　张广军

副组长：王保平　任利剑

成　　员：学校有关部处室和直属单位（党委办公室、党委组织部、党委宣传部、党委发展规划部、校长办公室、国际合作处、研究生院、教务处、科研院、人事处、学生处、保卫处、财务处、审计处、总务处、社会科学处、资产经营管理处、实验室与设备管理处、基本建设处、保密办公室、网络与信息中心、图书馆、档案馆、继续教育学院）主要负责人。

秘　　书：生沛文

特此通知。

校发〔2019〕51号

关于成立东南大学落实科研领域"放管服"改革工作领导小组的通知

2019年3月11日

各校区，各院、系、所，各处、室、直属单位，各学术业务单位：

为了贯彻落实《关于进一步完善中央财政科研项目资金管理等政策的若干意见》（中办发〔2016〕50号）、《国务院关于优化科研管理提升科研绩效若干措施的通知》（国发〔2018〕25号）等文件精神，进一步落实科研领域"放管服"改革工作，确实解决科研经费使用等问题，经研究决定，成立东南大学落实科研领域"放管服"改革工作领导小组。

领导小组成员名单如下：

组　　长：张广军

副组长：丁　辉　吴　刚　周佑勇

成　　员：（以姓氏笔画为序）

王景全　甘　锋　任卫时　孙岳明　李智敏　吴荣顺　费庆国

秘　　书：刘　岚　郝勇生

特此通知

校发〔2019〕55号

关于调整东南大学校务委员会成员的通知

2019 年 3 月 27 日

学校各部门、单位：

因工作需要，经研究决定，对东南大学校务委员会成员进行调整，现将调整后的成员名单公布如下：

主 任 委 员：左　惟

副主任委员：张广军　胡凌云　郭广银　吴智深

委　　　员：(以姓氏笔画为序)

丁　辉　王　炜　王建国　王保平　王景全　尤肖虎　冯建明　朱小良　仲伟俊
任卫时　任利剑　任祖平　刘　攀　刘乃丰　刘京南　许　涵　孙伟锋　孙岳明
孙莉玲　李　鑫　李维滨　吴　刚　沈　炯　宋爱国　陈佳龙　林萍华　金保昇
周佑勇　郑家茂　钟文琪　浦跃朴　黄大卫　曹玖新　曹进德　缪昌文　樊和平
冀　民

秘 书 长：冀　民(兼)

校发〔2019〕85 号

关于调整东南大学本科生招生工作领导小组成员的通知

2019 年 4 月 15 日

学校各有关部门、单位：

因本科生招生职能机构的调整和工作需要，经研究，决定对东南大学本科生招生工作领导小组成员进行调整，调整后的成员名单如下：

组　　长：张广军

副组长：金保昇　郑家茂

成　　员：(以姓氏笔画为序)

孙伟锋　张　力　吴荣顺　秦　霞

秘　书：张　涌

校发〔2019〕96 号

关于调整东南大学教师奖教金评审工作领导小组成员的通知

2019 年 4 月 10 日

各校区，各院、系、所，各处、室、直属单位，各学术业务单位：

因工作需要，经研究决定，对东南大学教师奖教金评审工作领导小组成员进行调整，现将调整后的成员名单公布如下：

组　　长：金保昇

副组长：金志军　孟　红

组　　员：(按姓氏笔画为序)

王景全　江雪华　孙伟锋　芮振华　李　鑫　吴荣顺　金　石　秦　霞

秘　书：滕　琳

校发〔2019〕100号

关于成立工程管理专业本科教育评估领导小组和工作组的通知

2019年4月10日

学校各有关部门、单位：

为迎接住房城乡建设部工程管理专业评估委员会对我校工程管理专业的评估，贯彻"以评促建、以评促改、评建结合、重在建设"的精神，促进专业教育的建设和特色创新，认真做好工程管理专业的自评及评建过程中的各项工作，特成立工程管理专业本科教育评估领导小组和工作组，现将成员名单公布如下：

一、领导小组

组　　长：金保昇

副组长：王景全　刘　静　孙伟锋

成　　员：(按姓氏笔画排序)

任卫时　任祖平　李启明　李爱国　杨文燮　张豪裕　陆金钰　孟　红　姜昌金

秦　霞　顾永红　熊宏齐　冀　民

秘　书：朱　明

二、工作组

组　　长：王景全　刘　静

副组长：李启明　陆金钰　袁竞峰

成　　员：(按姓氏笔画排序)

王玉玲　邓小鹏　邓温妮　付广龙　陈　韵　刘家彬　孙泽阳　李德智　张豪裕

宗周红　谈超群　徐　照　虞　华

秘　书：陆　莹　王建梅

校发〔2019〕101号

关于调整东南大学人才工作领导小组成员的通知

2019年4月17日

各党工委，各基层党委、党总支、直属党支部，党委各部、委、办，工会、团委；各校区，各院、系、所，各处、室、直属单位，各学术业务单位：

根据工作需要，经研究决定，对东南大学人才工作领导小组成员进行调整，调整后的成员名单如下：

组　　长：左　惟　张广军

副组长：刘　攀

成　　员：(以姓氏笔画为序)

王保平　朱小良　刘乃丰　吴　刚　金保昇　周佑勇　郑家茂

领导小组下设办公室，成员名单调整如下：

主　　任：刘　攀

成　　员：(以姓氏笔画为序)

　　　　　　王景全　叶智锐　冯建明　朱小良　任卫时　任祖平　孙伟锋　孙岳明　钟文琪　冀　民
秘　书：刘莉莉

东大委〔2019〕26号

关于调整东南大学内部控制建设领导小组成员的通知

2019年4月18日

各校区，各院、系、所，各处、室、直属单位，各学术业务单位：

因工作需要，经研究决定，对东南大学内部控制建设领导小组成员进行调整，现将调整后的成员名单公布如下：

组　　长：张广军
副组长：王保平　丁　辉　任利剑　郑家茂
成　　员：（以姓氏笔画为序）
　　　　　　王景全　甘　锋　冯建明　任卫时　任祖平　江　汉　孙伟锋　孙岳明　李爱国
　　　　　　李维滨　李智敏　吴荣顺　金　石　钟文琪　费庆国　秦　霞　熊宏齐　潘久松
　　　　　　冀　民

校发〔2019〕108号

关于调整学校全日制本科生转专业工作领导小组和工作组成员的通知

2019年5月5日

各校区，各院、系、所，各处、室、直属单位，各学术业务单位：

因工作需要，现将学校全日制本科生转专业工作领导小组和工作组成员调整如下：

一、全日制本科生转专业工作领导小组

组　　长：金保昇　郑家茂
成　　员：（按姓氏笔画为序）
　　　　　　王栓宏　孙伟锋　吴荣顺　张　力　赵会泽　徐　进　秦　霞
秘　书：申翠英
工作职责：统一组织和领导全日制本科生转专业工作。

二、全日制本科生转专业工作组

组　　长：孙伟锋　秦　霞
副组长：王栓宏　张　力
成　　员：（按姓氏笔画为序）
　　　　　　申翠英　朱天云　江莉莉　孙　珩　张　涌　何涵嫣　郑楷鹏　柏　云　袁煜昶
　　　　　　蒋春露
秘　书：黄布橹
工作职责：负责安排全日制本科生转专业的报名、资格审核、考试、公示及录取等具体工作。

校发〔2019〕117号

关于成立智慧建造与运维国家地方联合工程研究中心第一届技术委员会的通知

2019年5月21日

各校区,各院、系、所,各处、室、直属单位,各学术业务单位:

因工作需要,经研究决定,聘任卢春房院士为智慧建造与运维国家地方联合工程研究中心第一届技术委员会主任,技术委员会成员名单详见附件。请严格按照《国家发展改革委关于印发〈加强区域产业创新基础能力建设工作指导意见〉的通知》(发改高技〔2010〕2455号)以及《国家工程研究中心管理办法》(国家发展改革委令2007年第52号)的规定,充分发挥技术委员会对中心的发展战略、研究开发计划、工程设计与试验方案、技术经济、市场信息等方面的技术指导作用,每年至少召开一次技术委员会会议。

智慧建造与运维国家地方联合工程研究中心第一届技术委员会名单

序号	职务	姓名	工作单位	职称
1	顾问	黄 卫	东南大学	中国工程院院士
2	主任	卢春房	中国铁路总公司	中国工程院院士
3	副主任	肖绪文	中国建筑股份有限公司/同济大学	中国工程院院士
4	副主任	丁烈云	华中科技大学	中国工程院院士
5	委员	王 桥	东南大学	教授
6	委员	方东平	清华大学	教授
7	委员	朱合华	同济大学	教授
8	委员	李 琦	中国建筑股份有限公司	教授级高工
9	委员	李 惠	哈尔滨工业大学	教授
10	委员	吴智深	东南大学	教授
11	委员	宋爱国	东南大学	教授
12	委员	张 宏	东南大学	教授
13	委员	张喜刚	中国交通建设股份有限公司	教授级高工
14	委员	赵国堂	中国铁路总公司	研究员
15	委员	黄庆安	东南大学	教授
16	委员	龚 剑	上海建工集团	教授级高工
17	秘书	刘志远	东南大学	教授

* 委员以姓氏笔画为序

校发〔2019〕123号

关于调整低碳型建筑环境设备与系统节能教育部工程研究中心第一届技术委员会的批复

2019年5月27日

能源与环境学院、土木工程学院、建筑学院、材料科学与工程学院:

经研究,同意你中心上报的第一届技术委员会调整申请,撤销张吉礼教授的技术委员会委员职务,增加西安建筑科技大学刘加平院士为低碳型建筑环境设备与系统节能教育部工程研究中心第一届技术委员会副主任,普渡大学陈清焰教授、香港大学李玉国教授为中心第一届技术委员会委员。

低碳型建筑环境设备与系统节能教育部工程研究中心第一届技术委员会成员名单(调整后)

序号	姓名	工作单位	专业/研究方向	职称/职务
1	江亿	清华大学	建筑能源应用	院士、教授/主任
2	刘加平	西安建筑科技大学	建筑物理	院士、教授/副主任
3	吴智深	东南大学	结构工程及复合材料	教授/副主任
4	王如竹	上海交通大学	工程热物理	教授/委员
5	徐伟	中国建筑科学研究院建筑环境与节能研究院	建筑环境与节能	教授/委员
6	黄翔	西安工程大学	制冷空调	教授/委员
7	黄显怀	安徽建筑大学	建筑技术	教授/委员
8	沈炯	东南大学	热能工程及自动化	教授/委员
9	陈清焰	普渡大学	建筑空气组织	教授/委员
10	李玉国	香港大学	室内空气品质	教授/委员
11	邢子文	西安交通大学	制冷技术	教授/委员
12	邱利民	浙江大学	低温与高效冷却	教授/委员
13	公茂琼	中国科学院理化所	制冷与低温	教授/委员
14	茅靳丰	陆军工程大学	建筑环境与设备	教授/委员
15	刘加平	高性能土木工程材料国家重点实验室	建筑材料	教授/委员

校发〔2019〕125号

关于成立电气工程及其自动化专业认证领导小组和工作组的通知

2019年6月6日

学校各有关部门、单位:

教育部即将对我校电气工程及其自动化专业进行工程教育认证,为贯彻"以评促建、以评促改、评建结合、重在建设"的精神,认真开展自评工作并做好迎接专家组对我校电气工程及其自动化专业进行认证考察的各项准备工作,特成立电气工程及其自动化专业认证领导小组和工作组,现将成员名单公布如下:

一、领导小组

组　　长:金保昇

副组长:赵剑锋　米永强　孙伟锋

成　　员:(按姓氏笔画排序)

　　　　王景全　任卫时　任祖平　李爱国　孟红　杨文燮　费庆国　姜昌金　秦霞
　　　　顾永红　高山　熊宏齐　冀民

秘　　书:朱明

二、工作组

组　　长：赵剑锋　米永强
副组长：高　山　顾　伟
成　　员：(按姓氏笔画排序)
付小鸥　花　为　李　扬　陈　中　陈歆技　金　龙　周　赣　房淑华　徐青山
高赐威　黄允凯　黄学良　程　明　窦晓波
秘　　书：郭　勉

校发〔2019〕132号

关于成立东南大学语言文字工作委员会及工作办公室的通知

2019年6月6日

各校区，各院、系、所，各处、室、直属单位，各学术业务单位：

为贯彻落实《国家语言文字事业"十三五"发展规划》和教育部、国家语委《关于进一步加强学校语言文字工作的意见》(教语用〔2017〕1号)及江苏省语委、江苏省教育厅《关于进一步加强学校语言文字工作做好达标验收的通知》(苏教语〔2017〕1号)的精神，加大语言文字法律法规和规范标准的宣传推广，广泛开展推广普通话和中华经典诵写讲活动，大力加强语言文字工作规范化建设。经研究决定成立东南大学语言文字工作委员会及工作办公室，成员名单如下：

一、工作委员会

主　　任：金保昇　郑家茂
副主任：(按姓氏笔画排序)
王　珏　王景全　孙伟锋　金　石　秦　霞
委　　员：(按姓氏笔画排序)
王栓宏　毛惠西　甘　锋　乔光辉　华为国　孙岳明　李爱国　李　涛(人文)
李煜兴　杨文燮　吴荣顺　沈孝兵　孟　红　费庆国　袁榴娣　顾永红　徐　进
徐　健　冀　民
秘　　书：刘艳梅　蒋春露
工作职责：全面领导和组织东南大学语言文字各项工作。

二、工作办公室

主　　任：王　珏　孙伟锋
副主任：乔光辉　王栓宏
成　　员：(按姓氏笔画排序)
王婧菲　孔琪蕾　申翠英　吕晔灵　朱　丹　朱天云　江莉莉　孙　艳　杨盈珂
陈　超　单平基　郝　杰　柏　云　徐春宏　殷　卓　黄子珍　蒋　辰　蒋春露
戴轶飞
秘　　书：刘　丹　郑楷鹏

校发〔2019〕133号

关于成立东南大学学生资助工作领导小组的通知

2019 年 6 月 13 日

学校各有关部门、单位：

根据《教育部等六部门关于做好家庭经济困难学生认定工作的指导意见》（教财〔2018〕16 号）的要求，为健全学生资助制度，进一步提升资助工作成效，充分发挥学生资助在脱贫攻坚中的重要作用，着力培养德智体美劳全面发展的社会主义建设者和接班人，经研究，决定成立东南大学学生资助工作领导小组。现将组成人员名单公布如下：

组　　长：郑家茂　　党委副书记
副组长：金保昇　　副校长
成　　员：冯建明　　党委办公室主任
　　　　　冀　民　　校长办公室主任
　　　　　顾永红　　党委宣传部部长
　　　　　吴荣顺　　纪委副书记、监察处处长
　　　　　秦　霞　　党委学工部部长、学生处处长
　　　　　杨文燮　　团委副书记（主持工作）
　　　　　金　石　　研究生院常务副院长
　　　　　孙伟锋　　教务处处长
　　　　　任卫时　　财务处处长
　　　　　金志军　　发展委员会常务副主任
　　　　　徐　进　　学生处副处长
　　　　　赵松立　　党委研究生工作部副部长
秘　　书：邹　琳

校发〔2019〕159 号

关于成立东南大学教师工作领导小组的通知

2019 年 7 月 2 日

学校各有关部门、单位：

因工作需要，经研究，决定成立东南大学教师工作领导小组。领导小组成员名单如下：

组　　长：学校党委书记、校长。
副组长：分管人事工作的校领导、分管教师工作的校领导、分管学术委员会工作的校领导。
成　　员：党委办公室、党委组织部、党委宣传部、纪委办公室、党委学工部、党委教师工作部、校长办公室、人事处、教务处、研究生院、科研院、社会科学处、国际合作处、保卫处、工会、学术委员会等相关职能部门和组织负责人。
秘书单位：党委教师工作部。

校发〔2019〕183 号

关于成立东南大学"理科试验班(顾毓琇班)"工作领导小组和工作委员会的通知

2019年8月15日

各校区,各院、系、所,各处、室、直属单位,各学术业务单位:

为落实东南大学2020一流本科教育行动计划,推进"优势理科攀升计划"的实施,创新理科人才的培养机制和教学模式,经研究决定,特成立"理科试验班(顾毓琇班)"工作领导小组和工作委员会,成员名单如下:

一、"理科试验班(顾毓琇班)"工作领导小组

组　　长:张广军

副组长:金保昇　郑家茂　曹进德

组　　员:(按姓氏笔画为序)

王景全　叶智锐　任卫时　孙伟锋　任祖平　杨文燮　孟　红　周建成　钟文琪

倪振华　秦　霞　熊宏齐

秘　　书:轮值学院教学副院长、党委副书记

二、"理科试验班(顾毓琇班)"工作委员会

主　　任:轮值学院院长、党委书记

副主任:轮值学院教学副院长、党委副书记

成　　员:(按姓氏笔画为序)

王小六　曹海燕　陈殿勇　薛忠俊　姜　勇　陆　娟　陆金钰　张豪裕　洪　俊

秘　　书:轮值学院教务秘书、辅导员

校发〔2019〕200号

关于调整学校第十五届学位评定分委员会组成人员的通知

2019年8月28日

各校区,各院、系、所,各处、室、直属单位,各学术业务单位:

因人员岗位调整与工作变动,经研究决定,对学校第十五届学位评定分委员会组成人员进行了调整,调整后的各分委会组成人员名单如下:

1. 建筑学、城乡规划学、风景园林学学科学位评定分委员会

主　　席:王建国

副主席:张　彤

委　　员:(以姓氏笔画为序)

王兴平　成玉宁　江　泓　孙世界　阳建强　李　华　李向锋　冷嘉伟　张　宏

张十庆　夏铸九　韩冬青　鲍　莉

秘　　书:乔　雅

2. 机械工程学科学位评定分委员会

主　席：倪中华

副主席：蒋书运

委　员：(以姓氏笔画为序)

　　　　王兴松　王金湘　孙　辉　孙蓓蓓　苏　春　沙　菁　张志胜　陈　震　陈云飞
　　　　幸　研　罗　翔　殷国栋　薛澄岐

秘　书：陈　斌

3. 动力工程及工程热物理、环境科学与工程学科学位评定分委员会

主　席：金保昇

副主席：钟文琪　肖　睿

委　员：(以姓氏笔画为序)

　　　　王　军　邓艾东　司风琪　朱光灿　仲兆平　许传龙　沈　炯　张会岩　陈振乾
　　　　段伦博　殷勇高　蔡　亮

秘　书：王　沛

4. 信息与通信工程、电子科学与技术(电磁场与微波技术、电路与系统)学科学位评定分委员会

主　席：张在琛

副主席：崔铁军　黄永明

委　员：(以姓氏笔画为序)

　　　　王　桥　王志功　方世良　李久贤　杨绿溪　陈继新　赵春明　洪　伟　徐金平
　　　　高西奇

秘　书：左　晔

5. 土木工程、力学学科学位评定分委员会

主　席：吴　刚

副主席：王景全

委　员：(以姓氏笔画为序)

　　　　尹凌峰　刘　钊　刘　静　李兆霞　李启明　杨小丽　何小元　张　建　周　臻
　　　　徐赵东　黄　镇　龚维明　傅大放

秘　书：林　岚

6. 电子科学与技术、光学工程学科学位评定分委员会

主　席：孙立涛

副主席：崔一平

委　员：(以姓氏笔画为序)

　　　　王著元　汤勇明　孙小菡　时龙兴　吴建辉　张家雨　陆生礼　秦　明　夏　军
　　　　黄庆安　屠　彦

秘　书：牛文娟

7. 数学、物理学学科学位评定分委员会

主　席：曹进德

副主席：倪振华

委　员：(以姓氏笔画为序)

　　　　王金兰　王冠军　吕　准　李玉祥　李铁香　邱　腾　汪　军　陈建龙　林文松
　　　　曹婉容　董　帅　董正高　虞文武

秘　书：周　欣

8. 控制科学与工程学科学位评定分委员会

主　席：魏海坤

副主席：李世华

委　员：(以姓氏笔画为序)
　　　　孙长银　杨　俊　汪　峥　张　亚　张凯锋　陈夕松　袁晓辉　路小波　瞿军勇

秘　书：厉其敏

9. 计算机科学与技术、软件工程、网络空间安全学科学位评定分委员会

主　席：耿　新

副主席：程　光

委　员：(以姓氏笔画为序)
　　　　王红兵　李　伟　李小平　汪　芸　张敏灵　罗立民　罗军舟　胡爱群　高志强
　　　　黄　杰　曹玖新　龚　俭　董永强

秘　书：邢婉秋　车　倩

10. 生物医学工程学科学位评定分委员会

主　席：顾忠泽

副主席：顾　宁　陆祖宏

委　员：(以姓氏笔画为序)
　　　　卢　青　孙　啸　吴富根　张　宇　周　平　禹东川　洪宗训　徐春祥

秘　书：李婷婷

11. 材料科学与工程、化学工程与技术、化学学科学位评定分委员会

主　席：孙正明

副主席：周建成

委　员：(以姓氏笔画为序)
　　　　杨树东　肖国民　沈宝龙　张袁健　钱春香　高建明　郭丽萍　蒋　波　储成林
　　　　雷立旭　缪昌文　潘　冶　薛　烽

秘　书：邓　川　孙　瑜

12. 哲学、法学、马克思主义理论、中国语言文学、心理学学科学位评定分委员会

主　席：王　珏

副主席：袁久红　刘艳红

委　员：(以姓氏笔画为序)
　　　　于立深　王　珂　王禄生　刘　魁　许苏明　李　涛　李林艳　欧阳本祺　季玉群
　　　　袁健红　夏保华　董　群

秘　书：李聪敏

13. 经济学、管理学学科学位评定分委员会

主　席：仲伟俊

副主席：张玉林　周　勤

委　员：(以姓氏笔画为序)
　　　　王文平　王海燕　刘晓星　李　东　李爱国　邱　斌　何建敏　陈志斌　陈良华
　　　　赵林度　徐康宁　舒　嘉

秘　书：杨　悦

14. 电气工程学科学位评定分委员会

主　席：赵剑锋

副主席：林鹤云

委　员：(以姓氏笔画为序)

　　　　李　扬　吴在军　陆于平　陈　武　郑建勇　高丙团　高赐威　黄允凯　程　明

秘　书：王文佳

15. 交通运输工程、测绘科学与技术、水利工程学科学位评定分委员会

主　席：陈　峻

副主席：马　涛

委　员：(以姓氏笔画为序)

　　　　任　刚　李志斌　陆　建　陈　怡　罗　桑　胡伍生　徐宿东　章定文　熊　文

秘　书：李天明

16. 仪器科学与技术学科学位评定分委员会

主　席：宋爱国

副主席：程向红

委　员：(以姓氏笔画为序)

　　　　王　庆　王　军　刘锡祥　李　旭　李宏生　宋光明　陈熙源　赵立业　秦文虎

　　　　徐晓苏　潘树国

秘　书：王　玮

17. 医学、生物学学科学位评定分委员会

主　席：浦跃朴

副主席：刘乃丰　滕皋军　谢　维

委　员：(以姓氏笔画为序)

　　　　王立新　尹立红　刘必成　孙子林　邱海波　沈孝兵　陈　明　陈　瑞　赵春杰

　　　　梁戈玉　韩俊海

秘　书：胡向阳　徐希宇

18. 艺术学理论、美术学、设计学学科学位评定分委员会

主　席：龙迪勇

副主席：汪小洋

委　员：(以姓氏笔画为序)

　　　　于向东　卢文超　许继峰　李轶南　沈亚丹　陈　绘　李　欣　赵天为　程万里

秘　书：李小旋

19. 外国语言文学、体育学、教育学学科学位评定分委员会

主　席：陈美华

副主席：蔡晓波　柏　毅

委　员：(以姓氏笔画为序)

　　　　马　强　马冬梅　张　胤　陆　华　姜飞月　韩军生

秘　书：戴　燕

校发〔2019〕209号

关于调整学校第十五届学位评定委员会组成人员的通知

2019年9月2日

各校区,各院、系、所,各处、室、直属单位,各学术业务单位:

因人员岗位调整与工作变动,经研究决定,对学校第十五届学位评定委员会组成人员进行调整,调整后的成员名单如下:

  主　　席:张广军

  副主席:金保昇　王建国

  委　　员:(以姓氏笔画为序)

   王　珏　王保平　左　惟　龙迪勇　仲伟俊　刘　攀　刘乃丰　孙正明　孙立涛

   吴　刚　宋爱国　张在琛　陈美华　金　石　周佑勇　赵剑锋　耿　新　顾忠泽

   倪中华　浦跃朴　曹进德　魏海坤

校发〔2019〕216号

关于成立移动信息通信与安全前沿科学中心管理委员会的通知

2019年9月6日

各校区,各院、系、所,各处、室、直属单位,各学术业务单位:

因工作需要,经研究决定,成立移动信息通信与安全前沿科学中心管理委员会,聘任左惟同志为管理委员会主任,管理委员会成员名单详见附件。请严格按照《前沿科学中心建设管理办法》的规定,充分发挥管理委员会确定中心中长期规划、审定中心重大事项、协调中心建设运行中问题、审定学术委员会人选等方面的作用。

移动信息通信与安全前沿科学中心管理委员会名单

序号	职务	姓名	工作单位	职称
1	主任	左　惟	东南大学	教授
2	副主任	丁　辉	东南大学	教授
3	副主任	吴　刚	东南大学	教授
4	委员	王景全	东南大学	教授
5	委员	任祖平	东南大学	教授
6	委员	任卫时	东南大学	教授
7	委员	孙立涛	东南大学	教授
8	委员	江　汉	东南大学	教授
9	委员	张晓兵	东南大学	教授
10	委员	张在琛	东南大学	教授
11	委员	金　石	东南大学	教授

(续表)

序号	职务	姓名	工作单位	职称
12	委员	钟文琪	东南大学	教授
13	委员	耿 新	东南大学	教授
14	委员	曹进德	东南大学	教授
15	委员	程 光	东南大学	教授

* 委员以姓氏笔画为序

校发〔2019〕224 号

关于成立东南大学文物保护领导小组的通知

2019 年 9 月 10 日

学校各有关部门、单位：

为加强我校文物保护和管理，进一步贯彻执行《中华人民共和国文物保护法》和"保护为主、抢救第一、合理利用、加强管理"的文物工作方针，加大文物保护力度，经研究决定成立东南大学文物保护领导小组。领导小组成员名单如下：

组　　长：张广军

副组长：王建国　丁　辉　黄大卫

成　　员：（按姓氏笔画为序）

冯建明　任卫时　任祖平　李维滨　冷嘉伟　顾永红　黄松莺　梁书亭　冀　民

秘　　书：蒋　璇

领导小组下设办公室和专家委员会。办公室设在四牌楼校区管理委员会，负责文物保护和管理的日常工作。专家委员会负责文物保护规划编制、文物修缮利用方案等的专家论证和咨询等工作，成员名单如下：

组　　长：王建国

成　　员：（按姓氏笔画为序）

叶菊华　李民昌　沈　阳　张　彤　周小棣　周　琦　段　进　董　卫　韩冬青

校发〔2019〕225 号

关于成立移动信息通信与安全前沿科学中心第一届学术委员会的通知

2019 年 9 月 12 日

各校区，各院、系、所，各处、室、直属单位，各学术业务单位：

因工作需要，经研究决定，成立移动信息通信与安全前沿科学中心学术委员会，聘任吴培亨院士为第一届学术委员会主任，学术委员会成员名单详见附件。请严格按照《前沿科学中心建设管理办法》的规定，充分发挥学术委员会指导中心发展方向和重大项目选题、为中心的发展提供战略咨询、推动中心开展学术交流、帮助中心引进国际一流人才的作用。

移动信息通信与安全前沿科学中心第一届学术委员会名单

序号	职务	姓名	工作单位	职称
1	主任	吴培亨	南京大学	中国科学院院士
2	副主任	费爱国	中国人民解放军空军研究院	中国工程院院士
3	副主任	张广军	东南大学	中国工程院院士
4	副主任	陆 军	中国电子科技集团公司电子科学研究院	中国工程院院士
5	委员	尤肖虎	东南大学	教授、长江学者、杰青
6	委员	冯登国	北京信息科学技术研究院	教授、杰青
7	委员	李正茂	中国移动通信集团公司	教授、副总裁
8	委员	童 文	华为公司	无线CTO、5G首席科学家
9	委员	Julian Cheng	加拿大英属哥伦比亚大学	教授
10	委员	Lajos Hanzo	英国南安普顿大学	英国皇家工程院院士
11	委员	Victor O. K. Li	香港大学	教授
12	委员	Geoffrey Ye Li	美国佐治亚理工学院	教授
13	委员	Jiangzhou Wang	英国肯特大学	英国皇家工程院院士

＊委员以姓氏笔画(中文)或姓氏首字母(英文)为序

校发〔2019〕228号

关于调整东南大学推进世界一流大学和一流学科建设领导小组和工作组的通知

2019年11月11日

各校区,各院、系、所,各处、室、直属单位,各学术业务单位:

因工作需要,经研究决定,现对推进世界一流大学和一流学科建设领导小组、工作组成员进行调整,名单如下:

一、领导小组

组　　长:张广军　左　惟
成　　员:王保平　郑家茂　丁　辉　金保昇　刘　攀
秘书单位:双一流建设办公室、财务处

二、工作组

(一)总体组

组　　长:王保平
副组长:郑家茂　丁　辉　金保昇　刘　攀
成　　员:教务处、研究生院、人事处、科研院、社科处、国际合作处、财务处、发展规划与学科建设处、实验室与设备管理处等相关职能部门负责人。

牵头单位：发展规划与学科建设处、财务处

（二）项目组

（1）"拔尖创新人才培养"项目组

组　　长：金保昇

成　　员：教务处、研究生院、学生处、团委、实验室与设备管理处、国际合作处、人事处、党委办公室、大学科技园等相关职能部门负责人。

牵头单位：教务处、研究生院

（2）"提升自主创新和社会服务能力"项目组

组　　长：丁　辉

成　　员：科研院、发展规划与学科建设处、实验室与设备管理处、财务处等相关职能部门负责人。

牵头单位：科研院、发展规划与学科建设处

（3）"师资队伍建设"项目组

组　　长：刘　攀

成　　员：人事处、党委组织部、党委教师工作部、教务处、研究生院、科研院等相关职能部门负责人。

牵头单位：人事处

（4）"文化传承创新"项目组

组　　长：郑家茂

成　　员：党委宣传部、党委办公室、社科处、团委、学生处、发展规划与学科建设处等相关职能部门负责人。

牵头单位：党委宣传部、社会科学处

（5）"国际合作交流"项目组

组　　长：王保平

成　　员：国际合作处、研究生院、教务处、人事处、党委教师工作部、海外教育学院等相关职能部门负责人。

牵头单位：国际合作处

本通知自发布之日起执行。原《关于公布推进世界一流大学和一流学科建设领导小组、工作小组及办公室成员名单的通知》（校发〔2016〕26号）、《关于调整推进世界一流大学和一流学科建设领导小组、工作小组成员的通知》（校发〔2016〕163号）、《关于调整推进世界一流大学和一流学科建设领导小组、工作小组成员的通知》（校发〔2017〕47号）同时废止。

校发〔2019〕287号

重要文件与讲话

中共东南大学委员会 2018 年工作总结和 2019 年工作要点

一、2018 年工作总结

2018年是全面贯彻党的十九大精神的开局之年,是改革开放40周年、学校复更名30周年,也是加快推进"双一流"建设、努力实现内涵式发展的奋进之年。校党委高举习近平新时代中国特色社会主义思想伟大旗帜,认真贯彻落实全国教育大会精神,在教育部、省委省政府的关心指导下,紧紧围绕中国特色世界一流大学建设目标,紧扣"人才年"主题和"改革、质量、效率"关键词,团结和带领广大师生员工,深入实施综合改革方案和"十三五"事业发展规划,全面提升人才培养质量、大力加强师资队伍建设,勇担使命、改革创新、奋发有为,加快推进"双一流"建设,学校各项事业取得新进展、迈上新台阶。

(一)政治建设有力加强

1. 党的领导全面加强

持续提高政治站位,大力加强政治建设,牢固树立"四个意识",坚定"四个自信",坚决做到"两个维护",坚定社会主义办学方向,加强学校党委对学校事业的全面领导,把党的建设贯穿办学治校全过程,切实增强领导班子的责任担当。在坚持和完善党委常委会、校长办公会议事决策规则的基础上,制定了党委全委会议事决策规则,党委科学决策、民主决策体系进一步健全,党委领导核心作用进一步发挥。制定了院(系)党组织会议议事规则和院(系)党政联席会议议事规则,院(系)党组织政治核心作用进一步发挥,院(系)内部治理结构不断完善。

2. 中央巡视整改和校内巡察工作扎实推进

将巡视整改作为全面从严治党的重要抓手,在前期集中整改的基础上,围绕学校二级单位贯彻执行新出台制度情况、"三重一大"决策制度执行情况、2017年校中层领导班子和领导干部落实党风廉政建设责任制自查情况、监察建议书落实整改情况等,在全校范围内开展专项督查,推进巡视整改落实到位。按照新时代政治巡察工作要求,成立了巡察工作机构,出台了巡察工作办法和规程,完成首轮对4个学院党委的巡察。

(二) 思想和宣传工作有力提升

1. 理论武装持续深化

认真学习贯彻党的十九大，十九届二中、三中全会和全国教育大会精神，习近平总书记在北大师生座谈会、纪念马克思诞辰200周年大会等一系列重要会议上的讲话精神，加强全校理论学习品牌"至善讲堂"建设，先后组织校党委中心组集中学习研讨9次，全校中层干部集中学习培训8次，举办师生座谈会、研讨会、报告会、知识竞赛等活动6场，为加快推进"双一流"建设和落实立德树人根本任务营造了积极的思想环境。

2. 意识形态工作责任制有力落实

强化党委统一领导、各基层党组织分工负责的意识形态工作机制。充分发挥意识形态工作领导小组的统筹协调作用，学校党委常委会定期研判意识形态工作，认真开展全校意识形态领域工作专项自查，加强阵地管理，推进意识形态工作责任制落地落实。加强国家安全教育，深入开展全民国家安全教育日宣传活动，切实增强师生国家安全意识。大力提升意识形态工作线上管理服务水平。

3. 宣传工作水平持续提升

强化新闻专题策划能力建设，不断提升新闻宣传能力水平。紧扣五四青年节、改革开放40周年、学校116周年校庆与复更名30周年等重要时间节点，聚焦重大主题、围绕师生典型，讲好东大故事、传递东大声音。举行新闻发布活动30余次，累计刊发各级媒体宣传报道800余篇，其中中央级媒体报道250余篇，包括中央电视台报道14篇。新媒体传播影响力持续加强，官方微博、微信全年发布信息3 300余条，最高阅读量189万次。新媒体工作室获教育部"教育政务新媒体成长奖"。出版《东南大学报》29期，获2017年度全国及江苏省报纸和高校校报优秀作品一等奖7项。加快建设"网上东大"，全面推进学校二级网站升级改版。

(三) 综合改革进一步深化，"十三五"规划和"双一流"建设有序推进

1. 综合改革全面深化

完成学校综合改革方案的修订工作，根据新时代新要求，全面调整下一阶段综合改革思路。加快推进综合改革以及"放管服"改革进程，修订和完善校、院（系）两级管理方案，健全和完善内部治理结构，梳理校部机关职责，优化组织架构和布局，人民武装部和党委学工部合署办公，网络与信息中心独立设置，党委教师工作部和教师教学发展中心合署办公，整合成立了党委发展规划与学科建设部/发展规划与学科建设处（"双一流"建设办公室），新成立了党委巡察工作办公室、苏州校区，成立了人工智能学院、人工智能研究院、脑科学与智能技术研究院、分子铁电科学与应用研究院。

2. "十三五"规划和"双一流"建设有序推进

认真开展"十三五"规划和"六大支撑计划"落实情况中期检查，全面核查评价我校"十三五"规划实施以来的总体情况，总结经验，查摆问题，明确下一阶段学校发展的重点，确保规划按进度实施。全力实施"一流学科攀升计划"，先后启动"优势理科攀升计划"和"精品文科攀升计划"。完成2018年中央高校建设一流大学（学科）和特色发展引导专项资金预算制定和使用计划论证工作并顺利执行。进一步优化学科布局，鼓励和支持基础、前沿、新兴、交叉学科发展，促进形成多学科协调发展、科学合理的学科生态，学科国际声誉稳步提升。

(四) 基层党组织和干部、人才队伍建设有力加强

1. 基层党组织建设扎实推进

深入实施"对标争先"建设计划，1个学院党委入选"全国党建工作标杆院系"，2个党支部入选"全国党建工作样板支部"，1个研究生党支部入选"全国高校百个研究生样板党支部"。全面实施教师党

支部书记"双带头人"培育工程,推动教师党支部书记普遍成为党建带头人和学术带头人。进一步落实党建工作责任制,提高基层党建工作质量,遴选出39个全校基层党组织"书记项目",将党组织书记述职评议考核工作扩展到全校基层党支部。开展了全校基层党组织督查调研,大力推进基层党建工作规范化科学化。先后举办了学习贯彻党的十九大精神副处级以上领导干部专题培训班、全校党员发展对象培训班和预备党员培训班,选派校领导班子成员、中层领导干部、教职工和学生党支部书记参加各类培训活动。

2. 干部人事制度改革持续深化

贯彻执行中央《党政领导干部选拔任用工作条例》,认真实施学校中层领导干部选拔任用工作条例,拓宽选人用人视野和渠道,加强中层干部的党政交流、机关院(系)交流,干部队伍活力不断增强。顺利完成2017年度校领导班子和领导干部年度考核及干部选拔任用"一报告两评议"工作。实施学校中层领导后备干部选拔培养办法,开展摸底调查,发现和培养年轻优秀干部。认真实施学校中层领导干部兼职管理暂行办法,进一步完善对干部兼职的管理。顺利完成新一轮援疆、援藏、滇西扶贫、博士服务团、苏北扶贫、江苏省科技镇长团等外派干部人才选派工作。

3. "人才年"建设良好开局

围绕"人才年"工作定位,以"深化教育综合改革、培养一流创新人才"为主题,开展了教育思想大讨论,重塑了领军人才培养目标定位。系统规划并实施"高端师资倍增计划"和"一流师资队伍建设方案",大力推进院(系)关键业绩指标(KPI)考评机制改革,加强高水平师资队伍引育,激发现有人才队伍活力。启动实施"优势理科攀升计划"和"精品文科攀升计划"人才专项支持计划,启动实施由华为公司支持的"紫金学者计划"。引进兼职院士2人、"杰青"2人、全职"千人"1人,聘任人文社会科学资深教授4人。新增长江学者1人,青年长江学者5人。新增"千人计划"创新人才长期项目专家4人、外专项目专家2人、青年千人6人。新增"万人计划"科创领军人才4人、教学名师1人、青年拔尖人才2人。入选中青年科创领军人才7人、重点领域创新团队1个。入选"高被引科学家"9人次,并列全国高校第十。2人入选"江苏社科名家"。1人获得"中国医师奖"和"白求恩式好医生"荣誉称号。成功举办2018年海外青年学者论坛并取得丰硕成果。

(五) 立德树人根本任务全面落实

1. 师生思政工作成效明显提升

着力构建全员、全过程、全方位育人体系,获批全国首批"三全育人"综合改革试点高校,获批全国首批高校思想政治工作创新发展中心,1个项目获批全国高校思想政治工作精品项目。承办全省"马克思主义·青年说"闭幕式活动。进一步加强思想引领、价值塑造,以"五红"构造学生思政教育新格局,举办红色讲堂和理想信念大讲堂共10讲,设立本科生党支部精品培育项目29个。校、院(系)两级领导深入学生班级、团支部开展形式多样的活动。持续开展研究生党支部书记、支部委员的系列培训,加强研究生党员骨干思想引领,举办"不忘初心"大讲堂15期。持续推进共青团改革,荣获2018年"全国五四红旗团委"。充分发挥榜样育人和典礼育人的作用,推进"学在东南、胸怀世界"学风建设,承办"江苏省大学生年度人物暨高校辅导员年度人物"颁奖典礼,入选"江苏省高校辅导员年度人物""江苏省大学生年度人物"各1人。创新军事技能训练模式,积极开展国防教育活动。做好大学生征兵工作,9名学生光荣入伍。强化辅导员队伍管理培训考核,充分发挥班主任帮助学生成长成才的重要作用。开展全校教职工思想动态调研,组织教师开展爱校爱国系列主题活动,举办新入职教师入职宣誓等活动,教师思政和师德师风教育实效不断提升。

2. 社会实践和"双创"育人开创新局面

组织690支团队、7 000余名学生分赴革命老区、国家重点行业和企业、对口支援贫困县深入实践,引导学生树立家国情怀,增强实践能力,获"全国社会实践先进单位"。构建理论培训、体验训练、实践孵化、服务支撑"四位一体"的第二课堂。不断完善大学生创新创业体系,以"挑战杯""创青春""互联网+"等赛事为牵引,培育孵化 140 余支重点备赛创新创业团队。以学生科技节、创业大讲堂、双创冬令营等品牌活动为依托,构建多元立体的双创氛围营造模式。首次蝉联"创青春"全国大学生创业大赛"优胜杯",1 人获"中国青少年科技创新奖"。

(六)全面从严治党向纵深推进

1. 全面从严治党主体责任进一步落实

召开 2018 年学校全面从严治党工作会议。注重政治纪律和政治规矩的监督检查,从严加强干部监督和管理,加强干部任用廉洁意见回复工作,严把政治关,将政治规矩和政治纪律作为干部选拔任用首要条件。持续开展"三个一"工作,推进校领导班子成员履行"党政同责、一岗双责"。开展 2018 年度校中层党政领导班子和领导干部党风廉政建设责任制检查考核,中层以上领导干部主体责任层层落实。

2. 执纪监督、廉洁教育不断加强

持续深化纪检监察部门职能"三转",将监督检查的切入点转变到对职能部门履行职责的再监督上。通过加大信访件下转基层党委力度、要求基层党委开展廉洁教育宣讲、建立运用第一种形态开展工作上报制度等,促进各基层党组织切实履行全面从严治党主体责任。积极防范采购、特殊类型招生等重点领域的廉政风险。坚持"逢新必教",组织开展全校廉洁教育专题报告会、警示教育参观活动,充分发挥官方微信、校报、电子版警示教育学习资料等廉洁教育平台的作用,廉洁教育建设有效推进。

(七)和谐校园建设深入推进

1. 校园文化建设有力推进

落实学校"十三五"文化建设规划,积极推动校园文化建设。成功举办系列活动隆重庆祝改革开放 40 周年和东南大学复更名 30 周年。精心组织开展"新生文化季"系列活动,举办"我们的六月"东南大学首届诗歌节,承办江苏青年庆祝改革开放 40 周年暨"诵读学传"活动。学校以"古琴"项目入选教育部首批中华优秀传统文化传承基地。开设多门文化精品课程,举办名家高层演讲近 50 场、高雅艺术进校园大型文化活动 10 余场,不断掀起校园文化新高潮。

2. 校园民主民生建设不断加强

民主党派政治建设、组织建设和干部队伍建设有序推进,各党派基层委员会换届工作顺利完成。积极构建大统战工作格局,党委与党外代表人士沟通渠道进一步拓宽。多维度开展为侨服务,获首批"全国为侨公共服务体系示范单位"称号。健全教代会运行机制,切实发挥校、院(系)两级教代会民主管理和民主监督作用。提高教职工福利发放标准,东南大学附属幼儿园顺利开园,完善大病医疗互助工作,推进院(系)"教工之家"建设,校园民生不断改善。稳妥推进离退休工作转型发展,巩固提高关工委工作常态化建设。有效促进学生组织健康发展,成功召开第二十六次学生代表大会和第十次研究生代表大会。

3. "美丽东大"、平安校园建设再上新台阶

校园基础设施和文化景观建设持续加强,办学环境不断优化,办学条件不断改善。加快实施基本建设"十三五"规划,各项基本建设工程有序推进,桃园新食堂投入使用。积极推进九龙湖校区、丁家桥校区建设规划修编工作以及四牌楼校区保护规划修编工作,进一步优化校园功能布局。认真做好日常的保密教育、培训和检查工作。加强安全制度建设,积极开展实验室、消防等安全巡查和隐患整改,规范校内交通管理,加强楼宇安全管理,完善综合治理和校园安全管理平台,获"江苏省平安校园建设示范高校"称号。

2018 年学校各项事业均取得新进展。教育教学与人才培养质量不断提升,获得国家级教学成果奖 9 项,获奖总数并列全国高校第三,一等奖数并列全国高校第二。申请学位授权自主审核单位增列工作进展顺利。12个一级学科获得江苏高校优势学科建设工程三期项目立项建设。截至2018年11月,ESI学科排名稳步提升,其中进入ESI前1‰的工程学与计算机科学分别位列第25位、第23位。网络空间安全学院与人工智能学院正式揭牌,人文学院历史学系正式成立。牵头获国家科学技术奖二等奖5项,获奖总数并列全国高校第七位,牵头获江苏省科学技术奖一等奖8项,获奖总数位列全省第一。获得"中国高等学校十大科技进展"1项。科研到款总经费超过25亿元。申请中国发明专利2 848件,授权1 437件;申请PCT专利102件,申请国外专利25件,授权11件。9人次进入2018年度"高被引科学家"名单。网络通信与安全紫金山实验室、网络空间国际治理研究基地、脑科学与智能技术研究院相继揭牌成立。大力推进与苏州、无锡合作办学,与无锡签订新一轮战略合作协议和无锡国际校区建设协议。国际化办学水平稳步提升,东南大学雷恩研究生院正式揭牌。持续深入推进云南南华县定点扶贫工作,助力当地提前达到脱贫标准。财务、审计、基本建设、后勤服务、资产管理、图书档案、学报、异地办学、独立学院、继续教育、中大医院医教研、对口支援、校友会、基金会等各项工作均取得长足发展。

二、2019年工作要点

2019年是中华人民共和国成立70周年,是全面建成小康社会、实现第一个百年奋斗目标的关键之年,也是学校实现"三步走"战略第一步目标的攻坚之年。党委工作的总体要求是:以习近平新时代中国特色社会主义思想为指引,深入贯彻党的十九大和十九届二中、三中全会精神,深入学习贯彻全国教育大会精神,认真开展"不忘初心、牢记使命"主题教育,持续深化"人才年"工作主题,聚焦"新使命、新担当、新作为"关键词,强化"班子建设、作风建设"着力点,全面深化综合改革,充分释放办学活力,凝心聚力,狠抓落实,努力推进"双一流"建设取得新成就,进一步增强学校的综合实力和办学水平。

(一) 大力加强政治建设

1. 深入开展"不忘初心、牢记使命"主题教育

根据中央统一安排,在副处级以上领导干部中深入开展"不忘初心、牢记使命"主题教育,推动全体党员领导干部牢记中国共产党人为中国人民谋幸福、为中华民族谋复兴的初心使命,牢记东南大学共产党人办世界一流大学的初心使命,勇担新使命,展现新作为,用党的创新理论武装头脑,团结带领全体师生员工,坚定不移全面深化综合改革,加快推进中国特色世界一流大学建设,加快实现"1—10—100"东大梦。[党委组织部、各院(系)党组织]

2. 持续强化政治建设

通过组织开展校党委理论学习中心组集中学习研讨、中层以上领导干部集中学习培训等,坚持以党建创新理论武装头脑,切实提高政治站位,树牢"四个意识"、坚定"四个自信"、坚决做到"两个维护",坚定社会主义办学方向。认真贯彻落实党委领导下的校长负责制,确保学校党委"把方向过硬、管大局过硬、做决策过硬、保落实过硬"。贯彻落实党委全委会议事决策规则、院(系)党组织会议事规则、院(系)党政联席会议事规则,修订完善校、院(系)两级"三重一大"决策制度,进一步健全党委科学决策、民主决策体系。(党委组织部、党委办公室、纪委办公室)

3. 继续开展校内政治巡察工作

进一步完善符合学校实际的巡察工作体制机制,狠抓整改落实,确保被巡察党组织全面整改取得实效。推进巡察成果运用,做好发现问题线索的分类及移交工作。总结首轮巡察工作经验,加强巡察工作培训,配齐配强专兼职巡察工作队伍,提高巡察队伍工作能力。按照全覆盖的要求,启动实施新一轮对16个院(系)党组织的校内巡察,持续推动全面从严治党向纵深发展、向基层延伸。积极发挥相关职能部门在巡察工作中的作用,进一步健全党委全面监督、纪委专责监督、部门职能监督、基层组织日常监督、党员民主监督的党内监督体系。[党委巡察办、各有关院(系)党组织]

(二) 扎实推进思想宣传工作

1. 不断强化理论武装

将持续深入学习习近平新时代中国特色社会主义思想作为首要政治任务，切实做到学懂弄通做实。持续建设以"至善讲堂"为主要载体的校园理论教育阵地，认真做好"学习强国"平台的推广使用工作。进一步联系学校发展实际，扎实组织教育培训，制定干部培训规划，推动全体干部师生开展多形式、全覆盖学习培训。举办专题培训班，确保习近平新时代中国特色社会主义思想，党的十九大、全国教育大会和全国高校思想政治工作会议精神在学校得到积极贯彻落实，为学校改革发展指明正确方向、提供不竭动力。（党委宣传部、党委组织部）

2. 深入贯彻落实意识形态工作责任制

坚持马克思主义指导地位，深入推进习近平新时代中国特色社会主义思想进教材进课堂进头脑，不断增强师生政治认同、思想认同、理论认同、情感认同。健全有关职能部门定期联席会议制度，完善意识形态风险防控与应急处置流程，加强人员和阵地管理，把牢意识形态工作领导权话语权。严格落实意识形态工作责任制并对落实情况进行督查，确保意识形态安全。加强网络舆情工作，充实舆情工作队伍，完善舆情信息采集、预警报送与应急处置工作流程，不断提升舆情应对处置能力。完善网络安全责任制，维护校园网络信息安全。［党委宣传部、各院（系）党组织］

3. 切实提升宣传思想工作引领力

召开全校宣传思想工作会议，守正创新，更好承担"举旗帜、聚民心、育新人、兴文化、展形象"的使命任务。大力实施"东大影响力提升计划"，以"传播能力建设年"为主线，提升宣传工作规范性、时效性和主动性，推动机制、平台、队伍提质升级，全面强化价值引领、新闻传播、文化示范、舆论引导能力建设。围绕"礼赞新中国，奋进新时代"，开展"东大人的国家记忆"等庆祝新中国成立70周年主题宣传活动。围绕学校重大改革举措及进展，抓好重大新闻发布及系列宣传工作。积极拓展海外宣传渠道，提升学校国际办学声誉。推动校内各宣传媒介的深度融合，推动校报等平面媒体转型发展，建成全校新媒体矩阵。持续进行学校各层级中英文网站的开发与更新，加强对内对外宣传片的制作推广。开展"寻访身边榜样"等采写活动，讲好东大人不平凡的故事。［党委宣传部、党委教师工作部、各院（系）］

（三）持续深化综合改革、推进"双一流"建设

1. 持续深化综合改革

加强顶层设计和规划引领，开展对综合改革方案、放管服改革实施情况督查与评估。大力实施"十三五"规划，启动"十四五"规划预研工作。继续完善校、院（系）两级治理结构，梳理党委、行政、学术权力关系，优化机构设置，推动管理重心下移。重点做好KPI考核评价机制改革，破除"唯文凭、唯论文、唯帽子"等不合理因素，建立更加适应国家发展战略需求和综合性大学发展要求的分类考核评价机制。［发展规划与学科建设部（处）、人事处、各院（系）］

2. 大力推进"双一流"建设

全面做好第五轮学科评估的准备工作，适时启动学科国际评估工作。加快推进"优势理科攀升计划""精品文科攀升计划"方案的深入实施，启动实施"特色医科攀升计划"。建立东南大学ESI分析报告的常态发布机制，开展ESI学科排名的引导和分析。做好"双一流"建设2019年度中央专项资金和省配套资金的安排使用以及2020年中央专项资金项目申报和设备入库清单上报工作。加快"十大科学问题"推进和"重大科研平台"建设，探索构建学科交叉合作以及相互支撑的学科生态，健全学科专业布局谋划、新增与动态调整机制。［发展规划与学科建设部（处）、"双一流"建设办公室］

(四)进一步强化领导干部队伍、基层党组织和人才队伍建设

1. 着力加强领导班子和干部队伍建设

把领导班子建设作为干事创业的关键,弘扬奋斗精神,崇尚真抓实干,充分营造担当作为、狠抓落实的干事创业氛围。重要工作亲自部署、重大事项亲自推动、重点环节亲自协调、落实情况亲自督查,抓好各项部署落实,推进各项工作纵深突破。强化顶层设计、系统谋划、综合施策,切实提升校、院(系)两级班子的谋划力决策力。坚持底线思维,提高防控能力,坚决完成防范化解重大风险的政治任务。做好全校、院(系)行政领导班子换届工作,优化班子年龄、学科、性别和党派结构,配强班子队伍。结合换届工作加大院(系)、机关领导干部交流力度,优化全校干部结构。制订党外人士校内挂职实施办法,健全党外干部培养机制。完善分层次、按类别、多渠道的干部教育培训体系,切实提升干部队伍的协同力执行力。深入实施中层领导后备干部选拔培养办法,加大优秀青年干部培养力度。完善干部管理和监督机制,认真做好领导干部个人有关事项报告年度抽查和重点查核工作。(党委组织部、党委统战部)

2. 努力夯实基层党建工作基础

认真贯彻新时代党的建设总要求和新时代党的组织路线,把党支部建设放在更加突出位置。认真贯彻《中国共产党支部工作条例(试行)》,做好全校基层党支部换届工作。持续推进"两学一做"学习教育常态化制度化建设,深入推进基层党支部标准化建设,深入实施教师党支部书记"双带头人"培育工程,加强教师党支部建设与院(系)中心工作相结合,大力开展"样板支部"和"党支部书记工作室示范点"培育创建工作,推动基层党支部建设全面进步、全面过硬。做好党员干部教育培训和党员发展工作,加大在优秀青年教师中发展党员工作力度。大力实施"领航计划",推进组织育人,进一步落细落实学生党支部标准化建设,全面提升学生党支部建设质量。加强党建带团建,健全"推优入党"工作链条,推动基层组织阵地共建共享。[党委组织部、各院(系)党组织、团委]

3. 持续开展"人才年"建设

创新人才工作机制,健全和完善校、院(系)两级人才工作责任制,着力营造引才、聚才、育才良好氛围。持续推进"高端师资倍增计划",以人事制度改革为突破口,坚持"优化结构、创新机制、激发活力"工作方针,按照"立足校内、深化海外、重点高端、面向未来"工作思路,进一步完善一流师资队伍建设的引育人才工程体系,努力形成"高端人才、优秀中青年、骨干教师"多层次、多类别、具有活力的一流师资队伍与一流人才高地。深化职称晋升和专业技术岗位晋升制度改革,在试点学院积极推进年薪制和全员岗位聘用工作。进一步加大海外宣传力度。认真做好国家"千人计划""长江学者""万人计划"候选人的选拔推荐工作,扩大高端人才总量。健全师资队伍薪酬体系和KPI考核评价体系,激发师资队伍活力。[人事处、党委教师工作部、各院(系)]

(五)不断完善立德树人协同育人体系

1. 深入实施"三全育人"综合改革

以教育部"三全育人"综合改革试点为重点,实施"十大育人"计划,构建一体化思想政治工作体系。做好教育部思政创新发展中心和资助育人精品项目建设工作。优化重组学生管理服务机构,以健雄书院和秉文书院为试点探索实施书院制改革。以"磐石工程"为基础,以"四大学堂"为支撑,以"接班人工程"为引领,着力增强学生担当引领意识和跨文化交流能力。创新管理育人、服务育人方式方法,选树"三育人"积极分子典型。大力实施"求真计划""行知计划",高质量建成一批产学研协同育人平台、实践育人基地和志愿服务项目,提升学生创新创业和社会实践能力。大力实施有温度的教育,切实加强学风建设,深入实施"润心计划",以"四联动"机制加大心理育人力度,把关怀与促进学生成长有效结合。大力推进辅导员队伍专业化、职业化建设。调整优化辅导员队伍结构,通过系列培训进一步提升理论素养和引领学

生发展水平。加强国防教育,做好大学生征兵入伍工作。建立教师荣誉和师德考评制度,健全教师荣誉表彰体系。加强典型宣传,弘扬高尚师德。发挥离退休老同志育人优势,推进关工委工作优质化建设。[各有关部处、各有关院(系)]

2. 深入实施领军人才培养机制改革

大力实施"2020一流本科教育行动计划"和"研究生教育综合改革方案",构建领军人才培养体系,培养学生的大格局、大情怀和入主流、做大事的能力素质,造就具有家国情怀和国际视野,担当引领未来和造福人类的领军人才。重点推动大类招生与大类培养、"三制五化"落实落地。加强学生职业发展价值导向,输送更多学生进入国家重点行业、企业和国际组织。认真实施"培元计划",强化院(系)在教学中的主体责任,以书写"奋进之笔"得意之作为工作抓手,加强课程资源建设,大力推进思政课程和课程思政建设,提升课堂教学质量。完善教师上课资格审查和教师培训制度,保证教学能力持续提升。探索制订研讨课、双语课、全英文课等各类课程标准,完善教师教学质量评价制度。[教务处、研究生院、学生处、教师教学发展中心、各院(系)]

(六)着力推进作风建设

1. 积极转变思想和工作作风

切实增强转变作风的自觉性,推动广大党员干部和教职工心无旁骛干事业、聚精会神抓落实。持续推进思想作风建设,解放思想,积极破除思想观念、习惯做法和利益关系的路径依赖。强化责任担当,提高履职能力和工作落实力。针对学校发展、师生关切的热点难点问题,加强调查研究。坚持"以师生为本"的服务理念,大力实施"善治计划""优服计划",合力解决师生反映强烈的突出问题。坚持问题导向和发展导向,优化服务流程,整体提升服务师生的效率和质量。坚持线上与线下相结合、大厅与部门相结合、集中与分散相结合、多个校区相结合的建设原则和途径,构建科学协同的管理模式和服务体系,切实提升综合服务能力。[机关党委、党委办公室、校长办公室、各有关院(系)、各部处]

2. 大力强化工作落实

持续推进巡视巡察整改落实,健全工作落实和责任追究机制,推动广大党员领导干部扑下身子狠抓落实。做好机关作风建设综合考核评价改革,优化考核激励机制,科学设置考核目标,提升考核评价精细化水平。通过选树典型示范、比质量效率、比水平效益,抓劳动纪律、抓服务反馈、抓督查评议,营造干事创业、担当作为的良好氛围。[机关党委、各院(系)、各部处]

(七)进一步加强纪律建设

1. 不断加强纪检监察体制机制建设

按照中央纪委国家监委关于中管高校纪检监察体制改革的重要部署,不断完善新时期学校纪检监察体制机制。持续深化纪检监察部门"三转",在督促各单位履行"党政同责、一岗双责"的同时,持续发挥"监督的再监督"作用。落实中央推动反腐败工作法制化、规范化要求,强化全覆盖监督质量,进一步提升监督执纪能力水平、依规依纪依法开展工作能力。(纪委办、监察处)

2. 切实推进纪检监察各项工作

加强对形式主义、官僚主义、校园特权思想和现象的监督检查。紧盯重要时间节点,严肃查处作风建设、违纪违规的人和事,深入贯彻落实中央八项规定精神。持续完善信访举报件分析研判制度,推进信访举报工作创新。坚持基层党组织践行监督执纪"四种形态"第一种形态相关工作报送制度,推动基层党组织运用第一种形态开展日常教育管理监督工作落到实处。坚持"逢新必教",探索警示教育新思路、新途径。持续用好学校官方微信、校报、校园网、校检合作共建平台等载体,不断加强党员干部师生廉洁教育。(纪委办、监察处)

(八) 持续深化和谐校园建设

1. 深入推进校园文化建设

深入实施学校"十三五"文化建设规划，完善文化建设领导体制和工作机制。加强统筹谋划、分工落实和督查总结，系统推进先进大学文化建设，大力实施"弘文计划"，着力构建以"止于至善"为内核的精神文化、以"学在东大"为特色的行为文化、以校标校徽为依托的符号文化。完善和推广学校视觉形象（VI）识别系统，完善校内道路、楼宇命名规则。启动并推进校史续编工作，深入总结凝练和宣传校训精神，充分发挥校史文化资源思政育人价值。系统梳理革命文化资源和社会主义先进文化，建设"革命文化教育资源库"，推动"东大英烈墙"和"大师长廊"建设。启动并实施学校影像文化资料整理及数字化项目。持续建好"新生文化季""人文大讲堂"等校园文化品牌。依托"诵读学传""礼敬中华优秀传统文化""校园原创文化经典推广行动计划"、古琴传承基地等，探索构建东大特色中华优秀传统文化传承发展体系。支持优秀文化项目校内展览展演和海外传播。[党委宣传部、团委、党委学工部、党委研工部、校史研究室、各有关院（系）]

2. 继续加强校园民主民生建设

加强党外代表人士队伍建设，推进落实学校选派党外人士校内任职实施办法。完善校、院（系）两级教代会运行机制，提升校园民主管理和监督水平。持续推进校工会青年工作委员会学院分会建设，完善青年教师成长培养机制。进一步加强对学生会、研究生会的指导力度，制订学生代表大会工作规则和学生干部培养规划。规范学生社团管理，加强社团骨干培训，促进学生社团健康发展。大力实施"金钥计划"，提升精准服务水平，助力学生健康成长，为贫困学生创造人生出彩的机会。稳步推进离退休工作机构改革，加强与社区共建，完善离退休人员服务工作。做好离退休协会及各分会的换届工作。（党委统战部、工会、党委教师工作部、团委、党委学工部、党委研工部、党委老干部处、人事处）

3. 加快推进"美丽东大"和平安校园建设

做好四牌楼校区、九龙湖校区、丁家桥校区的规划编修工作。传承创新东大文化，建设生态九龙湖、文化九龙湖，打造"东大九龙湖"文化标识，提升校园文化景观建设水平。进一步推进各校区基本建设和修缮维护工作，创建与世界一流大学相适应的美丽校园环境。继续加强维护校园安全稳定及综合治理工作，落实安全工作责任制，构建分层化管理体系。强化实验室、消防、交通、楼宇、保密等安全管理的主体责任。完善工作机制，健全规章制度，加强队伍建设，有序推进校园安全综合保障平台和应急指挥中心建设。积极开展国家安全、学校安全等教育活动，增强师生员工的安全防范意识和能力。认真开展保密认证中期检查，进一步推进保密工作规范化管理。[基本建设处、四牌楼校区管委会、丁家桥校区管委会、党委宣传部、发展规划与学科建设部（处）、党委保卫部、总务处、实验室与设备管理处、保密办公室、各院（系）]

中共东南大学委员会2019年上半年工作总结和下半年工作补充要点

一、2019年上半年工作总结

2019年上半年,校党委在教育部党组、江苏省委省政府的正确领导下,深入学习贯彻习近平新时代中国特色社会主义思想和党的十九大及十九届二中、三中全会精神,紧紧围绕中国特色世界一流大学建设目标,持续深化"人才年"工作主题,聚焦"新使命、新担当、新作为"关键词,强化"班子建设、作风建设"着力点,全面深化综合改革,充分释放办学活力,凝心聚力,狠抓落实,加快推进"双一流"建设,年初确定的各项工作任务进展顺利。

(一) 政治建设大力加强

1. 班子建设持续强化

通过组织领导班子开展集中学习培训、校党委理论学习中心组集中学习研讨等,坚持以党建创新理论武装头脑,切实提高政治站位,树牢"四个意识",坚定"四个自信",坚决做到"两个维护",坚定社会主义办学方向。认真贯彻落实党委领导下的校长负责制,确保校党委"把方向过硬、管大局过硬、做决策过硬、保落实过硬"。推动院(系)领导班子深入贯彻落实院(系)党组织会议议事规则、院(系)党政联席会议议事规则,院(系)科学决策、民主决策体系进一步健全。

2. 校内政治巡察不断深化

总结凝练首轮政治巡察经验成果,获教育部肯定。进一步完善符合学校实际的巡察工作体制机制,加强校领导班子成员对联系院(系)的指导参与。完成第二轮对4个学院党委的政治巡察。紧密围绕加强党的领导、落实立德树人根本任务等方面,发现问题,推动整改,不断提升二级单位加强战略谋划、解决发展问题、开拓事业发展的能力水平。开展对首轮校内政治巡察整改落实"回头看"工作,做好巡察整改"后半篇文章",推动改革,促进发展。校内巡察成效初步显现,各级党组织和党员干部管党治党责任担当意识不断强化,干部队伍凝聚力、战斗力和领导力、号召力进一步增强。

(二) 宣传思想工作扎实推进

1. 理论武装有力加强

持续深入学习习近平新时代中国特色社会主义思想。制定年度校、院(系)两级党委理论学习中心组专题学习计划,组织校党委中心组学习3次、中层干部学习1次,编印学习资料6期。加强干部网络学习,做好"学习强国"平台推广使用工作,全体师生党员完成注册并开展自主学习。改版"至善理论网",党员干部师生学习实效性显著提高。

2. 意识形态工作责任制深入落实

结合第二轮校内政治巡察,将意识形态工作责任制落实情况纳入基层党委巡察范围。对各基层党组织落实意识形态工作责任制情况开展专项督查,完善风险防范机制。加强意识形态阵地管理。加强内外合作联动,与驻区宣传部门建立意识形态校地联动工作机制,落实意识形态工作责任。

3. 新闻传播力显著提升

加强新闻策划、讲好东大故事,举行新闻发布、集中采访活动26次,配合重点媒体做好主题宣传,各大新闻媒体刊载报道近440篇,中央级媒体报道184篇次。促进校报转型发展和融媒体建设,努力提升校报的传播力影响力,出版校报14期。围绕"双一流"大学建设、改革开放40周年、新中国成立70周年等推出系列报道文章。主抓栏目建设,聚焦典型人物报道,开展"寻访身边的榜样"活动。

4. 网络引导力不断增强

大力实施"强网计划",健全网络育人工作体系。优化学校中英文主页功能应用,完成学校英文官方主页、新闻网改版升级。完成二级单位网站建设情况专项巡查和整改提升工作。加强学校"两微一端"官方新媒体建设,官方新媒体粉丝达31万余人次。新开通人民号、今日头条号、澎湃问政、抖音等新媒体平台,粉丝黏着度、文章精深度、传播影响力均大幅提升。与新华网(融媒体未来研究院)深度合作,建设无边界、高聚合、云引领新型校园主流媒体。积极开展全民国家安全教育日、江苏省首届法治宣传教育周等系列主题活动。网络舆情监测、预警、报送与处置机制进一步完善。

(三)综合改革持续深化,"双一流"建设深入推进

1. 综合改革不断深化

全面梳理和调整学校发展改革思路,完成综合改革方案修订和"十三五"规划年度工作任务部署。深化人才培养目标的内涵,更好地凝聚共识。梳理优化机构改革与设置业务流程,制定了组织机构代码编码规则。新成立生命科学与技术学院。坚持目标导向,完善学校二级单位关键业绩指标(KPI)综合考核,充分发挥绩效工资的激励导向作用。改进教师职称评审机制,破除"五唯"倾向,制定体现个性化和差异化的分类评价标准。启动院(系)综合改革试点方案和首批非事业编制人员转聘事业编制工作,积极稳妥推进定岗定编工作。完成学校各类领导小组、学术组织梳理工作,明确了定位、规范和要求,为进一步整合重构和发挥作用、优化完善治理结构打好了基础。

2. "双一流"建设深入推进

进一步优化学科布局,持续推进学科内涵发展。组织开展特色医科攀升计划的方案论证,制定马克思主义学院建设发展规划。完成年度中央高校建设一流大学(学科)和特色发展引导专项资金及省配套资金预算制定、使用计划论证工作。开展了"双一流"建设中期自评工作和第五轮学科评估预评估工作。11个ESI学科排名稳步提升,其中进入ESI前1‰的工程学与计算机科学分别位列第20位、第16位。

(四)基层党组织和干部、人才队伍建设有力加强

1. 基层党建基础不断夯实

认真贯彻新时代党的建设总要求和新时代党的组织路线,修订学校党支部工作细则。组织召开2018年度校、二级单位两级领导班子民主生活会、基层党支部2018年度组织生活会,开展民主评议党员工作。制订贯彻落实《2018—2022年干部教育培训规划》实施方案。选派17名干部、教职工和学生党支部书记参加上级组织培训。组织全校近5 000名学生正式党员参加"大学生党员网络培训班"。培训党员发展对象1 760名。加强政治引领,加大对中青年教师和学术骨干的党员发展力度。获江苏高校党建工作创新奖1项、最佳党日活动优胜奖2项。

2. 干部队伍建设深入推进

修订完善中层领导干部选拔任用工作办法,进一步完善干部选拔任用各个环节。进一步明确干部选任标准,优化干部选拔任用工作流程,完善干部能上能下工作机制。上半年学校任用副处级以上干部77人,其中平级调整18人、提拔任用59人。完善优秀年轻干部建设常态化机制。加强干部人才锻炼培养,顺利完成新一轮援疆、援藏、滇西扶贫、博士服务团、苏北扶贫、江苏省科技镇长团等外派干部人才选派工作和来校挂职干部考核工作。进一步加强和完善中层领导干部兼职管理,加强和改进中层正职领导干部年度考核工作。

3. 院(系)行政领导班子换届工作顺利推进

全面分析研判,进一步强化党组织的领导和把关作用,拓宽选人用人视野,大力发现培养优秀年轻干部,坚决推动干部能上能下,顺利完成上半年 22 个院(系)行政领导班子集中换届工作。新提任干部 45 人,原班子成员中连任 45 人、退出领导岗位 37 人,全力打造"肯干事、能干事、干得成事"的干部队伍,进一步优化干部队伍年龄结构、学历结构。

4. 高层次人才引育工作成效明显

大力实施"高端师资倍增计划"和一流师资队伍建设方案,以高层次国家人才计划为目标,全面开展"首席教授""特聘教授""青年首席教授""青年特聘教授""至善青年学者"等校内人才计划的遴选支持工作,填补国家各类人才成长"缺阶"。引进兼职院士 4 人,新增"千人计划"创新人才长期项目专家 1 人、外国专家项目专家 1 人、"青年千人"8 人,新增"万人计划"科技创新领军人才 8 人、教学名师 1 人、青年拔尖人才 3 人,入选首批紫金青年学者 13 人,新增江苏特聘教授 3 人、江苏省"青蓝工程"优秀教学团队 1 个、中青年学术带头人 3 人、优秀青年骨干教师 4 人。建立科学规范合理的编制和岗位管理制度,充分激发各类人才的创新活力。

(五) 立德树人协同育人体系不断完善

深入实施"十大育人计划",着力培养能够担当民族复兴大任的时代新人。持续开展"青年马克思主义者培养工程"、"永远在路上"红色讲堂、"理想信念"大讲堂、"不忘初心"大讲堂。"育志""育智"双螺旋资助育人体系不断完善。深入实施"润心计划",学生心理健康教育持续加强。出台了中层领导干部深入基层联系学生工作方案。坚持优化结构、选树典型、激活动力,学生工作队伍专业化职业化建设成效明显。积极开展教育部思政创新中心工作,落实思政创新专项任务和课题。加强社会实践课程体系建设和阵地载体建设,打造"行知金课"。以"挑战杯""互联网+"等竞赛为龙头,"学生科技节""创新创业冬令营"等品牌活动为载体,着力培养学生创新创业意识与能力。拓展志愿服务领域和项目体系,增强学生服务社会的责任意识和能力水平。选树典型,积极发挥青年榜样引领作用,2 人获"全国大学生自强之星"称号、1 人获"全国正能量志愿者"称号、1 人获"江苏青年五四奖章"。优化教师奖励机制,激励教师潜心育人。实施思政课质量提升工程,评选校级课程思政示范课 9 门,立项第二批"课程思政"校级示范课 111 门,实现了"课程思政"专业全覆盖。通过各级各类课程思政培训,提高教师思政教学能力。加强学生职业发展价值导向,奔赴基层就业、中西部建功立业的应届毕业生人数和比例大幅提升。强化国防教育实践综合育人作用,实施"军训自训教官训练营"计划,培养一批学生军训教官。

(六) 作风建设持续深化

通过校内巡察、调研督查等方式加强对形式主义、官僚主义的监督检查。守住时间节点,盯住隐形变异"四风"问题,加大监督检查力度,整治师生身边不正之风和微腐败问题。简化优化机关服务办事流程,完善线上线下师生综合服务大厅建设。认真落实校领导班子成员联系院(系)制度,及时了解情况,发现问题,解决问题。宣传机关作风建设先进典型,发挥榜样示范引领作用。充分调查研究,进一步完善机关作风建设实施方案。

(七) 全面从严治党和纪检监察工作取得明显成效

1. 全面从严治党政治责任严格落实

持续推动开展校领导班子成员"三个一"工作,推动政治监督常态化、日常化。完善校领导班子成员年度履行"党政同责、一岗双责"情况向党委常委会报告制度,坚持发挥"关键少数"头雁效应。坚持中层党政领导班子和党员领导干部党风廉政建设责任制检查考核工作,对各单位责任落实情况精准画像,抓好督促整改落实工作。做好院(系)行政换届的监督检查工作,强化政治监督,营造风清气正

2. 纪检监察工作体制机制改革不断深化

旗帜鲜明落实高校纪检监察体制改革要求，不折不扣、逐步逐项推进各项改革任务。认真贯彻中央精神，及时调整纪委主要负责同志校内分工。完善拟退出议事协调机构方案，持续推进"三转"。建立健全与上级纪委定期交流沟通机制，落实高校纪检监察工作半年报制度。研究起草党员领导干部谈心谈话制度，着力提升纪检监察工作标准化、规范化、信息化建设。

3. "不敢腐、不能腐、不想腐"一体推进

做细做实日常监督，持续深化对重点领域的监督，推动主责部门完善风险防控。开展财务决算、出版经费等专项治理。常态化推进警示教育，有效整合平台手段，用身边事教育身边人，筑牢防腐拒变思想防线。坚持逢新必教，将廉洁教育纳入学校新入职教师培训内容。严肃纪律审查，坚持依纪依规开展工作，深化纪律审查的治本功能，充分发挥信访举报工作的"探照灯""晴雨表"作用，抓早抓小、及时咬耳扯袖，对信访反映较为集中的单位或领域，下达监察建议书，推动内控机制健全和完善。

（八）和谐校园建设取得新进展

1. 校园文化建设持续强化

深入实施"十三五"文化建设规划纲要，不断完善学校文化建设工作体制机制，大力实施"弘文计划"。传承弘扬中华优秀传统文化，推进教育部传统文化基地项目东南大学古琴基地建设，成立东南大学中国画研究院及江北创研基地。弘扬革命文化和社会主义先进文化，以新中国成立70周年、五四运动100周年等为主题，组织"我与祖国共成长"征文、"青春为祖国歌唱"网络拉歌等系列活动。传承弘扬校史文化精神，成立校史编纂委员会，启动新一轮校史研究与编纂工作。设立校园楼宇文化建设支持专项，加强校园景观文化表达。出台管理办法，规范学校形象视觉（VI）识别系统应用及推广。

2. 校园民主、民生建设再上新台阶

党外知识分子的培训力度和覆盖面持续加大，党派组织建设和干部队伍建设有序推进。为统战对象构建多元互动平台，创新沟通联络渠道，做好凝聚智慧工作。顺利召开第八届教职工代表大会三次全会，切实发挥民主管理和监督作用。积极开展面向教师的各类文化艺术活动。健全校、院（系）两级教师发展体系，成立青年教师指导委员会，加强培养青年教师的制度建设。进一步指导强化学生会组织和学生社团自我教育、自我管理、自我服务、自我监督的职能。依托"校长学生事务特别助理"制度，完善学生参与校园治理机制。不断提升老干部服务工作信息化、精准化、规范化水平，有效开展离退休干部党建工作，积极推进关工委优质化建设工作。

3. 办学支撑条件不断改善

"美丽东大"建设成效明显。完成九龙湖苗木种植和绿化改造工程。大力开展节约型校园建设，加强水电管理。按照科技创安的要求，做好学校安全保卫业务综合管理服务平台及应急指挥中心的顶层设计和三期建设规划。建立警校合作长效机制，加强信息互联互通，联动处置应急突发事件，协同合作开展师生安全教育。梳理完善各类规章制度与应急预案，建立风险评估机制，健全安全稳定工作责任机制和长效管理机制，将综合巡查巡防向纵深推进。加强保密制度建设，健全保密工作监督、指导、管理和宣传教育长效机制。

二、2019年下半年工作补充要点

2019年下半年，学校党委将按照年初确定的工作总要求和部署，以习近平新时代中国特色社会主义思想为指导，深入贯彻党的十九大和十九届二中、三中全会精神，以开展"不忘初心、牢记使命"主题教育为重点，充分把握"双一流"一期建设攻坚决胜期，切实增强责任感使命感紧迫感，聚焦年初确定的工作主题、关键词、着力点,持续全面深化综合改革,充分释放办学活力,真抓实干,开拓奋进,推动各项工作取得新成效、再上新台阶。

(一) 深入开展"不忘初心、牢记使命"主题教育

根据中央统一安排,在副处级以上领导干部中深入开展"不忘初心、牢记使命"主题教育,坚守教育报国初心,担负立德树人使命。完善实施方案,健全组织机构,创新方式方法,力求学懂弄通做实,确保取得实效。牢记东大共产党人办世界一流大学的初心使命,聚焦"守初心、担使命,找差距、抓落实",团结带领全体师生员工,深入推进"双一流"建设,把教育实效转化为落实党中央要求、推动学校事业发展的强劲动力,加快实现"1—10—100"东大梦。[党委组织部、纪委办公室、各院(系)党组织]

(二) 全面加强政治建设

1. 坚持政治统领,突显政治建设根本性地位

坚定政治信仰,深入推进习近平新时代中国特色社会主义思想进学术、进学科、进课程、进培训、进读本、进头脑,引导广大干部师生自觉做到用增强"四个意识"导航,用坚定"四个自信"强基,用做到"两个维护"铸魂。增强基层党组织政治功能,充分发挥好统战和群团组织政治作用,夯实党在高校的政治根基,切实提高政治能力。净化政治生态,严肃党内政治生活,严明政治纪律和政治规矩,突出政治标准选人用人,营造风清气正的校园环境。[党委宣传部、党委组织部、纪委办公室、党委学工部、党委研工部、党委教师工作部、党委统战部、工会、团委、各院(系)党组织]

2. 着力加强校、院(系)两级领导班子建设

坚持党的政治领导,认真贯彻落实党委领导下的校长负责制,把党的领导贯穿办学治校全过程。完善院(系)党组织会议、党政联席会议决策制度,充分发挥院(系)党组织的政治把关作用。修订完善校、院(系)两级"三重一大"决策制度,切实提升班子决策科学化、民主化、规范化水平。[党委办公室、校长办公室、党委组织部、纪委办公室、各院(系)]

3. 深入推进校内政治巡察和政治监督

召开2019年学校全面从严治党工作会议,组织推进新一轮校内政治巡察,为进一步推动学校党政重大决策部署、学校中心工作贯彻落实提供有效抓手。加大工作力度,强化责任落实,通过更加精准有效的政治巡察不断提升二级单位加强战略谋划、解决发展问题、开拓事业发展的能力水平。坚持学思用贯通、知信行统一,在强化政治监督上持续发力,依托"三会一课"、民主生活会、组织生活会和谈心谈话等制度,创新教育方式和载体平台,营造风清气正的政治生态,推动解决实际问题。[纪委办公室、党委巡察办、党委组织部、各相关院(系)党组织]

(三) 不断加强宣传思想和意识形态工作

1. 持续强化理论武装

深入学习习近平新时代中国特色社会主义思想,认真实施年度学习计划,扎实开展领导干部和师生党员理论学习。丰富干部理论学习形式,组织专题网络培训班,完成至善网改版上线,加强"学习强国"平台的学习考核。推动学习规范化,编印学习资料,推动干部读原著、学原文、悟原理、取实效。[党委宣传部、各院(系)党组织]

2. 认真落实意识形态工作责任制

健全有关职能部门定期联席会议制度,加强安全月报机制,完善风险防控与应急处置流程,把牢意识形态工作领导权话语权。开展意识形态专项督查,检查各基层党组织意识形态工作责任制落实情况,排查意识形态风险点。强化校园新媒体审核管理,加强网络舆情工作,提升舆情监测、预警报送

和应急处置能力与水平,强化网络安全责任制,切实维护学校网络意识形态安全。[党委宣传部、各院(系)党组织]

3. 持续推进东大影响力提升计划

围绕学校重大改革举措及进展,抓好重大新闻发布及系列宣传工作,不断推出具有高传播力、高感染力、高显示度的新闻报道和宣传产品。开展以一部短片、一次展览、一场征文、一堂主题公开课等为内容的"东大人的国家记忆"系列活动,庆祝新中国成立70周年。深化与重点媒体的合作,推进东南大学融媒体中心建设。加快校报转型发展,建立新闻采编融合一体化运作制度。完善新媒体矩阵,持续提升新媒体影响力。制作海外形象宣传片等视频,进一步提高学校海外影响力。启动学校中文主页改版工作,持续加强对全校二级网站建设整改工作的巡查力度,力争实现二级单位网站年内全部完成改版升级。(党委宣传部、各二级单位)

(四)持续深化综合改革、推进"双一流"建设

1. 继续深化综合改革

进一步完善校、院(系)内部治理结构。持续推进定编定岗及全员岗位聘用工作,梳理制定学校各类人才引进工作细则,进一步完善教师积分计量考核办法,推进教师积分计量系统建设。继续推进非事业编制人员转聘事业编制工作。深化职称制度改革,强化岗位分级聘用,提高评审科学化水平。完成KPI指标体系修订,确保KPI综合考核方案于年底正式实施。[发展规划与学科建设部(处)、"双一流"建设办公室、人事处、各院(系)]

2. 不断提升学科建设水平

大力推进"一流学科攀升计划",启动实施"特色医科攀升计划"。设立一批世界一流学科建设项目,加大校级大型共享平台建设力度。全面论证和优化学科布局,着力布局建设一批基础、前沿、新兴和交叉学科,推动学科博士点和硕士点动态调整工作。大力推进江苏高校优势学科三期立项学科建设。完成"双一流"建设中期自评和第五轮学科评估预评估工作,做好第五轮学科评估的各项准备工作。健全一流学科建设绩效评价方法和激励约束机制,充分发挥学科发展责任主体作用。完善学校ESI分析报告动态发布机制,有力促进现有ESI学科排名稳步提升和ESI学科数持续增长。[发展规划与学科建设部(处)、"双一流"建设办公室、各相关院(系)]

3. 不断完善内部治理结构

完成校级领导小组的组建、加强、归并、转职和裁撤,制订、完善工作规则或章程,明确职责任务,规范议事制度,切实发挥作用。修订完善学术组织章程,研究、探索发挥学术组织作用的新机制。深化学校纪检监察、巡察体制机制改革,强化巡察办职能建设。[党委办公室、校长办公室、发展规划与学科建设部(处)、纪委办公室、监察处、党委巡察办]

(五)持续抓好基层党组织和干部、人才队伍建设

1. 着力加强组织力建设

修订党支部工作细则,做好全校基层党支部换届工作。深入实施"对标争先"建设计划、教师党支部书记"双带头人"培育工程,大力开展"样板支部"和"党支部书记工作室示范点"培育创建工作。加强教师党支部建设,推动支部建设与院(系)中心工作相结合。持续加大在中青年教师和学术骨干中发展党员的力度。有针对性地做好新任中层干部、党支部书记、党员、预备党员、党员发展对象等不同类别的培训工作,加强党的基本理论教育、党性教育、专业化能力培训和知识培训。[党委组织部、各院(系)党组织]

2. 完善干部选任、管理和监督机制

修订中层领导干部选拔任用工作办法、中层正职领导干部年度考核办法、中层领导干部兼职管理补

充规定。完善优秀年轻干部"选育管用"全链条机制,进一步加强优秀年轻干部队伍建设。做好3个单位行政领导班子的换届工作,结合换届工作加大院(系)、机关领导干部交流力度,持续优化全校干部队伍结构。做好援藏、援疆等各类挂职干部选派、管理和服务工作。继续做好干部兼职管理、个人有关事项报告和因私出国(境)管理等监督工作。(党委组织部、相关二级单位)

3. 持续拓展"人才年"建设成果

坚持引育并举、重视结构、突出高端、优化学缘,继续抓好各类人才引进工作。结合国家重点创新项目、国家重点学科和重点实验室建设,着力做好海外高层次人才引进工作。做好第十六批"千人计划"和2019年度"长江学者奖励计划"的选拔和申报工作。扩大博士后队伍招收规模,优化博士后队伍结构,拓宽博士后培养渠道,提高博士后培养质量。[人事处、各院(系)]

(六)全面落实立德树人根本任务,着力培养一流领军人才,持续推动"三全育人"综合改革

做好"三全育人"综合改革试点中期总结。健全完善教育部思政创新中心运行机制,不断提升学校思政工作创新的影响力。大力提升思政课质量。全面开展学生党支部书记上党课系列活动。进一步推进教育部资助育人精品项目建设。积极落实大类管理,深入推进书院制建设。持续提升学生事务管理精致化、信息化、规范化水平。大力实施"润心计划",多举措加强心理健康教育,提升心理健康教育工作针对性。组织各级团委和团学组织大力开展"青年大学习"。以顶级赛事为牵引,带动提升创新创业育人核心竞争力,力争在全国"互联网+"大赛、"挑战杯"竞赛中取得优异成绩。继续完善志愿服务实践学堂载体,积极推进研究生支教工作,推进实践育人转型升级。依托"国防军事实践团"开展各类国防教育活动,提升学生国防意识和军事技能。落实教师开课资格认证制度和教师教学预警制度。继续组织青年教师开展国情调研,加强辅导员思政理论课教学能力建设,不断增强教师思政教学能力。进一步完善兼职辅导员遴选与培养制度。(党委办公室、党委学工部、党委研工部、党委教师工作部、党委组织部、党委宣传部、马克思主义学院、机关党委、团委、科研院、社会科学处、人民武装部)

(七)持续深化作风建设

健全校领导班子成员联系院(系)、基层党支部、专家人才、党外代表人士、优秀青年教师、青年学生等制度。做好教师师德失范行为处理办法的宣传教育和实施工作,进一步推动教师师德师风建设。开展榜样面对面、读书沙龙等主题教育活动,充分发挥优秀教师的榜样教育作用。完善机关考评办法,选树管理服务先进典型,不断提升机关服务质效。深入开展集中整治形式主义、官僚主义专项行动。持续督查落实中央八项规定及其实施细则精神,深挖细查"四风"问题隐形变异的种种表现。加强对重点领域关键环节的监督检查,压实主体责任,构建长效机制。(党委办公室、校长办公室、党委教师工作部、机关党委、纪委办公室)

(八)不断加强纪律建设

1. 不断深化党风廉政建设和监督执纪

开展2019年度校领导班子成员履行"党政同责、一岗双责""三个一"工作和党风廉政建设责任制检查考核工作。建立师德师风情况定期会商机制,加强对学术权力运行的监督。强化重点领域关键环节的监督检查,压实主体责任,构建长效机制。落实《纪律检查机关监督执纪工作规则》《监察机关监督执法工作规定》要求,推进纪委深化"三转",聚焦主责主业。整合规范纪检监察工作流程,推进线索管理和处置分开、监督检查和审查调查分开、审查和审理分开、审理和申诉复查分开。贯彻中央纪委国家监委驻教育部纪检监察组部署,加强纪检监察机构组织建设。探索建立纪委委员联系二级单位制度。(纪委办公室、相关二级单位)

2. 多途径深化廉洁教育

面向基层党组织和党员领导干部,编印廉洁教育宣讲提纲和警示教育手册(第二辑),筑牢思想防线。将专题教育纳入学校中层干部理论学习总体部署,通过举办廉洁教育专题讲座、纪委主要负责同志为新任中层干部上廉政党课,夯实党员领导干部崇德尚廉思想基础。充分利用校检合作平台,加强与驻地地方纪委监委合作,提高廉洁教育针对性实效性。强化警示教育,用身边事教育身边人。完善细化新任处级干部赴纪委挂职制度,拓宽干部廉政教育渠道。进一步完善干部廉政档案,把好干部成长廉洁关。协助中纪委、教育部组织遴选高校优秀廉政文化作品参加金砖国家和跨国反腐败理事会其他成员国举办的"携手打击腐败"国际反腐败公益广告青年大赛决赛。(纪委办公室、党委宣传部、党委组织部、马克思主义学院)

(九)深入推进和谐校园建设

1. 不断提升校园文化引领力

进一步健全文化建设体制机制。扎实推动"弘文计划",组织开展系列主题活动,传承中华优秀传统文化,弘扬革命文化与社会主义先进文化,繁荣以东大精神为特质的校园文化。加强校史编纂与研究,推进古琴基地、团史研究及教育基地建设。深入开展楼宇文化建设。持续高质量办好新生文化季、学生科技节、廉洁文化周等校园文化品牌活动。[党委宣传部、团委、党委学工部、党委研工部、校史研究室、纪委办公室、各有关院(系)]

2. 持续推进校园民主、民生建设

做好党外干部校内任职的选拔任用工作,协调完成党外知识分子联谊会换届工作,成立留学人员联谊会。组织先进人物面向学生开展主题教育宣讲活动,推进劳模精神进课堂。持续提高教代会代表提案能力和水平。高起点规划、高质量建设数字化智慧校园系统。加强对各级各类学生组织的管理和指导,开展学生组织骨干专项培训,建立校级学生组织负责人联席会议制度。稳步推进离退休工作机构改革,加强和改进离退休工作。推动关工委优质化建设。(党委统战部、工会、党委学工部、党委研工部、网络与信息中心、团委、党委老干部处、人事处)

3. 持续加强"美丽东大"和平安校园建设

完成标准化学生公寓样板区域、丁家桥校区学生宿舍围合、学生宿舍自行车停车坪等建设。启动一站式学生公寓服务站建设。完成九龙湖校区自行车道建设、马拉松道改造、大草坪及景观环境提升工作。开发校园接驳车APP并推广应用。有序推进安全保卫业务综合管理服务平台及应急指挥中心建设,完善安全保卫管理体系,提高事故风险意识,提升事故风险管理能力。组织开展防暴恐、防诈骗、防火灾、防泄密、防渗透等安全教育讲座,全面提升师生安全意识和防护能力。继续加强保密制度建设、人员培训、归口管理,切实提高保密意识和防范技能,做好迎接保密资质复查工作。(总务处、基建处、党委保卫部、党委学工部、党委研工部、实验室与设备管理处、保密办公室)

东南大学2018年工作总结和2019年工作要点

一、2018年工作总结

2018年是学习贯彻党的十九大精神的开局之年,是改革开放40周年,是学校复更名30周年;也是学校全面提升人才培养质量、大力加强师资队伍建设并持续深化综合改革的重要一年,是加快推进"双一流"建设、努力实现内涵式发展的奋进之年。一年来,在习近平新时代中国特色社会主义思想,党的十九大,十九届二中、三中全会精神指引下,在教育部、江苏省委省政府的关心指导下,学校领导班子带领全体师生员工,认真贯彻落实全国教育大会精神,围绕"人才年"工作主题和"改革、质量、效率"关键词,以新发展理念引领学校发展,以深化综合改革激发办学活力,以开拓创新精神推进"双一流"建设,勇担使命、奋力进取、砥砺前行,学校各项事业蓬勃发展。

(一)坚持"立德树人",人才培养成果丰硕

始终坚持"立德树人"根本任务,持续深化人才培养改革,人才培养质量不断提升。以"深化教育综合改革,培养一流创新人才"为主题,在全校范围内开展教育思想大讨论,凝聚教育改革发展新理念新思想新共识,研究制定了《东南大学2020一流本科教育行动计划》和《东南大学研究生教育综合改革实施方案》。入选教育部首批"三全育人"综合改革试点高校。

深入贯彻落实新时代全国高等学校本科教育工作会议精神,本科教育改革持续推进。18个省市的录取分数线省排名稳步提高,本科生生源质量整体提升。获2018年高等教育国家级教学成果奖一等奖2项、二等奖7项,获奖总数并列全国第三,一等奖总数并列全国第二。入选国家级新工科研究与实践项目6项,获批国家精品在线开放课程9门、江苏省重点教材14部。获批网络空间安全新专业并正式招生,申报设立人工智能、生物科学和艺术史论3个新专业。7 000余人次获得各级各类大学生学科竞赛项目奖励,其中获得2018年"创青春"全国大学生创业大赛"优胜杯"、ASC18(2018年世界大学生超级计算机竞赛)国际级一等奖等。不断加强学风建设,助力学生成长,推进实施校领导联系班级制度与学院面对面开放活动。本研一体化培养管理系统建设有序推进。获批全国学生资助工作"优秀单位案例典型"。

深入推进研究生教育综合改革,研究生培养质量稳步提高。推进研究生优质生源工程,实施博士新生奖学金计划,博士生招生规模1 092人,比去年增加36%,其中国家重大专项博士生180名。获中国学位与研究生教育学会教学成果一等奖、江苏省研究生教育改革成果一等奖各1项。获国家留学基金委资助攻读学位或联合培养257人。组织全英文课程40门。获批江苏省各类研究生培养创新工程258项、江苏省研究生工作站25个。获江苏省优秀博士学位论文8篇、优秀硕士学位论文25篇。获评教育部"蓝火计划"博士生工作团优秀组织单位。获中国研究生数模竞赛一等奖3项,并列全国第一。进一步加强研究生导师队伍建设,优化导师资格遴选办法,全面落实研究生导师立德树人职责。

2018届毕业生就业质量不断提升,总就业率达98.38%,其中本科生深造率达到52.99%,重点区域、重点行业就业规模逐步提高。

(二)坚持人才强校,师资水平显著提升

大力实施"高端师资倍增计划",深化人事体制机制改革,强化综合改革绩效考核,健全师资队伍成长成才体系和人才支撑计划。构建了较为完善的"人文社会科学资深教授""首席教授""特聘教授""青年首席教授""青年特聘教授""至善青年学者"等人才工程体系,并大幅度提升教职工绩效额度。启动实施"优势理科攀升计划"和"精品文科攀升计划"人才专项支持计划,启动实施由华为公司支持的紫金学者计划。引进兼职院士2人、"杰青"2人、全职"千人"1人,聘任人文社会科学资深教授4人。新增长江学者1人、青年学者5人。新增"千人计划"创新人才长期项目专家4人、外国专家项目专家2人、"青年千人"6人。新增"万人计划"科技创新领军人才4人、教学名师1人、青年拔尖人才2人。入选中青年科技创新领军人才7人、重点领域创新团队1个。入选"高被引科学家"9人次,并列全国高校第十。新增"江苏社科名家"荣誉称号2人,新增江苏省各级各类人才工程项目或团队70余人。入选新一届教育部高等学校教学指导委员会50人次。发布实施《东南大学院系单位关键业绩指标(KPI)绩效考核与管理实施办法》,并制定教师工作量考核指导办法。成功举办2018年海外青年学者论坛。具有博士学位的教师占比84%,具有一年及以上海外留学经历的教师占比47%。

(三)坚持创新驱动,科学研究捷报频传

全力实施"原创能力突破计划",加强科研制度建设,优化科研组织管理,大力推进重大科研项目、基础交叉科研平台、产学研结合和团队建设等工作。召开科技工作会议,凝聚科技工作的新理念新认识新定位新任务。牵头获国家科学技术奖二等奖5项,并列全国高校第七;牵头获教育部高校科研优秀成果奖(科学技术)9项,位列全国第七。获"中国高等学校十大科技进展"1项。牵头获江苏省科学技术奖一等奖8项,位列全省第一。获第46届瑞士日内瓦国际发明展奖励7项,其中特别金奖1项、金奖2项。获批国家自然科学基金委资助项目305项,获资助直接经费2.09亿元,其中创新研究群体1项、杰青基金项目1项、优青基金项目5项、重大科研仪器研制项目2项、重点类项目14项。牵头或作为负责人获国家重点研发计划项目10项、课题30项。在《自然》《科学》等国际一流期刊发表论文10余篇。获批国家社科基金项目27项,其中重大项目1项、重点项目3项。科研到款总经费超过25亿元。申请中国发明专利2 848件,授权1 437件;申请PCT专利102件,申请国外专利25件,授权11件。获第二十届中国专利优秀奖1项,获江苏省第二届专利发明人奖1项,获江苏省第十五届哲学社会科学优秀成果奖23项。网络通信与安全紫金山实验室正式挂牌成立并初步完成实验室托管方案;生物医学大数据基础设施入选国家重大科技基础设施培育项目。申报教育部"移动信息通信与安全"前沿科学中心。入选国家首批网络空间国际治理研究基地。获批教育部首批中华优秀传统文化传承基地1个。新增"智慧建造与运维国家地方联合工程研究中心"国家级平台1个。首次获批载人航天工程千万级预研项目,获批南极科考能源支撑平台项目。遴选并发布东南大学十大科学与技术问题。与南京签署"两落地一融合"项目协议13个,并加快推进江宁区环东南大学知识创新圈、江北新区创新研究院、玄武设计产业园、亚洲建筑档案中心建设。与中国机械工业集团、中国航天科技集团第一研究院、中国电子科技集团、中国船舶重工集团、绿地集团等大型企业签署战略合作协议,与华为技术有限公司、联想集团签署人工智能领域全面合作协议,并积极推进与雄安新区战略合作。与中国科学技术大学、南京医科大学、中国药科大学开展战略合作,成立医工交叉创新研究院。出台《东南大学支持建设南京市新型研发机构实施细则(试行)》,授权建设新型研发机构24家;改组成立东南大学技术转移有限公司,建立校企联合研发中心13家。

(四)坚持内涵发展,学科建设成效突出

加快推进"双一流"建设,与江苏省教育厅签署一流大学建设高校服务区域发展项目任务书。进一步优化学科布局,持续推进学科建设内涵发展,全力实施"一流学科攀升计划"。2018年安排中央高校建设一流大学(学科)和特色发展引导专项资金3.7亿元,重点实施拔尖创新人才培养、师资队伍建设、提升自主创新和社会服务能力、文化传承创新和国际合作交流等5类项目,并获江苏省"双一流"建设配套经费2.17亿元。论证并启动实施"优势理科攀升计划"和"精品文科攀升计划",布局建设量子信息、网络空间安全、智能制造、智慧城市、脑科学、人工智能等一批前沿、新兴和交叉学科。网络空间安全学院与人工智能学院正式揭牌,人文学院历史学系正式成立。11个ESI学科排名稳步提升,其中进入ESI前1‰的工程学与计算机科学分别位列第25位、第23位。大力推进新增马克思主义理论、力学、基础医学等3个一级学科博士学位授权点和临床医学博士专业学位授权点的建设。申请学位授权自主审核单位增列工作进展顺利,组织申报电子信息等8个专业学位类别的博士和硕士学位授予权。13个优势学科通过江苏高校优势学科建设工程二期项目验收,12个优势学科获得三期项目立项建设。

(五) 坚持开放办学,国际合作与交流更加活跃

大力实施国际化联合战略,着力推进高层次国际交流、与国际知名高水平大学开展实质性合作办学,国际化办学内涵不断提升。进一步深化与蒙纳士大学全面合作,东南大学—雷恩研究生学院正式揭牌。剑桥大学、利兹大学与利物浦大学加入中英大学工程教育与研究联盟,成功主办联盟校长论坛。与加拿大不列颠哥伦比亚大学、日本东京工业大学、比利时鲁汶大学、联合国教科文组织等世界一流大学、机构或组织签署合作协议。获批"111计划"、"一带一路"教科文卫引智计划、高端外国专家项目等国家级外专引智项目5个。与美国艾伦脑科学研究所成立东南大学—艾伦研究所脑数据联合中心,与英国伯明翰大学成立东南大学—伯明翰大学生物医学工程联合研究中心。正式启动校级"卓越引智计划"项目。全年邀请外籍专家1 520余人次,获年度"江苏友谊奖"2人。派出1 490余名教师赴国(境)外参加国际学术会议、学术交流或合作研究。派出2 500余名学生赴国(境)外交流学习,接受来华交流交换生322人。外国留学生人数达到1 989人,其中学位留学生比例达77.8%。3所孔子学院在学汉语生人数超过1万人。

(六) 坚持以人为本,"美丽东大"日趋完善

持续加强校园基础设施和文化景观建设,办学环境不断优化,办学条件不断改善,完成年度基建投资1.83亿元。加快实施基本建设"十三五"规划,完成人文社科科研楼、九龙湖兰园宿舍的教育部立项工作并启动项目设计。完成信息电子教学综合楼主体工程;完成能环科研综合楼、生医科研综合楼、九龙湖游泳馆的施工和监理招标工作。桃园学生宿舍(9—10号)提前开工建设。人文社科科研楼列入2019年教育部"双一流"建设重点项目并获得"双一流"建设经费支持。积极推进九龙湖校区和丁家桥校区建设规划修编工作,启动四牌楼校区文物保护规划编制工作,着力优化各校区校园功能布局。新桃园食堂投入使用,东南大学附属幼儿园正式开园。完成改善基本办学条件专项18项,完成学生宿舍改造出新1 000多间。

(七) 坚持统筹推进,其他各项事业成效明显

进一步巩固和深化中央巡视整改成果,重点做好巡视集中整改期间出台相关制度的落实工作。全面贯彻落实十九届中央纪委二次全会和教育部2018年全面从严治党工作视频会议精神,认真履行"党政同责、一岗双责",党风廉政建设和反腐败工作有效推进。全面修订《东南大学综合改革方案》,持续深化财务"放管服"改革工作,不断提高财务服务水平和管理效益;多渠道筹措资金,实现财务总收入45.8亿元。圆满完成116周年校庆暨复更名30周年系列活动,制作完成海外形象宣传片与中文形象宣传片。获评"江苏省平安校园建设示范高校"。着力解决师生反映集中的八大办事难问题,加快推进线上线下师生综合服务大厅建设,校园二级网站及校园信息化建设、对口支援与定点扶贫、信息公开、校友会等工作取得重要进展。

推进落实与湖南省、甘肃省、河北省、云南省等地方政府的全面战略合作协议内容。加强与南京融合发展,大力推进与苏州、无锡合作办学,与无锡签订新一轮战略合作协议和无锡国际校区建设协议。2018年签署捐赠协议131份,协议总金额约1.46亿元,其中新增项目协议65份,总金额约1.27亿元。成功举办首届校友企业家论坛。入选首批高校所属企业体制改革试点单位。产业、实验室与设备、审计、图书、档案、学报、异地办学、继续教育等工作均顺利推进,成贤学院和中大医院取得长足发展。

在取得成绩的同时,我们也清醒地认识到,对标"双一流"建设的目标和师生员工的期待,学校改革发展还存在诸多需要破解的瓶颈问题,比如:高层次人才体量还不大,增速也不够理想,有重要影响力的学术带头人、知名学者和创新团队较为缺乏;领军人才培养理念与模式尚需进一步提升和改革;服务国家重大战略需求的前沿研究和颠覆性技术创新能力依然不足;全面深化综合改革的力度和深度还需进一步强化,勇于担当、聚力改革的责任感和使命感还需进一步激发。面对党和国家赋予高校的新使命新要求,面对迈入新时代带来的新机遇新挑战,面对高等教育改革不进则退、慢进亦退的新态势新格局,东南大学正面临着发展的重要机遇期,面临着推进深层次改革的关键节点。梦想在前,使命召唤,东大人需要进一步增强责任感和紧迫感,以时不我待的精神和一往无前的决心,加快改革创新步伐,用新的奋斗踏上新征程、实现新作为。

二、2019年工作要点

凡是过往,皆为序章。2019年,是新中国成立70周年,是决胜全面建成小康社会关键之年,是学习贯彻全国教育大会精神的开局之年,也是学校全面深化综合改革、加快实现"1—10—100"东大梦的重要一年。2019年工作的总体要求是:以习近平新时代中国特色社会主义思想为指引,深入贯彻党的十九大和十九届二中、三中全会精神,深入学习贯彻全国教育大会精神,牢牢把握社会主义办学方向,扎根中国大地,以新发展理念引领学校事业新的发展。始终坚持"以科学名世、以人才报国"的办学理念,继续按照"瞄准前沿、服务战略、师生为本、人才为先"的办学思路,持续深化"人才年"工作主题,聚焦"新使命、新担当、新作为"关键词,强化"班子建设、作风建设"着力点,全面深化综合改革,充分释放办学活力,凝心聚力,狠抓落实,努力推进"双一流"建设取得新成就,进一步增强学校的综合实力和办学水平。

(一)坚持"立德树人"根本任务,开创领军人才培养新境界

始终坚持"立德树人"根本任务,全面实施"双创人才培养计划",坚持把思想政治工作贯穿教育教学全过程,把创新创业教育融入人才培养全过程,加快构筑"三全育人"新格局。全面实施《东南大学2020一流本科教育行动计划》和《东南大学研究生教育综合改革实施方案》,持续加强思想引领、能力培养和知识传授,着力打造学习、实践和文化三个课堂,努力造就具有家国情怀和国际视野,担当引领未来和造福人类的领军人才。

以本为本,着力深化本科生教育教学改革。全面实施跨学院大类招生大类培养,吸引优质生源,构建通识教育基础上宽口径个性化专业培养知识体系,按照"厚基础、宽口径、重交叉、强创新"的工作思路,全面修订2019级本科人才培养方案。稳步推进教学综合改革,力争获批10~15门国家精品在线开放课程,3项国家虚拟仿真实验教学项目,10项2019年江苏省教改项目。积极推进"三制五化"育人模式改革,探索书院制育人模式,推进完全学分制培养改革,全面提升课堂教学质量,强化思政课程与课程思政。遴选3~5位思想政治理论课名师示范课堂优秀教师;持续推进课程思政校级示范课程改革试点立项和校级在线开放课程建设立项,立项课程思政20门、在线开放课程20门;持续推进全英文课程和高水平外教课程建设,立项全英文精品课程50门。加强人才培养和管理服务机构建设,强化学生思想引领、学习发展指导、职业发展指导、心理健康指导、帮困助学服务,持续提升本科生深造率。进一步深化吴健雄学院、郭秉文班、少年生班人才培养模式的改革,启动理科试验班招生培养。大力推进和拓展与国外一流大学联合培养和交换学习项目。加快推进本研贯通的课程体系、课程库和管理系统,升级改造若干智慧教室。强化创新创业实践,立项SRTP(本科生科研训练计划)项目1 600项。

持续深化研究生教育综合改革。继续深化硕士研究生招生考试改革,优化博士研究生"申请—考核"选拔机制,进一步提升研究生生源质量。全面修订研究生培养方案,优化研究生课程体系和知识结构,大力推进研究生课程思政示范课程和研究生在线开放课程建设,深化课程考试改革,推广研究型教学模式。实施研究生校长奖学金计划等激励政策,大力推进研究生学科竞赛、社会实践活动,全面提升研究生综合

素质。进一步加强研究生导师队伍建设，全面落实导师责任制，大力提升指导能力、夯实育人责任。推进跨学科导师团队合作培养，进一步深化全日制专业学位研究生校企联合培养。不断探索国际化联合培养模式，拓展多形式国际交流交换、联合培养项目与教育教学资源，建立国际化课程体系。着力构建生源质量、培养质量、学位质量和发展质量四维度和全覆盖的质量保障体系。

增强学生职业发展能力，提升毕业生就业质量。强化思想引领，深化就业布局，引导毕业生到重点地区、重大工程、重大项目、重要领域就业。

（二）持续实施"人才强校"战略，构筑一流人才队伍新高地

持续推进"高端师资倍增计划"，以人事制度改革为突破口，以"优化结构、创新机制、激发活力"为指导方针，按照"立足校内、深化海外、重点高端、面向未来"的人才引育工作思路，持续营造全员引才、聚才、育才的良好氛围和生态。进一步完善一流师资队伍建设的引育人才工程体系，努力形成"高端人才、优秀中青年、骨干教师"多层次、多类别、具有活力的一流师资队伍与一流人才高地。深化职称晋升和专业技术岗位晋升制度改革，在试点学院积极推进年薪制和全员岗位聘用工作。进一步加大海外宣传力度，引进具有博士学位教师150名以上，其中具有海外一流大学博士学位教师不少于50名。认真做好国家"千人计划""长江学者""万人计划"候选人的选拔推荐工作，努力实现各类计划人才入选数量取得较大幅度突破，新增"千人计划"专家3～4人、"长江学者"3～4人，青年千人、青年长江和青年拔尖人才20人以上。积极推进绩效工资改革，分类管理各类人员的绩效收入。进一步完善院（系）年度综合KPI考核体系，以"立德树人"为根本，加大绩效考核和奖励力度。进一步完善博士后队伍管理制度与激励机制。根据国家政策规定，切实做好广大教职员工的生活和养老保障工作。召开全校人事工作会议。

（三）强化科研组织与管理，推动科技创新获得新突破

坚持面向世界科技前沿、面向国家战略需求、面向经济主战场，重点投入、分类支持，大力实施"原创能力提升计划"。贯彻落实学校科技工作会议精神和"科改八条"，强化原始创新、强化战略布局、强化协同组织、强化制度保障，全面深化科技体制改革。加快推进构建"一体两翼"科研格局，积极谋划国家级大项目、大平台、大团队、大成果，着力推进网络通信与安全紫金山实验室、量子信息国家实验室南京联合实验室、生物医学大数据重大科技基础设施建设。大力推动新型科研机构建设与发展，持续推进十大科学与技术问题，积极培育量子信息、人工智能、网络安全、智能制造、智慧城市、智能网联交通、脑科学、生物医学大数据等前沿、新兴与交叉科研方向。深入推进大型仪器公共服务平台建设，提升公共平台支撑能力和服务水平。大力推进国家级文科智库、教育部人文社科重点研究基地申报。牵头获国家科技奖5～6项，省部级一等奖10项以上。获批国家重点研发计划牵头项目10项、牵头课题30项，立项总经费3亿元。获批国家自然科学基金项目350项，其中国家杰出青年科学基金项目4～5项、国家优秀青年科学基金项目5～6项，立项总经费3亿元。获批高等学校科学研究优秀成果奖（人文社会科学）10项、江苏省哲学社会科学优秀成果奖20项以上。获批国家社科基金项目30项以上，其中国家社科基金重大项目1项以上。加大高水平论文支持力度，发表SCI源刊论文3 200篇以上。申请发明专利2 900件、高价值专利150件、PCT专利100件，授权发明专利1 500件。加快推进江宁区环东南大学知识创新圈、江北新区创新研究院和玄武设计产业园等产学研项目建设。大力推进国防重大科研计划，积极组织国防重点科研项目，立项总经费3亿元。大力推动国防类重点实验室立项与发展，进一步推进保密和军工资质体系建设。力争年度科研到账总经费28亿元。

（四）不断优化学科布局，提升学科建设新内涵

全力实施"东南大学一流大学建设高校"建设方案，继续按照"强势工科、优势理科、精品文科、特色医科"学科布局，大力推进"一流学科攀升计划"，着力提升学科建设水平。全力做好2019年中央高校建设

一流大学(学科)和特色发展引导专项(含省配套经费)的建设方案,积极推进15个学科(群)重点建设。设立一批世界一流学科建设项目,持续构建若干开放共享的重大科研平台。全面论证和优化学科布局,着力布局建设量子信息、网络空间安全、智能制造、智慧城市、脑科学、生命科学、人工智能等一批前沿、新兴和交叉学科,以及化学、外语、历史、工商管理、新闻传播等一批理科和文科。推进实施"优势理科攀升计划"和"精品文科攀升计划",论证"特色医科攀升计划"和生命科学与技术学院建设,推动江苏高校优势学科三期立项学科建设。健全一流学科建设绩效评价方法和激励约束机制,充分发挥学科发展责任主体作用,赋予院(系)更多的学科建设自主权。建立东南大学ESI分析报告动态发布机制,全面推动现有ESI学科排名稳步提升和ESI学科数持续增长。做好第五轮学科评估各项准备工作。推进土木工程等学科的国际学科评估试点工作。

(五)大力提升高端国际合作,形成国际化办学新格局

深入实施"卓越大学伙伴计划",持续推进国际化合作战略,不断提高国际化办学的层次与内涵。加大与世界一流大学开展实质性深层次校际合作力度,新增3~5所世界一流大学合作伙伴,力争申报中外合作办学项目。积极推动与蒙纳士大学的全面合作,加快推进雷恩研究生学院的建设。进一步做好与世界高水平大学的师生交流与合作,拓展合作大学并加大学生互换、联合培养和学位授予工作力度,力争教师出国(境)人数全年达到1 600人次,学生出国(境)交流学习人数全年达到2 700人次。组织推进"中英大学工程教育与研究联盟"工作,进一步做好建筑国际化示范学院建设工作。积极推动申报国家"111引智计划"、教育部国际联合实验室和国际联合研究中心,大力推进东南大学"卓越引智计划"项目。努力扩大来华交流交换生规模,持续提升来华留学生培养质量,来华留学生规模超过2 000人。积极扩大来华交流交换生规模,力争巴黎电子与计算机信息工程师学院计算机专业整建制本科生班来校交流学习。进一步做好孔子学院相关工作。

(六)继续全面深化综合改革,激发引领发展新活力

加强规章制度的执行与落实,持续巩固中央巡视整改成果,坚持和完善党委领导下的校长负责制。加强班子建设和作风建设,以体制机制改革为核心,以深化人事制度改革为突破,以调动全体师生员工积极性为重要标志,着力破除体制机制障碍,以更高站位、更大力度持续深化各主要领域综合改革和"放管服"改革。进一步加强学术组织建设,持续完善校院(系)二级治理结构,向院(系)简政放权,增强院(系)的发展活力,提升办学效率。继续推进学校管理机构改革,大力加强院(系)综合改革力度,全面深化试点学院综合改革工作。积极推动学校管理重心下移,落实院(系)主体地位,形成分工科学、运转顺畅高效的治理结构、管理架构和内控机制。深入推动管理服务部门优化重组,进一步完善综合事务跨部门协调机制,全面提高机关处室的服务质量和水平。优化管理服务流程,完成线上线下师生综合服务大厅建设,着力解决广大师生反映强烈的跨部门办事难的问题。

(七)坚持以师生为本,推进"美丽东大"建设取得新成效

坚持"以人民为中心"的发展理念,切实以师生为本,持续改善办学条件。主动关心教职员工特别是广大学生和青年教师的全面发展和生活保障,使广大师生员工获得感和幸福感更加充实、更加可持续。大力推进江宁区环东南大学知识创新圈、江北新区创新研究院、玄武设计产业园建设,努力形成校地融合发展办学新格局,为"美丽东大"建设提供坚实基础。

大力推进后勤管理与运行机制改革,努力建立与一流大学建设相适应的后勤保障体系。持续推进"绿色建造"行动,全面践行绿色建造理念,落实装配式建筑政策。加快完成丁家桥校区、九龙湖校区、四牌楼校区规划修编工作,提前谋划"十四五"基本建设项目。完成丁家桥校区生命科学大楼、九龙湖校区综合科研楼教育部立项和桃园学生宿舍(9—10号)竣工验收、交付工作;完成信息电子教学综合楼竣工、生医科研综合楼主体结构施工;完成能环科研综合楼主体结构施工;完成人文社科科研楼设计和施工总承包单位招标工作;完成九龙湖游泳馆主体结构封顶工作;完成九龙湖兰园宿舍设计工作;继续推进中大医院新门急诊大楼建设工作。完成环九龙湖运动步道、自行车快速便捷道、大草坪等环境、景观的综合改造,大力实施体育场所亮化工程。

(八)围绕学校中心任务,推动其他各项工作迈上新台阶

围绕学校中心工作,协助学校党委推进全面从严治党、加强党风廉政建设和组织协调反腐败工作,坚持推动"党政同责、一岗双责"落实到位,持续加强重点领域监督,着力营造更加风清气正的校园政治生态和学术生态,为学校"双一流"建设提供坚强的政治保证。切实发挥校、院(系)两级教代会的民主管理和民主监督作用,保障师生对学校重大事项的知情权、参与权。

大力推进开放办学,继续加强与政府及大型企业的合作共建。大力推进一流大学文化建设,制定和完善文化建设方案,实施文化传承与创新建设项目。扎实做好校属企业改制试点工作。继续加强校园安全、稳定及综合治理工作,推进校园安全综合保障平台和应急指挥中心建设。强化实验室安全管理的主体责任,不断加强实验室安全管理与服务。大力提升校园信息化水平。加大基金会筹款工作力度。进一步提升校友工作水平。继续支持中大医院实现属地化管理。

时光奔涌不止息,扬帆启航向未来。实现"1—10—100"的东大梦是一项长期、艰巨而光荣的使命,需要一代代东大人执著坚守、抢抓机遇、接力奋斗。在新的一年,让我们以习近平新时代中国特色社会主义思想为指导,按照高质量发展根本要求,全面加强党的领导,全面贯彻党的教育方针,深入加强立德树人,高擎改革开放大旗,不断凝聚全体师生员工的无限智慧和磅礴力量,勇担新使命、积聚新优势、激发新动能,加快推进"双一流"建设,全力推进内涵式发展,奋力谱写"中国梦"与"东大梦"交相辉映的历史新篇,以优异成绩庆祝中华人民共和国成立70周年。

东南大学2019年上半年工作总结和下半年工作补充安排

一、2019年上半年工作总结

2019年是新中国成立70周年,是决胜全面建成小康社会关键之年,是学习贯彻全国教育大会精神的开局之年,也是学校全面深化综合改革、加快实现"1—10—100"东大梦的重要一年。上半年,学校在教育部、江苏省委省政府的正确领导下,以习近平新时代中国特色社会主义思想为指引,深入贯彻党的十九大和十九届二中、三中全会精神,深入学习贯彻全国教育大会精神,牢牢把握社会主义办学方向,扎根中国大地,以新发展理念引领学校事业新的发展。全体师生员工勇担使命、开拓进取,始终坚持"以科学名世、以人才报国"的办学理念,继续按照"瞄准前沿、服务战略、师生为本、人才为先"的办学思路,持续深化"人才年"工作主题,聚焦"新使命、新担当、新作为"关键词,强化"班子建设、作风建设"着力点,全面深化综合改革,充分释放办学活力,凝心聚力,狠抓落实,学校"双一流"建设和各项事业发展取得新成效,学校综合实力和办学水平实现新提升。

(一) 坚持立德树人,人才培养成效突出

始终坚持"立德树人"根本任务,持续深化教育教学改革,积极推进"三全育人",全面提升人才培养质量,着力构建领军人才培养新格局。

坚持"以本为本",发布并实施《东南大学2020一流本科教育行动计划》。全面实施跨学院大类招生大类培养,本科生生源质量进一步提高,理科有11个省份、文科有14个省份录取位次明显提升,其他大部分省份录取位次稳步提升,其中江苏理科与医科录取分数排名创历史新高。着力构建通识教育基础上宽口径个性化专业培养知识体系,按照"厚基础、宽口径、重交叉、强创新"的思路与定位,全面修订2019级本科人才培养方案。大力推进"三制五化"培养模式改革,加强导师制建设,推动秉文书院和健雄书院建设,建立完全学分制培养机制,辅修学位专业由7个增至23个。大力提升课堂教学质量,立项校级在线开放课程98门,启动改造智慧教室52间。强化思政课程与课程思政示范课建设,启动实施《东南大学思政课创优行动计划》,获批江苏省高校优秀青年思想政治理论课教师"领航扬帆"计划1项,评选出第一批校级课程思政示范课9门,立项第二批校级课程思政示范课建设项目111门,实现课程思政校级示范课建设项目专业全覆盖。加强学生思想引领,培育建设校级社会主义核心价值观教育精品项目14个,加强各校区心理健康教育建设,实施少数民族优质人才培育计划。获批人工智能、生物科学和艺术史论新专业3个。电子科学与技术、信息工程两个专业通过工程教育认证。8个江苏省品牌专业顺利通过项目验收,其中土木工程、电子科学与技术、交通工程3个专业被评定为"优秀"。获2019美国大学生数学建模竞赛国际级特等奖1项、一等奖23项,国际大学生工程力学竞赛国际级一等奖,ASC19(2019年世界大学生超级计算机竞赛)国际级二等奖、2019 RoboCup机器人世界杯中国赛国家级一等奖各1项。2019届本科毕业生深造率52.74%,较去年同期提高3%。强化就业引导,基层选调生150多人,西部就业500人,国防军工就业300多人,就业层次结构进一步优化。

全面实施研究生教育综合改革方案,研究生教育综合改革扎实推进。不断推进研究生优质生源工程,研究生生源质量稳步提升,招收推荐免试生1 662人,较去年增加3%;一流大学建设高校博士生生源458人,较去年增加20%。博士生招生规模持续增加,已达到1 220人,较去年增加12%。不断加强师德师风和研究生导师队伍建设,优化导师资格遴选办法。不断深化研究生教学改革,全面修订研究生培养方案,加强在线课程、课程思政、全英文课程、校企合作课程建设,立项校级研究生课程思政示范课程建设

项目77门,新增建设全英文教学课程8门。推进研究生创新能力提升工程,设立优秀博士论文培育基金和研究生创新计划。获国家留学基金委资助参加国际学术会议和短期访学研究生384人。获江苏省研究生教育改革成果一等奖2项,获批江苏省研究生科研创新计划85项,获江苏省研究生学术创新论坛5项,获"江苏省优秀研究生工作站"4个,获"江苏省优秀研究生工作站示范基地"1个,获批江苏省研究生教育教学改革课题10项,其中重大委托课题2项,获批研究生暑期学校2个。持续完善学位评定工作机制,学位论文质量持续提高,博士论文盲审一次通过率大幅提高,人均发表高水平论文3.15篇,较去年显著提升。持续加强东南大学—蒙纳士大学苏州联合研究生院和东南大学雷恩研究生学院建设。

(二)坚持人才强校,师资水平稳步提升

加快实施"高端师资倍增计划"和"一流师资队伍建设方案",深化人事制度改革,强化综合改革绩效考核,不断健全师资队伍成长成才体系和人才支撑计划。进一步完善一流师资队伍建设的引育人才工程体系,启动校内人才专项计划和紫金学者计划,持续营造全员引才、聚才、育才的良好氛围和生态。成功举办首届校内优秀青年人才高层论坛和第四届海外青年学者论坛,加大校内优秀青年人才培养和海外一流人才引进力度。引进兼职院士4人,新增"千人计划"创新人才长期项目专家1人,外国专家项目专家1人、"青年千人"8人,新增"万人计划"科技创新领军人才8人、教学名师1人,青年拔尖人才3人,入选首批紫金青年学者13人,新增江苏特聘教授3人、江苏省"青蓝工程"优秀教学团队1个、中青年学术带头人3人、优秀青年骨干教师4人。进一步构建多元化的薪酬分配体系,完善校内二级单位关键业绩指标(KPI)综合考核,扩大二级单位的薪酬分配自主权。获国家留学基金委资助项目教师出国访问45人。稳妥推进定岗定编工作,加大试点院系用人自主权。加强博士后管理工作,在站博士后超过700人。组织完成法学、网络空间安全、基础医学3个学科博士后科研流动站申报工作。

(三)坚持创新驱动,科学研究成果丰硕

全力实施"原创能力突破计划",加强科研制度建设,优化科研组织管理,大力推进重大科研项目、基础交叉科研平台、产学研结合和团队建设等工作。贯彻落实学校科技工作会议精神,大力推动"科改八条"工作任务。牵头获国家科学技术奖项目4项(通过初评)。申报教育部高等学校科学研究优秀成果奖(科学技术)18项,申报江苏省科学技术奖20项。申请中国发明专利1 250件,授权802件,申请PCT专利60余件。获第47届瑞士日内瓦国际发明展奖励8项,其中金奖3项。申报国家自然科学基金项目1 199项,获杰青项目4项、优青项目5项、创新研究群体项目1项(通过答辩)。牵头获国家重点研发计划项目10项,获江苏省重点研发计划13项。获江苏省自然科学基金74项。获国家社科基金年度项目22项(其中重点项目3项、青年项目6项)(已公示),同比增长29%,获国家社科基金艺术学重大项目1项。获教育部人文社科项目7项,获江苏高校哲学社会科学研究重大项目4项。上半年科研到款总经费超过5.3亿元,同比增长10%。教育部"移动信息通信与安全"前沿科学中心通过专家论证。"智慧建造与运维国家地方联合工程研究中心"正式揭牌。组织申报教育部工程研究中心1个。网络通信与安全紫金山实验室、生物医学大数据重大科技基础设施、量子信息国家实验室南京联合实验室、人工智能研究院、智能制造创新中心、玄武设计产业园、东南大学雄安创新研究院等项目进展顺利,文化传媒与国际战略研究院学术特区正式成立。首次牵头获军兵种装备部批复的产品定型,获批2019年度江苏省军民融合重大项目。加快推进江宁区环东南大学知识创新圈建设,江北新区创新研究院正式运行。已签订南京市新型研发机构成立协议达到28家。与江苏省产业技术研究院签订全面战略合作协议,继续深化与南京医科大学、华为公司合作,新签华为联合实验室协议。科技成果转化体制机制进一步完善,出台《东南大学促进科技成果转移转化管理办法(暂行)》和《东南大学横向科研项目经费管理办法》。技术转移中心获批教育部首批高等学校科技成果转化和技术转移基地。

(四) 坚持内涵发展,学科建设不断加强

加快推动落实"双一流"建设方案,进一步优化学科布局,持续推进学科内涵发展,提升学科建设水平。完成论证并加快推进实施"双一流"年度建设方案,组织对15个一流建设学科进行重点建设。论证制定并推进实施"双一流"2019年中央专项资金和2018年省配套资金预算,论证制定"双一流"2020年中央专项资金预算,启动2019年和2020年省配套资金预算编制工作。全面实施"优势理科攀升计划"和"精品文科攀升计划",组织开展"马克思主义学院建设发展规划"和"特色医科攀升计划"方案论证,论证成立生命科学与技术学院。通过政策支持和引导,11个ESI学科排名稳步提升,其中进入ESI前1‰的工程学与计算机科学分别位列第20位和第16位。完成2018年江苏高校优势学科建设工程三期项目年度报告工作,完成江苏高校优势学科填报三期项目经费预算和2018年度、2019年度经费使用计划的审核。

(五) 坚持开放办学,国际合作与交流更加活跃

深入实施"卓越大学伙伴计划",大力推进国际化联合战略,着力推动高层次国际交流、与国际知名高水平大学开展实质性合作办学,国际化办学内涵不断提升。与新西兰奥克兰大学、瑞士苏黎世联邦理工学院、英国约克大学、爱尔兰都柏林三一学院、芬兰阿尔托大学、希腊雅典理工大学等世界高水平大学签署合作协议22份。继续深化与蒙纳士大学全面合作,东南大学雷恩研究生学院建设进展顺利。持续推进建筑国际化示范学院和"卓越引智计划"工作。上半年派出赴国(境)外参加国际学术会议、学术交流与合作研究教师800余人,派出赴国(境)外交流学习学生1 300余人,其中3个月以上569人,参加国际学术会议384人。积极推进落实法国巴黎电子与计算机信息工程师学院(EFREI)计算机专业整建制班2019年秋季学期来校交流工作。

(六) 坚持师生为本,"美丽东大"建设扎实推进

坚持"以师生为中心",着力优化办学环境、改善办学条件、强化服务保障,不断加强校园基础设施和文化景观建设。完成九龙湖校区工科综合科研大楼、丁家桥校区生命科学大楼可行性研究报告上报教育部申报立项工作,完成人文社科科研楼设计招标、方案设计工作,完成兰园宿舍Ⅰ、Ⅱ项目设计发标工作,完成能环科研综合楼项目开工前期报建工作,完成桃园学生宿舍9—10号项目主体工程,完成生医科研综合楼、游泳馆项目桩基工程,完成土木交通楼振动台基础混凝土第二次浇筑。完成九龙湖校区、丁家桥校区建设规划修编工作并报批。持续推进《中央大学旧址保护规划》《四牌楼校区功能定位及发展规划》编制工作。教育部改善基本办学条件修缮改造工程项目有序进行,积极申报2020年教育部专项16个。

(七) 坚持目标导向,其他各项事业进展顺利

落实中央巡视整改、驻部纪检监察组要求,深化对重点领域的监督,强化监督检查,提升治理效能。认真履行"党政同责、一岗双责",党风廉政建设和反腐败工作有效推进。完成《东南大学综合改革方案》修订和《东南大学"十三五"规划》年度工作任务部署。基本完成院(系)行政换届工作,完成学校各类领导小组和学术组织梳理工作。

深化财务"放管服"改革工作,强化内控制度建设和财务管理长效机制建设,服务水平和财务工作管理效益不断提升。认真开展内部控制评审工作,促进建立科学合理的内控体系。积极推进高校所属企业体制改革试点工作,完成所属企业体制改革方案。启动论证信息化建设规划,统筹推进学校信息化建设。全面检查学校网络空间建设现状,落实网络安全责任制度。选举产生东南大学教育基金会新一届理事会,完成校友之家一期建设并投入试运行。完成117周年校庆系列活动。大学科技园牵头申报并获批江苏省第三批大众创业、万众创新示范基地。中大医院医疗服务与医学教育研究工作取得新进步,江北新

区新院区建设正式启动。图书馆文献资源保障力度不断加强,利用水平不断提高。综合服务大厅建设顺利推进,工作流程与管理制度进一步完善。附属幼儿园运行有序平稳。

推进落实与湖南省、甘肃省、河北省、云南省等地方政府的全面战略合作协议内容,与贵州省人民政府签署新一轮战略合作协议。新签各类捐赠协议41份,签约金额5 377.6万元;奖助师生3 099位,总额1 550.55万元。对口支援与定点扶贫等工作不断推进,定点扶贫的南华县宣布脱贫。

各校区、各院系、各直附属单位在学校领导下顺利开展工作,均取得较好成绩。

二、2019年下半年工作补充安排

2019年下半年行政工作的总体思路是:以习近平新时代中国特色社会主义思想为指引,深入贯彻党的十九大和十九届二中、三中全会精神,深入学习贯彻全国教育大会精神,牢牢把握社会主义办学方向,紧紧围绕"不忘初心、牢记使命"主题教育,聚焦"守初心、担使命,找差距、抓落实",强化"班子建设、作风建设",凝心聚力、狠抓落实,全面落实学校各项战略部署与专项计划,大力提升人才培养和师资队伍建设质量,加快推进"双一流"建设进程。下半年学校要重点推进和完成的行政工作任务主要有:

(一)深化教育教学改革,全面提升人才培养质量

始终坚持"立德树人"根本任务,把思想政治工作贯穿教育教学全过程,把创新创业教育融入人才培养全过程,全面落实《东南大学2020一流本科教育行动计划》《东南大学研究生教育综合改革实施方案》和《东南大学思政课创优行动计划》,加快构建"三全育人"新格局。

继续深化本科生教育改革。围绕领军人才培养目标,持续加强思想引领、能力培养和知识传授,修订完成2019级本科人才培养方案,着力打造学习、实践和文化三个课堂。强化课堂教学质量建设,优化课堂教学过程管理办法,完善课堂教学质量评价体系,开展课堂教学质量评价工作,进一步加大课堂教学质量KPI考核。完善教师教学考核办法,进一步优化教师教学激励机制,构建多层次教学奖励制度。建设好首批智慧教室,大力推进研讨式、探究式、案例式、问题式等多种互动教学模式改革。力争获教育部首批一流专业15~20个、第三批国家精品在线开放课程10~15门。强化学生思想引领,积极探索大类管理模式,深入推进书院制和导师制建设。加强专兼职辅导员队伍建设,着力提升辅导员思政理论课教学能力。加快推进学生学业辅导中心、心理健康教育中心、就业指导中心和资助管理中心建设,切实助力学生健康成长。

进一步深化研究生教育综合改革。优化研究生课程体系,重构不同层次和类型研究生的知识结构,修订完成研究生培养方案。大力推进研究型教学模式改革,完善教学组织与管理,建立健全课程教学质量评估办法。深化课程考试改革,实施多种形式考核方式,促进学生研究型和自主型学习。积极推进全日制专业学位研究生产教融合培养模式,大力加强研究生教育国际化,进一步推进与世界一流大学联合办学和合作培养研究生,着力提高留学研究生的生源质量和培养质量。进一步加强研究生导师队伍建设,持续完善导师培训体系,全面落实导师责任制,大力提升指导能力,夯实育人责任。

进一步强化就业引导,深化就业布局,优化就业服务。持续深化与重点国防军工院所、基层党政机关、联合国教科文组织等单位合作,进一步扩大毕业生到重点地区、重大工程、重大项目、重要领域就业规模。

(二)强化"人才强校"战略,全力构建一流人才队伍

以"以德立身、以德立学、以德施教"为主题,以"优化结构、创新机制、激发活力"为主线,以实施"高端师资倍增计划"和"一流师资队伍建设方案"为重点,坚持统筹布局、引育并举、重点突出,全力构筑一流人才高地。

深化职称晋升和专业技术岗位晋升制度改革,在试点学院积极推进年薪制和全员岗位聘用工作。进一步加大海外宣传力度,引进具有博士学位教师150名以上,其中具有海外一流大学博士学位教师不少

于50名。做好第十六批"千人计划"、2019年度"长江学者"、第十六批"六大人才高峰"等人才计划的选拔和申报工作。进一步完善教师积分计量考核办法,推进教师积分计量系统建设。积极推进绩效工资改革,分类管理各类人员的绩效收入。进一步完善院(系)年度综合KPI考核体系,以"立德树人"为根本,加大绩效考核和奖励力度。进一步完善博士后队伍管理制度与激励机制。根据国家政策规定,切实做好广大教职员工的生活和养老保障工作。召开全校人事工作会议。

(三)落实"四个强化"部署,大力培育一流创新成果

持续实施"原创能力提升计划",认真贯彻强化原始创新、强化战略布局、强化协同组织、强化制度保障"四个强化"工作部署,推动科技创新获得新突破。落实学校科技工作会议精神和"科改八条",积极谋划国家级大项目、大平台、大团队、大成果,着力推进网络通信与安全紫金山实验室、量子信息国家实验室南京联合实验室、生物医学大数据重大科技基础设施建设取得新进展。持续推进十大科学与技术问题,积极推动新型科研机构建设与发展,积极培育量子信息、人工智能、网络安全、智能制造、智慧城市、智能网联交通、脑科学、生物医学大数据等前沿、新兴与交叉科研方向。深入推进大型仪器公共服务平台建设,提升公共平台支撑能力和服务水平。大力推进国家级文科智库、教育部人文社科重点研究基地申报。牵头获省部级一等奖10项以上。获批国家重点研发计划牵头项目10项、牵头课题30项,立项总经费3亿元。获批国家自然科学基金项目350项,立项总经费3亿元。获批高等学校科学研究优秀成果奖(人文社会科学)10项、江苏省哲学社会科学优秀成果奖20项以上。加大高水平论文支持力度,发表SCI源刊论文3 200篇以上。完成申请发明专利2 900件、高价值专利150件、PCT专利100件,授权发明专利1 500件。加快推进江宁区环东南大学知识创新圈、江北新区创新研究院和玄武设计产业园等产学研项目建设。大力推进国防重大科研计划,积极组织国防重点科研项目,立项总经费3亿元。有效推动国防类重点实验室立项与发展,进一步推进保密和军工资质体系建设。力争年度科研到账总经费28亿元。

(四)不断优化学科布局,着力提升学科建设水平

继续推动落实"双一流"建设方案,按照"强势工科、优势理科、精品文科、特色医科"学科布局,全力推进"一流学科攀升计划",着力提升学科建设水平。健全完善"双一流"建设体制机制和管理办法,全力做好2019年中央高校建设一流大学(学科)和特色发展引导专项(含省配套经费)的建设,积极推进15个学科(群)重点建设。继续推动分析测试中心、大数据计算中心、实验动物中心等全校开放共享的重大科研平台建设,做好微纳平台的论证工作。全面论证和优化学科布局,着力布局建设量子信息、网络空间安全、智能制造、智慧城市、脑科学、生命科学、人工智能等一批前沿、新兴和交叉学科,以及化学、外语、历史、工商管理、新闻传播等一批理科和文科。推进实施"优势理科攀升计划""精品文科攀升计划"和"马克思主义学院建设发展规划",进一步论证并实施"特色医科攀升计划",推动江苏高校优势学科三期立项学科建设。完成"双一流"建设中期自评工作,并做好第五轮学科评估的各项准备工作。进一步完善2020年中央高校建设一流大学(学科)和特色发展引导专项(含省配套经费)建设方案。健全一流学科建设绩效评价方法和激励约束机制,充分发挥院(系)的学科发展责任主体作用,赋予院(系)更多的学科建设自主权。完善东南大学ESI分析报告动态发布机制,全面推动现有ESI学科排名稳步提升和ESI学科数持续增长。

(五)推进高端国际合作,形成国际化办学新格局

坚持国际化办学强校之路,深入实施"卓越大学伙伴计划",积极开展高端国际合作,不断提高国际化办学的层次与内涵。深化与美国马里兰大学、英国利兹大学、日本大阪大学、日本筑波国家材料研究院等世界一流大学和科研机构的交流合作。进一步做好与世界高水平大学的师生交流与合作,加大学生交流交换、联合培养力度。继续推进东南大学蒙纳士联合研究生院、雷恩研究生学院的建设,以及中英大学工程教育与研究联盟全方位教育与研究合作。大力开拓与"一带一路"沿线国家高等教育、学术和研究机构的合作。全年力争教师出国(境)人数达到1 600人次,学生出国(境)交流学习人数达到2 700人次。积极扩大来华交流交换生规模,做好巴黎电子与计算机信息工程师学院计算机专业整建制本科生班来校交流学习工作。做好中国政府友谊奖和江苏省政府友谊奖申报工作,积极组织申报教育部和国家外国专家局"111计划",以及2019年度"外专千人"计划。继续做好港澳台工作。

(六)坚持以人为本,加快推进"美丽东大"建设

继续坚持"以师生为中心",不断改善办学条件,进一步优化办学环境,全面支撑保障学校事业发展。完成九龙湖校区和丁家桥校区规划报批工作,完成《中央大学旧址保护规划》《四牌楼校区功能定位及发展规划》编制工作。以校园总体规划为基础,启动论证"十四五"基本建设项目规划。完成丁家桥校区生命科学大楼和九龙湖校区综合科研楼教育部立项批复工作并启动设计招标,完成人文社科科研楼施工图设计和土建施工招标工作,完成兰园宿舍Ⅰ、Ⅱ项目设计招标和施工图设计工作,完成能环科研综合楼项目基础工程施工,完成桃园学生宿舍9—10号项目竣工和交付工作,完成信息电子教学综合楼施工竣工,完成生医科研综合楼和游泳馆项目主体结构工程,完成土木交通楼振动台基础及配套工程竣工及交付工作。持续推进"绿色建造"行动,全面践行绿色建造理念,落实装配式建筑政策,打造绿色施工示范工程。大力推进后勤管理与运行机制改革,努力建立与一流大学建设相适应的后勤保障体系。完成九龙湖校区二、三环自行车道和马拉松步道改造,以及九龙湖大草坪景观环境综合整治工作。开展本年度第二批次九龙湖人才公寓申请工作。启动一站式公寓服务站建设,完成九龙湖校区物业服务招标工作。启动论证九龙湖校区服务学生商业网点布局规划。

(七)加强统筹与协调,扎实推进其他各项工作

协助学校党委推进全面从严治党,加强党风廉政建设和反腐败工作,坚持推动"党政同责、一岗双责"落实到位,加强对重点领域关键环节的监督检查,压实主责部门主体责任。进一步加强作风建设,强化落实与执行,力戒形式主义、官僚主义。推进完成校级领导小组和学术组织整合重构工作。全面推进和完成教育部直属高校校属企业改革试点工作。做好房产经营的规划,加强合同管理,做到规范经营。继续深入推进财务"放管服"改革,大力推进专项经费预算执行的绩效评价。推动成立一批行业校友组织,举办"第二届东南大学全球企业家论坛",力争启动校友之家二期建设。加快落实《东南大学鼓励筹资工作暂行办法》,完善激励和考核机制。继续深化开放办学,积极推进并落实与地方政府及大型企业战略合作。继续做好对口支援和定点扶贫工作。持续推进学校信息系统数据整合共享,大力提升校园信息化水平。推进线上综合服务办事大厅建设,进一步优化工作流程,提升综合服务质量。进一步加强实验室信息化平台建设与管理,强化全校实验室安全管理。

2019年下半年,学校各单位和机关各部门,要以习近平新时代中国特色社会主义思想统揽全局、引领发展,把开展"不忘初心、牢记使命"主题教育同完成改革发展稳定各项任务结合起来,勇于担当负责,积极主动作为,把初心使命变成锐意进取、开拓创新的内生动力和埋头苦干、真抓实干的自觉行动,不断增强政治责任感和历史使命感,始终保持只争朝夕、奋发有为的奋斗姿态,以钉钉子精神狠抓工作落实,确保圆满完成2019年度各项工作任务,加快一流大学和一流学科建设,推进内涵式高质量发展,为早日实现中国特色世界一流大学的"东大梦"和中华民族伟大复兴的"中国梦"而努力奋斗!

勇担新使命　展现新作为
奋力推进中国特色世界一流大学建设

——中共东南大学第十四届代表大会 2018 年年会工作报告

校党委书记　左　惟

（2019 年 1 月 18 日）

各位代表，同志们：

本次大会是全面深入贯彻落实全国教育大会精神，东南大学加快推进世界一流大学建设新征程的关键时期召开的一次十分重要的会议。会议的主要任务是：高举习近平新时代中国特色社会主义思想伟大旗帜，深入贯彻落实党的十九大，十九届二中、三中全会，全国教育大会，新时代全国高等学校本科教育工作会议精神，深入实施学校"十三五"事业发展规划和"双一流"建设方案，总结 2018 年工作，研究部署 2019 年工作，动员全校各级党组织和全体共产党员不忘初心、牢记使命、勇担责任，坚定不移全面深化综合改革，奋力推进中国特色世界一流大学建设。

下面，我代表校党委向大会报告工作，请各位代表审议。

一、2018 年学校党委工作

2018 年是全面贯彻党的十九大精神的开局之年和改革开放 40 周年，学校党委以习近平新时代中国特色社会主义思想为指导，紧紧围绕中国特色世界一流大学建设目标，紧扣"人才年"主题和"改革、质量、效率"关键词，深入实施综合改革方案和"十三五"事业发展规划，团结带领广大师生员工改革创新、奋发有为，加快推进"双一流"建设，学校各项事业取得新进展、迈上新台阶。

1. 政治建设有力加强

学校党委持续提高政治站位，大力加强政治建设，牢固树立"四个意识"，做到"两个维护"，坚定社会主义办学方向，加强学校党委对学校事业的全面领导，把党的建设贯穿办学治校全过程。在继续完善党委常委会、校长办公会议事决策规则的基础上，新制定了《东南大学党委全委会议事决策规则》，进一步健全党委科学决策、民主决策体系。制定了院（系）党组织会议议事规则（试行）和院（系）党政联席会议议事规则（试行），进一步发挥院（系）党组织政治核心作用，不断健全院（系）治理结构，落实落细院（系）决策机制。成立了党委巡察工作机构，出台了巡察工作办法和工作规程，完成首轮对 4 个基层党组织的政治巡察。

2. 巡视整改工作持续深化

学校党委将巡视整改作为坚持党的领导，加强党的建设，全面从严治党的重要抓手。重点做好集中整改期间出台的相关制度的落实，巩固拓展整改成果。围绕学校二级单位贯彻执行新出台制度情况、"三重一大"决策制度执行情况、2017 年校中层领导班子和领导干部落实党风廉政建设责任制自查情况、监察建议书落实整改情况等，开展专项督查，推进巡视整改落实到位。

3. 思想和宣传工作有力提升

把学习贯彻习近平新时代中国特色社会主义思想作为深化理论武装的首要政治任务。认真贯彻落实全国宣传思想工作会议精神，积极贯彻落实意识形态工作责任制。校党委理论学习中心组集中学习研讨和中层干部集中学习培训制度进一步健全完善。继续加大在各级媒体的宣传报道力度，将新媒体融入宣传思想工作，新媒体影响力位居全国高校前列。加快建设"网上东大"，全面推进学校二级网站升级改版。

4. 干部人事制度改革扎实推进

推进实施《东南大学中层领导干部选拔任用工作条例》,拓宽选人用人视野和渠道,加强中层干部的岗位交流,干部队伍活力不断增强。顺利完成2017年度校领导班子和领导干部年度考核及干部选用"一报告两评议"工作。实施中层领导后备干部选拔培养办法,发现和培养年轻优秀干部。认真实施《东南大学中层领导干部兼职管理暂行办法》,进一步完善对干部兼职的管理。

5. "人才年"建设良好开局

围绕"人才年"工作定位,开展了教育思想大讨论,形成了"具有家国情怀和国际视野,担当引领未来和造福人类的领军人才"的培养目标定位。系统实施"高端师资倍增计划"和"一流师资队伍建设方案",大力推进院(系)关键业绩指标(KPI)考评机制改革,加强高水平师资队伍引育,激发现有人才队伍活力。引进一批全职兼职高层次人才,聘任人文社会科学资深教授4人。一批著名学者获得国内外、省内外荣誉称号。

6. 基层党组织建设有力加强

深入实施"对标争先"建设计划,1个学院党委入选"全国党建工作标杆院系",2个党支部入选"全国党建工作样板支部",1个研究生党支部入选"全国高校百个研究生样板党支部",评选出一批校级样板党支部。全面实施教师党支部书记"双带头人"培育工程和全校基层党组织"书记项目",进一步落实党建工作责任制。开展了全校基层党组织督查调研,大力推进基层党建工作规范化、科学化。

7. 立德树人根本任务全面落实

全力构建全员、全过程、全方位育人体系,获批全国首批"三全育人"综合改革试点高校、全国首批"高校思想政治工作创新发展中心"和全国高校思想政治工作精品项目。通过举办"永远在路上"红色大讲堂和理想信念大讲堂,设立本科生党支部精品培育项目,组织优秀学生党员分赴革命根据地、国家重点行业和企业、对口支援贫困县深入实践,培育学生家国情怀,提升综合实践能力。持续推进共青团改革,学校团委荣获2018年"全国五四红旗团委"。社会实践和创新创业成果丰硕,获"全国社会实践先进单位"、全国大学生创业大赛"优胜杯"、"中国青少年科技创新奖"。

8. 从严治党向纵深推进

贯彻落实全面从严治党工作最新要求,召开学校全面从严治党工作会议。坚持开展校领导班子成员履行"党政同责、一岗双责""三个一"工作,有效落实主体责任。持续深化"三转",监督工作进一步规范有序。积极防范重点领域廉政风险。制定并实施《东南大学廉洁意见回复暂行办法》,从严加强干部监督和管理。开展了年度校中层党政领导班子和领导干部党风廉政建设责任制检查考核。

9. 和谐校园建设深入推进

落实学校"十三五"文化建设规划,积极推动校园文化建设。成功举办系列活动,隆重庆祝改革开放40周年和东南大学复更名30周年。持续加强校园民主建设,各党派基层委员会换届工作顺利完成。积极拓宽与党外代表人士沟通渠道。多维度开展为侨服务,获首批"全国为侨公共服务体系示范单位"称号。切实发挥校、院(系)两级教代会民主管理和民主监督作用。提高教职工福利发放标准,东南大学附属幼儿园顺利开园,完善大病医疗互助工作,推进院(系)"教工之家"建设,校园民生不断改善。稳妥推进离退休工作转型发展,巩固提高关工委工作常态化建设。完善综合治理和校园安全管理,获"江苏省平安校园建设示范高校"称号。

10. 学校各项事业取得新进展

教育教学与人才培养质量不断提升,获得国家级教学成果奖9项,获奖总数并列全国高校第三,其中一等奖2项,获奖数并列全国高校第二。先后启动"优势理科攀升计划"和"精品文科攀升计划"。申请学位授权自主审核单位增列工作进展顺利。12个优势学科获得江苏高校优势学科建设工程三期项目立项建设。ESI学科排名稳步提升。网络空间安全学院与人工智能学院正式揭牌,人文学院历史学系正式成立。牵头获国家科学技术奖二等奖5项、江苏省科学技术奖一等奖8项,获奖总数均位列全省第一。获得"中国高等学校十大科技进展"1项。科研到款总经费超过25亿元。发明专利申请与授权持续走在全国前列。9人次入选2018年度"高被引科学家"名单。网络通信与安全紫金山实验室、网络空间国际治理研究基地、脑科学与智能技术研究院相继揭牌成立。国际化办学水平稳步提升,东南大学雷恩研究生学院正式揭牌。持续深入推进云南南华县定点扶贫工作,助力当地提前达到脱贫标准。财务、审计、基本建设、后勤服务、资产管理、图书档案、学报、异地办学、独立学院、继续教育、中大医院医教研、对口支援、校友会、基金会等各项工作均取得长足发展。

一年来,我们付出很多,也收获很多。全体师生员工挥洒的奋斗汗水,正在积累成实实在在的高质量发展成果,转化为真真切切的中国特色世界一流大学建设新图景。在这里,我谨代表学校党委向大家表示诚挚的感谢!

成绩令人鼓舞,使命催人奋进。我们清醒地认识到,与世界一流大学建设目标相比,学校事业发展仍存在一些问题和不足:一是高端师资数量不足,有国际影响力的学术带头人、知名学者和创新团队尤其缺乏;二是领军人才培养体制机制还需进一步完善,培养方案还需进一步落实落细;三是原始创新能力还需进一步提升,接近或达到世界一流水平的学科数仍然偏少,新兴交叉学科发展速度相对缓慢,解决国家重大战略需求和科学前沿问题、领军人才培养的大平台建设亟待加强;四是党建对学校事业发展的引领力、改革创新的驱动力还需进一步增强,发展动能需要进一步激发。

二、坚持"六个着力",奋力攻坚"三步走"战略第一步

习近平总书记在全国教育大会上紧紧围绕培养什么人、怎样培养人、为谁培养人这一教育工作根本问题,提出了"九个坚持""六个下功夫""两个大计""三个决定"等重要论述,明确了要以凝聚人心、完善人格、开发人力、培育人才、造福人民为工作目标,培养德智体美劳全面发展的社会主义建设者和接班人。全国高等学校本科教育工作会议推出了"新时代高等教育40条",提出了"以本为本""四个回归""三个不合格""八个首先"等新的要求。这些会议精神和要求为我们践行立德树人根本使命,加快推进"双一流"建设提供了工作遵循。我们要以"九个坚持"为指引,聚焦工作着力点,激发改革新动能,团结拼搏,攻坚克难,奋力推进中国特色世界一流大学建设。

一是着力加强和改进党对学校事业的全面领导,为"双一流"建设定向领航。党的领导是中国特色世界一流大学建设的本质要求和根本保障。要充分发挥校党委领导核心作用,确保把方向、管大局、做决策、抓班子、带队伍、保落实"六个过硬"。深入贯彻落实意识形态工作责任制,担好"举旗帜、聚民心、育新人、兴文化、展形象"责任。用党的创新理论成果武装头脑,不断增强师生政治、思想、理论、情感"四个认同"。要坚持和完善党委领导下的校长负责制,构建适应国情校情、具有东大特色的现代大学制度。切实加强组织建设,坚持党管干部、党管人才,打造一流教师干部队伍。

二是着力落实立德树人根本任务,培养一流领军人才。培养不出一流的人才就称不上一流的大学。我们要紧紧围绕立德树人根本任务,大力实施"2020一流本科教育行动计划"和"研究生教育综合改革方案",构建领军人才培养体系,造就具有家国情怀和国际视野,担当引领未来和造福人类的领军人才。

三是着力建设一流大学文化,切实提升核心竞争力。大学文化是大学的灵魂和核心竞争力。我们要努力建设一流大学文化,培育一流大学精神,不断健全完善以"止于至善"校训为核心的精神文化体系。牢记办世界一流大学的初心使命,提升放眼世界、全球竞争的胸襟格局,扛起服务国家、造福人类的责任担当,养成敢为人先、引领发展的勇气魄力,以优秀的大学文化和卓越的大学精神化育领军人才。

四是着力实施人才强校战略,为世界一流大学建设提供强力支撑。人才是一所大学赢得竞争优势的核心要素。要牢固树立"人才是第一资源"的理念,坚持"优化结构、创新机制、激发活力"的人才工作思路,创新人才工作机制,健全和完善校、院(系)两级人才工作责任制,着力营造引才、聚才、育才的良好氛围。大力实施"高端师资倍增计划",扩大高端人才总量。进一步深化人事制度综合改革,健全师资队伍

薪酬体系和KPI评价体系,激发师资队伍活力。

五是着力服务国家战略需求,体现一流大学使命担当。世界一流大学无一不与国家发展同向同行。我们要坚定不移走与国家和区域经济社会发展相结合的建设道路,调整优化学科结构、专业设置,深化人才培养的供给侧改革。大力实施"原创能力突破计划",以"十大科学与技术问题"为重点,加强科研整体布局,进一步强化基础研究,大力推进原始创新,积极参与国家科技创新基地、重大科技基础设施建设;积极面向国家重大战略需求,力争在"卡脖子"的核心领域和关键技术上取得突破。

六是着力深化开放办学,大力提升资源集聚力和国际影响力。开放办学是建设中国特色世界一流大学的重要路径。要主动对接国家、区域重大战略和社会重大需求,以一流大学的使命担当和卓越贡献赢得更大发展机遇和更多发展资源。要坚持国际视野、竞争发展,大力实施"卓越大学伙伴计划",深入推进与世界一流大学的战略合作。主动服务国家对外工作大局,提升人才国际胜任力和学校国际影响力。

三、2019年学校党委重点工作

2019年是中华人民共和国成立70周年,是全面建成小康社会、实现第一个百年奋斗目标的关键之年,也是学校实现"三步走"战略第一步目标的攻坚之年。校党委将持续深化"人才年"工作主题,聚焦"新使命、新担当、新作为"关键词,强化"班子建设、作风建设"着力点,狠抓落实,坚定不移实施综合改革方案和"双一流"建设方案,重点做好以下工作:

1. 大力加强政治建设和思想建设,为学校改革发展营造良好的思想和舆论环境

持续办好"至善讲堂",开展好思想理论学习,进一步增强"四个意识",坚定"四个自信",做到"两个维护"。严格落实意识形态工作责任制,把牢意识形态工作领导权、管理权、话语权。召开全校宣传思想工作会议,为一流大学建设提供有力思想保证、舆论支持、精神动力和文化支撑。紧扣"五四运动"100周年、新中国成立70周年主题,全方位宣传党领导全国人民取得的伟大成就和学校各项事业取得的突出成绩。加强学校中英文网站和官方新媒体平台建设,切实提升学校办学声誉。

2. 加强顶层设计和规划引领,持续深化综合改革、推进"双一流"建设

加强对综合改革方案、放管服改革实施情况的督查与评估。大力实施"十三五"规划和"双一流"建设方案。完善校、院(系)两级治理结构,推动管理重心下移。全面做好第五轮学科评估的准备工作,推动优势理科、精品文科和特色医科建设方案落实。加强前瞻谋划,推进发展规划预研工作。

3. 从严加强基层党组织和干部队伍建设,夯实改革发展的组织基础

按照中央统一部署,认真开展"不忘初心、牢记使命"主题教育。深入实施"对标争先"建设计划、教师党支部书记"双带头人"培育工程和"两学一做"学习教育常态化制度化。做好全校院(系)行政领导班子和全校基层党支部换届工作。深化干部人事制度改革,完善干部选任、管理和监督机制,加大优秀青年人才的培养力度。做好党员干部教育培训和党员发展工作,尤其要加大在优秀青年教师中发展党员工作力度。

4. 完善立德树人协同育人体系,增强领军人才培养合力

以"三全育人"综合改革试点为重点,实施"十大育人"计划,构建一体化思想政治工作体系。大力推进课程思政建设,切实提升思政教育的针对性、亲和力。优化重组学生管理服务机构,探索实施书院制改革。大力推进辅导员队伍建设,切实增强专兼职辅导员、班主任队伍力量。创新推进"铸魂""磐石"工程,增强学生担当引领意识和跨文化交流能力。认真实施教育部思政精品项目,着力构建"育志"与"育智"并进的资助育人体系。

5. 进一步加强纪律和作风建设,着力营造优良的政治和学术生态

紧紧围绕遵守党的政治纪律、政治规矩、落实中央八项规定精神开展监督检查。持续推进作风建设,加强对形式主义、官僚主义的监督检查。紧盯重点领域、重要岗位、重要节点开展督查。总结首轮巡察工作经验,强化成果运用,加强巡察工作培训,提高巡察队伍工作能力,启动实施新一轮校内巡察。推动基层党组织运用四种形态,尤其是第一种形态开展日常教育管理监督工作。

6. 坚持以人为本发展理念,为学校改革发展提供和谐稳定的校园环境

加强党外代表人士队伍建设,推进落实选派党外人士校内任职实施办法。完善校、院(系)两级教代会运行机制。持续推进校工会青年工作委员会学院分会建设。进一步重视和加强对学生会、研究生会指导力度,规范学生社团管理、促进学生社团健康发展。稳步推进离退休工作机构改革,完善离退休人员服务工作。深化文化、智慧、平安、美丽校园建设,创建与世界一流大学相适应的校园环境。

各位代表、同志们,惟改革者进,惟创新者强,惟奋进者胜。校党委将以"行至半山不止步,中流击水再奋进"的坚定决心,持续发挥好领导核心作用,不断抓好改革发展稳定工作。让我们更加紧密地团结在以习近平同志为核心的党中央周围,勇担新使命、展现新作为,加快推进中国特色世界一流大学建设,以优异成绩迎接中华人民共和国成立70周年,为实现中华民族伟大复兴的中国梦和"1—10—100"的东大梦作出新的更大贡献!

推进一流治理　冲刺一流目标
奋力打赢中国特色世界一流大学建设第一步攻坚战

——中共东南大学第十四届代表大会 2019 年年会工作报告

校党委书记　左　惟

(2019 年 12 月 30 日)

各位代表，同志们：

本次大会是在全面深入贯彻落实党的十九届四中全会精神，全党开展"不忘初心、牢记使命"主题教育，东南大学加快推进世界一流大学建设新征程的关键时期召开的一次十分重要的会议。会议的主要任务是：高举习近平新时代中国特色社会主义思想伟大旗帜，深入贯彻落实党的十九大，十九届二中、三中、四中全会，全国教育大会，习近平总书记关于教育的系列重要论述精神，巩固拓展"不忘初心、牢记使命"主题教育成果，研判分析当前的形势和任务，总结 2019 年党委工作，研究部署 2020 年党委工作，动员全校各级党组织、全体共产党员和师生员工，牢固树立"四个意识"，坚定"四个自信"，坚决做到"两个维护"，进一步坚定"三步走"发展战略，凝聚共识，勇担使命，全面深化综合改革，持续推进一流治理，全面加快转型发展，奋力打赢中国特色世界一流大学建设第一步攻坚战。

下面，我代表学校党委向大会报告工作，请各位代表审议。

一、当前的形势和任务

(一) 深入贯彻落实习近平新时代中国特色社会主义思想，努力落实立德树人根本任务，加快推进"双一流"建设

党的十八大以来，习近平总书记对于教育工作作出了一系列重要讲话，形成了以"九个坚持"为核心内涵的关于教育的重要论述，使我们党对教育发展规律的认识进一步提高，为加快推进教育现代化、建设教育强国、办好人民满意的教育、扎根中国大地建设世界一流大学提供了强大的思想武器和行动指南。2015 年党中央、国务院作出建设世界一流大学和一流学科的重大决策部署。2017 年东南大学入选国家"双一流"建设 A 类高校名单，标志着党和国家赋予我们建设中国特色世界一流大学的新使命、新任务。

使命催人奋进，责任呼唤担当。我们要切实提高政治站位，以高度的政治责任感和使命感，深入贯彻落实习近平新时代中国特色社会主义思想，努力落实立德树人根本任务，紧紧围绕领军人才培养目标，全面实施 2020 一流本科教育行动计划和研究生教育综合改革实施方案，不断加强领军人才培养支撑体系建设。全面深化"三全育人"综合改革，着力构建一体化的思想政治教育格局。持续深化人事制度改革，建设一流人才队伍。不断优化学科布局，加快一流学科建设，为建设教育强国、办人民满意教育作出新的东大贡献。

(二) 胸怀"两个大局"，勇担历史使命，全面深化综合改革，加快推进学校转型发展

当今时代，最为鲜明的时代特色是中华民族伟大复兴战略全局和世界百年未有之大变局的历史交汇。"两个大局"同步交织、相互激荡，中国正日益走近世界舞台的中央。当今世界，民粹主义、保守主义盛行，世界经济走向的不确定性增加。在实现中华民族伟大复兴的征程中我们还会遇到各种困难和挑战，中国在关键科技领域被"卡脖子"的局面还未得到根本性改变。党和国家对高等教育的需要比以往任

何时候都更加迫切,对科学知识和卓越人才的渴求比以往任何时候都更加强烈。

教育兴则国家兴,教育强则国家强。中华民族走向伟大复兴,呼唤更多中国大学跻身世界一流大学行列。我们必须以更高的站位、更广的视野、更大的格局来谋划世界一流大学建设。全校上下要以第二个百年奋斗目标与当代大学生未来职业发展黄金期高度契合的历史感,深化人才培养模式改革,培养一流领军人才。要以服务国家创新驱动战略、支撑和引领第四次科技与工业革命的使命感,优化布局新的学科,挺进国际学术前沿。要以服务中华文化创新发展、促进人类文明进步的文化担当,加强文化传承创新,建设具有鲜明中国特色的一流大学文化。要以问鼎世界一流、与世界一流大学同台竞技的勇气魄力,深化国际交流合作,大力提升全球竞争力。

唯改革者进,唯创新者强,唯改革创新者胜。东南大学依靠改革创新取得了今天的辉煌业绩,也必将依靠改革创新开辟新的光明未来。我们要继承和弘扬东大优良的改革创新传统,用好改革创新这一关键招数,以改革的精神、创新的姿态、无畏的气魄,全面深化综合改革,破解制约学校事业发展的深层次矛盾和瓶颈难题,勇当中国特色世界一流大学建设的实践者、探索者、领跑者。

(三)深入贯彻落实党的十九届四中全会精神,着力推进学校治理体系和治理能力现代化

一流治理是一流大学建设的重要组成部分和重要保障。党的十九届四中全会为坚持和完善中国特色社会主义制度,推进国家治理体系和治理能力现代化作出了政治宣言,制定了行动纲领。当前东南大学正处于"三步走"战略第一步的攻坚决胜期,我们要积极贯彻落实党的十九届四中全会精神,着力推进学校治理体系和治理能力现代化。加快构建和完善以党的全面领导为统领的现代大学治理体系,持续完善党的领导制度体系,深入贯彻落实党委领导下的校长负责制,努力提升党委管党治党、办学治校的能力和水平。结合国家"放管服"改革,全面深化学校行政体制机制改革,确保行政体系科学、规范、高效运行。完善校、院(系)两级学术委员会设置及运行机制,充分发挥学术权力在学校治理中的作用和效能。持续完善教代会、团代会、学代会、研代会等工作机制,着力构建民主管理、民主协商、民主监督体系。

二、2019年学校党委主要工作

2019年学校党委以习近平新时代中国特色社会主义思想为指导,紧紧围绕中国特色世界一流大学建设目标,持续围绕"人才年"工作定位,突出"新使命、新担当、新作为"关键词,强化"班子建设、作风建设"着力点,深入实施综合改革方案、"十三五"事业发展规划和"双一流"建设方案,各项工作取得新进展、迈上新台阶。

1. "不忘初心、牢记使命"主题教育深入开展

坚持"深透准实"四维发力,统筹抓好学习教育、调查研究、检视问题和整改落实各项工作,推进主题教育深入开展、取得实效。党委成立10个校内指导小组,推进主题教育落深、落实。通过暑期专题读书班、实地研学、专题集中研讨等多种形式开展集中学习20余次。认真开好主题教育专题民主生活会,深入查摆问题,深刻自我检视剖析。采取项目化方式开展8个方面的专项整治。针对检视梳理出的问题确定了8大类111项整改任务,逐一明确责任主体和整改期限。通过主题教育,学校全体党员特别是中层以上党员领导干部办人民满意的高等教育、建中国特色世界一流大学的初心使命进一步明确,党性修养进一步提升,为人民服务的宗旨意识进一步增强。

2. 政治建设全面加强

学校党委牢固树立"四个意识",坚定"四个自信",坚决做到"两个维护"。坚持社会主义办学方向,加强党委对学校事业的全面领导,把党的建设贯穿办学治校全过程,切实推动各级领导干部履职尽责、干事创业,努力营造风清气正的政治生态。修订党委全委会、党委常委会、校长办公会议事规则,梳理党委各领导小组和议事协调机构并制定相应工作规则,进一步健全党委科学决策、民主决策体系。深化中央巡视整改,巩固拓展整改成果。开展校内第二轮和第三轮巡察,完成对10个基层党组织的巡察。进一步完

善巡察工作流程、细化工作规则,探索建立巡察整改专项督查制度,扎实做好巡察"后半篇文章"。通过巡察加强了院(系)党组织的政治核心作用和领导班子的科学决策能力。

3. 思想武装和宣传工作有力提升

学校党委把学习贯彻习近平新时代中国特色社会主义思想,党的十九大,十九届二中、三中、四中全会精神作为深化理论武装的首要政治任务。组织校党委理论学习中心组和中层干部围绕"学习贯彻全国'两会'精神""加强风险防范""《共产党宣言》的新时代阐释""世界大变局与中美关系""学习贯彻党的十九届四中全会精神"等主题进行集中学习。聚焦中心工作,在中央级媒体加强宣传报道,东大影响力持续提升。改版上线英文官方主页,开设庆祝新中国成立70周年和"不忘初心、牢记使命"主题教育专题网站,网络宣传成效显著。加强内外合作联动,进一步健全意识形态工作体制机制,强化意识形态责任落实。依托教育部思政创新中心,深入开展思政创优行动。

4. 庆祝新中国成立70周年系列活动蓬勃开展

紧紧围绕隆重庆祝新中国成立70周年,结合"不忘初心、牢记使命"主题教育,在全校广泛开展形式多样、内容丰富的"我和我的祖国"群众性主题宣传教育活动,大力弘扬以爱国主义为核心的伟大民族精神。通过开设庆祝新中国成立70周年专题思政课、举行"东大人的国家记忆"千人思政大课、举办"青春为祖国歌唱"大合唱、组织参观江苏省庆祝新中国成立70周年成就展、组织集体观看新中国成立70周年庆典等活动,深入开展爱国主义教育和革命传统教育。组织师生走进改革前沿阵地、红色基地、国家重点企业、国家重大项目学习交流,广大师生通过新中国成立70年以来伟大祖国和东南大学的沧桑巨变,切实增强了"四个自信",激发了爱国热情、奋斗精神,进一步凝聚了"双一流"建设伟大力量。

5. 立德树人工作扎实推进

努力落实立德树人根本任务,按照领军人才培养目标,启动实施"2020一流本科教育行动计划"和"研究生教育综合改革实施方案",积极提升育人环境和氛围。首次全面实施本科生跨学院大类招生,积极推进研究生优质生源工程,生源质量进一步提高。全面实施大类培养,修订2019级本科人才培养方案,大力推进"三制五化"培养模式改革,加快推进学园书院制和德育导师制,正式成立秉文书院、健雄书院。积极推动与国(境)外一流大学联合开展研究生培养,研究生教育国际化水平进一步提升。深入推进"三全育人"综合改革,启动实施"思想政治理论课质量创优工程行动计划"。推进课程思政建设,立项课程思政改革试点项目210门。强化对学生的就业引导,本科毕业生深造率和前往"四重"岗位就业人数持续提升,就业层次结构进一步优化。创新实践教育成效显著,学生创新创业能力全面提升,在"挑战杯"、"互联网+"、中国研究生数模竞赛等多项顶级赛事中均取得佳绩,名列全国高校前茅。出台《东南大学中层领导干部深入基层联系学生工作方案》等文件,完善干部教师联系沟通学生机制。加强师德师风规范化建设,成立学校教师工作领导小组,建立师德失范行为处理长效机制。

6. 院(系)行政领导班子换届顺利完成

全面分析研判全校院(系)干部队伍状况,拓宽选人用人视野。坚持党管干部原则,完善干部选任办法,进一步强化党组织领导和把关作用,推动干部能上能下,大力发现培养优秀年轻干部。严格执行干部任期制,切实选拔敢于负责、勇于担当、善于作为、实绩突出的干部,顺利完成26个院(系)行政领导班子集中换届工作。干部队伍年龄结构进一步优化,梯队建设进一步加强,中层正职干部平均年龄下降近2岁,副职干部平均年龄下降近5岁,干部队伍干事创业的精气神进一步提振。

7. 基层党组织建设全面加强

持续推进党支部标准化建设,出台学校党支部工作细则。全面启动党支部换届工作,全校111个教师党支部书记全部达到"双带头人"教师党支部书记选任标准。持续推进党建研究项目,4个项目入选江苏省教育系统党建研究课题。深入开展党建示范创建工作,首批全国党建工作标杆院系、样板支部和全国高校"百个研究生样板党支部"的培育创建成效显著。加强基层党组织书记抓党建述职评议考核,党建工作责任制进一步落实。

8. 人才队伍建设成效日益凸显

持续推进"人才年"建设，大力实施"高端师资倍增计划"和"一流师资队伍建设方案"，持续完善高水平人才队伍引育，不断优化人才队伍结构，新增中国科学院院士2人，高端人才队伍持续壮大。召开学校人事工作会议，启动新一轮人事制度改革。持续完善职称评审、编制与岗位聘用考核、KPI（关键业绩指标）考核等制度。坚持聘用合格的底线，提升教师晋升的要求，充分体现绩效导向的评价和分配原则，激励大批优秀人才脱颖而出，引导全体教师不断提升工作绩效、激发自身潜能。

9. 校园基建规划和文物保护规划顺利修订

根据学校事业发展规划，围绕"双一流"建设目标和领军人才培养目标，完成九龙湖、四牌楼、丁家桥三个校区建设规划及国立中央大学旧址保护规划审批前的修编和编制工作。九龙湖校区将进一步优化功能结构，提高容积率和土地利用率。四牌楼校区将进一步加强文物遗产保护，彰显学校历史文化底蕴，引领学科创新发展。丁家桥校区将着力打造集教学、医疗、科研于一体的综合型现代医学、生命科学基地，成为支撑"特色医科"发展布局的重要保障。

10. 全面从严治党向纵深推进

贯彻落实新时代全面从严治党工作要求，深入推进党风廉政建设责任制考核，推动基层党组织主体责任落实，提升领导干部"一岗双责"意识。持续开展对党员和领导干部的教育培训，组织新任中层领导干部开展党性教育专题培训。贯彻落实高校纪检监察体制改革精神，完善工作体制机制。落实"三转"和"三为主"要求，加强政治监督，加强对重点领域、干部日常管理及主题教育开展情况的监督。规范信访举报和问题线索处置，不断加强纪律审查工作。坚持以巡视引领巡察，以巡察深化巡视，深化巡视整改，从严做好巡察整改"回头看"，推进全面从严治党向基层延伸，完善院（系）内部治理。大力加强廉洁教育，承办教育部第七届全国高校廉洁教育活动。

11. 和谐校园建设取得良好进展

大力加强校园文化建设，教育部古琴文化传承基地正式揭牌，举行系列名家高层演讲近30场，完成首批校园楼宇文化项目建设。持续优化办学条件，建成首批50余间智慧教室。不断保障和改善民生，调整住房公积金及住房补贴基数。进一步优化财务报销模式，财务报销服务质效进一步提高。积极开展与地方基础教育合作，主动关切人民群众对优质教育资源的需求。持续加强校园民主建设，协助各党派基层委员会顺利完成换届，加强党外代表人士的培养和锻炼，遴选了7名党外人士到学校行政部门和直附属单位任职。加强无党派人士工作，完成学校无党派人士政治面貌认定工作。扎实推进校、院（系）两级教代会工作，切实发挥教代会民主管理和民主监督作用。稳妥做好离退休工作，退离休协会换届顺利完成，关工委工作常态化建设持续巩固提高。平安校园建设进一步深化，综合管理服务平台及应急指挥中心建设有力推进。

此外，学校各项事业取得新进展，教育教学与人才培养质量持续提高，科研水平和学科影响力稳步提升。牵头获国家科学技术奖再创佳绩。科研到款总经费、发明专利申请与授权实现新高。重大科研平台、新型智库建设取得新进展。国际化办学水平稳步提升。中大医院江北新院区建设正式启动。校属企业体制改革试点工作基本完成。财务、审计、基本建设、后勤服务、资产管理、图书档案、学报、异地办学、独立学院、继续教育、对口支援、校友会、基金会等各方面工作均取得长足进步。

一年来，全体党员干部师生员工凝心聚力、开拓进取，聚势突破、接续奋斗，把主题教育成果转化为履职尽责的强大动力，把初心和使命转化为干事创业的奋进状态，为实现一流大学建设"三步走"战略目标奠定了扎实的基础。在这里，我谨代表学校党委向大家的辛勤劳动和付出表示衷心的感谢！

回顾成绩令人鼓舞，展望未来信心满怀。同时，我们也清醒地认识到，与世界一流大学建设目标相比，与海内外广大师生校友的热切期盼相比，学校发展仍存在一些问题和不足，比较突出的问题有：

一是在世界一流大学建设的新征程中，校、院（系）两级领导班子谋划发展、规划战略的顶层设计能力还不够强，部分干部担当作为的奋斗意识还不够强烈、攻坚克难的魄力还不够充足、意志还不够坚决。

二是与世界一流大学建设要求以及服务国家战略需求相比,办学资源集聚能力不强,办学条件对学校发展支撑还不够有力。

三是与世界一流大学治理要求相比,学校的治理体系还不够完善,治理结构仍需进一步优化,治理能力和水平仍需进一步提升。

三、2020年学校党委重点工作

2020年是我国实现全面建成小康社会、实现第一个百年奋斗目标的关键之年,是国家"十三五"规划、国家中长期教育改革和发展规划的收官之年。2020年也是东南大学实现"三步走"战略第一步目标的决胜之年、"双一流"建设一期任务的大考之年。学校党委将团结带领广大党员干部师生员工团结拼搏、锐意进取、改革创新,坚决打赢攻坚之战、决胜之战,努力开创中国特色世界一流大学建设的新局面。

1. 巩固拓展"不忘初心、牢记使命"主题教育成果,确保主题教育成效更加持久彰显

深入学习贯彻习近平新时代中国特色社会主义思想和党的十九届四中全会精神,准确把握中央有关文件精神实质,建立健全符合学校实际的"不忘初心、牢记使命"系列制度。持续扎实开展主题教育问题整改落实和专项整治"回头看"工作,聚焦学校事业发展存在的突出问题、师生员工反映的热难点问题,持续深化整改落实,健全整改落实的长效机制。将主题教育整改任务融入学校"双一流"建设,确保整改落实和专项整治工作取得实效。持续深化政治建设,加强学校党委对学校事业的全面领导。不断完善意识形态工作责任机制,牢固树立"四个意识",坚定"四个自信",坚决做到"两个维护"。

2. 持续落实立德树人根本任务,切实提升领军人才培养成效

对标领军人才培养目标,持续深化"三全育人"综合改革,大力实施"十大育人"计划,着力构建一体化思政工作体系。健全秉文书院、健雄书院的组织机构和运行机制,不断探索完善东大特色的书院制。深入实施"铸魂工程",发挥"四大学堂"育人作用,切实加强培养学生的领军意识与领军能力。开展"公职训练营""国际组织人才培训训练营"等专项培训,提升学生职业发展能力和国际胜任力。加强院(系)心理健康教育队伍建设,强化"家校协同"联系机制,形成心理育人合力。深入推进科研诚信制度化建设,营造诚实守信的科技创新和人才培养环境。深入实施学生会、研究生会深化改革方案,加强对学校各级学生会、研究生会的政治引领,更好地服务青年学生成长成才。优化辅导员队伍规模结构,畅通辅导员职业发展渠道,推进学生工作研讨平台建设,完善辅导员考评激励机制,建设与领军人才培养目标相适应的学生工作队伍。建立健全师德考核体系、教师成长服务体系、教学质量评价体系、教师荣誉体系,建设"四有"好教师队伍。

3. 服务国家重大战略需求,加强科研整体布局

坚持做有穿透力和使命感的科研。坚持面向世界科技发展前沿,实现科学理论突破,解决"从0到1"的创新问题。坚持面向国家重大战略需求,突破关键核心技术,解决"卡脖子"技术难题。坚持面向经济社会主战场,支撑产业结构变革,解决产业和社会的需求。持续实施"原创能力提升计划",加快构建服务国家重大战略需求、交叉融合的科研创新平台。积极谋划国家级大项目、大平台、大团队,组织重大课题协同攻关,产生具有全局性、战略性、前瞻性的大成果。强化服务国家决策意识,大力推进新型智库建设,力争国家级智库建设实现新突破。

4. 加快世界一流学科建设,持续完善学科布局

认真总结梳理学科建设发展思路,加快建设世界一流学科,推进学科布局转型,在面向未来发展和服务国家重大战略需求中推进学科布局和建设。全力推进"优势理科攀升计划""精品文科攀升计划""特色医科攀升计划"和马克思主义学院发展规划,不断优化"强势工科、优势理科、精品文科、特色医科"的学科布局,大力发展新工科、新文科、新医科,布局建设一批前沿、新兴和交叉学科,推动形成交叉融合的一流学科和专业集群。建立健全科学合理的学科分类评价机制,深度激发各个学科建设的活力和动力,确保2020年学科建设实现预定目标。

5. 加强干部队伍建设,激发干事创业动能

从贯彻落实党的十九届四中全会精神的高度,从完善学校治理体系、提升治理能力的高度,统一推进干部和人才队伍建设。坚持党管干部原则,严格规范选人用人工作程序,进一步完善干部选拔任用各个环节,拓宽选人用人视野和渠道,不断提高选人用人科学化水平。坚持重实干、重实绩的用人导向,进一步深化干部人事制度改革,健全干部能上能下和干部考核评价机制。统筹推进年轻干部选拔、培育、管理、使用的全链条机制,启动实施院(系)党建"育才计划"试点工作,为新时代学校事业发展提供充足的干部储备和人才保证。

6. 持续深化人事制度改革,加强一流人才队伍建设

坚持党管人才原则,加强学校党委对人才工作的领导。深入实施"人才强校"战略,持续推进"高端师资倍增计划",深化人才引进与培育制度、考评与激励制度、聘用与薪酬制度体系建设,创新人才引育模式,优化人才队伍结构,改善人才成长环境。建立以人为本的制度激励体系,健全体现按劳分配、绩效导向的薪酬制度。推进人事管理向人事管理与人力资源管理相结合转变,构建更加多元的综合评价指标体系,激发各类人才的内生动力、发展潜力和创新活力。

7. 做好院(系)党组织换届工作,选优配强基层党组织班子

以发挥院(系)党组织的政治核心作用为目标,认真开展基层党委、党总支的换届工作。按照利于事业发展、充分发挥作用的原则,进一步优化组织设置、选优配强院(系)党组织班子。结合换届工作,加大院(系)、机关领导干部交流力度,优化全校干部结构。以换届工作为契机,深入推进基层党组织标准化、规范化建设,切实提升基层党组织的创造力、凝聚力和战斗力。

8. 启动实施"十四五"事业发展规划预研工作,切实发挥规划引领作用

结合学校发展实际和"三步走"战略布局,把握高等教育发展趋势和学科未来发展方向,启动学校"十四五"事业发展规划预研工作。切实加强发展规划体系建设,着力构建学校中长期事业发展规划、近期事业发展规划、学科发展规划、人才队伍建设规划、院(系)分规划等相互支撑、协同有力的规划体系。强化发展规划部门顶层设计的职能定位,建强发展规划队伍。通过规划编制工作集聚智慧、统一思想,切实提升各级干部制订规划、管理规划、执行规划的能力和水平。

9. 不断完善学校治理体系,提升校、院(系)两级治理能力

修订《东南大学章程》,为学校进一步完善治理体系夯实制度基础。完善党委领导下的校长负责制配套制度和实施办法,进一步健全党委全面领导学校事业发展的制度体系。完善校、院(系)两级管理体制,明晰院(系)办学主体地位和主体责任,切实推动管理重心下移,破解校、院(系)两级治理的短板和不足。实施学术权力机构调整工作方案,进一步提升校、院(系)两级学术权力运行的科学性、规范性、有效性。

10. 深入推进巡视整改和校内巡察,推动全面从严治党向基层延伸

全面完成中央巡视整改任务,持续深化巡视整改,为接受新一轮中央巡视做好积极准备。进一步完善校内巡察工作制度体系建设,探索建立完善对非教学科研单位的巡察方式和途径,实现对基层院(系)党组织巡察全覆盖。对已接受巡察单位整改落实情况开展专项督查,扎实做好巡察"后半篇文章"。进一步健全党风廉政建设和反腐败斗争制度体系,持续构建"不敢腐、不能腐、不想腐"的体制机制。深入贯彻落实中央八项规定精神,持续加大对隐形变异"四风"问题的监督、检查和整治力度。持续推进纪检监察部门"三转"。强化校、院(系)两级领导干部"一岗双责"的责任担当。围绕树立"四个意识"、坚定"四个自信"、做到"两个维护",强化政治监督;严把政治关、品行关、作风关,强化干部监督管理;结合学校工作特点,强化重点领域监督工作;高度重视师德师风建设,加强对师德师风建设情况的监督检查。

11. 扎实推进和谐校园建设,着力打造平安美丽校园

加强校园民主建设,开展党外人士校内任职中期考核,加大党外干部培养锻炼力度。成立欧美同学会,为留学归国人才更好发挥作用搭建舞台。健全教代会、团代会、学代会、研代会等运行机制,深入推进民主管理、民主监督,凝聚广大师生智慧。深入落实习近平总书记关于"艰苦奋斗、勤俭节约"系列重要讲话精神,认真贯彻党中央、国务院重要决策部署,牢固树立过"紧日子"的思想,坚持开源节流、增收节支,保主业、保民生,集中力量办大事,推进学校事业持续、稳步、高质量发展。着力构建老干部服务和关工委工作相结合的体制机制。完善师生参与校务管理机制,建立学校事务的推进反馈、师生评议、投诉公开处理等制度。加快推进"智慧校园"建设,着力提升校园信息化建设水平。持续推进"美丽东大"建设,持续加强校区规划修编后续工作,推进"十三五"基本建设规划项目顺利实施,确保重点建设工程按期竣工。积极打造"平安校园",进一步增强风险意识和底线思维,深入开展安全稳定风险大排查,切实维护学校政治安全、意识形态安全、生产安全、交通安全等各方面安全。健全完善校园安全制度体系,加快推进安全保卫业务综合管理服务平台及应急指挥中心建设,实现被动安保向主动安保转型。

各位代表、同志们,东南大学正处于"双一流"建设征途中滚石上山、爬坡过坎的关键时期,需要我们有"功成必定有我"的历史担当,需要我们保持"咬定青山不放松"的强大定力,锐意改革,奋力争先。只要全体党员干部和师生员工同心同德、精诚团结,就一定能汇聚起打赢"三步走"战略第一步攻坚战的磅礴力量!让我们更加紧密地团结在以习近平同志为核心的党中央周围,高举习近平新时代中国特色社会主义思想伟大旗帜,深入贯彻党的十九届四中全会精神,推进一流治理,深化综合改革,全面加快转型发展,冲刺一流目标,开拓进取,砥砺前行,为早日实现"1—10—100"的东大梦而不懈奋斗!

新使命　新担当　新作为
在转型发展中加快推进中国特色世界一流大学建设

校党委书记　左　惟

（2019年1月22日）

2019年是中华人民共和国成立70周年，是全面建成小康社会、实现第一个百年奋斗目标的关键之年，也是学校实现"三步走"战略第一步目标的攻坚之年。今年学校党委提出了继续巩固深化"人才年"工作主题，聚焦"新使命、新担当、新作为"关键词，强化"班子建设、作风建设"着力点，全面深化综合改革，充分释放办学活力，凝心聚力，狠抓落实，加快推进"双一流"建设的新要求。

关于"新使命"的理解

习近平总书记多次强调"培养什么人、怎样培养人、为谁培养人"是教育的根本问题。2018年全国教育大会进一步凝练重申了高等学校立德树人的根本任务。这给我们高校提出了明确的要求，就是要培养中国特色社会主义建设者和接班人。进入东南大学的学生都是同龄人中千里挑一，乃至万里挑一的精英，我们不仅仅要把他们培养成为建设者，更要培养成为接班人。服务国家和民族复兴是东大学子应有的格局，我们培养的人才不能满足于"小确幸"，应该要有大情怀和大格局，要立大志、入主流、上大舞台、成大事业，这是我们建设中国特色世界一流大学新使命的必然要求。2018年，我们通过开展教育思想大讨论，统一了思想，凝聚了共识，确定了新的人才培养目标，即以建设中国特色世界一流大学为基本宗旨，以培养德智体美劳全面发展的社会主义建设者和接班人为根本遵循，秉承止于至善精神，培养学生坚定的理想信念、高尚的道德情操、扎实的知识基础、深厚的人文素养和突出的创新能力，努力造就具有家国情怀和国际视野，担当引领未来和造福人类的领军人才。新的人才培养目标定位对学校事业发展具有龙头和引领作用。各院（系）和部门要围绕新的人才培养目标定位，重新梳理工作要求、工作内涵、工作流程、资源配置方式和资源配置重点。

如今在校的这批学生未来职业发展的黄金时期，恰好与国家第二个百年奋斗目标的冲刺阶段高度契合，他们是实现第二个百年奋斗目标的主力军和领军者。第二个百年奋斗目标能否实现，取决于这批学生的政治素质、综合能力和价值取向。如果我们培养的学生能力素质不够或政治素质出现了偏差，就是我们人才培养工作的失败。全校上下要清醒地认识到，东南大学培养的是能够担当民族复兴大任的时代新人，是培养社会主义接班人，不能培养中国特色社会主义的旁观者，更不能培养中国特色社会主义的反对者。我们的人才培养体制机制对学生个人成长，乃至对国家发展都会起到决定性影响，作为高等教育的国家队成员，我们一定要从国家和民族的高度来认识这个新使命、新任务。

经过建校近120年的发展，在"两个一百年"和"双一流"建设的大背景下，东南大学正处于一个极为关键的重要转型期，具体表现在以下五个方面：一是在发展目标上，正从国内一流、国际有影响向世界一流转变；二是在人才培养目标上，正从培养栋梁之才向培养领军人才转变；三是在科学研究上，正从服务区域经济社会发展向服务国家重大需求、国家重大战略转变；四是在学科建设上，正从工科主导向全面综合、工科特色转变；五是在学校文化上，正从严谨求实、精益求精向勇争第一、创新引领转变。这种转型是在前期发展基础上谋求更高质量、更高水平的发展。在这一关键时期，能否加快实现转型发展，为学校事业后续发展铺设好新轨道、搭建好新起点至关重要，这是我们肩负的重要的新使命。

关于"新担当"的认识

学校推进"双一流"建设、落实立德树人根本任务、实现"1—10—100"东大梦的新要求,需要学校和院(系)、部处两级领导干部有新担当。担当是共产党员、党的干部的基本要求。习近平总书记指出,社会主义是干出来的,新时代也是干出来的。东南大学要建设世界一流大学,东大人必须永远保持奋斗精神,以永不懈怠的精神状态和一往无前的奋斗姿态,不断把学校事业发展推向前进。

有些同志不担当表现为面对不同类型的工作,出现不同的态度,在面对疑难困惑、涉及利益调整、需要攻坚克难的工作时,不主动、不愿做。我们要着重反对三种不愿做的态度和倾向:第一种是"躲",在面对新要求、新期待时,能躲就躲、能绕就绕、能拖就拖,明哲保身、多一事不如少一事;第二种是"推",在面对新要求、新任务时,"打太极",搞"斗转星移",推脱责任;第三种是"放",对损害学校利益的事放水、突破底线,对不符合原则、明显"过线"的事一路绿灯放行,不敢站出来说"不"。毛泽东同志曾说:"世界上怕就怕'认真'二字,共产党就最讲'认真'。"不担当的病根就出在没有把党的事业、学校的事业认真来办。我们的领导干部,每个人都负责一条战线,如果不担当,这条战线就会崩溃,学校的事业发展就会受损。因此,我们的领导干部必须把学校的利益放在第一位,切实担负起岗位的职责。

关于"新作为"的含义

第一,践行立德树人根本使命、实现新的人才培养目标需要我们有新作为。经过教育思想大讨论,我们形成了领军人才培养目标定位的新共识。实现领军人才培养目标,需要我们有相应的新的人才培养体系和模式来配套支撑,需要培养计划、培养理念、组织落实、课程教材、第二课堂等及时跟进。

第二,东南大学在全国高校的地位和负重爬坡的竞争态势需要我们有新作为。近些年来,我们虽取得了一些成绩,但是与我们"1—10—100"的奋斗目标相比、与走在前列的兄弟学校相比,还存在不少差距。当前的国际、国内高等教育领域,千帆竞发、百舸争流,我们必须清醒地认识到,不进则退、慢进亦退。我们的领导干部一定要经常关注世界一流大学和国内顶尖兄弟高校的改革发展态势,充分认识学校事业发展与他们的差距,切实增强危机意识、忧患意识和改革意识。当前,我们实施的一些改革在战术层面偏多,在战略层面还不够充分。要实现发展目标的超越,必须要有更多的艰辛付出、更多的改革探索、更多的担当作为。

第三,学校优良的改革传统和综合改革的时代要求需要我们有新作为。东南大学曾经在全国高校中以改革形象示人。改革开放以来,尤其是进入21世纪以来,高校内部治理结构、运行体制机制和运行模式较以往相比,发生了巨大变化,高校已成为一个复杂的巨系统,如今高校内部的改革牵一发而动全身,单一的条线改革已不能满足内涵式发展的需要。改革必须从"头痛医头,脚痛医脚"的条块改革,向综合调理、标本兼治转变,通过综合改革获得新动力、激发新活力。例如,人才培养机制改革涉及教育理念变革、教学评价体系完善、内部分配机制改革等,需要协同发力、综合施策。学校要想在激烈的竞争中实现超越,只能以高度的认识、超前的眼光、极大的魄力深入推进改革创新,除此之外别无他途。

关键在于干部和落实

要做到"新使命、新担当、新作为",在原则、思路基本确定的情况下,干部和落实是关键。

第一,思想解放是基础。德国诗人海涅曾说:"思想走在行动之前,就像闪电走在雷鸣之前。"娄勤俭书记讲的"身体进入新时代、思想停在过去时、行动还是老一套"的现象在学校还是存在的。因为学习不够、思想解放不够、问题把握不准,我们在思想观念、习惯做法和利益关系等方面存在比较严重的路径依赖。这些路径依赖就成为改革创新的障碍和困难。改革就是要"革"我们领导干部的思想观念,就是要

"革"包括领导干部在内的利益格局。

第二,改革发展是出路。对待制约学校事业发展的深层次矛盾和问题,我们还需要深入分析,一定要把问题分析准、抓准,创新改革思路。例如,如何推进"三全育人"综合改革试点;如何深化辅导员队伍专业化、职业化建设;如何提升教师课堂授课质量;如何健全完善青年教师成长机制;如何增加和合理配置教学资源;如何克服被各类排行榜"牵着鼻子走",回归大学基本属性。再例如,在科研方面,如何破除现行的利益壁垒,建设大平台、大项目,推进有组织地服务国家战略需求;在教师队伍建设方面,如何体现适应综合性大学的教师能力和绩效评价体系,如何统筹对于论文、专利和工程等项目的考核评价等;在学科建设方面,如何加强顶层设计、超前谋划,构建学科交叉合作、相互支撑的学科生态;在党的建设方面,如何进一步发挥教工党支部作用。这一系列深层次的矛盾和问题,需要我们以钉钉子的精神,下大力气解决好。

第三,担当履职是关键。毛泽东同志曾指出:"政治路线确定之后,干部就是决定的因素。"学校的事业发展,关键在领导干部。班子建设、作风建设的核心是履职担当,落实落细。习近平总书记强调:"抓落实,是党的政治路线、思想路线、群众路线的根本要求,也是衡量领导干部党性和政绩观的重要标志。"总书记还强调,抓落实就"要有真抓的实劲、敢抓的狠劲、善抓的巧劲、常抓的韧劲,抓铁有痕、踏石留印抓落实"。东南大学的改革发展,落实的关键在我们的领导干部,领导干部落实的基础靠担当。我们的领导干部应该有能干事、想干事、事干成的使命担当,传承创新"止于至善"的校训精神,以舍我其谁、敢为天下先的勇气和魄力,着力推进改革创新,为中国高等教育改革、为扎根中国大地建设世界一流大学,探索出一条别人没有走过的路,以此来体现一流大学的使命担当,为东南大学赢得举足轻重的地位和令人尊敬的声誉。

"使命催人奋进,实干成就梦想。"我们坚信,只要我们广大党员干部担好新使命、展现新作为,以"行至半山不止步,中流击水再奋进"的意志和勇气,团结和带领广大师生员工不懈奋斗,东南大学建设中国特色世界一流大学的奋斗目标就一定能实现!

(根据左惟书记在2019年学校寒假工作研讨会讲话录音整理)

在东南大学"不忘初心、牢记使命"主题教育动员部署会上的讲话

校党委书记 左 惟

(2019年9月11日)

尊敬的诸葛彩华组长及中央第三指导组的各位同志,同志们:

大家上午好!

今天,我们在这里召开东南大学"不忘初心、牢记使命"主题教育动员部署会。这次会议的主要任务是:以习近平新时代中国特色社会主义思想为指导,深入贯彻习近平总书记在"不忘初心、牢记使命"主题教育工作会议上的重要讲话精神,认真落实中央主题教育的工作要求,对全校开展主题教育进行动员部署。

当今世界正处于百年未有之大变局,在全党开展"不忘初心、牢记使命"主题教育,是以习近平同志为核心的党中央统揽伟大斗争、伟大工程、伟大事业、伟大梦想作出的重大部署,是党的十九大作出的重大决定。在5月31日召开的主题教育工作会议上,习近平总书记站在新时代党和国家事业发展全局的高度,深刻阐明了开展主题教育的深远意义、目标要求和重点措施,为全党开展主题教育提供了根本遵循。我们要切实增强使命感、责任感和紧迫感,以思想上的高度认同促进行动上的对标对表,积极投身到主题教育中来,推动各项工作落地落细落实。按照中央要求并结合东南大学实际,下面我就学校开展主题教育工作提出意见和要求。

一、深化思想认识、强化政治担当,切实增强抓好主题教育的思想自觉和行动自觉

开展主题教育集中体现了党的性质、宗旨和纲领,体现了新时代中国共产党人的价值取向、政治定力和使命担当。我们要深刻认识开展主题教育的重大意义,准确把握习近平总书记提出的"四个迫切需要"的深刻内涵,凝聚思想共识,强化政治担当,形成行动合力。

一要充分认识主题教育是用习近平新时代中国特色社会主义思想武装全党的迫切需要。马克思主义是我们立党立国的根本指导思想。中国共产党从诞生起,就把马克思主义鲜明地写在自己的旗帜上。无论处于顺境还是逆境,从未动摇过对马克思主义的坚定信仰。改革开放以来,我们党先后开展了整党、"三讲"教育、先进性教育活动、学习实践科学发展观活动、群众路线教育实践活动等,推进"两学一做"学习教育常态化制度化,通过集中性教育和经常性教育相结合,不断强化党的理论学习、教育和武装工作。我们党创立的习近平新时代中国特色社会主义思想,是马克思主义中国化最新成果,是新时代我们党的精神旗帜和行动指南。理论创新每前进一步,理论武装就要跟进一步,我们必须坚持不懈用党的创新理论武装头脑。

目前,学校一些党员干部在理论学习上同中央要求相比,还存在不少差距,还没有往深里走、往心里走、往实里走。这些问题的存在,从根子上讲是认同缺乏、信念不够坚定。开展主题教育,就是要坚持思想建党、理论强党,坚持学、思、用贯通,知、信、行统一,推动广大干部全面系统学、深入思考学、联系实际学。我们要坚持把学习贯彻习近平新时代中国特色社会主义思想作为首要政治任务,在学懂、弄通、做实上狠下功夫,在结合东大实际贯彻运用上集中发力,进而更加树牢"四个意识",坚定"四个自信",坚决做到"两个维护",坚持"四个服务",筑牢信仰之基、补足精神之钙、把稳思想之舵,擦亮中国特色社会主义一流大学的思想底色。

二要充分认识主题教育是推进新时代党的建设的迫切需要。党的十八大以来，党中央坚持党要管党、全面从严治党，坚持问题导向，以整治"四风"为突破口，着力解决党内存在的突出问题，雷霆万钧反腐败，党风政风明显好转。

全面从严治党永远在路上。我们党面临的"四大考验"是长期的、复杂的，面临的"四大危险"依然尖锐、严峻，党内存在的思想不纯、政治不纯、组织不纯、作风不纯等突出问题尚未得到根本解决，"四风"问题树倒根存，形式主义、官僚主义问题依然突出。开展主题教育，就是要认真贯彻新时代党的建设总要求，奔着问题去，以刮骨疗伤的勇气、坚忍不拔的韧劲，坚决予以整治，同一切影响党的先进性、弱化党的纯洁性的问题作坚决斗争，努力把我们的党建设得更加坚强有力。

办好中国的事情，关键在党；办好东大的事情，关键在全校各级党组织和全体共产党员。我们要以开展主题教育为抓手，扎实推进党的建设，通过触动心灵的"思想整风"、响鼓重锤的"党性淬炼"、刻骨铭心的"精神洗礼"，确保学校党委做到"六个过硬"、院（系）党组织做到"五个到位"、基层党支部做到"七个有力"，从而更加充分地发挥党委领导核心作用、院（系）党组织政治核心作用、基层党支部战斗堡垒作用和党员先锋模范作用，为建设中国特色世界一流大学打造坚强有力的领航"硬核"。

三要充分认识主题教育是保持党同人民群众血肉联系的迫切需要。人民是我们党执政的最大底气，是共和国的坚实根基，是我们强党兴国的根本所在。与人民心心相印、与人民同甘共苦、与人民团结奋斗，是我们党始终立于不败之地的根本保证。我们党除了人民利益之外，没有自己的特殊利益，党的一切工作都是为实现好、维护好、发展好最广大人民的根本利益；人民是历史的创造者和真正的英雄，必须相信和依靠人民；作为劳动人民中的普通一员，我们必须保持同人民群众的血肉联系。

目前，学校一些党员干部还存在为师生服务不实在、不上心、不尽心，师生感情淡漠，以会议落实会议、以文件落实文件、重材料轻实干等问题。开展主题教育，就是要继续引导广大党员干部自觉践行党的根本宗旨，把群众观点、群众路线深深植根于思想中、具体落实到行动上，不断增强广大师生员工对党的信任和信心，筑牢建设中国特色世界一流大学的群众根基。

广大师生员工是东南大学建设中国特色世界一流大学、办人民满意的高等教育的根本依靠力量。我们要以开展主题教育为契机，深入践行"师生为本、人才为先"的办学思路，深入实施学校综合改革方案，持续增强改革发展动力，汇聚建设中国特色世界一流大学的强大合力。

四要深刻认识主题教育是实现党的十九大确定的奋斗目标的迫切需要。党的十九大提出的"两个一百年"奋斗目标，是人民对美好生活向往的集中体现，是当代中国共产党人最重要、最现实的使命担当。明年我们将努力实现第一个百年奋斗目标，全面建成小康社会。越接近目标，越需要增强信心、协力同心，保持忧患意识，增强斗争精神，沉着应对风险挑战。当前，外部环境复杂、风险挑战严峻，不稳定、不确定因素明显增多。胜利实现我们党确定的目标任务，还需要我们发扬斗争精神、增强斗争本领，付出更为艰巨、更为艰辛的努力。

目前来看，学校还有一些党员干部创业精神不够、担当劲头不足，碰到问题上推、落实责任下移，能力不足、办法不多等问题。开展主题教育，就是要教育引导广大党员干部发扬革命传统和优良作风，团结带领广大师生员工，把学校事业发展的宏伟蓝图一步一步变为美好的现实。

今年是学校实现"三步走"战略第一步目标的攻坚决胜期。开展主题教育，就是动员全校广大党员以"新使命、新担当、新作为"为己任，激励广大党员干部师生焕发精气神，心往一处想、劲往一处使，把"个人梦"融入"东大梦""中国梦"，以钉钉子精神狠抓落实，凝心聚力，干事创业，加快推进"双一流"建设。

二、准确把握总体要求，确保主题教育具体目标落到实处

习近平总书记从践行党的根本宗旨、实现党的历史使命的高度，对这次主题教育提出了"守初心、担使命，找差距、抓落实"的总要求。这12个字具有很强的现实针对性和战略指导性。全校上下要从整体上把握这一总要求，切实做到"五个着力"，努力实现"理论学习有收获、思想政治受洗礼、干事创业敢担

当、为民服务解难题、清正廉洁作表率"的具体目标,确保主题教育取得扎扎实实的成效。

一要着力"强化创新理论武装"。推动全校上下学习贯彻习近平新时代中国特色社会主义思想往深里走、往心里走、往实里走,把学习贯彻新思想与习近平总书记关于教育的重要论述、重要指示批示精神结合起来,一体领会、把握和践行,真学真懂、真信真用,深入把握一流大学建设规律、一流领军人才培养规律、一流学科建设规律、思想政治工作规律,提高运用党的创新理论指导中国特色世界一流大学建设实践的本领。

二要着力"坚决做到'两个维护'"。推动广大党员干部锻造坚强党性,坚定对马克思主义的信仰和对中国特色社会主义的信念,持续传承红色基因,自觉用党的创新理论改造主观世界,解决"总开关"问题,不断增强"四个意识",坚定"四个自信",坚决做到"两个维护",从更高的政治站位,坚定社会主义办学方向,永葆中国特色社会主义大学的政治本色。

三要着力"践行党的群众路线"。要求广大党员领导干部坚持以人民为中心的发展思想,聚焦学校事业发展存在的突出问题、师生员工反映的热点难点问题,加强党的领导、党的建设和全面从严治党面临的紧迫问题,坚持问需于师生、问计于师生,以实际成效取信于广大师生员工和社会各界。

四要着力"涵养良好政治生态"。推动广大党员干部师生严守政治纪律和政治规矩,驰而不息加强作风建设,扎实做好巡视整改"后半篇文章"和校内巡察工作,全面落实中央关于"基层减负年"的部署要求,力戒形式主义、官僚主义,坚持以优良的党风政风带动校风学风,为建设中国特色世界一流大学营造优良的校园政治生态。

五要着力推动"五个转型"。推动各级党组织全面落实发展目标、人才培养、科学研究、学科建设、学校文化等"五个转型",引导党员干部以强烈的责任感、使命感,以只争朝夕、奋发有为的奋斗姿态,以不畏艰险的斗争精神,以抓铁有痕、踏石留印的创业精神,同心协力打赢"三步走"战略第一步目标攻坚战,创造无愧于时代、无愧于历史的新业绩。

三、始终坚持问题导向、瞄准靶向发力,确保主题教育各项工作整体联动

开展好主题教育,必须坚持问题导向、靶向思维、精准施策,创造性地开展工作,抓紧抓实重点措施,真正推动学习教育、调查研究、检视问题、整改落实上下联通、贯穿始终。

一要突出"入脑入心",确保学习教育知行合一。学校各级党组织要切实改进学习方法,创新学习载体,把学习教育的成效体现到增强党性、提高能力、改进作风、推动工作上来。要原原本本学,重点学习党的十九大报告和党章、《习近平关于"不忘初心、牢记使命"重要论述选编》、《习近平新时代中国特色社会主义思想学习纲要》,尤其要跟进学习习近平总书记关于教育的最新重要讲话、重要指示,把握核心要义和实践要求,自觉、及时校准偏差。要集中研讨学,学校各级领导班子要结合理论中心组学习、举办读书班等形式,推动党员干部学有所悟、学有所得,学深悟透、融会贯通。要对照先进学,用好"周恩来精神""雨花英烈精神"和东大红色文化资源,加强革命传统教育、形势政策教育、先进典型教育等,推动党员干部见贤思齐、担当作为。要联系自身学,把自身、把工作职责、把思想灵魂摆进去,重温入党誓词、重忆入党经历、重问入党初心,党员亮身份、服务亮承诺、工作亮标准、担当亮作为,争当新时代奋斗者。

二要突出"求真求实",确保调查研究深入扎实。要注重解决实际问题,坚持问题导向,紧紧围绕为党育人、为国育才,突出党的政治建设,紧扣立德树人根本任务,聚焦贯彻习近平新时代中国特色社会主义思想、贯彻习近平总书记关于教育的重要论述和指示精神、健全"三全育人"体制机制、加强思想政治工作和思政课建设等问题,深入调研,发现矛盾、问题,深挖根源,拿出实招。要改进调研方式,提倡不发通知、不打招呼、不用陪同接待和直奔基层、直插现场的调研,尤其要到困难多、问题集中、情况复杂、矛盾尖锐的地方,把情况摸清楚,把问题的症结和瓶颈要摆准、分析透。要形成调研成果,及时总结提炼好的做法、形成好的制度,建立健全长效机制,巩固拓展调研成果。要讲好专题党课,学校各级领导班子成员要在调研的基础上讲好专题党课,不仅讲感悟体会,还要找准自身运用习近平新时代中国特色社会主义思想指

导实践、推动工作的差距,提出改进措施。

三要突出"对标对表",确保检视问题深刻到位。要对照中央要求、对照学校"双一流"建设方案等,深入检视在党委领导下的校长负责制、基层党组织建设、教师队伍建设、意识形态工作、学生社团工作等方面存在的突出问题,找出找准症结、拿出解决办法。要广泛听取意见,注重开门抓教育,广开言路,运用"面对面""背靠背"等多种方式,听取师生员工的意见建议。校领导班子成员与分管领域负责同志、各级班子成员之间要充分交流思想,听取意见建议。要认真检视反思,以刀刃向内的自我革命精神,把问题找实、把根源找深,明确努力方向。要联系实际,深入检视剖析,不搞官样文章,不避重就轻、避实就虚。

四要突出"从严从实",确保整改落实动真碰硬。要坚持实践导向,按照"整改有目标、推进有措施、落实有责任、完成有时限"的要求,把"改"字贯穿始终,真刀真枪解决问题。要协调推进,把主题教育整改落实与巡视巡察整改、与形式主义官僚主义集中整治以及各专项整改工作深度融合,力求实效。要久久为功,坚持边学边改、边查边改、能改立改,一时解决不了的盯住改、限期改、长效改,逐件整改到位。专项整治情况要以适当形式在校内通报。要开好专题民主生活会,主题教育结束前,处级以上领导班子要召开专题民主生活会,深入对照检查,及时做好总结,推动整改举措落实落细。

四、切实加强组织领导,确保主题教育开展有力有序有效

这次主题教育时间紧、任务重、要求高,各级党组织要高度重视,强化组织推进,认真学习借鉴第一批开展主题教育的单位的成功经验,发挥后发优势,高质量开展好各项工作。

一要抓住"关键少数"。为开展好主题教育,学校党委已成立主题教育领导小组及办公室,各成员单位要尽职尽责,形成合力。各级党组织要扛起主体责任,主要负责同志要履行好第一责任人职责,领导班子要落实好"一岗双责",各级领导干部要走在前列、当好表率。

二要强化督促指导。学校党委认真接受中央指导组的指导,同时还将派出校内指导小组,对各基层党组织开展主题教育进行指导。校内指导小组要充分尊重和依靠各单位开展工作,切实强化工作指导和督促落实,确保主题教育高质量、高效率开展。

三要加强宣传引导。要充分运用多种媒体平台,及时反映主题教育进展情况、实际成效和先进典型,营造浓厚政治氛围和良好舆论环境,切实凝聚起不忘初心、牢记使命,担当实干、拼搏进取的强大精神动力,奋力开创全校上下齐心协力、共谋发展的新局面。

四要力戒形式主义。要坚持两手抓、两促进,把主题教育融入学校改革发展稳定各项工作中,融入学校"双一流"建设中,将主题教育与中心工作有机融合,切忌"两张皮",真正让主题教育焕发出奋斗激情,推动学校事业发展。

同志们,不忘初心,方得始终。全校各级党组织和广大党员干部师生要通过"不忘初心、牢记使命"主题教育,永葆初心、勇担使命,凝聚起奋进新时代、砥砺新作为的磅礴力量,加快实现"1—10—100"的"东大梦",以更加优异的成绩迎接新中国成立70周年!

坚守初心使命　强化责任担当
以全面从严治党新成效开创"双一流"建设新局面

校党委书记　左　惟

（2019年10月10日13:30　九龙湖纪忠楼报告厅）

同志们：

今年学校全面从严治党工作会议，是在新中国成立70周年、全国上下深入开展"不忘初心、牢记使命"主题教育背景下召开的一次开启学校全面从严治党新征程的重要会议。会议的主要任务是全面贯彻落实党的十九大精神和习近平总书记在十九届中央纪委三次全会上的重要讲话精神，认真贯彻落实中央和教育部党组关于全面从严治党工作新目标、新要求，总结回顾2018年工作，统筹谋划深入推进全面从严治党的重点任务，部署启动学校党委第三轮校内巡察，推动新时代学校全面从严治党工作的新使命、新担当、新作为，为落实立德树人根本任务、加快推进中国特色世界一流大学建设营造风清气正、干事创业的良好氛围。

在过去的一年里，学校党委在党中央和部党组、江苏省委的坚强领导下，坚持从严从实、持续加强全面从严治党工作，成效显著，态势不断向好。习近平总书记指出，全面从严治党，必须坚持和加强党的全面领导；管党治党，必须严字当头，把严的要求贯彻全过程。总书记强调，要坚定不移推进全面从严治党，以党的政治建设统领全面推进党的建设，巩固发展反腐败斗争压倒性胜利，取得全面从严治党更大战略性成果，这为新形势下推进全面从严治党向纵深发展指明了方向。面对新形势、新任务、新要求，我们要坚守初心使命，以永远在路上的韧劲、攻城拔寨的拼劲、攻坚克难的干劲，推进全面从严治党不断向基层延伸，以全面从严治党新成效，开创学校事业发展新局面。

下面，我就深入推进学校全面从严治党工作讲三点意见。

一、明理明道，牢牢把握高校全面从严治党鲜明方向

党的十九大报告指出，伟大斗争，伟大工程，伟大事业，伟大梦想，其中起决定性作用的是党的建设新的伟大工程。从严治党向纵深发展，必须全面深刻把握新时代党的建设总要求，确保学校全面从严治党鲜明方向。

（一）深化全面从严治党是新中国建设发展取得巨大成就的根本经验，是实现中华民族伟大复兴中国梦的根本保证

新中国的70年是中国共产党带领全国人民共同砥砺奋进、创造辉煌的70年，实现了从"站起来"到"富起来"，再到"强起来"的历史性飞跃。回顾伟大奋进历程，我们清楚地看到，坚持全面从严治党是我们党带领人民不断从胜利走向新的胜利的关键所在。当今世界正处于百年未有之大变局，我国正处于实现"两个一百年"奋斗目标的历史交汇期，世界政治经济格局的复杂性、不确定性进一步凸显，世界范围内制度博弈和价值观较量呈现新动向；当前各种矛盾叠加、风险隐患交汇，迫切需要将我们党建设得更加坚强有力，始终保持党的先进性和纯洁性，实现党的历史使命。

(二)深化全面从严治党是贯彻落实习近平总书记关于教育的重要论述的重要举措,是持续推进中央巡视和校内巡察整改、补齐党建短板弱项的有效途径

总书记指出,党的领导在高校能不能有效实现,取决于高校党的组织体系健不健全,党的建设抓得好不好。接受中央巡视以来,学校层面的全面从严治党工作得到全面、有力加强。通过两轮校内巡察,我们发现院(系)层面全面从严治党工作还存在着一些短板、弱项。"中梗阻"、政治引领不够、谋发展能力不足、"两个责任"落实不到位、隐性"四风"问题、师德师风建设长效机制不健全、基层党支部软弱散等现象不同程度地存在。这亟须我们在补短板、建机制、严要求上下功夫,进一步推动学校全面从严治党高质量发展。

(三)深化全面从严治党是抓实抓好主题教育的关键环节,是凝心聚力促发展、推进"双一流"建设的重要保证

当前学校正在开展的"不忘初心、牢记使命"主题教育是东大人重温教育报国初心、勇担世界一流大学建设使命的一次精神洗礼和续航动员。实现中国特色世界一流大学的奋斗目标,关键取决于我们能否通过坚定不移推动全面从严治党向纵深发展,充分发挥党建引领作用,团结带领广大师生员工加快推进"双一流"建设,为打赢"三步走"第一步战略目标攻坚战夯实基础。

二、聚焦聚力,扎实推进学校全面从严治党向基层延伸

抓好全面从严治党工作,要着力完善全面从严治党责任体系和工作体系,加强政治建设、提升党建质量、打牢基层基础,以管党治党新进展新成效,促进事业新发展新进步。

(一)坚持政治建设统领

一是着力强化各级党组织的政治引领。牢牢把握正确政治方向,擦亮学校鲜明底色。要切实发挥好学校党委领导核心作用,认真执行党委领导下的校长负责制,担好管党治党、办学治校主体责任;院(系)党组织要加强政治引领和政治把关,认真落实院(系)党组织会议、党政联席会议议事规则;不断增强基层党支部政治功能,建强建好党的基层组织。要健全完善学校党建工作测评体系,持续开展基层党组织书记抓党建述职评议考核,全面实施党支部书记"双带头人"培育工程,推动基层党组织全面进步、全面过硬。

二是着力加强思想政治教育。紧扣以习近平新时代中国特色社会主义思想武装党员干部师生这条主线。要抓好三个群体:加强党员领导干部理论武装,通过联学联建、集中研讨等方式,拧紧"总开关";加强和改进师生思想政治工作,深化"三全育人";加强对党外人士的政治引领和政治吸纳,画好"同心圆",积聚正能量。要抓住两个重点:深化对新思想的学习宣传和研究阐释,推动习近平新时代中国特色社会主义思想"六进"工作,唱响主旋律、传播好声音;以推进全国重点马克思主义学院建设和"中特"智库建设为契机,在马克思主义理论学科中设相关研究方向,加大理论研究力度。

三是着力规范党内政治生活。抓牢抓实党内政治生活这个根本。要围绕日常抓融入,严格执行新形势下党内政治生活的若干准则,抓好"三会一课"、民主生活会、双重组织生活、民主评议党员等制度的落实。各级党员领导干部要带头落实执行,切实提高组织生活质量,确保有实质内容、实际效果。要注重落实抓监督,分管校领导以及组织、纪检等部门要有针对性地列席指导二级单位领导班子民主生活会,不断增强党内政治生活的政治性、时代性、原则性、战斗性和严肃性。

四是着力涵养风清气正政治生态。固本培元,营造良好政治生态和育人环境。要严明党的政治纪律和政治规矩,树牢"四个意识",坚定"四个自信",做到"两个维护",坚决纠正有令不行、有禁不止的行为。要坚持把政治标准贯穿到抓班子、带队伍各环节,坚持正确用人导向,把好选人用人政治关、廉洁关、形象

关。要严格落实意识形态工作责任制,强化教师授课纪律,管好各类思想文化阵地,严肃处理突破政治底线和价值底线的现象。

(二) 加强作风建设驱动

一是坚持不懈正风肃纪。落实中央八项规定实施细则要求,时刻绷紧作风建设这根弦。要抓好专项整治,深入开展形式主义、官僚主义等问题的集中整治,认真抓好主题教育要求的8个方面问题的专项整治,着力整治师生身边不正之风和微腐败问题。要守好重要节点,盯紧盯牢违规吃喝老问题,深挖细查隐形变异新动向,抓具体、补短板、防反弹。建好长效机制。要综合运用教育提醒、监督检查、通报曝光等手段,促进深化改革、建章立制,推动源头治理。

二是坚守标准加强师德师风建设。落实"四有好老师"标准。要选树教师先进典型,做好正面宣传,发挥示范引领作用。要建立师德问题防范机制,从严规范课堂教学、科研工作和校外活动纪律,开展师德问题预警监测和筛查,及时掌握情况,做到防微杜渐。要抓好制度规范,把纪律要求融入教师管理各环节、各方面,抓好人才引进、入职教育、培养培训等关键环节,在年度考核、职称评定、推优评先、表彰奖励等工作实行师德失范"一票否决"。

三是坚定不移改进工作作风。密切联系广大师生,推动中央和学校党委决策部署落地落细落实。要充分发挥领导干部"头雁效应",严格落实联系群众,联系学生、基层党支部、专家人才、优秀青年教师等制度,了解真情实情,增进热爱师生的感情。坚持党员领导干部讲党课、讲思政课制度,落实育人职责。要坚持服务为本,查找文风、会风和担当作为、管理服务等方面存在的不足,简化优化办事流程,推进"一站式"服务。要建立健全抓落实工作机制和督查督办机制,综合运用责任分工、统筹协调、法制保障、督查督导、评估检查、奖惩激励等方式,推进学校改革发展稳定任务落实。

(三) 突出制度建设贯穿

一是聚焦管党治党制度体系。要健全完善学校党建各层面、一体化工作规程和落细落小的执行办法。具化、细化全面从严治党"两个责任",不断完善"党政同责、一岗双责、层层落实、重在基层"的党风廉政建设责任体系和工作体系,做深做实校领导班子成员"三个一"工作,明晰党委和行政、党委和学术组织、党委和群团组织的关系。要从制度规范上深化,认真贯彻落实党委领导下的校长负责制,把党的领导贯穿办学治校全过程;完善院(系)党组织会议、党政联席会议决策制度,修订完善校、院(系)两级"三重一大"决策制度,进一步健全各级党组织科学决策、民主决策体系。

二是聚焦风险防控机制建设。要抓好"放管服""管理重心下移"背景下的内控机制建设。统筹结合主题教育、巡视巡察整改工作,将抓好风险防控作为提升学校治理能力和治理水平的重要契机,切实行动起来,形成内外发力、上下贯通的自控体系。要认真梳理排查现有风险点和可能出现的新的风险点,加强重点领域和关键环节的排查检查,细化原则规定,充实新的制度。要用标准加强引导、加强监管、加强问责,构建起完整、有效、规范的自我控制体系。

(四) 强化质量提升为本

一是深化全面从严治党"两个责任"。在拓展责任落实载体、强化干部队伍担当上下功夫。要落实好主体责任。各级党组织要把各领域、各环节的党建工作抓具体、抓深入,加强本单位教职员工的教育监督管理,抓好巡视、巡察落实整改重点任务,切实扛起主体责任、鼓足发展劲头、聚焦干事力量。要落实好监督责任。全面从严治党既对广大党员提出了普遍性要求,用严格教育、严明纪律管住大多数,又对"关键少数"提出更高更严的标准,进行更严的管理和监督。要坚持"选种育苗"和"田间管理"有机结合,既把德才兼备的好干部选出来、用起来,又加强管理监督,及时清除不合格的分子。信任是最大的关怀,但信任不能代替监督,监督的出发点是爱护,是对干部负责,要坚持严管和厚爱结合、激励和约束并重。

二是一体推进不能腐、不敢腐、不想腐。努力构建"三不"一体推进长效机制。要将廉洁教育纳入学校宣传思想工作整体布局,融入"三全育人"总体格局;以承办第七届全国高校廉洁教育系列活动为契机,厚植崇德尚廉、干事创业的校园文化。各单位要加强日常监督管理,纪检监察部门要做好"监督的再监督"、精准监督。各级党组织对本单位苗头性、倾向性问题要及时咬耳扯袖;纪检监察部门要精准把握,对违反政治纪律和政治规矩、十八大以后不收敛不收手、师生群众反应强烈的问题敢于亮剑,严肃查处、严肃问责。

(五)着力夯实基础基层

一是用好用足校内巡察成果。为推动学校党政重大决策部署和中心工作贯彻落实提供有效抓手,切实做好"后半篇文章"。各被巡单位党组织要落实巡察整改主体责任,细化整改"路线图""时间表",以实招硬招推动整改落实到位。学校已启动巡察整改"回头看"工作,对整改不力的将进行追责问责。尚未接受巡察的单位要先行先动,针对类似问题,先抓先改,不断提升自身治理能力和水平。

二是从严从实抓好支部建设。今年是学校基层党支部集中换届年,要落实好《中国共产党支部工作条例(试行)》。党支部要担负好直接教育、管理、监督和组织、宣传、凝聚、服务的职责,发挥好师生党支部战斗堡垒作用。要坚持完善党内各项制度,推进党的基层组织设置和活动方式创新,扩大基层党组织覆盖面。要注重在青年教师、海外高层次引进人才、少数民族学生中发展党员。把好入党的"政治关""质量关""信仰关",做好党员发展统筹规划。

三、落地落实,不断涵养风清气正、干事创业的政治生态

走好新时代长征路,实现东大的奋斗目标,要继续发扬优良作风和奋斗精神,主动作为、狠抓落实。

(一)上紧责任链条

一是明责要细。知责明责才能更好地履责尽责。各级党组织要不断完善权责清晰、运行顺畅的责任体系,按照"党政同责、一岗双责"的原则,对标中央和学校党委部署要求,制定责任清单,从源头上消除权责脱节和推诿扯皮的现象。二是压责要实。各级党组织书记要担好党建第一责任,各单位党政主要负责同志要履行好共同责任,班子其他成员要落实好分管责任。要建立完善各部门各司其责、共同负责的责任机制。做到事事有人负责、人人都在负责。三是问责要严。动员千遍,不如问责一次。要以严肃问责来解决"敷衍塞责",用足用好督导、巡察、检查等工作手段,推动各项工作有始有终、善作善成。

(二)担起政治责任

一是严抓学习,练好"基本功"。要以主题教育为契机,严抓学习,提高本领。各级领导干部要发挥"领头雁"作用,在提高理论修养和政策水平上下功夫,在谋划思路、深化改革、破解难题上取得实效。各级党组织要发挥管党治党"主阵地"作用,坚持"常态抓、抓常态",推动学、用新思想走向深入。二是严管方向,当好"引领人"。各级党组织承担着管党治党主体责任,要把好政治方向,严把组织生活制度关、基层各项工作政治关。要把好发展方向,深入贯彻落实学校综合改革方案、"十三五"发展规划及其支撑计划,深入实施"双一流"建设方案,落实好发展第一要务。三是严守底线,筑牢"防火墙"。各级党员领导干部要时刻牢记底线是基本,不能突破。把严守纪律规矩作为一种修养、一种自觉,做清正廉洁的表率。要抓好本单位安全稳定工作,防范风险隐患,为学校改革发展营造稳定的环境生态。

(三)强化求实问效

一是深入调查研究。要把调查研究作为基本功,迈开步子、扑下身子,掌握一手资料,摸清真实情况,研究解决思路,把扎扎实实的调查研究作为谋事之基、成事之道。二是掌握工作方法。要坚持善学善思、

善作善成,坚持塑造育人环境与营造政治生态并重,抓好每一个基层党组织,激发每一名师生的创新创造活力,以优良党风带动校风、教风、学风。三是强化工作落实责任。铺摊子做样子容易、出影响得实效较难,以高质量党建引领学校事业发展,不下一番苦功是不行的。我们要全面增强落实本领,以抓铁有痕、踏石留印的韧劲和狠劲,抓好各项工作落实,写好学校党建工作奋进之笔。

使命在肩,初心如磐。同志们,新时代赋予了我们新任务、新使命。我们要在中央和教育部党组、江苏省委的坚强领导下,锐意进取、积极作为、狠抓落实,推动学校全面从严治党工作迈出新步伐、展现新气象,团结带领全体党员干部师生加快推进"双一流"建设,为实现"1—10—100"的"东大梦",为实现中华民族伟大复兴的"中国梦"作出更大的贡献!

在东南大学纪念五四运动100周年暨2019年五四表彰大会上的讲话

校党委书记 左 惟

（2019年5月5日 16：00 九龙湖校区焦廷标馆）

各位同学、共青团员们、青年共产党员同志们：

大家好！

今天，我们在这里集会，隆重纪念五四运动100周年，同时表彰东南大学2018年度共青团工作先进集体和先进个人。我代表学校党政，向各位青年朋友，并通过你们向全校3万余名青年师生致以节日的祝贺，向此次受到表彰的集体和个人表示热烈的祝贺！

刚才，我们几位青年教师、青年学生和团支部分享了他们的业绩，我们听了以后都感觉到满满的正能量，很受鼓舞。借今天的机会，我和大家分享三点意见。

一、深刻领会五四运动的历史意义，弘扬继承五四精神

五四运动，爆发于民族危难之际，是一场以先进青年知识分子为先锋、广大人民群众参加的彻底反帝反封建的伟大爱国革命运动，是一场中国人民为拯救民族危亡、捍卫民族尊严、凝聚民族力量而掀起的伟大社会革命运动，是一场传播新思想新文化新知识的伟大思想启蒙运动和新文化运动，以磅礴之力鼓动了中国人民和中华民族实现民族复兴的志向和信心。

五四运动，以彻底反帝反封建的革命性、追求救国强国真理的进步性、各族各界群众积极参与的广泛性，推动了中国社会进步。一批先进的青年知识分子，从俄国十月革命的胜利中，看到了马克思主义的伟大力量，看到了国家民族的前途和希望，从而自觉接受马克思主义，积极传播马克思主义，促进马克思主义同中国工人运动的结合，为中国共产党成立做了思想上干部上的准备，为新的革命力量、革命文化、革命斗争登上历史舞台创造了条件。

经过五四运动的洗礼，掌握了马克思主义科学真理的中国先进知识分子深切认识到只有社会主义才能救中国，这不仅实现了对中国革命具有划时代意义的思想飞跃，而且在实现民族复兴进程中开启了以社会主义为前途方向的新民主主义革命新探索。从这个意义上讲，五四运动是中国旧民主主义革命走向新民主主义革命的转折点，在近代以来中华民族追求民族独立和发展进步的历史进程中具有里程碑意义。

五四运动以及之后100年的中华民族奋斗史清晰地展现出，青年群体的命运、青年个体的发展与国家民族命运紧密相连，与时代发展息息相关。一个时代有一个时代的历史任务，一代青年有一代青年的使命担当。100年前，在风云际会的历史交汇期，广大爱国进步青年掀起了一场彻底反帝、反封建的伟大爱国革命运动，开启了中华民族走向复兴的起点；100年后的今天，在座的各位青年学子们站在波澜壮阔的历史交汇期，虽不用再像前辈那样探求救国救民的道路，但仍需为实现国家富强、民族振兴、人民幸福的中国梦贡献自己的力量，践行当代青年的责任和担当。

习近平总书记强调，五四运动孕育的以爱国、进步、民主、科学为主要内容的伟大五四精神是五四运动创造的宝贵精神财富，对激励全党全国各族人民，特别是新时代中国青年为全面建成小康社会、加快建设社会主义现代化国家、实现中华民族伟大复兴的中国梦而奋斗，具有十分重大的意义。今天，我们回望那段历史，重温100年前那段激情燃烧的岁月，缅怀五四先驱崇高的爱国情怀和革命精神，深刻领会五四运动的历史意义，弘扬继承五四精神，是对五四运动100周年最好的纪念，也是对五四先驱最好的告慰。

二、充分认识五四精神对东南大学精神文化的深刻影响

东南大学是一所有着光辉历史和光荣传统的百年名校。东大师生是五四运动最早的声援者,五四运动爆发后的第三天,东南大学的前身——南京高等师范学校的师生就发起筹组了南京学界联合会,成为当时五四运动在南京时的中坚骨干,将声援五四爱国运动决议案通告全国;南高学生黄曙寰担任该会会长,是当时南京著名青年领袖。东大师生也是五四精神最早的宣传者,五四运动爆发一个月后,南高学生阮真创办了南京历史上第一本宣传马克思主义的刊物《南京学生联合会日刊》,讴歌五四运动,鞭挞旧制度、旧思想、旧道德,吹响了南京及江苏人民反帝、反封建的战斗号角。五四运动对南高产生了深刻的影响,实行民主治校、推行民主管理、提倡科学、昌明学术成为师生共同的要求,各种学术学会、研究会相继成立。20年代,南高和之后的国立东南大学都是党的重要活动基地、马克思主义的传播中心、南京地区的革命摇篮。四牌楼校区的梅庵是南京市共青团组织的诞生地,召开了中国社会主义青年团第二次全国代表大会。

五四运动后的100年里,东南大学始终以国家富强、民族复兴和人民幸福为己任。这里是高举民主、科学旗帜,开展教育救国的最高学府;也是挽救民族危亡,宣传马克思主义和共产主义的革命摇篮;更是反饥饿、反内战的"爱国民主堡垒"。"起看星河含曙意,愿将热血荐黎明",爱国、进步、民主、科学的"五四基因"一直流淌在东大人的血液之中,无论是在革命战争年代、社会主义建设时期,还是改革开放以来,东大都培养了一大批中华民族的脊梁!东大青年师生奠立的爱国、民主的光荣革命传统与学校长期积淀的科学、文化传统交相辉映,成为学校优秀传统的重要组成部分。

今天,我们在这里纪念五四运动,要特别怀念那些在东大这片热土上为民族独立、人民解放、国家富强而奋斗的青年师生,他们书写了中华民族历久弥新的文明华章,铸就了自强不息的民族精神,装点了华夏民族的文化山河,他们是我们东南大学永远的骄傲,是我们东大青年永远的榜样!

三、准确把握五四精神的时代内涵,明确新时代东大青年学子的使命担当

一代人有一代人的长征,一代人有一代人的担当。新时代中国青年的使命,就是坚持中国共产党领导,同人民一道,为实现"两个一百年"奋斗目标、实现中华民族伟大复兴的中国梦而奋斗。在这个过程中,希望大家能准确把握五四精神的时代内涵,继续发扬五四精神,建功新时代。

树立远大理想,坚定不移跟党走,为人民谋幸福、为国家谋富强。青年只有把自己的小我融入祖国的大我、人民的大我之中,与时代同步伐、与人民共命运,为最广大人民谋幸福,才能更好实现人生价值、升华人生境界。自从鸦片战争以来,国门洞开,中国的先进分子不断地向西方学习,追求进步,探索救国救民的真理。从甲午中日战争到戊戌维新变法,从义和团运动到辛亥革命,都没能拯救中华民族于水火。历史的进程告诉我们:只有中国共产党才能彻底推翻半殖民地半封建社会,建立独立的民主国家;只有中国共产党,才能实现中国通过完成新民主主义革命而迈向社会主义制度的"两步走";只有中国共产党,始终坚持把人民对美好生活的向往作为奋斗目标,带领全国各族人民全面建成小康社会。五四运动以来100年的历史昭示我们,坚持中国共产党的领导,坚定走中国特色社会主义道路,是实现国家富强、民族振兴、人民幸福唯一正确的选择。我们党以巨大的政治勇气和强烈的责任担当,带领全国人民实现了"从站起来、富起来到强起来的伟大飞跃",推动中国特色社会主义进入了新时代。东大青年要自觉用马克思主义中国化最新成果、习近平新时代中国特色社会主义思想武装头脑,牢固树立对马克思主义的信仰、对中国特色社会主义的信念、对中华民族伟大复兴中国梦的信心,坚定不移跟党走,积极投身中国特色社会主义建设事业。要把个人理想融入民族复兴伟大理想,和中国特色社会主义共同理想统一起来。自觉把个人的人生追求同祖国和民族的前途命运联系起来,在"两个一百年"的宏伟征程中贡献青春和智慧,实现人生价值。

继承爱国精神,勇担领军使命,为实现中华民族伟大复兴不懈奋斗。爱国主义是我们民族精神的核心,也是东南大学的光荣传统。它是具体的,而不是抽象的。民主革命时期,爱国就是反帝、反封建,争取

民族独立,实现人民解放,捍卫国家主权,维护民族尊严;新时代,爱国就是坚持爱国和爱党、爱社会主义高度统一,坚定四个自信,为实现中华民族伟大复兴的中国梦而不懈奋斗。人才报国是东南大学的办学传统,东大要培养的是具有家国情怀和国际视野,担当引领未来和造福人类的领军人才,爱国是我们东大学子的立身之本、成才之基。我们要听党话、跟党走,胸怀忧国忧民之心、爱国爱民之情,不断奉献祖国、奉献人民,以一生的真情投入、一辈子的顽强奋斗来体现爱国主义情怀,让爱国主义的伟大旗帜始终在心中高高飘扬!

担当时代责任,争做时代先锋,融入党和国家的共同奋斗目标中。在当年的五四大潮中,青年知识分子把追求个人进步与推动社会进步紧密结合,在争取个性自由、思想解放的同时,对一切阻碍民族独立和人民解放的腐朽没落的内外反动势力进行了不妥协的斗争,用思想革命、政治革命和社会革命的手段,扫清束缚社会生产力解放、发展的旧生产关系和上层建筑障碍,开启了新民主主义革命的新阶段,推动了中国社会的发展进步。东南大学的学生都是同龄人当中的佼佼者,是国家和学校建设发展的未来支撑。未来同学们职业发展的黄金时期,与我们党提出的第二个百年奋斗目标的冲刺阶段高度契合,这一契合决定了你们这一代人任务艰巨、使命光荣、责无旁贷。作为时代的佼佼者,同学们要保持初生牛犊不怕虎、越是艰险越向前的刚健勇毅,勇立时代潮头,争做时代先锋。

坚持勤学苦练,崇尚奋进创新,不断增强为祖国、为人民服务的本领。自古以来,追求真理、探索真知的科学精神就是大学最鲜明的价值符号。大家求学于"以科学名世,以人才报国"的东南大学,更要深刻领悟这种科学精神及其本质,真正理解"求真学问、练真本领"是领军人才的成长基石。在国际竞争日趋激烈的当下,"关键核心技术要不来、买不来、讨不来"的情况层出不穷,解决这些"卡脖子"的难题,就是像东南大学这样有担当的一流大学的使命,也是党和国家赋予所有东大青年的责任。对当代的高校青年而言,在基础科技领域作出大的创新、在关键核心技术领域取得大的突破,就是当代"五四"科学精神最好的体现。东大青年要充分发挥自身优势,着力在培养创新意识、挖掘创新潜能、提高创新能力上下功夫,以一往无前的进取精神,投身到创新实践中去。在一生最宝贵的青春时光中,把潜心治学、笃行求真作为自己的首要任务,在学习实践中充分发掘自身潜力,不断完善知识结构,打牢知识基础,在诚朴求实、止于至善的良好学风中,夯实专业基础,塑造科学精神,提升创新能力,不断提高自身的综合素质,不断增强为祖国、为人民服务的本领。

秉承校训精神,践行止于至善,自觉锤炼品德修为,提升人生境界。止于至善,是中华民族始终不变的人格追求,也是东南大学宝贵的精神财富和文化传承。东大学子要把正确的道德认知、自觉的道德养成、积极的道德实践紧密结合起来,不断修身立德,打牢道德根基,养成钟山之崇高、大江之雄毅、玄武之沉静的国士风范。要饮水思源、懂得回报,感恩党和国家,感恩社会和人民,感恩学校和父母。要深入实践,知行合一,在奋斗中摸爬滚打,体察世间冷暖、民众忧乐、现实矛盾,从中找到人生真谛、生命价值、事业方向。要自觉树立和践行社会主义核心价值观,明大德、守公德、严私德,自觉抵制拜金主义、享乐主义、极端个人主义、历史虚无主义等错误思想,追求更有高度、更有境界、更有品位的人生。

同学们、同志们,伟大的五四精神历久弥新,宏伟的复兴大业催人奋进。广大青年是东南大学建设发展的重要力量,更是祖国的未来、民族的希望,是实现"两个一百年"奋斗目标和民族复兴"中国梦"的主力军。学校各级党委要充分信任青年、热情关心青年、严格要求青年,关注青年愿望、帮助青年发展、支持青年创业,做青年朋友的知心人、青年工作的热心人、青年群众的引路人,特别是要努力解决他们在学习、工作和生活中遇到的实际困难,千方百计为东大青年的成长成才、干事创业搭建平台、创造条件、提供支撑。学校各级共青团组织要联系好、服务好广大东大青年的健康成长,主动引导东大青年听党话、跟党走,助力养成大视野、大胸襟、大格局、大情怀,找准新时代的奋斗坐标,不断开拓创新、奋发有为,把个人理想自觉融入国家发展伟业。希望广大东大青年牢记习近平总书记的殷切嘱托,不忘初心,牢记使命,珍惜韶华,砥砺奋进,做走在时代前列的奋进者、开拓者、奉献者,为实现"1—10—100"的东大梦、中华民族伟大复兴、人类文明发展进步而不懈奋斗,在波澜壮阔的历史进程中写下绚丽多彩的青春篇章!

牢记初心使命　勇做领军人才

——在东南大学2019级本科生开学典礼上的讲话

校长　张广军

（2019年8月26日9:00　九龙湖体育馆）

亲爱的同学们，老师们：

大家好！

今天，我们相聚在九龙湖畔，为2019级入学的本科新生举行开学典礼，共同见证你们圆梦东大并开启人生新征程的神圣时刻！首先，我代表左惟书记、代表全校师生员工，向你们3 982名本科新生表示最热烈的祝贺和最诚挚的欢迎！

风雨兼程，终见彩虹。你们经过十年寒窗、砥砺奋斗，并在高考中绽放青春、梦想花开。你们接到了会唱歌的录取通知书，也收到了一份迈上崭新征程的通行证。置身实现"两个一百年"奋斗目标的历史交汇期，恰逢新中国成立70周年的重要历史节点，你们既是新时代脱颖而出的佼佼者，也是东大首批实施大类招生大类培养的精英人才。感谢你们在人生最美好的时光选择东大作为你们新的梦想起点和奋斗舞台！从今天起，你们都将拥有一个共同的名字——"东大人"！

"大学之道，在明明德，在亲民，在止于至善。"一所大学的核心价值追求代表着这所大学的独特气质和鲜明品格。学术性、多样性和卓越性，是大学永恒的追求，而一所成功的大学，往往具有三个要素：一是要有崇高的办学理念和明确的办学目标，二是要有一大批高质量、负责任的学术群体，三是要有可持续优化的组织制度和文化生态。你们选择的东南大学，正是一方历史悠久、底蕴深厚、追求卓越的学府圣地。在我们的四牌楼校区，有一棵历经1 500多年的六朝松，她涵养绵延了东南文脉，既见证了东吴太学、六朝宫苑、明朝国子监的沧桑，也见证了中国近现代高等教育的变迁。东大既是中国自然科学的发祥地、学衡派的诞生地、现代艺术教育的发源地，也是新中国成立和发展的重要奉献者和开拓者，117年来共走出了200多位两院院士，培养了35万精英人才。茅以升、严济慈、竺可桢、李四光、杨廷宝、吴有训等先生曾在此执教，开创了一大批重大科技创新和理论创新的先河；李叔同、陶行知、马寅初、吴宓、徐志摩、闻一多、徐悲鸿、张大千等先生也曾任教于此，竭力弘扬文化、昌明国粹。复更名东南大学以来，从以齐康院士、韦钰院士为代表的老一辈东大人，再到以缪昌文院士、王建国院士、尤肖虎教授、樊和平教授等为代表的新一代东大人，都在国家行业领域中发挥了重要引领作用。一代代东大人坚守"止于至善"的大学之道，铸就了"以科学名世、以人才报国"的初心使命和奋斗担当。

新时代，新气象。如今的东大正肩负着教育强国、科技强国的新使命，谱写着逐梦一流、止于至善的新篇章，并确立了"1—10—100"的东大梦愿景，即到2030年前后，东南大学将建成世界一流大学，位居国内前十位左右，跻身世界前百位。为此，学校正按照"瞄准前沿、服务战略、师生为本、人才为先"的办学思路，加快推进"双一流"建设和高质量内涵式发展，并全面实施2020一流本科教育行动计划，努力形成思想引领、能力培养、知识传授的领军人才培养新格局。其中，大类招生大类培养是学校实施领军人才培养改革的重要内容，你们是首批改革的先行者，期待着你们的努力和践行，并与全校师生员工同步伐、齐奋进。

卓尔不凡的人，往往植根并依赖于他们所处的时代。曾任教东大的梁启超先生在《少年中国说》一文中写道："今日之责任，不在他人，而全在我少年。"当代青年所面临的新时代，既是近代以来中华民族发展的最好时代，也是实现中华民族伟大复兴的关键时代。在这个新时代，党和国家对高等教育的需要比以往任何时候都更加迫切,对科学知识和卓越人才的渴求比以往任何时候都更加强烈,同时对培养德智体美劳全面发展的社会主义建设者和接班人提出了更高要求。面对更为神圣和艰巨的时代使命,你们同样要思考:你们想成为什么样的人?你们的价值追求是什么?你们应该如何以青春之我拥抱新时代、奋斗新时代?在我看来,每个人都充满无限潜能,树立远大目标并为之而奋斗,每个人的梦想都会成真。对于学校而言,我们致力培养也是最终希望你们成为具有家国情怀和国际视野,担当引领未来和造福人类的领军人才!为了让同学们更好地把握奋斗目标,我想与大家共同分享关于领军人才的四个内涵。

一是要以至善涵养家国情怀。"家是最小的国,国是千万家。"家国一体是中华文明的特质与内核。无数中华儿女以民族大义为念,以家国天下为重,矢志追求"为天地立心,为生民立命,为往圣继绝学,为万世开太平"的崇高境界并为之奋斗。在20世纪初期,东大的无数前辈先贤勇担民族大义和强国使命,开启了东大人探求真理、化育英才、追逐至善的历史序幕,并较早成为南京地区马克思主义的传播中心和宣传共产主义信仰的革命摇篮。1923年8月,中国社会主义青年团第二次全国代表大会就在四牌楼校区梅庵召开,毛泽东同志代表中共中央出席并致辞,瞿秋白、恽代英、邓中夏等革命先驱参加会议,成为南京和我校宝贵的革命文化遗产。抗战爆发后,罗家伦老校长把"为中国建立有机体的民族文化"作为中央大学之使命,并力主学校整体西迁至重庆沙坪坝。东大人始终坚守"止于至善"的校训精神,践行报国为民的大学之道。在新时代,希望同学们秉承中华文化基因,树立远大理想抱负,以"止于至善"的精神境界涵养家国情怀,把实现个人梦、家庭梦融入国家梦、民族梦之中,扎根人民,奉献国家,始终与国家共命运、与时代共融合。

二是要以共享拓展国际视野。"不拒众流,方为江海。"习总书记指出,中国人是讲爱国主义的,同时也是具有国际视野和国际胸怀的。他还说道,人类生活在同一个地球村里,生活在历史和现实交汇的同一个时空里,越来越成为你中有我、我中有你的命运共同体。当前,人类社会正处在大发展大变革大调整时代,人类交往的世界性比过去任何时候都更深入、更广泛,使命担当的边界也更为宽广。在三江师范学堂时期,东大深受日本师范教育模式影响,任教日本教习多达29人。郭秉文老校长毕业于美国哥伦比亚大学,是中国第一位教育学博士,1921年他正是借鉴美国现代化大学的模式创建了国立东南大学。当前,我们继续坚定不移地走国际化强校之路,大力实施"国际化联合"战略,深化与世界一流大学的学生互换和联合培养。希望同学们坚定自信、胸怀天下,树立开放共享的理念和思维,发扬中华文化崇尚的四海一家、天下为公精神,努力以更高的站位和更远的视野不断提升全球胜任力,为走进世界舞台中央积累能量。

三是要以创新引领未来。创新是引领发展,也是引领未来的第一动力,历史上每一次科技和产业革命都深刻改变了世界的发展态势和基本格局。当前,伴随着第四次工业革命日趋深入,5G、人工智能和物联网时代如期而至,已深刻改变人类生产生活方式和思维模式。实践证明,科技创新和强国崛起与发展无一不依赖其教育质量与发展能力。一代代东大人敢为人先,勇于创新,赢得了"以科学名世"的广泛赞誉,比如首任工科主任茅以升是我国第一个独立造桥的中国人,创办我国首个地学系的竺可桢是近代地理学和气象学的奠基者;在杰出校友中,吴健雄被誉为"中国居里夫人";任新民、黄纬禄等被授予"两弹一星功勋奖章";王澍获得"建筑界诺贝尔奖"普利兹克奖。近年来,东南大学在多个战略性新兴产业领域自主创新,为国家重大战略领域和工程中作出了积极贡献。希望同学们传承东大"以科学名世"的勇气和智慧,苦练自主创新本领,真正以创新进,以创新强,以创新胜,以创新引领未来。

四是要以奋斗造福人类。"如果我们选择了最能为人类福利而劳动的职业,那么,重担就不能把我们压倒,因为这是为人类而献身。"马克思17岁时的初心选择了为人类造福。在当年陕北贫瘠的黄土地上,年轻的习总书记不断思考着"生存还是毁灭"的问题,最后立下为祖国、为人民奉献自己的信念。当前,面对人类文明发展面临的新机遇新挑战,中国担当负责任大国的使命,提出共建"一带一路"、构建人类命运共同体等主张,为解决人类面临的重大问题指明了方向,并将通过建设一个和平发展、蓬勃发展的中国,造福中国人民,造福世界人民,造福子孙后代。东大近年来在参与载人航天工程、第5代移动通信技术、

AMS(阿尔法磁谱仪)空间科学实验、500米口径球面射电望远镜和南极科考等方面的探索，也正是我们为造福人类作出的行动和贡献。希望同学们以不懈奋斗和自觉行动，努力为世界贡献更多中国智慧、中国方案、中国力量，在建功时代、造福人类中创造价值、成就大我。

以至善涵养家国情怀，以共享拓展国际视野，以创新引领未来，以奋斗造福人类，这是我们对勇做领军人才的一种理解和追求。我相信大家会对"领军人才"的这四个内涵有更多的思考与行动。

"青年兴则国家兴，青年强则国家强。青年一代有理想、有本领、有担当，国家就有前途，民族就有希望。"习近平总书记对青年一代寄予厚望，也指明了奋斗方向，并希望你们能够自觉树立和践行社会主义核心价值观，在新时代改革开放的广阔天地中绽放青春。我也诚挚期盼与你们携手一道，在东大这片学府圣地和青春舞台，写好东大故事，筑就中国梦想，谱写时代华章！

最后，衷心祝愿你们在即将开启的东大生涯和人生旅程中，牢记初心使命、勇做领军人才，并以青春之我拥抱新时代、担当新使命、奋斗新征程！

谢谢大家！

以奋斗担当使命　以创新引领未来

——在东南大学 2019 级研究生开学典礼上的讲话

校长　张广军

（2019 年 9 月 6 日 9:00　九龙湖校区体育馆）

亲爱的同学们，老师们：

大家好！

今天，我们相聚在九龙湖畔，隆重举行东南大学 2019 级研究生开学典礼，共同见证 5 117 名硕士研究生和 1 220 名博士研究生圆梦东大、再启征程的神圣时刻。首先，我代表左惟书记，代表学校全体师生员工，向同学们表示衷心的祝贺和热烈的欢迎！并向为你们顺利入学倾心付出的教师员工和学生志愿者致以亲切的问候和诚挚的感谢！

"得天下英才而育之"是大学的神圣职责和光荣使命。2019 级硕士研究生招生规模首次突破 5 000 名，达到 5 117 名；博士研究生招生规模也比去年增长 12%，达到 1 220 名，分春季和秋季两次入学。随着招生规模扩大和院系逐步向九龙湖主校区搬迁，今年部分同学们的住宿需在四牌楼短期过渡，同时今天的开学典礼也面向三个校区研究生新同学进行视频直播，在此一并感谢同学们的理解和支持！同学们都是经过努力和奋斗脱颖而出的时代骄子，感谢你们在大有可为、前景广阔的新时代，在你们满怀激情、极富创意的好年华，选择东大作为幸福人生的新起点和不懈奋斗的大舞台！

德国哲学家雅斯贝尔斯曾说，大学是研究和传授科学的殿堂，是教育新人成长的世界，是个体之间富有生命的交往。历史已经证明，大学对国家的兴衰成败至关重要，而且这种重要性随着科技的进步对人类社会影响会越来越大。对于一所大学而言，学术性、多样性和卓越性是其永恒追求，培养各类精英人才是其永恒主题，而引领国家发展、推动人类科技创新和社会文明进步则是其神圣使命。在新时代，正如习近平总书记所说，高校立身之本在于立德树人，只有培养出一流人才的高校，才能够成为世界一流大学。

今天，你们所选择并迈进的东南大学，正是一方历史悠久、底蕴深厚、追求卓越的学府圣地。在东大四牌楼校区，有一棵历经 1 500 多年的六朝松，她涵养绵延了东南文脉，既见证了东吴太学、六朝宫苑、明朝国子监的沧桑，也见证了东南大学 117 年的发展历程和中国近现代高等教育的历史变迁。东大既是中国自然科学的发祥地、学衡派的诞生地、现代艺术教育的发源地，也是新中国成立和发展的重要奉献者和开拓者，117 年来共走出了 200 多位两院院士，培养了 35 万精英人才。茅以升、严济慈、竺可桢、李四光、杨廷宝、吴有训等先生曾在此执教，开创了一大批重大科技创新和理论创新的先河；李叔同、陶行知、马寅初、吴宓、徐志摩、闻一多、徐悲鸿、张大千等先生也曾任教于此，竭力弘扬文化、昌明国粹。复更名东南大学以来，从以齐康院士、韦钰院士为代表的老一辈东大人，再到以缪昌文院士、王建国院士、尤肖虎教授、樊和平教授等为代表的新一代东大人，都在国家行业领域中发挥了重要引领作用。一代代东大人坚守"止于至善"的大学之道，铸就了"以科学名世、以人才报国"的初心使命和奋斗担当。

新时代，新气象。如今的东大正肩负着教育强国、科技强国的新使命，谱写着逐梦一流、止于至善的新篇章，并确立了"1—10—100"的东大梦愿景，即到 2030 年前后，东南大学将建成世界一流大学、位居国内前十位左右、跻身世界前百位。为此，学校正按"瞄准前沿、服务战略、师生为本、人才为先"的办学思路，加快推进"双一流"建设和内涵式高质量发展，并全面实施 2020 一流本科教育行动计划和研究生教育综合改革实施方案，努力形成思想引领、能力培养、知识传授的领军人才培养新格局。其中，全面修订了 2019 级研究生培养方案，进一步深化校企联合培养和国际化联合培养模式，并着力落实导师责任制。同学们是研究生教育综合改革的参与者和先行者,期待你们的努力和践行,并与学校同步伐、齐奋进。

一代人有一代人的际遇和长征,一代人也有一代人的使命和担当。习近平总书记对青年一代始终寄予厚望,他在纪念五四运动100周年大会上强调,青年是整个社会力量中最积极、最有生气的力量,国家的希望在青年,民族的未来在青年,并举例说道,《共产党宣言》发表时马克思是30岁、恩格斯是28岁,中共一大召开时毛泽东是28岁;爱因斯坦提出狭义相对论时是26岁,牛顿和莱布尼茨发现微积分时分别是22岁和18岁;航天报国的嫦娥团队、神舟团队平均年龄是33岁。实践也证明,从人才成长规律看,25~35岁期间是人生中最富创造与激情的时期,许多科学家和著名学者的成功大多源于研究生期间的发现及其养成的永无止境的探索精神。

当今世界正处于百年未有之大变局,正如习近平总书记强调,新时代中国青年处在中华民族发展的最好时期,既面临着难得的建功立业的人生际遇,也面临着"天将降大任于斯人"的时代使命。在这个新时代,党和国家对高等教育的需要比以往任何时候都更加迫切,对科学知识和卓越人才的渴求比以往任何时候都更加强烈,同时对培养德智体美劳全面发展的社会主义建设者和接班人提出了更高要求。

在前不久的本科生开学典礼上,我让同学们思考:你们想成为什么样的人?你们的价值追求是什么?你们应该如何以青春之我拥抱新时代、奋斗新时代?今天,我同样也希望你们能够认真思考并时刻警醒。在我看来,每个人都充满无限潜能,树立远大目标并为之而奋斗,每个人的梦想都会成真。对于学校而言,我们致力培养也是最终希望你们成为具有家国情怀和国际视野,担当引领未来和造福人类的领军人才!为了让同学们更好地把握奋斗目标,我想与大家共同分享关于领军人才的四个内涵。

一是要以至善涵养家国情怀。"家是最小的国,国是千万家。"家国一体是中华文明的特质与内核。无数中华儿女以民族大义为念,以家国天下为重,矢志追求"为天地立心,为生民立命,为往圣继绝学,为万世开太平"的崇高境界并为之奋斗。在20世纪初期,东大的无数前辈先贤勇担民族大义和强国使命,开启了东大人探求真理、化育英才、追逐至善的历史序幕,并较早成为南京地区马克思主义的传播中心和宣传共产主义信仰的革命摇篮。1923年8月,中国社会主义青年团第二次全国代表大会就在四牌楼校区梅庵召开,毛泽东同志代表中共中央出席并致辞,瞿秋白、恽代英、邓中夏等革命先驱参加会议,成为南京和我校宝贵的革命文化遗产。抗战爆发后,罗家伦老校长把"为中国建立有机体的民族文化"作为中央大学之使命,并力主学校整体西迁至重庆沙坪坝。东大人始终坚守"止于至善"的校训精神,践行报国为民的大学之道。在新时代,希望同学们秉承中华文化基因,树立远大理想抱负,以"止于至善"的精神境界涵养家国情怀,把实现个人梦、家庭梦融入国家梦、民族梦之中,扎根人民,奉献国家,始终与国家共命运、与时代共融合。

二是要以共享拓展国际视野。"不拒众流,方为江海。"习总书记指出,中国人是讲爱国主义的,同时也是具有国际视野和国际胸怀的。他还说道,人类生活在同一个地球村里,生活在历史和现实交汇的同一个时空里,越来越成为你中有我、我中有你的命运共同体。当前,人类社会正处在大发展大变革大调整时代,人类交往的世界性比过去任何时候都更深入、更广泛,使命担当的边界也更为宽广。在三江师范学堂时期,东大深受日本师范教育模式影响,任教日本教习多达29人;郭秉文老校长毕业于美国哥伦比亚大学,是中国第一位教育学博士,1921年他正是借鉴美国现代化大学的模式创建了国立东南大学。当前,我们继续坚定不移地走国际化强校之路,大力实施"国际化联合"战略,深化与世界一流大学的学生互换和联合培养。希望同学们坚定自信、胸怀天下,树立开放共享的理念和思维,发扬中华文化崇尚的四海一家、天下为公精神,努力以更高的站位和更远的视野不断提升全球胜任力,为走进世界舞台中央积累能量。

三是要以创新引领未来。创新是引领发展,也是引领未来的第一动力,历史上每一次科技和产业革命都深刻改变了世界的发展态势和基本格局。当前,伴随着第四次工业革命日趋深入,5G、人工智能和物联网时代如期而至,已深刻改变人类生产生活方式和思维模式。实践证明,科技创新和强国崛起与发展无一不依赖其教育质量与发展能力。一代代东大人敢为人先,勇于创新,赢得了"以科学名世"的广泛赞誉,比如首任工科主任茅以升是我国第一个独立造桥的中国人,创办我国首个地学系的竺可桢是近代地理学和气象学的奠基者;在杰出校友中,吴健雄被誉为"中国居里夫人",任新民、黄纬禄等被授予"两弹一星功勋奖章",王澍获得"建筑界诺贝尔奖"普利兹克奖。近年来,东南大学在多个战略性新兴产业领域自主创新,为国家重大战略领域和工程中作出了积极贡献。希望同学们传承东大"以科学名世"的勇气和智慧,苦练自主创新本领,真正以创新进,以创新强,以创新胜,以创新引领未来。

四是要以奋斗造福人类。"如果我们选择了最能为人类福利而劳动的职业,那么,重担就不能把我们压倒,因为这是为人类而献身。"马克思17岁时的初心选择了为人类造福。在当年陕北贫瘠的黄土地上,年轻的习总书记不断思考着"生存还是毁灭"的问题,最后立下为祖国、为人民奉献自己的信念。当前,面对人类文明发展面临的新机遇新挑战,中国担当负责任大国的使命,提出共建"一带一路"、构建人类命运共同体等主张,为解决人类面临的重大问题指明了方向,并将通过建设一个和平发展、蓬勃发展的中国,造福中国人民,造福世界人民,造福子孙后代。东大近年来在参与载人航天工程、第5代移动通信技术、AMS(阿尔法磁谱仪)空间科学实验、500米口径球面射电望远镜和南极科考等方面的积极探索,也正是我们为造福人类作出的行动和贡献。希望同学们以不懈奋斗和自觉行动,努力为世界贡献更多中国智慧、中国方案、中国力量,在建功时代、造福人类中绽放青春、创造价值、成就大我。

以至善涵养家国情怀,以共享拓展国际视野,以创新引领未来,以奋斗造福人类,这是我们对勇做领军人才的一种理解和追求。我相信大家会对领军人才的这四个内涵有更多的思考与行动。

同学们,新时代的使命需要一代代青年前赴后继、艰苦卓绝的接续奋斗,我相信你们必将因时代大有可为,也必将因奋斗大有作为。希望你们自觉树立和践行社会主义核心价值观,在担当使命的征程中把自己的小我融入祖国的大我、人民的大我之中,勇做走在时代前列的奋进者、开拓者、奉献者,以真才实学服务人民、引领发展,以创新创造贡献国家、造福人类,以青春之我谱写逐梦新时代、奋斗新征程的壮美华章!

谢谢大家!

坚守初心 止于至善

——在东南大学2019年本科生毕业典礼暨学位授予仪式上的讲话

校长 张广军

（2019年6月21日 13:30 九龙湖体育馆）

亲爱的同学们，尊敬的各位来宾、校友、老师们：

大家下午好！

盛夏六月时，青春绽放季。今天，我们相聚在九龙湖畔，共同以毕业典礼和学位授予仪式致敬你们的大学时光和美好青春，并见证你们即将开启崭新的人生征程。首先，我代表左惟书记、代表全校师生员工，向本届3 884名本科毕业生表示热烈的祝贺！向辛勤培育你们、为你们成长默默奉献的全体老师与员工们表示衷心的感谢！向今天前来陪伴并分享你们毕业荣光的家人、好友和校友们致以热烈的欢迎和诚挚的敬意！

大学时光是人生最青春、最美好的黄金年华。四年前，你们经过高考奋战的洗礼，踏上了百年东大的热土，开启了"止于至善"的征程。九龙湖畔、六朝松下、丁家桥头，你们在课堂上学习新知，在图书馆饱览群书，在实验室淬炼思维，在体育场挥洒汗水，在社团分享快乐，在社会奉献爱心……你们心怀家国、勤奋努力，你们朝气蓬勃、充满魅力。我相信，此时此刻、此情此景，回忆起你们书写的东大故事、铭刻的难忘瞬间、抒发的丰富情感，无论是欣慰还是遗憾，都是那么不舍与珍贵，因为这就是属于你们的青春记忆。

奋斗是青春最亮丽的底色，也是你们大学生涯最美好的风景。我了解到，在你们这届毕业生中，有201位同学获得国家奖学金、105位同学获得校长奖学金、27位同学获得"江苏省三好学生"称号、19位同学获得"江苏省优秀学生干部"称号、17个班集体获得"江苏省先进班集体"称号，还有10位同学被评为"最具影响力毕业生"。其中，吴健雄学院的金洁珺同学，本科四年累计绩点4.56，取得36门课程满绩，并获得学院全部21门课程奖；同时发表8篇论文，申请4项专利，参加11次国内外学术交流；共收到6所世界顶尖名校录取通知书，最终被麻省理工学院博士生项目全额奖学金录取。土木工程学院的于路港同学学习成绩优异、竞赛获奖丰硕，他积极助力团委工作、服务第二课堂，策划了近百场科研创新类活动，多次组织社会实践活动，并自愿放弃直接保研机会，加入研究生支教团，即将奔赴新疆石河子播撒爱心、奉献青春。来自台湾的杜少紫同学，面对入学之初的学业和生活困难，努力追赶、自强不息，不断实现超越和突破，她以年级第二的成绩获得国家奖学金，并积极投身大量学生工作和社会实践，并成功考入清华大学建筑学院。我相信，每一位同学都曾以青春之我、奋斗之我写下了动听的故事，成就了奋斗的榜样。

美好而短暂的大学时光，你们遇见了更好的自己，也为脚下的这片热土洒下辛勤汗水、付出青春智慧，你们是"1—10—100"东大梦的直接参与者和重要见证者。从"瞄准前沿、服务战略、师生为本、人才为先"的办学思路和"强势工科、优势理科、精品文科、特色医科"学科布局的确立，到学校正式入选"双一流"建设A类高校、11个学科入选"双一流"建设学科、5个学科获得学科评估全国第一，你们见证了学校正式启动并加快推进"双一流"建设的历史节点；从学校顺利通过教育部本科教学工作审核评估，到深入开展教育思想大讨论并全面实施"2020一流本科教育行动计划"，再到获得9项国家教学成果奖和"挑战杯""创青春"大赛佳绩，你们见证了学校领军人才培养的历史转型；从近三年牵头获得12项国家科技大奖，到学校科研团队为载人航天工程、第5代移动通信技术、AMS(阿尔法磁谱仪)空间科学实验、500米口径球面射电望远镜、国学中心建设、雄安新区总体规划等重大战略领域和工程中作出积极贡献，你们见证了学校科技创新能力的持续进步。在此，我代表学校，感谢你们与学校荣辱与共，并为学校逐梦一流作出的贡献！

毕业是青春的新起点，也是人生的岔路口。马克思17岁时曾在他的中学毕业论文中写道，如果我们选择了最能为人类福利而劳动的职业，那么，重担就不能把我们压倒，因为这是为人类而献身。今年恰逢五四运动100周年，也是中华人民共和国成立70周年。历经百年风雨的洗礼，中华民族实现了"从站起来、富起来到强起来的伟大飞跃"，并昂首迈入中国特色社会主义新时代。这个新时代属于每一个人，习近平总书记更是对青年寄予厚望，他说："新时代中国青年处在中华民族发展的最好时期，既面临着难得的建功立业的人生际遇，也面临着'天将降大任于斯人'的时代使命。"

毕业之际，面临崭新的人生机遇和神圣的时代使命，每位同学都要思考并选择未来的奋斗之路。我了解到，截至目前，已有52%的毕业生同学将在国内外高校院所继续深造，其中出国深造的有529人，在东大深造的有939人；在选择就业或创业的毕业生同学中，有27位同学考取了选调生、201位同学到中西部建功立业，还有38位同学被华为公司录取。我相信，无论你们做出怎样的选择，只要把个人理想融入国家事业，就是不愧于时代的无悔选择。

未来的奋斗之路并非坦途，但正是充满艰辛和挑战的征程才能成就伟大梦想。习近平总书记在纪念五四运动100周年大会上指出，止于至善，是中华民族始终不变的人格追求。东大117年的发展史，正是一代代东大人始终坚守"以科学名世、以人才报国"之办学初心和"止于至善"之校训精神的奋斗史，我也希望同学们无论何时何地，都能够像东大的前辈先贤一样，坚守初心、止于至善。借此机会，为了让大家更好地传承止于至善的东大精神，开启你们永无止境的奋斗征程，我想分享三点希望，并与你们一起思考与共勉。

一是希望你们坚守时代使命永无止境。一代代东大前辈先贤勇担民族大义和强国使命，成为我们肩负时代使命的榜样。罗家伦老校长曾勉励东大学子要担当"建立有机体的民族文化"之使命；李四光先生一家三位院士多次转换专业，只为服务国家需要。当前，东大肩负着代表国家冲击世界一流的新使命，而你们作为东大培养的新时代青年，更应责无旁贷地担当民族复兴大任，在时代大潮中建功立业。希望你们扣好人生第一粒扣子，树立共产主义远大理想，立志扎根人民、奉献国家，以青春之我、奋斗之我，永无止境地为民族复兴铺路架桥，为祖国建设添砖加瓦。

二是希望你们坚定创新发展永无止境。创新始终是引领发展的第一动力。东大以科学名世，在推动科技创新领域发挥了重要引领作用。首任工科主任茅以升自主建成了第一座现代化大桥，竺可桢先生开创了我国气象事业之先河，而南工时期的东大人更是为推动新中国工业建设、引领科技进步作出卓越贡献。当今世界正处于百年未有之大变局，面临着由美国挑起的"中美贸易战"等严峻形势，希望同学们勇敢走向世界舞台中央，让创新成为青春远航的动力，更加自觉坚定地练就过硬的创新本领，永无止境地推动科技进步，因为只有把核心技术掌握在自己手中，才能真正掌握竞争和发展的主动权。

三是希望你们坚持砥砺奋斗永无止境。东大人历来具有诚、朴、雄、伟之精神品格，也有止于至善的不懈追求。李瑞清老校长始终秉持"嚼得菜根、做得大事"之办学理念，罗家伦老校长毅然推动将"炸弹下长大的中央大学"西迁重庆。习近平总书记曾说："广大青年人人都是一块玉，要时常用真善美来雕琢自己。"我认为"雕琢"的内涵是既要坚守初心理想、磨砺至善品格，更要用实际行动砥砺奋斗。千里之行，始于足下，而人生最清晰的脚印，往往印在最泥泞的路上。希望同学们将初心理想化为奋斗的勇气和能量，坚持实干兴邦，在实现中国梦的接力征程中不畏艰险、一往无前。

同学们，爱国诗人艾青曾有诗云："为什么我的眼里常含泪水？因为我对这土地爱得深沉。"此时此刻，曾在东大任教的李叔同先生的一曲《送别》，也唱不尽你们此时内心的幸福离别。

"雄关漫道真如铁，而今迈步从头越。"你们即将告别大学时光，开启新的奋斗征程，母校将永远祝福你们，永远期盼你们再回家园。未来的母校将在"双一流"建设中不忘初心、砥砺奋进，也希望你们心系母校、关心母校，与我们共同筑就中国特色世界一流大学的"东大梦"，一起为中华民族伟大复兴和人类文明进步书写属于我们东大人的绚丽华章！

最后，祝愿各位同学在新的人生奋斗之路转型、超越，并创造美好的未来！

谢谢大家！

勇担使命　引领未来

——在东南大学2019年研究生毕业典礼暨学位授予仪式上的讲话

校长　张广军

（2019年6月20日9:00　九龙湖体育馆）

亲爱的同学们，尊敬的各位来宾、校友，老师们：

大家好！

仲夏六月是绽放青春、放飞梦想的美好季节，也是属于东大人的校庆季、毕业季。今天，我们相聚在九龙湖畔，隆重举行2019年研究生毕业典礼暨学位授予仪式，共同见证你们学成毕业时、人生再出发的神圣时刻。首先，我代表左惟书记、代表全校师生员工，向一年来592名获得博士学位和4 225名获得硕士学位的研究生同学们表示最热烈的祝贺！向悉心指导、精心培育你们的导师们，以及为你们成长成才辛勤付出的教职员工们表达最衷心的感谢！并向今天莅临现场、一起分享你们荣光的亲朋好友们致以最诚挚的欢迎！

几度春秋，同学们勤勉苦读、孜孜以求，书写出美丽动听的东大故事。六朝松下，你们笃学不倦，感悟千年文脉；九龙湖畔，你们宁静致远，激扬真理火花；丁家桥头，你们妙手回春，淬炼大医精诚。你们把学术成果、创新智慧和责任担当汇入了东大117年的历史长河，令人感动、催人奋进。

这几年，你们瞄准国际前沿、勇攀科技高峰，取得丰硕成果。592位博士研究生共发表1 398篇SCI论文，其中机械学院毕可东同学发表了15篇论文，累计影响因子达到57.39。能环学院与生医学院联合培养的高崴同学聚焦微流控液滴操控方向研究，在 Science 子刊等杂志发表了10篇论文、申请了13项发明专利，并得到国际行业专家高度评价，毕业后他将到哈佛大学做博士后研究。

这几年，你们服务国家战略、奉献社会爱心，获得全面成长。信息学院的申怡飞同学曾是一名东大少年生，读研期间积极投身第5代移动通信技术研发，获得英特尔协同研究院最佳学生贡献奖，并担任全国共青团十八大代表，毕业后他将继续攻博。电气学院的刘瑶同学读研期间曾在内蒙古准格尔旗支教，回校后继续投身志愿服务，如今她即将奔赴中西部地区绽放青春、追逐梦想。

在东大这个命运共同体，你们洒下辛勤汗水、付出青春智慧，是学校培养的领军人才，是科技创新的生力军，更是"1—10—100"东大梦的直接参与者和重要见证者。从"瞄准前沿、服务战略、师生为本、人才为先"的办学思路和"强势工科、优势理科、精品文科、特色医科"学科布局的确立，到学校正式入选"双一流"建设A类高校、11个学科入选"双一流"建设学科、5个学科获得学科评估全国第一，你们见证了学校正式启动并加快推进"双一流"建设的历史节点；从学校顺利通过教育部本科教学工作审核评估，到深入开展教育思想大讨论并全面实施"2020一流本科教育行动计划"和研究生教育综合改革方案，再到获得9项国家教学成果奖和"挑战杯""创青春"大赛佳绩，你们见证了学校领军人才培养的历史转型；从近三年牵头获得12项国家科技大奖，到学校科研团队为载人航天工程、第5代移动通信技术、AMS（阿尔法磁谱仪）空间科学实验、500米口径球面射电望远镜、国学中心建设、雄安新区总体规划等重大战略领域和工程中作出积极贡献，你们见证了学校科技创新能力的持续进步。

同学们，学校"双一流"建设迈出的坚定步伐、取得的点滴成就，都凝聚着你们的青春、智慧、奋斗和汗水。在此，我代表学校，向你们为母校和社会作出的重要贡献和无私奉献表示由衷的感谢！

一代人有一代人的使命。"凤凰自古栖大梧，良木由来作栋梁。"历史和现实都告诉我们，青年一代有理想、有担当，国家就有前途，民族就有希望。曾在东大任教的梁启超先生在《少年中国说》一文中写道：

"今日之责任,不在他人,而全在我少年。"今年恰逢五四运动100周年,也是中华人民共和国成立70周年。历经百年风雨的洗礼,中华民族实现了"从站起来、富起来到强起来的伟大飞跃",并昂首迈入中国特色社会主义新时代。在这个新时代,世界处于百年未有之大变局,中国也处于将强未强的关键历史时期,正如习近平总书记所强调的,中国社会发展,中华民族振兴,中国人民幸福,必须依靠自己的英勇奋斗来实现,没有人会恩赐给我们一个光明的中国。

凡成大事者,必有大志向、大格局、大舞台。一个人的价值体现在他对所处时代和社会的贡献,而能否在历史上留下深刻印记,则取决于他的贡献之大小。当前,光明的中国必须和必将呼唤新时代青年的责任与担当,东大青年对此应该何去何从?我想,正如我们在教育思想大讨论中所形成的目标共识,东大青年一定要立足新时代的潮头,提高站位、勇担使命,争做具有家国情怀和国际视野,担当引领未来和造福人类的领军人才。

毕业之际,面临崭新的人生际遇和时代的使命担当,每位同学已经应该认真思考过并慎重选择了未来之路。我了解到,截至目前,有195人选择在国内外高校院所继续深造,更多同学选择了就业或者创业,其中有118位同学考取了选调生,320位同学到中西部建功立业,还有455位同学被华为公司录取。我相信,无论你们做出怎样的选择,只要把个人理想融入国家事业,就是不愧于时代的无悔选择。无论选择何种道路,无论遇到何种风景,唯有勇担使命、引领未来才是披荆斩棘的指路明灯,也唯有永久奋斗、接续奋斗才是实现理想的不竭动力。

借此机会,为了让大家更好地把握即将开启的奋斗新征程,并做好传承东大精神的新时代引领者,我想分享三点希望,与你们一起思考与共勉。

第一,希望你们成为新时代担当使命的引领者。青年的价值观往往决定着整个国家民族的前途命运。研究生毕业,意味着你们的思想更趋成熟、价值观更为坚定。我曾多次建议同学们读一读马克思17岁时的中学毕业论文,其中写道,如果我们选择了最能为人类福利而劳动的职业,那么,重担就不能把我们压倒,因为这是为人类而献身。前不久,我到雨花台瞻仰革命烈士的时候也在思考,正是信仰的力量支撑着我们的先烈一往无前、视死如归。历史上的东大人从来都能勇立时代潮头、担当民族大义,也从来都能一马当先、勇开先河。希望同学们坚定共产主义远大理想和中国特色社会主义共同理想,传承东大人"以科学名世、以人才报国"的崇高理念,勇担"天将降大任于斯人"的时代使命,勇做走在时代前面的奋进者、开拓者、奉献者和引领者。

第二,希望你们成为新时代创新驱动的引领者。创新驱动是我国实现高质量发展的战略支撑。当前中美贸易战的背后所比拼的关键还是创新能力,而核心技术受制于人恰恰是我们最大的隐患。实现创新突破,我们不缺决心和恒心,而是缺危机感、紧迫感和弯道超车的创新能力。同学们在研究生阶段接受了学术训练、钻研了技术难关,但更重要的还在于未来如何提高战略思维和系统思维,如何实现"从0到1"的基础研究和"从1到100"的应用研究。当然,创新之路永无止境,也往往是困难而寂寞的,希望同学们胸怀矢志创新、敢为人先的锐气,以及逢山开路、遇河架桥的意志,坚持东大人科技创新的优良传统,苦练科研内功、练就过硬本领,勇做新时代创新驱动的引领者。

第三,希望你们成为新时代至善境界的引领者。习近平总书记在纪念五四运动100周年大会上指出,止于至善,是中华民族始终不变的人格追求。东大"止于至善"的校训,激励并铸就了一代代东大人的精神品格。那么,到底何为"止于至善"?我认为,"止于至善"既要追求至善的道德境界,传承中华优秀传统文化,不断涵养大爱大德大情怀;更要付诸至善的现实行为,将崇高理想内化于心、外化于行,在做好每一件小事、完成每一项任务、履行每一项职责中见精神。希望同学们传承东大人"诚朴求实、止于至善"的精神品格,做到心中有家国、眼中有世界,并以理想淬炼大情怀、以脚步丈量大舞台,勇做新时代至善境界的引领者。

"长亭外,古道边,芳草碧连天。"当李叔同先生的《送别》响起,你们即将迈出东大校门,成为东大的新校友;你们即将开启新征程,成为奋斗新时代的引领者。期盼你们一如既往地关心支持母校的发展,与

"1—10—100"的东大梦同向同行;也期待你们勇担使命、矢志创新、追求至善,在引领未来、造福人类中成就自我,并让青春在为祖国、为人民、为民族、为人类的奉献中焕发出更加绚丽的光彩!

最后,衷心祝愿大家在未来的人生路上砥砺前行、转型超越,并续写勇担使命、引领未来的历史篇章!谢谢大家!

勇担时代使命　共筑一流梦想

——在东南大学建校117周年庆祝大会上的讲话

校长　张广军

（2019年6月6日9:00　九龙湖焦廷标馆）

尊敬的各位领导、各位来宾、各位校友，老师们、同学们：

大家上午好！

初夏时节，万物峥嵘。在属于东大人的节日里，我们相聚在美丽的九龙湖畔，共同庆祝东南大学建校117周年。首先，我谨代表学校党政、代表左惟书记，向长期以来关心、支持和帮助学校发展的各位领导和各界友人，表示最热烈的欢迎和最衷心的感谢！向在各个工作岗位竭诚奉献、爱校荣校的全体师生员工和离退休老领导老同志，向心系母校、回馈母校的海内外校友，致以最崇高的敬意和最诚挚的节日祝福！

百年树人，郁郁葱葱。从建校至今，东南大学已走过了117年的光辉岁月。117年来，一代代东大人承载着浓厚的家国情怀，始终不忘初心、砥砺前行，始终坚守立德树人、科教兴国的神圣使命，与国家共命运，与时代同步伐，铸就了"以科学名世、以人才报国"的办学理念，积淀了诚朴求实、止于至善的精神品格。

我们不曾忘记，在20世纪初期中华民族危机深重之际，在举国上下救亡图存、求强思变的奋斗中，无数前辈先贤勇担民族大义和强国使命，从三江师范学堂开始，拉开了东大人化育英才、科教兴国的历史序幕。

我们不曾忘记，在新中国成立初期，学校响应国家工业建设的号召，在1952年院系调整中成立了南京工学院，成为中国最早建立的四大工学院之一，为国家工业建设和科技进步书写了壮美的历史篇章。

我们不曾忘记，在国家波澜壮阔的改革开放大潮中，在高等教育跨越式发展的历史转折中，南京工学院复更名为东南大学。从此，学校历史翻开了从单一工科学院向综合性大学发展的历史新篇章。

抚今追昔，鉴往知来。今年是新中国成立70周年。70年砥砺奋进，中华民族迎来了从站起来、富起来到强起来的伟大飞跃。东南大学也正是在这70年的发展历程中，勇于创新、敢于引领、逐梦一流，镌刻出投身新中国建设和壮大高等教育发展的历史印记。

我们深知，历史只是代表过去，东南大学能否传承优良传统并始终跻身一流，需要一代代东大人的接续奋斗。过去的一年，在习近平新时代中国特色社会主义思想指引下，我们坚持社会主义办学方向，通过重塑目标、深化改革、激发活力、引领发展，持续深化全面综合改革，加快提升"双一流"建设内涵，着力推进人才培养、师资队伍建设、科学研究、学科建设、国际合作等方面实现新突破。

我们坚持"立德树人"根本任务，持续深化人才培养改革。通过教育思想大讨论，我们凝聚形成了教育改革发展的新理念新思想新共识，并以此为基础，围绕领军人才培养目标，制定并在今年全面实施"2020一流本科教育行动计划"和研究生教育综合改革实施方案，着力深化知识体系、育人模式、管理结构、制度保障等教育改革。入选教育部首批"三全育人"综合改革试点高校。获得2018年高等教育国家级教学成果奖一等奖2项、二等奖7项，获奖总数并列全国第三。2019年全面实施大类招生、大类培养和大类管理，博士生招生规模增至1 221人。

我们坚持"人才强校"战略。大力实施"高端师资倍增计划"，深化人事体制机制改革，构建了"首席教授""特聘教授""文科资深教授""青年首席教授""青年特聘教授""至善青年学者"的人才计划和对应的薪酬体系,制定了更加积极的人才引育政策,遴选首批人文社会科学资深教授,设立紫金学者计划,高端人才规模稳步提升。以人才培养为导向,强化绩效考核,制订并启动院系关键业绩指标(KPI)绩效考核评估激励体系;进一步完善教职工积分考核办法,连续三年大幅提升全校教职工薪酬待遇,并修订完善了教职工在职读博的政策。

我们坚持科技创新大学使命,强化原始创新、强化战略布局、强化协同组织、强化制度保障。召开全校科技工作会议,形成科技工作的新理念新定位新任务。牵头获国家科学技术奖二等奖5项,并列全国高校第七。凝练并发布了面向2030的十大科学技术问题,"移动信息通信与安全"教育部前沿科学中心通过专家论证。同时加快推进南京环东南大学创新圈建设,江宁区环东大知识创新圈、江北新区创新研究院、玄武设计产业园等载体建设初见成效,其中网络通信与安全紫金山实验室、生物医学大数据重大科技基础设施、亚洲建筑档案中心等项目进展顺利。

我们坚持"强势工科、优势理科、精品文科、特色医科"学科布局,加快推进一流学科内涵发展,持续推进学科建设内涵发展,全力实施"一流学科攀升计划"。启动实施"优势理科攀升计划"和"精品文科攀升计划",论证推进"特色医科攀升计划",布局建设量子信息、网络空间安全、智能制造、智慧城市、脑科学、人工智能等一批前沿、新兴和交叉学科。人工智能学院正式揭牌,人文学院历史学系正式成立,"生命科学与技术学院"完成论证。11个ESI学科排名稳步提升,其中进入ESI前1‰的工程学与计算机科学分别位列第20位、第16位。入选2019年增列的学位授权自主审核单位。

我们坚持国际化联合战略,着力推进高层次国际交流、与国际知名高水平大学开展实质性合作办学,着力提升国际化办学内涵。东南大学—雷恩研究生学院正式揭牌。剑桥大学、利兹大学与利物浦大学加入中英大学工程教育与研究联盟,成功主办联盟校长论坛。外籍专家来校及师生赴国(境)外交流规模不断扩大。外国留学生人数达到1 989人,其中学位留学生比例达77.8%。与美国艾伦脑科学研究所成立东南大学—艾伦研究所脑数据联合中心,与英国伯明翰大学成立东南大学—伯明翰大学生物医学工程联合研究中心。

校友们、老师们、同学们,东大今日的成就,凝聚着党和政府的殷切关怀,离不开一代代东大教职工的辛勤奉献和东大学子的奋力拼搏,得益于广大校友和各界朋友的鼎力襄助。在此,我再次代表学校,向关爱、支持和帮助东大的各级领导、各界人士、广大校友、师生员工致以崇高的敬意和由衷的感谢!

一代人有一代人的使命。在中国特色社会主义进入新时代,全党全国人民为实现"两个一百年"奋斗目标、实现中华民族伟大复兴的中国梦共同奋斗的关键历史时期,党和国家对高等教育的需要,对科学知识和卓越人才的需要,比以往任何时候都更加迫切。因此,新时代加快"双一流"建设,实现高等教育内涵式发展的使命更为光荣、责任更为重大、任务更为艰巨,特别是我们要清醒认识到学校改革发展还存在的诸多瓶颈问题,并清醒认识到我们现在所面临的国内国际新形势、新任务。

在新时代的前进道路上,我们必须始终坚持正确的政治方向不动摇,始终坚持党对高校工作的全面领导不动摇,扎根中国大地建设中国特色世界一流大学,为中国特色社会主义事业培养造就一流领军人才。

2019年是新中国成立70周年,是决胜全面建成小康社会关键之年,是学习贯彻全国教育大会精神的开局之年,也是学校全面深化综合改革、加快实现"1—10—100"东大梦的重要一年。我们正在习近平新时代中国特色社会主义思想指导下,始终坚持"以科学名世、以人才报国"的办学理念,继续按照"瞄准前沿、服务战略、师生为本、人才为先"的办学思路,持续深化"人才年"工作主题,聚焦"新使命、新担当、新作为"关键词,强化"班子建设、作风建设"着力点,全面深化综合改革,充分释放办学活力,凝心聚力,狠抓落实,努力推进"双一流"建设取得新成就,进一步增强学校的综合实力和办学水平。为此,学校仍将持续探索以下三方面工作,统筹推进、重点突破。

一是坚持立德树人根本任务,不断开创领军人才培养新境界。"培养什么人,怎样培养人"是教育的根本问题和永恒主题。学校将把立德树人的成效作为检验学校一切工作的根本标准,坚持人才培养这一核心使命,积极营造领军人才培养的优良生态,为学生搭建全面成长的舞台。为此,学校坚持把思想政治工作贯穿教育教学全过程,把创新创业教育融入人才培养全过程,加快构筑"三全育人"新格局。目前已发布并全面实施"2020一流本科教育行动计划"和研究生教育综合改革实施方案,这是东大人响应国家号召、向党和人民宣誓的政治任务。今年我们将大力推进大类招生、大类培养和大类管理,持续加强思想引领、能力培养和知识传授,努力造就具有家国情怀和国际视野,担当引领未来和造福人类的领军人才。

二是持续实施"人才强校"战略,不断构筑一流人才队伍新高地。对于一所大学而言,学生是主体,干部是关键,师资队伍是核心。师资队伍代表并决定着"双一流"建设的成败和一所大学的未来,因此持续实施"人才强校"战略是我们持久的主题。今年我们仍将"咬定青山不放松",持续发力、久久为功,继续推进"高端师资倍增计划",并以人事制度改革为突破口,优化KPI绩效考核评估激励体系,改革能够适应新时代新要求、尊重人才成长规律的岗位与职称晋升机制,合力加快形成"高端人才、优秀中青年、骨干教师"多层次、多类别、具有活力的一流师资队伍与一流人才高地。

三是着力强化科研组织与管理,不断推动科技创新获得新突破。创新是引领发展的第一动力,高水平科学研究是撑起"双一流"建设的筋骨,决定着"双一流"建设的水平。作为一所以工科为主要特色,多学科协调发展的综合性研究型大学,我们应始终保持科技创新的磅礴动力,特别是在当前的国际形势下,更要积极响应"建设世界科技强国"号召,主动服务国家创新驱动战略。今年我们将持续强化原始创新、强化战略布局、强化协同组织、强化制度保障,并按照学校科技工作会议精神,着力推进"科改八条",继续谋划国家级大项目、大平台、大团队、大成果,积极培育前沿、新兴与交叉科研方向,并加快推进南京环东南大学创新圈建设。

校友们、老师们、同学们,习近平总书记指出:"教育是民族振兴、社会进步的重要基石,是功在当代、利在千秋的德政工程。"一切伟大成就都是接续奋斗的结果,一切伟大事业都需要在继往开来中成就。在建成社会主义现代化强国,实现中华民族伟大复兴的接力跑中,我们东南大学使命光荣、责无旁贷!让我们携手一道,共同追逐"1—10—100"的"东大梦"愿景,加快推进"双一流"建设进程和内涵式发展,并始终以实现中华民族伟大复兴为己任,为新时代国家之和平崛起、民族之伟大复兴、人类之可持续发展凝心聚力、砥砺奋进,以优异成绩庆祝中国人民共和国成立70周年,不辜负党的期望、人民期待、民族重托,不辜负我们这个伟大时代!

谢谢大家!

立德树人铸师魂　倾心为国育英才
——在2019年庆祝第35个教师节大会上的讲话

校长　张广军

（2019年9月10日 14：30　九龙湖纪忠楼报告厅）

老师们，同学们，同志们：

教育大计，教师为本。今天，我们相聚一堂，隆重庆祝我国第35个教师节，共同围绕今年"庆祝新中国七十华诞，弘扬新时代尊师风尚"的教师节主题分享交流。首先，我代表左惟书记，代表学校党政，向全体教职员工，向广大离退休老教师、老领导、老同志，致以亲切的节日问候和美好的衷心祝福！

一年来，广大教师不忘初心、勇担使命，忠于职守、无私奉献，紧紧围绕学校发展目标，以干事创业的火热情怀和积极饱满的工作态度，奋斗在学校深化综合改革和加快推进"双一流"建设的新征程，积极推动学校各项事业改革与发展取得新成效，学校综合实力和办学水平实现新提升。

一是始终坚持"立德树人"根本任务，持续深化教育教学改革，积极推进"三全育人"，全面提升人才培养质量，着力构建领军人才培养新格局。全面实施落实《东南大学2020一流本科教育行动计划》《东南大学研究生教育综合改革实施方案》和《东南大学思政课创优行动计划》，大力推进"三制五化"培养模式改革，修订了2019级本科生与研究生培养方案，首次实施本科生大类招生、大类培养，博士生招生规模达到1 220人。二是加快实施"高端师资倍增计划"，深化人事制度改革，不断健全师资队伍成长成才体系和人才支撑计划，师资队伍水平稳步提升。进一步构建多元化的薪酬分配体系，进一步完善校内二级单位关键业绩指标（KPI）综合考核和教职工积分考核办法，连续三年大幅提升全校教职工薪酬待遇，并修订完善了教职工在职读博新政策。三是加强科研制度建设，进一步优化科研组织管理，大力推进重大科研项目、基础交叉科研平台、产学研结合和科研团队建设等工作，科学研究成果丰硕。牵头获国家科学技术奖项目4项（通过初评）。获批国家自然科学基金项目286项，其中国家杰出青年科学基金项目4项、国家优秀青年科学基金项目5项、创新研究群体项目1项。牵头获国家重点研发计划项目10项，国家社科基金年度项目22项。教育部"移动信息通信与安全"前沿科学中心通过专家论证，网络通信与安全紫金山实验室建设进展顺利。四是加快推动落实"双一流"建设方案，进一步优化学科布局，持续推进学科内涵发展，学科建设水平不断提升。组织对15个一流建设学科进行重点建设。全面实施"优势理科攀升计划"和"精品文科攀升计划"，组织开展"马克思主义学院建设发展规划"和"特色医科攀升计划"方案论证，成立生命科学与技术学院。11个ESI学科排名稳步提升，其中进入ESI前1‰的工程学与计算机科学分别位列第20位和第16位。五是大力推进国际化联合战略，与世界高水平大学签署合作协议22份，与世界高水平大学的教师互访、学生交流交换与联合培养的规模和质量不断提高。继续深化与蒙纳士大学全面合作，持续推进建筑国际化示范学院和"卓越引智计划"工作。六是坚持"以师生为中心"，着力优化办学环境，改善办学条件，强化服务保障，不断加强校园基础设施和文化景观建设，"美丽东大"建设扎实推进。七是持续深化开放办学，加快推进南京环东南大学创新圈建设，与苏州、无锡合作办学工作顺利推进，与贵州省签署新一轮战略合作协议，东南大学雄安创新研究院及三家土建类校办企业雄安分公司揭牌成立。中大医院江北新区新院区建设正式启动。定点扶贫的南华县宣布脱贫，对口支援等工作不断推进。

老师们、同学们、同志们，学校取得的每一次进步，每一个收获，每一份成绩，都凝聚着广大教师倾注的智慧和汗水。借此机会，我谨代表学校，向广大教师不忘初心、立德树人的使命意识，开拓创新、实干拼搏的进取精神和甘做人梯、倾心育才的奉献境界，致以最崇高的敬意和最诚挚的感谢！

"教育兴则国家兴，教育强则国家强。"当今世界正处于百年未有之大变局，新科技革命和产业革命加速推进，新的增长动能不断积聚，教育的基础性、先导性、全局性地位和作用更加凸显，人才越来越成为推动经济社会发展的战略性资源。正如习近平总书记强调指出，我们对高等教育的需要比以往任何时候都更加迫切，对科学知识和卓越人才的渴求比以往任何时候都更加强烈。东大作为代表国家冲击世界一流的首批"双一流"建设A类高校，我们深感责任重大、使命光荣。当前，我们正秉承"以科学名世、以人才报国"办学理念，坚持"瞄准前沿、服务战略、师生为本、人才为先"办学思路，按照"强势工科、优势理科、精品文科、特色医科"学科布局和"理工文医综合、多学科融合、产学研结合、国际化联合"发展战略，通过重塑目标、深化改革、激发活力、引领发展，积极落实立德树人根本任务，着力培育一流领军人才，深入实施"人才强校"战略，加快推进"双一流"建设进程和内涵式高质量发展。

"兴国必先强师。"教师是立教之本、兴教之源。对于一所大学而言，学生是主体、教师是核心、干部是关键。当前，建设中国特色社会主义现代化强国的时代使命，对教师队伍建设提出了新的更高的要求。习近平总书记在全国教育大会上指出，教师承载着传播知识、传播思想、传播真理，塑造灵魂、塑造生命、塑造新人的时代重任。在今年3月份召开的学校思想政治理论课教师座谈会上，习近平总书记向思政课教师提出了政治要强、情怀要深、思维要新、视野要广、自律要严、人格要正的希望，这也是全体教师的根本遵循和行动指南。在此，我向老师们提出三点希望，并与大家共勉。

一要坚定理想信念，建立大格局。以坚定的理想信念提升格局、开拓境界，铸牢过硬政治素质，是培养一流领军人才的关键。广大教师应坚持社会主义办学方向，传承东大"以人才报国"的大志向，胸怀为国育才的大格局，深入学习领会习近平新时代中国特色社会主义思想，增强"四个意识"，坚定"四个自信"，树立正确的历史观、民族观、国家观、文化观，将自己所从事的教育职业升华为国家民族复兴的崇高事业，自觉把思想政治工作贯穿教育教学全过程，推进实现思政课程和课程思政的有机融合，教育引导学生树立坚定的理想信念和社会主义核心价值观，把爱国情、强国志、报国行自觉融入坚持和发展中国特色社会主义事业和中华民族伟大复兴的奋斗之中。

二要弘扬高尚师德，成为"大先生"。育有德之人，靠有德之师，教师的职业特性决定了其必须首先是一位道德高尚的人。爱因斯坦曾说："使学生对教师尊敬的唯一源泉在于教师的德和才。"习近平总书记强调，教师不能只做传授书本知识的教书匠，而要成为塑造学生品格、品行、品位的"大先生"。评价教师队伍素质的第一标准应该是师德师风，只有师德高尚，学生才能"亲其师，信其道"。身教胜于言教，教师自身的高尚品行就是一种无形的力量。广大教师要自觉坚守精神家园、坚守人格底线，带头弘扬社会主义道德和中华传统美德，以自己的模范行为影响和带动学生，努力以"止于至善"的不懈追求成为广大学生衷心爱戴的"大先生"。

三要坚持创新引领，成就大学问。具有深厚的学术造诣和执著的学术追求，是一个优秀教师必备的特质。习近平总书记在全国教育大会上强调，要在增长知识见识上下功夫，教育引导学生珍惜学习时光，心无旁骛求知问学，增长见识，丰富学识，沿着求真理、悟道理、明事理的方向前进。陶行知先生也曾说，要想学生好学，必须先生好学。广大教师要秉承东大"以科学名世"的东大精神，弘扬勇攀高峰、敢为人先的创新精神，追求真理、严谨治学的求实精神和不畏艰辛、锲而不舍的钻研精神，在探究学问上敢于求索创新，抢占科技竞争和未来发展制高点，真正交给学生一把开启科学殿堂的"金钥匙"。

老师们、同学们、同志们，人民教师无上光荣，每个教师都要珍惜这份光荣。在"双一流"建设的新征程中，东南大学将始终把"人才强校"战略作为核心战略，把不断加强师资队伍建设作为基础性工作，切实把对教师的关爱与尊重落到实实在在的行动上,热情关心教师,尽最大努力解决好广大教师的实际困难,让广大教师安心从教、乐育英才。也希望我们能够携手一道,守教育报国"初心",担筑梦育人"使命",紧密团结在以习近平同志为核心的党中央周围,努力开创全面深化教师队伍建设改革的新局面,为造就一支党和人民满意的高素质、专业化、创新型教师队伍,为实现"1—10—100"的东大梦和"两个一百年"的奋斗目标不懈奋斗!

最后,再次祝大家教师节快乐,也预祝大家在即将到来的中秋佳节快乐如意,工作顺利,阖家幸福!

谢谢大家!

东南大学差旅费管理办法(修订)

2019年6月28日

第一章 总 则

第一条 为了进一步推进简政放权、放管结合、优化服务,落实赋予科研经费管理更大自主权相关文件,更好激发广大科研人员积极性,同时保障我校差旅费支出的合规性与合理性,根据《中央和国家机关差旅费管理办法》(财行〔2013〕531号)、《关于进一步完善中央财政科研项目资金管理等政策的若干意见》(中办发〔2016〕50号)和《关于抓好赋予科研管理更大自主权有关文件贯彻落实工作的通知》(教党函〔2019〕37号)等文件精神,结合我校教学、科研等实际情况,制定本办法。

第二条 本办法适用于校内各部门、单位。学校所有资金用于差旅费核算的纳入本办法管理。

第三条 差旅费是指工作人员临时到常驻地以外地区(不含南京市各市辖区)国内公务出差所发生的城市间交通费、住宿费、伙食补助费和市内交通费。

第四条 学校各单位应当建立健全出差审批制度,严格差旅费预算管理,控制差旅费支出规模。安排公务出差前应按规定履行审批手续,公务出差费用严格按照项目预算和规定开支标准执行。严禁无实质内容、无明确公务目的的差旅活动,严禁以任何名义和方式变相旅游,严禁异地部门间无实质内容的学习交流和考察调研。

第二章 城市间交通费

第五条 城市间交通费是指工作人员因公到常驻地以外地区出差乘坐火车、轮船、飞机等交通工具所发生的费用。

第六条 出差人员应按照规定等级乘坐交通工具。乘坐交通工具的等级见下表(公布的等级标准为乘坐交通工具的上限标准):

交通工具等级表

标准	对应人员	火车 (含高铁、动车、全列软席列车)	轮船 (不包括旅游船)	飞机	其他交通工具 (不包括出租小汽车)
一类	1. 部级及相当职务人员 2. 院士及相当于院士的人员	火车软席(软座、软卧),高铁/动车商务座,全列软席列车一等软座	一等舱	头等舱	凭据按实报销
二类	1. 正高职称人员 2. 五级及以上专业技术岗人员 3. 四级及以上管理岗人员	火车软席(软座、软卧),高铁/动车一等座,全列软席列车一等软座	二等舱	经济舱	凭据按实报销
三类	其余人员	火车硬席(硬座、硬卧),高铁/动车二等座、全列软席列车二等软座	三等舱	经济舱	凭据按实报销

其中的专业技术职称人员、管理岗位人员,包含在职人员、离退休人员和长期聘用人员。学生按"其余人员"标准执行。

出差人员符合下列情况的,可按以下标准执行:

(一)同时在管理岗位和专业技术岗位两类岗位任职的学校双肩挑干部人员,可以按照"就高"原则执行。

(二)一类人员出差,因工作需要,随行一人可乘坐同等级交通工具。

(三)50岁及以上正高职称人员、二级教授因科研工作需要,使用科研项目经费出差的,可以乘坐高铁/动车商务座、轮船一等舱、飞机公务舱/商务舱。

(四)"其余人员"中高级职称人员因科研工作需要,使用科研经费出差的,可乘坐高铁/动车一等座。

(五)因公出差乘坐火车的,如遇任务紧急、突发事项或当天往返等特殊情况的,使用科研课题经费报销差旅费的,单程可按对应的标准上浮一类,凭票据实报销;使用其他经费报销差旅费,单程最高可上浮至二类标准,凭票据实报销;其他交通工具不予上浮。未按规定等级乘坐交通工具的,超支部分由个人自理。

第七条 到出差目的地有多种交通工具可选择时,出差人员在不影响公务、确保安全的前提下,应当选乘经济便捷的交通工具。

第八条 出差人员乘坐全列软席列车软座出差的,如在晚8时至次日晨7时期间乘车时间6小时以上的,或连续乘车超过12小时的,可以乘坐软卧,按照软卧车票报销。

第九条 乘坐飞机的,民航发展基金、燃油附加费可以凭据报销。

第十条 乘坐飞机、火车、轮船等交通工具的,每人次可以购买交通意外保险一份,多买费用自理。所在单位统一购买交通意外保险的,不再重复购买。

第十一条 出差购买机票,应按照《东南大学公务机票购买及核算管理规定》办理,经办人和项目负责人对支付和票面价的真实性、一致性负责,财务依据其确认的事项进行核算。

第十二条 公务出差原则上应选择公共交通工具出行。

对于在偏远、边境地区开展考察、调研和测试监测工作的,受地理环境和当地条件限制,必须租车前往的,按照《东南大学公务用车费核算管理办法(暂行)》执行。

如前所述,因科研工作需要,经项目负责人批准,确需自驾车前往的,可以自驾车出行。因其他工作公务出差的原则上不得自驾车。

对于由于租车或者自驾车所引起的安全等问题,由各项目负责人和出差人员自行承担。

第三章 住宿费

第十三条 住宿费是指工作人员因公出差期间入住宾馆(包括饭店、招待所,下同)发生的房租费用。

第十四条 住宿费根据出差地点所在省、自治区、直辖市的不同,在规定的限额标准内凭据报销,按人均标准实行上限控制。超过住宿标准限额部分由个人自理。

因科研工作需要,对于使用科研课题经费出差住宿的,可按以下规定执行:

(一)"其余人员"中高级职称人员可参照司局级住宿标准执行。

(二)住宿费可按人员类别对应的标准上浮30%,在不超过一类人员住宿标准的范围内据实报销。

(三)参加其他单位举办的会议和培训,举办方统一安排了住宿且费用自理的,可凭举办方提供的有效证明(会议通知指定酒店),在不超过一类人员住宿费标准内据实报销住宿费。

"其余人员"中的高级职称人员使用其他经费报销住宿费,出差目的地为北、上、广、深城市的,可参照司局级住宿标准执行。

第十五条 以下特殊情况,实际发生住宿而无法取得住宿费发票的,可按照类别据实报销城市间交通费,并按规定标准发放伙食补助费和市内交通费。

(一)受邀参加会议、培训或与其他单位开展教学科研合作,凭邀请方会议、培训通知或邀请方负担住宿费的有效证明,据实报销城市间交通费,按规定标准发放伙食补助费和市内交通费;如无法提供以上有效证明的,只可报销城市间交通费,按标准发放往返途中的伙食补助费和市内交通费。

(二)我校师生开展野外调研、社会调查、环境监测、工地勘察、学生实习、科学考察等工作的,住在帐篷、农户、船舶、厂矿、科研基地、考察站、监测站、学生宿舍和教室等。不收取住宿费的,由师生提供住宿情况说明,据实报销城市间交通费,按规定标准发放伙食补助费和市内交通费;收取住宿费的,如无法取得正规住宿费税务发票,应取得收费方提供的收据(收条),收据应有收款人身份信息和签字及联系方式,据实报销住宿费、城市间交通费,按规定标准发放伙食补助费和市内交通费。以上两种情形均须项目负责人审核并经所在单位负责人签字确认。

(三)除上述情况外,教学、科研的其他特殊情况,实际发生住宿而无住宿费发票的,一律按照以上无法提供有效证明的情况办理,只报销城市间交通费、发放往返途中伙食补助费和市内交通费。

第十六条　因教学、科研等工作需要,在外出差半年及以上确需租房住宿的,可以通过第三方中介租赁房屋,可报销租房期间的房租、水电费、物业费。凭租房合同、城市间交通费和房租费、银行支付明细等相关票据报销,可按标准发放出差期间的伙食补助和交通补助费。

第四章　伙食补助费

第十七条　伙食补助费是指对工作人员在因公出差期间给予的伙食补助费用。

第十八条　伙食补助费按出差自然(日历)天数计算,发放时按标准定额包干使用,不凭据报销。

第十九条　出差人员应当自行用餐。凡由接待单位或其他单位安排就餐的,应当在差旅费管理办法规定的标准内向接待单位或其他单位交纳伙食费,对于应交未交伙食费而引起的责任,由出差人员自行承担。

伙食补助费报销时,出差人员不需要出具向接待单位缴纳伙食费的凭据。

第二十条　对于参加会议和培训,举办方承担伙食费用的,发放在途期间的伙食补助费;举办方不承担伙食费用的,凭会议和培训的有效证明,按照出差自然天数发放伙食补助费。

第五章　市内交通费

第二十一条　市内交通费是指工作人员因公出差期间发生的市内交通费用。

第二十二条　市内交通费按出差自然(日历)天数计算,每人每天80元包干使用,或选择凭票按实报销。

对于科研活动出差的,因携带科研仪器设备等原因,往返机场、高铁站等地(非城市间)的交通费用可凭票据实报销,不列入市内交通补助。

租车、使用公务车辆、自驾车出差的,不得报销市内交通费、不得领取市内交通包干费用。

第二十三条　出差人员由接待单位或其他单位提供交通工具的,应当在差旅费管理办法规定的标准内向接待单位或其他单位交纳市内交通费,对于应交未交市内交通费而引起的责任,由出差人员自行承担。

第六章　特殊事项

第二十四条　探亲旅费。职工探望配偶或未婚职工探望父母的,每年报销一次往返城市间交通费;已婚职工每四年可探望父母一次,其往返城市间交通费超过本人工资30%的部分可予以报销。如分居两地,探亲对象居住在中国境外的,只能报销到出境城市的交通费,超出部分自理。

探亲路费不报销飞机票,按差旅费管理办法中规定的"其余人员"乘坐的交通工具级别报销,不分职级。

探亲期间不计发伙食补助费、市内交通费。探亲期间的行李物品寄存费、托运费,均由职工本人自理。

符合探亲条件的教职工报销探亲旅费,由人事部门负责审批。

第二十五条 出差期间回家省亲办事差旅费。工作人员出差期间回家省亲办事的,城市间交通费按不高于从出差目的地返回单位按规定乘坐相应交通工具的票价予以报销,超出部分由个人自理;伙食补助费和市内交通费按从出差目的地返回单位的天数(扣除回家省亲办事的天数)和规定标准予以报销。出差期间回家省亲办事差旅费报销须经所在单位负责人审批。

第二十六条 工作人员调动搬迁路费。工作人员因调动工作发生的城市间交通费、住宿费、伙食补助费和市内交通费,按照差旅费管理办法的规定予以一次性报销。随迁家属和搬迁家具发生的费用由调动人员自理。调动工作差旅费的报销由人事部门负责审批。

第二十七条 学生差旅费。学生实习实践、社会调研、各类竞赛和科研训练等活动所发生的差旅费,按照经济便利原则,其城市间交通费和住宿费按照"其余人员"差旅费标准执行。使用财政专项资金报销的,伙食补助费和市内交通费按照差旅费管理办法补助标准减半发放;使用非财政专项资金报销的,伙食补助费和市内交通费报销标准由项目负责人自行确定。

第二十八条 参加会议、培训差旅费。到常驻地以外参加会议、培训的,会议、培训期间执行会议和培训费的相关制度。往返会议、培训地点发生的城市间交通费、伙食补助费和市内交通费按照差旅费管理办法的规定报销。其中,伙食补助费和市内交通费按往返各1天计发,当天往返的按1天计发。报销时须提供举办方出具的会议通知、培训通知等有效证明。

第二十九条 邀请专家差旅费。邀请专家开会或者参加调研,按规定报销受邀人员城市间交通费、住宿费,据实发生的市内交通费、咨询费或劳务费,不发放伙食补助费。使用财政专项资金报销邀请专家上述费用涉及等级、标准和审批权限等的,要求按照国家和学校相关规定执行。

第三十条 驻外、借出人员差旅费。经学校人事处正式批准的驻外地和借调到上级部门工作的人员,在途期间的住宿费、伙食补助费和市内交通费按规定报销;工作期间的住宿费在规定标准范围内凭据报销,伙食补助费和市内交通费按标准减半发放。

第三十一条 外出实习、挂职、支援等差旅费。离开南京市城区到其他单位实(见)习、挂职锻炼、支援工作及参加各种工作的人员,在途期间的城市间交通费、住宿费、伙食补助费和市内交通费,回原单位可按差旅费报销规定报销。外出实习、挂职、支援等工作期间发生的差旅费由接受单位承担,按当地差旅费管理办法报销;接受单位承担费用有困难的(特别是支援工作有困难的),经原单位负责人批准后可回原单位报销。

第三十二条 常驻地市辖区内公务出行。工作人员在常驻地市辖区内公务出行的,交通费凭据报销,公务出行发生误餐的,发放伙食补助费50元/次(往返校区间除外),报销时由项目负责人负责审批确认;发放伙食补助费须填报"常驻地市辖区内公务出行费核算审批单"。伙食补助费打入领取人银行卡中。

公务出行的方式包括乘坐公共交通工具、出租车、网约车、专业汽车租赁公司车辆、后勤车队车辆、教学科研试验专用车辆等。

乘坐公共交通工具、出租车、网约车公务出行报销的,按照本条款要求执行。

乘坐专业汽车租赁公司、后勤车队车辆公务出行报销的,按照本条款及《东南大学公务用车费核算管理办法(暂行)》有关规定执行。

使用教学科研试验专用车辆公务出行报销的,按照本条款及《东南大学公务用车费核算管理办法(暂行)》《东南大学教学科研试验专用车辆的管理规定》有关规定执行。

第三十三条 科研工作需要自驾车出差的。可报销出差期间的汽油费、过桥过路费、停车费和住宿费,按规定(可以确认的实际住宿天数、人数)标准发放伙食补助费,不发放市内交通费。无住宿费发票的,按第十五条要求执行。过路过桥费为ETC快捷支付的,凭缴费清单和支付记录据实报销。

自驾出差发生的汽油费,应依据过桥(过路)费、住宿费及酒店入住明细,按可确认的出差天数,在每天不超过500元(含)的标准内凭票据实报销;仅有出差目的地住宿费发票和酒店入住明细,暂无法取得过路费发票的,报销时按入住天数在标准内凭票据实报销;当天往返且暂无法取得过路费发票的,可在标准内凭票据实报销当天发生的汽油费。以上发生的费用列差旅费支出科目。

科研项目业务活动需自驾出行的,由于特殊原因暂无法取得过路费、住宿费等相关票据的,可在横向科研课题经费和横向结题经费中按课题组每位成员,每月不超过1 800元(含)的标准内凭票据实报销汽油费。

第七章 报销管理

第三十四条 出差人员应当严格按照项目预算和标准开支差旅费,费用由预算项目经费承担,不得向下级单位、企业或其他单位转嫁。

第三十五条 公务出差财务核算依据出差人数、天数、交通费、住宿费等要素,核算报销、审核发放伙食补助和市内交通补助等。教学、科研公务出差缺少差旅费要素的,出差人员可自行选择是否提供相关有效证明或经项目负责人签字确认并盖章的情况说明等材料,报销时财务按可确认的出差人数、天数等要素,核算报销、审核发放伙食补助和市内交通补助。

第三十六条 工作人员出差结束后应当及时办理报销手续。出差期间发生的相关费用,必须连同差旅费一起报销,事后不得补报,不得与其他单据混在一起报销。

差旅费报销时应当提供《东南大学公务出差财务核算审批单》、机票、车票、住宿费发票等凭证。

校内人员公务出差,乘坐公用交通工具往返的,《东南大学差旅审批单》报销时不作为报销要件提交财务,由项目负责人自行安排妥善保管以备核查。

因公临时出国人员在国内段的相关费用与出国费用汇总一次性报销。

第三十七条 2011计划、开放课题、其他课题等项目中校外参与人员差旅费报销按照本办法执行。

第三十八条 财务部门应当严格按规定审核差旅费开支,对未经批准出差以及无预算、超预算、超范围、超标准开支的费用不予报销。

第八章 监督问责

第三十九条 各单位应当加强对本单位工作人员出差活动和经费报销的管理,对本单位出差审批制度、差旅费预算及规模控制负责。项目负责人、出差人等对差旅费内容真实完整、票据合规负责。对未经批准擅自出差、不按规定开支和报销差旅费的人员进行严肃处理。

第四十条 各单位应当自觉接受校内外各级审计检查部门对出差活动及相关经费支出的审计监督。

第四十一条 出差人员不得向接待单位提出正常公务活动以外的要求,不得在出差期间接受违反规定用公款支付的宴请、游览和非工作需要的参观,不得接受礼品、礼金和土特产品等。

第四十二条 违反本办法规定,有下列行为之一的,依法依规追究相关单位和人员的责任。

(一)虚报出差人数、天数等信息冒领差旅费补贴的;
(二)擅自扩大差旅费开支范围、提高开支标准的;
(三)已全部或部分由外单位负担,重复报销差旅费的;
(四)在差旅费中报销应由个人承担的费用的;
(五)其他违反本办法行为的。

有前款所列行为之一的,由财务部门会同有关部门责令改正,涉及违规资金的,予以追回,并视情况予以通报。对直接责任人和相关负责人,学校按规定给予行政处分。涉嫌违法的,移交司法机关处理。

第九章 附 则

第四十三条 本办法未尽事宜,国家、学校有明确规定的,从其规定。

第四十四条 学校二级法人单位差旅费管理参照本办法执行。

第四十五条 本办法由财务处负责解释。

第四十六条 本办法自印发之日起施行,原《东南大学差旅费管理办法(暂行)》(校发〔2016〕188号)同时废止。其他相关规定与办法不符的,以本办法为准。

校发〔2019〕174号

东南大学促进科技成果转移转化管理办法(暂行)

2019年3月28日

第一章 总 则

为促进学校科技成果转移转化,更好地服务国家和区域经济发展,规范科技成果转移转化活动,维护学校和师生员工的合法权益,依据《中华人民共和国科学技术进步法》(2008年)、《中华人民共和国促进科技成果转化法》(2015年)和国务院《实施〈中华人民共和国促进科技成果转化法〉若干规定》(国发〔2016〕16号)、《教育部科技部关于加强高等学校科技成果转移转化工作的若干意见》(教技〔2016〕3号)、《财政部税务总局科技部关于科技人员取得职务科技成果转化现金奖励有关个人所得税政策的通知》(财税〔2018〕58号)、《科技部财政部税务总局关于科技人员取得职务科技成果转化现金奖励信息公示办法的通知》(国科发政〔2018〕103号)、《东南大学促进科技成果转移转化实施方案》(校发〔2017〕23号)等相关法律法规,结合学校的具体情况,制定本办法。

第一条 本办法所称科技成果是指执行学校工作任务或利用学校物质技术条件完成的具有实用价值的技术成果。

第二条 本办法所称科技成果转移转化是指为提高生产力水平而对科学研究与技术开发所产生的具有实用价值的科技成果所进行的后续试验、开发、应用、推广,直至形成新技术、新工艺、新材料、新产品,发展新产业等活动。

第三条 本办法中所属单位包括但不限于学校作为主管单位的各学院、科研机构、机关和直属单位。

本办法中师生员工是指在学校及其所属单位工作的专任教师、管理人员、科技人员、医务人员、教辅人员、博士后在站人员,以及在校学习的研究生、本科生和进修人员。

本办法中科技成果完成人是指对科技成果的实质性特点作出创造性贡献的师生员工。

第四条 本办法目前所适用的科技成果转移转化具体形式包括:专利技术、计算机软件著作权、集成电路布图设计专有权、植物新品种权、生物医药新品种,以及科技部、财政部、税务总局确定的其他技术成果的转让、授权许可、作价投资。

第五条 本办法中成果转移转化收益是指科技成果转移转化过程中产生的一切经济权益,包括转让费、许可费、作价投资的股权收益和其他相关的所有经济权益。

第六条 本办法中成果转移转化净收益是指扣除业务成本、税款及其他开支以后的收入余额。

第七条 科技成果转移转化应遵守国家法律法规,尊重市场规律,遵循自愿、互利、公平、诚实信用的原则,依照法律的规定和合同约定,享有权益,承担风险。科技成果转移转化活动应保护知识产权,维护国家利益,不得损害社会公共利益,不得侵害学校的合法权益。

第二章 组织机构及职责

第八条 学校设立科技成果转移转化工作领导小组(简称"领导小组"),负责学校科技成果转移转化工作统筹和重大事项的决策。领导小组由学校主要领导任组长,分管校领导担任副组长,成员由科研、资产经营、人事、财务、设备、人才培养、学生工作等部门,资产经营公司,大学科技园等单位负责人组成。

第九条 学校设立东南大学科技成果转移转化联合管理办公室(简称"办公室"),办公室作为领导小组的工作机构挂靠科研院,和应用技术院合署办公,统筹全校科技成果转移转化工作。办公室作为全校科技成果转移转化的统一窗口,面向师生员工科技成果转移转化业务需求提供一站式服务。办公室负责学校科技成果转移转化相关部门的协调联系、政策制定、发展规划等工作,以及负责学校科技成果转移转化与创新创业的衔接。办公室成员由科研、资产经营、人事、财务等部门,江苏东南大学资产经营有限公司,南京东大科技园发展有限公司等单位指定专人组成。

第十条 南京东南大学技术转移中心有限公司是学校全资控股、以市场化手段专门从事学校技术转移转化工作的机构,负责组建市场化专业技术经纪人队伍,组织相关单位及科技人员采取多种形式,进行科技成果遴选、论证,提出转移转化方案,通过基金培育、路演、展示、交易等多种方式,推动科技成果转移转化的实施。学校授权公司作为新增的其他类型科技成果转化平台公司(异地研究院、技术转移地方分中心等)、学校科技成果作价入股以及投资其他相关的科技型企业等的持股平台,负责参股、控股企业的监督管理。

第十一条 南京东大科技园发展有限公司是学校服务地方区域经济建设、高层次创新创业人才培养的重要平台,学校科技成果转化与产业化的重要基地,科技型中小企业孵化的主要载体。学校鼓励科技成果转移转化项目优先落户科技园有关载体进行孵化和产业化。

第三章 科技成果的转让、许可

第十二条 科技成果转让应当遵守国家法律、法规的规定,并在公平公正原则下订立书面合同,对转让或许可的用途、范围、授权地区、授权期限及其他事项进行明确约定。并根据《技术合同认定登记管理办法》,在技术合同登记机构进行审核登记,并取得技术合同认定登记证明。

第十三条 拟转让、许可的科技成果价格可通过以下任意一种方式进行确定:

(一)由第三方评估机构进行无形资产价值评估确定;
(二)与受让方通过协商,并经公示环节进行确定;
(三)通过技术市场挂牌交易确定;
(四)通过技术拍卖进行交易确定;
(五)法律规定的其他定价方式。

对于协议定价的科技成果转让、许可,须在学校技术转移中心网站进行公示,公示内容应当包括科技成果名称、简介、受让方名称和拟交易价格,公示期15天。

对于公示期间实名制提出的异议,由东南大学科技成果转移转化联合管理办公室组织不少于3人的行业专家进行论证,专家论证结果反馈给科技成果完成人和异议提出者,如任何一方仍有异议,则应提交领导小组审定。

第十四条 科技成果转让、许可审批

(一)单项转让、许可金额在500万元以内(含500万元)的,由东南大学科技成果转移转化联合管理办公室按照相关管理办法审批。

(二)单项转让、许可金额在500万元以上的,由东南大学科技成果转移转化联合管理办公室呈报学校科技成果转移转化工作领导小组审批。

第十五条 科技成果完成人应对转让、许可的科技成果的真实性、完整性负责,并保证不故意或恶意侵犯第三方知识产权。

第四章 科技成果作价投资

第十六条 科技成果作价投资实施路径为:学校将科技成果评估作价,以无形资产向南京东南大学技术转移中心有限公司增资,南京东南大学技术转移中心有限公司再以此无形资产实施对外投资,并进行科技成果资产评估备案。具体办法参照《东南大学科技成果作价投资管理办法》执行。

第十七条 科技成果作价投资,也可试行采取将无形资产按照科技成果完成人和学校70%∶30%

比例进行分割,科技成果完成人持有科技成果70%的权益进行投资,学校通过南京东南大学技术转移中心有限公司持有科技成果30%的权益进行投资。科研团队或其他股东方可以通过现金收购学校30%部分权益。

第十八条　按东南大学相关规定向通过科技成果作价投资组建的公司委派企业董事、监事并进行管理。所委派的董监事应勤勉尽职,加强产学研合作,依法合规使用学校各类资源。

第十九条　学校允许在校生进行自主创新创业活动,为学生创新创业提供有利条件。在技术发明人认可的情况下,允许三年内以无偿许可知识产权的方式,向学生所创或参股企业授权使用科技成果。学生作为技术主要发明人之一的,其他参与人员原则上应予以同意。授权期间或到期后,企业可以选择转让、许可或作价入股等形式继续实施该成果。

第五章　科技成果转移转化的收益分配

第二十条　科技成果转化许可、转让所获得净收益的80%奖励给科技成果完成人及在转化工作中作出贡献的团队人员所有;净收益的10%作为学校所有,净收益的5%由所属单位所有,净收益的5%作为南京东南大学技术转移中心有限公司的运营经费及科技成果转移转化抚育基金。

第二十一条　科技成果转化作价投资70%股权净收益为科技成果完成人及在转化工作中作出贡献的团队人员所有。科技成果作价投资30%股权的净收益为学校所有,按30%:40%:30%的比例由学校、所在单位、南京东南大学技术转移中心有限公司分配,科研团队不再参与分配。

第二十二条　科研团队自行创办企业(包括南京市新型研发机构)的,须在学校人事、科研部门登记备案。所创企业取得并由有关科研团队主要完成或参与完成的科技成果,须与学校签订知识产权共享协议,学校原则上享有该成果不低于50%的所有权益(学校收益部分的80%按科技成果转化奖励给科研团队人员)。

第二十三条　科技成果转化(包括许可、转让以及作价入股)所获得现金净收益归于科技成果完成人团队及在转化工作中作出贡献的人员部分,其全部或者部分可以一次性或分批次按本办法进行分配,未分配部分经费以横向项目形式,按照《东南大学科技成果转化项目经费管理办法》有关规定进行管理使用。

第二十四条　学校正职领导是科技成果的主要完成人或者对科技成果转化作出重要贡献的,可以按照本办法的规定获得现金奖励,原则上不得获取股权激励。

第二十五条　科技成果转化所获得现金净收益归科技成果完成人及在转化工作中作出贡献的人员所有部分,学校以奖酬金方式发放,成果主要完成人提供分配方案,所有完成人签名确认,成果主要完成人所在单位签署意见提交科技成果转移转化联合管理办公室进行公示和批准后,由财务处向有关个人和单位支付。发放时,财务处按国家有关政策规定代扣代缴个人所得税,并按规定向税务机关履行备案手续。这部分支出不受学校工资总额限制,不纳入工资总额基数。

第六章　科技成果转移转化现金奖励信息公示

第二十六条　科技成果转化(包括技术许可、转让或作价投资后的股权)所获得现金净收益,成果主要完成人应于资金到账之日起三年(36个月)内,向科技成果转移转化联合管理办公室提供属于团队部分的净收益分配方案,科技成果转移转化联合管理办公室在学校技术转移网站进行公示,公示期15天。对于公示期间实名提出的异议,由科技成果转移转化联合管理办公室组织人事、财务等相关部门进行论证,论证结果反馈给科技成果完成人和异议提出者,如任何一方仍有异议,则应提交领导小组审定。修改后的分配方案重新走流程办理。

第二十七条　公示信息应当包含科技成果转化信息、奖励人员信息、现金奖励信息、技术合同登记信息、公示期限等内容。

科技成果转化信息包括转化的科技成果的名称、种类（专利、计算机软件著作权、集成电路布图设计专有权、植物新品种权、生物医药新品种及其他）、转化方式（转让、许可）、转化收入及取得时间等。

奖励人员信息包括获得现金奖励人员姓名、岗位职务、对完成和转化科技成果作出的贡献情况等。

现金奖励信息包括科技成果现金奖励总额、现金奖励发放时间等。

技术合同登记信息包括技术合同在技术合同登记机构的登记情况等。

第二十八条　成果转移转化过程中，因知识产权的权利归属或者奖酬金分配发生争议的，首先协商解决。协商不成，利益相关的任何一方可以向科研院请求调解，也可以依法向人民法院起诉或者申请仲裁。

第七章　相关政策支持

第二十九条　学校将不断完善有利于科技成果转移转化的岗位聘用、晋升和评价激励等方面的政策，对在科技成果转化及促进科技成果转化方面作出突出贡献的单位和个人予以表彰和奖励。

第三十条　对项目负责人完成单项科技成果转让、许可金额在一定数额以上的项目，其职称晋升、晋级时由人事处制定相应条款办法予以认定为省部级或国家级项目。

第三十一条　学校鼓励和支持师生员工为科技成果转移转化提供技术集成、共性技术研究、中间试验和工业化试验、科技成果的优化和工程化开发、技术推广与示范等服务。

第三十二条　学校设立科技成果转化抚育基金，对有市场前景的初级科技成果进行培育和孵化，实现科技成果的增值。南京东南大学技术转移中心有限公司负责基金的管理，基金管理办法另行制定。

第三十三条　学校鼓励采用多种渠道推进科技成果转移转化工作。学校或经授权的所属单位、科技成果完成人等可以委托第三方中介机构或技术经纪人协助开展科技成果转移转化工作。

第三十四条　学校科技成果所有权归学校所有，未经学校授权同意，任何个人或单位擅自实施或与他人合作实施学校科技成果的，学校有权收回其既得利益并追究相关人员的法律责任。

第三十五条　科技成果转移转化参与各方，应当加强国家秘密以及科技成果转化过程中商业秘密的保密工作。涉及国家秘密和国家安全的，按国家相关规定执行；向境外的组织、个人转让或者许可其实施科技成果的，应当遵守相关法律、行政法规以及国家有关规定。

第三十六条　相关单位及负责人在履行勤勉尽责义务、没有牟取非法利益的前提下，免除其在科技成果定价中因科技成果转移转化后续价值变化产生的决策责任。

第八章　附　则

第三十七条　本办法与国家有关规定不一致时，按国家有关规定执行。

第三十八条　本办法自印发之日起施行。此前有关文件与本办法不一致的，按本办法执行。

第三十九条　已根据老办法文件执行办理的项目，仍按老办法执行。

第四十条　本办法由科研院负责解释。

校发〔2019〕90号

东南大学大类招生、培养与管理工作的实施办法(试行)

2019年9月4日

为深入落实立德树人根本任务,努力培养德智体美劳全面发展的社会主义建设者和接班人,根据《东南大学2020一流本科教育行动计划》的目标,秉承"以科学名世、以人才报国"的办学理念,以培养具有家国情怀和国际视野、担当引领未来和造福人类的领军人才为目标,按照"思想引领、能力培养、知识传授"育人新格局,从2019年起实施本科生大类招生、培养和管理。

一、指导思想

以建设中国特色世界一流大学为根本宗旨,以培养德智体美劳全面发展的社会主义建设者和接班人为根本遵循,结合东南大学综合改革方案和学校"双一流"建设方案,坚持"以本为本",推进"四个回归",按照"厚基础、宽口径、重交叉、强创新"的培养路径,重构通识教育基础上宽口径个性化专业培养新体系。

二、工作内容

(一) 大类招生

从2019级起,对全校纳入招生的70个本科专业,按照14个大类(14个大类及下设专业,见附件),全面实施大类招生。

(二) 大类培养

学校对按大类招收的学生采取"1+X"("2+X")的模式,实施通识教育基础上的宽口径人才培养,即大学一年级(大学二年级)实行专业大类内统一培养。学生在完成所属大类人才培养方案规定的应修读课程的学习后,根据自身的专业发展目标、兴趣特长、综合评测成绩等,于大学一年级(二年级)结束后,建筑类为入学一个月左右,参加本专业大类的专业分流(具体细则由各大类制定),并在大学二年级(三年级)的第一学期,进入本专业大类的某个专业学习。

(三) 大类管理

1. 成立由大类专业所在各学院党委书记、院长、分管学生工作的党委副书记、分管本科教学的副院长组成的大类培养工作组,各大类培养工作组名单如下:

建筑类

组　　长:张　彤
副组长:冷嘉伟　鲍　莉　李向锋
成　　员:(按姓氏笔画为序)
　　　　史永高　成玉宁　朱　雷　李　华　李　哲　李永辉　陈晓东　周文竹　徐　宁
　　　　唐　芃　陶岸君　蔡凯臻
秘　　书:严　钰　吴洁莹

工科试验班(机械能源材料类)

组　　长：倪中华
副组长：肖　睿　孙正明　张志胜　蔡　亮　杨树东
成　　员：(按姓氏笔画为序)
　　　　　王　斌　司凤琪　毕可东　李　磊　李舒宏　郭丽萍
秘　　书：莫景文　樊昭群　佘　伟

工科试验班(土木交通类)

组　　长：陈　峻
副组长：王景全　陈　怡　刘　静
成　　员：(按姓氏笔画为序)
　　　　　杨　敏　张豪裕　陆金钰　交通学院分管学生工作的党委副书记
秘　　书：许映红　王建梅

工科试验班(自动化电气测控类)

组　　长：魏海坤
副组长：袁晓辉　赵剑锋　米永强　宋爱国　王　军
成　　员：(按姓氏笔画为序)
　　　　　丁小丽　付小鸥　张　亚　金立左　祝雪芬　顾　伟
秘　　书：陈晓华　郭　勉　孙文珺

工科试验班(环境化工生物类)

组　　长：周建成
副组长：蔡　亮　蒋　波　刘乃丰　谭东伟　肖　睿
组　　员：(按姓氏笔画为序)
　　　　　王立新　司凤琪　朱光灿　芦慧霞　李舒宏　余　舟　张一卫　陆　娟　周明阳
　　　　　姜　勇　徐旭东　廖志新
秘　　书：李　敏　刘静静　樊昭群

电子信息类(含无锡分校)

组　　长：张在琛
副组长：孙立涛　顾忠泽　张继文　李久贤　汤勇明　洪宗训　王　强
成　　员：(按姓氏笔画为序)
　　　　　王　蓉　孙　威　吴　俊　周　平　秦文虎　殷　缨　涂　景
　　　　　电子科学与工程学院分管学生工作的党委副书记
秘　　书：赵安明　周　涛　林海音　赵　霞

计算机类

组　　长：耿　新
副组长：程　光　杨　蕙　施　畅
成　　员：(按姓氏笔画为序)

　　　　　张　璐　陈立全　董永强　裴　锋
秘　书:吕美香　吕　倩

理科试验班

大类培养工作组名单见《关于成立东南大学"理科试验班(顾毓琇班)"工作领导小组和工作委员会的通知》(校发〔2019〕200号)。

经济学类

组　长:仲伟俊
副组长:祝　虹　浦正宁
成　员:(按姓氏笔画为序)
　　　　冯　伟　刘修岩　刘晓星　李守伟　吴利华　岳书敬
秘　书:赵志远　唐　亮

工商管理类

组　长:仲伟俊
副组长:倪中华　张志胜　李　涛　尹立红
成　员:(按姓氏笔画为序)
　　　　王　斌　凤启龙　毕可东　金　辉　祝　虹　浦正宁
秘　书:赵志远　唐　亮

文科试验班

大类培养工作组名单见《关于成立东南大学"文科试验班(郭秉文班)"工作领导小组和教学委员会的通知》(校发〔2017〕397号)。

临床医学类

组　长:王立新
副组长:周明阳
成　员:(按姓氏笔画为序)
　　　　王美美　乔立新　李　澄　周家华　蔡云朗
秘　书:何道伟

设计学类

组　长:程万里
副组长:袁　琴
成　员:(按姓氏笔画为序)
　　　　朱广宇　刘　畅　许继锋　孙　菁　李永春
秘　书:康泉泉

2. 大类培养工作组负责会同相关学院制定大类培养方案,制定大类专业分流规则,并报学校审核后予以实施。大类培养工作组应根据大类专业特点,选择采取管理院系、托管院系或轮值院系的大类专业学生培养管理模式,并报学校审定后予以实施。大类培养工作组应积极促进学科交叉,提升通识教育质量,积极落实导师制,促进师生交流。

3. 大类专业学生的管理院系、托管院系和轮值院系负责教学组织、教务管理及学生思政教育和管理等工作,配备优秀教师担任班主任和学生导师,进一步加强师生融合。

4. 文科试验班大类(郭秉文班)和工科试验班(吴健雄班)试点书院制管理,分别设立秉文书院、健雄书院,探索书院制培养路径,强化思想引领,促进学科交叉,提升综合素养,助力学生成长。

本实施办法自公布之日起执行,由教务处负责解释。本实施方案未尽事宜,由学校讨论决定。

校发〔2019〕220 号

东南大学定点扶贫工作领导小组办公室工作制度

2019 年 5 月 14 日

一、东南大学定点扶贫工作领导小组办公室(以下简称"领导小组办公室")在定点扶贫工作领导小组领导下,负责处理领导小组的日常工作。

二、领导小组办公室设在校长办公室,设主任 1 名(由校长办公室主任兼任),副主任 1 名(由校长办公室副主任兼任),科长 1 名(由校长办公室正科级秘书兼任),工作人员 1 名。

三、领导小组办公室的具体任务是:

(一)负责领导小组会议的有关服务工作,包括会议文件和资料的准备、讨论事项征求意见、会议记录、会议纪要整理,以及会议决定事项落实情况的汇报等。

(二)根据领导小组的部署,围绕定点扶贫工作任务,会同各有关职能部门,起草定点扶贫总体规划,开展工作考核和调查研究,了解并及时反映重要情况和问题,提出工作建议。

(三)负责协调和督办定点扶贫任务和领导小组交办的事项。

(四)负责加强日常工作联系,及时通报和交流定点扶贫工作情况。

(五)完成领导小组交办的其他事项。

四、领导小组办公室为完成上述任务,可召开必要的会议,听取校内职能部门、院(系)等单位的意见。

东大委〔2019〕31 号

东南大学定点扶贫工作领导小组工作规则

2019 年 5 月 14 日

一、东南大学定点扶贫工作领导小组（以下简称"领导小组"）的主要任务是：贯彻落实习近平总书记扶贫重要论述精神以及党中央、国务院和教育部脱贫攻坚决策部署，做好我校定点扶贫南华县工作的顶层设计，协调解决校内部门参与定点扶贫工作中的重大问题。

二、领导小组下设办公室，即东南大学定点扶贫工作领导小组办公室（以下简称"领导小组办公室"），设在校长办公室，负责承担领导小组日常工作，组织协调我校定点扶贫工作。

三、领导小组按照科学民主决策的原则，对定点扶贫工作中的重大问题实行会议集体讨论的制度。领导小组会议议题由领导小组组长、副组长提出。提交会议讨论的事项，会前必须做好充分准备，征求有关方面的意见。

四、领导小组会议由领导小组组长主持，全体成员参加，列席人员根据会议需要确定。

五、受领导小组组长委托，领导小组副组长可以主持召开会议，研究落实有关事项。

六、领导小组会议研究的结论性意见形成会议纪要，印发领导小组成员及与会议决定事项有关的单位贯彻落实。会议议定事项的落实情况，由领导小组办公室及时汇总报告组长。

七、学校职能部门要结合具体职能分工，配合领导小组办公室提出定点扶贫工作的政策措施，在每年年初提交本单位开展扶贫工作的上年度工作总结与本年度工作计划，领导小组办公室汇总后报领导小组。

八、领导小组成员要认真履行职责，切实改进作风，积极提出推进定点扶贫工作的政策措施建议。

九、领导小组办公室不定期召开工作会议，协调工作，通报定点扶贫工作情况。

东大委〔2019〕31 号

东南大学法制工作管理办法

2019 年 9 月 17 日

第一章 总 则

第一条 为贯彻实施依法治校方针,规范学校法制管理工作,明确法制工作职责及办事流程,防范法律风险,维护学校合法权益,根据《中华人民共和国教育法》《中华人民共和国高等教育法》等相关法律法规及《东南大学章程》之规定,结合学校实际情况,特制定本办法。

第二条 学校法制工作坚持预防为主、救济为辅、防范风险和责权统一的管理原则,实行统一归口管理和分工协作的工作机制。

第二章 组织机构及其职能

第三条 学校设立东南大学法制工作领导小组,作为学校法制工作的领导机构,按照校长授权负责学校法制工作管理中重大事项的决策与处理。

第四条 东南大学法制工作领导小组可根据工作需要组建法律事务咨询专家库,为学校法律事务重大事项的决策与处理提供专家咨询意见。

专家库成员原则上由在教育、科研、采购、行政法、民法、刑法、商法、知识产权等与学校法律事务相关的法律领域中具有一定影响力的知名教授、律师及其他法律工作者组成。

第五条 东南大学法制工作领导小组下设东南大学法制工作办公室,作为学校法制工作管理的常设机构,根据学校及学校职能部门的委托,按照本办法规定参与处理学校日常法律事务,最大限度地提示和控制法律风险,维护学校的合法权益。

第六条 法制工作办公室作为学校法律事务日常处理机构,实行统一管理、分工负责、团队协作相结合的工作机制,以事实为依据、以法律为准绳,依法尽职地完成各项受托法律事务。

第七条 法制工作办公室作为校内法律事务的咨询服务机构,其主要职责包括:

(一)协助校领导和校内各职能部门正确执行国家法律、法规,为学校重大决策提供法律审查,出具书面法律意见;

(二)审查以学校名义签订的重大合同文件,出具书面法律意见;

(三)对于以学校名义签订的特别重大合同文件,根据校领导指示参与谈判、文本起草等工作;

(四)参与审核、修订校内重要规章制度;

(五)负责处理学校诉讼(仲裁)案件;

(六)对校内其他纠纷进行法律上的审查,并提供法律意见;

(七)配合学校有关部门进行法制宣传教育及普法工作;

(八)为学校资产经营、管理等方面提供法律咨询服务;

(九)如需聘请外聘律师从事相关法律事务管理时,负责学校外聘律师的选择、联络等相关工作;

(十)负责处理校领导及各职能部门委托的其他法律事务。

第八条 本办法所称重大合同文件,包括以下类别:

(一)学校与政府、企业、其他院校签订的战略合作协议、联合办学协议;

(二)标的金额在 120 万元以上的设施、设备采购协议(含校内、代理机构招标/采购文件);

(三)标的金额在 200 万元以上的修缮工程、基建工程勘察、设计、施工、监理等合同文件;

（四）标的金额在 200 万元以上的横向科研合同；

（五）标的金额在 200 万元以上的技术转让合同；

（六）标的金额在 200 万元以上的咨询服务合同；

（七）标的金额在 200 万元以上的投资合同；

（八）标的金额在 200 万元以上的租赁合同；

（九）其他对学校教学、科研、发展具有重大影响的合同。

第九条　本办法所称特别重大合同文件，系指在本办法第八条规定的重大合同文件范围内由校领导指示督办、涉及学校特别重大权利义务的合同文件。

第十条　本办法所称重要规章制度，包括以下类别：

（一）学生管理、处分、惩戒等与学生切身利益相关的规章制度；

（二）人事管理、考勤、薪酬发放、惩戒、处分等直接涉及教师切身利益的规章制度；

（三）学校章程等涉及学校治理结构的相关规章制度；

（四）其他对学校教学、科研、发展具有重大影响的规章制度。

第十一条　学校各职能部门和单位在本部门、单位职责范围内履行下列法律事务管理职责：

（一）根据学校职能分工，负责具体业务的办理和落实；

（二）负责合同签订、履行有关的谈判、文本拟定、签署等事务的办理和落实；

（三）负责配合法制工作办公室办理本部门职责范围内发生的诉讼、仲裁纠纷案件的起诉、应诉、执行与申请执行事项；

（四）负责办理本部门职责范围内发生的其他法律事务。

第十二条　学校附属单位、院系相关法律事务的办理，应先经学校职能部门审核。无具体职能部门的，应由相关附属单位、院系负责审核。

第十三条　学校各职能部门和附属单位、院系应当建立健全内部管理制度，加强对涉及法律事务承办人工作的监督，维护学校合法权益。

第三章　工作流程

第十四条　学校各职能部门及承办单位应当在各自职责范围内根据各自事项的特点、具体需求等因素落实具体法律风险防范措施。确需委托法制工作办公室提供法律意见的，职能部门及承办单位应当按照本办法的规定办理委托手续。

第十五条　法制工作办公室可根据受托事项提供口头、电话咨询、书面咨询、参加研讨会、论证会等多种形式的法律服务。

委托单位应下载并填写"东南大学法制工作办公室受案登记表"，并由本单位副处级以上领导签字同意并加盖本单位公章，并就委托事项提供完整的文件资料、陈述详细的事实背景、列明所咨询事项，并指定专人与法制工作办公室承办人员对接。

第十六条　对于口头、电话咨询，能够当场解答的，当场提供咨询意见；不能当场解答的，在 1～2 个工作日内提供法律意见。

对于书面咨询，法制工作办公室在收到相关材料、了解相关事实后 3 个工作日内提供法律意见。

对于委托参加研讨会、论证会，委托单位应当至少 3 个工作日以前向法制工作办公室提供相关材料，法制工作办公室指定人员参会并提供法律意见。

对于因情况特殊，无法在上述期限内审核并提供法律意见的，可根据实际情况酌情延长 1～2 个工作日的审查期限。

第十七条　法制工作办公室在接受委托单位委托事项后，应当充分了解相关事实背景，结合项目特点对所咨询事项提供合法性审查意见，并基于维护学校利益提供合理性审查建议，供委托单位及校领导在谈判、论证、决策时参考。

第十八条 法制工作办公室应按照本办法规定的期限完成审查并提供法律意见,书面法律意见书应及时通知委托单位指定人员领取、签收。

法制工作办公室提供的法律意见,职能部门应充分参考,并在本部门职责权限范围内负责学校相关法律事务的执行与落实。

第十九条 法制工作办公室依据受托事项出具的书面法律意见书,仅供校内职能部门及校领导决策参考,对外不具有法律效力,相关人员不得对外出示、出具。

第四章 工作规则

第二十条 有关合同文件的谈判、签订、履行、纠纷解决,由各职能部门或委托部门按照《东南大学合同管理办法》的相关规定各自执行,其中涉及需要法制工作办公室提供法律意见的,按照本办法的规定办理。

第二十一条 法制工作办公室已对包含合同主要条款的货物或服务采购招标文件、工程建设招标文件进行审查并出具书面法律意见的,相关职能部门或承办单位应当按照《中华人民共和国招标投标法》第四十六条、《中华人民共和国招标投标法实施条例》第五十七条、《中华人民共和国政府采购法》第四十六条、《政府采购货物和服务招标投标管理办法》第七十一条等相关法律法规或规章的规定,自行核实与中标单位所签合同中的标的、价款、质量、履行期限等主要条款,不得与招标文件、中标单位投标文件的实质性内容相悖。

对于其他合同文本已委托法制工作办公室出具法律意见的,除涉及签约主体、违约责任、法律适用、争议解决等事项涉及调整的以外,对仅涉及商务、技术条款的调整,法制办公室不再受理审查。

第二十二条 委托事项所涉合同文本、相关资料涉及外文的,委托单位应当提供相应的翻译文本,并确保翻译文本与外文文件一致,法制工作办公室仅以中文文本提供法律意见。

第二十三条 委托事项所涉合同文本、相关资料涉及适用其他国家或地区法律的,法制工作办公室仅依据中国法律提供审查意见,委托单位应自行决定是否委托其他专业机构进行合法性审查。

第二十四条 有关规章制度的制定、修改,应先由职能部门拟定文件讨论稿、修改方案,法制工作办公室根据现行法律法规及规范性文件之规定,提供合法性审查,同时为职能部门落实相关规章制度提供法律咨询服务。

第二十五条 法制工作办公室负责处理学校涉及诉讼、仲裁的有关案件,接受学校授权委托,以维护学校利益最大化为原则,代表学校陈述案情,参加庭审辩论,承认、放弃或变更请求,作出和解承诺以及代收法律性文书等。

第二十六条 因相对方违约或其他侵权行为而导致学校的合法权益受到损害时,相关职能部门首先应及时与相对方进行交涉,协商解决办法。

如协商无法达成一致意见,相关职能部门应将相关文件资料移送法制工作办公室审查,法制工作办公室应依法对该事项是否应当起诉进行审查,并提出书面法律意见,再由职能部门报校领导决定是否启动诉讼或仲裁程序。

校领导决定起诉或仲裁的,相关职能部门应会同法制工作办公室共同做好起诉或仲裁的相关工作。

第二十七条 学校被他人提起诉讼或申请仲裁时,学校有关职能部门应及时向校领导报告并通知法制工作办公室,提供全部诉讼或仲裁材料及与本案相关的其他资料,法制工作办公室会同职能部门共同研究应诉策略,提出应诉意见,职能部门应根据法制工作办公室的要求准备相应的应诉材料。

第二十八条 如需委托法制工作办公室相关人员代表学校参加诉讼、仲裁的,应报请校领导批示,并应在收到有关传票通知后3日内或拟起诉、申请仲裁前2周内,通知法制工作办公室,提供相关材料。

第二十九条 为最大限度维护学校利益,法制工作办公室根据案件情况需要,经校领导批准,可外聘律师事务所相关案件的专业律师代表学校参加诉讼。

与诉讼相关的诉讼费、保全费、鉴定费、律师费等费用由学校相关职能部门在本部门的年度经费中列支。

第三十条　在诉讼、仲裁案件办理中,学校各职能部门应会同法制工作办公室会商案情,确定诉讼、仲裁策略和方案。

学校各院系部门应仔细收集并保存与案件有关的合法的证据材料,积极配合法制工作办公室做好相关材料的准备工作,在举证期限及其他时效届满前合理期限内,将相关材料交与法制工作办公室,法制工作办公室对上述材料进行梳理,在时效届满前将证据提交有关司法裁判机构。

第三十一条　学校参与诉讼、仲裁案件的工作人员应保守秘密,不得向其他任何无关人员泄露任何诉讼策略等秘密信息,避免学校利益受损。

第三十二条　法制工作办公室接受校领导、各领导小组委托,参加相关事宜的讨论会议,并在会议上依法对相关问题发表法律意见。

对案件事实重大,确需集体会商或咨询专家意见的,法制工作办公室应在参会前完成会商或咨询,或在会后三日内向主管校领导提供会商或咨询后的法律意见。

第三十三条　依照法院、检察院、公安机关、仲裁委等机构通知,依法应予以协助执行的事项,学校相关职能部门应协助执行,不得无故推诿,拒绝协助,必要时可咨询法制工作办公室意见,避免学校因此受到司法、行政等处罚。

第三十四条　对于生效的判决书、裁定书、调解书等司法文件中确定的学校权利、义务,学校相关部门应积极主张、主动履行,维护学校合法权益,规避学校利益受损。

第五章　奖励与惩罚

第三十五条　在法制工作实施管理过程中,有下列情形之一的,视情节轻重,对主管人员或直接责任人员依照学校有关规定给予相应处分,涉嫌违法犯罪的,移送司法机关追究相应的法律责任:

（一）未经授权、超越授权范围或授权期限终止后擅自以学校名义签订合同的;

（二）未经许可,以学校部门或不具有独立法人资格的附属单位名义签订合同的;

（三）违反项目经费支出预算或国家财经法律法规、学校财务规章制度签署合同的;

（四）提供虚假资料或虚构事实签署合同的;

（五）与合同相对方恶意串通,损害学校利益的;

（六）遗失或者擅自销毁合同文本或者在合同履行过程形成的各种函件、单据等其他有关文件,造成学校利益损失的;

（七）因故意或重大过失造成学校损失的;

（八）在办理诉讼、仲裁案件中推诿责任,消极应付,造成学校重大损失的;

（九）法律法规或学校规章制度规定的其他情形。

第三十六条　在法制工作实施管理过程中,因故意或重大过失造成学校损失的,学校有权对相关责任人追究民事赔偿责任。

第三十七条　对于及时发现问题,采取补救措施避免学校遭受重大损失的,学校视情况给予奖励。

第六章　附　则

第三十八条　本办法由法制工作办公室负责解释。

第三十九条　此前文件的规定与本办法不符的以本文为准。

第四十条　本办法学校批准后,自发布之日起施行。

校发〔2019〕234号

东南大学工会会员日常慰问实施办法

2019年1月9日

第一条 会员日常慰问费的来源
(一) 东南大学教职工福利经费
(二) 院系部门的自主经费
(三) 学校相关经费

第二条 会员慰问的对象为东南大学在职、在岗的工会会员。

第三条 会员日常慰问的内容

(一) 会员结婚、生育慰问

会员结婚、生育，符合国家法律、政策的，可给予不超过1 000元的慰问品。

(二) 住院慰问

会员因病住院治疗，视具体情况，可给予不超过2 000元的慰问金。

(三) 身故慰问

1. 会员因病或意外去世，可一次性给予不超过3 000元的慰问金。

2. 会员父母、配偶或子女去世，可一次性给予不超过2 000元的慰问金。

(四) 会员退休离岗慰问

会员退休离岗，可给予不超过1 000元的纪念品，可组织座谈会予以欢送，座谈会可购买适当的干鲜水果等食品。

第四条 会员日常慰问的实施

(一) 住院慰问

1. 院系、部门工会应主动关心本单位会员患病住院情况，根据会员病情审核、确定慰问标准。可一次性或分次慰问，一次慰问金额不超过2 000元，一年内慰问金总额不得超过4 000元。具体实施细则由院系、部门工会或教代会讨论通过。

2. 院系、部门工会看望本单位患病会员的慰问金可从教职工福利经费或院系、部门自主经费列支，在校财务酬金发放单上注明慰问具体事项，并由院系、部门领导负责审核签字、盖章后到校财务办理报销手续。

(二) 本单位会员本人身故慰问，经费由学校相关经费列支，由学校人事处负责执行。

(三) 本单位会员结婚、生育慰问、退休离岗及会员父母、配偶、子女身故等慰问可从教职工福利经费或院系、部门自主经费列支，具体实施细则由院系、部门工会或教代会讨论通过。慰问标准不得超过各项上限。

第五条 学校二级独立法人单位及二级非法人独立核算单位等的日常慰问可参照校工会会员日常慰问办法，自行制定本单位日常慰问办法(慰问标准不超过文件规定的上限)，经费自筹。

第六条 本办法经学校2018年第20次校长办公会讨论通过，由校工会负责解释。本办法自颁布之日起施行。

校发〔2019〕10号

东南大学国内公务接待核算管理办法

2019年6月28日

第一条 为深入贯彻落实中央八项规定及有关文件精神,进一步规范学校公务接待管理与财务核算办法,厉行勤俭节约,反对铺张浪费,加强党风廉政建设,根据《党政机关厉行节约反对浪费条例》(中发〔2013〕13号)、《党政机关国内公务接待管理规定》(中办发〔2013〕22号)、《教育部国内公务接待管理实施办法》(教办厅〔2013〕8号)、《关于抓好赋予科研管理更大自主权有关文件贯彻落实工作的通知》(教党函〔2019〕37号)等有关文件,结合我校教学、科研实际情况,制定本办法。

第二条 本办法适用于校内各机关部处、院(系)及直属单位的国内公务接待行为。本办法所称国内公务,是指出席会议、考察调研、执行任务、学习交流、检查指导、请示汇报工作等公务活动。

第三条 学校公务接待实行公函制度。公函主要指访问函、邀请函、其他证明公务活动的有关材料等。无公函的公务活动和来访人员原则上不予接待,如有特殊情况,须报分管校领导或党委办公室、校长办公室核批。

第四条 学校公务接待实行审批制度。学校公务接待遵循先审批、后接待,先预算、后报销的原则,严格接待审批控制。

学校重要公务接待由党委办公室、校长办公室负责审批。单次接待费用总额超过3 000元(含)的,由党委办公室或校长办公室审批。

院系及其他单位承办的接待,由接待项目负责人审批。单次接待费用总额超过3 000元(含)的,由所在单位主要负责人审批。

科研项目合作发生的接待,由科研项目负责人审批。

第五条 学校公务接待费实施预算管理制度,合理限定各单位预算总额,对于超过预算的公务接待费用一律不予报销。

不得在接待费中列支应当由接待对象承担的差旅、会议、培训等费用,不得以举办会议、培训为名列支、转移、隐匿接待费开支;不得向下级单位及其他单位、企业、个人转嫁接待费用,不得在非税收入中坐支接待费用;不得借公务接待名义列支其他支出。

第六条 公务接待实行台账制度。学校各单位必须建立公务接待台账,指定专人完整记录公务接待事由、接待日期、接待对象、接待地点和支出情况等有关信息。

第七条 接待住宿应当执行差旅、会议管理的有关规定。来访人员住宿费应回本单位凭据报销(上级规定或学校发函邀请并注明解决住宿的除外),与会人员住宿费按会议费管理有关规定执行。不得在接待费中列支应由接待对象承担的差旅、住宿、会议、培训等费用。

第八条 控制陪餐人数和用餐标准。接待对象应当按照规定标准自行用餐。确因工作需要,接待单位可以安排工作餐一次,并控制陪餐人数,接待对象在10人以内的,陪餐人数不得超过3人;超过10人的,不得超过接待对象人数的三分之一。重要公务接待原则上不超过人均150元,一般性公务接待原则上不超过人均120元。工作餐不得提供香烟和高档酒水。用餐地点原则上应安排在校内餐厅或食堂。公务接待的场所不得为私人会所、温泉酒店(政府采购定点酒店除外)、五星级酒店、高消费餐饮场所等。

超陪同人数、超标准的,超出部分不予报销,由接待单位自理。

第九条 公务接待费用报销应及时办理,如实填写接待清单中的各项内容,包括接待对象的单位、姓名、职务和公务活动项目、时间、地点、费用等。

第十条 公务接待资金支付应当按照国库集中支付制度和公务卡管理的有关规定执行,接待费用发票等票据必须开具东南大学抬头,否则不予报销。

第十一条　公务接待活动应遵循"一事一结"的原则。公务接待活动报销时须提供公函、接待清单、财务票据和公务卡刷卡单,否则不予报销。

第十二条　因科研工作需要发生的接待,在横向科研课题经费中列支接待费的属于业务接待活动。按照科研经费"放管服"的政策要求,简化报销手续,报销时提供接待清单、财务票据,接待费金额超过2 000元(含)的,须提供支付记录或对公转账。

业务接待的用餐标准、陪同人数等其他要求与公务接待相同。

第十三条　各部门内部员工加班误餐不纳入公务接待管理范围,提供的工作用餐原则上不得超过50元/(人·餐)。加班误餐用餐原则上应在校内餐厅、食堂等内部场所或外部快餐公司提供,费用在部门办公经费或业务费中报销,遵循"一事一结"的原则,报销时须提供"加班用餐费用报销清单"和财务票据。应如实填写加班用餐费用报销清单中的各项内容,包括加班时间、地点、人数、用餐标准及加班人员姓名等要素。

严格控制加班误餐费用,不得虚列加班餐费,不得把加班餐费列入公务接待费,不得将公务接待费以加班误餐的形式报销。

第十四条　外事接待开支范围和标准按照学校相关规定执行。

第十五条　因工作需要,在外地或学校驻外机构开展的公务接待标准,按照本规定执行。

第十六条　学校二级事业法人单位公务接待费用财务报销管理参照本规定执行。

第十七条　本规定由财务处会同有关业务部门负责解释。

第十八条　本规定自发布之日起执行,原《东南大学关于公务接待费用报销管理的补充规定》(校发〔2015〕224号)、《东南大学关于加强公务接待费核算管理的若干规定》(校发〔2017〕248号)同时废止。其他相关规定与本办法不符的,以本办法为准。

校发〔2019〕175号

东南大学合同管理办法

2019 年 9 月 17 日

第一章 总 则

第一条 为进一步规范学校的合同管理工作,防范合同风险,维护学校的合法权益,依据《中华人民共和国民法典》等法律法规及《东南大学章程》的规定,结合学校实际情况,制定本办法。

第二条 本办法所称合同,是指学校在开展教学、科研及其他活动中,以学校名义与相关自然人、法人及其他组织等平等主体之间有关设立、变更、终止民事权利义务关系的合同,包括但不限于合同、协议、备忘录、纪要等形式。

学校与职工签订的聘用合同、劳动合同等涉及劳动人事关系的合同,不适用本办法,由学校人事处按照相关法律法规的规定办理。

学校与相关行政主体签署的有关行政合同,不适用本办法。

第三条 本办法所称合同管理,具体包括合同签订前的准备、谈判、起草、审查、订立、履行、变更、终止、档案管理、责任追究等一系列合同行为的规范管理。

第四条 学校合同管理遵循防范风险和责权利相统一的原则,实行统一指导、分级承办、归口管理、强化监督的合同管理制度。

各归口管理部门可以根据本办法制定相应的合同管理细则,并报校长办公会备案后实施。

第五条 学校合同管理部门及相关负责人应熟悉职责范围内与合同相关的法律法规、学校合同管理规定,在合同管理的各个环节,严格履行职责,维护学校利益。

第六条 学校对外签订合同,应当以学校名义进行。不具有独立法人资格的附属机构或职能部门不得以自己名义对外签订合同,未经批准或授权,不得擅自以学校名义对外签订合同。

第七条 学校对外签订合同,应当遵守法律、法规及其他规范性文件的要求,按照公平、自愿、诚实守信原则,依法维护学校的合法权益。

第二章 合同管理部门及其职责

第八条 学校合同事务管理由归口管理部门、合同承办单位、综合服务部门在各自权责范围内进行统一管理。

第九条 根据学校各职能部门职责,合同管理原则上按照重大战略发展、采购、科研、基建等不同合同类型确定归口管理部门,各归口管理部门对职责范围内所涉合同事务进行统一归口管理。

第十条 合同归口管理部门应当履行以下职责:

(一)制定与合同管理相关的具体规章制度与流程;

(二)对合同签订、履行、变更、解除、终止等事项提出审查意见和建议;

(三)完成对合同的签订盖章,并负责归口管理合同的档案留存与保管;

(四)督促合同履行和协助合同纠纷处理;

(五)统一负责向学校法制工作办公室申请办理合同合法性审查工作;

(六)其他合同管理工作。

合同事项涉及两个或以上归口管理部门的,由主要负责部门作为归口管理部门,其他单位也应履行相应的管理职责。

第十一条　合同承办单位是指具体负责相关合同谈判、文本起草、送审、签订、履行、备案及档案保管等工作的具体院系或部门。

合同承办单位对所签合同的可行性、真实性、合法性、合理性负责，主要职责包括：

（一）负责本单位合同签订的可行性分析论证；

（二）负责审查合同相对方的主体资格；

（三）负责审查合同相对方履行合同所必须的资质条件；

（四）负责审查合同相对方签约代表的身份证明和签约资格证明；

（五）负责审查合同相对方的信用状况、履约能力；

（六）负责合同的洽谈、起草，经招标程序签订的合同应当确保实质性条款与招标文件、投标文件的内容一致；

（七）负责申请确认合同款项的经费来源和经费支出预算；

（八）负责将合同文本提交归口管理部门审查与档案留存；

（九）负责具体履行合同，跟踪掌握合同履行情况；

（十）负责收集、保管合同签订、履行过程中形成的相关资料；

（十一）负责妥善处理合同纠纷；

（十二）负责有关合同签订、履行相关的其他事务。

第十二条　综合服务部门包括校长办公室、财务处、纪委（监察处）、法制工作办公室、审计处、科研院、采购中心及其他须要对合同管理提供协助与支持的部门。

第十三条　财务处依照本办法和学校财务管理制度，在合同签订、履行过程中主要负责以下服务与核查工作：

（一）落实经费来源确认工作，支出合同需办理经费冻结相关事项；

（二）配合合同承办单位完成合同款项的核算；

（三）配合合同承办单位按照合同约定期限履行付款手续；

（四）其他需要财务处协助与支持的事项。

第十四条　纪委办（监察处）依照本办法和学校相关管理制度，负责合同谈判、签订、履行、终结过程中对合同违规行为的调查、取证，依据国家法律法规和学校相关规定追究相关责任人的责任。

第十五条　法制工作办公室依照本办法和学校相关管理制度的要求，在合同签订、履行过程中主要提供以下服务：

（一）参与重大合同项目的谈判、起草与修订等工作；

（二）对重大合同所涉内容的合法性进行法律审查，提出意见或建议，提示法律风险；

（三）协助重大合同纠纷的处理，代表学校参加诉讼与仲裁活动；

（四）对常用性标准合同文本提供参考范本；

（五）其他需要法制工作办公室提供协助或支持的事项。

第十六条　审计处依照本办法和学校相关管理制度，负责对合同履行过程中涉及的各项经费使用、项目决算、跟踪审计的造价等事项自行或委托第三方进行审计，并提供审计咨询服务。

第十七条　科研院、社科处依照本办法和学校相关管理制度，负责对涉及纵向、横向课题所涉科技合同及科技成果推广转化、产学研合作合同的签订、履行提供政策指导和咨询服务。

第十八条　采购中心依照本办法和学校相关管理制度，负责对学校各部门涉及工程、货物、服务采购招标事项提供以下服务：

（一）提供国家、地方及学校政策指导；

（二）制定与采购招标相关的具体规章制度与流程；

（三）审查承办单位拟定的招标公告、招标文件；
（四）发布招标公告、出售招标文件；
（五）接收投标文件、组建评标委员会、组织开标；
（六）公示招标结果，接受并处理招标异议、投诉；
（七）按照招标结果签订合同文本；
（八）其他有关招标程序的相关事宜。

第三章　合同签订

第十九条　学校对外发生经济行为，除即时结清或其他可不签订书面合同的情形外，应当订立书面合同，明确双方权利义务。

书面合同原则上是指合同书形式，必要时也可以以数据电文等可以有形表现所载内容的形式签订。

第二十条　合同签订应当按照本办法规定进行审查后，以东南大学名义对外签订。任何单位和个人不得擅自以校内部门、不具有法人资格的附属单位对外签订合同。

第二十一条　合同承办单位和承办人应从维护学校利益出发，就合同事项与合同相对方进行充分谈判、协商。对于影响重大、专业技术或法律关系复杂的合同，应当组织法律、技术、财务等专业人员参与谈判，必要时可聘请外部专家参与相关工作。

第二十二条　依法必须进行招标程序或以其他类型的政府采购方式签订的合同，由合同承办单位依法向学校采购中心或其他采购服务代理机构申请办理。

第二十三条　合同内容应当含有明确双方权利义务关系的必要条款，包括但不限于签订当事人名称或姓名、住所、标的及其数量、质量标准、价款或者报酬、履行期限、地点和方式、验收标准与方法、违约责任、解决争议的方法等。

第二十四条　合同文本原则上应由合同承办单位起草，合同文本由合同相对方起草的，承办单位和承办人应认真审阅，从维护学校利益的角度提出修改意见，共同协商确定合同内容。

第二十五条　合同签订前，合同承办单位和承办人应做好相应的资信调查，充分了解合同相对方的主体资格、资质证明、信用状况、生产能力等有关状况，确保其具备履约能力，并认真核实合同相对方代理人身份与代理权限。

第二十六条　重大合同签订前，合同承办单位在拟定合同文本或对相对方提供的合同文本进行初步审查后，应将合同文本提交合同归口管理部门进行业务审查，审查范围包括：
（一）合同主体是否适格；
（二）合同内容是否有明显不符合学校利益的情形；
（三）合同条款是否齐备、合理；
（四）其他合同事项。

合同承办单位应当按照归口管理部门的要求提供合同业务审查所需材料。

合同归口管理部门应当在收到送审材料后3～5个工作日内完成审查。

第二十七条　合同归口管理部门认为须要将合同文本送交学校法制工作办公室进行法律审查的，应当提供下列材料：
（一）合同归口管理部门对于合同文本的业务审查意见；
（二）涉外合同须提供中、外文对照文本；
（三）学校法制工作办公室认为应当提交的其他有关合同签订的材料。

学校法制工作办公室应当在收到送审材料后3～5个工作日内完成合法性审查，必要时出具审查法律意见书。如遇重大事项或其他特殊情况，可适当延长审查期限。

学校法制工作办公室合同审查原则上只申请一次，如涉及交易内容、交易方式的重大调整，应在调整后重新申请审查。

第二十八条 合同承办单位和承办人应当在充分理解审查意见的基础上,就所提意见或建议与合同相对人充分协商,确定具体修改方案。

第二十九条 合同签订应当由学校法定代表人或分管校领导签署,合同承办单位主要负责人应当作为经办人在合同上签名。

第三十条 合同文本应当加盖学校印章,其中,经济合同由采购中心加盖经济合同专用章,科研合同由科研院加盖科研合同专用章,其他合同由校长办公室加盖学校公章。

采购中心、科研院应当设有专人负责合同专用章的管理和使用。

第三十一条 申请加盖公章的合同文本,应当确保内容完整,不允许有涂改。确需涂改的,应经合同各方盖章确认。

合同盖章应当加盖骑缝章,骑缝章应当清晰、完整。

第三十二条 合同文本加盖公章后,应当在印章管理部门留存一份,印章管理部门应当将妥善保管对外签订的合同文本。

第三十三条 合同文本须报经有关主管部门审查或备案的,应当履行相应的程序,合同承办单位和承办人应当确保经审查或备案的合同文本与其他各方留存的合同文本一致。

第四章 合同履行

第三十四条 合同签订并生效后,合同承办单位应当遵循诚实信用原则,严格按照合同约定履行合同义务,并指派专人负责跟踪合同具体履行情况,敦促合同相对方积极履行合同义务,确保合同全面履行。

第三十五条 合同承办单位在合同履行过程中应当关注合同实际履行状况,发生违反合同约定的情形,应当及时纠正并保留相应的证据,一旦发生严重违约或根本违约情形,应当及时将有关情况向合同归口管理部门报备。

第三十六条 合同履行过程中,如因政策调整、市场变化等客观因素,或因原合同约定不明,需要对原合同相应条款进行修改、补充的,应以书面形式进行,并参照本办法第三章规定的合同签订的相关规定办理。

第三十七条 合同承办单位应当按照合同约定的期限及时向学校财务部门申请办理费用支出、结算,学校财务部门应审核合同有关付款条款,按照合同约定付款;学校为收款方的,承办单位应当依据合同约定及时敦促相对方支付款项,并及时向学校财务部门跟进收款情况。

第三十八条 合同履行过程中,合同相对方发生经营状况严重恶化、转移财产、抽逃资金、逃避债务或其他可能丧失履约能力情形的,合同承办单位应当及时上报,立即采取相应措施,中止履行直至解除合同,降低学校损失。

第三十九条 合同履行过程中发生纠纷的,合同承办单位应及时妥善处理,协商解决。经协商无法解决的,应及时上报,必要时提请学校法制工作办公室通过仲裁或诉讼方式解决,合同承办单位和归口管理部门予以配合。

第四十条 合同履行过程中,归口管理部门有权随时抽查承办单位的合同履行情况,对于合同履行存在问题的,应责令承办单位予以改正;若发现合同履行存在重大问题或风险,应及时上报,必要时向学校法制工作办公室咨询,采取相应对策。

第四十一条 合同履行完毕后,合同承办单位应当及时向归口管理部门报告合同履行情况及结果,并完成归档工作。

第四十二条 合同承办单位或归口管理部门就合同履行事宜向学校法制工作办公室咨询或拟提请法制工作办公室通过仲裁或诉讼方式解决的,应根据《东南大学法制机构工作实施管理办法》规定的流程办理。

第五章　合同信息管理

第四十三条　合同承办单位应当负责连续收集和妥善保管合同洽谈、签订、履行、变更、解除及纠纷处理过程中形成的全部资料,包括但不限于合同文本、补充协议、纪要或备忘录、主体资格及资质证明材料、校内审查文件、交货凭证、验收文件、往来函件、数据电文、支付凭证等材料。

合同履行完成后,合同承办部门应将上述材料作为合同档案的组成部分,与合同一并备案、存档。

第四十四条　合同承办单位及归口管理部门应当加强合同登记管理和档案保存工作,建立相应的合同连续编号制度和档案管理制度。

第四十五条　未经批准,任何人在合同签订前不得以任何形式泄露与合同签订、合同履行相关的工作秘密或商业秘密,禁止与合同相对方进行权钱交易。

第四十六条　重大合同档案应当按照学校档案管理规定由合同承办单位和合同归口管理部门进行归档。

第六章　奖惩规则

第四十七条　在合同管理过程中,有下列情形之一的,视情节轻重,对主管人员或直接责任人员依照学校有关规定给予相应处分,涉嫌违法犯罪的,移送司法机关追究相应的法律责任:

（一）未经授权、超越授权范围或授权期限终止后擅自以学校名义签订合同的;

（二）未经许可,以学校部门或不具有独立法人资格的附属单位名义签订合同的;

（三）违反项目经费支出预算或国家财经法律法规、学校财务规章制度签署合同的;

（四）提供虚假资料或虚构事实签署合同的;

（五）与合同相对方恶意串通,损害学校利益的;

（六）遗失或者擅自销毁合同文本或者在合同履行过程形成的各种函件、单据等其他有关文件,造成学校利益损失的;

（七）因故意或重大过失造成学校损失的;

（八）法律法规或学校规章制度规定的其他情形。

第四十八条　因合同管理过程中故意或重大过失造成学校损失的,学校有权对相关责任人追究民事赔偿责任。

第四十九条　在合同管理过程中,对于及时发现问题,采取补救措施避免学校损失的,学校视情况给予奖励。

第七章　附　则

第五十条　学校举办或设立的具有独立法人资格的单位或机构,可参照本管理规定制定相应的合同事务管理办法实施细则。

第五十一条　本办法由校长办公室负责解释。

第五十二条　本办法自颁布之日起实施,学校原有规定与本办法不一致的,以本办法为准,本办法未作具体规定的,执行学校相关规定。

校发〔2019〕235号

东南大学横向科研项目经费管理办法

2019 年 5 月 16 日

第一章 总 则

第一条 为了促进科技成果转化为现实生产力,规范科技成果转化项目管理,进一步提高科研人员参与科技成果转化的积极性,根据《中华人民共和国促进科技成果转化法》、《关于进一步完善中央财政科研项目资金管理等政策的若干意见》(中办发〔2016〕50 号)、《教育部科技部关于加强高等学校科技成果转移转化工作的若干意见》(教技〔2016〕3 号)、《中华人民共和国合同法》、国发〔2018〕25 号文、财税〔2018〕58 号文、《东南大学促进科技成果转移转化管理办法(暂行)》以及《东南大学科技经费管理办法》,结合我校实际情况,特制定本办法。

第二条 本办法规定的横向科研项目合同指当事人就技术开发、转让、咨询、服务等而订立的确立合同各方相互之间权利和义务的合同。关于作价入股的管理办法另行制定。具体而言:

(一)技术开发合同是指当事人之间就新技术、新产品、新工艺或者新材料及其系统的研究开发所订立的合同。技术开发合同包括委托开发合同和合作开发合同。

(二)技术转让合同包括专利技术、计算机软件著作权、集成电路布图设计专有权、植物新品种权、生物医药新品种,以及科技部、财政部、税务总局确定的其他技术成果的转让、授权许可合同。

(三)技术咨询合同包括就特定技术项目提供可行性论证、技术预测、专题技术调查、分析评价报告等合同。

(四)技术服务合同是指当事人一方以技术知识为另一方解决特定技术问题所订立的合同,不包括建设工程合同和承揽合同。

本办法规定的技术转让合同,特指实验室小试成果方面的转让,不负责该成果的转化、技术推广或产业化工作。科技成果转化及产业化合同管理办法另行制定。

第二章 收入和支出管理

第三条 横向科研项目经费的支出采用预算制管理。横向科研项目的预算需在立项时提交,凡合同中有约定或拨款单位已明确项目管理办法或财务管理办法的,按合同或拨款单位规定执行(其中间接费用部分必须满足学校和相关院系的最低要求 12%~16.5%);凡合同中没有约定的,项目预算按学校科研经费管理办法执行。

第四条 横向科研项目经费由直接费用和间接费用组成。

(一)直接费用是指在项目实施过程中发生的与之直接相关的费用。主要包括:设备及材料购置及维护费、燃料动力费、实验室改装费、差旅费、会议费、国际合作与交流费、出版/文献/信息传播/知识产权事务费、外协经费、科研业务活动经费、劳务费、课题组在职人员的绩效奖励和其他费用。

其中,科研业务活动经费应本着"必需、节俭、适当"的原则使用,在科研经费"放管服"的条件下,具体实施细则另行制定。

劳务费不设比例控制,参与项目的学生、博士后、临时聘用人员、专职科研人员 B 类、专职科研人员 C 类等在我校无工资性收入的人员。绩效支出是指用于参与项目研究的在职人员的绩效奖励。

直接费用中的会议费和差旅费报销参照《东南大学会议费核算管理办法(暂行)》和《东南大学差旅费

管理办法(暂行)》等相关规定严格执行。

(二)间接费用是指项目承担单位在组织实施项目过程中发生的无法在直接费用中列支的相关费用。主要包括用于学校公共成本补偿的学校间接费用和院系成本补偿的院系间接费用等。

(三)横向科研项目经费按项目类型分配比例规定如下：

1. 技术开发及技术咨询、技术服务合同：

	学校资助项目	分配比例
间接费用	学校间接费	9.8%
	院系行政办公经费	1.1%～3.35%
	院系主任基金	1.1%～3.35%
	小计	12%～16.5%
绩效支出		≤30%

2. 技术转让、许可合同：

(1)技术转让、许可合同项目经费,项目负责人可以一次性选择提取现金奖励绩效奖励部分占总经费的比例,提取现金奖励部分经费按下表切块：

	学校资助项目	分配比例
间接费用	学校间接费	10%
	院系行政办公经费	2.5%
	院系主任基金	2.5%
	学校科技成果转化基金	5%
	小计	20%
现金奖励		80%

注：依据财税〔2018〕58号文规定：现金奖励是指取得科技成果转化收入三年(36个月)内奖励给科技人员的现金。可按50%计入科技人员当月"工资、薪金所得"，依法缴纳个人所得税。

(2)不选择现金奖励的经费,按项目形式立项：

	学校资助项目	分配比例
间接费用	学校间接费	9.8%
	院系行政办公经费	1.1%～3.35%
	院系主任基金	1.1%～3.35%
	小计	12%～16.5%
绩效支出		0

第五条 横向科研项目经费预算一经制定,应严格按照预算开支经费,原则上不予调整。确有必要调整的,须提交预算调整申请表,其中绩效支出和科研业务活动经费只能调减。经委托方确认,科研管理部门审批后方可执行；委托方没有要求的,科研管理部门审批后方可执行。

第六条 横向科研项目经费应严格按照预算和合同约定以及有关财经法规的要求及相关标准使用和管理,不得擅自调整外拨资金,不得利用虚假票据套取资金,不得通过编造虚假合同、虚构人员名单等方式虚报冒领劳务费和专家咨询费,不得通过虚构测试化验内容、提高测试化验支出标准等方式违规开支测试化验加工费,不得随意调账变动支出、随意修改记账凭证、以表代账应付财务审计和检查。

第三章 结题与结余经费管理

第七条 所有项目完成后,必须在项目合同规定的时间内及时办理结题结账手续。对无正当理由逾期不办理结账手续的科研项目,学校财务部门有权根据科研管理部门的通知予以结题结账。

(一)联合研究、委托开发类项目在确认项目已经完成,并通过验收,且科研合同款全部到位后,应由项目负责人在三年内向科研管理部门提交项目结题资料,办理结账手续。

(二)技术咨询、技术服务类项目,须在合同有效期满一年内办理结题结账手续。

(三)技术转让类项目,在办理科研到款入账的同时可办理结题手续。

第八条 对于结题的横向科研项目,项目负责人应全面清理经费收支和应收应付等款项。暂付款尚未结清的,应在结题之前全部报销或归还。

第九条 对于横向科研项目结题和经费结算,按《东南大学科研项目结余经费管理办法》(校发〔2016〕309号)执行。

第四章 科技成果转化项目的现金奖励及个税政策

第十条 现金奖励是指学校在取得科技成果转化收入三年(36个月)内奖励给科技人员的现金。学校明确以技术转让或许可方式转化职务科技成果的,按技术转让或许可所得净收益的80%用于奖励;根据国发〔2018〕25号文精神,科研人员获得的职务科技成果转化现金奖励计入学校当年绩效工资总量,但不受总量限制,不纳入总量基数。

第十一条 依照相关文件精神,对于科技人员成果转化现金奖励的个税执行"减半"优惠,具体办法由学校与税务机关商定后执行,并按规定向税务机关履行备案手续。

第五章 附 则

第十二条 本办法由学校科研院、社会科学处与财务处负责解释。

第十三条 本办法自公布之日起执行。若学校原有规定与本办法不一致处,按本办法执行。

校发〔2019〕121号

东南大学基本建设、修缮工程竣工结算审计办法

2019年1月9日

第一条 为了进一步加强对我校基本建设、修缮工程的监督和管理，维护学校利益、促进资金管理、提高投资效益，根据《审计署关于内部审计工作的规定》(2018年中华人民共和国审计署令第11号)、《教育部关于加强直属高校建设工程管理审计的意见》(教财〔2016〕11号)和学校相关规定，制定本办法。

第二条 凡使用政府及主管部门投资资金、学校自筹资金、学校下属单位(含二级财务核算单位、非独立法人实体)自筹资金、科研经费等资金从事我校基本建设、修缮工程的项目，其竣工结算审计执行本办法。

第三条 适用本办法的各类工程包括：基建工程，装饰工程，房屋建筑物的加固、改建、改造、维修工程，校内场地、道路、管道、围墙等室外维修工程，绿化工程以及其他公用设施等工程。

第四条 学校工程项目管理部门应在年初向审计处提交由学校批准的年度基本建设计划和重点修缮工程计划，便于审计处统筹安排年度审计计划。

第五条 学校签订的工程项目合同：经过招标的项目，按招标要求签订合同；未经招标的项目，原则上不能签订固定总价合同，工程项目管理部门对于各单项工程单价有初步审核的责任，计价原则为按照《建设工程工程量清单计价规范》的有关规定执行，结算审计中如果发现有违反规定的，一律予以纠正。

第六条 对于工程项目合同金额在5万元以下的项目，采取登记备案制。工程竣工后由工程项目管理部门负责该类项目审核确认，到审计处登记备案后，直接办理财务结算手续。

对于工程项目合同金额在5万元(含5万元)以上的项目，审计处负责实施审计。未经学校审计处审计的基建工程和修缮工程项目，财务和有关部门不得办理转账结算手续。

第七条 本年度需结算的工程项目，必须在当年11月10日以前向审计处提交工程项目完整的竣工结算资料，逾期不报，不能保证当年完成结算审计工作。

第八条 各类工程建设项目竣工验收后，工程项目管理部门应对施工单位的竣工结算进行初审，并及时向审计处提交竣工结算的完整资料。工程项目管理部门对竣工结算送审资料的完整性、真实性、有效性负责。

工程项目管理部门在竣工结算审计送审时，应提供下列相关文件资料：

1. 学校相关竣工验收表、工程项目管理部门竣工结算初审报告、报审表等；
2. 工程招标文件、工程量清单编制说明、工程量清单以及相关资料；
3. 按学校相关规定实行议标工程项目的相关资料；
4. 施工单位的投标文件(含软件版)等相关资料；
5. 工程施工合同及补充协议；
6. 施工图纸、施工图会审记录、竣工图纸；
7. 工程设计变更和签证；
8. 施工单位的工程结算书(含软件版)、工程量计算书(含软件版)；
9. 建设单位自行采购设备、主要材料的合同、清单以及施工单位领用甲供材料汇总表；
10. 建设单位专业分包工程合同及清单；
11. 施工企业资质证书及取费证书；
12. 与该工程审计有关的其他文件资料。

第九条　审计处工程结算初审工作结束后,出具审核报告(征求意见稿),与工程项目管理部门及施工单位交换审计意见,交换意见的方式可以采用征求意见函的形式或当面征求意见。工程项目管理部门及施工单位对审核报告无异议时,应在《东南大学工程造价结算审计审定表》上签字、盖章,确认工程结算审计结果。根据工程项目管理部门和施工单位签字、盖章确认的审计结果,审计处出具正式审计报告,由工程项目管理部门(甲方)依据审计报告办理财务结算相关事宜。

第十条　为了正确反映工程的实际造价,甲供材料价款应计入工程造价,由工程项目管理部门依据审计结果与施工单位进行材料结算。

第十一条　为了防范结算审计风险,各类工程预付款和工程进度款支付应按合同约定支付,累计支付价款原则上不得超过合同约定额度,如需超合同支付须经校基本建设领导小组讨论决定。

第十二条　各类工程的竣工结算审计工作,由学校审计处统一归口管理。学校审计处应根据实际情况及时组织安排自行审计或者委托社会中介机构进行审计,审计的相关费用按照有关规定支付。

具有独立法人资格的经济实体和事业单位的相关基本建设、修缮工程项目可参照本办法执行,相关单位可以在审计处招标入围社会中介机构名单表中自行选择进行委托审计,所产生的审计费用自理。

第十三条　各类工程项目的竣工结算工作必须坚持实事求是、依法合规的原则,严格禁止施工单位高估冒算、弄虚作假的工程结算现象,否则由于种种不良行为造成的后果由施工单位承担。当竣工结算审计的核减率超过5%时,其审计费用全部由施工单位承担;当竣工结算审计的核减率在5%(含5%)以下时,其审计费用由建设单位承担。审计费用的计算按江苏省物价局关于工程造价咨询服务收费标准的相关规定执行。

工程项目管理部门应将本条款作为专用条款列入工程施工承包合同,作为工程费用结算与支付的依据之一。

第十四条　对于合同金额在5万元以下的工程项目,审计处实行登记备案制,并采用抽样审计的方式进行管理。抽审实行定期和不定期相结合,工程实施当年采取不定期方式对重点关注项目进行抽审;同时,第二年上半年定期对前一年的项目进行集中抽审,抽审总比例不低于起点以下项目总数的20%。

在抽审过程中,若发现将工程项目有意人为拆分的行为,将追究相关部门领导和人员的责任。抽审项目核减比例过大的,将给相关工程项目管理部门发送加强管理的整改建议书,并在全校一定范围内公示抽查结果,必要时还将追究相关部门和当事人的经济责任,并给予相应的处理、处罚。

第十五条　本办法由学校审计处负责解释。

第十六条　本办法自发布之日起执行,《东南大学基本建设、维修、装饰工程竣工结算审计办法》(校通知〔2011〕89号)同时废止,学校已颁布的其他相关文件与此相抵触的以本办法为准。

校发〔2019〕11号

东南大学基建工程设计直接委托管理办法

2019年8月27日

第一章 总 则

第一条 为提升学校校园建筑品质,发挥东南大学一流建筑学科优势,镌刻与传承东大文化特色,高起点、高站位保障"双一流"战略实施,依据国家相关法律法规及《江苏省政府关于促进建筑业改革发展的意见》(苏政发〔2017〕151号),结合学校实际,制定本办法。

第二条 本管理办法旨在鼓励引入一流设计大师负责学校建设项目的设计工作,直接发包给以建筑专业院士、国际或国内一流设计大师为主创设计师的设计单位。

第三条 本管理办法中直接委托设计的项目为建筑功能或形体有特殊要求的、大型建设项目、纪念性建筑或标志性建筑,以及其他具有重大纪念意义的构筑物及校园景观。

第四条 委托设计的范围包括工程项目的方案设计、初步设计、施工图设计、有关专项深化设计和控制审核(包括相应的投资造价文件)、施工期的设计服务与质量控制等。

第二章 工作流程

第五条 基本建设处根据项目需要,发起直接委托大师设计的书面申请,报校基本建设领导小组批准。

第六条 在拟委托项目的立项报告书中,明确直接委托大师设计,并报建设主管部门批准立项(备案)。

第七条 东南大学校园规划与建设专家咨询委员会委员、建筑学院学术委员会、基本建设处可提名推荐拟委托设计项目的设计大师人选,经校园规划与建设专家咨询委员会协商并表决同意后,由分管校领导签字后实施。

第八条 设计大师及其团队针对项目工程的特点提出不少于两个方案,由基本建设处会同东南大学校园规划与建设专家咨询委员会组织进行咨询比选并分别提出书面咨询意见,报请校长办公会选定设计方案。

第九条 设计方案确定后,学校与大师所在设计单位签订项目设计合同。按照优质优价原则,对设计大师领衔设计并为项目设计负责人的项目,设计费的确定原则应以国家现行勘察设计收费标准为基础,根据项目规模与复杂程度,由基本建设处、审计处、采购中心等相关部门组成谈判小组,在校招标监督小组的监督下,共同与设计单位进行谈判确定。

第十条 学校充分尊重设计单位的创新主体地位,尊重设计大师的自主性和独立性,以共同保证设计质量。

第十一条 设计大师担任合同项目的项目负责人,不得准许他人以本人名义执行业务。设计大师应亲自参加项目方案、初步设计等评审会议。

第三章 附 则

第十二条 本办法自公布之日起实施。如本办法中相关条款与国家现行法律法规相抵触的,则按国家现行法律法规执行。

第十三条 本办法由基本建设处负责解释。

校发〔2018〕211号

东南大学家庭经济困难学生认定工作办法

2019年6月28日

第一章 总 则

第一条 为做好我校家庭经济困难学生资助工作,进一步提高学生资助精准度,根据《教育部等六部门关于做好家庭经济困难学生认定工作的指导意见》(教财〔2018〕16号)的精神,结合我校实际情况,制定本办法。

第二条 本办法适用于我校注册的有正式学籍的全日制预科生、本科生和研究生。

第三条 本办法所称的家庭经济困难学生是指本人及其家庭的经济能力难以满足其在校期间的学习和生活基本支出的学生。

第四条 本办法所称的家庭经济困难学生认定,是指学校对提出申请国家教育资助的学生,按规定的工作程序和认定分析方法,核实学生的家庭经济状况,确定其是否为家庭经济困难学生,并对其家庭经济困难程度进行分级的行为。

第五条 家庭经济困难学生认定结果作为学校贯彻落实政府各项资助政策和实施学校资助措施的主要参考因素。

第六条 家庭经济困难学生认定工作应坚持实事求是、客观公平,坚持定量评价、定性评价与民主评议相结合,坚持公开透明与保护隐私相结合;坚持积极引导与自愿申请相结合。

第二章 认定机构与职责

第七条 学生资助工作领导小组领导、监督家庭经济困难学生认定工作,学生资助管理中心具体负责组织、管理全校家庭经济困难学生的认定工作,学生培养单位认定工作组负责认定的具体组织和审核工作;年级(专业或班级)认定评议小组开展民主评议工作。学生培养单位认定工作组由学生培养单位分管学生工作的党委副书记为组长,班主任、辅导员代表等相关人员组成;年级(专业或班级)学生认定评议小组由班主任、辅导员、学生代表等组成。

第三章 认定依据和等级

第八条 家庭经济困难学生认定依据。

(一) 家庭经济因素。主要包括家庭收入、财产、债务等情况。

(二) 特殊群体因素。主要指是否属于建档立卡贫困家庭学生、最低生活保障家庭学生、特困供养学生、孤残学生、烈士子女、家庭经济困难残疾学生及残疾人子女等情况。

(三) 地区经济社会发展水平因素。主要指校园地、生源地经济发展水平、城乡居民最低生活保障标准,学校收费标准等情况。

(四) 突发状况因素。主要指遭受重大自然灾害、重大突发意外事件等情况。

(五) 学生消费因素。主要指学生消费的金额、结构等是否合理。

(六) 其他影响家庭经济状况的有关因素。主要包括家庭负担、劳动力及职业状况等。

第九条 认定等级。

我校实施家庭经济困难学生三级认定,设置一级、二级、三级家庭经济困难学生。

一级是家庭经济特别困难学生,主要指学生及其家庭没有能力提供其在校期间学习和生活基本支出。

二级是家庭经济比较困难学生,指学生及其家庭仅能提供其在校期间部分学习和生活基本支出,其余部分需要依靠国家资助政策补充。

三级是家庭经济一般困难学生,指学生及其家庭能提供大部分,但尚不能完全提供其在校期间学习和生活基本支出。

第四章 认定程序

第十条 家庭经济困难学生认定工作原则上每学年进行一次,家庭经济困难学生认定工作于每学年开学时进行,完成家庭经济困难学生认定工作。认定程序如下:

(一)提前告知。学校应通过有效方式,向学生告知家庭经济困难学生认定工作事项。

(二)学生申请。学生自愿如实填写"东南大学家庭经济困难学生认定申请表",提出认定申请,并提交班级认定评议小组进行民主评议。学生应对所填信息的真实性负责。下列情况可附相关证明材料:建档立卡贫困家庭学生、最低生活保障家庭学生、特困供养学生、孤残学生、烈士子女、家庭经济困难残疾学生及残疾人子女等。

(三)学校认定。学校认定小组根据学生或监护人提交的"东南大学家庭经济困难学生认定申请表"进行核实,除参考相关证明材料外,还可采取家访、个别谈话、大数据分析、信函索证、量化评估、民主评议等方式进行核实。认定过程中应尊重和保护学生隐私,严禁让学生当众诉苦、互相比困。

年级(专业或班级)学生认定评议小组负责对申请学生开展民主评议工作,初步提出本年级(专业或班级)各等级家庭经济困难学生名单,报学生培养单位认定工作组审核。

学生培养单位认定工作组负责审核年级(专业或班级)认定评议小组提出的学生名单,报学生资助管理中心核准。

学生资助管理中心负责核准和汇总各学生培养单位学生名单,提出全校各等级家庭经济困难学生名单,报学生资助工作领导小组批准。

学生资助工作领导小组领导、监督家庭经济困难学生认定工作。

(四)结果公示。学校采取适当方式,在适当范围内公示家庭经济困难学生认定名单及等级,接受监督并及时回应有关认定结果的异议。公示时,严禁涉及学生个人敏感信息及隐私,公示期结束及时去除信息。

(五)建档备案。学生资助管理中心汇总家庭经济困难学生名单,连同学生申请材料统一建档,并按要求录入全国学生资助管理信息系统。

第十一条 家庭经济困难学生认定结果有效期为一学年。新学年开始,学校重新组织学生申请并开展认定工作。

各学生培养单位要严格按学校要求开展家庭经济困难学生认定结果复核和动态调整工作,随时关注学生家庭经济情况的变动,及时调整家庭经济困难等级,更新家庭经济困难学生信息档案。

已被认定为家庭经济困难的学生,其家庭经济状况发生显著变化的,应及时告知学校,学校应重新评估学生家庭经济状况,确定其是否为家庭经济困难学生或调整其困难等级。

未被认定为家庭经济困难的学生,其家庭经济状况发生显著变化的,应及时告知学校,并提出申请,学校应评估该学生家庭经济状况,确定其是否为家庭经济困难学生并确定困难等级。

第五章 相关责任

第十二条 各学生培养单位要加强学生资助信息安全管理,不得泄露学生资助信息。

第十三条 加强学生的诚信教育,要求学生如实提供家庭经济情况,并及时告知家庭经济变化情况。

如发现有恶意提供虚假信息的情况,一经核实,学校要及时取消学生的认定资格和已获得的相关资助,并追回资助资金。

第十四条 各学生培养单位每学年应不定期地随机抽取一定比例的家庭经济困难学生,通过信件、电话、实地走访等方式进行核实,同时定期通过一卡通消费情况,了解学生在校生活情况。

第六章 附 则

第十五条 本办法由东南大学学生资助管理中心负责解释。

第十六条 本办法从发布之日起实施。

校发〔2019〕176号

东南大学教师岗位聘用聘期考核办法(修订)

2019 年 1 月 14 日

为全面贯彻党的教育方针,培养造就一支师德高尚、业务精湛、结构合理、充满创新活力的高素质专业化教师队伍,为建设"双一流"大学奠定坚实基础。根据国务院《事业单位人事管理条例》、教育部《关于深化高校教师考核评价制度改革的指导意见》的要求,结合学校的实际情况,特对《教师岗位聘用聘期考核办法(修订)》(校通知〔2017〕239 号)进行修订。

一、聘期考核的目的

教师聘期考核是学校教师选聘、晋升、薪酬、奖惩等人事管理的基础和依据,也是调动教师工作积极性、主动性的"指挥棒"。作为学校综合改革的重要内容和实现"双一流"建设的迫切需要,深化教师聘期考核对于新时期推动教学改革、提高教育质量、坚持正确科研导向、促进科研成果转化、开展创新创业、人才培养和社会服务,具有全局性和基础性影响。聘期考核旨在鼓励教师发挥优势,创新创优,取得突出成果,培养造就一支师德高尚、业务精湛、结构合理、充满活力的高素质专业化教师队伍。

二、聘期考核的原则

1. 全面性原则

在教师岗位聘用聘期考核中,必须对教师进行全方位、多层次的考核。不仅要考核教师的业务知识水平、科研能力和教学工作实绩,还要考核教师的思想政治表现、职业道德、组织纪律、团结协作精神和创新意识等。

2. 客观性原则

在全面考核的前提下,要重点考核教师的工作实绩。客观进行考核其在教学、科研、育人工作中的成绩和贡献。在坚持考核标准的统一性的前提下,还要照顾到考核对象的差异性;在考核结果的确定上,要实现与考核对象的积极互动,及时反馈不同意见。要将聘期考核与年度考核相结合,将全面要求与尊重个性相结合,尽量体现考核的客观公正。

3. 科学性原则

学院(系)要根据学校统一考核指标体系、考核标准、考评方法等,结合学科的实际,在充分反映教师工作的性质和特点的前提下,可以修正或制定考核的各项指标。考核指标应具有可测性和可操作性,使其不仅要能区分出教师素质高低、能力强弱、贡献大小,还要能反映出被考核对象的特点。如根据教师职务层次的不同、授课类型的不同、专业不同等进行权重分配,以求达到科学合理。

三、聘期考核的对象

凡受聘学校专任教师岗位的均按本办法进行聘期考核(受聘一级教授岗位的教师除外)。受聘于"长江学者奖励计划"特聘教授、东南大学首席教授、东南大学特聘教授等人才计划的教师还需要按聘用合同进行聘期考核。聘用在教师岗位的专职辅导员和"双肩挑"干部参加管理岗位考核,其教学、科研等业务考核可在相应的学科进行。

四、聘期考核的内容

教师聘期考核以"师德为先、教学为要、科研为基、发展为本"为基本要求,其主要内容应包括德、能、勤、绩四个方面。聘期考核应坚持定性考核与定量考核相结合,对德、能、勤三个方面采用定性考核办法,而对于教师的业绩则采用定量考核的办法。

将师德考核摆在教师聘期考核的首位,严把思想政治素质关,将师德考核贯穿于日常教育教学、科学研究和社会服务的全过程。教师有师德禁行行为的,师德考核不合格,并依法依规分别给予相应处理,实行师德"一票否决"。

高度重视教师教学工作考核,全面提升教师教育教学能力,将教学态度和教学能力等纳入聘期考核内容,在聘期考核中对出现重大教学事故的教师实行"一票否决"。

加强日常管理,把教师遵守各项规章制度和参与学校、单位组织各项集体活动等情况纳入定性考核。

按学校制定的《教师业绩积分计量办法》进行教师业绩的定量考核。加强对教师教学质量的评价工作,教学质量系数应通过教师自评、学生评价、同行评价、督导评价等多种形式相结合的教学质量综合评价来确定。

营造全员全程全方位育人氛围,鼓励教师积极参与学校思想政治工作,激发教师作为学生健康成长指导者和引路人的责任担当,在教师聘期考核中充分体现和反映教师兼任学生辅导员或班主任的工作量。

为充分体现中国特色哲学社会科学在坚持和发展中国特色社会主义进程中的重要作用,推进中国特色"双一流"建设,根据东南大学《关于〈求是〉、〈人民日报〉理论版、〈光明日报〉理论版文章认定的通知》,在《求是》杂志上发表的文章按学科最高级刊物论文计;在《人民日报》理论版或《光明日报》理论版上发表有创新的高水平理论研究文章(2 000字以上),等效国内核心刊物论文。

突出社会效益和长远利益,综合评价教师参与学科建设、人才培训、科技推广、专家咨询和承担公共学术事务等方面的工作。鼓励引导教师积极开展科学普及工作,提高公众科学素质和人文素质。鼓励引导教师主动推进文化传播,弘扬中华优秀传统文化,发展先进文化。充分认可教师在政府政策咨询、智库建设、在新闻媒体及网络上发表引领性文章方面的贡献,结合教师承担岗位外的一些事务性工作以及一些特殊工作需要,学院(系)可以增加相应评价指标。

《教师业绩积分计量办法》作为学校教师业绩考核的定量指标,但由于学科的差异,学院(系)应按学校的考核目的和原则根据本单位的实际情况对考核指标、考核标准进行适当调整或自行制定适合本单位的考核标准,报学校批准后实施。

五、聘期考核的程序

1. 填写考核信息表。个人网上填写教师积分考核表,提供采信依据。

2. 审核。院(系)、科研单位、直(附)属机构及有关职能部门对教师填写的所完成的教学、学生指导、科研、论文等工作情况进行审核。

3. 述职。参加考核人员按要求在一定范围内对自己聘期内履行岗位职责情况进行述职。

4. 群众评议。基层党组织负责组织对教师定性考核部分评价,可采用座谈会、评议会、个别谈话、问卷调查、民主测评等方式,充分听取其他教师和学生意见进行评定。

5. 专家评议。各单位岗位考核聘用委员会组织一定的校内外专家对参加考核人员进行评议,对其履行岗位职责及工作绩效进行认定,初步确定考核结果,写出具体评语,并针对如何改进出现的问题提出建议和要求,为教师的专业发展提供全面有效的指导和服务,帮助教师扬长避短,使学校的教学科研工作朝着既定目标发展。

6. 反馈。将考核结果反馈给考核对象,促使其进一步明确目标、改进工作、提高水平。

7. 考核结果评定。通过党政联席会议集体讨论确定教师聘期考核结果。

8. 公示。在本单位范围内公示教师个人业绩和初步考核结果。

六、聘期考核的等次

1. 聘期考核结果分为三个等次：优秀、合格、不合格。

2. 切实提高师德水平和教育教学能力，努力建设有理想信念、有道德情操、有扎实学识、有仁爱之心的党和人民满意的高素质专业化教师队伍。各单位应综合评价教师在德、能、勤、绩四个方面表现来确定教师聘期考核结果。

3. 聘期内公派出国、援外（疆、藏）、扶贫、挂职、外借、休产假，在规定时间内的按合格及以上等次确定。病假按相关规定执行，其他请假者的聘期考核按正常进行。

4. 优秀等次的建议条件

（1）教师岗位积分在同岗位人员积分排序的前5%及以上，同时学生指导、论文论著、科研三类积分任何一项在同岗位人员积分排序的前15%及以上者。

（2）聘期内教师岗位积分年平均不低于同类岗位人员平均值，且有符合以下条件中任一项者。

聘期内当选为院士、长江学者特聘教授、百千万人才工程国家级人选、国家杰出青年基金获得者、国家级教学名师、国务院享受政府特殊津贴专家、江苏省有突出贡献中青年专家、江苏省"333"人才工程第一层次入选者、全国先进工作者、全国模范教师、省级及以上优秀共产党员（党务工作者）等。

聘期内当选为国家重大研发计划项目负责人、国家科技支撑计划重大及重点项目第一负责人、国防重大和重点项目第一负责人、国家自然科学基金重大和重点项目第一负责人、国家社科基金重大和重点项目第一负责人、教育部哲学社科重大攻关项目首席科学家、国家自然科学基金委创新研究群体第一负责人等。

聘期内在 *Science*、*Nature*、*Cell* 上发表论文（第一作者或通讯作者）1篇、《中国社会科学》上发表论文（第一作者或通讯作者）2篇及以上，或发表行业内认可的高被引或高影响因子论文（第一作者或通讯作者，且非学位论文）等。

聘期内获得国家级科技三大奖（一等奖个人排名前3名、二等奖个人排名前2名）、教育部人文社科优秀成果奖（一等奖个人排名前2名、二等奖个人排名第1名）、省部级科技奖（一等奖个人排名第1名）、江苏省哲学社科优秀成果奖（一等奖个人排名第1名）、国家教学成果奖（特等奖个人排名前2名、一等奖个人排名第1名）等。

（3）院（系）等各单位可根据学科特点，自主设定的其他优秀建议条件。

5. 聘期内有年度考核为基本合格及以下，聘期考核结果不能定为优秀。

6. 不合格等次的确定

聘期内有下列情形之一者，聘期考核为不合格。

（1）师德考核不合格者。

（2）不能履行岗位职责，存在以下情形之一，经学校岗位考核聘用委员会讨论未达到岗位目标规定要求：聘期内未达到每学年本科生课堂教学工作量满32课时的要求；聘期内每年年均总积分均处于同岗位人员（教授岗、副教授岗、讲师及助教岗）积分排序的后10%及以下。

（3）缺乏履行岗位职责的能力，不能胜任本职工作或不服从组织分配，不认真履行岗位职责，经批评教育不改者。

（4）无正当理由不参加聘期（年度）考核者，当年年度考核不合格。

（5）擅自离岗（旷工）连续7天及以上或聘期内累计超过15天。

（6）无故不参加学校和单位组织的政治学习和各项集体活动、公益劳动，聘期内累计达三分之一及以上者。

（7）在考核、聘任、职务晋升或其他工作中向单位提供虚假材料者，以及负有直接领导责任的负责人。

（8）违反学校有关规定，损害学校利益和声誉，造成严重后果的直接责任人，以及负有直接领导责任者。

（9）在教学、科研工作或教学、科研管理工作中，出现重大事故或管理事故责任人及负有直接领导责任者。

（10）聘期内有两次及以上年度考核不合格者。

（11）聘期内没有年度考核在合格及以上者。

7. 聘期考核不合格者，当年年度考核也为不合格。

七、考核结果的使用

1. 聘期考核结果作为职称（职务）评定、岗位晋级、绩效分配、评优评先、继续培养的重要依据。

2. 聘期考核结果为合格及以上者，下一聘期按不低于上一聘期的岗位继续聘任。

3. 聘期考核结果为不合格者不得在原岗位续聘，学校岗位考核聘用委员会将依据具体情况对其作出调整岗位、低聘或解聘的决定。低聘者若下一聘期在所聘岗位上考核合格及以上，可在新一轮聘任中申请竞聘原岗位，不合格者予以解聘。调整岗位者若年度考核不合格，应予解聘或辞退。

4. 聘期内已连续两年年度考核被确定为不合格等次，学校岗位考核聘用委员会有权调整其岗位，若不服从组织安排，或者重新上岗后年度考核仍不合格的，原则上予以解聘或辞退。

八、投诉与申诉

1. 在聘期考核结果公示后 2 周内全校教职工有权就被聘人员的考核结果和各级考核聘用委员会的工作向学校岗位考核、聘用申诉委员会提出投诉与申诉。

2. 投诉与申诉应以书面形式提出，学校岗位考核、聘用申诉委员会受理投诉与申诉后，须就投诉与申诉进行调查核实，写出书面报告，由学校岗位考核聘用委员会做出最后裁决。

九、其他说明

聘期考核合格要求的每学年本科生课堂教学工作量满 32 课时的条件，在 2018 年教师岗位业绩考核中作为过渡条件，不达要求者可附情况说明上报学校讨论决定。

十、本办法自下发之日起执行，原与此相抵触的有关规定同时废止

十一、本办法由人事处负责解释

附件：教师业绩积分计量办法

附件

教师业绩积分计量办法

本办法的积分计量内容分为教学积分、学生指导积分、论文论著积分、科研积分四大类积分,累计总分作参考。其中教学积分含课堂教学、教改与课程建设、教学类获奖积分和教学事故扣分;学生指导含学生及青年教师指导、指导学生论文获奖积分;论文、论著积分含专著、教材、论文积分;科研积分含科研项目与经费、科研获奖、专利及成果转化积分、科研事故扣分;临时性评价指标另计积分。

一、课堂教学

课堂教学指教学当年度内完成的本科及研究生课堂授课(课堂教学、实习、实验课、课程设计、体育训练等)时数 M,$M = N \times K_1 \times K_2$($N$ 为实际授课时数,K_1 为讲课修正系数(表1),K_2 为教学质量系数,取值 0.5~2.0,由单位综合网上评教、督导组等各方意见认定)。按公式($M \div 160$)$\times 500$ 计分。

表1 讲课修正系数表

类别	项目		修正系数
授课人数	本科生	70人以下	1
		70~120人	1.2
		120人以上	1.3
	研究生	10人及以下	0.8
		10人以上	同本科生系数
授课方式	习题课		院系按实际情况动态调整,修正系数1~2可调
	开新课		
	实习、实验课、课程设计		
	上机指导、随堂实验		
	体育训练		
	用外语授课		
	企业课程		
课程类型	研究生学位课		1.1
	本科生基础课、主干课		
	选修课		院系按实际情况动态调整,修正系数1~2可调
	大学外语课、研究生外语		
	公共政治、数学		
	体育课		

二、学生及青年教师指导

以聘期内当年度招收的学生数、指导的青年教师及博士后数计分,其中招收培养一名博士生计100

分,招收培养一名硕士生、指导一名青年教师(由院系指定,院系管理员操作)、招收指导一名统招统分博士后计80分。协助指导的由导师分配得分,担任本科生班主任计50分。

指导本科生毕业设计(论文)30分/名,指导硕士生毕业论文50分/名,指导博士生毕业论文100分/名(学生限指全日制本科生和研究生,非学历教育各类专业学位研究生、MBA学历生除外)。

聘期内招收培养硕士留学生、招收指导统招统分外籍博士后、指导硕士留学生毕业论文的积分可乘以系数$K=1.5$,招收培养博士留学生、指导博士留学生毕业论文的积分可乘以系数$K=2$。指导学生参加国际级、国家级、省级各类比(竞)赛并获奖的积分奖励如表2(由研究生院、教务处认定为准,院系管理员操作)。

表2 指导学生参加比(竞)赛并获奖的积分奖励   单位:分/项

奖励等级	国际级	国家级	省级
一等奖	1 000	600	400
二等奖	500	300	200
三等奖	200	150	100

指导团队由指导团队负责人根据团队成员实际贡献情况进行分配,个人得分之和不超过总分。指导学生SRTP项目,国家级100分/项,省级50分/项,校重点30分/项,校级20分/项,院级10分/项(以教务处、研究生院认定为准)。

三、教改与课程建设

教改立项(含质量工程项目)按国家级、省级、校级项目分别计500分、200分、20分,由项目负责人根据团队成员实际贡献情况进行分配,个人得分之和不超过总分。

上述项目以教务处、研究生院认定为准,在项目期限内一次性积分。项目任务书(或项目批文)注明为项目独立或牵头、主持,按上述计分;如为参与单位,项目分乘以0.5计分。

四、著作、教材、论文

(1) 著作、教材必须是在聘期内国内外已公开出版发行的。

教材每本计分　　　　　　$P=250\times K\times \lg(1+N)$

译著、编著每本计分　　　$P=250\times \lg(1+N)$

著作每本计分　　　　　　$P=400\times \lg(1+N)$

其中系数K取值:国家规划教材1.4,部委规划教材1.2,学校规划教材1.0,非规划教材0.8,N为每本教材、译著、编著、著作的字数,单位为万字,合作编著由第一负责人根据合作团队成员实际贡献情况进行分配,个人得分之和不超过总分。

(2) 在 Science、Nature、Cell 上发表的论文,第一作者每篇计2 000分,第二作者每篇计900分,第三作者每篇计400分;SCI、SSCI、A&HCI收录论文、《中国社会科学》、文科及管理学科最高级刊物发表的论文(以东南大学专业技术职务评聘条件中认定的为准,由院系管理员在程序中设置)每篇$100\times E$分;EI收录论文每篇60分;在CSCD来源刊物上发表的论文每篇10分,在CSSCI来源刊物上发表的论文每篇30分,每年限计5篇。以上论文均要求第一作者,如为通讯作者,分数减半计算,不重复计算,如第一作者为本人指导的学生,则通讯作者论文可以不减半计算。

其中:E为SCI论文的影响因子或分区等反映论文质量的权重系数,取值1~3,由单位根据学科特点制定该系数的取值并在考核前公布,由院系管理人员统一操作。

(3) 著作、教材、论文必须以东南大学的名义发表。

五、科研项目及经费

(1) 承担国家重点研发计划项目,国家科技重大专项项目,国家自然(社会)科学基金重大项目,合同经费1 000万元以上的科技委创新特区重点项目、军委装备发展部专项项目、国家国防科技工业局项目,获得国家自然科学基金委杰出青年基金资助项目,获得国防科技卓越青年人才基金资助项目1 000分;国家重点研发计划课题,国家科技重大专项课题,国家自然(社会)科学基金重点项目,领域基金(含联合基金)重点项目,合同经费200万元以上的预研项目和科工局一般项目700分;国家社会科学基金其他项目、文科省部级重大重点项目,经费在100万元及以上纵向项目[领域基金(含联合基金)一般项目,军委科学技术委员会一般项目],经费在200万元及以上横向项目400分。项目任务书(或项目批文)注明为项目独立或牵头、主持按上述计分,如为第二参与单位项目分乘以1/2计分、第三参与单位项目分乘以1/3计分、第四参与单位项目分乘以1/4计分、第五参与单位项目分乘以1/5计分。以上分值都作为项目总分P,按负责人及主要贡献者得分为$[2/(M+1)]\times P$,其他人员得分为$[1/(M+1)]\times P$,其中M为合作人数(所有人员的得分之和不超过总分)。以上项目有相应项目经费划拨至学校账户,以科研院认定为准,在项目期限内一次性积分。

(2) 在聘期内教学、科研经费数N(当年总到款数,单位:万元),按$8N\times K_1$计分(其中K_1为项目性质系数,横向:$K_1=1$,纵向$K_1=3$);科研经费以在科技处立项、到校的经费数为准,校内项目下拨经费不计。合作科研由项目负责人根据合作者的具体情况将不超过该项目积分的2/3分配给每个参与者。

六、获奖情况

表3 科研获奖的积分奖励　　　　　　　　　　　　　　　　　　　　　　　　单位:分/项

类别 \ 等级	一等	二等	三等	四等
国家技术发明奖、自然科学奖、科技进步奖	6 000	3 500		
国家级教学成果奖(含课程、教材)	6 000(特等)	3 500(一等)	1 500(二等)	
国家精品课程(含在线开放课程、视频公开课、资源共享课)	1 500			
部、委、省级(教学、科研)	1 500(特等)	1 000(一等)	500(二等)	
市级(含厅级)	200	100	50	
指导学生(本、硕、博)学位论文获奖	省级优秀学位论文100分/项、学校优秀论文30/项。博士按照1.0系数计算,硕士按照0.5系数计算,学士按照0.2系数计算			
各级荣誉奖励	150	50	30	20

注:部、委、省级科研奖励指相对应的发明奖、自然科学奖、科技进步奖,括号内等级为教学成果、优秀课程、教材获奖等级。

同一项成果获多个奖项,或又获得专利时,积分不累加,计最高分。

以上是东南大学为第一获奖单位积分,若东南大学为第二获奖单位,则按原标准的1/2计分;若东南大学为第三获奖单位,则按原标准的1/3计分;若东南大学为第四获奖单位,则按原标准的1/4计分;若东南大学为第五获奖单位,则按原标准的1/5计分。

教学科研类获奖团队由获奖团队负责人根据团队成员实际贡献情况进行分配,个人得分之和不超过总分。

各级荣誉奖励一、二、三、四等分别对应国家、部(委)、市、校级得分。

艺术创作成果(创作获奖、展览)积分、建筑设计类获奖积分等具有明显学科特色的情况,可由相关学院自行制定业绩积分计量标准,报学校审核备案。

七、专利及成果转化

(1) 专利

单位:分/项

专利性质	国际专利授权	国际专利申请	发明专利授权	国家已受理发明专利	实用新型专利授权	外观设计专利授权
每项得分	300	50	200	50	50	30

以上各项必须以东南大学名义获得,否则不予计分,专利合作者个人得分之和不能超过总分。

(2) 成果转化

按学校规定进行科研成果转化,组建科技型企业,成果拥有总得分按成果所产生的效益计分。

单位:分/10万元

一次性转让作价入股(学校持股部分)	30 分	以上交学校为准
学校持股股权红利	50 分	

(3) 专利实施收益达15万元/年得100分,技术转让费达20万元/年得100分(均以到校实际收益为准)。

八、事故(教学、科研)扣分

单位:分/次

Ⅲ级事故(一般)	Ⅱ级事故(重大)	Ⅰ级事故(特大)
300	600	1 000

教学事故的等级认定依据教务处《东南大学本科教学事故认定办法(试行)》,科研事故的等级由科研院认定。

九、临时性评价指标

临时性评价指标为现有教学科研业绩积分的补充,主要包括承担教学管理与服务、党政管理与服务等公共事务工作的附加积分,由部门提出具体的考核指标,报学校审批后实施,原则上不超过个人积分总量的20%。

十、聘期成果计算时限

聘期内完成的成果按聘用年度(三个自然年度)计算,教学工作量则按公布的自然年度(春学期—短学期—秋学期)计算。

校发〔2019〕18号

东南大学教师师德失范行为处理办法(试行)

2019年7月2日

第一章 总 则

第一条 为进一步规范教师履职履责行为,落实立德树人根本任务,保护学生合法权益,努力建设有理想信念、有道德情操、有扎实学识、有仁爱之心的教师队伍,根据《中华人民共和国教师法》《高等学校教师职业道德规范》《教育部关于建立健全高校师德建设长效机制的意见》《新时代高校教师职业行为十项准则》《教育部关于高校教师师德失范行为处理的指导意见》等有关规定,结合学校实际,制定本办法。

第二条 本办法适用于东南大学从事教育教学和科学研究工作的全体教师。

第三条 全校教师师德失范行为的调查处理工作由东南大学教师工作领导小组(简称"领导小组")负责。领导小组下设工作办公室(简称"办公室"),设在党委教师工作部,负责师德失范行为的举报受理等具体工作。

第四条 学校各二级单位的师德师风建设工作组负责本单位师德师风建设工作,领导小组负责对各二级单位师德师风建设工作的考核。

第二章 师德失范行为的界定

第五条 有下列情形之一的,属于师德失范行为:

(一)在教育教学活动中及其他场合有损害党中央权威、违背党的路线方针政策的言行;

(二)损害国家利益、社会公共利益、学校利益,或违背社会公序良俗;

(三)通过课堂、论坛、讲座、信息网络及其他渠道发表、转发错误观点,或编造散布虚假信息、不良信息;

(四)违反教学纪律,敷衍教学,或擅自从事影响教育教学本职工作的兼职兼薪行为;

(五)要求学生从事与教学、科研、社会服务无关的事宜;

(六)与学生发生任何不正当关系,或实施任何形式的猥亵、性骚扰行为;

(七)抄袭剽窃、篡改侵吞他人学术成果,或滥用学术资源和学术影响;

(八)在招生、考试、推优、保研、就业及绩效考核、岗位聘用、职称评聘、评优评奖等工作中徇私舞弊、弄虚作假;

(九)索要、收受学生及家长财物,参加由学生及家长付费的宴请、旅游、娱乐休闲等活动,或利用家长资源谋取私利;

(十)假公济私,擅自利用学校名义或校名、校徽、专利、场所等资源谋取个人利益;

(十一)其他违反高校教师职业道德的行为。

第三章 处理程序

第六条 单位或个人均可向办公室举报教师师德失范行为。举报原则上应以实名形式提出,并提供相关证据材料。

第七条 办公室收到举报或发现涉嫌师德失范行为后,根据涉嫌师德失范行为具体类型,报领导小组批准,组织相应调查。

调查人员存在下列情形之一的,应当自行回避:

(一)与当事人有夫妻关系、直系血亲、三代以内旁系血亲或者近姻亲关系的;

(二)与被调查的事件存在利害关系的;

(三)与当事人有其他关系,可能影响事件公正处理的。

第八条 在调查过程中,调查人员应听取被调查人的陈述和申辩。当事各方均不应公开调查的有关内容。调查人员在调查结束后提交正式调查报告给领导小组。调查报告应包括师德失范行为、调查过程及相关证明材料。

第九条 领导小组审议调查报告,形成对师德失范行为的处理意见。

对师德失范行为的处理,应坚持公平公正、教育与惩处相结合的原则,做到事实清楚、证据确凿、定性准确、处理适当、程序合法、手续完备。

第四章 处理措施

第十条 学校对教师师德失范行为,实行"一票否决"。教师出现违反师德行为的,根据情节轻重,给予相应处理或处分。

(一)情节较轻的,由相关部门和单位给予批评教育、诫勉谈话、责令检查、通报批评,取消其在评奖评优、职务晋升、职称评定、岗位聘用、工资晋级、干部选任、申报人才计划、申报科研项目等方面的资格。担任研究生导师的,由研究生院限制招生名额、停止招生资格直至取消导师资格。以上取消相关资格处理的执行期限不少于24个月。

(二)情节较重应当给予处分的,除适用本条第一项规定外,根据《事业单位人事管理条例》和我校相关规定给予行政处分和其他处理。

(三)情节严重、影响恶劣的,除适用本条第一、二项规定外,由人事处根据《教师资格条例》报请主管教育部门撤销其教师资格。

(四)是中共党员的,由纪委根据《中国共产党纪律处分条例》同时给予党纪处分。

(五)涉嫌违法犯罪的,由相关部门移送司法机关依法处理。

第十一条 最终处理决定应及时送达相关人员和相关单位,并存入个人人事档案和学校师德档案。处理决定可视其情节及影响在一定范围内予以通报。

第十二条 处理决定应当包括下列内容:

(一)受处理教师的姓名、工作单位、原所聘岗位(所任职务)名称及等级等基本情况;

(二)经查证的师德失范行为事实;

(三)受处理的种类、受处理的期限和依据;

(四)不服处理决定的复核、申诉途径和期限;

(五)处理决定机关的名称、印章和作出决定的日期。

第十三条 有下列情形之一的,可以从轻处理:

(一)主动承认错误并积极配合调查的;

(二)主动消除或者减轻不良影响的。

第十四条 有下列情形之一的,应当从重处理:

(一)藏匿、伪造或销毁证据等干扰妨碍调查工作的;

(二)打击、报复举报人或调查人员的;

(三)涉及多种师德失范行为或在受处理期间又出现师德失范行为的。

第五章 复核和申诉

第十五条 对师德失范行为"一票否决"的处理决定不服的,可以自送达处理决定之日起30日内向办公室申请复核。办公室根据处理决定权限,提请领导小组作出复核决定。复核决定应当自办公室接到复核申请后的 30 日内作出,事件情节复杂的,可以适当延长,但延长期限最多不超过 30 日。复核期间不停止处理的执行。

第十六条 有下列情形之一的,应当撤销或变更处理决定:
（一）处理所依据的事实不清、证据不足的;
（二）违反规定程序,影响公正处理的;
（三）对师德失范行为的情节认定有误的;
（四）处理不当的。

第十七条 对复核结果仍不服的,可以自接到复核决定之日起 30 日内,按照规定向有关部门提出申诉。

第六章 处理的解除与延期

第十八条 师德失范行为"一票否决"的处理决定的解除或延期,按照以下程序办理:
（一）教师受处理期满前 30 日内,由本人提出申请,二级单位对受处理教师在受处理期间的表现情况,进行全面了解,形成书面报告,提交办公室;
（二）经领导小组批准,作出解除处理决定或延期处理决定;
（三）将解除处理决定或延期处理决定以书面形式通知本人,并在原宣布处理决定的范围内宣布;
（四）将解除处理决定或延期处理决定存入个人人事档案和学校师德档案。

对于取消导师资格的,解除处理后,相应导师资格不得自动恢复,必须根据情况重新申报、认定或者评选。

解除处理决定、延期处理决定自作出之日起生效。

第七章 问 责

第十九条 相关单位和责任人不履行或不正确履行职责,有下列情形之一的,根据职责权限和责任划分进行问责:
（一）师德师风制度建设、日常教育监督、舆论宣传、预防工作不到位;
（二）师德失范问题排查发现不及时;
（三）对已发现的师德失范行为处置不力、处置方式不当;
（四）已作出的师德失范行为处理决定落实不到位,师德失范行为整改不彻底;
（五）多次出现师德失范问题或因师德失范行为引起不良社会影响;
（六）其他应当问责的失职失责情形。

第二十条 教师出现师德失范问题,所在二级单位行政主要负责人和党组织主要负责人需向学校分别作出检讨,由学校依据有关规定视情节轻重采取约谈、诫勉谈话、通报批评、纪律处分和组织处理等方式进行问责。

第八章 附 则

第二十一条 本办法由东南大学教师工作领导小组负责解释。

第二十二条 管理人员和教学辅助人员及其他专业技术人员参照本办法执行。以东南大学名义从事教育教学和科学研究工作的兼职教师、访问学者、进修教师、在站博士后、境外临时来校讲学等人员参照本办法执行。

第二十三条 本办法自发布之日起施行。

校发〔2019〕182 号

东南大学教职工在职攻读博(硕)士学位管理办法

2019 年 4 月 29 日

第一章 总 则

第一条 为适应新时代东南大学"双一流"建设要求,进一步加强对教职工在职攻读博(硕)士学位的规范管理,结合学校实际,特制定本办法。

第二条 规范和加强教职工在职攻读博(硕)士学位的管理,提高和优化教职工队伍的学历层次和结构是提升我校教职工队伍水平,进一步提高学校的教学、科研和管理水平的改革举措,也是提升中青年干部选任工作质量,鼓励教职工结合职业发展规划提升学历层次的配套政策。

第三条 教职工在职攻读博(硕)士学位是根据学校发展需要,按照把握质量、控制总量、有序推进的原则,有针对性地选派教职工进行的学历培训。

第四条 学校支持教职工在职攻读硕士、博士学位,不支持教职工在职攻读学士学位和第二学位。

第二章 申请条件

第五条 申请人须具备以下条件:

(一)坚持正确的政治方向,拥护中国共产党的领导,贯彻党的方针、政策,严格执行国家教育政策。模范遵守职业道德规范,遵守学校各项规章制度,爱岗敬业,立德树人。

(二)我校正式在编且在岗人员。

(三)申报当年度年龄原则上不超过四十周岁。

(四)具有硕士学位的专任教师到校工作须满一年,具有本科学历的专任教师到校工作须满两年;其他人员到校工作须满三年。

(五)具有良好的业务素质和学习潜力,工作业绩突出,历年考核合格,近三年至少有一次考核优秀,是单位的业务骨干和重点培养对象。

第三章 申请和审批原则

第六条 院系等二级单位根据本部门发展需要择优评审、推荐,申请人应在不影响本职工作基础上完成学业。

第七条 申请人报考专业方向应与本人现从事的本职工作一致,一般为"双一流"建设高校或专业。

第八条 申请人应符合报考学校的具体要求。

第四章 申请和审批程序

第九条 申请人填写"东南大学教职工在职攻读博(硕)士申请表",向所在单位提出申请。

第十条 审批程序

(一)专任教师在职攻读博(硕)士,经所在部门同意,报人事处审批备案。

(二)学生思想政治教育工作人员在职攻读博(硕)士,经所在部门同意,党委学生工作部组织评审、择优推荐,报人事处审批备案。

（三）实验技术人员在职攻读博(硕)士,实验室与设备管理处制定年度培养计划,根据学校人事处审批通过的计划数,经所在部门同意,实验室与设备管理处组织评审、择优推荐,报人事处审批备案。

（四）其他人员在职攻读博(硕)士,由所在部门每年制定年度培养计划,根据学校人事处审批通过的计划数,组织评审、择优推荐,报人事处审批备案。

第十一条　申请人被录取后,持录取协议书和审批同意的申请书到人事处师资科签订合同。

第五章　资助和管理办法

第十二条　教职工在职攻读学位(限学历研究生),其培养费用(指学费)原则上由个人、所在部门或院系、学校各承担三分之一。攻读学位期间暂由个人全部承担,在规定学制时间内取得学位后由学校和所在部门或院系报销相应额度。超出学制规定允许时间的,其培养费用自理。

第十三条　在职攻读学位人员,应在取得毕业证、学位证书后的一个月内到人事处办理相关手续,人事处负责办理变更人事库信息,提交入档材料等相关工作。由于个人原因未能及时办理的,所造成的后果由个人负责。

第十四条　教职工在职攻读学位,须经单位和学校批准同意,方可报考。未经批准,擅自报考,学校不兑现相关待遇,且严格按照学校人事管理相关文件予以处理。

第六章　附　则

第十五条　本办法由人事处负责解释。

第十六条　本办法自发文之日起执行,原有相关文件规定与本管理办法冲突的条款自动废止。

校发〔2019〕114号

东南大学离退休教职工日常慰问实施办法

2019年1月4日

为切实体现学校对离退休教职工的关怀，增强广大离退休教职工的自豪感和获得感，让广大离退休老同志感受到学校大家庭的温暖，进一步建立健全离退休教职工日常慰问工作机制，更好地适应新形势下离退休工作发展的需要，对我校离退休教职工生病住院、本人及直系亲属去世等情形开展日常慰问工作，制定如下实施办法。

第一条 慰问的对象、责任主体及方式

（一）慰问的对象为学校离退休教职工（含集体编制人员）。

（二）慰问看望工作的责任主体：退休职工原则上由退休教职工所在基层单位负责承担，离休职工由老干部处承担。

（三）对在南京市以外的离退休教职工异地慰问，可根据老同志所处地区的远近、慰问的具体事由，分别采取前往看望、打电话等方式进行慰问。

第二条 慰问的若干种情形及标准

（一）生病住院慰问

1. 基层单位应主动关心本部门离退休教职工的患病状况，视实际病情审核、确定慰问标准，可自主选择一次性或分次进行慰问，且一年内慰问总金额不得超过4 000元。

2. 原则上一般生病住院慰问标准不超过500元；病情较重、治疗期较长、医疗费用较高的住院治疗慰问标准不超过1 000元；实施外科大手术、恶性肿瘤放化疗、ICU重症监护等重大疾病的住院慰问标准不超过2 000元。具体的审核认定和慰问标准由基层单位相关工作领导小组讨论决定。

（二）本人及直系亲属去世慰问

1. 离休教职工本人去世，老干部处前往逝者家中看望抚慰家属，退休教职工本人去世，由所在基层单位负责看望慰问家属，并一次性发放慰问金不超过3 000元。

2. 离退休教职工直系亲属去世，单位一次性发放慰问金不超过2 000元。直系亲属是指本人的配偶、父母和子女。

3. 离退休教职工去世后的治丧管理服务流程、一次性丧葬费和抚恤金的发放仍按照原来的办法和标准执行。今后若遇政策调整，则按照新标准执行。

（三）其他情形慰问

除本办法第二条（一）、（二）项以外其他确需开展慰问工作的情形，应由离退休教职工本人或其家属向基层单位以书面的形式提出申请，由基层单位相关工作领导小组讨论后决定具体的慰问的方式及发放标准。慰问金额原则上不超过上述标准。

第三条 慰问费用列支与审批管理

（一）离退休教职工本人去世，慰问金由人事处签字，经费由学校支付。

（二）其他慰问金的列支渠道，离休教职工慰问金由老干部处落实经费，退休教职工慰问金由所属基层单位负责落实，主要从各单位教职工福利费和部门自主经费列支。

（三）慰问金领取根据离退休职工慰问金管理办法，直接填写领款单，由基层单位负责人签字确认并盖章后，前往财务办理打卡发放或慰问金领取业务。慰问金领取原因的相关附件各单位自行保管以备核查。

校发〔2019〕3号

东南大学学生勤工助学管理办法

2019 年 7 月 1 日

第一章 总 则

为充分发挥勤工助学劳动育人和实践育人功能,培养学生服务意识和自立自强、责任担当精神,增强学生综合素质,进一步提升东南大学勤工助学工作水平,根据《教育部财政部关于印发〈高等学校勤工助学管理办法(2018 年修订)〉的通知》(教财〔2018〕12 号)和《财政部教育部人力资源社会保障部退役军人部中央军委国防动员部关于印发〈学生资助资金管理办法〉的通知》(财科教〔2019〕19 号)的要求,制定本办法。

第一条 本办法所称学生是指我校注册的有正式学籍的预科生、本科生和研究生。

第二条 本办法所称勤工助学活动是指学生在学校的组织下利用课余时间,通过劳动取得合法报酬,用于改善学习和生活条件的实践活动。

第三条 勤工助学是学校学生资助工作的重要组成部分,是提高学生综合素质和资助家庭经济困难学生的有效途径,是实现"三全育人"的有效平台。勤工助学活动应坚持"立足校园、服务社会"的宗旨,按照学有余力、自愿申请、信息公开、扶困优先、竞争上岗、遵纪守法的原则,由学校在不影响正常教学秩序和学生正常学习的前提下有组织地开展。

第四条 勤工助学活动由学校统一组织和管理。学生私自在校外兼职的行为,不在本办法规定之列。

第二章 组织机构

第五条 学校学生资助工作领导小组全面领导勤工助学工作,负责协调学校的宣传、学工、研工、财务、人事、教务、科研、后勤、团委等部门配合学生资助管理机构开展相关工作。

第六条 学校学生资助管理中心具体负责勤工助学的日常管理工作。

第三章 工作职责

第七条 组织开展勤工助学活动是学生工作的重要内容。学校要加强领导,认真组织,积极宣传,校内有关职能部门要充分发挥作用,在工作安排、人员配备、资金落实、办公场地、活动场所及助学岗位设置等方面给予大力支持,为学生勤工助学活动提供指导、服务和保障。

第八条 学校根据国家有关规定,筹措经费,设立勤工助学专项资金,并制定资金使用与管理办法。对在勤工助学活动中表现突出的学生予以表彰和奖励;对违反勤工助学相关规定的学生,可按照规定停止其勤工助学活动。对在勤工助学活动中违反校纪校规的,按照校纪校规进行教育和处理。

第九条 学校要加强对勤工助学学生的思想教育,培养学生热爱劳动、自强不息、创新创业的奋斗精神,增强学生综合素质,充分发挥勤工助学育人功能。

第十条 学校学生资助管理中心职责

(一)确定校内勤工助学岗位。引导和组织学生积极参加勤工助学活动,指导和监督学生的勤工助学活动。

(二)开发校外勤工助学资源。积极收集校外勤工助学信息,开拓校外勤工助学渠道,并纳入学校管理。

（三）接受学生参加勤工助学活动的申请，安排学生勤工助学岗位，为学生和用人单位提供及时有效的服务。

（四）在学校学生资助管理机构的领导下，配合学校财务部门共同管理和使用学校勤工助学专项资金，制定校内勤工助学岗位的报酬标准，并负责酬金的发放和管理工作。

第十一条　用人单位职责

（一）安排勤工助学岗位，应优先考虑家庭经济困难的学生。对少数民族学生从事勤工助学活动，应尊重其风俗习惯。

（二）组织学生开展必要的勤工助学岗前培训和安全教育，维护勤工助学学生的合法权益。

（三）负责对本单位勤工助学学生的考核和反馈，按时按标准申请发放学生的勤工助学酬金。

（四）不得组织学生参加有毒、有害和危险的生产作业以及超过学生身体承受能力、有碍学生身心健康的劳动。

第四章　学生勤工助学要求

第十二条　参加勤工助学需本人自愿提出申请，通过考核，培训上岗。

第十三条　参加校内勤工助学的，须遵守国家及学校勤工助学相关管理规定。从事勤工助学必须做到认真负责，诚实守信，遵守社会公德，树立服务观念，按质按量完成工作任务。

第十四条　在勤工助学过程中要自觉提高安全防范意识，防止发生人身伤害和财物损失。

第五章　勤工助学岗位设置和管理

第十五条　设岗原则

（一）学校应积极开发校内资源，保证学生参与勤工助学的需要。校内勤工助学岗位设置应以校内教学助理、科研助理、行政管理助理和学校公共服务等为主。按照每个家庭经济困难学生月平均上岗工时原则上不低于 20 小时为标准，测算出学期内全校每月需要的勤工助学总工时数（20 工时×家庭经济困难学生总数），统筹安排、设置校内勤工助学岗位。

（二）勤工助学岗位既要满足学生需求，又要保证学生不因参加勤工助学而影响学习。学生参加勤工助学的时间原则上每周不超过 8 小时，每月不超过 40 小时。寒暑假勤工助学时间可根据学校的具体情况适当延长。

第十六条　岗位类型

勤工助学岗位分固定岗位和临时岗位。

（一）固定岗位是指持续一个学期以上的长期性岗位和寒暑假期间的连续性岗位；

（二）临时岗位是指不具有长期性，通过一次或几次勤工助学活动即完成任务的工作岗位。

第六章　校外勤工助学活动管理

第十七条　学校勤工助学管理服务组织统筹管理校外勤工助学活动，并注重与学生学业的有机结合。

第十八条　校外用人单位聘用学生勤工助学，须向学校勤工助学管理服务组织提出申请，提供法人资格证书副本和相关的证明文件。经审核同意，学校勤工助学管理服务组织推荐适合工作要求的学生参加勤工助学活动。

第七章　勤工助学酬金标准及支付

第十九条　校内固定岗位按月计酬，原则上本科生每月不低于 600 元，研究生每月不低于 800 元，可适当上浮10%至20%;校内临时岗位按小时计酬,确定为每小时18.5元。

第二十条　校外勤工助学酬金标准不应低于学校当地政府或有关部门规定的最低工资标准,由用人单位、学校与学生协商确定,并写入聘用协议。

第二十一条　学生参与校内非营利性单位的勤工助学活动,其劳动报酬由勤工助学管理服务组织从勤工助学专项资金中支付;学生参与校内营利性单位或有专门经费项目的勤工助学活动,其劳动报酬原则上由用人单位支付或从项目经费中开支;学生参加校外勤工助学,其劳动报酬由校外用人单位按协议支付。

第八章　法律责任

第二十二条　在校内开展勤工助学活动的,学生及用人单位须遵守国家及学校勤工助学相关管理规定。学生在校外开展勤工助学活动的,勤工助学管理服务组织必须经学校授权,代表学校与用人单位和学生三方签订具有法律效力的协议书。签订协议书并办理相关聘用手续后,学生方可开展勤工助学活动。协议书必须明确学校、用人单位和学生等各方的权利和义务,开展勤工助学活动的学生如发生意外伤害事故的处理办法以及争议解决方法。

第二十三条　在勤工助学活动中,若出现协议纠纷或学生意外伤害事故,协议各方应按照签订的协议协商解决。如不能达成一致意见,按照有关法律法规规定的程序办理。

第九章　附　则

第二十四条　本办法由学生资助管理中心负责解释,未尽事宜参照《高等学校勤工助学管理办法》(2018年修订)执行。

第二十五条　本办法自公布之日起实行,在此之前实行的同类相关规定、条例等自行废止。

校发〔2019〕178号

东南大学学术专著和教材出版资助管理办法(暂行)

2019 年 10 月 28 日

第一章 总 则

第一条 为规范和加强"双一流"建设经费、江苏高校优势学科建设经费、中央高校基本科研业务费、教育教学改革专项经费等财政专项资金的管理,鼓励和支持高水平学术专著和教材的出版,特制定本办法。

第二条 学术专著和教材出版资助面向各院(系)和科研单位,资助出版以东南大学自然科学和技术或者人文社会科学研究成果为基础的、学术价值高、具有创新性和前沿性的优秀学术专著,以及本科生和研究生的优秀教材。

第三条 学术专著和教材出版资助遵循择优支持、专款专用的原则。

第四条 获得资助的学术专著和教材,鼓励在国内外知名出版社出版,同等条件下可优先考虑东南大学出版社。如有特殊出版要求,应在申报表中注明。

第二章 出版资助范围

第五条 学术专著出版资助范围:在某一学科领域内从事多年系统深入的研究,在基础理论上有重要突破或在实验上有重大发现的优秀学术著作;总结生产实践中为社会带来较大经济效益的先进技术和经验的优秀学术专著。

第六条 教材出版资助范围:紧密结合课程建设和人才培养实际,反映教学改革中的新经验和最新科研成果,体现出思想性、科学性、启发性和适应性的优秀教材。

第七条 下列情况不列入资助范畴:

1. 不在市场上公开销售的图书;
2. 编著、论文集、一般科普读物;
3. 依法禁止出版、传播的出版物。

第三章 组织机构和职责

第八条 学术专著和教材出版的管理组织为东南大学推进世界一流大学和一流学科建设工作组。工作组负责组织制定出版资助的原则与规划,开展相关政策研究与管理。

第九条 各财政专项资金的经费主管部门负责组织学术专著和教材出版的项目立项。业务部门负责具体出版业务(含合同)的审核、出版验收。经费主管部门的分管校领导负责合同签订的校印审批。经费主管部门协同审计处对出版情况进行定期和不定期检查。

第四章 出版资助流程和要求

第十条 出版资助流程包括项目立项、出版业务审核、合同签订、项目执行、项目验收等环节。

第十一条 项目立项:由院(系)和科研单位组织本单位教师申请出版学术专著和教材,并经本单位负责人审核后提交经费主管部门。经费主管部门审核后批准立项。

申请者须是本单位的在职教师,应是著作权所有者。著作权属多人时,须出具由全体人员签署的意见书。申请者应在完成书稿后再提出申请。申请者若想申请资助第二项专著和教材,须待第一项正式出版办理结项后提出。

第十二条 出版业务审核:批准立项后,申请者填写"东南大学学术专著和教材出版资助经费申报表",并提供拟签合同和1份完成的书稿,经所属院(系)和科研单位负责人审核后,提交给相关业务部门进行审核。

1. 审核单位:工科、理科、医科学术专著提交给科研院审核,人文社科学术专著提交给社科处审核,本科生教材提交给教务处审核,研究生教材提交给研究生院审核。

2. 审核形式:由科研院、社会科学处、研究生院、教务处负责组织专家组对学术专著和教材的内容进行评审。

3. 审核重点:是否符合资助范围、是否有意识形态问题和涉密事项、合同条款中是否明确出版物出版时间、出版物的质量要求、出版合同是否规范等。特别注意,获得财政专项资助出版的学术专著和教材,不能再领取任何形式的稿酬。

第十三条 合同签订:科研院、社会科学处、研究生院、教务处审核通过后,申请者可以办理合同签订手续。申请者在办公系统申请使用校印,须将批准的立项计划(或经费使用计划)、审核同意的"东南大学学术专著和教材出版资助经费申报表"、拟签合同扫描件同时附上,单位负责人审核同意后,由经费主管部门负责人审核,同意后报分管校领导审批后使用校印。

第十四条 项目执行:批准立项的学术专著和教材,必须在当年度签订合同并完成经费使用。若因种种原因,需延至次年支付,须在当年向经费主管部门提出申请。合同签订后,必须在两年内正式出版,如果未正式出版将被撤销资助资格,已支付给出版社的经费须要收回。

第十五条 项目验收:获得资助的学术专著和教材正式出版后,应办理结项手续,向科研院、社会科学处、研究生院、教务处等业务部门提供1份正式出版物。未按期办理结项手续者,三年内不得申请。

第五章 附 则

第十六条 本办法适用于"双一流"建设经费、江苏高校优势学科建设经费、中央高校基本科研业务费、教育教学改革专项经费等财政专项资金中资助学术专著和教材出版的支出。其他经费资助出版的参照执行。

第十七条 本办法由发展规划与学科建设处、财务处负责解释。

第十八条 本办法自颁布之日起执行。

校发〔2019〕268号

关于成立传感器网络技术教育部工程研究中心第一届技术委员会的通知

2019 年 2 月 28 日

电子科学与工程学院：

　　因工作需要，经研究决定，聘任邢涛研究员为传感器网络技术教育部工程研究中心第一届技术委员会主任，技术委员会成员名单详见附件。请严格按照《教育部工程研究中心建设与管理暂行办法》的规定，充分发挥技术委员会对中心的发展战略、研究开发计划、工程设计与试验方案、技术经济、市场信息等方面的技术指导作用，每年至少召开一次技术委员会会议。

　　附件：传感器网络技术教育部工程研究中心第一届技术委员会成员名单

附件

传感器网络技术教育部工程研究中心第一届技术委员会成员名单

序号	姓名	所在单位	专业/研究方向	职称/职务
1	邢涛	中科院上海微系统与信息技术研究所	电子电路、信号处理	研究员/主任委员
2	夏善红	中科院电子学研究所传感技术国家重点实验室	传感器与微系统技术	研究员/委员
3	梅涛	中科院合肥智能机械研究所	信息获取科学与技术、特种机器人、微机电系统	教授/委员
4	黄庆安	东南大学	微电子学与固体电子学	教授/委员
5	王志功	东南大学	电路与系统	教授/委员
6	张晖	中国电子技术标准化研究院物联网研究中心	物联网技术	研究员/委员
7	时龙兴	东南大学	微电子学与固体电子学	教授/委员
8	郝一龙	北京大学微电子研究院	微电子学与固体电子学/微机电系统、集成电路技术	教授/委员
9	苏巍	无锡华润上华半导体有限公司	集成电路	研究员/委员
10	陈岚	中国物联网研究发展中心	计算机系统结构、微电子学与固体电子学	研究员/委员

校发〔2019〕38 号

关于成立低碳型建筑环境设备与系统节能教育部工程研究中心第一届技术委员会的通知

2019年2月28日

能源与环境学院、土木工程学院、建筑学院、材料科学与工程学院：

因工作需要，经研究决定，聘任江亿院士为低碳型建筑环境设备与系统节能教育部工程研究中心第一届技术委员会主任，技术委员会成员名单详见附件。请严格按照《教育部工程研究中心建设与管理暂行办法》的规定，充分发挥技术委员会对中心的发展战略、研究开发计划、工程设计与试验方案、技术经济、市场信息等方面的技术指导作用，每年至少召开一次技术委员会会议。

附件：低碳型建筑环境设备与系统节能教育部工程研究中心第一届技术委员会成员名单

附件

低碳型建筑环境设备与系统节能教育部工程研究中心第一届技术委员会成员名单

序号	姓名	所在单位	专业/研究方向	职称/职务
1	江 亿	清华大学	建筑能源应用	院士、教授/主任
2	吴智深	东南大学	结构工程及复合材料	教授/副主任
3	王如竹	上海交通大学	工程热物理	教授/委员
4	徐 伟	中国建筑科学研究院建筑环境与节能研究院	建筑环境与节能	教授级高工/委员
5	黄 翔	西安工程大学	制冷空调	教授/委员
6	黄显怀	安徽建筑大学	建筑技术	教授/委员
7	茅靳丰	陆军工程大学	建筑环境与设备	教授/委员
8	刘加平	高性能土木工程材料国家重点实验室	建筑材料	教授/委员
9	沈 炯	东南大学	热能工程及自动化	教授/委员
10	张吉礼	大连理工大学	节能控制	教授/委员
11	公茂琼	中国科学院理化所	制冷与低温	教授/委员
12	邢子文	西安交通大学	制冷技术	教授/委员
13	邱利民	浙江大学	低温与高效冷却	教授/委员

校发〔2019〕39号

关于成立东南大学网络与信息中心的通知

2019年1月3日

各校区,各院、系、所,各处、室、直属单位,各学术业务单位:

根据工作需要,经学校研究决定,将网络与信息中心从校长办公室调整出来,独立设置为正处级机构。机构设置时间从2018年4月4日起算。

校发〔2019〕1号

关于调整科研采购与合同管理相关规定的通知

2019 年 7 月 1 日

各校区,各院、系、所,各处、室、直属单位,各学术业务单位:

根据《关于进一步完善中央财政科研项目资金管理等政策的若干意见》(中办发〔2016〕50 号)的通知、《关于优化科研管理提升科研绩效若干措施的通知》(国发〔2018〕25 号)、《财政部关于完善中央单位政府采购预算管理和中央高校、科研院所科研仪器设备采购管理有关事项的通知》(财库〔2016〕194 号)、《中共教育部党组关于抓好赋予科研管理更大自主权有关文件贯彻落实工作的通知》(教党函〔2019〕37 号)等相关文件精神,在采购和合同管理方面落实好科研"放管服",结合学校实际,对科研采购与合同管理相关规定进行调整,调整内容如下:

第一条 使用竞争性获得的科研经费采购仪器设备(含专用软件)及相关服务、耗材和外协服务等,学校集中公开采购的限额,由原 20 万元调整为 50 万元。

(一)科研仪器设备(含专用软件)及相关服务、耗材等采购

1. 2 万~20 万元(不含)科研仪器设备采购,原则上通过实验室与设备管理处的"东南大学仪器设备竞价系统"进行采购;定制类设备、仪器设备维保、专用软件、实验耗材等不适用竞价系统采购的项目可由项目单位与供货商直接签订采购合同,实验室与设备管理处负责合同内容的审核。

2. 20 万~50 万元(不含)科研仪器设备(含专用软件)及相关服务、耗材等采购,在"快速采购平台"上发布采购公告,征集投标人(供应商)后,由实验室与设备管理处采用组织磋商、谈判等方式采购。

(二)科研外协服务采购

1. 2 万~20 万元(不含)的科研外协服务,由项目单位通过校网上办事大厅应用中"外协支出申请"模块进行申请,由科研院负责审核。

2. 20 万~50 万元(不含)的科研外协服务,在"快速采购平台"上发布采购公告,征集投标人(供应商)后,再由科研院(或采购中心)组织磋商、谈判,并对采购结果进行公示。

第二条 50 万元到法定公开招标限额使用竞争性获得的科研经费采购仪器设备(含专用软件)及相关服务、耗材和外协服务等采购。

(一)由采购中心(或代理机构)采用竞争性等方式采购。

(二)由资格预审优化为资格后审方式。

(三)公开发布采购公告(政府采购限额以内的,在校园网上发布;政府采购限额及以上的,必须在中国政府采购网上发布),公开征集投标人(供应商)。

(四)经专家论证并归口业务主管部门审核,确实为单一来源的,也可直接发布单一来源公示。

(五)政府采购限额以内的采购项目,可自行选择评审专家(由采购中心从校内政府采购评审专家库中抽取或由项目单位按 3∶1 比例推荐校外专家)进行评审。达到政府采购限额及以上的,原则上从江苏省财政厅政府采购评审专家库中抽取专家进行评审。

(六)若投标人(或供应商)不足 3 家的,可直接继续采购活动。

第三条 政府采购限额(年预算 100 万元)以内且预计每年均会发生采购的科研项目,可以积极探讨采用"一采二年(或三年)"或"资格入围"方式进行采购,以简化重复的采购程序。

第四条 2 万~20 万元(不含)科研外协服务合同签订,经科研院审核并加盖科研院"科技合同专用章"后,可直接到财务处办理报销手续;科研院按年度汇总科研外协合同并进行公示,将经公示后的合同清单转入采购与合同管理系统,办理合同备案手续。

第五条 科研急需的设备和耗材的采购。由项目单位提出书面申请及提供相应的资料,科研院应该及时会同实验室与设备管理处会商并同意的,达到政府采购限额的应报请主管校领导批准,按特事特办、随到随办的原则实施采购。

第六条 项目单位为科研采购与合同管理的第一责任人。业务归口管理主管部门各司其职。在采购和合同管理中,涉及质疑、投诉或举报,由采购监督小组或监察处按相关规定处理。

第七条 2019年政府采购限额标准:采购单项或批量金额达到100万元以上;法定公开招标限额标准:单项采购金额达到200万元以上。财政部限额标准调整的,从其新规定。

第八条 本规定从发文之日起试行。若与国家规定不一致的,按国家规定执行。

校发〔2019〕179号

关于聘任第六届生物电子学国家重点实验室学术委员会委员的批复

2019年1月9日

生物科学与医学工程学院：

经研究决定，同意你院和生物电子学国家重点实验室上报的新一届学术委员会组成名单（详见附件）。请严格按照《国家重点实验室建设与运行管理办法》（国科发基〔2008〕539号）的规定，充分发挥新一届学术委员会对实验室的建设目标、研究方向、开放运行等方面的学术指导作用，每年至少召开一次学术委员会会议。

此复。

附件
生物电子学国家重点实验室第六届学术委员会成员名单

序号	姓名	性别	职称	学委会职务	专业	工作单位
1	房建成	男	教授（院士）	主任	仪器科学	北京航空航天大学
2	顾晓松	男	教授（院士）	副主任	医学	南通大学
3	骆清铭	男	教授	副主任	光电子信息技术	海南大学
4	王广基	男	教授（院士）	委员	药学	中国药科大学
5	白书欣	男	教授	委员	材料科学与工程	国防科技大学
6	樊瑜波	男	教授	委员	生物力学	北京航空航天大学
7	万明习	男	教授	委员	生物医学工程	西安交通大学
8	李劲松	男	教授	委员	生物医学工程	浙江大学
9	龙亿涛	男	教授	委员	分析化学	华东理工大学
10	宋爱国	男	教授	委员	仪器科学	东南大学
11	顾忠泽	男	教授	委员	生物医学工程	东南大学
12	顾　宁	男	教授	委员	生物医学工程	东南大学
13	陆祖宏	男	教授	委员	生物医学工程	东南大学

校发〔2019〕13号

中共东南大学委员会关于贯彻落实《2018—2022年全国干部教育培训规划》的实施方案

2019年11月6日

为贯彻落实全国教育大会精神和全国组织工作会议精神，着力建设忠诚干净担当的高素质干部队伍，加快推进学校"双一流"建设，根据中共中央印发的《2018—2022年全国干部教育培训规划》和中共教育部党组印发的《关于贯彻落实〈2018—2022年全国干部教育培训规划〉的实施意见》等有关文件的精神和要求，结合学校实际，制定本方案。

一、总体要求

（一）指导思想

高举中国特色社会主义伟大旗帜，全面贯彻党的十九大和十九届二中、三中全会精神，以马克思列宁主义、毛泽东思想、邓小平理论、"三个代表"重要思想、科学发展观、习近平新时代中国特色社会主义思想为指导，认真落实新时代党的建设总要求，贯彻落实新时代党的组织路线，以学习贯彻习近平新时代中国特色社会主义思想为首要任务，以坚决维护习近平总书记的核心地位、坚决维护党中央权威和集中统一领导为最高政治原则，以坚定理想信念宗旨为根本，以全面增强执政本领为重点，突出政治训练、政治历练，把提高政治觉悟、政治能力贯穿全过程，坚持政治统领、服务大局，坚持以德为先、注重能力，坚持精准培训、全员覆盖，坚持改革创新、共建共享，坚持联系实际、从严管理，围绕建立源头培养、跟踪培养、全程培养的素质培养体系，深化干部教育培训改革，着力提高培训针对性、有效性，高质量教育培训干部、高水平服务党和国家事业发展，为决胜全面建成小康社会、夺取新时代中国特色社会主义伟大胜利、实现中华民族伟大复兴的中国梦和加速推进学校"双一流"建设提供有力保证。

（二）主要目标

——理论教育更加深入。以习近平新时代中国特色社会主义思想为中心内容的理论教育更加深入，使之系统权威进教材、生动有效进课堂、刻骨铭心进头脑，学校广大干部的马克思主义水平和政治理论素养不断提高，"四个意识"不断增强，"四个自信"进一步坚定，"四个服从"成为普遍自觉，思想行动高度统一。

——党性教育更加扎实。学校广大干部理想信念、党性观念、宗旨意识进一步强化，思想觉悟、政德修养、品行作风进一步提高，信仰之基、从政之基、廉政之基进一步牢固。

——专业化能力培训更加精准。学校广大干部适应新时代、实现新目标、落实新部署的能力明显增强，干一行、爱一行、精一行的专业精神进一步提升。

——知识培训更加有效。学校广大干部履职的基本知识体系不断健全、知识结构不断改善、综合素养不断提高，复合型领导干部的培养取得新进展。

——干部教育培训体系改革更加深化。学校干部素质培养的系统性、持续性、针对性、有效性不断增强，具有先进培训理念、科学内容体系、健全组织架构、高效运行机制的新时代中国特色社会主义干部教育培训体系不断完善。

（三）重要指标

校领导班子成员的教育培训按中组部、教育部的要求进行。处级领导干部5年内参加各级党校（行政学院）、干部学院、全国干部教育培训基地累计3个月或者550学时以上的培训（含校内组织的教育培训）。科级干部每年参加培训累计不少于12天或者90学时。不同类别干部每年达到一定的调训率、参训率，人均脱产培训、网络培训学时数。

二、全面深入开展习近平新时代中国特色社会主义思想教育培训

（一）坚持把学习贯彻习近平新时代中国特色社会主义思想摆在干部教育培训最突出的位置

把习近平新时代中国特色社会主义思想作为党委理论学习中心组学习的主要内容，作为干部教育培训的中心内容，重点部署、重点安排、重点保障，不分心、不走神、不偏离，长期坚持、持续发力，精耕细作、不断深化，结合"不忘初心、牢记使命"主题教育，推动学习教育往深里走、往实里走、往心里走。制定"习近平新时代中国特色社会主义思想教育培训计划"，以中层领导干部为重点，坚持集中培训与经常性教育相结合，坚持中长期系统培训与短期专题培训相结合，坚持理论学习与实践锻炼相结合，综合运用多种方式方法，深化习近平新时代中国特色社会主义思想学习培训。

（二）在学懂弄通做实上下功夫

组织干部研读习近平新时代中国特色社会主义思想原著，从历史和现实相贯通、国际和国内相关联、理论和实际相结合的宽广视角，深刻把握习近平新时代中国特色社会主义思想的深邃理论源泉、深厚文化底蕴、丰富实践基础、强大真理和人格力量，深刻把握这一重要思想的时代意义、理论意义、实践意义、世界意义，深刻把握"八个明确""十四个坚持"的科学体系和丰富内涵，深刻把握贯穿其中的马克思主义立场观点方法，不断提高马克思主义水平和政治理论素养，不断提高运用科学理论解决实际问题的能力，全面贯彻党的基本理论、基本路线、基本方略。坚持理论联系实际，教育引导广大干部把自己摆进去、把思想摆进去、把工作摆进去，对照习近平新时代中国特色社会主义思想检视思想言行，真正筑牢理想信念、增强履职本领、提升品行作风，增强政治意识、大局意识、核心意识、看齐意识，自觉在思想上政治上行动上同以习近平同志为核心的党中央保持高度一致。

（三）着力提升学习培训效果

贯彻落实党中央制定的习近平新时代中国特色社会主义思想教学大纲，用好《习近平新时代中国特色社会主义思想学习纲要》、《习近平新时代中国特色社会主义思想三十讲》、全国第五批干部学习培训教材、学习强国平台等教材和资源。加强学校各级党校师资队伍建设，丰富教学方式，提升培训效果。开设习近平新时代中国特色社会主义思想理论研修课程，开发一批学习贯彻习近平新时代中国特色社会主义思想的教学案例和现场教学点。深入研究理论教育的特点和规律，搭建理论学习网络平台，不断增强理论学习教育的吸引力感染力说服力。

（四）建立健全习近平新时代中国特色社会主义思想学习教育长效机制

坚持和完善干部脱产学习进修制度，制定干部培训计划，精心组织选调干部参加中央党校（行政学院）、干部学院脱产培训，全面系统学习习近平新时代中国特色社会主义思想。建立健全干部在职自学制度，积极创造条件，鼓励和支持干部加强习近平新时代中国特色社会主义思想的学习。完善理论学习考核激励机制，把学习贯彻习近平新时代中国特色社会主义思想情况作为考核领导班子和衡量领导干部思

想政治素质的重要内容。

三、完善培训内容体系

（一）党的基本理论教育

在大力开展习近平新时代中国特色社会主义思想教育培训的同时，组织广大干部深入学习马克思列宁主义、毛泽东思想、邓小平理论、"三个代表"重要思想、科学发展观，原原本本学习和研读经典著作，学习掌握马克思主义哲学、政治经济学、科学社会主义，学习掌握中国特色社会主义理论体系。使其自觉坚持和运用辩证唯物主义和历史唯物主义世界观、方法论分析解决问题，增强战略思维、创新思维、辩证思维、法治思维、底线思维能力，真正做到真学、真懂、真信、真用。

（二）党性教育

加强理想信念教育，教育引导党员干部挺起共产党人的精神脊梁，解决好世界观、人生观、价值观这个"总开关"问题，自觉做共产主义远大理想和中国特色社会主义共同理想的坚定信仰者、忠实实践者。加强党章学习培训，教育引导党员干部自觉尊崇党章、模范践行党章、忠诚捍卫党章，认真履行党员义务，正确行使党员权利。加强党规党纪特别是政治纪律和政治规矩教育，强化廉政教育，开展经常性警示教育，引导干部知敬畏、存戒惧、守底线。加强党的宗旨和作风教育，引导干部深入贯彻以人民为中心的发展思想，践行全心全意为人民服务的根本宗旨，坚决反对"四风"，始终保持党同人民群众的血肉联系。加强党内政治文化教育，弘扬忠诚老实、公道正派、实事求是、清正廉洁等价值观，引导干部自觉增强党内政治生活的政治性、时代性、原则性、战斗性。加强党史国史、党的优良传统和世情国情党情教育。结合庆祝改革开放40周年、新中国成立70周年、中国共产党成立100周年等重大活动开展党性教育，引导党员干部传承红色基因，永葆政治本色。开展政德教育，引导干部明大德、守公德、严私德，自觉追求高尚情操、坚守道德底线、远离低级趣味、引领时代新风。深入开展社会主义核心价值观教育，加强中华优秀传统文化、革命文化和社会主义先进文化学习教育，引导干部树立正确的历史观、民族观、国家观、文化观，不断提升精神境界。

（三）深入开展全国教育大会精神培训

把学习贯彻习近平总书记关于教育的重要论述和全国教育大会精神作为当前和今后一个时期学校干部培训的重要内容贯穿各方面各环节。深刻领会习近平总书记关于教育的重要论述的科学内涵和精神实质，牢牢把握教育改革发展的"九个坚持"。坚持问题导向，紧密结合全国教育大会对做好新时代教育工作作出的重大部署，聚焦中央关心、百姓关切、社会关注的教育热点难点问题，及时组织各类专题培训。通过组织专题报告、音像教学等形式开展全国教育大会精神培训，使学校广大干部切实把思想和行动统一到全国教育大会精神上来，努力写好新时代教育改革发展的"奋进之笔"。

（四）精准开展专业化能力培训和知识培训

引导和帮助干部丰富专业知识、提升专业能力、锤炼专业作风、培育专业精神，着力增强干部适应新时代教育改革发展要求的本领能力。加强党的教育方针、教育政策法规、现代教育理论、现代管理理论、业务知识技能、科学人文素养以及脱贫攻坚、乡村振兴等国家重大战略方面的岗位专业培训。发挥高校学科专业优势和网络培训优势，开展专题研修，鼓励在职自学，加强与履行岗位职责密切相关的基础性知识和新知识新技能学习。

四、优化分类分级培训体系

(一) 校级领导干部培训

围绕高等教育内涵式发展的需要,按照社会主义政治家、教育家的要求,加强校级领导干部培训。严格执行中组部、教育部等上级单位调训,积极选派校领导班子成员参加中央党校(国家行政学院)、国家教育行政学院等干部教育培训机构的脱产进修,认真参加中国干部网络学院在线网络学习。持续坚持和完善校党委理论学习中心组学习等校领导班子集体学习制度,强化以习近平新时代中国特色社会主义思想为中心内容的理论教育,紧密贴合学校实际,进一步完善学习内容、丰富学习形式、提升学习效果。

(二) 中层领导干部培训

以提高政治素质、增强党性修养为根本,以提升专业能力为重点,以讲政治、懂教育、善管理为目标,开展中层领导干部培训。

主要举措:1.按照中组部和教育部等上级单位要求,围绕贯彻落实党中央重大决策部署和重要指示精神举办专题培训班,开展中层领导干部集中学习;2.每年安排一定数量的中层干部参加江苏省委党校、江苏省委教育工委高校党政干部进修班;3.继续办好"至善学堂",邀请校领导和校内外知名专家学者进行授课,开展理论教学和专业知识讲座;4.积极与国家教育行政学院合作,组织中层领导干部进行在线学习教育培训;5.举办新任中层干部培训班,帮助新上岗干部夯实理论基础、培养战略思维、提升管理水平、了解学校全局,尽快实现角色转变;6.适时举办学习研讨活动,引导中层领导干部牢牢把握高等教育发展规律,了解掌握国际高等教育发展趋势,学习借鉴世界一流大学办学治校先进理念。

(三) 科级干部培训

围绕建立一支党性强、作风硬、素质高、能力强、充满活力的科级干部队伍,以提升领导力、执行力和履职能力为重点,加强科级干部培训。

主要举措:1.举办科级干部培训班,加强思想政治理论和高等教育政策等业务能力培训,引导其增强责任意识,提高履职能力,树立优良作风;2.为科级干部提供网络在线学习培训资源,加强在线学习,每年完成一定学时的在线学习要求。

(四) 专业骨干教师培训

依据党管人才的原则,以提高思想政治素质、弘扬爱国奋斗精神、强化学术道德教育和师德师风教育为重点,加强对学科带头人、中青年学术骨干等专业骨干教师的教育培训,引导他们进一步增强对党的教育方针的认同、增进对国情民情校情的理解,强化责任感使命感,激发创造力创新力。

主要举措:1.举办高层次人才和教学科研骨干理论研修班,着重加强理论学习,培养服务国家社会的意识,提高学术领导能力;2.选派优秀骨干教师参加各级各类高校哲学社会科学教学科研骨干研修班、高校思想政治理论课骨干教师研修班等培训。

(五) 年轻干部培训

围绕造就对党忠诚、堪当重任、作风优良的高素质专业化优秀年轻干部队伍,以坚定理想信念宗旨为根基,结合学校新时代年轻干部队伍建设计划,加强年轻干部政治训练和实践锻炼。

主要举措:1.举办年轻干部培训班,突出理想信念宗旨教育和专业化能力培训;2.积极选派年轻干部参加国际交流培训,拓宽年轻干部国际视野;3.统筹采用多岗位锻炼、交流轮岗、地方挂职等方式培养年轻干部。

五、建强培训保障体系

（一）培训机构建设

坚持党校姓党原则，加强党校主阵地建设，发挥党校主渠道作用，深化教学科研管理改革，不断提高办学质量。拓宽培训渠道，与国家和省市等各级干部教育培训机构和党性教育基地合作开展政治理论素养和党性教育专题培训。

（二）师资队伍建设

吸纳优秀师资，进一步充实学校各级党校授课教师团队，建设一支政治素质强、业务水平高、工作作风好的校内干部教育培训师资队伍。加强师资队伍能力建设，开展交流研讨，选派骨干教师到上级干部教育培训机构接受专题培训。坚持开放办学，健全领导干部到党校授课制度，建立一支由校内外党政领导干部、知名专家学者等共同参与、互相补充的干部培训师资队伍。

（三）课程教材建设

重点开发体现马克思主义中国化最新成果、反映各领域理论和实践创新的精品课程，开发专业化能力和知识素养主题课程，着力构建体现时代要求、富有学校特色的课程体系。充分运用全国干部教育培训的好课程、好教材，及时向党员干部推荐优秀学习书目。

（四）培训方式方法创新

根据培训内容要求和高校干部特点，开展研讨式、案例式、模拟式、体验式等方法运用的示范培训。探索运用访谈教学、论坛教学、行动学习、翻转课堂等方法。充分利用国家教育行政学院等机构网络学习平台，开展在线学习和交流讨论，探索线上线下相结合的培训模式。

（五）学风建设

大力弘扬理论联系实际的马克思主义学风，做到学以致用、用以促学、知行合一。落实意识形态工作责任制，把讲政治贯穿教学、科研、管理全过程，严以治校、严以治教、严以治学。坚持艰苦奋斗、勤俭办学。严格教师管理，严肃教师讲课、参加会议、接受采访、发表文章等纪律要求，旗帜鲜明地反对和抵制各种错误观点。加强学员管理，严格执行《关于在干部教育培训中进一步加强学员管理的规定》，适时开展学风督查。

（六）落实经费保障

将干部教育培训经费列入学校年度财务预算，给予重点保障，保证工作需要。加强干部教育培训经费管理，完善有关规定，厉行勤俭节约，保证专款专用，提高使用效率。

六、健全培训制度体系

（一）完善需求调研制度

牢固树立按需培训理念，把需求调研贯穿训前、训中、训后全过程，准确把握组织需求、岗位需求和干部需求，以此为依据设计培训项目、设置培训课程、制定培训计划。

(二) 健全组织管理制度

实施培训备案,加强统筹协调,避免重复培训、长期不训等问题。严格学员管理和考勤制度,建立学时登记通报制度,完善干部培训档案。将学员学习培训情况向所在基层党组织反馈,并在一定范围内公开。

(三) 健全教学组织管理制度

加强干部教育培训全流程精细化管理。推行培训项目负责制。建立健全教育培训集体备课、教学督导、评价反馈等制度。建立健全跟班管理制度,强化学员自我管理。在条件具备时,开发党员干部教育培训报名及学分登记系统,推行干部培训学分登记管理,建立干部培训电子档案信息系统,利用大数据等现代信息技术手段,服务培训精准管理,及时掌握干部参训情况,不断提高培训的科学性、统筹性、计划性。

(四) 健全考核评价制度

全面考核评价干部的学习态度和表现、理论知识掌握程度、党性修养和作风养成情况以及解决实际问题的能力等,并依据中央制定的"理论教育和党性教育成效考核办法"进行考核。完善培训情况登记、反馈、跟踪管理等制度。加强对干部教育培训情况的运用,将干部教育培训情况作为干部选拔任用、绩效考核和评先评优的参考依据。

七、组织领导

建立健全学校党委统一领导、党委组织部统筹协调、有关部门(院系)各负其责的教育培训工作机制。学校党委履行党建主体责任,将干部教育培训工作纳入党的建设整体工作部署和年度重点工作安排,加强领导,统筹安排。党委组织部在党委领导下切实履行主管职能,做好整体规划、宏观指导、协调服务和督促检查。学校党校牵头负责中层领导干部的教育培训,院(系)级党校负责科级干部和党员的教育培训,党委教师工作部负责专业骨干教师的教育培训,学校党委、行政等有关部门及院(系)协助做好干部队伍的教育培训工作。

东大委〔2019〕64号

中共东南大学委员会关于开展"不忘初心、牢记使命"主题教育的实施方案

2019 年 9 月 10 日

根据习近平总书记在"不忘初心、牢记使命"主题教育工作会议上的重要讲话精神和《中共中央关于在全党开展"不忘初心、牢记使命"主题教育的意见》《关于开展第二批"不忘初心、牢记使命"主题教育的指导意见》文件要求,结合学校实际,现就我校开展"不忘初心、牢记使命"主题教育,提出如下实施方案。

一、总体要求

为中国人民谋幸福,为中华民族谋复兴,是中国共产党人的初心和使命。开展"不忘初心、牢记使命"主题教育,是党的十九大作出的重大决策,是以习近平同志为核心的党中央统揽伟大斗争、伟大工程、伟大事业、伟大梦想作出的重大部署。其根本任务是深入学习贯彻习近平新时代中国特色社会主义思想,全面把握"守初心、担使命,找差距、抓落实"的总要求,坚持抓思想认识到位、抓检视问题到位、抓整改落实到位、抓组织领导到位,充分借鉴运用第一批主题教育的成功经验,以彻底的自我革命精神解决违背初心和使命的各种问题,努力实现理论学习有收获、思想政治受洗礼、干事创业敢担当、为民服务解难题、清正廉洁作表率的目标。

要围绕学习贯彻习近平新时代中国特色社会主义思想这条主线,引导党员、干部原原本本学,以理论滋养初心、以理论引领使命,增强"四个意识"、坚定"四个自信"、做到"两个维护"。要紧紧围绕为党育人、为国育才,突出党的政治建设,紧扣立德树人的根本任务,健全全员、全过程、全方位育人的体制机制。

要突出问题导向,既着力解决党员、干部自身存在的问题特别是思想根子问题,坚守理想信念、初心使命不动摇,又着力解决师生员工最关心最直接最现实的利益问题,以为师生谋利、为师生尽责的实际成效取信于民。要以处级以上领导干部为重点,先学先改、即知即改,示范带动广大党员、干部的学习教育。要把主题教育与庆祝新中国成立 70 周年结合起来,引导广大党员、干部不忘历史、不忘初心,始终保持奋斗精神和革命精神,敢于斗争、善于斗争,勇于战胜各种艰难险阻、风险挑战,奋力夺取新时代中国特色社会主义新胜利,为实现中国特色世界一流的"东大梦"和中华民族伟大复兴的"中国梦"不懈奋斗。

二、工作安排

根据中央部署,此次主题教育我校从 2019 年 9 月上旬开始,11 月底基本结束。

主题教育要紧紧围绕学习贯彻习近平新时代中国特色社会主义思想,紧扣习近平总书记关于"不忘初心、牢记使命"重要论述,把学习教育、调查研究、检视问题、整改落实四项重点措施有机融合、贯穿始终。学习教育要在学懂弄通做实习近平新时代中国特色社会主义思想上下功夫。调查研究、检视问题、整改落实要聚焦贯彻落实习近平新时代中国特色社会主义思想、习近平总书记重要指示批示精神和党中央决策部署,边学边查,立查立改。

1. 扎实推进学习教育

坚持把学习贯彻始终,强化理论武装,聚焦解决思想问题,认认真真读原著学原文悟原理,推动学习贯彻习近平新时代中国特色社会主义思想往深里走、往心里走、往实里走,把学习成效体现到增强党性、提高能力、改进作风、推动工作上来。

(1)原原本本学。坚持以自学为主,全面系统学、深入思考学、联系实际学。组织党员领导干部通读《习近平关于"不忘初心、牢记使命"重要论述选编》,认真学习党章、《习近平新时代中国特色社会主义思

想学习纲要》，深入学习习近平总书记在"不忘初心、牢记使命"主题教育工作会议、中央政治局第十五次集体学习时的重要讲话精神和对教育、科技、文化等的重要论述，认真学习党史和新中国史，注重运用各领域攻坚克难典型案例开展学习。

（2）集中研讨学。在个人自学基础上，各级领导班子采取校院党委理论学习中心组学习、举办读书班等形式，列出专题，集中交流研讨。要创新学习方式方法，在抓好集中学习研讨的基础上，可采取专题辅导、事迹报告、现场教学、实地参观等多种形式，增强学习的针对性、实效性和感染力。

（3）对照先进学。用好"周恩来精神""雨花英烈精神"等红色资源，加强革命传统教育、形势政策教育、先进典型教育和警示教育，推动党员干部见贤思齐、担当作为。

（4）联系自身学。坚持把自己摆进去、把职责摆进去、把工作摆进去，重温入党誓词、重忆入党经历、重问入党初心，党员亮身份、服务亮承诺、工作亮标准、担当亮作为，争当新时代奋斗者。

2. 深入开展调查研究

各级领导干部要结合党中央和上级有关部署和学校正在开展的工作，着眼查找自身问题和解决实际问题，立足职能职责和当前正在做的事情，转作风、强担当、抓落实。

（1）确定调研课题。树立鲜明的问题导向，处级以上领导干部要围绕解决本部门本单位存在的突出问题和师生员工反映强烈的热点难点问题，围绕加强党的领导、党的建设和全面从严治党面临的紧迫问题，围绕破解制约本部门本单位高质量发展的瓶颈问题等进行调研。

（2）改进调研方式。提倡不发通知、不打招呼、不用陪同接待和直奔基层、直插现场的调研方式，多到问题集中、困难较多、情况复杂、矛盾尖锐的地方，把学校的情况摸清楚，把困扰学校改革发展的症结和瓶颈查摆准、分析透。

（3）形成调研成果。调研结束后，各级领导班子成员要梳理调研情况，交流调研成果，把调研成果转化为解决问题和改进工作的具体行动。

（4）讲好专题党课。在学习调研基础上，各级领导班子成员要讲一次专题党课。学校党政主要负责同志带头讲，其他校领导班子成员到分管领域或联系单位讲，中层正职干部在本单位或联系党支部、联系学生班级讲。党课要突出针对性，贴近党员、贴近师生，讲学习体会收获，讲运用习近平新时代中国特色社会主义思想指导实践、推动工作存在的差距和改进工作的思路措施。

3. 严肃认真检视问题

对照习近平新时代中国特色社会主义思想和中央决策部署，对照党章党规，对照初心使命，对照岗位职责和学校要求，查摆自身不足，查找工作短板，深刻检视剖析。要奔着问题去、盯着问题改，既要解决党员干部自身存在的问题，又要解决群众身边的实际问题。

（1）广泛听取意见。不能关起门来搞自我革命，要多听取群众意见。结合调查研究，通过座谈交流、个别访谈、设置意见箱、问卷调查、领导接待日等多种方式，充分听取师生员工对领导班子、领导干部和学校发展存在突出问题的反映，对改进作风、改进工作的意见和建议。校领导班子成员与分管领域负责同志之间、各级领导班子成员之间采取谈心谈话等形式，充分交流思想、听取意见建议。学校党委结合巡视整改、巡察工作、考核述职等情况，对中层领导班子和班子成员提出意见。

（2）认真检视反思。各级领导干部要联系思想工作实际，实事求是检视自身差距，把问题找实，把根源找深，并明确努力方向。各级领导班子要结合职能职责，联系本部门本单位重大事件、典型案例和信访积案，聚焦党的政治建设、思想建设、作风建设存在的突出问题进行集体讨论、检视反思。检视剖析要一条一条列出问题，从思想、政治、作风、能力、廉政方面特别是从主观上、思想上进行剖析，不搞官样文章，不硬性规定字数。

4. 全面抓好整改落实

突出主题教育的实践性，要从一开始就改起来，即知即改，应改尽改。对调研发现的问题、师生员工反映强烈的问题、巡视巡察反馈的问题等，要列出清单，逐项整改。

（1）开展专项整治。重点整治对贯彻落实习近平新时代中国特色社会主义思想和党中央决策部署若罔闻、应付了事、弄虚作假、阳奉阴违的问题；整治干事创业谋发展能力不足、精气神不够、不担当不作为的问题；整治院（系）高质量教师队伍建设谋划不足、措施不力的问题；整治对工作和问题漠然处之，空头承诺，推诿扯皮，以及办事不公、侵害师生员工利益的问题；整治形式主义、官僚主义，以文件和会议代替执行，层层加重基层负担，督查检查考核过多过频的问题；整治基层党组织软弱涣散、党员教育管理宽松软、基层党建主体责任缺失的问题等。专项整治情况要以适当方式向党员干部群众进行通报。对专项整治中发现的违纪违法问题，要严肃查处。

（2）落实整改措施。要进一步聚焦"为民服务解难题"目标，着力解决影响和制约发展的问题，师生最急最忧最怨的问题。采取项目化方式，明确责任主体、进度时限和工作措施，以钉钉子精神逐条逐项推进落实。要针对问题细化整改措施：有明确时限要求的，提出具体举措和进度安排；属于长期任务的，分阶段作出安排和细化措施。要坚持立行立改，能改的立即改，让师生员工切实感受到主题教育带来的新变化新成效。

（3）召开专题民主生活会。主题教育结束前，处级以上领导班子要召开专题民主生活会，运用学习调研成果，针对检视反思的问题，联系整改落实情况，严肃认真开展批评和自我批评，达到红脸出汗、排毒治病的效果。

5. 做实基层支部教育

除处级以上领导干部之外的党员参加主题教育，要以党支部为单位，结合"两学一做"学习教育常态化制度化，依托"三会一课"、主题党日等进行。

（1）抓好学习教育。组织党员以个人自学为主，原原本本通读《习近平关于"不忘初心、牢记使命"论述摘编》等，领悟初心使命，增强党的意识，坚定理想信念。依托各级党校、党员干部教育培训基地等，对党支部书记进行一次轮训，重点组织学习习近平新时代中国特色社会主义思想和党中央关于开展"不忘初心、牢记使命"主题教育的部署要求。通过召开党员大会、支委会、党小组会，交流学习体会，相互启发提高。党支部书记要讲一次专题党课，或者向所在支部党员报告一次个人学习体会。要通过学习教育，使党员不断有新进步新领悟，不断增强党性、提高素质。

（2）认真检视整改。组织党员对照党章规定的党员条件和义务权利，对照《中国共产党廉洁自律准则》《关于新形势下党内政治生活的若干准则》《中国共产党纪律处分条例》，对照群众提出的意见建议等，查找党员意识、担当作为、服务群众、遵守纪律、作用发挥等方面的差距和不足，一条一条列出问题，一项一项整改到位。通过党员先锋岗、党员责任区，设岗定责、承诺践诺等，组织党员立足岗位，履职尽责。通过主题党日，组织党员结合自身实际，至少参加一次志愿服务，为身边群众至少办一件实事好事，以实际行动践行初心和使命。

（3）创新方式方法。在运用"学习强国"学习平台等已有的党员教育管理载体平台的基础上，针对不同群体党员的实际，采取生动鲜活、喜闻乐见的方式，用好案例教育、微信公众号、微视频等，增强主题教育的吸引力和感染力。充分利用本地区红色资源，开展革命传统教育。

主题教育结束前，党支部要以"不忘初心、牢记使命"为主题召开一次专题组织生活会，开展民主评议党员。

三、组织领导

全校"不忘初心、牢记使命"主题教育在学校党委领导下开展。成立"不忘初心、牢记使命"主题教育领导小组，党委行政主要负责同志担任组长。领导小组下设办公室，负责日常工作。办公室下设综合组、组织组、宣传组、监督组等。分别由党委办公室、党委组织部、党委宣传部、纪委办公室等部门牵头，分别负责：主题教育的情况综合、重要文件印发和综合性文稿汇总上报；主题教育的具体组织推动、督促跟进和情况梳理总结；主题教育的宣传报道、舆论引导和典型宣传；主题教育的监督检查等工作。

1. 压实领导责任

各级党组织要高度重视,精心组织,主要负责同志履行第一责任人职责,班子成员落实"一岗双责"。校领导班子成员抓好自身教育、作出表率的同时,还要指导分管领域和联系单位开展好主题教育。党委办公室、党委组织部、党委宣传部、纪委办公室等部门要发挥职能作用,齐抓共管、密切配合、履职尽责。要把对主题教育开展情况的督查检查纳入巡视整改、巡察工作的重要内容。对开展主题教育消极对待、敷衍应付的,予以严肃批评,对走形变样、问题严重的给予组织处理。

2. 加强督促指导

学校党委派出指导小组,采取随机抽查、调研访谈等方式,对开展主题教育进行督促指导。指导小组要尊重各部门各单位主体作用,充分依靠各部门各单位开展工作;要对各单位需要解决的突出问题提出具体要求,切实强化工作指导和督促落实,确保主题教育质量。

3. 坚持统筹兼顾

要坚持两手抓、两促进,把主题教育同落实党中央各项决策部署结合起来,同加快推进学校"双一流"建设、实现学校"1—10—100"的战略目标结合起来,同推动本部门本单位的中心工作结合起来,同庆祝新中国成立70周年结合起来,把各级党组织和党员、干部在主题教育中激发出来的工作热情和奋斗精神,转化为攻坚克难、推动改革发展稳定各项工作的强大动力。

4. 强化舆论宣传

要加强正面宣传和舆论引导,充分运用主流媒体和新兴媒体,深入宣传习近平总书记关于主题教育的重要讲话和重要指示批示精神,深入宣传党中央部署要求,及时反映主题教育进展情况和实际成效。注意总结秉持理想信念、保持崇高境界、坚守初心使命、敢于担当作为的先进典型,及时发现、及时表扬一批群众身边的党员先进事迹,以身边榜样教育身边党员、以身边事感染身边人。

5. 防止形式主义

要以好的作风开展主题教育,力戒形式主义、官僚主义。要落实好主题教育的各项措施要求,学习教育不对写读书笔记、心得体会等提出硬性要求;调查研究不搞不解决实际问题的调研;检视问题不能避重就轻、避实就虚;整改落实不能虎头蛇尾、久拖不决。对搞形式、走过场的,要严肃批评,通报曝光,促其改正。

东大委〔2019〕50号

党建与思想政治工作

党风廉政建设与纪检监察工作

2019年是中华人民共和国成立70周年,东南大学纪检监察、巡察工作以习近平新时代中国特色社会主义思想和党的十九大精神为指引,全面贯彻落实十九届二中、三中、四中全会精神和十九届中央纪委三次全会精神。

一、扎实开展"不忘初心、牢记使命"主题教育

根据中央纪委国家监委和学校党委统一部署,围绕"立德树人"守初心、担使命,立足"高质量发展"找差距、抓落实,着力将党的初心使命,纪检监察工作的初心使命,学校党员干部办学治校的初心使命贯通起来,抓实抓深抓好主题教育各项工作。

1. 从严把握标准要求,一体抓好学习调研检视整改。学习教育注重学原文悟原理;调查研究注重问题导向;检视问题注重校准偏差剖挖根源;整改落实注重对症下药改出实效。

2. 发挥监督作用,着力提升主题教育整体实效。完善监督机制强督导;加强宣传引导浓氛围;开展专项整治抓整改。

二、协助学校党委推动全面从严治党向基层延伸,压紧压实管党治党政治责任

1. 加强顶层设计,组织召开2019年度学校全面从严治党工作会议。

2. 完善工作机制,持续推进第二轮、第三轮校内政治巡察。2019年教育部中管高校巡视整改工作推进会、教育部党组巡视工作动员会上,校党委书记左惟、纪委书记任利剑分别代表学校做典型经验交流推广。

3. 强化督查考核,不断创新2019年度党风廉政建设责任制检查考核工作。

三、贯彻落实高校纪检监察体制改革精神,推动纪检监察工作高质量发展

(一)不折不扣落实改革重点任务

持续深化"三转",纪委已退出参与的以职能部门履行工作职责为主的议事协调机构27个,保留主责主业类、招生等重点关注领域类议事协调机构11个。规范纪委书记分工,落实"三为主"工作要求,畅通与上级纪委工作交流汇报机制。

(二)做细做实监督第一职责

突出监督基本职责,完善监督机制,创新监督方式,努力实现监督全覆盖、常态化、高质量。着力强化政治监督,聚力加强重点领域监督,全力开展作风建设。

(三)依纪依规开展纪律审查工作

规范查信办案各环节全流程。优化网络信访,提高信访的质量;进一步完善细化信访工作台账制度,坚持信访举报、问题线索定期分析、集体研判制度,进一步规范和完善问题线索处置流程;严肃追责问责强高压长震慑。坚持挺纪在前,抓早抓小,同时推进全员办案,坚持有信必办、有案必查、有腐必惩,回应师生关切。2019年11月,接受中纪委信访检查,获得好评。

(四)一体推进不敢腐、不能腐、不想腐

坚持标本兼治,统筹谋划,固本培元,加快构建"不敢腐、不能腐、不想腐"长效机制。群策群力开展廉洁教育,精准发力加强制度建设,贯通合力涵养政治生态。

四、落实政治过硬、本领高强要求,建设高素质纪检监察干部队伍

纪委办巡察办党支部作为全校示范党支部书记工作室建设支部,一直发挥着战斗堡垒作用,支部各项工作一直有创新、有特色、有成效,在2019年最佳党日活动评选中喜获一等奖。

强化内部监督,推动规范管理。对中大医院、成贤学院等单位二级纪委进行业务指导,开展年度述职工作。在四牌楼校区建设了一个标准谈话间,在九龙湖校区完成内网建设和使用。

组织工作

认真学习贯彻习近平新时代中国特色社会主义思想,落实新时代党的建设总要求,坚持新时代党的组织路线,以组织体系建设为重点,着力培养忠诚干净担当的高素质干部,坚持德才兼备、以德为先、任人唯贤,为坚持和加强党的全面领导,加快推进学校"双一流"建设提供坚强组织保证。

一、扎实开展"不忘初心、牢记使命"主题教育,筑牢党员干部理论修养和干事创业之基

在中央第三指导组的指导、学校主题教育领导小组直接领导、职能部门密切配合下,认真组织开展主题教育活动,成效显著。

编制了全校实施方案、实施细则、《指导手册》,成立了10个校领导牵头的指导组,对二级单位进行102次会议指导;承担了联络中央指导组、学习活动规划、会议安排、文件起草、资料编印、数据统计等具体工作,得到了指导组领导的高度肯定;推进学校主题教育的各项任务,校级、中层领导班子集中学习研讨总计717次;调研活动748次,专题党课296次;学校和二级单位分别梳理问题111条和830条。

通过主题教育,一是全体党员干部师生对习近平新时代中国特色社会主义思想的认识和理解进一步深化;二是各级领导班子政治建设进一步强化,党性修养实现新提升;三是全体党员干部干事创业的奋进状态进一步激发,为全面深化综合改革,加快推进"双一流"建设打下了坚实的思想基础;四是依靠广大师生办人民满意一流大学的初心使命进一步明晰,破解师生最急最忧最盼的难题取得新成效,师生的获得感幸福感不断提升;五是校领导班子率先垂范自我整改,有力发挥党风廉政表率作用,努力营造校园风清气正的政治生态。

截至12月底,学校主题教育在《光明日报》上发表文章4篇。学习强国报道7次,中央人民政府网站

报道1次,教育部网站报道2次,《人民日报》、中央电视台、人民网等央媒报道51次,省内媒体报道112次,总计报道173次。

二、围绕"忠诚、干净、担当",建立久久为功的干部"选、育、管、用"机制,为推动学校事业发展提供坚实的队伍保障

根据习近平总书记提出的新时代党的组织路线要求,以党的政治建设为统领,建好干部培养、考核、选任、管理、激励"五个体系",大力培养选拔优秀年轻干部,选优配强二级领导班子,努力造就一支忠诚干净担当的高素质干部队伍。

(一)优化干部选任机制

一是树立新时代新担当新作为的用人导向,建立崇尚实干、带动担当、加油鼓劲的正向激励机制,修订完善《东南大学中层领导干部选拔任用工作实施办法》,进一步明确干部选任标准,优化干部选任流程;二是进一步完善干部选任各环节,显著提高工作效率。截至12月,学校任用副处级以上干部99人,启动15个空缺岗位的选拔和推荐程序。对140名干部人选进行了考察,参加测评3 940余人,考察谈话达4 200多人次,完成考察记录420余份,考察材料140份。

(二)加强干部培养锻炼

一是制定《东南大学优秀年轻干部队伍建设规划及实施办法》,在全校范围开展优秀年轻干部集中调研工作,建立了涵盖全校的年轻干部人才动态信息库,积极打造数量充足、充满活力的高素质专业化年轻干部队伍。二是制定实施《东南大学学院院长(系主任)助理选拔任用管理办法》(试行),为优秀年轻干部成长提供制度保障。三是着力增强干部适应新时代发展要求的本领能力,选派优秀干部人才到基层一线和困苦地区培养锻炼,让干部在实践中砥砺品质、增长才干。圆满完成中组部的援疆援藏、滇西扶贫等干部人才的选派工作。

(三)强化干部管理监督

一是扎实推进《领导干部报告个人有关事项规定》等文件的落实,并做好对家属的政策解释等工作。二是完善领导干部报告个人有关事项核查认定机制,抓好"事前、事中、事后"的关键环节,全年核查基本一致达93.19%,比教育部要求高出13个百分点。三是认真执行《东南大学中层领导干部兼职管理暂行办法》,全年审批干部兼职24人。开展了全校中层领导干部兼职自查整改专项工作。四是继续做好全校中层以上干部出国(境)审批以及证件管理工作。

(四)激励干部担当作为

一是坚持用习近平新时代中国特色社会主义思想武装干部头脑,大力教育引导干部担当作为、干事创业。二是鲜明树立重实干重实绩的用人导向,干部考察中注重考察担当精神和能力。三是满怀热情关心关爱干部,坚持任职谈心谈话制度,为干部加油鼓劲;为工作在困难艰苦地区和脱贫攻坚第一线的干部排忧解难,在政策、待遇等方面给予倾斜。四是制定《东南大学中层正职领导干部年度考核办法(试行)》,进一步加强和改进考核工作,充分发挥干部考核评价的激励鞭策作用。

(五)做好院(系)行政换届

在学校党委的正确领导下,历时10个月,顺利完成全校26个院(系)行政换届工作。优化年龄结构,改善专业结构,大力培养选拔优秀年轻干部,合理配备女干部、少数民族干部和党外干部。本次换届共考察119人,新提任干部55人,换届程序严格,环节严密,纪律严明,推进有序,完成了既定工作目标和任务。

三、全面加强基层党的建设，突出政治功能，为学校改革创新、事业发展打造坚强的战斗堡垒

以提升组织力为重点，突出政治功能，健全基层组织，优化组织设置，认真落实新时代党的建设总要求。围绕中心、服务大局，深入推进基层党的政治建设、思想建设、组织建设、作风建设、纪律建设。以改革创新为动力，为学校"双一流建设"提供坚强有力的组织保证。

（一）党支部标准化建设持续深入

在学校党委的领导下，认真研读上级文件，结合学校实际，出台了《东南大学党支部工作细则》，强化了支部职能，优化了设置，为双带头人书记选任、年轻干部培养等确立了制度保障。历时3个月全面完成了全校763个党支部换届工作，有力促进了党建工作和教师教学科研、学生学习生活的有机融合，切实保证党支部工作的连续稳定和优良历史传承，实现"双带头人"支部书记选配标准全覆盖，基层党支部建设的规范化、制度化、科学化水平不断提高。

单位：个

总计	二级党委	党总支	党支部总数		在职教党支部	学生党支部	其中					离退休党支部	师生合编党支部
				其中直属党支部			研究生	本科生					
								小计	一、二年级	三、四年级	多年级		
803	37	3	763	1	261	417	339	68	2	20	46	81	4

（二）示范创建工作全面部署

持续跟踪指导首批"全国党建工作标杆院系"和各级样板支部的培育创建，努力在体制机制、经验举措、方法办法上形成可复制、可推广的典型经验。2019年，成功申报教育部第二批"全国党建工作标杆院系"1个、"全国党建工作样板支部"3个。

（三）评优评先工作适时跟进

全年共表彰"先进基层党组织"76个、"优秀共产党员"97人、"优秀党务工作者"35人，评选"最佳党日活动"34个，其中2个党日活动获江苏省委教育工委高校"最佳党日活动"优胜奖。

（四）党建研究和党员发展持续推进

结题验收党建研究项目11个，立项学校党建研究项目19个，推荐4个项目入选江苏省教育系统党建研究课题。2019年发展党员共计1 877人，数量位列全省高校第一。

四、做好干部党员教育培训工作，不断增强党性修养，打造一支政治合格，素质过硬的干部党员队伍

把学习贯彻习近平新时代中国特色社会主义思想作为首要政治任务，以坚定信仰、增强党性、提高素质为重点，坚持思想建党、理论强党、从严治党，坚持围绕中心、服务大局。引导党员干部增强"四个意识"、坚定"四个自信"、做到"两个维护"，努力建设政治合格、执行纪律合格、品德合格、发挥作用合格的党员干部队伍。

制定《东南大学关于贯彻落实〈2018—2022年干部教育培训规划〉的实施方案》。组织68名新任中

层领导干部赴红旗渠干部学院开展为期5天的集中培训,效果明显。组织全校中层领导干部和二级党组织秘书开展为期近3个月的主题教育网络培训班。共培训发展对象3 308名,预备党员1 540名。选派13名干部参加省委党校第22、23期高校党政干部培训班。

五、强化服务意识,推动作风建设,以更高的标准、更严的要求加强自身建设

一是召开基层党务秘书工作会议,加强交流和沟通,及时解决问题;二是干部管理信息系统建设升级,为师生提供更便利服务;三是落实各种外派干部政策,在接待信访、干部事项报告等方面耐心服务,体现组织关怀;四是按照习近平总书记对新时期组工干部提出的"讲政治、重公道、业务精、作风好"的要求,持续推进模范部门建设,做新时代优秀组工干部;五是坚持廉洁自律,永葆纯洁政治本色。

宣传思想工作

2019年,党委宣传部以习近平新时代中国特色社会主义思想为指引,在校党政的坚强领导下,学习贯彻全国宣传思想工作会议和《中国共产党宣传工作条例》精神,切实担负"举旗帜、聚民心、育新人、兴文化、展形象"使命任务,坚持守正创新,加强统筹策划,着力真抓实干。围绕引领发展的工作定位,大力推动学校宣传思想工作格局转变,突出思想引领力、共识形成力、工作推动力,为加快"双一流"建设进程营造良好的思想、舆论和文化环境。

一、扎实开展思想政治和意识形态工作

抓牢抓实思想建设这个党的建设的基础性工作,坚持不懈用习近平新时代中国特色社会主义思想武装师生尤其是党员干部头脑。

(一)积极推动主题教育有关工作

根据中央要求和学校主题教育活动方案,制定和落实校领导班子主题教育学习计划,围绕11个专题,编印《东南大学"不忘初心、牢记使命"主题教育学习资料选编》10期,坚持主题教育期间周周有学习,组织校领导班子开展集中学习研讨和赴雨花台实地学习15次,校领导班子做到了先学一步、更深一层、作出示范。加强宣传引导,积极宣传学校主题教育活动情况及特色工作,开设"不忘初心、牢记使命"专题页面,及时报道学校及各级党组织主题教育动态;制作主题教育校园立标、道旗和主题教育宣传栏,推动主题教育入脑入心、扎实推进;在"学习强国"平台、《光明日报》、新华网等主流媒体连续发声,其中《光明日报》11月28日整版刊出我校主题教育系列文章。

(二)扎实开展思想理论武装

紧紧围绕学习贯彻习近平新时代中国特色社会主义思想和十九届四中全会精神,印发《东南大学2019年度两级党委理论学习中心组专题学习安排》《东南大学关于深入学习宣传贯彻党的十九届四中全会精神的通知》,扎实开展干部理论学习。共组织校中心组理论学习会14次、中层干部集中学习会6次,编印两级党委中心组学习资料19期;加强学习规范化,定制并发放党员干部学习笔记本、中心组学习记录本以及《习近平新时代中国特色社会主义思想学习纲要》《改革开放40年大事记》等干部学习辅导读本700余册。强化干部学习网络化,认真做好"学习强国"平台推广使用,推动学校所有基层党组织建立学习团组。改版上线新"至善网",网上学习平台的思想性和师生学习实效性明显提高。协同社科处等建成"东大智库"网并上线。

(三) 有力推进思想政治工作

围绕新中国成立70周年,牵头制定《东南大学庆祝新中国成立70周年暨开展"我和我的祖国"主题宣传教育活动方案》,举办"东大人的国家记忆"主题思政大课、"青春为祖国唱歌"网上拉歌活动、"我与祖国共成长"征文等系列活动,在师生校友和社会各界产生强烈反响。根据上级部署安排,组织师生参与2019年国家网络安全宣传周活动、第三届"马克思主义·青年说"系列活动、江苏省首届全省青少年法治宣传教育周活动等主题活动。组织《"三制并举·四相融通"——构建实践育人工作新体系,拓展领军人才培养新空间》等三个项目(团队)申报2020年度教育部高校思想政治工作有关培育建设项目。积极参与学校"三全育人"综合改革试点工作,牵头推进"弘文计划"和"强网计划"两个子项目。积极参加学校申报教育部第二批党建示范高校工作,参与学校"双一流"建设中期自评报告有关工作。

(四) 认真落实意识形态工作责任制

将意识形态工作纳入校党委2019年工作要点,与学校各项工作同部署同落实同检查同考核。及时传达学习《中国共产党宣传工作条例》和上级关于意识形态工作决策部署,进一步健全意识形态工作体制机制。加强内外合作联动,先后与江苏省网信办、南京市委宣传部、鼓楼区委宣传部、江宁区委宣传部等建立意识形态校地联动工作机制。建立各基层党委意识形态定期自查和报告制度,2019年推进各基层党委已完成两轮自查并上报校党委。将意识形态工作情况纳入2019年校党委第二轮、第三轮校内巡察观测要点的重要内容。加强分析研判,6月份和12月份先后两次分析总结学校意识形态形势,形成报告并经校党委常委会审议通过后上报教育部。按照教育部和校党委的统一部署,聚焦2019年意识形态的重要时间节点和重要事件,梳理排查安全风险,查漏补缺构筑防线,持续加强阵地管理,加强重点人员管理,平稳度过意识形态各类风险挑战。严格审批各类哲学社会科学类讲座、论坛等活动以及横幅、海报、电子屏等各类信息发布492场(次、条)。结合"不忘初心、牢记使命"主题,进一步持续推动意识形态巡视整改各项任务,巩固拓展整改成果。积极推进教育部思政创新中心工作,围绕全国教育系统意识形态领域工作开展专项研究,起草《全国教育系统意识形态责任制实施意见》和《全国教育系统意识形态责任制落实情况指标体系》。

二、创新推动新闻宣传

打造开放共生的媒体关系,推动全面友好、流量共创、强媒引导、内外并举的新闻宣传格局,强化新闻策划和主动作为,突出传播抵达率,让更多的人了解底蕴的东大、实力的东大、发展的东大。

(一) 讲好东大故事,加强新闻宣传

着力在"讲好东大故事"上下功夫,完善新闻发布环节,拓宽媒体合作渠道,配合媒体做好相关新闻选题、采访报道、专题调研等工作,全方位提高新闻宣传效能。围绕学校"人才强校""一流本科"等学校中心工作,聚焦国家科技奖、"一流本科教育行动计划"、卓越人才培养等重大主题进行集中宣传,讲好东大故事,传递东大声音。全年举行新闻发布、集中采访活动56次,各大主流媒体相关新闻报道达1 010篇,其中中央级媒体报道362篇(包括中央电视台报道16次、新闻联播报道3次)。拍摄制作校庆宣传片、迎国庆专题片、劳动节专题片、本科生迎新电视片、本科生毕业电视片、《南京·东南》电视片、《东南大学校歌》MV、《歌唱祖国》MV等专题宣传片8部,拍摄《探秘实验室》《云南扶贫》等扶贫专题宣传视频,指导学院拍摄多个院系宣传片。

(二) 新媒体传播能力显著提升

打好新媒体传播主动仗,推动学校官方新媒体平台广覆盖,在已有微博、微信等平台的基础上,新开

通抖音等新平台,形成了微博、微信、抖音、人民号、澎湃号、头条号等多平台共同发力的新媒体宣传矩阵。截至12月初,官方新媒体累计发布相关图文、视频等2 400余条(篇),累计浏览量1.2亿人次。"毕业典礼""会唱歌的录取通知书""一本党章,三代党员""东大人的国家记忆""双胞胎帮妈妈打工""青春为祖国歌唱"等8条推送被《人民日报》微博等转发并上榜正面热搜,其中3条新媒体热搜话题的阅读量超1亿人次、1条阅读量超过2亿人次;新华网等央媒微信公众号发布我校相关微信推送文章10次以上。

(三) 聚焦典型,做好宣传引领

聚焦典型人物报道,开设"中国脊梁东南担当""家风班风校风""我在中国留学东南的故事""花开东南""我们的六月""创新创业的东大人"等栏目,开展"寻访身边的榜样"宣传活动,先后采访游雨蒙、何磊、杨俊等28位中青年骨干教师和化学化工学院学霸宿舍等师生的先进事迹,在东大新闻网、新媒体、校报等全媒体融合传播,引起师生校友和社会媒体广泛关注。

(四) 积极创新探索媒体融合

积极开展融媒体建设,前往人民日报社、中央电视台上海总部、腾讯网以及有关兄弟高校开展媒体融合发展专题调研,制定学校融媒体中心建设计划,积极筹划我校融媒体中心建设。目前已基本完成融媒体创新工作室整合建设工作,为探索融媒体中心建设打好基础。与人民网、新华网等主流媒体开展新闻实验室的探索与实践,合力打造新闻实验室育人、创新的新平台。加强新媒体工作室、学生记者团等队伍建设,提升融媒体工作团队媒介素养能力。坚守内容优势,推动改革创新,促进校报转型发展。牵头组织召开2019年江苏高校校报研究会年会暨首届媒体融合论坛,组织江苏高校首届大学生记者挑战赛。

三、系统推进大学文化建设

(一) 健全文化建设体制机制

落实学校综合改革、"十三五"规划和"双一流"高校建设方案关于文化传承创新的精神,贯彻落实学校"十三五"文化建设规划纲要,扎实推进先进大学文化建设。探索文化建设工作机制创新,调研相关兄弟高校文化建设工作情况并形成调研报告,不断完善学校文化建设工作体制机制。将文化育人引领放在落实立德树人根本任务和健全学校育人工作体系的战略高位,充分发挥文化在学校"三全"育人体系中的引领作用,牵头落实学校"三全育人"综合改革试点工作关于文化育人的子项目任务,制订《东南大学"弘文计划"实施方案》。多部门协同推进文明校园建设,牵头申报并荣获"2016—2018年度江苏省文明校园"称号,撰写的《东南大学扎实推进文化育人工作》被教育部网站刊登采用。

(二) 推进文化项目建设

策划组织"峥嵘七十载 与国共奋进——东大人的国家记忆"主题活动,邀请20余位院士、校友、教师等参与授课,以纪录片、视频连线、现场访谈等方式讲述东大人与共和国同行的70年历程,引起师生校友和社会的强烈反响。支持和持续跟进教育部中华优秀传统文化传承基地项目东南大学古琴基地建设。加强校史研究工作,成立东南大学校史编纂委员会,启动校史研究与编纂2019—2030年工作计划。加强校园景观文化表达,设立校园楼宇文化建设支持专项,支持并完成6个学院及单位项目建设。完善学校形象视觉识别(VI)系统基础部分,起草《东南大学形象视觉识别系统(VI)管理办法》。完成学校"双一流"建设中期自评中有关大学文化建设的总结报告工作。多部门协同,开展并完成博物馆专家论证工作。

(三) 丰富校园文化活动

以新中国成立70周年、五四运动100周年等为主题,组织"青春,为祖国歌唱"师生网络拉歌、"我与祖国共成长"征文等系列活动,通过官方新媒体推送宣传展示学校发展和新中国70年成绩的文章,相关文章受到央视、人民网、学习强国等中央媒体和教育部"微言教育"转载报道。通过官方微博、微信和校报等载体,开设《史海钩沉》"记忆地图"等栏目,刊登校史系列文章。结合庆祝中华人民共和国成立70周年、"不忘初心、牢记使命"主题教育、文明校园建设等特殊时间节点,制作立标、更换道旗、美化展板,营造良好文化氛围。在国家安全教育日、法治宣传日、校庆日、毕业季等,通过横幅、海报、电子显示屏等开展系列宣传。举办第5届"与声俱来"配音大赛。

四、切实加强网络建设管理

（一）网络建设与管理有力加强

加强网络阵地审批管理,严格规范全校二级单位网站及新媒体平台的申请备案及年审。指导学校各单位整体完成二级网站整改与建设工作,审批社会科学处、仪器科学与工程学院、火电机组振动国家工程研究中心、交通规划设计院等二级单位建设新网站。发挥网络育人功能,牵头学校"三全育人"综合改革试点十大专项计划之"强网计划",制订"强网计划"实施方案。加强学校中英文主页建设,学校主页更新各类信息1 000余条,完成英文官方主页、新闻网、至善网等改版,网页美观度有较大提高。开设庆祝新中国成立70周年和"不忘初心、牢记使命"主题教育两个专题网页。

（二）网络舆论环境不断优化

发挥网络文化育人功能,持续推进网络文化建设。围绕庆祝新中国成立70周年举行"我和我的祖国"主题网络宣传教育活动,开设专题网站,开通新媒体专栏,开展"青春为祖国歌唱"拉歌、"我和祖国共成长"网络征文、"东大人的国家记忆"主题思政课等系列活动,宣传展示新中国成立70年来的伟大成就。优化网络环境,协助网络信息中心完成网站安全等级测评、网络信息安全监测平台建立等工作,切实提高网络与信息安全的感知、预警与防控水平。完善网络舆情监测、预警、报送与处置机制,全年先后妥善处置了24起校园网络舆情事件,确保校园网络意识形态安全。积极开展国家网络安全宣传周、全民国家安全教育日、江苏省首届法治宣传教育周等系列主题教育活动,加强师生网络安全意识宣传教育。

安全保卫工作

2019年是极不平凡的一年,大事多、喜事多、重大的敏感节点多,在学校党政的正确领导下,在社会各方力量的的大力支持下,全校安全保卫人员以建设绿色和谐平安校园为目标,以师生的生命、财产安全为中心,以政治安全为根本,为学校"双一流建设"保驾护航,积极协同,努力进取,平稳度过五四运动100周年、新中国成立70周年等重要活动节点和重大活动,学校各领域总体稳定。保卫部（处）被江苏省公安厅表彰为"全省单位治安保卫工作先进集体",1人被江苏省公安厅授予三等功一次、1人被南京市公安局授予三等功一次、3人被南京市公安局授予先进个人。

一、安全教育扎实有效

1. 我处高度重视安保维稳宣传教育,采取"校内外齐抓共管、教育体系全面覆盖"的办法,加强师生安全防范意识和安全常识教育,营造浓厚的安全氛围。在新生入伍、国家安全日、5月4日、6月4日、7月5日等重要时期或关键节点,除了传统的安全教育方式外,以新媒体、网站、校内外报刊等为载体,组织开展防火、防盗、防骗、交通、饮食及意外伤害、网络安全、心理健康安全和国家安全等方面讲座约42余场。

2. 组织了近4 000名本科新生进行安全知识测试,选拔组队,参加第八届大学生安全知识竞赛,并通过初赛、复赛进入决赛。2019年12月30日在江苏省教育电视台举行的"江苏省第八届大学生安全知识竞赛决赛"中喜获一等奖。

3. 为保持学生教育的连续性、有效性和科学性,根据学生成长规律,与学生处联合开发学生教育系统,设置学生安全教育子模块,内容涉及学校相关管理制度和安全教育方面,将其贯穿于学生的学习、生活中,并采取微视频、微动画等喜闻乐见的方式展示给学生,大大地提高了安全教育的效果。

4. 全年组织消防培训和消防演练共80余场,每年参与师生员工10 000余人。每年学校定期开展"安全生产月"、"119"消防宣传月、大学生安全知识竞赛等系列活动。利用传统的宣传平台,如校园广播、校园20多块电子屏、影视播放、征文比赛、专项测试、知识竞赛、图片展览等,组织开展各级各类法制安全宣传,提升广大师生的安全意识,增强隐患的辨别能力和自我防护能力。

二、巡查治理纵深推进

按照《校园安全综合巡查及隐患治理工作规范》《东南大学保卫处值班制度》《重点部位及场所综合巡查及治理工作要求》等要求,切实用好隐患排查这个"扫雷器"、监督检查这盏"探照灯"、考核评价这根"指挥棒",牢牢牵住责任落实这个"牛鼻子",加强督促指导,强化责任落实,对照标准,堵漏洞。对发现的问题及时整改,对落实不力的各级单位警示约谈,对发生重大安全稳定问题的严格责任追究。全年巡查整治各类隐患问题1 500多起,其中发出整改通知书4起,约谈相关责任单位2家。

三、服务师生热情周到

1. 2019年,保卫处直接处理和配合警方处理警情总计565起,其中警方立案治安类案件152起、政治安全案件19起;学生非正常死亡事件2起、失联1起;保卫处直接处置各类事件388起,其中治安类事件376起,学生自杀倾向事件12起;消防一般事故3起。

2. 整理各类学生档案6 000余份,办理出国境手续89次、政审162次,年审、新办一卡通625份,办理离校和入学手续962人次,新生落户1 162人,户口迁出48人;借用归还补办《人口登记表》1 725人次,开居住证明1 479份;网上发布安全信息81条,浏览次数约17 152次,微信公众号推送安全信息118条,电子显示屏发布安全提醒150条。

3. 积极做好东南大学一站式服务,九龙湖综合服务大厅10号窗口接待师生8 000多人次(其中开具证明56份,户口迁出证明31份,学生活动及宣传品审批备案900多次,常住人口登记表(简称"常表")借出500多次,开具补办常表证明180份,办理居住证300份,发放居住证200多张,新办教职工车辆通行证100份,办理车辆信息变更64份,办理师生出入境登记40多次,完成教师、学生离校审核盖章300多次,完成本、硕、博新生落户手续1 115人,整理新生入学材料5 000多份)。

4. 全力做好128次大型活动的安保工作,审批校园活动1 627次。

四、队伍建设成果显著

一是根据省教育厅省公安厅联合下发的《江苏省高等学校安全管理规定》的要求,针对我校保卫人员年龄老化、学历偏低、专业素养欠缺等特点,拟制了《东南大学保卫处人力资源规划报告(9年)》,规划建设学校安全保卫专职队伍。在学校支持下,今年我处将拟新进两名专职安全保卫干部。二是狠抓物业保安队伍。以今年物业保安公司合同到期为契机,修订完善招标文件,结合学校当前安全形势,进一步明确物业服务人数、服务内容和服务要求等,在年初完成了物业公司的招标和入驻,同时修订《物业保安服务公司考核方案》和《考核细则》,完善考核体系,提升了对物业公司的监管能力。三是规范管理安防、消防维保队伍,根据学校财务有关规定,修订了安防、消防维保合同,明确了维保内容、维保范围、维保责任等,强化月报、季报制度,提升了维保队伍的规范化管理。四是建立建设应急处置队伍。为了做到及时、有效、科学处理应急突发事件,保障学校教学、科研工作的正常运转,三个校区先后组建了"7+"模式的应急处置队伍,加强防恐反恐、消防处置、交通指挥、文明礼仪等训练,有效地提升了安保队伍的应急处突能力。

五、内外合力完善形成

一是为了及时有效地处置各类突发情况,学工部、研工部、保卫处、总务处等相关职能部门,共同出台了《关于总务处、保卫处与学工、研工等工作联动的事项》《关于保密场所工作联动的事项》,明确了各单位的责任人、联系方式及处置流程,打破了部门之间壁垒,改变了以往各自为政的局面,完善形成内部合力。二是公安、消防、防恐反恐等部门以及当地派出所和我校建立了警校合作长效机制,通过加强信息互联互通、联动处置应急突发事件、协同合作开展师生安全教育等等,实现互利共赢、共创平安目标。

六、制度建设不断完善

面对日益复杂的校内外形势,针对凸现的新问题、新情况,保卫处不定期梳理完善各类规章制度与应急预案,建立风险评估机制,把握规律性,注重特殊性,突出针对性,健全安全稳定工作的责任机制和长效管理机制。先后制定了《校园安全综合巡查及隐患治理工作规范》《保卫处"三重一大"事项实施细则》《东南大学保卫处各类建设、设备采购、设备维修等项目管理流程(试行)》《东南大学保卫处值班制度》《重点部位及场所综合巡查及治理工作要求》等,进一步规范内部财务流程,明确值班人员职责,处置事件流程和要求,将综合巡查巡防向纵深推进,并将相关制度上墙上心,责任到岗到人。

七、科技创安有序推进

一是为了保证安全保卫业务综合管理服务平台及应急指挥中心(简称"平台和中心")建设的科学性、有效性、时代性,我处先后召开了消防、交通工作专项会和安防工作专项会,对全校的安防系统进行全面摸排,梳理出存在的问题、隐患;二是按照科技创安的要求,结合我校实际,做好了服务平台和应急指挥中心建设的顶层设计,并拟制了三期建设规划,明确了详细的建设内容、建设要求、建设标准和建设时限等;三是到复旦大学、华东师范大学、上海海洋大学、上海经贸大学等兄弟院校实地调研,并与北京大学、武汉大学等高校进行探讨研究,进一步论证、修改完善建设方案;四是提交建设方案学校网络安全与信息化专家小组审核,获得认可和通过,同时建设方案也得到南京市公安局、复旦大学、清华大学、北京大学、上海经贸大学等同行的论证;五是平台和中心建设已被纳入学校智慧校园建设的一部分,根据学校要求,平台和中心软件和硬件部分建设已进入招标审核流程,于2019年12月底组织公开招投标。

统 战 工 作

2019年,党委统战部在校党委的领导下,以习近平新时代中国特色社会主义思想为指导,深入贯彻落实党的十九大精神,围绕进一步做好党外知识分子思想引领工作,更好发挥统一战线凝心聚力的法宝作用等方面积极开展工作,着重完成以下几项工作:

一、加强思想政治引领,做好凝聚人心工作

加大党外知识分子的培训力度和广度,是加强思想政治引领工作最有效的手段。

1. 组织中青年党外知识分子7人前往井冈山进行调研考察培训。组织党派团体负责人、党外代表人士和基层统战委员共计38位到全国文明村蒋巷村和沙家浜调研考察。多途径组织党外代表人士开展"党的十九届四中全会精神传达学习会"。组织21位党外代表人士走进大别山,到"红色的摇篮、将军的故乡"革命老区金寨调研考察。

2. 先后推荐4位党外代表人士和无党派人士参加各级各类社会主义学院培训。

3. 开展2019年东南大学社会主义学院专题培训。邀请江苏省委党校章凝教授面向校内各民主党派统战团体负责人、党外代表人士和基层统战委员开展了"弘扬传统文化,增强文化自信"的主题讲座。邀请中国科学院南京土壤研究所二级研究员、江苏省第十一届政协委员董元华教授面向各党派团体相关负责人开展"如何写出高质量的提案与信息"专题培训。

4. 面向全校新进教师开展"新型政党制度与高校统战工作"的专题培训。

二、推进党派组织建设和干部队伍建设,做好凝聚力量工作

(一) 各党派党员发展情况

协助各党派做好党员发展的基层党组织考察工作,本年度共发展民主党派成员18人,其中民盟4人(金石、王海兵、马敏、黄莉),民建1人(王琪),民进1人(朱利丰),农工3人(张光远、张建、许斌),致公党2人(胡三明、任全),九三学社7人(陈翰、戴本球、胡俊峥、李娟、管杰、何炜、吴恺)。

(二) 完成东南大学党外知识分子联谊会换届工作

11月22日下午,东南大学党外知识分子联谊会换届选举大会在九龙湖校区行政楼120会议室举行,会议选举产生了新一届知联会领导班子,游雨蒙任会长,倪振华、花为、潘玉峰、卢文超、冯煜清任副会长。

(三) 积极沟通,多层次向校外推送优秀党外人士

积极沟通推荐,为党外代表人士搭建平台,让他们有机会代表学校和自己发声。先后推荐了滕皋军任民建中央委员,李智群任南京市政府参事,韩俊海当选玄武区欧美同学会会长,李仁民当选建邺区欧美同学会会长,姚红红当选江宁开发区侨联副主席,张建当选江宁区党外知识分子联谊会副会长,蒋之浩当选鼓楼区欧美同学会副会长、居胜红当选常务理事,葛丽芹当选玄武区归侨侨眷联谊会副会长。积极组织遴选推送29位无党派重点人选到省委统战部;规范学校无党派人士政治面貌的使用范围并完成30名"无党派人士"的认定工作。在全校范围内开展归国留学人员基本情况摸底调查,汇总统计1 059位归国留学人员报南京市委统战部。

(四) 加强对党外代表人士的选拔和培养

为进一步加大党外人士培养力度,加强党外代表人士队伍建设,出台了《东南大学选派党外人士校内任职实施办法》。选派了7位党外代表人士到学校7个职能部处的副处级岗位锻炼。

三、牢牢抓住统战工作主动权,做好凝聚智慧工作

构建多元互动平台,创新沟通联络渠道,把握统战工作主动权,为统战对象提供畅所欲言、建言献策的多元平台,做好凝聚智慧工作。

1. 充分发挥东南大学统一战线网站建言献策版块作用,鼓励党外人士多层面多维度地建言献策,对涉及校内事务的提案议案,积极联系相关职能部门,做到有提案有反馈,共收集各级提案议案15件。

2. 创新沟通平台,开展面向统战对象的午间会活动。先后三次组织不同层面的统战对象利用中午休息时间开展午间会活动,在轻松愉快的氛围中交流思想、畅谈工作经历、科研动态及对学校发展的意见建议,碰撞思想、集思广益。

3. 加强统一战线理论研究。针对当前新形势新情况新问题,积极组织鼓励党外教师和统战工作人员开展统一战线理论研究。广泛发动、点对点联系,推荐申报并立项了江苏省教育厅课题一项("新形势下高校高层次海归人才统战工作研究")、校内党建课题一项("对高校高层次海归人才的政治引领和政治吸

纳机制研究");推送关于"深入学习研究习近平总书记关于加强和改进统一战线工作的重要思想"主题征文一篇(《"以人民为中心"开展新时代统一战线工作》),该文章获三等奖;申报并获得江苏省教育厅全省高校统战工作理论创新研究成果一等奖1项,全省高校统战工作实践创新成果奖1项。校级课题"新形势下高校党委加强党外知识分子工作研究"在结项验收中获得优秀。

四、正确处理一致性和多样性的关系,做好凝聚共识工作

处理好一致性和多样性的关系,要充分发扬民主、尊重包容差异,找最大公约数,画最大同心圆。通过加强党委与党外代表人士沟通渠道,开展特色活动,增加组织活力来增进共识、促进团结。支持民主党派加强政治建设,支持各民主党派、统战团体围绕纪念新中国成立70周年和"不忘初心、牢记使命"等开展系列主题活动。

(一)加强交流沟通,提高党外代表人士自身能力和社会影响力

1. 东南大学召开2018年党外代表人士校情通报会暨座谈会

1月10日上午,东南大学2018年党外代表人士校情通报会在九龙湖校区行政楼120会议室召开。党委书记左惟向党外代表人士通报了校情。党委统战部部长冯建明参加会议。

2. 我校多位党外代表人士获邀担任社会职务

我校李启明教授获邀担任江苏省审计厅第五届特约审计员,任期五年。民革马向真教授获邀担任江苏省高级人民法院第三届特约监督员。肖睿教授获邀担任江苏省检察院第七届特约检察员。

3. 多个党派团体获省级表彰

钱钟韩、薛涛入选江苏省政协《最美政协委员——70年70人》;民盟东南大学委员会获民盟江苏省直工委2018年度"优秀基层组织"奖,王凯、窦闻获2018年度"盟务工作积极分子"称号;近期,民盟东南大学大学委员会又被民盟省委授予"先进集体"称号,薛星美、毛世怀、许茜、张保华四位盟员被授予"先进个人"称号;民建东南大学委员会荣获民建江苏省委直工委"参政议政工作优秀基层组织"奖,民建东南大学基层委员会获"2019年度民建省直工委优秀基层组织奖",周革利、孔庆善、陈蓉、王玉玲、何裕仁获"2019年度民建省直工委先进个人奖";民进东南大学委员会荣获"民进江苏省直工委2019年先进集体"和"民进全省组织建设先进基层组织"称号,王华宝、孙瑾荣获"先进个人"称号;农工党东南大学中大医院支部荣获农工党江苏省直2018年度"五星支部"奖;致公党东南大学总支获致公党江苏省委"引凤工程先进集体"称号,赵春杰、薛涛获"引凤工程先进个人"称号;九三学社东南大学委员会获"九三省委2019年社会服务工作先进集体"称号,戴丽、柳萍获"九三省委2019年思想宣传工作先进个人"称号,赵剑锋获"九三省委2019年参政议政先进个人"称号。侨联林金明老师获江苏省侨联颁发的《从事侨联工作20年以上工作者》殊荣;王志功教授荣获"江苏侨界最美贡献者"称号。

(二)农工党中大医院支部送医系列活动

近年来,东南大学农工党基层委员会,发挥界别优势,持续开展送医利民服务,赢得社会好评。农工党中大医院支部先后7次发起走进各地社区、村委会义诊宣讲活动。

(三)各党派团体丰富多彩的交流考察活动

通过积极组织文体活动和经费支持鼓励各党派团体开展丰富多彩的考察调研活动,加强交流、增进团结、凝聚共识。民革东大总支举行了纳雍定点扶贫"慈善一日捐"及"爱心传递、共享好书"童书捐赠活动;农工党东南大学基层委员会组织了兴化刘泽村考察调研活动和广东惠州邓演达故居、邓演达陈列馆参观考察活动;东南大学侨联组织了"壮丽70年、阔步新时代"主题活动,统战部牵头的第三届"同心杯"东南大学党外人士乒乓球赛也如期举行。

五、加强统战部自身建设，多维度互访交流

半年来，接待省级党派团体组织调研3次、兄弟高校交流互访3次、"走出去"交流调研3次。良好的沟通交流，有助于开拓视野、碰撞思想、拓宽思路、创新方法。

老干部工作

一、2019年工作总结

2019年根据各项政策，全面落实离休干部的生活待遇及政治待遇。目前，东南大学离休干部分布在四牌楼、丁家桥、长江后街等校区，面对"三高期"离休干部的服务工作，老干部处也面临着巨大挑战。在教育部老干部局指导下、在东南大学校党委正确领导下、在新时期新形势下，我们积极探索，整合资源，围绕学校的中心工作，深化三送四就近，坚持增添正能量，推进关工委优质化建设。

（一）围绕学校的中心工作，助力"1—10—100"东大梦

2019年东南大学老干部处组织开展"弘扬书法艺术　继承传统文化"——东南大学老同志书法进校园活动，为师生员工写春联，送祝福；在四牌楼和丁家桥两个校区分别召开校情通报会，由校党委副书记郑家茂为离休干部通报学校的发展情况；协同人事处共同举办第三十二届"老人节"祝寿会。

2019年是新中国成立70周年，按照《教育部办公厅关于在直属高校、直属单位离退休干部中开展"我看新中国成立70周年新成就"专题调研活动的通知》（教育部办公厅教离退厅函〔2019〕2号）文件精神和工作安排，东南大学老干部处在教育部及东南大学党委的组织部署下，结合我校实际，在我校离退休干部中深入组织开展"我看新中国成立70周年新成就"专题调研活动。具体内容有：开展"七十载风雨同舟，七十载辉煌成就"新中国成立70周年采访活动；举办"喜迎新中国成立70周年，东南大学建校117周年"老同志书画摄影展；召开"我看新中国成立70周年新成就暨东南大学的发展与变革"座谈会。

（二）积极利用社会资源，推进"一方隶属，多重管理"离退休党建工作模式

老干部与青石村社区合作申请的江苏省"一方隶属，多方管理"离退休党建示范项目，自2018年通过了省委老干部局验收后，2019年老干部处继续加强与社区的联系与合作，加强和创新离退休干部党组织建设的工作模式，老干部处领导定期参加青石村社区党政联席会，为青石村社区建立离退休干部党支部之家提供经费支持，为青石村社区宣传十九大精神展板提供经费支持，有效利用社区平台为东南大学离退休干部提供就近学习、就近活动、就近得到关心照顾、就近发挥作用提供更为便利的条件。在此基础上，老干部处展开调研，积极把此项目推广到离退休干部居住地相对集中的其他社区。

在日常工作中，老干部处适时掌握离退休干部身体状况，采取集中与分散、座谈与交流、专题辅导、上门送学与自学相结合等学习方式，适时组织离退休党员干部学习习近平新时代中国特色社会主义思想和党的十九大精神，通过多元化的文化传播方式让老干部参与其中，确保离退休党员干部政治坚定、思想常新。

（三）做好服务保障工作，深入开展"三送、四就近"的服务活动

老干部处的"送学习、送温暖、送服务"的活动已经开展了多年，2019年老干部处在"三送"的基础上，

深化活动内容,将"三送"和"四就近"结合起来。领导带头,全处人员走访慰问离退休干部,做到家家到、户户访,不遗漏,全覆盖。根据在走访中离退休干部提出的困难和具体情况,努力做到使老干部就近学习,就近活动,就近得到关心照顾,就近发挥作用,将"三送"活动推向新高度。

(四)充分发挥"关工委"作用,深入开展为党的事业、为学校的发展增添正能量活动

2019年,东南大学关心下一代工作委员会进一步深化"三个纳入"工作体系,做好关心下一代工作。一是纳入党委工作,强化组织领导,完善工作机制;二是纳入学生工作,立德树人为本,打造东大特色;三是纳入教师工作,致力青年培养,打造人才高地。"老骥伏枥,志在千里",学校4 000多位离退休老同志心系学校,在投身党建、献计献策、教学督导、培养后学、捐资助学、文化建设、志愿服务等方面无私奉献。

2019年老干部处组织参加教育部关工委"读懂中国"活动,拍摄视频作品9件,撰写征文35篇,参与人数约500名,其中刘信雨同学的《静听花开,依路繁荣》被评为2019年"读懂中国"活动优秀征文;组织参加江苏省教育系统关工委"社会主义核心价值观'精品教育项目'案例(2019)"申报工作,其中董本植老师的《中国共产党的伟业与感悟》获得一等奖,闵卓老师的《地球第三极——中国青藏高原》和陆琮明老师的《社会主义职业道德》获得二等奖。

二、2020年工作要点

2020年老干部处将在省部老干部局及学校党委的领导下,认真扎实地学习十九大及十九届四中全会精神,坚持落实省部老干部局工作精神及关工委会议精神,坚持落实全国高校思想政治工作会议精神,构建老干部服务和关工委工作相结合的新的治理体系,在服务好老干部的前提下,充分发挥关工委的作用,为学校"双一流"建设添砖加瓦。

(一)以习近平新时代中国特色社会主义思想为指导,全面加强和改进离退休干部思想政治建设

按照省部和学校党委统一部署,通过举办座谈会、报告会、送学上门等各种形式,利用离退休干部各种活动,大力宣传党的十九大及十九届四中全会精神,进一步加强老干部思想政治工作,引导离退休干部认真学习、深刻领会、全面理解党的十九大及十九届四中全会提出的重大理论观点、重大战略思想、重大战略部署,切实把离退休干部的思想和行动统一到十九届四中全会中来。继续落实老干部政策和政治待遇,加强老干部支部建设,定期组织老干部学习全国离退休干部的先进事迹的报告文章,积极鼓励支持老干部发挥余热,使老干部从"老有所为"中实现"老有所乐"。

(二)以十九大精神为指导,强化精准服务理念,引入联络员机制

重塑观念,以时代化、人性化、全面协调可持续常态化的眼光看待老干部工作;对每位离退休干部的居住地点、家庭状况、爱好特长、子女联系方式等基本情况进行定期核查,适时更新离退休干部信息库;探索新模式,让老干部处工作人员与离退休支部及社区之间加强联系,建立"点面结合,责任到人"日常工作联络员制度,坚持单位管理与社会化服务相结合,倡导居家养老,推进社区养老,探索社会养老、以房养老等模式,形成单位、家庭、社区、社会"四位一体"的老干部服务体系,为离退休干部"六个老有"创造更好的条件。

(三)加强老干部工作队伍建设,不断提高老干部工作的满意度

首先,营造老干部队伍工作的氛围,认真贯彻老干部工作政策、法律、法规,做到横向到边、纵向到底;其次,提高老干部工作者的能力,加强老干部工作人员的业务培训,让老干部工作人员始终坚持政治上尊

重、思想上关心、生活上照顾、精神上关怀老干部,当好政策上的宣讲员、思想上的调解员、生活上的服务员;再次,发挥老干部骨干的主动性,让"想服务、能服务,想奉献、能奉献"的老干部担任离退休干部学习组长、党支部书记;最后,结合离退休干部的现实性、针对性、可操作性,利用社区资源,就近学习、就近活动、就近得到关心照顾、就近发挥作用,调动老干部参与的积极性。

(四) 推进东南大学关工委优质化建设

为贯彻省教育工委、省教育厅《关于推进全省教育系统关工委优质化建设的意见》,结合东南大学二级学院关工委巩固提高建设的实际情况,于2019年召开了实施优质化建设的动员大会,制定了我校关工委实现优质化建设分步走的计划和细则,确定2020年制定东南大学关工委工作优质化实施方案,并在部分院系开展关工委工作优质化建设试点,2021年全面推进关工委优质化建设,2022年申报东南大学关工委工作优质化建设验收。

工 会 工 作

2019年,校教代会、工会立足学校持续全面深化综合改革、大力推进"双一流"建设的要求,聚焦"新使命、新担当、新作为"关键词,结合"不忘初心、牢记使命"主题教育,不断提高政治站位,加强自身建设,提升工作质效。以忠诚党的事业为核心,强化思想引领这一政治使命,切实发挥好教职工在推进"三全育人"综合改革试点工作和落实立德树人根本任务中的主力军作用。以完善内部治理为目标,扎实推进教代会工作,切实发挥民主管理和民主监督作用。以竭诚服务教职工为宗旨,坚持需求导向精准发力,构建工会工作体系,为教职工参与改革事业、促进改革成效、共享改革成果,开展了一系列积极有益的工作。

一、坚持党建引领带动工会自身建设,增强工会组织战斗力

(一) 在系统推进"不忘初心、牢记使命"主题教育中锤炼能力

一是健全学习制度。以学习贯彻习近平新时代中国特色社会主义思想为主线,紧扣习近平总书记关于"不忘初心、牢记使命"重要论述,通过组织理论学习、主题党课、学习强国答题竞赛等,在工会组织将主题教育活动推向系统深入。二是组织调查研究。围绕如何推进二级教代会建设等三个议题,向各部门工会主席、女工委员等兼职工会干部征集意见建议共计70余条。三是开展专项整改。结合学习和调研成果,查找问题、分析原因,拟定翔实的、可操作的整改措施,不断完善相关工作,确保主题教育取得实效。

(二) 在参与中心工作中增强能力

服务国家脱贫攻坚战略,在学校统筹安排下,完成对南华县200余万元农产品的采购,并顺利发放到每位教职工手中;参与学校"三全育人"综合改革试点工作,发挥工会的职能优势,深入推进"三育人"积极分子评选表彰、校园文化体育活动育人等工作;配合党委第三轮政治巡察工作,建议考量二级教代会在学院治理体系中的作用发挥;加强师德师风建设,配合学校做好教师节表彰大会工作。

(三) 在组织学习交流中提升能力

组织工会专兼职干部培训会议,提升面对新情况、新问题的认识能力和处理能力;参加卓越联盟工会

工作会议、教育部部分直属高校第二十五次工会工作会议等,并积极提交会议论文;组织教代会代表、部门工会主席分赴同济大学等高校工会调研,接待中国药科大学等高校工会来访,就加强教职工思想政治引领、会员会费管理等展开深入的交流和研讨。

二、突出思想政治引领,激发教职工建功立业的内生动力

(一)围绕教职工思想现状开展专题调研

依托马克思主义学院承担省教育科技工会调研课题,以"高校教职工思想状况"为主题针对全省范围内的高校教职工开展调研工作,并完成调研报告,将其用于指导工会或协同相关部门、院(系)进一步有针对性地开展工作。

(二)弘扬劳模精神,发挥示范引领作用

一是做好劳模申报和宣传工作。2019年,组织校内推荐、申报,崔铁军教授荣获全国五一劳动奖章,做好校内宣传激励广大教职工对标先进、勤勉工作。二是做好关爱劳模工作。代表学校党政、上级工会组织开展"壮丽七十年礼赞劳动者"劳模慰问活动,营造尊重劳动、尊重劳模的校园氛围。三是为传承劳模精神搭建平台。协助马克思主义学院聘用两位劳模担任我校思政课程兼职教授,推进劳模精神进校园、进课堂。

(三)围绕社会主义核心价值观开展主题活动

以庆祝新中国成立70周年为主题,主办"我和我的祖国"摄影、邮票展,组织教职工参与"我和祖国共成长"艺术作品展,组织教职工合唱团参加"青春为祖国歌唱"、南京市《祖国颂》千人公益合唱音乐会等演出;组织女知识分子联谊会成员开展"改革开放40周年"新农村建设成果参观交流活动,组织女教职工"教书育人不忘初心自我修养礼仪先行"学习交流活动,组织女教职工参加"2019年全省女教职工诵读红色经典活动"并荣获三等奖。通过一系列主题鲜明的活动将核心价值观融入教职工的工作生活,将爱家、爱校、爱国内化为教职工的情感认同和行为习惯。

三、扎实推进两级教代会工作,在校、院(系)治理中发挥好民主管理作用

(一)发挥教代会执委会促进民主决策、科学决策的作用

召开教代会执委会议,审议《东南大学2019年度校内执行预算(草案)》《东南大学院系单位关键业绩指标(KPI)绩效考核与管理实施办法》《东南大学专任教师年度考核办法》等与学校发展和教职工切身利益相关的重要文件,并提供意见和建议。组织教代会执委通讯评议2019年全国五一劳动奖章推荐人选等事项。

(二)完善二级教代会的运行机制

一是规范年会工作。加强指导和督促,要求各部门工会严格执行向同级党委请示汇报和向学校工会预报告制度,已建立二级教代会的28个院(系)顺利完成年会工作。二是启动考核评估工作。起草《东南大学二级教职工代表大会工作考核办法(草案)》,为进一步规范二级教代会的运行提供制度保障。

(三)持续推进提案办理和落实工作

通过提案工作委员会会议、提案落实工作推进会等,加强征集提案的审查分类,明确立案提案的办理

部门,督促疑难提案的办理落实,八届三次教代会提案顺利办结。

四、多维度构建工会工作体系,提升维护服务教职工的能力和实效

(一)不断完善会员慰问的制度保障

及时贯彻落实上级文件精神,传递学校党政对教职工的关怀,出台了《东南大学工会会员日常慰问实施办法》,涵盖会员结婚、生育、住院等与日常生活重要事项相关的慰问;修订《东南大学节日慰问、生日慰问管理办法(暂行)》,提高会员节日、生日慰问经费,并保障采购有序开展。2019年,委托第三方公开招标,入围供应商共计20家,首次启用校采购中心采购平台,指导各部门工会严格遵照网上洽谈程序开展工作,在把好质量、价格关的同时,适应教职工的多样化需求,顺利完成3次节日慰问、1次生日慰问采购。

(二)持续加强阵地共建和组织共建

2019年,校工会与交通学院等院(系)党委共建4个教工之家,为学院教职工的精神文化生活提供必要的设施和温馨的场所。与电子科学与工程学院和机械工程学院党委共建青年教师委员会分会,并组织开展会员活动,邀请入选"东南大学十大科学与技术问题"的课题组代表教师作精彩报告。

(三)积极搭建维护服务的工作平台

针对教职工中不同群体的个性化需求,搭建婚恋交友、困难帮扶、权益维护等各类平台。2019年,承办江苏省教育科技工会"初心相约筑梦幸福"联谊活动,18所在宁高校、16家科研院所共计110余名单身青年参加;组织"缘聚东南"户外拓展,中国航天科工集团8511研究所和我校的单身职工共计30余人参加活动。春节补助困难教职工近200人次,慰问金额10万余元;教职工大病医疗互助基金共补助564人次,发放互助金377万余元。引导教职工依法、有序维权,帮助教职工向有关职能部门提出意见,协同人事部门等处理2起劳动关系纠纷。顺利完成工会信息化平台一期建设,并启用工会活动报名平台等。

(四)精心打造上下联动的活动模式

2019年,校工会结合教职工的兴趣爱好,先后举办第七届教职工智力运动会、教职工乒乓球、网球比赛、"三八"节女教职工系列庆祝活动等。采用校工会主办,部门工会、协会承办文体活动的工作模式,校机关工会承办秋冬季九龙湖校区教职工健步走活动、物理学院工会承办2019"小小科学家"科技夏令营、篮球协会承办教职工第四届篮球比赛、羽毛球协会举办第三届校友羽毛球比赛等。坚持重心下移,鼓励、指导36个部门工会开展了如"尽善尽美·轻罗小扇绘丹青""激情总务,快乐同步"春季趣味运动会等丰富多彩的工会活动近80次。

共青团工作

2019年,是中华人民共和国成立70周年、五四运动100周年,是东南大学实现"三步走"战略第一步目标的攻坚之年,也是东南大学共青团树立大抓基层鲜明导向、全面提升宣传思想文化工作水平、大力推进学生会及学生社团深化改革的重要一年。在学校党委和上级团委的正确领导下,校团委重点围绕"三全育人"改革实施方案,创新推进"铸魂""磐石"两大工程,以平台建设、内容革新为重点改革提升"四大学堂",进一步在"双一流"建设中提升团组织凝聚力和团组织活力,取得了丰硕的成果。

在第十六届"挑战杯"全国赛中,获得2项特等奖、3项一等奖、1项二等奖,刷新了学校参加"挑战杯"竞赛的历史最高分,稳居全国前五强,捧得"优胜杯";在第五届"互联网+"国赛中,获得金奖2项、银奖3项、铜奖1项,金奖数及获奖总数均为学校历史新高,首次获得"青年红色筑梦之旅"赛道商业组全国第一;东南大学团委荣获全国共青团宣传思想文化工作先进单位,并在团十八届三中全会上被通报表扬;志愿服务工作领跑江苏,东南大学研究生支教团荣获全国青年志愿服务最高奖"第十二届中国青年志愿者优秀组织奖";校团委连续28年荣获"全国社会实践先进单位"称号;由团委牵头的实践育人项目"三制并举·四相融通——构建实践育人新体系,拓展领军人才培养新空间"成功申报教育部思想政治工作精品项目;圆满举办在宁62所高校院所2019级大学新生开学典礼、东南大学纪念五四运动100周年主题活动、东南大学庆祝中华人民共和国成立70周年大合唱等大型活动;在"首届江苏青少年新媒体奖"评比中,获得新媒体建设先进单位等四项大奖;获得教育部官网、《中国青年报》、《中国教育报》等媒体广泛报道。在"青年大学习""实践育人""与信仰对话""信仰公开课"等共青团品牌项目上也取得了一系列新进展,实现了一个个新突破。

一、思想政治引领工作持续发力

深入开展"青年大学习",全面布局"青年学习社",东南大学团委获得"全国宣传思想文化工作先进单位"荣誉称号,并在团十八届三中全会上被通报表扬。结合"不忘初心、牢记使命"主题教育开展"四重岗位杰出校友专题思政课""我的青春故事报告会""烈士纪念日主题教育活动"等第二课堂思想引领活动50余场。创新"4—3—2"青年马克思主义者培养新模式,邀请校党委书记左惟、省委党校常务副校长桑学成等二十余位专家学者组成讲师团和导师团构建"四位一体"课程体系,从培训对象与覆盖范围、考核模式与质量评估、当前计划与长久规划等三个层面明确"三个结合"顶层设计,打造"双轮驱动"培育模式,年内培训学员600余人,开设系列讲座30余场,组织专题调研课题10余项,相关创新举措受到教育部官网报道。着力推进"信仰公开课"品牌建设,获评的江苏省"精品课"和"示范课"数量位列全省高校第一;将"以'四个强化'打造'信仰公开课'品牌"作为主题,在共青团江苏省第十五届委员会第五次全体会议上发言,全面阐述东大共青团探索思想引领工作的新思路、新模式。深度对接团中央、团省委,积极推进"团二大"历史研究及宣传推广。

二、基层团的组织活力不断增强

2019年东南大学团委积极推进基层团组织建设,创新组织关系转接制度,依托"智慧团建"平台,实行"线上+线下"组织管理方式。加强团员档案管理,实行"一人一号、一证一档",将学生团员档案纳入学籍档案和人事档案转移流程,实现学籍管理系统和纸质档案同步转接。积极推进基层团支部清单工作制度的执行,严格对照工作清单要求,有效推进了东南大学组织的基层基础建设规范化、支部典型引领示范化、团员教育管理科学化、团干培养锻炼体系化,牵头的"推进基层团支部清单工作制度"获评江苏省重点项目。进一步围绕"发挥团支部在团员青年思想引领中的桥头堡作用",实施"双轮驱动"支部引领力提升工程。进一步扩大以学校资深专兼职团干部为主、马克思主义学院教师为辅的"团课教研室",推动支部团课制度化、规范化、系统化、专业化建设,"'双轮驱动·五化并举'提升团支部活力项目"作为全省高校唯一基层组织建设创新试点,获得2019年度全省共青团工作"10100"创新创优工程一等奖。进一步扩大"磐石计划"团日活动的覆盖面,支持了600余个支部开展基层团日活动,大大活跃了支部活力。

三、创新创业实践育人成效显著

构建理论培训、体验训练、实践孵化、服务支撑"四位一体"的第二课堂促进大学生创新创业体系,构建多元立体的双创氛围。校团委实践育人项目"三制并举·四相融通"——构建实践育人工作新体系,拓展领军人才培养新空间成功申报教育部思想政治工作精品项目。在全国大学生创新创业最高赛事"挑战杯"全国大学生课外学术科技作品竞赛中,六个团队入围全国终审决赛,最终获得 2 项特等奖、3 项一等奖、1 项二等奖,创造了我校参加"挑战杯"竞赛的历史最高分,稳居前五强,捧得"优胜杯",领跑江苏,再创辉煌;在第五届中国"互联网+"大学生创新创业大赛中,6 支团队入围全国总决赛,最终获得金奖 2 项、银奖 3 项、铜奖 1 项,金奖数及获奖总数均为学校历史新高,其中 1 项荣获"青年红色筑梦之旅"赛道商业组全国第一名,这是东南大学团队首次在"青年红色筑梦之旅"赛道获得金奖,学校也成为江苏省唯一荣获"青年红色筑梦之旅"赛道高校集体奖的单位。成功举办高校科学营东南大学分营,打造科普服务新高地,获得全国优秀组织单位并在中国科协做主题经验分享。

四、校园文化艺术活动高潮迭起

以"壮丽七十年,奋斗新时代"为主题,精心策划组织"2019 东南大学新生文化季"活动,自开幕以来,万余名新生同学积极参加了"初识东南"系列名家高层演讲、"青春为祖国歌唱"大合唱、"四重"岗位杰出校友专题思政课、"青春告白祖国"大学生思政课、原创话剧《茅以升》展演、"我的讲台我的娃"——讲述支教背后的故事、"我爱东大"校史校情知识竞赛、"我的青春故事"专题分享会、学生团体联合招新、"中华赞"经典诵读大赛、传统艺术进校园、新生文艺汇演等数十场系列活动。本届新生文化季伴随着我校"不忘初心、牢记使命"主题教育,是一次饱含着思想内涵、熔铸着家国情怀的文化之旅。邀请包括陆军、贲德等院士,著名文化学者彭林、周锡生、胡阿祥、潘知常、西岭雪等来校举办系列名家高层演讲近 30 场。邀请乌克兰国家交响乐团、江苏省演艺集团昆剧院、锡剧团、上海评弹团、南京市民族乐团、常州市滑稽剧团、南京艺术学院等来校开展近十场高雅艺术进校园大型文化活动,不断掀起校园文化新高潮。在庆祝中华人民共和国成立 70 周年之际,举办"青春为祖国歌唱"大合唱、"四重"岗位杰出校友专题思政课、"青春告白祖国"学生思政课、"诵读学传"专场晚会等一系列主题教育活动,激励和引领广大东大青年大力弘扬以爱国主义为核心的伟大民族精神。成功承办"我的南京·我与祖国共奋进"——在宁 62 所高校院所 2019 级大学新生开学典礼活动,得到《新闻联播》报道。承办中国科协、江苏省公安厅举办的中国科学家精神报告团"传承 2019"南京行东南大学专场活动、"青春相伴、平安同行"江苏省公安厅青年民警法治进校园巡回宣讲活动等,产生了广泛的社会影响。

五、社会实践工作体系逐步完善

创新升级社会实践"点线面网"新体系,把思政小课堂同社会大课堂结合起来,打造"行知金课",营造全员全过程全方位的实践育人新格局。2019 年明确实践目标主题,深化品牌引领,极大激发学生将"小我融入大我"的自觉性。打造"壮阔七十年,青春心向党""小我融入大我,青春献给祖国"等七个重大专项、十二个重点主题的校级社会实践团队共 750 余支,配套出台《东南大学社会实践学分认定标准及等级计分标准》《东南大学基层体验类社会实践"五个一"要求》《东南大学海外社会实践实施要求》。连续 28 年获"全国社会实践先进单位"荣誉称号,获得由省委宣传部等部门联合评选的"2019 年省文化科技卫生'三下乡'先进集体"荣誉称号,获得由团省委评选的"省级先进单位"荣誉称号;在"千校千项"评选中,获得"优秀工作案例"等十余项奖项;在 2019 第五届"寻找全国大学生百强暑期实践团队"评选中,两支团队入选全国百强实践团队;在"镜头中的三下乡"中,荣获"优秀报道奖"等十余项奖项;荣获全国社会实践"百篇优秀调研报告";在 2019 年"力行杯"江苏省大学生社会实践项目大赛中,荣获一个一等奖、一个二等奖;获得省级实践优秀团队等数十项奖项;十余个团队获得大学生知行计划评选全国奖项,实践成果被教育部官网、《中国青年报》《中国教育报》等媒体广泛关注。

六、青年志愿服务工作提档升级

持续提升研究生支教团影响与水平,构建并完善东南大学校地志愿服务桥梁,获得第十二届中国青年志愿者优秀组织奖,为江苏高校唯一获奖单位,同时也是江苏省仅有的两个获奖单位之一,这是我校研究生支教团创建近20年来首次获此殊荣。涵盖理论提升、观摩实践和项目孵化为一体的东南大学第二期志愿服务实践学堂开营,对全校近200名志愿服务骨干进行志愿服务工作指导和培训。在2019年"七彩假期"志愿服务项目示范单位、示范团队评选中,东南大学团委"至善科技支教团""无线梦想支教团""至善归宿服务团"等三个项目荣获"示范团队"荣誉称号;积极参与江苏省和全国各级志交会、志愿服务项目大赛,"乡筑工作室"获得第四届中国青年志愿服务公益创业赛全国银奖;"牵手彩云、筑梦南华"项目获得第四届江苏省志愿服务展示交流会优秀项目奖;郝世杰被评为"全国正能量志愿者";东大学子积极服务社会,为第二届江苏发展大会暨全球苏商大会、国庆招待会、全球未来网络发展峰会、南京马拉松等数十场大型活动提供优质的志愿服务,讲述东大故事,展示东大名片。

七、新媒体建设稳步推进

持续打造微信公众号"青年东大说",十数条微信点击量过万,多篇微信阅读量过5万,关注粉丝数超过4万,新媒体工作室着力打造文创产品,用青年的话语、青年的方式宣传共青团工作,扩大共青团影响力,获得广大师生赞誉,在上级评选中多次名列前茅,成为广受东大青年欢迎的"青春集结号"。在"首届江苏青少年新媒体奖"中,东南大学获得"新媒体建设先进单位"荣誉称号,相关作品获得优秀新媒体作品奖、优秀网络新媒体活动奖,"青年东大说"微信公众号获团属新媒体平台影响力提名奖。

八、学生会及学生社团改革持续深化

落实共青团中央、教育部、全国学联关于学生会、学生社团深化改革的指导意见,研究学生会组织改革路径及落地方案,并由校党委出台《东南大学学生会(研究生会)深化改革实施方案》,有效发挥学生会在学校治理体系和治理能力建设中的独特功能,支持和引导学校各级学生会明晰定位、把准方向、改革机制、从严治会,更好地服务青年学生成长成才。就新形势下的学生会组织改革积极探讨、创新探索,受邀在团中央主办的学联学生会组织秘书长培训班上做经验分享。根据新形势新要求全面修订学生社团管理办法,成立社团管理工作部,加强学生社团管理及指导,制定并完善了学生社团管理相关制度,推动学生社团健康有序发展。

2019年,在校党委和上级团组织的正确领导下,在全校各部门和各学院的通力协作下,在全校团员青年和广大专兼职团干部的共同努力下,校团委工作影响进一步扩大,2019年中央和地方媒体宣传报道校团委工作100多篇,中央电视台、新华社、《中国青年报》《中国教育报》等主流媒体多次聚焦我校基层团组织建设、学生会组织改革、社会实践等共青团亮点工作。选树了包括"全国大学生自强之星"潘强、万思远,"东大好青年"王宗辉等在内的一批典型人物。由校团委集中力量编撰的《东南大学共青团2019大事记》《东南大学共青团2019新闻集锦》,全面展示了东南大学共青团的工作成绩,受到了社会各界的充分肯定。

东南大学共青团将进一步深入梳理和总结2019年的各项工作经验与改革创新成果,东南大学共青团将继续砥砺奋进,在学校党委和上级团委的坚强领导下,更加自觉、更有成效地组织和引导东大团员青年,在"五个转型"新方向和"1—10—100"东大梦的指引下,为实现中华民族伟大复兴的"中国梦"贡献青春力量!

本 科 教 育

综 述

坚持"以本为本",发布《东南大学2020一流本科教育行动计划》,全面深化本科教育改革。

实施跨学院大类招生大类培养,生源质量不断提高、自主选择空间持续拓宽。全校80个本科专业按14个大类和5个专业招生。理科11个省份、文科14个省份录取位次显著提升,江苏理科与医科录取分数排名创新高。按厚基础、宽口径、重交叉、强创新的思路定位,修订2019级人才培养方案。大力推进"三制五化"培养模式改革,实施本科生导师制、推动秉文书院和健雄书院建设、建立完全学分制培养机制,辅修学位专业由7个增至21个。

坚持立德树人,凸显思想引领,思政课程与课程思政同向同行。启动实施"思政课创优行动计划",获省优秀青年思政理论课教师领航扬帆计划1项,评出首批校级课程思政示范课9门、立项第二批建设项目111门,实现专业全覆盖。

深化课堂教学革命,大力推进课程资源建设与教学模式改革,重塑教学新态。出台"本科课堂教学质量提升工程实施意见",优化课堂教学过程管理办法、完善质量评价体系、加大KPI(关键绩效指标)考核。获国家精品在线开放课程9门,中国高教学会金课建设项目8项、新工科规划教材2部,省教改课题14项(重点5项),省重点教材14部,立项校级在线开放课98门、教改项目145项。建成首批智慧教室52间。

注重名师培育、发挥示范引领。新增国家万人计划教学名师1人、宝钢优秀教师奖4人(特等1人)。

实施"六卓越一拔尖"计划2.0,全面推进"四新"专业建设。获批人工智能等3个新专业,新申报智能建造、智能医学工程、智能感知工程。2个专业通过工程教育认证,8个省品牌专业通过验收(3个优秀)。20个专业参评首批国家一流专业,申报教育部基础学科拔尖学生培养基地6个。

强化顶层设计,加大宣传与投入、夯实过程管理,切实提高国际化人才培养的深度广度。构建校院两级本科国际交流管理体系,与校内多部门合作,新增与美国UCB(加州大学伯克利分校)等30多所世界一流高校的本科交流与联合培养项目。立项首批校级全英文精品课程58门,举办首届国际暑期学校、建设10个国际课程项目。赴海外交流学生突破千人。

创新实践教育成效显著,质量创新高,学生双创能力全面提升。8 039人次获包括美国大学生数模竞赛特等奖、全国互联网+大赛金奖在内123个类别的省部级以上学科竞赛奖,其中国际与国家级特等/一等258人次。

实施有温度的教育,多措并举助力学生学业成长。加强帮扶队伍建设,通过与学习优秀生结对、线上线下混合式辅导等途径,组建300对帮扶小组,开设30余场专题讲座,近2 000人次受益。

本科专业设置一览表

序号	院系	专业代码	专业名称	修业年限	学位授予门类
1	建筑学院	082801	建筑学	五年	建筑学
2		082802	城乡规划	五年	工学
3		082803	风景园林	五年	工学
4	机械工程学院	080201	机械工程	四年	工学
5		120701	工业工程	四年	工学
6	能源与环境学院	080501	能源与动力工程	四年	工学
7		081002	建筑环境与能源应用工程	四年	工学
8		082502	环境工程	四年	工学
9		082201	核工程与核技术	四年	工学
10	信息科学与工程学院	080706	信息工程	四年	工学
11		080703	通信工程	四年	工学
12	土木工程学院	081001	土木工程	四年	工学
13		120103	工程管理	四年	工学
14		080102	工程力学	四年	工学
15		081003	给排水科学与工程	四年	工学
16		081008T	智能建造	四年	工学
17	电子科学与工程学院	080702	电子科学与技术	四年	工学
18		080905	物联网工程	四年	工学
19		080414T	新能源材料与器件	四年	工学
20		080704	微电子科学与工程	四年	工学
21	数学学院	070101	数学与应用数学	四年	理学
22		070102	信息与计算科学	四年	理学
23		071201	统计学	四年	理学
24	自动化学院	080801	自动化	四年	工学
25		080803T	机器人工程	四年	工学
26	计算机科学与工程学院	080901	计算机科学与技术	四年	工学
27		080902	软件工程	四年	工学
28	物理学院	070201	物理学	四年	理学
29		070202	应用物理学	四年	理学
30		080705	光电信息科学与工程	四年	理学

（续 表）

序号	院系	专业代码	专业名称	修业年限	学位授予门类
31	生物科学与医学工程学院	082601	生物医学工程	四年	工学
32		082601	生物医学工程	七年	工学
33		071003	生物信息学	四年	工学
34		101011T	智能医学工程	四年	工学
35	材料科学与工程学院	080401	材料科学与工程	四年	工学
36	人文学院	030201	政治学与行政学	四年	法学
37		120901K	旅游管理	四年	管理学
38		030301	社会学	四年	法学
39		050101	汉语言文学	四年	文学
40		010101	哲学	四年	哲学
41	经济管理学院	120201K	工商管理	四年	管理学
42		020401	国际经济与贸易	四年	经济学
43		120102	信息管理与信息系统	四年	管理学
44		120203K	会计学	四年	管理学
45		020301K	金融学	四年	经济学
46		020101	经济学	四年	经济学
47		120801	电子商务	四年	管理学
48		120601	物流管理	四年	管理学
49		020302	金融工程	四年	经济学
50	电气工程学院	080601	电气工程及其自动化	四年	工学
51	外国语学院	050201	英语	四年	文学
52		050207	日语	四年	文学
53	化学化工学院	081301	化学工程与工艺	四年	工学
54		081302	制药工程	四年	工学
55		070301	化学	四年	理学
56	交通学院	081802	交通工程	四年	工学
57		081801	交通运输	四年	工学
58		081201	测绘工程	四年	工学
59		081103	港口航道与海岸工程	四年	工学
60		070504	地理信息科学	四年	理学
61		081005T	城市地下空间工程	四年	工学
62		081006T	道路桥梁与渡河工程	四年	工学
63	仪器科学与工程学院	080301	测控技术与仪器	四年	工学
64		080303T	智能感知工程	四年	工学

（续　表）

序号	院系	专业代码	专业名称	修业年限	学位授予门类
65	艺术学院	130310	动画	四年	艺术学
66		130401	美术学	四年	艺术学
67		130502	视觉传达设计	四年	艺术学
68		130503	环境设计	四年	艺术学
69		130504	产品设计	四年	艺术学
70		130101	艺术史论	四年	艺术学
71	法学院	030101K	法学	四年	法学
72	学习科学研究中心	040102	科学教育	四年	教育学
73	医学院	100201K	临床医学	五年	医学
74		100201K	临床医学	5＋3一体化	医学
75		100203TK	医学影像学	五年	医学
76		101101	护理学	四年	理学
77		101001	医学检验技术	四年	理学
78		083001	生物工程	四年	工学
79	公共卫生学院	100401K	预防医学	五年	医学
80		120403	劳动与社会保障	四年	管理学
81	网络空间安全学院	080911TK	网络空间安全	四年	工学
82	生命科学研究院	071001	生物科学	四年	理学
83	人工智能学院	080717T	人工智能	四年	工学

2019年医学教学基地名单

附属医院：
1. 中大医院
2. 徐州市第四人民医院
3. 扬州市第一人民医院
4. 蚌埠市第一人民医院
5. 江北人民医院
6. 蚌埠市第三人民医院
7. 南京市第二医院
8. 马鞍山市人民医院
9. 江阴市人民医院
10. 盐城市第三人民医院
11. 南京同仁医院
12. 南京市胸科医院
13. 中国人民解放军东部战区总医院

教学医院：
    1. 北京铁路总医院
    2. 天津铁路中心医院
    3. 济南铁路中心医院
    4. 郑州铁路中心医院
    5. 宜兴市人民医院
    6. 广州铁路中心医院
    7. 上海崇明县中心医院
    8. 南京市第一医院
    9. 南京鼓楼医院
    10. 徐州铁路医院
    11. 南京铁路分局中心医院
    12. 金坛市人民医院
    13. 姜堰市人民医院
    14. 丹阳市人民医院
    15. 江都市人民医院
    16. 宿迁市人民医院
    17. 新沂市人民医院
    18. 无锡市第二人民医院
    19. 靖江市人民医院
    20. 苏北人民医院
    21. 淄博铁路医院
    22. 南京市胸科医院
    23. 成都铁路中心医院
    24. 武汉铁路中心医院
    25. 柳州铁路中心医院
    26. 西安铁路中心医院
    27. 蚌埠铁路中心医院
    28. 南京市江宁区人民医院
    29. 镇江市解放军三五九医院
    30. 淮安市解放军八二医院
    31. 连云港市人民医院
    32. 常州戚墅堰车辆厂职工医院
    33. 南京市江浦区人民医院
    34. 南京市六合区人民医院
    35. 南京明基医院
    36. 响水县人民医院
    37. 南京市中心医院

教学防疫站：
    1. 江苏省卫生防疫站
    2. 南京市卫生防疫站
    3. 南京铁路卫生防疫站
    4. 北京铁路中心卫生防疫站

5. 沈阳铁路中心卫生防疫站
6. 齐齐哈尔铁路中心卫生防疫站
7. 郑州铁路中心卫生防疫站
8. 济南铁路中心卫生防疫站
9. 广州铁路中心卫生防疫站
10. 上海铁路中心卫生防疫站
11. 成都铁路中心卫生防疫站
12. 福州铁路中心卫生防疫站
13. 丹阳市卫生防疫站
14. 嘉兴市第二医院
15. 徐州市彭城社区卫生服务中心
16. 南京市模范西路社区卫生服务中心
17. 南京市虹桥社区卫生服务中心
18. 南京市小市社区卫生服务中心
19. 南京市中华路社区卫生服务中心
20. 西藏自治区拉萨市疾病预防控制中心
21. 常熟市疾病预防控制中心
22. 苏州吴江区疾病预防控制中心
23. 乌鲁木齐市疾病预防控制中心

健康教育基地：   江苏省盱眙中学

2019年国家级大学生创新创业训练计划项目立项信息一览表

项目编号	项目名称	项目类型	项目负责人	项目成员信息	项目经费/元	指导老师	所在单位
201910286001	基于实测的传统民居舒适度研究及对城市住宅设计的启示	创新训练项目	张卓然 01116110	王佳纯/01116325 谢斐然/01116108 江 瑾/01516107 杨 灵/01116107	20 000	郭 茹 周 欣	建筑学院
201910286002	南京老厂房改造园区利用现状及周边配套设施状况的分析与改进研究	创新训练项目	黄思诚 01215120	陈袁杰/01215117 张淳铖/01116219 孙 鹜/01216113 张 勇/01216115	20 000	易 鑫	建筑学院
201910286003	游憩需求时空分异下的公园绿地规划社会公平性评测方法研究——以南京主城区为例	创新训练项目	崔梦洁 01516105	刘子玥/01516101 傅乐山/01516121 薛琰文/01517111 王智洁/01517130	20 000	周聪惠	建筑学院
201910286004	基于金属材质的轻薄隔声去耦结构性能研究与设计开发	创新训练项目	王 迅 01115119	徐璐瑶/05117106 杨立谦/03117615 文 晓/10117106 李振先/10117117	20 000	闵鹤群	建筑学院

(续　表)

项目编号	项目名称	项目类型	项目负责人	项目成员信息	项目经费/元	指导老师	所在单位
201910286005	基于生物可降解材料的纳米纺丝制备	创新训练项目	杨赉重 02017113	贾丰硕/22017226 洪旭晖/02018133	20 000	沙　菁	机械工程学院
201910286006	链板检测系统	创新训练项目	王宇林 02017409	童檩杰/02017416 李金键/02616107	20 000	罗　晨	机械工程学院
201910286007	基于robomaster的多功能工程机器人	创新训练项目	章澳顺 02017321	赵　琦/02018314 韩明达/02018307 董　畅/02016305	20 000	胡　涛	机械工程学院
201910286008	基于robomaster的多功能射击机器方案	创新训练项目	赵昊琳 02017204	罗　荣/02016530 李蕙檬/02617109 林子琪/61517418 王　宇/09018122	20 000	刘晓军	机械工程学院
201910286009	基于FSEC的四轮转向系统的研发	创新训练项目	王子豪 02017324	蒋凤帆/02018221 葛明璇/02018305 王　昀/02016110	20 000	张　宁	机械工程学院
201910286010	海空声信息传输的研究	创新训练项目	张　航 02017626	张月松/02017629 吴永志/02017630 潘毅峰/02017613 陈月升/02017623	20 000	张　辉	机械工程学院
201910286011	基础训练用网球发球机	创新训练项目	高瑞阳 02016114	丁远涛/02016106 陈润生/02016116 成　林/02016134	20 000	韩　良	机械工程学院
201910286012	基于robomaster的全自动巡回打击机器人	创新训练项目	牛广乾 02017515	马帅康/02018517 王凯艺/02017410 张芳玮/08018413 蔡祺燊/09017447	20 000	殷国栋	机械工程学院
201910286013	基于微藻的沼气提纯协同尾水深度处理工艺研究	创新训练项目	孙　骥 03217723	殷　玥/03217702 朱麒润/03217725	20 000	陆勇泽	能源与环境学院
201910286014	一种消纳间歇能源频繁波动的热泵储能控制技术	创新训练项目	薛　琪 03117605	张家齐/03016417 岳　峥/03116630 王玉婷/03116606 彭　铖/03016427	20 000	孙　立	能源与环境学院
201910286015	九龙湖校区某宿舍分散式生活污水灰黑收集处理技术及应用	创新训练项目	赵润玉 03217703	殷　玥/03217702 王佳鹏/03217730 田一蒙/03217738	20 000	吴义锋 吕锡武	能源与环境学院
201910286016	笼式光场相机的设计与定标	创新训练项目	陈沛凌 03017202	卢晓丽/03017203 徐泽政/03017329 王震业/03017212	20 000	张　彪	能源与环境学院
201910286017	噬菌微生物对MBR系统的污泥原位减量应用研究	创新训练项目	丁江涛 03216720	魏　昕/03216701 张钰淇/03216705 张　杉/03216718 薛　源/03216728	20 000	余　冉	能源与环境学院
201910286018	具有辐射供冷与冷量回收功能的一体化新风窗户	创新训练项目	孙汤庆一 03117612	李婧怡/03017305 王明珠/03217721 王振江/03017124 吴朋伟/03017228	20 000	杨　柳	能源与环境学院

（续 表）

项目编号	项目名称	项目类型	项目负责人	项目成员信息	项目经费/元	指导老师	所在单位
201910286019	热水出水率与能效比双高效的热泵热水器蓄能释能特性研究	创新训练项目	王立博 03017214	郑平洋/03017205 潘忠香/03017204 蒋翼翱/03117616	20 000	李舒宏	能源与环境学院
201910286020	家用燃料电池发电系统热电耦合与智能控制实验研究	创新训练项目	秦可欣 03016201	赵聪凡/03017322 张宇鑫/03017308 张崇辉/03016327	20 000	施娟	能源与环境学院
201910286021	5G毫米波接收机模块设计	创新训练项目	杨光 04017232	宋香凝/04017643 邵林/04017230 郭瑜欣/04017242	20 000	陈喆 侯德彬	信息科学与工程学院
201910286022	基于8通道麦克风阵列的无人机声源定位系统	创新训练项目	叶子文 04017536	丁明远/61517123 刘李汉唐/61517427	20 000	张川	信息科学与工程学院
201910286023	基于深度神经网络的实时无线智能视觉系统	创新训练项目	刘津铭 04016143	刘雅婷/04216703 任彦宇/09017219	20 000	尤肖虎 张川	信息科学与工程学院
201910286024	基于超声波阵列的防录音窃听设备	创新训练项目	陶祎航 04017143	高圣沂/09018133 撒鹏程/16017526 李珮玄/04017343	20 000	宋宇波	信息科学与工程学院
201910286025	基于SIW的毫米波高性能雷达天线设计	创新训练项目	付文甫 04017131	王海洳/04217710	20 000	孟洪福	信息科学与工程学院
201910286026	短距离无线连接的儿童安全手环研发设计	创新训练项目	于景轩 04017610	金宇捷/04017524 张子豪/04017615 徐俐/04017105 张天宇/04017326	20 000	王刚	信息科学与工程学院
201910286027	基于单片机控制的高速路智能警示牌	创新训练项目	张宇 04017514	李瑞/04017621 金宇捷/04017524 韦文韬/04017513	20 000	王刚	信息科学与工程学院
201910286028	基于机器学习的水声脉冲信号距离估计方法研究	创新训练项目	胡玉嵘 04017245	胡逸斐/04017248 江天祺/04017103 张南/04017140 张子晗/04017210	20 000	安良	信息科学与工程学院
201910286029	基于虚幻四引擎的物体扫描建模系统	创新训练项目	王恺祺 04017126	倪天昕/04017129 荀子政/04017122 周昊涵/04017133	20 000	孟桥	信息科学与工程学院
201910286030	基于调频连续波雷达的追踪与探测小车系统	创新训练项目	毛春苗 04017207	殷冰/04017608 黄翔宇/04017420 周宇/08117116 朱坤傲/08117113	20 000	樊祥宁 李连鸣	信息科学与工程学院
201910286031	基于语音情感的心理咨询与性格分析算法研究	创新训练项目	洪兆金 04017645	王影/04217704 庄媛/04217707 魏晨阳/04217749 王祎庭/04217709	20 000	赵力	信息科学与工程学院
201910286032	基于复杂网络理论的大型体育场馆运营韧性动态评估研究	创新训练项目	凌胜 05217221	詹含章/05216207 李国志/05217218 胡至贤/05516130	20 000	袁竞峰	土木工程学院

(续　表)

项目编号	项目名称	项目类型	项目负责人	项目成员信息	项目经费/元	指导老师	所在单位
201910286033	曲面秸秆甲虫板及其力学性能研究	创新训练项目	宋毅恒 05116123	佘佩芸/05116202 陈嘉顺/09016129 邓昊祥/05117613 李凤梧/09016128	20 000	陈锦祥	土木工程学院
201910286034	胶合竹材炭化试验研究	创新训练项目	张添凯 05117114	马星宇/05117112 赵　赫/05117118 孙赫然/05117119	20 000	徐　明	土木工程学院
201910286035	缝合式热防护结构等效性能预测与有限元模型修正研究	创新训练项目	颜维斌 05317124	赵经纬/05317125 徐立华/05317127 姚佳明/05317105	20 000	董萼良	土木工程学院
201910286036	无条件稳定积分算法在大跨桥梁抗震分析中的应用研究	创新训练项目	王　偲 05117507	陈科玮/05217127 泰子煜/05117505 程浩然/05116224	20 000	冯德成	土木工程学院
201910286037	基于BIM与二维码技术的地暖优化设计	创新训练项目	黄泽宇 05117419	张　睿/08017405 张　镇/57117126 罗　诚/07317120 王跃铮/04216729	20 000	徐　照	土木工程学院
201910286038	新型钢管混凝土组合异形柱轴压性能及设计方法研究	创新训练项目	方　瑜 05117121	胡方卜/05117105 宗　鑫/05117120 褚晨凯/05A17631	20 000	秦　颖	土木工程学院
201910286039	海上风电桩基工程基岩海水侵蚀试验研究	创新训练项目	张九媛 05118226	赵鑫喆/05117213 朱星虎/05117225 刘　婵/05117304	20 000	张　琦	土木工程学院
201910286040	基于BIM与二维码技术的装配式建筑构件生产管理数据库设计与实现	创新训练项目	唐绮宁 05117205	孙嘉洋/05117207 董路遥/05117206 李　捷/05117510	20 000	徐　照	土木工程学院
201910286041	基于阶跃失稳的应急地震避难结构设计	创新训练项目	其乐木格 05117609	朱旭明/05117603 李思诚/05117602 王肖伊/05117601	20 000	蔡建国	土木工程学院
201910286042	胶层特征对层合玻璃弯曲失效行为影响规律的研究	创新训练项目	杨博涵 05317128	谢彭旭/05317136 李佳宝/05317107	20 000	张培伟	土木工程学院
201910286043	基于Python的海外工程政策信息采集研究与实现	创新训练项目	周弋焜 05217219	其乐木格/05117609 张　策/05217117	20 000	林艺馨	土木工程学院
201910286044	基于MICP技术的岩石裂缝修复实验研究	创新训练项目	张　翼 05117308	蒋心朗/05117305 孙伟豪/05117607	20 000	邓温妮	土木工程学院
201910286045	基于全光学衍射神经网络的红外成像透镜	创新训练项目	边中鉴 06017114	田晓昀/06A17215 莫　韬/06A17409 程星全/06A17421	20 000	夏　军	电子科学与工程学院
201910286046	MEMS薄膜的断裂强度测试结构和提取方法研究	创新训练项目	李梦洁 06A17203	易礼言/06A17305 王希杰/06A17218 朱一涵/06A17206 姚冠文/06017322	20 000	周再发	电子科学与工程学院

(续　表)

项目编号	项目名称	项目类型	项目负责人	项目成员信息	项目经费/元	指导老师	所在单位
201910286047	实时风格迁移眼镜	创新训练项目	张欣悦 06A17108	查欣婧/06A17105 李雪绮/06A17104	20 000	吴　俊	电子科学与工程学院
201910286048	基于轻量级卷积神经网络的小型FPGA智能目标检测系统设计	创新训练项目	陈欣玥 06A17310	毛天宇/06A17320 林云航/61517426	20 000	张　萌	电子科学与工程学院
201910286049	锂离子电池负极材料的制备及原位表征	创新训练项目	杨皓翔 06A17317	李雪绮/06A17104 薛　淳/06217608	20 000	尹奎波	电子科学与工程学院
201910286050	基于眼动识别的人机交互系统的研究与实现	创新训练项目	宋长骏 06A17123	朱旭东/06A17131 沈　颖/06A17111 孙耀辉/06A17116 倪敏丞/06017218	20 000	吴　俊	电子科学与工程学院
201910286051	基于光固化工艺的混合增材制造技术基础研究	创新训练项目	王一丞 13418135	张智琦/03016101 王培任/03016110 李佳莲/06A17312 贺　柳/06A17139	20 000	李　霁	人文学院
201910286052	多导弹系统智能协同攻击理论与技术	创新训练项目	苏芷歆 07317112	杨镐源/07217114 郑炳晨/07317124 张君宇/07317129 胡韵佳/07317102	20 000	吕跃祖 温广辉	数学学院
201910286053	大数据预测的智能算法研究与应用	创新训练项目	刘嘉宁 07117116	张海丰/07217113 徐鸥旸/07217112 张晨阳/07217115 张斯然/07117109	20 000	赵　璇 曹进德	数学学院
201910286054	Stein变分牛顿二阶方法及其应用研究	创新训练项目	雷　苏 07217101	陈国浠/08017315 邹熙灵/07117108 黄景颢/07116109 任奕臻/07217102	20 000	闫　亮 钟　敏	数学学院
201910286055	基于贝叶斯网络的金融数据分析与预测	创新训练项目	徐睿璇 07316101	王雪晴/07316102 王凯琳/07316131 张斯然/07117109 加　佳/07316115	20 000	王冠军 张　鑫	数学学院
201910286056	基于群体智能无人系统编队协同技术研究	创新训练项目	邵冠博 07116129	徐雲昊/07117128 赵永强/08117102 朱晓炜/07117122 毕志海/08117106	20 000	陈都鑫 虞文武	数学学院
201910286057	面向随机网络攻击的分布式控制	创新训练项目	陈国浠 08017315	莫　菲/61517203 冀贞昊/04017243	20 000	张　亚	自动化学院
201910286058	基于射频信号的人体姿态估计方法研究	创新训练项目	杨绍枢 08117130	杜　煜/08117125 宋少朴/08117122	20 000	王雁刚	自动化学院
201910286059	基于CT影像序列的心肌动态三维重建	创新训练项目	谭　珩 08017227	朱鑫超/08017221 韩　玥/08017309	20 000	王雁刚	自动化学院
201910286060	基于Jetson TX2的智能识别跟踪云台	创新训练项目	周宏毅 08117108	武　赟/57117123 江志康/61517221 谈诗雨/71117234	20 000	周　波	自动化学院

(续　表)

项目编号	项目名称	项目类型	项目负责人	项目成员信息	项目经费/元	指导老师	所在单位
201910286061	基于视觉SLAM的巡检机器人研究	创新训练项目	赵永强 08117102	袁姝雯/08017103 胡玉茹/08017406 逯高涵/08017201 刘　铠/06A17526	20 000	谈英姿	自动化学院
201910286062	基于人工智能的医学证据检索与推荐	创新训练项目	凌泰炜 71117315	施　展/71117324 李名敞/71117214 何颖智/71Y17108	20 000	张　祥	计算机科学与工程学院、软件学院
201910286063	基于双目视觉和激光雷达实现三维场景物体定位及识别	创新训练项目	杨　彬 09017423	周子宁/09017331 胡世杰/09017421 黄少豪/71Y17102 乔鹏霏/09017442	20 000	杨冠羽	计算机科学与工程学院、软件学院
201910286064	高隐蔽性多智能体编队控制研究	创新训练项目	王浩宇 71117225	林敬凯/71117114 袁佳怡/71117203	20 000	吕建华	计算机科学与工程学院、软件学院
201910286065	一种移动机器人越障结构设计	创新训练项目	司恒宇 10018223	李世林/02016328 原　嘉/02017202 孙宇珂/02017130	20 000	周登桦	物理学院
201910286066	轻子偶素光谱研究	创新训练项目	赵威威 10316119	王福毅/10316108 吴香蓉/10116111	20 000	陈殿勇	物理学院
201910286067	生物医学工程学院学习与实战平台	创新训练项目	祝云簏 11317108	童澄达/11217102 赵作翰/11317115 李俊廷/08017101	20 000	夏小俊 王遵亮	生物科学与医学工程学院
201910286068	基于光场的三维重建算法研究	创新训练项目	许聿达 11116120	王俨铮/11116127 王治昊/11216136 孙闻远/11117121 许成才/11117109	20 000	周　平	生物科学与医学工程学院
201910286069	基于压电材料的储电设计	创新训练项目	张　鹏 11216139	李佳定/11216129 刘　灿/06A17204	20 000	黄　雷	生物科学与医学工程学院
201910286070	肿瘤细胞多靶点捕获磁珠的研制	创新训练项目	严东楠 11217117	刘若渔/11117223	20 000	张　宇 马　明	生物科学与医学工程学院
201910286071	表面修饰氧化硅的超顺磁性纳米磁珠的制备及其在核酸提取、纯化与片段分选中的应用	创新训练项目	蔡雨含 11116203	马靖原/11216133 全金凤/11216109 张　瑾/11216115 徐　颖/11216113	20 000	张　宇	生物科学与医学工程学院
201910286072	含碘、高分子体系用于活性氧的检测	创新训练项目	单百卉 11117205	仪修琳/11117203 贾晨洋/11117202	20 000	吴富根	生物科学与医学工程学院
201910286073	3D打印仿人骨骼系统及其智能机器人的设计与制造	创新训练项目	徐　宝 12016413	徐娅妮/12017106 段晓语/08016108	20 000	戴　挺	材料科学与工程学院
201910286074	石墨烯传感器件的表面微纳设计对其抗湿性能的提高	创新训练项目	徐　骁 12016316	詹　科/12016127 鲍晨旭/12016314	20 000	陶　立	材料科学与工程学院

（续　表）

项目编号	项目名称	项目类型	项目负责人	项目成员信息	项目经费/元	指导老师	所在单位
201910286075	Ti/Sn/C体系中Sn晶须自发生长现象及应用	创新训练项目	朱景炜 12016214	叶宇德/12016216 左进鹏/12016211	20 000	张培根	材料科学与工程学院
201910286076	构筑MXene基多级结构用于锂硫电池正极	创新训练项目	王雨婷 12016103	姚建吉/12016125 李一桦/12017204 许智斌/12016120 奚许峰/12016326	20 000	孙正明 张培根	材料科学与工程学院
201910286077	柔性二维X烯薄膜的光电热电效应表征	创新训练项目	蒋明玥 12016106	刘芸廷/12016101	20 000	陶　立 朱蓓蓓	材料科学与工程学院
201910286078	高抗裂轻质高强墙体材料	创新训练项目	牛　耕 12017416	张哀昕晔/12017401 魏　盈/12017101	20 000	张亚梅	材料科学与工程学院
201910286079	纳米改性水泥基辐射反射自清洁涂料的设计与应用	创新训练项目	严飞奕 12017224	刘超然/05117608 项宇凡/05117421 朱旭明/05117603	20 000	佘　伟	材料科学与工程学院
201910286080	水溶性盐为基底的溶胶凝胶法制备纳米铜粉	创新训练项目	宁尚超 12016217	张丁铄/12016215 干钰霄/12016224 常　博/12016223	20 000	董　岩	材料科学与工程学院
201910286081	基于社会冲突论视角下的工矿社区再造——以南京吉山铁矿社区为例	创新训练项目	周　悦 13216117	杨昊月/13216116 严　科/13216130	12 000	何志宁 张　晶	人文学院
201910286082	网络舆情反转中的反沉默螺旋建构——基于分类和预测的微博大数据分析	创新训练项目	黄兆雄 13216129	王涵墨/13217118 华　杰/13216127 智媛媛/13216104 张子涵/13217104	12 000	洪岩璧	人文学院
201910286083	区域旅游流空间结构的节事效应及机理——以南京秦淮灯会为例	创新训练项目	赵鹏风 13316120	郑一帆/21316121 冯秋翼/71117233 余任奇/16016129 姜卓依/17216109	12 000	贾鸿雁	人文学院
201910286084	运动式治理的困境——基于山东省某县养殖专项整治的研究	创新训练项目	董一成 13116127	孔心悦/13116103	12 000	钟　佩	人文学院
201910286085	初婚与再婚者择偶标准的比较研究——基于网络相亲平台的大数据分析	创新训练项目	张　越 13616107	解嘉玉/07316105 汤　立/25016132	12 000	龙书芹 王冠军	人文学院
201910286086	现象学视野下的中国美学解读——以庄子为例	创新训练项目	邓安琪 13617115	徐润堃/17118319 肖湘雨/24317121 林　盛/13617103 张艺慧/14317101	12 000	乔光辉	人文学院
201910286087	改革开放四十年民众信仰变迁的口述史研究	创新训练项目	王　硕 13117123	陈俊蓉/13417121 苏　帅/14917128 梅春来/13117129 冀文琦/13217105	12 000	王　珏	人文学院

(续　表)

项目编号	项目名称	项目类型	项目负责人	项目成员信息	项目经费/元	指导老师	所在单位
201910286088	多视角下的中国居民健康观念变迁分析(1978—2018年)——以纸媒所刊登医疗广告为例	创新训练项目	陈　喆 13216126	李明慧/13216109 谢　岢/13216110	12 000	张　晶	人文学院
201910286089	南京人与南京城:当代江苏作家作品中的南京形象研究	创新训练项目	丁文茹 13416124	胡　志/13416129 朱　锰/61516406 王　雪/13216120	12 000	於　璐	人文学院
201910286090	在电子商务环境下社会化学习对消费者购买决策影响的研究——以海外购市场为例	创新训练项目	孟雅之 14116114	王　敏/14116115 袁　槟/14116111 王明星/14116125	12 000	史雅妮	经济管理学院
201910286091	中等职业教育与区域经济发展——以江苏省中等职业教育发展为例	创新训练项目	许漪翎 14417204	陈泰宇/14417113 杨腾飞/07316119 朱晓妍/14616121	12 000	潘健平 戚啸艳	经济管理学院
201910286092	电子商务平台的在线视频广告效果实验研究	创新训练项目	赵鑫淼 14717107	张涵韬/14517202 洪览岳/14517212 李　欣/14517104 史晓宇/21117113	12 000	武　忠	经济管理学院
201910286093	钢晨物流园区堆存布局优化及仿真研究	创新训练项目	佘欣健 14817129	吴成勇/14817118 县文虎/14817132 骆梦妍/14917105 朱卓凡/14717102	12 000	王海燕	经济管理学院
201910286094	经济波动,经济韧性与经济增长质量:来自中国的经验分析	创新训练项目	马　凯 14517129	赵霖洁/14Y17116 刘珂岑/14216102 李逸文/14517106 陈可艺/14Y17113	12 000	冯　伟	经济管理学院
201910286095	新零售趋势下基于生鲜农产品供应链模式创新的精准扶贫策略研究——以萧县葡萄为例	创新训练项目	赵锦锦 14817108	杨正银/14617124 李姝锦/14617129 李红丽/14117109 杜　开/08017212	12 000	何　勇	经济管理学院
201910286096	我国互联网服务型独角兽企业发展趋势与风险研究	创新训练项目	梁雪梅 14117111	刘信雨/14116121 范嘉炜/14217112 刘俊怡/14417105 唐雯洁/14917110	12 000	张玉林	经济管理学院
201910286097	不同行业对我国系统性金融风险贡献程度与主要影响因素的研究	创新训练项目	阮　语 14417117	李飞丹/14517120 李逸文/14517106 陈鸿标/14117120 王明星/14116125	12 000	李守伟	经济管理学院
201910286098	基于磁耦合共振的手机无线充电器设计	创新训练项目	谭芸昊 16017111	胡子健/16017122 马元哲/16017112 李成博/16017124	20 000	房淑华	电气工程学院

(续 表)

项目编号	项目名称	项目类型	项目负责人	项目成员信息	项目经费/元	指导老师	所在单位
201910286099	变磁通混联磁路磁化装置的设计方法与调磁机理研究	创新训练项目	关奥博 16017219	魏玖明/16017212 吕炳融/06017331 刘浩然/16017217 徐崎凡/213173486	20 000	阳 辉	电气工程学院
201910286100	基于单片机的可遥控垃圾清理小船及其适配系统的设计与制作	创新训练项目	张楚悦 16017508	宋听雨/16017507 邓晨凤/16017503 杨雨佳/16017303	20 000	房淑华	电气工程学院
201910286101	四个英语国家主流媒体对"中国制造"的情感倾向分析及接受度调查	创新训练项目	吴钧铃 17117111	王媛妮/17117109 吕文祎/17117105 鲁博雅/17117325	12 000	刘 超 杨 敏	外国语学院
201910286102	中西方文化影响下的常见外来词比较研究	创新训练项目	陈俊溥 17118214	刘思远/17118205 虞迎迎/17118208 史启玥/17118207	12 000	刘 彬	外国语学院
201910286103	社会阶层视角下对民工子弟英语教育困境的考察——以南京地区为例	创新训练项目	黄倩馨 17117202	陶雅琴/17117207 宋子恒/13116129 胡丽丽/17117103 沃 媛/61516303	12 000	刘 超	外国语学院
201910286104	中国文化遗产保护与传承的研究——以传统烧窑工艺和陶瓷文化为例	创新训练项目	陈奕竹 17218209	宋雨萱/17218211 朱军花/17218218 于婷壬/17218213 刘 仪/13118112	12 000	胡 平	外国语学院
201910286105	"氟代效应"与相变调控的分子铁电体应用研究	创新训练项目	景政印 19317121	熊昱安/19316116	20 000	游雨蒙	化学化工学院
201910286106	新型人工酶制备与应用	创新训练项目	薛 婧 19317103		20 000	张袁健	化学化工学院
201910286107	新型功能化离子液体制备及其催化合成高碳烷基苯研究	创新训练项目	赵 洁 19317106		20 000	周钰明	化学化工学院
201910286108	钼酸镍的改性及电化学性能研究	创新训练项目	苏小灿 19217105		20 000	谢一兵	化学化工学院
201910286109	化疗-免疫抑制剂联用对肺癌耐药细胞的抗肿瘤作用研究	创新训练项目	李乐仪 19217104	郭伟恒/19216115 肖 琳/19216108	20 000	陈飞虹	化学化工学院
201910286110	绿色高效水处理剂ESA/APEM/AMPS的合成与性能研究	创新训练项目	林圣球 19216123	朱开元/19317104 关贵钰/19216122	20 000	姚清照	化学化工学院
201910286111	NanoAg @ SiO_2 的SPR效应增强Au NCs光电化学性能研究及其应用	创新训练项目	周 静 19117103	吴凯雯/19317107	20 000	丁收年	化学化工学院
201910286112	基于细观结构特征的沥青混凝土界面损伤研究	创新训练项目	张程玮 21416115	李立凡/61516407 林锦鸿/21816114 朱柯臣/21116213	20 000	胡 靖	交通学院

（续　表）

项目编号	项目名称	项目类型	项目负责人	项目成员信息	项目经费/元	指导老师	所在单位
201910286113	网络交通信号协调控制算法及仿真研究	创新训练项目	许壮威 21117125	苏兴浩/21117227 赵乔丹/21117226 叶　凡/21117122	20 000	王　昊	交通学院
201910286114	能源桩热力响应试验	创新训练项目	宁博雯 21817133	张书棋/21817108 高鹏举/21817122 亚　洲/21817116	20 000	张国柱	交通学院
201910286115	城市大型停车场车位供需时空特性分析与设计优化方法	创新训练项目	何英剑 21117219	杨晓玲/21117207 张琬昕/21017104 严学润/21017109	20 000	陈　峻	交通学院
201910286116	基于BIM的道路施工模拟与一体化信息集成	创新训练项目	李　旭 21017208	刘可欣/21017201 徐　旻/21017210 刘凤阳/21017211 常瑞淇/21417104	20 000	马　涛	交通学院
201910286117	基于社会力模型的地铁上下客过程行人流组织优化	创新训练项目	高　齐 21117127	顾丝语/21117107 张纪宁/21117229 史晓宇/21117113 陈君怡/21217102	20 000	季彦婕	交通学院
201910286118	海岸带柔性植被环境下波浪动力衰减规律研究	创新训练项目	王奕然 21417107	谢　雯/21417106 周　嘉/21417105 徐梦晓/21417103 谢博祎/21417115	20 000	徐宿东	交通学院
201910286119	智能网联环境下的快速道路交通事故实时仿真与优化	创新训练项目	傅澳晖 21017116	徐　步/21217120 唐揽月/21117216 丁雪茹/21017106 陈嘉毅/21117117	20 000	徐铖铖	交通学院
201910286120	基于GNSS智能手机的多用户测图系统及APP开发	创新训练项目	甘　露 21316111	邓永涛/21316122 杨兴华/21316114 陈　磊/21316112	20 000	高成发	交通学院
201910286121	基于时空大数据的轨道交通客流OD分布多维特征挖掘与可视化	创新训练项目	戴晚锐 21117116	龙贝丽/21117104 朱　妍/04017305 陈嘉毅/21117117 郭艺铧/21018116	20 000	杨　敏	交通学院
201910286122	城市雨水洪峰影响研究	创新训练项目	程天泽 21416110	王朋超/21416111 马海鑫/21416128	20 000	耿艳芬	交通学院
201910286123	基于双目视觉的竞速车模自动驾驶系统设计	创新训练项目	陈鹏敏 22016415	徐鹏飞/22016412 金思甫/22016409 夏雪杉/22016417	20 000	李煊鹏	仪器科学与工程学院
201910286124	智能小车感知与控制技术研究	创新训练项目	许方南 22017404	宋悦玮/22017321 吴　夏/22017412 喻子雨/22017315 韩旭龙/22017320	20 000	李　旭	仪器科学与工程学院
201910286125	小行星探测机器人着陆过程建模、控制与实验研究	创新训练项目	梁学宇 22016310	熊瑾乐/22016305 孙东杰/22016322 李启轩/22017107 秦明汉/22017221	20 000	张　军	仪器科学与工程学院

(续 表)

项目编号	项目名称	项目类型	项目负责人	项目成员信息	项目经费/元	指导老师	所在单位
201910286126	高校学位授予纠纷案例研究	创新训练项目	董鑫波 25017229	王伊畅/25017221 薛思琪/25017222	12 000	张雪莲	法学院
201910286127	大数据杀熟中价格算法的法律规制研究	创新训练项目	李雅君 25016211	仲晋成/25016232 张 璇/25016224 王宇博/25016118 陈宥心/25016235	12 000	王禄生	法学院
201910286128	"法窗"APP——普法自助平台	创新训练项目	肖 篪 25016217	熊文菲/25016220 龚 呈/71Y16114 叶敏敏/25017115 杨宇栋/21716137	12 000	熊樟林	法学院
201910286129	医药商标保护刑事法问题研究	创新训练项目	曹爱凝 25016203	张静怡/25016223 陆涵之/25016231 鲍生慧/25016201 何玉旭/25016127	12 000	刘建利	法学院
201910286130	护航"网生代"——Web3.0时代未成年人网络权益软性保护路径研究	创新训练项目	刘一帆 25016212	牛雨夕/25017128 李玉品/25017235	12 000	李 川	法学院
201910286131	基于肿瘤穿透肽tLyP-1和肿瘤微环境响应性智能化探针的构建和实验研究	创新训练项目	陈怡文 43116204	姜添铖/43116116 陈泽欣/43216222 杨雯迪/43116210	20 000	张建琼	医学院
201910286132	汉黄芩素人工合成衍生物GL-V9对肝细胞癌细胞恶性表型的影响及其机制研究	创新训练项目	董冠群 43817136	王绫霏/43116307 张若萱/43116213 万 琪/43116310	20 000	余卫平	医学院
201910286133	pH敏感性聚合物囊泡的制备及其靶向治疗胶质瘤的实验研究	创新训练项目	王溥丰 43817113	陈 静/43217204 董子越/213170958	20 000	唐秋莎	医学院
201910286134	DNA损伤条件下hnRNPG与P53相互作用研究	创新训练项目	张富裕 213170227	张孟伟/43116216 陶昱辰/43216410	20 000	洪泽辉	医学院
201910286135	Al_2O_3-Vx3-UPs肿瘤疫苗生物安全性、稳定性及影响DC递呈抗原相关分子表达的初步研究	创新训练项目	李瑞祺 43216328	严 雨/43216313 吴雨晨/43216314 黄淳淳/43216312	20 000	潘 宁	医学院
201910286136	促进皮肤损伤修复干细胞亚型的测定	创新训练项目	王 妮 43816110	江 婷/43816113 王宏博/43316118 杨世颖/43A17429	20 000	汤天宇 杨 健	医学院
201910286137	构建靶向血小板/纤维蛋白的近红外二窗分子探针的血栓成像研究	创新训练项目	陈婉雯 43216205	张 玲/43816130 王 展/43A17415 马文静/43217407	20 000	姚玉宇	医学院

（续　表）

项目编号	项目名称	项目类型	项目负责人	项目成员信息	项目经费/元	指导老师	所在单位
201910286138	研究脑内SPIONs在磁场作用下是否会产生机械力作用及其与快速抗抑郁机制的联系	创新训练项目	戴婧仪 41117107	刘　一/41117110 余哲昊/41117115 魏世娟/41117109	20 000	刘　璐	医学院
201910286139	新型免疫检查点靶向肽的特异性验证及其成像的初步探究	创新训练项目	董洪健 43816135	陈泽欣/43216222 孙　睿/43817137 何俊娴/43817133 李卓栓/42316221	20 000	张　莹 张建琼	医学院
201910286140	探究情感调控中枢NGF对慢性咳嗽豚鼠气道炎症的调控作用	创新训练项目	张　颖 213161095	孙　琳/43217305 周奕民/43A17325 卢俊利/43A17215	20 000	董　榕	医学院
201910286141	神经血管耦合多光谱同步成像系统的研制	创新训练项目	郭浩卓 43A17115	陈妍洁/43A17114	20 000	顾小春	医学院
201910286142	基于上转换纳米材料的诊疗体系的构建及其靶向治疗脑胶质瘤的实验研究	创新训练项目	顾　倩 43116212	马欢欢/43116224	20 000	安艳丽	医学院
201910286143	piRNA在纳米镍致精子损伤中的作用与机制	创新训练项目	马　俊 42117108	孙宇飞/42117202 高　行/42117104 刘　熙/43217230 郭雨婷/43A17203	20 000	孔　璐	公共卫生学院
201910286144	原花青素对Aβ25-35介导的SH-SY5Y细胞氧化应激及tau蛋白过度磷酸化的影响	创新训练项目	季倩倩 42117111	张　妍/42117215 周　玲/42217110	20 000	张小强	公共卫生学院
201910286145	棕榈油、大豆油及葵花籽油氧化稳定性比较研究	创新训练项目	祁乐融 42117218	耿　佳/42117217 韩　雪/43A17201 吴　茗/43217405	20 000	杨立刚	公共卫生学院
201910286146	P16INK4a基因纳米电学传感新体系的设计与研究	创新训练项目	刘　畅 42116201	范钰莹/42116101	20 000	王晓英	公共卫生学院
201910286147	江苏省HIV-1感染者流行病学问卷调查及病毒亚型分析	创新训练项目	王晓敏 42117216	张丽丽/42116105 王健力/42117212 陈睿楠/42217211	20 000	王　蓓	公共卫生学院
201910286148	量子点导致秀丽隐杆线虫神经毒性及其调控机制的研究	创新训练项目	程　锦 42117115	季倩倩/42117111 汪昱彤/42116207	20 000	吴添舒	公共卫生学院
201910286149	基于区块链的智能物联节点安全系统原型	创新训练项目	朱申辰 57117239	陈　辉/57117116 王彦博/57117125 张子燕/57117206	20 000	陈立全	网络空间安全学院
201910286150	大规模MIMO通信系统单基站移动目标定位方法设计	创新训练项目	张天石 61517226	郑熠宁/04017644 王　尧/61517227 顾　泽/61517121	20 000	王闻今	吴健雄学院

(续表)

项目编号	项目名称	项目类型	项目负责人	项目成员信息	项目经费/元	指导老师	所在单位
201910286151	电动轿跑车主动空气动力学装置设计	创新训练项目	谭泽宇 61517220	杨　颖/61517202 周　楠/61517302 李皓钰/61517301	20 000	幸　研	吴健雄学院
201910286152	模拟无人机飞行姿态的机械控制系统以及无线通信波束对准系统	创新训练项目	薛　炜 61517122	唐华泽/61517124 孙昊昕/61517105 陆　扬/61517310 孙海峰/61517218	20 000	余　超	吴健雄学院
201910286153	基于Penrose三维拼图的空间网格结构几何构成、形态优化及其力学性能研究	创新训练项目	蔡承志 61517111	王牵莲/61517119 夏　杨/01118325	20 000	陆金钰	吴健雄学院
201910286154	基于PCCR的自动轮椅控制系统设计及其应用	创新训练项目	王季夫 61516314	任天源/61516311 戴臣煜/61516312 洪启航/09016214 王浩鑫/21516119	20 000	况迎辉	吴健雄学院
201910286155	基于手势和语音识别的无人机智能控制系统	创新训练项目	陈添苗 61517314	王鹤钦/04017547 章　翔/61517327	20 000	吴巍炜	吴健雄学院
201910286156	输尿管蠕动实时监测系统开发	创新训练项目	张　林 61517410	郑钦元/61517417 李至诚/61517415	20 000	章　寅	吴健雄学院
201910286157	甲虫前翅仿生吸能盒在汽车防撞领域的应用	创业训练项目	朱佳恒 05117226	唐绮宁/05117205 张洁瑜/14217103 郭希孺/14416203 储昕雨/05218206 孙　杰/05A18631	20 000	陈锦祥	团委
201910286158	基于东南大学校友资源的校友圈商业化应用	创业训练项目	胡雨池 14917122	王宗辉/06116108	20 000	葛沪飞	团委
201910286159	基于射频指纹特征的移动终端检测器	创业训练项目	钟　杰 57118133	宋泽远/57117122 钱　成/07316130 邹倩圆/14Y17115 司晓凯/57117118 丁　钰/14517210	20 000	李　涛 彭林宁	团委
201910286160	发挥东大技术优势实现农村精准扶贫(青年红色筑梦之旅项目)	创业实践项目	万思远 14216126	王雅妮/14617111 张乐义/11317111 韩词悦/14C18101 周若晨/11317113 张柳悦/14516202	100 000	蔡钰萍 胡汉辉	团委

2019年江苏省高等学校大学生创新创业训练计划项目立项信息一览表

项目编号	项目名称	项目类型	项目负责人	项目成员信息	项目经费/元	指导教师	所在单位
201910286001Y	抗战内迁高等院校建筑设计与技术研究——以西南联大与中央大学等为例	创新训练项目	朱翼 01116119	刘静娴/01116303 郭浩伦/01116117 周明睿/01216212	8 000	李海清	建筑学院
201910286002Y	建筑学院藏历史档案整理与研究	创新训练项目	钟毓 01116211	洪云/01115107 潘玥/01116203 付雪颖/01216104 于景/01215116	8 000	白颖 贾亭立	建筑学院
201910286003Y	特大城市中心区的多维空间结构研究	创新训练项目	刘天韵 01216211	黄予/01115306 苏子玥/01215202 严顺卿/01116115 王月瞳/01216109	8 000	杨俊宴 史北祥	建筑学院
201910286004Y	南京市道路绿化现状调研与布置优化分析	创新训练项目	梁姝 01116201	施晓影/01216209 吴捷文/01216204 秦玥/21716205	8 000	金星	建筑学院
201910286005Y	南京城东(交通基础设施影响区)城乡接合部景观格局调查研究	创新训练项目	袁锦瑞 01116222	卢天阳/01216217 严雨婷/01516108 李傲洋/01216117 朱雨琪/01516113	8 000	陈洁萍	建筑学院
201910286006Y	非接触式速度计的研究与开发	创新训练项目	韩文虎 02017308	张东风/02017307 胡世航/06217634 陈坤秀/02617111 王钦文/08017303	8 000	张宁	机械工程学院
201910286007Y	新型盐差能电池原型设计	创新训练项目	郝志晟 02017414	张斯佳/02017415 蔡天佑/02017412 韦安琪/02017417	8 000	马建	机械工程学院
201910286008Y	凝固组织形成过程的数值模拟与实验研究	创新训练项目	吴津仪 02017504	曹宇婷/02017503	8 000	孙东科	机械工程学院
201910286009Y	基于独立悬挂底盘的具有双重自动瞄准发射系统的多功能机器人	创新训练项目	丁章烨 02017512	任轩昂/02017513 黄昕烨/02017527 何广/02018212	8 000	王金湘	机械工程学院
201910286010Y	基于FSAE赛车的CBR600发动机可变进气系统设计	创新训练项目	邵乐飞 02017315	韩国权/08017203 韩明达/02018307	8 000	帅立国	机械工程学院
201910286011Y	用于屏风板蒙布的自动射钉装订装置设计研究	创新训练项目	王舜泓 02016533	蔡世轩/02016617 曹智祎/08016317	8 000	陈芳 韩良	机械工程学院
201910286012Y	无人机识别打击系统	创新训练项目	郑鸿璋 02017316	邓玉廷/04017147 董蔚熙/02018101 林世鹏/06A18116	8 000	夏丹	机械工程学院

(续　表)

项目编号	项目名称	项目类型	项目负责人	项目成员信息	项目经费/元	指导教师	所在单位
201910286013Y	基于氢燃料电池系统的多旋翼无人机动力系统研究	创新训练项目	罗琪皓 02017529	李永平/02017530 郭浩毅/02017526 薄奕恺/02017112 李志恒/02016319	8 000	刘志忠 严　岩	机械工程学院
201910286014Y	基于机器视觉和雷达测距的智能小车开发	创新训练项目	吴胜杰 02016426	何家新/02016428 宋　翘/02016505 韩东明/02016419	8 000	王金湘	机械工程学院
201910286015Y	扫雷机器人宏微机械臂自主快速换装接口设计	创新训练项目	王敬晗 02015406	刘　武/02016405 李　超/02016423 刘　展/02016430 王海兵/02016427	8 000	罗　翔	机械工程学院
201910286016Y	有机浸出联合溶剂萃取从电子废弃物中回收金的技术研究	创新训练项目	王恩全 03216740	朱翠翠/03216708 葛　飞/03216730 谷星宇/03216739	8 000	黄　瑛	能源与环境学院
201910286017Y	群体感应对受纳米氧化锌长期胁迫的污水脱氮系统抗胁迫性能的作用研究	创新训练项目	裴力锋 03216725	王思瑶/03216704 张　医/03216703 周龙燕/03216717 张家铭/03216721	8 000	余　冉	能源与环境学院
201910286018Y	合金粉末/混凝土净浆复合材料导热流动特性研究	创新训练项目	彭　铖 03016427	倪浩伟/03016426 陈宇恒/03016429 王利国/03016411 苏焕文/03016431	8 000	张　勇	能源与环境学院
201910286019Y	生物油基纳米金属凝胶燃料制备技术与能量释放特性研究	创新训练项目	蒋杨旭 03017103	吴子瞻/03017122 任　珂/03017401	8 000	梁导伦	能源与环境学院
201910286020Y	智能家居——可移动感应式垃圾桶	创新训练项目	董善美 03017304	曹　静/06A17341 闫卓娅/06A17339 孟子轩/06A17441 唐润悦/16017428	8 000	沈红梅	能源与环境学院
201910286021Y	机械化学法改性燃煤飞灰制备高效价廉脱汞吸附剂	创新训练项目	熊再立 03017211	张子茜/03017207 孙冠勋/03017225 梁积鑫/03017230 胡轩宇/03017331	8 000	段钰锋	能源与环境学院
201910286022Y	燃煤电站碳捕集系统协调运行	创新训练项目	陈显浩 03016332	沈诗宇/03016304 刘丽珊/03016306 王达之/03016319 高子实/03016324	8 000	吴　啸	能源与环境学院
201910286023Y	九龙湖校区雨水管网内窥影像检测系统分析及修复策略	创新训练项目	郑　倩 03216713	王业凯/06A17531 庞舒婷/03216712 柴宇鹏/03216723	8 000	吴义锋	能源与环境学院
201910286024Y	生物质资源制备热解炭工艺关键技术研究	创新训练项目	颜政杰 03316522	刘文彬/03316515 孙国鹏/03316519 陈祎璠/03016212 朱子昂/03016216 杨育峰/03316513	8 000	段伦博 梁　财	能源与环境学院

（续　表）

项目编号	项目名称	项目类型	项目负责人	项目成员信息	项目经费/元	指导教师	所在单位
201910286025Y	利用小球藻和大型溞测试生物毒性及其在黑臭水体治理评价中的应用	创新训练项目	张家铭 03216721	蓝苑瑷/03216710 赵晓迪/03217716	8 000	孙丽伟	能源与环境学院
201910286026Y	多接入方式的智能安全网关	创新训练项目	张一凡 04017528	朱志惠/57117106 王稼轩/57117210	8 000	李涛	信息科学与工程学院
201910286027Y	智能电动滑板	创新训练项目	王澄雨 04017109	徐俐/04017105 刘天华/61517114 操凡/61517115	8 000	戚晨皓	信息科学与工程学院
201910286028Y	高精度传感器数据采集通用平台	创新训练项目	赵文远 04017323	牙萌/04017329 孙远志/04017345 吕彦辰/04217727	8 000	王欢	信息科学与工程学院
201910286029Y	基于WIFI和LTE通信信号的室内导航系统	创新训练项目	刘林夕 04016105	张璇/04016104	8 000	陈鹏	信息科学与工程学院
201910286030Y	模拟人工智能与人类未来存在关系的游戏开发	创新训练项目	夏鑫萍 04017206	陈冰/04017204 刘傲雷/04017613	8 000	安良	信息科学与工程学院
201910286031Y	网络全双工多目标优化	创新训练项目	沈念澳 04017646	严永欣/04017208 赵航/04017639	8 000	李佳珉 朱鹏程	信息科学与工程学院
201910286032Y	基于蓝牙5技术的远距离定位模块	创新训练项目	罗孙文 04017332	徐泽彬/04017330 冯治恒/04017331 陆天洋/04017328 程蓬捷/04017533	8 000	苗澎	信息科学与工程学院
201910286033Y	基于人工智能的基站缓存优化	创新训练项目	李居隆 04017626	张宇驰/04017638 钱宇/04017617 王昕皖/04017209	8 000	李佳珉 朱鹏程	信息科学与工程学院
201910286034Y	针对FPGA的低功耗算法设计	创新训练项目	王智伟 04017427	朱秋萍/04017407 袁雪岚/04017409 杜佳谕/04017430	8 000	王蓉	信息科学与工程学院
201910286035Y	智能反射表面材料在无线通信中的应用	创新训练项目	祁栋华 04017417	高佳峻/04017419 寇周斌/04017429 鲁文韬/04017428	8 000	党建	信息科学与工程学院
201910286036Y	基于NB IoT的工业无线数据传输模块	创新训练项目	林子彦 04017619	刘涵宇/04017630 侯丹/04017347 邓皖婷/04017346	8 000	苗澎	信息科学与工程学院
201910286037Y	基于人工智能的MIMO无线传输技术研究	创新训练项目	张煜 04017447	李洪沅/04017141 季书鹏/61517416 陈雨荷/61517103	8 000	戚晨皓	信息科学与工程学院
201910286038Y	Linux系统下基于GPU、FPGA协作的高速数据采集传输处理系统原型的研究与实现	创新训练项目	梁宇辰 04017414	徐士哲/04017412 谯兵/04017411 郑力源/04018433 刘天睦/04017426	8 000	梁霄	信息科学与工程学院

(续 表)

项目编号	项目名称	项目类型	项目负责人	项目成员信息	项目经费/元	指导教师	所在单位
201910286039Y	腐蚀环境下耐候钢轴心受压柱承载能力	创新训练项目	吴步宸 05117514	顾雨群/05117104 程国顺/05117511 周 详/05117508	8 000	卢瑞华 舒赣平	土木工程学院
201910286040Y	改良型预应力索撑网壳的形态设计、力学性能及模型实现研究	创新训练项目	徐奎元 05117606	刘继久/05117604 刘 畅/05117623 刘嘉欣/05117620	8 000	陆金钰	土木工程学院
201910286041Y	基于IDI的装配式住宅工程质量潜在缺陷的风险评估研究	创新训练项目	田卓宇 05217222	李嘉诚/05217215 刘卓凡/05517117 任航谊/05218223 赵玉洁/05217208	8 000	杜 静 李德智	土木工程学院
201910286042Y	基于联合仿真的智能预应力简支钢桁梁挠度控制研究	创新训练项目	杨 飘 05117321	杨 震/05117320 陈金林/05117322	8 000	徐伟炜	土木工程学院
201910286043Y	铝管脚手架中铝管轴向手里承载性能的试验研究	创新训练项目	项宇凡 05117421	冯 俊/05117420 蔡婉婷/05117401 程丹莲/05117423 张思博/05117412	8 000	吴 京	土木工程学院
201910286044Y	[竞赛专项]竹制杆件抗弯/抗压性能的增强方法及尺寸效应研究	创新训练项目	郑继海 05117519	徐娅妮/12017106 刘应玺/05117410 王俊人/05117502 符 瀚/05117411	8 000	孙泽阳	土木工程学院
201910286045Y	装配式建筑无人操作智慧吊装系统的架构设计	创新训练项目	聂 骁 05217122	凌 胜/05217221 戴天琦/05217211 王 克/05217213 袁晗菲/05217104	8 000	黄有亮	土木工程学院
201910286046Y	富含细粒土机制砂混凝土工作特性及隧道绿色应用研究	创新训练项目	王振凡 05117218	郑稼乘/05117217 王 霏/05117211 彭逸凡/05117216	8 000	田龙岗	土木工程学院
201910286047Y	高性能FRP筋在不同预应力与直径下的剪切强度试验研究	创新训练项目	俞美刚 05117408	姚恩明/05117515 张 翼/05117308 李思诚/05117602 何威岩/05116421	8 000	秦卫红	土木工程学院
201910286048Y	微生物菌群与植物结合对砒砂岩土壤化改质及肥力影响的研究	创新训练项目	杨怡钧 05517104	沈宇扬/09017129 许铭纹/05117407 袁文轩/05A18534 钱智承/05A18334	8 000	邓 琳	土木工程学院
201910286049Y	重组竹蠕变试验研究	创新训练项目	叶王杰 05117512	董道阳/05117605 白嘉宝/05317113 周永峰/05117526	8 000	徐 明	土木工程学院
201910286050Y	可折叠类张拉整体结构体系开发及模型实现研究	创新训练项目	邓昊祥 05117613	刘超然/05117608 方逸之/05117625 罗 佳/17217206	8 000	陆金钰	土木工程学院
201910286051Y	大型保障房公共服务多中心协同供应机制研究	创新训练项目	刘洋艺 05117208	朱佳恒/05117226 宋周翼/05117215	8 000	李德智	土木工程学院

（续　表）

项目编号	项目名称	项目类型	项目负责人	项目成员信息	项目经费/元	指导教师	所在单位
201910286052Y	结合点云与BIM的混凝土预制构件外观损伤模型库的设计与构建	创新训练项目	殷秉动 05117222	陈　璿/05517114 彭俊杰/05117202 陈禹洁/05117307 孙翔宇/05117622	8 000	朱　蕾	土木工程学院
201910286053Y	船撞下重力式码头碰撞安全性分析及靠泊能力评估	创新训练项目	时浩然 05317121	高海超/05317129 丛智远/05317132	8 000	王　莹	土木工程学院
201910286054Y	智慧城市背景下城市生活污水治理利益相关者需求及参与方式研究	创新训练项目	黄子杰 05217112	黄海遥/05217101 贾鸿涛/05217119 郝巳瑄/05217113 金姗霖/05217111	8 000	杜　静	土木工程学院
201910286055Y	胶合竹植筋粘结锚固性能试验研究	创新训练项目	符　瀚 05117411	蒋心朗/05117305 糜镇东/05117621 郑继海/05117519	8 000	徐　明	土木工程学院
201910286056Y	基于案例调研的垃圾处理项目邻避效应化解对策研究	创新训练项目	赵杨钦 05217220	贺心雨/05217205 杨海川/05117521 卢文婷/03217705 李　颖/03217708	8 000	杜　静	土木工程学院
201910286057Y	基于BIM与IoT技术的装配式构件跟踪管理方法研究	创新训练项目	王怡佳 05217102	沈心怡/05217226 孙宇翔/05217109 林东阳/05217115 许庆玲/05217107	8 000	徐　照	土木工程学院
201910286058Y	基于蒙特卡罗模拟的沉积物中三维导电网络研究	创新训练项目	钱椿萌 06217616	周辰琪/06A17101 王竞泽/06A17117 冯　燊/06017216 李思政/06217617 程继超/10316118	8 000	赵志伟	电子科学与工程学院
201910286059Y	菲涅尔光热发电系统中反射镜太阳跟踪方法和装置	创新训练项目	孙　礼 06A17327	魏浩然/61517317 王维韬/61517414	8 000	吴旭峰	电子科学与工程学院
201910286060Y	基于深度学习的三维建模与交互	创新训练项目	常宇阳 06A17136	吴　昱/06A17135 罗雪松/06017432 王希瑞/06A17140 刘羽昭/06A17142	8 000	夏　军	电子科学与工程学院
201910286061Y	智能捡球机	创新训练项目	姜媛媛 06A17337	闫卓娅/06A17339 唐润悦/16017428 曹　静/06A17341 孟子轩/06A17441	8 000	杨兰兰	电子科学与工程学院
201910286062Y	基于MEMS柔性电感的风速计的研究	创新训练项目	王博之 06A17220	李可然/06A17232 周　位/09017339 雷　源/06A17121	8 000	易真翔	电子科学与工程学院
201910286063Y	基于神经网络的实时交通标志识别系统	创新训练项目	马泽瑶 06A17508	黄辰宇/06A17518 夏志成/06A17535 马立源/61517104	8 000	吴　俊	电子科学与工程学院

(续 表)

项目编号	项目名称	项目类型	项目负责人	项目成员信息	项目经费/元	指导教师	所在单位
201910286064Y	基于表情识别与语音识别的音乐播放器	创新训练项目	解康辉 06016224	李 鹤/06A16211 薛 淳/06217608 王成诚/06016233	8 000	郑姚生	电子科学与工程学院
201910286065Y	面向人机交互的柔性可穿戴传感器件基础研究	创新训练项目	卞思格 06A17403	王明阳/06A17113 刘玉洁/06A17109	8 000	张晓阳	电子科学与工程学院
201910286066Y	基于数值高斯过程的机器学习方法及其在偏微分方程中的应用	创新训练项目	潘 闯 07317119	宁宸辉/07217111 王 赫/07316128 郑中兴/07316117 雷正阳/07216114	8 000	闫 亮	数学学院
201910286067Y	基于k-近邻算法的腕带进门定位	创新训练项目	郭 锐 07217117	刘晓炜/07117123 王 康/07317114 刘佳驹/07117115 路嘉伟/07317128	8 000	王丽艳	数学学院
201910286068Y	高速交通流大数据预测的智能算法研究	创新训练项目	朱晓炜 07117122	宁宸辉/07217111 顾王韬/07317121 胡逸斐/04017248 房正昊/07317117	8 000	赵 璇 曹进德	数学学院
201910286069Y	多导弹协同攻击技术研究	创新训练项目	赵桨晨 07317122	顾王韬/07317121 李子镔/07117111 王 猛/07217106	8 000	吕跃祖 虞文武	数学学院
201910286070Y	基于压缩感知的算法群体智能大数据分析	创新训练项目	杨淙钦 07317131	简亚军/09017217 罗昊炜/71117332 房正昊/07317117 周子宁/09017331	8 000	陈都鑫	数学学院
201910286071Y	切换布尔网络的矩阵半张量积研究	创新训练项目	陈晓玲 07116106		8 000	卢剑权	数学学院
201910286072Y	分布式多智能体优化在电动汽车充放电中的应用	创新训练项目	刘 南 07217105	韦贵奕/07217110 张何旭/07217107 许嘉朔/07117120 吴 越/07117110	8 000	胡建强	数学学院
201910286073Y	面向浅水环境应用的水下小型ROV观测机器人	创新训练项目	潘逸丰 08117134	张鹏宇/08117121 许嘉禾/08117117 欧亚明/08117105	8 000	周 波	自动化学院
201910286074Y	基于深度学习的三维识别	创新训练项目	刘 炜 08017421	任 珂/08017207 孙裕尧/08117129 李秉宸/08117132 杨子琛/08017128	8 000	王辰星	自动化学院
201910286075Y	基于树莓派的智能电视智能交互控制器的设计	创新训练项目	张越灵 08016304	杭念之/08017111 傅嘉晨/08017328 罗蕴轩/08017229	8 000	黄永明	自动化学院
201910286076Y	基于EMD Profilometry的三维点云测量系统	创新训练项目	张 翼 08017412	王一博/08017422 唐 晨/08017310	8 000	王辰星	自动化学院
201910286077Y	基于红外热成像及自动避障定位的多功能搜救无人机	创新训练项目	尹珍琴 08017307	袁双杰/08116117 刘一隆/08116105	8 000	李世华	自动化学院

(续 表)

项目编号	项目名称	项目类型	项目负责人	项目成员信息	项目经费/元	指导教师	所在单位
201910286078Y	单视点手部动态三维重建	创新训练项目	王天瑶 08017202	石梦琪/08017302 刘 炜/08017421	8 000	王雁刚	自动化学院
201910286079Y	基于卷积神经网络的人脸情绪识别	创新训练项目	滕逸青 09017434	涂晴昊/71118223 柳儒杨/61517306	8 000	吕建华	计算机科学与工程学院、软件学院
201910286080Y	基于送餐员GPS数据的地图更新	创新训练项目	姜子玥 71117201	李芳凝/71117101 李泓烨/71117228	8 000	何 田 王 帅	计算机科学与工程学院、软件学院
201910286081Y	基于弱监督神经网络的大脑组织分割研究	创新训练项目	卢立强 71117417	张景天/71117435 杜昕昱/71Y17121	8 000	孔佑勇	计算机科学与工程学院、软件学院
201910286082Y	用于深度学习的高精度大尺寸卫星图像切割研究	创新训练项目	高睿昊 09016113	罗鉴洪/09016414 姜景元/09016115 赵拯基/06A17417 傅城瑜/61517223	8 000	杨全胜	计算机科学与工程学院、软件学院
201910286083X	透明导电电极的室温制备	创新训练项目	黄 勇 10116117	彭 韩/10116118 李国平/10316103 李国安/10316104	8 000	徐庆宇	物理学院
201910286084X	电荷有序多铁性材料制备和表征	创新训练项目	张兴晨 10316117	王朝晖/10316120 姜文昕/10116130 杨恒星/10117123	8 000	董 帅	物理学院
201910286085X	复合纳米酶对耐药白血病的调控研究	创新训练项目	赵帅帅 11117221	刘思佳/11117206 刘静远/11117226 杨 亮/11117220 李翔菲/11117101	8 000	熊 非	生物科学与医学工程学院
201910286086X	基于视频的学生课堂行为分析系统	创新训练项目	李天曦 11317101	汤玉玲/11117103 李世娴/11317102	8 000	郑文明	生物科学与医学工程学院
201910286087X	疏水性纳米簇界面调控其抗菌性能的研究	创新训练项目	王笑语 11116208	全金凤/11216109 徐海东/11216112 贾 谊/11A16303	8 000	姜 晖	生物科学与医学工程学院
201910286088X	人体生理参数监测系统在Android平台上的研究与设计	创新训练项目	杨天羿 11116117	张林樾/22016216 冉启勇/11116118 曹 猛/11116111	8 000	黄 雷 夏 兰	生物科学与医学工程学院
201910286089X	不同生活状态对健康在校大学生心率变异性影响	创新训练项目	李正雯 11117104	查可扬/11117119 魏新若/11217114 任子恺/11117114	8 000	崔兴然	生物科学与医学工程学院
201910286090X	概念转变前后学生解决科学问题的信息加工模式差异	创新训练项目	郑 权 26116108	陈丽荣/26116104	8 000	朱艳梅	生物科学与医学工程学院
201910286091X	微生物矿化制备再生集料的调控技术及机理	创新训练项目	张 琪 12016203	卢 果/12016205	8 000	钱春香	材料科学与工程学院
201910286092X	超韧水泥的制备与性能提升	创新训练项目	张齐凯 12016117	李鹏伟/12016119 刘肖鑫/12016222	8 000	冯 攀	材料科学与工程学院

(续 表)

项目编号	项目名称	项目类型	项目负责人	项目成员信息	项目经费/元	指导教师	所在单位
201910286093X	基于深度卷积神经网络的金相检测技术研究	创新训练项目	郭 威 12017419	程 昊/57117128 杨其凡/12017405	8 000	陆 韬	材料科学与工程学院
201910286094X	钢筋智能涂层的制备及腐蚀性研究	创新训练项目	胡磊杰 12017118	蔡雨曦/12017202 金奕婷/12017309	8 000	施锦杰	材料科学与工程学院
201910286095X	大型复杂铝铸件铸造工艺设计规范准则的优化	创新训练项目	洪敏睿 12016309	邱钰雯/12017305 陈俊伟/12016227	8 000	廖恒成	材料科学与工程学院
201910286096X	采用有限元模拟研究铝箔力学性能的尺寸效应	创新训练项目	吕馨雨 12017207	聂俊齐/12016311	8 000	涂益友	材料科学与工程学院
201910286097X	洞渣喷射混凝土的改性设计与性能研究	创新训练项目	任新澜 12017317	李伟焕/12017311 刘 燨/12017320 赵国泰/12016308	8 000	张云升	材料科学与工程学院
201910286098X	高强度釉化用钢的显微组织和力学性能研究	创新训练项目	杨晨东 12016206	孙桢宇/12016221 陈长义/12016124	8 000	朱鸣芳	材料科学与工程学院
201910286099X	用于EMI/EMC领域的宽频带透明电磁屏蔽涂层材料	创新训练项目	唐宇坤 12016118	邢俊杰/12016210	8 000	张旭海	材料科学与工程学院
201910286100X	3D打印轻质混凝土的制备和性能	创新训练项目	罗 哲 12017323	任重达/12017223 李伟焕/12017311 邹茜茜/12017306	8 000	张亚梅	材料科学与工程学院
201910286101X	高校官方微信公众号影响力与传播效果的研究	创新训练项目	薛惠文 13217119	杨子潇/13217120 谢 煜/13417134 秦紫璇/13617118 张馨月/13417133	8 000	张晶晶	人文学院
201910286102X	南京白局生存与后续研究	创新训练项目	董婷婷 13A17104	王昱祺/13417110 周红辰/14217119 王郭颖/14517121	8 000	许 丹	人文学院
201910286103X	在南京市交通系统下残疾人出行现状的调查分析	创新训练项目	常瑞清 13A18611	孙晓庆/21217103 吴泽辉/57117112 范一鸣/21717102	8 000	刘 丹	人文学院
201910286104X	从"输血扶贫"到"造血扶贫"——探究安徽歙县的精准扶贫之路	创新训练项目	孔心悦 13116103	董一成/13116127 裴禹清/21116230	8 000	靳 力	人文学院
201910286105X	基于网红店消费的大众消费心理与消费品位研究	创新训练项目	张明媛 13217122	卢 也/13217123 陈一锈/13217113	8 000	闫志丹	人文学院
201910286106X	中国金石义例著作集成	创新训练项目	王筱钰 13417131	李子涵/13617117 陈俊蓉/13417121 朴含洋/13317101 冯文斐/13417116	8 000	许 丹	人文学院

（续　表）

项目编号	项目名称	项目类型	项目负责人	项目成员信息	项目经费/元	指导教师	所在单位
201910286107X	新世纪海外华文作家的中国叙事——基于访谈的实证分析与理论研究	创新训练项目	胡　志 13416129	李娅琳/13416138 赵鑫磊/13416131 李若琳/13416112 王颖怡/13416102	8 000	张　娟	人文学院
201910286108X	伦理关怀视角下老年困难群体居家照料服务质量的实证研究	创新训练项目	唐淑琰 13117116	苏　菲/13117119 梅春来/13117129 王　硕/13117123 文侃骁/13117124	8 000	季玉群	人文学院
201910286109X	现象学视野下的中国美学解读——以禅宗为例	创新训练项目	任栗炳辰 13617121	孙恺禾/13617113 邓安琪/13617115 朱可欣/25017120 李彤彤/14517111	8 000	张　佳	人文学院
201910286110X	关于幼儿园学前教育分层现象的探究——以南京市几所幼儿园为例	创新训练项目	陈欣怡 13417108	乌　兰/13417120 冀文琦/13217105 李佳冉/14517118 陈睿毅/25017132	8 000	洪岩璧	人文学院
201910286111X	基于《纳书楹牡丹亭全谱》文字格律与音乐结构的数据分析	创新训练项目	王荫萌 13416139	陈　功/13616109	8 000	赵天为	人文学院
201910286112X	大数据背景下平台型企业发展的影响因素及策略研究	创新训练项目	王　蕊 14117108	李红丽/14117109 万东伟/14316118	8 000	韩　静 黄　超	经济管理学院
201910286113X	消费升级对本土市场效应的影响机制研究	创新训练项目	杨　柳 14Y17110	陈珂宇/14217122 才旺吉宗/14Y17109 张思威/14517128	8 000	冯　伟	经济管理学院
201910286114X	基于多平台自媒体发展的公益共享	创新训练项目	武　克 14517114	袁　嘉/14817124 朱淑婷/14317104 王璐瑶/14417103	8 000	高彦彦	经济管理学院
201910286115X	社保支出促进企业成长了吗？基于沪市制造业企业员工流动视角的实证分析	创新训练项目	徐佳鑫 14417102	黄佳健/14517209 李宗岳/42217202 孙　源/07116132	8 000	高彦彦	经济管理学院
201910286116X	CNG2020战略对航空公司生态效率和经济效率的影响评估——基于东航的调查与思考	创新训练项目	邵天润 14617131	唐　语/14617134 邓芳芳/14617121 张天帷/14617123	8 000	崔　强	经济管理学院
201910286117X	以小程序为启示设计用户自定义视频软件的商业模式与构想万物互联	创新训练项目	李　杰 14417124	杨柯佳/14417206 段普方/14117122 欧阳淑婷/14817116 吴明桦/09017307	8 000	陈志斌 潘健平	经济管理学院
201910286118X	基于CNN的OCR识别技术在数字图书馆中的应用设计	创新训练项目	王旭东 14116122	丁钰航/14116123 金惠杰/14116112 秦鑫鑫/14116127	8 000	黄　超	经济管理学院

(续　表)

项目编号	项目名称	项目类型	项目负责人	项目成员信息	项目经费/元	指导教师	所在单位
201910286119X	基于logit模型的短租平台商业建设模式对比及其风险探究——以Airbnb和小猪短租为例	创新训练项目	顾小钰 14517125	钱诗懿/14917121 吴丹妮/14917106 罗研斐/14517204 顾静怡/05117501	8 000	张颖	经济管理学院
201910286120X	媒体融合趋势下新闻媒体企业转型战略和商业模式研究	创新训练项目	谢梦萍 14417111	张　艺/14117106 阮　语/14417117 李宛玥/14917111 张溢泽/07116136	8 000	葛沪飞	经济管理学院
201910286121X	绿色金融对环境保护与经济高质量发展融合的影响研究	创新训练项目	房仟仟 14617128	山兆龙/14517227 苏　帅/14917128 马泽慧/14617125	8 000	徐盈之	经济管理学院
201910286122X	变磁通记忆电机最大转矩电流比控制研究	创新训练项目	骆靖濠 213171291	汤　建/16017226 卞　凯/16017224 任鹏宇/16017126 严宇腾/16017116	8 000	阳辉	电气工程学院
201910286123X	光伏发电控制器的设计和制作	创新训练项目	李沁雨 16017128	丁博豪/16016619 刘海峰/16017328	8 000	徐志科	电气工程学院
201910286124X	超级电容在功率限制方面的应用	创新训练项目	张传凯 16017621	王希杰/06A17218 朱浩鹏/02018508 王　猛/07217106	8 000	王琦	电气工程学院
201910286125X	基于FPGA的电力系统暂态稳定人工智能应用研究	创新训练项目	刘学成 16017627	伊浩然/16017121 吴曜东/16017611 张传凯/16017621	8 000	汤奕	电气工程学院
201910286126X	中英文隐喻文化认知对比的实证研究	创新训练项目	谢汶伶 17116115	王丽君/17116111 刘　瑶/17116109 何霁洋/07316106	8 000	侯旭	外国语学院
201910286127X	新时代建设中的伦理表情与伦理关怀	创新训练项目	朱芷晴 17217114	黄秋月/17217102 杨云涵/17217118 吴博佳/13417101 朱昱蓉/17217113	8 000	周琛	外国语学院
201910286128X	知识、知者结构视域下人称代词"我们"的语篇功能	创新训练项目	濮婉如 17217105	周　涛/17217112	8 000	汤斌	外国语学院
201910286129X	江淮官话和吴方言对中国学习者英语节奏习得的影响研究	创新训练项目	张家美 17117211	鲜雨石/17117323 李俊廷/08017101 孙舒雯/57117104	8 000	邵争 杨茂霞	外国语学院
201910286130X	江淮官话和中原官话对中国学习者英语节奏习得的影响研究	创新训练项目	王沛然 03117617	魏浩然/61517317 杨沐阳/17117113 黄瑞玉/17216106	8 000	邵争 杨茂霞	外国语学院
201910286131X	20世纪美国诗歌中先锋画派影响研究	创新训练项目	王艺 17116107	胡智杰/61516120 石欣雨/24317208	8 000	朱丽田	外国语学院
201910286132X	金属纳米颗粒修饰的C3N4合成及其光解水产氢反应性能研究	创新训练项目	戴恒毅 19317112	李瑞臣/19317114	8 000	张一卫	化学化工学院

（续　表）

项目编号	项目名称	项目类型	项目负责人	项目成员信息	项目经费/元	指导教师	所在单位
201910286133X	氢键桥联有机框架（HOFs）材料合成及应用	创新训练项目	郑子玥 19317105		8 000	罗洋辉	化学化工学院
201910286134X	黄连素-喜树碱偶联纳米药物的设计制备及生物活性研究	创新训练项目	童稷维 19317119		8 000	吉远辉	化学化工学院
201910286135X	新型分子铁电体的设计合成与测试	创新训练项目	沙泰廷 19316117	苗书荣/19316107	8 000	游雨蒙	化学化工学院
201910286136X	面向高温废气处理的高效、长效陶瓷纤维催化滤膜	创新训练项目	陈子霖 19117108	刘姿含/19117101 孙凤芹/19217107	8 000	代云茜	化学化工学院
201910286137X	PARP 抑制剂 Olaparib 及其衍生物的合成工艺研究	创新训练项目	魏丽郦 19317101	胡心怡/19317102	8 000	蔡　进	化学化工学院
201910286138X	分级异构的 $TiO_2/Ti_3C_2Tx/RGO$ 三元复合气凝胶的制备及其吸波性能研究	创新训练项目	霍　尧 19117117	陆丹晨/19116116	8 000	何　曼	化学化工学院
201910286139X	PARP-1 活性的电化学检测新方法	创新训练项目	王开智 19217110	朱开元/19317104	8 000	卫　伟	化学化工学院
201910286140X	清热解痛藏药臭蚤草中抗肿瘤活性成分发现	创新训练项目	张子璇 19316106	丁晔林/19216105 许红芹/19216104	8 000	廖志新	化学化工学院
201910286141X	基于数值模拟方法的沥青纳观结构表征研究	创新训练项目	曹心原 21017213	张钰钦/21017207 傅子建/21017206 丁非凡/21017204	8 000	徐光霁	交通学院
201910286142X	基于碳效率的县域城镇生产生活圈的划分方法的研究	创新训练项目	胡　冰 21717108	秦林靖/21717106 鲍　雯/21717206 胡嘉奇/21717104	8 000	陈　茜	交通学院
201910286143X	基于复杂网络的公交运营网络关键节点识别及改善研究	创新训练项目	陈鹏元 21117221	王丹钰/21017203 秦　诚/21117228 姜　贺/21217116 钟颖萌/21417110	8 000	陈学武	交通学院
201910286144X	毛细导水材料对填土路基水分场调控效果研究	创新训练项目	黄昊冉 21816144	袁振扬/21817101 殷榆寒/21817131 武雨琪/21816105	8 000	刘志彬	交通学院
201910286145X	基于 SP 及 RP 调查的 P+R 出行方式选择分析	创新训练项目	陈鲁川 21017112	吴鹏昊/21017119 鲁浩楠/21717126 刘唯伊/21117208 乔泷麒/21117121	8 000	刘志远	交通学院
201910286146X	养护温度对固化后污染土污染物运移的影响	创新训练项目	周瑞先 21817136	齐睿典/21817105 张　艺/21817102 周晓舟/21817135	8 000	王　菲	交通学院

(续 表)

项目编号	项目名称	项目类型	项目负责人	项目成员信息	项目经费/元	指导教师	所在单位
201910286147X	基于行驶工况的纯电动公交车电力消耗模型研究	创新训练项目	刘紫昕 21217109	张旭阳/21717222 张洹菘/21217123	8 000	李铁柱	交通学院
201910286148X	面向复杂城市路网的GPS轨迹匹配与路段行程时间预测	创新训练项目	李亮斌 21516120	张嘉旭/21516112 张 悦/21516106 韦 茵/21516105	8 000	付 晓	交通学院
201910286149X	高寒地区气候变化特征分析——以横断山脉地区为例	创新训练项目	魏 然 21516110	陈阳毅/21516124 吴宏民/21516125 莫昭洪/21516123	8 000	柏春广	交通学院
201910286150X	无人机航拍视频中车辆识别与行为提取	创新训练项目	冯汝怡 21017120	李宏伟/21017108 刘宇晴/21017117 焦利娟/21017118 朱晓蕾/21117106	8 000	李志斌	交通学院
201910286151X	道路结冰检测技术研究及监测系统设计	创新训练项目	许 涛 21716212	李嘉铭/21716109 韦海涛/21716124 肖传语/21716228 段晓语/08016108	8 000	于 斌	交通学院
201910286152X	微生物产气降饱和法处理液化地基的降饱和状态相关评价指标研究	创新训练项目	李文杰 21717223	汪 洋/21017220 米天乐/21717225	8 000	章定文	交通学院
201910286153X	基于交通空间网络分析的城市医疗配置设施研究	创新训练项目	卢毅恒 21116218	朱菊梅/21016105 姚 远/57117221	8 000	王 卫	交通学院
201910286154X	ECC-钢桥面铺装界面特性研究	创新训练项目	范玉楼 21717113	王天宇/21717136 王可欣/21517109 谢 凝/21017103 覃 昱/21717215	8 000	杨 军	交通学院
201910286155X	道路行车视频的因果感知技术研究	创新训练项目	汪 娴 22016407	陶静伊/22016404 罗华伟/22016411 张启旭/22016410 郑磊鑫/22016413	8 000	李煊鹏	仪器科学与工程学院
201910286156X	智能户外停车场监测系统	创新训练项目	王立翌 22016421	程 渝/22016217 张林樾/22016216 梁平昊/22016218 江 林/22016215	8 000	吴剑锋	仪器科学与工程学院
201910286157X	基于可穿戴设备的运动感知监测与状态模式分析的研究	创新训练项目	涂增源 22016308	李尚哲/22016309 华 腾/22016311	8 000	阳 媛	仪器科学与工程学院
201910286158X	地下管线的虚拟增强现实监控系统	创新训练项目	方锦浩 22017308	卢一凡/22017106 喻子雨/22017315 韩旭龙/22017320 梁毅强/22017311	8 000	张小国	仪器科学与工程学院

(续 表)

项目编号	项目名称	项目类型	项目负责人	项目成员信息	项目经费/元	指导教师	所在单位
201910286159X	网络服务提供者的调查协助义务研究	创新训练项目	孙 迪 25017112	张雅杰/25017118 万凤云/25017127 陈 标/25017111 叶敏敏/25017115	8 000	陈道英	法学院
201910286160X	医药专利保护刑事法问题研究	创新训练项目	李嘉宁 25016209	李思雨/25016210 徐诗涵/25016221 高 源/25016135 肖 簾/25016217	8 000	刘建利	法学院
201910286161X	村土地"三权分置"的法律表达与实现路径探究	创新训练项目	张 超 25016128	王 倩/25016116 纪江南/25017137 李泓辉/25017134	8 000	单平基	法学院
201910286162X	多元化教育背景下另类教育的法律定位和调整机制	创新训练项目	梅 燚 25017223	黄伊凡/25017233 潘雨姗/25017232 刘沁源/25017131	8 000	刘 红	法学院
201910286163X	城市家养动物自由的法律规制	创新训练项目	魏兆付 25016228	陆涵之/25016231 曹爱凝/25016203 夏尔丁·吐尔松江/25016230 陆 颖/25016213	8 000	于立深	法学院
201910286164X	区块链技术在数字版权保护领域的适用和未来展望	创新训练项目	黄曦桃 25016207	郝修齐/25016205 贾林阳/25016208 宋鑫烨/25016214 刘 微/25016108	8 000	朱长宝	法学院
201910286165X	Foxg1在发育过程中下丘脑的表达模式分析	创新训练项目	薛榕钰 43216408	吉 欣/43216401	8 000	吴晓菁 赵春杰	医学院
201910286166X	Foxg1在纹状体1类多巴胺能受体+神经元中发育过程中的作用初探	创新训练项目	崔兰兰 43116211	张雪子/43817106	8 000	吴晓菁 赵春杰	医学院
201910286167X	关于小鼠脑内注射磁性纳米颗粒的有效性评估及行为学影响	创新训练项目	向培煊 41117118	张晓睿/41117101 刘雅琪/41117102	8 000	刘 璇	医学院
201910286168X	新诊断2型糖尿病患者骨骼肌功能与胰岛素抵抗的相关性	创新训练项目	刘丽萍 43A17413	蒋 扬/43116206 陈怡文/43116204	8 000	魏 琼	医学院
201910286169X	转铁蛋白对脑卒中神经保护作用	创新训练项目	郑 兰 43A17131	陈艺君/43A17112 赵 猛/43217123 禹何恺/43217321	8 000	赵 晟	医学院
201910286170X	转录因子NF-κB、AP-1和C/EBPδ对IL-1β诱导MCP-1在Ⅱ型肺泡细胞中表达的调控作用	创新训练项目	邹清仪 43A17420	黄治禹/43217326 刘盛轩/43217325	8 000	严春光	医学院

(续 表)

项目编号	项目名称	项目类型	项目负责人	项目成员信息	项目经费/元	指导教师	所在单位
201910286171X	Foxg1对PV+抑制性中间神经元功能的调控及其机制	创新训练项目	朱一鸣 43216415	阳怡羽/43216419	8 000	赵春杰 刘俊华	医学院
201910286172X	Foxg1对皮质脊髓投射神经元发育的调控	创新训练项目	马华阳 43116108	赵卫婷/43116109 孙若语/43116411	8 000	刘俊华	医学院
201910286173X	多巴胺受体2通过与wnt信号调控肺腺癌干细胞的干性	创新训练项目	郑鹏飞 43116319	娄洁雪/43316115	8 000	杨 健	医学院
201910286174X	间充质干细胞来源的细胞外囊泡的生物学功能研究	创新训练项目	陈思含 43217312	何梦钺/43116315 刘 熙/43217230	8 000	唐秋莎	医学院
201910286175X	搭建罕见病精准基因诊断网络平台	创新训练项目	陈 静 43217204	高 喆/43A17309 李仁杰/43A17320	8 000	赵主江	医学院
201910286176X	2型糖尿病患者微血流灌注与认知功能障碍相关性的动态随访研究	创新训练项目	吉 欣 43216401	王家奇/43116223 仇 玥/43316110 张婧琦/43316111	8 000	崔 莹	医学院
201910286177X	肠道上皮细胞离子通道对抑郁症的影响	创新训练项目	赵雅鑫 43115214	马文凤/43115212 蒋 扬/43116206	8 000	易宏伟	医学院
201910286178X	孤独症相关基因neurexin调节果蝇抑制性神经递质	创新训练项目	卢轲泽 41117105	王 曼/41117106 王家腾/41117117	8 000	甘光明 张晨晨	医学院
201910286179X	探究BDNF调控豚鼠咳嗽高敏感性的分子机制及对情绪的影响	创新训练项目	蔡文岚 43816106	刘思琪/43117208 张乐乐/43117118	8 000	胡向阳	医学院
201910286180X	统计建模在公共卫生健康监测数据中的应用	创新训练项目	沈诩翔 42116111	王 玮/42116112	8 000	余小金	公共卫生学院
201910286181X	环境污染物环境行为与毒性数据库构建及应用	创新训练项目	董书衡 42117205	孙宇飞/42117202	8 000	刘 冉	公共卫生学院
201910286182X	禽流感H7N9干预策略卫生经济学评价	创新训练项目	向欣雅 42216111	吕梦茹/42216117 许 晨/42216118 李宗岳/42216202	8 000	金 辉	公共卫生学院
201910286183X	石墨烯纳米材料诱导肝脏炎症反应的效应研究	创新训练项目	王健力 42117212	吴晶莹/42117112	8 000	张 婷	公共卫生学院
201910286184X	灵菌红素对K562细胞凋亡和自噬的影响及机制研究	创新训练项目	吴晶莹 42117112	次仁美朵/42117114 宋 琼/42117214	8 000	孙蓉丽	公共卫生学院
201910286185X	miR-486-5p在肺鳞癌中的调控机制研究	创新训练项目	陈颖安 42116204	王 玮/42116112 索朗央吉/42116208 郭万晶/43A17205	8 000	梁戈玉	公共卫生学院

（续　表）

项目编号	项目名称	项目类型	项目负责人	项目成员信息	项目经费/元	指导教师	所在单位
201910286186X	居民预防食管癌知信行现况调查	创新训练项目	张姝琰 42117116	李语童/42117121 李品逸/11117217 苏亮霞/03217742	8 000	尹立红	公共卫生学院
201910286187X	ω-3多不饱和脂肪酸对模型动物高密度脂蛋白亚组分影响及机制研究	创新训练项目	唐嫒丽 42217118	李春婷/42117120 谢怀瑜/42117219 李语童/42117121	8 000	孙桂菊	公共卫生学院
201910286188X	基于麦克风阵列的无人机室内定位	创新训练项目	刘熙达 57117232	吴国铨/57117214 胡秋冉/71Y17120 许朝阳/57117212 蒋　涛/57117111	8 000	张三峰	网络空间安全学院
201910286189X	多重运动下的抗干扰增稳无人机云台	创新训练项目	武　赟 57117123	许淑寰/02018103 田乐耘/06A18522	8 000	王　征	网络空间安全学院
201910286190X	融合图像、声音和手语信息的视频标注	创新训练项目	袁　华 61517420	陈安皓/61517318 张逸帆/04217751	8 000	伍家松	吴健雄学院
201910286191X	基于3D打印技术与新介质材料的微波天线研制	创新训练项目	包绎成 61517222	万恒至/61517225 谢业凡/61517217 刘一非/61517210	8 000	张　彦	吴健雄学院
201910286192X	基于碳纳米管的柔性压力传感器的研究与应用	创新训练项目	肖煜坤 61518329	张志恒/61517117 刘　可/06A17307 宋长骏/06A17123 马睿楠/06A17302	8 000	吴　俊	吴健雄学院
201910286193X	多无人机协作的移动源目标追踪算法的设计与实现	创新训练项目	王陶然 61517422	唐华泽/61517124 傅城瑜/61517223 熊龙辉/61517311	8 000	单　冯	吴健雄学院
201910286194X	基于主动弯曲理论的新型可展网壳结构	创新训练项目	姜雨润 61517101	高　祥/61517423 郭俊骁/05117221 刘洋艺/05117208	8 000	蔡建国	吴健雄学院
201910286195X	无人机通信中基于链路指纹的物理层安全认证系统	创新训练项目	雷重庆 61517321	刘瑞之/57117130 李锦辉/57117236 刘余文/61517304	8 000	李古月	吴健雄学院
201910286196X	移动通信中信道关键技术研究以及应用	创新训练项目	金虹希 61516204	冀贞昊/04017243 刘　强/61517326	8 000	张　川 尤肖虎	吴健雄学院
201910286197X	聚合博弈纳什均衡点的分布式算法设计与分析	创新训练项目	宋晨辉 61517413	吴晨鹏/61517312 张芳硕/09017329 吕众涛/14216129 李竞宇/09017319	8 000	杨绍富	吴健雄学院
201910286198X	实时室外无标记人体运动姿态捕捉算法	创新训练项目	张学超 61517313	原　昊/61517308 严昌龙/61517315 许立言/61517319	8 000	王雁刚	吴健雄学院
201910286199X	新能源光伏电站智能物联网设备商业化	创业训练项目	陈佳文 07218105	曹子昊/12018217 徐潇航/12017222 刘　珊/17118308 陈姣茹/14517207	8 000	蔡钰萍	团委

(续表)

项目编号	项目名称	项目类型	项目负责人	项目成员信息	项目经费/元	指导教师	所在单位
201910286200X	面向合金设计与制造工程的高通量计算软硬件平台——Material Kit	创业训练项目	赵坤鹏 02016532	周艺颖/14417106 刘晓晗/14518220 孟馨怡/14517101 吴 凡/02016523 王舜泓/02016533	8 000	孙东科	团委
201910286201X	5G有源相控阵天线	创业训练项目	刘燨 12017320	赵佳怡/05117310 王祎庭/04217709 何任翔/14417224 景元元/14517208	8 000	吴清烈	团委
201910286202X	基于大数据的乳腺癌智能影像评价集成平台的研发与市场经营	创业训练项目	冯成 43315130	褚福欣/43316108 孙佳璐/43316104 章智琪/43315108 赵文瑾/43315110 王伟浪/43316105	8 000	焦 蕴 汤天宇	团委
201910286203X	智网江芯——新时代5G基站收发芯片	创业训练项目	徐潇航 12017222	杨腾飞/07316119 郭 威/12017419 代光志/12017122	8 000	葛沪飞	团委

2019年文化素质教育中心讲座及活动一览表

序号	主讲人	主讲人介绍	题目	日期
1	赵天为	东南大学艺术学院讲师、艺术传播系副系主任、文学博士	春色如许——走进昆曲的世界	2019/3/7
2	胡汉辉	东南大学工会主席、东南大学集团经济与产业组织研究中心主任	卓越管理:超越爱迪生之路	2019/3/11
3	董 进	"大明衣冠——中国服饰史论坛"创办人、明代帝陵研究会特邀会员	大明衣冠——明代服饰文化	2019/3/15
4	王长松	医学博士、教授、副主任医师、硕士研究生导师	从健康到幸福——基于传统文化的人生品质课	2019/3/18
5	张 川	东南大学信息科学与工程学院教授、博士生导师	浅析5G基带算法与芯片实现中的核心技术	2019/3/28
6	王华宝	东南大学人文学院中文系教授、东南大学古文献学研究所所长	《史记》中的决策智慧	2019/4/2
7	张 亮	南京大学哲学系暨南京大学马克思主义社会理论研究中心教授、博士生导师	站在历史高位概观习近平新时代中国特色社会主义思想	2019/4/8
8	章 凝	江苏省委党校马克思主义理论教学研究中心主任、硕士研究生导师	不忘初心,牢记使命	2019/4/11
9	戴 辉	前华为移动国际行销总工、投资总监	通信发展史及5G带来的机会	2019/4/11
10	宋 伟	中国人民大学教授、博士生导师	中美贸易摩擦的五重逻辑	2019/4/13
11	徐兴无	南京大学文学院院长	儒家经典的意义结构	2019/4/16

(续 表)

序号	主讲人	主讲人介绍	题目	日期
12	堵 力	《中国青年报》社教育科学部主任兼总编室负责人、高级记者	走进航天英雄的精神世界	2019/4/17
13	华 生	中国侨联华商会副会长、北京市侨联副主席、北京市政协委员	经济、社会与人生	2019/4/18
14	张政文	中国社会科学院大学(中国社会科学院研究生院)临时党委常务副书记、中国社会科学院大学校长	我国安全战略形势研究	2019/4/18
15	仇高驰	江苏省书法家协会副主席,南京财经大学中国书画艺术研究所所长、教授、硕士生导师	书法欣赏漫谈	2019/4/19
16	单 建	东南大学土木工程学院教授、博士生导师	我与趣味结构力学	2019/4/20
17	黄玲玲	白局省级传承人	国家级非物质文化遗产——"南京白局"历史渊源	2019/4/23
18	杨毅刚	大唐电信科技产业集团原副总裁	逆境逐梦,挑战人生	2019/4/24
19	沈 旸	东南大学建筑学院副教授、硕士生导师、建筑历史与理论研究所副所长	仰观与俯察——建筑的历史空间与空间历史	2019/4/25
20	张天来	东南大学人文学院副教授	六朝烟水,魏晋风流	2019/5/9
21	李向东	南京大学天文与空间科学学院教授	从流浪地球到宇宙简史	2019/5/16
22	郭正兴	东南大学土木工程学院建筑工程系教师、教授、博士生导师	脑洞大开——智能化工程施工	2019/5/23
23	于俊崇	国防重点工程两型号副总设计师。曾任中国核动力研究设计院某工程研制总设计师	发展核能与核安全	2019/9/2
24	王长松	医学博士、教授、副主任医师、硕士研究生导师	情绪与健康	2019/9/16
25	于敦德	途牛网CEO	创业中的止于至善	2019/9/18
26	彭 林	清华大学人文学院历史系(思想文化研究所)教授、博士生导师,国际儒学联合会理事	中国传统文化中的士大夫精神	2019/9/19
27	郭正兴	东南大学土木工程学院建筑工程系教师、教授、博士生导师	脑洞大开——智能化工程施工	2019/9/25
28	陈善广	中国载人航天办公室副总设计师、国际宇航科学院院士、研究员、博士生导师	飞天英雄的足迹	2019/9/26
29	陆 军	中国工程院院士、东南大学信息科学与工程学院兼职院长	信息系统发展思考	2019/10/9
30	张 帆	水下摄影师、科普作家、《中国国家地理》杂志社签约作者	无尽深渊的未知世界	2019/10/16
31	董本植	原东南大学人民武装部长、东南大学军事教研室教授	核武伟业 壮我中华	2019/10/19
32	汪 宁	中国疾病预防控制中心性病艾滋病预防控制中心副主任	健康中国战略下的流行病学与文化	2019/10/22
33	西岭雪	著名作家、编剧,西周私塾创始人	安史之乱的诗人们	2019/10/25

(续 表)

序号	主讲人	主讲人介绍	题目	日期
34	董群	金陵图书馆馆长、东南大学人文学院教授	"止于至善"说——对东南大学校训的解读	2019/10/29
35	胡阿祥	南京大学历史学系教授、博士生导师、中国古代史学科负责人	行走中的感悟——爱上南京,品味金陵	2019/11/1
36	Stan Scott	中国高等教育博览会主论坛报告嘉宾、英国贝尔法斯特女王大学工程与物理科学学部国际化院长	Stan Scott:A UK PERSPECTIVE	2019/11/2
37	王宗辉、杨雯迪、严格、徐刘佳	介绍学校优秀学子	我的青春故事	2019/11/6
38	黄道群	"两弹一星"功勋科学家黄纬禄之女	我的父亲黄纬禄	2019/11/14
39	潘知常	南京大学教授、博士生导师,著名红学家	《红楼梦》与南京	2019/11/20
40	董进	"大明衣冠——中国服饰史论坛"创办人、明代帝陵研究会特邀会员	丽服有晖——明代的节庆盛装	2019/11/22
41	施夏明	著名昆曲小生	门后的世界——昆曲虚拟写意之美	2019/11/27
42	单雯	昆曲名家	追梦二十载 撷得梅花香	2019/11/29
43	季江徽	紫金山天文台研究员、硕士生导师	行星科学与深空探测	2019/12/6
44	万俊	民间旧物收藏家	这里是南京	2019/12/18

2019 届本科毕业生名册

建筑学院

【011】建筑学(95 人)

祁雅菁 陈晔 杨阳 吴余馨 谢冰 高爽 何杨 刘星 孙韵雯 任紫湫
张彦康 赵文锐 高亦超 刘紫东 仲凯 陈方晓 袁泉 吕佳瑞 施天成 景林楷
张运 徐文博 骆芳锦 孙哲 徐懿德 刘子彧 乔润泽 刘影竹 敖颖雪 柏韵树
丁文鹏 席夏阳 金凡伊 吴佳倩 王亦倪 王丹妮 翟盈 史晓卉 戴煜娴 汤朔
郑正航 陆俊杰 张扬 郑栋 应宏扬 陈耀宇 许航安 施旗 朱佳乐 曹明宇
徐龙奇 张健康 张旭 高小涵 孙伟 蒋天桢 王文涵 郑文倩 高晏如 江雨蓉
朱晨曦 管菲 谭斯梦 张增鑫 杜少紫 徐忆 郑悦 邵舒怡 肖强 潘奕铭
杨宸 简海睿 张开开 张涵 吴则希 尹涵 付立军 黄郁宇 刘博伦 叶波
黄子睿 张皓博 孙铭阳 孙悦添 杨慕然 曹一鸣 李小璇 闫梦怡 陈旭 刘振鹏
杨孔睿 邱怡箐 任广为 蒋铭丽 陈之璇

【012】城乡规划(50 人)

李心恬 刘昱杉 范玲珑 章梦苏 张珣 吴绮今 王晰 杨惠颖 周妍 陆琴辉
薛琴 吴夏菁 谢华华 高加欣 潘昌伟 刘天宇 董博文 王敬宗 毕雷 杨勇鑫

张　元	黄浪浪	庄志超	冯可欣	侯　莹	王欣然	郑捷敏	梅亚楠	丁小雨	常恺旋
程丽圆	王怡鹤	黄　玲	华澍而	袁莫涵	张馨予	吴淑筠	林佳叡	王若婧	王行健
张翼鹏	王智康	张政承	唐亚楠	张贺驰	马　来	沈天意	何国枫	蔡莹莹	王雅琪

【015】风景园林(26人)

朱源林	杨　帆	徐　闻	国佳琪	高雯汐	怀玉茜	盛方远	商宁悦	郑　婳	陆倚竹
张梦娴	朱一晖	程子倩	张扬帆	张　宁	秦群捷	喻炜晴	冯婧婕	张立筠	陈　豪
张潇涵	戴文嘉	黄奕霖	徐一绮	薛雯瑜	段仪嘉				

机械工程学院

【020】机械工程(156人)

夏菁奕	蔡洋洋	王　迪	王冠杰	仲崇昕	康增峰	吴彦飞	王子岩	王　裕	张培琪
吴文浩	杨建南	王颢森	段竣骝	董　琦	李　文	张文强	迟　鹏	张　曼	王瑞阳
赵会一	李荣粲	刘皓央	林永强	吴经纬	施　维	王　赟	林晓辉	毛士麟	张　森
张昆仑	刘健均	王国豪	胡钰杰	杨利鑫	杨玉昆	高　凯	覃　炜	李桓汀	蒋欧鹏
汤耀毓	李武津	孙　雨	马　恬	黄宁倪	宋景晖	王　友	张　政	张宇轩	王　成
代　雷	刘文奔	吴梓浩	张宇哲	田　杰	曲凯明	陈子杰	潘　立	李　涛	邹凯杰
李　正	贾振宇	吴重光	林　旭	杨传政	张　谦	胡月琦	白乐朋	窦昆鸿	范霆霄
林中盛	陈林锋	谢正荣	谢　雷	戴　康	冷柏寒	蔡浠江	陈　明	刘雨农	万宇晨
王建川	黄昌友	史章昆	牛牧遥	郝金祎	贺小越	王又婕	马广原	姜开中	郭　昊
吴欣恺	汪龚志祺		魏骏帆	陶　丰	高程远	徐　诚	张一涛	张道勋	姜　波
房安之	姬文宣	吕子劲	万　周	郭挺照	程钦锟	徐亚辉	余卓君	吉顺意	吴荣承
谭韬涌	孟　浩	王小彤	乔　煜	郑嘉琦	金　月	史一鸣	赵腾飞	翟浩文	田　奎
陶邦明	吴文栋	林文兴	况　攀	林福金	贾乐松	张春胜	关　晟	刘子昂	沈天越
刘彦豪	张振宇	刘　路	蔡明宇	张经纬	黄栋渠	李　想	胡若愚	奚佳栋	张雁同
方　田	许先明	鲍　毅	王　杰	徐　震	王　正	李　阳	刘桐杨	黄开靓	何宗杰
邓维佳	郑俊涛	黄俊航	桂　超	宋泽文	宋　燃	曾　祥			

【026】工业工程(22人)

张嘉慧	黄逸霖	冷珊珊	叶　佳	宫佳楠	龙雪莹	诸葛思懿		陈　琳	王孟雅
王　轩	郑雨桐	石　轶	张志宇	王一凡	唐伟祥	邓志强	秦　添	魏承华	唐　涛
蔡金伟	袁复超	张懿文							

能源与环境学院

【030】能源与动力工程(124人)

蒋军戍	许尹慧子	张媛婷	李昱堃	陆永骏	曾真寅	黄金铭	王　进	王旭东
郭振宇	肖力玮	曾春阳	李德尊	王艺涵	王克璇	高俊彦	鲍旭奇	莫　川	赵雨晨
洪　儒	曹元昊	朱今荻	赵　帅	黎志伟	熊　鑫	沈裕童	刘紫嫣	刘靖靖	胡　政
王　翔	朱子钰	张雨萌	姜家璇	靳亚欣	霍雅超	刘妍君	陈　鹏	宋宇豪	黄韩李宜
刘　行	娄坤帅	刘泽宇	李鹏程	曹智成	钟伟东	刘　洋	田　帅	董华钊	曹　宁
马皓天	傅　尧	朱　尊	戴文韬	郭艺伟	张　弛	梁　岩	贾鹏琦	张晟源	杨子骁
李智豪	郑　道	朱梓豪	姜　川	王志楚	黄　甫	芮晨昕	郑游琳	任佳仪	王凤霞

曹亚静	陈文菲	雷　迪	沈亦瑶	胡胤博	黄锦华	朱海军	易　航	蒙佳伟	张　晨
崔连松	熊世明	常大伟	高　远	黄奎安	唐　帆	张　洞	高贺同	黄　政	刘　振
任　天	蒋　铮	高佳伟	孙雅蕾	黄昱杰	周天骏	李腾原	万需文	杭　婧	刘　蝶
杨亚博	马　皋	黄汉旺	黄俊铭	党　钰	王新宇	王　瑄	吴　卓	张艺骞	潘子杰
张志鹏	周　希	邓思伟	程江涛	彭致翔	肖文翰卿		邹伊祺	潘　越	陈　卓
杨沛羲	钱袁栋	邱晓瑜	季思宇	陈悦欣	公宇桐				

【031】建筑环境与能源应用工程(29 人)

张禾苗	李梦圆	何韫玉	马璐平	周紫薇	陈肖楠	雷　亚	许婉婷	李亚楠	吴锫婵
陆宇欣	陈　珏	陆依然	周坚坚	王晓月	黄嘉楠	黄　楠	秦　菲	王文瑾	胡亚珩
郭钰雯	丁　烨	杨弘毅	徐第开	王路达	陈　麒	刘海乔	严文韬	卞　咏	

【032】环境工程(33 人)

钟丽娟	何小璐	冯齐云	袁雅丽	杨诗月	阎春晖	卡丽比努尔·艾则孜		鲁沅青
徐　赟	孙一鸣	闵　卉	尼扎·阿布都阿里木		谢林培	段丹阳	汤惠雯	张嘉琦
刘苏皖	张　强	李　涛	韩镇蓬	叶　雷	万子仁	贺梦凡	董浩宇	孟祥晖	汪润民
铁国磊	王文强	赵长铨	臧培宏	侯登峰	江雨浓	张　静			

【033】核工程与核技术(24 人)

田培妤	曹尚义	田　婉	韦翔宇	尹　令	刘子仟	卜祥聪	陈文炜	李歆立	张武杰
马晓冬	肖毅铮	霍文杰	于　毅	薛加文	刘祚人	余　鸿	李　源	陈禹晨	林悦楠
李华伟	韦志龙	何家丰	李　涛						

信息科学与工程学院

【040】信息工程(217 人)

黄雨菲	沈赛男	陈莉莉	王雨薇	张国荣	陈　鑫	陶　安	陈婷婷	王丰晨	潘世雄
卢　昱	杨济源	杨海誉	薛天昊	邵志远	张皓辰	郑奕飞	陈佳伟	严旭阳	胡琪瑞
谈　正	张　文	杜　宇	王　崧	洪　磊	张　磊	方子彦	练　杨	冯　坤	解伟凡
陈雨铨	袁　亮	张斌杰	施飞达	许　越	周　灏	孙　达	朱文彧	林雨琪	林沁琦
袁逸凡	张　颖	曹云琦	赵安然	毛苾滢	刘　强	邱　伟	张颖哲	叶子周	熊柏苹
吕一坤	李　克	步兆军	郭大威	吕林华	武　哲	孔令峥	陈　豪	杜旭琛	姜培文
吕欣泽	周慧超	何思然	张腾辉	刘元可	徐　靖	桂仁杰	彭席茹	何靖远	苏　杭
黄宇轩	方子皓	华健钧	刘子群	杜　静	陈文沁	刘佳琦	汪益清	周子纯	吉小莹
郑韵豪	周智雄	高　谦	陈启航	樊悦成	史　柯	庄雨辰	武　越	李劲松	陈博韬
李　懿	骨文兴	黄山松	明澍歆	陈颖琦	陈翔宇	吴志昂	丁　敏	吴子成	石城毓
倪天恒	常　宇	张锦涛	严旻宇	秦昕暐	刘云松	李海洋	贾　燚	孙治华	廖梦雪
彭蔓昕	陈　忱	王梦哲	马　莉	江昱玲	潘经纬	李正阳	于子川	王星力	黄文俊
曾祥书	余　耀	李宇迪	陈泽坤	陆予希	夏智康	刘重阳	李业伟	周添翼	蔚宏轩
李书棋	林　泉	李柏洋	赖敬之	时　蓉	郭琪周	许心宇	何　海	刘茵茵	孙苏齐
马浩鑫	徐　政	李　园	白　芸	高林霞	苏　悦	解凤桐	陈亚子	王　茜	陈　昀
杨　洋	方梦泸	赵宇飞	吴嘉文	张星池	周　煜	吴建侠	胡舫溟	黄　洋	胡驷驹
韩　涛	陈啸峰	蒋彬乾	焦江浩	谢宗耘	陈鹏宇	康家琪	贺港龙	沈楷捷	张景源

李松林　陆煜翔　经　轲　金　冬　沈倩文　刘蕴箫　吴文昊　张嘉耀　王　众　彭朝阳
徐　恒　李晓婷　厉姝辰　傅　雯　庞　旭　侯钰婷　李晨露　陈慕涵　高宇婷　张　臻
陆裕祥　陈书未　陈梦圆　李慕浩　李　俊　林泽鑫　钟凌潇　顾天一　马怀逸　范程卓
陶　金　张泰康　张宁杰　罗　顺　张筱进　杨泽埆　郝　林　刘佩贤　姚　天　崔可泽
汪　鑫　马瑞凯　曹天旸　彭　康　詹恒峰　曹冰昊　陈界宇

土木工程学院

【051】土木工程(146人)

郑义凡　李冠华　李　楠　蒲思蓉　丛箫苏　伍　镔　何　松　吴建毅　张劲松　张　轩
李伟涛　王　涵　王银山　羊　景　肖定邦　苏海宇　覃俊宇　马　臻　高钰喆　龙泽灵
任　鹍　张心宇　林浩杰　史书航　陈艺夫　石　棚　魏旭晖　吴胜男　徐瑶函　贾晓婷
刘　濠　史左政　彭荆放　李一凡　李志强　李翔宇　杨润东　王新语　罗鑫权　蒋　擎
赵东雷　赵金栋　陈　今　鲁蒙召　张　寒　李岫杭　宫鹏飞　郑文更　曹　东　孙　悦
杨瑞臻　黎泳薇　倪　越　刘俞佟　刘雪华　吴宇同　吴睿喆　张　颖　曹可一　李庆港
王　宁　许殷萌　贡嘎朗杰　　　　路致远　钟一涵　顾　天　黄心畅　于　洋　凌　旭
李　旭　杨远凡　施子骏　李国华　华敏涵　张明宇　张至渊　曹淑宁　李向杰　潘蕴中
王新双　王昱仁　祁瑞武　苏煜森　谢沛文　赵　鑫　邵天宇　闫帅磊　陈　昊　陈贤波
黎贝斯　崔永嘉　王伟韬　王天野　张书亚　孙逸夫　戴舒铭　文　莺　章梦霞　乔　墩
于海洋　刘　桦　卢宇杰　周　航　姬瑞璞　张喆泓　张宁远　张玉杨　张锋桦　李　坤
杨德熙　杨　航　桂颖彬　田润鹏　陆明立　艾孜麦提·吾加卜拉　　　　洪崛帆　陆英杰
嵇新宇　范健华　黄健飞　吴谊文　徐睿妮　戈　瑶　王佳欣　徐　圆　唐　笑　刘常浩
卢　毅　叶啸天　李攸宜　苏子阳　周　鹏　李正浩　肖宇凡　张悦浩　王汉鹏　王肖骏
刘　杰　吕文博　陈昊辉　刘禾玥　何至立　徐华生　袁　抗　仇敏桦　洪　亮

【052】工程管理(51人)

刘加敏　孙　宁　康　蕊　戴　斐　李柔萱　李豪珂　杨　雨　江晓茜　沈欣博　王少哲
王　芳　马红玉　唐茂宏　喻志航　姜　鑫　嵇文捷　张　路　彭祺予　曹邹灵　李欢欢
李牧狄　郑东立　黎峰腾　张　佶　张　勉　孙乐乐　刘玮纯　叶卓群　孙舒琪　张洛榕
朱时韵　王思睿　王　畅　盛　蕾　肖子璇　贺佳欣　贾瑞临　陈　露　陈静怡　高可婧
于路港　刘　峰　张震祺　王睿涵　王竟成　谭梓怿　谭　沛　金　义　陈靖然　张　易
冯雪婷

【053】工程力学(31人)

居婷怡　杨　真　洪新妍　王思瑾　郭芮涵　黄诗婷　冯士豪　卫沛莹　向送军　吴岗岭
吴远德　宋志豪　张国靖　徐文超　李文栋　陈楚辞　杨林涛　王　宏　王旭东　王浩宇
班友雪　石浩博　蒋励剑　袁震阳　谷柳凝　郑文达　陈金发　韩晓恒　黄　康　王子帆
吴　宇

【055】给排水科学与工程(26人)

刘晓宇　吴皙来　韩雪欣　李　轶　张　盼　张永丰　李高帆　罗昱东　赵宇彤　陈家池
陈　旭　魏　玮　王元馨　王武明　陈　前　彭子达　杨声威　程郑洋　焦汉江　石　雷
黄　聪　姜斯乔　王　静　陈　钦　雷嘉瑞　魏书鹏

电子科学与工程学院

【060】电子科学与技术(125人)

廖丹媛　李博宇　胡楚瑜　徐钰珊　赵雅茹　周子煜　彭惠民　段亦凌　方子涵　陈　雯
陶　妍　尹　储　艾梦瑶　刘　畅　黎四明　肖　秦　王圣奎　欧阳小龙　杨剑坤
施晓亭　张泽强　张光曙　周　熠　郑　添　周　华　任　屺　程天霁　訾鹏飞　周子豪
刘俊捷　吴华勋　夏　云　姜钰庭　寇梓黎　张　伟　张滕远　施淳信　杨可扬　段升顺
洪小锋　潘玮坤　罗　翔　徐洁微　金玥敏　亓彦文　陈　颖　邹思睿　陈若水　邝晓婧
孙小欢　周雨晴　陈柳宏　杨　泰　蒋重阳　陈玉麟　李子煜　肖元兵　陈骏通　郭亚楠
邹昊宸　赵明虎　袁墩栋　纪　愚　熊伯俊　李书伟　朱俊彦　施　辉　房　捷　徐　宽
张　驰　刘佳琦　丁　松　孙乾坤　曾智方　蒲宏亮　于福忠　贺楚祎　姜海洋　刘昱炜
叶翔宇　王楠鑫　赵临风　乔哲锋　张昕跃　张优优　郭诗玉　徐粲然　王依韵　杨　帆
汪劲草　万　煜　熊天宝　王远哲　闵红旗　孙　桥　王文彬　王梓路　杜俊明　毛世源
张颖炜　刘城君　曹凌涛　李　勇　张晋尧　孙鹏飞　李　想　赖兴宇　陈立军　赵　天
邹少锋　李旭涛　胡　成　窦　刚　凌星宇　孙佳豪　周辰辉　朱　宇　周　涛　张亭松
岳　钒　戴荣时　谢　君　朱佳文　李京仓　赵靖达

【061】物联网工程(30人)

吕　艺　马　宁　陈建升　陈　威　王思伟　王子越　林国亮　周嘉豪　郭必成　倪雪峰
时宇健　曹宗元　朱励轩　胡晔栋　车　饶　钱　进　魏文强　邵元欣　曹洋洋　孙赫远
宋金凯　付远博　徐寅琛　虞文阳　犹登坤　宋　轲　陈柯睿　王钰泽　颜汇铿　李绍安

【063】新能源材料与器件(16人)

苏　晗　王子昂　金锦涛　王月晨　李定宜　于润森　吴　杰　罗宇成　徐英达　杨富森
李　森　李　想　郑鹏程　张　程　唐宇航　郑瑞杰

数学学院

【071】数学与应用数学(31人)

车昱辰　何梦晴　陈思涵　余　韵　冯雅思　吴超群　易芳如　刘安琪　魏　冲　梁浩云
关　深　王乔宇　程经纬　周　煜　胡致璘　苏　畅　周　晓　李佳明　叶子豪　王东明
叶群钦　刘照辉　陈嘉豪　黄荣华　吴大坤　霍天佐　吴传普　俞　贵　葛　沛　冉承雨
李彦清

【072】信息与计算科学(18人)

李若莹　周韵筹　王雨菲　孙启梦　诸葛晓婷　尹　萍　张子恩　敖文言　刘有亮
王星瑞　李勇超　高浩然　曾俊豪　甘　坤　王志伟　孙师伟　雷　诺　原景亮

【073】统计学(35人)

戴逸菲　郭博文　章舒江　许杨琪琦　李　源　张艺轩　杜　瑶　黄雪梅　刘香男
贺梦娇　杜徐冰清　余　洋　王一茗　张雅鑫　宋美晨　潘益鸣　王　晶　陈　璐
郭雨微　董凌飞　李佳锴　魏明秋　邵　其　华潇翔　杨　冉　王盛辉　尚进逸　姜岱玮
李　衡　倪　正　李佳睿　黎　俊　侯松昊　欧　豪　陈　剑

自动化学院

【080】自动化（117人）

陆逸慧 周 晨 李一萌 陈 晨 肖 婧 吴海伦 段彦卉 王诚皓 王行健 肖志尧
施杰根 张 伟 姚 越 郑攀泽 毕国栋 苏程浩 陈怡臣 叶 森 董林滔 黄祺航
冉智丹 陈科圻 苏 凯 李钰刚 李通伟 王国超 王嘉伟 翟世雄 伏瑞云 习 丽
凌与琛 常雅晴 李怡航 陈乐源 张 明 胡斌雁 黄赛金 孙伯文 严双利 崔仁杰
王伟梁 李玉峰 徐育晖 唐楚津 刘文睿 黄宏清 王 鑫 徐思源 龙 亮 王奕峰
邹书童 李应欣 韦民乐 杨嘉鑫 孟繁博 李启亮 李博文 王 川 彭梓瑞 郭 艳
郑安琪 赵圣娇 姚海花 韩紫婷 崔志玲 张 策 李怀宇 乔 慕 李冬阳 陆 易
陆一洲 李永胜 高立洋 崔君豪 程 健 王宏宇 位广宁 王 宇 胡虎威 刘 希
卢卓桓 张 钦 敖文杰 李 缘 郝冠捷 蒋业凡 靳先党 俞柯伊 朱 婷 庄集龙
王婕菱 刘子琦 边张行 潘冬平 田 宇 邹子凌 范文浩 陈佳伟 吴佳俊 刘文景
李迎港 蔡文哲 黄士俊 魏一鸣 彭 松 龙 坤 邢 爱 李先熠 廖晓锋 刘 凯
赵子萌 何伟刚 汪懋荣 张宸瑞 林英文 廖思思 查君瑜

计算机科学与工程学院

【090】计算机科学与技术（130人）

程茜雅 叶 鑫 刘 畅 吴亚茹 杨创新 齐文慧 许艺凡 王宇晨 魏 好 何小敏
宋家欢 刘宗源 柳乔丰 李子厚 魏博伟 樊博杰 王 粟 杨 浩 宰晓晨 胡 斌
邹家伦 张世矍 张敏学 王子越 郑云川 王坤鹏 刘 浩 熊浩茗 陈小飞 赵千锋
戚耀磊 蒋 驰 姚 彬 池衡晓 罗 薇 王亚宁 杨艳春 董夕瑞 张馨月 范伊玲
花璐璐 刘 韦 王小荷 孙伟健 林英杰 朱 超 冯江龙 林尤辉 纪 垚 何然浩
陈 笑 周玉树 郭保申 陈 挺 李秋霖 孙 凯 齐思远 李启文 陈雪俺 刘源杰
阳行意 袁明才 郑家明 杨 刚 武运辉 奉智能 蔡菲菲 陈婉宁 郭文通 申新宇
王 雨 唐雪婷 高冠宇 莫景雯 杨 楠 李晓寒 丁岳鹏 黄旭东 贾 卓 谢展鹏
郑秋硕 梁 钰 陈一赫 秦嘉璇 欧阳云瑶 贺建安 徐成卓 刘 亚 陈衍庆
曹长巍 乔 桢 莫少煌 陈珠亮 叶橄强 张奕裕 吕洁卓 侯泽宇 朱雅婷 黄雨燕
王一霈 何丽莉 许可欣 张 艳 李 妍 张一晗 邢 澍 刘丁玮 李思仪 马浩宇
吴 锐 黄 河 张华健 刘 勇 尹英伦 郝石磊 陈 义 康林峰 邓文昕 陈一鸣
吴嘉诚 于海通 周 斌 李浩凯 宋晓伟 聂建东 苏 睿 孟天放 焦天齐 孙君校
雷仁昊

物理学院

【101】应用物理学（30人）

黄 菊 黄珺晗 尹 璐 慕钊辰 谢亭玉 李天睿 贾钊滢 唐 枭 王世益 王子凡
洪振坤 王昕韬 李新新 李剑歌 蒋兆涵 韩 诚 薛丰铧 秦 鑫 康银良 袁俊翔
罗立瑞 陈俊雄 张 亮 徐 磊 高 翔 周方坤 许子川 刘斯琦 宋家兴 窦唯靖

【103】物理学（24人）

童 雪 余婷洁 何琳萍 韩 瑜 杨 康 马眉扬 孙 宇 石成林 陈 俊 谢佳辰
高柏植 孟 珂 马宇星 余承涌 李 伦 余浩斌 刘文博 杨家甫 贺宇辰 章晋国

李聿安　李　凯　韩承祚　崔　健

生物科学与医学工程学院

【111】生物医学工程(38人)

王　琼　薛智萌　廖家洁　齐　琪　马圣奕　张秋银　王　楚　张筱萱　王　颖　姜姣明
王　雪　冯福临　刘熠琳　康　悦　肖文锦　姚维国　颜迪炜　李苊林　高　昊　缪居正
韩　顶　叶想桥　黄罗杰　简柏樑　范若禹　袁一通　王明琛　吕乾韬　赵庆贤　于心望
董至诚　王秋杰　叶　鹏　谢孟阳　汤正宜　戴雪颖　刘雅杰　丁佩文

【112】生物医学工程(26人)

蔡丽均　毕琪彦　邓媛媛　魏嘉莉　刘心怡　杨　婧　顾　承　林玄悦　潘诗雨　王卓颖
田蕾蓉　王婕妤　封雨潇　吴舜雨　张　慧　潘晨嫣　肖　杨　封开政　刘家宝　张倬豪
卫孟萧　曹逸祥　刘雪岩　张心平　朱　寰　张　艳

【113】生物信息学(17人)

马乐遥　杨奕璇　闫高洁　李　薇　祝晓阳　王欣怡　龚　音　张梦媛　高祎晨　王宇暄
李慧莹　陈默然　汪　澍　李晨阳　顾张雷　李霖轩　刘　洋

【261】科学教育(10人)

刁铭一　朱姝蓉　袁　琳　王　昭　周海函　倪　军　叶　胜　柴麒麟　朱彦通　董阳阳

材料科学与工程学院

【120】材料科学与工程(104人)

马思杰　沈佩琦　付美莲　樊美芩　高　蕾　陈　曦　叶诗雨　熊紫伊　谢镇泽　王亚杰
安　涛　陈思源　刘　博　李近川　冯建航　邓智聪　刘煜轩　王　心　葛浩成　丁笑寒
金　鹏　康宏辉　赵鸣宇　马海峰　王奕博　董　樑　黄锦源　刘冀洋　耿子凡　顾栩涵
王　纯　顾晓雯　蔡雅诗　聂　莹　林　娴　秦宇璇　赵翎亦　张　璐　张振兴　王　添
陈高丰　张正国　邵丽静　张春鹏　李嘉祎　庄晋坤　谢　航　蒲俊成　刘宁浩　戚方舟
胡东方　陈俊宇　李之恒　鲍卓珩　郝继鹏　周艺潇　瞿志飞　岳夏薇　周梦婷　罗　楠
刘　琪　封媛嘉　徐　涵　游玉莹　齐　悦　潘　韩　杨青青　姚礼佳　杨景帆　温师壮
王惊粟　李　岩　杨之翀　蔡泽鑫　汪智斌　刘志康　田　勇　刘阳阳　梁　荣　史云婷
罗心怡　周坤镉　张斯清　赵月琴　崔婉儿　付秋萍　陶艺健　魏世夫　周明峰　何晓洋
朱昱霖　张俊杰　郑超浪　刘嘉恒　宋东东　鲍作辉　黄耀华　文　韬　马铂程　赵孟男
韩寿雨　王　博　罗　旭　汪　豪

人文学院

【131】政治学与行政学(28人)

成小琴　朱周华夏　聂茹欣　代丹亚　刘希源　程心如　赵　清　倪　倩　郭培霞
许嘉玲　朱梓宁　张　荣　李知桧　王雨琴　武　易　丁雅婷　黄佳琪　杨　静　沃一婧
曹　凤　高明静　印　泽　杨占赟　周　项　郑德祺　张昊铭　吴宜静　达　珍

【132】社会学(26人)

魏偲瑾　李　静　邓　越　关念念　刘思雨　沈　洁　董馨羽　刘云惠　滕　钺　吕明珠
李常君　施乃蓁　吴　楠　吴　宇　郝佳艺　张　景　则外尔古丽·图尔贡　　邵乐宇
黄永辉　郑　昊　高　嵩　王振宇　吴　戈　侯天钊　王莎莎　张宇辉

【133】旅游管理(36人)

黄乐言　刘正珏　张潇娅　贾秀媛　杜婧仪　曾焱菱　曲　颖　龚丽丹　胡　娟　冯泽琳
蒋丛曼　柳梦晔　徐　俐　李梦昕　程　缘　苟馨月　陈丽华　于　璐　冯孝苏　王锦迪
王铭茜　陆鋆润　孙　妍　尤彦斌　肖梦林　任　术　李昊宇　刘晓刚　谢新潮　李东源
徐　鑫　刘洋阳　张肖肖　陈冠宇　孙　萌　边巴珠扎

【134】汉语言文学(32人)

朱艺涵　何丹丹　钟文琦　何　萌　韩秋宇　李晓琳　魏欣宇　丁天添　刘雅艺　蔡　霂
赵梦梦　游思平　李潇涵　倪　旖　孙文婷　夏琬莹　汪语盈　赖靖雯　马凌云　李翔雁
刘埠桅　罗　欢　顾奕君　倪　娜　任　盈　杨晓婕　李云蔚　刘佳欣　周子菲　曾欣乔
刘秋香　陈芳丹

【136】哲学(17人)

李　可　马文君　孔如珂　杨　翔　刘　嫱　邵宛云　赵奕菲　张　露　单祎文　牛苋浩
王　涛　沈知聪　徐偲邢　薛皓文　樊铮炎　李　瑄　阿旺拉拥

经济管理学院

【141】信息管理与信息系统(29人)

刘欣薏　林兆丰　吕莐琳　颜娇娇　李雅坤　于泽浩　孙伊宁　喻德嫣　谢璐云　路梦飞
王　晨　赵雪洁　韦雨馨　彭韵琼　庄瑞芝　李　响　袁海轮　王景田　郭家瑞　岳滕旭
王子懿　孙　昊　田志涛　关以恒　陈　德　吉　胜　仝　波　赵宇轩　卓顺新

【142】国际经济与贸易(27人)

何思源　孙瑞琪　吴怡倩　方欣悦　程霏旸　王心一　葛梦婕　马明畅　顾　颐　玉　珍
张静怡　曾　娟　高子娴　白　杨　郑　琳　蔡燕至　赵子毅　刘　升　罗名春　史煜晨
洛松登巴　　刘子慊　赵　旭　陈柏宇　吴景顺　刘明辉　金佳华

【143】工商管理(26人)

郑　方　丁　俐　宋孟璐　姜旭玲　涂佳璇　王思琦　马玉珍　宋乃瑄　吴宏善　朱佳敏
黄　萍　郑卓妮　张　亿　毕成赟佳　　孔泽宇　罗爱军　董家昊　崔　展　龚文旭
石逸丰　卢明信　赵　磊　许剑楠　孙伟杰　唐奴尔·阿布地别克　　陈天泽

【144】会计学(55人)

李君晗　刘　燕　户晓雅　曹佳敏　杜　雯　丁慧中　曹　俣　安茂琳　许梦婷　周　蓉
程　畅　王　娇　满雪颖　李东阳　陈　希　梁馨月　王锦明　徐秋燕　石　蓉　卢　婧
钱晶晶　覃　桪　陆庆财　冯栋琨　刘　阳　邓雅珂　陈思雨　徐一乾　熊宇云　王雪影

张瑞琪　刘菁雯　钟宁桐　周　妮　龚露露　李婧怡　周　燕　方子茹　陈钰影　王　格
赵莹沛　徐紫嫣　余佼利　施依菲　邱祉祎　朱　慧　李星潼　徐　森　蒲　银　王紫宇
王　帆　阿丽米热·玉苏普　　　　黄伟平　敬运来　马永健

【145】金融学(53人)
张　钊　燕智瑾　李沁怡　张晨璟　王语童　周文棋　徐佳茜　杨　帆　解慧新　樊梦颖
王雪竹　奉泓利　韩美青　濮丹蕾　陈心怡　陈冰伦　雷雅晴　李慧楠　王安洁　周桉楠
张可可　拉　措　张　田　刘　乐　古桑曲珍　　　　赵　港　许　凯　朱雯雯　陈　诺
王雨桐　施梦丹　薛留云　黄　珊　胡　越　夏小禹　陈　卓　李宇霞　张　蕾　周诗宜
刘　溜　应佳玲　刘菁菁　章雨薇　肖　颖　董　婕　李昊钰　周路妍　于　函　黄　婧
欧　湘　刘欣一　景　辉　魏　天

【146】经济学(30人)
钱嘉隆　周子华　吴　茜　马一迪　格桑拥宗　　　　王梦楼　牛雨潯　德　吉　丁怡凡
刘岑岑　王思琦　宋亚静　刘琛钰　钟沁芸　李　雯　李英嫽　田　雨　谢玉蓉　闫　洁
平　安　耿　敏　孙　絮　张瑞婕　李雪娇　陈　韵　贺　斌　吴奇聪　李若晨　魏天一
吐鲁洪·托合提买提

【147】电子商务(17人)
何媛田　王冰玉　周　闽　周贞廷　左　薇　张玉铃　安　杰　刘腊月　周梦茹
加娜提·巴合提别克　　　　努尔比亚·尼亚孜　　　　唐　宁　刘　鹏　王敏航　孙雨杨
陈云峰　张凯亮

【148】物流管理(29人)
戴薛甜　叶芳晨　陈明慧　王媛媛　田冬旭　杨　萍　陈奕静　王丹丹　姜　晗　郑盼盼
张达林　欧燕锋　苗林霏　赵　敏　谭诗媛　刘艺蓓　杨宏英　步纤屿　莫海丹　郑蓉蓉
林　恬　仲宋雨晴　　　　庞　珞　石　康　刀　阳　刘　刚　李团非　张国超　陈　晗

【149】金融工程(28人)
王　焱　杨　旭　宋嘉馨　彭楠敏　王　妍　廖臣悦　贺佳一　李慧敏　叶如芊　黄晓薇
赵子凡　钱姝宏　韩珍珍　费亦多　汪雪瑶　吴奕霏　谢　瑞　曹　晶　吴桂雪　范思齐
郭澎潮　刘贵东　方金伟　陈　凯　王论意　黄锦松　杨　庸　胡瀚文

【14Y】国际经济与贸易(21人)
刘玉雯　熊皖豫　刘佳慧　黄丽环　李明月　王芷薇　陈思聪　郭雨竹　林文昕　张耀予
张　蒙　洪　爽　王睿平　张　帆　陈　坪　薛煜舒　谢天慈　陆清华　金　杰　曹　鹏
阚秋实

电气工程学院

【160】电气工程及其自动化(151人)
李家琛　王梦涵　黄楚茵　张　杰　梅　惠　徐博雅　闫　昊　杨龙飞　陈　卓　李晨熙
吴家旺　熊忠恕　李奕儒　谢凯桦　於天祺　刘　磊　余　宁　何国豪　李　林　高明阳

夏　琪　　窦英华　　郭　潇　　彭　杨　　田恩东　　杜清扬　　王　丽　　于凌霜　　施宁昕　　韩烨婷
黄海明　　杨光辉　　黄子昂　　王旭升　　王　浩　　吴奇发　　庄文杰　　崔维龙　　钟　智　　洪毓舒
兰竣杰　　徐　犇　　毛永恒　　孙睿哲　　张　弛　　唐兆鹏　　覃洪培　　许强仁　　于秀波　　刘晓月
郭恒之　　张佳婧　　何诣婷　　李金玲　　陈　琪　　孙维佳　　顾浩天　　巨生云　　段成亮　　邹　军
孙宇幸　　魏松韬　　卢松涛　　郝　为　　王星茗　　姚利忠　　马壮壮　　李顺宇　　姜　君　　赵家兴
王旭东　　刘鉴雯　　徐佳裕　　刘嘉玮　　陈克朋　　徐若愚　　赵　阳　　张建朋　　高雨馨　　勇蔚柯
张冠婷　　冯　可　　包丽雯　　陈　笑　　艾　涛　　顾佳磊　　部正轩　　曹　强　　薛栋铭　　袁玉昕
董志伟　　胡　犇　　余虹宽　　陈瑞祥　　郭家辉　　卫一诚　　黄保东　　张锦业　　王东川　　崔梓昕
秦宇宸　　刘佩雯　　刘夷宁　　鲁馨忆　　华济民　　孙文轩　　李滕悦　　程　澍　　段家佳　　贺建国
江德平　　苏龙港　　钟　昊　　潘　登　　张　胤　　李容冠　　李言宽　　张国庆　　廖　锴　　胡佳鹏
崔云富　　黄怡凡　　刘　金　　张　甜　　吴雅晴　　邹文渗　　姚　远　　陈知秋　　王逸之　　陈沛瑾
王琦舒　　庄文楠　　严　强　　王维熙　　罗宏浩　　李乘云　　金家东　　朱　洲　　杨文桢　　唐宇杰
刘博寅　　徐　滔　　盖兆祥　　秦晓阳　　刘　著　　梁学致　　林雄锋　　曹家诚　　苟　斌　　印　航
孙锴宇

外国语学院

【171】英语(59人)
蔡正妍　　陈雪锦　　刘漪宁　　李子萱　　曹佳宇　　郭淑玥　　马子谦　　许毓芸　　高诗语　　姜亚先
孙　乐　　邹千路　　郭译赛　　宋纯逸　　邹竞仪　　丁冬鑫　　吴选德　　张　佳　　刘睿航　　谢秀星
鄢昱全　　崔佳敏　　方雅堃　　林汐妍　　崔　璨　　孙露鸣　　张　宇　　于叶同舟　　李芝霆
江雨馨　　刘子瑜　　朱雨潇　　薛雨琦　　袁晓丹　　郑可文　　黄亦承　　董瀚琛　　林俊吉　　钱俊儒
谭梦丛　　陈雪蓉　　丁靖俞　　韦倩仪　　崔紫荆　　薛润华　　李心雨　　谭玉玲　　于梦涵　　李培霖　　张亚萍
吴　桐　　洪婧雯　　单　婧　　彭楚钦　　薛润华　　张凯敏　　张锦帆　　张云昊　　王君影　　龚　杰

【172】日语(35人)
杨　博　　戴　枫　　牟朝霞　　于卓婷　　石晶晶　　钱　辰　　王小禾　　卢灵舢　　卜才芮　　孙佳禾
王晨晨　　李桥瑶　　江美莹　　余　晨　　王溪瑶　　袁明蔚　　汤文杰　　景　星　　杨　傲　　何雨璇
邝紫琼　　刘　恋　　黄俊俊　　李江绪　　连璞纯　　刘雨晗　　刘梓涵　　孟春琳　　沈思远　　张子健
孙　晓　　张雨欣　　仲可可　　朱欣妍　　任加勉

化学化工学院

【191】化学工程与工艺(22人)
徐婉琳　　顾柳瑜　　詹梦梦　　闵博雅　　宗　杰　　徐浩然　　黄佳玮　　赵经武　　武轩辉　　李　凯
郑如秋　　杨　博　　曹明玉　　高新雨　　杨淳杰　　游　攀　　冯子杰　　许炎武　　袁麓焘　　孟闻飞
李佳俊　　田发宁

【192】制药工程(18人)
范凤英　　周小清　　谈梦璐　　尤腾叶　　邹茜茜　　翟　峻　　包　欣　　刘芍君　　韩成婷
木克达斯·买买提依明　　张绍辉　　苏福宝　　王嘉玮　　吴晨阳　　郭孟超　　顾铤威　　潘袁海
何宇航

【193】化学(17人)
朱滢钰　　贺　唱　　李梦恬　　朱雯瑜　　吴宜君　　孙　荦　　陈锡红　　李　洁　　刘馨迪　　周天悦

阿依迪力达尔·亚森　　李世泽　喻　舰　陈炳学　徐文龙　丁健兰　刘嘉晨

交通学院

【210】道路桥梁与渡河工程(20人)

张丹妮　李维珍　施　维　黄梦雨　江宛琪　吴　阅　陈　苏　祁浩东　肖诗舟　洪正强
王翼超　柳雨豪　韩　涛　谭俊宏　王　宝　张靖霖　陈英杰　曹家铖　段康康　方　周

【210】交通工程(20人)

王文佳　陈英豪　周琳婕　李玲慧　鲍心吟　张珺玮　张可欣　袁晨曦　戴昇宏　彭　铖
周冬秦　施佳男　肖　哲　朱毅然　季钧一　周润瑄　李文煜　张应恒　刘晓瀚　魏姝晴

【211】交通工程(65人)

方知言　章佳杰　李唯一　陆　钥　任怡凤　章思齐　刘英媛　夏曼若　陆阳子　徐朝琦
王云珊　范春旭　卢启慧　张　莹　李瑞雯　姜天琦　王斯琨　牛晓晖　唐　鑫　张子乾
童　星　赵　鹏　孙钰博　王礼睿　于维杰　韦淳义　杨文章　王天舒　肖润华　翟培杰
邵朴珩　杨　一　杜安业　谢　雪　路翔宇　王诗菡　刘栋玮　高静雅　周祺祺　苗　迪
陈诗嘉　谭伊彬　方　盈　宋慧洁　王可荻　李文慧　赖如欣　尹碧澄　刘宇衡　刘静茹
翟泽钢　张缪言　金雨川　付之兵　谭　旭　宋玉晨　张锦阳　诸　赛　任祎伟　黄　杰
姚虎林　许光瑞　毕嘉元　李　鑫　齐　超

【212】交通运输(37人)

张子儒　项鹏羽　杨丽娜　严欣彤　韩　倩　李琪慧　张展卓睿　　　汤　慧　缪家音
叶玮婧　杨佩雯　李佳蔚　郑有凤　曦　曙　张宇琪　胥　清　化丽茹　文　婷　张祉钰
刘　宇　尹佳启　周圣敏　吴　双　顾诗佳　曲蕙霏　牛振宁　黄承启　刘佳彬　马锦航
占昌文　董育珂　席时浩　李　昊　马伟国　杨　星　杨硕涵　向一开

【213】测绘工程(23人)

来尚婧　谢　颖　白乌日汗　　　吴艳艳　王元璋　梅俊杰　李浩洋　李籽桥　胡　柯
李　博　杨国渊　罗　鹏　王煜飞　余泽鸿　陈俊杰　张　印　邵沛涵　张旭辉　刘　琦
王家福　马黎明　黄子轩　沈　鑫

【214】港口航道与海岸工程(23人)

郑天宇　王舒逸　罗利娜　姚金悦　李真真　李梦琦　蒋　稷　冯　青　王　易　王楚辞
张妮妮　汤凯琦　王永鑫　周润朴　高伟晨　孔维铭　辛立宸　朱保航　冶明军　吴荣罡
闫一戈　马　勇　韩轶博

【215】地理信息科学(18人)

焦凤伟　樊恬杏　唐姣琪　夏莞茹　黄琳惠　刘　璐　秦　芩　李琳华　张　涛　莫荣包
吕景旭　陈明智　鲁博洋　李居东　李逸升　艾力杂提·艾买克　　　柏茂鑫　文雨昂

【217】道路桥梁与渡河工程(79人)

王涵宇　方　舟　钱红茹　刘佳玲　龚晓静　薛梓祺　杨　倩　盛云霓　聂梦螺　丁雪琪

费　凡　林郭锋　丁　鹏　刘少鹏　任　华　张胜源　陈　琛　汪　涛　周宗良　杨嘉晖
夏　阳　王能威　蔡文风　韦苡松　刘星坤　姜　晗　姚礼轲　郑杨泽之　　　　吴振贤
叶洛楠　刘　佳　高俊博　沈凡钧　张家钰　牛泽晖　李宇豪　王世奇　蒋　攀　周　毅
陈　健　孙旭升　唐　诗　刘庆远　王新雅　许　晴　王　月　惠晓彤　曾冠庭　杨　艺
石艺兰　陈　琪　肖若愚　谭文哲　刘昊儒　李足远　陆　炜　曹晨旭　程杭林　王学宇
廖梓涵　徐子含　汪泽煌　冯耀辉　刘　鹏　黄挺芝　吴　俣　石　珩　梅临风　尚守永
王　昌　江思源　曹宏斌　张　沛　黄驰强　解子良　侯　坤　张家强　彭　鼎　赵健凯

【218】城市地下空间工程(39人)
　　赵万迪　徐　曼　刘金昊　李　标　顾博石　徐为驰　王志勇　范子洵　罗　鹏　覃文铭
　　刘　翎　王龙熙　李尚安　王鑫煜　孔维昂　刘涉川　孔庆天　袁　航　李　伟　单　杰
　　张　琛　金　雨　杨光煜　彭之晟　朱　健　章庭瑞　丛松岩　魏子航　王睿智　黎　璇
　　李勖晟　戴子剑　徐聪逸　东海旺　杨　强　郭振飞　崔钰彬　张旻昊　林　豪

仪器科学与工程学院

【220】测控技术与仪器(92人)
　　林紫璇　宋泽昊　樊佛莉　李孟凡　李艺璇　张晶晶　侯冠竹　张一鸣　缪天润　王硕祺
　　高　昊　于　凡　张　昭　洪滋泰　张亦弛　高　源　许　琛　刘海洋　陈晓伟　罗佳奕
　　闫卓群　王　田　黄大铸　孙传威　董伟超　柴川页　赵帆帆　程靖越　管　琦　孙秋辰
　　边可馨　潘思雨　翟　荣　王雅馨　矫俊鹏　李嘉杰　陈思维　陈伯伦　袁　金　柴建舟
　　李　汉　吴　潼　徐文杰　林立洲　高新宇　张啸天　王　增　徐　剑　陈瑞奔　李正平
　　赵钟瑶　刘倩雯　章司怡　赵靖文　何珍玥　蒋宝锋　林泽洋　曲朝晖　杜俊桥　武国庆
　　唐宇轩　任　钦　陈庆狄　姚俞成　李英杰　吴逸凡　李宇航　胡　权　黄之琛　许宁徽
　　楚栋浩　曾子嫣　沈玥伶　李玉慧　罗笑雪　刘　琪　杨述焱　李　颖　刘镔莹　龚昕岳
　　姜旭东　陈望隆　胡金涛　富国栋　盛俊翔　李博阳　成　龙　杨胜林　孟科成　周刘杰
　　汤翰如　甘峦清

艺术学院

【241】美术学(13人)
　　郁晨昕　陈紫荆　桂　婵　王双怡　姚　晓　朱丽罕　林星星　郑冰雪　李毅兰　叶宇涵
　　李晓伟　华怀之　夏　宇

【242】动画(14人)
　　顾宸嘉　李　姣　吴茹奕　刘茜萌　周　颖　韩　潇　庄慧雯　黄淑颖　徐思佳　郭进飞
　　林　鑫　巢　聪　陈乐意　陈鹏飞

【243】产品设计(48人)
　　刘　莲　陈　玲　朱翔燕　胡潇琦　孔艺丛　王苏琪　张　政　常宝月　王雨妍　赵吕欣
　　顾湘丽　胡　睿　狄星豫　王苏鸿　王树望　李　慧　赵慧芳　宋　蕾　潘　婧　邹佳颖
　　毛辛辛　陈发根　龚世文　顾乃全　曹忞竹　朱　洁　夏文琪　张　闻　徐映日　张宝仪
　　张心语　陶书研　丁梦宇　林　滢　吴西贝　邢彩玉　鲍娇丽　侯璐璐　朱　颖　郑婉欣
　　畅瑶鑫　徐　竞　孙　锐　周迎杰　吴文轩　刘本杨　赵　狄　靳恒博

法学院

【250】法学(62人)

陈家媛　陈致宁　程佳辰　次德吉　邓海婷　杜思圆　葛彩慧　葛　崔　贺枫娇　靳玉歌
刘越帆　曲　慧　申一芬　唐桑旺姆　汪贝贝　吴秋月　徐　高　张紫微　赵晓丽
赵　月　郑忻怡　朱佳雯　安家生　陈秋实　次仁顿珠　　　　贾　凡　颜文涛　孙　婕
潘心笛　冯昱程　莫巨宏　巴桑玉珍　曹　睿　曹雅茹　范　洁　格桑央拉
何敏鑫　纪雨欣　廖婧文　潘豫皖　全一凡　沈梦洁　孙晓静　夏热瓦尼古丽·依萨克
薛文婷　闫慧泽　杨玉洁　尹　灏　于　婷　张书曼　张　瑜　赵　菲　晁　俊　何倍泽
王迪先　张赟圣　周宇恒　陈憬溟　李　赞　唐子轩　唐　越　谢微微

无锡分校

【042】信息工程(24人)

沈星汝　黄淑怡　江碧怡　吴启晨　吴方舟　高　濛　桑　野　袁冬宇　尤文杰　艾　然
包晨阳　谢德鹏　王　振　刘游天　黄　健　缪春海　李　响　顾　艺　曾子彦　孙刘毅
张鹏举　罗　咪　张滕翔　刘顾阳

【062】电子科学与技术(11人)

顾竹妍　应鑫媛　葛　晨　俞彦卿　杨启锐　骈续喜　钱　乐　董成坤　张陈睿　葛家豪
雍安睿

公共卫生学院

【421】预防医学(36人)

殷明辉　杨雨晴　石莎莎　郑依萌　平　易　陆　璇　姜　梦　龚怡静　陈　丽　龚煜范
潘振宇　鲍明阳　焦志刚　张中华　沈埝秋　李龙飞　蔡　馨　潘尊明　奥格莱姆·依明
龚婧雯　金　玮　张永欣　冯馨锐　刘彩萍　那扎开特·迪尔木拉提　李彬菁　曹　猛
齐文昊　韩昶玉　刘德彬　袁德富　徐　坤　阿瓦古力·买买提　　　赵文轩　刘　钰
严　庆

【422】劳动与社会保障(28人)

钱婧文　解李漫冉　　　　周睿昕　宋莉莉　索朗央吉　　　　张　茜　付琪瑶　蔡莹莹
张　珣　陈寒赟　艾丽娜·阿登别克　　　拥珠江村　　　　张子航　塔斯很·阿山
徐　隽　黄书奇　俞沁雯　高沁琳　沈鑫薇　旦增卓嘎　　　　余诗韵　普布央拉
旦增格桑　　　赵　都　周思贤　苏来曼·艾山　　　　蔡孟庭　贺竞宇

医学院

【411】生物工程(17人)

赵　姗　张昕若　张文君　封智阅　汪妍竹　黄潞言　伍　洋　于文英　佘心宇　杨　民
朱镛安　王　岸　任徐旭　牟　杨　杨　航　杜　亮　付　宽

【431】临床医学(51人)

钟云向　萨尼牙·阿不迪格力　　　热依汗古丽·阿不都拉　　　李洪林　吴小雪　闻悦伽

李神怡　旦增卓玛　　阿依古丽·买买提江　　　朱　华　牟娟丽　王晋秋
阿比达·阿不来提　　　徐　明　祁文俊　旻　绛　李　博　白冬超　王益威　黄世伦
戴卉莹　朱桂萍　赵　娜　张露巍　热威古丽·艾海提　　　张雨嫣　杨　奕
尼丽帕尔·艾力　穆妮热·尼加提　胡建楠　方　馨　王昭军　吧哈尔古丽·赛买提
陈　洋　赵克娜威　　　管坤玉　张有玉　旦增旺杰　　　吕　铖　罗远志　温智珑
陈哲炜　孙　瑞　刘昕雯　章美琳　黄武翠　伏　敏　袁钟姝　马　悦　陈碧琪　程晋凤

【432】临床医学(80人)
张仪迪　刘　野　张　曦　张聂珂　刘孝琪　曹育嘉　张　炯　尹相杰　胡恩强　徐可文
敬吉波　张轩铭　魏祥羽　马晶晶　蒋婷婷　张心怡　史　曼　周　醒　王佳美　袁雅萍
董　琦　王新冬　胡天健　陈赟东　董　瑞　张　忠　江星炜　张　芮　施春燕　黄　蓉
张亦儒　周　蓉　刘瑶瑶　袁　帆　杨晴雯　张朔凡　顾资然　郭浩淳　张　浪　蔡　猛
孙　坚　王　进　林云峰　章安健　吴宇清　张雪芹　杨　玲　杨聿航　严若恬　周　青
罗　荣　王　真　陈钰桐　戴馨琳　张　璐　李欣欣　孙泽源　张哲嘉　支　磊　李　治
赵雅宽　叶定德　沈　晖　邹瑞蔚　李珩娜　司佶宜　张梦洁　管忆楠　魏明明　陈诗锐
王梦莹　周文婷　陈依然　刘　杭　洪方正　王梧圩　虞　超　张　微　袁国栋　胡　强

【433】医学影像学(22人)
扎西桑姆　　　王马丽　韦嘉仪　韦莲辉　李　倩　李　琳　覃　银　次　央　陈赫奕
谭茹心　杨　阳　黄　飞　王上元　聂广帅　钟名阳　左胜华　李　航　孔顺宇　吴昊天
刘锦强　张　真　黄肇恒

【434】医学检验技术(16人)
张燕妮　阿依谢姆古丽·艾海提　　徐　艳　王旭鸿　美合尔古丽·米吉提
努尔曼姑丽·吐尔逊　　　朱珂宇　张　宇　赵文韬　任茂源　张海燕　肖　枫
沙依买尔·买买提　　　宋熙晶　苏菲娅　强巴央宗

【435】护理学(7人)
严湘川　拜合提尼沙·阿皮孜　　　洪且木汗·吾布力艾山　　　热孜瓦古丽·木合塔尔
安赛尔·居麦　　　马彩文　杨　燕

【438】临床医学(28人)
吴然璞　顾倩影　勾文静　孙　瑞　龚　静　彭翊倩　曹周利　周潇滢　吕　逍　王清霞
黄　珊　胡文瀚　孙忆蒛　李静波　付玉琪　施　雯　侯卓良　张涵语　盛铭洁　史　峥
张诗瑶　陈金鹏　吴　忱　孙亚亚　迟　程　蔡祥铭　芦皓文　郑　超

吴健雄学院

【030】能源与动力工程(9人)
金宇晖　王　彤　李征蔚　王　耀　苗双双　蒋显一　秦宇枭　孟昊飞　曹　贺

【040】信息工程(34人)
丁　天　廖晓菲　王天仪　郎宏斐　郭轩池　牛梽豪　贾昊燊　年星霖　陈宏泰　郭大众
夏骋宇　张　镇　印　政　黄凯杰　张　浩　郭方正　杨　阳　金星妤　周爱君　陈俊泓

李玥珺　顾　琪　徐　菁　张　睿　许晨煜　马睿智　李沙志远　　马小松　马瀚洋
顾　昊　唐家鹏　霍浩淼　黎子建　张　渊

【060】电子科学与技术(8人)
王　欣　王心沅　李志昂　郭　兴　蒋徐颢　年　星　马翌程　罗星恒

【613】道路桥梁与渡河工程(1人)
姜进科

【613】电气工程及其自动化(1人)
曾少豪

【613】电子科学与技术(3人)
唐俊逸　陈　曦　崔舒欣

【613】计算机科学与技术(1人)
苏　恬

【613】能源与动力工程(3人)
强筱婕　何泽恒　杨钦江

【613】生物医学工程(1人)
冯涵颖

【613】土木工程(2人)
吕佳峰　魏庆宇

【613】信息工程(14人)
金洁珺　马一凡　完晓妍　张雯惠　姜　宁　朱皓瑀　邵睿文　张天舒　魏　楷　禹树文
王辉征　郜泽飞　王一彪　陈俊林

【613】自动化(1人)
刘兆寰

软件学院

【711】软件工程(113人)
张超越　方　锐　季蒙雅　白蔓菲　刘欣琪　张迎雪　张美成　李　直　余泽晨　蒋　巍
王子卓　沈廷威　国家玮　谢　桑　李嘉伟　赵　宇　钱昊达　李志成　姜金翰　石晨希
卢嘉成　蒋子林　姚坤禹　朱　鑫　金伊凡　孙嘉程　袁昌铃　傅文涛　刘茂林　刘谨慧
周钰雯　吕庆香　张晓雯　余青松　田亚杰　方锦轩　杨益林　席中立　杜一鸣　岳文海
龙鑫玮　李　竞　李向阳　邹锐杰　夏中生　梁家豪　周之恺　姜洪健　段云天　林俊廷
蒋蔺草　蔡健宇　刘玉川　吴碧伟　查行健　梁锶韵　陈子涵　姜　欣　邓雨田　罗逸婷

樊 怡	张楚润	肖 扬	李志强	杨兴才	张轩奕	杨棋允	文智奕	张东旭	刘起行
蒋泊森	张 胜	孙玺临	邹迪凯	罗 皓	董芳岐	张 璐	李勇鹏	鲁罗林	陶江川
肖君彦	袁歆雨	时绍森	崔明宇	李 威	赵本月	原靖凯	闵亨强	王 悦	洪媛媛
侯 安	陆玉蓉	乔子怡	柳 旭	刘桂东	李志文	雷 成	闫 安	丁 锴	张炜熹
杨路浩	郭嘉诚	卢跃东	林 宏	易志军	朱京阳	方崇博	陈一雄	林宜宁	陈乔森
李文强	胡 南	隋文正							

【71Y】软件工程(11人)

| 孟 越 | 薛 栋 | 陈笑施 | 潘亦鹏 | 施超敏 | 马 帅 | 叶 恒 | 余舰波 | 闫怀宇 | 李翔宇 |
| 王志远 | | | | | | | | | |

2019年校级SRTP结题优秀项目一览表

序号	项目编号	项目名称	项目完成人	指导教师	验收结果	所在单位
1	201901010	基于实证的苏南民居绿色营建经验及模式研究	01115225 郎烨程 01116107 杨 灵 01216107 杨沛然 01116202 万洪羽 01516104 顾 芗	郭 茵	优秀	建筑学院
2	201801027	基于乡村材料与建造方式的现代建造转译模式研究	01114118 陈方晓 01114318 张开开 01114125 徐文博 01114221 许航安 01115102 晏 星	朱 渊	优秀	建筑学院
3	201902024	单体壳蜂窝铝夹层设计	02016503 袁伟钦 13216102 张 容 02017201 刘雨凡	阚亚鲸	优秀	机械工程学院
4	201902022	基于robomaster的全自动巡回打击机器人	02017515 牛广乾 06A17218 王希杰 71118225 赵君亮 02018110 周 磊 02018517 马帅康	殷国栋	优秀	机械工程学院
5	201902021	基于robomaster的多功能搬运机器人	02016305 董 畅 02017321 章澳顺 02018307 韩明达 02018314 赵 琦	胡 涛	优秀	机械工程学院
6	201902011	智能电动模型车跟车和主动避障控制算法与试验研究	02016328 李世林 02016305 董 畅 02016306 李尚杰	王金湘	优秀	机械工程学院
7	201902048	基于麦克纳姆轮的具有双重跟踪瞄准发射系统的独立悬挂底盘多功能机器人	22016318 占林茂 02017512 丁章烨 02017527 黄昕烨 02018212 何 广 02018113 谷 浩	王金湘	优秀	机械工程学院

(续 表)

序号	项目编号	项目名称	项目完成人	指导教师	验收结果	所在单位
8	201902009	基于氢燃料电池系统的多旋翼无人机动力系统研究	02016319 李志恒 02017112 薄奕恺 02017529 罗琪皓 02017526 郭浩毅 02017530 李永平	严 岩 刘志忠	优秀	机械工程学院
9	201902040	基于FSAE赛车的CBR600发动机可变进气系统设计	08017203 韩国权 02017315 邵乐飞 02018307 韩明达	帅立国	优秀	机械工程学院
10	201902007	基于生物可降解材料的纳米纺丝制备	02017113 杨贵重 02018133 洪旭晖 22017226 贾丰硕	沙菁婕	优秀	机械工程学院
11	201902003	凝固组织形成过程的数值模拟与实验研究	02017504 吴津仪 02017503 曹宇婷	孙东科	优秀	机械工程学院
12	201903001	具有辐射供冷与冷量回收功能的一体化新风窗户	03017124 王振江 03217721 王明珠 03017305 李婧怡 03017228 吴朋伟 03117612 孙汤庆一	杨 柳	优秀	能源与环境学院
13	201903054	合金粉末/混凝土净浆复合材料导热流动特性研究	03016426 倪浩伟 03016427 彭 铖 03016429 陈宇恒 03016411 王利国 03016431 苏焕文	张 勇	优秀	能源与环境学院
14	201903046	基于LCA的生物质转化利用综合性能分析比较	03016102 徐 越 03016103 赵婉吟 03016122 李梦林 03016111 赵永祥 03016123 陆 磊	肖 军	优秀	能源与环境学院
15	201903005	高效污泥裂解菌剂的研发及生物裂解工艺模式优化	03216705 张钰淇 03216728 薛 源 03216720 丁江涛 03216701 魏 昕 03216718 张 杉	余 冉	优秀	能源与环境学院
16	201903035	CO_2浓度对生物质分级气化制取合成气的影响研究	03016107 丁 衡 03016113 李子浩 03016118 李清扬 03016119 王思珺	肖 军	优秀	能源与环境学院
17	201903025	研究生物毒性在黑臭水体评价中的应用	03216721 张家铭 03216710 蓝苑瑷 03217716 赵晓迪	孙丽伟	优秀	能源与环境学院
18	201903017	分形树肋片强化相变储能的实验研究	03016318 路 裕 03016317 李茂辉 03017222 杨琰鑫 03017210 闫宇声 03017220 付恩康	陈永平	优秀	能源与环境学院

（续 表）

序号	项目编号	项目名称	项目完成人	指导教师	验收结果	所在单位
19	201903016	一种平抑间歇能源短期波动的热泵储能装置及控制技术	03016417 张家齐 03016427 彭　铖 03116606 王玉婷 03116630 岳　峥 03016233 董浩洋 03316501 张　帆 03117605 薛　琪	孙　立	优秀	能源与环境学院
20	201903007	基于多颗粒流化的颗粒双极带电特性研究	03316524 李金键 03316512 赵建宇 03316507 金　钊 03316519 孙国鹏	梁　财	优秀	能源与环境学院
21	201904035	基于8通道麦克风阵列的无人机声源定位系统	61517123 丁明远 04017536 叶子文 61517427 刘李汉唐	张　川	优秀	信息科学与工程学院
22	201904050	Linux系统下基于GPU、FPGA协作的高速数据采集传输处理原型系统研究与实现	04017411 谯　兵 04017414 梁宇辰 04017426 刘天睦 04018433 郑力源 04017412 徐士哲	梁　霄	优秀	信息科学与工程学院
23	201904037	基于机器学习的水声脉冲信号距离估计方法研究	04017248 胡逸斐 04017210 张子晗 04017103 江天祺 04017245 胡玉嵘 04017140 张　南	安　良	优秀	信息科学与工程学院
24	201904029	宿舍围合门禁系统	04017132 相世杰 04017118 王友诚 04017117 郑灏扬 04017116 张炜鑫 04017135 周文龙	徐琴珍	优秀	信息科学与工程学院
25	201904022	USB-Hub设计实现	04017531 姚志伟 04017512 刘翔宇	唐　路	优秀	信息科学与工程学院
26	201904010	5G毫米波接收机模块设计	04017230 邵　林 04017232 杨　光 04017242 郭瑜欣 04017643 宋香凝	侯德彬	优秀	信息科学与工程学院
27	201904007	短距离无线连接的儿童安全手环研发设计	04017105 徐　俐 04017524 金宇捷 04017615 张子豪 04017610 于景轩 04017326 张天宇	王　刚	优秀	信息科学与工程学院
28	201804046	交通监控毫米波雷达仿真平台	04216702 许　玥 04016529 明　天 04016524 胡博文 04016522 苏梓恒	王海明	优秀	信息科学与工程学院

(续　表)

序号	项目编号	项目名称	项目完成人	指导教师	验收结果	所在单位
29	201804041	基于北斗导航的便携式防丢系统设计与实现	04016523 周信元 04016532 胡　鑫 04016526 姜涵予 04016525 巩智含 04016535 龙政兴	冯　熳	优秀	信息科学与工程学院
30	201804011	基于可见光通信与传感网融合的高精度室内定位系统	04016316 艾　焱 04016318 丁鹏涛 04016319 仁　民 04016317 陈　东	夏玮玮	优秀	信息科学与工程学院
31	201804004	基于LoRa的环境监测系统	04016518 李东松 04016134 李　想 04016617 杨盛博 04016138 杨慧雯	曹秀英	优秀	信息科学与工程学院
32	201905060	船撞下重力式码头碰撞安全性分析及靠泊能力评估	05317132 丛智远 05317129 高海超 05317121 时浩然	王　莹	优秀	土木工程学院
33	201905056	缝合式热防护结构建模与等效弹性性能研究	05317125 赵经纬 05317105 姚佳明 05317124 颜维斌 05317127 徐立华	董萼良	优秀	土木工程学院
34	201905038	工程管理专业大学生科研创新机制设计研究	05217108 刘　佳 05117620 刘嘉欣 05217106 尹宥璎 05217105 刘婉琳	邓小鹏	优秀	土木工程学院
35	201905029	基于BIM与二维码技术的地暖优化设计	04216729 王跃铮 07317120 罗　诚 05117419 黄泽宇 08017405 张　睿 57117126 张　镇	徐　照	优秀	土木工程学院
36	201905021	可折叠类张拉整体结构体系开发及模型实现研究	05117608 刘超然 05117625 方逸之 17217206 罗　佳 05117613 邓昊祥	陆金钰	优秀	土木工程学院
37	201905008	国际高铁基建承包商竞合网络模型的构建研究	05216215 黄　河 05216213 黄　清 05216229 宫飞宇 05117608 刘超然 16017420 杨　俊	邓小鹏	优秀	土木工程学院
38	201905007	甲虫前翅曲率及其仿生应用研究	05116202 佘佩芸 09016129 陈嘉顺 05116123 宋毅恒	陈锦祥	优秀	土木工程学院
39	201805064	南京市传统建筑工地与装配式建筑工地工人健康对比研究	05116423 黄鸿宇 05116413 唐润欣 05216105 李柳洋 05116401 郑举乐 05216113 李岱桴	袁竞峰	优秀	土木工程学院

（续　表）

序号	项目编号	项目名称	项目完成人	指导教师	验收结果	所在单位
40	201805025	重组竹耐腐性试验研究	05116625 何　谛 05116608 王田虎 05116631 于思淏 05116204 杨冬梅 05116407 邰家正	徐　明	优秀	土木工程学院
41	2018HLPY02	南京市传统建筑工地与装配式建筑工地工人健康对比研究	05116423 黄鸿宇 05116413 唐润欣 05216105 李柳洋 05116401 郑举乐 05216113 李岱枰	袁竞峰	优秀	土木工程学院
42	201805010	3D打印混凝土材料及技术研究	02015102 蔡洋洋 61315123 吕佳峰 05115628 何至立 05115623 王肖骏 08016310 麦济仁	潘金龙	优秀	土木工程学院
43	201805016	基于折叠展开理念的竖筒悬挂高层结构快速装配施工技术及模型实现研究（竞赛专项）	01215123 李曼雪 01215103 谭柠菡 01215105 贾璐菡 05115627 刘禾玥	陆金钰 胡碧琳	优秀	土木工程学院
44	201805020	装配式多腔体钢板组合剪力墙关键技术研究	05116632 陈　欣 05116616 奚　旺 05116512 陈远泽 05116501 朱星雨	秦　颖	优秀	土木工程学院
45	201805008	索杆全张力景观桥梁结构体系开发及模型实现研究	05216222 梁阳泽 05116624 仲　毅 05116623 刘子航 05116104 邓玉琳	陆金钰	优秀	土木工程学院
46	201805042	曲面甲虫板的研发	09016129 陈嘉顺 05116123 宋毅恒	陈锦祥	优秀	土木工程学院
47	201906024	3D打印柔性可穿戴器件基础研究	06016214 韩杜卿 06016223 石芸帅 06016220 施嘉伟 06016221 刘星雨	李　霁	优秀	电子科学与工程学院
48	201906022	基于视频流的手势识别系统设计	06217604 李易之 06217602 沈　桥 06217633 蓝天聪	张　萌	优秀	电子科学与工程学院
49	201906018	微型气象站	06016307 田亚男 06017229 崔浩然 06017116 凡中华 06017135 张宇地 06017330 林云韬	易真翔	优秀	电子科学与工程学院
50	201906016	用于水净化处理的光催化纳米滤网研究	06217610 徐瑶瑶 06117116 朱近赤 06017325 王腾熠	张晓阳	优秀	电子科学与工程学院

(续 表)

序号	项目编号	项目名称	项目完成人	指导教师	验收结果	所在单位
51	201906014	MEMS薄膜的断裂强度测试结构和提取方法研究	06017322 姚冠文 06017208 朱一涵 06017304 易礼言 06017226 王希杰 06017206 李梦洁	周再发	优秀	电子科学与工程学院
52	201906001	半导体激光器温度和功率稳定装置的设计	06217625 宋仟仟 06217630 李　可 06017112 陈　琢	赵　宁	优秀	电子科学与工程学院
53	201906023	基于pynq的地图轮廓拼接装置	06016113 杨作民 06216607 沈正国 06016428 郭　宇 06016426 姚伟卓 06016114 蔡家璇	郑姚生	优秀	电子科学与工程学院
54	201907023	探究博弈论游戏的一般模型及其应用	07317105 唐语骋 07317106 王　汇 07117107 朱翎寒	沈　斌	优秀	数学学院
55	201907001	基于压缩感知技术的群体智能大数据分析	09017217 简亚军 71117332 罗昊炜 07317131 杨淙钦	陈都鑫 虞文武	优秀	数学学院
56	201907012	基于机器学习算法的群体智能大数据挖掘	07117116 刘嘉宁 07317126 高志伟	陈都鑫 虞文武	优秀	数学学院
57	201907020	基于"互联网+"背景下的中国农产品电商	07317103 祝　绮 07217115 张晨阳 07317119 潘　闯 07317111 杨　璐 07317104 罗贝黎	王汉卿	优秀	数学学院
58	201907006	基于群体智能的无人系统编队协同技术研究	07117128 徐雲昊 07116129 邵冠博 07117122 朱晓炜 08117102 赵永强 08117106 毕志海	陈都鑫 虞文武	优秀	数学学院
59	201907021	Stein变分牛顿方法及其应用研究	07116109 黄景颢 08017315 陈国浠 07217101 雷　苏 07117108 邹熙灵 07217102 任奕臻	闫　亮	优秀	数学学院
60	201908016	基于瞳孔检测的注意力检测方法研究	04017208 严永欣 16017405 李若兰 08017107 朱秋熹 09017245 张昆博 08117118 鄢宇航	周　波	优秀	自动化学院
61	201908017	网络化无人机定位和通信	08117135 王博铖 08017411 张　恒 08018105 赵　曦	陈杨杨	优秀	自动化学院

(续 表)

序号	项目编号	项目名称	项目完成人	指导教师	验收结果	所在单位
62	201908013	基于 IR-UWB 雷达的穿墙实现人员监测的装置	08016201 刘怿峣 08017308 李　玥 08017417 李超磊 08017415 王堃宇	李世华	优秀	自动化学院
63	201908030	具有手势识别功能的人工智能电视手机 APP 开发	08017127 骆宣朴 08017126 朱　超 08017129 王宇轩	黄永明	优秀	自动化学院
64	201908005	RoboCup 类人机器人行走步态研究	22017327 招梓枫 08017104 封　泽 08117107 刘政岐 02017409 王宇林	谈英姿	优秀	自动化学院
65	2019080126	多视点相机标定	08016124 饶　勤 08016120 黄楚炫 08016129 张明辉 08016132 郭泽宇	王雁刚	优秀	自动化学院
66	201808034	人脸特征点定位	08016305 何　嵘 08116118 钟德锋 08116104 肖珏媛 08116120 谈　成	盖绍彦	优秀	自动化学院
67	201808023	基于单片机的交流电压测量装置设计	08016233 吴道凯 08016109 路一帆 06016131 孙文睿	黄永明	优秀	自动化学院
68	201909004	基于视觉和激光雷达三维场景物体定位及识别	09017442 乔鹏霏 71Y17102 黄少豪 09017423 杨　彬 09017422 陈振涛 09017421 胡世杰	杨冠羽	优秀	计算机科学与软件工程学院
69	201909008	网安 CTF 竞赛平台开发	61516411 马凌涛 09016216 王晨琪 09017317 张诗雨	杨　望	优秀	计算机科学与软件工程学院
70	201909026	浏览器指纹追踪的检测与防御技术研究	09017335 张　政 09017336 宋炳辰 09017316 王彦儒 09017314 汤名坤	杨　明	优秀	计算机科学与软件工程学院
71	201909058	基于视频和无线信号分析的人机关联技术研究	09017326 李昊博 09017327 苏永泉 57117113 王　予 57117114 胡玉佳	吴文甲	优秀	计算机科学与软件工程学院
72	201909048	针对移动应用的流量分析和应用识别	09017341 戴维澄 09017340 成泽键 09017337 毛华杰 09017339 周　位	杨　明	优秀	计算机科学与软件工程学院

（续　表）

序号	项目编号	项目名称	项目完成人	指导教师	验收结果	所在单位
73	201809013	大脑磁共振图像自动算法研究	09016115 姜景元 09016113 高睿昊 09016116 曹东江 09016114 李多星 61516126 刘永帆	孔佑勇	优秀	计算机科学与软件工程学院
74	201909038	深度神经网络及其在土木工程学科中的应用研究	09016129 陈嘉顺 05116123 宋毅恒 09016116 曹东江 09016128 李凤梧	张志政	优秀	计算机科学与软件工程学院
75	201909010	深度学习目标检测技术在高分辨率航天卫星影像地物检测中的应用	06015324 吴沁懋 09016115 姜景元 09016113 高睿昊 09016414 罗鋆洪	张竞慧	优秀	计算机科学与软件工程学院
76	201909016	东南大学财务处"东大财务缴费"微信小程序	06015324 吴沁懋 71Y16112 江　正 09016126 宋凯坤 09016113 高睿昊	杨全胜	优秀	计算机科学与软件工程学院
77	201909007	停车场合同车位共享系统	09016324 邓夏阳 09016304 沈文秀 09016202 宋欣楠 71117315 凌泰炜 09017210 周子易	何　田 王　帅	优秀	计算机科学与软件工程学院
78	201809010	基于许可证合法性的安全开源代码搜索和重用推荐技术	71116127 张雨豪 71Y16127 江胤霖 71116401 於明嘉 71116436 覃羿豪	李必信	优秀	计算机科学与软件工程学院
79	201909044	针对对抗样本的深度神经网络强化与防御机制	09016401 顾婷瑄	王贝伦	优秀	计算机科学与软件工程学院
80	201910009	等离激元光学纳米马达	10117110 孟翰廷 10117111 崔斯雨 10117105 高艺萌	董正高	优秀	物理学院
81	201910005	2D/3D复合型钙钛矿高效率光电探测器研究制备	10316115 陆佳华 10117104 王明星 10117101 杜倩蕾	吕俊鹏	优秀	物理学院
82	201810009	咪唑类MOF材料在超级电容器中的应用	10115130 许子川 10115115 李剑歌 10115131 刘斯琦	王育乔	优秀	物理学院
83	201911032	医用电气系统报警系统及检测系统的设计	11216138 叶家浩 11216104 谷奕旸 11216121 崔景赫 11216127 鞠永旭	黄　雷	优秀	生物科学与医学工程学院
84	201911029	基于光场的三维重建算法研究	11116127 王俨铮 11116120 许聿达 11216136 王治昊 11117109 许成才 11117121 孙闻远	周　平	优秀	生物科学与医学工程学院

(续表)

序号	项目编号	项目名称	项目完成人	指导教师	验收结果	所在单位
85	201911005	生物医学工程学院学习与实战平台	11317108 祝云篪 11317115 赵作翰 11217102 童澄达 08017101 李俊廷	夏小俊	优秀	生物科学与医学工程学院
86	201911010	不同生活状态对健康在校大学生心率变异性的影响	11117119 查可扬 11117104 李正雯 11217114 魏新若 11117114 任子恺	崔兴然	优秀	生物科学与医学工程学院
87	201911002	血浆中游离核酸的直扩技术及应用	11316101 沈 楠 11316105 罗筱儒	葛芹玉	优秀	生物科学与医学工程学院
88	201912012	新一代桥梁缆索用锌铝镁镀层的制备技术研究	12016120 许智斌 12016105 徐邦利 12016408 石宇阳	方 峰	优秀	材料科学与工程学院
89	201912014	微生物矿化制备高品质再生集料的调控技术及机理	12016205 卢 果 12016203 张 琪	钱春香	优秀	材料科学与工程学院
90	201912029	微波合成氮化硼的工艺优化与吸附特性研究	12017432 付梓轩 12017219 赵文正 12017232 伍魏东	王继刚	优秀	材料科学与工程学院
91	201912037	水溶性盐隔离法制备纳米铜粉	12016224 干钰霄 12016223 常 博 12016217 宁尚超 12016215 张丁铄	董 岩	优秀	材料科学与工程学院
92	201912024	用3D打印技术进行动态仿人骨骼系统的设计与制造	12016413 徐 宝 08016108 段晓语 12017106 徐娅妮	戴 挺	优秀	材料科学与工程学院
93	201912019	用于EMI/EMC领域的宽频带透明电磁屏蔽涂层材料	12016210 邢俊杰 12016118 唐宇坤	张旭海	优秀	材料科学与工程学院
94	201912008	石墨烯传感器件的表面微纳设计对其抗湿性能的提高	12016316 徐 骁 12016127 詹 科 12016314 鲍晨旭	陶 立	优秀	材料科学与工程学院
95	201912001	柔性二维X烯薄膜的光电热电效应表征	12016106 蒋明玥 12016101 刘芸廷	朱蓓蓓 陶 立	优秀	材料科学与工程学院
96	201912028	可降解高分子尿道组织工程支架制备及性能研究	12016209 郭雍祥 12017104 陈 冉 12017122 代光志	白 晶	优秀	材料科学与工程学院
97	201912017	硅碳负极材料的制备和性能研究	12017203 李榆舒 12017328 张嘉坤 12017319 郭付仪	张 耀	优秀	材料科学与工程学院
98	201812030	光纤类透光混凝土设计与制作	61516323 张 响 12016326 奚许峰 12016420 沈凯栋	王瑞兴	优秀	材料科学与工程学院
99	201812023	Ti_3AlC_2 多孔 MAX 相陶瓷的制备与性能	12015223 戚方舟 12015222 刘宁浩 12015224 胡东方 12016327 林泽群 12016129 魏子棋	张法明	优秀	材料科学与工程学院

(续 表)

序号	项目编号	项目名称	项目完成人	指导教师	验收结果	所在单位
100	201812022	碳纳米管原位自生纳米金刚石增强镍基复合材料	12015423 鲍作辉 12015425 文 韬 12016326 奚许峰 12016118 唐宇坤 12016324 李铸醍	张法明	优秀	材料科学与工程学院
101	201812013	CSH早强剂对超轻发泡水泥性能影响的研究	12015203 顾晓雯 12015220 谢 航 12015205 聂 莹	潘钢华	优秀	材料科学与工程学院
102	201812010	二维纳米光催化材料的合成与光降解有机污染物的性能研究	12015301 岳夏薇	王继刚	优秀	材料科学与工程学院
103	201812004	装饰水泥基材料泛碱控制技术	12015124 金 鹏 12015106 樊美岑 12015320 汪智斌	王瑞兴	优秀	材料科学与工程学院
104	201812003	预制构件梁板柱节点混凝土超声专用测强曲线研究	12016205 卢 果 12016316 徐 骁 12016203 张 琪 12016213 杨 逍	张亚梅	优秀	材料科学与工程学院
105	201812006	用于半导体芯片封装的多功能环保纳米胶	12016210 邢俊杰 12016125 姚建吉 12016127 詹 科	章 炜	优秀	材料科学与工程学院
106	201913034	基于游客消费行为的文创产品设计研究——以钟山风景区为例	13316121 彭 桐 13316109 左 欣 13216117 周 悦 13416132 张凯宣	吕秋琳	优秀	人文学院
107	201913024	现象学视角下的中国美学解读——以庄子为例	17118319 徐涧堃 13617103 林 盛 14317101 张艺慧 24317121 肖湘雨 13617115 邓安琪	乔光辉	优秀	人文学院
108	201913005	基于南京市交通系统残疾人出行现状的调查分析	21217103 孙晓庆 57117112 吴泽辉 21717102 范一鸣 13A18611 常瑞清	刘 丹	优秀	人文学院
109	201913006	网络舆情反转中的反沉默螺旋建构——基于分类和预测的微博大数据分析	13216129 黄兆雄 13216127 华 杰 13216104 智媛媛 13217118 王涵墨 13217104 张子涵	洪岩璧	优秀	人文学院
110	201913013	国庆黄金周高速拥堵原因的公众感知及缓解对策研究	21416104 吕楚楚 13317122 李 毅 13217125 朱家宸 13317124 国弘泽 25017214 陶 逾	宣国富	优秀	人文学院

(续 表)

序号	项目编号	项目名称	项目完成人	指导教师	验收结果	所在单位
111	201913025	多视角下的中国居民健康观念变迁分析（1978—2018年）——以纸媒所刊登医疗广告为例	13216110 谢 岢 13216126 陈 喆 13216109 李明慧	张 晶	优秀	人文学院
112	201913017	改革开放四十年民众信仰变迁的口述史研究	13217105 冀文琦 13117123 王 硕 14917128 苏 帅 13417121 陈俊蓉 13117129 梅春来	王 珏	优秀	人文学院
113	201913001	基于百度热力图的重大旅游节事人流时空变化特征研究——以南京秦淮灯会为例	17216109 姜卓依 13316120 赵鹏风 16016129 余任奇 21216121 郑一帆 71117233 冯秋翼	贾鸿雁	优秀	人文学院
114	201913035	基于多尔后现代课程理论的研学旅行产品设计——以苏州市文化遗产为例	13316127 曾蕙蓉 13316117 翁强强 13316106 马朝翊 13316105 乔 萌 13316107 王雨瑄	卢爱华	优秀	人文学院
115	201913038	探究当代大学生婚育观下的矛盾心理及其社会学意义	25017228 戴晶晶 13217120 杨子潇 13A18513 王佳钰	龙书芹	优秀	人文学院
116	201913012	南京人与南京城：当代江苏作家作品中的南京形象研究	13416129 胡 志 13416124 丁文茹 61516406 朱 锰 13216120 王 雪	於 璐	优秀	人文学院
117	201913016	南京民国时期折衷主义建筑的美学价值探析	13117122 王姝桦 13617116 刘馨馨 25017119 杨 帆 13117120 刘紫言	王富宜	优秀	人文学院
118	201913007	《西游补》中的佛学思想	13416127 乔 东 13416128 谭益波 13A17230 江泽宇	乔光辉	优秀	人文学院
119	201813028	网络文学的抄袭现象热点分析	13416129 胡 志 13416123 王 娟 13416124 丁文茹 13416101 林琬婷 13416104 杨秋嫄	张 娟	优秀	人文学院
120	201813037	基于大数据的海岛型旅游地旅游流网络结构特征研究——以海南岛为例	13315125 肖梦林 71115142 刘茂林 07315128 姜岱玮 13316120 赵鹏风 13316114 谭雪琪	宣国富	优秀	人文学院
121	201813002	基于"新乡贤"的区域性乡村治理研究——以浙西申屠宗族为例	13216130 严 科 07315125 杨 冉 13216116 杨昊月 13216112 魏皖豫 13216121 阎喜月	胡 伟	优秀	人文学院

(续 表)

序号	项目编号	项目名称	项目完成人	指导教师	验收结果	所在单位
122	201813016	大悲之日的欢歌——土家族丧葬仪式及其文化解读	13116105 黄 茜 13216101 杨 欢 08016306 曾 金 16016422 张 航 13216105 牛润钰	胡 伟 闫志丹	优秀	人文学院
123	201813032	从鲁迅《故事新编》看中国当代网络文学的神话改编研究	13416102 王颖怡 13416119 姜欢芯 13416127 乔 东 13416105 王 翩 13416116 叶尔登其其克	张 娟	优秀	人文学院
124	201914001	基于多层网络的银企系统性金融风险研究	14917122 胡雨池 14917101 刘一夫 14917102 姚辰瑜	李守伟	优秀	经济管理学院
125	201914088	中美证交所交易基金(ETF)价格发现功能的研究和实证分析	14516106 杨朋沛 14Y16103 罗清超 14516105 杨雅婷 14616102 姜静静	虞 斌	优秀	经济管理学院
126	201914014	经济波动、经济韧性与经济增长质量：来自中国的经验分析	14216102 刘珂岑 14517106 李逸文 14Y17113 陈可艺 14Y17116 赵霖洁 14517129 马 凯	冯 伟	优秀	经济管理学院
127	201914065	不同行业对我国系统性金融风险贡献程度的研究——以银行业、证券业、房地产业为例	14116125 王明星 14517106 李逸文 14117120 陈鸿标 14417117 阮 语 14517120 李飞丹	李守伟	优秀	经济管理学院
128	201914046	小程序商业模式分析、评价与改进——基于Alexander Osterwalder等人的商业模式分析法	71Y16126 金 杰 09017307 吴明桦 14417124 李 杰 14417206 杨柯佳 14817116 欧阳淑婷	陈志斌 潘健平	优秀	经济管理学院
129	201914082	关于民营企业债务违约情况及其风险缓释工具的研究	14917133 陈孜真 14617132 张承志 14617135 王毅鸣	王轶伟	优秀	经济管理学院
130	201914023	基于正逆向物流的大件家电配送环节的整合优化	14816113 高寒飞 14816114 陈思祺 14816130 李路遥 14816127 申 通 14816107 崔 柳 14816128 蒋昕昱	李四杰	优秀	经济管理学院
131	201914012	基于FlexSim的钢晨物流园区堆存布局和运作优化设计方案	14817129 佘欣健 14717102 朱卓凡 14917105 骆梦妍 14817132 县文虎 14817118 吴成勇	王海燕	优秀	经济管理学院

(续 表)

序号	项目编号	项目名称	项目完成人	指导教师	验收结果	所在单位
132	201914042	基于信贷的绿色金融发展及影响因素时空维度分析	14916124 甘 露 61516101 钱 昀 14916122 严漪澜 14616124 白雨薇	李绍芳	优秀	经济管理学院
133	201914076	中国电竞行业现状和发展前景的分析	03016315 马武泽 14617104 李润亭 14917104 王若涵 14617105 陆晓锖	张昕	优秀	经济管理学院
134	201914059	地区行政区划调整对其经济发展影响的研究	71116122 汪启航 14517214 黄印田 14917115 程 乾	高彦彦	优秀	经济管理学院
135	201914039	股市、房地产市场与黄金市场的关联性研究与实证分析	14916113 房紫薇 14616102 姜静静 14417216 宋嘉雯 14617117 彭 缘	虞斌	优秀	经济管理学院
136	201914021	中国不同层次高校学生创业意向及路径研究——基于34家双一流高校与60家非双一流高校的调查研究	14817103 石雅婷 03017105 季芯宇 03017205 郑平洋 14617135 王毅鸣	谢呈阳	优秀	经济管理学院
137	201914034	大学生宿舍氛围与幸福感的关系研究	14815120 莫海丹 14316119 范胜太 14816118 林奥哲 14316120 蔡汝瑜 14817129 佘欣健	许勤	优秀	经济管理学院
138	201914093	基于共享经济的校园在线知识分享平台模式创新与改进的探索	14Y16103 罗清超 71116219 商一帆 71116221 喻 磊 71Y16113 赵 磊	任凤慧	优秀	经济管理学院
139	201914019	医药物流企业透明物流系统的设计和实施策略——以南京九州通企业为例	14316124 张耿南 14816121 崔卓航 14716118 王 帆	何勇	优秀	经济管理学院
140	201916041	具有手势识别功能的人工智能电视手机APP开发	16016614 张钧皓 08016111 阙名毅	黄永明	优秀	电气工程学院
141	201916021	常导磁吸式悬浮列车模型及其控制系统研制	16017301 王思宇 16017309 于子韵 16017302 郭林子 16017410 祖炜灿	付兴贺	优秀	电气工程学院
142	201916040	基于物联网的智慧灯光集群测控系统	16017328 刘海峰 16017322 王竞泽 16017314 张 阔 16017123 强中元 16017324 杨辰宇	彭飞	优秀	电气工程学院
143	201916034	基于iPhone系统的直线电机APP控制	16017313 陈柏年 16017311 孟子皓 16017310 巫绍辉 16017320 陈 康 16017312 吴文强	余海涛	优秀	电气工程学院

(续 表)

序号	项目编号	项目名称	项目完成人	指导教师	验收结果	所在单位
144	201916006	基于Lora的豪华邮轮客舱环境参数无线传感网络的构建	16016102 林固静 16016527 武 瑞 16016502 彭 星 16016526 杨庚霖	时 斌	优秀	电气工程学院
145	201816023	基于电网信息物理系统的恶意攻击测试平台研究	16016424 黄蕴睿 16016407 侯洁华 16016606 易开朗 16016528 杨 炜 16016402 周昊玥	王 琦	优秀	电气工程学院
146	201816010	电力弹簧的功率解耦控制策略研究	16016413 陈泽华 16016412 朱康顺 16016408 潘立炀 16016404 刘轶涵	王青松	优秀	电气工程学院
147	201917002	江淮官话和中原官话对中国学习者英语节奏习得的影响研究	17216106 黄瑞玉 17117113 杨沐阳 61517317 魏浩然 03117617 王沛然	邵 争 杨茂霞	优秀	外国语学院
148	201917019	受中西方文化影响的常见外来词比较研究	17118205 刘思远 17118207 史启玥 17118208 虞迎迎 17118214 陈俊溥	刘 彬	优秀	外国语学院
149	201917003	江淮官话和吴方言对中国学习者英语节奏习得的影响研究	57117104 孙舒雯 17117323 鲜雨石 08017101 李俊廷 17117211 张家美	邵 争 杨茂霞	优秀	外国语学院
150	201817022	法国新浪潮电影与中国第六代导演电影中的青年形象比较研究	17116217 文艺臻 17116207 胡旭辰	侯 岩	优秀	外国语学院
151	201917004	中国传统烧窑工艺研究(以均陶烧制为例)	17218211 宋雨萱 17218218 朱军花 17218209 傅湉家 13118112 刘 仪 17218210 蒲姿心	胡 平	优秀	外国语学院
152	201817012	古代中日陶瓷流通及现今江苏省宜兴市丁蜀镇与日本陶瓷界交流研究	17216201 葛钟宜 17216112 钟荟娴 17216202 王安男	魏金美	优秀	外国语学院
153	201817014	网络直播在大学生中兴起的原因与影响之中日对比研究	22015217 柴建舟 17216105 徐士文	刘克华 郑小翔	优秀	外国语学院
154	201817002	英语外宣译本国俗词海外认知度及翻译有效性研究	17115104 李子萱 17115109 高诗语 17115108 许毓芸	侯 旭	优秀	外国语学院
155	201817003	英语外宣译本政治新词海外认知度及翻译有效性研究	17115118 张 佳 17115116 丁冬鑫 17115216 黄亦承 17115117 吴选德	侯 旭	优秀	外国语学院

(续　表)

序号	项目编号	项目名称	项目完成人	指导教师	验收结果	所在单位
156	201817021	中外品牌命名差异及其背后文化含义研究	17115305 崔紫荆 17115307 谭玉玲 17115306 李心雨	杨　敏	优秀	外国语学院
157	201817018	中国文化软实力——关于美版《甄嬛传》的研究	17116109 刘　瑶 17116103 郭楹楚 17116106 覃业恩 17116107 王　艺	毛彩凤	优秀	外国语学院
158	201919008	化疗-免疫抑制剂联用对肺癌耐药细胞的抗肿瘤作用研究	19216108 肖　琳 19216115 郭伟恒 19217104 李乐仪	陈飞虹	优秀	化学化工学院
159	201919021	宽叶独行菜中的祛斑美白成分	19317114 李瑞臣 19217111 冶浩杰	廖志新	优秀	化学化工学院
160	201919006	PARP 抑制剂 Olaparib 及其衍生物的合成工艺研究	19317102 胡心怡 19317101 魏丽郦	蔡　进	优秀	化学化工学院
161	201919025	二氧化碳催化加氢制甲醇研究	19217109 鄢　帆	吴东方	优秀	化学化工学院
162	201919009	黄连素-喜树碱偶联纳米药物的设计制备及生物活性研究	19317119 童稷维	吉远辉	优秀	化学化工学院
163	201919014	"氟代效应"与相变调控的分子铁电体应用研究	19316116 熊昱安 19317121 景政印	游雨蒙	优秀	化学化工学院
164	201919005	钼酸镍的改性及电化学性能研究	19217105 苏小灿	谢一兵	优秀	化学化工学院
165	201919001	氢键桥联有机框架(HOFs)材料合成及应用	19317105 郑子玥	罗洋辉	优秀	化学化工学院
166	201819021	含氮杂环芳香醛缩氨基硫脲合镓(Ⅲ)配合物的合成及抗菌、抗肿瘤机制研究	19115106 徐浩然 19215117 吴晨阳	王怡红	优秀	化学化工学院
167	201921063	南京南高铁车站送站坪交通拥堵成因及改善设计	21217114 居欣然 21217106 陈　会 21717226 闵耀春 21717103 王金杰	李铁柱	优秀	交通学院
168	201921056	面向多式联运的智能托盘系统研究	21216102 刘宝珠 06016331 赵晓搏 21316115 李宁皓 21216121 刘　洋 21216115 阿茹娜	张　永	优秀	交通学院
169	201921028	基于行驶工况的纯电动公交车电力消耗模型研究	21217109 刘紫昕 21717222 张旭阳 21717123 张洹菘	李铁柱	优秀	交通学院
170	201921004	温度智能调节型沥青路面设计	05116627 陆　虎 05216206 曾紫婉 21717114 洪千哲 21717117 刘士南 21717218 黎　威	于　斌	优秀	交通学院

(续 表)

序号	项目编号	项目名称	项目完成人	指导教师	验收结果	所在单位
171	201921005	无人机航拍视频中车辆识别与行为提取	21017117 刘宇晴 21017120 冯汝怡 21117106 朱晓蕾 21017118 焦利娟 21017108 李宏伟	李志斌	优秀	交通学院
172	201921019	加热条件下有机物自土中挥发去除机制研究	21816138 王兴宇 21716218 覃铍傲 21816111 宋昊翔 21816103 胡煦妍	刘志斌	优秀	交通学院
173	201921003	基于温度场的有机挥发气体阻隔技术研发	21316126 段昊炜 21816130 朱咲宇 21816123 殷 越 21816139 曾梓洲	杜延军	优秀	交通学院
174	201921021	X射线数字成像技术在药瓶检测中的应用	21516108 任 毅 21516107 张云兰 21516104 郭晶晶	童蔚苹	优秀	交通学院
175	201921018	城市大型停车场车位供需时空特性分析及设计优化方法	21117207 杨晓玲 21017104 张琬昕 21117219 何英剑 21017109 严学润	陈 峻	优秀	交通学院
176	201921007	多方式联程出行瓶颈因素诊断与系统设计	21116115 张聪伟 21116102 刘晓萌 21116113 宋祎阳 21517103 徐 曼	杨 敏	优秀	交通学院
177	201921006	美丽乡村建设中公路景观形态研究	21717238 吴晓楠 24317203 李逸尘 01517118 梁 骞 21717212 唐珂盈 24317201 朱圣珲	陈 飞	优秀	交通学院
178	201921055	基于时空大数据的轨道交通客流OD分布多维特征挖掘与可视化	21116104 李昱洁 04017305 朱 妍 21117104 龙贝丽 21117116 戴晚锐	杨 敏	优秀	交通学院
179	201921013	基于多源数据的城市微循环公交线路规划方法研究	21016202 李秋娴 21117108 徐 末 21017103 谢 凝 21017101 吴梦贞	过秀成	优秀	交通学院
180	201921041	低空摄影测量相机快速标定方法	21316122 邓永涛 21316104 郑 璇 21316116 刘濛濛 21316105 叶婉君	沙月进	优秀	交通学院
181	201921012	基于BDS的手机多用户同步测图系统APP开发及其应用研究	21316112 陈 磊 21316122 邓永涛 21316114 杨兴华 21316111 甘 露	高成发	优秀	交通学院

(续 表)

序号	项目编号	项目名称	项目完成人	指导教师	验收结果	所在单位
182	201921022	基于共享自行车数据挖掘的轨道交通接驳定制公交线路设计方法	21117220 苏弘扬 21117217 安博成 21117218 闵峰瑞 21117105 罗鸣琪 21117116 戴晚锐	陈学武	优秀	交通学院
183	201921011	微生物产气降饱和法处理液化地基的降饱和状态评价指标研究	21017220 汪 洋 21717223 李文杰 21717225 米天乐	章定文	优秀	交通学院
184	201921010	能源桩热力响应试验	21817108 张书棋 21817122 高鹏举 21817116 亚 洲 21817133 宁博雯	张国柱	优秀	交通学院
185	201922011	基于医疗健康大数据的心血管系统发病风险预测	22016305 熊瑾乐 22016310 梁学宇 22017406 杨函琦 22017322 张宏坤 22017306 项奕晨	刘澄玉	优秀	仪器科学与工程学院
186	201922010	北斗与加速度计融合的低成本桥梁变形实时监测系统	22016307 万 缘 22016224 刘嘉兴 22016401 顾 玥 22017110 王睿彪	高 旺	优秀	仪器科学与工程学院
187	201922002	基于 MyRIO 的自动分拣机器人	22017119 梁子镇 22017302 韩欣涛 22017203 陈瑞阳	崔建伟 莫凌飞	优秀	仪器科学与工程学院
188	201922001	智能户外停车场监测系统	22016216 张林樾 22016421 王立翌 22016217 程 渝 22016218 梁平昊 22016215 江 林	吴剑锋	优秀	仪器科学与工程学院
189	201924001	简约动态艺术装置的设计与制作	24317218 云海东 12017422 祝煜荻 17217214 叶子琪 08117134 潘逸丰	郑德东	优秀	艺术学院
190	201925009	新时代未成年人网络权益联动保护机制研究	25016212 刘一帆 25017128 牛雨夕 25017235 李玉品	李 川	优秀	法学院
191	201925001	医药商标保护刑事法问题研究	25016231 陆涵之 25016203 曹爱凝 25016223 张静怡 25016201 鲍生慧 25016127 何玉旭	刘建利	优秀	法学院
192	201925011	大数据杀熟中的价格算法的法律规制研究	25016235 陈宥心 25016224 张 璇 25016232 仲晋成 25016211 李雅君 25016118 王宇博	王禄生	优秀	法学院

（续　表）

序号	项目编号	项目名称	项目完成人	指导教师	验收结果	所在单位
193	201925004	高校学位授予纠纷案例研究	25017221 王伊畅 25017222 薛思琪 25018236 董鑫波	张雪莲	优秀	法学院
194	201925022	区块链在数字版权保护领域的可行性初探——以CSSCI法学核心期刊为例	25016205 郝修齐 25016214 宋鑫烨 25016208 贾林阳 25016207 黄曦桃	朱长宝	优秀	法学院
195	201925003	"法窗"APP——普法自助平台	25016217 肖　篾 71Y16114 龚　呈 25016220 熊文菲 25017115 叶敏敏	熊樟林	优秀	法学院
196	201941065	Al_2O_3-Vx3-UPs肿瘤疫苗生物安全性、稳定性及影响DC递呈抗原相关分子表达的初步研究	43216312 黄淳淳 43216313 严　雨 43216314 吴雨晨 43216328 李瑞祺	潘　宁	优秀	医学院
197	201941027	模拟失重对神经元与血管状态的影响规律研究	43117308 马　遥 43317109 张钱睿 43117106 杨浩涵	顾小春	优秀	医学院
198	201941010	p53调控DNA损伤应答中BRCA2表达的机制	43317110 申欣怡 43317111 苏兴洲	洪泽辉	优秀	医学院
199	201941048	多巴胺受体2通过与wnt信号作用维持腺癌肿瘤干细胞的干性	43215214 王曦旋 43215216 王皖昕 43215217 耿　伟 43316115 娄洁雪 43116319 郑鹏飞	杨　健	优秀	医学院
200	201941008	基于肿瘤穿透肽tLyP-1和肿瘤微环境响应性智能化探针的构建和实验研究	43116210 杨雯迪 43116204 陈怡文 43116116 姜添铖 43117311 刘丽萍	张建琼	优秀	医学院
201	201941016	酵母Dcn1对Cul4蛋白类泛素化状态的影响	43116102 范亭钰 41116112 仇　赛 41116123 丁　石	林　岚	优秀	医学院
202	201941002	阻断抗体对结直肠癌干细胞疫苗抗肿瘤效应的影响	43816126 陈亚诺 43816127 吴宇恒 43316117 罗　彪 43116302 董文琪 43116218 李建平	窦　骏	优秀	医学院
203	201941001	PH敏感性聚合物囊泡的制备及其靶向治疗胶质瘤的实验研究	43817110 董子越 43817113 王溥丰	唐秋莎	优秀	医学院
204	201841022	linc-37调控氧化石墨烯致秀丽线虫毒性的分子机制	43115113 余蓓蕾 43115110 褚燕蓉 43816133 史　楠 43816140 朱钢楠	武秋立	优秀	医学院

(续 表)

序号	项目编号	项目名称	项目完成人	指导教师	验收结果	所在单位
205	201841059	foxg1调控嗅球发育	43815131 范 锐 41115121 李 凯	曹广亮 赵春杰	优秀	医学院
206	201841004	Adam10在颞叶癫痫中的作用研究	43214524 胡 强 43214516 刘 杭 43214310 刘瑶瑶 43214309 周 蓉 43214521 张 微	朱新建	优秀	医学院
207	201841006	粘附因子SHN-1蛋白调控秀丽线虫固有免疫	43815112 徐康倪 43216330 刘 琦 43816109 孔静庭 43816105 尹义萍	王大勇	优秀	医学院
208	201942007	原花青素对Aβ25-35介导的SH-SY5Y细胞氧化应激及tau蛋白过度磷酸化的影响	42117111 季倩倩 42217110 周 玲 42117215 张 妍	张小强	优秀	公共卫生学院
209	201942023	酚类污染物固相电化学发光新体系的构建及在塑料瓶中的检测应用研究	42117207 熊 飞 42217215 张 妍 42217112 杜妍蓉 42117107 郭松青	王晓英	优秀	公共卫生学院
210	201942024	异地就医结算对退休异地安置人员就医行为的影响	42217115 吴 蕊 43A17321 闫昱名 42217112 杜妍蓉 42217114 李佳欣 42217113 扎西拉姆	马 超	优秀	公共卫生学院
211	201961045	基于多智能体系统的聚合博弈纳什均衡点的分布式算法设计与分析	14216129 吕众涛 61517312 吴晨鹏 09017329 张芳硕 09017319 李竞宇 61517413 宋晨辉	杨绍富	优秀	吴健雄学院
212	201961035	基于手势与语音识别的无人机智能控制系统	61517327 章 翔 61517314 陈添苗 04017547 王鹤钦	吴巍炜	优秀	吴健雄学院
213	201961028	大规模MIMO通信系统单基站定位方法设计	61517226 张天石 04017644 郑熠宁 61517121 顾 泽 61517227 王 尧	王闻今	优秀	吴健雄学院
214	201961026	基于问卷调查数据的交通拥堵收费的社会认可度分析	21116228 邱开来 21116205 施雨欣 61517119 王牵莲 21017102 王景慧 61517219 吴悠祺	刘志远	优秀	吴健雄学院
215	201961023	新型连续进锡式焊锡机	61517308 原 昊 61517313 张学超	戴 敏	优秀	吴健雄学院
216	201961018	基于3D打印技术的微波天线研制	61517225 万恒至 61517222 包绎成 61517210 刘一非 61517217 谢业凡	张 彦	优秀	吴健雄学院

(续 表)

序号	项目编号	项目名称	项目完成人	指导教师	验收结果	所在单位
217	201961006	基于PCCR的自动轮椅控制系统设计及其应用	24215115 林　鑫 61516311 任天源 71116403 孙毓宁 61516314 王季夫 22016323 张　何 09017134 崔　峣	况迎辉	优秀	吴健雄学院
218	201961002	极化码低时延译码技术及其实现	61516204 金虹希 61517326 刘　强 04017243 冀贞昊	尤肖虎 张　川	优秀	吴健雄学院
219	201961001	基于Penrose三维拼图的空间网格结构的几何构成、形态优化及其力学性能	61517111 蔡承志 61517119 王牵莲 61517303 邵心怡 61517320 张林炬	陆金钰	优秀	吴健雄学院
220	201961007	基于碳纳米管的柔性压力传感器的研究	61516307 朱　迪 61516309 孙雅伦 06116114 聂杰文	吴　俊	优秀	吴健雄学院
221	201957007	无人机自主飞行实验平台	57117232 刘熙达 71Y17120 胡秋冉 57117214 吴国铨 57117212 许朝阳	张三峰	优秀	网络空间安全学院
222	201914141	澳格姆生物科技有限公司肿瘤细胞抑制等专利技术	14217125 崔秋惠 11117210 张　竞 14217102 白欣宜 14517219 赵　佳 14Y17114 方文静	蔡钰萍 王亮平	优秀	团委
223	201903076	小禾苗——重点人群关注可视化平台(以留守儿童为例)	13418135 王一丞 03217705 卢文婷 14617112 李天浩 14518123 任思佳 04018130 杨清元	蔡钰萍	优秀	团委

2019年"课程思政"校级示范课改革试点项目一览表

序号	院系	课程负责人	课程名称
1	建筑学院	鲍　莉　张玫英	建筑设计V:共享社区研究与设计
2	建筑学院	薛　力	传统村落和建筑
3	建筑学院	邓　浩	红色记忆的建筑学语言表达与场所空间营造
4	建筑学院	李新建	城乡遗产保护及其方法
5	建筑学院	李百浩	城乡规划史
6	建筑学院	孙世界	城市规划与设计(三)
7	建筑学院	李　哲	园林美学

(续 表)

序号	院系	课程负责人	课程名称
8	建筑学院	顾 凯	风景园林历史与文化
9	机械工程学院	张 艳	机械制图
10	机械工程学院	张志胜	创造力开发训练(研讨)
11	机械工程学院	殷国栋	液压与气动技术
12	机械工程学院	王金湘	汽车理论
13	机械工程学院	石云德	机器人学及应用
14	机械工程学院	阚亚鲸	设计原理与方法Ⅱ
15	机械工程学院	张 宁	汽车构造(研讨)
16	能源与环境学院	孙丽伟	环境微生物学
17	能源与环境学院	段伦博	工程热力学
18	能源与环境学院	刘 聪	热泵技术
19	能源与环境学院	邓艾东	风力发电技术
20	能源与环境学院	王培红	热力发电厂
21	能源与环境学院	刘道银	能源与环境工程CFD技术
22	能源与环境学院	徐国英	制冷技术(含设计)
23	信息科学与工程学院	苗 澎	通信电子线路
24	信息科学与工程学院	张毅锋	数字信号处理
25	信息科学与工程学院	徐 建	创新创业工程实践导论
26	信息科学与工程学院	李文渊	计算机结构与逻辑设计
27	信息科学与工程学院	宋铁成	通信原理
28	信息科学与工程学院	俞 菲	物联网技术概论
29	信息科学与工程学院	崔铁军	特异电磁材料研究新进展
30	信息科学与工程学院	刘震国	天线技术
31	信息科学与工程学院	杨晓辉	信息通信网络概论
32	信息科学与工程学院	吴 凡	天线测量技术
33	土木工程学院	邱洪兴	土木工程概论
34	土木工程学院	黄 镇	建筑结构设计
35	土木工程学院	张志强	工程结构抗震与防灾
36	土木工程学院	刘家彬	土木工程施工
37	土木工程学院	李德智	工程管理概论
38	土木工程学院	李启明	工程合同管理Ⅰ
39	土木工程学院	洪 俊	工程力学
40	土木工程学院	杨小丽	水科学与工程概论

(续 表)

序号	院系	课程负责人	课程名称
41	电子科学与工程学院	董志芳	信号与系统
42	电子科学与工程学院	汤勇明	电子系统设计
43	电子科学与工程学院	朱卓娅	电磁场理论
44	数学学院	陈文彦	高等数学
45	自动化学院	戴先中	自动化专业导论
46	自动化学院	黄永明	数字与逻辑设计
47	自动化学院	孙培勇	数字系统课程设计
48	自动化学院	李骏扬	程序设计基础
49	计算机科学与工程学院	杨全胜	微型机系统与接口技术
50	物理学院	戴玉蓉	基础物理实验
51	生物科学与医学工程学院	周 平	计算机结构与逻辑设计
52	生物科学与医学工程学院	孙 啸	生物信息学基础
53	材料学院	郭丽萍	土木工程材料（双语）
54	人文学院	李灵灵	新媒体与中国当代文学
55	人文学院	张 娟	中国现当代文学经典精读
56	人文学院	高晓红	公共经济学
57	人文学院	黄 亮	公共治理理论与实践前沿
58	人文学院	高广旭	马克思主义哲学
59	人文学院	黄羊山	旅游经济学
60	人文学院	宣国富	旅游资源学
61	人文学院	赵 浩	中国社会思想史
62	经济管理学院	葛沪飞	管理学
63	经济管理学院	史雅妮	消费心理学
64	经济管理学院	陈菊花	会计学
65	电气工程学院	高赐威	电气工程学科概论
66	电气工程学院	汤 奕	智能电网新技术
67	外国语学院	鲁明易	英语视听说2
68	外国语学院	金 曙	学术交流英语
69	外国语学院	王学华	学术英语写作
70	化学化工学院	郭玲香	有机化学
71	交通学院	曲 栩	城市规划原理
72	交通学院	过秀成	交通工程案例分析
73	交通学院	陈淑燕	交通数据挖掘技术
74	交通学院	张 健	交通分析1

(续　表)

序号	院系	课程负责人	课程名称
75	交通学院	张国强	交通控制与管理
76	交通学院	鲍香台	运输组织学
77	交通学院	李铁柱	运输港站枢纽规划与设计
78	交通学院	翁永玲	遥感数字图像处理
79	交通学院	闻道秋	工程测量学
80	交通学院	喻国荣	控制测量学
81	交通学院	徐宿东	水力学 2
82	交通学院	耿艳芬	水力学 1
83	交通学院	熊　文	桥梁概论
84	交通学院	黄晓明	路基路面工程
85	交通学院	陈先华	土木工程材料
86	交通学院	刘松玉	地基处理
87	交通学院	闵召辉	材料力学 C
88	仪器科学与工程学院	朱利丰	控制技术与系统(seminar)
89	仪器科学与工程学院	王慧青	卫星导航定位技术与应用
90	艺术学院	季　欣	艺术概论
91	法学院	刘启川	行政法学
92	法学院	任丹丽	婚姻家庭继承法学
93	法学院	李煜兴	外国行政法学
94	法学院	单平基	环境与资源保护法学
95	法学院	张马林	经济法学
96	法学院	钱小平	刑法总论
97	公共卫生学院	王　蓓	公共卫生导论
98	公共卫生学院	李云晖	预防医学概论
99	公共卫生学院	金　辉	循证医学
100	公共卫生学院	曹　乾	微观经济学
101	公共卫生学院	孔　璐	全球卫生
102	公共卫生学院	王少康	营养与食品卫生学
103	公共卫生学院	杨　红	职业卫生与职业医学
104	医学院	陈克平	临床免疫学检验
105	医学院	居胜红	循证医学与比较影像学Ⅲ
106	医学院	谢　彦	核医学
107	医学院	刘加成	放射诊断学
108	医学院	徐旭东	生物分离工程
109	医学院	陈文姬	全科医学

（续　表）

序号	院系	课程负责人	课程名称
110	网络空间安全学院	程　光	网络测量
111	无锡分校	凌　明	嵌入式系统概论

2019年东南大学在线开放课程立项建设名单

序号	学院	课程名称	课程负责人
1	建筑学院	城市设计概论	徐小东
2	建筑学院	城市规划与设计	阳建强
3	建筑学院	风景园林设计原理	成玉宁
4	机械工程学院	汽车理论	王金湘
5	机械工程学院	质量控制	肖　锋
6	机械工程学院	机械工程测试技术	贾民平
7	机械工程学院	机械制图	李冰珏
8	机械工程学院	控制工程基础	许飞云
9	机械工程学院	设计原理与方法Ⅰ	毕可东　钱瑞明
10	机械工程学院	设计原理与方法Ⅱ	阚亚鲸　魏志勇
11	机械工程学院	机电控制技术	郁建平
12	能源与环境学院	工程热力学	华永明
13	信息科学与工程学院	电磁场与波	殷晓星
14	信息科学与工程学院	通信原理	宋铁成
15	土木工程学院	面向全国大学结构竞赛的创新实践——竹木结构	孙泽阳
16	土木工程学院	工程结构抗震与防灾	张志强
17	土木工程学院	建筑结构设计	邱洪兴
18	土木工程学院	桥梁工程	刘　钊　贺志启
19	土木工程学院	国际工程管理	邓小鹏
20	土木工程学院	工程经济学原理	黄有亮
21	土木工程学院	理论力学A(Ⅱ)	董萼良
22	土木工程学院	土力学	童小东
23	土木工程学院	基础工程	戴国亮
24	土木工程学院	结构力学	周　臻
25	电子科学与工程学院	现代光学基础	顾　兵
26	电子科学与工程学院	信号与系统	肖　梅
27	电子科学与工程学院	计算机结构与逻辑设计	陈　洁
28	数学学院	高等数学	潮小李

（续　表）

序号	学院	课程名称	课程负责人
29	计算机科学与工程学院	计算机系统综合设计	杨全胜
30	物理学院	大学物理实验	戴玉蓉
31	材料科学与工程学院	金属凝固原理	廖恒成
32	人文学院	法理	刘艳红
33	人文学院	伦理	樊和平
34	经济管理学院	创新的旅程	葛沪飞
35	外国语学院	医学英语	吴之昕　郭锋萍
36	外国语学院	英文技术写作	陈美华
37	化学化工学院	物理化学实验	张　进
38	仪器科学与工程学院	导航定位控制与应用	黄丽斌
39	仪器科学与工程学院	智能汽车技术	李煊鹏　秦文虎
40	公共卫生学院	预防医学	梁戈玉
41	公共卫生学院	劳动环境与健康	孔　璐
42	公共卫生学院	公共卫生应急学	金　辉
43	医学院	系统病理学（全英文）	李懿萍
44	医学院	核医学	李　澄
45	医学院	神经精神病学	张志珺

2019年校级教学改革与研究立项建设项目一览表

项目编号	所属院系	项目名称	课题负责人	项目等级	建设经费/万元	一期经费/万元
2019-001	建筑学院	参数化拟自然水景设计虚拟仿真教学平台构建研究	袁旸洋	一般	0.8	0.6
2019-002	建筑学院	面向乡村振兴战略的"乡村规划理论与实践"教学研究	徐　瑾	一般	0.8	0.6
2019-003	建筑学院	线上线下相结合的混合式教学模式改革与研究——以建筑物理实验教学为例	冯世虎	一般	0.8	0.6
2019-004	机械工程学院	面向工业工程专业运筹学的理论、案例、实验一体化教学模式的探索	罗　晨	一般	0.8	0.6
2019-005	机械工程学院	校企合作的实践基地建设机制研究	肖　锋	一般	0.8	0.6
2019-006	机械工程学院	面向新工科多方协同育人的大学生科技竞赛团队管理模式研究与实践	庄伟超	重点	2	1.5
2019-007	机械工程学院	开展跨专业选修课程"机械设计基础"混合式教学改革的探索与实践	司　伟	一般	0.8	0.6
2019-008	机械工程学院	学生专业语言基础与工科全英文授课协调新模式的探索	贾　原	一般	0.8	0.6

(续 表)

项目编号	所属院系	项目名称	课题负责人	项目等级	建设经费/万元	一期经费/万元
2019-009	机械工程学院	基于学研结合的本科生毕业设计模式改革实践与探索	陆荣生	一般	0.8	0.6
2019-010	机械工程学院	"产品设计方法学"全英文课程建设	周蕾	一般	0.8	0.6
2019-011	机械工程学院	"工程材料及成形技术基础"全英文课程的教学模式探索	吴金明	一般	0.8	0.6
2019-012	机械工程学院	基于慕课的"机械制图"课程混合式教学模式改革与研究	马建	一般	0.8	0.6
2019-013	机械工程学院	基于案例教学的机械控制工程全英文课程建设研究	韩煜	一般	0.8	0.6
2019-014	机械工程学院	"设计原理与方法Ⅲ"金课课堂建设的研究与实践	阚亚鲸	一般	0.8	0.6
2019-015	机械工程学院	机械制图课程多元化教学模式的研究与探索	章寅	一般	0.8	0.6
2019-016	机械工程学院	体现新时代特征的创造力开发训练线上与线下混合教学模式改革与研究	温海营	一般	0.8	0.6
2019-017	机械工程学院	以"新工科"理念为导向的校企协作车辆工程专业创新实践人才培养研究	耿可可	一般	0.8	0.6
2019-018	机械工程学院	"人机工程学"中的多学科系统融合创新研究型教学探索	周小舟	一般	0.8	0.6
2019-019	机械工程学院	通识课程"创客入门"实践教学设备开发自制	王亮	一般	0.8	0.6
2019-020	机械工程学院	基于课程思政的"设计原理与方法Ⅰ"的教学研究	王玉娟	一般	0.8	0.6
2019-021	能源与环境学院	空气调节课程群一体化校企课程体系研究与实践	殷勇高	一般	0.8	0.6
2019-022	能源与环境学院	基于互动式教学大纲模式的环境工程专业研讨类课程教学改革实践与研究	张波	一般	0.8	0.6
2019-023	能源与环境学院	基于MATLAB的工程流体力学本科教学改革与实践	邓梓龙	一般	0.8	0.6
2019-024	能源与环境学院	SRTP—毕业论文—科研项目一体化的本科生创新能力培养研究	刘聪	一般	0.8	0.6
2019-025	能源与环境学院	"传热学"研究型教学模式改革	张程宾	一般	0.8	0.6
2019-026	信息科学与工程学院	实践导学、理论强基、线上线下混合四位一体研究型电子电路基础课程教学模式改革与研究	王蓉	重点	2	1.5
2019-027	信息科学与工程学院	数字电路与系统(计算机结构与逻辑设计)教学资源库和试题库建设与应用	李文渊	一般	0.8	0.6
2019-028	信息科学与工程学院	集成电路后端设计教学实践方法探索	胡庆生	一般	0.8	0.6
2019-029	信息科学与工程学院	信息电子高层次人才培养模式的探索与实践	张在琛	重中之重	4	3

(续　表)

项目编号	所属院系	项目名称	课题负责人	项目等级	建设经费/万元	一期经费/万元
2019-030	信息科学与工程学院	基于学生学业管理系统的教学质量全过程监控和反馈的研究和应用	赵安明	一般	0.8	0.6
2019-031	信息科学与工程学院	基于问题研讨和科研实践的混合教学模式研究	戚晨皓	重点	2	1.5
2019-032	土木工程学院	金课背景下土木类虚拟仿真实验体系建设研究	徐伟杰	一般	0.8	0.6
2019-033	土木工程学院	基于创新创业理念的"建筑给水排水工程"课程改革研究	刘焱	一般	0.8	0.6
2019-034	土木工程学院	基于中国古文化的理论力学动态模型	廖东斌	一般	0.8	0.6
2019-035	土木工程学院	校—省—国家级大学生结构设计竞赛组织模式及实践研究	孙泽阳	一般	0.8	0.6
2019-036	土木工程学院	土木工程施工网络课程"虚实结合"教学资源建设	管东芝	一般	0.8	0.6
2019-037	土木工程学院	万能试验机功能开发与创新性实践能力建设	何顶顶	一般	0.8	0.6
2019-038	土木工程学院	基于"材料力学"国家精品在线课程线上线下混合式教学模式改革与研究	乔玲	一般	0.8	0.6
2019-039	土木工程学院	"工程结构抗震与防灾"课程思政与双语教学改革及其资源共享平台研究	王浩	一般	0.8	0.6
2019-040	土木工程学院	基于给排水科学与工程专业评估认证标准的水力学课程教学改革	高海鹰	一般	0.8	0.6
2019-041	土木工程学院	基于四位一体模式的建筑结构设计课程教学方法研究与实践	敬登虎	一般	0.8	0.6
2019-042	土木工程学院	工程经济学课程线上线下混合式教学模式探索与实践	陆莹	一般	0.8	0.6
2019-043	土木工程学院	面向核心能力培养的工程管理专业BIM教学案例库建设	徐照	一般	0.8	0.6
2019-044	土木工程学院	专业认证背景下土木工程专业毕业生跟踪反馈调查研究	邓温妮	一般	0.8	0.6
2019-045	土木工程学院	基于国内外研究前沿的工程结构抗震课程教学改革	冯若强	一般	0.8	0.6
2019-046	土木工程学院	理论力学线上线下相结合的混合式教学模式的研究与实践	董萼良	重点	2	1.5
2019-047	土木工程学院	"工程合同管理"课程的混合式教学模式改革与研究	李启明	重点	2	1.5
2019-048	土木工程学院	新时期实验室平台开放探索与实现	王燕华	一般	0.8	0.6
2019-049	土木工程学院	基于雨课堂的专业实践课程线上线下混合教学模式创新与评估研究	李贺	一般	0.8	0.6
2019-050	电子科学与工程学院	深入浅出、生动有趣的信号与系统教学研究	钱钦松	一般	0.8	0.6

(续 表)

项目编号	所属院系	项目名称	课题负责人	项目等级	建设经费/万元	一期经费/万元
2019-051	电子科学与工程学院	"计算电子物理学"课程研讨式教学改革	杨兰兰	一般	0.8	0.6
2019-052	电子科学与工程学院	"微波真空电子器件应用"课程与国家级核心科技平台无缝合作探索	沈长圣	一般	0.8	0.6
2019-053	电子科学与工程学院	小组合作式教学中分组策略的研究	朱利	一般	0.8	0.6
2019-054	数学学院	"三制五化"育人新模式下学生核心素养体系研究与构建——以东南大学理科试验班为例	曹海燕	一般	0.8	0.6
2019-055	数学学院	新形势下高等数学课程建设	徐新冬	一般	0.8	0.6
2019-056	数学学院	理科平台下的几何类基础课程设计	沈斌	一般	0.8	0.6
2019-057	数学学院	基于测度理论的"概率论"课程建设及研讨型与双语教学模式探索与实践	张鑫	一般	0.8	0.6
2019-058	数学学院	理科实验班高等代数课程的设计和实践	周建华	一般	0.8	0.6
2019-059	数学学院	线性代数金课建设的研究与实践	张小向	一般	0.8	0.6
2019-060	数学学院	理科试验班数学分析课程的设计与建设	张福保	一般	0.8	0.6
2019-061	数学学院	"全程多元、知行合一"的数学创新人才培养改革与实践	王小六	重点	2	1.5
2019-062	数学学院	面向数学学院本科生的"统计机器学习方法"课程建设与实践	闫亮	一般	0.8	0.6
2019-063	数学学院	高等数学与中学数学衔接课程研究与实践	王静	一般	0.8	0.6
2019-064	数学学院	新工科背景下大学数学课程体系的重构与实践	陈建龙	重中之重	4	3
2019-065	自动化学院	基于 webots 机器人软件工程实验平台建设	谈英姿	一般	0.8	0.6
2019-066	自动化学院	"电力电子技术"课程思政教学改革	王颖	一般	0.8	0.6
2019-067	自动化学院	理工科专业基础课线上线下混合式教学一般性方法研究	李骏扬	一般	0.8	0.6
2019-068	自动化学院	多学科交叉背景下的新工科机器人工程专业实践教学优化与创新探索	周波	重点	2	1.5
2019-069	自动化学院	合理提升学业挑战度:运筹学与最优化课程学业测评方案设计与实践	王庆领	一般	0.8	0.6
2019-070	自动化学院	机器人工程专业"感知与人机交互"PBL教学模式研究	钱堃	一般	0.8	0.6
2019-071	自动化学院	面向工程教育认证的"运动控制"课程建设与改革	郝立	一般	0.8	0.6
2019-072	物理学院	物理实验在线开放课程建设的探索与实践	戴玉蓉	重点	2	1.5

(续 表)

项目编号	所属院系	项目名称	课题负责人	项目等级	建设经费/万元	一期经费/万元
2019-073	物理学院	基于国际化理念的全英文大学物理在线课程建设	董 科	一般	0.8	0.6
2019-074	物理学院	基于长程相互作用系统的探究型统计物理教学	侯吉旋	一般	0.8	0.6
2019-075	物理学院	建设开放性课题物理实验的研究与实践	陈 乾	一般	0.8	0.6
2019-076	物理学院	新工科背景下面向卓越工程师培养的大学物理"金课"建设	张 勇	重点	2	1.5
2019-077	生物科学与医学工程学院	生物医学工程专业大类基础课"分子与细胞"的教学改革探索与实践	姜 晖	一般	0.8	0.6
2019-078	生物科学与医学工程学院	教师科研转化为创新实验教学的探索与实践	付德刚	一般	0.8	0.6
2019-079	生物科学与医学工程学院	基于"以学生为中心"理念开展生命科学导论课程教学模式改革	谢建明	一般	0.8	0.6
2019-080	材料科学与工程学院	新工科背景下"工程金属材料"课程教学改革探索	王倩倩	一般	0.8	0.6
2019-081	材料科学与工程学院	校内课程教学与校外开放教育相辅相成、相互促进、相得益彰——以"计算材料学"课程为例	于 金	一般	0.8	0.6
2019-082	人文学院	哲学辅修专业(学位)的培养方案和教学研究	何浩平	一般	0.8	0.6
2019-083	人文学院	基于"比较文学专题研究"课程的全英文研讨课教学探索与实践	张晓青	一般	0.8	0.6
2019-084	人文学院	哲学本科专业实践教学体系与实践教学内容改革研究	高广旭	一般	0.8	0.6
2019-085	经济管理学院	基于翻转课堂的智慧教学模式研究——经管课程思政类课程智慧教学方式的实施	陈菊花	一般	0.8	0.6
2019-086	经济管理学院	ARCS动机模型在经济管理类翻转课堂中的应用探索	崔 强	一般	0.8	0.6
2019-087	经济管理学院	数字经济背景下研究型教学模式在"成本会计"教学中的探索与实践	韩 静	一般	0.8	0.6
2019-088	经济管理学院	大学生科研训练体系建设及实施过程的条件建设与保障机制研究	顾 欣	一般	0.8	0.6
2019-089	马克思主义学院	"马克思主义基本原理"慕课的混合教学实践与应用研究	黄 睿	一般	0.8	0.6
2019-090	马克思主义学院	中华优秀传统文化资源在高校思政课中的运用研究	袁久红	重点	2	1.5
2019-091	电气工程学院	"讲一、练二、考三"形成性考试方式、方法在电子技术课程中的实践与改革	冯 双	一般	0.8	0.6
2019-092	电气工程学院	基于"雨课堂"的电气类课程混合式教学模式实践与研究	阳 辉	一般	0.8	0.6

(续 表)

项目编号	所属院系	项目名称	课题负责人	项目等级	建设经费/万元	一期经费/万元
2019-093	外国语学院	高校教师课堂教学质量的形成性同行评价研究	朱善华	一般	0.8	0.6
2019-094	体育系	大学体育混合式教育模式的改革与研究	李晓智	一般	0.8	0.6
2019-095	化学化工学院	互动式教学模式在"物理化学问题解决（研讨）"教学中的研究与实践	张一卫	一般	0.8	0.6
2019-096	化学化工学院	面向跨学科、交叉科研领域的拔尖创新本科人才的培养实践	王育乔	重点	2	1.5
2019-097	化学化工学院	基于"微课辅助教学"的"生理药理学"课程体系的教学方法研究	陈飞虹	一般	0.8	0.6
2019-098	化学化工学院	在工程教育专业认证背景下探索仪器分析课程的教学改革	姚清照	一般	0.8	0.6
2019-099	化学化工学院	化工技术经济分析	李乃旭	一般	0.8	0.6
2019-100	化学化工学院	新工科化学实验安全知识线上通识课程开发	郑颖平	一般	0.8	0.6
2019-101	交通学院	"交通运输类专业核心课程群"在线资源建设与应用	陈 峻	重中之重	4	3
2019-102	交通学院	以学习者为中心的一流教材建设——以交通土建材料为例	陈先华	一般	0.8	0.6
2019-103	交通学院	"城市地下空间规划与设计"案例研讨教学的研究与实践	张国柱	一般	0.8	0.6
2019-104	交通学院	虚拟仿真实验在"土力学"实验教学中的探索与研究	丁红慧	一般	0.8	0.6
2019-105	交通学院	本科"路基路面工程"研究型教学中美案例与比较研究	张伟光	一般	0.8	0.6
2019-106	交通学院	基于数字资源库建设的"道路勘测设计"综合课程设计改革	于 斌	一般	0.8	0.6
2019-107	交通学院	基于国际行业标准的土木交通类"基础工程"课程教学内容与教学方法改革研究	童立元	一般	0.8	0.6
2019-108	交通学院	从课堂到实验全过程土木工程材料英文国际化课程建设改革	董 侨	一般	0.8	0.6
2019-109	交通学院	面向国际化人才培养的交通运输专业"运筹学"全英文课程教学模式探究	沈永俊	一般	0.8	0.6
2019-110	交通学院	基于"四位一体"研究型教学思想的校企合作类桥梁实习课程模式改革	熊 文	一般	0.8	0.6
2019-111	交通学院	野外实践教学质量评价与持续改进研究	程建川	重中之重	4	3
2019-112	交通学院	"交通运输GIS技术应用"课程教学内容体系及教学资源建设	柏春广	一般	0.8	0.6
2019-113	交通学院	新工科背景下交通工程专业卓越2.0人才培养模式与举措	杨 敏	重点	2	1.5

(续　表)

项目编号	所属院系	项目名称	课题负责人	项目等级	建设经费/万元	一期经费/万元
2019-114	交通学院	慕课背景下的"交通设计"课程教学模式研究	陈　茜	一般	0.8	0.6
2019-115	仪器科学与工程学院	仪科学院基层教学组织建设与探索实践	祝雪芬	重点	2	1.5
2019-116	仪器科学与工程学院	程序设计课程实践环节中的开放性教学模式研究与实践	高　旺	一般	0.8	0.6
2019-117	仪器科学与工程学院	"智能汽车技术"混合研讨教学模式改革与研究	李煊鹏	重点	2	1.5
2019-118	仪器科学与工程学院	模式识别—智慧启迪—情怀教育	李　潍	一般	0.8	0.6
2019-119	仪器科学与工程学院	测控一体化实验设计——基于视觉机器人的自动抓取机械手控制实验	刘　莹	一般	0.8	0.6
2019-120	仪器科学与工程学院	基于实践类通识课程大学生创新活动课内外衔接的研究	王立辉	一般	0.8	0.6
2019-121	仪器科学与工程学院	移动式实验教学平台建设——基于超星学习通的移动学习平台在传感器技术实验中的应用	祝学云	一般	0.8	0.6
2019-122	仪器科学与工程学院	面向测控专业的"工程力学"思政元素挖掘与实践	王慧青	一般	0.8	0.6
2019-123	法学院	新文科背景下法学与理工科复合型卓越法治人才培养模式研究	单平基	一般	0.8	0.6
2019-124	法学院	基于大数据的法学教学案例遴选机制变革研究	徐珉川	一般	0.8	0.6
2019-125	法学院	法学院"证券法"全英文课程建设的研究与实践	余　涛	一般	0.8	0.6
2019-126	法学院	文科多媒体教学中的音视频应用状况研究	刘　红	一般	0.8	0.6
2019-127	法学院	医事法交叉复合型专业建设的探索与实践	刘建利	重点	2	1.5
2019-128	公共卫生学院	校企合作提高本科生毕业论文、毕业设计质量的研究与实践	杨　红	重点	2	1.5
2019-129	公共卫生学院	"健康课程"过程式教学改革实践	张　晖	一般	0.8	0.6
2019-130	公共卫生学院	公共卫生学院实验室安全体系的构建与探索	王少康	一般	0.8	0.6
2019-131	公共卫生学院	大健康与大数据背景下"医学统计学"课程中研究型教学模式的系统思考	孙金芳	一般	0.8	0.6
2019-132	公共卫生学院	中美一流大学公共卫生与预防医学本科教育的比较研究	金　辉	重点	2	1.5
2019-133	公共卫生学院	"预防医学"课程思政元素的探索与实践	李云晖	一般	0.8	0.6
2019-134	公共卫生学院	医学统计学课程群混合式教学模式建设	余小金	一般	0.8	0.6

(续表)

项目编号	所属院系	项目名称	课题负责人	项目等级	建设经费/万元	一期经费/万元
2019-135	医学院	PBL教学法在生理学教学中的应用探索	石丽娟	一般	0.8	0.6
2019-136	医学院	基于树立科研理念的"医学免疫学实验"课程内容更新改革	沈传来	一般	0.8	0.6
2019-137	医学院	病理学在线开放课程体系构建与优化	潘旻	一般	0.8	0.6
2019-138	医学院	建立学生Mentor制度，丰富卓越医生培养途径，提升PBL教学质量	卢勤	重点	2	1.5
2019-139	医学院	基于不同培养目标的拔尖创新班临床实习计划教学改革试点研究	张晓良	一般	0.8	0.6
2019-140	医学院	团体心理辅导对医学实习生心理健康的影响与发展	谢波	一般	0.8	0.6
2019-141	吴健雄学院	吴健雄学院一流本科人才培养体系的内涵与重构	陆挺	重中之重	4	3
2019-142	电工电子实验中心	模拟电子电路实验线上线下相融合的教学模式改革与实践	黄慧春	重点	2	1.5
2019-143	电工电子实验中心	基于"项目管理、课赛融通"的"电子电路综合设计"课程改革与实践	郑磊	一般	0.8	0.6
2019-144	教务处	医教协同视域下大学生文化素质教育的研究与实践	刘平	一般	0.8	0.6
2019-145	教务处	新高考背景下大类招生、管理及培养模式研究	张涌	一般	0.8	0.6

2019年江苏省高等教育教学改革研究课题申报项目汇总表

序号	院系	课题指南编号	课题名称	推荐类别	课题主持人姓名	备注
1	吴健雄学院	1-1	新时代一流高校人才培养高地的内涵建设及路径优化——以东南大学吴健雄学院为例	重点	郑家茂 陆挺	
2	信息科学与工程学院	2-2	信息工程一流专业建设的理论与实践研究	重点	张在琛	品牌专业
3	土木学院	2-8	新工科背景下土木类专业混合式"金课"课程体系建设研究与实践	重点	陆金钰 王景全	品牌专业
4	数学学院	2-9	大类培养模式下公共数学课程的教学改革与实践	重点	陈建龙 王小六	交大社合作课题
5	交通学院	1-6	交通强国国家战略下双一流高校交通运输类人才培养体系的构建与研究	一般	陈峻 杨敏	品牌专业

（续 表）

序号	院系	课题指南编号	课题名称	推荐类别	课题主持人姓名	备注
6	能源与环境学院	1-6	面向智慧型综合能源服务的能动类创新人才培养探索与研究	一般	李舒宏 刘倩	
7	医学院	3-4	基于病例的三个维度影像诊断思维培养的探索与实践	一般	居胜红 彭新桂	品牌专业
8	电子科学与工程学院	4-3	大学生创新创业教育、创业能力培养的研究	一般	吴俊	品牌专业
9	外国语学院	9-6	双一流背景下本硕博贯通式专门用途英语课程体系研究	一般	陈美华 金曙	
10	公卫学院	10	健康国家战略下高等公共卫生教育模式探索与实践	一般	金辉	
11	仪器科学与工程学院	1-1	以提升学业挑战度为导向的一流仪器类人才培养优质课程资源建设与研究	一般	祝雪芬 宋爱国	品牌专业
12	生物科学与医学工程学院	3-7	基于神经教育学的生物医学工程类基础课程教学与测评模式探索与实践	一般	顾忠泽	品牌专业
13	建筑学院	1-6	设计思维推动的新工科人才通识教育模式探索	一般	张嵩 顾大庆	品牌专业
14	电气工程学院	3-10	基于"实时数字控制"技术的电气控制类远程实验平台及教学模式的研究	一般	蒋玮 邓富金	"互联网+"大赛
15	电子科学与工程学院	4-3	新时代学生创新创业能力培养与实践	一般	孙立涛	"互联网+"大赛
16	信息学院	3-4	面向未来无线通信系统的天线课程探究式教学研究	一般	王婧菲 张彦	"互联网+"大赛

研究生教育

综　　述

　　2019年是新中国成立70周年,也是东南大学大力实施"十三五"规划、全面深化综合改革的关键之年。研究生院在习近平新时代中国特色社会主义思想指引下,紧紧围绕"立德树人"根本任务,全面贯彻全国教育大会精神和习近平总书记系列重要讲话精神,认真落实《东南大学研究生教育综合改革实施方案》,在招生、培养、学位评定、研究生导师队伍建设,以及研究生管理等方面皆取得重要进展,为东南大学实现"双一流"奋斗目标一流人才培养打下坚实基础。

　　优秀研究生生源质量稳步提升,博士生招生规模取得较大突破。主动对接国家重大战略需求,积极争取国家急需学科高层次人才培养支持专项计划,着重加大面向应用和实践的高端人才培养力度,2019年博士生招生规模比去年又增加12%,达到1 220名,其中学术学位博士生890名,首次招收全日制专业学位博士生100名。积极推进研究生优质生源工程,鼓励各学院积极开展各种形式的招生宣传活动,吸引更多来自高水平学校及优势学科的优秀生源,2019年接收推免生数达到1 826名,比去年增加10%,其中来自"双一流"建设高校的生源数占比接近90%,比去年增加11%。优化完善博士生"申请考核"选拔机制,加强全面考查和综合评价,充分发挥材料审核、笔试、面试等各考核环节的特点和优势,积极探索试点学术博士和专业博士差异化的考核方式和评价标准(例如医学院2019年对学术博士考生采取文献阅读考核形式,对专业博士考生采取临床技能操作形式),以及跨学科报考、有特殊学术专长考生的考核选拔途径。建立学院"研究生招生生源质量年度分析报告"制度,将研究生招生生源质量纳入KPI(关键债效指标)考核指标体系,并作为下一年度招生指标分配动态调整的重要依据。引导各学院高度重视、科学分析当年度生源质量数据和招生工作情况,总结经验、查找不足,并制定下一年度工作目标和计划。

　　研究生教育教学改革不断深化,研究生人才培养成果丰硕。完成了全校157个硕士研究生培养方案的修订,2019年9月入学硕士研究生已经使用新培养方案;基本完成95个博士研究生的培养方案的修订,2020年入学的博士研究生开始实行新培养方案。不断深化教育教学理论与实践的改革,2019年获江苏省研究生教育教学改革成果一等奖2项,成绩位居全省首位。加强研究生教育督导工作,规范和加强研究生培养过程管理,建立健全研究生教育质量监控体系,制定《东南大学研究生教育督导工作要求》,研究生教育教学即时反馈工作得到显著加强。积极推进课程建设,推动教学模式转变,共立项建设77门课程思政示范课程,创新创业类等研究生慕课已在2019级研究生中全面使用。继续加强研究生创新及实践能力提升工程,强化研究生实践能力培养,获批江苏省各类研究生培养创新工程109项,其中获"江苏省优秀企业工作站示范基地"1个、"江苏省优秀研究生工作站"4个,入选"江苏省研究生培养创新工程研究生科研创新计划"项目85项,遴选优秀博士学位论文基金项目75项。完成了新增"研究生工作站"遴选及"江苏省第七批产业教授"的选聘工作。大力推进研究生教育国际化,国际化水平进一步提升。截至目前237人获国家留学基金委资助留学,"东南大学与鲁汶大学联合培养研究生项目"获国家留学基金委"创新型人才国际合作培养项目"资助;资助研究生出国参加国际学术会议421人,资助研究生赴国(境)外短期学术交流250人,研究生出国参加国际学术会议和短期学术交流人数较上年增加38%;实施"华为—东南大学博士生资助计划",资助20位优秀博士生赴国外高水平大学联合培养。积极推进与国(境)外一流大学联合开展研究生培养,加强东南大学—蒙纳士大学苏州联合研究生院和东南大学雷恩研究生学院建设;与25名世界知名大学专家学者共同组织全英文教学课程23门;23名博士生导师获国家留学基金委资助出国短期访学。

研究生导师队伍建设全面加强,导师队伍质量不断提升。优化导师资格遴选办法,把立德树人作为遴选第一标准,把教书育人作为评价的核心内容,突出教育教学业绩评价,将人才培养中心任务落到实处。2019年度新增导师遴选工作增加立德树人院系考评环节和本科生、研究生教学业绩评价环节,对存在师德失范行为的申请人实行一票否决,取消其申报资格,引导广大教师坚持教书和育人相统一。完善导师培训制度,对不同类型导师开展常态化分类培训,对首次上岗的导师实行全面培训,对连续上岗的导师实行定期政策性培训,切实提高导师指导研究生和学术管理的能力。2019年10月和12月召开2019年度研究生指导教师培训会,约1 095人(包含研究生导师、各学院分管院长和研究生秘书)参加了培训,两期培训会围绕立德树人要求,重点开展导师责任、师德师风、导师职业发展规划、研究生心理健康感知和促进等内容培训。

学位评定工作常抓不懈,学位论文质量持续提高。2019年我校入选可开展学位授权自主审核的单位。获江苏省优秀博士学位论文13篇、优秀硕士学位论文22篇,获中国电子学会优秀博士学位论文2篇。入选新一届专业学位研究生教育指导委员会委员2人。以"提升学位授予质量、提高管理效率和服务质量"为目标,进一步推动"放管服"工作。优化博士研究生答辩资格审核、论文盲审流程,推动管理重心下移,落实院系办学主体责任。完善学位论文答辩申请、论文送审信息服务系统,建设完成"东南大学研究生学位论文院系网上评审系统",实现学位申请所有手续网上不见面办理,提高管理效率与服务质量。

研究生创新创业学科竞赛和社会实践活动成果突出。获国际奖项82人次,国家级奖项498人次,省级奖项442人次。获"华为杯"第十六届中国研究生数模竞赛优秀组织奖,"HRG博实杯"第一届中国研究生机器人创新设计大赛优秀组织奖,"华为杯"第二届中国研究生创"芯"大赛优秀组织奖,"兆易创新杯"第十四届研究生电子设计竞赛华东赛区优秀组织奖。国际奖项如获第六届"紫金奖·建筑及环境设计大赛(2019)"一等奖,2019《建筑师》杂志"天作杯"国际大学生建筑设计竞赛(团体)一等奖,2019UIA-CBC国际高校建造大赛一等奖,第20届PhysioNet/CinC全球生理测量挑战赛冠军,The Video based Emotion Recognition Challenge First Runner-up Position of the 7th EmotiW Challenge(2019)(CCF-C)冠军,2019年IEEE IAS Myron Zucker Undergraduate Student Design Contest第一名。国家奖项如获中国研究生数模竞赛一等奖3个团队(全国并列第一),其中1个团队同获"最佳数模报告奖"(全国仅3个)、1个团队同获"华为专项奖"(全国仅10个),"兆易创新杯"第十四届中国研究生电子设计竞赛一等奖3个团队,"HRG博实杯"首届中国研究生机器人创新设计大赛一等奖1个团队,"华为杯"第二届中国研究生创"芯"大赛一等奖1个团队,互联网+大学生创新创业大赛全国金奖,2019年全国大学生英语竞赛特等奖,第十六届"挑战杯"全国大学生课外学术科技作品竞赛特等奖,全国高校新能源汽车大数据创新创业大赛一等奖。338人获得"东南大学优秀毕业研究生",1人获宝钢优秀学生特等奖,2人获宝钢优秀学生奖,8人获"江苏省三好学生",6人获"江苏省优秀研究生干部",7个班级获"江苏省先进班集体"。

2019年度博士学位研究生招生专业及指导教师

学科门类	学科(一级学科)	专业(二级学科)	指导教师(以姓名拼音为序)
哲学(01)	哲学	(按一级学科招生)	董群 樊和平 范志军 马向真 乔光辉 王珏 王珂 魏福明 夏保华 徐菲菲 徐嘉 许建良 姚新中(兼) 岳璐 周琛
经济学(02)	应用经济学	(按一级学科招生)	陈淑梅 胡汉辉 华生(兼) 刘修岩 邱斌 邵军 吴利华 徐盈之 岳书敬 周勤
		金融学	刘晓星 唐攀 周勤
法学(03)	法学	(按一级学科招生)	陈洪兵 崔晓静(兼) 龚向和 李川 刘艳红 孟鸿志 欧阳本祺 钱小平 汪进元 于立深 张明楷(兼) 张卫平(兼) 周佑勇
	马克思主义理论	(按一级学科招生)	陈美华 高晓红 李霄翔 廖小琴 刘魁 孙迎联 叶海涛 袁健红 袁久红
理学(07)	数学	(按一级学科招生)	曹进德 曹婉容 陈建龙 关秀翠 李铁香 李玉祥 梁金玲 林文松 刘继军 刘庆山 卢剑权 聂小兵 王冠军 王海兵 王栓宏 温广辉 徐君祥 余星火 虞文武
	物理学	(按一级学科招生)	陈世华 董帅 董正高 范吉阳 郭昊 蒋维洲 吕俊鹏 吕准 倪振华 邱腾 施智祥 汪军 王金兰 邢定钰(兼) 徐春祥 徐明祥 徐庆宇 杨文星 叶巍 翟亚
	生物学	(按一级学科招生)	柴人杰 方明 韩俊海 加正平(兼) 林承棋 刘向东 陆巍 罗卓娟 潘玉峰 王苏 武秋立 谢维 赵春杰
工学(08)	力学	固体力学	郭力 郭小明 何小元 靳慧 李兆霞 廉长稳 杨福俊 张建
	机械工程	(按一级学科招生)	毕可东 陈善广(兼) 陈云飞 陈震 费庆国 韩良 贾民平 蒋书运 李普 刘磊 倪中华 沙菁契 史金飞(兼) 帅立国 苏春 孙蓓蓓 汤文成 王建立 王兴松 幸研 许飞云 薛澄岐 杨决宽 易红 殷国栋 张辉 张建润 张艳 张志胜 周一帆 周忠元
	光学工程	(按一级学科招生)	崔一平 顾兵 雷威 李青 娄朝刚 吕昌贵 芮光浩 屠彦 王保平 王春雷 王琦龙 王著元 夏军 恽斌峰 张家雨 张晓兵 张雄 张雄(外籍) 赵志伟 朱利
	仪器科学与技术	(按一级学科招生)	蔡体菁 曾洪 陈熙源 程向红 房建成(兼) 李宏生 李建清(兼) 李旭 刘澄玉 刘锡祥 潘树国 秦文虎 宋爱国 王爱民 王立辉 王庆 吴涓 夏敦柱 徐晓苏 严如强 杨波 杨功流(兼) 张广军 张涛 张为公 赵立业

(续 表)

学科门类	学科(一级学科)	专业(二级学科)	指导教师(以姓名拼音为序)
工学 (08)	材料科学与工程	(按一级学科招生)	曾桥石　曾宇乔　陈　锋　陈惠苏　陈　坚 储成林　丁　辉　董寅生　方　峰　高建明 郭丽萍　郭新立　蒋建清(兼)　蒋金洋 李　敏　廖恒成　刘加平　缪昌文　潘钢华 钱春香　邵起越　沈宝龙　孙正明　陶　立 涂益友　万克树　王继刚　王增梅　薛　烽 于　金　余新泉　张亚梅　张友法　张云升 周　健　朱鸣芳
		材料物理与化学	丁收年　付大伟　付国东　苟少华　姜　勇 李新松　刘松琴　娄永兵　骆培成　祁争健 孙柏旺　孙岳明　王明亮　王怡红　王育乔 王志飞　卫　伟　吴东方　熊仁根　杨　洪 叶　琼　游雨蒙　张　闻　张一卫　张　毅 张袁健　周建成　周钰明　诸海滨
	动力工程及 工程热物理	(按一级学科招生)	贡昊玺　蔡　亮　陈晓平　陈亚平　陈永平(兼) 陈振乾　邓艾东　段伦博　段钰锋　归柯庭 黄亚继　金保昇　李舒宏　李益国　梁　财 梁彩华　陆　勇　吕剑虹　马隆龙(兼) 潘　蕾　钱　华　邵应娟　沈德魁　沈　炯 沈来宏　盛昌栋　司风琪　宋　敏　苏志刚 佟振博　王　军　王培红　向文国　肖　睿 熊源泉　许传龙　杨建刚　杨林军　殷勇高 余艾冰　张程宾　张会岩　张　军　张小松 张亚平　赵伶玲　钟文琪　仲兆平　周　宾
	电气工程	(按一级学科招生)	陈　武　陈　中　程　明　邓富金　窦晓波 樊　英　房淑华　高丙团　高赐威　高　山 顾　伟　胡敏强(兼)　胡仁杰　花　为 黄学良　黄允凯　蒋　玮　金　龙　李　扬 林鹤云　林明耀　陆于平　马伟明(兼) 曲小慧　汤　奕　王蓓蓓　王　政　吴在军 肖华锋　徐青山　薛禹胜(兼)　余海涛 张建忠　赵剑锋　郑建勇　周　赣
	电子科学与技术	物理电子学	崔一平　顾　兵　雷　威　李　青　娄朝刚 吕昌贵　屠　彦　王保平　王春雷　王琦龙 王著元　夏　军　肖金标　恽斌峰　张家雨 张　彤　张晓兵　张　雄　张　雄(外籍) 赵志伟　朱　利
		电路与系统	陈莹梅　樊祥宁　胡庆生　黄风义　李文渊 李智群　孟　桥　吴建辉　杨春　张　萌
		微电子学与固体电子学	单建安(兼)　单伟伟　丁德胜　韩　磊　黄庆安 黄晓东　雷双瑛　廖小平　陆生礼　聂　萌 秦　明　尚金堂　时龙兴　孙立涛　孙伟锋 万　能　汪正平(兼)　吴建辉　徐　峰　徐　申 杨　春　杨　军　尹奎波　张　萌　周再发
		电磁场与微波技术	曹振新　陈继新　陈志宁(兼)　程　强 崔铁军　郝张成　洪　伟　胡三明　蒋卫祥 蒋之浩　陆卫兵　马慧锋　孟洪福　王海明 吴　柯　徐金平　杨　非　殷晓星　余旭涛 张婧婧　赵洪新　周健义　朱晓维
		★集成电路设计	常昌远　单伟伟　丁德胜　李　冰　陆生礼 时龙兴　孙伟锋　杨　军

(续 表)

学科门类	学科（一级学科）	专业（二级学科）	指导教师（以姓名拼音为序）
工学 (08)	信息与通信工程	（按一级学科招生）	陈　明　丁　崚　方世良　高西奇　衡　伟　黄永明　金　石　康　维　李春国　刘　楠　陆　军(兼)　孟　桥　潘志文　裴文江　盛　彬　宋铁成　汪　茂(兼)　王承祥　王东明　王家恒　王俊波　王　桥　王　炎　夏亦犁　徐平平　许　威　杨绿溪　尤肖虎　张　华　张在琛　赵春明　赵涤燹　赵　力　赵新胜　郑　军　郑文明　朱　敏
	控制科学与工程	（按一级学科招生）	邹采荣(兼)　曹进德　曹向辉　柴　琳　陈杨杨　达飞鹏　盖绍彦　郭　雷(兼)　李　俊　李　奇(兼)　李世华　李新德　路小波　钱　堃　孙长银　田玉平　汪　峥　魏海坤　武玉强(兼)　严洪森　杨　俊　杨万扣　余星火　翟军勇　张凯锋　张侃健　张　亚　章国宝
		导航、制导与控制	蔡体菁　程向红　徐晓苏　张　涛
	计算机科学与技术	（按一级学科招生）	陈　阳　东　方　高志强　耿　新　何　田　Jean-Louis Coatrieux　姜龙玉　蒋嶷川　李宝生(兼)　李必信　李小平　李幼平　刘　波　刘肖凡　罗军舟　倪巍伟　戚晓芳　芮　勇(兼)　沈　军　舒华忠　宋爱波　汪　芸　王红兵　吴巍炜　杨冠羽　杨　明　周德宇
	建筑学	（按一级学科招生）	陈　薇　程泰宁　淳　庆　David Leatherbarrow　戴　航(兼)　董　卫　韩冬青　冷嘉伟　李　飚　李　华　孟建民(兼)　闵鹤群　鉾井修一　石　邢　王建国　王彦辉　夏铸九　张　宏　张　彤　郑　炘　周　琦
	土木工程	（按一级学科招生）	蔡建国　陈锦祥　陈忠范　戴国亮　丁汉山　丁幼亮　范圣刚　冯　健　冯若强　龚维明　郭　彤　郭正兴　何　磊　惠　卓　李爱群(兼)　李建春　李维滨　李　霞　梁书亭　刘伟庆(兼)　刘　钊　陆金钰　陆　勇(兼)　罗　斌　缪长青　Noori Mohamma　潘金龙　秦顺全(兼)　邱洪兴　舒赣平　万春风　汪　昕　王春林　王　浩　王景全　吴　刚　吴　京　吴智深　徐赵东　杨才千　张继文　张　建　张　晋　张喜刚(兼)　张志强　赵其　赵　坚　周　臻　朱　虹　庄　妍　宗周红
		岩土工程	蔡国军　邓永锋　杜广印　杜延军　洪振舜　刘松玉　刘志彬　缪林昌　童立元　张国柱　章定文　朱志铎
		市政工程	邓　琳　傅大放　黄　娟　孙　越　杨小丽
		供热、供燃气、通风及空调工程	蔡　亮　陈亚平　陈永平(兼)　陈振乾　李舒宏　梁彩华　钱　华　王　军　殷勇高　张程宾　张小松
		桥梁与隧道工程	黄　侨　万　水　王克海(兼)　王文炜
		★土木工程建造与管理	郭正兴　李启明　李维滨

（续　表）

学科门类	学科（一级学科）	专业（二级学科）	指导教师（以姓名拼音为序）
工学 (08)	化学工程与技术	（按一级学科招生）	程　林　丁收年　付大伟　付国东　苟少华 黄　凯　吉远辉　姜　勇　李　全　李新松 廖志新　刘松琴　娄永兵　骆培成　祁争健 孙柏旺　孙岳明　王明亮　王怡红　卫　伟 吴东方　肖国民　熊仁根　杨　洪　张久洋 张一卫　张袁健　周建成　周钰明　诸海滨
	交通运输工程	（按一级学科招生）	蔡国军　陈　峻　陈淑燕　陈先华　陈学武 陈一梅　程建川　程　琳　邓永锋　董　侨 杜延军　高　英　顾兴宇　郭建华　过秀成 何　杰　洪振舜　胡晓健　黄　卫　黄晓明 季彦婕　李铁柱　李文权　李志斌　刘　攀 刘志远　陆　建　罗　桑　马　涛　缪林昌 倪富健　潘玉利（兼）钱振东　冉　斌　任　刚 沈永俊　谭华春　王　昊　王　炜　夏井新 项乔君　徐宿东　杨　军　杨　敏　叶智锐 于　斌　张　磊　张　永　章定文　赵永利
		★交通测绘与信息技术	高成发　胡伍生　王　炜　翁永玲　于先文
	环境科学与工程	（按一级学科招生）	贲昊玺　陈晓平　段伦博　段钰锋　归柯庭 黄亚继　金保昇　李先宁　吕锡武　马隆龙（兼） 沈德魁　沈来宏　盛昌栋　宋　敏　肖　睿 熊源泉　杨林军　余艾冰　余　冉　张会岩 张　军　张亚平　赵伶玲　钟文琪　仲兆平 周　宾　朱光灿
	生物医学工程	（按一级学科招生）	巴　龙　白云飞　陈　峰（兼）陈　扬 邓慧华　葛丽芹　葛芹玉　顾爱华（兼） 顾　宁　顾万君　顾忠泽　何农跃　何思渊 黄宁平　吉　民　姜　晖　靳光付（兼） 康学军　孔祥清（兼）李志勇　刘　宏 刘全俊　卢　青　卢晓林　陆祖宏　吕　凌（兼） 彭汉川　钱卫平　孙剑飞　孙清江　孙　啸 陶纬国　王海贤　王进科　王雪梅　吴富根 夏洪平（兼）夏　强　肖鹏峰　肖忠党 熊　非　徐春祥　徐　华　杨　芳　禹东川 张天柱　张　宇　赵祥伟　赵远锦　郑文明
	城乡规划学	（按一级学科招生）	董　卫　段　进　李百浩　王兴平　吴　晓 夏铸九　阳建强　杨俊宴
	风景园林学	（按一级学科招生）	陈　薇　成玉宁　石　邢　王晓俊　郑　炘
	软件工程	（按一级学科招生）	高志强　耿　新　郭百宁（兼）李必信 戚晓芳　漆桂林　王红兵　薛　晖　张敏灵 周德宇
	网络空间安全	（按一级学科招生）	曹玖新　陈立全　陈　阳　程　光　东　方 顾　伟　胡爱群　黄　杰　蒋嶷川　康　维 李　冰　李新德　李幼平　梁金玲　林文松 刘庆山　卢剑权　沈　军　舒华忠　宋爱波 孙长银　汤　奕　陶　军　温广辉　吴巍炜 杨　林（兼）杨　明　殷国栋　于　全（兼） 余星火　虞文武　张敏灵
	工程博士领域 (085200)	电子与信息	
		先进制造	

(续 表)

学科门类	学科(一级学科)	专业(二级学科)	指导教师(以姓名拼音为序)
医学 (10)	基础医学	(按一级学科招生)	巢 杰　陈平圣　樊 红　高大庆　季 勇(兼) 李淑锋　刘莉洁　刘培党　毛晓华　沈传来 王立新　姚红红　余卫平　张建琼　赵春杰 朱丽娟
	临床医学	内科学	陈宝安　陈立娟　葛 峥　郭凤梅　李 玲 刘必成　刘 玲　刘乃丰　刘志红(兼)　吕林莉 马根山　马坤岭　邱海波　施瑞华　宋 勇 孙子林　汤成春　汤日宁　王少华　王 尧 杨 毅　姚玉宇　张晓良　赵 伟(兼)
		儿科	郭怡菁　张爱华(兼)
		神经病学	郭怡菁　任庆国　谢春明　闫福岭　袁勇贵 张志珺
		影像医学与核医学	郭金和　居胜红　马根山　滕皋军
		临床检验诊断学	沈艳飞　王书奎(兼)　吴国球
		外科学	陈陆馗　陈 明　李维勤(兼)　陆 军 任建安(兼)　芮云峰　王学浩(兼)　吴小涛 于振坤(兼)　张业伟　周家华　朱维铭
		妇产科学	陈 明　贺 林(兼)　金保方　沈 杨
		肿瘤学	陈宝安　郭金和　吴国球　张海军
	公共卫生与预防医学	流行病与卫生统计学	巢健茜　胡志斌(兼)　金 辉　沈洪兵(兼) 沈孝兵　王 蓓　卫平民
		劳动卫生与环境卫生学	陈 瑞　梁戈玉　刘 冉　浦跃朴　尹立红 张 娟
		营养与食品卫生学	康学军　孙桂菊　许 茜
		卫生毒理学	唐 萌　薛玉英
	临床医学	临床医学专业学位	陈宝安　陈陆馗　陈 明　陈 鑫(兼)　葛 峥 郭金和　胡娅莉(兼)　嵇振岭　居胜红　刘必成 刘乃丰　马根山　邱海波　施瑞华　孙凌云 孙子林　汤成春　滕皋军　王彩莲　王少华 王 尧　吴小涛　闫福岭　杨 毅　袁勇贵 张业伟　张志珺　周家华
管理学 (12)	管理科学与工程	(按一级学科招生)	陈良华　陈伟达　陈志斌　邓小鹏　杜运周 何建敏　何 勇　胡汉辉　李德智　李廉水(兼) 李启明　李四杰　刘新旺　吕鸿江　梅姝娥 舒 嘉　王海燕　王文平　吴 斌　吴 芃 吴应宇(兼)　徐泽水(兼)　薛巍立　袁竞峰 张玉林　赵林度　仲伟俊　庄亚明
		★金融工程	何建敏　李守伟　刘晓星　刘新旺　庄亚明
艺术学 (13)	艺术学理论	(按一级学科招生)	甘 锋　赫 云　季 欣　李蓓蕾　李轶南 龙迪勇　沈亚丹　汪小洋　王廷信　谢建明(兼) 徐习文　郁火星

注:★为自主设置的二级学科

2019年度硕士学位研究生招生学科、专业

学术学位招生学科、专业

学科门类	学科(一级学科)	学科、专业(二级学科)
哲学	哲学	
经济学	应用经济学	金融学
法学	法学	
	政治学	政治学理论
	社会学	
	马克思主义理论	
教育学	教育学	
	心理学	
	体育学	
文学	中国语言文学	
	外国语言文学	英语语言文学;日语语言文学;俄语语言文学;外国语言学及应用语言学
理学	数学	
	物理学	
	化学	
	生物学	生物物理学
	统计学	
工学	力学	
	机械工程	
	光学工程	
	仪器科学与技术	
	材料科学与工程	材料物理与化学
	动力工程及工程热物理	
	电气工程	
	电子科学与技术	物理电子学;电路与系统;微电子学与固体电子学 电磁场与微波技术;电子科学与技术(集成电路设计)
	信息与通信工程	
	控制科学与工程	导航、制导与控制
	计算机科学与技术	
	建筑学	
	土木工程	岩土工程;市政工程;供热、供燃气、通风及空调工程;桥梁与隧道工程; 土木工程(土木工程建造与管理)
	测绘科学与技术	
	化学工程与技术	

（续　表）

学科门类	学科(一级学科)	学科、专业(二级学科)
工学	交通运输工程	
	环境科学与工程	
	生物医学工程	
	城乡规划学	
	风景园林学	
	软件工程	
	网络空间安全	
	设计学	
医学	基础医学	
	临床医学	内科学；儿科学；神经病学；精神病与精神卫生学；影像医学与核医学；临床检验诊断学；外科学；妇产科学；眼科学；耳鼻咽喉科学；肿瘤学；麻醉学；急诊医学
	公共卫生与预防医学	流行病与卫生统计学；劳动卫生与环境卫生学；营养与食品卫生学；卫生毒理学
	中医学	中医内科学
	护理学	
管理学	管理科学与工程	
	工商管理	会计学；旅游管理
	公共管理	
	图书情报与档案管理	
艺术学	艺术学理论	
	设计学	

专业学位招生类别、领域

学科门类	类别	领域
经济学	金融	
	应用统计	
	国际商务	
	资产评估	
法学	法律	法律(非法学) 法律(法学)
	社会工作	
教育学	汉语国际教育	
	应用心理	
文学	翻译	英语笔译

(续 表)

学科门类	类别	领域
工学	建筑学	
	工程	机械工程 光学工程 仪器仪表工程 材料工程 动力工程 电气工程 电子与通信工程 集成电路工程 控制工程 计算机技术 软件工程 建筑与土木工程 水利工程 化学工程 交通运输工程 环境工程 生物医学工程 工业设计工程 物流工程
	城市规划	
	风景园林	
医学	临床医学	
	公共卫生	
	护理	
管理学	工商管理	
	公共管理	
	会计	
	工程管理	
艺术学	艺术	美术 艺术设计

入选江苏省 2019 年度普通高校研究生科研创新计划项目名单

序号	院系名称	项目编号	申请人	导师姓名	项目类型	研究生层次	项目名称
1	数学学院	KYCX19_0054	王恒芩	李玉祥	自然科学	博士	几类趋化模型解的存在性分析
2	数学学院	KYCX19_0055	陈孝凤	陈建龙	自然科学	博士	伪核逆、单边核逆及弱群逆的研究
3	数学学院	KYCX19_0056	张萌萌	刘继军	自然科学	博士	对几种散射特征值问题的数值算法及应用研究

(续 表)

序号	院系名称	项目编号	申请人	导师姓名	项目类型	研究生层次	项目名称
4	生命科学研究院	KYCX19_0057	张玉花	柴人杰	自然科学	博士	线粒体自噬在新霉素引起的毛细胞损伤中的作用及机制
5	生命科学研究院	KYCX19_0058	胡玥	张建琼	自然科学	博士	microRNA和RNA甲基化修饰对发育中神经元经典MHC I类分子表达调控的机制研究
6	土木工程学院	KYCX19_0059	马银行	杨福俊	自然科学	博士	电子散班干涉法对颗粒体系的受压力学特性研究
7	机械工程学院	KYCX19_0060	李澜	王兴松	自然科学	博士	多细胞精准原位3D打印系统平台与工艺研究
8	机械工程学院	KYCX19_0061	赵坤坤	张志胜	自然科学	博士	人体上肢建模方法及运动生物力学分析
9	机械工程学院	KYCX19_0062	朱锐	费庆国	自然科学	博士	基于精确建模的空间结构动力学关键问题研究
10	机械工程学院	KYCX19_0063	赵孝礼	贾民平	自然科学	博士	基于深度无监督学习的旋转机械故障诊断方法研究
11	机械工程学院	KYCX19_0064	任凯	汤文成	自然科学	博士	二维范德华半导体异质结光催化水分解性能的第一性原理研究
12	机械工程学院	KYCX19_0065	邵俊凯	薛澄岐	自然科学	博士	复杂系统界面的视听交互认知脑机制研究
13	电子科学与工程学院	KYCX19_0066	郑鹏飞	恽斌峰	自然科学	博士	基于硅基微环谐振腔的微波光子可重构滤波器芯片
14	仪器科学与工程学院	KYCX19_0067	夏炎	潘树国	自然科学	博士	GNSS/伪卫星深度融合定位关键技术研究
15	仪器科学与工程学院	KYCX19_0068	张翔宇	李建清	自然科学	博士	基于机器学习与穿戴式心电信号评估的长期房颤监测系统
16	仪器科学与工程学院	KYCX19_0069	乔楠	王立辉	自然科学	博士	稻麦联合收获机辅助驾驶系统
17	材料科学与工程学院	KYCX19_0070	张浩	缪昌文	自然科学	博士	水化温升调节剂对水泥基材料水化行为的影响
18	材料科学与工程学院	KYCX19_0071	张恒	孙正明	自然科学	博士	构筑MXene基多级结构及其在锂硫电池中的应用
19	材料科学与工程学院	KYCX19_0072	钱如胜	张云升	自然科学	博士	非饱和混凝土的气体传输特性试验与理论研究
20	化学化工学院	KYCX19_0073	赵春芹	丁收年	自然科学	博士	等离子体增强金纳米簇光电性能研究及其分析应用
21	化学化工学院	KYCX19_0074	韩丹	张袁健	自然科学	博士	氮化碳纸基荧光传感器的构建与应用

(续 表)

序号	院系名称	项目编号	申请人	导师姓名	项目类型	研究生层次	项目名称
22	能源与环境学院	KYCX19_0075	刘凌沁	黄亚继	自然科学	博士	内外联合加热式流化床热解制备生物炭试验及其应用研究
23	能源与环境学院	KYCX19_0076	李 蕾	陈永平	自然科学	博士	电场对乳液动力学行为的调控机理研究
24	能源与环境学院	KYCX19_0077	许成城	李舒宏	自然科学	博士	夏热冬冷地区传统建筑围护结构热湿耦合传递特性研究
25	电气工程学院	KYCX19_0078	盘真保	房淑华	自然科学	博士	天文望远镜直驱系统用弧线磁场调制电机的设计与分析
26	电气工程学院	KYCX19_0079	马大俊	陈 武	自然科学	博士	高功率密度型电力电子牵引变压器关键技术研究
27	电气工程学院	KYCX19_0080	张秋实	樊 英	自然科学	博士	机器人关节伺服电机高性能驱动算法研究
28	信息科学与工程学院	KYCX19_0081	张信歌	蒋卫祥	自然科学	博士	光感智能超表面研究
29	电子科学与工程学院	KYCX19_0082	汪丽茜	雷 威	自然科学	博士	高效稳定全无机量子点发光二极管的研究和制备
30	电子科学与工程学院	KYCX19_0083	姚利兵	徐 峰	自然科学	博士	透射电子显微镜下碱金属离子电池电极材料的原位研究
31	信息科学与工程学院	KYCX19_0084	张 行	李春国	自然科学	博士	复数自适应滤波算法非圆特性分析及应用
32	自动化学院	KYCX19_0085	孙 昊	李世华	自然科学	博士	发动机电控系统建模与先进控制方法研究
33	自动化学院	KYCX19_0086	岳冬冬	李 奇	自然科学	博士	非确定性网络控制的分布式自适应控制系统
34	自动化学院	KYCX19_0087	胡耀聪	路小波	自然科学	博士	基于深度学习的驾驶员行为识别关键技术研究
35	仪器科学与工程学院	KYCX19_0088	朱永云	张 涛	自然科学	博士	基于USBL相对位置辅助的SINS初始对准技术研究
36	计算机科学与工程学院	KYCX19_0089	刘 翔	吴巍炜	自然科学	博士	双边市场机制设计与研究
37	建筑学院	KYCX19_0090	许之鑫	郑 炘	自然科学	博士	基于微气候效应的城市老旧社区优化设计研究
38	土木工程学院	KYCX19_0091	张 骞	冯 健	自然科学	博士	预制混凝土装配整体式剪力墙结构钢筋集束连接机理研究
39	土木工程学院	KYCX19_0092	王 强	朱 虹	自然科学	博士	附加肋-复材筋与混凝土界面粘结性能及机理研究
40	土木工程学院	KYCX19_0093	杨 阳	龚维明	自然科学	博士	核电站桩-垫层-筏板基础隔震设计关键技术研究
41	土木工程学院	KYCX19_0094	王 晓	李建春	自然科学	博士	含弱结构深埋大型地下洞室(群)地震动响应规律研究

(续 表)

序号	院系名称	项目编号	申请人	导师姓名	项目类型	研究生层次	项目名称
42	土木工程学院	KYCX19_0095	祝青鑫	王 浩	自然科学	博士	铁路桥梁服役期持续环境荷载时变作用模型研究
43	土木工程学院	KYCX19_0096	闫春妮	黄 娟	自然科学	博士	纳米氧化石墨烯的湿地生态效应及其去除技术研究
44	土木工程学院	KYCX19_0097	朱瑞召	郭 彤	自然科学	博士	含自复位粘滞阻尼器的钢框架地震韧性研究
45	交通学院	KYCX19_0098	刘路路	蔡国军	自然科学	博士	基于再生聚酯纤维的路基粉土加固机理及工程应用研究
46	交通学院	KYCX19_0099	樊梓元	黄 侨	自然科学	博士	基于时序数据挖掘的缆索承重桥梁预后研究
47	能源与环境学院	KYCX19_0100	周君明	张小松	自然科学	博士	基于复合膜的太阳能膜式溶液再生系统与传热传质性能研究
48	化学化工学院	KYCX19_0101	沈荣华	钱 鹰	自然科学	博士	红光发射和亚细胞器定位的荧光探针的构建及近红外成像
49	化学化工学院	KYCX19_0102	王园江	苟少华	自然科学	博士	含蛋白激酶2抑制剂的抗肿瘤铂（Ⅱ）前药研究
50	化学化工学院	KYCX19_0103	鲍杰华	周钰明	自然科学	博士	基于ZSM-5侧笼定向限域Pt簇催化剂可控构筑及性能研究
51	交通学院	KYCX19_0104	刘 岩	王 炜	自然科学	博士	网约车超速时空聚类模型及其对节省行程时间的影响机理
52	交通学院	KYCX19_0105	袁亚龙	杨 敏	自然科学	博士	高铁车站可达性对乘客全过程出行满意度影响研究
53	交通学院	KYCX19_0106	唐樊龙	马 涛	自然科学	博士	BIM技术在沥青路面建管养体系中的应用研究
54	交通学院	KYCX19_0107	马 羊	程建川	自然科学	博士	基于高精度激光扫描（LiDAR）数据的道路可视性研究
55	交通学院	KYCX19_0108	李林恒	冉 斌	自然科学	博士	混有智能网联汽车的城市快速路通行能力研究
56	生物科学与医学工程学院	KYCX19_0109	李春梅	王雪梅	自然科学	博士	碳基荧光功能探针用于生物活性小分子的检测
57	生物科学与医学工程学院	KYCX19_0110	于 涵	唐达林	自然科学	博士	仿真力学模型在法洛四联症患者手术模拟中的应用
58	信息科学与工程学院	KYCX19_0111	李博文	卢剑权	自然科学	博士	基于矩阵半张量积的流密码分析与应用
59	网络空间安全学院	KYCX19_0112	刘荣健	卢剑权	自然科学	博士	插入机制下的离散事件系统的隐蔽性问题研究
60	医学院	KYCX19_0113	周成茂	夏洪平	自然科学	博士	右美托咪定相关肝癌切除患者预后免疫模型的建立和评估
61	医学院	KYCX19_0114	王发明	袁榴娣	自然科学	博士	LncRNA-165对B细胞发育的影响及相关机制研究

(续 表)

序号	院系名称	项目编号	申请人	导师姓名	项目类型	研究生层次	项目名称
62	医学院	KYCX19_0115	臧菲菲	谢春明	自然科学	博士	基于胆固醇代谢通路探讨经颅磁刺激治疗阿尔茨海默病谱系人群的脑网络机制研究
63	医学院	KYCX19_0116	陈素珍	袁勇贵	自然科学	博士	抑郁症外周血诊断平台的研究
64	医学院	KYCX19_0117	朱奕	刘乃丰	自然科学	博士	乳酸通过NR4A1/DNA-PKcs/p53通路调控线粒体分裂与线粒体自噬加速VSMC钙化的机制研究
65	医学院	KYCX19_0118	任丽华	施瑞华	自然科学	博士	SNHG16影响miR-183调控PDCD4在食管鳞癌发生发展中的机制研究
66	医学院	KYCX19_0119	宁振强	沈艳飞	自然科学	博士	开发新型电化学发光传感器用于食源性致病菌快速检测
67	公共卫生学院	KYCX19_0120	刘桐	梁戈玉	自然科学	博士	长链非编码RNATINCR通过ceRNA参与致癌物MNNG诱发胃癌中的作用机制研究
68	公共卫生学院	KYCX19_0121	杨超	孙桂菊	自然科学	博士	全亚麻籽对非酒精性脂肪肝大鼠干预效果研究
69	公共卫生学院	KYCX19_0122	王博深	张娟	自然科学	博士	苯诱导linc-p21基因在骨髓造血抑制中的作用及机制研究
70	公共卫生学院	KYCX19_0123	尹洁晨	刘冉	自然科学	博士	基于秀丽线虫模型探讨PFOS和PFOA
71	公共卫生学院	KYCX19_0124	丁勤	浦跃朴	自然科学	博士	太湖土著好氧及厌氧藻毒素降解菌群结构和降解途径研究
72	土木工程学院	KYCX19_0125	陈光冲	李启明	自然科学	博士	信息协同视角下的BIM技术全过程信息服务商运作模式研究
73	土木工程学院	KYCX19_0126	张娜	邓小鹏	自然科学	博士	国际高铁项目瞬时竞争优势的形成及度量研究
74	经济管理学院	KYCX19_0127	毛文鑫	王文平	自然科学	博士	环境保护制度系统协同效应仿真及优化路径研究
75	经济管理学院	KYCX19_0128	薛文停	徐泽水	自然科学	博士	基于犹豫模糊语言信息融合理论的决策方法研究
76	经济管理学院	KYCX19_0129	李静	张玉林	自然科学	博士	考虑参与方信息水平与典型行为倾向的双边平台定价研究
77	经济管理学院	KYCX19_0130	王磊	李守伟	自然科学	博士	基于多元关联网络与机器学习的系统性金融风险演化研究
78	人文学院	KYCX19_0131	彭智	乔光辉	人文社科	博士	王船山"势"论思想研究
79	人文学院	KYCX19_0132	杜盼盼	徐嘉	人文社科	博士	乡村建设运动的伦理价值研究
80	经济管理学院	KYCX19_0133	范小敏	徐盈之	人文社科	博士	中国高铁建设背景下城市体系建设对环境污染的影响研究
81	法学院	KYCX19_0134	李蕊	周佑勇	人文社科	博士	路权的逻辑证成和规范建构研究

(续表)

序号	院系名称	项目编号	申请人	导师姓名	项目类型	研究生层次	项目名称
82	法学院	KYCX19_0135	唐淑艳	龚向和	人文社科	博士	民办教育公平优质发展的国家义务研究
83	法学院	KYCX19_0136	王兵兵	张明楷	人文社科	博士	预防刑法扩张必要性及限度
84	法学院	KYCX19_0137	王耀彬	刘艳红	人文社科	博士	人工智能的刑法规制及相关法律问题
85	经济管理学院	KYCX19_0138	张永明	陈伟达	人文社科	博士	碳期权/期货下再制造企业生产与碳减排决策集成优化研究

入选江苏省 2019 年度研究生教育教学改革研究与实践课题名单

序号	单位	项目编号	课题名称	主持人
1	双一流建设办公室	JGZD19_013	地方政府支持高水平大学建设政策研究	何正球
2	马克思主义学院	JGZD19_014	江苏省域外地高水平大学研究院建设研究	耿有权
3	法学院	JGZZ19_027	新时代学位制度改革问题研究	孟鸿志
4	交通学院	JGZZ19_028	"一带一路"沿线国家交通运输工程专业留学研究生培养模式研究——以东南大学为例	于 斌
5	数学学院	JGZZ19_009	以数学统计为主导的交叉学科研究生创新人才培养的探索与实践	曹进德 李玉祥
6	医学院	JGLX19_008	教学案例库的建立在妇产科专硕培养中的研究与应用	袁春燕 任慕兰
7	图书馆	JGLX19_009	江苏高水平大学建设绩效特殊评价研究	袁曦临
8	材料科学与工程学院	JGZZ19_015	江苏省材料、化工类专业学位研究生培养现状调查与研究	薛 烽
9	外国语学院	JGLX19_010	第二课堂理论指导下模拟国际会议对研究生学术英语教学的效应研究	金 晶 凌建辉
10	校长办公室	JGLX19_011	"双一流"建设背景下研究生"工程伦理"教育改革路径研究——以生命伦理教育为例	许启彬 李朝静
11	土木工程学院	JGLX19_012	多学科交叉融合背景下工程管理硕士专业学位论文标准和写作指南研究	李启明 宁 延

入选 2019 年度江苏省企业研究生工作站名单

序号	工作站编号	设站院系	工作站名称	合作高校名称	技术领域	工作站类型	总负责导师
1	2019_002	材料科学与工程学院	江苏神王集团钢缆有限公司	东南大学	工业	企业	储成林
2	2019_003	电气工程学院	国网(苏州)城市能源研究院	东南大学	其他	企业	黄允凯
3	2019_004	电气工程学院	南京起重电机总厂	东南大学	工业	企业	余海涛
4	2019_005	电子科学与工程学院	南京熊猫电子制造有限公司	东南大学	其他	企业	汤勇明
5	2019_006	计算机科学与工程学院	江苏尚飞光电科技股份有限公司	东南大学	软件和信息技术服务业	企业	鲍旭东
6	2019_007	法学院	北明软件有限公司南京分公司	东南大学	软件和信息技术服务业	企业	王禄生
7	2019_008	化学化工学院	苏州海顺包装材料有限公司	东南大学	工业	企业	王育乔
8	2019_009	化学化工学院	江阴升辉包装材料有限公司	东南大学	工业	企业	周锰明
9	2019_010	机械工程学院	无锡威孚力达催化净化器有限责任公司	东南大学	工业	企业	许云飞
10	2019_011	交通学院	中国市政工程华北设计研究总院有限公司江苏分公司	东南大学	其他	企业	过秀成
11	2019_012	自动化学院	南京东奇智能制造研究院有限公司	东南大学	软件和信息技术服务业	企业	费树岷
12	2019_013	自动化学院	江苏集萃智能制造技术研究所有限公司	东南大学	其他	企业	李世华
13	2019_014	交通学院	悉地(苏州)勘察设计顾问有限公司	东南大学	其他	企业	陆建
14	2019_015	数学学院	江苏凤凰报刊出版传媒有限公司	东南大学	统计学	企业	曹进德
15	2019_016	网络安全学院	江苏天创科技有限公司	东南大学	软件和信息技术服务业	企业	程光
16	2019_017	交通学院	镇江市规划设计研究院	东南大学	其他	事业单位	过秀成

2019年度新增博士研究生指导教师名单

建筑学：	徐小东　金　星　唐　芃
机械工程：	孙东科　孙桂芳　窦建平　夏　丹　罗　晨　王金湘　项　楠
动力工程及工程热物理：	刘道银　蒋剑春（兼职）
环境科学与工程：	陈惠超
信息与通信工程：	陶　俊　戚晨皓　张　川　王承祥　陆　军（兼职）
土木工程：	徐　明　张文明　许　妍　熊　文　陈　力　丁建文
电子科学与技术：	钱钦松　吴　金　余　超　张宇宁　吴　俊　祝　靖
	瞿建锋　郭小朝（兼职）
光学工程：	胡国华　徐淑宏
数学：	张小向　张　鑫　刘庆山
控制科学与工程：	王翔宇
计算机科学与技术：	Jean-Louis Coatrieux　何　田　冯前进（兼职）　蒋　平（兼职）
软件工程：	刘志昊
物理学：	陈殿勇
生物医学工程：	罗守华　谢卓颖　彭汉川　梁高林
材料科学与工程：	罗　强　张旭海　张法明　施锦杰　代云茜　段文会
化学工程与技术：	李　全
哲学：	杨　煜　王华宝
应用经济学：	浦正宁　尹　威
电气工程：	黄　磊　吴　熙　陈星莺（兼职）
交通运输工程：	李豪杰　徐铖铖　王　晨　谭华春
仪器科学与技术：	徐宝国
艺术学理论：	郭建平　孟凡行
法学：	刘练军　王禄生　于立深　桑本谦（兼职）
基础医学：	朱新建　施少林（兼职）　李聚学（兼职）　郭雪江（兼职）
	刘　妍（兼职）　陈　云（兼职）　汪强虎（兼职）
临床医学：	吴同智　洪　鑫　程张军　彭新桂　翁建平（兼职）　宁　光（兼职）
	夏正坤（兼职）
公共卫生与预防医学：	王适之　李晓波　王晓英　王美林（兼职）　陈　进（兼职）
生物学：	唐明亮
网络空间安全：	邬江兴（兼职）　刘韵洁（兼职）

2019年度新增硕士研究生指导教师名单

建筑学：	华　好
城乡规划学：	殷　铭　陶岸君
机械工程：	李彦斌　邢佑强　胡　涛　陆荣生

动力工程及工程热物理：	王晓佳　孙　立　施　娟　吴　啸　陈晓乐　苏中元　陈良勇　刘　聪
环境科学与工程：	陆勇泽　张　波
信息与通信工程：	李佳珉　韩　宁　吴　亮　刘升恒
力学：	马晓光
土木工程：	邓温妮　张　琦　冯德成　秦　颖　朱明亮　陈　力　姚一鸣　李　星　谈超群　张　伦　宋晓东
电子科学与技术：	杨海宁　谢　骁　徐　涛　吴汪然　易真翔　蔡　浩　国洪轩　张晓阳　陈　静　徐　建　陈　鹏　张　彦　万　向　郭　健　李允博
数学：	徐新冬　胡建强　吕思宇　钟　敏　付俊杰
物理学：	黄兆聪　李　强
控制科学与工程：	张金霞　袁　堃　牛　丹　黄永明　王雁刚
计算机科学与技术：	伍家松　孔佑勇　金嘉晖　王万元　董　恺　凌　振　王　帅
软件工程：	张　祥　张　宇
网络空间安全：	李　涛　童　飞
生物医学工程：	李　艳　王　婷　黄　炎　孙　钰(2018.08)
材料科学与工程：	佘　伟　王倩倩　张培根　罗　强　章　炜　顾　星
交通运输工程：	金诚杰　胡　靖
测绘科学与技术：	付　晓　田　馨
电气工程：	王青松　张　淦　洪芦诚　刘　凯　王建华　胡秦然　蔡海维　汪　波
仪器科学与技术：	李　潍　孙立博
公共管理：	张　敏
心理学：	陶卓立　冷　玥
马克思主义理论：	吴荣顺
法学：	杨　洁　刘启川　易　波　冯煜清　刘练军
工商管理：	王亮亮
管理科学与工程：	丁　溢　杨东辉　赖明辉
图书情报与档案管理：	孟祥保
应用经济学：	吴一超　高彦彦　朱冬梅　李绍芳
外国语言文学：	刘　彬　韩亚文　蒋欣欣
体育学：	李晓智
艺术学理论：	顾维喜　卢衍鹏
生物学：	刘　安　方海同　耿俊华
基础医学：	成于思　孔　岩　张　薇　陈佳林
临床医学：	范小波　纪木火　焦　蕴　金　虹　杨兵全　陈　龙　陈耀忠　张正生　徐晓龑　赵登玲　陆雪松　胡元斌　张　毅　黄　莉　邱山虎　吴同智　梁元姣(2018.09)　姚　兵(兼职)　苏　欣(兼职)　汪俊军(兼职)　聂时男(兼职)　张利东(兼职)　黄湘华(兼职)　王　锐(兼职)　薛春燕(兼职)　丁威威(兼职)　包倪荣(兼职)　高春林(兼职)

护理学：　　　　　　　　　　王晓燕　吴燕平
公共卫生与预防医学：　　　　范丽君

江苏省优秀博士学位论文获奖名单(2019)

序号	院系	姓名	学号	学科名称	论文题目	指导教师	获奖年度
1	建筑学院	陈宏胜	149290	城乡规划学	中国典型区域流动人口家庭城镇化研究	王兴平	2019
2	机械工程学院	司伟	119048	机械设计及理论	纳米孔在DNA及蛋白质分子检测应用中的关键技术研究	陈云飞	2019
3	能源与环境学院	张书平	149018	动力工程及工程热物理	稻壳热解多联产及其产物改性应用的基础研究	熊源泉	2019
4	信息科学与工程学院	刘硕	149037	电磁场与微波技术	基于数字表征的编码超表面及其应用	崔铁军	2019
5	土木工程学院	董志强	129596	土木工程	FRP筋增强混凝土结构耐久性能及其设计方法研究	吴刚	2019
6	自动化学院	董璐	139599	控制理论与控制工程	基于事件触发自适应动态规划的最优控制方法研究	郭雷　孙长银	2019
7	物理学院	詹翔	159121	物理学	基于线性光学的量子态的制备、演化及测量	薛鹏	2019
8	生物科学与医学工程学院	郑付印	139156	生物医学工程	功能化的肝脏芯片药物评价系统的构建	顾忠泽	2019
9	电气工程学院	张丽	149163	电气工程	电动汽车混合励磁容错电机及其驱动控制研究	樊英	2019
10	化学化工学院	王猛	149187	化学工程与技术	液晶弹性体材料的各向异性导热性能及刺激响应运动模式调控方法研究	杨洪	2019
11	仪器科学与工程学院	崔冰波	139526	仪器科学与技术	GNSS拒止环境下FOG-SINS/GNSS组合导航关键技术研究	陈熙源	2019
12	医学院	白莹	149683	免疫学	miR-143调节血脑屏障完整性及其调控机制	姚红红	2019
13		常娣	139277	影像医学与核医学	基于磁共振成像的心肾综合征机制研究及其分子影像与功能影像学评估	居胜红	2019

江苏省2019年度优秀学术型硕士学位论文名单

序号	院系	姓名	学号	学科名称	论文题目	指导教师	获奖年度
1	建筑学院	韩宜丹	150007	建筑学	江南地区传统木构建筑风振性能研究	淳庆	2019

(续表)

序号	院系	姓名	学号	学科名称	论文题目	指导教师	获奖年度
2	能源与环境学院	李春峰	150364	动力工程及工程热物理	汞形态定向吸附特性实验研究	段钰锋	2019
3	信息科学与工程学院	杨杰	150666	信息与通信工程	基于混合预编码架构的毫米波无线传输关键技术研究	金石	2019
4	土木工程学院	张晓明	150975	土木工程	甲虫板抗压性能及其增强机理	陈锦祥	2019
5	电子科学与工程学院	祁怡君	151159	光学工程	复振幅调制的新方法研究	夏军	2019
6	计算机科学与工程学院	霍增炜	151484	软件工程	标记分布学习鲁棒性和可扩展性研究	耿新	2019
7	物理学院	张昊	151616	物理学	脉冲激光沉积技术在有机钙钛矿太阳能电池中的应用	董帅	2019
8	生物科学与医学工程学院	王鹏	143716	生物医学工程	金纳米颗粒宏观连续组装膜的导电性质及局域表面激元的研究	孙剑飞	2019
9	人文学院	杨帆	153122	中国语言文学	《琵琶记》的插图批评	乔光辉	2019
10	电气工程学院	姜云磊	152149	电气工程	高可靠双定子无刷双馈风力发电系统多模式控制策略研究	程明	2019
11	外国语学院	陆义莹	152295	外国语言学及应用语言学	中国学习者英语节奏声学测量研究——以不同音乐节奏能力学习者为对象	陈美华	2019
12	仪器科学与工程学院	张慧	152702	仪器科学与技术	基于多传感器融合的半自主式遥操作机器人控制技术研究	宋爱国	2019
13	医学院	唐文东	152990	临床检验诊断学	PEAK1 通过 ERK1/2 和 JAK2 信号促进非小细胞肺癌转移和 EMT	吴国球	2019

江苏省2019年度优秀硕士专业学位论文名单

序号	院系名称	姓名	学号	专业学位类别	专业领域	论文题目	学校指导教师	企业指导教师	获奖年度
1	建筑学院	许闻博	150170	城市规划硕士		面向城市空间治理的规划方法探索——基于公共活动空间的研究	王兴平	徐海贤	2019
2		虞菲	150028	建筑学硕士		高大空间中庭的太阳热辐射与自然采光平衡调控技术研究——以南京地区为例	冷嘉伟	曹伟	2019
3	机械工程学院	王占栋	150290	工程硕士	机械工程	海工高强钢激光电弧复合焊接工艺、性能及机理研究	孙桂芳	陶兴启	2019

(续 表)

序号	院系名称	姓名	学号	专业学位类别	专业领域	论文题目	学校指导教师	企业指导教师	获奖年度
4	能源与环境学院	崔健	150543	工程硕士	动力工程	煤与石油焦混燃的循环流化床锅炉重金属、SOx 和 Cl 排放特性	段伦博	孙 虹	2019
5	信息科学与工程学院	戈璐璐	150809	工程硕士	电子与通信工程	基于DNA计算的逻辑与应用研究	张 川	王中风	2019
6	土木工程学院	孙求知	151090	工程硕士	建筑与土木工程	对称预应力索杆体系形态构建及刚度特性研究	冯 健	蒋剑峰	2019
7	生物科学与医学工程学院	臧显怡	153443	教育硕士	科学与技术教育	小学六年级科学素养评测研究	柏 毅	夏子玫	2019
8	交通学院	陆佳炜	152636	工程硕士	交通运输工程	基于系统最优的城市道路交通流实时诱导研究	夏井新	陆 斌	2019
9	公共卫生学院	王祎杰	152955	公共卫生硕士		新型纳米电化学肿瘤生物标志物的传感分析与研究	王晓英	徐 军	2019

2019 年博士学位授予名单

一、学术型学历博士研究生（共648人）

专　业	姓　名
哲学(3人)	米进忠　都萧雅　吴一迪
外国哲学(2人)	李飞翔　郭友兵
应用经济学(4人)	刘晨跃　卞元超　杨丽君　蔡海亚
金融学(2人)	如　风　李秀萍
产业经济学(3人)	胡　艺　李　贲　汲　铮
国际贸易学(1人)	施震凯
法学(6人)	夏　伟　周艳云　朱　军　刘　春　郭　跃　王　炎
马克思主义基本原理(1人)	任　鹏
思想政治教育(3人)	刘　哲　潘勇涛　陆　璐
数学(11人)	郭小亚　王　伟　王　和　洪会粉　王金玲　朱亚楠　丁小帅　王佩君　纪翠翠　刘晓曼　李亭亭
物理学(13人)	陈虹宇　秦飞飞　张骏杰　杨永亮　陈　峰　史　丽　王坤坤　托　姆　张雨蒙　王　冰　水　涛　刘　通　杨　维
生物学(21人)	韩晓党睿　公丕海　龚　雪　王玉芝　盛　涛　莎　娜　禹保丛　苏志鹏　邱　方　苏　岩　陈东升　毛　蕊　宋　伟　王　婵　郭玲娜　李　丹　杜爱玲　韩潇宁　母亚雯　郭荣荣
遗传学(1人)	欧梦竹
统计学(1人)	韩忠成
工程力学(2人)	李万金　苏志龙

(续 表)

专　　业	姓　　名
机械工程(8人)	鄢小安　朱　然　苏波泳　孙小肖　李　烈　李　鹏　石灵健　张　诚
机械制造及其自动化(4人)	杨　宇　潘明辉　吴俊峰　李　源
机械设计及理论(4人)	丁红钦　邱玉江　刘晨晗　徐利伟
车辆工程(3人)	弥　甜　陆存豪　周宏月
机械工程(工业设计)(1人)	陈晓皎
光学工程(1人)	李　路
仪器科学与技术(9人)	唐　杰　秦　钦　邵思羽　白　敬　王　威　王建鹏　陈大鹏　韦　中　蔡志鹏
材料科学与工程(25人)	刘　松　冯景隆　莎　丽　丁健翔　雷东移　景力军　于红光　李　辉　穆泊源 伊乐可　贾子健　郑　伟　徐　晖　姚　瑶　刘国建　安　栋　蔡　洪　李赛鹏 杨永敢　汪希奎　张　成　史相如　李保亮　杨　莉　刘玉爽
材料物理与化学(11人)	姜　玲　王仲夏　汤渊源　蔡征宇　沈宝星　刘金霞　王肖肖　张婉莹　许　超 王承俊　高继兴
动力工程及工程热物理(36人)	许　盼　刘　博　禹法文　衡丽君　于　程　马士伟　吴云云　曾德望　王　佳 高　崴　孙珊珊　朱　珉　曾骥敏　喻　聪　周冠文　于　燕　孙　朝　徐成威 朱　纯　梁　辉　孙文静　刘长奇　赵士林　陈小龙　汤红健　张雷刚　蒋守席 江巍雪　黄世芳　刘国富　马　忠　朱建忠　俞　炜　苏　伟　王旭东　苏莫洛
动力工程及工程热物理(能源环境工程)(1人)	陈　星
电气工程(33人)	李　伟　仲伟波　周令康　李晨昊　丁　然　李东野　姜永将　苏　鹏　赵桂书 刘小梅　杨　斌　季一润　罗李子　李培帅　吴晨雨　刘晓峰　朱雪琼　范文超 曹敏健　韩海腾　李　念　刘　瀚　缪惠宇　蔡霁霖　周　涛　迪瑞斯　张邦富 王煜奇　李毅博　杨公德　夏　涛　王海涛　徐俊俊
物理电子学(17人)	董　纳　张　劲　祁正青　齐志央　吴自力　赵见国　贾立秀　陶　治　段维嘉 袁慧宇　吴静远　王　昕　孙　瀚　刘　髹　郑　宇　翁一士　赵　健
电路与系统(13人)	唐旭升　陶　健　王维波　杨俊卿　刘　扬　孙俊峰　张银行　何　龙　包远鑫 程国枭　张添翼　花再军　张　震
微电子学与固体电子学(18人)	万　树　张秋波　朱俊杰　孙　杰　魏家行　高莉莉　余开浩　贾海洋　朱重阳 唐路平　田　婷　夏委委　吉　宇　戴文韬　郭小强　商新超　闫成刚　蔡　然
电磁场与微波技术(19人)	周小阳　柴　远　宋刚永　无　奇　杨彬祺　赵　丽　胡　云　胡　俊　李小兵 张　茜　张若峤　张　玲　戴俊彦　黄保虎　刘志强　聂星河　徐之遐　苏长江 徐　俊
电子科学与技术(集成电路设计)(1人)	董　乾
信息与通信工程(26人)	王　刚　吴小宁　江　浩　孙　远　黄　诺　李　沛　王　玮　张仁民　温万里 张　瑞　王旭阳　孙晓宇　刘　淼　陈常山　朱亚萍　徐　浩　杜劲波　徐勤军 鄢克雨　胡家顺　施建锋　高小钦　匡肃奉　谢　跃　阳　析　宋庆恒
信息与通信工程(信息安全)(1人)	曹达明
控制科学与工程(6人)	陈春宇　傅保增　时欣利　颜赟达　姜胜芹　武　康
控制理论与控制工程(9人)	杨　振　李　贤　刘　锋　满朝媛　王　攀　段晋军　涂　歆　孙建坤　郭天亮
系统工程(2人)	黄虹富　王　敏
模式识别与智能系统(2人)	董　健　朱婷婷

(续 表)

专　业	姓　名
导航、制导与控制(2人)	喻名彪　王捍兵
计算机科学与技术(4人)	李云鹏　严富函　徐　杰　刘　丽
计算机系统结构(2人)	刘尚东　张孝国
计算机应用技术(2人)	李春强　徐逸卿
建筑学(16人)	王　歆　张　力　宋亚程　宋一鸣　于申启　徐　斌　汪妍泽　张莹莹　敖　雷 刘　芳　王　倩　陆　垠　戴天晨　林　岩　司秉卉　韩艺宽
建筑设计及其理论(6人)	俞　坚　韦玉姣　倪震宇　尚　川　董亦楠　汤顶华
建筑学(景观建筑学)(1人)	刘为力
土木工程(40人)	高晓鹏　李　舒　黄　正　史健喆　唐　煜　冯　博　郑沛娟　方　钊　付　倩 朱峰岐　院素静　赵玉亮　万志辉　李义柱　李　然　程玉瑶　周　飞　刘　烨 庞育阳　江力强　黄　亮　沙　弗　李　勇　李攀杰　赵瀚玮　卓为顶　李宗京 崔文潇　金辰华　柳杨青　孔维一　乔　治　许　荔　陈孔阳　崔浩然　陈适之 朱宝琛　王跃翔　刘中祥　黄小刚
岩土工程(8人)	吴昌胜　储　亚　沈胜强　伍浩良　孙潇昊　李洪江　尤　佺　王　恒
市政工程(4人)	曾文才　夏铭谦　张骏彧　王亚军
供热、供燃气、通风及空调工程(5人)	张　治　巨福军　余鹏飞　凌云志　陈　涛
防灾减灾工程及防护工程(1人)	朱　强
桥梁与隧道工程(2人)	许　翔　万世成
土木工程(土木工程建造与管理)(1人)	江焕芝
化学工程与技术(19人)	黄晓超　黄超锋　向　梅　司马汉娜　凌龙兵　吕燕芹　王俊川　李发骏 陈　宏　黄日镇　齐金旭　王　远　韦源青　潘东辉　张玉叶　汪　侃　陈依漪 石志盛
交通运输工程(39人)	濮居一　张辰辰　过利超　刘　迎　陈许冬　维习德　唐宗鑫　李　烨　秦严严 朱玉琴　杨国峰　董尼娅　钟　罡　王　翀　蒋继望　高良鹏　朱震军　李林超 顾临皓　钱　森　吴鼎新　徐笑梅　唐　坤　项　昀　耿娜娜　张　涛　吴家明 张　楚　包　杰　甘佐贤　张　勐　许跃如　安成川　刘　钊　欧吉顺　刘　阳 刘　嵩　殷　锴　吴淑印
环境科学与工程(3人)	郭飞宏　吴俊康　朱华清
生物医学工程(32人)	孟宪会　胡鹏程　张　雯　李　思　李　灿　尤　其　赵　鹏　屈晓君　王路得 刘玉乾　范　霖　娄豆豆　王　洁　胡琬君　刘雁军　金　乐　刘　畅　侯　震 黄　娟　任姣雨　刘小将　张晓东　郑有坤　郭玲玲　金皓俊　邢　静　黄　琳 武　剑　范凤国　张　迪　许　斌　陈晓凯
生物医学工程(学习科学)(7人)	王力涵　严经纬　李　璇　许有云　钱丽娟　靳来鹏　陈　靖
生物医学工程(制药工程)(2人)	张　瑞　曲艳波
生物医学工程(神经信息工程)(1人)	李华云
城乡规划学(14人)	郑辰暐　程佳佳　汪平西　肖　蓉　周　军　许　皓　夏　菁　郑　国　汪　艳 后文君　石　峰　刘晋华　陆小波　兰文龙
软件工程(4人)	刘辉辉　凌妙根　高　桓　王　桐
免疫学(8人)	赵　蕾　文志发　韩　冰　杜龙飞　陈永强　万　青　张　越　吴芳芳

(续　表)

专　　业	姓　　名
内科学(31人)	鞠成伟　汤　涌　朱　建　徐晓葵　宋慧慧　张　洋　张曦文　谢剑锋　陈小翔 顾　页　谢　波　徐静媛　封　晔　刘　平　王桂花　常　炜　刘　蕾　陈　娟 何砚如　赵　宇　黄　蓉　魏艳艳　孟珊珊　蒋　荣　倪利华　李作林　陈润哲 栾成欣　韩润鸿　韩熙琼　胡泽波
神经病学(4人)	姜文颢　祁鑫洋　朱　琳　虞大凡
影像医学与核医学(4人)	徐婷婷　卢春强　徐晓敏　周海峰
临床检验诊断学(1人)	潘　登
外科学(9人)	庄苏阳　周建明　侯洪伟　陈　露　张　聪　张　磊　张鹤达　李三红　朱　倩
妇产科学(1人)	吴　迪
肿瘤学(3人)	常小峰　胡明玥　宋世龙
流行病与卫生统计学(2人)	陈璐斯　朱　靖
劳动卫生与环境卫生学(3人)	熊丽林　吴申申　孟庆涛
营养与食品卫生学(6人)	夏　惠　郭宝福　唐子刚　卫兰兰　菅宁歌　黄　晓
卫生毒理学(1人)	何克宇
管理科学与工程(24人)	韩　扬　田德红　魏　莉　潘崇霞　魏　尉　曾祥飞　马　亮　尹启华　杨　光 严　磊　祖雅菲　刘　平　杨　烨　张　帆　孙　虹　王诗雨　黄琦炜　张亚静 喻　伟　任智亮　谷甜甜　崔　鹏　吴中明　夏侯遐迩
管理科学与工程(金融工程)(3人)	林晓静　李　亮　王　超
艺术学(1人)	朱善华
艺术学理论(8人)	楚小庆　饶　黎　耿　钧　徐子涵　董甜甜　时玲玲　周　敏　张　凯

二、专业型学历博士研究生(共4人)

专业(领域)	姓　　名
工程(电子与信息)(2人)	张　勇　于治楼
工程(先进制造)(2人)	杨昌永　杜　静

2019年学术型硕士学位授予名单

一、学历硕士研究生(共1 923人)

专　　业	姓　　名
哲学(9人)	李　莹　苗芳艳　汤　威　沈宝钢　胡盛澜　朱瑞雪　王亚明　张婷婷　黄梦肖
应用经济学(37人)	万佳彧　王　莹　王颖明　胥　婷　林晓凤　张思杨　张杏芬　刘玲希　王露涵 许丽婷　单　婧　何慧冬　李　浩　李　明　刘美瑁　彭圆圆　芮　宁　王宇轩 杨　如　朱雨婷　徐庆瑶　董玉琪　王　凯　刘胜波　李嘉佳　陈苫菁　施丽娟 陈　艳　吕　杰　王秋彤　朱意明　高　前　王劲璇　谷雪珂　俞艳霞　莎瑞瓦 丁氏梅英

(续　表)

专　　业	姓　　名								
金融学(6人)	陈　琳	邓小峰	张欣音	花颖喆	张文东	张　杰			
国际贸易学(7人)	马　可	维　拉	阿　娜	艾　如	艾丽莎	乔　伊	梅丽莎		
法学(32人)	鲍齐康	蔡　燊	郭小柳	韩同莲	曲　凯	唐佳俊	邢帅超	俞梦丹	张　程
	张瑞瑞	张思嘉	朱　旋	董亚男	冯彦青	马路遥	相　赐	余　辰	周衡安
	周苏湘	毛逸潇	任世航	操婉莹	董笑梦	王梦瑶	朱晓强	刘　彤	谭非凡
	贾世芹	焦建亭	焦丹丹	王丽云	申槟仝				
政治学理论(11人)	何佳恒	梁　娟	孙月月	陈晓雯	吴　畅	吴　厅	黄程程	唐　娜	魏海华
	李亚杰	聂茹婕							
社会学(6人)	穆　棱	陈雅萍	方婧睿	张宇辉	李金格	李汝健			
马克思主义理论(9人)	胡　顺	毕珊珊	余亚文	何学海	张美娜	马九艳	周晶晶	王拥强	李晓雅
教育学(7人)	杨　蕾	信疏桐	钱丹丹	宋雪梅	刘　聪	贾春平	徐胜楠		
心理学(7人)	葛晓青	陈聪颖	丁兆鸾	林　冕	孙　瑜	张含笑	俞玲玲		
体育学(3人)	苗　爽	孙　岩	丁　聪						
中国语言文学(5人)	过雨辰	邱芳芳	朱莹洁	王　宁	金兰贞				
英语语言文学(14人)	罗　澍	胡　江	刘　萍	陆孙男	钱　津	吴　琴	伍　青	奚　洋	杨清媛
	张秋敏	张伊佳	张英帅	仇贝贝	蒋晓旭				
日语语言文学(5人)	白　露	张　晨	李维佳	巩小旭	路云晴				
外国语言学及应用语言学(15人)	韩雨轩	黄　雪	蓝　博	李　瑶	许梦颖	王宇蓉	陶　瑞	刘　明	郁陈亚
	杨　慧	宋慧蓉	严　妍	余龙幸	杜　宁	王海燕			
数学(18人)	桂　彤	李梦雅	张　巧	周滢滢	曹　洁	李　莉	刘　帆	孙靓洁	田方正
	张伟洪	王　鹏	戴鹏程	陆雪雁	聂丁玲	马海涛	余　静	刘贤贤	常丽策
物理学(35人)	荆启华	刘恒君	何　明	李政楠	石雨豪	谢美花	徐梦妍	秦玲瑶	高世玲
	周　义	张　瑞	李　宁	樊博文	陈　月	王维正	张卿雅	张雅茜	赵东翔
	史倩仪	顾　超	王媛婷	林　谦	袁　嘉	刘孟瑶	丁　然	杨翠苹	米　伟
	张珍珍	杨　娟	贾西月	梁艳平	徐　彪	陈杏梅	吕伟奇	李明泽	
化学(59人)	夏　祥	木　里	倪冬亚	程　宇	邓　媛	李　玲	梁秀丽	张秀璇	徐　敏
	邢艺博	张雨薇	张政英	顾晓飞	陈　晨	田计兰	吴霜霜	武锡锦	魏艳丽
	张　川	廖　强	李淑婷	王莹颖	闫其报	杨　盼	叶童童	刘楠楠	钞付芳
	余雪敏	王春蕾	孙志远	朱红允	王　情	朱志英	王彦云	马玉莎	李海芳
	董瑞美	荆　靖	李瑞霞	夏　青	赵蒙蒙	冯盈利	蒋积菲	李　敏	王贝贝
	张　晗	张延晨	刘智敏	刘亚娟	潘明珍	高雅琼	薛怀佳	赵凯歌	杨孟然
	周玉芳	蔡莹莹	李沛鑫	刘倩倩	杜可可				
生物学(24人)	崔鹏飞	施立芳	魏　艳	薛凯俞	褚　汉	贾晓欢	邵步炜	陈寒寒	胡　蝶
	邓　瑞	李凯月	陈　蓉	郭迪迪	贾　娜	辛跃俊	杨　静	张红玉	王明滢
	颜晓倩	陈露露	韩玉春	孙东星	朱蔚杰	王　茹			
生物物理学(7人)	陈会婷	夏　强	王正阳	刘桃桃	孙宁聪	杨屈杨	乔　影		
统计学(3人)	陈　强	丁嘉沼	梁晓洁						
力学(23人)	郑晨一	江鹏飞	李敬礼	王旻睿	张炜铭	杜启航	南斌斌	沈　月	秦福溶
	王　攀	袁正刚	刘　浏	李本宁	李建兴	张　成	郑宇倩	徐文鹏	王桂伦
	李　倩	高一祺	丁　皓	雷　勇	袁军平				

（续 表）

专　　业	姓　　名
机械工程(77人)	姚　赛　张赢杰　毛成锟　刘宗涛　杨楠涛　蔡子秋　陈海洋　陈　建　陈雪莲 郭志越　韩　硕　花　园　华海涛　黄　逢　江海东　姜　恒　金珊珊　李　创 李广民　李　哲　梁　昌　林海兵　刘　洋　鲁秀楠　马　健　毛思婕　茅永胜 彭光辉　彭　磊　秦博豪　曲令虎　邵陈真　沈小朋　宋绪成　孙跃志　唐卓人 田　伟　王　昶　王佳俊　王　敏　王　旭　王幼真　王　悦　吴飞翔　武琦琦 徐文章　许海涛　闫赛赛　杨　静　杨小天　叶　亦　余传运　余文斌　张德明 张东亚　张　杰　张　伦　张帅帅　赵家彬　赵　幸　郑　宇　周凡宇　朱　侗 朱国振　朱　睿　易浩杰　张胜标　吕宏宇　邱浩哲　王瑞琪　钱益心　刘亚东 张　帅　刘　聪　王　沛　柳友志　王天一
机械制造及其自动化(1人)	张国军
机械电子工程(1人)	刘　慧
光学工程(17人)	洪　红　潘凤梅　庞宇燕　邵海兵　杨嘉豪　张　奇　张　旭　朱　渊　何佳琦 黄　影　孙　孟　王玉松　袁玉芬　黄　可　刘天宇　王琛全　宗君珠
仪器科学与技术(55人)	孔德博　陈溪莹　丁天华　段　博　范时秒　方文辉　方　阳　何　倩　黄泠潮 黄　荣　霍耀璞　冷明鑫　李欢欢　刘生忠　刘英杰　陆城富　罗　颖　祁顺然 孙晓俊　唐心宇　汪宋兵　王斌龙　王　璞　王　琦　王　帅　王彦恒　谢雨婷 邢博文　许奇梦　许　强　杨　燕　袁昌旺　曾禄杰　张琳琳　张梦尧　张　烨 章怀宇　赵　莹　朱晨超　邓淇天　颜　颖　戚奇恩　任如彬　王启明　韦赞仁 魏琪鹭　卫荣慕　韩　冷　吴　淼　李世俊　孙源梓　岳晓庚　熊　梦　张　远 陈　浩
材料科学与工程(58人)	孙　畅　卞　仙　崔志强　戴　俊　丁雪卉　何　晗　金　开　凌　灏　刘乃东 刘腾飞　刘晓东　刘　瑶　邱馨婷　沈田甜　孙　超　唐景凡　王　申　王　英 王　宇　吴宇龙　徐文静　姚道州　袁孟琪　张丽清　张雪梅　周文静　赵宝军 白旭东　曾　佳　何　易　秦紫筠　吴志涛　张真玮　朱健健　陈振华　刘承志 孟鑫鑫　潘子云　苏虎云　李旭敏　丁　浩　徐　俊　邵家虎　殷亮亮　倪雅文 陈　岗　潘娅妮　董耀轩　李　娟　郭　启　周光玉　柴文柯　赵文艳　王　丹 杨　志　陈得友　徐燕慧　彭　瑾
材料物理与化学(3人)	梅　昊　李　雪　王　璐
动力工程及工程热物理(106人)	吴　彦　王瑜祥　白李一　蔡锦羽　蔡戎彧　蔡庄立　陈　浩　陈　娟　陈　桢 程思远　程　志　董　顺　方振旅　冯　璇　盖洋洋　高　腾　顾家辉　郭秀琦 何宏宇　霍晓东　霍怡佳　贾东晓　李　巧　李庆浩　林　彤　刘黄亮　刘志勇 卢锦程　陆柒安　罗倩妮　梅贤智　闵海丽　潘杭萍　石　田　宋加龙　宋　霞 汪　鹏　王昌朔　王　沐　王　楠　吴　兴　夏志鹏　谢引航　徐　超　许志康 宣哲琦　杨子玄　虞　然　张家璐　张　将　张正华　赵后辽　郑传杰　郑逸武 周琳绯　周晓裕　周志豪　朱溢铭　陈　鑫　刘超杰　吴维涛　张锡鑫　丁　伟 李　屹　陈广闯　陈舜嘉　陈　武　成　洁　段崇崇　高天琦　顾江其　李军辉 李平姣　刘旭婷　柳　帅　钱丛昊　秦文慧　王　晨　吴　军　张凌翔　周伟煜 祝仰坤　杨亚南　贾礼州　孙恒清　赵正浩　金朝阳　颜军辉　吴似蔓　安　君 刘沁雯　纽　曼　哈　利　轶　可　萨　米　曼　达　刘德利　谢玮祎　陈　超 高常乐　王金涛　谌伊竺　张浩峰　潘志成　纳　加　科　立
动力工程及工程热物理(能源环境工程)(2人)	杨　朋　王　佳

(续 表)

专　业	姓　名								
电气工程(73人)	陈祺炜	陈　琼	王鹏宇	车松阳	陈富扬	陈　立	成　晟	仇　知	杜　敦
	段　然	段向梅	樊安洁	郭昊旻	何梦雪	洪灏灏	姜维伊	李昊旻	李　晖
	李梦雅	李云倩	刘梦佳	刘　赛	刘　瑶	刘　颖	陆　舆	齐　济	宋　卉
	孙海翔	孙若萱	汤　拓	唐浩然	唐　旎	魏晓婧	谢熙承	许　珊	杨济如
	杨　阳	杨　赟	姚　瑶	殷　明	游　帅	袁　蓓	恽璞园	詹惠瑜	张梓麒
	朱　妍	李　令	罗雁楠	陆禹丞	曾　成	李晨阳	尹宏源	张雄义	张　维
	石　岩	郑功倍	左武坚	张　晗	房少华	吴夕纯	王子健	周凯帆	卞江铜
	冯亚南	盛业宏	张振兴	王伟嘉	宋天成	埃米尔	兰　姆	顾　乐	斯　曼
	力　罗								
物理电子学(39人)	陈　斯	陈逾璋	邱凌云	耿　迪	龚泳豪	李　帅	刘晓琳	潘加豪	王俊轶
	王　翔	吴　浩	游凯伦	韩昱霄	王子晨	国艳晓	胡文佳	杨　刚	余　丹
	张圣羽	高万里	刘博文	田　勇	王　璐	徐　林	杨　楚	于戍岭	赵雅丛
	胡　岳	李贵鑫	孙　卿	储海龙	吴　瑶	翟理想	许文婷	赖良德	刘宏贵
	王　全	程志祥	闫　微						
电路与系统(31人)	魏　睿	陈宇翔	李天助	张凌晗	尹　鹏	罗雨帆	何　蕾	卢　娜	申　畅
	陶　浏	张　弛	周于浩	黄　佳	林　智	刘　缘	文才跃	邱晓冬	朱传杰
	宋新宇	包天罡	方龙宇	王　鹏	武　斌	闫隆鑫	周　越	朱诚诚	朱麒文
	胡善平	陈　浩	伍绍君	侯冠男					
微电子学与固体电子学(55人)	席维唯	毕润东	陈春妃	陈正发	杜圆利	范英辉	李国良	石晶晶	孙忠茂
	王甫锋	王　沁	吴宗泽	夏志鹏	熊雨薇	俞　苗	张　菲	张　帅	张维哲
	张焱磊	张　悦	周珊珊	黄子祺	于　洋	张　乐	景润东	朱珊珊	詹成旺
	陈威宇	陈一茗	顾东志	吕运文	沈为冬	孙　亮	吴江平	杨　佳	朱嘉儒
	郭安琪	刘　炎	孙桂荣	仝　飞	谢金财	陈佳琦	张浩东	孙锰阳	孙小龙
	陈　晨	刘丰源	钱进优	宋文博	吴　媛	杨铁轶	邵志勇	王　炜	
	冯世雄								
电磁场与微波技术(37人)	凌森银	邵　函	舒　畅	吴伏宝	印友进	李晨枫	王一杰	胡振国	王慧娜
	程　聪	胡广宇	孔令茹	李　丹	李振霄	陆倩云	罗　钧	任乾男	施鳕淞
	陶明翠	徐　亮	邹冰清	左琪良	孔商成	毛荟慧	丰安顺	黄　阳	王　健
	杨　呐	湛　江	陈　星	董天予	侯奕丞	陈鹏飞	黄志民	张　锋	陆　昊
	汤　剑								
电子科学与技术(集成电路设计)(7人)	何伟鹏	卢　宇	薛永彬	徐　涛	胡孟君	郭　旻	陶思文		
信息与通信工程(110人)	黄谢田	李晓敏	林俊浩	刘沁舒	裴　璐	皮秀伟	田　原	王宇成	王　筝
	徐　洁	杨　雨	杨文超	曾雨旻	杜敬锐	高　鹏	顾丹华	蒋　震	刘智强
	邵泽靖	孙凯飞	杨　林	张　颂	张金波	李玉兵	王嘉频	王一凡	陈芳苹
	陈　彦	陈雨萌	储良煜	高璇璇	管清琴	胡雅白	兰卓睿	李碧涵	李　享
	林　燕	刘晓宇	陆思文	徐　达	徐　萍	杨　超	杨晓鹤	于永润	朱文捷
	何　渊	环天琪	刘　静	彭　潜	蒲增强	吴思运	周　蕾	杨星辰	孙　汉
	杨　丹	钱　潮	杨庆军	许守成	华道本	彭　杰	陈　强	陈　曦	张亚苹
	陈　鑫	杨天棋	曹孟德	常　颖	陈华健	陈良鑫	陈逸云	邓亭强	丁嘉莹
	葛佳月	李　楠	李　蕊	廖如天	刘　健	刘婷薇	刘　袁	彭盼盼	任东明
	王杰杰	王立杰	王玉双	张　琳	张旭帆	赵清玄	郑亚茹	庄　琰	刘婵婵
	王　康	李　剑	吴锦钰	黄　偲	刘振振	缪顾敏	王宇然	夏　添	朱　莹
	孙一博	庄凤云	朱　悦	徐国现	周梦蝶	王　鹏	廖婷婷	刘明沛	朱霜霜
	王　新	时　伟							
信息与通信工程(信息安全)(13人)	胡良君	李　静	刘骏萍	乔　志	宋　昌	虞正平	庄浩宇	祖剑君	吴　昊
	吴中奇	丁艳军	张鹏飞	黄亮平					

(续 表)

专　业	姓　名
控制科学与工程(83人)	鞠　磊　白希宇　蔡佳秀　陈　干　陈功谱　陈　佩　陈　涛　程　翀　崔馨方 戴一博　丁文倩　杜春赛　贺文杰　黄　林　黄志亮　江朝东　蒋立沫　李　艺 卢　琳　陆海健　陆震宇　吕　琳　马　睿　梅　俊　秦　晨　孙启明　汪璐璐 王佳鹏　王　玲　王生伟　王兆嘉　夏　晶　杨　建　杨天阳　张德明　张玲玲 张向向　张　旭　周苏湮　朱新如　宁静艳　何　祎　吕　阳　吴沛霖　王　述 朱丹花　郭逸凡　李全棒　李思亮　李永彬　梁　璨　苏　磊　吴庆哲　肖显东 徐　俊　薛　恒　杨　忞　余　璟　赵健雄　李呈怡　丁杰月　吴烁民　吴　帆 洪佳明　阚　宇　郭　蓓　张鹏程　易善超　于　越　赵雅涵　程　超　郭　锐 程海峰　喻金忠　朱　逸　汪　宋　曹　昱　白　吉　王国栋　陈晓涛　解卿先 杨　龙　张　赟
导航、制导与控制(1人)	鲍小雨
计算机科学与技术(53人)	陈　晨　丁　翔　段鹏飞　郭林森　康克熙　林　鑫　林亚　刘金晶　罗　骞 乔　枫　宋文博　宋　雨　孙宸宸　孙国艳　唐志颖　田六合　汪国新　吴　剑 徐长栋　徐旻昱　徐依凌　许静文　杨成浩　杨宇航　张欢欢　张　杰　周国兴 朱力行　朱雪林　徐　坤　任虹珊　陈　阳　樊　飞　李　峰　李云昊　陈飞翔 韩啸威　杜名洋　杨启晗　刘秀美　张倩倩　徐　威　梅　香　曾　力　张佩瑄 程婷婷　党永成　邱　雨　施书静　夏　薇　殷悦迪　陈　遥　李春阳
计算机系统结构(1人)	芮　帆
建筑学(35人)	王　倩　张新开　陈姣兰　邓开怀　傅　慧　何乔祎　刘雅凡　沈　翀　宋晓冉 朱颖文　王　昭　肖　晔　徐汇宁　张　瀚　刘天策　叶　璇　王安安　李宣范 张玉晟　张莹莹　赵江山　张时琦　王　惠　樊一铭　郭　瑞　雷静雯　李林东 奥　迪　玛侍丽　袁　帅　安　杰　雅幂塔　奚月林　余姝颖　周寒晓
土木工程(95人)	林　津　王际帅　拉卡得　诺　拉　丁　菌　戴成龙　杜　利　龚来凯　谷相玉 贾莲莲　李　坤　李　帅　林华泉　刘晨昱　刘　杨　卢　干　倪路瑶　沈　圣 宋宗凯　王　卉　王　凯　王　伟　王旭祥　吴胜平　吴宣泽　夏烨楠　邢凯丽 徐芳洁　徐　焱　薛弘毅　杨海龙　杨振宇　姚程渊　叶　震　尹方舟　张会凯 张　坤　张　宇　赵振宇　周　警　陈雪映　王玉松　徐化楠　吕北云　诸钧政 耿功伟　韩国顺　刘一荻　马　昊　任　普　王明池　王人立　禹志康　赵　磊 朱明吉　邹仲钦　陈翔宇　杜　杰　冯升明　陈志敏　申　洋　刘长源　邵凌威 黄振涛　余晨曦　蒋　勇　秦永芳　鄢博　张嘉晖　饶　彬　张　磊　余夏明 俞顺吉　朱发旺　葛付河　惠勃涛　郭从明　潘隆成　张兴成　颜欣妍　贾永城 梁　帅　顾泽瑞　方春林　金　鑫　赵　晟　徐东伟　张建劭　伊　法　慕　嘉 欧　吉　安　瑞　玛　哈　艾　米　苏　安
岩土工程(20人)	张孟环　陈顺达　方黄磊　李　恒　刘　睿　刘志祥　牟　聪　潘　超　王呈呈 秦　川　万　星　万　瑜　王　亮　孙彦迪　张文伟　王庆翔　黄烁菌　松　加 王　意　孙彦晓
市政工程(7人)	宋璐逸　吴　燕　唐　雯　刘　泷　江　宇　刘　锁　杜恺忻
供热、供燃气、通风及空调工程(12人)	冯智慧　郭　珊　刘　文　卢雅林　马昕宇　潘雨婷　宋潞云　湛长丰　诸葛阳 杨　璨　张子文　林凯威
桥梁与隧道工程(11人)	李俊方　谈　笑　王　冲　徐　杰　杨　湛　袁鹏飞　赵丹阳　郑　涛　石　颖 张　慧　许玉旸
土木工程(土木工程建造与管理)(13人)	舒诚忆　陈玢晶　唐　甜　杨超一　杨　莹　占鑫奎　钱佳萍　陈　铖　樊　刚 罗沙沙　郭潞杰　刘依然　袁　雅
水利工程(5人)	陈宏燕　姜　宁　柯　兴　刘　硕　郑　鑫
测绘科学与技术(6人)	陈　阳　马昱肖　张　良　陆轶材　杨　惠　李建邺

(续 表)

专　　业	姓　　名
化学工程与技术(30人)	黄春梅　席小勇　甘子玉　胡赛春　金竹丹　缪亚男　谢　方　徐宁宁　杨海涌 杨红美　金弘盛　黄海露　王冰冰　姚　倩　韩　阳　张　琪　韩　赛　孙　凯 朱艳丽　郭琳琳　赵永强　卜德艳　郑　涛　焦　佳　吕　飞　姜入梦　袁绅豪 谭清清　包炜炜　孟　徐
交通运输工程(102人)	张馨岚　董　谦　顾　宇　朱宇昊　唐　旭　颜丽波　周　洁　马　磊　安　颖 白　洋　蔡韵雯　陈福临　陈明华　陈　忠　杜建坤　樊朋光　洪　阳　季欣凯 蒋常嘉　荆文炳　李　静　李　瑞　李雪琪　刘　玉　龙　漫　卢慕洁　卢文慧 吕　方　施　磊　孙佳妮　孙　嘉　汪宇轩　王　冲　王佳囡　徐　特　杨　博 杨雪琦　姚琳怡　姚泽恒　张子琦　周子玙　曹　政　崔戌秋　邓交龙　丁永富 董从雷　顾　宇　何　苗　李赛赛　李　渊　梁晓龙　梁绎龙　林怡婧　刘　晗 刘　娟　马静雯　马丽莉　屈靖耀　苏俊杰　孙　悦　唐志伟　姚　铮　殷大泉 袁明昱　张冰炎　张超群　章天杰　朱　翊　虞仲琪　朱　飞　杨　哲　徐　丹 赵盼明　袁淑芬　卢云雪　曹凯鑫　刘　伟　唐杰祯　张　斌　童巨声　韩亚进 吉　米　朱婉秋　吴姝悦　夏　冬　张煜恒　吴广正　斯　马　扎　博　费　里 迪　达　莫　辛　艾　如　哈　提　亚　斯　斯　弗　尼　拉　阿　帆　扎　伊 奥　瑟　欧阳滢爽　刘少韦华
环境科学与工程(15人)	陈思慧　陈舟凯　巩佳佳　李蓓蓓　陆　圆　邵袁　孙　莹　吴　倩　朱丹丹 李甲琳　袁　园　拉　克　伊　提　栗　童　王玉玲
生物医学工程(77人)	廖　佩　方壹乐　陈　姗　傅继业　葛　冰　顾晓卉　贺　达　雷　阳　刘金豆 刘　洋　马愈迪　盛梦颖　宋文儒　王　琎　吴　琳　杨金晶　张韬敏　张　叙 赵　杰　商逸璇　周　银　何伟男　黄　军　黄盛昕　毛昕宇　王紫安　杨　芳 张　炜　刘小杰　刘　晁　崔梦瑶　郭慕依　季　璐　段梦沁　李　静　孙晓梦 顾笑晓　路一飞　鲍琰雯　张　熠　蒋逸飞　王海兴　于云雷　孙炜航　邱睿奇 刘朝洺　张兆铭　张星星　杨　涛　杨　升　姚心恪　丁晨静　花　蕊　鞠寅晖 刘亚迪　周　玥　江苗苗　徐　秋　郭士成　乔　祎　于昊立　张　男　冯振强 李卓轩　王云龙　刘坤良　林鑫翔　刘窈窈　孙　炜　朱鹏飞　陈　超　曾昭煜 谢嘉浩　娜　泽　王　慧　韩婷玉　李一鑫
生物医学工程(神经信息工程)(7人)	李超龙　姜升殿　朱金龙　刘　慧　杜思清　王清赟　张　磊
生物医学工程(学习科学)(1人)	范金慧
城乡规划学(34人)	曹　迪　金探花　廖自然　刘碧玉　刘晶晶　米　雪　潘鹏程　王亭丽　王嘉玲 巫　义　吴泽宇　郁佳影　高洁妮　方　伟　甘宜真　黄力星　刘姗荷　王　晓 王　璇　许力文　袁　浣　张　策　邵　典　潘容容　张　顺　赵胜波　张　琳 孟　玫　任恩贝　郭宜仪　高　典　姚　炜　薛　杰　廖　航
风景园林学(6人)	邓慧癹　郭淑睿　彭予洋　孙琪悦　曾懿珺　邹静雯
软件工程(17人)	徐寒冰　高　丛　路秋瑞　邵瑞枫　宋　玉　苏　凯　吴　璇　叶华健　徐泽建 高建祥　刘木沐　周广振　钱　颖　汤叶舟　江盈盈　高文豪　刘天雅
网络空间安全(12人)	赵玉宇　耿飞跃　武　威　郭春生　缪海飞　李盼辉　郑飞飞　许鸿翔　周丹丹 周　晓　张　勇　程　俊
基础医学(12人)	李罗阳　邓春敏　李鹏程　许　卿　石妍妍　谭萌萌　蔡盈盈　赵　晨　邵慧敏 赵洪艳　王芝荣　田　畅
内科学(13人)	吴菲菲　芦琛琛　蔡　旻　林燕珊　钱　昊　姜彧滕　未　明　袁清照　杜胜男 宋凯云　邱　申　韩曼曼　高雨乔
儿科学(1人)	莫思思

(续表)

专　业	姓　名
影像医学与核医学(7人)	黄靖凯　王梦茹　钟业鸣　朱云倩　朱梦颖　冷　硕　戚　敏
临床检验诊断学(2人)	韦逸婷　徐鸿波
外科学(6人)	李　赟　余勇波　肖龙飞　徐　凯　孙佳俊　俞皓闽
妇产科学(1人)	吴方媛
肿瘤学(1人)	雷　丹
急诊医学(3人)	刘　旭　杜同跃　张俊谊
流行病与卫生统计学(13人)	王董磊　嵇　昱　连大帅　张慧敏　吴晓丽　范周全　高刘伟　段春晓　杨　曼 李　瑞　陈新邦　蔡　烨　秦　扬
劳动卫生与环境卫生学(18人)	孟　醒　马　月　崔　健　满招娣　李小燕　周丽萍　刘梦琪　章梦莹　王亚洁 张文文　宋　静　岳　营　徐凯丽　郭浩然　王巍巍　郑雨虹　张　虹　李　枥
营养与食品卫生学(2人)	孙睿旋　李瑞仙
卫生毒理学(2人)	王秀娟　姚　影
药理学(4人)	廖洁凤　居敏姿　程梦静　李明月
护理学(3人)	张甜甜　索佩珩　安　卡
管理科学与工程(67人)	庄洋洋　刘　笑　徐爽爽　陈佳洁　缪宗钰　倪方君　彭小珂　王潇战　毛彩云 陈　航　崔亦玮　郭霁月　李　璇　唐美玲　王晶晶　吴洪樾　吴夏萍　肖天琦 肖　雅　严琳希　卓锦松　尚东浩　张苏楠　陆　帅　缪梦伊　汪江波　王佳敏 代洪丽　王玫婷　曹佳敏　李超婷　李　昕　刘蒙蒙　刘雅琦　史文瑾　王　杰 王雨嘉　王志恒　张　坤　张　亮　张月琳　周从根　周莉君　丁　宁　孟　毅 张晓佳　朱志诚　谢永梅　李　媛　王中原　于思文　罗一鸣　陈　鑫　李丽丽 崔亚茹　唐　杰　王殿元　何　萍　袁发燚　李明月　刘又畅　孙筱霞　王　蓉 陈婷婷　王子强　张晓玲　张峰辉
工商管理(14人)	陈静然　李晗雪　孙嘉欣　易兆强　杨　阳　刘　蕾　林文璟　罗　莹　吴英吉 严梦蕊　杨　帆　张　健　高心懿　陈　茹
会计学(15人)	曹雅琪　黄婉莹　李宏伟　石羽珊　汪官镇　王　英　张新伟　陈　双　万梦宇 赵书冬　颜家英　张舒文　孙小梅　许欣然　储文清
旅游管理(8人)	黄　磊　吴　强　张　虹　丁　卉　阮怀丹　朱啸宇　刺利青　欧玉明珠
公共管理(9人)	张钧沛　吕玉洁　邵圣丹　司雨桐　王诗怡　方　琨　于芳玥　张　甜　钟　琪
图书情报与档案管理(6人)	闵　玉　施艳萍　牛永骖　束亦冉　孙　萌　魏会洋
艺术学理论(12人)	欧妍曼　王大也　卓　越　李旭丹　史亦真　罗　雯　周　荣　胡颖雯　赵芷卿 陈燕婷　张晶莹　袁　洁
美术学(17人)	刘田添　王振宙　肖逸熙　杨小锐　吴忞怿　金　婷　许雪婷　吴　婷　周　媛 路新明　邵福生　李　瑞　闫海龙　赵永远　梅　冉　胡媛瑗　杨明茜子
设计学(17人)	董莹莹　沈竹琦　戴一康　沈　洁　仝　牧　任小帆　高思好　宣　阳　袁　盈 张　哲　杜　佩　胡倩倩　李慧婷　史　伟　朱洋辰　赵斗斗　谈丽娜

二、非学历硕士研究生(12人)

同等学力

专　　业	姓　　名
内科学(3人)	陈荣浩　王　蔚　冯　洁
影像医学与核医学(2人)	黄艳丽　章晓国
外科学(4人)	蒋小芹　束　晖　张华俊　荆卫兵
妇产科学(1人)	刘　霞
肿瘤学(1人)	胡雪娥
护理学(1人)	徐　燕

2019年硕士专业学位授予名单

一、学历硕士研究生(共1 757人)

专业(领域)	姓　　名
金融硕士(12人)	冯　敏　刘　慧　苏煜霖　陶　桅　吴　巧　张　晨　张　英　曹　艺　宋　莹　章志峰　何慧珠　李　筱
应用统计硕士(7人)	程一鸣　王　明　阚敬婷　丁　炜　王　燕　马　妍　朱潇洒
国际商务硕士(43人)	张倩茹　王祥如　何雨寒　刘洺洲　孙晓萌　褚　阳　高孟宇　顾婷婷　景涛霞　王颖舟　俞　璐　高　琦　常　城　王　鹏　沈子腾　刘志诚　杜霖铱　董　剑　刘坤滢　桑　阳　郑润芳　李　杨　陶　珺　钱伟钰　程彦琪　李甦珊　宁　昊　覃　芹　郭　颖　熊晓彤　陈海玄　李时颖　陈玲玲　范　蕊　杨丹虹　汪　磊　李琳超　张丽园　花明明　徐　倩　郑星远　刘晨曦　张　祥
法律硕士(非法学)(17人)	高　慧　韦保靖　韦语涵　燕　迪　李　真　郭　娇　邢　博　张梦妍　朱　橙　高　玄　何林娜　张　婷　汪　池　高　婷　徐巧慧　叶　军　高　山
法律硕士(法学)(15人)	郭雪雯　沈亮亮　陆　禹　吴雨晨　付文秀　张文杰　马雪莹　王碧雪　方　玥　陈　爽　刘智月　王紫悦　付驿然　李菲菲　杨　蕊
社会工作硕士(10人)	田　晔　陈　旭　刘建引　许小雨　胡嵩雯　施笑梅　位　凤　张丽媛　袁东方　王小漫
教育硕士(科学与技术教育)(10人)	段锋慧　胡西子　庞谦竺　瞿林云　黄贝贝　郑思齐　张骁妹　施甜甜　朱文琴　费培培
汉语国际教育硕士(15人)	郭瑞芬　胡　莎　胡恩茜　凌　青　董　艳　吴　赟　张　辉　班盼盼　刘　婷　陈姗姗　谢俐琳　莉　娜　娜斯佳　吴瑞雪　王雪丽
应用心理硕士(7人)	侯琬玥　潘焱毓　王大康　李保辉　赵哲炜　张满燕　郭叶琳绯

(续 表)

专业(领域)	姓　名
翻译硕士(英语笔译)(32人)	蒋知文　沈雅霜　苟丹妮　王　鑫　刘建航　王婉秋　盛　皓　王国任　杨静怡 李昭颖　华心语　李　静　陈雨濛　王雨希　路　雪　裔　希　汪　磊　吴　琳 施　懿　汤代群　倪　娟　许丹丹　童英然　胡砚琪　刘紫东　胡　怡　李媛媛 杨斯琦　宋雅婷　张一唯　龚　怡　向　敏
建筑学硕士(117人)	蔡利媛　曹含嫣　陈今子　陈赟强　范琳琳　方格格　傅文武　韩　珂　韩立帆 胡　蝶　姜翘楚　孔光燕　李鸿渐　李佳颖　李　琳　李　默　李平原　李启明 李　曲　李思颖　李晓晖　李炘若　李韵琴　李梓林　林　阳　刘　虹　刘佩鑫 刘　巧　刘梓昂　罗文博　乔炯辰　邱培昕　任一方　商琪然　石繁树　宋文鸽 孙　青　孙世浩　孙　源　唐　冉　唐　松　王明荃　王笑天　王亚元　王英妮 韦柳熹　吴昌亮　吴则鸣　伍　佳　武　玥　肖　畅　肖　芳　谢　昕　杨长青 曾世吉　张　浩　张浩然　张嘉新　张　萌　张琦琪　张馨宇　张幸怡　张宇涛 赵雨薇　郑　珩　周　威　陈允元　蔡适然　杜昕睿　高国源　高亚龙　何　朋 施剑波　唐　蓉　陶鹤友　王冠军　吴　舒　应　媛　张　炜　孔佩璇　边　疆 陈铭澍　徐骁斌　俞　昊　陈　斌　韩鹏瑞　李　多　李金一　王浩名　杨文俊 王晓蓉　周炜楠　杨伟伟　罗　申　曲　悦　马筑卿　高　亮　张思涵　刘文雯 鄂佩君　黄博文　屈录超　展泽励　谷申申　杨春晖　郑敏丽　史伟浩　熊　元 孔振懿　官　志　燕　南　姜　兴　廖　瑜　方浩宇　王君美　丁园白　王正欣
工程硕士(机械工程)(58人)	唐　亮　古莱奥　博肯特　雷　森　查　卫　湛虹静　李　亚　吴丛磊　谭荣龙 戴雯婕　陆云桥　缪永志　莫志杰　孙燕伟　郑成林　陈　毅　方琦轩　梁瀚文 孙建楠　张　敬　朱　杰　张　睿　张仕昭　高　清　孙海松　沈旭婷　付帅旗 郑　柏　韩　康　张天宇　陈　哲　王　振　代志永　陈　真　程　伟　燕　松 李　盛　储祥露　金明星　胡　振　刘　好　杨振波　黄贵强　熊志成　程丹丹 王晓龙　赵　勋　詹明杰　邵丽影　郭恩会　罗　帆　熊珊珊　赵佳南　孙元克 陆帅峰　胡诗宇　彭　玉　周世红
工程硕士(光学工程)(12人)	黄　杰　康成彬　李裕培　栾瑾瑜　袁　洁　杨运达　徐意仁　方　超　张旭杰 杨　顺　李冠文　王妞妞
工程硕士(仪器仪表工程)(37人)	张基强　王　宇　黄雨琪　徐斌铖　池秀芳　颜亚雄　任皓麟　侯鑫鑫　何小杭 江　远　康　璐　罗春浩　马明珠　杨　达　叶　绯　张　聪　张　萌　周文祥 王　帅　曹　榕　沈志乐　李　凡　郭阳阳　施顺明　孙　红　汪　峰　周　伟 刘炳璋　周代金　张东恺　王营华　曹继文　曹　斌　郭　路　马金宝　高鹏举 郑志华
工程硕士(材料工程)(42人)	姚剑锋　郭霞文　李　杨　魏明震　相梦园　张王田　赵新委　赵　毅　姜　晴 陈　普　陈兴涛　胡　浩　骆凯翔　王宇婷　王珍珠　许何婷　费春广　潘　东 储昭杰　龚国庆　邹婧叶　李文滔　陈　磊　黄启明　潘家怡　朱　佳　卢倩文 刘　闯　张　鹏　倪栩垚　韩　龙　陈明秀　杨　阳　张　涛　林永盛　徐奇楠 章　程　龚熠敏　李广明　胡先刚　郑晓芳　周东一
工程硕士(动力工程)(70人)	陶　伟　张双双　仇　超　李　娜　陈　新　熊　露　蔡雯雯　马晓慧　邱君君 沈俊杰　宋鹏飞　田文涛　王瑾芝　翟怡萌　李雪洁　杜　阔　殷文慧　黎绍辉 王晓焙　陈　璐　冯　晨　贺文凯　胡　浩　林　楠　申　奥　孙漪清　袁瑀浩 邹俊杰　邹媛媛　徐　畅　颜　勇　朱　静　庄昆明　蔡海峰　曹健华　乐奥雷 许　夏　王金德　郑　敏　王　羽　方　姚　丁冬冬　胡　鹏　童　帅　陈晓欣 沈成成　周　杰　陈阳阳　李招海　薛现恒　祝敏敏　李光华　熊立红　林　霈 向　鹏　乐　意　李江通　刘思源　王　清　方　雷　龚　正　杨德伟　钟　震 张子宇　付忆华　王浩楠　郭佳伟　韩　成　袁来运　李　杰

(续　表)

专业（领域）	姓　名
工程硕士（电气工程）（66人）	刘增稷　郑晨一　曹水晶　曹鑫巍　陈虹妃　陈　清　陈　雯　陈玉辰　葛浦东 顾雅茹　管　州　何　炎　金　铭　李　淋　陈凌静　刘　欢　刘　杰　刘亚斐 罗　皓　马世然　倪　超　佘昌佳　孙耀东　邰　伟　唐爱慧　陶前程　童格格 王斯好　王武森　韦　星　吴　刚　吴甜恬　徐　晴　颜　瑾　叶　晗　叶昱媛 郑小榕　朱　睿　王震东　侯启林　关雅静　储海军　何朝伟　侯斐然　冷静雯 茆　峰　祁晓婧　舒万韬　刘　艺　薛松寒　薛晨炀　吴　杰　齐宗强　李文兵 孟　军　钱　进　汪　泓　黄秀云　郭旭歆　王天刚　薛　帅　李亚州　邓振立 晁　盖　刘鹏翔　唐　悦
工程硕士（电子与通信工程）（126人）	李文桢　柯逸凡　陈　岩　李　静　李　严　谢家豪　安隆熙　毕晓慧　黄文欢 马文钰　毛欢欢　吴梦婷　徐帮元　黄家庆　张玲玲　穆艳科　张鸿祥　刘　成 庄　莹　刘　奥　王旭哲　李　玉　蔡媛媛　李笑月　曹　佳　梁　超　孙煜程 周　玮　周　智　王　成　陈　标　单法坤　高梓翔　芦　婷　吴文杰　杨　晨 刘　朋　朱方杰　章　婷　余嘉深　万　蓬　魏子涵　吴　硕　赵　薇　郑　一 彭光耀　魏　楠　杨刘曦　王曼丽　刘　磊　廉李林　陈高均　陈华宇　程　耘 崔文清　韩　彬　胡彦丰　李度洋　李月朝　秦顾正　秦娜娜　施翔宇　孙婷婷 王天奇　孙　博　葛　慧　黄姗姗　彭奥奥　仝玉山　刘原野　张绪豪　闫江北 徐志亮　刘哲续　田　滔　薛立信　汪　然　刘媛美　吴　琦　彭　勃　刘传兵 田园园　王　灏　张德耀　涂荣斌　张晓广　郭履翔　景天琦　陆天乐　鹿　丽 宋　涣　孙旭耀　唐家博　陶　俊　徐煜耀　王宇飞　陈葛娟　郭　冲　陈　林 李　明　刘　波　陶秀睿　陶雪琼　王　超　何　超　冯丙乾　袁　鹏　孟　凯 叶　武　周　红　叶　超　李宝磊　徐　良　苏家琰　张俊芙　韩　尹　胡　钦 赵司宇　黄　强　陈　娟　陈文泰　朱　磊　相喜柱　孙　娇　汪显刚　魏一鸣
工程硕士（集成电路工程）（113人）	陈伯凡　淡富奎　郭诗雨　孙雅茹　田江江　夏梦雯　徐文娟　展金龙　张勇涛 赵　洋　史炎云　郑钦文　孙奥迪　朱志伟　高喜洋　郑梦瑶　蔡舒亦　高　捷 韩子川　冷　静　李　婷　陈旭东　吴程昊　戴志刚　王言冠　王　雨　步小康 李　泽　石　灿　吴俊明　朱振宇　吴梦麟　秦　海　王晓波　尤传亮　黄　秦 闵嘉炜　沈志源　汤清溪　陶　李　罗几何　王　浩　苏　聪　束泠钰　赵　彬 李大鹏　单云霞　康彦博　徐志远　朱祥飞　朱志鹏　戴鹏飞　黎　健　刘吉东 宋　坤　赵大地　金　聪　洋雯雯　余晶晶　徐红亮　胡孔生　张炎吾　孟欢欢 孙　玲　夏大伟　蔡　磊　占克文　张小双　吴其祥　周世豪　付广路　方　炅 包　丽　程心昱　黄继权　李智超　郭玉杰　陈　剑　吴启强　向家淇　高　猛 高小洁　刘彬峰　彭　杰　陈　丹　喻志程　卢泽　李国栋　包怡鹏　刘思达 杨昭远　尹斌军　许　欢　李丹青　王晓东　刘　丽　许博阳　李　昂　张　勇 陈　璟　吴立玮　顾子寒　席　亮　濮阳康　柏　京　高　维　张广超　张慧萍 刘　凯　朱袁旭　黄志友　何章强　陈宗泽
工程硕士（控制工程）（49人）	杨雪旗　丁士晨　冯　炽　胡建沛　惠运东　李陈熙　李聂呈　戚文彬　沈需霖 石静迎　苏　曼　万广弟　王　超　王　闯　许志远　余林威　袁　琴 臧　坤　赵诗雨　朱宇哲　杜　磊　陈炜耿　吴　凯　潘潇炜　丁健伟　程　年 顾梦园　华志超　林嘉玺　刘　洋　罗　茜　王　凯　沈友官　夏　雪　张秀夫 承晓斌　汪　亮　黄宇乾　严文娟　孟念阳　肖　尧　赵鹏图　王东明　陈利泉 李　宇　肖　翔　邹日磊　阮文聪
工程硕士（计算机技术）（85人）	李　斌　丁思宇　樊鹿鸣　刘家强　孙彦苹　王书玲　杨　扬　张晓刚　郑钰婷 高逸夫　林增贤　潘　覃　赵星然　戴猎阳　何　旭　胡仁健　任洲甫　王家慧 颜明静　羊梦娇　张玉亮　刘木尧　骆春桃　王　睿　叶　青　蔡　涛　苏鹏程 赵　畅　胡孔涛　刘立罗　孙　麟　汤立辉　苏晓威　俞鹏鹏　方江春　马志远 许　强　汪小飞　余丽燕　尹相瑞　刘煜澄　杨　乐　孟　贺　屈　威　徐　言 蔡　震　房　敏　吴玉林　唐　渠　喻　学　胡莞玲　刘永博　孙亚晶　吴颖真 陈　婧　刘　洁　张　彦　朱弈霖　夏　琦　王勇智　孙永杰　李　炎　丁亚雷 郭雪纯　吴　媚　朱文捷　柯慧淑　杨涵博　李尚宜　谢景宇　李成立　逸　帆 王　驰　李维维　朱小贝　张　帅　郑　璇　姚剑城　周　逍　张文涛　李珍珍 潘路明　巴　诺　罗　开　熊子瑾

(续 表)

专业(领域)	姓　名
工程硕士(软件工程)(110人)	张玮玮　马　蕾　秦海涛　高剑飞　孙　朋　郭晓茹　刘尧舜　沈启超　问　磊 薛文艳　吴志成　卢　恒　施　鹏　陈伟刚　肖雪娇　李平伯　徐　戈　霍明毅 王　琛　张　健　仲亮靓　齐　凡　任　忆　李嘉奕　黄佳艳　孙瑜尧　徐　衔 张　沛　金伟豪　李　博　宋震天　张思文　胡羽扬　张怡年　范文天　杨子豪 朱　迪　应雨婷　孙千惠　杜鹏程　韩　成　张　浩　季晓莉　刘　晨　胡正东 单艳琪　常　胜　李　思　裴佳翔　周燕君　张　银　江　平　陈　康　吴　晗 陈晓曦　尹　强　康雪文　赖　伟　王　引　冯全超　张艳秋　时晓晴　裴东旭 赵宏辉　魏思冉　宋　玉　赵　炯　王浩洋　陈可心　田广泽　肖　伟　陈婧楠 常泽天　景延琴　胡路路　邢子娟　朱　纯　杨雅琦　卢月亮　夏多雨　朱　淼 孙　伟　杨安奇　李　星　于殳佳　秦　天　刘　兴　沈哲先　赵宪阳　王溯源 姜　旭　申良柱　刘　卓　于　聪　郭子衡　朱子杰　和海洋　吴正挺　李希之 齐小嫚　冯晓彬　许　驰　卢　伟　李建珍　朱绍祥　刘斌斌　周　磊　肖　康 陈　瑞　鲁广达
工程硕士(建筑与土木工程) (99人)	王艳阳　夏正昊　车　辕　陈　莉　陈倩岚　成维佳　程　龙　董雨婕　高　凯 顾　浩　黄　和　黄丽媛　李成亮　李京洋　厉勇辉　梁舟舟　刘贝贝　刘健强 刘金成　刘凯旋　刘　鹏　刘远之　陆　锦　潘鸿健　秦　乐　邱　韵　邵　棚 沈　浩　石煜威　宋丽霞　孙春丽　谈雨晴　王　琦　吴　虹　肖文超　谢冠宇 谢　昊　谢金丞　谢小东　谢枝芃　熊　沩　许　琪　杨健翔　殷礼君　余　婷 张　恒　张莉涓　张　洋　张　逸　张　正　朱　宸　王志鹏　高　琦　郭　策 吴嘉国　杜林璞　刘凌宇　冯　岩　付瑞斯　王　冲　朱浩樑　苏伟强　吴豪轩 陈　浩　谷少博　张　驰　梁　侨　孙　田　朱剑文　冯　超　瞿　冯　周　凯 洪　威　刘　捷　张　强　郝浩宇　朱繁芳　刘　腾　张新新　王　尧　孙亚东 刘　帅　潘越霆　郭　进　姚　彬　汪子哲　杨　简　张静悦　黄　旭　盛　坚 魏沛孜　郑逸轩　吕劭晖　张　凯　卢青云　王梦颖　唐　威　徐梦烨　李　潇
工程硕士(水利工程)(3人)	侯梦琳　高健文　卓斯琪
工程硕士(测绘工程)(3人)	张　建　夏金周　周文宗
工程硕士(化学工程)(48人)	李春慧　王华政　童露露　邓　威　张佳慧　温雪飞　刘臻韬　李宁波　陈甜甜 史　琳　孙　晨　夏泽华　须　立　叶康伟　杜　莹　石红兵　陈崇熙　李　瑶 袁慧敏　陈　璐　白　林　曹万宝　徐方泽　韦亚平　韩佳沛　王军如　徐小净 张　东　王卫芳　范光猛　张绪生　刘　垦　刘丛颖　张　琪　梅　静　赵允龙 刘永辉　邵亚敏　王　岩　周　旋　宁　瑶　左家莹　贺祖茂　杨买娥　施玉雷 田　朝　潘　瑜　孙雪微
工程硕士(交通运输工程) (113人)	王寅朴　程　龙　张　奇　沈培琳　夏　严　陆建澄　班长凯　陈文栋　成　诚 董　涛　房占永　郭丽昕　郭淇文　韩峰　黄励强　靳昕　赖梦婷　李国强 马　康　祁　星　汤赞成　王梦迪　徐　刚　徐　磊　徐文胜　徐轶昀　杨　鸣 易陈钰　张黎明　张亚飞　赵　昊　赵　轮　周哲祎　陈毓伟　许洋龙　于亚南 高　岩　刘　涵　李　冲　刘欣楠　徐　淼　祁颖智　王雯钰　邓　欢　俞宏峰 张晨骁　贺智江　江乃平　钱春杰　杜树樱　王　晴　吴　桢　史恒豹　张建琴 赵晨阳　王晓鹤　赵展轮　吕　坚　丁红亮　邓　松　徐　文　李　明　许燨灵 孔　晔　王虹霁　杨泽洲　宋纯宾　邹禹坤　叶梦文　郭　康　徐小奇　陆兴悦 李华欣　陈　豪　雷心悦　王思腾　张修远　陈　妍　孙石天　万泽文　袁　俊 满庭芳　史孝开　肖　尧　胡鹏森　刘益昶　刘　洋　朱化梅　韦小娜　陈嘉颖 刘青云　谢晓乐　高　亮　曹　雯　米倩男　张光耀　尹晓东　孙　磊　马帅之 陈　天　孙长申　张　婧　钱　倩　朱治文　朱逸凡　李　涛　孙　哲　陈　勃 高梦颖　刘　震　陈　骁　韩东东　杜则行健
工程硕士(环境工程)(19人)	周尤超　徐　汉　张　程　付志强　董光辉　杨　非　白　璐　巢　波　杨　阳 朱中强　杨树莹　邵　峰　汪　莲　王文倩　袁　展　潘琴荣　张治国　许　坤 沈　越
工程硕士(生物医学工程)(6人)	张博文　姜欢欢　蒋建慧　郑　巧　周继平　孙云丹
工程硕士(工业设计工程) (36人)	郭一杰　吴　宇　薛　薇　百　灵　陶　宇　徐祎青　黄嘉伦　毛文芳　宋笑笑 赵晓茹　李　航　许　浪　丁　悦　夏　雪　俞雨晨　李　睿　郑冬英　张彤彤 朱天宇　邢梦霞　阚　桐　储　灿　朱潇潇　王　楠　李　彤　赵骥足　朱栭彤 马晓文　徐心宇　胡　雪　谢巧明　杨　欣　段的妮　刘禹琪　蔡晓琳　刘　琦

(续 表)

专业（领域）	姓　名
工程硕士（生物工程）(2人)	王　昊　王丹彤
工程硕士（物流工程）(4人)	刘　媛　刘亚飞　黄曼容　钱芸莉
城市规划硕士(17人)	陈碧娇　胡雪峰　李胜男　李子静　邱建维　万雍曼　王武倩　殷一闻　尤方璐 曾雅洁　张桂玲　朱　嘉　陈翰文　施一峰　赵宏钰　苏奕宇　朱紫月
风景园林硕士(14人)	凡　越　樊益扬　冯雅茹　马文倩　张　杰　王淳淳　王　羽　钱雪飞　裴中岳 佘金金　杨霄鹏　彭梅琳　夏思宇　王明燏
临床医学硕士（本硕连读）(16人)	胡昕滢　刘瑷瑜　刘红丽　刘　莹　祁　靓　时　娟　唐　琪　唐雨莹　童文雨 王　柯　王　倩　徐文文　于之源　翟修文　赵喜迎　卓华威
临床医学硕士(97人)	卢卡玛　蒙　格　库思巴　蔡熙熙　沙克尔　杰克斯　卡　韩　索瓦尔　哈　娜 山地普　哥内斯　卡　里　比　杜　友　杰　柳荣荣　丁佳佳　管文婷　王　倩 曹格银　柴圆圆　陈　洲　刁亦非　方　江　顾雨铖　桂玉琪　郭　丹　韩丽飞 胡　君　黄金健　焦　娇　景启明　李逸凡　林红艳　林　欣　刘　畅　刘晶华 刘钜川　刘向阳　刘雪婷　马常乐　牛雪龙　亓一鸣　钱秋萍　秦雨晗　冉雪梅 沈颖甜　施　勇　孙　思　谈　畅　谭园园　汤丽丽　王晨飞　王晓月　谢　健 许　露　许心怡　杨　娇　杨　洁　杨文戈　姚健翔　尹　清　尤　鑫　余晨曦 云天纬　张丹晖　张　坡　赵福英　赵雨虹　周佳莹　彭中兴　赵　冉　陈雅筝 雷　毅　卢学峰　史　婧　汪佳琦　王　建　王　志　吴　巧　黄飞扬　贾金芳 唐庆华　李　阳　叶勇霞　卢　健　李　晨　杨　城　许文景　郭文文　王　瑞 黄见玲　田秀秀　曹林林　陆　运　马常欢　罗周宇　阿　杰
公共卫生硕士(34人)	方能圆　魏　超　余小歌　单艳群　高　杰　宁俊康　王　否　王　菁　蒋　萌 闫　莉　张　婷　王丹吉　陈一佳　胡　婕　张大卫　阚超杰　王　丽　彭宝珍 刘　静　王　旭　苏雪荣　韩翱瀚　周义夕　田　木　陆　萨　克洛伊　丹尼尔 阿　龙　德巴尔　杰瑞米　曼　尼　伯　尼　伊　诺　张　倩
护理硕士(3人)	杨　霞　陈亚玲　于星星
工商管理硕士(139人)	王永越　胡佳林　卞洁玉　蔡培培　陈小迪　陈星宇　戴秋旻　戴　艳　丁　力 丁林红　董晓钰　郭文化　何一春　侯　云　黄婉秋　蒋　丽　蒋心路　蒋　越 黎进琚　李　冰　李海龙　李来凭　李　凌　李新月　林　洁　刘　军　刘益坤 卢佳楠　路　超　潘　楠　潘培元　钱　晨　钱　呈　邱　陵　邵　敏　沈玉鑫 眭　萱　王　波　王　成　王辉辉　王廪实　王睿敏　王　洋　王业健　王语甜 魏鹤笑　吴　凡　吴海亮　吴开军　吴小凡　吴晓雯　武文娟　武　晔　向　君 肖　妍　薛宇翔　颜媛媛　杨　成　杨海军　杨晓文　杨　宇　尤新年　于　欢 张曼琳　张　奇　张维珊　张文峰　周爱华　朱原平　邹　佳　左小峰　曹歆汝 黄卫荣　蔡冬冬　冯思妮　江宗满　孔维琴　李　佳　李　霞　刘富平　陆　薇 盛倩怡　尤　铮　赵　丽　沈　洋　万　磊　张英文　谷珍霞　殷　波　陆剑飞 袁　伟　朱宗邹　彭孜溯　桑琳琳　邵光达　许文卓　赵锦花　曹婷婷　曾　利 陈　实　陈　旺　丁　千　金璐路　李　琳　李　璞　刘　晨　刘应斌　倪瑜泽 钱　媛　石　娟　万　超　万子杰　汪亮航　王　诺　王　玥　魏荣荣　魏　炜 翁　洁　肖　江　谢黎朦　徐　赛　张　骞　张　智　仲玲玲　周　一　张　鑫 冯逸凡　姚　珏　宋冬华　沈　远　姚　慧　沈洪杰　刘树锁　黄　博　梁菁菁 吴凯栋　丁　立　杨　童　诸葛泽辉
公共管理硕士(27人)	贾少罡　秦　雨　邹　群　顾　颖　周泉峰　骈　筱　吕少波　穆　珂　钱　程 涂秋晨　夏崇铭　周　荃　贾明明　李珊珊　董　瑾　曹　钧　曹琳琳　张　佃 赵　娟　卢海松　王　昕　翁颜明　钟　静　朱　嫒　饶朝鹏　孙逸凡　胡晶亮
会计硕士(1人)	杨　阳
旅游管理硕士(1人)	吴静之
工程管理硕士(1人)	徐　萍
艺术硕士（美术）(6人)	王淑湘　张　婧　黄书涵　章雅玛　王泊骅　曹清雯
艺术硕士（艺术设计）(15人)	廖芳艺　宋　蓓　柏玉英　崔红梅　梁　军　全轶先　武晏好　夏　雪　陈　茜 钱　锦　金　燕　高　恒　王　玥　李晓鹤　陈力维

二、非学历硕士研究生(共592人)

专业(领域)	姓　名
法律硕士(100人)	裴纪平　沈苏宁　董洪民　孙　毅　陈颖睿　董继玉　金辰辰　李小雨　明振涛 孙倩莹　孙　毅　王　丽　徐　达　徐　娇　赵　彪　董延磊　樊　杉　解　超 李瑞雯　刘　琴　陆羽乔　吕国庆　罗　辉　魏　凯　杨峻鹏　周茂辰　陈　刚 陈　昊　陈　磊　陈欣欣　陈益夫　陈子涵　戴玉华　董　琦　董修明　郭旭白 何初华　胡晓利　蒋志勤　康晶晶　李端林　李振明　刘　庆　宁善威　宋汶潞 孙百爽　王保成　王大鹏　王国玉　吴姗姗　夏　磊　谢　勇　徐　燕　许　炜 严　雨　杨　静　张国瑞　张平川　张　伟　张友兰　赵洁琼　朱高嵩　边苊晶 曹　弼　陈　冯　樊　荣　李　川　梁　亮　刘　超　刘　果　鲁阳东　路　艳 吕婷婷　缪沅霖　那晓凯　潘孝飞　施长丽　孙绍峻　韦奇余　夏惠媛　徐晓广 余同斌　周文元　庄　志　蔡明山　高　艳　黄学会　金婷婷　柯　巍　李志明 苏瑞亮　孙　博　孙俊杰　王　磊　王　舒　吴伟岸　夏爱华　谢云幻　张　杰 朱明媚
工程硕士(机械工程)(10人)	沈　林　谷鹏飞　万　程　吴东东　李思明　史　丹　叶文丽　张海栋　冯丽娜 付　璐
工程硕士(材料工程)(1人)	李鹏飞
工程硕士(动力工程)(15人)	汤成杰　施佳成　王锦绘　田　猛　曹　华　陈　磊　戴　云　胡　用　柳　磊 索中举　赵　鲤　马国伟　史　君　赵忠伟　张　峰
工程硕士(电气工程)(45人)	林　矗　李学强　李一磊　刘　旸　陈鹤虎　陈小黎　黄晓雨　陆金华　王婧弘 王　平　杨铁成　尹　羽　张　玮　徐小成　詹国敏　柏正超　陈文藻　陈　潇 戴　洁　付锦屏　黄聪彦　蒋　君　刘　文　羊　磊　杨清银　姚川珍　张　杰 张　轩　张志华　赵　未　周　纬　宗尧尧　骆　阳　陈峻宇　程　龙　季　钢 李　争　刘　欢　施　汭　王佳佳　王　健　周文俊　朱蓬辉　封　磊　蒋　月
工程硕士(电子与通信工程)(21人)	杨志方　薛晨光　段　强　傅兆鹏　郭政纯　何朝峰　侯相召　胡光宇　刘　波 邵　珣　王继财　杨　晨　杨　磊　黄启量　蒲　皓　王　健　张　巍　羊　洋 邓鹏程　孙雨卉　于海峰
工程硕士(集成电路工程)(11人)	何　晶　刘细苟　徐　骁　殷　磊　高　超　丁建苏　杨文昊　团哲恒　边　彬 杨　阳　王益千
工程硕士(控制工程)(22人)	蒋　洋　王　楷　王仲洁　杨　霄　俞　然　张书维　林友志　李　岩　刘天扬 万　晔　王德华　王恒强　杨冉冉　曹铭超　陈皓菲　王一飞　李中秋　王　健 许　庆　蒋　尚　张曹兵　郁鸿儒
工程硕士(计算机技术)(7人)	黄　潇　金　艺　黄鹤鸣　蔡金峰　陈锡超　曹自然　毕玉蓉
工程硕士(软件工程)(31人)	谈恺旻　王苏西　陈晓翔　周　飞　冯雪峰　韩　萱　杨　阳　徐　杰　梁曙光 赵志波　马成平　徐红武　周文佳　胡　骏　蔡东华　弭　娜　陈芊熹　潘　虎 张　维　王　强　谢　晓　王　成　严立超　张　敬　姜明俊　徐　峰　管毅鸣 刘　杰　倪晓华　石　禹　王亚东
工程硕士(建筑与土木工程)(56人)	朱　斌　韩淑涛　张海欧　段雪莲　冯宁馨　郝　飞　胡彬彬　胡梦阳　焦　健 王　刚　徐利业　许　进　叶红雨　周　宇　朱少林　包　扬　陈　松　程统然 宋方可　王雄志　恽　晔　高　立　汤　朝　刘志仁　刘吉防　周　毅　厉　欣 郭文骏　郭晓军　林雪军　徐卫民　王辉熠　曹　丹　陈　曦　高昊昊　侯　帆 李世琪　陆传洋　王佳莲　王　欣　谢　军　张大魏　陈　旭　李如金　王　魁 祝成潮　陈　磊　黄桂华　金　龙　王晓静　王义阳　吴鑫鹏　吴晓秋　赵　娜 陆明华　王　聃
工程硕士(交通运输工程)(24人)	于　涛　刘　鑫　张云骘　何明亮　林　艾　张辰仰　项　尚　陈　超　高志兴 陈晓凤　张家卿　姜李娟　厉业锋　江　润　莫明龙　王宗传　郑钧予　方凌易 徐俊军　张　新　李　兰　凌高祥　缪梦曦　宋仁琳

(续 表)

专业(领域)	姓　名
工程硕士(环境工程)(1人)	殷华清
工程硕士(生物医学工程)(8人)	肖富男　李开良　徐志扬　朱　明　刘兰君　羊月祺　胡荣耀　焦丽蓉
工程硕士(工业工程)(10人)	毕楠楠　嵇妮娅　闵照彤　王媛媛　徐　宇　张　科　张丽媛　李　娜　过凌芸 姚春生
工程硕士(生物工程)(1人)	田家麟
工程硕士(项目管理)(53人)	于兵勇　顾　嵬　贾维君　郭添悦　柏一秋　蔡显达　崔帼艳　崔　媛　杜中文 范钦磊　郝品山　黎明旭　阎　燕　眭　冉　唐　杰　王家波　吴　燕　武益红 薛　琨　赵　义　朱东利　顾　昊　贾红艳　雷　光　卞加佳　耿雨升　李圣朋 沈建立　张　霄　赵　亮　王　伟　张丙臣　王　彦　费亚楠　阚燕霞　许士华 王　艳　李　旺　林佳萌　王　浩　杨旭东　万一飞　翁世佳　张　利　韦　竞 张　伟　刘戍丹　高　旭　王　丹　张薇薇　周　祥　刘思君　司亚甜
工程硕士(物流工程)(5人)	唐修梅　翁凌月　许月华　刘海明　陈金伟
风景园林硕士(4人)	顾　钺　张海洋　赵雅婷　刘兆硕
公共卫生硕士(31人)	蔡秀明　陈佳艳　陈　曦　刘　凤　马永贤　闵　婕　沈国秀　孙彭凯　孙　艳 王　倩　吴　鸽　吴伶俐　吴亦琴　肖敏辉　徐　波　徐玉成　严静怡　殷俊伟 张红兵　赵雪薇　朱闻天　祝敏敏　张益忠　钱　珊　蔡泽瑜　陈　洁　方　蕾 蒋静风　李国莉　王笑辰　王新月
高级管理人员工商管理硕士(34人)	丁　毅　邹　佳　杨传华　曹　阳　陶智金　陶继江　唐乃成　邹稼珏　徐海清 吴克保　陈　诚　王　平　段文强　童洁萍　陈玉伟　巫　进　芮益华　徐兆奇 王　勇　张家铨　史　臻　陈　岚　任慧峰　叶建春　杨根东　曹大发　李　洁 方　静　施睿弘　徐梦姗　王紫健　李　青　彭　娅　陈　静
公共管理硕士(31人)	陈　颖　郭　亮　李雪晴　李友伟　刘　刚　刘　庆　唐　颖　张　慧　周文君 孟　恺　孟　森　倪　洋　王菁敏　朱继飞　管海涛　李　丽　王　岩　张柏森 张　丽　李逸城　仇晓源　张　璐　张　弛　朱一村　杨晓君　毕凌云　顾金园 何蜀君　陶天慧　张　军　居亚军
艺术硕士(美术)(24人)	万利珍　王宝俊　曹志浩　储　卫　代雯雯　单　静　丁小蓉　樊锦巍　胡洪盼 黄响铃　李明娟　李耀勇　娄翠萍　马霞维　宋丽梅　王成伟　王　伟　姚夏雨 叶　芳　曾希文　张　昇　张文佳　周永鑫　陈梦怡
艺术硕士(艺术设计)(47人)	赵新来　施　汉　汪国亮　蔡丽娟　陈　曦　费丹文　冯　进　顾　闻　韩佳佳 李天旺　刘梦舒　马筠茜　马庆峰　苗　壮　潘　赳　戚雅丽　祁梦瑶　邵洪泽 孙　珂　孙利超　汤薛飞　滕惠子　仝冬莹　万欣屹　王海瑞　王　倩　王天培 夏　飞　夏缓缓　熊　丽　许惠斌　薛　青　杨茜钧　杨　涛　姚为俊　袁　超 张　宝　张灵琳　张　曼　张啸菁　张一敏　赵贵阳　赵警杰　赵　扬　周杰剑 周鑫杰　孔德禄

科 技 工 作

综 述

2019年全校科技工作紧紧围绕学校建设与发展总体工作目标,紧密结合国家统筹推进"创建世界一流大学,创建世界一流学科"建设的战略决策方针。在学校党政领导指导下,科研院团结努力、发奋工作,全面完成了年度各项工作预定目标和任务,取得较为突出的成绩,全校科技工作呈现跨越式发展与提高,全年科技工作科研总经费28.3亿元。

一、项目申报

(一) 国家自然基金

2019年度,经积极动员,全年共申报各类基金项目1 280项,申报项目组织涵盖了数理科学部、化学科学部、工程与材料科学部、管理科学部、地球科学部、信息科学部、生命科学部、医学科学部等八个学部。申请类别包括:面上项目706项、青年基金项目申报312项、国家杰出青年科学基金43项、优秀青年科学基金56项、重点项目31项、创新研究群体3项、联合基金项目28项、国际(地区)合作与交流项目53项、海外及港澳学者合作研究基金3项、重大仪器专项3项、重大研究计划21项。

国家自然科学基金委批准获得资助305项,获资助总经费达到2.2亿元(直接经费),立项率为23.8%。其中:面上项目立项167项,青年基金项目立项102项。同时获得资助项目有:创新群体1项、国家杰出青年科学基金4项、优秀青年科学基金5项、重点类项目13项、牵头重大项目1项。

(二) 国家重点研发计划

完成了2019年度国家重点研发计划申报、评审和立项工作。本年度我校共有10个牵头专项项目、3个牵头国际合作项目和45个牵头课题获科技部立项支持,立项经费3.8亿元;完成了2017年度立项的4个国家重点研发计划项目的中期检查工作;完成了国家"973计划"项目"严酷环境下混凝土材料与结构长寿命的基础研究"和国家重点研发计划项目"装配式混凝土工业化建筑技术基础理论"的结题验收工作。

(三) 国家科技重大专项

共参与5个项目,我校立项经费为1 308万元。

(四) 国际合作

国际合作方面,办理国际合作横向项目,完成国际合作纵向项目的申报审核工作。共申报各类国际合作项目20项,其中江苏省首批中外合作办学平台联合科研项目获立项2项、111引智基地2.0项目获立项1项。组织协调国际联合实验室验收及111引智基地十年验收工作。联合国际合作处主办中澳研究创新与产业化高峰论坛,推进东南大学—蒙纳什大学苏州联合研究院的建设工作。完成了东南大学2017—2018年国际科技合作重点工作年度调研。

(五) 江苏省厅局项目

2019年度江苏省自然科学基金项目经校内专家的评审遴选,共计申报215项,其中省杰出青年基金14项、省优秀青年基金14项、面上项目40项(以上项目为限项申报)、青年基金147。已获江苏省自然科学基金立项资助79项,其中省杰出青年基金5项(比去年增加1项),省优秀青年基金5项、面上项目14项,青年基金55项,获得资助总金额1990万元。

2019年组织申报省前沿引领技术基础研究专项4项,获批资助2项,获得资助总经费4000万元。该类项目全省立项数5项,每项资助金额2000万元。

完成了2019年度江苏省重点研发计划的申报和立项工作。其中:产业前瞻与共性关键技术类申报13项,立项5项,立项经费为580万元;社会发展类申报17项,立项8项,立项经费为850万元;现代农业类申报3项,立项0项。

完成了2019年度江苏省内其他厅局、本省地市及外省市项目的申报、立项和管理工作。

组织完成2015年、2016年江苏省重点研发计划验收申请10项;组织完成2017年、2018年江苏省重点研发计划中期检查15项;征集2020年江苏省重点研发计划指南意见6条;完成江苏省科技咨询专家库专家征集及更新工作。

(六) 基本科研业务费

完成基本科研业务费2019年的项目组织管理工作。在协调全校基本科研业务费下达工作的同时,完成了基础科研扶持项目等各类项目的申报、评审、合同签订及经费下达工作,其中基础科研扶持类项目新立项320项(包括高水平论文36项、拔尖人才培育项目9项),东大与南医大、药科大学合作项目20项(包括东大与南医大合作项目10项、东大与药科大学合作项目8项、三校联合项目2项)。完成了东南大学中央高校基本科研业务费2018—2019年的工作实施情况的上报汇总工作。

协助校长完成重大引导(校长定向)项目的项目遴选及立项工作,新立项24项,下拨经费800万元。

(七) 东南大学十大科学与技术问题

完成了2019年度"东南大学十大科学与技术问题"的支持工作,共支持项目11项,下拨经费2000万元。

二、成果与知识产权管理方面

(一) 成果管理方面

1. 国家科学技术奖取得佳绩,通用项目牵头获奖数全国高校并列第七

2019年积极组织协调争取到推荐国家奖的指标16个,牵头申报数量与去年持平,江苏省提名7个、部委提名6个,学会推荐指标2个,专家提名1个,其中自然奖3个、发明奖5个、进步奖8项(含1项专用项目)。最终我校获国家科学技术奖二等奖7项,牵头4项,其中技术发明奖二等1项、科技进步奖二等3项,通用项目牵头获奖数全国高校并列第七。4个牵头获奖项目分别是:龚维明教授牵头的项目"深基础自平衡法承载力测试成套技术开发及应用"获技术发明奖,吴刚教授牵头的项目"混凝土结构非接触式检测评估与高效加固修复关键技术"、黄庆安教授牵头的项目"高性能MEMS器件设计与制造关键技术及应用"和刘加平教授牵头的项目"现代混凝土早期变形与收缩裂缝控制"3个项目获科技进步奖。

2. 部省级牵头获奖数量保持较高水平,江苏省奖牵头一等奖获奖总数全省第一,教育部奖牵头获奖数全国高校第五

2019年,我校牵头申报江苏省科学技术奖20项,比去年多4项,最终共牵头获奖15项(其中中大医院2项)。牵头获一等奖5项,牵头一等奖数量全省排名第一,牵头二等奖6项,牵头三等奖4项。合计共获奖35项,比去年增加11项。牵头获一等奖获奖项目有:孙伟锋教授牵头的项目"智能功率驱动芯片设计及制备的关键技术与应用",程明教授牵头的项目"高效高可靠风力发电机组关键技术及应用",肖睿教授牵头的项目"生物质定向热解制取高品质液体燃料关键技术及应用",刘松玉教授牵头的项目"大面积深厚软弱土加固处理技术创新与工程应用",王景全教授牵头的项目"在役桥梁工程性能提升关键技术创新与应用"。

在2019年度高等学校科学研究优秀成果奖(科学技术)的评审中,申报18项,我校共获奖9项,其中牵头获奖8项(位列全国第五),牵头一等奖3项(包括技术发明奖一等奖2项和科技进步奖一等奖1项)。我校牵头获一等奖项目分别是:张在琛教授牵头完成的技术发明奖"宽频谱高能效无线通信技术与应用",杨敏教授牵头完成的技术发明奖"多源数据下公交时空路权设置与网联调度关键技术及应用",殷国栋教授牵头完成的科技进步奖"高性能车辆底盘结构创新设计与协同控制关键技术及应用"。

3. 组织参加第47届瑞士日内瓦国际发明展会并取得好成绩

2019年,第47届瑞士日内瓦国际发明展,共申报8项,全部获奖,其中金奖3项、银奖4项、铜奖1项。获金奖的是郭彤教授、肖华锋教授和顾伟教授团队的3个项目。

4. 其他奖项

2019年度我校牵头获国家一级学会科技奖一等奖5项、二等奖6项、三等奖3项;参与获其他省部级奖一等奖2项、二等奖2项;获国家一级学会青年奖和个人奖共5人。牵头获2019年度全国优秀工程勘察设计行业奖一等奖5项。牵头获2019年度教育部优秀工程勘察设计一等奖5项。

5. 顺利完成了本年度全校的相关突出成果奖励工作

完成了本年度科技成果以及全年两次全校论文的收集、整理、统计、审核等突出成果的奖励工作。

6. "三大检索"论文

根据中信所发布的2018年度中国科技论文统计数据,2018年度东南大学SCIE收录论文3 379篇,比2017年增加253篇,排名第18位;EI收录论文2 986篇,比2017年增加376篇,排名第12位,提升1位;CPCI-S收录论文792篇,排名12位,提升2位。

7. 其他相关工作

组织好各类合作报奖的管理,完成了各类科技成果的数据统计、审核认定以及上报等相关工作。

(二)知识产权管理

1. 专利相关奖项

组织申报第二十一届中国专利奖和第十一届江苏省专利项目奖,其中"一种同轴磁齿轮ZL201110252784.3"获得江苏省专利金奖、"支持共享共治的内容元数据标识及应用方法ZL201610785180.8"获得江苏省专利优秀奖。

2. 专利申请/授权情况

2019年共申请国内发明专利3 001件，授权国内发明专利1 787件（包括部分2018年证书），高校排名第三，PCT专利申请105件，授权国外专利19件（以实到证书为准）。截至2019年底，有效发明专利7 882件，高校排名第四。

3. 加大宣传，提升质量

为了提高广大师生知识产权意识，进一步提升专利的质量，组织专利代理机构到院系进行知识产权宣传和培训十余场，同时对各专利代理机构加强了质量监督工作。

4. 其他

申请并获得国家/省/市/区相关知识产权奖励/资助600余万元；完成国家/省/市/区知识产权相关项目的申报和其他工作任务；完成2019年度东南大学授权专利的奖励统计工作；组织东南大学专利代理事务所的招标工作。

三、基地建设方面

（一）基地建设

1. 紫金山实验室

召开研讨会，对推进人员双聘、联合引进高端人才、联合管理经费等进行了重点讨论，形成托管方案修改稿。

2. 前沿科学中心

教育部已批建"移动信息通信与安全"前沿科学中心。

3. 生物医学大数据重大科技基础设施

与江北新区沟通，已完成数据中心建设方案拟稿。

4. 教育部集成攻关大平台

推进建设"下一代芯片设计"集成攻关大平台，对建设方案进行了多次研讨。

5. 江苏应用数学中心

科技部已批建"江苏应用数学中心"。

6. 国家重点实验室

完成了我校3家国家重点实验室2018年度的考核工作、年报统计上报工作、专项经费使用的绩效自评工作和2019年专项经费的预算工作。完成了生物电子学国家重点实验室第六届学术委员会的换届以及变更实验室研究方向的上报工作。

7. 国家工程研究中心

完成了"智慧建造与运维"国家地方联合工程研究中心的揭牌仪式和第一次技术委员会的组织召开工作。

8. 科研基地申报工作

新增3个省部级科研基地，分别是"爆炸安全防护"教育部工程研究中心、江苏省空天机械装备工程研究中心和江苏省物流枢纽工程研究中心。

组织完成了"爆炸安全防护"教育部工程研究中心建设计划的可行性论证工作。

9. 科研基地绩效评估工作

组织完成了"儿童发展与学习科学"教育部重点实验室的绩效评估工作。评估成绩为良好，排名小组第二。

组织完成了"低碳型建筑环境设备与系统节能"教育部工程研究中心的绩效评估工作。评估成绩为良好。

10. 科研基地日常管理工作

（1）配合主管部门完成了我校19个国家级、省部级科技创新平台2018年度建设运行情况调查工作，15个发改委创新平台建设和运营情况的摸底调研工作。

（2）组织完成了我校11家教育部重点实验室、6家教育部工程研究中心和10家江苏省高校重点实验室的2018年度考核工作。

（3）组织完成了我校省部级及以上科研基地、校内新型科研机构、生物医学大数据重大科技基础设施2018年度中央高校基本科研业务费实施情况总结工作和2019年基本科研业务费的下拨工作，并密切关注经费的使用情况，及时通知各个基地的相关负责人，保证经费合理、科学地使用。

（4）组织完成了交通运输部关于梳理面向2035年的国家重点实验室布局方向和重大科技基础设施布局方向建议的报送工作。

11. 新型科研机构和校内三无所工作

新成立1个新型科研机构和9个校内三无所。

12. 协同创新工作

完成了2018年度省级协同创新中心的年度专项报告和经费预算。

（二）基地人才工作

1. 专职科研人员

今年完成2018年入职的第一批专职科研人员的年度考核工作，今年AB类入职24人，C类入职40人。

2. 江苏省高校科技创新团队

完成了2项高校创新团队的验收工作，新立项重大土木工程结构智能检测团队1项。

3. 万人计划

完成了国家"万人计划"青年拔尖人才的立项工作。

（三）其他工作

（1）上报长江经济带—东南大学科技创新与人才培养合作体建设方案：生物医学大数据科技创新与人才培养合作体、智慧城市科技创新与人才培养合作体、中华传统艺术人才培养协作体。

（2）审核各类实验室开放课题（基金）和外协合同。

（3）配合设备处完成2019年科研实验室安全检查工作。

四、国防

2019年，先进技术与装备研究院以重大重点项目、平台建设、战略合作、军民融合工作、人才团队建设为重点，同时保证各类资质体系的正常运行。各项工作总结如下：

（一）重大重点项目

2019年在国防科研领域重大重点项目取得突破，成功获批千万级以上项目3项，包括科技委重点项目2项（总合同额5 400万元）及某设备定制合同（3 750万元）。首次作为总体单位承担军方的型号任务，首批订单9台/套，总合同额1 080万元。此外，我校在2019年军队后勤开放科研项目中取得较好成绩，共立项3项重点项目，总立项金额1 440万元，立项数在全国名列前茅。

（二）平台建设

与中国电子科技集团有限公司、中国电科14所、中国电科55所签署战略合作协议，与航天科工通信技术研究院共建"量子信息与通信联合研究中心",作为沈阳所扬州协同创新研究院创新联合体成员单位,与沈阳飞机设计研究所签署创新联盟协议。组织申报国防特色学科实验室。

成立海洋信息与工程研究院,聘任陆军院士为海洋信息与工程研究院院长,并组织与陵水中电科海洋信息技术研究院有限公司(海信院)的交流对接活动。启用高分中心数据分发平台,将数据应用于南京南部新城建设、响水事故、四川地震等灾害评估,参与雄安新区规划类子项目,参加全国省域高分卫星数据应用交流会,举办"大美中国——第一届高分卫星影像艺术大赛",对推广国产卫星数据起到了较好的宣传作用,受到江苏省国防工办认可。

(三)军民融合工作

2019年获批2019年度江苏省军民融合重大项目(示范工程)及省军民融合创新平台(江苏省首批16所平台之一),获批省级军民融合智库1项,并承担了南京市发改委军民融合规划项目。

(四)人才团队建设

2019年获批国防科技创新团队。2019年国家"万人计划"国防领域青年拔尖人才已公示完成。

(五)资质建设

2019年通过了中国新时代认证中心对我校质量管理体系的年度监督现场审核及整改工作,通过了中央军委装备发展部委派的审查专家组到校年度监督审查。编制武器装备科研生产许可年度自查报告提交国家国防科工局,并通过年度审核。完成了驻校军代室变更的交流对接工作。组织了年度内部审核工作,组织召开年度管理评审工作,组织内审员和检验员培训,协助质量体系内项目组开展阶段评审、产品验收等工作。

(六)项目与经费

2019年国防合同总额2.7亿元,其中纵向合同额1.62亿元,横向合同额1.08亿元;总到款2.11亿元,其中纵向1.37亿元,横向0.74亿元。经过长期培育引导,2019年非国防传统优势学院的国防科研到款大幅提高,如数学学院由2018年的54万元增长至632.4万元,化工学院由276万元增长至1100.5万元,生医学院由364万元增长至850.5万元,材料学院由229.63万元增长至761.8万元,电气学院由95.64万元增长至285.8万元。

此外,2019年还组织了各类项目申报工作,包括科研订购局、信息系统局预研及基金项目、陆航预研、陆军预研、航天预研、后勤开放科研项目、教育部联合基金项目、科工局基础科研、民用航天等项目及GF人才、团队、学科实验室、集团联合基金、航空基金、院所开放课题等。

五、服务江苏推动地方经济

(一)产学研平台建设

1. 继续推进南京环东南大学知识创新圈建设工作内容落地建设,江北创新研究院工作全面展开,玄武设计研究院、深圳研究院和雄安研究院工作围绕学校布局全面推进。与省发改委共建江苏省物流与供应链研究院。结合异地研究院考核要求,推进对现有异地科研平台的机制改革,加强对异地科研平台的管理和指导。

2. 2019年完成8家拟成立南京市新型研发机构的材料审查和专家论证工作,截至目前已正式同意30家签订南京市新型研发机构成立协议,22家获南京市备案。

3. 新成立"东南大学—西觉硕信息技术联合研发中心""东南大学—江苏省建筑产业现代联合研发中

心""东南大学—华为无线通信联合实验室""东南大学—联想增强现实与计算机视觉联合创新中心"等校企联合研发中心10家。

4. 与江苏省产业技术研究院、苏美达集团签订全面战略合作协议,推进与紫光、中国移动、中兴通讯等全面合作。

(二) 技术转移中心建设

1. 完成东南大学科技成果转移转化信息平台,系统已上线运行。

2. 完成技术转移公司改制,目前公司已面向社会招聘了包括职业经理人在内的专职工作人员近20人,初步建立了比较完整的公司管理制度文件,公司已为学校做了大量工作。完成太平北路138号技术转移中心公司办公场地的装修、办公设施购置等事务,12月中下旬入驻。

3. 在浙江湖州、苏州昆山、镇江等新建4家技术转移地方分中心。

4. 组织学校科研合同在江苏省技术交易市场认定登记,登记金额超过13亿元。

5. 完成南京市、江宁区2018年度促进科技成果交易奖补申请,获得顶格50万元、30万元奖补,完成秦淮区2019年度促进科技成果交易奖补申请,预计也将获得顶格15万元奖补。

6. 完成国家技术转移机构2018年度工作考核材料的申报。

7. 负责制定的《东南大学促进科技成果转移转化管理办法(暂行)》通过学校发文实施(校发〔2019〕90号)。协调财务部门将成果转化以及税收优惠政策落地。

8. 入选首批47所"高等学校科技成果转化和技术转移基地",获2018年度江苏省科技服务业"百强"机构和"百优"人才。申请的南京市知识产权运营中心获批,得到30万元支持。

(三) 项目申报、管理及专利转让、许可工作

1. 2019年度,学校作为技术依托单位与企业联合申报省科技厅重大科技成果转化项目,获批9项,位居全国高校院所前列;完成江苏省产学研前瞻性项目结题收尾工作;组织教育部科技发展中心产学研创新基金"北创助教""智融兴教""青苔数智融合"基金课题申报。

2. 完成相应年度的横向科研合同的归档和结题工作。

3. 修改专利转让、许可的相关规定,规范和简化流程,落实现金奖励政策,科技成果转移转化业绩较此前有了显著的增长,专利许可转让的数量和合同额实现了倍增,并已成功开始了软件著作权的许可转让。截至目前,公示专利许可转让113期,专利许可转让合同额达到1 925.3万元(2018年全年合同额为428万元),是2018年全年的约4.5倍。

(四) 产学研对接与交流

1. 组织参加第二十一届中国国际工业博览会、中国高校科技成果交易会(华东专场)、"驻苏高校院所苏北五市对接会"、"第七届中国江苏产学研合作大会"、"第二届东南大学全球校友企业家六朝松论坛"等大型活动10余场。

2. 组织"芜湖无为县专场对接会""新型研发机构座谈会""关于与无锡经开区共建应用数学新型研发机构""技联东南大学"等专场对接会20余场。

3. 参加和组织老师参加"湖州市第十届政产学研合作大会"、"仪征市产学研招商推介会"、"产学研联盟(协会)科技合作"推进会、苏陕两地"消费扶贫"项目启动仪式暨江苏浙商联盟经济工作会议等各地市及联盟协会组织的科技对接活动30余场。

4. 接待各级政府部门、高校院所、各地市党政企代表,联想集团、中国移动、三耳、清华"启迪之星"等企业、技术转移分中心组织的企业来校对接交流活动50余次。

2019 年国际合作项目

序号	项目编号	项目名称	负责人	所在院系	经费/万元
1	2018YFE0102700	多源信息环境下道路交通事故应急处理关键技术与设备	王 炜	交通学院	446
2	2018YFE0205900	**********	李连鸣	信息科学与工程学院	932
3	2018YFE0120100	面向动态网络均衡的城市交通诱导与信号控制协同技术	季彦婕	交通学院	100

注:"**********"为涉密项目。

2018 年度重大专项表

序号	课题编号	课题名称	负责人	所在院系	经费/万元
1	2018ZX01028101-005	面向智能计算的高能效精度可控近似计算单元及控制方法研究	刘 波	电子科学与工程学院	497.15
2	2018ZX03001002-003	基于 R15 5G 基站预商用设备研发	赵春明	信息科学与工程学院	665.29
3	2018ZX10201002-003	面向高维大数据的手足口病暴发流行和重症病例预测预警模型构建与应用	杨冠羽	计算机科学与工程学院	453.6
4	2018ZX10101002	基于多元异构大数据的突发急性传染病信息表征融合与特征分析	罗立民	计算机科学与工程学院	63.06
5	2018ZX07208007	生态引领区精细化水生态环境管理制度体系构建与示范研究	李 贺	土木工程学院	244.22
6	2018ZX077701001-016	农村生活污水处理技术集成应用成果总结	吕锡武	能源与环境学院	50

2019 年江苏省自然科学基金项目表

序号	项目编号	计划类别	项目名称	申报单位	项目负责人	总经费/万元
1	BK20190011	基础研究计划（自然科学基金）——杰出青年基金项目	电路与天线协同集成的毫米波太赫兹芯片研究	信息科学与工程学院	胡三明	100
2	BK20190012	基础研究计划（自然科学基金）——杰出青年基金项目	毫米波 MIMO 协作通信理论与方法	信息科学与工程学院	许 威	100
3	BK20190014	基础研究计划（自然科学基金）——杰出青年基金项目	穿戴式心电智能监测关键技术研究	仪器科学与工程学院	刘澄玉	100

(续表)

序号	项目编号	计划类别	项目名称	申报单位	项目负责人	总经费/万元
4	BK20190013	基础研究计划(自然科学基金)——杰出青年基金项目	高速铁路桥梁环境时变效应与安全评估方法研究	土木工程学院	丁幼亮	100
5	BK20190015	基础研究计划(自然科学基金)——杰出青年基金项目	多孔碳基复合材料定向改性高效脱除重金属和有机污染物的研究	能源与环境学院	宋敏	100
6	BK20190060	基础研究计划(自然科学基金)——优秀青年基金项目	面向VR人机交互的用户输入识别攻击与防御	计算机科学与工程学院	凌振	50
7	BK20190061	基础研究计划(自然科学基金)——优秀青年基金项目	多智能体系统抗干扰与非光滑协调控制研究	自动化学院	王翔宇	50
8	BK20190062	基础研究计划(自然科学基金)——优秀青年基金项目	通过调控内耳干细胞再生毛细胞,重建听觉功能的研究	生命科学与技术学院	张莎莎	50
9	BK20190063	基础研究计划(自然科学基金)——优秀青年基金项目	超临界燃煤发电-CO_2捕集系统高效灵活运行研究	能源与环境学院	吴啸	50
10	BK20190064	基础研究计划(自然科学基金)——优秀青年基金项目	微流控仪器的设计与制造	机械工程学院	项楠	50
11	BK20191257	基础研究计划(自然科学基金)——面上项目	带时变系数的分数阶发展方程组的定性研究	数学学院	吕小俊	10
12	BK20191269	基础研究计划(自然科学基金)——面上项目	铁基非晶合金高效降解染料性能及机理研究	材料科学与工程学院	王倩倩	10
13	BK20191270	基础研究计划(自然科学基金)——面上项目	基于裂缝自修复的地下工程自防水混凝土	材料科学与工程学院	董华	10
14	BK20191262	基础研究计划(自然科学基金)——面上项目	氮化镓(GaN)功率器件栅驱动芯片的理论研究与实现	电子科学与工程学院	祝靖	10
15	BK20191259	基础研究计划(自然科学基金)——面上项目	基于量子密码的通信理论研究	计算机科学与工程学院	刘志昊	10
16	BK20191267	基础研究计划(自然科学基金)——面上项目	新老沥青混凝土两介质接触面破坏过程与机理研究	交通学院	陈磊磊	10
17	BK20191266	基础研究计划(自然科学基金)——面上项目	血小板膜仿生纳米气泡的构建及应用于缺血性微血管损伤诊断的研究	生物科学与医学工程学院	杨芳	10
18	BK20191268	基础研究计划(自然科学基金)——面上项目	基于梁-柱理论的冷弯薄壁型钢构件屈曲行为研究	土木工程学院	尹凌峰	10
19	BK20191258	基础研究计划(自然科学基金)——面上项目	基于信息融合的多社交网络重叠用户发现与热点事件分析	网络空间安全学院	曹玖新	10
20	BK20191261	基础研究计划(自然科学基金)——面上项目	基于阵列复用和新波形的高速可见光通信理论与关键技术研究	信息科学与工程学院	党建	10

(续 表)

序号	项目编号	计划类别	项目名称	申报单位	项目负责人	总经费/万元
21	BK20191260	基础研究计划（自然科学基金）——面上项目	高倍频程CMOS多功能低噪声放大器	信息科学与工程学院	王科平	10
22	BK20191265	基础研究计划（自然科学基金）——面上项目	环状RNA-DYM靶向sigma-1受体对抑郁症中神经环路的调节及机制研究	医学院	张媛	10
23	BK20191263	基础研究计划（自然科学基金）——面上项目	肾小管上皮细胞CaSR活化下调RIPK3对慢性肾脏病小管间质纤维化影响的机制研究	中大医院	伍敏	10
24	BK20191264	基础研究计划（自然科学基金）——面上项目	T细胞源性外泌体转移线粒体DNA减轻ARDS内皮细胞损伤的机制研究	中大医院	黄英姿	10
25	BK20190328	基础研究计划（自然科学基金）——青年基金项目	单层硼碳氮多元材料及面内异质结的生长机理研究	物理学院	马亮	20
26	BK20190367	基础研究计划（自然科学基金）——青年基金项目	基于官能团设计的二维材料强化水化硅酸钙的多尺度研究	材料科学与工程学院	周扬	20
27	BK20190361	基础研究计划（自然科学基金）——青年基金项目	泛在物联网驱动的居民负荷聚合控制研究	电气工程学院	胡秦然	20
28	BK20190357	基础研究计划（自然科学基金）——青年基金项目	确定疫苗临床试验中免疫学替代终点的时依性统计方法研究	公共卫生学院	王诗远	20
29	BK20190326	基础研究计划（自然科学基金）——青年基金项目	阴离子型环糊精媒介的刚性二芳基乙烯衍生物超分子组装体及光学行为研究	化学化工学院	陈旭漫	20
30	BK20190327	基础研究计划（自然科学基金）——青年基金项目	非环状结构硅宾的合成及反应性研究	化学化工学院	王浩	20
31	BK20190324	基础研究计划（自然科学基金）——青年基金项目	新型梯度自相似层级蜂窝力学特性和吸能机理研究	机械工程学院	张大海	20
32	BK20190358	基础研究计划（自然科学基金）——青年基金项目	基于纳米操控技术和纳米孔传感的蛋白质折叠病诊疗芯片研制的基础理论研究	机械工程学院	司伟	20
33	BK20190368	基础研究计划（自然科学基金）——青年基金项目	高副约束的绳驱动冗余仿生口颌机器人设计与控制方法研究	机械工程学院	温海营	20
34	BK20190375	基础研究计划（自然科学基金）——青年基金项目	基于介电弹性体驱动器的可变焦镜头结构优化设计及其变形运动机理研究	机械工程学院	张慧	20
35	BK20190373	基础研究计划（自然科学基金）——青年基金项目	海洋平台与波浪能转换装置的集成机理研究	机械工程学院	吴金明	20
36	BK20190332	基础研究计划（自然科学基金）——青年基金项目	面向物联网中移动供电设备进行数据检索的优化技术研究	计算机科学与工程学院	傅忱忱	20

(续 表)

序号	项目编号	计划类别	项目名称	申报单位	项目负责人	总经费/万元
37	BK20190345	基础研究计划（自然科学基金）——青年基金项目	面向应用感知的低延迟容器云网络资源管理机制研究	计算机科学与工程学院	沈 典	20
38	BK20190340	基础研究计划（自然科学基金）——青年基金项目	基于侧信道攻击的匿名Web站点指纹识别技术研究	计算机科学与工程学院	顾晓丹	20
39	BK20190336	基础研究计划（自然科学基金）——青年基金项目	面向异构物联网的抗干扰协调技术研究	计算机科学与工程学院	王 帅	20
40	BK20190335	基础研究计划（自然科学基金）——青年基金项目	多任务概率图模型的加速和可扩展性研究	计算机科学与工程学院	王贝伦	20
41	BK20190342	基础研究计划（自然科学基金）——青年基金项目	面向可靠性需求的可延展并行任务调度研究	计算机科学与工程学院	李传佑	20
42	BK20190362	基础研究计划（自然科学基金）——青年基金项目	基于室内定位技术的建筑能耗智能控制模型研究	建筑学院	王 伟	20
43	BK20190364	基础研究计划（自然科学基金）——青年基金项目	老龄化背景下的收缩型城市社区的识别、调查与规划研究：以苏中地区为实证	建筑学院	高舒琦	20
44	BK20190371	基础研究计划（自然科学基金）——青年基金项目	考虑不确定性因素的活动-出行决策协同优化与动态调整	交通学院	鲍 琼	20
45	BK20190360	基础研究计划（自然科学基金）——青年基金项目	基于化学链氧空位循环的储氢新方法及在可再生能源发电系统中的应用	能源与环境学院	曾德望	20
46	BK20190366	基础研究计划（自然科学基金）——青年基金项目	多源传感器信息融合气固两相流动多参数测量方法研究	能源与环境学院	李 健	20
47	BK20190363	基础研究计划（自然科学基金）——青年基金项目	基于主链氧的生物质基含氧液体燃料燃烧及碳烟减排机理研究	能源与环境学院	吴石亮	20
48	BK20190374	基础研究计划（自然科学基金）——青年基金项目	基于散列函数降维参数重构的汽轮机组定量化健康管理方法研究	能源与环境学院	徐 鹏	20
49	BK20190323	基础研究计划（自然科学基金）——青年基金项目	一阶双曲系统的边界同步控制问题	数学学院	卢星	20
50	BK20190333	基础研究计划（自然科学基金）——青年基金项目	基于相对输出测量信息的分布式观测器与自适应协议设计及其应用	数学学院	吕跃祖	20
51	BK20190329	基础研究计划（自然科学基金）——青年基金项目	统计网络粘性及相关问题研究	数学学院	钱 成	20
52	BK20190359	基础研究计划（自然科学基金）——青年基金项目	考虑台风时变相干效应的大跨度桥梁非平稳风振响应精细分析方法研究	土木工程学院	陶天友	20

(续　表)

序号	项目编号	计划类别	项目名称	申报单位	项目负责人	总经费/万元
53	BK20190369	基础研究计划（自然科学基金）——青年基金项目	海洋环境下新型FRP筋增强海砂混凝土结构耐久性机理与计算研究	土木工程学院	董志强	20
54	BK20190365	基础研究计划（自然科学基金）——青年基金项目	内置剪切型复合减震装置的剪力墙结构抗震性能研究	土木工程学院	张中文	20
55	BK20190348	基础研究计划（自然科学基金）——青年基金项目	干湿和冻融循环作用对W-OH材料固结砒砂岩的耐久性能影响机制研究	土木工程学院	梁止水	20
56	BK20190370	基础研究计划（自然科学基金）——青年基金项目	河谷场地近场强震模拟及其作用下高墩大跨梁桥地震破坏机理研究	土木工程学院	李　帅	20
57	BK20190377	基础研究计划（自然科学基金）——青年基金项目	住宅建筑全生命周期环境影响动态量化与模拟研究	土木工程学院	苏　舒	20
58	BK20190372	基础研究计划（自然科学基金）——青年基金项目	面向桥梁结构位移监测的无人机载相机系统理论及应用研究	土木工程学院	徐　燕	20
59	BK20190341	基础研究计划（自然科学基金）——青年基金项目	基于近场测量的硬件木马实时检测关键技术研究	网络空间安全学院	米思娅	20
60	BK20190346	基础研究计划（自然科学基金）——青年基金项目	融合软硬件异构特征的数据中心能效提升技术研究	网络空间安全学院	张玉健	20
61	BK20190339	基础研究计划（自然科学基金）——青年基金项目	面向移动边缘计算的用户终端资源优化利用方案研究	信息科学与工程学院	潘怡瑾	20
62	BK20190343	基础研究计划（自然科学基金）——青年基金项目	向量高斯多终端网络的率-失真问题	信息科学与工程学院	徐寅飞	20
63	BK20190337	基础研究计划（自然科学基金）——青年基金项目	毫米波大规模MIMO协作传输理论与技术研究	信息科学与工程学院	张　铖	20
64	BK20190334	基础研究计划（自然科学基金）——青年基金项目	光纤使能的波束域无线光通信理论方法	信息科学与工程学院	孙　晨	20
65	BK20190331	基础研究计划（自然科学基金）——青年基金项目	非线性影响的多载波可见光传输方法研究	信息科学与工程学院	凌昕彤	20
66	BK20190338	基础研究计划（自然科学基金）——青年基金项目	基于多维特征学习的电阻抗层析成像与识别研究	信息科学与工程学院	刘升恒	20
67	BK20190325	基础研究计划（自然科学基金）——青年基金项目	变换光学理论在对物理现象的描述与阐释中的应用	信息科学与工程学院	李睿奇	20
68	BK20190330	基础研究计划（自然科学基金）——青年基金项目	多样式SAR电磁干扰的高维快速统一处理方法研究	信息科学与工程学院	黄　岩	20
69	BK20190347	基础研究计划（自然科学基金）——青年基金项目	基于开放式谐振腔理论的宽带可重构法布里-珀罗天线研究	信息科学与工程学院	吴　凡	20

(续 表)

序号	项目编号	计划类别	项目名称	申报单位	项目负责人	总经费/万元
70	BK20190354	基础研究计划（自然科学基金）——青年基金项目	基底硬度在角膜基质细胞表型维持及分化中的作用和机制研究	医学院	陈佳林	20
71	BK20190356	基础研究计划（自然科学基金）——青年基金项目	丝素蛋白支架缓释TPCA-1通过调控NF-κB信号通路修复角膜损伤的功能及机制研究	医学院	张 薇	20
72	BK20190376	基础研究计划（自然科学基金）——青年基金项目	三维激励下双稳态悬臂梁高效能量采集理论与方法研究	仪器科学与工程学院	徐佳文	20
73	BK20190344	基础研究计划（自然科学基金）——青年基金项目	复杂动态环境下SINS/DVL高精度多模式紧组合导航方法研究	仪器科学与工程学院	姚逸卿	20
74	BK20190349	基础研究计划（自然科学基金）——青年基金项目	KLF4调控巨噬细胞极化对AKI后肾小管上皮细胞程序性坏死和NLRP3炎性小体活化的影响及机制研究	中大医院	闻 毅	20
75	BK20190351	基础研究计划（自然科学基金）——青年基金项目	黄芩甙通过Wnt/β-catenin通路影响MDSC成脂及成肌分化在肌肉减少症中的作用及机制	中大医院	王锦玉	20
76	BK20190352	基础研究计划（自然科学基金）——青年基金项目	微小RNA-17-3p在循环血外泌体保护心肌缺血再灌注损伤中的作用及机制研究	中大医院	刘珠媛	20
77	BK20190355	基础研究计划（自然科学基金）——青年基金项目	DPP-4在2型糖尿病缺血性脑卒中的多模态分子影像及靶向递药研究	中大医院	蔡 予	20
78	BK20190353	基础研究计划（自然科学基金）——青年基金项目	仿生螳螂臂柔性微针阵列在皮肤病治疗中的应用基础研究	中大医院	王逢源	20
79	BK20190350	基础研究计划（自然科学基金）——青年基金项目	碘125粒子支架置入治疗肝癌所致门静脉癌栓的治疗计划优化研究	中大医院	陆 建	20

2019年国防科技活动大事记

1. 2019年1月，成立东南大学海洋信息与工程研究院，陆军院士任院长。
2. 3月21日，与中国航天科工通信技术研究院有限责任公司成立"量子信息与通信联合研究中心"。
3. 3月30日，东南大学与沈阳飞机设计研究所签署创新联盟协议。
4. 获批牵头立项科技委创新特区重点项目一项，合同额3 000万元；JC加强重点项目一项，合同额

2 400万元;后勤科研项目3项,合同额近1 200万元。

5. 首次获得某军种型号装置批量订货。

6. 获批江苏省JMRH重大项目(示范工程)1项、江苏省首批JMRH创新平台1项、省级JMRH智库1项。

7. 与中国电科集团、国基南方集团有限公司、十四所等签订战略合作协议。

2019年国防科技项目

一、2019年新上国防国家级项目

序号	项目负责人	所在院系	项目类别	批准金额/万元
1	吴 敏	化学化工学院	型号	840
2	胡国华	电子科学与工程学院	预研	450
3	周 宾	能源与环境学院	基础加强	394.68
4	汤文轩	信息科学与工程学院	国防科技创新特区	390
5	吴富根	生物科学与医学工程学院	国防科技创新特区	350
6	陈振乾	能源与环境学院	国际联合空间应用合作	344
7	刘加平	材料科学与工程学院	后勤科研	340
8	钱春香	材料科学与工程学院	国防科技创新特区	300
9	张敏灵	计算机科学与工程学院	国防科技创新特区(参与)	300
10	赵涤燹	信息科学与工程学院	国防科技创新特区	300
11	周小阳	信息科学与工程学院	国防科技创新特区	300
12	陈 珲	信息科学与工程学院	国防科技创新特区	300
13	何春鹏	生物科学与医学工程学院	国防科技创新特区	270
14	陆祖宏	生物科学与医学工程学院	国防科技创新特区	265
15	张 彤	电子科学与工程学院	领域基金(重点)	259
16	向文国	能源与环境学院	重大专项(参与)	243
17	张晓兵	电子科学与工程学院	预研	238
18	曹振新	信息科学与工程学院	预研(参与)	220
19	倪中华	机械工程学院	国防科技创新特区	220
20	刘庆山	数学学院	国防科技创新特区	220
21	李 瑶	仪器科学与工程学院	预研基金(重点)	200
22	费庆国	机械工程学院	0901重大专项	200
23	刘国华	数学学院	国防科技创新特区	200
24	刘晓军	机械工程学院	装备预研领域基金(重点)	200
25	安 良	信息科学与工程学院	装备预研领域基金(重点)	200

(续 表)

序号	项目负责人	所在院系	项目类别	批准金额/万元
26	温广辉	数学学院	国防科技创新特区	200
27	唐旭升	网络空间安全学院	预研	200
28	宋爱国	仪器科学与工程学院	国防科技创新特区	200
29	曹振新	信息科学与工程学院	预研	198
30	王景全	土木工程学院	预研	175
31	李铁香	数学学院	国防科技创新特区	160
32	倪振华	物理学院	国防科技创新特区	160
33	骆培成	化学化工学院	预研(参加)	150
34	崔铁军	信息科学与工程学院	国防科技创新特区	150
35	梁金星	仪器科学与工程学院	国防科技创新特区	130
36	傅晓建	信息科学与工程学院	国防科技创新特区	130
37	汪芸	计算机科学与工程学院	预研(参加)	120
38	许正彬	信息科学与工程学院	预研(参加)	120
39	尚金堂	电子科学与工程学院	科工局民用航天(参加)	120
40	周小阳	信息科学与工程学院	预研	100
41	黄风义	信息科学与工程学院	预研(参加)	100
42	冯熳	信息科学与工程学院	预研(参加)	100
43	郝张成	信息科学与工程学院	国防科技创新特区	100
44	杨芳	生物科学与医学工程学院	国防科技创新特区	100

二、2019年100万元以上新上国防横向项目

序号	项目负责人	所在院系	金额/万元
1	丁辉	材料科学与工程学院	3 750
2	巴特尔	信息科学与工程学院	390
3	徐晓苏	仪器科学与工程学院	258
4	孙伟锋	电子科学与工程学院	250
5	魏海坤	自动化学院	240
6	王霄峻	信息科学与工程学院	213
7	赵立业	仪器科学与工程学院	200
8	费庆国	机械工程学院	190
9	徐晓苏	仪器科学与工程学院	182
10	李新德	自动化学院	170
11	徐晓苏	仪器科学与工程学院	168

(续表)

序号	项目负责人	所在院系	金额/万元
12	方世良	信息科学与工程学院	163
13	孙伟锋	电子科学与工程学院	150
14	金伟明	仪器科学与工程学院	148.45
15	金伟明	仪器科学与工程学院	137.425
16	孙伟锋	电子科学与工程学院	120
17	窦文斌	信息科学与工程学院	120
18	徐晓苏	仪器科学与工程学院	104
19	尚金堂	电子科学与工程学院	100
20	赵新胜	信息科学与工程学院	100

2019年度江苏省前沿引领技术基础研究专项

序号	项目编号	项目名称	负责人	所在单位	完成时间	省拨总经费/万元
1	BK20192002	天地融合卫星移动通信技术基础	高西奇	信息科学与工程学院	2024.10	2 000
2	BK20192004	机器人情感识别与交互技术基础	宋爱国	仪器科学与工程学院	2024.10	2 000

2019年江苏省重点研发计划

序号	项目类型	项目名称	负责人	所在院系	经费/万元
1	产业前瞻与关键核心技术	面向重点区域车路协同的路侧设备智能化关键技术研发	李旭	仪器科学与工程学院	120
2	产业前瞻与关键核心技术	基于BIM和大数据的建筑结构安全与智慧诊断系统关键技术研发	郭彤	土木工程学院	120
3	产业前瞻与关键核心技术	气体溶剂萃取回收含油污泥废油的关键技术研发	黄瑛	能源与环境学院	120
4	产业前瞻与关键核心技术	电力物联网边缘接入安全关键技术研发	胡爱群	网络空间安全学院	120
5	产业前瞻与关键核心技术	网联汽车智能驾驶与群体通行控制系统研发	殷国栋	机械工程学院	100
6	社会发展	噬菌微生物对MBR系统污泥原位减量与膜污染控制的耦合调控应用研究	余冉	能源与环境学院	50

(续 表)

序号	项目类型	项目名称	负责人	所在院系	经费/万元
7	社会发展	基于人工智能的早期食管鳞癌筛查和临床辅助诊断体系构建及关键技术研究	冯亚东	中大医院	200
8	社会发展	通过基因治疗促进内耳干细胞再生听觉毛细胞重建听觉功能的研究	柴人杰	生命科学与技术学院	50
9	社会发展	基于深度学习的人工智能膜性肾病病理诊断系统的建立和应用研究	陈平圣	医学院	50
10	社会发展	城市重大活动交通运行的公共安全事件风险辨识与防控	陆 建	交通学院	50
11	社会发展	基于动机干预技术的社区慢性病立体化综合防治模式的研究	陈文姬	中大医院	200
12	社会发展	神经退行性疾病的生物标志物的可视化检测技术	陈 扬	生物科学与医学工程学院	50
13	社会发展	基于原位自组装"磁探针"效应和纳米消融的恶性肿瘤早期精准诊疗新技术研发及应用	王雪梅	生物科学与医学工程学院	200

2019年度国家重点研发计划课题

序号	课题编号	课题名称	负责人	所在院系	经费/万元
1	2018YFC1602801	食品复杂体系痕迹量有机化学污染物高特异性吸附解析关键技术及相关材料的制备	刘松琴	化学化工学院	435
2	2018YFB1500803	光伏组件热斑、隐裂等缺陷诊断分析技术	魏海坤	自动化学院	135
3	2018YFB1600905	城市多模式交通网络仿真分析软件与系统平台	刘志远	交通学院	512
4	2018YFB1601003	物联交互与数据驱动下的多方式交通实时响应控制技术课题信息	夏井新	交通学院	624
5	2018YFB1600304	道路基础设施全生命周期运行保障技术	钱振东	交通学院	452
6	2018YFB1601304	枢纽群多模式交通出行票务一体化和出行全过程信息服务技术	杨 敏	交通学院	289
7	2018YFB1600902	可计算城市多模式交通网络模型及承载能力分析方法	刘 攀	交通学院	514
8	2018YFB1600602	现代人车状态感知与群体运动态势演化机理研究	曲 栩	交通学院	410
9	2018YFB1701301	装配工艺智能规划与设计技术	倪中华	机械工程学院	277
10	2018YFB1305203	时序动态表情/微表情识别	赵 力	信息科学与工程学院	164.93

(续表)

序号	课题编号	课题名称	负责人	所在院系	经费/万元
11	2018YFB2002402	MEMS抗弛豫碱金属气室及其封装技术	尚金堂	电子科学与工程学院	218
12	2018YFB2002504	LC多参数传感与信号传输	王立峰	电子科学与工程学院	248
13	2018YFB2002601	硅表面加工与体加工工艺物理模型建模和仿真系统开发	周再发	电子科学与工程学院	339
14	2018YFB2003302	超高速和高精度模数转换器设计技术研究	苗澎	信息科学与工程学院	410
15	2018YFB2100303	应用适配的异质物联网虚拟化控制复用技术	凌振	计算机科学与工程学院	412
16	2018YFE0205901	*********	李连鸣	信息科学与工程学院	604
17	2018YFE0205902	*********	尤肖虎	信息科学与工程学院	328
18	2018YFB1800801	数据与模型协同驱动的智能边缘网络	黄永明	信息科学与工程学院	573
19	2018YFB2202001	物联网低功耗微控制器芯片的研制及示范应用	杨军	电子科学与工程学院	635
20	2018YFB2202201	超高数据率及宽带可重构射频集成芯片技术	黄风义	信息科学与工程学院	846
21	2018YFB1801103	大维空时传输理论与技术	高西奇	信息科学与工程学院	768
22	2018YFB2202804	基于超陡亚阈摆幅器件的MCU关键逻辑电路设计	蔡浩	电子科学与工程学院	200
23	2018YFB2202102	动态可重构系统芯片编译系统与集成开发工具设计关键技术	葛伟	电子科学与工程学院	380
24	2018YFB1801905	高速可见光通信组网与微型化实验验证系统	陈明	信息科学与工程学院	720
25	2018YFB1801101	大规模无线通信信道特性与理论建模	王承祥	信息科学与工程学院	710
26	2018YFB2201802	精细可重构光载微波延时与滤波集成芯片	恽斌峰	电子科学与工程学院	574
27	2018YFB2202702	超低电压时序分布模型与仿真分析及应用示范	闫浩	电子科学与工程学院	214
28	2018YFB2202602	支持存内计算的CMOS静态随机存储器	戚隆宁	电子科学与工程学院	285
29	2018YFB1801602	立体覆盖大规模阵列天线	陈继新	信息科学与工程学院	907
30	2018YFB2202203	面向超高速无线连接应用的超高数据率基带与系统技术	张华	信息科学与工程学院	254
31	2018YFB1800602	下一代网络处理器体系结构及关键技术研究	程光	网络空间安全学院	954
32	2018YFB2201903	高集成度可编程任意波形产生器	胡国华	电子科学与工程学院	920
33	2018YFA0704104	125I粒子精准介入放疗和磁热疗设备平台的建立与临床初步应用	滕皋军	中大医院	1 130

(续　表)

序号	课题编号	课题名称	负责人	所在院系	经费/万元
34	2018YFA0701602	无线复杂动态环境感知与智能通信方法	金　石	信息科学与工程学院	540
35	2018YFA0701904	微波光子SAR目标广谱散射特性反演及数据库构建	程　强	信息科学与工程学院	331
36	2018YFA0704301	FeSeTe超导体强场应用的制约因素及机理研究	施智祥	物理学院	355
37	2018YFA0800101	心脏前体细胞的精确定位及表观遗传分析	林承棋	生命科学与技术学院	625
38	2018AAA0101404	基于智能组件的多智能体协同方法与技术	孙长银	自动化学院	175
39	2018AAA0100505	自适应感知智能驱动的端边云融合计算	东　方	计算机科学与工程学院	164
40	2019YFD1100805	村镇社区绿色宜居单元规划动态模拟技术	李向锋	建筑学院	701
41	2019YFD1100904	传统村落活态化保护利用的关键技术集成示范	徐小东	建筑学院	523
42	2019YFD1100405	乡村生态景观数字化应用技术研究	成玉宁	建筑学院	676
43	2019YFD1100701	特色村镇的科学内涵、谱系划分和数据库建设	阳建强	建筑学院	447
44	2019YFB2102204	多源数据汇聚与智能协同处理技术	吴巍炜	计算机科学与工程学院	340
45	2019YFC0119303	微创手术机器人设计与控制	朱利丰	仪器科学与工程学院	90

注:"＊＊＊＊＊＊＊＊＊＊"为涉密项目。

2019年国家重点研发计划项目

序号	项目编号	项目名称	负责人	所在院系	经费/万元
1	2018YFB1600900	城市多模式交通供需平衡机理与仿真系统	刘　攀	交通学院	2 438
2	2018YFB2002600	微纳传感器与电路协同设计技术及设计工具研发	周再发	电子科学与工程学院	1 196
3	2018YFA0704300	基于FeSeTe涂层超导带材的下一代高场磁体关键技术及相关机理研究	施智祥	物理学院	1 625
4	2018YFA0704100	恶性肿瘤的介入精准内放疗和磁热疗	滕皋军	中大医院	2 726
5	2018YFB1801100	大规模无线通信物理层基础理论与技术	高西奇	信息科学与工程学院	3 562

(续 表)

序号	项目编号	项目名称	负责人	所在院系	经费/万元
6	2018YFB2201800	宽带无线接入微波光子芯片基础研究	恽斌峰	电子科学与工程学院	1 792
7	2018YFB2202200	高宽带超高速数据率及宽带可重构射频系统集成芯片（RF SoC）技术研究	黄风义	信息科学与工程学院	1 428
8	2018YFB2202000	超低功耗、高可靠和强实时微控制器芯片研发	杨 军	电子科学与工程学院	2 296
9	2018YFA0800100	胚胎心脏前体细胞的精确定位与命运决定机制	林承棋	生命科学与技术学院	2 372
10	2019YFD1100700	特色村镇保护与改造规划技术研究	段 进	建筑学院	2 112

2019年国家重点研发计划国际合作项目

序号	项目编号	项目名称	负责人	所在院系	经费/万元
1	2018YFE0102700	多源信息环境下道路交通事故应急处理关键技术与设备	王 炜	交通学院	446
2	2018YFE0205900	**********	李连鸣	信息科学与工程学院	932
3	2018YFE0120100	面向动态网络均衡的城市交通诱导与信号控制协同技术	季彦婕	交通学院	100

注："**********"为涉密项目。

2019年国家自然科学基金项目

序号	负责人	所在单位	项目名称	项目类别	直接费用/万元
1	卢 星	07 数学学院	几类双曲型偏微分方程耦合系统的边界同步控制问题	青年科学基金项目	26
2	李 泳	05 土木学院	快速锂化过程中考虑自由体积变化的非晶硅粘塑性力化耦合模型研究	青年科学基金项目	26
3	邵新星	05 土木学院	阵列式高空间分辨率三维数字图像相关方法研究	青年科学基金项目	26
4	吴 霞	07 数学学院	K群结构及与数论相关的一些问题的研究	面上项目	50
5	陈金兵	07 数学学院	周期背景下的怪波	面上项目	52
6	刘继军	07 数学学院	基于抛物型方程反问题的扩散过程的参数反演及应用	面上项目	52
7	李铁香	07 数学学院	光子晶体中的特征值问题的快速算法及应用	面上项目	51

（续　表）

序号	负责人	所在单位	项目名称	项目类别	直接费用/万元
8	唐达林	11 生医学院	综合血管内超声，光学相干断层成像影像，流固耦合模型和机器学习方法预测冠脉斑块增长和易损性变化	面上项目	63
9	李志勇	11 生医学院	动脉粥样硬化斑块的残余应力及零载荷状态研究	面上项目	64
10	陈世华	10 物理学院	非可积三波相互作用系统中的光学湍流、调制不稳定性及极端波事件研究	面上项目	63
11	叶巍	10 物理学院	多维随机途径下的激发核衰变动力学研究	面上项目	60
12	周智勇	10 物理学院	Rigged Hilbert Space 与 Bethe-Salpeter 方程框架下强子共振态的理论研究	面上项目	60
13	王浩	19 化工学院	硅宾和硼烷活化小分子研究	青年科学基金项目	25
14	顾洪成	11 生医学院	超双疏微纳复合结构 SERS 基底的设计及其双光子 3D 打印制备	青年科学基金项目	25
15	马亮	10 物理学院	二维硼碳氮多元材料的生长机理与可控制备	青年科学基金项目	26
16	王楚亚	03 能环学院	复合型溴氧化铋光催化剂强化可见光催化降解双酚 A 的增效机制研究	青年科学基金项目	25
17	杨洪	19 化工学院	仿 DNA 结构手性聚降冰片烯-核酸类似物的合成与超分子组装研究	面上项目	65
18	陈乾	10 物理学院	二维材料的环境稳定性机制与保护策略研究	面上项目	62
19	姜晖	11 生医学院	N-端修饰肽保护金属簇的定向聚集复合组装体构建及细胞内蛋白酶活性分析	面上项目	63
20	Nojima Tatsuya	11 生医学院	基于有序蛋白质聚合的高强度功能化蛋白质水凝胶的研制	面上项目	60
21	代云茜	19 化工学院	电纺陶瓷纤维基贵金属催化剂的构筑及其抗烧结机制研究	面上项目	66
22	孙清江	11 生医学院	量子点复合水凝胶 PEBBLE 纳米传感器和荧光纳米试纸用于重金属离子可视化检测研究	面上项目	66
23	吉远辉	19 化工学院	面向新型药物载体设计、制备及释药的热力学建模及应用	面上项目	66
24	周钰明	19 化工学院	基于多源有序自组装调控及侧笼活性位选择性分布的高稳定亚纳米 Pt 簇催化剂构筑及性能研究	面上项目	66
25	王金兰	10 物理学院	化学新前沿学术研讨会	国际(地区)合作与交流项目	5.34
26	刘兵	11 生医学院	基于 SERS 纳米标签和光子晶体的单细胞 Western Blot 定量分析技术研究	青年科学基金项目	24
27	陈佳林	23 医学院	基底硬度(Stiffness)调控干细胞向角膜基质细胞分化及在角膜组织工程中的功能应用	青年科学基金项目	24

(续 表)

序号	负责人	所在单位	项目名称	项目类别	直接费用/万元
28	赵春杰	23 医学院	FOXG1 在皮层中间神经元亚群分化成熟中的作用及其调控机制	重点项目	298
29	林承棋	27 生命科学研究院	AFF1 在转录延伸调控中的作用机理研究	面上项目	58
30	罗卓娟	27 生命科学研究院	AFF3 及其相关的蛋白质互作网络对基因组印记的调控及作用机理	面上项目	58
31	王 苏	27 生命科学研究院	Mnt 对果蝇神经干细胞行为和命运决定调控机制的研究	面上项目	58
32	王立新	23 医学院	肿瘤细胞释放自噬小体（TRAP）活化中性粒细胞及其免疫调节作用的机制研究	面上项目	59
33	潘玉峰	27 生命科学研究院	果蝇求偶、睡眠与取食行为之间相互作用的神经环路机制研究	面上项目	59
34	安述明	27 生命科学研究院	内侧隔核对社交行为及睡眠/觉醒的调控机制	面上项目	58
35	朱丽娟	23 医学院	Dexras1 通过抑制海马苔藓纤维释放 BDNF 调控抑郁行为	面上项目	58
36	刘 安	27 生命科学研究院	树突棘和 AMPAR 活动在社交记忆印迹细胞形成过程中的功能研究	面上项目	58
37	陆 巍	27 生命科学研究院	海马在背景相关恐惧记忆巩固与提取中的作用及其环路机制研究	面上项目	58
38	吕晓迎	11 生医学院	镍离子细胞毒性生物标志物多组学高通量筛选及其机制研究	面上项目	58
39	高 旺	22 仪科学院	多模多频 GNSS 系统间偏差的统一函数模型与估计方法研究	青年科学基金项目	24
40	上官明	21 交通学院	基于三维射线追踪算法和多源数据的 GNSS 水汽层析技术研究	青年科学基金项目	25
41	徐启敏	22 仪科学院	面向城市车辆的 GNSS/INS/三维激光雷达智能紧耦合亚米级定位方法研究	青年科学基金项目	25
42	戴 伟	06 电子学院	面向高空温度观测的高精度温度传感器研究	青年科学基金项目	24
43	杨玉玲	21 交通学院	改性膨润土防水毯阻隔赤泥渗滤液机理和服役性能研究	青年科学基金项目	26
44	管驰明	14 经管学院	高铁对服务业发展及空间布局演化的影响与机制研究	面上项目	57
45	芮一康	21 交通学院	面向车路协同的动态高精地图时空一体化建模	面上项目	57
46	刘松玉	21 交通学院	基于多功能 CPTU 原位测试的软弱土施工扰动评价与工程应用研究	面上项目	68
47	张 琦	05 土木学院	基于多源数据融合和挖掘的岩体隧道工程地质分级信息不确定性推断	面上项目	65

(续表)

序号	负责人	所在单位	项目名称	项目类别	直接费用/万元
48	于先文	21 交通学院	先验单位权中误差约束下的 GNSS 未建模误差分离理论与方法	面上项目	63
49	杜广印	21 交通学院	振杆密实法加固湿陷性黄土地基的机理与设计方法研究	面上项目	61
50	洪振舜	21 交通学院	高含水率疏浚泥自重径向排水机理与堆场排水技术研究	面上项目	61
51	钱 华	03 能环学院	生物气溶胶呼吸道吸入特性及沉积规律研究	面上项目	61
52	陆成杰	12 材料学院	Ti_2SnC 表面 Sn 晶须自发生长机理的第一性原理和实验研究	青年科学基金项目	25
53	孙维威	12 材料学院	理论研究 MAX 相层间作用力和 A 位调控的协同关系及优化设计的探索	青年科学基金项目	24
54	章 炜	12 材料学院	导电高分子水凝胶的可控构筑及其力学与电化学性能协同增强机理	青年科学基金项目	26
55	王 猛	19 化工学院	电驱动液晶弹性体复合材料研究	青年科学基金项目	25
56	严 岩	02 机械学院	基于动态蒸发预测的超低温液氢主动泄放机理研究	青年科学基金项目	25
57	徐佳文	22 仪科学院	双稳态三维宽频能量采集系统的实现及其理论方法研究	青年科学基金项目	25
58	耿可可	02 机械学院	行人-车辆异构多智能体的群集避撞行为机理研究	青年科学基金项目	26
59	吴金明	02 机械学院	面向海洋平台减振的波浪能转换装置阴影效应增强机理研究	青年科学基金项目	25
60	司 伟	02 机械学院	集成纳米机器人的蛋白质折叠密码破译芯片设计与制造的基础理论研究	青年科学基金项目	25
61	邓梓龙	03 能环学院	仿生亲疏水异质梯级沟槽表面强化冷凝传热机理研究	青年科学基金项目	27
62	梁导伦	03 能环学院	二硼化镁离散颗粒多相点火燃烧过程逐级分解与协同氧化耦合机理	青年科学基金项目	25
63	曾德望	03 能环学院	化学链储氢过程中氧离子的体相氧传递机理及过程强化	青年科学基金项目	25
64	陈 曦	03 能环学院	基于 X 光成像的异型多组分颗粒共流化过程介尺度流动机理研究	青年科学基金项目	25
65	吴石亮	03 能环学院	主链氧对醇醚类生物质基含氧液体燃料燃烧及碳烟生成机理研究	青年科学基金项目	25
66	仲林林	16 电气学院	两类新型环保气体电弧等离子体的辐射输运特性研究	青年科学基金项目	27
67	刘 宇	16 电气学院	需求响应模式下基于多特征不确定性的集群化负荷非侵入式监测及运行优化研究	青年科学基金项目	24

(续 表)

序号	负责人	所在单位	项目名称	项目类别	直接费用/万元
68	王 颖	08 自动化学院	适应新型调频资源的柔性调频服务及其调度方法研究	青年科学基金项目	25
69	胡秦然	16 电气学院	基于组合在线学习的居民负荷聚合控制	青年科学基金项目	25
70	郭保成	16 电气学院	轴向磁通永磁电机磁场精准解析计算理论及流热演变机理的研究	青年科学基金项目	24
71	汪 波	16 电气学院	多三相分数槽集中绕组永磁磁阻容错电机驱动系统关键技术研究	青年科学基金项目	26
72	谭 笑	16 电气学院	基于汤姆逊散射方法的等离子体射流暗通道电子密度、电子温度时空演变研究	青年科学基金项目	26
73	王海宁	01 建筑学院	基于结构构件标准化率定量计算的装配式建筑标准化设计方法研究	青年科学基金项目	25
74	孙晓倩	01 建筑学院	以金陵都城为代表的官式建筑石作谱系研究	青年科学基金项目	22
75	王逸凡	01 建筑学院	中印传统城市邻里的"建筑民族志"研究	青年科学基金项目	25
76	陈宏胜	01 建筑学院	基于家庭迁居视角的大都市圈"临界发展型城镇"的发展机制及规划导控研究	青年科学基金项目	21
77	葛天阳	01 建筑学院	基于期望线集合的城市中心区步行系统人性化品质评价及提升方法研究	青年科学基金项目	27
78	姚 迪	01 建筑学院	后申遗时代基于多维价值的大运河遗产规划理论与方法研究	青年科学基金项目	20
79	蔡景明	05 土木学院	配筋 ECC-钢管混凝土组合柱的抗火性能研究	青年科学基金项目	25
80	董志强	05 土木学院	海洋环境下 FRP 筋海砂混凝土结构性能劣化机理及其耐久性计算研究	青年科学基金项目	26
81	周 扬	12 材料学院	基于分子动力学的聚合物对海工混凝土耐久性的影响机理研究	青年科学基金项目	26
82	姚一鸣	05 土木学院	冻融过程中 UHPC 裂后"动态损伤-自愈合"耦合演化机理	青年科学基金项目	25
83	范日东	21 交通学院	基于双改性膨润土的竖向屏障阻控有机-重金属复合污染物的机理和性能研究	青年科学基金项目	25
84	戚家南	05 土木学院	无腹筋 UHPC 梁桥剪切疲劳失效机理与计算理论	青年科学基金项目	25
85	李 帅	05 土木学院	近断层高墩大跨梁桥在河谷地形效应作用下的破坏机理与设计方法研究	青年科学基金项目	25
86	程霄翔	05 土木学院	非平稳特性模拟失真对于传统大气边界层被动风洞试验技术可靠性的影响	青年科学基金项目	25
87	陶天友	05 土木学院	台风作用下大跨度索承桥梁非平稳抖振精细化研究及实测验证	青年科学基金项目	28
88	段伦博	03 能环学院	煤富氧燃烧	优秀青年科学基金项目	130

(续 表)

序号	负责人	所在单位	项目名称	项目类别	直接费用/万元
89	陈 武	16 电气学院	电力电子功率变换	优秀青年科学基金项目	130
90	庄 妍	05 土木学院	岩土与基础工程	优秀青年科学基金项目	130
91	马 涛	21 交通学院	多孔沥青路面养护	优秀青年科学基金项目	130
92	沈 炯	03 能环学院	高比例可再生综合能源系统冷热电协同控制基础研究	重点项目	300
93	林明耀	16 电气学院	高效高功率密度轴向磁场永磁同步电机系统关键科学问题研究	重点项目	300
94	王建国	01 建筑学院	建筑学科发展战略研究报告(2021—2025)	专项项目	15
95	刘 攀	21 交通学院	现代交通工程学发展前沿与趋势研究	专项项目	10
96	Tanveer Mehedi Adyel	05 土木学院	Biodegradation, Fate and Transport of Microplastics in Constructed Wetland	国际(地区)合作与交流项目	32.1
97	罗 强	12 材料学院	金属玻璃晶化过程三维成像研究及其对性能的调控	面上项目	60
98	白 晶	12 材料学院	不同胃肠环境中镁合金腐蚀的晶体取向机制及降解行为	面上项目	60
99	张亚梅	12 材料学院	碱激发镍铁渣基复合胶凝材料的水化机理与收缩特性研究	面上项目	60
100	徐 峰	06 电子学院	亚埃尺度下均质隧道相 Todorokite 型氧化锰嵌脱钠动力学机制的原位透射电镜研究	面上项目	60
101	许飞云	02 机械学院	透平叶片损伤声振信号传播机理及其在线识别方法研究	面上项目	60
102	殷国栋	02 机械学院	基于事件流的分布式驱动电动汽车安全节能协调架构及控制机理	面上项目	60
103	罗 晨	02 机械学院	基于自由形变技术的薄板件装配公差分析和综合的研究	面上项目	60
104	毕可东	02 机械学院	微纳生物医疗器件中导电聚合物作为纳米材料涂层的界面特性研究	面上项目	60
105	吴 啸	03 能环学院	燃煤电站-碳捕集系统灵活运行机理及协同控制研究	面上项目	60
106	司风琪	03 能环学院	烟塔一系统流场耦合与热羽扩散机理及优化调控研究	面上项目	63
107	王培红	03 能环学院	分布式光伏系统广义云遮不确定性影响规律及其预测方法研究	面上项目	60
108	吴嘉峰	03 能环学院	CO_2/H_2O 混合气体凝结过程热质传递的机理研究	面上项目	63
109	金保昇	03 能环学院	耦合中温气化与高温化学链的修复植物热处理新方法过程中重金属的定向迁移与协同脱除机理研究	面上项目	60

(续 表)

序号	负责人	所在单位	项目名称	项目类别	直接费用/万元
110	刘 倩	03 能环学院	流化床富氧燃烧中生物质碱金属的迁移转化和灰沉积特性	面上项目	60
111	黄亚继	03 能环学院	高温氧化性气氛下层状硅酸盐矿物构型畸变程度与固化半挥发性重金属相关性研究	面上项目	59
112	刘道银	03 能环学院	定向流场喷雾流化床内颗粒涂层和生长的机理研究	面上项目	60
113	许传龙	03 能环学院	光谱光场成像发动机涡轮叶片表面温度场在线测量方法研究	面上项目	62
114	梁 财	03 能环学院	料仓中粉体荷电特性及放电机制研究	面上项目	58
115	喻 洁	16 电气学院	基于信息驱动的综合能效电厂弹性能量管理与运营策略研究	面上项目	57
116	张凯锋	08 自动化学院	网络物理攻击背景下自动发电控制系统的安全分析与防御策略研究	面上项目	57
117	吴在军	16 电气学院	虚拟同步化微电网控制参数优化与群级鲁棒协调控制	面上项目	57
118	付兴贺	16 电气学院	广域高效高转矩密度无刷励磁电机系统能量转换及调控运行机理研究	面上项目	60
119	王 伟	16 电气学院	半集中式开绕组初级永磁直线电机牵引系统及其控制方法研究	面上项目	60
120	钟 锐	06 电子学院	开关磁阻电机复合振动加速度建模及振动抑制策略研究	面上项目	59
121	陈晓扬	01 建筑学院	基于热缓冲调节的建筑空间层级优化模式——以夏热冬冷地区为例	面上项目	62
122	郭屹民	01 建筑学院	地震多发地区既有中小学校改造融合抗震性能提升的建筑设计策略	面上项目	60
123	李 飚	01 建筑学院	以特征向量矩阵运算为导向的建筑空间组合与生成系统研究	面上项目	59
124	郭 菂	01 建筑学院	基于传统民居智慧的城市高密度住区气候适应性设计策略研究——以苏南地区为例	面上项目	57
125	王 正	01 建筑学院	城市街区功能混合及形态关联机制研究	面上项目	60
126	张 彧	01 建筑学院	低碳视角下居民出行方式与住区物质空间形态量化关系研究	面上项目	59
127	周 颖	01 建筑学院	先进医疗背景下大学附属医院的设计模式研究	面上项目	60
128	徐小东	01 建筑学院	基于智能算法的城市形态与能源绩效耦合机理及模式研究	面上项目	60
129	董 卫	01 建筑学院	"一带一路"背景下南亚—东南亚重要历史城市研究	面上项目	63

（续表）

序号	负责人	所在单位	项目名称	项目类别	直接费用/万元
130	周聪惠	01 建筑学院	高密度城市微绿地组群布局协同机理及调控关键指标研究——以南京主城区为例	面上项目	57
131	徐 宁	01 建筑学院	基于时空大数据的城市公共空间格局及其智能优化研究	面上项目	60
132	杨小丽	05 土木学院	基于MFC原理强化的MBR耦合系统削减抗生素和控制抗性基因的机理研究	面上项目	60
133	孟少平	05 土木学院	地震-连续倒塌"双抗"预应力装配式砼框架工作机理及设计方法研究	面上项目	60
134	陈 耀	05 土木学院	基于图论和平面群的折纸结构折痕形态及折展性能研究	面上项目	60
135	冯若强	05 土木学院	考虑鲁棒性的装配式单层空间网格结构布局优化研究	面上项目	60
136	吕清芳	05 土木学院	新型自复位竹摇摆墙结构体系的抗震性能研究	面上项目	60
137	王增梅	12 材料学院	嵌入式压电纤维基智能骨料的设计及动荷载下混凝土损伤监测研究	面上项目	60
138	丁幼亮	05 土木学院	基于数据驱动的高速公路组合箱梁桥服役性能动态监控与安全预维研究	面上项目	60
139	王 浩	05 土木学院	非平稳激励下大跨度桥梁模态参数自动辨识及动态追踪研究	面上项目	60
140	郭 彤	05 土木学院	桥梁吊索腐蚀-微动磨损耦合疲劳灾变机理及寿命评估方法研究	面上项目	60
141	王 菲	21 交通学院	高性能可渗透反应墙修复污染场地氯代烃的机理及服役性能研究	面上项目	60
142	李 霞	05 土木学院	长期环境荷载作用下砂中单桩水平承载性能的多尺度机理研究	面上项目	60
143	丁建文	21 交通学院	工业废渣处理高含水率疏浚泥固化土的强度机制与压缩模型研究	面上项目	60
144	熊 文	21 交通学院	桥梁水毁多场耦合跨尺度仿真与时变演化机理研究	面上项目	60
145	刘 钊	05 土木学院	面向混凝土梁承载能力极限状态设计的弹塑性应力场模型	面上项目	60
146	张国柱	21 交通学院	基于相变蓄冷板的高地温隧道降温机制及设计方法研究	面上项目	60
147	董 侨	21 交通学院	路面水稳碎石基层材料微观构成表征及疲劳劣化机制	面上项目	60
148	李启明	05 土木学院	城市轨道交通系统运营安全韧性的智慧识别、度量及提升方法研究	面上项目	60
149	吴 京	05 土木学院	单侧屈服的带可更换耗能连接装配式混凝土框架梁柱节点抗震性能研究	面上项目	60

（续　表）

序号	负责人	所在单位	项目名称	项目类别	直接费用/万元
150	陈　力	05 土木学院	燃气爆炸灾害下装配式混凝土剪力墙结构损伤破坏机理和倒塌机制研究	面上项目	60
151	耿艳芬	21 交通学院	城市地表漫流与地下管流的耦合交互机理研究	面上项目	60
152	刘锡祥	22 仪科学院	深潜/长航 AUV 用惯性基组合导航系统信息融合方法研究	面上项目	60
153	徐寅飞	04 信息学院	熵功率不等式与网络信息论中的极值问题	青年科学基金项目	28
154	吴　凡	04 信息学院	内嵌式介质加载的宽带空馈天线研究	青年科学基金项目	28.5
155	张　铖	04 信息学院	密集网络毫米波无线传输理论与技术研究	青年科学基金项目	23.5
156	蔡龙珠	04 信息学院	基于光透明薄膜与液晶材料的光透明可重构微波器件机理研究	青年科学基金项目	26.5
157	黄　杰	04 信息学院	毫米波车联网通信信道测量与建模研究	青年科学基金项目	25
158	孙　晨	04 信息学院	全波束覆盖的双向无线光通信理论方法研究	青年科学基金项目	25
159	凌昕彤	04 信息学院	非线性效应下的宽带多载波可见光传输理论与方法研究	青年科学基金项目	28.5
160	黄　岩	04 信息学院	SAR 时变密集干扰的张量机理及其快速自适应对抗方法研究	青年科学基金项目	25
161	李允博	04 信息学院	双频段电磁全息阻抗超表面天线的设计研究	青年科学基金项目	24.5
162	刘飞飞	22 仪科学院	融合贝叶斯估计和主动学习的半隐马尔科夫模型及在动态心电分割上的应用	青年科学基金项目	24.5
163	傅忱忱	09 计算机学院	面向移动设备在无线供电的工业物联网中实现实时数据检索的关键技术研究	青年科学基金项目	29
164	李传佑	09 计算机学院	面向容错需求的可延展并行任务调度研究	青年科学基金项目	26
165	宗　源	11 生医学院	基于深度学习的非正面微表情识别研究	青年科学基金项目	28
166	沈　典	09 计算机学院	RDMA 容器云架构下面向应用感知的网络资源管理与优化机制研究	青年科学基金项目	25
167	王　帅	09 计算机学院	基于异构共融的物联网抗干扰通信技术研究	青年科学基金项目	28
168	陈都鑫	07 复杂系统与网络科学研究中心	基于群集运动大数据的网络群体智能理论与算法研究	青年科学基金项目	27
169	高世萍	07 复杂系统与网络科学研究中心	复杂系统演化中的若干关键问题研究	青年科学基金项目	25
170	石云德	02 机械学院	可穿戴外骨骼康复机器人的学习控制研究	青年科学基金项目	23
171	汪　帆	07 复杂系统与网络科学研究中心	网络环境下二维时变系统的递推滤波研究	青年科学基金项目	24
172	吕跃祖	07 复杂系统与网络科学研究中心	基于分布式固定时间观测器的自适应一致性协议设计及其应用	青年科学基金项目	25

(续 表)

序号	负责人	所在单位	项目名称	项目类别	直接费用/万元
173	陆科林	08 自动化学院	动态交互环境下基于安全学习的自主目标跟踪方法	青年科学基金项目	27
174	蔡浩	06 电子学院	低电压自旋磁存储器推测型读写方法研究	青年科学基金项目	24
175	徐季	06 电子学院	平面型真空纳米沟道晶体管的电学特性及输运机制研究	青年科学基金项目	23
176	闫浩	06 电子学院	面向 MEMS 稳健性设计的随机分析理论与实验研究	青年科学基金项目	23
177	宋沫飞	09 计算机学院	基于弱监督深度学习的三维模型分类方法研究	青年科学基金项目	24
178	王萌	09 计算机学院	基于表示学习的知识图谱近似查询方法研究	青年科学基金项目	27
179	李煊鹏	22 仪科学院	不完全观测条件下道路目标交互行为因果图建模研究及行车风险预测	青年科学基金项目	21
180	方兰婷	42 网络空间安全学院	基于迁移学习的社交网络虚假新闻检测关键技术研究	青年科学基金项目	24
181	王贝伦	09 计算机学院	面向大规模异质数据的多任务概率图估计优化及加速研究	青年科学基金项目	24
182	孙长银	08 自动化学院	自主无人系统协同控制理论及应用	创新研究群体项目	1 050
183	YIZHU SHEN	04 信息学院	Integrated Coding Metasurface for Millimeter-wave Manipulations	国际(地区)合作与交流项目	40
184	张在琛	04 信息学院	光定位辅助的室内混合无线通信技术研究	国际(地区)合作与交流项目	248
185	王承祥	04 信息学院	B5G 移动通信信道测量与建模理论研究	国际(地区)合作与交流项目	255
186	王进科	11 生医学院	基于 CRISPR 的基因调控元件及调控因子鉴定新技术	面上项目	59
187	肖鹏峰	11 生医学院	新型两核苷酸合成测序技术及其应用研究	面上项目	56
188	易真翔	06 电子学院	面向火星环境探测应用的 MEMS 风速风向传感方法研究	面上项目	54
189	涂景	11 生医学院	基于微细管道和核酸二维码的大规模并行单细胞全基因组测序方法研究	面上项目	59
190	李潇	04 信息学院	智能反射表面辅助的毫米波大规模 MIMO 传输理论方法研究	面上项目	65
191	李佳珉	04 信息学院	全双工无线回传密集分布式 MIMO 无线通信理论与技术研究	面上项目	59
192	杨绿溪	04 信息学院	深度学习辅助的智能无线通信方法研究	面上项目	59
193	蒋雁翔	04 信息学院	雾无线接入网低时延高能效边缘缓存理论方法研究	面上项目	52
194	王家恒	04 信息学院	大规模可见光 MIMO 通信理论与技术研究	面上项目	65
195	童飞	42 网络空间安全学院	面向线性环境监测的无线传感网多跳数据传输相关技术与理论研究	面上项目	59

(续表)

序号	负责人	所在单位	项目名称	项目类别	直接费用/万元
196	张 彦	04 信息学院	基于可调控相位中心馈源阵列的毫米波多波束透镜天线	面上项目	56
197	张晓兵	06 电子学院	高亮度相干场致发射电子源的研究	面上项目	60
198	汤文轩	04 信息学院	高对称人工表面等离激元超材料的理论及应用	面上项目	59
199	康 维	04 信息学院	网络信息论中的误差指数和二阶速率问题	面上项目	60
200	党 建	04 信息学院	面向新一代移动通信的非正交 FBMC 波形优化与传输理论	面上项目	59
201	裴文江	04 信息学院	IEEE 802.11ac/ax 射频一致性测试仪器设计及精密校准与补偿方法研究	面上项目	60
202	戚晓芳	09 计算机学院	基于 GUI 模型的移动应用测试关键技术研究	面上项目	60
203	方效林	09 计算机学院	面向隐式感知网络的低质量人体数据处理技术研究	面上项目	60
204	孙 啸	11 生医学院	G-四链体 DNA 与染色质相互作用及其对转录与复制的影响	面上项目	59
205	张竞慧	09 计算机学院	面向群智学习应用的端边云协同训练优化机制研究	面上项目	60
206	吴巍炜	09 计算机学院	不完全信息环境下的众包质量优化机制研究	面上项目	60
207	刘 波	09 计算机学院	基于多维画像的社交媒体异常行为分析与检测	面上项目	61
208	凌 振	09 计算机学院	面向 VR 终端密码输入的侧信道攻击与防御	面上项目	60
209	程 明	16 电气学院	交错连接双笼转子无刷双馈风力发电机及其多目标控制	面上项目	60
210	王庆领	08 自动化学院	高阶非线性多智能体系统的控制系数未知问题研究	面上项目	57
211	魏延岭	08 自动化学院	Semi-Markovian 切换系统的动态滑模控制及逗留时间和模式依赖滑模控制器研究	面上项目	59
212	宋光明	22 仪科学院	面向物理交互的作业型飞行机器人双边遥操作	面上项目	63
213	忻 欣	08 自动化学院	欠驱动吊环机器人系统的控制设计和分析	面上项目	58
214	卢剑权	07 复杂系统与网络科学研究中心	基于输入/输出信息的逻辑网络分析与综合	面上项目	63
215	李 旭	22 仪科学院	复杂道路环境下智能驾驶车辆的车道级融合定位方法研究	面上项目	60
216	杨 俊	08 自动化学院	全控制回路多源干扰抵消与抑制理论分析与综合	面上项目	63
217	李世华	08 自动化学院	若干类非线性系统的非光滑控制理论与应用研究	面上项目	63
218	张 亚	08 自动化学院	网络攻击下多智能体系统的分布式安全控制和估计	面上项目	57

（续 表）

序号	负责人	所在单位	项目名称	项目类别	直接费用/万元
219	张侃健	08 自动化学院	极地光伏油机混合供电系统的故障诊断与协同优化	面上项目	59
220	徐 涛	06 电子学院	二维材料原子结构演变的原位电镜研究	面上项目	59
221	陈莹梅	04 信息学院	400G 光通信系统 4×56 Gbaud/s PAM4 线性光收发集成电路技术研究	面上项目	59
222	廖小平	06 电子学院	微电子机械微波通讯信号检测和解调单片集成系统在自适应雷达中的应用基础研究	面上项目	59
223	凌 明	31 无锡分校	宽电压时序推测型高速缓存(Cache)电路与架构优化研究	面上项目	60
224	李 霁	06 电子学院	基于混合增材制造技术的三维电子电路集成制造基础研究	面上项目	59
225	黄晓东	06 电子学院	面向"系统面板"的 InGaZnO 阻变存储器的稳定性能及其微观机制与改进方法的研究	面上项目	63
226	陈景旭	21 交通学院	城市轨道交通修建期常规公交主动调整策略设计与协同优化	青年科学基金项目	19
227	施晓蒙	21 交通学院	风险环境下步行设施合流区行人流通行机理与主动干预方法研究	青年科学基金项目	18
228	周小舟	02 机械学院	基于手势自然交互的增强视域信息感知融合机理研究	青年科学基金项目	18
229	苏 舒	05 土木学院	考虑时间动态性的建筑工程环境影响评价模型与优化策略研究	青年科学基金项目	19
230	倪文君	14 经管学院	灾害管理中的应急物资鲁棒优化模型与方法研究	青年科学基金项目	18
231	潘健平	14 经管学院	容错机制与国有企业创新投资：影响机理及经济后果	青年科学基金项目	20
232	范 蕊	14 经管学院	贸易政策不确定性对股价信息含量的影响机理、传染效应及经济后果研究	青年科学基金项目	18
233	刘志远	21 交通学院	多模式交通网络优化与管理	优秀青年科学基金项目	130
234	何建敏	14 经管学院	基于大数据分析的股市系统性风险演化机理及监控策略研究	面上项目	48
235	李大韦	21 交通学院	MaaS 背景下考虑复杂异质性的路径选择建模与网络混合需求分配	面上项目	50
236	赖明辉	14 经管学院	基于数字化平台的零担运输分散化运力和货物整合研究	面上项目	50
237	陈伟达	14 经管学院	碳金融下工程机械再制造企业生产与碳减排决策集成优化研究	面上项目	48
238	陈 峻	21 交通学院	城市大型综合体"车位级"停车供需时空特性分析及服务效能提升方法	面上项目	48
239	陆振波	28 ITS 中心	移动互联环境下城市路网动态容量估计与不确定性分析	面上项目	48
240	王 晨	28 ITS 中心	平面交叉口智能网联混合车队队列稳定性安全风险辨识与多目标协同优化	面上项目	46

(续 表)

序号	负责人	所在单位	项目名称	项目类别	直接费用/万元
241	王亮亮	14 经管学院	税收激励、企业集团内部资本配置及其经济后果——基于中国资本市场"双重披露制"的研究	面上项目	48
242	王文平	14 经管学院	基于"一带一路"资源场域绿色重构的我国传统制造业生态化转型研究	面上项目	49
243	闻 毅	26 中大医院	KLF4 调控巨噬细胞极化对 AKI 后肾小管上皮细胞程序性坏死和 NLRP3 炎性小体活化的影响及机制研究	青年科学基金项目	22
244	张钰旻	26 中大医院	醋杆菌经 Toll 通路对果蝇代谢性学习记忆的调控作用研究	青年科学基金项目	22
245	付小龙	27 生命科学研究院	mTOR 信号通路在耳蜗毛细胞发育和存活中的调控作用及其机制研究	青年科学基金项目	23
246	顾丽华	26 中大医院	认知储备对遗忘型轻度认知功能损害情景记忆的调控作用及其机制研究	青年科学基金项目	20.5
247	岳莹莹	26 中大医院	P11 调控 DG-mPFC 神经通路参与东莨菪碱抗抑郁作用的机制研究	青年科学基金项目	20.5
248	王 婧	26 中大医院	磷酸二酯酶(PDE)巯基硫化修饰在硫化氢调控睾酮合成中的作用及机制研究	青年科学基金项目	20
249	蔡 予	26 中大医院	2 型糖尿病缺血性脑卒中关键分子 DPP-4 的多模态智能型分子影像及靶向递药研究	青年科学基金项目	20
250	牛一民	26 中大医院	自脱落骨靶向 MOFs 载体递送 saporin 用于骨转移瘤治疗的研究	青年科学基金项目	20
251	张 薇	23 医学院	控制性释放 TPCA-1 维持角膜基质细胞功能和促进角膜损伤修复的效应和机制研究	青年科学基金项目	20
252	孙 骎	26 中大医院	脓毒症巨噬细胞焦亡调控新机制：circRNA_101401/ miRNA-590-3p/PP2A 信号通路研究	青年科学基金项目	20
253	田 辰	26 中大医院	抗-HBs 在 HBsAg 和抗-HBs 双阳性的慢性乙型肝炎病毒感染中的作用研究	青年科学基金项目	20
254	王 琨	26 中大医院	环状 RNA GRIN2B 通过 NF-κB 调控 SLICK 在坐骨神经痛中的功能和机制研究	青年科学基金项目	20
255	刘 彬	26 中大医院	LINC00943/miR-219a-5p/YWHAH 调控肺腺癌增殖及转移的作用和机制研究	青年科学基金项目	21
256	陈子逸	26 中大医院	GLIS1 介导 TIGIT 调控胃癌微环境中 CD8+T 细胞增殖活化的机制研究	青年科学基金项目	20
257	陈 静	26 中大医院	LncRNA-LINC00221/CPSF6 激活内质网应激-自噬通路在肺腺癌化疗耐药中的作用及机制研究	青年科学基金项目	20.5
258	白 莹	23 医学院	circDLGAP4 对缺血性脑卒中后星形胶质细胞异质性的调控及其机制研究	青年科学基金项目	21
259	邱海波	26 中大医院	内皮细胞外囊泡介导 Th17/Treg 失衡在 ARDS 中作用及机制	重点项目	297

(续 表)

序号	负责人	所在单位	项目名称	项目类别	直接费用/万元
260	汤成春	26 中大医院	LncRNA AC068039.4 通过 miR-26a-5p 调控 TRPC6 参与肺动脉高压肺血管重塑的机制	面上项目	55
261	刘乃丰	26 中大医院	Periostin 通过 Hippo/YAP 通路调控糖酵解代谢在糖尿病血管钙化中的作用与机制	面上项目	55
262	杨永峰	23 医学院	ABCB4 基因错义突变致 3 型进行性家族性肝内胆汁淤积症的致病性和机制研究	面上项目	55
263	吕林莉	26 中大医院	KIM-1 介导小管上皮细胞外泌体吞噬在肾小管间质炎症中的作用及机制研究	面上项目	58
264	马坤岭	26 中大医院	ACSS2 调控 Sirt1 通路促进糖尿病肾病足细胞损伤的机制研究	面上项目	58
265	李 玲	26 中大医院	Reg1 在 3c 型糖尿病中促进胰岛 β 细胞再生的机制研究	面上项目	55
266	柴人杰	27 生命科学研究院	Wnt 和 FoxG1 协同调控 Lgr5+内耳干细胞再生毛细胞的研究	面上项目	55
267	唐明亮	27 生命科学研究院	电场刺激调控内耳干细胞及胚胎干细胞再生毛细胞研究	面上项目	57
268	张莎莎	27 生命科学研究院	FoxG1 和 Notch 信号协同调控内耳干细胞再生耳蜗毛细胞的研究	面上项目	55
269	刘莉洁	23 医学院	小胶质细胞在噪声性听力损失小鼠认知损伤中的作用及机制研究	面上项目	57
270	袁勇贵	26 中大医院	基于单胺通路的抑郁症快感缺失的脑网络机制研究	面上项目	55
271	胡中情	26 中大医院	智能型超声/光声双模态分子影像精准诊疗三阴性乳腺癌及其前哨淋巴结的研究	面上项目	55
272	郭金和	26 中大医院	TGF-β/Smads 信号通路调控 125I 粒子内照射支架治疗食管癌中放射抵抗的机制研究	面上项目	55
273	杨 芳	11 生医学院	血小板膜纳米药物输运系统的构建及缺血性脑卒中的靶向诊治应用研究	面上项目	55
274	黄英姿	26 中大医院	T 细胞源性外泌体转移线粒体 DNA 减轻 ARDS 内皮细胞损伤的机制研究	面上项目	55
275	刘松桥	26 中大医院	circRNA102179-miR155 的 CeRNA 网络调控 Treg/Th17 细胞分化失衡的作用与机制研究	面上项目	55
276	杨 毅	26 中大医院	LncRNA NBR2 靶向 GSDMD 调控脓毒症血管内皮细胞焦亡的作用及机制研究	面上项目	55
277	纪木火	26 中大医院	PV 中间神经元介导非适应性泛化在脓毒症远期认知功能损伤中的作用及机制	面上项目	55
278	季明亮	26 中大医院	LncRNA OAT1 在骨性关节炎软骨退变中的作用及分子机制研究	面上项目	55
279	王丽虹	23 医学院	LncRNA HCP5 编码蛋白调控 14-3-3ζ 促进三阴乳腺癌恶性进展的机制研究	面上项目	55

(续 表)

序号	负责人	所在单位	项目名称	项目类别	直接费用/万元
280	樊 红	23 医学院	TRERNA1 通过抑制 Wnt 通路拮抗分子表达降低肝癌细胞索拉菲尼敏感性的作用机制研究	面上项目	55
281	巢 杰	23 医学院	环状 RNA 介导的失巢凋亡抵抗在矽肺中作用机制研究	面上项目	55
282	浦跃朴	24 公卫学院	基于基因功能和酶结构解析的鞘氨醇单胞菌降解微囊藻毒素新机制研究	面上项目	55
283	梁戈玉	24 公卫学院	METTL3 介导 m6A 修饰调控 miRNA 表达在 MNNG 致胃癌中的作用及机制研究	面上项目	56
284	李晓波	24 公卫学院	Hsa_circ_0005045 参与调节大气超细颗粒物及其关键毒性组分致 COPD 的分子机制研究	面上项目	54
285	许 茜	24 公卫学院	基于两元功能化纳米纤维膜构建可视化快速检测方法体系	面上项目	55
286	张 媛	23 医学院	circDYM 对抑郁症中神经环路的调节及其机制研究	面上项目	55
287	滕皋军	26 中大医院	2019 年度 NSFC－FDCT 精准医疗学术研讨会	国际(地区)合作与交流项目	2.94
288	施智祥	10 物理学院	强磁场下准一维电子体系的量子序及输运性质研究	联合基金项目	300
289	罗军舟	09 计算机学院	国家自然科学基金委员会计算机网络与信息安全"十四五"发展规划研究	专项项目/科技活动项目/科学部综合科技活动项目	16
290	孙长银	08 自动化学院	《自动化学科发展战略研究报告（2021—2025）》研究	专项项目/科技活动项目/科学部综合科技活动项目	16
291	游雨蒙	19 化工学院	分子压电材料	国家杰出青年科学基金	400
292	张 闻	19 化工学院	分子铁电多功能材料的器件应用与机理探索	重大项目/课题申请/分子铁电体的化学设计与铁性耦合	500
293	肖 睿	03 能环学院	第十届中泰可再生能源研讨会	国际(地区)合作与交流项目/在华召开国际(地区)学术会议/NSFC-NRCT(中泰)	12
294	程 明	16 电气学院	高品质伺服电机系统磁场调制理论与设计方法	重大项目/项目申请/高品质伺服电机系统关键科学问题	2 000
295	程 明	16 电气学院	高品质伺服电机磁场调制理论及其表征方法	重大项目/课题申请/高品质伺服电机系统关键科学问题	350

(续表)

序号	负责人	所在单位	项目名称	项目类别	直接费用/万元
296	陆卫兵	04 信息学院	电磁计算与应用	国家杰出青年科学基金	400
297	杨绿溪	04 信息学院	5G 场景下波束设计和特定信号探测	联合基金项目/重点支持项目/NSFC-通用技术基础研究联合基金	260
298	冯 健	05 土木学院	空间大尺度高精度天线薄膜结构展开与制造基础问题	联合基金项目/重点支持项目/航天先进制造技术研究联合基金	225
299	刘 攀	21 交通学院	道路安全设计	国家杰出青年科学基金	400
300	王景全	05 土木学院	高速铁路大跨 UHPC 桥梁材料-结构设计理论与新体系研究	联合基金项目/重点支持项目/高铁联合基金	231
301	蒋金洋	12 材料学院	海工混凝土超材料	国家杰出青年科学基金	400
302	金 石	04 信息学院	模型驱动智能无线通信理论与关键技术	专项项目/研究项目/科学部综合研究项目	286
303	陈继新	04 信息学院	太赫兹核心器件及收发芯片研究	专项项目/研究项目/科学部综合研究项目	351
304	吕俊鹏	10 物理学院	基于二维表面极化激元效应的太赫兹调控材料	重大研究计划/培育项目/功能基元序构的高性能材料基础研究	60
305	许威	04 信息学院	动态构造物理特征的空口安全通信理论方法研究	专项项目/研究项目/科学部综合研究项目	81

2019 年度国家科学技术奖奖励项目

序号	项目名称	主要完成人	奖励类别	授奖等级	主要完成单位	院系
1	深基础自平衡法承载力测试成套技术开发及应用	龚维明 戴国亮 易教良 施 峰 薛国亚 高文生	技术发明奖	二等奖	东南大学、南昌永祺科技发展有限公司、福建省建筑科学研究院有限责任公司、南京东大自平衡桩基检测有限公司、中国建筑科学研究院有限公司	土木工程学院
2	高性能 MEMS 器件设计与制造关键技术及应用	黄庆安 周再发 聂 萌 徐 波 夏长奉 黄见秋 李伟华 唐洁影 朱 真 王 磊	科技进步奖	二等奖	东南大学、江苏英特神斯科技有限公司、无锡华润上华科技有限公司	电子科学与工程学院

(续　表)

序号	项目名称	主要完成人	奖励类别	授奖等级	主要完成单位	院系
3	现代混凝土早期变形与收缩裂缝控制	刘加平　田　倩　王育江　李　磊　姚　婷　李　华　张守治　王文彬　王　瑞　高南箫	科技进步奖	二等奖	东南大学、江苏苏博特新材料股份有限公司、江苏省建筑科学研究院有限公司	材料科学与工程学院
4	混凝土结构非接触式检测评估与高效加固修复关键技术	吴　刚　何小元　魏　洋　蒋剑彪　窦勇芝　刘　钊　王春林　谢正元　李金涛　田永丁	科技进步奖	二等奖	东南大学、北京特希达科技有限公司、柳州欧维姆机械股份有限公司、南京林业大学、柳州欧维姆工程有限公司、北京九通衢检测技术股份有限公司	土木工程学院
5	高速铁路高性能混凝土成套技术与工程应用	何华武　谢永江　谢友均　王　玲　李化建　王召祜　陈惠苏　龙广成　仲新华	科技进步奖	二等奖（合报）	中国铁道科学研究院集团有限公司、中南大学、东南大学、中国建筑材料科学研究总院有限公司、中国铁路设计集团有限公司、中铁十二局集团有限公司、中铁四局集团有限公司	材料科学与工程学院
6	河谷场地地震动输入方法及工程抗震关键技术	高玉峰　王景全　吴勇信　韩　强　肖　杨　曾永平　张　宁　张　飞　胡遵福　刘夫江	科技进步奖	二等奖（合报）	河海大学、中铁二院工程集团有限责任公司、东南大学、重庆大学、北京工业大学、山东省临沂市水利勘测设计院、山东临沂水利工程总公司	土木工程学院
7	强风作用下高速铁路桥上行车安全保障关键技术及应用	何旭辉　韩　艳　邹云峰　郭文华　王　浩　苏　伟　李龙安　敬海泉　文望青　郭向荣	科技进步奖	二等奖（合报）	中南大学、中铁大桥勘测设计院集团有限公司、中国铁路设计集团有限公司、中铁第四勘察设计院集团有限公司、长沙理工大学、东南大学、高速铁路建造技术国家工程实验室	土木工程学院

2019年度高等学校科学研究优秀成果奖（科学技术）奖励项目

序号	项目名称	主要完成人	奖励类别	获奖等级	主要完成单位	院系
1	宽频谱高能效无线通信技术与应用	张在琛　党　建　吴　亮　余旭涛　田开波　毕　峰	发明奖	一等奖	东南大学、中兴通讯股份有限公司	信息科学与工程学院
2	多源数据下公交时空路权设置与网联调度关键技术及应用	杨　敏　张　健　陈　峻　汪　林　刘振顶　程　琳	发明奖	一等奖	东南大学、青岛海信网络科技股份有限公司、交通运输部公路科学研究所	交通学院

（续　表）

序号	项目名称	主要完成人	奖励类别	获奖等级	主要完成单位	院系
3	高性能车辆底盘结构创新设计与协同控制关键技术及应用	殷国栋　皮大伟　孙蓓蓓　王金湘　张　宁　金贤建（离校）　刘　琳　沙文瀚　张建润　陈　南　倪绍勇	进步奖	一等奖	东南大学、南京理工大学、奇瑞新能源汽车技术有限公司	机械工程学院
4	突触粘附分子调控学习记忆和睡眠等脑的高级活动的机制研究	谢　维　韩俊海　孙明宽（离校）　夏　昆　田　垚　刘　安　周子凯（离校）　李　涛（离校）　胡正茂　甘光明　吕卉卉　李　毅（离校）	自然奖	二等奖	东南大学、中南大学	生命科学与技术学院
5	低压非隔离逆变器及其并网应用关键技术	肖华锋　黄　敏　过　亮　朱卫平　王　政　王　伟	发明奖	二等奖	东南大学、国电南瑞科技股份有限公司、江苏固德威电源科技股份有限公司、国网江苏省电力有限公司	电气工程学院
6	工程结构增强用高性能连续纤维复合材料制备及应用关键技术	吴智深　汪　昕　咸贵军　冯　鹏　沈　锋　程正珲	发明奖	二等奖	东南大学、哈尔滨工业大学、清华大学、南京锋晖复合材料有限公司、南京诺尔泰复合材料设备制造有限公司、江苏绿材谷新材料科技发展有限公司	土木工程学院
7	电动汽车无线充电关键技术及示范应用	黄学良　谭林林　刘　瀚　陈　中　王　维（离校）　闻　枫（离校）	发明奖	二等奖	东南大学、国网江苏省电力有限公司	电气工程学院
8	高延性水泥基复合材料优化设计及工程结构性能提升关键技术与应用	潘金龙　郭丽萍　张永兴　梁坚凝　姜国庆　陈　波　邓忠华　尹万云　潘　勇　鲁　聪　庞超明	进步奖	二等奖	东南大学、香港科技大学、南京建工集团有限公司、南京林业大学、水利部交通运输部国家能源局南京水利科学研究院、永安市宝华林实业发展有限公司、中国十七冶集团有限公司、江苏汾灌高速公路管理有限公司	土木工程学院材料科学与工程学院
9	面向多义性对象的新型机器学习理论与方法	周志华　耿　新　高　尉　张道强　王　魏	自然奖	一等奖（合报）	南京大学、东南大学	计算机科学与工程学院

2019年度江苏省科学技术奖奖励项目

序号	项目名称	主要完成人	奖励类别	授奖等级	主要完成单位	所在单位
1	智能功率驱动芯片设计及制备的关键技术与应用	孙伟锋 刘斯扬 祝靖 钱钦松 徐申 苏巍 张立新 朱袁正 易扬波 张森 叶鹏	应用类	一等奖	东南大学、无锡华润上华科技有限公司、无锡芯朋微电子股份有限公司、无锡新洁能股份有限公司	电子科学与工程学院
2	高效高可靠风力发电机组关键技术及应用	程明 王政 张建忠 何明 陶生金 杭俊 朱洒 朱瑛 於锋 史伟 花为	应用类	一等奖	东南大学、国电联合动力技术(连云港)有限公司	电气工程学院
3	生物质定向热解制取高品质液体燃料关键技术及应用	肖睿 张会岩 黄亚继 吴石亮	应用类	一等奖	东南大学	能源与环境学院
4	大面积深厚软弱土加固处理技术创新与工程应用	刘松玉 章定文 杜广印 唐彤芝 杨泳 金亚伟 关云飞 程远 韩文君 蔡国军 徐锴	应用类	一等奖	东南大学、水利部交通运输部国家能源局南京水利科学研究院、江苏鑫泰岩土科技有限公司、江苏盛泰建设工程有限公司	交通学院
5	在役桥梁工程性能提升关键技术创新与应用	王景全 贺志启 戚家南 刘华 刘其伟 郭建 刘钊 张建东 罗文林 王成明	应用类	一等奖	东南大学、中铁大桥(南京)桥隧诊治有限公司、南京博瑞吉工程技术有限公司、南京市公共工程建设中心、苏交科集团股份有限公司	土木工程学院
6	耦合网络的动态特性分析与控制	梁金玲 聂小兵 胡建强	基础类	二等奖	东南大学	数学学院
7	高精度捷联惯性测量关键技术及应用	陈熙源 徐晓苏 周祥东 张涛 祝雪芬 李瑶 吴峻 汤新华 姚逸卿	应用类	二等奖	东南大学、江苏罗思韦尔电气有限公司	仪器科学与工程学院

(续 表)

序号	项目名称	主要完成人	奖励类别	授奖等级	主要完成单位	所在单位
8	高效低污染污泥自持焚烧技术及应用	葛仕福 陈晓平 杨叙军 朱士圣 王昕晔 杨林军 徐天平 刘道银	应用类	二等奖	东南大学、无锡国联环保科技股份有限公司、南京国能环保工程有限公司、科林环保技术有限责任公司	能源与环境学院
9	沥青路面高品质养护关键技术研发与工程应用	马 涛 陈李峰 黄晓明 关永胜 张久鹏 陆海珠 姚 宇 刘 强 金光来	应用类	二等奖	东南大学、江苏中路工程技术研究院有限公司、江苏高速公路工程养护技术有限公司、中设设计集团股份有限公司、长安大学、江苏中路交通科学技术有限公司、江苏中路信息科技有限公司	交通学院
10	移动互联环境下城市道路交通智能主动管控关键技术及应用	夏井新 陆振波 王 晨 刘志远 魏运 张韦华 潘成华 安成川 吕伟韬	应用类	二等奖	东南大学、江苏智通交通科技有限公司、江苏网进科技股份有限公司	东南大学智能运输系统(ITS)研究中心
11	代谢性疾病影像新技术和新方法的研发与应用	居胜红 滕皋军 王远成 常 娣 柏盈盈 彭新桂 柳东芳 崔 莹 汤天宇	应用类	二等奖	东南大学中大医院、东南大学	中大医院
12	恶性肿瘤等重大疾病跨尺度精准成像和高灵敏快速筛查新技术	王雪梅 尹立红 姜 晖 张海军 刘重阳	应用类	三等奖	东南大学、重庆大坪医院	生物科学与医学工程学院
13	高性能组合结构桥梁设计理论与应用关键技术研究	万 水 黄 侨 王文炜 彭元诚 杨 明 任 远 宋晓东	应用类	三等奖	东南大学、中交第二公路勘察设计研究院有限公司	交通学院
14	随机交通系统的条件异方差性理论与方法	郭建华 史国刚 黄 卫	基础类	三等奖	东南大学	东南大学智能运输系统(ITS)研究中心
15	抑郁症的发病机制及疗效预测标记研究	袁勇贵 张志珺 徐 治 李晓莉 王 赟 吴 迪 岳莹莹	基础类	三等奖	东南大学中大医院	中大医院

（续 表）

序号	项目名称	主要完成人	奖励类别	授奖等级	主要完成单位	所在单位
16	大规模源网荷精准负荷控制关键技术及应用	罗建裕 李瑶虹 李雪明 陆晓 李碧君 杨晓梅 戚玉松 陈振宇 江叶峰 罗凯明 李虎成（博士导师汤奕）	应用类	一等奖（合报）	国网江苏省电力有限公司、国电南瑞科技股份有限公司、东南大学、河海大学、中国电力科学研究院有限公司、江苏方天电力技术有限公司、江苏省电力试验研究院有限公司、南京千智电气科技有限公司、江苏科能电力工程咨询有限公司	电气工程学院
17	大功率直驱永磁系列海上风电机组关键技术研究及应用	翟恩地 秦世耀 张新刚 宁巧珍 李会勋 李少林 林鹤云 王允 王东亚	应用类	二等奖（合报）	江苏金风科技有限公司、中国电力科学研究院有限公司、新疆金风科技股份有限公司、中国三峡新能源有限公司江浙公司、东南大学、北京金风科创风电设备有限公司、江苏中车电机有限公司	电气工程学院
18	智能配电网终端自组网与协同控制关键技术及规模化应用	沈培锋 蔡月明 王勇 翁嘉明 嵇文路 梅军 张明 高媛 朱红	应用类	二等奖（合报）	国网江苏省电力有限公司、国电南瑞科技股份有限公司、东南大学、上海交通大学、中国电力科学研究院有限公司	电气工程学院
19	自主可控的民航自动相关监视装备及系统关键技术及应用	严勇杰 汤新民 王寿峰 周禄华 陆建 杨恺 毛亿 田文 席玉华	应用类	二等奖（合报）	中国电子科技集团公司第二十八研究所、南京航空航天大学、南京莱斯信息技术股份有限公司、南京莱斯电子设备有限公司、东南大学	交通学院
20	危重症个体化营养支持治疗的基础研究与临床应用	王新颖 章黎 高学金 黄迎春 陆军 武超 张峰 潘莉雅 黎介寿	应用类	二等奖（合报）	中国人民解放军东部战区总医院、东南大学中大医院	中大医院
21	高可靠性电子式互感器关键技术与应用	卢树峰 徐敏锐 李志新 嵇建飞 聂琪 陈刚 袁亮 周赣 卜强生	应用类	二等奖（合报）	国网江苏省电力有限公司、中国电力科学研究院有限公司、许继集团有限公司、东南大学、南京南瑞继保电气有限公司、南京新联电子股份有限公司	电气工程学院

(续　表)

序号	项目名称	主要完成人	奖励类别	授奖等级	主要完成单位	所在单位
22	复杂水下环境勘查集群仿生机器人关键技术及应用	陈　巍　刘锡祥 熊明磊　李佩娟 郭铁铮　吴梦陵 李　宁　夏细明 温秀平	应用类	二等奖（合报）	南京工程学院、东南大学、博雅工道(北京)机器人科技有限公司	仪器科学与工程学院
23	新一代自旋电子材料微结构调控及信息器件应用基础	徐永兵　王学锋 王枫秋　刘文卿 何　亮　翟　亚 杜　军	应用类	三等奖（合报）	南京大学、东南大学	物理学院
24	基于多相流仿真及仿生技术的吸入给药平台的开发与应用	李昌辉　佟振博 余艾冰　王善春 张喜全　顾红梅 董　平	应用类	三等奖（合报）	正大天晴药业集团股份有限公司、东南大学苏州研究院、江苏集萃工业过程模拟与优化研究所有限公司	能源与环境学院
25	火电行业节能环保智慧监管体系关键技术及应用	孙栓柱　周春蕾 李益国　张红光 孙和泰　黄治军 赵　彤	应用类	三等奖（合报）	江苏方天电力技术有限公司、东南大学、江苏电力交易中心有限公司	能源与环境学院
26	输变电工程杆塔与接地系统的防腐关键技术与应用	王庭华　汪　昕 吴智深　孙建龙 王　球　张　澄 张　东	应用类	三等奖（合报）	国网江苏省电力有限公司、东南大学、无锡市亚明电力工程科技有限公司、无锡华东锌盾科技有限公司、江苏绿材谷新材料科技发展有限公司	土木工程学院
27	高品质抗湿硫化氢腐蚀管线钢厚板关键技术创新与产业化	孙宪进　苗丕峰 蒋昌林　刘清友 涂益友　林　涛 李经涛	应用类	三等奖（合报）	江阴兴澄特种钢铁有限公司、钢铁研究总院、东南大学	材料科学与工程学院
28	高性能环境友好型聚氨酯功能材料的研制及产业化	江　平　吕华波 周钰明　卜小海 戴淄岳　王质伟 陈小卫	应用类	三等奖（合报）	旭川化学（苏州）有限公司、东南大学、南京工程学院	化学化工学院
29	高质量复杂铝合金构件精密压铸关键技术与应用	王俊有　潘　冶 赵海东　高军民 陆　韬　李史华	应用类	三等奖（合报）	雄邦压铸（南通）有限公司、东南大学、华南理工大学	材料科学与工程学院

(续表)

序号	项目名称	主要完成人	奖励类别	授奖等级	主要完成单位	所在单位
30	海洋工程用大尺寸超级双相不锈钢无缝管研发及产业化	朱秋华 周雪峰 周志斌 陈泽民 陈 亮 程 健 钱 超	应用类	三等奖（合报）	江苏武进不锈股份有限公司、东南大学	材料科学与工程学院
31	面向智能终端产品的线性驱动系统关键技术研发及产业化	姚步堂 余海涛 周伟强 庄文许 朱更兴 陈垚为 虞文武	应用类	三等奖（合报）	常州市凯迪电器股份有限公司、东南大学、常州机电职业技术学院	电气工程学院
32	全地形重载铰接式自卸车关键技术研究及产业化	张 宏 张建润 张杰山 秦红义 卢 熹 谢和平 乔奎普	应用类	三等奖（合报）	徐州徐工矿业机械有限公司、东南大学	机械工程学院
33	玻璃窑烟气多污染物深度治理及余热利用耦合技术及应用	张志刚 宋 敏 王 彬 何义斌 李金虎 苍利民 郑美玲	应用类	三等奖（合报）	中建材环保研究院（江苏）有限公司、东南大学、深圳市凯盛科技工程有限公司、河南安彩高科股份有限公司	能源与环境学院
34	城市轨道交通网络化运营安全风险防控与应急成套技术及应用	张建平 任 刚 赵振江 袁春强 张 宁 谷寒青 薛 辉	应用类	三等奖（合报）	南京地铁运营有限责任公司、东南大学、江苏省生产力促进中心	交通学院
35	面向关键需求的智能化食品安全快速检测平台的研发与应用	张 驰 薛 峰 吕海芹 周骏贵 肖有玉 周 帆	应用类	三等奖（合报）	南京市产品质量监督检验院、南京农业大学、东南大学	医学院

第十一届江苏省专利奖奖励项目

序号	专利名称	发明人	奖励类别	获奖等级	主要完成单位	所在单位
1	一种同轴磁齿轮	程 明 李祥林 邹国棠 花 为 杜 怿	江苏省专利项目奖	金奖	东南大学	电气工程学院
2	支持共享共治的内容元数据标识及应用方法	杨 鹏 李幼平 尹 浩 吕勇强 张长江 郑 斌	江苏省专利项目奖	优秀奖	东南大学	计算机科学与工程学院

2019年度其他省部级科学技术奖奖励项目

序号	项目名称	主要完成人	奖励类别	获奖等级	主要完成单位	所在单位
1	食管鳞癌精准放疗关键技术及临床应用	李宝生 黄 伟 赵快乐 陈 阳 傅小龙 孙新臣 朱 健 巩贯忠 李振江 张 健 白 瞳 丁秀平	山东省科技进步奖	一等奖（合报）	山东省肿瘤防治研究院、复旦大学附属肿瘤医院、东南大学、上海市胸科医院、南京医科大学第一附属医院	计算机科学与工程学院
2	数字化耳鸣诊疗装备的研发及推广	李华伟 唐冬梅 蓝 军 陈 林 王武庆 陈 兵 孙 珊 王海涛 柴人杰 李树峰	上海市技术发明奖	一等奖（合报）	复旦大学附属眼耳鼻喉科医院、中国科学技术大学、佛山博智医疗科技有限公司、东南大学	生命科学与技术学院
3	大跨径波形钢腹板预应力混凝土部分斜拉桥成套技术	田俊良 万 水 刘文娟 李遂生 陈 惠 涛 常灿华 陈 萍 张 瑞 张建勋 胡 锋 鲍 茜 董学清 郭英杰 郭理学 苗战涛	河南省科技进步奖	二等奖（合报）	郑州市公路管理局、东南大学、郑州市交通规划勘察设计研究院、河南省公路工程试验检测中心有限公司	交通学院
4	适用于电动汽车的电机驱动系统设计与振动控制策略	黄全振 黄明明 张 洋 阳 辉 方建印 王 柳 王 超 王 斌 刘 凯	河南省科技进步奖	二等奖（合报）	河南工程学院、东南大学、国网河南省电力公司电力科学研究院等	电气工程学院

第四十七届日内瓦国际发明展项目

序号	项目名称	主要完成人	获奖等级	主要完成单位	所在单位
1	面向地震韧性的摩擦耗能式自复位抗震结构体系	郭 彤 宋良龙 宋永生 王际帅	金奖、罗马尼亚科技替代技术协会特别奖	东南大学	土木工程学院
2	高频无开关损耗型非隔离逆变器	肖华锋 王 政 程 明 花 为	金奖	东南大学	电气工程学院
3	电力-信息混合实时仿真测试平台	顾 伟 柳 伟 周苏洋 楼冠男 吴 志 袁晓冬	金奖	东南大学	电气工程学院

（续 表）

序号	项目名称	主要完成人	获奖等级	主要完成单位	所在单位
4	桥面沥青铺装养护与保存技术	钱振东 薛永超	银奖,俄罗斯科学与技术协会特别奖	东南大学	智能运输系统(ITS)研究中心
5	新型二价铂抗肿瘤候选药物	荀少华	银奖	东南大学	化学化工学院
6	并联式高刚度大行程多自由度力反馈手控器	宋爱国 陈大鹏 杨 达 徐宝国 李会军	银奖	东南大学	仪器科学与工程学院
7	基于数字孪生模型的智慧桥梁管理系统	吴 刚 侯士通 陈金桥 陈 熹 董 斌	银奖	东南大学	土木工程学院
8	多能互补综合能源系统规划平台(MESPS)	顾 伟 周苏洋 吴 志 潘光胜 邱 明 邹凤华	铜奖	东南大学	电气工程学院

2019年度其他科学技术奖

序号	项目名称	主要完成人	奖励类别	获奖等级	主要完成单位	所在单位
1	复杂环境下智能巡检运维机器人关键技术及应用	宋爱国 徐宝国 许春山 程 敏 宋光明 包加桐 赵国普 曾 洪 林 欢 刘 爽 徐 波 阂济海 唐鸿儒 李会军	第九届吴文俊人工智能科技进步奖	一等奖	东南大学,亿嘉和科技股份有限公司,扬州大学,南京天创电子技术有限公司	仪器科学与工程学院
2	地面公交时空权融合设置与网联调度关键技术及装备	杨 敏 张 健 陈维强 陈 骏 汪 林 陈学武 刘振锐 程 琳 叶智锐 刘冬梅 张 彬 程 健 白舒安 李文权 陈梦珂	中国公路学会科学技术奖	一等奖	东南大学,交通运输部公路科学研究所,青岛海信网络科技股份有限公司,深圳市综合交通设计研究院有限公司,江苏省公安厅交通警察总队,南京莱斯信息技术股份有限公司,北京嘀嘀无限科技发展有限公司	交通学院
3	高密度分布式电源建模仿真及运行控制技术	顾 伟 楼冠男 刘科研 柳 伟 王建华 吴在军 贾东梨 曹 戈 刘伟琦 孟晓丽 董伟杰 李培鑫	中国仿真学会创新科技奖	一等奖	东南大学,中国电力科学研究院	电气工程学院

科 技 工 作

(续表)

序号	项目名称	主要完成人	奖励类别	获奖等级	主要完成单位	所在单位
4	高效低污染污泥自持焚烧关键技术	葛仕福 朱士圣 徐天平 阮晓卿 杨敏军 陈晓平 黄亚继 杨林军 周彩玲	中国产学研合作促进会创新成果奖	一等奖	东南大学,南京国能环保工程有限公司,科林苯环保科技有限责任公司,南京紫鑫汇苯环境科技有限公司,无锡国联环保科技股份有限公司	能源与环境学院
5	大型风敏感设施风振预测及其控制精细理论、关键技术及应用	王浩 柯世堂 陶天友 张宇峰 陈 鑫 李爱群 吴 腾 王 莹 张文明 孙 震 茅建校 卢红前 徐 璐 徐新强 季新骥	中国振动工程学会科学技术奖	一等奖	东南大学,南京航空航天大学,苏州科技大学,苏交科集团股份有限公司,中国能源建设集团江苏省电力设计院有限公司	土木工程学院
6	基于超构材料的新型电磁调控机理及应用基础研究	陆卫兵 李 苗 刘震国 顾长青 刘亮亮	中国电子学会自然科学奖	二等奖	东南大学,南京航空航天大学	信息科学与工程学院
7	老年性痴呆高危人群早期筛查和诊断及其生物标记物与干预	张志珺 谢春明 袁勇贵	华夏医学科技奖	二等奖	东南大学中大医院	中大医院
8	城市轨道交通应急疏散多模式接驳协同组织关键技术及应用	任 刚 袁春毅 赵 星 李蒙杰 谷秋青 张 宁 薛 辉 姜欢 项乔君 裴 欢 卢 佳 张洁斐 曹 奇 王 义 宋建华	中国智能交通协会科学技术奖	二等奖	东南大学,南京地铁运营有限责任公司,河海大学	交通学院
9	网联数据驱动的智慧交通系统关键技术及应用研究	谭华春 陈祥辉 彭剑坤 孙志斌 丁 璠 伍元凯 何洪文 曲 栅 李 琴 曹小峰	中国电子学会科技进步奖	二等奖	东南大学,北京理工大学,江苏宁沪高速公路股份有限公司,江苏高速公路联网营运管理有限公司	交通学院
10	基于信息融合的缆索承重桥梁智慧化管养与评估关键技术及应用	黄 侨 许 翔 钟 东 李 浩 倪大治 刘小玲 宋晓东 杨 娟 樊祥元	中国公路学会科学技术奖	二等奖	东南大学,南京长江第三大桥有限责任公司	交通学院
11	重载干线公路沥青路面车辙机理与路基路面一体化处治技术研究	顾兴宇 于 斌 邹晓勇 范永根 邓永锋 周进华 周 伟 吴闻秀 朱震东 赵文斐	中国公路学会科学技术奖	二等奖	东南大学,金华市公路管理局,浙江省嘉兴市公路管理局,苏交科集团股份有限公司,江苏省泰州市公路管理处,浙江义达建设管理有限公司,江苏省交通工程建设局	交通学院

(续表)

序号	项目名称	主要完成人	奖励类别	获奖等级	主要完成单位	所在单位
12	BIM技术在交通基础设施品质化建设与智能化管养中的应用研究	罗桑 张征宇 周锦森 王晓东 钟科	中国公路学会科学技术奖	三等奖	东南大学,常熟市交通工程管理处,江苏镇江路桥工程有限公司,苏州市公路管理处、交通运输部公路科学研究院	交通学院
13	基于人机混合智能的电力巡检机器人关键技术及应用	宋爱国 许春山 宋光明 徐宝国 刘袤 包加桐	中国电力技术发明奖	三等奖	东南大学	仪器科学与工程学院
14	肾小管间质炎症形成新机制及其临床转化研究	刘必成 吕林莉 蓝辉耀 马坤岭 汤日宁 刘宏 伍敏 刘丹 李季林	华夏医学科技奖	三等奖	东南大学中大医院、香港中文大学	中大医院、医学院
15	南京青奥体育公园跨河桥工程	曹菲 范伟忠 李升玉 陈娟婷 夏裕隆 胡敏 李秉南 景国庆 何劲生	2019中国公路学会"世界人行桥奖"	金奖	东南大学建筑设计研究院有限公司、南京城市建设管理集团有限公司	交通学院
16	(无)	张会岩	中国可再生能源学会科学技术人物奖	优秀青年科技人才奖	东南大学	能源与环境学院
17	(无)	殷勇高	第九届中国制冷学会科学技术奖	青年奖	东南大学	能源与环境学院
18	(无)	杨敏	中国城市规划学会第四届中国城市规划青年科技奖	青年奖	东南大学	交通学院
19	(无)	肖华锋	中国电源学会科学研合创新奖	个人奖	东南大学	电气工程学院
20	(无)	陈武	中国电源学会科学技术奖	优秀青年奖	东南大学	电气工程学院
21	高速公路大数据智能养护决策系统与长效养护技术研发与应用	倪富健 吴赞平 顾兴宇 吴春颖 徐海虹 于斌 董侨 周岚 茅荃	中国产学研合作促进会创新成果奖	优秀奖	东南大学,江苏交通控股有限公司,苏交科集团股份有限公司,南京道润交通股份有限公司	交通学院
22	农村生活污水治理技术与装备研发	朱光灿 杨忠连 凌建军 付强 陈鹤忠 唐晶 陆勇泽 刘会平 孙捷 立	中国产学研合作促进会创新成果奖	优秀奖	东南大学,中车环保股份有限公司,江苏中车环保设备有限公司,江苏首创嘉净环保科技股份有限公司,江苏通全球工程管业有限公司	能源与环境学院

(续表)

序号	项目名称	主要完成人	奖励类别	获奖等级	主要完成单位	所在单位
23	预应力钢结构非接触性态评价及性能提升关键技术	曾滨 许庆 潘钻峰 周臻 王连庆 尚仁杰 王春林 徐曼 胡燕祝 邵彦超 刘烨 荣华 薛勇军 王晟 张帆 张明波 刘德军 谢钦 朱亚智 朱奕锋	中国钢结构协会科学技术奖	特等奖（合报）	中冶建筑研究总院有限公司、东南大学、同济大学、北京邮电大学、北京科技大学、中国京冶工程技术有限公司	土木工程学院
24	桥梁结构火灾分析理论与工程应用	张岗 贺拴海 黄侨 刘沐健 侯炜 姚伟发 王凌波 赵煜 宋一凡 刘艳伟 周毅 任伟 王翠娟 李源 周标	中国公路学会科学技术奖	一等奖（合报）	长安大学、东南大学	交通学院
25	滨海软弱土变形特征原位测试与路基累积沉降控制关键技术研究	蔡国军 王军 符洪涛 谷川 郭林 丁光亚 邹海峰 刘文亮 秦文虎 林军 马晌华 董全杨 乔欢欢 江子武 陈志坚	中国公路学会科学技术奖	一等奖（合报）	温州大学、东南大学、温州市瓯飞开发建设投资集团有限公司、浙江绩丰岩土技术股份有限公司、温州龙达国皇开发建设有限公司	交通学院
26	远洋深海珊瑚礁地层特大型桥梁建设关键技术	张鸿 张喜刚 刘波 杨海礼 肖海珠 何超然 林树奎 游新鹏 汪存书 王飞 龚维明 刘健 谭国宏 田唯	中国公路学会科学技术奖	一等奖（合报）	中交第二航务工程局有限公司、中交公路规划设计院有限公司、中铁大桥勘测设计院集团有限公司、中交二航局第二工程有限公司、中交武港港湾工程设计研究院有限公司、中交第二航务工程勘察设计院有限公司、东南大学、中交公路长大桥建设国家工程研究中心有限公司	土木工程学院
27	高寒大温差地区沥青路面建养技术	汪双杰 吕松涛 陈团结 房建宏 王声乐 马士杰 朱东鹏 陈红伟 合电仓 陈建兵 王佐 穆柯 刘宏伟 雷宇 刘斌	中国公路学会科学技术奖	一等奖（合报）	中交第一公路勘察设计研究院有限公司、长沙理工大学、山东省交通科学研究院、东南大学、青海省地方铁路建设投资有限公司（共和至玉树公路建设指挥部）、中铁十五局集团有限公司、中交第二公路工程局有限公司、中交瑞通路桥养护科技有限公司	交通学院

(续表)

序号	项目名称	主要完成人	奖励类别	获奖等级	主要完成单位	所在单位
28	复杂道路环境交通运输事故救援关键技术及应用	周炜 李旭 张国胜 任春晓 姜慧夫 宋翔 郎玉勤 晋杰 张学文 李文亮 徐启敏 董轩 唐歌腾 李臣 韩立波	中国公路学会科学技术奖	一等奖（合报）	交通运输部公路科学研究所,东南大学,江苏中汽中高科股份有限公司,中路高科交通科技集团有限公司	仪器科学与工程学院
29	大宗固体废弃物在高速铁路混凝土中绿色资源化利用关键技术	赵国堂 李化建 易忠来 魏强 胡所亭 谢永江 陈惠苏 张建斌 李永敏 章国辉 杨斌 赵健 杨怀志 黄法礼	中国交通运输学会科学技术进步奖	一等奖（合报）	中国铁道科学研究院集团有限公司,东南大学,中铁高速铁路股份有限公司,中铁三局集团有限公司,中铁四局集团有限公司	材料科学与工程学院
30	低风速高切变风电资源关键技术研究及应用	李忠 赵生校 陆健 任金明 郭晨 徐瑞龙 邓艾东 许昌 许千寿 汪敏 胡小坚 陈金军 范亮 闫嘉鸣	工程建设科学技术进步奖	一等奖（合报）	深能南京能源有限公司,中国电建集团华东勘测设计研究院有限公司,北京天杉高科风电科技有限公司,东南大学,河海大学,维斯塔斯风力技术(中国)有限公司	能源与环境学院
31	历史建筑木结构保护更新关键技术与应用	许清风 周乾 李向民 张富文 薛建阳 潘毅 王卓琳 谷志旺 陈玲珠 陈溪 杨娜 张锯 王伟茂 高润东	华夏建设科学技术奖	一等奖（合报）	上海市建筑科学研究院,故宫博物院,西安建筑科技大学,上海交通大学,东南大学,中建四工程集团有限公司,天津市历史风貌建筑整理有限责任公司,上海建筑工程改造技术有限公司	建筑学院
32	医院内皮肤损伤横断面调查及护理干预的多中心系列研究	蒋琪霞 刘亚红 仲继红 管美萍 贾静 朱彩萍 郑美春 韩小琴 郭秀君 刘海英 封海霞 华皎 江智霞 李国宏 郭艳侠	中华护理学会科技奖	一等奖（合报）	东部战区总医院,解放军总医院第三医学中心,镇江市第一人民医院,中山大学附属肿瘤医院,南京市中医院,东南大学中大医院,无锡市第二人民医院,遵义医学院附属医院,无锡市第三人民医院	中大医院

科 技 工 作

（续 表）

序号	项目名称	主要完成人	奖励类别	获奖等级	主要完成单位	所在单位
33	移动智能冷链物流装备节能关键技术研究及应用	郑慧凡 范晓伟 杨中宣 殷勇高 刘恩海 巨福军等	中国商业联合会科学技术奖	一等奖（合报）	中原工学院,东南大学,河南泉舜工程有限公司,河南千年冷冻设备有限公司	能源与环境学院
34	分散型农村生活污水收集与处理技术及设备	朱光灿 杨忠莲 陈鹤忠 陆勇泽 姚 军	中国发明协会第二十三届全国发明展览会"发明创业奖·项目奖"	金奖	东南大学,江苏通全球工程管业有限公司	能源与环境学院
35	人民日报社报刊综合楼	周 琦 钱 锋 孙 迹 史 青 钱 锋 臧 胜 龚德建 周革利 庄 昉 孔 晖 韩冶成 范大勇 顾奇峰	2019年度全国优秀工程勘察设计行业奖	一等奖	东南大学建筑设计研究院有限公司	建筑学院
36	金陵大报恩寺遗址公园及配套建设项目	韩冬青 陈 薇 王建国 马晓东 孙 迹 孟 媛 鲍迎春 陈 俊 周桂祥 张 翀 黄 凯 屈建权 刘 俊 唐超超 臧 胜	2019年度全国优秀工程勘察设计行业奖	一等奖	东南大学建筑设计研究院有限公司	建筑学院
37	江苏护理职业学院（原淮阴卫生高等职业技术学校）新校区核心教学组群	王建国 陈 宁 朱 渊 蔡凯臻 马志虎 许东晨 柏 晨 许立群 张 嵒 姚昕悦 钱 洋 李斯源 史海山 黄 明 龚德建	2019年度全国优秀工程勘察设计行业奖	一等奖	东南大学建筑设计研究院有限公司	建筑学院
38	江苏省泰州市周山河生态环境工程	成玉宁 陈 烨 李 哲 袁旸洋 马 婕 谢明坤 盛春陵 方 颖 李滨海	2019年度全国优秀工程勘察设计行业奖	一等奖	东南大学建筑设计研究院有限公司	建筑学院

(续表)

序号	项目名称	主要完成人	奖励类别	获奖等级	主要完成单位	所在单位
39	南京佘村景观改造	朱光亚 朱剑青 穆保宁 章泉丰 俞海洋 宋剑刚 陈建刚 罗振宁 白 颖 胡 石 徐 玫 杨红波 赵 元 戴徽徽 奚江月	2019年度全国优秀工程勘察设计行业奖	一等奖	东南大学建筑设计研究院有限公司	建筑学院
40	中国国学中心	齐 康 陈 薇 刘 俊 习 超 程 洁 王建国 袁 玮 唐超权 石峻垚 丁惠明 张 彤 孙 迹 杨 胜 杨 波 许 铁	2019年度全国优秀工程勘察设计行业奖	二等奖	东南大学建筑设计研究院有限公司	建筑学院
41	恩来干部学院	王 正 汪 建 王 蓉 陈 瑜 王志东 都 成 陈俊莹 丁迎春 韩重庆 丁惠明 傅 强 李 洁 陵 艳 师师纯 周桂祥	2019年度全国优秀工程勘察设计行业奖	二等奖	东南大学建筑设计研究院有限公司	建筑学院
42	门东D4地块芥子园工程	杨冬辉 陆苏荣 叶 飞 李晓静 周 宁 张亚伟 耿碧萱 周师纯 叶 麟 韩重庆 黄 河 孙 潮	2019年度全国优秀工程勘察设计行业奖	三等奖	东南大学建筑设计研究院有限公司	建筑学院
43	江苏省泰州市凤凰河引凤路段景观设计	陈 烨 方 颖 成玉宁 李滨海 盛春陵	2019年度全国优秀工程勘察设计行业奖	三等奖	东南大学建筑设计研究院有限公司	建筑学院
44	金陵大报恩寺遗址公园及配套建设项目	韩冬青 马晓东 鲍迎春 张 俊 刘 珊 陈 薇 孙 迹 陈 凯 黄超珊 唐超权 王建国 孟 媛 周桂祥 屈建球 臧 胜	2019年度教育部优秀工程勘察设计奖	一等奖	东南大学建筑设计研究院有限公司	建筑学院

（续 表）

序号	项目名称	主要完成人	奖励类别	获奖等级	主要完成单位	所在单位
45	江苏护理职业学院（原淮阴卫生高等职业技术学校）新校区核心教学组群	王建国 陈 宇 朱 渊 蔡凯臻 马志虎 许东晟 柏 晨 张 磊 许立群 姚昕昀 钱 洋 李斯源 史海山 黄 明 龚德建	2019年度教育部优秀工程勘察设计奖	一等奖	东南大学建筑设计研究院有限公司	建筑学院
46	南京内秦淮河西五华里滨河地段规划设计	韩冬青 刘 华 孙 菲 董亦楠 桂 鹏 谭 亮 边 疆 朱晓洲	2019年度教育部优秀工程勘察设计奖	一等奖	东南大学建筑设计研究院有限公司	建筑学院
47	南京佘村景观改造	朱光亚 胡 石 徐 玫 宋剑青 陈建刚 杨红波 穆保冈 罗振宁 赵 元 葛泉丰 白 颖 戴薇薇 俞海洋 奚江月	2019年度教育部优秀工程勘察设计奖	一等奖	东南大学建筑设计研究院有限公司	建筑学院
48	门东D4地块芥子园工程	杨冬辉 周 宁 叶 麟 陆苏荣 张亚伟 韩重庆 叶 飞 耿碧萱 黄 河 李晓静 周师纯 孙 潮	2019年度教育部优秀工程勘察设计奖	一等奖	东南大学建筑设计研究院有限公司	建筑学院
49	恩来干部学院	王 正 都 成 傅 强 汪 建 陈 俊 李 艳 王 蓉 王若莹 凌 洁 陈 瑜 丁迎春 韩重庆 王志东 丁惠明 周桂祥	2019年度教育部优秀工程勘察设计奖	二等奖	东南大学建筑设计研究院有限公司	建筑学院
50	大运河（常州段）遗产保护规划	吴 晓 王承慧 胡明星 吉倩妘	2019年度教育部优秀工程勘察设计奖	二等奖	东南大学建筑设计研究院有限公司	建筑学院

(续表)

序号	项目名称	主要完成人	奖励类别	获奖等级	主要完成单位	所在单位
51	阜阳市规划展示馆(含市档案馆、城建档案馆、土地档案馆、房产档案馆)	夏 兵 薛丰丰 段 进 袁 玮 唐伟伟 贺海涛 陈澎 张麒 丁惠明 张 俊 屈建球 王 玲 刘 程 蔡 芸 臧 胜	2018年省级"四优"(第十八届优秀工程设计)奖	一等奖	东南大学建筑设计研究院有限公司	建筑学院
52	中国丝绸中心	齐 康 陈 彤 王建国 袁 薇 唐超权 张 迹 刘 俊 孙 胜 习 超 石峻垚 杨 波 程 洁 丁惠明 许 铁	2018年省级"四优"(第十八届优秀工程设计)奖	一等奖	东南大学建筑设计研究院有限公司	建筑学院
53	基于风貌保护的南京老城保护设计高度研究	王建国 叶 斌 高 源 张京津 吕晓宁 杨 志 李菁菁 陈海宁 徐宁薇 吴泽宇 顾祎敏 周俊玫 沈宇驰 廖 航	2018年省级"四优"(第十八届优秀工程设计)奖	一等奖	南京东南大学城市规划设计研究院有限公司	建筑学院
54	南京市工业遗产保护规划	阳建强 叶 斌 苏志华 陈乃栋 王昭昭 童本勤 郭华瑜 彭旸琳 孙 璨 李建波 陈 阳 王林星 张 实 付莉莉 彭晓琼	2018年省级"四优"(第十八届优秀工程设计)奖	一等奖	南京东南大学城市规划设计研究院有限公司,南京市规划设计研究院有限责任公司	建筑学院
55	芜湖城市景观风貌规划暨总体城市设计	王建国 杨俊宴 沈 旸 谭 瑛 张 愚 蔡凯臻 陶岸君 王 桥 朱彦东 陈海宁 曹 俊 林 岩 成 实 许昊皓 朱 骁	2018年省级"四优"(第十八届优秀工程设计)奖	一等奖	南京东南大学城市规划设计研究院有限公司	建筑学院
56	南通"通吕九脉"特色空间城市设计	杨俊宴 史北祥 谭 瑛 史 俊 郑 屹 陆小波 曹 俊 金探花 邵 典 章 飙 李鹏鹏 武 凡 陈奕良 张 珣	2018年省级"四优"(第十八届优秀工程设计)奖	一等奖	南京东南大学城市规划设计研究院有限公司	建筑学院

(续表)

序号	项目名称	主要完成人	奖励类别	获奖等级	主要完成单位	所在单位
57	合肥高铁南站片区城市设计深化设计	段 进 刘红杰 高 尚 徐 倩 朱彦东 田 娜 杨 庆 朱仁兴 朱恰然 王 夏	2018年省级"四优"（第十八届优秀工程设计）奖	一等奖	南京东南大学城市规划设计研究院有限公司	建筑学院
58	牛首山文化旅游区一期工程人口配套区	王建国 朱 渊 吴云鹏 钱 航 梁沙河 孙 毅 张 锋 龚德建 张 磊 姚昕悦 蒋剑峰 李斯顺 史海山 毛树峰 孙 迹	2018年省级"四优"（第十八届优秀工程设计）奖	一等奖	东南大学建筑设计研究院有限公司	建筑学院
59	秦淮区愚园（胡家花园）风景名胜设施恢复和复建项目	陈 薇 王建国 胡 石 高 琛 杨冬辉 梁沙河 赵 元 罗振宁 顾 效 杨红波 施明征 马志虎 钱 锋 周小棣 杨 舞	2018年省级"四优"（第十八届优秀工程设计）奖	一等奖	东南大学建筑设计研究院有限公司	建筑学院
60	京杭运河杭州段两岸城市景观提升工程规划	王建国 杨俊宴 沈 旸 李京津 金 欣 戎卿文 陈海宁 曹 俊 马 奔 郝凌佳 张 涛 钱舒皓 孔诗茵 郑诗雨	2018年省级"四优"（第十八届优秀工程设计）奖	一等奖	南京东南大学城市规划设计研究院有限公司	建筑学院
61	中国（南京）软件谷东片区控制性详细规划	段 进 鲍宇廷 兰文龙 邵润青 王 辉 张 盈 袁天麟 朱仁兴 朱彦东 曹影丽 田 娜 仇月霞 钱 艳	2018年省级"四优"（第十八届优秀工程设计）奖	一等奖	南京东南大学城市规划设计研究院有限公司	建筑学院
62	江苏省小城镇空间特色塑造指引	段 进 周 岚 刘大威 赵庆红 韩秀金 梅耀林 张 麒 曲秀丽	2018年省级"四优"（第十八届优秀工程设计）奖	一等奖（合报）	江苏省城镇与乡村规划设计院，南京东南大学城市规划设计研究院有限公司	建筑学院

2019年东南大学专利授权表

序号	专利名称	发明人所在单位	发明人	授权公告日	授权公告号
1	对称电压暂降下改进的虚拟同步发电机控制方法	江苏林洋能源股份有限公司,电气工程学院	裴 骏 郑建勇 闵卫东 叶曙光 顾雷鸣 曾繁鹏 余运俊 杨 赟 顾盼盼 缪惠宇	2019-12-24	108695885
2	救灾集成式睡眠舱系统	建筑学院	李向锋 王 峰 李 元	2019-12-24	108386013
3	一种电磁式振动能量收集器及其制备方法	电子科学与工程学院	黄晓东 黄见秋 黄庆安	2019-12-24	108054895
4	一种电磁式振动能量收集器及其制备方法	电子科学与工程学院	黄晓东 黄见秋 黄庆安	2019-12-24	107947521
5	一种平滑微网联络线功率的储能前瞻分布式控制方法	数学学院	温广辉 时欣利 谢 雯 曹进德	2019-12-24	107069776
6	一种基于CPU控制的Android手机硬件组件的功耗测算系统及方法	信息科学与工程学院,国家电网公司,南京南瑞集团公司,南京南瑞信息通信科技有限公司,国网四川省电力公司	王 桥 王宇然 唐家博 程茹洁 陆 建 蒋昊明 胡昊伟	2019-12-24	106776224
7	一种循环流化床/鼓泡流化床耦合加压富氧燃烧装置	能源与环境学院	陈晓平 管海峰 吴 影 刘道银 马吉亮 梁 财	2019-12-17	109297015
8	一种星载抛物柱面天线伸展臂	机械工程学院	孙蓓蓓 张赢杰	2019-12-17	108832254
9	计及储能荷电状态循环的交直流微网日内滚动优化调度方法	电气工程学院	顾 伟 邱海峰 周苏洋 吴 志 窦晓波 吴在军	2019-12-17	108448632
10	一种具有温度补偿功能的微型探头	交通学院	蔡国军 刘晓燕	2019-12-17	107882011
11	一种基于状态估计的有源配电网故障区段在线定位方法	电气工程学院	吴在军 徐俊俊 周 力 窦晓波 顾 伟	2019-12-17	107843810
12	一种耐久型超疏水涂层及其制备方法	材料科学与工程学院	张友法 张丽清 徐 俊 肖 振 余新泉	2019-12-17	107384055
13	一种双圆极化阵列天线	信息科学与工程学院	洪 伟 蒋之浩 陈继新 张 慧	2019-12-17	107492713
14	基于临界特征根跟踪的微电网延时稳定裕度计算方法	电气工程学院	楼冠男 曹 戈 柳 伟 顾 伟 陈 明	2019-12-17	107294085

(续表)

序号	专利名称	发明人所在单位	发明人	授权公告日	授权公告号
15	一种计及新能源接入的交直流配网规划方法	国网江苏省电力公司南京供电公司,国家电网公司,国网江苏省电力公司,电气工程学院,中国电力科学研究院南京分院	朱 红 王 勇 张 明 马洲俊 徐青山 蒋贤强 罗 兴 祖文路 陈 然 梁 硕 姚虹春	2019-12-17	107069703
16	一种材料密实度的压杆测量装置及测量方法	土木工程学院	宗周红 韩靖然 钱海敏 院素静 甘 露 潘亚豪 吴 誉 刘 路	2019-12-13	109001062
17	一种用于非制冷型红外探测器的芯片级超微型制冷机	仪器科学与工程学院	杨 波 冯 雨 郭 鑫 高小勇	2019-12-13	108493271
18	一种用于抓取和装配霍尔元件磁环磁片的机构	机械工程学院	幸研开 朱 睿 李 成 鲍海洋 程 开 沈爱兵	2019-12-13	108453485
19	针对条纹投影三维测量系统离焦现象的相位误差校正方法	自动化学院	达飞鹏 饶 立	2019-12-13	108168464
20	一种将氨水吸收和喷射复合的制冷循环系统及运行方法	能源与环境学院	许健勇 杜 垲 江巍雪 李舒宏	2019-12-13	107238228
21	一种基于生物结合料的沥青路面再生密封剂及制备方法	交通学院,苏交科集团股份有限公司	杨 军 徐 刚 朱浩然 龚明辉 卢佳林	2019-12-13	107345073
22	一种适用于OFDM系统的峰均比降低方法	信息科学与工程学院	盛 彬 刘 辉 张 琼 吴 明 刘媛美	2019-12-13	106850492
23	考虑SVPWM死区时间的三相逆变桥瞬时功率测量方法	电气工程学院	林明耀 伍锡如 杨公德 王 海	2019-12-10	109713927
24	自校正式超声波电机步进控制系统及方法	电气工程学院	徐志科 冷静雯 金 龙 董晓青	2019-12-10	109474202
25	全双工译码转发中继系统的能效优化方法	信息科学与工程学院	沈 弘 何振耀 许 威 刘 艺	2019-12-10	10919521
26	一种锥形筒体的锻造方法	材料科学与工程学院	赵 毅 高锦张 张沈杨 赵春明	2019-12-10	109201984
27	提高IPFC功率注入模型在潮流计算中收敛性的方法	电气工程学院,国网江苏省电力有限公司,国网江苏省电力有限公司检修分公司	陈 曦 吴 熙 刘 玙 陶加贵 陈 轩 徐晓铁	2019-12-10	109149584
28	含线间潮流控制器的电力系统多目标潮流优化方法	电气工程学院,国网江苏省电力有限公司,国网江苏省电力有限公司检修分公司	吴 熙 王 亮 陈 曦 刘 玙 徐晓铁 陈 轩 陶加贵	2019-12-10	109066694
29	一种多通电力系统稳定控制方法	电气工程学院	冯 双 汤 奕 雷家兴 陈佳宁	2019-12-10	109149603

(续表)

序号	专利名称	发明人所在单位	发明人	授权公告日	授权公告号
30	一种单段线性LED驱动电路的效率优化系统	电子科学与工程学院	常昌远 唐瑞	2019-12-10	108924998
31	用于水产养殖物联网环境调控系统的应用及调控方法	仪器科学与工程学院	陈俊杰 范振	2019-12-10	109104704
32	基于物联网的智能车窗锁车系统及其工作方法	机械工程学院	韩良 彭景辉 梁昌	2019-12-10	108966167
33	一种单眼可旋转去反光眼镜夹片	自动化学院	王子晓 魏海坤	2019-12-10	108828794
34	一种适用于MMC型直流变压器直流故障的主动限流方法	电气工程学院	梅军 丁然 赵剑锋	2019-12-10	108494261
35	一种区外电源引致辅助服务成本计算方法	电气工程学院	张剑楠 王蓓蓓 赵楠	2019-12-10	108667078
36	基于多区间不确定性鲁棒优化的交直流微网经济调度	电气工程学院	顾伟 邱海峰 周苏洋 龙寰 吴志	2019-12-10	108539732
37	用于降低电子截获的场发射高精度双栅结构及其安装方法	电子科学与工程学院	肖梅 张晓兵	2019-12-10	108447753
38	基于单片机控制的智能太阳能热水器系统及控制方法	能源与环境学院	杨帆 张锡鑫 田文涛 董婷 王军	2019-12-10	108489114
39	一种基于离合变换的跃水海豚推进机构	机械工程学院	夏丹 尹棋峰 赵意	2019-12-10	108482626
40	一种光伏系统用一次型多自举DC-DC变换器	电气工程学院	林明耀 刘同民 艾建	2019-12-10	108429452
41	一种超柔半透明导电薄膜的制备方法	材料科学与工程学院	郭新立 陈忠涛 刘园园 张伟杰 赵丽 刘匀 段亮亮 金开 张彤	2019-12-10	108468036
42	小型塔式系统的高温真空管束吸热器	能源与环境学院	匡苋 刘光鹏 王凯丽 袁禹浩 刘若溪 郭振宇	2019-12-10	108413617
43	无人艇回收布放系统及使用该系统进行无人艇回收的方法	仪器科学与工程学院	陈熙源 马振 方琳	2019-12-10	108482587
44	一种能量与速率感知的D2D通信频谱资源分配方法	信息科学与工程学院	郑军 刘诚征	2019-12-10	108377481
45	一种分离液中亚砷酸根离子和砷酸根离子的方法	生物科学与医学工程学院	刘德峰 许成韬 刘宏	2019-12-10	108459132

(续表)

序号	专利名称	发明人所在单位	发明人	授权公告日	授权公告号
46	一种道路施工用警示车	交通学院	钱振东 刘博文	2019-12-10	108086183
47	用于制造局部干区以进行水下扫描式激光增材制造的装置	机械工程学院	倪中华 严 岩 孙桂芳 陈 科 孙东科 赵古田	2019-12-10	108115134
48	一种基于单位约束最小均方误差的正弦频率估计方法	信息科学与工程学院	夏亦犁 王 茜 王 开 裴文江	2019-12-10	108173259
49	柴油发电机低温启动预热系统	电气工程学院	张程宾 禹法文 陈永平	2019-12-10	108180098
50	一种中低温固体氧化物燃料电池的性能测试方法	能源与环境学院	杨 帆 张锡鑫 王 浩 田文涛 董 婷	2019-12-10	108226789
51	一种溶液辅助的复合新风处理机组	能源与环境学院	张 伦 张小松	2019-12-10	107763762
52	一种制备镍纳米粒子-泡沫烯-石墨镍复合材料的方法	材料科学与工程学院	郭新立 张伟杰 陈忠涛 金 冈 刘园园 殷亮亮 赵 丽	2019-12-10	107904570
53	主动抗风的钢箱梁可动风嘴及其控制系统	土木工程学院	王 浩 祝 龙 茅建校 徐梓栋	2019-12-10	107741749
54	一种空调六通阀及包含它的热泵型空调器	能源与环境学院	李舒宏 赵亚宁 邹凯凯	2019-12-10	107702370
55	一种宽扫描角度的折合式反射阵多波束天线	信息科学与工程学院	洪 伟 胡 云	2019-12-10	107819200
56	一种高能效的异构网络用户接入和功率控制方法	信息科学与工程学院	许 威 黄谢田 郑韵豪	2019-12-10	107708197
57	基于金纳米颗粒类氧化酶特性的选择性模拟酶构建及应用	生物科学与医学工程学院	张 宇 范 霖 马 明 顾 宁	2019-12-10	107807242
58	硅烷偶联剂-粉煤灰漂珠轻质高强泡沫混凝土及制备方法	土木工程学院	陈忠范 丁小蒙 殷之棋 朱松松	2019-12-10	107602018
59	一种高强度高弹性钛合金及制备方法	材料科学与工程学院	陈 锋 蓝春波 佘新泉 张友法	2019-12-10	107739885
60	一种酶反应检测纳米孔电学传感器	生物科学与医学工程学院	刘全俊 朱立博 陆祖宏	2019-12-10	107727705
61	波束域无线通信方法和系统	信息科学与工程学院	高西奇 孙 晨 王闻今 仲 文 尤 力 卢安安	2019-12-10	107547130
62	一种NPC三电平变流器的开关管故障诊断方法	电气工程学院	林鹤云 王沈晟 王克翔 阳 辉	2019-12-10	107656184
63	一种峰值和谷值检测电路	电子科学与工程学院	吴建辉 黄鑫鹏 刘 昊 陈 超 李 红	2019-12-10	107505498

(续表)

序号	专利名称	发明人所在单位	发明人	授权公告日	授权公告号
64	一种光场自旋角动量二维编码装置及其编码方法	电子科学与工程学院	文一峰 王旭亮 崔一平	2019-12-10	107526179
65	一种铁路便梁快速运输架设用拖车	中铁二十四局集团有限公司,土木工程学院	王飞球 徐梓栋 金顺利 田继源 茅建校 王浩	2019-12-10	107988909
66	基于微分动态逻辑的CPS防碰撞控制方法	计算机科学与工程学院	邱建鹏 段鹏飞 周颖	2019-12-10	107561932
67	一种DCO-OFDM系统中最优直流偏置的确定方法	信息科学与工程学院	蒋良成 蒋文轩 陈明	2019-12-10	107181707
68	一种磁流变泥阻尼器	土木工程学院	徐赵东 宋乾 杨以国 赵玉亮 王成	2019-12-10	107327533
69	一种用于坡度路面的高延性水泥基复合材料及其制备方法	材料科学与工程学院	郭丽萍 丁聪 陈波 徐燕慧 柴丽娟	2019-12-10	107311542
70	一种将损坏水泥混凝土路面再生形成道路基层的方法	交通学院	朱志铎 顾素恩 唐震	2019-12-10	107265892
71	面向物联网硅基SIW带金属柱固支梁可重构带通滤波器	电子科学与工程学院	廖小平 陈子龙	2019-12-10	107196025
72	一种利用植物乳杆菌胞外多糖合成贵金属纳米颗粒的方法	生物科学与医学工程学院	林凤鸣 周乐	2019-12-10	107243645
73	一种伪基站检测定位系统	网络空间安全学院	刘祺 刘奕琳 宋宇波 张宇宸 李前	2019-12-10	107027122
74	一种基于SRAM-PUF的模糊保密的密钥存储方法	电子科学与工程学院	李冰 杨超凡 沈克强 董乾 王刚 赵霞 刘勇	2019-12-10	107256370
75	一种基于磁场方向改变的隧道磁阻式加速度计装置及方法	仪器科学与工程学院	王斌龙 陆城富 杨波	2019-12-10	107255737
76	一种核酸适配体修饰的磁性纳米颗粒及其制备方法和应用	生物科学与医学工程学院	张文懿 武昊安 张宇 张天柱 李艳 顾宁	2019-12-10	107050452
77	一种贵金属纳米颗粒金属有机框架荧光探针分子及其制备方法和应用	生物科学与医学工程学院	王雪梅 杜天宇 陈雷峰 姜晖	2019-12-10	107236538
78	一种地球形状对定日镜追日误差的影响分析方法	能源与环境学院	匡尧 董丽枫 周晓鹏 段梦凡 张超 夏苏恒	2019-12-10	107168381

(续表)

序号	专利名称	发明人所在单位	发明人	授权公告日	授权公告号
79	一种径向滑动轴承的空化定量测试装置及方法	机械工程学院	蒋书运 张赤斌 林晓辉 刘鑫	2019-12-10	107014614
80	一种基于压缩型卷积神经网络的图像去噪方法	计算机科学与工程学院	伍家松 达臻 陈雄辉 杨启晗 姜龙玉 孔佑勇 舒华忠	2019-12-10	107248144
81	一种基于Hedonic博弈的分布式基站分簇方法	信息科学与工程学院	朱鹏程 赵凡 李佳珉	2019-12-10	107249191
82	适用于太阳能热利用的复合聚光器	能源与环境学院	熊源泉 王淑慧	2019-12-10	107062636
83	抑制串联组合型MMC环流的矩形矢量控制方法	电气工程学院	梅军 管州 丁然 王创 何梦雪	2019-12-10	106998146
84	一种协同亚共晶铸造铝硅合金变质与微合金化的方法	江苏蕴德特种部件股份有限公司,材料科学与工程学院	杨金德 潘冶 李振林 陆韬 陈铭 曹培新	2019-12-10	107058776
85	一种基于多层离散小波变换系数的高能压缩及重构方法	电子科学与工程学院	张萌 罗文东 张倩茹 朱振宇 黄子祺	2019-12-10	107071482
86	一种基于自适应虚拟CP增长技术的DOA估计方法	信息科学与工程学院	王霄峻 温中凯 唐圆 陈晓曙	2019-12-10	107171996
87	超高柔性桥墩动风效应的可移动现场测试系统	土木工程学院	王浩 徐梓栋 茅建校	2019-12-10	106918440
88	分布式系统中一种基于天线选择的高能效传输方法	信息科学与工程学院	许威 刘明霞	2019-12-10	106912060
89	一种高可靠性智能路口交通控制系统及控制方法	仪器科学与工程学院	李滩 莫凌飞 许强 张翔宇 李建清	2019-12-10	106710253
90	一种反射隔热涂层材料及其制备方法	材料科学与工程学院	张亚梅 唐强 张培根 孙正明 施锦杰 田无边	2019-12-10	106905790
91	真空紫外光催化反应器,废水处理装置与处理方法	化学化工学院	吴敏 陈龙军 孟徐 王军如 倪根美 郑颖平 马全红	2019-12-10	106830469
92	一种金属掺杂的光碳纳米材料及其制备方法和应用	生物科学与医学工程学院	吴富根 鲍琰雯 华先武	2019-12-10	106902350
93	一种用户分组的半正交导频设计和信道估计方法	信息科学与工程学院	张华 葛中鹏 许威	2019-12-10	106788938

(续表)

序号	专利名称	发明人所在单位	发明人	授权公告日	授权公告号
94	基于生存分析参数分布的公交车旅行时间模型构建方法	交通学院	张健 郑元 申斌 李林超 李汉初	2019-12-10	10684576B
95	面对地球静止轨道目标操作的空间多机器人自主导航方法	仪器科学与工程学院	王鹏 祝燕华	2019-12-10	10659567B
96	一种基于遗传算法的视觉惯性组合的SLAM方法	仪器科学与工程学院	徐晓苏 代维 杨博	2019-12-10	10667964B
97	一种具有高抗硫性铁矿石脱硝催化剂及其制备方法和应用	能源与环境学院	赵云飞 卢慧霞 归柯庭	2019-12-10	10655264B
98	对文本中鼠标操作进行语音注释并再现的方法及装置	外国语学院	陈祥雨	2019-12-10	10652784B
99	一种风电出力区间组合预测方法	电气工程学院	李扬 吴奇珂 宋天立 陈昕儒	2019-12-10	10625124B
100	一种多用户分布式MIMO多天线系统下行链路预编码方法	信息科学与工程学院	王向阳 万望桃 杨静雯	2019-12-10	10620918B
101	一种基于IpDFT的非平衡电力系统的频率估计方法	南京福致通电气自动化有限公司,信息科学与工程学院	王开 薛峰 郭履翔 谢庆明	2019-12-06	10802072B
102	一种基于负载识别技术的无线充电系统充电方法	电气工程学院	黄学良 潘书磊 谭林林 刘瀚	2019-12-06	10678688B
103	一种基于反演的水下导航系统动力学模型中扰动估计方法	仪器科学与工程学院	王立辉 张月新	2019-12-06	10706336C
104	一种基于两种银纳米粒子自组装的空芯光纤SERS探针的制备方法	电子科学与工程学院	王著元 邓苏晓 崔一平	2019-12-06	10648311B
105	基于云模型和证据理论的电梯运行状态评估方法	南京航空航天大学,网络安全学院	李涛 章国宝 黄永明 袁瑞廷 李志鹏	2019-12-03	10852937B
106	一种具备故障限流能力的统一潮流控制器结构	电气工程学院,国网江苏省电力公司电力科学研究院,国家电网公司	梅军 王创 李鹏 刘建坤 丁然 何梦雪 管俊 吴夕纯 林金娇	2019-12-03	10796841B
107	基于对称性匹配滤波器组和区域生长的三维血管分割方法	计算机科学与工程学院	杨冠羽 丁皓 宁秀芳 舒华忠	2019-12-03	10739292B

科 技 工 作

(续表)

序号	专利名称	发明人所在单位	发明人	授权公告日	授权公告号
108	基于数据网络和电力网络互动运行的电力系统调度方法	国网江苏省电力公司经济技术研究院,电气工程学院,国网江苏省电力公司	黄俊辉 陈敏 高赐威 周琪 健 李晓 赵宏大 饶莹 谈皓菲 陈	2019-12-03	107482766
109	一种生物质气化发电系统	能源与环境学院	肖军 杨凯 沈来宏	2019-12-03	107011944
110	一种含蔗糖酯双清洁体系的隐形眼镜护理液	化学化工学院	王怡红 王华甫 姚琛	2019-12-03	106867704
111	三维碳纳米材料场效应柔性力敏传感元件及制备方法	生物科学与医学工程学院	巴龙 刘杰 蔡莹莹 吴云 陈超 胡松涛 航	2019-12-03	106840476
112	一种基于一般成像模型的微小物体测量系统标定方法	自动化学院	达飞鹏 孔玮琦 刘京南 戴鲜强 葛蔚 赵立伟 程思培 汤立明	2019-12-03	106408556
113	一种交流自加热式风速风向传感器及其测量方法	电子科学与工程学院	易真翔 秦明 黄庆安	2019-12-03	105319387
114	统一最大削减负荷持续时间的变频空调群组潜力评估方法	电气工程学院	张静页 王磊	2019-11-29	107101322
115	一种直流电机电流控制器参数自整定系统及方法	自动化学院 中国船舶重工集团公司第七一六研究所,中国船舶重工集团公司第七一六研究所	李世华 吴超 沈冬冬 曹为理 邹金欣 李奇	2019-11-29	106773710
116	一种组合式智能自供电减振榫杆	机械工程学院	孙蓓蓓 李烈 华海涛	2019-11-26	108941639
117	一种低温 SCR 脱硝催化剂及其制备和应用方法	能源与环境学院	仲兆平 朱林 王丽霞	2019-11-26	106807356
118	一种无线云计算系统的接入点部署与信道分配方法	信息科学与工程学院	张源 张佳乐 郑军	2019-11-26	106211179
119	一种鲜米机用防霉变仓	机械工程学院	荀春林 雷庆明 张功坦 陈云飞 艳	2019-11-22	109819788
120	基于双层透镜结构的风速传感器	电子科学与工程学院	易真翔	2019-11-22	109298205
121	有源钳位反激变换器的自适应同步整流控制系统及控制方法	电子科学与工程学院	钱钦松 许胜有 刘琦 孙伟锋 陆生礼 时龙兴	2019-11-22	109067181
122	一种不平衡电网电压下的虚拟同步机有功平衡控制方法	电气工程学院	梅军 吴夕纯 何梦雪 管州 丁然 王冰冰 葛锐 范光耀	2019-11-22	108867080

(续表)

序号	专利名称	发明人所在单位	发明人	授权公告日	授权公告号
123	计及交直流微网应对灾害事件弹性能力的鲁棒调度方法	电气工程学院	顾伟 邱海峰 周苏洋 吴志 窦晓波 吴在军	2019-11-22	10859914B
124	电流复用相控阵接收机	信息科学与工程学院、南京展芯通讯科技有限公司	张有明 黄凤义 唐旭升 姜楠	2019-11-22	10815279B
125	一种模块化多电平换流器拓扑结构的电容预充电方法	电气工程学院	郑建勇 缪惠宇 陈虹妃 顾盼盼 杨赞	2019-11-22	10745363B
126	一种多能源燃气热泵供热系统	化学化工学院	蔡亮 陈涛 马晓凡 张小松	2019-11-22	10750471B
127	一种双折线式卷筒的导向抬升垫块的设计方法	南京市特种设备安全监督检验研究院、机械工程学院	胡静波 丁树庆 冯月贵 刘晓军 张军 米涌 王会方 庆光蔚 周前飞 王爽 吴翰池 韩郡业 王建华	2019-11-22	10720028B
128	一种超双亲多孔膜材料及其制备方法和应用	材料科学与工程学院	张友法 朱海燕 李豆豆 余新泉	2019-11-22	10717497B
129	一种宽带低剖面方向图可重构天线	信息科学与工程学院	郝张成 胡俊	2019-11-22	10648675B
130	一种门座式起重机形变倾角在线监测系统及方法	机械工程学院、江苏省特种设备安全监督检验研究院	鲁旭昌 许飞云 张一辉 黄凯 许建芹 胡建中 贾民平 彭英	2019-11-15	10843921B
131	一种基于矩估计的矢量信号分析仪通道补偿方法	上海创仪器技术股份有限公司、信息科学与工程学院	蒋政波 刘明	2019-11-15	10665688B
132	一种气隙磁场等效型电机转子结构	电气工程学院	林明耀 孔永 张旭	2019-11-12	10958644B
133	一种超超临界锅炉闭环燃烧优化控制方法	能源与环境学院	李益国 曹颂硕 刘西陲 沈炯 潘蕾	2019-11-12	10951995B
134	针对多输入多输出发射机的共轭数字预失真系统及方法	信息科学与工程学院	吴啸 余超 景建新 严巍巍	2019-11-12	10908864B
135	多通道复合式直线振动传输系统	机械工程学院	韩良 于恺 王天一 张帅帅	2019-11-12	10923038B
136	超顺磁性氧化铁纳米颗粒在制备用于治疗神经性疾病的神经磁刺激增强剂中的应用	生物科学与医学工程学院	孙剑飞 陆清波 李暖 张志君 顾宁	2019-11-12	10885305B
137	针对运动模糊图像复原的模糊核计算方法	仪器科学与工程学院	陈熙源 柳笛 方文辉 刘晓	2019-11-12	10900323B
138	一种苯并咪唑基聚醚铜缓蚀剂及其制备方法	化学化工学院	周铨明 席小勇 姚清照 宋丽 陈依漪 王甜甜 朱志英	2019-11-12	10850504B

(续表)

序号	专利名称	发明人所在单位	发明人	授权公告日	授权公告号
139	一种用于修正热气流对数字图像相关测量精度影响的方法	土木工程学院	何小元 李 倩 苏志龙 董 帅	2019-11-12	108955551
140	三相降压型整流器及其控制方法	电气工程学院	雷家兴 冯 双 赵剑锋 陈 武	2019-11-12	108649818
141	自复位金属耗能拉索	土木工程学院	郭 彤 王际帅 宋永生	2019-11-12	108590300
142	一种无需考虑参考卫星变换的紧组合RTK定位方法	仪器科学与工程学院	潘树国 赵 庆 高成发 张瑞成	2019-11-12	108196287
143	一种电梯闸皮不均匀磨损的检测方法	机械工程学院	胡建中 王逸铭 许飞云 贾民平 黄 鹏	2019-11-12	108344512
144	一种用于调控细胞膜通透性的纳米试剂及其制备方法和应用	生物科学与医学工程学院	吴富根 祝雅颂 贾浩然	2019-11-12	108295254
145	一种自定心粘滞流体阻尼器	土木工程学院	郭 彤 朱瑞召	2019-11-12	108457168
146	一种制备纳米金属氧化物及纳米金属粉的方法	材料科学与工程学院	董 岩 王宇婷 卞 仙 邵起越 蒋建清	2019-11-12	108128815
147	一种适用于机器人无线充电系统的控制装置及控制方法	电气工程学院	谭林林 张 铭 黄学良 李佳承 张振兴 闻 枫 潘书磊	2019-11-12	108183527
148	一种桥梁人致冲击荷载光学测量方法及其快速测试系统	仪器科学与工程学院	张 建 田永丁 于姗姗	2019-11-12	108458847
149	一种用电设备智能充电接入系统及其控制方法	电气工程学院	谭林林 李佳承 黄学良 张 铭 闻 枫 潘书磊	2019-11-12	108075550
150	内燃发动机车辆用电机辅助双离合换挡系统及其控制方法	电气工程学院	彭 飞 曹 智 吴 丹 黄允凯	2019-11-12	108194629
151	二次再热机组再热汽温的自降阶多回路集中预估控系统	能源与环境学院	蔡戎彧 吕剑虹 于 旨	2019-11-12	107908106
152	共发双带功率放大器的数字预失真系统及其方法	信息科学与工程学院	余 超 陆情云	2019-11-12	107835140
153	一种低弹性模量高疲劳强度的医用植入钛合金及制备方法	材料科学与工程学院	陈 锋 蓝春波 吴 雨 余新泉 张友法	2019-11-12	107805740
154	一种燃烧后CO_2捕集系统的多模型预测控制方法	能源与环境学院	吴 啸 梁修凡 李益国 沈 炯	2019-11-12	107450325

(续表)

序号	专利名称	发明人所在单位	发明人	授权公告日	授权公告号
155	一种竖向协同隔减振/震装置及其使用方法	土木工程学院	徐赵东 盖盼盼 戴 军	2019-11-12	107605060
156	一种岩土工程加卸荷综合模拟箱体及操作方法	交通学院	童立元 李洪江 刘松玉 包红燕	2019-11-12	107655743
157	一种定频扫描漏波天线及其波束扫描方法	信息科学与工程学院	马慧锋 王 萌 张浩驰 魏 楠	2019-11-12	107425282
158	一种采用堆叠行波天线单元的低剖面宽带圆极化阵列天线	信息科学与工程学院	王海明 无 奇 尹杰茜 崔铁军	2019-11-12	107394381
159	面向物联网的具有自供电功能的BJT管放大器	电子科学与工程学院	廖小平 陈友国 余 晨 洪 伟	2019-11-12	107293583
160	一种多孔沥青混凝土透水性能测试装置及其测试方法	交通学院	钱振东 胡 靖 薛永超	2019-11-12	107421867
161	基于MEMS传感器和VLC定位融合的双粒子滤波导航装置和方法	电子科学与工程学院	庄 园 华鲁驰 戚隆宁	2019-11-12	107270898
162	一种基于MODIS三通道加权平均的水汽反演方法	交通学院	胡伍生 王西地 严宇翔 陈 阳	2019-11-12	107389595
163	基于功率及电流特性的电吹风非入侵识别及其建模方法	电气工程学院	周 赣 李 琦 张 亮 傅 萌 冯燕钧	2019-11-12	107390020
164	一种基于吸收光谱技术的双频率波长调制方法	能源与环境学院	周 宾 王 浩 程禾尧	2019-11-12	107247034
165	一种抗硫抗水的低温脱硝复合分子筛催化剂及其制备方法	化学化工学院	沈德魁 何鹏飞 刘国富 张文杰	2019-11-12	107185588
166	一种异步频分多址方法	信息科学与工程学院	张连佳 李怡宁 石 丁 李灵璇 洪 姝	2019-11-12	107171998
167	一种基于等离激元纳米结构的可调谐随机激光阵列器件	电子科学与工程学院	张晓阳 张 彤 李 丰 熊 梦	2019-11-12	107221833
168	基于相对位置的分布式编队球形包围追踪未知目标的方法	自动化学院	陈杨杨 卫 平	2019-11-12	107065877
169	一种水润滑动压螺旋槽推力轴承的空化观测装置及方法	机械工程学院	蒋书运 张赤斌 林晓辉 刘 鑫	2019-11-12	107255636

(续表)

序号	专利名称	发明人所在单位	发明人	授权公告日	授权公告号
170	梁式桥挂梁段的防落梁加固装置	土木工程学院	王 浩 邹仲钦 茅建校 郑文智	2019-11-12	107034779
171	一种3,5-二甲基-2-乙基吡啶的催化合成方法	化学化工学院	肖国民 康 旋 高季璟 徐 威	2019-11-12	106977449
172	一种车载定位装置及定位方法	仪器科学与工程学院	王 庆 马 群 张 波	2019-11-12	106941395
173	基于SOR的LDPC译码方法及系统	信息科学与工程学院	张 川 俞安澜 景树森 尤肖虎	2019-11-12	106941393
174	一种基于CMA-ES优化算法设计声学超材料单元的方法	信息科学与工程学院	程 强 黄 蓓 宋刚永 崔铁军	2019-11-12	106650179
175	基于极化码的分段CRC校验堆栈译码方法及架构	信息科学与工程学院	张 川 宋文清 周华羿 赵 依 尤肖虎	2019-11-12	106849960
176	双反馈鲁棒自适应控制方法及其控制系统	能源与环境学院	潘 蕾 沈 炯(其他发明人请求不公开姓名)	2019-11-12	106773712
177	一种S32750双相不锈钢的热穿管工艺	材料科学与工程学院	涂益友 潘盛佳 袁孟琪	2019-11-12	106825050
178	一种石墨烯-高分子复合材料的制备方法	生物科学与医学工程学院	张继中 蒋建清	2019-11-12	106700356
179	一种金属复合纤维的制备方法	生物科学与医学工程学院	张继中	2019-11-12	106758135
180	一种卧式油门踏板	机械工程学院	张建润 卢 熹 陈广鑫 谢艳华 贾 雪 杨冬萍	2019-11-12	106541826
181	一种基于融合数据的高速公路气象站数据修复方法	交通学院	张 健 李林超 冉 斌 张小丽 洪 阳 李汉初	2019-11-12	106372765
182	一种基于关联规则的重特大交通事故致因识别方法	交通学院	徐铖铖 包 杰 刘 攀 吴家明	2019-11-12	106383920
183	一种用于像素调制可见光通信系统的图像矫正方法	信息科学与工程学院	陈 明 杜杉杉 王苟安	2019-11-12	106570834
184	一种分段预应力自复位损伤集中预制摇摆剪力墙	土木工程学院	崔浩然 吴 刚 吴 京	2019-11-12	106245820
185	一种含铜光热纳米材料的合成方法及其应用	生物科学与医学工程学院	吴富根 鲍琰雯 华先武	2019-11-12	106390119
186	一种风电电场送出线优化选型方法	电气工程学院	高丙团 卢思瑶	2019-11-12	106355284
187	一种荧光增强的编码微球及其制备方法	生物科学与医学工程学院	谢卓颖 陈 姗 赵远锦 顾忠泽	2019-11-12	106226279

(续表)

序号	专利名称	发明人所在单位	发明人	授权公告日	授权公告号
188	大规模MIMO系统中实现完美全向预编码的同步信号和信号的发送与接收方法	信息科学与工程学院	高西奇 孟 鑫	2019-11-12	106160816
189	一种陀螺温度漂移建模方法	仪器科学与工程学院	陈熙源 王 威	2019-11-12	106022212
190	一种挤压油膜厚度调节装置	机械工程学院	费庆增 张大海 刘瑨泽 柳友志 徐文强 严文强	2019-11-08	109764088
191	一种动态变形下传递对准过程中角速度解耦合方法	仪器科学与工程学院	陈熙源 杨 萍 王俊玮 方 琳	2019-11-08	109141476
192	一种折叠帐篷	长沙理工大学,土木工程学院	蒋友宝 冯 健 汪子哲	2019-11-08	108798201
193	一种横向开合屋盖结构	长沙理工大学,土木工程学院	蒋友宝 周 浩 蔡建国 冯 健 汪子哲	2019-11-08	108797878
194	一种超长金属工件的3D打印设备及打印方法	材料科学与工程学院	戴 挺 戴剑雯 李 淼 丁 辉 董蔚苹	2019-11-08	108421979
195	一种装配式自复位预应力混凝土框架搭耗能组合节点	土木工程学院	李亚东 丁幼亮 耿方方	2019-11-08	108571067
196	一种时空可变流场下飞行器的球面轨道编队跟踪控制方法	自动化学院	陈杨杨 艾 香	2019-11-08	108279699
197	一种地耦合雷达测厚误差的矫正方法	仪器科学与工程学院	顾兴宇 章天杰 董 怀 涂珊珊	2019-11-08	107894219
198	一种基于Labview的磨削工艺系统振动测试综合试验平台	机械工程学院	汤文成 康明霞 倪富健	2019-11-08	107543673
199	一种具备直流潮流与短路控制的复合装置及其控制方法	电气工程学院	陈 武 叶 晗	2019-11-08	107196287
200	在光强分布不均匀环境下的融合光流和SIFT特征点匹配的低动态载体速度计算方法	仪器科学与工程学院	陈熙源 柳 笛 刘 晓 李庆华	2019-11-08	108845552
201	金属负载五氧化二钒催化剂及其制备方法和应用	化学化工学院	周建成 陈凌宇 舒位欣 魏凌飞 李乃旭 秦一茚	2019-11-08	107008272
202	一种用于激光解吸离子化质谱的螺旋二十四面体结构基底	生物科学与医学工程学院	顾忠泽 顾洪成 丁海波 刘慈慧	2019-11-08	107014891
203	一种螺旋状金纳米颗粒组成的柔性超材料及其制备方法和应用	生物科学与医学工程学院	孙剑飞 王 鹏 顾 宁	2019-11-08	106692994

(续 表)

序号	专利名称	发明人所在单位	发明人	授权公告日	授权公告号
204	一种基于热网和房屋热惯性的综合能源系统优化方法	电气工程学院	楼冠男 王 珺 顾 伟 吴晨雨 陆 帅 路 钊	2019-11-08	106845701
205	一种基于矩阵照明的通信系统及全息波导天线	电子科学与工程学院	张宇宁 沈忠文 王 萍 翁一士 刘 累	2019-11-08	106764555
206	基于数字相频检测法的谐振式加速度计频率锁定电路	仪器科学与工程学院	杨 波 汪秋华 王斌龙 吴 磊 陆城富	2019-11-08	106771351
207	硅基微壳体谐振器及其制备方法	电子科学与工程学院	尚金堂 罗 瑾 张 瑾	2019-11-08	106556386
208	一种基于运行优化模型的多区域综合能源系统运行方法	电气工程学院	顾 伟 陆 帅 王 珺 唐沂媛 路 钊	2019-11-08	106447113
209	一种双栅结构的铁电型 InGaZnO 非易失性存储器	电子科学与工程学院	黄晓东 黄见秋	2019-11-08	107305897
210	空间多自由度定位装置及其空间位置解算方法	机械工程学院	付兴贺 陈泽华 刘 凯	2019-11-05	109454472
211	一种周期性结构地铁轨道减振床制作方法	交通学院	缪林昌 厉 超 佘才高 张 静 毛 建	2019-11-05	108442184
212	一种压电-电磁复合式振动能量收集器及其制备方法	电子科学与工程学院	黄晓东 石晶晶 黄见秋 黄庆安	2019-11-05	108054952
213	一种不确定环境下考虑安全校验的电网鲁棒规划方法	电气工程学院,国网安徽省电力公司电力科学研究院,国家电网公司	吴 志 杨 权 顾 伟 李 伟 徐 斌 王刘芳	2019-11-05	107528314
214	一体化秸秆夹心填充墙体制备方法及一体化秸秆夹心填充墙体	土木工程学院	郭振胜 陈锦祥 拓万永	2019-11-05	106592856
215	水声协作通信系统能效最大准则功率和充电时间分配方法	信息科学与工程学院	李春国 宋 康 曹欢欢 徐煜耀 曹冰昊 杨绿溪	2019-11-05	106358279
216	一种抗乙型肝炎病毒的组合物及其制备方法与应用	化学化工学院	廖志新 徐 晨 左 波 孙洪发 纪兰菊	2019-11-05	104983787
217	一种整制应变加载模式下的沥青混合料仿真疲劳试验方法	交通学院	马 涛 丁珣昊 崔 凯 赵永利 黄晓明	2019-11-01	107831076
218	一种基于响应优先级的电网协调的多策略优化运行方法	江苏新智合电力技术有限公司,电气工程学院	焦 骏 焦骏俊 徐青山	2019-11-01	106505560

(续表)

序号	专利名称	发明人所在单位	发明人	授权公告日	授权公告号
219	一种磁性水泥毡面聚氨酯复合板及其制备方法	材料科学与工程学院	张友法 张青松	2019-10-29	108274875
220	一种仿人手指端滑动触觉传感器	仪器科学与工程学院	宋爱国 冷明鑫 李会军 曾 洪 朱利丰 徐宝国	2019-10-29	108072464
221	一种考虑风电接入的直接负荷控制资源优化方法	电气工程学院	李 扬 周 磊 吴奇珂 沈运帷 王 喆	2019-10-29	105811454
222	一种低熔点金属提纯方法	材料科学与工程学院	张培根 唐静雯 孙正明 刘玉爽 田无边 陈 坚	2019-10-25	108611500
223	一种减振隔离带宽调控的复合道床及其制作方法	交通学院	缪林昌	2019-10-25	108442185
224	基于非理想电路损耗的多接收端系统能效数据流传输方法	信息科学与工程学院	刘 楠 杨灼其	2019-10-25	106455017
225	一种通信故障对电网实时负荷控制影响的量化分析方法	电气工程学院	王 琦 汤 奕 李 峰	2019-10-25	105741028
226	一种新型抗爆防护门门洞结构及其制造方法	土木工程学院	甘 露 宗周红 钱海敏 韩 靖 林 津 廖丰宸	2019-10-22	108999540
227	多段进料式反溶剂喷射结晶器及其喷射结晶方法	化学化工学院,中国科学院上海有机化学研究所	路培成 邹 斌 葛裕华 吕 龙 史良伟	2019-10-22	107551599
228	一种协作环境下人机最小距离的测算方法	自动化学院	王政伟 甘亚辉 戴先中	2019-10-22	107564065
229	一种环境友好型药剂原位注入修复污染场地的施工方法	交通学院	夏威夷 杜延军 任伟伟 张 润 吴 建 冯亚松	2019-10-22	106799395
230	一种强化载氧体氧化再生的化学链燃烧空气反应器	能源与环境学院	冯 璇 沈天绪 沈来宏	2019-10-18	109282279
231	一种基于Bagging-RNN模型的电梯制动性能评价方法	机械工程学院,江苏省特种设备安全监督检验研究院	胡建中 王 荣 吴 尽 许飞云 贾民平 彭 芙	2019-10-18	108627326
232	一种检测混凝土结构内部套筒灌浆饱满度的装置及方法	材料科学与工程学院,南京市建筑安装工程质量监督站	张亚梅 石平府 熊远亮 张舜泉 李保亮	2019-10-18	108414433
233	一种铜焊盘的表面喷锡处理方法	张家港市东大工业技术研究院,材料科学与工程学院	周 健 田 爽 陈振华 李赛鹏 张 成 薛 锋 白 晶	2019-10-18	108135085

(续表)

序号	专利名称	发明人所在单位	发明人	授权公告日	授权公告号
234	一种基于神经网络的超密集异构网络负载均衡优化方法	信息科学与工程学院	潘志文 尤肖虎 马 恺 刘 楠	2019-10-18	108093440
235	一种基于超材料结构的压力传感器	电子科学与工程学院	韩 磊	2019-10-18	107702827
236	一种点阵-泡沫填充夹芯板结构	交通学院	万 水 李夏泽 蒋正文 周 鹏	2019-10-18	107084309
237	多层大跨度装配式正交正放装配式砼空间网格盒式结构及制作方法	土木工程学院,贵州大学,江西格雷斯科技股份有限公司,潍坊昌大建设集团有限公司,贵州建工集团第四建筑工程有限责任公司	马克俭 田新刚 徐鹏强 何永安 张华刚 陈志鹏 赵 勇 朱九洲 王丰娟 弓 川 孟艳玲 魏艳辉 陈 靖 郭志川 白志强	2019-10-18	106996147
238	基于CVAFS法测量火电厂烟气汞浓度的信号处理方法	能源与环境学院	程 力 段钰锋	2019-10-18	106970035
239	基于环境孔静力触探探头的重金属污染物浓度的测试方法	交通学院	刘松玉 蔡国军 储亚	2019-10-18	106706673
240	基于混合判据的非侵入式电磁炉启动辨识方法	国网江苏省电力公司苏州供电公司,电气工程学院	张 珩 沈 杰 蔡昱人 徐 涛 周惠兵	2019-10-18	106771593
241	一种采用逐次比较算法校准RSSI电路中限幅放大器的直流失调的系统及方法	电子科学与工程学院	吴建辉 朱荣华 高合刚 李 红	2019-10-18	106559043
242	一种基于高维风电预测误差模型及降维技术的发电调度方法	江苏省电力试验研究院有限公司,国家电网公司,国网江苏省电力公司,国网江苏省电力科学研究院,电气工程学院	卫 鹏 刘建坤 周 前 汪成根 徐青山 黄 煜 陈 静 陈 哲	2019-10-18	106485362
243	一种对神经细胞蛋白表达具有调节作用的多肽及其制备方法和应用	生命科学与技术学院	张子超 韩俊海 张晓艳	2019-10-18	105481972
244	一种高速电主轴转子-轴承-外壳系统动态设计方法	机械工程学院	蒋书运 林圣业	2019-10-15	109063356
245	一种应用于LTE MTC电力物联网的新型发射机	信息科学与工程学院,北京智芯微电子科技有限公司,国网南京供电分公司,国网江苏省电力公司南京供电分公司,国网信息通信产业集团有限公司,国家电网公司	樊祥宁 花再军 李 铮 邵 瑾 朱 红 韦 杨 朱磊超 朱祥飞 廖一龙 陶 健 杨 陆 周春良 季 恣 邵明驰	2019-10-15	108923797

(续表)

序号	专利名称	发明人所在单位	发明人	授权公告日	授权公告号
246	煤沥青球氧化不熔化的多级升温差频振动流化系统和方法	能源与环境学院	邵应娟 刘沁雯 钟文琪 刘雪娇	2019-10-15	108940135
247	一种适用于任意锂电池的无线充电器	电气工程学院	曲小慧 储海军	2019-10-15	108365654
248	一种带电流内环簧功率解耦控制方法	电气工程学院	王青松 左武坚 程明 邓富金	2019-10-15	108599191
249	锅炉燃烧控制系统和方法	中国神华能源股份有限公司,北京国华电力有限责任公司,神华国华(北京)电力研究院有限公司,能源与环境学院	张晓宇 付林 沈亚东 刘秋生 张俊杰 范永胜 李益国 沈炯	2019-10-15	108592080
250	锅炉燃烧控制系统和方法	中国神华能源股份有限公司,北京国华电力有限责任公司,神华国华(北京)电力研究院有限公司,能源与环境学院	张晓宇 付林 沈亚东 刘秋生 张俊杰 贺桂林 范永胜 李益国 沈炯	2019-10-15	108426266
251	一种制备纳米镁铝尖晶石的方法	材料科学与工程学院	董岩 夏晓燕 卞仙 邵起越 蒋建清	2019-10-15	108264072
252	一种液压固定取样器及其取样方法	交通学院	刘晓燕 蔡国军 张文伟	2019-10-15	107966316
253	一种电纺纳米纤维复合物修饰丝网印电板的制备方法	公共卫生学院	王晓英 王祎杰 蒋萌 单艳群	2019-10-15	107829217
254	一种基于改进二维经验模态分解算法的图像去噪方法	仪器科学与工程学院	陈熙源 柳笛	2019-10-15	107464226
255	一种微观交通信号控制数据质量检测方法及系统	交通学院	安成川 夏井新 陆振波	2019-10-15	106652528
256	一种针对组合导航中DVL失效的混合处理方法	仪器科学与工程学院	程向红 朱倚娴 明杰 周玲	2019-10-15	106840150
257	基于运算放大器的阻性传感器阵列读出电路及其读出方法	仪器科学与工程学院	吴剑锋 王琦 何赏赏 汪峰 李建清	2019-10-15	106813783
258	一种像素调制可见光通信系统的符号同步抗消除方法	信息科学与工程学院	陈明 杜杉杉 王奇安	2019-10-15	106788722
259	一种有源降噪自适应主动噪声控制系统及其控制方法	电气工程学院	张建忠 孙琛	2019-10-15	105261354

(续表)

序号	专利名称	发明人所在单位	发明人	授权公告日	授权公告号
260	纸质水文资料的数字化方法及装置	电气工程学院	郝立柏 李士进 占迪 朱海晨 胡金屏 曹帅 高祥涛	2019-10-15	106326818
261	多模态生物力学显微镜及测量方法	生物科学与医学工程学院	顾忠泽 李奇维	2019-10-11	109827928
262	一种实现太阳翼调频作动器位置优化的方法	机械工程学院	费庆国 朱锐 姜东	2019-10-11	109241698
263	高速加工机床整机结构热力学建模与热设计方法	机械工程学院	蒋书运 朱国振 曹芝腑 王桂伦	2019-10-11	109376377
264	考虑结合部刚度的高速加工机床整机结构动态设计方法	机械工程学院	蒋书运	2019-10-11	109241610
265	一种热环境下考虑预变形的板结构动力学特性分析方法	机械工程学院	费庆国 杨轩 李彦斌 吴邵庆	2019-10-11	109145377
266	一种毛细管力驱动制备的微腔量子点激光器及制备方法	电子科学与工程学院	陈静 汪丽茜 钱建平 陈强	2019-10-11	108832473
267	双层标准笼型鼠笼转子高转矩密度永磁调速器	电气工程学院	林鹤云 李黎博 陶前程 阳辉 王海涛	2019-10-11	108964387
268	应用于智能配电网的双有源桥直流变换器软启动控制方法	电气工程学院	陈武 马大俊 舒良才	2019-10-11	108880217
269	一种无直流母线储能元件的交-交功率变换器	电气工程学院	雷家兴 冯双 赵剑锋 陈武	2019-10-11	108777547
270	一种制备基于叶酸修饰的混合光子晶体复合材料的方法	医学院	陈宝安	2019-10-11	108641025
271	一种基于叶酸修饰的混合光子晶体复合材料及应用	医学院	陈宝安	2019-10-11	108546682
272	一种镁合金喷印浆料及其制备方法	材料科学与工程学院	周健 李赛鹏 龚晓花 薛烽 白晶	2019-10-11	108480622
273	异甜菊醇在制备治疗非酒精性脂肪性肝病药物中的应用	医学院	易宏伟 许德义	2019-10-11	108159034
274	一种基于定子弧形与内阶梯型混合结构的永磁直线电机	电气工程学院	余海涛 郭蓉 张维 夏涛 刘小梅 王禹 王安华	2019-10-11	108258877

(续表)

序号	专利名称	发明人所在单位	发明人	授权公告日	授权公告号
275	一种可扩展的套管型微流控芯片的制备方法	电子科学与工程学院	王著元 杨 阔 崔一平 宗慎飞	2019-10-11	108313977
276	一种水合反应器的复合吸收剂循环捕捉CO_2的装置及方法	能源与环境学院	段伦博 石 田 陈 健	2019-10-11	108302523
277	一种中深层地热井的沉管装置	能源与环境学院	张 勇 朱 静	2019-10-11	108180664
278	一种氧化锌@锌微球的制备方法	生物科学与医学工程学院	徐春祥 王潇璇 石增良	2019-10-11	108115146
279	一种风力发电系统背靠背变流器的容错控制方法及系统	电气工程学院	王 伟 石 岩 程 明	2019-10-11	108092303
280	一种平移定子环型内置式永磁涡流调速装置	电气工程学院	林鹤云 陶前程 阳 辉 王海涛	2019-10-11	108110992
281	一种基于椭球拟合的磁力计校正方法	仪器科学与工程学院	陈熙源 李毅博 舒南樟 邵 鑫 石春凤	2019-10-11	107870001
282	一种电容式三维风速风向传感器	电子科学与工程学院	易真翔 叶一舟 高适萱 秦 明 黄庆安	2019-10-11	108152531
283	基于BP神经网络的双耳声源定位方法	信息科学与工程学院	周 琳 王立杰 庄 琪 李 楠	2019-10-11	107942290
284	一种分体式溶液除湿户式新风机组	能源与环境学院	张 伦 宋 霞 陈 瑶 张小松	2019-10-11	107940660
285	旋转式深海捕捉光电复合连接器	机械工程学院	韩 权 张 艳 陈海洋 杨庆宽 陈云飞	2019-10-11	107728262
286	一种带有多孔泡沫金属换热结构的太阳能光伏光热集热器	能源与环境学院	施 娟 林凯威 陈振乾	2019-10-11	107917542
287	一种组合式桥梁桥墩防撞结构及其施工方法	交通学院	吴文清 张 娴 赵 灏 张 慧	2019-10-11	107630422
288	一种居住区停车场开放共享泊位数量的确定方法	交通学院	陈 峻 郑竞恒 朱 翊	2019-10-11	107767686
289	一种超疏水涂料的制备方法及所得涂料和制备高透明超疏水涂层的应用	化学化工学院	姜 勇 江鹏飞 张 川 周 旋	2019-10-11	107629492
290	一种焦炉烟气的脱硝方法	能源与环境学院	张 勇 金保升	2019-10-11	107486015
291	认知无线电中基于SOM神经网络的恶意用户判别方法	信息科学与工程学院	胡 静 宋铁成 程之序 夏玮玮 燕 锋 沈连丰 胡亚洲	2019-10-11	107592635
292	一种五相逆变器脉宽调制方法	电气工程学院	黄允凯 杨 睿	2019-10-11	107453638
293	一种基于时分复用的虚拟多信道分配方法	信息科学与工程学院	蒋良成 吴雪蕉 陈 明	2019-10-11	107509249

(续表)

序号	专利名称	发明人所在单位	发明人	授权公告日	授权公告号
294	基于多感知数据融合的人机自然交互系统	仪器科学与工程学院	宋爱国 张 慧 余玉卿 秦欢欢 徐宝国 李会军	2019-10-11	107632699
295	一种基于混合指标的风电场孤岛紧急切机方法	电气工程学院	张天琪 赵剑锋	2019-10-11	107565597
296	BICC1蛋白对精神疾病诊断的新用途	中大医院	袁勇贵 陈素珍	2019-10-11	107621545
297	一种低剖面方向图可重构基片集成波导喇叭天线	信息科学与工程学院	王海明 王 杰 余 晨 洪 伟	2019-10-11	107359403
298	一种基于图形识别的道路救援装备绞盘绳防过拉预警方法	仪器科学与工程学院	李 旭 李晨皖 赵婉婷	2019-10-11	107369177
299	基于MEMS传感器和VLC定位融合的单粒子滤波导航装置和方法	电子科学与工程学院	庄 园 华鲁驰 戚隆宁	2019-10-11	107246872
300	一种全自动双水温开水器	能源与环境学院	杨 柳 樊聪慧 肖 艳	2019-10-11	107270530
301	一种组合箱梁及其施工方法	土木工程学院	陈齐风 李梦欣	2019-10-11	107237252
302	一种有功功率波动性的洗衣机运行非侵入辨识方法	电气工程学院	徐起东 黄兴准 王 冈 郝天之 戴 军	2019-10-11	107356827
303	基于五相开绕组FTFSCW-IPM电机驱动系统的零序电流抑制方法	电气工程学院	周 赣 张 壳 冯燕钧 傅 萌	2019-10-11	107196573
304	一种小容量薄膜电容永磁同步电机直轴电流给定控制方法	电气工程学院	樊 英 崔荣华	2019-10-11	107204727
305	一种利用电磁原理的压力传感器及其工作方法	电子科学与工程学院	林明耀 张贝贝 杨公德	2019-10-11	107246928
306	一种四容水箱液位分布式状态反馈控制方法	能源与环境学院	聂 萌 夏云汉 杨恒山	2019-10-11	107045360
307	一种基于复合相变材料的穿戴装备及其制备方法	能源与环境学院	潘 蕾 陈 琛 沈 炯 孙 立 李益国 吴 啸 刘西陲	2019-10-11	107011872
308	一种利用单条谱线同时测量气体温度和浓度的装置和方法	能源与环境学院	李平姣 李 巧 石静迎 石 岩 庞 磊 肖 军	2019-10-11	106969800
309	一种热回收型的室内TVOC净化装置	能源与环境学院	周 宾 熊涌泉 程禾尧 王 浩 王一红 郑晓红 周伟煜 钱 华	2019-10-11	106696438

(续表)

序号	专利名称	发明人所在单位	发明人	授权公告日	授权公告号
310	一种基于正六边形星座图的12点SCMA码本设计方法及SCMA系统	信息科学与工程学院	刘恒 张辉 盛彬 吴琼 刘嫒美	2019-10-11	107222291
311	一种三维多孔结构的锂离子电池负极材料的制备方法	材料科学与工程学院	陈坚 徐晖 王文秀	2019-10-11	107069004
312	一种微型动态仪及测试方法	交通学院	朱志铎 唐震 顾素恩	2019-10-11	107022994
313	一种基于特征拐点的人体高度估计方法	电子科学与工程学院	咸隆宁 黄海飞 李莩犎 王健 许贸	2019-10-11	107093182
314	一种混合能量供电分布式天线系统的功率分配方法	信息科学与工程学院	朱鹏程 肖果平 李佳珉 尤肖虎	2019-10-11	107124757
315	极化码编码的MIMO的图合并检测译码方法及装置	信息科学与工程学院	张川 景树森 尤肖虎	2019-10-11	106936543
316	基于最近探素的启发式服务组合方法	计算机科学与工程学院	王红兵 费欢欢	2019-10-11	106878403
317	融合扩张观测器的超临界火电机组机炉协调控制方法	能源与环境学院	张帆 韩四维 沈炯 吴啸	2019-10-11	106707756
318	一种设备指纹与信道分离的方法及装置	网络空间安全学院	王栋 胡爱群	2019-10-11	106878225
319	一种控制聚合物分散液晶随机激光器的激光强度的方法	电子科学与工程学院	叶莉华 李芳杰 程志祥 胡国华 崔一平	2019-10-11	106785867
320	基于k段分解的低复杂度极化码折叠硬件构架的实现方法	信息科学与工程学院	张川 梁霄 杨俊梅 尤肖虎	2019-10-11	106656213
321	一种海洋环境下混凝土强度劣化预测评价方法	材料科学与工程学院	钱春香 康文策 梁程器	2019-10-11	106650807
322	一种基于加权样本的视频背景提取方法	自动化学院	路小波 姜胜芹	2019-10-11	106855942
323	一种采用过滤膜制备石墨烯基中空纤维的方法	生物科学与医学工程学院	张继中	2019-10-11	106757531
324	一种石墨烯基中空纤维的批量制备方法	生物科学与医学工程学院	张继中	2019-10-11	106757533
325	用于集成电路芯片上电感等效电路模型及参数提取方法	信息科学与工程学院	王瀚升 何伟梁 张明辉 唐旭升 黄凤义	2019-10-11	106777483
326	一种快速QFN芯片塑封图像获取与放大方法	机械工程学院	巢渊 张志胜 戴敏	2019-10-11	106780437

(续表)

序号	专利名称	发明人所在单位	发明人	授权公告日	授权公告号
327	收敛速率可调的大规模MIMO迭代检测方法	信息科学与工程学院	张川 吴至榛 尤肖虎	2019-10-11	106357318
328	一种无线云计算系统性能预测方法	信息科学与工程学院	张源 张佳乐 郑军	2019-10-11	106535242
329	一种利用微生物制备碳酸钙固化砂土的方法	交通学院	缪林昌 孙潇昊 童天志	2019-10-11	106284280
330	基于分形结构的低频隔声人工材料	信息科学与工程学院	程强 黄蓓 宋刚永 董慧媛 崔铁军	2019-10-11	106328115
331	一种分布式排序方法以及采用该方法构成CRC辅助极化码连续消除列表译码器的方法	信息科学与工程学院	张川 杨俊梅 申怡飞 尤肖虎	2019-10-11	106301387
332	一种基于循环谱的无线通信信号调制识别及参数估计方法	电子科学与工程学院	张萌 陈子洋 吴建辉 时龙兴	2019-10-11	106130942
333	单锚点支撑式硅微谐振式加速度计	仪器科学与工程学院	李宏生 高阳 黄丽斌	2019-10-11	106199070
334	一种噬菌型细菌及其在污泥减量中的应用	能源与环境学院	余冉 陈沪凯 张诗文	2019-10-11	105969690
335	一种基于DBSCAN聚类算法的出行与话动模式识别方法	交通学院	叶智锐 施晓蒙 吴丽霞 汤斗南 赵鑫玮 陆加健	2019-10-11	105740904
336	一种可调空气阻尼冲器	机械工程学院	张曼 胡涛	2019-10-08	108953455
337	直流分层接入受端流母线电压稳定裕度量化方法及装置	中国电力科学研究院,国家电网公司,电气工程学院,国网江苏省电力公司,国网江苏省电力公司电力科学研究院	王琦 易俊 汤奕 王建明 张鑫 罗红梅 朱亮亮 林俊杰	2019-10-08	107017669
338	一种基于先验知识的大脑磁共振图像超体素生成方法	计算机科学与工程学院	孔佑勇 任洲甫 左雨林 沈傲东 伍家松 舒华忠	2019-10-08	107146228
339	一种四值阻值的读写电路	信息科学与工程学院	裴文江 凌峰 王开	2019-10-08	106920568
340	快速提取OSM数据中自定义多边形区域内路网的方法	交通学院	王炜 丁浩洋 汪宇轩 吴丽霞	2019-10-01	107480306
341	一种保留已有路网数据并利用OSM数据进行路网扩展的方法	交通学院	王炜 丁浩洋 汪宇轩	2019-10-01	107403020
342	基于大数据分析的小基站开关控制方法	信息科学与工程学院	潘志文 杜鹏程 刘楠 尤肖虎	2019-10-01	107222875

序号	专利名称	发明人所在单位	发明人	授权公告日	授权公告号
343	一种双掺混凝土抗裂性能评估方法	国网河南省电力公司新乡供电公司,电气工程学院,国家电网公司	王子琦 吴部庆 黄小永	张新华 赵雨 阎凤英	杨增涛 侯治华 常德顺	王 伟 李德皓 张	2019-10-01	106950357
344	用于沥青混凝土施工质量的智能管理系统	北京铁科特种工程技术有限公司,中国铁道科学研究院集团有限公司铁道建筑研究所,交通学院	叶明升 姚蓬平 吴江彪 陈先华	蔡德钧 庞 帅 孟晓妹	石越峰 叶晓宇 陈 晨	楼梁伟 李 斯 尤 佳	2019-09-24	108646681
345	一种汽轮机干湿混合变频控制抽气系统及其运行方法	能源与环境学院,江苏方天电力技术有限公司	杨建明 姚永灵	朱灵瑜 吴正勇	王 骏 薛江涛 张耀华	卢承斌	2019-09-24	108005885
346	一种基于最小户用停电损失的配电网孤岛划分方法	中国电力科学研究院有限公司,国家电网有限公司,电气工程学院,国网浙江电力有限公司	苏 剑 刘海涛 顾 伟	梁栋施 聂颖惠	李 洋 宋 杉		2019-09-20	107069801
347	基于六维力传感器和双目视觉的机器人打磨装置及打磨方法	仪器科学与工程学院,江苏天宏机械工业有限公司	宋爱国 曾 洪	徐 远 汤建军	张培军	张达鑫	2019-09-20	108908120
348	一种海洋混凝土结构用高强耐蚀铁素体/贝氏体双相钢筋及其制备方法	材料科学与工程学院	蒋金洋	宋 丹			2019-09-20	108588581
349	大吨位FRP拉索锚固方法	土木工程学院,江苏绿材谷新材料科技发展有限公司	汪 昕	吴智深	周竞洋	宋进辉	2019-09-20	108004926
350	一种可单面封装的双膜电容式压力传感器及制作方法	佛山市川东磁电股份有限公司,电子科学与工程学院	秦 明	王振军	龙克文	何华娟	2019-09-20	107290083
351	一种面向车道级导航定位的城市道路路网模型	仪器科学与工程学院	李 旭	夏 亮	蒋 荣	蔡志祥	2019-09-20	107193888
352	变频空调负荷的聚合制削峰方法	电气工程学院,国家电网公司,国网江苏省电力公司,国网江苏省电力公司经济技术研究院	杨济如 韩 俊	高赐威 祁万春	李 晓 王 哲	谈 健 张 群 周 琪	2019-09-20	107178869
353	基于数据库表方法的超声成像穴位识别仪及其识别方法	电气工程学院	林明耀	谭广颖	张贝贝		2019-09-20	107041840
354	用于测试自攻螺钉抗拔连接性能的实验装置及其实施方法	土木工程学院	陈励纬 叶继红	陈 伟	陈盛根	张冀东 苏意然	2019-09-20	106644717
355	一种具有冷凝微滴自弹跳特性的超疏水涂层的制备方法	材料科学与工程学院	张友法	张文文	王山林	余新泉	2019-09-20	106634067

序号	专利名称	发明人所在单位	发明人	授权公告日	授权公告号
356	空调系统特征识别方法	能源与环境学院	梁彩华 黄婷婷 凌善旭 张小松	2019-09-20	106503388
357	一种轨道交通桥梁和钢轨全空间噪声预测方法	交通学院	宋晓东 李奇 吴定俊	2019-09-20	106339556
358	一种最小化 MapReduce 集群能耗的任务调度方法	计算机科学与工程学院	李小平 王佳 陈龙 陈复超	2019-09-20	106371924
359	一种纳米银溶解过程中释放银离子浓度和速率的检测方法	生物科学与医学工程学院	顾宁 邹捷萌 柏婷婷	2019-09-20	106124477
360	一类杂合型肿瘤靶向纳米胶束及其用途	化学化工学院	房雷 郭志蓉	2019-09-20	105687135
361	一种高温辊道窑辊子实时监测装置	机械工程学院	卢薰 吴翔	2019-09-17	109405538
362	一种针对粗粒组或大尺度单元体试样的毛细水上升试验仪	交通学院	石名磊 孙彦迪	2019-09-17	107328697
363	一种正电压供电下的高精度负压检测电路	电子科学与工程学院,电子科学与工程学院-无锡集成电路技术研究所	孙传锋 陆扬扬 陶思文 祝靖 陆生礼 时龙兴	2019-09-17	107085132
364	一种刻蚀缺陷地结构的圆极化微带天线阵	信息科学与工程学院,中电科技扬州宝军电子有限公司,南京步微通信设备有限公司	高迪 曹瞻新 邱瞻远 江传民 潘景荣 秦笃山 曹懋	2019-09-13	109659695
365	一种叉指电容结构的曲率传感器	电子科学与工程学院	韩磊	2019-09-13	107907045
366	一种基于T形结构的纳米线热导率的测量装置及方法	吴健雄学院	张宇峰	2019-09-13	107290381
367	一种拉索腐蚀传感器	土木工程学院	郭彤 邹翼 刘宏 熊文	2019-09-10	109297899
368	一种基于BIM的运营桥梁多源检测系统的检测方法	常熟市交通工程管理处,交通学院,江苏镇江路桥工程有限公司	张征宇 周锦森 罗严 王新明 闵剑勇 王晓东 邵伯贤 黄家祥 胡文海 田佳昊 殷俊	2019-09-10	109374043
369	一种电机内置的高速直联精密磨削砂主轴系统	机械工程学院	蒋书运 刘宗涛 吕福根 李光华	2019-09-10	109015360
370	一种基于开槽结构的四分之一模基片集成波导滤波器	信息科学与工程学院	朱晓维 王翔	2019-09-10	108539338
371	一种具有倒装结构的紫外发光二极管	电子科学与工程学院	张雄 吴自力 庄喆 崔一平	2019-09-10	108831971

(续表)

序号	专利名称	发明人所在单位	发明人	授权公告日	授权公告号
372	一种铜基粉末冶金刹车片材料及其制备方法和应用	材料科学与工程学院	戴挺 韩丽娜 虞涛 童蔚苹	2019-09-10	108118181
373	一种降糖药达格列净的制备方法	化学化工学院	陈峻青 张晓露	2019-09-10	108084130
374	一种飞机机翼变形测量装置、安装方法及测试方法	仪器科学与工程学院	陈熙源 马振	2019-09-10	107869960
375	一种用于海洋超软土原位测试的十字形全流触探探头	交通学院	李魁魁 蔡国军 刘松玉 段伟 杨岩 彭鹏	2019-09-10	107747306
376	预防或治疗阿尔茨海默症的药物、靶点及其应用	生物科学与医学工程学院	刘宏德 罗坤	2019-09-10	107823643
377	一种适用于5G毫米波通信的紧凑型缝隙阵列天线	信息科学与工程学院	洪伟 刘鹏飞 朱晓维	2019-09-10	107819201
378	一种适用于5G毫米波通信的高增益缝隙阵列天线	信息科学与工程学院	洪伟 刘鹏飞 朱晓维	2019-09-10	107634345
379	双馈风电附加阻尼控制器的"坡"设计方法	电气工程学院	吴熙 宁威 关雅静	2019-09-10	107579531
380	光晶体管结构的柔性紫外探测器	电子科学与工程学院	李菁 雷威 张镇波 孙义 张旭	2019-09-10	107706262
381	一种人造大理石锯末外墙柔性腻子	材料科学与工程学院	高建明 陈雪梅 陈菲 刘川北	2019-09-10	107474619
382	一种应用于光栅三维投影测量中的相位误差补偿方法	自动化学院	盖绍彦 达飞鹏 刘超	2019-09-10	107607060
383	一种FRP预应力筋无砟轨道板及其制备方法	土木工程学院	吴刚 杨洋	2019-09-10	107443542
384	一种可见光通信中信道冲激响应抽头个数的估计方法	信息科学与工程学院	蒋良成 程风全 蒋文轩 陈明	2019-09-10	107454025
385	一种高速无位置传感器开关磁阻电机的控制方法及其系统	电子科学与工程学院	孙伟锋 部为建 郭小强 钟锐 陆生礼 时龙兴	2019-09-10	107276484
386	一种排队车辆长度检测方法	吴健雄学院	李林泽 刘诚恺	2019-09-10	107464427
387	一种大规模MIMO系统多用户上行鲁棒检测方法	信息科学与工程学院	高西奇 王闻今 陈淑菁 樊浩 尤力	2019-09-10	107276934
388	一种抗龙卷风格栅设计方法	土木工程学院	郭力 周鑫	2019-09-10	107358985

（续表）

序号	专利名称	发明人所在单位	发明人	授权公告日	授权公告号
389	一种近红外响应主链型液晶弹性体及其制备方法	化学化工学院	杨 洪 刘 莉 林保平	2019-09-10	107365401
390	一种具有除冰融雪功能的排水路面结构	交通学院	马 涛 胡鹏森 曹 雯 张 垚 丁珣昊 陈 田	2019-09-10	107386035
391	一种基于低压压缩液再生的无霜空气源热泵系统	能源与环境学院	苏 伟 张小松	2019-09-10	107388657
392	锁链式震损可替换耗能装置	土木工程学院	王景全 王 震	2019-09-10	107338735
393	一种基于虚拟手臂的面向空间站机器人的遥操作系统	仪器科学与工程学院	宋爱国 张 慧 徐宝国 曾 洪 李建清	2019-09-10	107199566
394	一种基于弧支持线段的椭圆检测方法	自动化学院	卢长胜 夏思宇	2019-09-10	107301638
395	一种高效亲水化改性抗污染聚砜醚膜的制备方法及应用	化学化工学院	周建成 李 璟 殷 俊 李乃旭 刘 明 杨 斌	2019-09-10	107081079
396	基于视觉的激光投线仪自动检测系统	自动化学院	聂云聪 夏思宇	2019-09-10	107084748
397	一种D2D通信中能效最大化的功率分配方法	信息科学与工程学院	王家恒 周 睿 史锋峰 赵春明	2019-09-10	107249212
398	一种D2D通信中频谱效率最大化的功率分配方法	信息科学与工程学院	王家恒 周 睿 史锋峰 赵春明	2019-09-10	107249213
399	一种氰根离子荧光指示材料及其制备方法和应用	生物科学与医学工程学院	陈 扬 王路得	2019-09-10	107163932
400	一种考虑三相不平衡因素的π型等值电路的生成方法	国网江苏省电力公司南京供电公司、国网江苏省电力公司、电气工程学院、南京工业大学、中国电力科学研究院南京分院	张 明 朱 红 陈 铁 徐青山 王 勇 蒋贤强 许洪华 梁 硕 陈潇鹏	2019-09-10	107086575
401	一种考虑局部轴向压力的沥青混合料水平抗剪性能试验装置及方法	交通学院	马 涛 丁珣昊 胡鹏森 马 康 邓文龙 房占永	2019-09-10	107219131
402	一种基于非圆信号频率估计算法的流体流速估计方法	信息科学与工程学院	王 开 吴其生 夏亦犁 裴文江	2019-09-10	107064546
403	基于北斗的急救直升机导航定位系统及其导航定位方法	仪器科学与工程学院	郭雨辰 潘树国 曲朝晖	2019-09-10	107064978

(续表)

序号	专利名称	发明人所在单位	发明人	授权公告日	授权公告号
404	用于磷酸钙骨水泥的含钙化合物添加剂的合成方法	材料科学与工程学院	董寅生 肖夫兰 耿银雪 郭 超 黄志海 储成林 盛晓波	2019-09-10	106946486
405	基于统一复数形式构造的单三相通用锁相方法	电气工程学院	曹 武 刘康礼 吴木 范琛琛 尤 鋆 赵剑锋	2019-09-10	106849183
406	一种利用波长调制光谱测量气体压强和组分浓度的装置和方法	能源与环境学院	周 宾 汪步斌 程禾尧	2019-09-10	107063553
407	一种热泵驱动的两级溶液除湿空调系统	能源与环境学院	曾台烨 张小松	2019-09-10	106871280
408	光储交直流微网中的并离网无缝切换策略	电气工程学院等	薄 鑫 吴 倩 郑建勇 杨 杰 缪惠宇 杨 赟 顾盼盼	2019-09-10	106849172
409	一种基于结构清晰度的无参考图失焦模糊区域分割方法	计算机科学与工程学院	沈傲东 王 坤 孔佑勇 胡轶宁 伍家松 舒华忠	2019-09-10	106934806
410	基于多周期量子阱结构的HEMT器件	电子科学与工程学院	杨 春 宋振杰 贾少鹏	2019-09-10	106876444
411	一种双氢青蒿素二倍体衍生物,其药物组合物及应用	化学化工学院	李新松 司 马 凌龙兵	2019-09-10	106928274
412	一种基于样本相似度加权的电站设备自适应建模方法	能源与环境学院	司冈琪 李 逗 乔宗良 姚学忠 包文运	2019-09-10	106844908
413	基于标记分布的解决类别缺失问题的人类年龄自动估计方法	计算机科学与工程学院	耿 新 霍增炜	2019-09-10	106650642
414	基于信号谱差异的混合样本单核苷酸多态性的检测方法	生物科学与医学工程学院	曹唱唱 肖鹏峰 孙 啸 李 成 潘荣芳	2019-09-10	106480208
415	一种长大隧道交通事件实时检测方法及检测系统	交通学院	李林超 申 斌 张 健 锐 杨 帆 张小丽	2019-09-10	106448180
416	一种考虑载荷相关性的飞行器振动和冲击动力学响应分析方法	机械工程学院	李彦斌 吴邵庆 费庆国 廖 涛 于士甲 张 鹏	2019-09-10	106021792
417	一种塔吊倾角和挠度在线监测系统及数据方法	机械工程学院	许飞云 暨旭昌 胡建中 贾民平 黄 鹏	2019-09-06	108483259
418	高流变软土强夯置换时填料的运移轨迹探测实验装置	交通学院	张晓春 谢 路 张逸阁 闫迎州	2019-09-06	107905202

(续表)

序号	专利名称	发明人所在单位	发明人	授权公告日	授权公告号
419	一种UPFC故障诊断方法	电气工程学院	郑建勇 叶昱媛 梅 飞 梁君涵 朱 萌	2019-09-06	107703913
420	实时混合动力试验方法	土木工程学院	徐赵东 董尧荣 郭迎庆 王军健 陈 实 李 阳 陈 笑 景兴建	2019-09-03	108956074
421	一种混合等离子效应辅助的槽式波导TE模检偏器	电子科学与工程学院	肖金标 倪 斌	2019-09-03	108051889
422	一种基于内模控制的微电网并离网平滑切换控制方法	电气工程学院	楼冠男 顾 伟 杨 权 曹 戈 柳 伟 陈 明	2019-09-03	106786777
423	一种结构色中国画颜料及其制备方法	生物科学与医学工程学院	顾 盼 刘盼苗 顾忠泽	2019-09-03	106833076
424	一种钙体循环$H_2-CO-C_2H_2$多联产协同CO_2捕集方法	能源与环境学院	向文国 孙 朝 陈时熠	2019-09-03	107057772
425	基于MAS多尺度的风光互补海岛微电网能量控制方法	电气工程学院	黄 磊 陈珉炼 余海涛 杨 健	2019-09-03	106849159
426	一种电站锅炉炉膛结渣多区段实时监测方法	能源与环境学院	黄亚继 徐力刚 王 健 杨 钊	2019-09-03	106765031
427	一种数字荧光示波器波形显示数据的转换计算方法	信息科学与工程学院	高礼忠	2019-09-03	106841729
428	一种碳纳米管超疏水涂层的制备方法	材料科学与工程学院	张友法 张 静 余新泉	2019-09-03	106519744
429	基于数字域自校正的逐次逼近迫近模数转换器及模数转换方法	信息科学与工程学院	李 冬 孟 桥 黎 飞 王林锋	2019-09-03	106374930
430	一种多级孔糖基碳材料及其制备方法和应用	化学化工学院	魏瑞平 梁 婷 肖国民 沈鹏欣	2019-09-03	106311137
431	基于尺度不变特征变换的低维度特征模型图像处理方法	信息科学与工程学院	徐平平 林志强 张 成	2019-09-03	106446906
432	计及被动式孤岛检测失败影响的配电网可靠性评估方法	电气工程学院	顾 伟 聂颖惠 宋 杉 朱俊澎 任佳依	2019-09-03	106296463
433	一种SCR脱硝系统烟道流场均匀化方法及装置	大唐环境产业集团股份有限公司, 能源与环境学院	俞 斌 沈德魁 张 魏 马利君 刘富 肖 睿	2019-09-03	106039991

（续）

序号	专利名称	发明人所在单位	发明人	授权公告日	授权公告号
434	一种基于二维标签的无人机定位及目标跟踪方法	电子科学与工程学院	裴廷宽 李树森 唐元博 赵子乾 李杰	2019-09-03	106197422
435	生产连续玄武岩纤维的高寿命拉丝漏板及用的加强筋及漏板	土木工程学院	吴智深 刘建勋	2019-09-03	106116139
436	一种可实现热态在线称重的微型固定床反应装置及方法	能源与环境学院	肖睿 曾玺敏 陈星 邵珊珊	2019-09-03	106053280
437	一种基于等离子波导的偏振旋转器	电子科学与工程学院	肖金标 黄炎	2019-09-03	105842787
438	一种片上集成型偏振分束及其偏振分束方法	电子科学与工程学院	肖金标 徐银	2019-09-03	105759355
439	一种基于垂直耦合原理的硅基槽波导起偏器	电子科学与工程学院	肖金标 徐银	2019-09-03	105759351
440	一种基于槽式波导的紧凑式模阶转换器	电子科学与工程学院	肖金标 王登峰	2019-09-03	105759357
441	一种风速风向的测量系统及其测量方法	电子科学与工程学院	万能	2019-09-03	105334346
442	一种二维材料的折叠系统及其使用方法	电子科学与工程学院	万能 徐康 邵志勇	2019-08-27	108502620
443	一种交直流混联微网的随机鲁棒耦合型优化调度方法	电气工程学院	顾伟 邱海峰 周苏洋 吴志 窦晓波	2019-08-27	108258695
444	三维多输入多输出下行多用户传输系统调度方法	信息科学与工程学院	李潇 孙婷婷 高西奇	2019-08-27	107801251
445	一种基于立体栅格自动分析3D点云配准误差的方法	生物科学与医学工程学院	赵兴群 丁晨静	2019-08-27	107033717
446	虚拟发电厂分布式无功补偿系统及其补偿方法	电气工程学院等	喻洁 陈仁思 王秀茹	2019-08-27	106786812
447	一种多同位素磁共振信号同步激励与探测方法及装置	电子科学与工程学院	尚金堂 甘琦 曹进德	2019-08-23	107422287
448	一种用于下肢助力外骨骼的被动储能踝关节及足部机构	机械工程学院，江苏鹤林智能机械有限公司	王兴松 朱智勇 甘振波 李伟强 张毅	2019-08-23	106821684
449	高速双联滚动轴承电主轴转子系统动态设计方法	机械工程学院	蒋书运 林圣业	2019-08-20	108984936

(续表)

序号	专利名称	发明人所在单位	发明人	授权公告日	授权公告号
450	一种混合光子晶体及其制备方法与应用	医学院	陈宝安 周芳 马晓燕 张静	2019-08-20	108373518
451	无酶的葡萄糖电化学传感器及其检测方法	生物科学与医学工程学院	刘宏 朱小飞 鞠黄陵 陈健 刘德晔	2019-08-20	108802141
452	一种永磁同步直线电机双开自动门控制方法	电气工程学院	余海涛 沈天骄 王琦	2019-08-20	108386094
453	梯度涂层刀具及其制备方法	机械工程学院	邢佑强 李想 胡若愚 黄开懿 王孟雅	2019-08-20	108165988
454	一种分布式电源的孤岛保护装置及其检测算法	电气工程学院	肖华锋	2019-08-20	108011359
455	基于二次规划的功率型储能调频责任划分方法	电气工程学院	张圣祺 赵剑锋 袁晓 赵易纬	2019-08-20	107979100
456	一种用于显微粒子成像测速系统的图像采集装置及采集方法	能源与环境学院	许传龙 曹丽霞	2019-08-20	108037310
457	一种沥青混合料多序列动态蠕变试验数据处理及分析方法	交通学院	董尼娅 倪富健	2019-08-20	107807055
458	一种原位合成纳米金刚石增强铁镍基复合材料的方法及其所得材料和应用	材料科学与工程学院	张法明 赵佩佩 刘腾飞	2019-08-20	107699764
459	一种钙钛矿微米环阵列的制备方法	电子科学与工程学院	王雷 徐敏坤 祁正青 崔一平 吕昌贵	2019-08-20	107746072
460	预应力钢板带砌体组合墙	土木工程学院	敬登虎 曹双寅	2019-08-20	107524251
461	一种微波吸收增强剂及其制备方法和应用	交通学院	王声乐 许丁斌 刘为 顾兴宇 杨炳 江磊	2019-08-20	107572848
462	一种考虑停电损失系数的PMU优化配置方法	电气工程学院,国网上海市电力公司	吴志 谢伟 杜勇 张俊 柳劲松 包海龙	2019-08-20	107611963
463	一种热管式温度测定装置及方法	能源与环境学院	朱小良 梁文清 高天骑 郑晓红 钱华 钱丛昊	2019-08-20	107643131
464	一种气固混合物中颗粒物浓度的测量装置及测量方法	能源与环境学院	陆勇 陈璐 徐畅 王思雨 邱嘉明	2019-08-20	107389489
465	一种基于纯测向的被动水下声学定位方法	仪器科学与工程学院	张涛 王自强 李瑶 金博楠	2019-08-20	107390177
466	非平坦信道下多光源多载波可见光通信系统的优化方法	信息科学与工程学院	王家恒 凌昕彤 曾雨旻 赵春明	2019-08-20	107222261

(续表)

序号	专利名称	发明人所在单位	发明人	授权公告日	授权公告号
467	基于MEMS传感器和VLC定位融合的单卡尔曼滤波导航装置和方法	电子科学与工程学院	华鲁驰 庄园 戚隆宁	2019-08-20	107289932
468	基于MEMS传感器和VLC定位融合的双卡尔曼滤波导航装置和方法	电子科学与工程学院	华鲁驰 庄园 戚隆宁	2019-08-20	107289933
469	一种摆式叉指微机电磁场传感器	电子科学与工程学院	陈洁 惠肇宇	2019-08-20	107356889
470	一种扭摆平移式微机电磁场传感器	电子科学与工程学院	陈洁 惠肇宇	2019-08-20	107329099
471	基于离散切ןй线刚度估计的实时混合模拟试验反馈力修正方法	土木工程学院	郭彤 陈梦晖	2019-08-20	107356523
472	一种基于神经网络的反演大气可降水量的MODIS模型改进方法	交通学院	胡伍生 杨惠 陈阳	2019-08-20	107356554
473	测定混凝土孔结构的方法及专用成型装置	土木工程学院	张云升 钱如胜	2019-08-20	107356731
474	一种沥青路面质量反算方法	交通学院	黄晓明 巩金昀	2019-08-20	107389477
475	低品位热能驱动的吸收式制冷除湿一体化空调系统	能源与环境学院	陈博闻 殷勇高 高飞翔 付少林	2019-08-20	107388616
476	一种基于有源和无源器件的小型力触觉再现方法	仪器科学与工程学院	宋爱国 秦欢欢 李会军 徐宝国 曾洪	2019-08-20	107229334
477	一种高温粒子辐照样品的固定装置及其固定方法	材料科学与工程学院	丁辉 邵海 晏井利 吴昊 黄珊	2019-08-20	107238612
478	一种鉴别革兰氏阴性细菌和阴性细菌的指示材料及其制备方法和应用	生物科学与医学工程学院	陈扬 尤其	2019-08-20	107167469
479	金属离子配位天然高分子/聚丙烯酸自修复凝胶制备方法	化学化工学院	付国东 刘婷婷 姚芳	2019-08-20	107200799
480	一种基于图像分割的数字体积相关算法中边界处理方法	材料科学与工程学院	万克树 徐自强	2019-08-20	107240103
481	一种水蓄冷温湿度独立控制区域供冷系统	能源与环境学院	经骏 张伦 张小松	2019-08-20	106895530
482	一种智能电网通信衬底村式频谱接入方法	信息科学与工程学院	李雾轩 尤肖虎 许威	2019-08-20	107426735
483	一种基于MOFs的双金属氧化物及制备方法和应用	化学化工学院	陈金喜 刘诗新	2019-08-20	106972155

(续表)

序号	专利名称	发明人所在单位	发明人	授权公告日	授权公告号
484	带烟气扰动抑制的燃烧后CO_2捕集系统预测控制方法	能源与环境学院	吴啸 沈炯 李益国	2019-08-20	106842955
485	一种腿部按摩机械手	机械工程学院	钟义	2019-08-20	106619001
486	一种多叶片组合式搅拌器	化学化工学院	路培成 潘翔 孔仙达 吴华	2019-08-20	106693745
487	一种基于MEMS终端式微波功率传感器结构的压力传感器	电子科学与工程学院	韩磊 肖洋 申	2019-08-20	106813814
488	静钻扩扩支盘与管桩的组合桩型及其施工方法	土木工程学院	戴国亮 邓会元 万志辉 龚维明	2019-08-20	106759295
489	基于MIMO-OFDM系统的定时同步方法	信息科学与工程学院	俞菲 王民锋 韩紫健 黄永明 杨绿溪	2019-08-20	106789819
490	一种非球耳碟式聚光镜及其姿态装置方法	能源与环境学院	匡茹 李珂 徐静文 张超 段梦凡 王凯丽 袁瑞浩	2019-08-20	108613413
491	宽带大规模MIMO系统导频池及信道通信息获取方法和系统	信息科学与工程学院	高西奇 仲文 尤力 王闻今 牛昕鑫 吴凯	2019-08-20	106506133
492	基于重要性权重支持向量机分类器的语音情感识别方法	自动化学院	黄永明 吴奧 章国宝	2019-08-20	106504772
493	LCL161前药及其制备方法和应用	化学化工学院	吉民 王彰 蔡进	2019-08-20	106496213
494	一种自复位组合式摇摆墩击能隔震装置	土木工程学院	崔浩然 吴刚 张简 吴京	2019-08-20	106245801
495	一种聚佳氧烷弹性体及其流基一烯点击反应制备方法	化学化工学院	祁争健 吴保巍 孔志强 杜文琦 周妍	2019-08-20	106478956
496	一种基于三角形划分的二维数值颗粒成型方法	交通学院	马涛 丁钧旻 黄晓明 张垚 叶勤	2019-08-20	106446363
497	一种三相电机综合控制的控制节点装置及运行方法	仪器科学与工程学院，南京英格格传感网络科技有限公司	陈俊杰 刘亨	2019-08-20	106100456
498	浏览并标记证距范围内经过的附生人照片的系统及方法	信息科学与工程学院	陈祥雨	2019-08-20	106230691
499	基于可见光DCO-OFDM通信系统前导序列的非线性限幅估计方法	信息科学与工程学院	赵春明 吕游 沈凯 梁霄 黄鹤	2019-08-20	106100813
500	海水脱硫装置脱硫效率的神经网络模拟方法	能源与环境学院	尹贺贺 徐海涛 周长城	2019-08-20	105912822

序号	专利名称	发明人所在单位	发明人	授权公告日	授权公告号
501	基于随机决定的启发式用户连接的负载均衡方法	信息科学与工程学院	潘志文 王 瑾 刘 楠 尤肖虎	2019-08-20	105873127
502	压电-电磁复合式振动能量收集器及其制备方法	电子科学与工程学院	黄晓东 黄见秋 黄庆安	2019-08-16	107947633
503	一种零电流复合式谐振三电平直流变换器及其控制方法	电气工程学院	陈 武 宁光富 舒良才	2019-08-16	106849673
504	一种改进的单周控制器，电能质量控制器和微网电能质量控制方法	江苏林洋能源股份有限公司，电气工程学院	裴 骏 郑建勇 曾繁鹏 叶曙光 顾雷鸣 缪惠宇 杨 赟 朱 蕾	2019-08-16	107069727
505	直线电机动子运动方向检测方法和直驱式波浪发电系统	电气工程学院	黄 磊 杨 健 胡敏强 仲伟波 陈民铄 孙 帅	2019-08-13	106972527
506	一种基于调频连续波的超宽带室内定位方法	信息科学与工程学院	张在琛 王丛超 吴 亮 党 建	2019-08-13	106656889
507	圆棒耗能杆	土木工程学院	王春林 刘 烨	2019-08-13	106836927
508	利用三维统计信道信息的异构网络干扰协调方法	信息科学与工程学院	李 潇 李朝松 王闻今 高西奇	2019-08-13	106792734
509	一种冷凝除湿与溶液除湿复合的新风处理装置及方法	能源与环境学院	张 伦 陈 瑶 张小松	2019-08-13	106679002
510	一种类奔德斯分解的下垂控制孤岛微电网潮流计算方法	电气工程学院	吴在军 李培帅 施 烨 胡敏强 窦晓波	2019-08-13	106682363
511	阻性传感器阵列测量装置及方法	仪器科学与工程学院	吴剑锋 何贵赏 汪 峰 王 琦 李建清	2019-08-13	107063312
512	一种高精度三维土压力测试装置及其量程调整系统	土木工程学院	王 浩 郑文智 茅建校 荀智翔 陶天友 王飞球 朱克宏 刘海浪 铁 栋	2019-08-13	106840472
513	一种基于FPGA的极限测试模板生成方法	信息科学与工程学院	高礼忠 吴晨阳	2019-08-13	106771454
514	一种基于氧化锌纳米管的表面等离子体光波导结构	电子科学与工程学院	吴旭峰	2019-08-13	105569300
515	一种方波驱动永磁型无刷直流电机模拟系统	电气工程学院	刘 凯 宿维玉 付兴贺 林明耀	2019-08-13	106384557

(续 表)

序号	专利名称	发明人所在单位	发明人	授权公告日	授权公告号
516	基于模块化多电平变换器的高速永磁同步电机控制方法	电气工程学院	黄允凯 夏天琦 姚 宇 许 欢 曹 智	2019-08-13	106385214
517	一种同时传输三路信号的光OFDM方法	信息科学与工程学院	陈 明 黄 诺 汪后禹	2019-08-13	106330310
518	基于零相关序列带序列的水声通信系统多普勒扩展估计方法	信息科学与工程学院	李春国 杨绿溪 张 行 宋 康 曹冰昊	2019-08-13	106330251
519	中继协作水声通信系统基于ARQ反馈的资源分配方法	信息科学与工程学院	李春国 杨绿溪 董 繁 宋 康 曹冰昊 徐煜耀	2019-08-13	106357376
520	一种用不同颜色与长度的线条来再现文本中字符生成速度的方法及装置	外国语学院	陈祥雨 陈美华 鲍 敏	2019-08-13	106354367
521	一种电力系统应对网络攻击脆弱性评估方法	电气工程学院	汤 奕 李梦雅 李 峰 王 琦	2019-08-13	106100877
522	一种SDN域间路由实现方法	计算机科学与工程学院等	李 伟 罗军舟 蒋 健 丁文江	2019-08-13	105871718
523	一种太阳跟踪装置	能源与环境学院	苏中元 王 军 史国钧 伦皮特	2019-08-13	105605806
524	多输入多场景下基于网络虚拟化的运营商间资源共享方法	信息科学与工程学院	尤肖虎 夏 婷 潘志文 刘 楠	2019-08-13	105848221
525	基于修改分段线性函数的功放数字预失真装置及方法	信息科学与工程学院	翟建锋 张 雷 于志强 周健义	2019-08-13	105656434
526	一种基于修正加权二部图的无重叠视域目标匹配方法	仪器科学与工程学院	林国余 杨 彪 张宇歆 张为公 戴 栋	2019-08-13	104065932
527	大规模模多输入多输出天线系统的信道估计方法及装置	清华大学,信息科学与工程学院	高飞飞 谢宏祥 金 石	2019-08-09	106559361
528	基于卷积神经网络的城市轨道交通乘客拥挤程度检测方法	南京地铁集团有限公司,南京地铁建设有限责任公司,交通学院,北京全路通信信号研究设计院集团有限公司	张 宁 陈毓伟 何铁军 裴顺鑫 黎 庆 王 健 李 勇 汪 理 孙舒淼 陈 亮 吴 昊 娄永梅	2019-08-06	109446920
529	一种计及区域量测能力的主动配电网保护方案	电气工程学院等	吴在军 汤 拓 朱 玛 周志坤 杨才明 袁顺涛 金乃超 范文超 高仁栋 章立宗 李 勇 刘永新 凌 光 秦建松 寿 铠 张金鹏	2019-08-06	108832606

序号	专利名称	发明人所在单位	发明人	授权公告日	授权公告号
530	用于单向活动支座安装方向错误处治的限位装置与方法	交通学院	虞建成 严永阳 许玉旸 钱逸飞	2019-08-06	10860432
531	一种三元复合材料地铁减振道床制作方法	交通学院	缪林昌 厉超	2019-08-06	10867225
532	一种诱导损伤可观测竹节耗能杆	土木工程学院	王春林 刘烨 高远	2019-08-06	10784212
533	一种多路径高压摆率环路运放电路及其实现方法	电子科学与工程学院	吴建辉 王甫锋 孙杰 李红 包天昱	2019-08-06	10780770
534	一种检测混凝土兼具良好流动性和站立性的装置和方法	土木工程学院	张云升 张宁	2019-08-06	10732869
535	一种超疏水纤维毡及其制备方法	材料科学与工程学院	张友法 罗文 余新泉	2019-08-06	10741953
536	一种基于截短级数展开的LR-RZF大规模MIMO系统预编码方法	江南大学,信息科学与工程学院	李正权 王兵 吴琼 刘洋 沈连丰 聂淑珍 邹星	2019-08-06	10653352
537	一种城市轨道交通区间乘客交通状态判别方法	南京地铁集团有限责任公司,南京地铁建设有限公司,交通学院,北京全路通信信号研究设计院集团有限公司	张宁 赖梦婷 何铁军 吴娟 陆海杰 毛建 张超 印峰 肖波 曹亚林 李一波 尹嵘 陈宇 张鹏雄 马申端	2019-08-02	10938930
538	一种用于等温扩增检测结核分枝杆菌的引物及包含该引物的检测试剂盒和方法	中大医院,南京市疾病预防控制中心	许银芳 张洪英 吴培	2019-08-02	10853162
539	一种基于无线信道特征量化的有不对称密钥的信息传输方法	网络空间安全学院	彭林宁 胡爱群	2019-08-02	10836637
540	集成宽带小型化和差相位比较网络的单脉冲天线阵列	信息科学与工程学院	洪伟 聂星河	2019-08-02	10746499
541	一种生物质合成气中焦油脱除转化的装置及转化方法	能源与环境学院	肖军 孙亭亭 沈来宏	2019-08-02	10698728
542	一种加固混凝土变电构架的方法及装置	广东电网有限责任公司电力科学研究院,土木工程学院	吴刚 李文胜 庞育阳 聂铭	2019-08-02	10601383
543	纳米孔检测芯片的便携式夹装置	机械工程学院	沙菁 张志诚 陈云飞 孙倩怡 傅方舟	2019-07-30	10946504
544	一种BFRP-ECC混凝土盾构管片及盾构隧道	交通学院	司伟 章伟 黄	2019-07-30	10886881

科技工作 ·417·

(续表)

序号	专利名称	发明人所在单位	发明人	授权公告日	授权公告号
545	具有刚度梯度的鼠笼式弹性支承	机械工程学院	费庆国 张大海 刘璟泽 柳友志	2019-07-30	109026207
546	一种物理法细胞破碎的微结构装置及其细胞破碎和加工方法	机械工程学院	沙 菁 傅方舟 陈云飞 孙倩怡 张志诚	2019-07-30	109082364
547	低氮燃烧循环流化床锅炉的燃烧与SNCR脱硝协同优化方法	能源与环境学院	金保昇 杨 旭 王晓佳	2019-07-30	108870384
548	回收火力发电厂干法捕集CO_2过程余热并用于供热的系统	能源与环境学院	陈晓平 谢玮玮 梁 财 刘道银 马吉亮	2019-07-30	108679682
549	一种分形网状相变储能装置	能源与环境学院	张程宾 陶建云 于 程 陈骅嘉 张子文 王 贸 李 杰 孙美岗 肖念问 史旭鹏	2019-07-30	108302969
550	多枝树形等离激元波导复合纳米结构合成及光学操控方法	电子科学与工程学院	张晓阳 张 彤 秦妍妍 薛小枚	2019-07-30	108303765
551	一种电涡流三维减振装置	土木工程学院	王 浩 郑文智 茅建校 胡所亭 赵欣欣	2019-07-30	108166641
552	一种诱导损伤可测耗能杆	土木工程学院	王春林 郑小龙 刘 烨	2019-07-30	107965066
553	一种矩形口径三角网格平面阵列天线的方向图数值优化方法	信息科学与工程学院	蒋忠进 崔铁军 陈阳阳	2019-07-30	107908860
554	一种圆形口径平面阵列天线的方向图数值优化方法	信息科学与工程学院	蒋忠进 崔铁军 陈阳阳	2019-07-30	107958106
555	一种3D-MIMO多小区下行自适应传输方法	信息科学与工程学院	李 潇 李朝松 高西奇	2019-07-30	107592675
556	一种利用杆杠原理的电涡流减振装置	土木工程学院	王 浩 祝青智 茅建校	2019-07-30	107355509
557	基于力/力矩传感器的三维力反馈手柄回复力控制结构及方法	仪器科学与工程学院	宋爱国 林 珍 李会军 曾 洪 徐宝国 朱利丰	2019-07-30	107560777
558	一种强稳定性树枝盒状溴化物钙铁矿量子点制备方法	电子科学与工程学院	王春雷 徐意仁 徐淑芸 崔一平	2019-07-30	107365580
559	一种基于内摩擦角的乳化沥青冷再生混合料制备方法	交通学院	黄晓明 汤钧晓 黄若昀 赵润民 陈明虹	2019-07-30	107337380
560	可见光通信系统中基于可靠判决反馈的信道估计方法	信息科学与工程学院	蒋良成 焦晶晶 陈 明	2019-07-30	107231323

（续）

序号	专利名称	发明人所在单位	发明人	授权公告日	授权公告号
561	基于换道行为的主线收费站ETC指示标志设置安全距离计算方法	交通学院	何 杰 张 莹 刘子洋 周博见	2019-07-30	107230388
562	基于有功功率波动性和周期性的洗衣机非侵入辨识方法	电气工程学院	周 赣 张 亮 冯燕钧 傅 萌	2019-07-30	107390043
563	一种基于再生热回收的串联无霜空气源热泵系统	能源与环境学院	苏 伟 张小松	2019-07-30	107218644
564	一种测量钢筋/水泥基复合材料粘结锚固性能的方法	材料科学与工程学院	郭丽萍 柴丽娟 徐燕慧 丁 聪	2019-07-30	107084880
565	一种二氧化硅/纳米纤维功能复合物修饰电极及其制备方法和应用	公共卫生学院	王晓英 王祎杰 单艳群 蒋 萌	2019-07-30	107271513
566	一种基于光诱导介电泳技术和纳米孔的DNA测序装置和测序方法	机械工程学院	项 楠 王 欣 倪中华 陈 科	2019-07-30	106978334
567	一种转子错位结构电机	电气工程学院	付兴贺 刘 凯 林明耀	2019-07-30	106981937
568	一种用于射频端口静电放电防护的可控硅电路	信息科学与工程学院	李智群 乐鹏飞 李 芹 何小东 何雨涌	2019-07-30	106876388
569	一种螺旋线行波管慢波结构工作温度测量方法及装置	电子科学与工程学院	孙小菡 张 劲 袁慧宇 赵兴群	2019-07-30	106840451
570	一种细菌生物膜处理装置	化学化工学院	姚 琛 周 宾	2019-07-30	106669021
571	基于星敏感器和星间链路的HEO卫星编队飞行自主导航方法	仪器科学与工程学院	王 鹏 祝燕华	2019-07-30	106595674
572	用于超临界火电机组机炉系统负荷跟踪的双层控制系统	能源与环境学院	韩四维 沈 炯 潘蕾	2019-07-30	106855691
573	高速公路交通安全仿真分析的两阶段参数标定方法	交通学院	徐铖铖 欧阳鹏英 刘 攀 俞 源	2019-07-30	106529076
574	一种散射型可控型随机编码超表面及控制方法	信息科学与工程学院	崔铁军 刘 硕 白国栋	2019-07-30	106571533
575	基于用户达波角的信道估计和功率控制相结合的传输方法	信息科学与工程学院	许 威 刘明霞	2019-07-30	106330278

序号	专利名称	发明人所在单位	发明人	授权公告日	授权公告号
576	一种促进微生物快速生长的培养液及使用方法	交通学院	缪林昌 孙潇昊 童天志	2019-07-30	106085944
577	一种MIM-I-BAR蛋白提取纯化方法	生物科学与医学工程学院	顾宁 张玥 曹萌	2019-07-30	105734097
578	一种含有碳氮键的His-Vx3-eGFP蛋白-纳米铝共价偶联泛素化蛋白及其提取方法和应用	医学院	王立新 沈艳飞 赵金金	2019-07-30	105777873
579	马波沙星的制备	海门慧聚药业有限公司,化学化工学院	邹平 储玲玲 王平 张新刚 邱小龙 胡林 苟少华 王东辉 邓贤明 游正伟 江中兴 彭陟辉	2019-07-26	107383058
580	一种面向关系型数据库的图查询方法	计算机科学与工程学院	漆桂林 孙松 张晓	2019-07-26	106874422
581	一种基于相变储能的热泵空调及生活热水联合系统	能源与环境学院	陈九法 庄昆明 王晓奇 王楠	2019-07-26	106802024
582	一种吸附材料吸附性能自动称重装置及方法	能源与环境学院	闫奔 张辉	2019-07-26	106546508
583	一种车载自组织网络中基于身份的高效数据传输方法	网络空间安全学院	万长胜 李静 韩民杨	2019-07-26	106452762
584	一种基于特征识别的空调系统仿真模拟方法	能源与环境学院	梁彩华 黄婷婷 凌善旭 张小松	2019-07-26	106529021
585	一种可编程设计的人工表面等离激元波调控装置	信息科学与工程学院	崔铁军 张浩驰 刘峻峰	2019-07-26	106450625
586	一种考虑路网契合度的智能手机出行方式识别方法	交通学院	季彦婕 刘阳 高良鹏 樊海润	2019-07-26	106446208
587	利用超声波对弯曲表面除霜的实验装置	能源与环境学院	陈振乾 张婉倩	2019-07-26	106645141
588	一种基于迭代结构的双耳混合语音分离方法	信息科学与工程学院	周琳 李楠 吴镇扬	2019-07-26	106373589
589	一种基于阻尼网络的单轴旋转SINS轴向陀螺漂移校正方法	仪器科学与工程学院	程向红 胡杰 刘全 朱倚娴	2019-07-26	106441357
590	一种超耐磨超疏水涂层及其制备方法	材料科学与工程学院	张友法 王山林 余新泉	2019-07-26	106398334
591	微壳体谐振器及其制备方法	电子科学与工程学院	尚金堂 罗斌 张瑾	2019-07-26	106441258

(续表)

序号	专利名称	发明人所在单位	发明人	授权公告日	授权公告号
592	一种可以提高产电菌产电效率的修饰ITO电极及其制备方法	生物科学与医学工程学院	张艺馨 赵新雷 郭明洋 迟慧梅	2019-07-26	106226372
593	一种螺旋桨硅烷材料及其制备方法	化学化工学院	周钰明 张牧阳 卜小海	2019-07-26	105482124
594	一种用于燃烧后CO_2捕集系统的改进INA前馈控制方法	能源与环境学院	沈 炯 唐梓洁 张俊礼 吴 啸	2019-07-23	109188911
595	一种在信息低比情况下提取设备物理指纹特征的方法	南京东科优信网络安全技术研究院有限公司,网络空间安全学院	胡爱群 邢月秀 彭林宁	2019-07-23	108809355
596	内置可更换粘滞阻尼器与耗能钢筋的预制拼装桥墩抗震结构及其施工方法	交通学院	王文炜 朱元印 石劲阳 朱忠锋 郑宇宙 曹晓波	2019-07-23	107974933
597	双边LCC网络的WPT系统恒流恒压输出可调的参数设置方法	电气工程学院	曲小慧 储海军	2019-07-23	107769573
598	一种具有强化滴状冷凝效果的非均匀超疏水涂层及其制备方法	材料科学与工程学院	张友奎 汪希奎 张 静 余新泉	2019-07-23	107502875
599	一种自适应探测模式的光子计数线阵读出电路及方法	电子科学与工程学院	郑丽霞 田江江 翁子清 张广超 吴 金 孙伟锋	2019-07-23	107449516
600	一种电动汽车充电引导方法	电气工程学院	黄学良 业 睿 陈 中 张梓麒 张振兴 马子文	2019-07-23	107139741
601	一种基于室外温湿度的空调调整冷冻水温度的运行的方法	能源与环境学院	陈振乾 徐笑强	2019-07-23	106969471
602	多层大跨度装配式正交斜放装配式砼空间网格盒式结构及制作方法	土木工程学院,贵州大学,贵州建工集团第四建筑工程有限责任公司,江西格雷斯科技股份有限公司,潍坊昌大建设集团有限公司	马克俭 吴 刚 赵 勇 徐鹏强 张华刚 吴奇泽 廖卫红 田新刚 朱九洲 陈志鹏 王维奇 郭 川 姚建刚 魏艳辉 孟 玲 陈 靖 白志强	2019-07-23	106996148
603	口径面相位和幅度均匀分布的高增益透镜天线	信息科学与工程学院	崔铁军 陶 醉 蒋卫祥 马慧锋	2019-07-23	107093802
604	一种多层次地铁运营安全风险测量方法	南京地铁集团有限公司,南京地铁建设有限责任公司,交通学院,北京全路通信信号研究设计院集团有限公司	张 宁 张凌翔 何铁军 裴顺鑫 黎 庆 王 健 李 勇 汪 理 孙舒森 陈 亮 吴 昊 娄永梅	2019-07-19	109359844

科技工作

(续表)

序号	专利名称	发明人所在单位	发明人	授权公告日	授权公告号
605	多相永磁同步电机驱动系统故障诊断方法	电气工程学院	王 政 王学庆 徐质闲 程 明	2019-07-19	108490353
606	一种工模具钢相变热处理方法	材料科学与工程学院等	周雪峰 方 峰 蒋建清 朱小坤	2019-07-19	108220562
607	一种双膜电容式压力传感器及制作方法	佛山市川东磁电股份有限公司、电子科学与工程学院	秦 明 王振军 龙克文 何华娟	2019-07-19	107478359
608	一种云数据中心大规模异构集群节点快速定量分级方法	计算机科学与工程学院、焦点科技股份有限公司	熊润群 罗军舟 东 方 金嘉晖	2019-07-19	106470242
609	一种高温辊道窑辊子装置	机械工程学院	卢 熹 吴 翔 程丹丹	2019-07-16	108709421
610	匹莫苯丹的制备	海门慧聚药业有限公司、化学化工学院	邹 平 张新刚 王 平 胡 林 时光好 沈 伟 储玲玲 彭晓辉 张义森 王东辉 邓贤明 江中兴 曹 雷 陈 俊	2019-07-16	107176948
611	一种与燃气、蒸汽动力循环发电系结合的太阳能热发电系统	国家电网公司、南京南瑞集团公司、国网青海省电力公司、南京南瑞太阳能科技有限公司、电气工程学院	冯 烨 杜 烨 邵方知 王启扬 林 晨 严倩雯 王 军	2019-07-16	106958514
612	用于检测低压变频器低电压穿越能力的电压暂降发生装置	国网江苏省电力公司、江苏方天电力技术有限公司、电气工程学院、国家电网公司	黄学良 姚新阳 王正齐 霍学锋 胡 伟 徐贤良 徐 钢 顾 文 唐一铭 李辰龙 吴 涛	2019-07-16	106100360
613	故障环境下城市轨道交通列车的辅助定位系统及其方法	南京地铁集团有限责任公司、南京地铁建设有限责任公司、交通学院、北京全路通信信号研究设计院集团有限公司	张 宁 何铁军 吴 娟 陆赛杰 胡 伟 毛建波 印 峰 肖 超 曹亚林 李一波 陈 宇 尹 嵘 张鹏雄 马申瑞	2019-07-12	109131449
614	高速动压润精密主轴热力学建模与热设计方法	机械工程学院	蒋书运 朱国振	2019-07-12	108959830
615	一种可调的自动对中竟板夹具	土木工程学院	张大海 柳友志 费庆国 刘慕泽	2019-07-12	109211660
616	模拟驾驶人主观感知与反应的交通流微观仿真方法	交通学院	张国强 陈 峻 何顶顶	2019-07-12	108986454
617	摩托车转向轴承滚珠自动排列及码垛装置	机械工程学院	韩 良 彭景辉 梁 昌	2019-07-12	109160243
618	基于多重路径集的最优交通流预测方法与拥挤收费方法	交通学院	周博见 何 杰 刘子洋 邢 璐	2019-07-12	108765944

序号	专利名称	发明人所在单位	发明人	授权公告日	授权公告号
619	一种基于RBF神经网络预测控制的双进双出球磨机控制系统及控制方法	能源与环境学院	吕剑虹 索明亮 蔡戎戢 于吉	2019-07-12	108579929
620	可伸缩式竖直运动箱体导向机构	机械工程学院	帅立国 许海涛 陈慧玲 张志胜	2019-07-12	108466900
621	一种混凝土各向异性多尺度损伤变量量化方法	土木工程学院	郭小明 孙晓东 吴佰建 郭力	2019-07-12	108509686
622	一种仿生微孔表面泡沫金属填充太阳能真空集热管	能源与环境学院	陈振乾 卢雅琳 施娟	2019-07-12	108302784
623	一种基于双层热电堆结构的风速风向传感器及检测方法	电子科学与工程学院	易真翔 叶一舟 秦明 黄庆安	2019-07-12	107907707
624	基于表面等离子体的量子点随机激光器及其制备方法	电子科学与工程学院	叶莉华 赵庆 程志祥 徐椒宏 崔一平	2019-07-12	108123357
625	基于多光子吸收的染料掺杂液晶随机激光器及其制备方法	电子科学与工程学院	叶莉华 刘雨璇 孙嘉楠 吕昌贵 崔一平	2019-07-12	108023269
626	基于PDMS聚合物的柔性量子点随机激光器	电子科学与工程学院	叶莉华 程志祥 赵庆 王春雷 崔一平	2019-07-12	107887787
627	一种感知时长和资源分配联合优化的方法	信息科学与工程学院	宋铁成 顾斌 李正权 孙大飞 吴名 郭静 沈连丰	2019-07-12	108055699
628	一种中温太阳能空气能耦合系统	能源与环境学院	王军 黄秉坤 蒋川 杨嵩 徐志成	2019-07-12	107906576
629	一种TiSiTaN涂层刀具及其制备方法	机械工程学院	丁林 邢佑强 高俊涛 吴泽 黄鹏 刘磊 张忍明	2019-07-12	107740052
630	一种激光溅射法制备CsPbBr$_3$薄膜的方法	物理学院	徐庆宇 张昊 马眉扬 王宏 董帅	2019-07-12	107805779
631	一种基于超材料结构的湿度传感器	电子科学与工程学院	韩磊	2019-07-12	107884457
632	一种基于GNSS/INS深组合导航的双速率卡尔曼滤波方法	仪器科学与工程学院	陈熙源 赵正扬 闫晰 章怀宇 汤新华	2019-07-12	107643534
633	一种基于自适应半软阈值小波变换的多路径误差提取方法	能源与环境学院	陈熙源 张梦尧 闫晰 汤新华	2019-07-12	107576974

科技工作

(续)

序号	专利名称	发明人所在单位	发明人	授权公告日	授权公告号
634	一种制备花状铜纳米簇-石墨烯-泡沫镍材料的方法	材料科学与工程学院	郭新立 祝 龙 陈忠涛 张伟杰 刘 陶 赵 丽 段亮亮	2019-07-12	107644744
635	一种高纯度无水氯化镁的制备方法	化学化工学院	雷立旭 范珍珍 李小恒	2019-07-12	107162027
636	基于车辆视频识别的混合式主线收费站交通冲突评价方法	交通学院	何 杰 吴冠鹤 刘子洋 那 璐 杭 文 周博见	2019-07-12	107248290
637	可见光通信中基于压缩感知的OMP稀疏信道估计方法	信息科学与工程学院	蒋良成 焦晶晶 陈 明	2019-07-12	107171988
638	一种专用于小型杆件受弯性能研究的辅助试验装置	土木工程学院	郭 彤 邹 翼 余夏明	2019-07-12	107271271
639	基于谐振频率的硅微谐振式加速度计在线温度补偿方法	仪器科学与工程学院	李宏生 张 婷 彭心悦 黄丽斌	2019-07-12	107389979
640	一种直流接触器节能控制装置及控制方法	电气工程学院	房淑华 杨延举 倪海妙 林鹤云	2019-07-12	107170644
641	无线传感器网络多路径安全传输方法	网络空间安全学院	黄 杰 张云龙 万亚寒 闵溪菁 曹山山 朱 仟	2019-07-12	107295505
642	一种基于频率相对偏差预估的分段综合频偏信号频率估计方法	信息科学与工程学院	姚 帅 唐 建 王晓燕 方世良	2019-07-12	107064629
643	基于固定位置的无线信道动态密钥生成方法	网络空间安全学院	姜 禹 胡爱群 张方宇 胡良君	2019-07-12	107124716
644	一种七甲川吲哚菁类有机染料作为线粒体荧光探针的应用	生物科学与医学工程学院	吴富根 贾浩然 潘光玉	2019-07-12	107418557
645	一种基于多人眼感知分组特性的图构造方法	自动化学院	张金霞 魏海坤	2019-07-12	107256412
646	一种苯甲酰胺类Hedgehog抑制剂及其制备方法和应用	化学化工学院	蔡 进 郭明亮 那 静 李丛丛 李 贞	2019-07-12	107163028
647	一种基于脉冲等效法的单相直接交交变频电路及控制方法	电气工程学院	王念春 史言威 王宁 吴晓玉	2019-07-12	106992689
648	一种反压饱和状态大三轴试样的柔性壁压力渗流试验装置	交通学院	石名磊 谭风雷 钱春杰 张瑞坤 郭 超	2019-07-12	107153036

(续表)

序号	专利名称	发明人所在单位	发明人	授权公告日	授权公告号
649	直接频率输出的三框架式双质量硅微机械陀螺仪	仪器科学与工程学院	李宏生 丁徐锴 黄丽斌	2019-07-12	107063222
650	一种基于CT图像分析混凝土开裂成因的方法	材料科学与工程学院	陈春 高阳 潘钢华 张萍	2019-07-12	107064183
651	蜂窝状集束布置六边形筒体的超高层塔楼结构体系	土木工程学院	徐文平 郭进 叶帅 强珥珥 戴航 左江 孙逦 汪杰	2019-07-12	107060096
652	一种电致化学发光材料、其制备方法及应用	化学化工学院	丁收年 韩亭亭 李其其 温雪飞 任雅珞 武锡铜 左家莹 董浩	2019-07-12	106959289
653	一种核仁靶向荧光碳点及其制备方法与应用	生物科学与医学工程学院	吴富根 鲍张雯 华先武	2019-07-12	107118765
654	基于相关系数和EMD滤波特性的碰摩声发射信号降噪方法	能源与环境学院	邓艾东 李晶 朱静 刘东灏 张瑞 黄宏伟	2019-07-12	106706122
655	一种适用于不同子载波间隔的多载波资源分配方法	信息科学与工程学院	盛彬 刘恒 张辉 吴琼 刘媛美	2019-07-12	106658734
656	一种水凝胶膜材料表面抗蛋白粘附的处理方法	化学化工学院	姚琛 周宾	2019-07-12	106750445
657	一种基于光伏逆变器调相的串供线路调压方法	电气工程学院	汤奕 戴剑丰 朱亮亮 王琦 陈良耳 刘煜谦 李峰	2019-07-12	106849111
658	一种基于动态分区技术的电网短路电流抑制方法	电气工程学院	汤奕 朱亮亮 刘煜谦 李峰 戴剑丰 王琦	2019-07-12	106684859
659	一种结合均衡策略的无线虚拟网络中的资源分配方法	信息科学与工程学院	潘志文 徐鑫鑫 刘楠 尤肖虎	2019-07-12	106455078
660	一种高速公路收费站应急管控系统及其方法	交通学院	冉斌 钟罡 张健 李林超 尹婷婷 远	2019-07-12	106548635
661	一种无线通信链路自适应上下行链路自适应方法	信息科学与工程学院	王闻今 谢晓东 高西奇 江彬	2019-07-12	106341216
662	一种非均匀阵元间距的低副瓣电平串馈微带天线	信息科学与工程学院	王海明 尹杰茜 无奇 余晨 洪伟	2019-07-12	106486786

(续表)

序号	专利名称	发明人所在单位	发明人	授权公告日	授权公告号
663	射频电路失配情况下大规模MIMO下行无线通信方法	信息科学与工程学院	高西奇 陈岩 尤力	2019-07-12	106301502
664	一种自复位弯摆撞击耗能隔震装置	土木工程学院	吴刚 崔浩然 张简 吴京	2019-07-12	106437259
665	基于水溶性阴离子聚合物的荧光可视化定量检测端粒酶活性的方法	化学化工学院	卫伟 陈昌慧 刘松琴	2019-07-12	106350577
666	一种适用于矩形平面的可装配式张弦拱助网壳结构	土木工程学院	朱明亮 郭正兴 曹江 陈雪琪	2019-07-12	106337498
667	一种基于语句相似度的话题观点聚类方法	计算机科学与工程学院	杨鹏 袁志伟 顾梁 赵丹丹	2019-07-12	106372208
668	一种基于SCMA系统的DMPA译码方法及译码器	信息科学与工程学院	张川 杨超 尤肖虎	2019-07-12	106301683
669	一种软件极化码的连续消除列表译码方法	信息科学与工程学院	张川 申怡飞 尤肖虎	2019-07-12	106253911
670	一种低电阻通电阻横向双扩散金属氧化物半导体器件	电子科学与工程学院	孙伟锋 薛颖 叶然 陈欣 刘斯扬 陆生礼 时龙兴	2019-07-12	106024905
671	双目全景图像获取方法及装置	计算机科学与工程学院、腾讯科技(深圳)有限公司	姚莉 王巨宏 黄婷婷 郑轩 冯燕钧	2019-07-12	107666606
672	一种GPU加速的电力潮流雅可比矩阵的LU分解方法	电气工程学院	周赣 孙立成 傅萌 张旭	2019-07-12	106157176
673	基于分形声学超材料的宽带声聚焦透镜及其制备方法	信息科学与工程学院	秦成明 宋刚永 程强 黄蓓 董慧媛 崔铁军	2019-07-12	106228971
674	三相四开关逆变器驱动永磁同步电机的模型预测控制方法	电气工程学院	花为 黄文涛 张澄 程明 王宝安	2019-07-12	106059428
675	基于小波包分解及逻辑回归的脑电分类方法	仪器科学与工程学院	王爱民 苗敏敏 戴志勇 曹政	2019-07-12	106127191
676	一种面向不动产实地测量的定位方法	仪器科学与工程学院	吴峻 周晶 蒋晨瑶 王永杰	2019-07-12	105841700
677	一种基于块安全再生码的轻量级数据安全存储方法	网络空间安全学院	黄杰 朱仟 许金乐 曹山山 李凡 闵溪青 倪广源 万弈寒 卫锦 张云龙	2019-07-12	106059748
678	多个提供商共存场景下的网络虚拟化框架和速率申请方法	信息科学与工程学院	潘志文 高昌扬 刘楠 尤肖虎	2019-07-12	106028343

(续表)

序号	专利名称	发明人所在单位	发明人	授权公告日	授权公告号
679	一种木质素液相解聚产物中低聚物分子结构判定的方法	能源与环境学院	沈德魁 刘娜娜 肖 睿	2019-07-12	105929015
680	一种防泄漏、阻燃型复合相变材料及其制备方法	材料科学与工程学院	李 敏 陈起文	2019-07-12	105754558
681	一种基于POI业态数据生成城市空间大数据地图的方法	建筑学院	杨俊宴 李 晋	2019-07-12	105893544
682	基于变长增量型极限学习机的SAR图像分类方法	信息科学与工程学院	蒋忠进 崔铁军 王诗峤	2019-07-12	105718963
683	一种水凝胶、其制备方法及其应用	生物科学与医学工程学院	张天柱 周乃蓉 马晓峨	2019-07-12	105771004
684	一种两核苷酸实时合成测序检测碱基连续突变序列的方法	生物科学与医学工程学院	肖鹏峰	2019-07-12	105648084
685	一种城市人口分布密度实时动态测量方法	建筑学院	杨俊宴 史 宜	2019-07-12	105760454
686	一种填充有氧化石墨烯的卷烟二元复合滤嘴及其制备方法	电子科学与工程学院	孙立涛 杜 凯 毕恒昌 王 刚	2019-07-12	105361241
687	一种低成本低损耗带地补偿的毫米波封装结构	信息科学与工程学院	李连鸣 夏海洋 张 涛 崔铁军	2019-07-12	105304997
688	一种防水通风板	建筑学院	赵 源 贾向东 赵长财	2019-07-09	106703226
689	一种基于模糊逻辑控制器的混合储能系统控制方法	电气工程学院,国网江苏省电力公司电力科学研究院	黄学良 孙厚涛 李 强 吕振华 柳 丹 袁晓冬	2019-07-09	106786696
690	一种耐蚀抗雾低黏附铜基超疏水表面的制备方法	江苏理工学院,材料科学与工程学院	夏咏梅 余新泉 孙顺平 李小平 陈 锋	2019-07-09	106191865
691	亲水性硅氧低聚物,硅水凝胶,角膜接触镜及制备方法	江苏海伦隐形眼镜有限公司,化学化工学院	陶慧文 林保平 韩雪莲 张雪勤 陈 平	2019-07-09	105399954
692	一种基于矩阵变换的配电网络短路计算方法	江苏省电力公司南京供电公司,江苏省电力公司,国家电网公司,电气工程学院,国电南端科技股份有限公司	王 勇 朱 红 嵇文路 马洲俊 徐青山 陈潇鹏 罗 凡 李文书 赵辉程	2019-07-09	105260949
693	一种高电子透过率的冷阴极X射线管栅极结构及制作方法	电子科学与工程学院	朱卓娅 高万里 雷 威 张晓兵 刘金虎 李劲生	2019-07-05	108447754

科技工作

(续表)

序号	专利名称	发明人所在单位	发明人	授权公告日	授权公告号
694	一种考虑逆变型分布式电源接入的配电网故障区域定位算法	电气工程学院,国网浙江省电力公司绍兴供电公司	吴在军 汤 拓 朱 玛 窦怡蒋 金乃正 范文超 杨才明 李寿铠 刘永新 凌 光 高仁栋 章立宗 秦建松 张金鹏	2019-07-05	108173249
695	一种迭代空间模糊聚类的大脑磁共振图像超体素生成方法	计算机科学与工程学院	孔佑勇 吴 飞 任洲甫 杨志坤 伍家松 舒华松 沈傲东	2019-07-05	108305279
696	一种粗糙粘结界面粗糙度的临界计算方法	交通学院	王文炜 郑宇宙	2019-07-05	107421886
697	一种生物滞留池过滤层填料及加工方法	昆山市建设工程质量检测中心,信息科学与工程学院,江苏东南海绵设施绩效评估有限公司	崔咏军 樊绿叶 阙振业 傅大放 曹晓波 朱忠锋	2019-07-05	107010730
698	一种区域私人共享停车位利用率评价方法	交通学院	陈 峻 张 楚	2019-07-05	106935031
699	一种燃煤发电机组超低负荷运行的系统与运行方法	能源与环境学院,国网江苏省电力公司电力科学研究院	杨建明 姜清生 周 前 徐 珂 解 兵 张宁宇	2019-07-02	107747503
700	一种基于场论的驾驶安全等级确定方法及装置	交通学院,南京阿尔特交通科技有限公司	董长印 王 昊 李 烨 秦严严 项 昀 陈 全 刘雍淇	2019-07-02	107697071
701	一种基于真双极柔性直流输电系统的多目标协同控制方法	电气工程学院	李 周 何 炎 李亚洲	2019-06-28	108521136
702	一种血液透析双重漏血检测模块	江西三鑫医疗科技股份有限公司,机械工程学院	刘 松 臧振中 王兴松 陈 鑫	2019-06-28	105387973
703	一种气体传感器及其制备方法	电子科学与工程学院	雷双瑛 栾 山	2019-06-25	106841338
704	一种真三轴仪端头装配式夹具	交通学院	余振鹏 黄 怀 任 政	2019-06-25	106840862
705	热损失型风速传感器及其制备方法和检测装置	电子科学与工程学院	易真翔 王立峰 董 蕾 秦 明 黄庆安	2019-06-25	106771339
706	一种热温差型风速传感器及其制备方法和检测方法	电子科学与工程学院	易真翔 王立峰 董 蕾 秦 明 黄庆安	2019-06-25	106814212
707	一种三电气端口的双定子磁阻无刷风力发电机	电气工程学院	程 明 朱新凯 韩 鹏 魏新迟	2019-06-25	106787545
708	一种数字示波器的彩色波形显示方法	信息科学与工程学院	高礼忠 崔 城	2019-06-25	106841730

(续表)

序号	专利名称	发明人所在单位	发明人	授权公告日	授权公告号
709	一种测量砂浆或混凝土在立式半浸条件下的膨胀性能测量的装置及方法	材料科学与工程学院	郭丽萍 曹园章 张 健 丁 聪	2019-06-25	106526147
710	一种基于Q学习的户用微电网能量优化方法	电气工程学院	窦晓波 孙 帅 陆 斌 吴在军 胡敏强	2019-06-25	106487011
711	一种极化可重构天线	信息科学与工程学院	郝张成 缪孝伟 胡 俊	2019-06-25	107046169
712	基于硅基微纳米机械加工技术的可嵌入式测试芯片及其制备与使用方法	电子科学与工程学院	孙立涛 苏 适 马 青	2019-06-25	106646175
713	一种基于人工表面等离激元的切仑科夫辐射装置	信息科学与工程学院	崔铁军 徐俊珺 张浩驰	2019-06-25	106486754
714	一种温度场-热路直接耦合的电机热分析方法	电气工程学院	程 明 朱 洒 蔡秀花 王景霞	2019-06-25	106446364
715	一种基于日志分析的IaaS云平台网络故障定位方法及系统	计算机科学与工程学院、焦点科技股份有限公司	张竞慧 罗军舟 董 坚	2019-06-25	106130809
716	一种定频空调聚合建模及其调频服务的方法	电气工程学院	宋 梦 高赐威	2019-06-25	106408165
717	一种银钴双金属催化剂的制备方法及其在甘油氢解中的应用	化学化工学院	肖国民 诸 伟 王远 桑胜亚 梁 婷	2019-06-25	106824220
718	一种网格结构量子通信网络的路由方法	信息科学与工程学院	余旭涛 蔡 瑞 张在琛 邹珍珍 高小钦	2019-06-25	106341328
719	一种两层异构网络中高谱效低功耗的功率控制方法	信息科学与工程学院	蒋雁翔 鲁宁宁 郑福春 高西奇 尤肖虎	2019-06-25	106060906
720	多小区BDMA传输功率分配方法	信息科学与工程学院	高西奇 孙 晨 王闻今 丁 崎	2019-06-25	105933979
721	一种适用于高速模数转换器的低延时比较器	电子科学与工程学院	吴建辉 郭 娜 陈 超 黄 成 张 萌 李 红 刘 畅 傅 娟 黄 俊	2019-06-25	105763192

(续表)

序号	专利名称	发明人所在单位	发明人	授权公告日	授权公告号
722	一种融合私有信息的共享密钥安全通信方法	网络空间安全学院	彭林宁 胡爱群	2019-06-25	104717074
723	一种城市轨道交通层级救援站多目标选址方法	南京地铁集团有限公司,南京地铁建设有限责任公司,交通学院,北京全路通信信号研究设计院集团有限公司	张 宁 何铁军 祝 蕾 裴顺鑫 李 健 汪 理 黎 庆 陈 亮 吴 昊 孙舒淼 娄永梅	2019-06-21	109359845
724	一种基于加速度响应结构灵敏度计算方法	机械工程学院	费庆国 朱 锐 姜 东 曹芝腑 杭晓晨	2019-06-21	108984976
725	一种柔性平面桁架频响动态重分析方法	机械工程学院	费庆国 朱 锐 姜 东 王桂伦 陈素芳	2019-06-21	109376370
726	基于响应信号的灵敏度数值计算方法	机械工程学院	费庆国 朱 锐 姜 东 陈素芳 杭晓晨	2019-06-21	109344433
727	一种基于仿射算法和摄动方法的几何模型高频动力学特性预示方法	机械工程学院	李彦斌 陈 强 费庆国 吴邵庆 于静魏 杨 轩	2019-06-21	109033667
728	移动开闭合式光复合水下湿插拔连接器	机械工程学院	陈云飞 杨文聪 张 艳 韩 权	2019-06-21	109038125
729	利用斥力机构具有短时闭合功能的永磁操动机构及方法	电气工程学院,国网上海市电力公司	林鹤云 马亚林 朱彬若 朱 峰 江剑锋	2019-06-21	108428590
730	双单稳态组合可实现短时闭合的永磁操动机构及方法	电气工程学院,国网上海市电力公司	林鹤云 马亚林 房淑华 张 垠 王新刚 顾 臻	2019-06-21	108550495
731	一种新型聚磁式盘式电机	电气工程学院	林明耀 乐 伟 房淑华 孔 永	2019-06-21	108574386
732	一种适用于并网逆变器的无电流传感器型进网电流控制方法	电气工程学院	肖华锋	2019-06-21	108848613
733	一种近红外波段反应型生物硫醇双光子荧光探针及其制备方法和应用	化学化工学院	钱 鹰 夏 祥	2019-06-21	108191899
734	一种零中频全双工收发机的数字自干扰消除方法	信息科学与工程学院	夏亦犁 李 喆 裴文江 王 开 达尼洛·曼迪奇	2019-06-21	108111186

(续表)

序号	专利名称	发明人所在单位	发明人	授权公告日	授权公告号
735	一种气缸随转子转动的滑片式压缩机	能源与环境学院	陈亚平 周晓裕 吴嘉峰 顾花朵	2019-06-21	108194357
736	一种基于掺杂量子点波长转换的紫外探测系统及方法	电子科学与工程学院	张家雨 袁玉芬	2019-06-21	108123008
737	一种提高永磁电机永磁体抗不可逆去磁能力的转子结构	电气工程学院	林明耀 孔 永 乐 伟 伍锡坤	2019-06-21	107994699
738	一种席夫碱类多功能荧光探针及其制备方法和应用	化学化工学院	赵 红 张 晗 薛兴颖 贺祖茂 杨买娥	2019-06-21	107699234
739	一种模拟人眼对光环境感知的光学测量系统与测量方法	电子科学与工程学院	张宇宁 屠 彦 李 帅 储海龙	2019-06-21	107884005
740	一种基于5G信号的DOA指纹库定位方法	信息科学与工程学院	张在琛 李月朝 吴 亮	2019-06-21	107613559
741	一种基于球体投影公切线的多相机标定及参数优化方法	自动化学院	达飞鹏 俞 健	2019-06-21	107680137
742	微流控注射器滤头及其使用方法	机械工程学院	项 楠 倪中华	2019-06-21	107377024
743	一种基于刚性折纸单元的组合式可展开结构	土木工程学院	陈 耀 张会会 李诙词 叶 健	2019-06-21	107415327
744	内置预应力FRP筋的自复位预制拼装桥墩及其施工方法	交通学院	王文炜 宋元印 朱忽锋 郑宇宙 曹晓波 石劬阳	2019-06-21	107386099
745	一种可选择性分离富集流基化合物的复合纳米纤维材料及其制备方法与应用	生物科学与医学工程学院	康学军 卫兰兰 顾忠泽	2019-06-21	107268108
746	一种测定甲胎蛋白的电化学免疫传感器及其制备方法与应用	医学院	沈艳飞 潘 登 张明明 陈慧苓 张袁健	2019-06-21	107422008
747	面向物联网的硅基固支梁可重构SIW带通滤波器	电子科学与工程学院	廖小平 陈子龙	2019-06-21	107394322

(续)

序号	专利名称	发明人所在单位	发明人	授权公告日	授权公告号
748	面向物联网硅基SIW带金属柱悬臂梁可重构带通滤波器	电子科学与工程学院	廖小平 陈子龙	2019-06-21	107394323
749	一种最小二乘拟合动态频率测量方法	电气工程学院	徐青山 田 笑 刘梦佳 刘瑜俊	2019-06-21	107271768
750	一种基于SOI封装的六轴微惯性器件及其加工方法	仪器科学与工程学院	夏敦柱 黄泠潮 高海钰	2019-06-21	107015016
751	一种具有双掺杂多量子阱结构的紫外发光二极管	电子科学与工程学院	张 雄 范艾杰 吴自力 崔一平	2019-06-21	107240627
752	一种金属等离激元贴片式温度和红外线传感器	电子科学与工程学院	张 彤 张晓阳 陈谕霈	2019-06-21	107238448
753	一种肿瘤细胞高通量分选富集微流控芯片	机械工程学院	项 楠 倪中华 朱志贤	2019-06-21	107058060
754	医疗物资智能运输配送小车、系统及方法	计算机科学与工程学院	帅立国 张鑫杰	2019-06-21	106904409
755	一种高衍射效率的体全息光栅结构及其制备方法	电子科学与工程学院	朱卓娅 仇云萍 杨兰兰 汤勇明	2019-06-21	106873062
756	大量可再生能源并网的主动配电网自适应鲁棒优化方法	电气工程学院	吴在军 李培帅 胡敏强 窦晓波	2019-06-21	106849162
757	多层大跨度装配式混合型钢网格盒式结构及制作方法	云南昆钢钢结构股份有限公司,贵州大学,土木工程学院,湖南金海钢结构有限公司,天津市金万方钢结构有限公司	马克俭 田 睿 张华刚 吴 刚 曾 勇 赵殿刚 李灿琼 肖建春 吴 京 马范军 孙志函 陈应波 陈志鹏 王瑞五 陆红娜 李世男 魏艳辉 李 莉 孙泽阳 朱鹏昊	2019-06-21	106677396
758	大跨度装配式混合型钢空腹夹层板楼盖及制作方法	云南昆钢钢结构股份有限公司,贵州大学,土木工程学院,湖南金海钢结构有限公司,天津市金万方钢结构有限公司	马克俭 田 睿 张华刚 吴 刚 曾 勇 赵殿刚 李灿琼 肖建春 吴 京 马范军 孙志函 陈应波 陈志鹏 王瑞五 陆红娜 李世男 魏艳辉 李 莉 孙泽阳 朱鹏昊	2019-06-21	106677397

(续表)

序号	专利名称	发明人所在单位	发明人	授权公告日	授权公告号
759	一种基于测试自动化的手机功耗测试系统及方法	信息科学与工程学院等	王 桥 唐家博 程妩然 陆 建 蒋厚明 胡 牧 胡昊伟 吴 佳	2019-06-21	106686179
760	基于模型预测预控制的MGT-CCHP分层最优控制系统	化学化工学院	张 怡 吴 啸 李益国 沈 炯	2019-06-21	106647268
761	一种聚氨酯纳米复合材料的制备方法	化学化工学院	周钰明 丁彬彬 任 慧 张俊礼 黄镜怡 王泳娟 申 华	2019-06-21	106751741
762	不同应力路径下侧向基床反力系数室内测试装置	交通学院	李洪江 童立元 刘松玉 何 曼 黄裕中	2019-06-21	106525596
763	真空镀膜的方法	电子科学与工程学院	尚金堂 吉 宇 潘智华 杨万勇	2019-06-21	106498349
764	一种用于高速永磁电机系统的MMC双环流抑制方法	电气工程学院	黄允凯 夏天琦 曹 智 鹿 麟	2019-06-21	106329979
765	一种预应力自复位损伤可控拼装摇摆墙	土木工程学院	吴 刚 崔浩然 许嘉辉	2019-06-21	106245812
766	基于码本的模数混合预编码方法	信息科学与工程学院	何世文 叶日平 黄永明 杨绿溪 洪 伟	2019-06-21	106253956
767	一种大规模MIMO预编码方法	信息科学与工程学院	李正权 满勇强 燕 锋 夏玮玮 沈连丰 王 兵 胡 静 宋铁成	2019-06-21	106330280
768	一种低复杂度大规模MIMO信道估计方法	信息科学与工程学院	李正权 王 兵 满勇强 胡 静 燕 锋 夏玮玮 宋铁成 沈连丰	2019-06-21	106330284
769	基于非理想信道下大规模MIMO线性迭代检测方法	信息科学与工程学院	张 川 薛 烨 尤肖虎	2019-06-21	106357309
770	一种同时测量高温气体二维瞬态温度场和浓度场的方法	能源与环境学院	周 宾 程禾尧 李 可 许 康	2019-06-21	105548072
771	一种基于质量影响的快速灵敏度分析方法	机械工程学院	费庆国 朱 锐 姜 东 杭晓晨 陈素芳	2019-06-18	109299512

(续表)

序号	专利名称	发明人所在单位	发明人	授权公告日	授权公告号
772	一种基于子子结构的复合材料弹性参数识别方法	机械工程学院	费庆国 姜东 曹芝腑 陈素芳 朱锐 聂文伟	2019-06-18	109241559
773	一种溶酶体定位荧光探针酒代吗啉-氟硼二吡咯及其制备方法和应用	化学化工学院	钱鹰 许超 李金钊	2019-06-18	108997395
774	增压流化床二次风协同进料装置及方法	能源与环境学院	陈超 庞磊 钟文琪	2019-06-18	108679602
775	自锁连接装置及其任无人艇回收布放中的应用	仪器科学与工程学院	陈熙源 马振萍 邵鑫 方琳	2019-06-18	108163150
776	一种具有抑制幅度可控性的射频发射机边带失真分量的抑制系统及方法	信息科学与工程学院	余超 杨呐	2019-06-18	108075790
777	面向物联网的砷化镓基具有热电转换功能的MESFET器件	电子科学与工程学院	廖小平 陈友国	2019-06-18	107359152
778	一种硫脲类共聚物热稳定剂及其制备方法	化学化工学院	周钰明 黄双 任慧 丁彬彬 申华 黄裕中	2019-06-18	107383276
779	一种检测TNF-α的光电免疫传感器及其制备方法和应用	医学院	沈艳飞 胡慧祯 潘登 张明明 张衷健	2019-06-18	107422018
780	一种零价铁的分散方法	交通学院	杜延军 周实际 夏威夷 张黎明	2019-06-18	107350469
781	一种用于金属面爬壁机器人的磁吸附提升系统	机械工程学院	王兴松 李杰	2019-06-18	107336760
782	一种DCO-OFDM可见光通信传输系统的实现方法	信息科学与工程学院	陈明 韩晓青 管端	2019-06-18	107395274
783	用于五相OWFTFSCW-IPM电机的匝间短路故障检测方法	电气工程学院	樊英 崔荣华 李臣学	2019-06-18	107153147
784	马鞍抛物面空间混合缆索体系的悬析及施工方法	信息科学与工程学院	徐文平 袁吉汗 郭进 邓欣 强玮良 戴航 夏叶飞	2019-06-18	107386091
785	基于虚拟电子围栏的公交信号优先触发判断方法	仪器科学与工程学院	王庆 李娜 李玲	2019-06-18	107025793

(续表)

序号	专利名称	发明人所在单位	发明人	授权公告日	授权公告号
786	一种电子节气门控制系统的控制方法	电子科学与工程学院	宗诗皓 陈楠 仲雪飞	2019-06-18	106968814
787	灌注桩桩端侧组合后压浆装置及其施工方法	土木工程学院	戴国亮 万志辉 邓会元 龚维明	2019-06-18	107034877
788	一种无铅焊料及其制备方法	材料科学与工程学院	孙正明 凌晨 张培根 郑伟 张亚梅 田无边 刘玉爽	2019-06-18	107009044
789	一种六维力传感器	机械工程学院	王兴松 任晨曦 武磊磊	2019-06-18	106921418
790	一种寻信号控制交叉口群关键路径的方法	交通学院	过秀成 曲俊蓉 刘培曦 吴鹏	2019-06-18	106910350
791	主动配电网自适应鲁棒无功优化方法	电气工程学院	吴在军 李培帅 胡敏强 胡静宜	2019-06-18	106849119
792	基于混合功率判据的非入侵式非变频冰箱启动辨识方法	国网江苏省电力公司苏州供电公司,电气工程学院	徐涛 张珂 周赟 周惠兵	2019-06-18	106340884
793	基于电流二次谐波无功的非变频空调非侵入式辨识方法	国网江苏省电力公司苏州供电公司,电气工程学院	张珂 李洁 沈杰 周赟 朱明杰	2019-06-18	106532719
794	一种甲苯氯化制备邻氯甲苯的方法	化学化工学院	胡慧书 葛裕华	2019-06-18	106565411
795	一种基于公交站点信息优化的普通公交动态调度方法	交通学院	张健 冉斌 郑元 张雯靓	2019-06-18	106485912
796	一种判定快速道路定点测速仪对交通事故数量影响的方法	交通学院	李豪杰 丁红亮	2019-06-18	106485919
797	基于分段技术的硅微动调陀螺仪高精度数字闭环检测电路	仪器科学与工程学院	杨波 吴磊 汪秋华 胡迪	2019-06-18	106441257
798	一种无线云计算系统的资源分配方法	信息科学与工程学院	张源 张佳乐 郑军	2019-06-18	106302170
799	一种厚膜SOI-LIGBT器件及其抗闭锁能力的提高方法	电子科学与工程学院	孙伟锋 李秀军 叶然 杨翰琪 刘斯扬 陆生礼 魏家行 时龙兴	2019-06-18	106252400
800	一种采用SiC功率管的ZCS全桥变换器的辅驱动电路	电子科学与工程学院	钱铁松 刘琦 俞居正 陆生礼 时龙兴 刘鹏 孙伟锋	2019-06-18	106026721

(续表)

序号	专利名称	发明人所在单位	发明人	授权公告日	授权公告号
801	分段双沟槽高压屏蔽的横向绝缘栅双极器件	电子科学与工程学院	祝 靖 张 龙 赵敏娜 孙伟锋 时龙兴 陆生礼	2019-06-18	106206702
802	一种MIMO中基于上下行特征向量的下行调度方法	信息科学与工程学院	黄永明 张 静 杨绿溪	2019-06-18	105554899
803	基于交通状态判别的动态双向绿波控制方法	交通学院	柴 干 孙常聪 张 翔	2019-06-14	108806290
804	一种对多源数据来源的公交站点位置纠偏的方法	交通学院	王 炜 杨 洋 丁浩洋 俞 越 王泽民	2019-06-14	107978169
805	一种水性透明超疏水涂料及其制备方法	材料科学与工程学院	张友法 姚道州 余新泉	2019-06-14	107353677
806	一种纳米纤维修饰电极的制备方法及应用	生物科学与医学工程学院	戎 非 王 樱 吴 巍	2019-06-14	107356655
807	一种直流降压变换器复合电流约束控制方法	自动化学院	李世华 王 佐 王翔宇 郭天亮 李 奇	2019-06-14	107040138
808	一种采用马达-扫描头分离技术的扫描隧道显微镜结构	吴健雄学院	张宇峰 王建立 袁帅东	2019-06-14	106932611
809	一种沥青混合料骨架强度的评价方法	交通学院	顾兴宇 王晓威 倪富健 董 侨	2019-06-14	107014679
810	一种主动运渣土的全套管工法用钢套管及其施工方法	中铁二十四局集团有限公司,土木工程学院	朱兖宏 徐梓栋 王 浩 茅建校 刘海浪	2019-06-14	106761474
811	基于码元序列估计的北斗卫星导航系统B1频带弱D1信号捕获方法	信息科学与工程学院	樊祥宁	2019-06-14	105911569
812	一种UPFC接入系统的方法,UPFC五节点功率注入模型及潮流计算方法	国网江苏省电力公司经济技术研究院,国网江苏省电力有限公司,国家电网公司	刘 钢 黄俊辉 赵宏大 吴 熙 殷天然 张文嘉 孙文涛 李 辰	2019-06-11	107147124
813	一种分布式潮流控制器优化配置方法	国网江苏省电力公司电力科学研究院,国家电网公司,电气工程学院,江苏省电力试验研究院有限公司	赵静波 汤 奕 刘建坤 王大江 崔馨元 刘煜谦 徐 珂	2019-06-11	107093900

(续表)

序号	专利名称	发明人所在单位	发明人	授权公告日	授权公告号
814	基于站内联合测量的电子式电流互感器异常辨识方法	国网江苏省电力公司电力科学研究院、国家电网公司、电气工程学院	黄奇峰 卢树峰 李志新 赵双双 周 赣 陈 刚 徐敏锐 郭兴昕 陈铭明 陆子刚 尧赣东 王少华	2019-06-11	106646320
815	一种基于星座轨迹图的无线设备身份识别方法	网络空间安全学院、中国运载火箭技术研究院	彭林宁 胡爱群 姜 禹 朱长明	2019-06-11	105631472
816	一种真双极柔性直流输电系统的站级控制方法	电气工程学院	李 周 何 炎	2019-06-07	108199401
817	内置环形单脉冲天线	中电科技扬州宝军电子有限公司、信息科学与工程学院	曹振新 赵熠明 纪涛涛 符 友 丁钟明	2019-06-07	106654552
818	一种基于改进粒子群的有源配电网故障定位方法	电气工程学院、国网江苏省电力公司南京供电公司	施志强 朱英凯 陈 中	2019-06-04	107091972
819	一种基于温度改变的桥梁快速测试与评估方法	土木工程学院	张 建 田永丁	2019-06-04	107389285
820	一种季节性浸水路基内部单向排水系统	中国路桥工程有限责任公司、交通学院	孙培翔 罗志刚 廖公云 李植淮 黄晓明 陈华庆	2019-06-04	107142858
821	一种摩擦轮行进式的带自锁功能的全方向可转弯攀爬机器人	机械工程学院	江 苏 殷国栋	2019-06-04	107054496
822	一种动车多功能调节座椅及其方法	机械工程学院	文尚华	2019-06-04	106828523
823	一种城市信号控制交叉口群关键路径识别方法	交通学院	过秀成 张 倩 吕 方 杨 洁 张 宁	2019-06-04	106683450
824	基于人工表面等离激元的微波涡旋波发生器及其实现方法	信息科学与工程学院	崔铁军 尹佳媛	2019-06-04	106848557
825	对纹电缆电磁防护性能测试端夹具	机械工程学院	周忠元 周 香 景学慧	2019-06-04	106841699
826	一种基于半导体光放大器的可调谐微波光子滤波器	仪器科学与工程学院	陈 翰	2019-06-04	106842632
827	一种冷凝与溶液分级除湿的高效新风空调处理装置及方法	能源与环境学院	殷勇高 张 凡 张小松	2019-06-04	106765770
828	一种正弦波永磁同步电机模拟系统	电气工程学院	刘 凯	2019-06-04	106652694

（续 表）

序号	专利名称	发明人所在单位	发明人	授权公告日	授权公告号
829	一种基于交通流数据的二次交通事故预测方法	交通学院	徐铖铖 李婧 徐颀研 袁钰 王锋锋	2019-06-04	106600950
830	一种多场耦合作用下评价排水沥青路面高温性能的实验装置及试验方法	交通学院	王晓威 顾兴宇	2019-06-04	107063884
831	一种信号控制下高密度相向行人流过街设施渠化方法	交通学院	任刚 张涛 俞志钢 于晨 杨阳	2019-06-04	106846828
832	一种基于单差滤波的变形监测GNSS信号多路径改正方法	仪器科学与工程学院	潘树国 汪登辉 高成发 尚睿	2019-06-04	106646538
833	一种草图直接成图的数字化房产面积测量方法	仪器科学与工程学院	张小虎 王小虎 王果 王庆	2019-06-04	106482700
834	人工表面等离子体激元的双层传输电路和多功能器件	信息科学与工程学院	崔铁军 潘柏操	2019-06-04	106374176
835	一种MEMS微型固态锂离子电池及其制备方法	电子科学与工程学院	黄晓东 甘兴锋 黄见秋 黄庆安	2019-06-04	107170958
836	一种MEMS振动能量收集与存储的单片集成装置及其制备方法	电子科学与工程学院	黄晓东 甘兴锋 黄见秋 黄庆安	2019-06-04	107170959
837	一种考虑力载荷的板结构屈曲温度分析方法	土木工程学院	吴邵庆 杨轩 费庆国 李彦斌 陈强	2019-05-31	109214041
838	一种高增益低副瓣的毫米波封装天线	信息科学与工程学院	李连鸣 夏海洋 郑富春	2019-05-31	109066053
839	一种计及非共振传输的中高频局部动响应预示方法	土木工程学院	李彦斌 张鹏 王攀 费庆国 陈强 吴邵庆	2019-05-31	109145369
840	一种复合材料应变率相关的强度评估方法	土木工程学院	张培伟 于静魏 陈强 费庆国 李彦斌 郭飞	2019-05-31	108956264
841	一种工业注射泵	机械工程学院	帅立国 代献泽 许海涛	2019-05-31	108626086
842	基于力觉信息和姿态信息的肢体运动意图理解与上肢康复训练机器人及其控制方法	仪器科学与工程学院	宋爱国 石珂	2019-05-31	108187310
843	一种宽带小型化基片集成同轴线压控谐振器	信息科学与工程学院	杜恒 陈鹏 张慧 余旭涛	2019-05-31	107919516

(续表)

序号	专利名称	发明人所在单位	发明人	授权公告日	授权公告号
844	CircDLGAP4在制备用于治疗脑卒中的药物中的应用	医学院	姚红红 杨莉 沈灵 张媛 韩冰	2019-05-31	107789360
845	一种半桥LLC谐振变换器中的高频中间抽头平面变压器	电子科学与工程学院	钱钦松 陆生礼 田豪杰 朱俊杰 刘琦 孙伟锋 时龙兴	2019-05-31	107818865
846	一种电涡流摩擦摆减震隔震支座	土木工程学院	王浩 郑文智 茅建校 汪志昊	2019-05-31	107366225
847	一种多岔路面再生时骨架恢复方法	交通学院	黄晓明 朱晟泽 黄若昀	2019-05-31	107524065
848	一种直线电机牵引系统定位力削减方法	电气工程学院	王伟 冯亚南 程明 花为	2019-05-31	107395091
849	一种传输线和漏波复用天线及其波束扫描方法	信息科学与工程学院	马慧锋 王萌 张浩驰 魏楠 崔铁军	2019-05-31	107425275
850	一种极地温差发电系统	能源与环境学院	陈永平 丁奕文 陈娟	2019-05-31	107171598
851	一种混凝土连续箱梁桥的横向拼接结构及其施工方法	交通学院	吴文清 张慧 赵吴 杨焱 张娴	2019-05-31	107386134
852	一种检测CP4-EPSPS蛋白的电化学免疫传感器及其制备方法与应用	医学院	沈艳飞 张明明 潘登 陈慧琴 张袁健	2019-05-31	107356646
853	翼缘摩擦型形状记忆合金杆自复位钢框架梁-边柱节点	土木工程学院	李妍军 周臻 赵军	2019-05-31	107386438
854	一种评价路面平整性的压力测试装置与压力检测方法	机械工程学院	张建润 殷超 李成喜 王先根	2019-05-31	107386075
855	一种环保型双金属钙钛矿"量子点的制备方法	化学化工学院	娄永兵 牛艳丹	2019-05-31	107418558
856	低精度ADC与混合预编码结合的毫米波传输方法及通信系统	信息科学与工程学院	金石 杨阳 杰析 韩瑜	2019-05-31	107370493
857	基于人工表面等离激元的同频双圆极化漏波天线	信息科学与工程学院	马慧锋 王萌 栾康 魏楠 崔铁军	2019-05-31	107248616
858	一种基于数的多输入多输出可见光通信系统	信息科学与工程学院	吴亮 张在琛 党建	2019-05-31	107040313
859	一种生物分子分离装置及分离方法	机械工程学院	沙菁㛃 张帅 莫景文 陈云飞 于弘阳 张仕昭	2019-05-31	107303538

科 技 工 作

(续 表)

序号	专利名称	发明人所在单位	发明人	授权公告日	授权公告号
860	一种用于改善柴油性能的生物质基添加剂制备和使用方法	能源与环境学院	肖 睿 赵 栗 杨宏伟 吴石亮 张会岩 孟 鑫	2019-05-31	106995733
861	适用于制动能量回收的制动踏板	电气工程学院	黄启铭 何秋熟 李明昊	2019-05-31	107176149
862	一种用于室内 TVOC 的净化装置及其控制方法	能源与环境学院	郑晓红 高天琦 钱 华 张祎棻	2019-05-31	107065670
863	一种用作生物材料的钙盐混合物的制备方法	材料科学与工程学院	董黄生 肖夫兰 耿银雪 郭 超 黄志海 储成林 盛晓波	2019-05-31	107021465
864	一种复合结构电机	电气工程学院	付兴贺 王建豪 刘 凯 林明耀	2019-05-31	106655553
865	一种基于光场成像的层析 PIV 测量装置及方法	能源与环境学院	许传龙 曹丽霞 张 彪 宋祥磊	2019-05-31	106908622
866	一种基于外插脉冲响应法实现的快速滤波器组的非均匀数字信道化方法	信息科学与工程学院	王 开 沈佳佳 裴文江 夏亦犁	2019-05-31	106953649
867	一种圆弧角和弯曲辐射边的微带贴片	信息科学与工程学院	洪 伟 蒯 乐 陈继新 周后型	2019-05-31	106887682
868	一种 U 型钢板-粘弹性均隔震减震装置	土木工程学院	徐赵东 马 乐 徐业守 张永胜 王军健 盖盼盼	2019-05-31	106894666
869	水分散性碳纳米洋葱的制备方法及其应用	生物科学与医学工程学院	吴富根 孙 炜 张晓东	2019-05-31	106882791
870	一种用于车轮力传感器的交互式多模型滤波方法	电气工程学院	王 东 冯李航 晏华文	2019-05-31	106874559
871	一种基于 MEMS 在线式微波功率传感器结构的压力传感器	电子科学与工程学院	韩 磊 于 洋 肖 申	2019-05-31	106644205
872	一种基于 MEMS 终端式微波功率传感器结构的湿度传感器	电子科学与工程学院	韩 磊 于 洋 肖 申	2019-05-31	106841319
873	一种基于定向耦合器结构的 MEMS 湿度传感器	电子科学与工程学院	韩 磊 于 洋 肖 申	2019-05-31	106841315
874	与原发性胆汁性胆管炎关联的白细胞介素16 及其应用	生命科学与技术学院	刘向东 马 雄 陈卫昌 史兴娟	2019-05-31	106834448
875	一种通过荧光法同时检测多种 miRNA 的方法	化学化工学院	卫 伟 刘元建 刘松琴	2019-05-31	106841135

（续表）

序号	专利名称	发明人所在单位	发明人	授权公告日	授权公告号
876	一种线粒体靶向荧光碳点及其制备方法和应用	生物科学与医学工程学院	吴富根 鲍骙雯 华先武	2019-05-31	106833629
877	一种基于基片集成波导的背腔缝隙双频圆极化天线	信息科学与工程学院	王海明 无 尹杰茜 余 晨 洪 伟	2019-05-31	106654591
878	能源隧道层埋式地温能热交换系统	绍兴文理学院，交通学院	杜时贵 张国柱 夏才初 李玉文 徐 坚 雍 睿 韩常岭	2019-05-31	106500376
879	基于车辆侧翻侧滑虚拟试验的公路平曲线半径安全设计的优化方法	交通学院	何 杰 张 莹 刘 亚 杭 文 卢文慧	2019-05-31	106650063
880	LIM激酶抑制剂LIMKi3在制备治疗疼痛药物中的应用	生命科学与技术学院	周子凯 杨翀宇 刘文涛 吴俊华 谢 维	2019-05-31	106727536
881	梁构件纯扭转试验加载装置及其试验方法	交通学院	沈孔健 万 水 李遂生 刘文娟 郭英杰 施骏杰 郭理学 张建勋	2019-05-31	106769536
882	一种光场相机微透镜阵列几何参数的标定方法	能源与环境学院	许传龙 赵文超 张 彪 孙 俊 王式民	2019-05-31	106651959
883	一种多元酚选择性离子交换树脂的制备方法	土木工程学院	孙 越 罗军芬	2019-05-31	106512964
884	一种七甲川菁类近红外荧光分子探针及其制备方法和应用	生物科学与医学工程学院	吉 民 王 影 邢 静 蔡 进 陈峻青	2019-05-31	106496094
885	一种改进的基于加权图的超密集异构网络干扰协调方法	信息科学与工程学院	潘志文 涂 晶 刘 楠 尤肖虎	2019-05-31	106412988
886	一种结合二分查找和梯度下降法的超密集异构网络用户关联优化方法	信息科学与工程学院	潘志文 胡 超 刘 楠 尤肖虎	2019-05-31	106304182
887	一种基于过程数据扫描批的浆液循环泵优化调度方法	能源与环境学院	司风琪 李 逗 乔宗良 姚学忠 包文运	2019-05-31	106447130
888	基于人力触觉感知特性的力触觉再现真实感客观评价方法	仪器科学与工程学院	吴 涓 邵知宇 吴 淼 龚 毅 宋爱国	2019-05-31	106408035
889	一种采用改进混合粒子群算法的热工过程模型参数辨识方法	能源与环境学院	陈 真 王明春 张雨飞	2019-05-31	106502092

(续表)

序号	专利名称	发明人所在单位	发明人			授权公告日	授权公告号
890	一种基于多知识库的表格实体链接方法	计算机学院	吴天星	漆桂林 王瑞明	严晟嘉 朴智新	2019-05-31	105503148
891	一种汽车保险杠缓冲结构	土木工程学院	许亮 陈锦祥	张晓明	刘太云 拓万永	2019-05-31	105379263
892	一种针对葡萄糖的量子点气凝胶微传感器,其量子点气凝胶的制备方法及其应用	机械工程学院	胡涛	倪中华 叶亦	徐梦烨 王振	2019-05-31	106370637
893	基于蓝牙脑电耳机的多旋翼无人机意念遥控操作系统及操作方法	仪器科学与工程学院	焦阳 曾欣	马群	郭晓艺 桑文 吴佳玲	2019-05-31	106292705
894	一种浸润性引导的微胶囊的制备方法及其应用	生物科学与医学工程学院	赵远锦	商路然	刘拜 程璐 顾忠泽	2019-05-31	106140037
895	一种利用四极质谱仪对微量气体中微量杂质快速分析方法	电子科学与工程学院	肖梅	朱为	张晓兵	2019-05-31	106124608
896	一种毫米波系统定向天线空间复用方法	信息科学与工程学院	徐平 王潍潍	李凡 朱仟	徐一成	2019-05-31	105978614
897	基于性能反馈的容侵路由方法	网络空间安全学院	黄杰 曹鹏 闵溪青	曹山山 陈圣华	倪广源 许金乐 万弃寒 张云龙	2019-05-31	106412888
898	一种基于寄存器掩码的面向AES算法的抗功耗攻击方法	电子科学与工程学院	杨锦江	申文麟 陆启乐	刘波	2019-05-31	106452725
899	一种分布式环境下基于度量空间的top-k支配查询方法	计算机科学与工程学院	何洁月	罗浩		2019-05-31	106055674
900	无线传感网络中基于MAC协议的帧长度自适应数据传输方法	电子科学与工程学院	张萌	喻国芳		2019-05-31	105959979
901	一种异构网络中基于能效公平的资源分配和功率控制方法	信息科学与工程学院	衡伟	张国栋		2019-05-31	105916198
902	基于非均匀温度响应监测值的钢桥有限元模型修正方法	土木工程学院	黄小刚	周臻	丁幼亮 朱冬平	2019-05-31	105956218
903	大跨钢桁基于均匀温度监测值的有限元模型修正方法	土木工程学院	周臻	黄小刚	丁幼亮 朱冬平	2019-05-31	105956216
904	一种用于射频一致性测试系统的符号定时同步方法	信息科学与工程学院	裴文江	刘玉飞		2019-05-31	105812308

(续表)

序号	专利名称	发明人所在单位	发明人	授权公告日	授权公告号
905	一种采用半模基片集成波导的背腔缝隙圆极化天线	信息科学与工程学院	王海明 无 奇 余 晨 洪 伟	2019-05-31	105514600
906	一种面向高速公路的车道级增强型矢量数字地图制作方法	仪器科学与工程学院	李 旭 蔡志祥 徐启敏	2019-05-31	106156267
907	一种基于变时间窗同步方式的电力通信系统联合仿真平台及其同步方法	电气工程学院	王 琦 汤 奕 李 峰	2019-05-31	105740527
908	基于全同态加密的智能家居数据隐私保护方法	网络空间安全学院	陈立全 张 磊 朱 玫	2019-05-31	105577357
909	一种道路路面或机场道面铺装结构的制备方法	交通学院	张 磊 王文伟 邵显智 陈望春 李 强 叶 松 任仲山 朱凯轩 单 譬 彭 攀	2019-05-31	107129227
910	一种菲立葜安注射液及其制备方法	正大天晴药业集团股份有限公司,生物科学与医学工程学院	张喜全 顾 宁 张焕青 刘 飞 陈 博 刘彦龙	2019-05-31	106137951
911	一种柔性桁架结构基于刚度影响的重分析方法	土木工程学院	费庆国 朱 锐 姜 东 陈素芳 王桂伦	2019-05-28	109299511
912	一种高灵敏的ZnO/AlN核鞘纳米棒阵列紫外光探测器的制备方法	生物科学与医学工程学院	徐春祥 游道通 石增良 秦飞飞	2019-05-28	107845700
913	V型调姿定日镜	能源与环境学院	袁隅浩 匡 莞	2019-05-28	107763862
914	一种近红外反应型双光子变光探针及其制备方法和应用	化学化工学院	钱 鹰 姚善昆 李 柯	2019-05-28	107814808
915	一种双块式无砟轨道板及其制备方法	土木工程学院	吴 刚 杨 洋	2019-05-28	107574725
916	面向中高压智能配电网的桥臂复用电力电子变压器	电气工程学院	陈 武 薛晨阳 赵剑锋 梅 军	2019-05-28	107370391
917	双边LC网络的无线电能传输系统恒流输出的参数设置方法	电气工程学院	曲小慧 储海军	2019-05-28	107069999
918	一种基于分布式多光源的可见光多载波通信系统发射机设计方法	信息科学与工程学院	王家恒 凌昕彤 曾雨旻 赵春明	2019-05-28	106992814

(续表)

序号	专利名称	发明人所在单位	发明人	授权公告日	授权公告号
919	一种定子永磁型记忆电机直接转矩控制方法	电气工程学院	林明耀 张贝贝 杨公德 刘 凯 付兴贺 李 念 谭广颖	2019-05-28	107017818
920	一种定子永磁型记忆电机永磁链分段控制方法	电气工程学院	林明耀 李 念 杨公德 刘 凯 付兴贺 谭广颖 张贝贝	2019-05-28	106992729
921	一种基于同步序列的无线通信精度帧同步方法	信息科学与工程学院	高君慧 黄志超 曹 凡 姜培文 金 石	2019-05-28	106953823
922	一种保持状态多样性的空调负荷集群控制策略	电气工程学院	张天伟 王蓓蓓 仇 知 胡晓青	2019-05-28	106765994
923	一种基于九开关管逆变器的多功能分布式电源并网装置	电气工程学院等	吴在军 王秀茹 施 烨 赖 勇 周旭峰 史文祥	2019-05-28	106712089
924	长梁构件纯扭转试验加载装置及其试验方法	交通学院	沈孔健 田俊锋 李逢生 刘文娟 郭堇杰 郭理铮 张建勋	2019-05-28	106441753
925	一种近红外荧光分子探针及其合成方法和应用	生物科学与医学工程学院	万 水 吉 民 王 影 蔡 进 陈峻青	2019-05-28	106496093
926	一种基于机器视觉的板材成品入库管理系统及方法	信息科学与工程学院	施笃铮 黄剑冰 李 奇 赵万勇 蔡 军	2019-05-28	106477219
927	一种基于三维投影图区别性特征表示的低剂量CT成像方法	计算机科学与工程学院	那 民 陈 阳 刘 进 罗立民 鲍旭东	2019-05-28	106373163
928	一种具有空间相关性的水声阵列海洋环境噪声仿真方法	信息科学与工程学院	安 良 陈良鑫 方世良 李松毅 王晓燕	2019-05-28	109212512
929	一种宽量程高精度集成双膜电容式压力传感器及制作方法	佛山市川东磁电股份有限公司、电子科学与工程学院	秦 明 王振军 龙克文 何华娟	2019-05-24	107389230
930	装配式空腔剪力墙水平接缝齿槽式湿式连接结构	土木工程学院	李爱群 徐 刚	2019-05-24	107152104
931	一种能实现细胞中心位置聚焦和检测的微流控芯片	机械工程学院	项 楠 倪中华 郑 宇 姜 恒	2019-05-24	106925358

(续表)

序号	专利名称	发明人所在单位	发明人	授权公告日	授权公告号
932	一种基于气压源微流泵出口的快接储液组件	生物科学与医学工程学院	刘全俊 赵文远 侯传荣 刘航 吴宏文	2019-05-24	105020129
933	一种基于深度信念网络模型的风机故障检测方法	江苏方天电力技术有限公司、电气工程学院	孙桧柱 刘旭婷 张友卫 李益国 王明 许国强 魏威 佘国金 肖明成 周春蕾 杨晨琛 周志兴	2019-05-21	107772283
934	装配式空腔剪力墙水平接缝齿槽式干式连接结构	土木工程学院	李爱群 徐刚	2019-05-21	107299699
935	单层多频双辐射器天线	信息科学与工程学院	赵洪新 卢成 谢力 殷晓星	2019-05-21	106876966
936	单层多频多辐射器天线	信息科学与工程学院	殷晓星 卢成 谢力 赵洪新	2019-05-21	106848545
937	格栅单板多频双辐射器天线	信息科学与工程学院	李顺礼 卢成 谢力 殷晓星 赵洪新	2019-05-21	106876968
938	基于固定检测器确定大型活动交通影响范围的方法及系统	交通学院	陆建 陈文斌 钟宁 毛焊琪 胡晓健	2019-05-21	106652455
939	一种具有环向螺旋型诱导单元的套管屈曲诱导支撑	土木工程学院	蔡建国 冯健 周宇航 刘鹏 柳杨青	2019-05-21	106368487
940	一种基于锥形超表面结构的光伏型光电探测器及其制备方法	电子科学与工程学院	王琦龙 陈广甸 翟雨生 李裕培 李晓华	2019-05-21	106409938
941	一种利用可见光通信的三维室内定位方法	信息科学与工程学院	许威 徐锦丹 张华	2019-05-21	106441304
942	一种宽调谐范围八相位压控振荡器	信息科学与工程学院	李芹 黄权杰 王蓉	2019-05-21	106452364
943	连续玄武岩纤维生产工艺	土木工程学院	吴智深 陈兴芬	2019-05-21	106242305
944	一种连续玄武岩纤维的生产方法	土木工程学院	吴智深 陈兴芬	2019-05-21	106396421
945	土地调查小型无人机的云台实时控制系统及控制方法	仪器科学与工程学院	冯悠扬 王庆 阳 翟海洋 马群	2019-05-21	106200693
946	可生成导频数据的交织单元及无线通信数据发送、接收装置	信息科学与工程学院	戚晨皓 马文稔 王昕	2019-05-21	106230551
947	一种面向通行效率改善的可变速限优化控制方法	交通学院	李志斌 刘攀 王炜 徐铖铖	2019-05-21	106021814

(续表)

序号	专利名称	发明人所在单位	发明人	授权公告日	授权公告号
948	一种两层非均匀拓扑结构异构网络的干扰协调方法	信息科学与工程学院	刘楠 邹尚章 潘志文 尤肖虎	2019-05-21	105873220
949	结合热网模型的多区域综合能源系统配置模型的建立方法	电气工程学院	顾伟 陆帅 王志贺 唐沂媛 钊	2019-05-21	106055773
950	一种高延性装配整体式框架边节点连接结构及施工方法	土木工程学院	潘金龙 苏浩 单奇峰	2019-05-21	105951984
951	基于船舶防撞装置的桥墩碰撞冲击试验装置及其试验方法	交通学院	万水 杨湛 田俊良 郭英杰 刘文娟 常灿华 张晓军	2019-05-21	105758609
952	基于空时频优化特征稀疏表示的运动想象脑电分类方法	仪器科学与工程学院	王爱民 苗敏敏 陈安然 戴志勇 刘飞翔	2019-05-21	105956624
953	一种采用无人机遥感影像的变化用地快速发现方法	仪器科学与工程学院	张小国 黄鸿飞 吕家东 王庆	2019-05-21	105956058
954	一种上行大规模MIMO联合优化基站天线数和用户发射功率的方法	仪器科学与工程学院	黄永明 范立行 李双龙 杨绿溪	2019-05-21	105827294
955	一种分析声波在温度场和流场复合场中传播路径的方法	能源与环境学院	何成洋 潘蕾 刘西陲 沈炯 李益国	2019-05-21	105912507
956	一种软件定义无线传感器网络中的定位方法	信息科学与工程学院	燕锋 朱亚萍 沈连丰 夏玮玮 胡静 宋铁成	2019-05-21	105960009
957	一种适用于无线Mesh网的链路功率、速率和负载长度控制方法	信息科学与工程学院	王捷 陈磊 栗勇 范鹏博 毕明勇 灿	2019-05-21	105813135
958	一种全息波导显示装置	电子科学与工程学院	郭静菁 屠彦佳 杨兰 陈燕达 汪佳 王保平	2019-05-21	105549150
959	一种多层环绕编队包围的几何设计方法	自动化学院	陈杨杨 王凯旋 张亚	2019-05-21	105629966
960	一种基于接收能量最大化的携能通信系统双向中继选择方法	信息科学与工程学院	李春国 宋康 曹欢欢 郑福春 杨绿溪	2019-05-21	105517097
961	一种直流电机的驱动-调速一体式预测控制方法	自动化学院	杨俊 张璐 吴晗 李世华 王翔宇	2019-05-17	107769642

序号	专利名称	发明人所在单位	发明人	授权公告日	授权公告号
962	一种便梁限位装置及其施工方法	中铁二十四局集团有限公司,土木工程学院	王飞球 金顺利 张一鸣 徐梓栋 茅建校 王 浩	2019-05-17	107642032
963	电动汽车负载随机接入无线充电的稳定控制方法	电气工程学院	谭林林 刘 瀚 黄学良 郭金鹏 颜长鑫 潘书磊 王 维	2019-05-17	107284258
964	一种基于超临界CO_2布雷顿循环的热电联产系统	能源与环境学院	向文国 吴牧笛 陈时熠 赵正浩 虞 然	2019-05-17	107060914
965	基于RFID数据的城市交叉口交通状态判别方法	交通学院	陈淑燕 曹 政	2019-05-17	106803347
966	一种基于Rollout算法的多能互补微网实时调度方法	国网天津市电力公司,国家电网公司,电气工程学院	霍现旭 蒋 菱 赵洪磊 李国栋 吴 磊 马世乾 严晶晶 王 凯 孙 璐 曾艾东 徐青山	2019-05-17	106849190
967	一种盘式平移永磁定子型永磁涡流调速装置	电气工程学院	林鹤云 李毅搏 阳 辉 房淑华	2019-05-17	106877627
968	集成双维电极的带非常规边缘三维轴对称振动传感器	电子科学与工程学院	尚金堂 罗 斌 梁栋国 王海涛	2019-05-17	107035705
969	固支梁同热加热式微波辐射器天线	电子科学与工程学院	廖小平 闫 浩 苏兆营	2019-05-17	106711164
970	格栅单板多频抽取方法	信息科学与工程学院	卢 成 鲁信询 赵洪新 殷晓星	2019-05-17	106876967
971	一种虚拟人运动数据关键帧抽取方法	仪器科学与工程学院	秦文虎 王建鹏 孙立博	2019-05-17	106504267
972	一种适用于装配式结构的节点连接装置	土木工程学院	张晓明 陈锦祥 潘隆成	2019-05-17	106368319
973	一种基于四场时序液晶显示器的色彩显示方法	电子科学与工程学院	张宇宁 沈忠文 王 坚 翁一士 李晓华	2019-05-17	106652928
974	公路桥梁伸缩装置抗扭服役性能评定方法	土木工程学院	周明华 何顶顶 吕孛蓉 霍瑞兴 邹友泉 姜竹生 黄跃平	2019-05-17	106289738
975	一种高延性装配整体式框架中节点连接构及施工方法	土木工程学院	潘金龙 苏 浩 单奇峰	2019-05-17	106013432
976	一种自适应同步方式的电力通信联合仿真平台及其同步方法	电气工程学院	王 琦 汤 奕 李 峰	2019-05-17	105740528

(续表)

序号	专利名称	发明人所在单位	发明人	授权公告日	授权公告号
977	极化码置信传播译码器的流水线系统	信息科学与工程学院	张 川 杨俊梅 尤肖虎	2019-05-17	105634507
978	基于重子复子结构的复合材料建模方法	机械工程学院	姜 东 聂文伟 朱 锐 费庆国	2019-05-14	108816080
979	一种直流配电网中光伏储能系统及其运行控制方法	国网江苏省电力公司南京供电公司,国家电网公司,国网江苏省电力公司,电气工程学院,中国电力科学研究院南京分院	朱 红 张 明 马洲俊 徐青山 蒋贤强 黄文杰 陈潇鹏 姚虹春 许洪华	2019-05-14	106602608
980	一种基于特征权学习的支持向量机电网业务分类方法	国网智能电网研究院,江苏省电力公司,电气工程学院,国网河南省电力公司,国家电网公司	郝胜男 宋铁成 胡 静 缪巍巍 梁 云 王 瑶 王文革 申 京	2019-05-14	105184316
981	一种智能家电的低频减载控制方法	国家电网公司,中国电力科学研究院,电气工程学院,江苏省电力公司	易 俊 马士聪 贺 庆 曾 兵 杜 勉 杨艳晨 任大伟	2019-05-14	105870930
982	一种基于超材料结构的微波功率传感器	电子科学与工程学院	韩 磊	2019-05-07	107632193
983	光空间调制通信系统中LED个数任意时的比特映射方法	南京邮电大学,信息科学与工程学院	王金元 朱建霞 王俊进	2019-05-07	107181531
984	模拟地下水流动的后压浆桩室内长期试验装置及其试验方法	上海绿地建设(集团)有限公司,土木工程学院	刘振之 万志辉 邓会元 龚维明	2019-05-07	106248495
985	可快速调平的预制拼装桥墩结构及其施工方法	交通学院	王文炜 宋卫印 张 磊 石劭阳 朱忠锋 郑字宙 曹晓波	2019-05-03	107268424
986	一种自动化镶石设备	机械工程学院	韩 良	2019-05-03	107187830
987	一种有功功率数据辨识与修正方法	电气工程学院等	蒋 浩 姚 鹏 杨志强 徐春雷 苏大威	2019-05-03	104766248
988	一种模态频率对质量的灵敏度分析方法	土木工程学院	费庆国 朱 锐 杭晓晨 曹芝腑	2019-04-30	109299513
989	一种考虑连接非线性的螺栓连接等效建模方法	机械工程学院	费庆国 王雯瑢 朱 锐 姜 东 曹芝腑 董萼良	2019-04-30	109002635
990	一种改进储能装置及其使用方法	机械工程学院	陈云飞 雷庆明 张 艳 荀春林 詹利建	2019-04-30	108886737
991	一种动基座重力梯度仪自梯度补偿方法	仪器科学与工程学院	蔡体菁 喻名彪	2019-04-30	107870371

(续 表)

序号	专利名称	发明人所在单位	发明人	授权公告日	授权公告号
992	一种新型抗冲击耐压壳体结构	机械工程学院	卢熹 戴雯婕	2019-04-30	107672738
993	基于多位采样的数字解调方法及超再生接收机	吴健雄学院	李迪威 杨孟儒 徐建	2019-04-30	107483067
994	一种用于桥梁伸缩缝病害控制的永磁式调谐质量阻尼装置	土木工程学院	王浩 张一鸣 茅建校 郑文智	2019-04-30	107354867
995	一种记忆化电机磁化状态选择与弱磁控制协同控制方法	电气工程学院	林明耀 杨公德 张贝贝	2019-04-30	107248830
996	一种耦合有CO_2储能单元的超临界CO_2布雷顿循环发电系统	能源与环境学院	向文国 吴牧笛 胡骏 陈时熠 马士伟	2019-04-30	107387179
997	一种非均匀吸收固态热机光-电转化或热-电转化装置和方法	能源与环境学院	乔正辉 董卫 周树青 郑敏	2019-04-30	107196559
998	一种光伏光热一体化装置	能源与环境学院	杨柳 马昕宇	2019-04-30	107388602
999	一种用于偏瘫患者的多自由度拇指康复训练装置	仪器科学与工程学院	王爱民 霍耀璞 赵昌森	2019-04-30	107233190
1000	腹板摩擦型形状记忆合金杆自复位钢框架梁-边柱节点	土木工程学院	李灿军 周臻	2019-04-30	107355000
1001	一种微流控移液枪头	机械工程学院	项楠 蒋丰韬 倪中华	2019-04-30	107159334
1002	一种基于全息波导的头戴式显示器件	电子科学与工程学院	张宁宁 翁一士 刘禀 沈忠文	2019-04-30	107329261
1003	一种择优取向细晶粗晶铝钇靶高纯铝靶材的制备方法	材料科学与工程学院	涂益友 徐文静 李峰 何晗 袁梦琪 蒋建清	2019-04-30	107119244
1004	非对称PWM控制的SIOP全桥直变换器及其控制方法	电气工程学院	陈武 薛晨杨 赵剑锋 梅军	2019-04-30	107017781
1005	平板显示用上转换光扩散微球及其制备方法	化学化工学院	周钰明 钟熙 胡金刚 何曼 卜小海	2019-04-30	107175054

(续表)

序号	专利名称	发明人所在单位	发明人	授权公告日	授权公告号
1006	永磁同步电机无差拍直接转矩控制系统及控制方法	电气工程学院	樊英 王武森	2019-04-30	107154763
1007	提高量子通信网络连通性的纠缠粒子对分发节点部署方法	信息科学与工程学院	余旭涛 邹珍珍 蔡瑞	2019-04-30	107248888
1008	数控刀架切削过载保护装置	机械工程学院	陈南 赵斌 左建军	2019-04-30	106984995
1009	一种自行展开和收纳的移动建筑系统	建筑学院	彭昌海 侯经纬 李哲	2019-04-30	107130690
1010	一种具有光催化降解甲醛功能的超双疏涂料及其制备方法和应用	化学化工学院	姜勇 江鹏飞 张川	2019-04-30	107090197
1011	一种定子永磁型记忆电机转矩脉动抑制方法	电气工程学院	林明耀 杨公德 李念 张贝贝 乐伟 付兴贺 刘凯	2019-04-30	107017807
1012	一种抗肿瘤药物贝利司他关键中间体的合成方法	化学化工学院	邹志红 胡进忠	2019-04-30	107033039
1013	一种金属等离激元贴片式发光温度和红外线传感器	电子科学与工程学院	张彤 陈逾璋 张晓阳	2019-04-30	107255532
1014	一种SI建筑结构体系	土木工程学院	吕清芳 宋志新 熊泽龙 丁茜	2019-04-30	107165263
1015	一种浸水显隐光子晶体表面及其制备方法	生物科学与医学工程学院	谢卓颖 陈嘉伦 杜鑫 刘盼苗 顾忠泽	2019-04-30	106990456
1016	一种防粘连医用聚丙烯组织修补材料的制备方法	生物科学与医学工程学院	张天柱 胡琬君	2019-04-30	107118305
1017	一种铸造铝合金型内氧化处理用涂料及利用其制备表面氧化层的方法	材料科学与工程学院	董寅生 王家凯 张成明 黄志海 郭超 盛晓波	2019-04-30	107052229
1018	单片式谐振加速度计陀螺仪结构	仪器科学与工程学院	李宏生 丁徐锴 高阳 黄丽斌	2019-04-30	107063223
1019	基于车路协同的城市信号交叉口最优车速引导算法及系统	信息科学与工程学院	刘诚恺 李林泽	2019-04-30	106846832
1020	一种适用于线性调频连续波雷达系统的解速度模糊方法	电气工程学院	李杨 徐春梅 刘祺 黄永明 王海明 吕钱 念	2019-04-30	106842166

(续表)

序号	专利名称	发明人所在单位	发明人	授权公告日	授权公告号
1021	利用GNSS天线中心坐标进行摄影测量绝对定向的方法	交通学院	沙月进	2019-04-30	106959100
1022	一种基于非对称定向耦合器的硅基TE模检偏器	电子科学与工程学院	肖金标 倪 斌	2019-04-30	106873077
1023	一种软土地基灌注桩水平承载增强体及其施工方法	交通学院	李洪江 刘松玉 童立元 哈斯	2019-04-30	106988300
1024	一种基于多域实体索引的实体链接方法	计算机科学与工程学院	李慧颖 师 京 徐泽建 赵 畅	2019-04-30	106934020
1025	车联网环境下的高速公路出入口匝道联合控制系统及方法	交通学院	王 珊 钟 罡 冉 斌 张 健	2019-04-30	106781551
1026	一种可见光波段反射式超表面器件及反射光波长调制方法	电子科学与工程学院	郭静菁 屠彦 王莉莉 张瑞文 王 垒 石在耀 王保平	2019-04-30	107045246
1027	一种毫米波主动式近场成像装置	信息科学与工程学院	崔铁军 孙忠良 李廉林 程 强 王拾玖 张圣清 徐 欧	2019-04-30	106872975
1028	一种自修复聚合物材料及其制备方法	化学化工学院	张久洋 刘 帅	2019-04-30	106905460
1029	一种基于探空数据的北半球对流层延迟改正方法	交通学院	胡伍生 陈永潮	2019-04-30	106908815
1030	主动配电网序贯-自适应鲁棒优化调度系统及调度方法	电气工程学院	吴在军 李培帅 胡敏强 胡静宜	2019-04-30	106712031
1031	多色可见光通信中滤光片参数的鲁棒性联合优化方法	信息科学与工程学院	梁 霄 葛鹏飞 王家恺 赵春明 窦晓波	2019-04-30	106941375
1032	1-二苯甲基-4-甲基哌嗪类化合物其制备方法和应用	医学院	姚红红 张惠斌 吴芳芳 韩丽 张晓田	2019-04-30	106866555
1033	一种微放光纤延迟线电特性的测量装置	电子科学与工程学院	赵 宁 张 彤 唐 杰 张晓阳	2019-04-30	106841868
1034	一种利用合页开合压水式喷水推进的潜艇	机械工程学院	江 苏 罗俊文 段国标	2019-04-30	106809361
1035	一种基于ATRP法的油水分离醚聚醚飒超滤膜及其制备方法与应用	化学化工学院	周建成 许景程 王苑婷 李乃旭 魏凌飞	2019-04-30	106731909
1036	硅基微机械悬臂梁耦合直接加热在线式毫米波相位检测器	电子科学与工程学院	廖小平 严嘉彬	2019-04-30	106814251

科技工作

(续表)

序号	专利名称	发明人所在单位	发明人	授权公告日	授权公告号
1037	一种基于降阶电流环的永磁同步电机转动惯量识别方法	电气工程学院	花为 侯创 孟建建 程明	2019-04-30	106788061
1038	基于免基线波长扫描直接吸收光谱的气体浓度测量方法	能源与环境学院	周宾 王一红 程禾苗	2019-04-30	106770024
1039	一种基于硼氮碳三元共价复合材料的空气阴极及其制备方法和锌空气二次电池	化学化工学院	李颖 马晓兰 刘松琴	2019-04-30	106654295
1040	一种罗丹明B类双通道荧光探针及应用	化学化工学院	赵红 汤雪娇 江道勇 王志飞 王肖肖 薛兴颖	2019-04-30	106749294
1041	一种计及需求响应的电网安全优化调度方法	电气工程学院	徐青山 丁一帆 吉用丽	2019-04-30	106712005
1042	与原发性胆汁性胆管炎关联的自细胞介素21及其应用	生命科学与技术学院	刘向东 马雄 陈卫昌 史兴娟	2019-04-30	106755461
1043	与原发性胆汁性胆管炎关联的自细胞介素21受体及其应用	生命科学与技术学院	刘向东 马雄 陈卫昌 史兴娟	2019-04-30	106834449
1044	测量电磁吸波器件的反射和透射性能的装置和测量方法	信息科学与工程学院	陆卫兵 刘晨国	2019-04-30	106771767
1045	一种基于可见光通信的移动物体室内跟踪定位方法	信息科学与工程学院	夏玮玮 郭智明 沈连丰 贾子彦 燕锋 章跃跃 朱亚萍	2019-04-30	106872943
1046	共射结构晶体管的地端去耦合连接结构	信息科学与工程学院	陈继新 周培根 严颞颥 侯德斌 洪伟	2019-04-30	106653738
1047	基于扇形钩道的外骨骼机构	机械工程学院	许俊军 龚文 杨决宽	2019-04-30	106625603
1048	用于区分碳化混凝土中新老砂浆的再生骨料及其制备方法	材料科学与工程学院	潘钢华 李阳	2019-04-30	106630839
1049	一种基于交通流数据的二次交通事故时间预测方法	交通学院	徐铖铖 徐硕妍 李靖 王锋锋 袁钰	2019-04-30	106530714
1050	一种高速公路交通指数数值确定方法	交通学院	郑元 冉斌 曲栩 张健 何赏路	2019-04-30	106652450
1051	一种锂钠双碱金属铝氢化合物及其合成方法	化学化工学院	张耀 范小路	2019-04-30	106698347

(续表)

序号	专利名称	发明人所在单位	发明人	授权公告日	授权公告号
1052	一种基于信号宽窄带模糊度的侦察信号参数估计方法	信息科学与工程学院	方世良 黄舒夏 韩 宁	2019-04-30	10644636
1053	一种基于轨道交通协调的公交调度方法	交通学院	叶智锐 王梦迪 王 超 许跃如 陈明华	2019-04-30	10652434
1054	一种ROF激光器的预失真电路及方法	信息科学与工程学院	范 忱 王志功	2019-04-30	10678829
1055	一种基于多源融合数据的高速公路交通流参数修正方法	交通学院	李林超 张 健 申 斌 张小丽 曲 栩 黄帅凤	2019-04-30	10681457
1056	一种基于自抗扰控制器的MMC环流抑制系统及方法	电气工程学院	张建忠 胡 省 徐 帅 孙耀东	2019-04-30	10648725
1057	一种水电与光电多目标优化设计与协调控制方法	电气工程学院	汤 奕 李 峰 刘煜谦 戴剑丰 朱亮亮 王 琦	2019-04-30	10654942
1058	一种电站风烟道流量测量装置	能源与环境学院	韦红旗 张 彭	2019-04-30	10652517
1059	一种双工作频段的高增益传输阵天线	信息科学与工程学院	崔铁军 吴端元 李允博 吴 伟 师传波	2019-04-30	10638488
1060	一种基于遗传粒子滤波算法的水下目标跟踪定位方法	仪器科学与工程学院	陈熙源 臧云歌 刘 晓 方 琳	2019-04-30	10656917
1061	一种基于比特熵的DNS流量识别方法	网络空间安全学院	程 光	2019-04-30	10653382
1062	一种支持非正交的多址传输方法	信息科学与工程学院	高西奇 王闻今 赵 蓉 王智超 仲 文	2019-04-30	10645318
1063	一种桥梁式起重机主梁结构的损伤识别方法	机械工程学院	江 彬 许飞云 杨会超 贾民平 胡建中 黄 鹏	2019-04-30	10644638
1064	利用亚甲基蓝与G-四链体的结合进行电化学检测端粒酶活性的方法	化学化工学院	马家欣 卫 伟 刘 叙 刘松芽	2019-04-30	10640487
1065	一种基于RGB-D信息的实时行人跟踪方法	自动化学院	周 波 钟昌勇 马旭东 戴先中 单 硕 黄文超	2019-04-30	10638407
1066	一种异构云无线接入网络中基于部分频率复用及基站协作的干扰抑制方法	信息科学与工程学院	徐平平 何 影 朱文祥 陈 欣	2019-04-30	10637600
1067	一种P型埋层AlGaN-GaN高电子迁移率晶体管	电子科学与工程学院	孙伟锋 魏家行 杨楠琪 任晓飞 刘斯扬 陆生礼 时龙兴	2019-04-30	10620671

科技工作

(续表)

序号	专利名称	发明人所在单位	发明人	授权公告日	授权公告号
1068	基于双触控板的三维触控方法	电子科学与工程学院	张汉军 郑姚生 汤勇明	2019-04-30	106325543
1069	一种冰箱传感器用无线电能传输谐振器及能量分配方法	电气工程学院	谭林林 黄学良 景无为 颜长鑫 李佳承	2019-04-30	106230129
1070	一种D2D通信系统中用于蜂窝用户的资源分配方法	信息科学与工程学院	陈明 徐浩	2019-04-30	106028348
1071	一种5G高密度网络中虚拟小区的信道分配方法	信息科学与工程学院	陈明 施建锋	2019-04-30	106131855
1072	基于主成分分析的信道互易性增强方法	网络空间安全学院	李古月 胡爱群 王栋 韩远致 李晶琪	2019-04-30	106211149
1073	基于坐标旋转法的双轴谐振式加速度计数字控制电路装置	仪器科学与工程学院	杨波 吴磊 胡迪 汪秋华	2019-04-30	106053884
1074	基于独立成分分析算法的卷积神经网络	计算机科学与工程学院	吴丹	2019-04-30	106096660
1075	硬币分离与计数与辨识装置及方法	机械工程学院	郭音庆	2019-04-30	106228674
1076	基于流量和可靠性的不确定图关键边评估方法	计算机科学与工程学院	张柏礼 李富豪	2019-04-30	106096117
1077	基于自适应集群的源节点位置隐私保护方法	网络空间安全学院	黄杰 倪广源 李凡 许金乐 卫锦 朱仔 曹山山 闵溪青 万弈寒 张云龙	2019-04-30	105916120
1078	一种基于长标距刚度系数的桥梁损伤识别评估方法	土木工程学院	吴刚 吴必涛 杨才千 何一	2019-04-30	106092623
1079	城市空间年轮地图制作和分析方法	建筑学院	杨俊宴 陆小波	2019-04-30	106021342
1080	移动通信网络中小区中断补偿方法	信息科学与工程学院	潘志文 王纪娟 刘楠 尤肖虎	2019-04-30	105813097
1081	一种太阳能光热低温蒸汽动力发电装置	能源与环境学院	陆勇 段文军 王思雨 张勉照 邱嘉明	2019-04-30	105952596
1082	一种大尺度城市空间能耗数字地图制作及显示方法	建筑学院	杨俊宴 陆小波	2019-04-30	105893588
1083	一种碟形弹簧粘弹性减隔振装置	土木工程学院	徐赵东 许飞鸿 郭迎庆 黄兴淮	2019-04-30	105839806
1084	一种基于手机定位数据的商务业就业人群居住地识别方法	建筑学院	杨俊宴 熊伟婷 史宜	2019-04-30	105657666

(续表)

序号	专利名称	发明人所在单位	发明人	授权公告日	授权公告号
1085	FRP配筋海水海砂混凝土构件加速腐蚀试验装置及方法	土木工程学院	吴刚 董志强 王焰	2019-04-30	105806769
1086	一种基于硅基槽式波导耦合的偏振旋转器	电子科学与工程学院	肖金标 倪斌	2019-04-30	105572800
1087	一种多功能梨形咬合的水泥胶砂试验模具	材料科学与工程学院	黄伟 孙伟 郭丽萍 赵国堂	2019-04-30	105651576
1088	一种级联多电平逆变器	电气工程学院	张建忠 徐帅 胡省 姜永将	2019-04-30	105305861
1089	一种双阻带可切换且连续可调的UWB天线的应用方法	信息科学与工程学院	崔铁军 李允博 吴伟	2019-04-30	105244621
1090	一种采用双谐振移单元的宽带反射阵天线	信息科学与工程学院	王海明 夏晓岳 余晨 洪伟	2019-04-30	105098345
1091	一种用于角速度敏感的仿生毛发式硅微陀螺仪	仪器科学与工程学院	杨波 胡迪 戴波 奇	2019-04-30	106289210
1092	固支梁直接加热在线式未知频率微波相位检测器	电子科学与工程学院	廖小平 闫浩 王行军	2019-04-26	106841789
1093	生物质双温段催化热解制备高品质液体燃料的装置和方法	能源与环境学院	张会岩 祝敏敏 肖睿	2019-04-26	106811226
1094	利用太阳能实现溶液再生的冬夏高效热源塔及换热方法	能源与环境学院	尹玮晖 张小松 梁彩华	2019-04-26	105698352
1095	一种简易手动真三轴仪	交通学院	黄侨 任政 余振鹏 单或诗	2019-04-23	107179242
1096	一种半固态铜合金连续铸造装置与方法	苏州金仓合金新材料有限公司、材料科学与工程学院	戴挺 吴杰 赵勇 孙飞	2019-04-23	107159861
1097	一种用于高温燃气的导流板装置	能源与环境学院	张程宾 杨飞 戴俏波 陈永平	2019-04-23	106123032
1098	玄武岩纤维仿生双螺旋增强秸秆板板材及其制备方法	土木工程学院	任逸哲 陈锦祥 顾悦言	2019-04-23	106079015
1099	一种机组主汽温度敏控过程传递函数模型辨识方法	能源与环境学院	睢刚 钱磊	2019-04-23	106054609
1100	大规模分布式天线系统中基于用户距离的导频分配方法	信息科学与工程学院	朱鹏程 尤肖虎 万圣博	2019-04-23	105978673

(续)

序号	专利名称	发明人所在单位	发明人	授权公告日	授权公告号
1101	基于轴载谱的沥青混合料多级加载高温蠕变试验方法	交通学院	倪富健 蒋继望 娄深鑫	2019-04-23	105571933
1102	移动通信网络中基于直推式置信机和限设检验的小区中断检测方法	信息科学与工程学院	潘志文 王纪娟 高磊 刘楠 尤肖虎	2019-04-23	105188080
1103	一种石墨相氮化碳复合物光催化剂及其制备方法	化学化工学院	张袁健 湛宗升 沈艳飞	2019-04-19	106732720
1104	一种端部具有环向梯形诱导单元的屈曲诱导支撑	土木工程学院	蔡建国 冯健 杨海龙 周宇航 柳杨青 马瑞君	2019-04-19	106760008
1105	一种基于电流监测的时序错误监控系统	电子科学与工程学院	单伟伟 商新超	2019-04-19	106209060
1106	一种考虑煤质修正的锅炉效率计算方法	能源与环境学院	睢刚 刘骏	2019-04-19	106055867
1107	一种基于星座轨迹图的I/Q偏移量及畸变估计方法	网络空间安全学院、中国运载火箭技术研究院	彭林宁 胡爱群 姜禹 岗岩 张尧	2019-04-19	105979520
1108	基于人工蜂群时频参数优化的运动想象脑电模式识别方法	仪器科学与工程学院	王爱民 苗敏敏 陈安然 戴志勇	2019-04-19	105654063
1109	一种基于压缩和纠错编码的物联网感知层数据安全融合方法	网络空间安全学院	黄杰 孙雄 刘飞翔 许金乐 倪广源 李凡	2019-04-19	104821881
1110	一种基于级联混合高斯形状模型的多姿态图像特征点配准方法	信息科学与工程学院	黄程韦 赵力 张丽 魏昕 陶华伟 余华	2019-04-19	104537386
1111	基于改进的SmartDFT算法的非平衡系统频率估计方法	信息科学与工程学院	王开 柳旭 徐新洲 夏亦犁 裴文江	2019-04-16	107085140
1112	一种检测冷库用货架梁柱节点低温疲劳寿命的系统及方法	江苏六维智能物流装备股份有限公司、土木工程学院、南京航空航天大学	尹凌峰 唐敢 徐正林 苏坤学	2019-04-16	106289684
1113	匹莫苯丹关键中间体6-(3,4-二氨基)-5-甲基-4,5-二氢哒嗪-3(2H)-酮的制备	化学化工学院、海门慧聚药业有限公司	邹平 张新刚 苟少华 彭胯辉 邱小龙 邓贤明 游正伟 江中兴 王东辉 胡林 曹雷	2019-04-16	106432095
1114	一种PE索与索夹球性连接能的试验方法	浙江精工钢结构集团有限公司、土木工程学院	罗斌 马国良 俞福利 章国超 周国军	2019-04-16	105255929

(续表)

序号	专利名称	发明人所在单位	发明人	授权公告日	授权公告号
1115	金卤灯电子镇流器保护电路	电子科学与工程学院	沈克强 杨杰 黄坤	2019-04-12	107318210
1116	一种底板带压浆装置的吸力式沉箱基础	土木工程学院	戴国亮 朱文波 龚维明 高鲁超	2019-04-12	107401177
1117	一种操控低折射率介质纳米粒子的装置和方法	电子科学与工程学院	芮光浩 王玉松 王晓雁 崔一平	2019-04-12	107146649
1118	一种利用二氧化碳预处理锯末的方法	材料科学与工程学院	潘朝华 周飞飞	2019-04-12	107056113
1119	基于步进电机的自适应调节式盲人行道探测装置及方法	信息科学与工程学院	张圣清 刘易清 邵张建 刘顾阳	2019-04-12	107174492
1120	一种多模式太阳能热泵冷热水系统	能源与环境学院	张小松 黄紫祺 徐国英	2019-04-12	106895474
1121	一种具有变长度双层内凹型诱导单元的套管屈曲诱导支撑	土木工程学院	蔡建国 冯健 叶震 柳杨青 周宇航	2019-04-12	106639467
1122	一种具有部凹陷型诱导单元的套管屈曲诱导支撑	土木工程学院	蔡建国 冯健 汪子哲 柳杨青 周宇航	2019-04-12	106639466
1123	一种具有中部凹陷型诱导单元的套管屈曲诱导支撑	土木工程学院	蔡建国 马端君 冯健 吴胜平 柳杨青 周宇航	2019-04-12	106760836
1124	一种具有混合凹陷型诱导单元的套管屈曲诱导支撑	土木工程学院	蔡建国 冯健 周宇航 柳杨青	2019-04-12	106760837
1125	一种具有斜向凤梨型诱导单元的套管屈曲诱导支撑	土木工程学院	蔡建国 冯健 汪子哲 周宇航 柳杨青	2019-04-12	106836924
1126	一种端部具有中部凹陷型诱导单元的套管屈曲诱导支撑	土木工程学院	蔡建国 马端君 冯健 吴胜平 柳杨青 周宇航	2019-04-12	106481135
1127	一种氢化硅油改性硅溶胶/核壳型聚丙烯酸乳液及其制备方法	江苏荣昌新材料科技有限公司，化学化工学院	仝玉柱 宋菲 王作祥 周铭 黄顺道	2019-04-12	105859987
1128	无线网络能效谱优化的功率分配方法	信息科学与工程学院	潘志文 裴阳宁 刘楠 尤肖虎	2019-04-12	105188125
1129	超密集异构网络中基于用户干连接与干扰管理协联合优化的负载均衡方法	信息科学与工程学院	潘志文 王瑾 刘楠 尤肖虎	2019-04-12	105188089
1130	一种基于谱随机有限元模型的随机动载荷识别方法	土木工程学院	吴邵庆 孙燕伟 费庆国 李彦斌	2019-04-09	108038315

(续表)

序号	专利名称	发明人所在单位	发明人	授权公告日	授权公告号
1131	一种自润滑轴承及其制备方法	机械工程学院	邢佑强 吴泽 胡涛 孙东科 刘晓军 莫景文	2019-04-09	107460475
1132	混凝土多尺度孔隙的测定方法	材料科学与工程学院,河海大学	张萍 庞超明	2019-04-09	106814020
1133	一种基于多源大数据融合的城市空间全息地图的构建方法	建筑学院	杨俊宴 熊伟婷	2019-04-09	106897417
1134	一种双热源垂直型气氛反应炉	物理学院	徐庆宇 张昊 董帅	2019-04-09	106801223
1135	纳米改性超稳定泡沫及其在超轻密度水泥基多孔材料中的应用	材料科学与工程学院	佘伟 杜仪 张云升 蒋金洋	2019-04-09	106866021
1136	一种微波改性 Ca-Zr/H-ZSM-5 酸碱催化剂的制备方法	能源与环境学院	向文国 孙朝 陈时熠	2019-04-09	106807436
1137	基于硅基悬臂梁 T 型结直接加热在线式毫米波相位检测器	电子科学与工程学院	廖小平 严嘉彬	2019-04-09	106841781
1138	固支梁直接加热在线式已知频率微波相位检测器	电子科学与工程学院	廖小平 闫浩	2019-04-09	106841785
1139	固支梁 T 型结直接加热在线式未知频率微波相位检测器	电子科学与工程学院	廖小平 闫浩	2019-04-09	106841787
1140	固支梁 T 型结直接加热式微波信号检测仪器	电子科学与工程学院	廖小平 闫浩	2019-04-09	106841790
1141	固支梁间接加热式微波信号检测仪器	电子科学与工程学院	廖小平 闫浩	2019-04-09	106872767
1142	固支梁间接加热在线式已知频率微波相位检测器	电子科学与工程学院	廖小平 闫浩	2019-04-09	106841793
1143	固支梁 T 型结直接加热在线式已知频率微波相位检测器	电子科学与工程学院	廖小平 闫浩	2019-04-09	106841794
1144	固支梁 T 型结直接加热式微波信号检测器	电子科学与工程学院	廖小平 闫浩	2019-04-09	106841771
1145	固支梁未知频率缝隙耦合 T 型结间接式微波信号检测仪器	电子科学与工程学院	廖小平 闫浩	2019-04-09	106771558
1146	硅基间接式 T 型结间接式毫米波相位检测器	电子科学与工程学院	廖小平 褚晨蕾	2019-04-09	106771605

(续表)

序号	专利名称	发明人所在单位	发明人	授权公告日	授权公告号
1147	一种含催化剂分离再生的生物质挤压催化热解装置与方法	能源与环境学院	张会岩 祝敏敏 肖睿 陈星	2019-04-09	106753483
1148	利用TCGA数据库资源发现直肠癌相关microRNA分子标志物的方法及系统和应用	公共卫生学院	陈瑞 高娜 李晓波 孟庆涛 吴申申	2019-04-09	106845104
1149	一种融雪沥青混合料融雪效果耐久性的评价方法	交通学院	马涛 陈呈磊 耿磊 丁珣昊 陈亮亮	2019-04-09	106644914
1150	一种用于甲烷二氧化碳重整制合成气的催化剂及制备方法	能源与环境学院	宋敏 高端琦 于磊	2019-04-09	106824201
1151	一种基于非线性状态观测器的微电网分散式电压匹配控制方法	电气工程学院	楼冠男 顾伟	2019-04-09	106532715
1152	一种基于鲁棒优化的冷热电联供型微网运行方法	电气工程学院	顾伟 陆帅 骆钊 吴志 王珺	2019-04-09	106786793
1153	一种基于负刚度效应的MEMS陀螺自动模态匹配控制装置及方法	仪器科学与工程学院	杨波 吴磊 陆坡富 王刚 王斌龙	2019-04-09	106597839
1154	一种端部具有加长凤梨型诱导单元的屈曲诱导支撑	土木工程学院	蔡建国 马瑞君 杨海龙 冯健 周宇航 柳杨青	2019-04-09	106760838
1155	一种脂肪自组装凝胶及其制备方法和应用	化学化工学院	姚琛 周宾	2019-04-09	106540339
1156	消除流水线模数转换器传输曲线断点的后台校准电路及方法	电子科学与工程学院	吴建辉 孔路平 李红	2019-04-09	106506005
1157	一种可提高余热利用率的煤气化移动床及其工作方法	能源与环境学院	顾璠 戴超	2019-04-09	106367120
1158	一种办公室内物品递送机器人任务规划与执行装置及方法	自动化学院	房芳 钱堃 马陈强 马旭东	2019-04-09	106453551
1159	一种用于实验室的高精度温湿度控制制冷系统及其方法	能源与环境学院	李舒宏 王博飞	2019-04-09	106642779

(续 表)

序号	专利名称	发明人所在单位	发明人	授权公告日	授权公告号
1160	一种水下设施激光增材修复的方法与装置	机械工程学院	孙桂芳 卢 铁 王占栋 倪中华 孙东科	2019-04-09	106475732
1161	一种微波单像素成像前端器件	中电科技扬州宝军电子有限公司,信息科学与工程学院	权计超 王 伶 王宗新	2019-04-09	106385527
1162	一种可转移耐磨柔性超疏水薄膜及其制备方法	材料科学与工程学院	张友法 王山林 戴文哲 余新泉	2019-04-09	106366912
1163	一种直线旋转电机动态性能测试装置及其测试方法	电气工程学院	徐 磊 林明耀 付兴贺	2019-04-09	106324499
1164	一种硬币分拣装置	机械工程学院	江 苏 赵子乾 段国标	2019-04-09	106257545
1165	一种基于并发控制流图的Java并发程序路径剖析方法	计算机科学与工程学院	王璐璐 李必信 廖 力 周 颖	2019-04-09	106257425
1166	基于原位透射电子显微镜的纳米材料交流电学性能测试装置及方法	电子科学与工程学院	孙立涛 马 菁 董 辉 张秋波 徐 涛	2019-04-09	106124543
1167	一种基于QoS的VLC保密通信系统发射端设计方法	信息科学与工程学院	沈 弘 邓俞钦 赵春明	2019-04-09	106059640
1168	一种基于部分信息反馈的分布式卢比变换编码方法	信息科学与工程学院	姜 明 王 辰 赵春明 梁 霄 黄 鹤	2019-04-09	106533614
1169	一种用于微流体通道中气体去除的装置	电子科学与工程学院	朱 真 袁障诒 许轩臻	2019-04-09	105910878
1170	具有抗冲击能力的壳体谐振器	电子科学与工程学院	尚金堂 罗 斌 张 瑾	2019-04-09	106052664
1171	一种硅基双段式槽波导振转器和偏振旋转方法	电子科学与工程学院	肖金标 徐 银	2019-04-09	105775948
1172	一种基于网格纵横局部二值模式的三维人脸识别方法	自动化学院	达飞鹏 汤兰兰 郭梦丽 邓 星 刘俊权 吕士文	2019-04-09	106022228
1173	一种风速球集成系统	电子科学与工程学院	杨文彬 万 能	2019-04-09	105974152
1174	基于低复杂度接收机的MIMO系统的功率控制方法	仪器科学与工程学院	黄永明 范立行 李双龙 杨绿溪	2019-04-09	105744613

序号	专利名称	发明人所在单位	发明人	授权公告日	授权公告号
1175	一种大规模天线系统低复杂度功率分配方法	信息科学与工程学院	蒋雁翔 张家典 郑福春 高西奇 尤肖虎	2019-04-09	105828441
1176	一种基于802.11ac射频一致性测试系统接收机的检测方法	信息科学与工程学院	裴文江 许月 王开 夏亦犁	2019-04-09	105915320
1177	一种通过SERS信号快速检测外泌体的方法	电子科学与工程学院	宗慎飞 王乐 陈晨 王奢元 崔一平	2019-04-09	105628672
1178	原子磁强计的磁线圈X、Y轴非正交角的测量装置与方法	仪器科学与工程学院	陈熙源 张红 邹升	2019-04-09	105301541
1179	一种基于改进LMD的光纤陀螺振动信号分析方法	仪器科学与工程学院	陈熙源 宋锐 崔冰波 方琳	2019-04-09	105424057
1180	一种基于约束马尔可夫决策过程的高能效资源优化方法	信息科学与工程学院	蒋雁翔 李鹏 郑福春 高西奇 尤肖虎	2019-04-09	105407535
1181	一种非先入先出包的能效数据传输方法	信息科学与工程学院	刘楠 周庆	2019-04-09	105119845
1182	一种装配式剪力墙竖向接缝齿槽式耗能连接装置	土木工程学院	李爱群 徐刚	2019-04-02	107190880
1183	一种基于trace文件的代码功耗测试方法	信息科学与工程学院、国家电网公司、南京南瑞信通信科技有限公司、南京南瑞信息通信科技有限公司、国网四川省电力公司、国网冀北电力有限公司	王桥 唐家博 王宇然 程茹洁 陆建 蒋厚明 胡吴牧 胡吴伟 吴佳	2019-04-02	106649115
1184	一种声-固耦合结构的高频局部响应预示方法	机械工程学院	李彦斌 张鹏 王攀 陈强 费庆国 吴邵庆	2019-03-29	108491595
1185	一种装配式抗爆防护板结构及其制备方法	土木工程学院	宗周红 钱海敏 甘露 刘路 李明鸿	2019-03-29	107587624
1186	一种新型建筑节能墙体	吴健雄学院	刘家铭 张承文	2019-03-29	107419822
1187	可实现纯紫外发光的ZnO基异质结发光二极管的制备方法	生物科学与医学工程学院	徐春祥 游道通 石增良 秦飞飞 徐魏	2019-03-29	107425098

(续表)

序号	专利名称	发明人所在单位	发明人	授权公告日	授权公告号
1188	一种LLC全桥变换器同步整流的数字优化控制方法及其系统	电子科学与工程学院	孙伟锋 俞居正 朱俊杰 陆生礼 夏 熙 钱钦松 时龙兴	2019-03-29	107425728
1189	一种同步整流LLC变换器的数字控制系统及其控制方法	电子科学与工程学院	钱钦松 詹成旺 朱俊杰 孙伟锋 陆生礼 时龙兴	2019-03-29	107147302
1190	一种定子永磁型记忆电机大转矩输出控制方法	电气工程学院	林明耀 杨公德 谭广颖 刘 峤 张贝贝	2019-03-29	107171611
1191	面向中高压智能配电网的电力电子变压器	电气工程学院	陈 武 薛晨阳	2019-03-29	107370392
1192	翼缘摩擦型形状记忆合金杆自复位钢框架梁-中柱节点	土木工程学院	李加军 周 臻 赵 军	2019-03-29	107217744
1193	一种人体动作增强可视化方法及人体动作增强现实系统	仪器科学与工程学院	朱利丰 王梓安	2019-03-29	107371009
1194	一种基于氮化钛的新型纳米结构光阴极	电子科学与工程学院	王琦龙 齐志央 徐 林 田润知 张 建 屠 彦	2019-03-29	107275168
1195	一种多维波面厚粘弹性层隔减振/震装置	土木工程学院	徐赵东 盖盼盼	2019-03-29	107130831
1196	一种三维钢丝绳调谐质量阻尼器装置	机械工程学院	卢 熹 程丹丹 张建润	2019-03-29	107119957
1197	一种基于干扰观测器的单相逆变器有限时同控制方法	自动化学院	李世华 戴 忱 王 佐 杨 俊	2019-03-29	107196534
1198	一种具有共振隆芬结构电子阻挡层的发光二极管	电子科学与工程学院	张 雄 杨 刚 代 倩 崔一平	2019-03-29	107195746
1199	一种用于铸造铝合金表面制备复合涂层的涂料及其使用方法	材料科学与工程学院	董黄生 孙善云 刘新来 任彦军 黄志海 郭 郓	2019-03-29	107055892
1200	一种磁通切换型记忆电机高功率因数控制方法	电气工程学院	林明耀 杨公德 李 念 谭广颖 乐 伟 付兴贺 刘 凯 张贝贝	2019-03-29	107154765
1201	一种确定非混耳定日镜各圈子镜倾角的方法	能源与环境学院	匡 尧 张 超 段梦凡 董丽枫 夏苏恒 周晓鹏 袁瑀浩	2019-03-29	106999648

（续表）

序号	专利名称	发明人所在单位	发明人	授权公告日	授权公告号
1202	一种直流降压变换器的连续滑模无电流传感器控制方法	自动化学院	李世华 王 佐 杨 璐 张 忱 李 奇 戴	2019-03-29	107093955
1203	一种张弦式的双曲拱形屋面板梁结构	土木工程学院	徐文平 袁吉汗 强玮良 郭 进 邓 欣 戴 航 黄 明 卢建峰	2019-03-29	106869390
1204	一种新型轮腿式的复杂地面移动机器人	仪器科学与工程学院	宋爱国 魏宏朋 宋子莹 张 琪 李会军 徐宝国	2019-03-29	106904225
1205	一种云台发射器及其自动识别与瞄准系统	机械工程学院	赵 恒 陈明惠	2019-03-29	107084643
1206	一种纳米射微型推进器 其制备方法及其应用	机械工程学院	沙 菁 莫景文 陈云飞 于弘扬 张仕昭	2019-03-29	107416759
1207	基于全球卫星导航系统动态后处理技术航空摄影测量方法	交通学院	沙月进	2019-03-29	107063193
1208	一种摄影测量区域网整体相对定向的方法	交通学院	沙月进	2019-03-29	107063191
1209	弱电网PCC处多变流器并列谐振失稳责任评估方法	电气工程学院	曹 武 赵剑锋 范栋琛 刘康礼 吴木木 许 胜	2019-03-29	106849070
1210	具有磁场调节能力的转子永磁型磁通切换电机	电气工程学院	花 为 苏 鹏 潘 登 张 诠 程 明 王保安	2019-03-29	107070024
1211	一种温湿度独立控制空调系统	能源与环境学院	苏 伟 张小松	2019-03-29	106766355
1212	一种多吡啶萘酰亚胺荧光树形分子及其制备方法和应用	化学化工学院	钱 鹰 刘剑峰 邓 卫	2019-03-29	106831719
1213	一种非平衡电力系统频率估计的方法	信息科学与工程学院	夏亦犁 裴文江 乔露露 王 开	2019-03-29	106680583
1214	一种基于大站快车的公交线路组合服务方法	交通学院	叶智锐 周子玙 王 超	2019-03-29	106530680
1215	一种焦炉烟气脱硝的花瓣形喷氨装置	能源与环境学院	张 勇 方 勇 金保昇	2019-03-29	106390708
1216	一种流化床多组分颗粒扩散特性的测量装置及测量方法	能源与环境学院	张 勇 刘翠萍 肖 睿 金保昇	2019-03-29	106644833

序号	专利名称	发明人所在单位	发明人	授权公告日	授权公告号
1217	一种高热载流子可靠性的横向绝缘栅双极型晶体管	电子科学与工程学院	刘斯扬 孙伟锋 方云超 陆生礼 李 胜 叶 然	2019-03-29	106298901
1218	卫星接收机快速冷启动方法	仪器科学与工程学院	陈熙源 吴俊强 张梦芫 方 琳	2019-03-29	106199654
1219	一种用于静态安全分析的雅可比矩阵冗余存储方法	电气工程学院	周 赣 秦成明 孙立成 冯燕钧 傅 萌 张 旭	2019-03-29	106294022
1220	一种用于5G高密度网络的虚拟小区形成方法	信息科学与工程学院	柏 瑞 陈 明 施建锋	2019-03-29	106028364
1221	一种用于生活污水预处理的太阳能化粪池装置及处理工艺	土木工程学院, 南京长安建筑规划设计有限公司	傅大放 韦 昆 李桂年 王友冰	2019-03-29	105967454
1222	一种预制组合钢筋笼构件制造装配方法、钢筋混凝土结构构建造方法	建筑学院	张宏 张军军 刘 春 刘子洁 吴京 印 江 冯世虎	2019-03-29	106013455
1223	3-氧代二酰胺类萃取剂在萃取金上的应用	能源与环境学院	黄 瑛 陈 胜 李 楠	2019-03-29	107513614
1224	用于虚拟同步机的故障穿越保护和穿越控制系统及方法	电气工程学院	王建华 宋 杰 顾彬仕 季振东	2019-03-29	105978042
1225	鳍式快恢复超功率结半导体晶体管及其制备方法	电子科学与工程学院	孙伟锋 陆生礼 童 鑫 时龙兴 杨 卓 宋慧滨 祝 靖	2019-03-29	106024910
1226	一种多码率数据无线传输系统	电子科学与工程学院	张 萌 童 游 刘 俊 郭仲亚 陈子洋 罗文东	2019-03-29	106059708
1227	双定子双凸极复合励磁电机驱动系统及其控制方法	电气工程学院	王 政 王学庆 曹佳伟 程 明	2019-03-29	105958885
1228	基于GS方法的大规模MIMO检测方法及硬件架构	信息科学与工程学院	张 川 吴至榛 尤肖虎	2019-03-29	105915477
1229	一种最小化软件定义无线传感器网络能耗的方法	信息科学与工程学院	燕 锋 章跃跃 夏玮玮 朱亚萍 宋铁成 胡 静 沈连丰	2019-03-29	105813116
1230	一种基于手机定位数据的城市交通廊道识别方法	建筑学院	杨俊宴 方永华	2019-03-29	105844031
1231	一种样本组合分析核酸序列的方法	生物科学与医学工程学院	肖鹏峰 孙 啸	2019-03-29	105678110

(续表)

序号	专利名称	发明人所在单位	发明人	授权公告日	授权公告号
1232	一种HetNet系统中DRX状态下的小区选择方法和装置	信息科学与工程学院	赵新胜 张丹昱	2019-03-29	105554825
1233	基于自适应增强型技术选择的无线网络组网方法和装置	信息科学与工程学院	赵新胜 孟小祥	2019-03-29	105554889
1234	"互联网+"热电厂生产运营一体化管理平台	能源与环境学院	王秋颖 万宇露	2019-03-29	105243457
1235	一种深度多维度流量语义分析方法	计算机学院	董永娜 王婷 房鹏展	2019-03-26	108509426
1236	一种变频空调负荷群的一致性控制方法	电气工程学院	张天伟 胡晓青 仇知 林凯颖	2019-03-26	107101324
1237	一种计及单相断线谐振过电压的配电网薄弱支路判断方法	国网江苏省电力公司淮安供电公司,电气工程学院,国家电网公司	姜涛 孙一帆 朱蕾	2019-03-26	106786521
1238	配电网铁磁谐振谐波在线监测系统及铁磁谐振分类识别方法	国网江苏省电力公司淮安供电公司,电气工程学院,国家电网公司	许明生 朱蕾 孙一帆	2019-03-26	106646043
1239	一种模块化储能,集散装置及方法	机械工程学院	陈云飞 雷庆明 张艳 詹利建 苟春林	2019-03-22	108792137
1240	一种精确评估车辆铲测胀仪上原位应力的方法	交通学院	段伟 蔡国军 张文伟 刘松玉	2019-03-19	106840897
1241	一种有机功能介孔氧化硅的合成方法	生物科学与医学工程学院	谢卓颖 谢凡 顾忠泽	2019-03-19	106744991
1242	硅基悬臂梁耦合直接加热式未知频率毫米波相位检测器	电子科学与工程学院	廖小平 严嘉彬	2019-03-19	106841782
1243	硅基悬臂梁耦合间接加热式未知频率毫米波信号检测仪器	电子科学与工程学院	廖小平 严嘉彬	2019-03-19	107064617
1244	硅基悬臂梁耦合间接加热式毫米波相位检测器	电子科学与工程学院	廖小平 严嘉彬	2019-03-19	106802369
1245	硅基微机械悬臂梁耦合间接加热式毫米波在线式已知频率微波相位	电子科学与工程学院	廖小平 严嘉彬	2019-03-19	106841784
1246	固支梁T型结间接加热在线式已知频率微波相位检测器	电子科学与工程学院	廖小平 闫浩	2019-03-19	106841788
1247	固支梁间接加热在线式未知频率微波相位检测器	电子科学与工程学院	廖小平 闫浩	2019-03-19	106841796

序号	专利名称	发明人所在单位	发明人	授权公告日	授权公告号
1248	硅基缝隙耦合式T型结的直接式毫米波信号检测仪器	电子科学与工程学院	廖小平 褚晨蕾	2019-03-19	106841799
1249	硅基缝隙耦合式的直接式毫米波信号检测器	电子科学与工程学院	廖小平 褚晨蕾	2019-03-19	106814260
1250	硅基已知频率缝隙耦合式直接式毫米波相位检测器	电子科学与工程学院	廖小平 褚晨蕾	2019-03-19	106841800
1251	基于硅基悬臂梁T型结间接加热式毫米波相位检测器	电子科学与工程学院	廖小平 严嘉彬	2019-03-19	106841802
1252	纳米流体直接吸收式太阳能蒸汽发生装置及方法	能源与环境学院	徐国英 陈彩 张小松 李舒宏	2019-03-19	106839465
1253	一种用电阻率进行膨胀土膨胀性能现场评价的方法	交通学院	刘松玉 徐磊 边汉亮	2019-03-19	106680330
1254	一种模块化多电平变换器的低次环流抑制方法	电气工程学院	孙毅超 赵剑锋 季振东 赵亚雄 曹武	2019-03-19	106787880
1255	一种医用多孔钛合金及制备方法	材料科学与工程学院	陈锋 余新泉 张友法	2019-03-19	106756239
1256	一种基于变异粒子群和差分进化混合算法的PEMFC系统温度建模方法	仪器科学与工程学院	赵立业 沈翔 李宏生 李坤宇 黄丽斌 刘锡祥	2019-03-19	106654319
1257	一种双层油囊式深海插拔电连接器	机械工程学院	韩权 张艳 杨诀宽 陈云飞	2019-03-19	106785659
1258	一种镂空圆环形空间网格结构装配式节点	土木工程学院	冯若强 刘峰成 朱洁	2019-03-19	106592778
1259	基于两段协调优化与控制的冷热电联供型微网运行方法	电气工程学院	顾伟 陆帅 路钊 吴志 王珺	2019-03-19	106505634
1260	一种监测铁轨结构用橡胶板老化程度的装置和方法	化学化工学院	赵国堂 蒋金洋 聂燃然 王增梅	2019-03-19	106777467
1261	一种构造外墙补强内治理结构及施工方法	电子科学与工程学院	刘家彬 管秀发 刘并	2019-03-19	106480993
1262	一种基于主从式的电力通信联合仿真方法	电气工程学院	吴在军 周力 苏晨 窦晓波 徐俊俊	2019-03-19	106529056
1263	一种数字助听器的自适应匹配方法	信息科学与工程学院	胡敏强 赵力 魏昕 梁瑞宇 王青云 章勤杰	2019-03-19	106303874

(续表)

序号	专利名称	发明人所在单位	发明人	授权公告日	授权公告号
1264	一种具有输出电压上翘特性的ISOP逆变器系统无互联均压控制策略	电气工程学院	陈武 蒋晓剑	2019-03-19	106452149
1265	一种面向触摸屏的手指外骨架可穿戴式力触觉交互装置	仪器科学与工程学院	宋爱国 陈大鹏 李会军 曾洪	2019-03-19	106502393
1266	一种多相永磁电机主动缺相运行控制方法	电气工程学院	程明 花为 邹国棠	2019-03-19	106411214
1267	超高绝缘电阻测量仪用附加误差电流非对称补偿装置及方法	自动化学院,中国船舶重工集团公司第七一六研究所,南京长盛仪器有限公司	王晓俊 陈涛 葛颖森 牛丹 赵永杰	2019-03-19	106483381
1268	基于站内联合测量的电子式电压互感器异常辨识方法	国网江苏省电力公司电力科学研究院,国家电网公司,电气工程学院	杨世海 陈铭明 赵双双 周赣 李志新 符刚 徐敏锐 陆子刚 吴桥 尧赣东 王少华	2019-03-19	106646319
1269	一种基于Mesh结构的量子通信网络的路由方法	信息科学与工程学院	王霄峻 孟令震 余旭涛	2019-03-19	106357345
1270	一种径向开合室盖膜组合结构	土木工程学院	蔡建国 吴森坤 冯健 陆栋 朱奕锋	2019-03-19	106320587
1271	一种摩擦耗能的自复位钢框架结构	土木工程学院	黄小刚 周臻 谢钦 朱冬平 薛荣乐	2019-03-19	106382040
1272	模态能量法中模态间耦合强度的一种界定方法	机械工程学院	张鹏 费庆国 吴邵庆 李彦斌 陈强	2019-03-19	106446386
1273	一种基于等网损微增率的主动配电网分布式无功优化方法	电气工程学院	顾伟 陈明 柳伟 楼冠男 曹戈	2019-03-19	106329546
1274	一种基于纤维素纤维内养护的超高性能水泥基复合材料及其制备方法	材料科学与工程学院	郭丽萍 马瑞	2019-03-19	106396555
1275	一种基于状态识别的继电保护适应性滤波算法	国网江苏省电力公司电力科学研究院,国家电网公司,电气工程学院,国网浙江省电力公司	嵇建飞 黄嘉宇 乔楠 袁宇波 庞福滨 王立辉 陈晰	2019-03-19	106324403
1276	一种基于BP神经网络的继电保护设备状态识别方法	国网江苏省电力公司电力科学研究院,国家电网公司,电气工程学院,国网浙江省电力公司	嵇建飞 黄嘉宇 乔楠 袁宇波 王立辉 庞福滨 陈晰	2019-03-19	106355249
1277	水声中继通信系统和速率最大准则资源分配方法	信息科学与工程学院	李春国 曹欢欢 宋康 徐煜耀 杨绿溪 曹冰昊	2019-03-19	106330344

科技工作

（续 表）

序号	专利名称	发明人所在单位	发明人	授权公告日	授权公告号
1278	一种逐次逼近型模数转换器结构及其低功耗开关方法	电子科学与工程学院	吴建辉 黄 俊 陈 超 黄 成 李 红	2019-03-19	106301364
1279	一种基于奇异谱分解的旋转机械故障诊断方法	机械工程学院	贾民平 朱 林 鄢小安 张 菀 许飞云 胡建中 黄 鹏	2019-03-19	106338385
1280	一种双向协作中继信道计算转发编码系数向量搜索方法及通信方法	信息科学与工程学院	衡 伟 梁 天	2019-03-19	106027206
1281	一种径向展开式单兵雷达	土木工程学院	蔡建国 陆 栋 冯 健 朱奕峰	2019-03-19	106129577
1282	利用微生物强化重金属污染土固化修复效果的装置及方法	交通学院	杜延军 冯亚松 蒋宁俊 任振伟	2019-03-19	106180174
1283	一种分段延迟环模数转换器	电子科学与工程学院	吴建辉 李 红 徐 力 孟 楠 钱文明	2019-03-19	105959011
1284	一种基于山地水汇计算的山脚水面规模分析方法	建筑学院	杨俊宴 陆小波	2019-03-19	106096129
1285	一种基于AIMS设备的配数粒库文件数值生成方法	交通学院	马 涛 丁珣昊 黄晓明 张 垚 叶 勤	2019-03-19	106096135
1286	一种低温热源吸收式耦合空调装置及调控方法	能源与环境学院	苏 伟 张小松 魏云阳 张舒阳	2019-03-19	106091187
1287	一种用于优质电力园区中电压暂降的综合治理方法	国网江苏省电力公司电力科学研究院,国家电网公司,电气工程学院	陈 兵 顾 伟 罗珊珊 史明明 王旭冲 储佳伟 邱海峰 吕振华	2019-03-19	10595478
1288	一种模块化多电平换流器及其控制方法	电气工程学院	陈 武 汤 铭	2019-03-19	105915076
1289	一种适用于流水线模数转换器的后台校准电路及校准方法	电子科学与工程学院	吴建辉 孔路平 陈 超 李 红 黄 成	2019-03-19	106027051
1290	一种基于九轴运动传感器的肘部运动状态识别方法	仪器科学与工程学院	赵立业 宋 茜 李 钒 陈自邦 陵山珊	2019-03-19	105975989
1291	一种智能型头盔	计算机科学与工程学院	刘兴成 侯国睿 安舒扬 秦 阳	2019-03-19	10576831

(续表)

序号	专利名称	发明人所在单位	发明人	授权公告日	授权公告号
1292	一种适用于DG接入的直流配电网的电压控制方法	国网江苏省电力公司电力科学研究院,国家电网公司,电气工程学院	柳丹 袁晓冬 徐青山 李强 史卫平 朱卫平 陈兵	2019-03-19	105846420
1293	一种分布式Small Cell分层异构网络和速率最大化方法	信息科学与工程学院	王家恒 官伟 史锋峰 凌昕彤 赵春明	2019-03-19	105933969
1294	多波束移动卫星通信系统多用户联合迭代检测译码方法	信息科学与工程学院	高西奇 杨杨 江彬	2019-03-19	105846955
1295	一种多跳多频点无线Mesh网的资源分配方法	信息科学与工程学院	王捷 栗磊 陈灿	2019-03-19	105898871
1296	一种考虑尾流效应的风电场功率优化分配策略	电气工程学院等	孙建龙 薄鑫 吴倩 高丙团 叶飞 杨志超	2019-03-19	105354632
1297	一种利用统计信道状态信息的高能效大规模MIMO波束成形方法	仪器科学与工程学院	黄永明 陆莹 何世文 傅友华 杨绿溪	2019-03-19	105227222
1298	一种环形桁架网格结构的无支架施工方法	土木工程学院	罗斌 朱峰 娄峰	2019-03-15	107246153
1299	一种深度信息提取方法及装置	计算机科学与工程学院,腾讯科技(深圳)有限公司	姚莉 刘助奎	2019-03-15	107465911
1300	异构网络中的分布式动态成簇节能方法	信息科学与工程学院,中国移动通信集团江苏有限公司	尤肖虎 童恩 丁飞 潘志文	2019-03-15	104038995
1301	一种消除顿响函数中弹簧附加刚度的方法	机械工程学院	费庆国 王桂伦 姜东 朱锐 曹芝腑	2019-03-12	108489696
1302	一种考虑不确定性的结构瞬态统计能量响应预示方法	机械工程学院	费庆国 杨轩 陈强 吴邵庆 李彦斌 于静魏	2019-03-12	108427853
1303	一种纤维增强复合材料动态拉伸失效评估方法	机械工程学院	费庆国 于静魏 张培伟 李彦斌 郭飞	2019-03-12	108549743
1304	一种材料强度分布获取方法	土木工程学院	费庆国 陈强 李彦斌 张培伟 范刚	2019-03-12	108491606
1305	一种基于摄动随机有限元的随机动载荷识别方法	土木工程学院	吴邵庆 孙燕伟 费庆国 李彦斌	2019-03-12	108491578

(续表)

序号	专利名称	发明人所在单位	发明人	授权公告日	授权公告号
1306	一种保证阻尼系统特定模态频率不变的方法	机械工程学院	费庆国 姜 东 朱 锐 曹芝鹏 杭晓晨	2019-03-12	108256256
1307	超临界二氧化碳大型循环流化床燃煤锅炉及发电装置与发电方法	能源与环境学院	陈晓乐 展锦程 李平锐	2019-03-12	108180459
1308	一种基于罗丹明B衍生物的多通道荧光探针及制备方法与应用	化学化工学院	赵 红 薛兴颖 张 晗 贺祖茂 杨买娥	2019-03-12	107652299
1309	利用小麦秆灰碱法浸渍修饰制备铁矿石载氧体的方法	能源与环境学院	吴 健 沈来宏 蒋守席 沈天绪 闫景春	2019-03-12	107384505
1310	一种多频率重力梯度激励信号产生方法	仪器科学与工程学院	蔡体菁 喻名彪	2019-03-12	107643548
1311	一种弹簧阻尼协同隔减振/震装置	土木工程学院	徐赵东 盖盼盼	2019-03-12	107558786
1312	一种相变蓄冷装置	能源与环境学院	郑 毅	2019-03-12	107560477
1313	一种洒水车喷头	能源与环境学院	郑 毅	2019-03-12	107398365
1314	一种激光熔覆石墨烯-陶瓷自润滑涂层刀具及其制备方法	机械工程学院	邢佑强 吴 泽 黄 鹏 刘 磊 孙桂芳 李 晓	2019-03-12	107338437
1315	一种制备高亮度白光发射的锰掺杂钙钛矿量子点的方法	电子科学与工程学院	王春雷 吴 浩 徐淑宏 崔一平	2019-03-12	107189778
1316	一种纳米位移执行器	电子科学与工程学院	万 能 部志勇 赵小康 周雨晴	2019-03-12	107188113
1317	一种开坯的锻造方法	材料科学与工程学院	叶 明 高锦张 赵 毅	2019-03-12	106975719
1318	一种室内可见光OAM组播通信系统发射端	电子科学与工程学院	孙小菡 赵永星	2019-03-12	106982095
1319	一种快速制备银纳米方-石墨烯-泡沫镍复合材料的方法	材料科学与工程学院	郭新立 刘园园 祝 龙 陈忠涛 赵 丽 段亮亮	2019-03-12	107245597
1320	一种基于BIM的无人机道路检测系统	交通学院	马 涛 丁珣昊 胡鹏森 房占永 邓交龙 马 康	2019-03-12	107117313
1321	一种装配式折板悬挂系统	土木工程学院	王春林 蓝旭罂 胡炎浩 姜 波 杜孟林 陈婧涵	2019-03-12	107165278
1322	一种具有非极性吸收层的紫外探测器	电子科学与工程学院	张 雄 代 倩 吴自力 崔一平	2019-03-12	107240615

(续 表)

序号	专利名称	发明人所在单位	发明人	授权公告日	授权公告号
1323	一种Ag-MXene触头材料及制备方法和用途	材料科学与工程学院	孙正明 丁健翔 郑 伟 张培根 张亚梅 田无边	2019-03-12	107146650
1324	一种用于机器人的三轴可调的悬架机构	机械工程学院	王兴松 李 杰	2019-03-12	107226146
1325	一种太阳能光电光热建筑一体化系统	建筑学院	彭昌海 黄 璐 黄锦富	2019-03-12	107044733
1326	一种高通量微粒子循环分选与浓缩装置及其制作方法	机械工程学院	项 楠 石 邗 姜 恒 郑 宇	2019-03-12	107020164
1327	一种免极化压电基机电转换元件的制备方法	材料科学与工程学院	王增梅 耿然然 朱睿维 邢林栋	2019-03-12	107039578
1328	一种基于化学刻蚀的荧光金纳米簇快速合成方法	生物科学与医学工程学院	王雪梅 陈 芸 李奇维 姜 晖 李常辉 姜雪瑞 阮 俊 张 航	2019-03-12	106984828
1329	一种基于相变的微型推进器	机械工程学院	沙 菁 张仕昭 陈云飞 于弘扬 张 帅 莫景文	2019-03-12	106837724
1330	一种基于光场的全息投影方法	电子科学与工程学院	夏心怡 夏 军	2019-03-12	106707680
1331	一种基于破桩装置及破桩方法	交通学院	李洪江 童立元 刘松玉 哈 斯	2019-03-12	106930289
1332	具有表面增强拉曼散射功能的氧化钨基底及其制备方法	物理学院	罗正位 范兴福 邱 腾	2019-03-12	106756853
1333	基于发电机控制装置的低频振荡源定位及识别方法	电气工程学院	蒋 平 郑斌青 冯 双	2019-03-12	106940429
1334	一种TD-LTE系统的频点宽带联合检测方法	信息科学与工程学院	张 华 孙 采 夏子贤	2019-03-12	106685570
1335	一种基于轮询自匹配的网络监测方法及装置	电子科学与工程学院	孙小菡 张 旋 陈 斯 戈志群 朱 敏	2019-03-12	106685522
1336	一种基于浮动车GPS数据的干线停车分析方法	交通学院	夏井新 安成川 陆振波	2019-03-12	106781504
1337	一种罗丹明衍生物双功能类荧光探针及应用	化学化工学院	赵 红 江道勇 王志飞 王肖肖 汤雪娇 薛兴颖	2019-03-12	106831800
1338	一种基于交通视频判断交通事故发生地自愈能力的方法	交通学院	李豪杰 丁红亮	2019-03-12	106781474

（续表）

序号	专利名称	发明人所在单位	发明人	授权公告日	授权公告号
1339	一种锰离子掺杂Ⅱ型量子点荧光材料及其制备方法和应用	电子科学与工程学院	张家雨 许瑞林	2019-03-12	106701083
1340	基于高精度交通流数据的二次交通事故预警方法	交通学院	徐铖铖 邓翎 杨明星 刘攀	2019-03-12	106485922
1341	一种自动切换的膝关节助力机构	机械工程学院	王兴松 杨明星 万诗龙	2019-03-12	106625596
1342	一种刚度自动变换的膝关节助力装置	机械工程学院	王兴松 万诗龙 杨明星	2019-03-12	106625597
1343	一种基于速度等值线图的二次交通事故的识别方法	交通学院	徐铖铖 邓翎 刘攀	2019-03-12	106781473
1344	一种基于线电压调制的永磁同步电机弱磁控制方法	电气工程学院	王 伟 张景皓 程 明	2019-03-12	106533294
1345	一种面向用户的高速公路交通指数发布系统	交通学院	冉 斌 郑 元 张雯靓 洪 阳 曲 栩 张 健	2019-03-12	106530709
1346	一种不改变绕组排布的分数槽集中绕组变极记忆电机	电气工程学院	林鹤云 王 东 王克羿 房淑华 黄允凯	2019-03-12	106787281
1347	多级噪声整形数字Delta-Sigma调制器的外加扰动信号的添加方法	信息科学与工程学院	樊祥宁 廖一龙 史鹏鹏 王志功	2019-03-12	106656102
1348	一种石墨烯基中空纤维的智能制备方法	生物科学与医学工程学院	张继中	2019-03-12	106637514
1349	一种基于QoS的可见光通信非正交多址系统功率分配方法	信息科学与工程学院	沈 弘 吴艳飞 赵春明	2019-03-12	106788769
1350	一种医用因素无影灯智能控制系统	机械工程学院	张志胜 郑超强 戴 敏 胡玉波 田 伟	2019-03-12	106385750
1351	一种基于人工蜂群算法的室内水下目标定位方法	仪器科学与工程学院	陈熙源 臧云歌 刘 晓 方 琳	2019-03-12	106546953
1352	转子永磁型磁通切换轮毂电机	电气工程学院	花 为 章恒亮 程 明	2019-03-12	106602822
1353	一种基于公交站点信息化的多形式公交动态调度方法	交通学院	郑 元 张 健 冉 斌	2019-03-12	106504516
1354	一种大电流绝缘栅横向硅绝缘体上硅绝缘栅双极型晶体管器件	电子科学与工程学院	祝 靖 卞方娟 杨 草 吴汪然 宋慧滨 孙伟锋 陆生礼 时龙兴	2019-03-12	106505101
1355	永磁同步电机无位置传感器控制方法	电气工程学院	樊 英 张 丽	2019-03-12	106411209

(续表)

序号	专利名称	发明人所在单位	发明人	授权公告日	授权公告号
1356	一种谐振式液体振镜及其驱动方法	电子科学与工程学院	杨兰兰 屠 彦 杨柳青 石在耀 张 雄 王莉莉	2019-03-12	106324827
1357	一种二维阻性传感阵列的快速测量电路	仪器科学与工程学院	吴剑锋 何赏赏 杨 坚 汪 峰 李建清 王 琦	2019-03-12	106500847
1358	一种基于九开关管逆变器的有源电力滤波器的谐波补偿方法	国网福建省电力有限公司,国网福建省电力有限公司电力科学研究院,电气工程学院	张 逸 林 铱 黄道姗 吴 飞 吴丹岳 施 烨 顾 伟 陈育欣	2019-03-12	106374489
1359	一种直流系统线路故障定位方法	电气工程学院	吴在军 高仁栋 范文超 窦晓波 胡敏强	2019-03-12	106324436
1360	一种增强型绝缘埋层AlGaN-GaN高电子迁移率晶体管	电子科学与工程学院	孙伟锋 魏家行 陈 欣 李秀军 刘斯扬 陆生礼 时龙兴	2019-03-12	106328700
1361	人乳腺癌细胞株特异性核酸适配体及其在制备检测、诊断和治疗人乳腺癌制剂中的应用	生物科学与医学工程学院	何农跃 刘 梅 王志飞 牟贤波 李智洋 马 超 苏恩本	2019-03-12	106282194
1362	一种面向燃气机组热电冷三联产系统的CO_2捕捉方法	能源与环境学院	段伦博 陈 健 苏成林 石 田 周琳绯 杨 朋	2019-03-12	106215682
1363	用于动态可重构阵列计算系统的自适硬件预配置控制器	电子科学与工程学院	龚 宇 王晓彤 刘 波 曾 鹏 杨 军 时龙兴	2019-03-12	106294278
1364	一种非迭代复振幅调制全息投影方法	电子科学与工程学院	祁怡君 夏 军	2019-03-12	106227016
1365	一种加固钢筋梁及组合梁的预应力CFRP板张拉锚固装置	交通学院	万世成 黄 侨 杨圣超	2019-03-12	106193643
1366	一种PM 2.5和CO_2联控的智能新风机及新风处理方法	能源与环境学院	黄婷婷 史珍妮 季已辰 邹 阳 张 伦	2019-03-12	106123193
1367	一种软件定义移动网络中的资源分配方法	信息科学与工程学院	夏玮玮 章跃跃 燕 锋 朱亚萍 沈连丰 宋铁成 胡 静	2019-03-12	106209336
1368	一种用于分布式天线架构的M2M系统的信号检测方法	信息科学与工程学院	陈 明 杨照辉	2019-03-12	106211042
1369	一种5G高密度网络中虚拟小区的功率分配方法	信息科学与工程学院	陈 明 施建锋	2019-03-12	106028456

(续表)

序号	专利名称	发明人所在单位	发明人	授权公告日	授权公告号
1370	用于偏二甲肼降解的多金属交联配合催化剂及其制备方法和应用	化学化工学院	吴敏 周宁骋 陈龙军 倪根美 李伟杰 马东阳	2019-03-12	106111200
1371	一种低噪声高输出电阻的跨导放大器	信息科学与工程学院	李智群 王冲 李芹 王志功	2019-03-12	106059505
1372	基于Bloom Filter的智能电网属性访问控制方法	网络空间安全学院	万长胜 苏清玲	2019-03-12	106101093
1373	基于平均模型的MMC电路结构设计方法	电气工程学院	骆芳芳 王建华 季振东 张金望	2019-03-12	105870959
1374	一种大量程硅微陀螺仪非线性数字补偿方法	仪器科学与工程学院	李宏生 余亿田 丁徐锴 邵安成 黄丽斌	2019-03-12	106052668
1375	一种基于SRAM PUF的熵提取方法及电路	电子科学与工程学院	李冰 王凯 涂云晶 杨超凡 陈帅 周岑军 金涛 魏姗 赵霞 刘勇 王刚 董乾	2019-03-12	106054911
1376	一种磁含量编码的聚合物载体微球及其制备方法	生物科学与医学工程学院	谢卓颖 陈姗 赵远锦 顾忠泽	2019-03-12	106009347
1377	一种城市全域能耗数字地图制作及显示方法和系统	建筑学院	杨俊宴 陆小波	2019-03-12	105997591
1378	安卓手机功能自动测试系统及方法	自动化学院	王子牮 刘昌鑫 朱丹丹 封宝鼎 魏海坤 胡啸天	2019-03-12	106027729
1379	一种汞离子发光指示材料及其制备方法和应用	生物科学与医学工程学院	陈扬 吴江	2019-03-12	105954247
1380	基于各向异性超表面的多波束辐射与极化调控的设计方法	信息科学与工程学院	马慧锋 刘艳青 康王萌 崔铁军	2019-03-12	105811117
1381	一种液态燃料液氧高压直燃蒸汽动力系统	能源与环境学院	张宝怀	2019-03-12	105840312
1382	一种湿法脱硫塔动态特性仿真通用化建模方法	能源与环境学院	王永文 冷伟	2019-03-12	105912750
1383	基于广义纳什均衡的小蜂窝网络功率分配方法	信息科学与工程学院	王家栢 官伟 史锋峰 凌昕彤 黄磊 赵春明	2019-03-12	105764063
1384	基于田口方法确定永磁直线电机工作电流与时间的方法	电气工程学院	余海涛 刘小梅 胡敏强 封宁君 夏涛 徐鸣飞 施振川	2019-03-12	105844026

(续表)

序号	专利名称	发明人所在单位	发明人	授权公告日	授权公告号
1385	基于虚拟节点存储优化的Swift负载均衡方法	计算机科学与工程学院	杨鹏 袁志伟 赵丹丹 刘旋	2019-03-12	105657064
1386	一种研究混合交通环境下电动自行车相对于机动车换算系数的方法	交通学院	叶智锐 冯嘉校 王超 王炜	2019-03-12	105787196
1387	轻质高强抗裂辅料提高混凝土抗裂性能与保温性能的方法	材料科学与工程学院	秦鸿根 庞超明 熊羽	2019-03-12	105731851
1388	一种基于手机载摄像机的高速公路车道线检测方法	自动化学院	路小波 唐涛 姜良维 曾维理 卫朋	2019-03-12	105740809
1389	一种基于内容的发布订阅系统中的事件快速匹配方法	计算机科学与工程学院	董永强 吕希来	2019-03-12	105740337
1390	一种智能可穿戴设备与其他设备的安全配对方法	电气工程学院	杨正和 谢吉华 林英俊	2019-03-12	105246026
1391	基于渐变折射率超材料的天线罩	信息科学与工程学院	蒋卫祥 崔铁军 徐白冰 戈硕 马凯	2019-03-12	105071037
1392	同腔原位复合沉积钬-氧化铝高温涂层设备与工艺	机械工程学院	刘磊 吕俊 黄亚洲 杨俊杰 陈云飞	2019-03-08	107119264
1393	一种低电压电流自匹配栅极开关电荷泵	电子科学与工程学院	陈超 倪中华	2019-03-08	106936310
1394	基于有功两段抬升的非侵入式微波炉启动辨识方法	国网江苏省电力公司苏州供电公司,电气工程学院	沈杰 周赟 徐玮 蔡吉人	2019-03-08	106501680
1395	一种基于空调用电模式的负荷优化控制方法	中国电力科学研究院,国家电网公司,电气工程学院,国网甘肃省电力公司电力科学研究院,国网甘肃省电力公司	钟鸣 高赐威 陈来来 同华光 朱栋 何桂雄 韩永军 张新鹤 郑晶晶	2019-03-08	105352108
1396	益生微生态制剂的制备方法	生物科学与医学工程学院	周东蕊 白志茂 张红琳	2019-03-08	104997813
1397	基于合作博弈的分布式超密集异构网络干扰协调方法	信息科学与工程学院	潘志文 涂晶 刘楠 尤肖虎	2019-03-05	107094060
1398	一种具有功能梯度的点阵材料	交通学院	万水 牟玉泽 李夏元 沈孔健 蒋正文 宋爱明	2019-03-05	107023074
1399	一种平移调磁环型永磁涡流调速装置	电气工程学院	林鹤云 李毅搏 程阳 王海涛 房淑华	2019-03-05	106911243

(续表)

序号	专利名称	发明人所在单位	发明人	授权公告日	授权公告号
1400	大分子链模板法制备聚丙烯酸类复合高分子水凝胶的方法	化学化工学院	付国东 马 强 刘顺利 姚 芳	2019-03-05	106832073
1401	一种双发射 Mn 掺杂 CsPb(Cl/Br)$_3$ 钙钛矿纳米晶及其制备方法	电子科学与工程学院	王春富 黄光光 徐淑芸 崔一平	2019-03-05	106753358
1402	硅基悬臂梁 T 型结直接加热式未知频率毫米波相位检测器	电子科学与工程学院	廖小平 严嘉彬	2019-03-05	106771601
1403	Si 基微机械悬臂梁耦合同接加热式毫米波信号检测器	电子科学与工程学院	廖小平 严嘉彬	2019-03-05	106841770
1404	基于硅基悬臂梁 T 型结间接加热式毫米波信号检测仪器	电子科学与工程学院	廖小平 严嘉彬	2019-03-05	106841786
1405	硅基悬臂梁耦合 T 型结加热式毫米波信号检测仪器	电子科学与工程学院	廖小平 严嘉彬	2019-03-05	106680581
1406	Si 基微机械悬臂梁耦合直接加热式微信号检测器	电子科学与工程学院	廖小平 严嘉彬	2019-03-05	106771557
1407	固支梁 T 型结间接加热式微波信号检测器	电子科学与工程学院	廖小平 闫 浩	2019-03-05	106645920
1408	硅基缝隙耦合式的直接式毫米波检测仪器	电子科学与工程学院	廖小平 褚晨蕾	2019-03-05	106771581
1409	硅基已知频率缝隙耦合式 T 型直接式毫米波相位检测器	电子科学与工程学院	廖小平 褚晨蕾	2019-03-05	106771602
1410	硅基缝隙耦合式的间接式毫米波检测器	电子科学与工程学院	廖小平 褚晨蕾	2019-03-05	106872796
1411	基于悬臂梁的在线式微波相位检测及检测方法	电子科学与工程学院	廖小平 严德洋	2019-03-05	106841792
1412	固支梁 T 型结同接加热式未知频率微波相位检测器	电子科学与工程学院	廖小平 闫 浩	2019-03-05	106872780
1413	固支梁直接加热式微波信号检测器	电子科学与工程学院	廖小平 闫 浩	2019-03-05	106881259
1414	固支梁 T 型结间接加热式微波信号检测仪器	电子科学与工程学院	廖小平 闫 浩	2019-03-05	106872797

(续表)

序号	专利名称	发明人所在单位	发明人	授权公告日	授权公告号
1415	硅基未知频率缝隙耦合式间接式毫米波相位检测器	电子科学与工程学院	廖小平 褚晨蕾	2019-03-05	106802370
1416	硅基缝隙耦合式T型结的直接式毫米波信号检测器	电子科学与工程学院	廖小平 褚晨蕾	2019-03-05	106645921
1417	硅基已知频率缝隙耦合式T型结间接式毫米波相位检测器	电子科学与工程学院	廖小平 褚晨蕾	2019-03-05	106771604
1418	硅基已知频率缝隙耦合式间接式毫米波相位检测器	电子科学与工程学院	廖小平 褚晨蕾	2019-03-05	106645924
1419	一种气体温度、湿度及VOC浓度调节装置及方法	能源与环境学院	宋潞云 张 辉	2019-03-05	106647898
1420	热温差型风速传感器及其制备和检测方法	电子科学与工程学院	易真翔 董 蕾 王立峰 秦 明 黄庆安	2019-03-05	106829850
1421	一种生物医用多孔钛合金及其制备方法	材料科学与工程学院	陈 锋 余新泉 张友法 叮卫燕	2019-03-05	106756238
1422	一种射频发射机及其信号产生方法	信息科学与工程学院	樊祥宁 花再军 廖一龙 汤 励 王志功	2019-03-05	106817138
1423	一种基于长短混合基线的数字基线摄影测量方法	交通学院	沙月进	2019-03-05	106840103
1424	一种负载型铂基催化剂及其制备方法	化学化工学院	张一卫 张红星 周钰明 盛晓莉 方嘉声 赵 硕 张 超	2019-03-05	106622226
1425	一种多功能数字式地震波孔压静力触探探测试系统	交通学院	刘松玉 蔡国军 邹海峰 秦文虎	2019-03-05	106759215
1426	基于Myo臂带及视线追踪的虚拟假手训练平台及其训练方法	仪器科学与工程学院	曾 洪 邢璟楠 曾 欣 霍金凤 王梓安 杨昊青 L.彼得	2019-03-05	106530926
1427	一种电磁币分离机及方法	机械工程学院	赵 恒	2019-03-05	106530476
1428	一种太阳能双效制冷利热水联合系统	能源与环境学院	丁 林 王 军 周璐璐 黄宁宁 宋鹏飞 严倩雯 殷 谦	2019-03-05	106524575
1429	一种多维调谐质量阻尼器	土木工程学院	陶天友 王 浩 邹仲钦	2019-03-05	106758765
1430	一种基于水汽相变强化过饱和场构建的装置和方法	能源与环境学院	张 军 于 燕 徐俊超 周 荔 钟 辉	2019-03-05	106352535

(续表)

序号	专利名称	发明人所在单位	发明人	授权公告日	授权公告号
1431	一种添加氧化铝包覆石墨烯的自润滑陶瓷刀具材料	机械工程学院	邢佑强 吴泽 刘磊 黄鹏 胡涛	2019-03-05	106431361
1432	一种场调制双转子无刷双馈风力发电机	电气工程学院	张建忠 姜永将 徐帅 胡省 黄鹏 李天一	2019-03-05	106505814
1433	一种提高覆膜砂湿性能的方法	材料科学与工程学院	盛晓波 刁艳利 戴挺 董黄生	2019-03-05	106493285
1434	增强桥梁健康监测结构响应和温度数据相关性收敛的方法	土木工程学院	丁幼亮 刘兴旺 赵瀚玮 郑宏伟	2019-03-05	106650221
1435	一种单轮式海床静力触探贯入设备	交通学院	刘松玉 蔡国军 夏涵 邹海峰	2019-03-05	106480869
1436	一种用于肿瘤细胞核酸适配体筛选卡盒装置	生物科学与医学工程学院	何农跃 王超 肖鹏峰 李智祥 周鑫 陈中思	2019-03-05	106353492
1437	一种用于检测粉尘浓度的装置及方法	电子科学与工程学院	陈洁 惠肇宇	2019-03-05	106442243
1438	一种基于环境阻抗模型的时延遥操作机器人自适应控制方法	仪器科学与工程学院	宋爱国 倪得晶 李会军 曾洪 徐宝国 袁祖龙	2019-03-05	106527127
1439	基于接触距离分布的沥青混合料砂浆厚度计算方法	交通学院	倪富健 蒋继望 俞宏峰 杜慧	2019-03-05	106355587
1440	一种基于像素提取的三维数值颗粒模型方法	交通学院	马涛 丁晌昊 黄晓明 张垚 叶勤	2019-03-05	106408651
1441	环链式预应力钢丝绳自动同步张拉系统及方法	江西赣粤高速公路股份有限公司,土木工程学院,北京力通衢通检测技术股份有限公司	呼新华 李兴华 吴刚 蒋剑彪	2019-03-05	106436587
1442	一种基于冷冻再生及再利用的热源塔热泵系统	能源与环境学院	梁彩华 吕珍余 黄世芳 张小松	2019-03-05	106352583
1443	一种适用于异步 SAR ADC 的时序转换及数据锁存电路	电子科学与工程学院	吴建辉 陈超 杜媛 吴爱东 姚芹 李红	2019-03-05	106330169
1444	一种喷嘴与多层孔板分布器结合的鼓泡塔反应器及方法	吴健雄学院	金玉龙 徐青蓝	2019-03-05	106111025
1445	一种电流倍增型自偏置电流复用无源混频器	电子科学与工程学院	陈超 吴建辉 李红	2019-03-05	106301228
1446	一种适用于低电源电压的环形压控振荡器	电子科学与工程学院	胡晨 同成刚 吴建辉 陈超 李红	2019-03-05	106209028

(续表)

序号	专利名称	发明人所在单位	发明人	授权公告日	授权公告号
1447	一种方程式赛车制动踏板结构	机械工程学院	蔡新雨 蔡道清 郑良聪	2019-03-05	10609610
1448	一种高铁路基用水泥配碎石冻胀性能检测方法	材料科学与工程学院、中国铁路总公司	蒋金洋 赵国堂 佘伟 潘利 杨国涛	2019-03-05	105911083
1449	异构网多点协作能谱联合优化的资源分配方法	信息科学与工程学院	潘志文 裴阳宁 刘楠 尤肖虎	2019-03-05	105887216
1450	基于功率持续时间特性的电饭煲非侵入辨识方法	电气工程学院	周赣 符旺 李永民 秦成明 顾伟 傅萌	2019-03-05	105911342
1451	一种基于Intel CPU的并行Turbo译码方法	信息科学与工程学院	王捷 毕明勇 范鹏博 李磊 栗勇 王东明	2019-03-05	105915235
1452	一种面向软件演化的代码可兼容性评估方法	计算机科学与工程学院	李必信 苗意盎 廖力	2019-03-05	105843614
1453	异构小区中的能效优化方法	信息科学与工程学院	俞菲 王民锋 张皓月 黄永明	2019-03-05	105827284
1454	一种天空可视数字地图的模拟分析及图像显示方法	建筑学院	杨俊宴 李晋 史宜 卢华兴 杨绿溪	2019-03-05	105761310
1455	一种超密集异构网络网络能量有效资源分配方法	信息科学与工程学院	徐平平 朱文祥 蒋慧琳 何影	2019-03-05	105722205
1456	模拟材料在流体环境中受到循环拉压交替载荷的实验装置	材料科学与工程学院	储成林 金晶 李旋 蒋俊 白晶 郭超 薛烽 林萍华	2019-03-05	105651630
1457	一种语音情感维度区域的自动识别方法	信息科学与工程学院	黄程韦 赵力 张昕然 佘华 杨晶 徐新洲 陶华伟	2019-03-05	105609116
1458	一种小鼠胰岛分离纯化方法	医学院	李伟 孙子林 徐伟 陈娟 王晓航	2019-03-05	105368771
1459	远程实时监测智能移动终端基带处理器运行状态的方法及系统	网络空间安全学院	宋宇波 秦艳荣 王润 浦希益 张志伟	2019-03-05	105263155
1460	一种碳化硅多孔陶瓷材料前驱体驱动体及其制备方法	材料科学与工程学院	刘玉付 沈杰	2019-03-05	105199253
1461	基于非线性分析方法的气固流化床型在线智能识别方法	能源与环境学院	仲兆平 王恒 郭飞宏 王佳 王肖宇 王泽宇	2019-03-05	105139025

(续表)

序号	专利名称	发明人所在单位	发明人	授权公告日	授权公告号
1462	一种基于保局映射与主成分分析的图像分类方法	计算机科学与工程学院	达臻 伍家松 姜龙玉 孔佑勇 舒华忠 杨淳沨	2019-03-05	104881682
1463	一种适用于高码率QC-LDPC码的双循环构造方法	信息科学与工程学院	姜明 詹翠霞	2019-03-05	104821831
1464	一种副边复合式补偿网络的电池无线充电系统	电气工程学院	曲小慧 储海军	2019-03-01	106532845
1465	一种具有梯形刚性面板单元的可展结构	土木工程学院	蔡建国 吴森坤 冯健 王馨玉 朱奕锋	2019-03-01	106703206
1466	一种端部具有斜向凤梨型单元诱导的屈曲诱导支撑	土木工程学院	蔡建国 冯健 汪子哲 周宇航 马端君 柳杨青	2019-03-01	106703493
1467	一种具有核壳结构的复合药物微载体	生物科学与医学工程学院	赵远锦 李艳娜 刘羽霄 顾笑晓 商逸璇	2019-03-01	106309407
1468	一种径向伸缩网壳-膜组合结构	土木工程学院	蔡建国 吴森坤 冯健 陆栋 朱奕锋	2019-03-01	106400968
1469	一种基于正交级数的可再生能源输出功率概率建模方法	电气工程学院,国家电网公司,国网冀北电力有限公司,全球能源互联网研究院有限公司	吴任军 徐怡悦 王洋 窦晓波 胡敏强	2019-03-01	105975736
1470	一种基于PVTM的宽电压时钟拉伸电路	电子科学与工程学院	单伟伟 万亮 时龙兴	2019-03-01	106026994
1471	一种UPFC控制器同交互影响的规范型评估方法	江苏省电力公司,电气工程学院,华北电力大学	周涛 罗建裕 苏田宇 陈中 任必兴	2019-03-01	105556042
1472	一种基于云平台的智能变电站测试平台及测试方法	电气工程学院	陈中 崔光鲁	2019-03-01	105717390
1473	一种面向多个粗粒度动态可重构阵列的数据缓存更新系统	电子科学与工程学院	刘波 徐阜亭 董薇 龚宁 曹鹏 杨军	2019-03-01	105718421
1474	一种基于灰色关联分析的充电站规划方案评估方法	电气工程学院,国网江苏省电力有限公司电力科学研究院	黄学良 周雨奇 陈中 陈立兴 荆彧 程骏	2019-03-01	105184420
1475	无线传感网节点休眠低功耗协议的同步方法	电子科学与工程学院	刘昊 朱明明	2019-03-01	103327586

(续表)

序号	专利名称	发明人所在单位	发明人	授权公告日	授权公告号
1476	一种重力梯度仪自标定方法及离心梯度补偿方法	仪器科学与工程学院	蔡体菁 喻名彪 徐阿雅	2019-02-22	107576992
1477	内置折叠单脉冲天线	信息科学与工程学院,中电科技扬州宝军电子有限公司	曹振新 赵熠明 纪涛涛 符友 丁钟明	2019-02-22	106532222
1478	一种降低ACO-OFDM系统中峰均比的可恢复的多段线性压扩方法	信息科学与工程学院	陈明 管瑞 唐洋	2019-02-22	105871768
1479	一种基于多时间尺度的多能互补微网网调度方法	国网天津市电力公司,国家电网公司,电气工程学院	蒋菱 王旭东 李国栋 吴磊 王凯 徐青山 曾艾东 霍现旭	2019-02-22	105811397
1480	一种用于大型电力系统暂态稳定研究的小型化超级仿真器	电气工程学院	陆子见 陆广香	2019-02-22	105760599
1481	一种基于轨迹平滑的室内移动目标定位方法	国家电网公司,中国电力科学研究院,全球能源互联网研究院,信息科学与工程学院,江苏省电力公司信息通信分公司,国网湖北省电力公司	夏玮玮 章跃跃 贾子彦 张瑞 朱亚萍 沈连丰 刘世栋 缪巍巍 李炳林	2019-02-22	105824003
1482	一种LC并联双向谐振DC/DC变换器及其控制方法	国家电网公司,中国电力科学研究院,江苏省电力公司,电气工程学院	姚良忠 陈武 曹远志 杨波 崔红芬 陶以彬 吴福保 王德顺 周以欢 卢俊峰 李官军 王志冰 孙蔚 许晓慧 李琰 朱红保 李跃龙 胡金杭 冯鑫振	2019-02-22	105281574
1483	一种碳纳米米结构修饰片状有序孔碳材料及其制备方法	电子科学与工程学院	孙立涛 仇实	2019-02-19	107161977
1484	一种氧化锌避雷器在线监测与诊断方法	国网江苏省电力公司宿迁供电公司,国网江苏省电力公司,国家电网公司,电气工程学院	董如来 王洪彪 蒋浩	2019-02-19	105954632
1485	面向高密度分布式光伏消纳的区域能源网络优化调度方法	电气工程学院,国家电网公司,国网天津市电力公司	徐青山 曾艾东 王凯 孙璐 王迎秋 赵洪磊 戚艳 王旭东 蒋菱 于建成 霍现旭 李国栋 李志坚	2019-02-19	105955931

(续表)

序号	专利名称	发明人所在单位	发明人	授权公告日	授权公告号
1486	一种储稻、供稻、集糠装置及方法	机械工程学院	张 艳 雷庆明 詹利建 荀春林	2019-02-15	108620158
1487	一种多双端固支梁结构的曲率传感器	电子科学与工程学院	韩 磊	2019-02-15	107894200
1488	用于预制拼装桥墩的预应力FRP筋张拉锚固装置及其施工方法	交通学院	王文炜 宋元印 朱忠锋 曹晓波 郑宇宙	2019-02-15	107435293
1489	一种伺服电机速度控制器增益参数自整定的方法	自动化学院,中国船舶重工集团公司第七一六研究所	李世华 吴 超 李 奇 曹为理 张允志	2019-02-15	106877769
1490	一种面向变电站内采样业务的光网络系统及传输方法	国网智能电网研究院,电子科学与工程学院,国家电网公司,国网湖北省电力公司	孙小诺 吴 鹏 郑 宇 马士杰 毛子骜 朱 敏 于鹏飞 陈 伟 吴军民 郭经红 张 刚	2019-02-15	104852767
1491	一种面向电站系统异构数据融合的一体化处理方法	计算机科学与工程学院,大唐苏州热电有限责任公司	周建新 崔彦锋 王 奔 李家伟	2019-02-15	104715051
1492	一种用于装配式剪力墙竖向接缝中抗拉不抗剪的连接装置	土木工程学院	李爱群 司风琪 徐 刚	2019-02-12	107313519
1493	一种擦式双向调谐质量阻尼器	机械工程学院	卢 熹 程丹丹 张建润	2019-02-12	106996433
1494	一种钢筋笼位置固定的全套筒回转钻孔灌注桩施工方法	土木工程学院	王 浩 刘发明	2019-02-12	106930274
1495	一种在二维平面内生成随机椭圆形增强相的方法	机械工程学院	张培伟 彭 玉 费庆国 李彦斌 孙燕伟 郑成林	2019-02-05	108229064
1496	基于离散元的单向增强复合材料代表性体元的生成方法	机械工程学院	费庆国 柳友志 张大海 张培伟 王 猛	2019-02-05	108304628
1497	一种适用于桥梁墩柱的低振动整体定向拆除方法	土木工程学院	王 浩 荀智翔 茅建校 王飞球 朱克圣 李厚荣	2019-02-05	107905127
1498	一种深大泥浆坑原位分步固化处理方法	交通学院	朱志铎 万 瑜 顾素恩 宋 蕾	2019-02-05	107460866
1499	一种具有梯度负泊松比特性的点阵材料	交通学院	万 水 年玉泽 周 鹏 刘祁杰 刘华琛 王玮岳 郑 涛 徐 杰 杨 潇	2019-02-05	107401218

(续)

序号	专利名称	发明人所在单位	发明人	授权公告日	授权公告号
1500	一种金-还原氧化石墨烯-泡沫镍复合材料的制备方法	材料科学与工程学院	郭新立 刘园园 王小娟 赵丽 葛创 祝龙 张伟杰	2019-02-05	107354336
1501	一种超声波辅助干燥系统	能源与环境学院	陈振乾 生丽莎	2019-02-05	107166896
1502	一种反激式电源CCM与DCM模式的恒流控制系统	电子科学与工程学院	孙伟锋 沈为冬 王炜 徐申 陆生礼 时龙兴	2019-02-05	107154723
1503	一种红外兼容微波纳米复合吸波材料及其制备方法	化学化工学院	周钰明 潘雯璐 何曼 张一卫 黄镜怡 胡赛春	2019-02-05	106987024
1504	一种基于指纹匹配的可见光通信场景中三维定位方法	信息科学与工程学院	夏玮玮 章跃跃 贾子彦 燕锋 沈连丰 朱亚萍	2019-02-05	106646368
1505	一种适于防辐射服支撑的外骨骼装置	机械工程学院	王兴松 万诗龙 杨明星	2019-02-05	106493715
1506	一种刚度自变换的膝关节助力装置	机械工程学院	王兴松 万诗龙 杨明星	2019-02-05	106514625
1507	一种面向管理者的高速公路交通指数预测方法和系统	交通学院	郑元 冉斌 陈信超 曲栩 张健	2019-02-05	106530710
1508	基于内置三轴加速传感器智能手机的路面质量评级方法	交通学院	杨顺新 孟琳	2019-02-05	106840049
1509	一种用于套索的微型可控夹头机构	机械工程学院	王兴松 张蔺 沈小朋	2019-02-05	106514623
1510	一种优化液晶显示设备局部区域动态背光的控制方法	电子科学与工程学院	冯鲲鹏 王坚 李晓华	2019-02-05	106531088
1511	一种氮化碳复合物、其制备方法及应用	化学化工学院	张袤健 刘昌丹	2019-02-05	106752122
1512	一种山区公路连续急弯路段交通标志的综合设置方法	交通学院	徐铖铖 包杰 刘攀 杨梦琳	2019-02-05	106675906
1513	一种端部具有斜向螺旋型诱导单元的诱导支撑	土木工程学院	蔡建国 冯健 刘鹏 周宇航 柳杨青 马瑞君	2019-02-05	106639464
1514	一种具有刚性面板的可展结构	土木工程学院	蔡建国 吴森坤 冯健 王馨玉 朱奕锋	2019-02-05	106755918

(续表)

序号	专利名称	发明人所在单位	发明人	授权公告日	授权公告号
1515	一种氯气叠加过程的抗干扰控制方法和系统	自动化学院	牛 丹 崔佳威 张炜森 王晓俊 周杏鹏	2019-02-05	106354084
1516	一种二维阻性传感阵列的线性读出电路	仪器科学与工程学院	吴剑锋 王 愚 何赞赞 杨 坚 李建清	2019-02-05	106500736
1517	一种光聚焦结构	生物科学与医学工程学院	赵祥伟 顾忠泽 孙良栋	2019-02-05	106324753
1518	一种快关断绝缘体上硅横向绝缘栅双极型晶体管器件	电子科学与工程学院	孙伟锋 黄薛任 张 龙 祝 靖 陆生礼 时龙兴	2019-02-05	106024875
1519	用于消除回滞现象的逆导型横向绝缘栅双极型晶体管器件	电子科学与工程学院	孙伟锋 陈佳俊 张 龙 祝 靖 陆生礼 时龙兴	2019-02-05	106024876
1520	一种用于 D2D 通信系统的导频复用方法	信息科学与工程学院	陈 明 徐 浩	2019-02-05	106209335
1521	多变量公钥生成、加密和解密方法	网络空间安全学院	黄 杰 李 凡 许金乐 倪广源 朱 仟 卫 锦 万荞寒 张云龙 曹山山 阔溪菁	2019-02-05	106100843
1522	一种自动拔出紫菜养殖撑杆的机械装置	能源与环境学院	李 浩 张程宾	2019-02-05	105993910
1523	一种利用信道特性的安全传输消息方法	网络空间安全学院	彭林宁 胡爱群	2019-02-05	106102049
1524	多面片拼接曲面零件的模具型面设计方法	机械工程学院	辛 研 张国军 王俊生	2019-02-05	106021731
1525	一种具有复合电子阻挡层结构的紫外发光二极管	电子科学与工程学院	张 雄 梁宗文 崔一平	2019-02-05	105977356
1526	基于虚拟同步发电机的微网逆变器多环路控制方法	电气工程学院	王建华 顾彬仕 季振东	2019-02-05	105914778
1527	基于单位温度响应监测值的大跨钢桥有限元模型修正方法	土木工程学院	黄小刚 周 臻 丁幼亮 朱冬平	2019-02-05	105930571
1528	一种基于噪声分区模型的城市容积率优化方法	建筑学院	杨俊宴 缪岑岑	2019-02-05	105912764
1529	一种圆柱转环结构数显式人体困难气道检测仪	机械工程学院	辛 研 金乾进 杨元瑞 王 巡 郜 敏	2019-02-05	105877755

序号	专利名称	发明人所在单位	发明人	授权公告日	授权公告号
1530	一种高速公路多类型交通检测器组合优化布设方法	交通学院	何赏璐 展凤萍 冉斌	2019-02-05	105844038
1531	MIMO-OFDM WLAN 系统的同步方法及系统	信息科学与工程学院	裴文江 沈汉文 王开 夏亦犁	2019-02-05	105577600
1532	一种适用于 MIMO-OFDM 系统的载波频偏估计方法	信息科学与工程学院	裴文江 张田静 王开 夏亦犁	2019-02-05	105847211
1533	一种基于 Tesseract 引擎的文字识别方法及装置	仪器科学与工程学院	孙磊 秦阳 莫凌飞 杜苗宁 齐恒 冯增涛 姚昕宇	2019-02-05	105825214
1534	基于流速场协作自适应估计的寻迹编队控制方法	自动化学院	陈杨杨 田玉平 王赞赞	2019-02-05	105573307
1535	MIMO-OFDM 系统的联合同步硬件实现方法	信息科学与工程学院	俞菲 张晓燕 张皓月 黄永明 杨绿溪	2019-02-05	105635024
1536	一种基于 IC 卡数据的地铁公交换乘问题自动诊断方法	交通学院	王炜 赵德 季彦婕 项昀 李烨 吴忠君	2019-02-05	105335795
1537	一种异构网络中基于流量预测的基站休眠方法	信息科学与工程学院	衡伟 胡津铭	2019-02-05	105050170
1538	一种电力应用光通信网络结构	中国电力科学研究院, 全球能源互联网研究院, 国家电网公司, 电子科学与工程学院, 国网湖北省电力公司	樊鹤红 孙小菡 朱敏 吴军民 张刚 张小建 郑宇 吴鹏	2019-02-05	106301665
1539	纳米纤维辅助的顶空固相微萃取法	生物科学与医学工程学院	康学军 褚兰玲	2019-02-05	104792603
1540	一种基于项目标签和图形关系的众筹网站项目推荐方法	焦点科技股份有限公司, 计算机科学与工程学院, 软件学院	梁大桥 白凌楼 钱雪娇	2019-02-05	105320719
1541	一种保证结构特定频率不变的弹簧修正方法	机械工程学院	费庆国 朱锐 姜东 曹芝腾 陈素芳 杭晓晨	2019-02-01	108038343

（续表）

序号	专利名称	发明人所在单位	发明人	授权公告日	授权公告号
1542	一种用于顶推施工的箱涵运载装置	中铁二十四局集团有限公司，土木工程学院	金顺利 沈惠军 田继源 茅建校 王浩 王飞球	2019-02-01	107701197
1543	一种压力平衡式水下捕捞电连接器	机械工程学院	陈海洋 张 艳 陈云飞 杨庆宽 韩 权	2019-02-01	107910699
1544	一种带蓄热的太阳能双效吸收热泵烘干系统	能源与环境学院	赵善国 孙 博 张小松	2019-02-01	107036402
1545	一种摆动式调谐质量阻尼器装置	机械工程学院	卢 熹 程丹丹 张建润	2019-02-01	106988592
1546	一种紫菜烘干装置	吴健雄学院	汪志杰	2019-02-01	107024103
1547	一种基于复振幅调制的增强现实全息显示方法	电子科学与工程学院	祁恰君 夏 军	2019-02-01	106842575
1548	一种B-Cr/ta-C涂层刀具及其制备方法	机械工程学院	邢佑强 吴 泽 黄 鹏 刘 磊 张远明	2019-02-01	106835032
1549	一种齿条传动式碟形磁流变阻尼器	土木工程学院	徐赵东 赵玉亮 杨 杨	2019-02-01	106884925
1550	一种可在宽光谱范围内实现滤色波长动态可调的滤色装置	电子科学与工程学院	吴 俊 夏 军 王保平	2019-02-01	106842552
1551	一种超疏水镁合金涂层的制备方法	材料科学与工程学院	储成林 赵 莉 李 旋	2019-02-01	106801239
1552	进口流量与出口容量耦合的过饱和交通自适应信号控制方法	交通学院	任 刚 徐绿慧 江 航	2019-02-01	106530763
1553	一种利用废旧铅酸电池生产具有电化学活性硫酸铅的方法	化学化工学院	雷立旭 周言庆 马蓉蓉 刘 魏	2019-02-01	106629825
1554	基于跟车法的干线信号协调优化方法	交通学院	安成川 夏井新 陆振波	2019-02-01	106530767
1555	一种用于二氧化碳捕集和提纯的装置及方法	化学化工学院	雷立旭 赵肖媛 李发竣 冯子杰 郝金杯	2019-02-01	106552497
1556	一种定子分离式直线旋转两自由度永磁作动器	电气工程学院	房淑华 倪海妙 阳 辉 林鹤云	2019-02-01	106655673

(续表)

序号	专利名称	发明人所在单位	发明人	授权公告日	授权公告号
1557	一种大型活动期间交通意外事件的检测确认方法及系统	交通学院	陆建 魏 石 高金喆 苏子毅 于焕凯 顾怀中	2019-02-01	106710209
1558	一种基于IQuinn-Rife综合的正弦信号频率估计方法	信息科学与工程学院	姚 帅 方世良 王晓燕	2019-02-01	106443178
1559	基于微波雷达和移动加载车的桥梁快速测试装置及方法	土木工程学院	张 建 李攀杰 周立明 赵文举	2019-02-01	106441759
1560	一种基于手机柜直接蒸发冷却的机房空调系统	能源与环境学院	梁彩华 张小松	2019-02-01	106382694
1561	智能插销模块及智能型健身系统	电子科学与工程学院	田倍通 郑姚生 侯国睿 赵正宁 汤勇明	2019-02-01	106310639
1562	一种变频调速驱动下的旋转机械轴系扭振故障监测方法	能源与环境学院	江哲帆 杨建刚	2019-02-01	106323449
1563	一种25%占空比时钟信号产生电路	电子科学与工程学院	吴建辉 华 超 陈 成 李 红	2019-02-01	106257835
1564	一种公路桥梁伸缩装置服役平顺性能评定方法	土木工程学院	何顶顶 周明华 吕雯蓉 姜竹生 黄跃平	2019-02-01	106202966
1565	一种钛或钛合金表面微纳米多孔结构的制备方法	材料科学与工程学院	赵佩佩 李 萍 张法明 王利利	2019-02-01	105925949
1566	一种基于用户识别提供连续运行参考站差分定位服务的方法	仪器科学与工程学院	王 庆 任 阳 任 胜 张小国	2019-02-01	105812487
1567	一种城市中心微热岛数字地图的制作和显示方法	建筑学院	杨俊宴 吴 浩	2019-02-01	105868393
1568	一种两边连接全装配双层预折痕钢板剪力墙	土木工程学院	陆金钰 谌旭东 杨连坤	2019-02-01	105735527
1569	LTE系统中一种伪随机序列的生成方法	信息科学与工程学院	巴特尔 朱 峰 李 高爱勇 高西奇 黄 清 贾子昱	2019-02-01	105262557

(续表)

序号	专利名称	发明人所在单位	发明人	授权公告日	授权公告号
1570	一种模块化智能碾米机	机械工程学院	张 艳 詹利建 雷庆明 荀春林 陈云飞	2019-01-29	108393120
1571	一种复合材料剪切强度包络线的获取方法	土木工程学院	费庆国 郭 飞 高 勇 仝宗凯 张培伟 李彦斌 陈 猛 于静巍	2019-01-29	108427850
1572	基于二维正交各向异性复合材料板的热模态对结构参数的灵敏度分析方法	机械工程学院	费庆国 陈素芳 姜 东 朱 锐 曹芝腑 秦福溶	2019-01-29	108287970
1573	一种针对时变结构的瞬态能量响应高效预示方法	土木工程学院	费庆国 陈 强 吴邵庆 李彦斌 杨 轩 田志强	2019-01-29	107944116
1574	基于剪式铰单元的快速可展桁杆	土木工程学院	陈耀昆 张宸浩 练 强 王月峰 唐 昆	2019-01-29	107217582
1575	基于铥离子掺杂的上转换发光纳米材料胶束的制备方法	中大医院	安艳丽 唐秋莎 韩 勇 冯 健	2019-01-29	107007846
1576	基于量子阱结构的光开关器件	电子科学与工程学院	杨 春 宋振杰 贾少鹏	2019-01-29	107248536
1577	一种光控HEMT及其控制方法	电子科学与工程学院	杨 春 贾少鹏 宋振杰	2019-01-29	107248535
1578	一种光电混频HEMT及其控制方法	电子科学与工程学院	杨 春 贾少鹏 宋振杰	2019-01-29	107195711
1579	一种碳化搅拌桩-透气管桩复合地基的施工装置	交通学院	蔡光华 刘松玉	2019-01-29	106884428
1580	一种变直径爬杆机器人	机械工程学院	吴同明 雷世英	2019-01-29	107031747
1581	一种从紫北紫草中提取分离白毛茛碱的方法	化学化工学院	廖志新 陈慧枫 张 晶 张姗姗 仝程程	2019-01-29	106939006
1582	电渗联合碱激加固软黏土地基的施工方法	交通学院	王安辉 章定文 曹智国 项 莲	2019-01-29	106988297
1583	一种双层钢箱混凝土墩柱与钢梁刚性连接构造形式及施工方法	土木工程学院	宗周红 王李麒 李明鸿 林元铮 刘 路	2019-01-29	106906736

(续表)

序号	专利名称	发明人所在单位	发明人	授权公告日	授权公告号
1584	具有自动上料和电磁密封功能的混凝土抗渗仪及抗渗测试方法	机械工程学院	帅立国 秦博豪 陈慧玲 王 旭	2019-01-29	10664893
1585	用于混凝土渗透现场测量的装置及方法	机械工程学院	帅立国 王 旭 陈慧玲 秦博豪	2019-01-29	10664894
1586	一种低功耗高增益高线性度宽带低噪声放大器	机械工程学院	李智群 程国栋 罗 磊 王曾祺 王 欢	2019-01-29	10693639
1587	一种消除开关电源次谐波振荡的方法	电子科学与工程学院	徐 申 陈威宇 沈为冬 王 冲 孙伟锋 陆生礼 时龙兴	2019-01-29	10671247
1588	一种动态响应优化的开关电源控制方法	电子科学与工程学院	钱钦松 谢明枫 刘 琦 朱俊杰 孙伟锋 陆生礼 时龙兴	2019-01-29	10678769
1589	基于虚拟车辆轨迹重构的任线城市道路路径行程时间估计方法	交通学院	夏井新 陆振波 安成川	2019-01-29	10665245
1590	一种环保型原油金属螯合剂及其制备方法	化学化工学院	吴文婷 梁 爽 李世伟 蔡志岚 周钰明 姚清照 黄镜怡 孙 伟 杨海涌	2019-01-29	10690549
1591	基于公交车载GPS数据的公交专用道通行瓶颈检测方法	交通学院	胡晓健 苏子毅 徐 丹 石 魏	2019-01-29	10668340
1592	一种车联网环境下的交叉口信号优化控制方法	交通学院	徐凌慧 卢 佳 钟 玺 张 健 冉 斌	2019-01-29	10665249
1593	一种多方向宽频域的隔减振/震装置	土木工程学院	徐赵东 盖盼盼	2019-01-29	10683692
1594	一种基于电子车牌信息的小汽车接尾号限行方法	交通学院	邢 璐 何 杰 刘子洋 刘 亚	2019-01-29	10653070
1595	考虑弯剪应力影响的FRP筋偏心拉拔试验装置及方法	土木工程学院	吴 刚 董志强 王 焰	2019-01-29	10652571
1596	一种端部具有角部凹陷型诱导单元的屈曲诱导支撑	土木工程学院	蔡建国 冯 健 叶 震 周宇航 柳杨青 马瑞君	2019-01-29	10676000

(续表)

序号	专利名称	发明人所在单位	发明人	授权公告日	授权公告号
1597	一种基于光学差异性的多射流作用流场显示装置与方法	仪器科学与工程学院	张 勇 朱 静 钟文琪 金保昇	2019-01-29	106568575
1598	一种SCR脱硝系统预除爆米花灰的装置及方法	能源与环境学院	张 勇 方 姚 金保昇	2019-01-29	106621649
1599	箱式码头自卸平台	交通学院	谢耀峰 姜 宁 柳成林	2019-01-29	106400736
1600	一种含铬钢筋的钝化方法	材料科学与工程学院	张培根 杨 莉 孙正明 沈晓妹 张亚梅 施锦杰 田无边	2019-01-29	106350854
1601	一种GPU加速的批处理同构稀疏矩阵乘满向量的处理方法	电气工程学院	周 赣 孙立成 张 旭 冯燕钧 傅 萌 柏 瑞	2019-01-29	106407158
1602	一种基于改进的经验模态分解的地磁测量信号去噪方法	仪器科学与工程学院	王立辉 乔 楠 黄嘉宇	2019-01-29	106405444
1603	一种分散式风电机组无功优化策略	电气工程学院,国电南瑞科技股份有限公司,国网江苏省电力公司电力科学研究院,国家电网公司	肖华锋 李彦青 过 亮 田 炜 石 磊	2019-01-29	106099987
1604	一种大量同构稀疏矩阵的GPU加速QR分解方法	电气工程学院	周 赣 孙立成 张 旭 冯燕钧 傅 萌 柏 瑞	2019-01-29	106354479
1605	一种Taladegib的合成方法	化学化工学院	蔡 进 吉 民 刘文景 陈国庆 徐 华	2019-01-29	106279114
1606	一种基于辅助环储能系统的输出滤波器及其设计方法	电气工程学院	张 磊 蒋 玮 黄丽丽	2019-01-29	106100300
1607	一种多功能检测隐形眼镜及其制备和检查方法	生物科学与医学工程学院	谢卓颖 陈 姗 刘盼苗 赵远锦 顾忠泽	2019-01-29	105974611
1608	一种GPU加速的电力潮流雅可比矩阵的QR分解方法	电气工程学院	周 赣 孙立成 张 旭 柏 瑞 冯燕钧 秦成明 傅 萌	2019-01-29	106026107

(续表)

序号	专利名称	发明人所在单位	发明人	授权公告日	授权公告号
1609	一种基于CDMA的M2M通信中的多用户检测方法	信息科学与工程学院	陈 明 杨照辉	2019-01-29	106209316
1610	单锚点支撑式双轴硅微谐振式加速度计	仪器科学与工程学院	李宏生 高 阳 黄丽斌	2019-01-29	105911309
1611	金纳米片合成方法及金纳米片在乳腺癌诊疗方面的应用	化学化工学院	王志飞 汤雪娇 杨丹丹	2019-01-29	106075470
1612	一种基于寄存器掩码的面向DES算法的抗功耗攻击方法	电子科学与工程学院	曹 鹏 陆启乐 陈圣华 刘 波 杨锦江	2019-01-29	105897399
1613	一种基于随机延时的面向DES算法的抗功耗攻击方法	电子科学与工程学院	曹 鹏 陆启乐 申艾麟 刘 波 杨锦江	2019-01-29	105897408
1614	一种基于随机延时的面向AES算法的抗功耗攻击方法	电子科学与工程学院	曹 鹏 申艾麟 陈圣华 刘 波 杨锦江	2019-01-29	105887536
1615	基于MEMS宽频带相位检测器的倍频器	电子科学与工程学院	廖小平 韩居正	2019-01-29	106100586
1616	基于分簇的数据切片混合隐私保护方法	网络空间安全学院	黄 杰 倪广源 李 凡 卫 锦 朱 仔 曹溪青 万弃寒 张云龙	2019-01-29	106059774
1617	一种基于热源兼顾新风的热泵空调系统及方法	能源与环境学院	李舒宏 董科枫 张小松	2019-01-29	105953322
1618	一种感知接触点三维力位移与三维力触觉传感器	仪器科学与工程学院	宋爱国 张 强	2019-01-29	105841856
1619	一种基于BP-EGNOS融合模型的对流层延迟改正方法	交通学院	胡伍生 夏晓明 李含军 冷明鑫 曾 洪	2019-01-29	106022470
1620	一种采用Ag/TiO$_2$与腐殖酸共同去除水体中含氮物质的装置	能源与环境学院	吴 磊 汤佳勤 严宇翔 邵 云 丁茂华 蔡云东	2019-01-29	105776414
1621	一种基于天空可视域评价的开放空间周边建筑形态优化控制方法	建筑学院	杨俊宴 曹 俊	2019-01-29	105893675

科技工作

(续)

序号	专利名称	发明人所在单位	发明人	授权公告日	授权公告号
1622	季铵盐化荧光碳点的制备方法及其在抗菌和区分革兰氏阳性菌/阴性菌方面的应用	生物科学与医学工程学院	吴富根 杨靖婧 张晓东	2019-01-29	105709241
1623	一种非接触便携式温度实时测量装置	能源与环境学院	周 宸 许 康 程禾尧 李 可	2019-01-29	105841824
1624	一种继电保护设备数据模型的智能匹配方法及系统	电气工程学院	陈 中 王培秀	2019-01-29	105822992
1625	一种基于机器学习的社交网络本体构建方法	计算机科学与工程学院,软件学院	吴天星 李 丞 漆桂林	2019-01-29	105654144
1626	一种包含道路行进方向的增强型矢量数字地图制作方法	仪器科学与工程学院	李 旭 蔡志祥 徐启敏	2019-01-29	105677899
1627	一种城市绿量数字地图制作及显示方法	建筑学院	杨俊宴 陆小波	2019-01-29	105677890
1628	一种SCR脱硝催化剂及其制备方法	能源与环境学院	张亚平 赵 肖 睿 徐海涛 朱一闻	2019-01-29	105498755
1629	基于平平均无功综合频谱分析的微波炉非侵入人辨识方法	电气工程学院	周 赣 李永昆 符 旺 傅 萌 姚 励 张 亮 秦成明 顾 伟	2019-01-29	105629065
1630	一种在医用聚氨酯材料表面修饰磷酸胆碱的方法	生物科学与医学工程学院	周雪锋 殷 菊 栗丽莎 顾 宁	2019-01-29	105418953
1631	一种基于传声器阵列的滚珠丝杠副噪声测量方法	机械工程学院	汤文成 周建荣 包达飞 徐楠楠 朱彦清	2019-01-29	105466553
1632	一种补偿斜入射误差的高增益传输阵天线的设计方法	信息科学与工程学院	崔铁军 李允博 吴端元	2019-01-29	105244631
1633	一种视频帧的下采样处理方法以及传输方法	电子科学与工程学院	张 萌 陈廷欢 孙知非	2019-01-29	105263027
1634	确定客货分离式高速公路客车车道容错形式的方法和系统	辽宁省交通规划设计院有限责任公司,交通学院,南京全司达交通科技有限公司	刘振全 王 昊 王 炜 董长印 李 烨 戈悦淳 杨翊煊	2019-01-29	105183944

(续表)

序号	专利名称	发明人所在单位	发明人	授权公告日	授权公告号
1635	一种具有自动补药功能的智能药盒系统及使用方法	经济管理学院	赵林度 禹梦雅 朱 琳 王 明 陈 娅	2019-01-29	104970976
1636	垂直式竹节形圆棒耗能杆	土木工程学院	王春林 刘 烨	2019-01-25	106760854
1637	硅基悬臂梁T型结间接加热式未知频率毫米波相位检测器	电子科学与工程学院	廖小平 严嘉彬	2019-01-25	106841783
1638	硅基缝隙耦合式T型结的间接式毫米波信号检测器	电子科学与工程学院	廖小平 褚晨蕾	2019-01-25	106841775
1639	硅基末知频率缝隙耦合式直接式毫米波相位检测器	电子科学与工程学院	廖小平 褚晨蕾	2019-01-25	106841791
1640	硅基未知频率缝隙耦合式T型结直接式毫米波相位检测器	电子科学与工程学院	廖小平 褚晨蕾	2019-01-25	106841797
1641	硅基缝隙耦合式T型结的间接式毫米波信号检测仪器	电子科学与工程学院	廖小平 褚晨蕾	2019-01-25	106841772
1642	硅基缝隙耦合式的间接式毫米波信号检测仪器	电子科学与工程学院	廖小平 褚晨蕾	2019-01-25	106645923
1643	一种用于水泥基材料裂缝自修复的表面预涂覆方法	材料科学与工程学院	钱春香 艾果果 伊海赫	2019-01-25	106699004
1644	一种粘弹性-防屈曲支撑复合阻尼器	土木工程学院，江苏省建筑设计研究院有限公司	徐赵东 董尧荣 张永胜 龙帮云 徐业守	2019-01-25	106812226
1645	一种近红外发光的铈铽共掺钇铝石榴石荧光材料	电子科学与工程学院	娄朗刚 K.森多仕古玛 谢宁飞 胡 琳 曹辉辉	2019-01-25	106753376
1646	一种基于拉曼波滤波的烟气NOx浓度测量方法	能源与环境学院	许传龙 石饶祚 李 健 张 彪	2019-01-25	106841518
1647	一种定子永磁型记忆电机用双向定量脉冲发生装置	电气工程学院	林明耀 杨公德 李 念 谭广颖 张贝贝	2019-01-25	106787788
1648	一种关于多负载无线电能传输系统的负载识别方法	电气工程学院	谭林林 潘书磊 黄学良 李佳承	2019-01-25	106532987

(续表)

序号	专利名称	发明人所在单位	发明人	授权公告日	授权公告号
1649	一种低电磁干扰的水冷散热器	国电南瑞科技股份有限公司,国家电网有限公司,国网上海市电力公司,南京南瑞集团公司,电气工程学院,国电南瑞南京控制系统有限公司	徐石明 陈良亮 张卫国 石进永 唐雾婺 杨凤坤 邓 超 齐连伟 王念春 陈 中 黄学良	2019-01-25	106488690
1650	一种端部具有混合凹陷型诱导单元的屈曲诱导支撑	土木工程学院	蔡建国 冯 健 吴胜平 周宇航 柳杨青 马瑞君	2019-01-25	106499084
1651	一种电站锅炉炉膛结渣分区段实时软测量方法	能源与环境学院	黄亚继 杨 钊 徐力刚 岳峻峰 王 健 邹 磊	2019-01-25	106352320
1652	一种高效制备类石墨烯氮化碳的方法	张家港市东大工业技术研究院,材料科学与工程学院	王继刚 余永志 周 清 张 浩 顾永攀 张安蕾	2019-01-25	106542509
1653	一种双逆变器拓扑结构的开绕组电机驱动系统中逆变器故障诊断与容错控制方法	电气工程学院	时 斌 王克元 冯银飞 柳瑙瑙 朱海勇 张加岭	2019-01-25	106357144
1654	一种基于激光雷达的全3D占据体元地形建模方法	自动化学院	周 波 汤忠强 马旭东 戴先中	2019-01-25	106338736
1655	一种纵向削弱圆棒式屈曲约束耗能装置	土木工程学院	郭正兴 管东芝	2019-01-25	106088383
1656	一种基于动态分区的大电网紧急状态控制辅助决策方法	国电南瑞科技股份有限公司,国家电网有限公司,电气工程学院,国网江苏省电力公司,南京南瑞集团公司,国网山西省电力公司长治供电公司	汤 奕 蔡明明 任先成 鲍颜红 夏小琴 严明辉 徐泰山 王 丽 贾爱飞 魏旭锋 赵红明 黄晓明	2019-01-25	106451414
1657	一种氧化锌避雷器状态在线检测方法	国网江苏省电力公司宿迁供电公司,国网江苏省电力公司,国家电网公司,电气工程学院	王洪寅 彭 冲 洪 菊 杨 威 陈秋平	2019-01-25	106168640
1658	一种优化的PI控制器参数工程整定方法	能源与环境学院	睢 刚 钱晓颖	2019-01-25	106054610
1659	一种基于膜法除湿和室内再生加湿的无霜空气源热泵装置及方法	能源与环境学院	苏 伟 张小松 张舒阳 魏亥阳	2019-01-25	106051975

(续表)

序号	专利名称	发明人所在单位	发明人	授权公告日	授权公告号
1660	带宽可精确设计的随机表面	信息科学与工程学院	程强 赵捷 王天奇 陈浩 崔铁军	2019-01-25	106129632
1661	一种空域图样分割多址接入方法	信息科学与工程学院	蒋雁翔 李鹏 郑福春 高西奇 尤肖虎	2019-01-25	106027130
1662	基于多进制编码与高阶调制的联合编码调制方法、装置	信息科学与工程学院	姜明 赵春明 潘晓青	2019-01-25	105959082
1663	一种基于非协作博弈的认知无线网络动态频谱共享方法	信息科学与工程学院	衡伟 张国标	2019-01-25	105916154
1664	一种孤立微电网分布式二级经济控制方法	电气工程学院	吴在军 苏晨 吕振宇 窦晓波 胡敏强	2019-01-25	105790260
1665	一种基于权重的携能通信系统双向中继选择方法	信息科学与工程学院	李春国 宋康 曹欢欢 杨绿溪 郑福春	2019-01-25	105610486
1666	一种有效低复杂度串行抵消列表极化码译码方法	信息科学与工程学院	张川 靠 梁寳 尤肖虎	2019-01-25	105515590
1667	一种基于裂纹扩展信息的起重设备实时安全运行指标确定方法	机械工程学院	贾民平 赵君爱 许飞云 胡建中 黄鹏	2019-01-25	105258966
1668	一种结构光三维测量系统的参数重标定方法及其设备	机械工程学院	张艳 杨文聪 陈云飞 韩权	2019-01-22	108539503
1669	一种光合式水下湿插拔连接器	生物科学与医学工程学院	周平 于云雷 何思渊 蔡国超	2019-01-22	107462184
1670	一种直流保护系统及其控制方法	江苏方天电力技术有限公司,电气工程学院,国网江苏省电力公司,国家电网公司	汤奕 刘增稷 李先龙 范子恺 谭敏刚 徐珉 喻建	2019-01-22	107276052
1671	输入串联组合型直流变换器的功率回流优化方法	电气工程学院	梅军 丁然 赵剑锋 管州 吴夕纯	2019-01-22	107154740
1672	一种基于磁场调制双定子混合磁电动机	电气工程学院	樊英 谭超	2019-01-22	106026583
1673	一种无线传感器网络中汇聚节点的位置确定方法	水利部南京水利水文自动化研究所,仪器科学与工程学院	李建清 徐国龙 秦钦 顾乐 李珊珊 乐英高 顾清欣 李夏贯	2019-01-22	104981002

(续表)

序号	专利名称	发明人所在单位	发明人	授权公告日	授权公告号
1674	一种提高有机朗肯循环效率的变流道式换热器	能源与环境学院，宝莲华新能源技术（上海）有限公司	陈九法 齐东昇 刘玉兰 曹政	2019-01-22	105716331
1675	基于改进欧拉法的快速矢量筛选预测转矩控制方法	电气工程学院	花为 段芳博 黄文涛 张淦	2019-01-18	106788075
1676	一种端部具有环向双层内凹型诱导单元的屈曲诱导支撑	土木工程学院	蔡建国 吴胜平 冯健 周宇航 柳杨青 马瑞君	2019-01-18	106481136
1677	一种端部具有环向螺旋型诱导单元的屈曲诱导支撑	土木工程学院	蔡建国 冯健 刘鹏 周宇航 柳杨青 马瑞君	2019-01-18	106567594
1678	一种大量分布式潮流控制器接入的潮流计算方法	电气工程学院	汤奕 刘煜谦 赵静波 朱鑫要	2019-01-18	106451459
1679	一种复振幅调制液晶显示器件	电子科学与工程学院	夏军	2019-01-18	106292239
1680	一种基于塔式鼓泡流化床燃料反应器的化学链燃烧装置及其方法	能源与环境学院	沈来宏 王路路 蒋守席 刘卫东 牛欣 闫景春	2019-01-18	106247323
1681	一种九相磁通切换永磁电机的直接转矩控制系统	电气工程学院	樊英 赵雪浩 程明	2019-01-18	106100485
1682	用于大气中多形态汞采集的纳米纤维材料及制备方法	能源与环境学院	康学军 柳雄威 黄晶晶 卫兰	2019-01-18	106178696
1683	一种微分可调 PID 控制器参数工程整定方法	能源与环境学院	睢刚 钱晓颖	2019-01-18	105929683
1684	一种磁场调制式聚磁双转子电机	电气工程学院	程明 文宏辉 孙乐 宋利华	2019-01-18	105827080
1685	大规模天线系统基于粒子群算法的高能效功率分配方法	信息科学与工程学院	蒋雁翔 张家典 郑福春 高西奇 尤肖虎	2019-01-18	105722203
1686	半监督人脸年龄估计装置及半监督人脸年龄估计方法	计算机科学与工程学院	耿新 侯鹏	2019-01-18	105678253

(续表)

序号	专利名称	发明人所在单位	发明人	授权公告日	授权公告号
1687	矩形波导-梯形渐高过渡-基片集成波导转换器及其组装方法	信息科学与工程学院	陈继新 王 晔 侯德彬 严颖颖 洪 伟 汤红军	2019-01-18	10524458 1
1688	一种分簇链式无线传感网数据传输方法	信息科学与工程学院	徐平平 占华鑫	2019-01-18	105050077
1689	波分复用无源光网络光纤链路分布式保护装置及其保护方法	电子科学与工程学院，常州太平通讯科技有限公司	张 教 任献忠 王东鹏 张鹤旋 孙小菡 陈开平 石俊伟	2019-01-18	106160840
1690	一种基于一步法制备聚丙烯腈巨型胶囊的方法	生物科学与医学工程学院	葛丽芹 董世香 张云起	2019-01-18	104788710
1691	光线路终端接口装置及其故障保护和节能方法	电子科学与工程学院，常州太平通讯科技有限公司	朱 敏 任献忠 王东鹏 樊鹤红 孙小菡 陈开平 石俊伟	2019-01-18	106033993
1692	一种用于矫正型钢构件的装置和方法	南京东至南工程技术有限公司	蒋百堂 吴 刚 钱新华 陈适之	2019-01-15	107030141
1693	一种避雷器运行状态信号处理方法	江苏省电力公司宿迁供电公司，江苏省电力公司，国家电网公司，电子科学与工程学院	刘群英 蒋 浩 王洪贇 周聪松 王洪海 孟劲松 田贵云	2019-01-15	105548739
1694	一种基于曲杆胞元的空间点阵材料	交通学院	万 水 沈孔健 年玉泽 蒋正文 李夏元 程 宸 周 鹏 宋爱明	2019-01-11	107100268
1695	一种架构动态成熟度度量方法	计算机科学与工程学院，华为技术有限公司	李必信 姜雨晴 廖 力	2019-01-11	105786514
1696	一种配电网可控消谐装置	国家电网公司，江苏省电力公司，江苏省电力公司盐城供电公司，电气工程学院	李 勇 王爱军 赵 勇 陈亚东 蒋 浩 庞吉年	2019-01-11	105449651
1697	一种端部具有变长度双层内凹型诱导单元的屈曲诱导支撑	土木工程学院	蔡建国 冯 健 叶 震 周宇航 马瑞君 柳扬青	2019-01-08	106760834
1698	一种基于高阶累计量的波达快速估计方法	计算机科学与工程学院	宋文博 姜龙玉 张 喆 伍家松 舒华忠	2019-01-08	106483193
1699	一种大型活动场所车辆的放行控制方法及系统	交通学院	陆 建 苏子毅 张 引 肖 飞 赵 顗	2019-01-08	106340182
1700	一种具有双向金字塔型耗能单元的套管约束防屈曲支撑	土木工程学院	蔡建国 周宇航 冯 健 柳扬青 马瑞君	2019-01-08	106049954

(续表)

序号	专利名称	发明人所在单位	发明人	授权公告日	授权公告号
1701	基于稀疏无向概率图模型的人脸年龄估计方法、系统	计算机科学与工程学院	耿新 杨旭	2019-01-08	105718898
1702	一种液化天然气槽车行驶控制装置和方法	机械工程学院	倪中华 严岩 殷劲松	2019-01-08	105667391
1703	一种无线中继通信系统携能传输方法	信息科学与工程学院	李春国 宋康 曹欢欢 杨绿溪 郑福春	2019-01-08	105610485
1704	一种提升多小区能效的鲁棒性波束赋形方法	信息科学与工程学院	许威 崔宇柯	2019-01-08	103974274
1705	用于无线传感网络SOC芯片的安全系统	电子科学与工程学院	刘昊 邹孝杰	2019-01-08	103336920
1706	一种具有环向Y型诱导单元的套管屈曲诱导支撑	土木工程学院	蔡建国 冯健 周宇航 叶震 柳杨青	2019-01-04	106499082
1707	一种具有环向凤梨型诱导单元的套管屈曲诱导支撑	土木工程学院	蔡建国 冯健 周宇航 刘鹏 柳杨青	2019-01-04	106760009
1708	一种结构精简的快速时钟拉伸电路	电子科学与工程学院	单伟伟 万亮 孙华芳	2019-01-04	105978539
1709	一种多小区大规模MIMO系统导频分配方法	信息科学与工程学院	戚晨皓 孙旭耀 王昕	2019-01-04	106027214
1710	基于四分之一波长阶跃阻抗谐振器的带通滤波器及设计方法	信息科学与工程学院	洪伟 徐俊 张慧	2019-01-04	105356020
1711	制备马罗匹坦游离碱的方法	海门慧聚药业有限公司、化学化工学院	邹平 邱小龙 胡林 张新刚 王平 彭陟辉 王东辉 张义森 虎 邓贤明 游正伟 江中兴 张敏敏 曹雷 陈俊 苟少华	2019-01-01	106977512
1712	一种经疏水性处理的高效泡沫金属蒸汽冷凝器	能源与环境学院	施娟 郑功杭 陈振乾	2019-01-01	106839795
1713	一种端部具有双向系旋型诱导单元的屈曲诱导支撑	土木工程学院	蔡建国 冯健 刘鹏 柳杨青 马瑞君 周宇航	2019-01-01	106663462
1714	一种端部具有环向Y型诱导单元的屈曲诱导支撑	土木工程学院	蔡建国 冯健 叶震 柳杨青 马瑞君 周宇航	2019-01-01	106677584
1715	一种具有双向螺旋型诱导单元的套管屈曲诱导支撑	土木工程学院	蔡建国 冯健 刘鹏 柳杨青 周宇航	2019-01-01	106481137

(续表)

序号	专利名称	发明人所在单位	发明人	授权公告日	授权公告号
1716	一种具有四块刚性板折叠单元的可展开柱面网壳结构	土木工程学院	蔡建国 王馨王 冯 健 周宇航	2019-01-01	106284803
1717	径向展开式单兵雷达	土木工程学院	蔡建国 陆 栋 冯 健 朱奕峰	2019-01-01	106299594
1718	基于ESMD的气固两相流颗粒速度检测方法	能源与环境学院	许传龙 丁佐榕 李 健 王胜南	2019-01-01	105699686
1719	孤立微电网分布式控制方法	电气工程学院	吴在军 苏 晨 吕振宇 王武民	2019-01-01	105391094
1720	基于能效最优的多用户大规模天线中继系统功率分配方法	信息科学与工程学院	李春国 娄晓波 杨绿溪 胡敏强	2019-01-01	105392192
1721	一种基于谷胱甘肽稳定的金纳米簇颗粒载体测硫基化合物方面的应用	生物科学与医学工程学院	姜 晖 王 毅 王东明 郑福春	2019-01-01	104749151
1722	一种用于配电网的谐波测量测点优化配置方法	电气工程学院	邱海峰 王雪梅 王旭冲 储佳伟	2018-12-28	105184508
1723	一种高带宽大规模MIMO信道模拟的方法与装置	信息科学与工程学院	张念祖 顾 伟 瞿建锋 洪 伟	2018-12-28	105337677
1724	一种组装式拉索放线盘	土木工程学院	刘家彬 杨广莴 尹 航	2018-12-28	105347100
1725	一种无源无线微机械开关阵列控制系统	电子科学与工程学院	王立峰 郭正兴 黄庆安 金 月 汪东澍	2018-12-28	105488987
1726	一种架构静态成熟度量方法	计算机科学与工程学院	李必信 姜雨晴 廖 力	2018-12-28	105739993
1727	一种基于扩展二元相移键控传输系统的多径分离方法	信息科学与工程学院	冯 熳 彭 珊 汪 英	2018-12-28	105915482
1728	一种DCO-OFDM直流偏置和子载波功率的优化方法	信息科学与工程学院	王家恒 凌昕彤 梁 霄 张 俊 赵春明	2018-12-28	106027146
1729	基于线性组合特征的夫妇与孩子间三人亲属关系判别方法	自动化学院	张俊康 夏思宇 潘 泓	2018-12-28	105975914
1730	一种能采用微波加热快速修复的沥青路面材料	交通学院	王声乐	2018-12-28	106082740
1731	基于酉变换预处理的无线信道特征变换量化方法	网络空间安全学院	李古月 胡爱群 李晶琪 王 栋 韩远致	2018-12-28	106027242

科技工作

序号	专利名称	发明人所在单位	发明人	授权公告日	授权公告号
1732	一种基于削波搬移的超宽调亮可见光传输方法	信息科学与工程学院	孔令恺 曹聪聪 李孟超 张思源 吴亮 张在琛 党建	2018-12-28	106411403
1733	一种通用总线分配与级联装置及其应用系统	信息科学与工程学院	冯熳	2018-12-28	106201967
1734	一种基于二维滑动窗DFT快速计算的图像篡改检验方法	电子科学与工程学院	董志芳 宋凯文	2018-12-28	106296697
1735	一种轮腿混合式行走机构及方法	机械工程学院	雷庆明	2018-12-28	106184457
1736	一种圆管自定心屈曲约束端部连接装置	土木工程学院	谢钦 周臻 孟少平 孔祥羽	2018-12-28	106400997
1737	一种自定心系统端部连接装置	土木工程学院	谢钦 周臻 孟少平 孔祥羽	2018-12-28	106285138
1738	一种自定心屈曲约束支撑端部连接装置	土木工程学院	谢钦 周臻 孟少平 孔祥羽	2018-12-28	106284727
1739	一种以减少用户停电损失为目标的动态孤岛划分方法	电气工程学院	顾伟 朱俊逸 蒋平 吴志 任佳依 聂颖慧	2018-12-28	106340899
1740	用于协调配电网储能系统充放电效率的分布式控制方法	电气工程学院	柳伟 曹戈 楼冠男 陈明	2018-12-28	106340890
1741	一种全息导波显示系统及显示方法	电子科学与工程学院	张宇宁 沈忠文 徐石 刘翼 翁一士	2018-12-28	106646870
1742	一种基于实时力控制机器人全空间柔顺捕孔控制方法	自动化学院	钱堃 吴航 王伟 徐俊 梁臻	2018-12-28	106335057
1743	一种空调负荷的聚合建模方法	电气工程学院	宋梦 高赐威	2018-12-28	106485068
1744	一种高压断路器用分段驱动永磁操动机构及分合闸方法	电气工程学院	林鹤云 杨明 蒋佳明 梁艳群 黄超信	2018-12-28	106847606
1745	一种信号交叉口直左冲突及其影响分析方法	交通学院	陆振波 夏井新 安成川	2018-12-28	106504527
1746	一种纳米碳纤维-双金属复合催化剂的制备方法及应用	能源与环境学院	宋敏 卫月星 于磊 毛瑞鑫 刘洋 徐玉叶	2018-12-28	106391029
1747	可调节荧光和室温铁磁性的四元稀磁量子点材料及其制备方法	电子科学与工程学院	王春雷 申进 徐淑宏 崔一平	2018-12-28	106544004

序号	专利名称	发明人所在单位	发明人	授权公告日	授权公告号
1748	绿波协调控制下的干线路段划分方法	交通学院	夏井新 陆振波 安成川	2018-12-28	106297334
1749	一种基于频率预估计的双阵元正弦信号来波方向估计方法	信息科学与工程学院	姚 帅 方世良 王晓燕 王 莉	2018-12-28	106546949
1750	一种合用站台的常规公交车辆到达率上限确定方法	交通学院	陈 俊 杨 琦 林 莉	2018-12-28	106408946
1751	水溶性无毒双荧光发射的Cu, Mn, ZnSe量子点及其制备方法和用途	电子科学与工程学院	肖文松 潘雨晨 陈文鑫 范 鸣 徐敬坤 徐淑芸	2018-12-28	106590664
1752	一种量子通信中纠缠粒子对分发节点的位置分布方法	信息科学与工程学院	余旭涛 邹珍珍 张在琛 蔡 瑞 周祥臻	2018-12-28	106656348
1753	一种高转矩密度表贴式永磁磁阻同步电机转子结构	电气工程学院	林明耀 孔 永	2018-12-28	106549521
1754	一种基于定量调磁脉冲的定子永磁型记忆电机调磁方法	电气工程学院	林明耀 杨公德 李 念 谭广颖 张贝贝	2018-12-28	106533296
1755	一种带摆式油膜阻尼器的永磁轴承	机械工程学院	蒋书运 邱玉江	2018-12-28	106838003
1756	一种以智能物流叉车为载体的碳排放智能监控和减排系统	交通学院	张 永 施 磊	2018-12-28	106873453
1757	高性能预埋钢锚板	土木工程学院	王春林 刘 烨 周 力	2018-12-28	106869409
1758	双T核可视检品曲线约束支撑	土木工程学院	王春林 刘 烨 程晓强	2018-12-28	106592809
1759	一种多源协调的黑启动方法及系统	电气工程学院	汤 奕 谭敏刚 刘增稷 徐乾辰 申 振	2018-12-28	105846463
1760	多层大跨度正交斜放装配式混凝土空腹楼盖及制作方法	土木工程学院,贵州大学,潍坊昌大建设集团有限公司,江西格雷斯科技股份有限公司,贵州建工集团第四建筑工程有限责任公司	马克俭 吴 刚 田新刚 勇 张鹏强 吴 京 朱九洲 赵 廖卫刚 袁 波 王维奇 孟 玲 何永安 习 川 陈志鹏 房 海 白志强 孟艳玲 孟艳玲 陈 靖	2018-12-14	106836594

(续表)

序号	专利名称	发明人所在单位	发明人	授权公告日	授权公告号
1761	多层大跨度正交正放装配式混凝土空腹楼盖及制作方法	土木工程学院,贵州大学,潍坊昌大建设集团有限公司,江西格雷斯科技股份有限公司,贵州建工集团第四建筑工程有限责任公司	马克俭 吴 刚 徐鹏强 田新刚 赵 勇 张华刚 吴京波 魏艳辉 朱九洲 孟艳玲 廖卫红 袁 川 陈志鹏 王维奇 房 海 何永安 孟艳玲 孟 强 陈 靖 白志强	2018-12-14	106836595
1762	一种基于积分判定的低功耗蓝牙系统接收机自动增益控制方法	仪器科学与工程学院	黄 成 李甜甜 杨 阳	2018-12-4	106533463
1763	用于水下对接轴类零件的液压锁紧装置及其锁紧方法	机械工程学院	张建润 杜晓飞 李成蓉	2018-12-4	107061432
1764	一种调谐质量阻尼器装置	机械工程学院	卢 熹 程丹丹	2018-11-27	107060125
1765	一种具有变长度四折皱型诱导单元的薄壁诱导弯曲导引支撑	土木工程学院	蔡建国 叶 震 冯 健 周宇航 柳杨青 童思原	2018-11-27	106639461
1766	一种面向软件演化的代码可替换性评估方法	计算机科学与工程学院	李必信 苗意盛 廖 力 刘辉辉	2018-11-27	105867906
1767	一种无源圆极化自回溯天线阵	信息科学与工程学院,国网福建省电力有限公司,国网福建省电力有限公司厦门供电公司,国家电网公司	郝张成 缪卓伟 袁 全	2018-11-27	106207424
1768	一种径向伸缩网架-膜组合结构	土木工程学院	蔡建国 马瑞君 吴淼坤 冯 健 陆 栋 朱奕锋	2018-11-27	106351337
1769	径向开合屋盖结构	土木工程学院	蔡建国 吴淼坤 冯 健 陆 栋 朱奕锋	2018-11-27	106759917
1770	一种径向开合网壳	土木工程学院	蔡建国 陆 栋 冯 健 朱奕峰	2018-11-27	106223467
1771	一种基于图像分析测定磁性纳米材料磁矩参数的方法及其装置	生物科学与医学工程学院	顾 宁 王皓磊 孙剑飞	2018-11-27	105388434

(续表)

序号	专利名称	发明人所在单位	发明人	授权公告日	授权公告号
1772	一种基于吉布斯采样的超密集构网络网最优小区范围扩展偏置调整方法	信息科学与工程学院	潘志文 蒋慧琳 尤肖虎	2018-11-27	105357683
1773	一种无线传感器网络中的协作定位方法	信息科学与工程学院	夏玮玮 朱亚萍 沈连丰 宋铁成 胡 静	2018-11-27	105188034
1774	一种基于双稳态反应的CRNs加法器计算方法	信息科学与工程学院	张 川 钟志伟 戈路璐 尤肖虎	2018-11-23	105677293
1775	一种基于硬件的可配置的数据压缩系统	电子科学与工程学院	李 冰 王超凡 董 乾 赵 霞 刘 勇 陈 帅 王 刚 顾 魏	2018-11-20	105183557
1776	一种具有变角度四折浪型诱导单元的套管屈曲诱导支撑	土木工程学院	蔡建国 冯 健 汪子哲 周宇航 柳杨青	2018-11-20	106760835
1777	一种具有环向双层内凹型诱导单元的套管屈曲诱导支撑	土木工程学院	蔡建国 冯 健 周宇航 柳杨青	2018-11-20	106703244
1778	极地科考站发电机组的储油系统温控装置	能源与环境学院	陈永平 赵 阳 高 巍	2018-11-20	106246420
1779	一种贵金属铂纳米催化剂及其制备方法和应用	化学化工学院	代云茜 齐晓冕 吴 迪 符婉琳 孙岳明	2018-11-20	105964274
1780	一种具有对称初始缺陷的屈曲约束型阻尼器	土木工程学院	蔡建国 章玉婷 周宇航 冯 健 柳杨青	2018-11-20	105971143
1781	一种基于空间网袋模型的移动机器人三维建图与避障方法	自动化学院	钱 堃 房 芳 陈 愿 徐 俊 高 歌	2018-11-20	105843223
1782	一种定量检测ERCC1-202的试剂盒及应用	医学院	吴国球 王西勇	2018-11-20	105219881
1783	一种碳纤维超微电极的制备方法	生物科学与医学工程学院	王雪梅 李奇维 陈 芸 张 园 姜 晖	2018-11-20	105203607
1784	************	电子科学与工程学院	赵 健 夏 军	2018-12-07	国密第59553号
1785	************	电子科学与工程学院	王来桢 赵 军 夏 军	2018-12-07	国密第59571号
1786	************	生物科学与医学工程学院	康学军 赵仁山 余世兵 肖 梅	2019-03-01	国密第60774号
1787	************	电子科学与工程学院	尚金堂 吴 蕾 吉 宇 甘 茜	2019-09-12	国密第63978号

注:"************"表涉密专利名称。

2018年被SCI、EI、ISTP、CITA收录论文统计(2019年发布)

单位:篇

序号	单位	一区	二区	高被引	表现不俗论文
1	建筑学院	7	13	0	8
2	机械工程学院	41	24	0	46
3	能源与环境学院	156	69	20	130
4	信息科学与工程学院	156	61	23	123
5	土木工程学院	83	97	1	91
6	电子科学与工程学院	63	47	4	43
7	数学学院	49	27	72	58
8	自动化学院	48	27	27	49
9	计算机科学与工程学院	32	10	7	18
10	物理学院	54	24	7	42
11	生物科学与医学工程学院	144	58	57	118
12	材料科学与工程学院	113	42	4	94
13	电气工程学院	86	23	9	65
14	化学化工学院	176	80	31	175
15	交通学院	90	66	4	73
16	仪器科学与工程学院	22	15	2	19
17	医学院	80	78	15	53
18	公共卫生学院	24	27	3	26
19	生命科学研究院	4	7	0	2
20	中大医院	41	48	2	63
21	经济管理学院	27	18	28	21
22	网络空间安全学院	7	3	0	2
23	其他	9	4	1	8
	合计	1 512	868	317	1 327

注明:其他是无院系认领的论文

人文社会科学研究工作

综　　述

2019年社会科学处在校党委和行政领导下，不忘初心、牢记使命，不断提升科研管理服务水平，以科研育人落实立德树人，全力推进"精品文科攀升计划"等"双一流"建设规划，显著增强哲学社会科学的话语权和影响力。

（一）建章立制，完善哲学社会科学发展体制机制

认真贯彻国家相关文件及管理办法，在项目培育、科研机构成立等科研工作中，全面落实以科研育人推动立德树人的战略部署。积极推动完善符合哲学社会科学自身规律的学术评价体系及成果奖励办法，配合人事制度改革修订科研评价指标体系。《人文社科基地基本科研业务费资助与考核办法》等科研管理文件正在制定中。

（二）积极组织社科项目申报，大力推出高水平文科成果

积极组织各类社科项目申报，并通过重大项目预评审等方式，培育重大项目。截至目前，我校2019年共获国家社科各类项目36项，其中重大项目4项，创我校历史最好成绩。2019年获教育部项目立项8项。江苏省社科基金年度项目立项总数创历史新高，共19项，立项总数全省第二，立项率超过24%，为全省平均立项率（12%）的2倍；江苏省社科基金各类项目共30项。其他各类省部级项目20项。2019年积极组织申报文科科研领域最高奖项"第八届高等学校科学研究优秀成果奖（人文社会科学）"，共获9项，其中一等奖2项。

（三）推动社科人才培养，加快文科科研平台建设

自2018年底成功遴选东南大学首批人文社会科学资深教授之后，学校已建立起较为完善的文科人才体系。2019年度，我校新增1位"江苏社科英才"、7位"江苏社科优青"。8名教师通过校内评审，推荐申报长江学者。

进一步融合校内外科研力量，加快文科科研平台建设。积极协调组织东南大学中华民族视觉形象研究基地申报"铸牢中华民族共同体意识研究基地"。积极组织协调宣传部、图书馆、各文科院系和基地智库等多家单位，支持文科学术特区——东南大学文化传媒与国际战略研究院的建设，"东大智库"网站已于2019年8月正式开通上线。同时，发布《东南大学重大智库成果》，在社会上产生良好影响。在2019

年12月召开的第四届江苏智库峰会上,我校一举斩获2019年度江苏智库年度十佳案例1例,2019年度江苏智库十佳成果2项,2019年度江苏省智库研究与决策咨询优秀成果一等奖和二等奖各1项。

2019年我校积极申报各类省部级基地、CTTI来源智库,最高人民检察院民事检察研究基地、艺术大数据与中国艺术发展评价研究中心等4家智库入选CTTI来源智库。

(四)完善业务流程,不断提高社科服务质量

不断完善各项业务流程,切实提高业务水平。社科处官方网站已完成中文网页改版,新增各类申报计划提醒及文科学院活动预告功能;英文网站即将上线;社科处官方微信公众号"东大文科"已建立;订购"中国知网"科研成果检测及图书专著检测系统,用于我校国家社科基金项目结项成果查重服务;推进建设新社科科研系统,确保2020年初上线。

(五)加强基层党组织建设,夯实意识形态工作根基

进一步加强支部建设,完成支部换届工作并扎实推进"不忘初心、牢记使命"主题教育活动,召开文科院系领导座谈会及文科院系教师座谈会,切实推动、完善社科管理服务工作。全处党员在努力做好行政工作的同时,加强政治学习及理论学习,提高舆论引导水平,抓好意识形态工作,为各类业务工作发展提供坚强有力的精神动力、思想保证和导向支持。

2019年人文社会科学主要科研统计表

1. 2019年国家社科基金项目统计

序号	批准号	项目名称	项目类别	负责人	所在学院
1	19ZDA040	技术创新哲学与中国自主创新的实践逻辑研究	重大项目	夏保华	人文学院
2	19ZDA097	平台企业社会责任治理机制研究	重大项目	陈志斌	经济管理学院
3	19ZDA256	明清小说戏曲图像学研究	重大项目	乔光辉	人文学院
4	19ZD01	中华传统艺术的当代传承研究	艺术学重大	王廷信	艺术学院
5	19AA001	马克思恩格斯艺术传播理论及其中国化研究	重点项目	甘锋	艺术学院
6	19AZS001	《二十六史·艺术列传》体系与相关问题研究	重点项目	李倍雷	艺术学院
7	19AJY011	能源减贫实现我国包容性绿色发展的机理、路径与对策研究	重点项目	徐盈之	经济管理学院
8	19AZX015	改革开放以来道德生活形态变迁研究	重点项目	谈际尊	人文学院
9	19FZXA002	黑格尔道德现象学讲习录	后期重点	樊和平	人文学院
10	19BJL071	深化混合所有制改革研究	一般项目	赵驰	经济管理学院
11	19BJL024	基于多维大数据融合的中国宏观经济运行预警体系构建研究	一般项目	浦正宁	经济管理学院
12	19BKS077	21世纪马克思主义的生态政治理论发展趋向研究	一般项目	刘魁	马克思主义学院

(续 表)

序号	批准号	项目名称	项目类别	负责人	所在学院
13	19BFX075	网络时代新型侵财行为的入罪理念与方法研究	一般项目	梁云宝	法学院
14	19BFX076	网络智能时代个人信息泛在泄露与刑法有效保护研究	一般项目	李 川	法学院
15	19BFX188	适应我国税收征管程序改革的税务准司法制度建构研究	一般项目	虞青松	法学院
16	19BSH075	"互联网+"时代绿色生活方式的新型日常实践研究	一般项目	高 娜	人文学院
17	19BSH100	现象学社会学视角下的农村传统公共文化空间与乡村振兴研究	一般项目	胡 伟	人文学院
18	19BSH017	新道德社会学评析研究	一般项目	李林艳	人文学院
19	19BYY037	"一带一路"沿线国家来华留学生语言教育政策和规划研究	一般项目	韩亚文	外国语学院
20	19BGL005	大数据背景下国际工程项目风险智能预测与防控策略研究	一般项目	向文武	经济管理学院
21	19BGL238	重大工程社会公共安全风险协同防控机制研究	一般项目	陆 莹	土木工程学院
22	19BGL281	智慧城市建设市民获得感的评价与提升研究	一般项目	李德智	土木工程学院
23	19WYSB006	中国艺术批评史(英文)	中华外译一般项目	季 欣	艺术学院
24	19WZWB007	开天辟地:中华创世神话考述(英文)	中华外译一般项目	高圣兵	外国语学院
25	19WSHB011	现代性与现代中国(英文)	中华外译一般项目	刘 超	外国语学院
26	19FGLB010	跨区域生态—经济价值共创机制研究	后期一般	王文平	经济管理学院
27	19CZX006	批判实在论马克思主义的正义观及其当代价值研究	青年项目	蒋天婵	人文学院
28	19CJL028	基于人工智能的系统性金融风险预警体系研究	青年项目	唐 攀	经济管理学院
29	19CFX002	中国类案同判技术适用的法理基础与实现路径研究	青年项目	苗泽一	法学院
30	19CFX023	《行政处罚法》归责性条款修改研究	青年项目	熊樟林	法学院
31	19CZS035	五代两宋"阿育王塔"研究	青年项目	于 薇	艺术学院
32	19CYY022	新移民时期语言国籍鉴定案例库与语种语音库的建设研究	青年项目	陈祥雨	外国语学院
33	19CA162	北宋馆阁与文人艺术	青年项目	杨 朗	艺术学院
34	19CF183	东亚文化圈视阈下的唐代佛教艺术对日影响研究	青年项目	姚 瑶	艺术学院
35	19VSZ104	中华优秀传统文化在高校思政课中的运用研究	马克思专项	袁久红	马克思主义学院
36	19ZH014	网络文明建设研究(专题二)	委托项目	曹玖新	网络空间安全学院

2. 2019年教育部人文社科项目统计

序号	批准号	项目名称	项目类别	负责人	所在学院/公司
1	19YJA751029	文学与艺术中的非线性叙事研究	规划基金	龙迪勇	艺术学院
2	19YJA790099	基于地理标记照片的入境旅游流网络结构演变及多维度比较研究——以长江三角洲地区为例	规划基金	宣国富	人文学院
3	19YJA790106	数字创业平台生态系统形成、演化及治理机制研究	规划基金	杨勇	经济管理学院
4	19YJC630126	企业合作文化、创新模式选择与经济后果研究：基于文本分析的视角	青年基金	潘健平	经济管理学院
5	19YJC630033	央企董事会试点改革的治理效应及其经济后果研究	青年基金	范蕊	经济管理学院
6	19YJA860012	高校出版社数字化转型的现实路径及发展方式研究	规划基金	刘坚	江苏东南大学资产经营有限公司
7	19YJA820012	新时代公平优质受教育权：教育平衡充分发展的国家义务研究	规划基金	龚向和	法学院
8	19JHQ070	责任清单的法治化建构及其应用	后期资助一般项目	刘启川	法学院

3. 2019年江苏省社科基金项目

序号	批准号	项目名称	项目类别	负责人	所在学院
1	19YYC007	过程导向的评价对学习者笔译能力的提升研究	青年项目	成思	外国语学院
2	19JYA001	基于正念理念的青少年心理健康教育研究	重点项目	邓慧华	生物科学与医学工程学院
3	19GLB025	"互联网＋"背景下新型居家健康管理模式的路径及应对策略研究	一般项目	封海霞	中大医院
4	19YSA001	从毛泽东到习近平"以人民为中心"艺术传播观念的理论内涵与当代价值研究	重点项目	甘锋	艺术学院
5	19YSB010	江苏地域美术中的中国画发展70年研究（1949—2019）	一般项目	顾维喜	艺术学院
6	19ZXC006	网络空间中江苏公共道德舆论的伦理引导策略研究	青年项目	蒋艳艳	人文学院
7	19MLA002	新时代课程思政建设理论建构与路径研究	重点项目	金晶	外国语学院
8	19YYC006	自媒体时代公众人物话语表达策略研究	青年项目	李勤	外国语学院
9	19GLC005	中国系统性金融风险反馈机制研究	青年项目	李守伟	经济管理学院
10	19YYA002	多模态环境下外语学习者的认知模式及积极心理构建研究	重点项目	刘萍	外国语学院
11	19SHC005	电商经济背景下创业者的劳动与生活方式研究	青年项目	钱霖亮	人文学院
12	19GLA003	数字经济时代产业自主可控价值链构建的江苏行动路径及策略研究	重点项目	王文平	经济管理学院

(续表)

序号	批准号	项目名称	项目类别	负责人	所在学院
13	19LSC006	民国时期江北运河治理转型研究	青年项目	夏林	马克思主义学院
14	19YSC002	传世文献与考古材料中的神仙意象与图像研究	青年项目	徐胜男	艺术学院
15	19ZXC004	江苏生态伦理道德的追踪评价与引导策略研究	青年项目	杨煜	人文学院
16	19YSC001	8世纪唐日佛教艺术比较研究	青年项目	姚瑶	艺术学院
17	19FXC002	智能投顾信义义务规范的体系化构造研究	青年项目	余涛	法学院
18	19ZWB002	古诗的江南"季语"研究	一般项目	张晓青	人文学院
19	19EYA003	促进江苏金融服务实体经济政策体系研究	重点项目	张颖	经济管理学院
20	19WTB002	建构思想文化高地的文化理论与文化战略研究	一般项目	袁久红	马克思主义学院
21	19WTB003	构建道德风尚高低的文化理论与文化战略研究	一般项目	谈际尊	人文学院
22	19WTB004	建构文学艺术精品创作高地的文化理论与文化战略研究	一般项目	卢衍鹏	艺术学院
23	19WMB060	明清江苏的医疗生活	江苏省社会科学院文脉研究院（一般项目）	程国斌	人文学院
24	19WMB061	赵绮美与钞校本古今杂剧考论	江苏省社会科学院文脉研究院（一般项目）	徐子方	艺术学院
25	19WMB078	王艮传	江苏省社科基金文脉专项一般项目	张星	人文学院
26	19YYD001	程度语义学视角下的汉语形容词研究	自筹经费项目	曹育珍	外国语学院
27	19GLD001	基于移动物联网及医联体下医疗服务模式创新研究	自筹经费项目	任晓妹	中大医院
28	19CSJ010	长三角高质量一体化发展背景下生态环境共保联治机制研究	长三角专项	徐盈之	经济管理学院
29	19JD004	江苏推进城市群与先进制造业集群体系协同发展研究	基地项目	花俊	经济管理学院
30	无	道德发展智库（2019年）	高端智库	樊和平	人文学院

4. 2019年其他省部级项目

序号	批准号	项目名称	项目类别	负责人	所在学院
1	19SFB2001	人工智能社会风险的法律规制研究	司法部一般课题	杨志琼	法学院
2	19SFB2025	性侵害未成年人犯罪刑事政策体系研究	司法部一般课题	李川	法学院

(续 表)

序号	批准号	项目名称	项目类别	负责人	所在学院
3	19SFB5016	ISDS司法化改革的中国方案研究	司法部专项任务课题	于文婕	法学院
4	GJ2019D45	检察视角下滥用兴奋剂行为的法律规制研究	最高人民检察院课题	苗泽一	法学院
5	GJ2019C28	预防与惩治侵害未成年人犯罪综合机制研究	最高人民检察院课题	李 川	法学院
6	19YB098	未成年人网络空间权益保护机制研究	共青团中央课题	李 川	法学院
7	2019HX01	网络爬虫行为刑事法律规制	最高人民检察院检察理论研究所课题	刘艳红	法学院
8	GKZB201920	平台型企业运营中的法律和社会责任研究	国家互联网信息办公室调研课题	刘艳红	法学院
9	农社促[2019]14-59	乡村振兴背景下传统村落空间艺术价值重构研究	农业农村部农村社会事业促进司课题	郑德东	艺术学院
10	2019LY07	中国资本市场股权资本成本的统计测度、动态变化与影响因素研究	全国统计科学研究项目	王亮亮	经济管理学院
11	SBR2019010070	全球经济科技竞争趋势研判及江苏发展战略选择研究	省软科学项目	袁健红	马克思主义学院
12	SBR2019010041	江苏省高水平开放环境下知识产权发展战略研究	省软科学项目	顾 欣	经济管理学院
13	SBR2019010012	江苏省人工智能产业高质量发展研究	省软科学项目	唐 攀	经济管理学院
14	BR2019041	江苏科技金融发展研究	省软科学项目	张 颖	经济管理学院
15	BR2019042	江苏先进制造业关键核心技术攻关策略和政策研究	省软科学项目	梅姝娥	经济管理学院
16	BR2019043	"一带一路"背景下江苏全球创新链质量评价及跃迁路径研究	省软科学项目	王文平	经济管理学院
17	2019SJZDA024	投资者情绪与资产价格行为关联机制研究	省教育厅重大项目	李绍芳	经济管理学院
18	2019SJZDA025	基于高管联结视角的社会网络与公司避税关系研究	省教育厅重大项目	王亮亮	经济管理学院
19	2019SJZDA100	江苏文学在德语国家的翻译与研究	省教育厅重大项目	胡继成	海外教育学院
20	2019SJZDA115	马克思恩格斯艺术传播理论及其中国化研究	省教育厅重大项目	甘 锋	艺术学院

人才与人事工作

综　　述

2019年以来,为落实"立德树人"根本任务和"双一流"大学建设目标,持续推进人事制度综合改革、优化人才队伍治理结构、促进管理模式转型升级,最大限度激发各类人才创新创造的活力,人事处上下戮力同心、攻坚克难,在扫除人才发展的体制机制障碍,加快推动师德协同育人体系、高水平人才队伍引育、编制与岗位聘用考核、职称评价制度、薪酬分配和社会保障、博士后队伍管理、人事信息化建设等方面取得新的突破。主要工作如下:

一、人才引进及培养

进一步增加引才手段,借助国外相关学科的顶级会议,组织院系院长和人事处人员"走出去",分别借助美国神经科学年会和波士顿MRS海外招聘会,让院长和教授能够真真正正参与到人才争夺战的一线,提高引才的实效。通过视频招聘会的形式,对标国际一流高校的一流学科,通过学联、人才顾问探访等手段,组织近50人通过视频面试的方式,直接与院长面试沟通,为青年人才总数的进一步扩大做出了积极的努力。

继续加强东大在海外的宣传,通过与Facebook、Mitbbs等新兴宣传公司合作,进一步增加东大在海外的宣传阵地,拓宽思路,有针对性地进行招聘宣传,取得了良好的效果。

2019年,新增第十五批"千人计划"专家2人,"青年千人"8人;新增"万人计划科技创新领军人才"8人,教学名师1人,青年拔尖人才3人;新增长江学者特聘教授2人,青年学者2人;新增百千万工程国家级人选1人;新增享受国务院政府特殊津贴7人;新增江苏省"双创人才"6人,双创团队1个;新增江苏特聘教授3人;新增江苏高校"青蓝工程"优秀教学团队1个,中青年学术带头人3人,骨干教师4人;新增"六大人才高峰"高层次人才项目23个,创新人才团队项目2个。

截至2019年12月,我校共有两院院士12人,"万人计划"入选者37人(其中科技领军人才19人,哲学社会科学领军人才3人,教学名师5人,青年拔尖人才10人),"青年千人计划"入选者40人,享受"政府特殊津贴"专家289人。"长江学者奖励计划"特聘教授、讲座教授共49人,青年学者17人,"百千万人才工程"国家级人选24人,江苏省"333工程"第五期培养对象94人,江苏省有突出贡献的中青年专家12名,江苏省双创团队7个,江苏省"双创计划"人才42人,江苏省特聘教授26名。

完成校2019年专任教师引进计划,正在着手进行2020年教师引进计划。2019年引进具有博士学位专任教师137人,其中正高职称22人,副高职称18人,具有海外博士学位的50人。以非在编人事代理方式招聘管理岗及实验技术岗人员70余人。完成教职工校内调动33人及离职46人的相关工作。接待信访、申诉人员30余人次。完成全年教师公派留学项目申报、派出、日常管理及回国后的考核等工作，获得国家留学基金管理委员会全额资助和青年骨干教师项目、江苏省高校优秀中青年骨干教师出国研修等项目资助40余人；全年派出教师出国访学30余人。完成江苏省双创博士项目申报，接收材料60余人，共录取41人。完成南京市留学回国人员创新创业项目申报，录取27人。

目前全校教职工总数5 466人（校本部事业编制4 026人，大集体89人，非在编人事代理566人，中大医院事业编制741人，合同聘用44人），其中院士12人，专任教师总数2 991人，85.89%教师拥有博士学位。35岁以下教师644人，占比21.53%；36~45岁教师1 090人，占比36.44%；46岁以上教师1 257人，占比42.03%。副高职称教师1 151人，占比38.48%，正高职称教师870人，占比29.09%。13.21%的专任教师拥有海外高校博士学位，4.68%的教师拥有海外博士后研究经历或海外工作经历；具有一年及以上海外留学经历的教师1 393人，占师资队伍总人数的比例达46.57%。

二、教职工晋级晋升

今年学校专业技术职务申报经相关学科组推荐上报教师系列正高71人，副高102人，其他专技系列正高13人，副高35人，完成相关申报资料审核工作。正高级职称评审通过65人，戴帽教授6人，副高级职称评审通过117人，中初级专业技术职务通过176人，中大医院卫生系列中级职称通过70人；结合职称评审工作，完成总计70余人次，350余份材料同行专家学术评议工作。

结合引进人才高级专业技术职务评审办法，组织引进人才高级职称评审工作两批次，通过正高10人，副高20人，其中教授2人经学校引进人才工作领导小组最后审批通过；加大人才引进力度，结合学校组织的海外青年学者论坛活动，畅通绿色发展通道，引进副高17人。结合评审完成300余份材料同行专家学术评议工作。

制定出台了东南大学在职进修条例《关于印发〈东南大学教职工在职攻读博（硕）士学位管理办法〉的通知》，并规范了相应的申请报告和协议；组织开展了2019年度在职进修遴选工作，办理在职进修事项（包含申请、超期答辩、退学、报销学费、材料归档等）22人。聘请兼职教授23人。

审核发放2019年第一批突出成果奖励9 718 500元，正在核对统计2019年第二批突出成果奖励。

进一步推行职员制度，启动2019年职员晋升工作，目前已完成申报材料收集汇总工作，年底前完成。

三、薪酬与劳动社会保障

扎实准确地做好全校教职工的日常工资变动工作。包括新进人员起薪、离校人员停薪、薪级工资正常晋升、职称职务及岗位变动人员工资兑现等；做好全校岗位绩效津贴的测算、打包发放工作。

完成了2019年度我校在职人员养老保险、失业保险与工伤保险的年检及缴费基数申报工作；完成事业编制养老保险单位参保登记工作、变动人员增减申报工作等，完成我校非在编人事代理人员五险缴费基数调整、申报、增减变动等工作，为我校工伤职工申报工伤认定申领工伤待遇。

根据江苏省机关事业单位养老保险规定及校发〔2016〕107号文件，按月为到龄的128名教职工办理退休手续并代发退休生活费；根据江苏省人社厅统一部署，于2019年8月完成了全校退休人员基本养老金的调整及补发工作；为我校离休人员调整高龄护工费。

四、博士后队伍建设

草拟《东南大学关于进一步加强全职博士后队伍建设的若干意见》并广泛征求意见，着力加大吸引海内外优秀人才来校从事博士后研究工作的力度。我校现有在站博士后共768人，其中全职博士后129人，在职博士后395人，企业博士后244人。本年度，我校博士后共进站157人（其中全职博士后39人，在职博士后31人，企业博士后87人）；出站80人；退站14人。

五、教职工服务工作

做好院士申报移交人事处的相关交接工作。今年我校段进、崔铁军二位教授晋升通过科学院院士,至目前共有两院院士12名(在职6名,退休6名)。

办理全体教职工出国、调动、离职等各类手续;为教职工出具工资收入、社保等各类人事证明3 000余份。

为全校4千余名退休教职工做好服务工作。推出东大退休工作微信公众平台,与学校广大退休教职工群体进行全方位的沟通和互动。

发放五六十年代下放人员生活费,发放伤残人员抚恤金,接待电话来访190余人次,发放遗属补贴200余人次。

六、其他

信息管理:完成全国教师信息系统和东南大学人事数据库更新维护;配合本科教学评估结果协做好人事数据采集录入工作;完成教职工招聘及入职系统、职称评审系统、新版人事信息系统、教师积分考核系统的试运行及正式上线使用。

院士名录

姓名	性别	出生年月	职称	院士名称	当选日期	所在学部	外籍院士	专业	备注
齐 康	男	1931.10	教授	科学院院士	1993.11	技术科学部	1997.02 法国建筑科学院	建筑设计及其理论	2018年10月退休
韦 钰	女	1940.02	教授	工程院院士	1994.11	信息与电子工程学部		生物电子学、分子电子学	2017年4月退休
钟训正	男	1929.07	教授	工程院院士	1997.11	土木、水利与建筑工程学部		建筑学	2018年9月退休
李幼平	男	1935.05	教授	工程院院士	1999.11	信息与电子工程学部		电子与通信技术	2018年10月退休
孙忠良	男	1936.08	教授	工程院院士	2001.11	信息与电子工程学部		微波、毫米波技术	2019年6月29日去世
张耀明	男	1943.12	教授	工程院院士	2001.11	化工、冶金与材料工程学部		无机非金属材料	2019年3月退休
孙 伟	女	1935.11	教授	工程院院士	2005.11	土木、水利与建筑工程学部		无机非金属材料	2019年2月22日去世
程泰宁	男	1935.12	教授	工程院院士	2005.11	土木、水利与建筑工程学部		建筑学	2018年11月退休
黄 卫	男	1961.04	教授	工程院院士	2007.11	土木、水利与建筑工程学部		道路桥梁及交通工程	
缪昌文	男	1957.08	教授	工程院院士	2011.11	土木、水利与建筑工程学部		建筑材料与制品	
张广军	男	1965.03	教授	工程院院士	2013.11	信息与电子工程学部		精密仪器	
王建国	男	1957.07	教授	工程院院士	2015.11	土木、水利与建筑工程学部		城市设计,建筑设计	
段 进	男	1960.01	教授	科学院院士	2019.11	技术科学部		城乡规划学	2019年11月当选
崔铁军	男	1965.09	教授	科学院院士	2019.11	信息技术科学部		电磁场与微波技术	2019年11月当选

"万人计划"专家名单

姓名	所在单位	类别	年度
尤肖虎	信息科学与工程学院	科技创新领军人才	2013
王 庆	仪器科学与工程学院	科技创新领军人才	2013
钟文琪	能源与环境学院	青年拔尖人才	2013
高西奇	信息科学与工程学院	科技创新领军人才	2014
刘加平	材料科学与工程学校	科技创新领军人才	2014
王 炜	交通学院	教学名师	2014
戴先中	自动化学院	教学名师	2014
樊和平	人文学院	哲学社会科学领军人才	2014
殷勇高	能源与环境学院	青年拔尖人才	2015
孙伟锋	电子科学与工程学院	青年拔尖人才	2015
虞文武	数学系	青年拔尖人才	2015
舒 嘉	经济管理学院	青年拔尖人才	2015
肖 睿	能源与环境学院	科技创新领军人才	2016
徐赵东	土木工程学院	科技创新领军人才	2016
吴 刚	土木工程学院	科技创新领军人才	2016
周佑勇	法学院	哲学社会科学领军人才	2016
王建国	建筑学院	教学名师	2016
郭 彤	土木工程学院	科技创新领军人才	2018
李建春	土木工程学院	科技创新领军人才	2018
孙立涛	电子科学与工程学院	科技创新领军人才	2018
孙长银	自动化学院	科技创新领军人才	2018
王廷信	艺术学院	哲学社会科学领军人才	2018
胡仁杰	教务处	国家教学名师	2018
蒋卫祥	信息科学与工程学院	青年拔尖人才	2018
王 浩	土木工程学院	青年拔尖人才	2018
居胜红	中大医院	科技创新领军人才	2019
赵远锦	生物科学与医学工程学院	科技创新领军人才	2019
刘 宏	生物科学与医学工程学院	科技创新领军人才	2019
王景全	土木工程学院	科技创新领军人才	2019
花 为	电气工程学院	科技创新领军人才	2019
蒋金洋	材料科学与工程学院	科技创新领军人才	2019
金 石	信息科学与工程学院	科技创新领军人才	2019
黄永明	信息科学与工程学院	科技创新领军人才	2019
宋爱国	仪器科学与工程学院	国家教学名师	2019
段伦博	能源与环境学院	青年拔尖人才	2019
杨 俊	自动化学院	青年拔尖人才	2019
刘修岩	经济管理学院	青年拔尖人才	2019

"青年千人计划"专家名单

姓名	所在单位	年度
郝张成	信息科学与工程学院	2011
温海防	交通学院	2011
张 建	土木工程学院	2011
叶智锐	交通学院	2012
张袁健	化学化工学院	2013
刘 宏	生物科学与医学工程学院	2014
李 霞	土木工程学院	2014
林承棋	生命科学研究院	2014
胡三明	信息科学与工程学院	2015
谢远长	交通学院	2015
刘志远	交通学院	2015
姚红红	医学院	2015
陈 瑞	公共卫生学院	2015
柴人杰	生命科学研究院	2015
潘玉峰	生命科学研究院	2015
陈 震	机械工程学院	2016
何 磊	土木工程学院	2016
吉远辉	化学化工学院	2016
蒋之浩	信息科学与工程学院	2016
马志刚	自动化学院	2016
陶 立	材料科学与工程学院	2016
赵涤燹	信息科学与工程学院	2016
贲昊玺	能源与环境学院	2017
郭存兰	化学化工学院	2017
罗卓娟	生命科学研究院	2017
张婧婧	信息科学与工程学院	2017
邓富金	电气学院	2018
冷 真	交通学院	2018
罗 宇	信息科学与工程学院	2018
吕俊鹏	物理学院	2018
王 苏	生命科学研究院	2018
钟 立	电子科学与工程学院	2018

（续　表）

姓名	所在单位	年度
鲁　聪	土木工程学院	2019
李　炜	机械工程学院	2019
郝梦龙	能源与环境学院	2019
曾　勇	信息科学与工程学院	2019
Simone Baldi	数学学院	2019
周　敏	材料科学与工程学院	2019
陈煜澈	交通学院	2019
徐　炜	电气工程学院	2019

全国杰出专业技术人才名单

姓名	所在单位	入选年度
尤肖虎	信息科学与工程学院	2014

人事部"百千万人才工程"入选人员名单

姓名	所在单位	入选年度
陆祖宏	生物科学与医学工程学院	1997
黄　卫	交通学院	1997
王志功	信息科学与工程学院	1999
黄　侨	交通学院	1999
洪　伟	信息科学与工程学院	2000
尤肖虎	信息科学与工程学院	2000
王　炜	交通学院	2000
罗立民	生物科学与医学工程学院	2000
赵春明	信息科学与工程学院	2004
李爱群	土木工程学院	2006
黄庆安	电子科学与工程学院	2006
孙克勤	能源与环境学院	2006
易　红	校长办公室	2007
时龙兴	电子科学与工程学院	2007
宋爱国	仪器科学与工程学院	2009

(续 表)

姓名	所在单位	入选年度
周佑勇	法学院	2009
赵春杰	生命科学研究院	2009
崔铁军	信息科学与工程学院	2013
刘松玉	交通学院	2013
肖　睿	能源与环境学院	2015
高西奇	信息科学与工程学院	2015
徐赵东	土木工程学院	2017
刘艳红	法学院	2017
陆　巍	生命科学研究院	2019

江苏省"333高层次人才培养工程"第五期培养对象名单

姓名	所在单位	人才类别	入选年度
崔铁军	信息科学与工程学院	首席科学家	2016
吴智深	城市工程科学技术研究院	首席科学家	2016
时龙兴	电子科学与工程学院	首席科学家	2016
刘加平	材料科学与工程学院	首席科学家	2016
滕皋军	中大医院	首席科学家	2016
周佑勇	法学院	首席科学家	2016
高西奇	信息科学与工程学院	首席科学家	2018
刘松玉	交通学院	首席科学家	2018
陈云飞	机械工程学院	科技领军人才	2016
倪中华	机械工程学院	科技领军人才	2016
肖　睿	能源与环境学院	科技领军人才	2016
钟文琪	能源与环境学院	科技领军人才	2016
金　石	信息科学与工程学院	科技领军人才	2016
马慧锋	信息科学与工程学院	科技领军人才	2016
潘志文	信息科学与工程学院	科技领军人才	2016
吴　刚	土木工程学院	科技领军人才	2016
徐赵东	土木工程学院	科技领军人才	2016
郭　彤	土木工程学院	科技领军人才	2016
孙立涛	电子科学与工程学院	科技领军人才	2016
孙伟锋	电子科学与工程学院	科技领军人才	2016
李世华	自动化学院	科技领军人才	2016

(续 表)

姓名	所在单位	人才类别	入选年度
孙长银	自动化学院	科技领军人才	2016
王金兰	物理学院	科技领军人才	2016
王雪梅	生物科学与医学工程学院	科技领军人才	2016
钱春香	材料科学与工程学院	科技领军人才	2016
邱 斌	经济管理学院	科技领军人才	2016
舒 嘉	经济管理学院	科技领军人才	2016
陆 建	交通学院	科技领军人才	2016
宋光明	仪器科学与工程学院	科技领军人才	2016
龙迪勇	艺术学院	科技领军人才	2016
刘艳红	法学院	科技领军人才	2016
韩俊海	生命科学研究院	科技领军人才	2016
居胜红	中大医院	科技领军人才	2016
张业伟	中大医院	科技领军人才	2016
葛 峥	中大医院	科技领军人才	2016
袁勇贵	中大医院	科技领军人才	2016
马冬梅	外国语学院	科技领军人才	2016
陈淑梅	经济管理学院	科技领军人才	2016
殷勇高	能源与环境学院	科技领军人才	2018
郝张成	信息科学与工程学院	科技领军人才	2018
方 峰	材料科学与工程学院	科技领军人才	2018
徐盈之	经济管理学院	科技领军人才	2018
花 为	电气工程学院	科技领军人才	2018
李 玲	中大医院	科技领军人才	2018
杨 毅	中大医院	科技领军人才	2018
杨俊宴	建筑学院	科学技术带头人	2016
杨决宽	机械工程学院	科学技术带头人	2016
蒋卫祥	信息科学与工程学院	科学技术带头人	2016
丁幼亮	土木工程学院	科学技术带头人	2016
范俊余	土木工程学院	科学技术带头人	2016
卢剑权	数学学院	科学技术带头人	2016
赵远锦	生物科学与医学工程学院	科学技术带头人	2016
郑文明	生物科学与医学工程学院	科学技术带头人	2016
张云升	材料科学与工程学院	科学技术带头人	2016
李守伟	经济管理学院	科学技术带头人	2016
蔡国军	交通学院	科学技术带头人	2016

（续　表）

姓名	所在单位	人才类别	入选年度
杜延军	交通学院	科学技术带头人	2016
杨　军	交通学院	科学技术带头人	2016
章定文	交通学院	科学技术带头人	2016
刘锡祥	仪器科学与工程学院	科学技术带头人	2016
郭建平	艺术学院	科学技术带头人	2016
欧阳本祺	法学院	科学技术带头人	2016
柴人杰	生命科学研究院	科学技术带头人	2016
程　光	网络空间安全学院	科学技术带头人	2016
陈陆馗	中大医院	科学技术带头人	2016
黄英姿	中大医院	科学技术带头人	2016
马坤岭	中大医院	科学技术带头人	2016
杨建军	中大医院	科学技术带头人	2016
陈恕求	中大医院	科学技术带头人	2016
刘　玲	中大医院	科学技术带头人	2016
彭新桂	中大医院	科学技术带头人	2016
芮云峰	中大医院	科学技术带头人	2016
谢春明	中大医院	科学技术带头人	2016
刘燕文	中大医院	科学技术带头人	2016
柏　峰	医学院	科学技术带头人	2016
许传龙	能源与环境学院	科学技术带头人	2018
王景全	土木工程学院	科学技术带头人	2018
刘斯扬	电子科学与工程学院	科学技术带头人	2018
刘庆山	数学学院	科学技术带头人	2018
郭丽萍	材料科学与工程学院	科学技术带头人	2018
马　涛	交通学院	科学技术带头人	2018
罗　桑	智能运输系统研究中心	科学技术带头人	2018
李会军	仪器科学与工程学院	科学技术带头人	2018
季　欣	艺术学院	科学技术带头人	2018
程张军	中大医院	科学技术带头人	2018
冯亚东	中大医院	科学技术带头人	2018
刘松桥	中大医院	科学技术带头人	2018
汤日宁	中大医院	科学技术带头人	2018
魏　琼	中大医院	科学技术带头人	2018
吴剑平	中大医院	科学技术带头人	2018
夏江燕	中大医院	科学技术带头人	2018

(续 表)

姓名	所在单位	人才类别	入选年度
徐 治	中大医院	科学技术带头人	2018
徐 鹏	能源与环境学院	科学技术带头人	2018
杨永标	电气工程学院	科学技术带头人	2018

江苏省突出贡献青年专家名单

姓名	所在单位	入选年度
王建国	建筑学院	2001
仲伟俊	经济管理学院	2003
王 炜	交通学院	2005
胡敏强	电气工程学院	2006
易 红	机械工程学院	2006
赵春杰	医学院	2008
郑家茂	校长办公室	2010
周佑勇	法学院	2010
刘松玉	交通学院	2012
张小松	苏州研究院	2014
顾 宁	生物科学与医学工程学院	2016
宋爱国	仪器科学与工程学院	2018

江苏特聘教授名单

姓名	所在单位	入选年度
叶继红	土木工程学院	2012
孙伟锋	电子科学与工程学院	2012
赵春杰	医学院	2012
姚红红	医学院	2012
陆 巍	生命科学研究院	2012
钟文琪	能源与环境学院	2013
宋爱国	仪器科学与工程学院	2013
陈 瑞	公共卫生学院	2014
尚金堂	电子科学与工程学院	2014

(续 表)

姓名	所在单位	入选年度
钱春香	材料科学与工程学院	2015
佟振博	能源与环境学院	2015
李耕林	生命科学与技术学院	2016
钱振东	智能运输系统研究中心	2016
袁 凯	生命科学与技术学院	2016
金 石	信息科学与工程学院	2017
王 苏	生命科学与技术学院	2017
徐赵东	土木工程学院	2017
郭 彤	土木工程学院	2018
蒋卫祥	信息科学与工程学院	2018
杨海宁	电子科学与工程学院	2018
花 为	电气工程学院	2019
郑文明	生物科学与医学工程学院	2019
李 霞	土木工程学院	2019

2019年东南大学新聘兼职专家一览表

姓名	性别	出生年月	工作单位	聘请兼职	聘用单位
魏 运	男	1982.03	北京城建设计发展集团股份有限公司	教授	计算机科学与工程学院
凌 亢	男	1961.05	南京特殊教育师范学院	教授	数学学院
白先春	男	1966.03	南京特殊教育师范学院	教授	数学学院
黄乃正	男	1950.11	香港中文大学	教授	生物科学与医学工程学院
刘永坚	男	1961.11	空军研究院系统工程研究所	教授	信息科学与工程学院
张 澎	男	1971.03	中国航空工业集团公司沈阳飞机设计研究所	教授	信息科学与工程学院
任 奎	男	1978.11	浙江大学	教授	网络空间安全学院
徐明伟	男	1971.05	清华大学	教授	网络空间安全学院
仲 盛	男	1974.05	南京大学	教授	网络空间安全学院
吴建平	男	1953.10	清华大学	教授	网络空间安全学院
徐 恪	男	1974.12	清华大学	教授	网络空间安全学院
冯继锋	男	1963.12	江苏省肿瘤医院（江苏省肿瘤防治研究所）	教授	中大医院
崔 冰	男	1966.03	中交公路规划设计院有限公司	研究员	交通学院
汤仕平	男	1968.08	海军研究院	教授	机械工程学院
王桂华	男	1965.12	中国航空综合技术研究所技术基础管理中心	教授	机械工程学院
黄彦平	男	1968.12	中国核动力研究设计院	教授	能源与环境学院

（续　表）

姓名	性别	出生年月	工作单位	聘请兼职	聘用单位
毛世杰	男	1978.11	联想集团上海研究院	教授	计算机科学与工程学院
王　颢	男	1971.11	中国人保资产管理有限公司	研究员	经济管理学院
肖立志	男	1962.03	中国石油大学	教授	机械工程学院
张国良	男	1956.06	连云港鹰游纺机集团有限公司	教授	材料科学与工程学院
贾军波	男	1979.03	挪威阿克集团	研究员	土木工程学院
杨荣贵	男	1973.10	华中科技大学	教授	能源与环境学院
刘永彪	男	1965.02	南京市地方金融监督管理局	研究员	经济管理学院
赵晓丽	女	1981.06	中国环境科学研究院	教授	能源与环境学院
刘　华	男	1979.10	中铁大桥(南京)桥隧诊治有限公司	研究员	交通学院
张喜刚	男	1962.03	中国交通建设股份有限公司	教授	土木工程学院
龚　一	男	1941.10	上海音乐学院	教授	艺术学院
李凤云	女	1960.09	天津音乐学院	教授	艺术学院
王建欣	男	1962.08	天津音乐学院	教授	艺术学院
吴　钊	男	1935.12	上海音乐学院	教授	艺术学院
傅为农	男	1961.02	香港理工大学	教授	电气工程学院
曹文平	男	1969.09	阿斯顿大学	教授	电气工程学院

2019 年晋升高级专业技术职务人员名单

序号	单位	姓名	通过职务资格	职级	任职资格时间
1	建筑学院	徐小东	教授	正高级	2019.04.30
2	建筑学院	鲍　莉	教授	正高级	2019.04.30
3	建筑学院	金　星	教授	正高级	2019.04.30
4	机械工程学院	刘晓军	教授	正高级	2019.04.30
5	机械工程学院	罗　翔	教授	正高级	2019.04.30
6	能源与环境学院	沈德魁	教授	正高级	2019.04.30
7	信息科学与工程学院	王东明	教授	正高级	2019.04.30
8	信息科学与工程学院	夏亦犁	教授	正高级	2019.04.30
9	信息科学与工程学院	康　维	教授	正高级	2019.04.30
10	信息科学与工程学院	赵涤燹	教授	正高级	2016.03.24
11	土木工程学院	杨小丽	教授	正高级	2019.04.30
12	土木工程学院	袁竞峰	教授	正高级	2019.04.30
13	土木工程学院	糜长稳	教授	正高级	2019.04.30
14	土木工程学院	黄　娟	教授	正高级	2019.04.30

(续 表)

序号	单位	姓名	通过职务资格	职级	任职资格时间
15	土木工程学院	李 霞	教授	正高级	2017.01.15
16	土木工程学院	何 磊	教授	正高级	2016.06.21
17	土木工程学院	鲁 聪	教授	正高级	2019.04.04
18	电子科学与工程学院	常昌远	研究员	正高级	2019.04.30
19	数学学院	张小向	教授	正高级	2019.04.30
20	数学学院	李铁香	教授	正高级	2019.04.30
21	自动化学院	曹向辉	教授	正高级	2019.04.30
22	计算机科学与工程学院	吴巍炜	教授	正高级	2019.04.30
23	计算机科学与工程学院	戚晓芳	教授	正高级	2019.04.30
24	生物科学与医学工程学院	熊 非	教授	正高级	2019.04.30
25	生物科学与医学工程学院	刘宏德	教授	正高级	2019.04.30
26	材料科学与工程学院	蒋金洋	教授	正高级	2019.04.30
27	材料科学与工程学院	刘加平	教授	正高级	2012.09.01
28	人文学院	高广旭	教授	正高级	2019.04.30
29	人文学院	徐菲菲	研究员	正高级	2014.02.25
30	经济管理学院	岳书敬	教授	正高级	2019.04.30
31	化学化工学院	娄永兵	教授	正高级	2019.04.30
32	化学化工学院	代云茜	教授	正高级	2019.04.30
33	化学化工学院	吉远辉	教授	正高级	2016.06.29
34	交通学院	高 英	教授	正高级	2019.04.30
35	交通学院	陈先华	教授	正高级	2019.04.30
36	智能运输系统研究中心	罗 桑	教授	正高级	2019.04.30
37	仪器科学与工程学院	杨 波	教授	正高级	2019.04.30
38	仪器科学与工程学院	张 涛	教授	正高级	2019.04.30
39	法学院	李 川	教授	正高级	2019.04.30
40	马克思主义学院	廖小琴	教授	正高级	2019.04.30
41	生命科学与技术学院	王 苏	教授	正高级	2018.03.27
42	生命科学与技术学院	潘玉峰	教授	正高级	2015.10.08
43	生命科学与技术学院	柴人杰	教授	正高级	2015.05.31
44	公共卫生学院	李晓波	教授	正高级	2019.04.30
45	公共卫生学院	陈 瑞	教授	正高级	2014.03.26
46	医学院	刘莉洁	教授	正高级	2019.04.30
47	医学院	沈艳飞	教授	正高级	2019.04.30
48	医学院	姚红红	教授	正高级	2013.03.25
49	医学院	巢 杰	教授	正高级	2014.01.27

（续　表）

序号	单位	姓名	通过职务资格	职级	任职资格时间
50	中大医院	李　玲	教授	正高级	2019.04.30
51	马克思主义学院	叶海涛	教授	正高级	2019.04.30
52	建筑设计研究院	臧　胜	研究员级高级工程师	正高级	2019.04.30
53	建筑设计研究院	万邦伟	研究员级高级工程师	正高级	2019.04.30
54	交通学院	陈　怡	教授	正高级	2019.04.30
55	中大医院	乔立兴	主任医师	正高级	2019.04.30
56	中大医院	郭怡菁	主任医师	正高级	2019.04.30
57	中大医院	李　洁	主任医师	正高级	2019.04.30
58	中大医院	林奇志	主任医师	正高级	2019.04.30
59	中大医院	陆　军	主任医师	正高级	2019.04.30
60	中大医院	洪　鑫	主任医师	正高级	2019.04.30
61	中大医院	李　嘉	主任医师	正高级	2019.04.30
62	中大医院	夏江燕	主任医师	正高级	2019.04.30
63	中大医院	朱艳萍	主任护师	正高级	2019.04.30
64	中大医院	吴燕平	主任护师	正高级	2019.04.30
65	建筑学院	淳　庆	戴帽教授	对外正高级	2019.04.30
66	能源与环境学院	张亚平	戴帽教授	对外正高级	2019.04.30
67	信息科学与工程学院	张　川	戴帽教授	对外正高级	2019.04.30
68	电子科学与工程学院	单伟伟	戴帽教授	对外正高级	2019.04.30
69	电气学院	汤　奕	戴帽教授	对外正高级	2019.04.30
70	法学院	黄　喆	戴帽教授	对外正高级	2019.04.30
71	建筑学院	周　欣	副教授	副高级	2019.04.30
72	建筑学院	唐　斌	副教授	副高级	2019.04.30
73	建筑学院	蔡凯臻	副教授	副高级	2019.04.30
74	建筑学院	顾震弘	副教授	副高级	2019.04.30
75	建筑学院	徐　宁	副教授	副高级	2019.04.30
76	建筑学院	袁旸洋	副教授	副高级	2019.04.30
77	建筑学院	李　力	副研究员	副高级	2019.04.30
78	机械工程学院	胡　涛	副教授	副高级	2019.04.30
79	机械工程学院	陆荣生	副教授	副高级	2019.04.30
80	机械工程学院	邢佑强	副教授	副高级	2019.04.30
81	能源与环境学院	吴　啸	副教授	副高级	2019.04.30
82	能源与环境学院	张　伦	副教授	副高级	2019.04.30
83	能源与环境学院	张　波	副教授	副高级	2019.04.30
84	能源与环境学院	刘　聪	副教授	副高级	2016.07.20

(续　表)

序号	单位	姓名	通过职务资格	职级	任职资格时间
85	信息科学与工程学院	李佳珉	副教授	副高级	2019.04.30
86	信息科学与工程学院	侯德彬	副教授	副高级	2019.04.30
87	信息科学与工程学院	王晓燕	副教授	副高级	2019.04.30
88	信息科学与工程学院	尤　力	副研究员	副高级	2019.04.30
89	信息科学与工程学院	徐　刚	副教授	副高级	2016.08.23
90	信息科学与工程学院	王科平	副研究员	副高级	2017.01.15
91	土木工程学院	张　琦	副教授	副高级	2019.04.30
92	土木工程学院	邓温妮	副教授	副高级	2019.04.30
93	土木工程学院	冯德成	副教授	副高级	2019.04.30
94	土木工程学院	宁　延	副教授	副高级	2015.04.23
95	电子科学与工程学院	张志强	副教授	副高级	2019.04.30
96	电子科学与工程学院	陈　超	副教授	副高级	2019.04.30
97	电子科学与工程学院	谢　骁	副教授	副高级	2019.04.30
98	电子科学与工程学院	徐　涛	副研究员	副高级	2019.04.30
99	电子科学与工程学院	李　霁	副教授	副高级	2016.07.20
100	无锡分校	郑丽霞	副教授	副高级	2019.04.30
101	数学学院	范　赟	副教授	副高级	2019.04.30
102	自动化学院	张金霞	副教授	副高级	2019.04.30
103	自动化学院	王雁刚	副教授	副高级	2017.10.12
104	计算机科学与工程学院	熊润群	副教授	副高级	2019.04.30
105	计算机科学与工程学院	孔佑勇	副教授	副高级	2019.04.30
106	计算机科学与工程学院	董　恺	副教授	副高级	2019.04.30
107	计算机科学与工程学院	方效林	副教授	副高级	2019.04.30
108	计算机科学与工程学院	金嘉晖	副教授	副高级	2019.04.30
109	网络空间安全学院	朱珍超	副教授	副高级	2019.04.30
110	网络空间安全学院	彭林宁	副教授	副高级	2014.12.09
111	物理学院	彭　劲	副教授	副高级	2019.04.30
112	生物科学与医学工程学院	冷　玥	副教授	副高级	2019.04.30
113	生物科学与医学工程学院	蔡　彦	副研究员	副高级	2019.04.30
114	生物科学与医学工程学院	韩晓锋	副研究员	副高级	2013.02.26
115	生物科学与医学工程学院	周光泉	副研究员	副高级	2016.07.20
116	材料科学与工程学院	晏井利	副教授	副高级	2019.04.30
117	材料科学与工程学院	佘　伟	副教授	副高级	2019.04.30
118	材料科学与工程学院	黄志海	副教授	副高级	2019.04.30
119	材料科学与工程学院	田无边	副教授	副高级	2016.01.05

(续　表)

序号	单位	姓名	通过职务资格	职级	任职资格时间
120	人文学院	张学义	副教授	副高级	2019.04.30
121	经济管理学院	丁　溢	副教授	副高级	2019.04.30
122	经济管理学院	杨东辉	副教授	副高级	2019.04.30
123	经济管理学院	李绍芳	副教授	副高级	2016.01.25
124	法学院	杨　洁	副教授	副高级	2019.04.30
125	电气工程学院	谭林林	副教授	副高级	2019.04.30
126	电气工程学院	洪芦诚	副教授	副高级	2019.04.30
127	电气工程学院	刘　凯	副教授	副高级	2019.04.30
128	电气工程学院	阳　辉	副教授	副高级	2019.04.30
129	电气工程学院	吴　志	副教授	副高级	2019.04.30
130	外国语学院	李　晨	副教授	副高级	2019.04.30
131	外国语学院	姚羚羚	副教授	副高级	2019.04.30
132	外国语学院	赵　杨	副教授	副高级	2019.04.30
133	外国语学院	吴　婷	副教授	副高级	2019.04.30
134	体育系	王小红	副教授	副高级	2019.04.30
135	化学化工学院	刘安然	副教授	副高级	2019.04.30
136	化学化工学院	李乃旭	副教授	副高级	2019.04.30
137	化学化工学院	罗洋辉	副研究员	副高级	2019.04.30
138	交通学院	付　晓	副教授	副高级	2019.04.30
139	交通学院	曲　栩	副教授	副高级	2019.04.30
140	交通学院	周博见	副教授	副高级	2019.04.30
141	智能运输(ITS)研究中心	胡　靖	副研究员	副高级	2019.04.30
142	仪器科学与工程学院	李　濉	副研究员	副高级	2019.04.30
143	仪器科学与工程学院	莫凌飞	副教授	副高级	2012.09.04
144	仪器科学与工程学院	张　军	副研究员	副高级	2016.12.08
145	马克思主义学院	陈　硕	副教授	副高级	2019.04.30
146	马克思主义学院	杨　洋	副教授	副高级	2019.04.30
147	公共卫生学院	马　超	副教授	副高级	2019.04.30
148	医学院	潘　宁	副教授	副高级	2019.04.30
149	医学院	丁　洁	副教授	副高级	2019.04.30
150	医学院	张　媛	副教授	副高级	2019.04.30
151	中大医院	刘　玲	副教授	副高级	2019.04.30
152	中大医院	陆　军	副教授	副高级	2019.04.30
153	中大医院	秦永林	副教授	副高级	2019.04.30
154	中大医院	邱山虎	副研究员	副高级	2016.01.25

(续 表)

序号	单位	姓名	通过职务资格	职级	任职资格时间
155	中大医院	芮云峰	副研究员	副高级	2012.11.01
156	生命科学研究院	田 垚	副研究员	副高级	2019.04.30
157	学报编辑部(自然科学版)	黄 岚	副编审	副高级	2019.04.30
158	外国语学院	汤顶华	副教授	副高级	2019.04.30
159	校长办公室	赵会泽	副研究员	副高级	2019.04.30
160	中大医院	袁 扬	副主任医师	副高级	2019.04.30
161	中大医院	谢春明	副主任医师	副高级	2019.04.30
162	中大医院	俞济荣	副主任医师	副高级	2019.04.30
163	中大医院	盛祖龙	副主任医师	副高级	2019.04.30
164	中大医院	李 洋	副主任医师	副高级	2019.04.30
165	中大医院	陈 蓉	副主任医师	副高级	2019.04.30
166	中大医院	倪 焰	副主任医师	副高级	2019.04.30
167	中大医院	郭芳芳	副主任医师	副高级	2019.04.30
168	中大医院	王 勇	副主任医师	副高级	2019.04.30
169	中大医院	王文宏	副主任医师	副高级	2019.04.30
170	中大医院	梁小庆	副主任药师	副高级	2019.04.30
171	中大医院	李晓青	副主任护师	副高级	2019.04.30
172	中大医院	张 莉	副主任护师	副高级	2019.04.30
173	中大医院	张义静	副主任护师	副高级	2019.04.30
174	中大医院	王 越	副主任护师	副高级	2019.04.30
175	中大医院	薛梅平	副主任护师	副高级	2019.04.30
176	中大医院	王朝松	副主任护师	副高级	2019.04.30
177	中大医院	肖 静	副主任护师	副高级	2019.04.30
178	化学化工学院	黄镜怡	高级工程师	副高级	2019.04.30
179	材料科学与工程学院	张 萍	高级工程师	副高级	2019.04.30
180	中大医院	潘 纯	副主任医师	副高级	2019.04.30
181	中大医院	宋慧慧	副主任医师	副高级	2019.04.30
182	中大医院	郭玉冬	副主任医师	副高级	2019.04.30
183	中大医院	郭晓远	副主任医师	副高级	2019.04.30
184	中大医院	胡中倩	副主任医师	副高级	2019.04.30
185	中大医院	王 玲	副主任医师	副高级	2019.04.30
186	中大医院	纪木火	副主任医师	副高级	2019.04.30
187	中大医院	王桂英	副主任医师	副高级	2019.04.30

2019年专任教师年龄情况统计

单位：人

	合 计	34岁及以下	35～44岁	45～54岁	55岁及以上
总　计	2 991	569	1 074	869	479
其中：女	917	195	351	291	80
正高级	870	10	239	328	293
副高级	1 151	107	511	382	151
中级及以下	970	452	324	159	35

2019年专任教师学历情况统计

单位：人

	合计	博士	硕士	学士及以下
总　计	2 991	2 569	315	107
其中：女	917	759	134	24
正高级	870	828	32	10
副高级	1 151	960	123	68
中级及以下	970	781	160	29

博士后科研流动站一览表

设站学科（一级学科）	招收博士后专业（二级学科）		批准建站时间
建筑学			1985.10
城乡规划学			2012.09
风景园林学			2012.09
机械工程	机械制造及其自动化 机械设计及理论车辆工程 工业设计制造业工业工程	机械电子工程	2003.05
动力工程及工程热物理	工程热物理 动力机械及工程 流体机械及工程 能源信息技术能源环境工程 新能源技术	热能工程 制冷及低温工程 化学过程机械	1995.01
环境科学与工程	环境工程	环境科学	2007.08

(续 表)

设站学科(一级学科)	招收博士后专业(二级学科)		批准建站时间
信息与通信工程	通信与信息系统 信息安全	信号与信息处理	1985.10
土木工程	岩土工程 桥梁及隧道工程 市政工程 土木工程建造与管理	结构工程 防灾减灾工程及防护工程 供热、供燃气、通风及空调工程	1999.04
力学	工程力学 一般力学与力学基础	固体力学 流体力学	2007.08
电子科学与技术	物理电子学 微电子学与固体电子学 集成电路设计	电路与系统 电磁场与微波技术	1985.10
光学工程	(不分二级学科)		2009.09
数学	应用数学 概率论与数理统计 计算数学	基础数学 运筹学与控制论	2003.05
控制科学与工程	控制理论与控制工程 检测技术与自动化装置 导航、制导与控制	模式识别与智能系统 系统工程	1985.10
计算机科学与技术	计算机系统结构 计算机应用技术	计算机软件与理论 图像处理与科学可观性	2001.05
软件工程			2012.09
物理学	理论物理 粒子物理与原子核物理 原子与分子物理 等离子体物理 凝聚态物理 声学 光学 无线电物理		2012.09
生物医学工程	生物医学工程 生物信息技术 生物与医学纳米技术 制药工程	学习科学 医学图像与医学电子学 生物医学材料 医学信息学及工程	1999.04
材料科学与工程	材料物理与化学 材料加工工程生物材料与组织工程	材料学	2003.05
哲学	伦理学 外国哲学 中国哲学 美学	科学技术哲学 马克思主义哲学 逻辑学 宗教学	2007.08
艺术学理论			2003.05
管理科学与工程	(不分设二级学科)		1999.04
应用经济学	国民经济学 区域经济学 财政学 金融学 产业经济学 国际贸易学 劳动经济学 统计学 数量经济学 国防经济		2012.09
电气工程	电机与电器 电力电子与电力传动 高电压与绝缘技术应用 电气信息技术新能源发电与分步式电源	电力系统及其自动化 电工理论与新技术 电子与运动控制技术	1999.04
化学工程与技术	化学工程 化学工艺 生物化工 应用化学 工业催化		2014.09

（续　表）

设站学科（一级学科）	招收博士后专业（二级学科）		批准建站时间
交通运输工程	道路与铁道工程 交通运输规划与管理 交通测绘与信息技术	交通信息工程及控制 载运工具运用工程 交通地下工程	2003.05
仪器科学与技术	精密仪器及机械 微系统与测控技术	测试计量技术及仪器	2007.08
公共卫生与预防医学	劳动卫生与环境卫生学 营养与食品卫生学 军事预防医学	流行病与卫生统计学 卫生毒理学	2007.08
生物学	遗传学 生物化学与分子生物学 植物学 水生生物学 神经生物学 生物物理学	生理学 发育生物学 动物学 微生物学 细胞生物学 生态学	2009.09
临床医学	影像医学与核医学 儿科学 临床检验诊断学 妇产科学 耳鼻咽喉科学 老年医学 皮肤病与性病学 肿瘤学 运动医学	内科学 神经病学 外科学 眼科学 急诊医学 精神病与精神卫生学 护理学 康复医学与理疗学 麻醉学	2009.09
马克思主义理论	马克思主义基本原理 马克思主义发展史 马克思主义中国化研究 国外马克思主义研究 思想政治教育 中国近现代史基本问题研究		2014.09
法学	法学理论 法律史 宪法学与行政法学 刑法学 民商法学 诉讼法学 经济法学 环境与资源保护法学 国际法学 军事法学		2019.09
基础医学	人体解剖与组织胚胎学 免疫学 病原生物学 病理学与病理生理学 法医学 放射医学 航空航天与航海医学		2019.09
网络空间安全			2019.09

2019年在站博士后名单

单　位	流动站名称	名　单							人数/人
建筑学院	建筑学 城乡规划学 风景园林学	单　晋 邹　涵 姜清玉 王　墨 李英男	谭　瑛 汤晔峥 姚　涵 朱　凯 周霄雪	代晓利 王　骏 余雯蔚 李奕成	郑德东 季　欣 丁建华 苏　夏	张四维 徐　宁 Chun HyunJin 董亦楠	万　千 俞竞伟 池方爱	杨京玲 张　蕾 王祝根 吴瑜燕	29
机械工程学院	机械工程	孙桂芳 许丽娇 万　轶	高海峰 欧阳天成 张鑫杰	李金强 谷先广 陈　曦	姜　东 李　龙 贾丰源	何　文 张　宁 张　鹏	赵伟玮 张东桥	崔建中 龚雪丹	19
能源与环境学院	动力工程及工程 热物理 环境科学与工程	林　涛 殷上轶 王　琦 陈丹丹 张书平 李寒煜 周冠文	李应林 佟振博 崔晓波 宋华庭 潘丹萍 邱方程 胡　珺	蒋　洁 蒋　彬 邵珊珊 夏威夷 李　明 雷　鸣 汪　峰	钟文镇 孙荣岳 Peter Keliona Wani Likun John Leju Celestino Ladu 袁照威 李　晶	陶贺 文先太 徐俊超 司　强	刘　斌 徐　寅 辛建强 汪楚乔 黄　锋 张　琳	吴　啸 黄晓庆 王恭良 周国顺	41
信息科学与工程学院	信息与通信工程 电子科学与技术	李正权 杨　喜 惠　明 章　飞 蒋　玮 高　斌 徐　杰 章跃跃 黄　毅 武贵路	卢桂馥 齐洪钢 Mohammed Mohsen Mohammed Nasr Amin Najam Muhammad 武军伟 章　平 许丽洁 张　亮 黄　杰 陶华伟 梁广俊	梁庆伟 陈　剑 姜彦南 邢长友 贾胜利 罗章杰 黄奇伟 刘　洋 盖　川	程加力 叶新荣 王芳芳 高英杰 奚　吉 谈晓思 范　忱 张璇如 杨小龙 颜晓娟	吴　游 曹文权 苏　抗 陈建飞 王建威 梁小虎 张先超 章建军 杨　勇	邓杨保 史宏迹 胡　莹 雷　涛 崔翠梅 蒲旭敏 刘逢雪 李思佳 高　宁	李　君 史清江 王　军 韩科锋 李勇峰 戚　楠 刘义亭 王海鹏	66
土木工程学院	土木工程 力学	张马林 刘　平 张　明 陈徐东 梁止水 钱学生 王非凡	张　翀 成于思 张　梁 王贤强 Saravanan Jothivel 赵莹莹 张瑞斌	顾卫卫 王龙林 池　沛 秦　伟 刘　欣 孔祥振	李万润 沈　正 曾以华 肖　琼 吴嘉瑜 应旭永 谢　钦	冯　秀 卢彭真 宋兴禹 赵　颖 肖同亮 丁晓燕 赵中伟	李海涛 宋守坛 卫佩行 霍少磊 马立波 石景山 郑晓丹	朱小军 侯　宁 王　丁 蔡景明 程　钊	46
电子科学与工程学院	电子科学与技术 光学工程	李智洋 赵增霞 孙　俊 朱铁柱 张　劲 任　玲	倪亚茹 朱　超 高　虹 曾凡明 魏家行 苏江滨	徐　欧 邓　燕 张　龙 徐　季 朱重阳 赵　健	徐　峰 牟　丹 Subramanian Alagesan 解　磊 韩梦娇	孙立国 戴　伟 沈昱婷 罗德映	张惠国 毕恒昌 Fahim Ullah 王　昕	闵辉华 崔云康 常　红 殷亚楠	35
数学学院	数学	刘俊峰 王康康 赵汇涛 朱　磊 汪　帆 梁洪晶	杜秀丽 黄　迟 梁锦浩 孙　红 张启峰 查利娟	王小六 盛兴平 陶　凯 陈小平 王快妮 高世萍	阚　秀 Ashish 闻　斌 李洪利 王忠伟 何月华	吴小太 陈　光 王增赟 刘　恒 戴绍虞 段朝霞	赵晓朋 李振兴 沈　浩 韩　涛 余天虎 赵彦勇	胡鸿翔 刘家保 王　毅 万　颖 朱　玲 邹红林	42

（续 表）

单　位	流动站名称	名　单	人数/人
自动化学院	控制科学与工程	贾红云　卢阿丽　陈文彦　程　洁　丁　建　郑柏超　陈丽换 张元良　许　瑞　王　伟　苗国英　杨成东　宋　超　戚其丰 陈　伟　籍　艳　周兴才　朱晓建　聂仁灿　陆　可　刘　磊 张建宝　谭玉顺　张　亮　曹　翔　王建宏　冯立超　钱文华 程　旭　沈进中　Zain Anwar Ali　全志斌　胡长晖　李盛辉 李垣江　邓　星　徐　龙　卜　伟　闫惠芳　丁　力　高芳征 常　茹　王晔枫　秦　雯　杨慧子　吴　艳	46
计算机科学 与工程学院	计算机科学与技术 软件工程	孙巧榆　吴　桦　董永强　汪　鹏　殷　奕　刘林峰　张三峰 杨　望　曹苏群　姚　莉　余建勇　高尚兵　董瑞志　顾兴健 谈　超　李宗花　赵奕鑫　崔　燕　武　栋　姚光顺　黄程韦 Khaoula Boutouhami　王占丰　李炜卓　常合友　陈向坚 沈亚田　刘树衍　吕晓宝　徐海燕　张渊岫	31
物理学院	物理学	李淑萍　陈　华　郭纪源　郭云均　潘海洋　高　娴　王文辉 赵子杰　李秀玲　Vikash Agrawal　李如雪　凌崇益　邢相灼 Masroor Ahmad Bhat　陈　锐　史　丽　谢子娟　郎咸忠	18
生物科学与 医学工程学院	生物医学工程	吕卓璇　张程宾　张　帅　陈金龙　孙会刚　尚倩倩　蔡志匡 杨　池　金　赟　张晓红　倪海彬　冯天荃　吴平平　程　瑶 娄志超　张　帅　陈明明　李　博 Arumugam Gowri Manohari　Khan Ghulam Jilany Doulathunnisa　林文霞　刘　兵　Sayed Mir Sayed 张西磊　丁海波　李传江　张海洋　褚兰玲　陈园园　王　璇 唐　浩　张大淦　池俊杰　王　欢　Rabia Usman　林正捷 朱延亮　孙先宝　高　鹏　冯景隆　杨　磊　刘　钧　寿　鑫 赵　成　束浩月　刘晓亚　黄振涛　彭可昕　施　翔　杨英睿 李　振　张江江　赵清翠　徐　玮　孙家振　李亚达　高忆雪 叶　静　黄　斌　朱凯旋	61
材料科学与工程学院 化学化工学院	材料科学与工程	王　永　刘　昊　王建国　张　鸣　储洪强　赵海涛　朱启洋 吴大江　徐正超　毛向阳　黄海威　周　健　陆　洁　吴长军 余瀚森　李旭晖　涂　坚　李欣蔚　马　辉 Dhamodharan Panneersel Vam　郁峥嵘　张　雄　潘春宇 董利明　王树宾　赖凤娇　陆成杰　张　扬　檀海维　李其乐 陈晓阳　卜小海　黄宇峰　徐　俊　蔡建军　龙阳可　张泽武 丁健翔　路　林	39
人文学院	哲学	徐　进　丁成际　蒋　阳　鲁　杰　张　灿　王启辉　马　涛 马春雷	8
经济管理学院	管理科学与工程 应用经济学	肖　敏　孔凡柱　杨顺新　高　岳　刘文明　虞青松　岳中刚 刘长平　程尊水　易　波　曹海燕　岳宇君　李佳成　吴　建 林源源　周　敏　林徐勋　林哲生　杨以文　吴影辉　刘兰凤 张　喆　马少晔　吉清凯　林　巍　孙国民　侯艳红　李鸿磊 王　聪　徐德鹏　马艳菊　王贤梅　隽志如	33
法学院	法学	孙登科	1
电气工程学院	电气工程	储建华　吕富勇　朱石晶　赵　波　董剑宁　刘瑜俊　刘　凯 谭林林　吴　祥　王伟炳　刘世林　季振东　邓　波　鞠　锋 朱志莹　刘康礼　王仁书　李金科　张　金　阳　辉　周连俊 宋　梦　孙振兴　谭　笑　雷家兴　彭　飞　王亚超　汤嘉立 於　锋　赵善国　易文飞　秦剑华　董　坤　孙　权　汪　波 刘诗筠　张　希	37

(续 表)

单 位	流动站名称	名　　单	人数/人
化学化工学院	化学工程与技术	王遵亮　李　健　魏振宏　黄　煊　王　鸣　班鑫鑫　陈　柱 王巧鸣　徐　威　龚晓辉　马玉恒　张新瑜　王人杰　赵巧巧 高文跃　陈万民　Zeeshan Ali　邓义飞　赵新花　卞铁铮 马汪洋　孙开涌　安　东　庄　涛　孙致平　宋　铂　崔　霞 卢宏伟　王俊川　李兰清　杨圣军　程奕天　赵廷兴　孙　捷 姜　玲　高　彪　刘　涛　张　鑫　赵　硕　庄海玉　朱云峰 欧阳春	42
交通学院	交通运输工程	吉　锋　张志勇　Alfonz D. Ruth　吴　洋　赵延喜　韩文泉 余　沛　郭延永　俞　灏　陈景旭　柏　璐　魏福禄　刘顺青 张　瑜　杨　树　李大韦　范日东　徐　方　冯忠祥　赵金宝 薛运强　朱义欢　史　剑　杨　达　施晓蒙　张小瑞　张德育 徐浩青　武精科　朱俊清　林　军　张　楚　邹　玲　孙潇昊 刘汉超　顾临皓　冯玉荣　郁　烨　程永振　张辰辰　乔亚宁 刘丽华　姜　屏	43
仪器与科学工程学院	仪器科学与技术	王建玲　郭　语　朱松盛　王　芹　郑　睿　包加桐　刘　晓 黄　磊　龚宗洋　朱银龙　张振兴　吴常铖　乔贵方　王　婷 谢　鸥　张婷婷　赵莉娜　连增增　胡　陟　毛成林　朱　虎 钱学武	22
艺术学院	艺术学理论	张　顺　李　仁　许继峰　张　莹　王春鸣　葛付柳　程　狄 张楠木　顾　颖　陈　林　王望峰　李世武　刘世文 Boey Teik Soon　怀　康　叶　静　杨　玉　王　璇 陈仕国　齐童巍　武　宁　曹玲玉　孙　慧　李　硕　徐胜男 刘坛茹　韩　潮　王永收　唐闻君　李　永　王堞凡　许宏香 邱　珂　赵敬鹏　邓　林　张　扬	36
公共卫生学院	公共卫生与预防医学	叶宝芬　倪书华　毛　路　吴　旸　耿厚法 Irma Belinda Yossa Nzeuwa　张　飞 Said Abasse Kassim	8
医学院	临床医学 基础医学	王晓艳　李　皓　张立明　王忠敏　孙　玲　刘志广　于　洋 臧光辉　张有为　刘同强　李月峰　宁松毅　殷海涛　吴　旋 周洪伟　陈昌红　张礼荣　刘　羽　刘　斌　韩　鹏　唐　颖 赵云利　陈广明　朱腾飞　陈　静	25
生命科学院	生物学	杜　好　吴莎莎　夏　林　马远征　郭　超　朱丹明　景　波 胡鹏超　张　园　孙立伟　闫　微　易会广　董　栋 Muhammad Waqas　尹海燕　刘　威　程珊珊　秦　雷　王韶莉 孙　丽　党　睿　周益装　张　丽　欧梦竹　孙梦舸　刘　文 李丽辉　郝　梅　郭玲娜	29
马克思主义学院	马克思主义理论	杨　洁　王志国　刘建利　吴志刚　娄永涛　孙海涛　霍秀红 马　静　张牧遥　李　旻　王　兵　李昊远　韩益凤	13
网络空间安全学院	网络空间安全	王鲁昆	1
合计			771

2019年博士后获中国博士后科学基金特别资助情况统计表

申报学科	博士后姓名	资助金额/万元
艺术学理论	陈仕国	15
艺术学理论	刘世文	15
数学	王毅	15
生物医学工程	张海洋	15
机械工程	欧阳天成	15
环境科学与工程	邵珊珊	15
电子科学与技术	张龙	15
建筑学	王墨	15
交通工程	柏璐	15
物理学	凌崇益	15
电子科学与技术	魏家行	15
合计		165

2019年博士后获中国博士后科学基金面上资助情况统计表

申报学科	姓名	资助等级	资助金额/万元
数学	陶凯	一等	12
仪器科学与技术	乔贵方	一等	12
材料科学与工程	张扬	一等	12
动力工程及工程热物理	张书平	一等	12
电子科学与技术	李思佳	一等	12
控制科学与工程	薛磊	一等	12
电气工程	雷家兴	一等	12
数学	余天虎	二等	8
数学	孙红	二等	8
物理学	曹霭	二等	8
物理学	邓晓玮	二等	8
化学	张海洋	二等	8
化学	孙开涌	二等	8
化学	赵巧巧	二等	8
化学	凌崇益	二等	8
生物学	秦雷	二等	8
机械工程	万轶	二等	8

(续 表)

申报学科	姓 名	资助等级	资助金额/万元
机械工程	张鑫杰	二等	8
电子科学与技术	李勇峰	二等	8
电子科学与技术	翟雨生	二等	8
电子科学与技术	徐 季	二等	8
电子科学与技术	张 龙	二等	8
信息与通信工程	梁小虎	二等	8
信息与通信工程	蒲旭敏	二等	8
信息与通信工程	程 旭	二等	8
控制科学与工程	查利娟	二等	8
控制科学与工程	梁洪晶	二等	8
计算机科学与技术	胡长晖	二等	8
建筑学	王 墨	二等	8
土木工程	吴嘉瑜	二等	8
交通运输工程	施晓蒙	二等	8
环境科学与工程	赵云利	二等	8
生物医学工程	陈园园	二等	8
生物医学工程	王韶莉	二等	8
公共卫生与预防医学	张 飞	二等	8
物理学	陈 锐	二等	8
物理学	邢相灼	二等	8
物理学	李如雪	二等	8
化学	邓义飞	二等	8
生物学	孙梦舸	二等	8
生物学	黄振涛	二等	8
光学工程	卜小海	二等	8
仪器科学与技术	王 婷	二等	8
仪器科学与技术	吴常铖	二等	8
材料科学与工程	陆成杰	二等	8
冶金工程	徐俊超	二等	8
电子科学与技术	魏家行	二等	8
电子科学与技术	朱重阳	二等	8
控制科学与工程	孙振兴	二等	8
控制科学与工程	闵惠芳	二等	8
土木工程	徐 俊	二等	8
交通运输工程	冯忠祥	二等	8

(续 表)

（续　表）

申报学科	姓　名	资助等级	资助金额/万元
环境科学与工程	龙阳可	二等	8
生物医学工程	赵莉娜	二等	8
临床医学	张　丽	二等	8
公共卫生与预防医学	王　璇	二等	8
公共卫生与预防医学	褚兰玲	二等	8
药学	唐　颖	二等	8
教育学	李传江	二等	8
中国语言文学	刘坛茹	二等	8
艺术学	许宏香	二等	8
管理科学与工程	都　牧	二等	8
应用经济学	侯艳红	二等	8
教育学	韩益凤	二等	8
心理学	张西磊	二等	8
合计			548

2019年博士后获江苏省博士后科研资助计划资助情况统计表

姓　名	资助等级	资助金额/万元
卜小海	A类	8
张鑫杰	A类	8
阳　辉	A类	8
蔡景明	A类	8
林　巍	A类	8
胡长晖	B类	5
潘丹萍	B类	5
张德育	B类	5
邢相灼	B类	5
唐　颖	B类	5
刘义亭	B类	5
汪　帆	B类	5
李思佳	C类	2
易会广	C类	2

2019年度中国博士后"香江学者"计划人员名单

姓名	一级学科	申请院校
汪 波	电气工程	香港理工大学

2019年度中国博士后创新人才支持计划人员名单

姓名	资助编号	进站学科
黄宇峰	BX20190066	材料科学与工程
朱重阳	BX20190067	电子科学与技术
孙先宝	BX20190068	生物医学工程

2019年中国博士后国际交流计划引进项目人员名单

姓名	全国博士后编号	博士单位
石景山	235169	加拿大 McMaster University
程 钊	242785	德国亚琛工业大学

2019年调入引进人员名单

2019年新进教师名单

宋亚程	孙凤振	吕之阳	刘生晖	曹 越	储 升	吴 杰	黄崇文	朱 隽	夏侯遐迩
钟 锐	张瑞阳	鲁懿虬	王大伟	郑文博	赵 凯	楼冠男	邹志翔	田忠北	王逸飞
陈 涛	曹 竹	成灵妍	张洁洁	周 璐	仲 帆	钱 涛	范 奇	程新兵	孙文文
孙一苇	陈芷汀	邹 翔	陈楚倩	贺晏然	董甜甜	熊海洋	张林锋	何 欢	韩 雨
丁 璠	周小燚	李钰雯	赵 靓	马星城	吴 梦	郭 程	夏 惠	谢金兵	房小捷
牟春雪	薛 磊	莫 磊	杜松林	聂晓凯	时欣利	曹 阳	吴 戈	张 聪	赵 宇
何砚如	李作林	戚聂聂	孟珊珊	胡明玥	范 燚	励 宁	储翠林	刘得辰	陈 曦
皇甫文治		刘金龙	朱建雄	岳士超	孙镇坤	杨照辉	陈 鹏	谈晓思	汪 磊
罗章杰	邓向允	姜振国	钟龙杰	李泽军	刘 嫄	袁 源	周倩如	吴天星	潘 龙
华 鑫	陈景旭	赵 德	程 龙	林文丽	叶 江	常腾原	牛颖秀	邢晨曦	陈石军
毛建平	李芳芳	徐广田	徐月霜	胡鹏飞	陈红旭	张 珊	卢春强	张 磊	郭志宝

纪裔钦	宋 杰	常 炜	何克宇	王 倩	徐婷婷	陈 珊	刘文静	孙仲益	冯壮波
赵斯培	王青华	黄军林	史 俊	杨 浩	何道垠	沈 为	王 妍	吕 妍	袁学勇
章 琦	郝 林	张永超	巨明刚	徐宏明	杨姗姗	熊良华	胡张莉	阮秋实	闵心蕙
何心巨	华昊辰	姜大雨	王天宇	马山原	赵子祺	陈 然	刘志洋	张益泽	曹 玮
辛灏辉	郭延永	叶 茂	信 元	黎心竹	王 骞	高 康	裴宪军	杜佃春	梁 佳
兰东辰	Dowon Bae（韩籍）			徐 徐	吴辰旸	焦熙和	张其冲	王保明	李 欣
刘凯龙	马江虹	嵇 盼	王 广	钱馨园	尹知萌				

2019年新进非在编职工名单

徐文强	熊雨薇	高 亚	孙吉祥	苏 铭	赵瀚玮	汪海燕	王赐圣	王法泽	徐雪君
沈 琳	张轶群	许晓雨	陈黄慧	吴菲菲	张 琪	朱 枫	黎洁昕	卢欣宇	郭 坤
武秀枝	黄 磊	马 月	王 茜	冯 岩	张艺凡	潘彤桐	李 慧	钱文婧	刘 慧
徐 鹏	程吴丹	朱安琪	李伊萌	璩 颖	朱 静	文 牛	海 棠	石晶晶	赵亚娟
Ryo Suzuk			毕 昆	孙小棠	周 雯	毛薇娜	高倬君	占文俊	董 纳	华 斌
金 雨	陈昊辉	满雪颖	李东阳	毛永恒	王 颖	邹子凌	陆琴辉	贾鹏琦	王 成
李勖晟	姜岱玮	董夕瑞	何丹丹	许 波	董 坤	武光芬	刘志勇	万志辉	范俊余
Simone Baldi		程霄翔	李志刚	张亚栋	付小龙	张馨岚	杨玉玲	曾德望	范 谦
杨晨熙	齐望东	倪贤锋							

2019年离校人员名单

方 磊	马永贵	熊 猛	杭 文	雷雪松	张桂龙	余金波	杨 成	陈晓乐	安述明
虞 刚	杨文星	李海玲	陈淑梅	陈陆馗	施 健	王科平	郑丹凤	王朝松	崔 军
李 可	陈 静	周佑勇	董 璐	卢华兴	王琳琳	杨咏梅	唐宪烈	欧阳玮	曾桥石
马冬梅	吴 杰	梁程瑶	胡 博	柏 硕	徐静文	王小仟	孟 帆	李忠伟	何 倩
蒋 田	李 双	胡高宁	王泽曦	王亮平	綦 聪	周 翔			

2019年退休人员名单

保卫处：	张 循　张 恺　许 钢　刘天华
材料科学与工程学院：	黄海波　孙峥嵘　张金山
档案馆：	纪晓群
党委办公室、统战部：	郭广银　胡凌云
电气工程学院：	蒋 平　夏芦胜
电子科学与工程学院：	张 琴　钟 嫄　章 琦　朱 萍
丁家桥校区：	缪志钢
东大医院：	姜 海　刘爱萍　余 水　谢旭芳　张雄霞　张桥宁
发展委员会：	张飒兵
工业发展与培训中心：	张远明
公共卫生学院：	粟建民　刘 蓉

后勤党工委：	葛京苏　陈正霞　祁广庆　段荣桂　顾嘉宁　朱启奎　马扣留 周志财　陈　清　姬　红　王　俊　刘建强　王纪凤　姚永琪 吴志坤
化学化工学院：	崔红雁
机械工程学院：	甘为凡　白希琳　王　立　王忠心　黄　卫　董祥国　戴德明 祝　婷　曹　莹　王　进　张宏宝　毛玉良
基建处：	于宁庆
计算机科学与工程学院：	潘　畅　张　凡
继续教育学院：	金玉华　王萃红　查冠陵　王　彤
建筑学院：	孔令龙
交通学院：	张　华　王宁萍　沈学标　经　绯　庄　薇
教育技术中心：	姚立新　余龙云
经济管理学院：	李　珣
科研院：	朱建梅　徐　军
老干部处：	熊园园　王　萍
能源与环境学院：	张耀明　陆剑敏　丁维明　葛江明　董　卫　虞维平　陈九法 邵　利
社会科学处：	段梅娟
审计处：	刘　静
生物科学与医学工程学院：	林海音　高庆华
实验室与设备管理处：	倪洁身　陈锡威
体育系：	刘新兰　赵颖奇
图书馆：	胡　清　谭　亚　李紫萍　郭　勇　刘跃群　杨琴娣　张长华
土木工程学院：	黄跃平　沈　杰　肖士者
团委：	王世平
外国语学院：	吕珊青　刘健刚　卢凤娟　李　晶　翁建秋　王跃东　马丽娜 沈翠南
网络与信息中心：	辛民宣
信息科学与工程学院：	窦文斌　华　光
学报（医学版）：	颜焕敏
研究生院：	徐　隽　朱晓红
医学院：	黄　涛　毕　翔　王　藻　郑　刚　郑　杰
艺术学院：	胡　平
资产经营管理处：	张朝京　王　芳　朱　文　孙耀辉　王小宁　陆　玲　吉　玲 李希劼　陈庆宁　单红宁　戴广辉　茆梅芬　张京秋
自动化学院：	马天河

2019年死亡人员名单

管荔君　李伟庭　陈毓龄　蒋裕芳　衣承斌　项水明　陈东升　孙　伟　王培宝　史世文
严超人　卢锵锵　张　诚　李进元　苏倩曼　赵家壁　金正民　唐学成　张福智　刘先觉

徐增志	马　光	杜贤满	张自成	王叶明	刘世乐	史建农	盛福林	孙忠良	赵雪云
徐有祥	何建生	魏宝森	何凤飞	邵信发	戴枝荣	陈佩筠	刘涵清	谭武金	万　京
丁仁玉	万德钧	冯洛瑜	王季祥	胡秀珍	沈怡胡	梅　清	金雪娟	徐连信	曾宪芳
金祖泉	黄家贤	周子文	王舞阳	谢兆华	吴　杰	王利燕	王学志	王瑞良	丁宝才
蒋斯善	鲁桂英	蔡文英	叶桂英	洪耀芳					

2019年岗位晋级通过人员名单

序号	单位	姓名	拟晋升专技岗级别
1	建筑学院	王兴平	正高二级
2	能源与环境学院	沈　炯	正高二级
3	信息科学与工程学院	金　石	正高二级
4	土木工程学院	吴　刚	正高二级
5	电子科学与工程学院	张　彤	正高二级
6	计算机科学与工程学院	王红兵	正高二级
7	物理学院	施智祥	正高二级
8	人文学院	王　珏	正高二级
9	交通学院	刘　攀	正高二级
10	仪器科学与工程学院	李宏生	正高二级
11	马克思主义学院	袁久红	正高二级
12	建筑学院	杨俊宴	正高三级
13	机械工程学院	费庆国	正高三级
14	能源与环境学院	杨林军	正高三级
15	信息科学与工程学院	郑　军	正高三级
16	电子科学与工程学院	杨　军	正高三级
17	计算机科学与工程学院	耿　新	正高三级
18	物理学院	徐庆宇	正高三级
19	生物科学与医学工程学院	张　宇	正高三级
20	经济管理学院	刘晓星	正高三级
21	电气工程学院	吴在军	正高三级
22	交通学院	万　水	正高三级
23	仪器科学与工程学院	秦文虎	正高三级
24	马克思主义学院	袁健红	正高三级
25	医学院	姚红红	正高三级
26	生命科学与技术学院	潘玉峰	正高三级
27	能源与环境学院	魏家泰	副高五级
28	信息科学与工程学院	王俊波	副高五级
29	信息科学与工程学院	王　捷	副高五级
30	计算机科学与工程学院	吴　强	副高五级

(续 表)

序号	单位	姓名	拟晋升专技岗级别
31	材料科学与工程学院	戴挺	副高五级
32	外国语学院	朱善华	副高五级
33	外国语学院	吴之昕	副高五级
34	体育系	张来明	副高五级
35	交通学院	沙月进	副高五级
36	交通学院	于先文	副高五级
37	江苏华宁工程咨询有限公司	朱征平	副高五级
38	中大医院	方文	副高五级
39	中大医院	韩淑华	副高五级
40	中大医院	汤日宁	副高五级
41	机械工程学院	周怡君	副高六级
42	土木工程学院	尹凌峰	副高六级
43	土木工程学院	王莹	副高六级
44	电子科学与工程学院	刘旭	副高六级
45	体育系	江伟新	副高六级
46	东南大学建筑设计研究院有限公司	蔡芸	副高六级
47	东南大学医院	金丹	副高六级
48	中大医院	任庆国	副高六级
49	中大医院	封海霞	副高六级
50	中大医院	彭新桂	副高六级
51	中大医院	朱海东	副高六级
52	机械工程学院	陆斐	中级八级
53	机械工程学院	陈大林	中级八级
54	机械工程学院	任卫祥	中级八级
55	土木工程学院	胡碧琳	中级八级
56	无锡分校	赵霞	中级八级
57	计算机科学与工程学院	宛斌	中级八级
58	材料科学与工程学院	王倩倩	中级八级
59	化学化工学院	王志梅	中级八级
60	交通学院	生仁军	中级八级
61	交通学院	沈恒	中级八级
62	医学院	易宏伟	中级八级
63	马克思主义学院	周龙英	中级八级
64	继续教育学院	吴亚军	中级八级
65	继续教育学院	朱烽	中级八级
66	继续教育学院	张荣鹏	中级八级
67	图书馆	张红娟	中级八级

(续 表)

序号	单位	姓名	拟晋升专技岗级别
68	南京东南大学出版社有限公司	张绍来	中级八级
69	江苏华宁工程咨询有限公司	秦成标	中级八级
70	江苏东南工程咨询有限公司	姚建平	中级八级
71	南京东大现代预应力工程有限责任公司	吴顺生	中级八级
72	东南大学建筑设计研究院有限公司	侯向煜	中级八级
73	教育技术中心	方 敏	中级八级
74	教育技术中心	邹龙飞	中级八级
75	网络与信息中心	陶永刚	中级八级
76	海外教育学院	曹燕黎	中级八级
77	东南大学医院	章有翠	中级八级
78	东南大学医院	王 伟	中级八级
79	中大医院	张 瑞	中级八级
80	中大医院	王碧蕾	中级八级
81	中大医院	王 艳	中级八级
82	中大医院	任宇虹	中级八级
83	中大医院	黄海泉	中级八级
84	中大医院	王秀英	中级八级
85	中大医院	张纪文	中级八级
86	中大医院	李 平	中级八级
87	中大医院	马东平	中级八级
88	中大医院	吴明珍	中级八级
89	中大医院	吴兆琴	中级八级
90	中大医院	赵翠芬	中级八级
91	中大医院	徐子香	中级八级
92	中大医院	王 艳	中级八级
93	中大医院	夏美霞	中级八级
94	中大医院	叶德梅	中级八级
95	中大医院	江 雁	中级八级
96	中大医院	徐爱华	中级八级
97	中大医院	袁春晓	中级八级
98	中大医院	金爱萍	中级八级
99	中大医院	缪浩明	中级八级
100	中大医院	张粉梅	中级八级
101	中大医院	高茂馗	中级八级
102	中大医院	蒋兆春	中级八级
103	中大医院	孙冬媛	中级八级
104	中大医院	张卫国	中级八级

（续　表）

序号	单位	姓名	拟晋升专技岗级别
105	中大医院	周晓英	中级八级
106	中大医院	陈　斌	中级八级
107	自动化学院	邹　波	中级九级
108	东南大学医院	张　蓉	中级九级
109	东南大学医院	孔文梅	中级九级
110	中大医院	郭兰骐	中级九级
111	中大医院	钱凤英	中级九级
112	中大医院	张会芹	中级九级
113	中大医院	李红霞	中级九级
114	中大医院	孙彦甫	中级九级
115	中大医院	秦　智	中级九级
116	电工电子实验中心	张晓莉	助理十一级
117	中大医院	谢志康	助理十一级
118	中大医院	方述美	助理十一级

国际交流合作与港澳台合作

综　　述

一、年度工作完成情况

(一) 国际合作与交流

安排16个校级代表团出访,接待国外45个校级代表团202人次来访。与国(境)外机构签署(含续签)合作文件37件,其中世界一流大学5所。

(二) 外专引智工作

国际化示范学院、"111计划"及高端外国专家引进计划获批经费1 080万元。共邀请1 582名国(境)外专家来校教学和科研活动,获批"外专千人"长期项目1个,新增4个校"卓越引智计划"项目。

(三) 学生交流交换

来校交流交换生总数349人,其中3个月以上100人。共派出860名本科生赴境外交流学习、240名研究生参与联培或学位项目。

(四) 师生出国(境)与举办国际学术会议

派出1 610名教师、2 750余名学生赴国(境)外参加国际学术会议、学术交流和合作研究等。举办国际学术会议28个。

(五) 港澳台事务

完成了对台重点项目"海峡两岸青年领袖长三角经济文化研习营",华英文教基金会各项工作,"香港大学生南京实习营"的工作;设立"港澳青年学生交流实习基地"并挂牌,承办了曾宪梓教育基金会第31届理事会暨第七期优秀大学生奖励计划颁奖大会。

二、标志性成果

（一）海外知名高校交流合作向纵深发展

深化了与澳大利亚蒙纳士大学、加拿大英属哥伦比亚大学、英国伯明翰大学、贝尔法斯特女王大学、曼彻斯特大学、新加坡国立大学、比利时根特大学、意大利米兰理工大学、日本大阪大学等世界知名高校的交流与合作。

与瑞士联邦苏黎世理工学院、新西兰奥克兰大学、美国马里兰大学、英国利兹大学、都柏林三一学院等世界一流和高水平大学签署了合作交流、学术合作和学生交换协议。

（二）首次引进发达国家整建制班来校学习

首次整建制引进法国电子与计算机信息工程师学院（EFREI）本科生班共28人来我校进行一个学期的专业学习。

（三）国际化师资队伍建设成果突出

两名外籍专家分别获2019年度"政府友谊奖""江苏友谊奖"。"111计划"显示科学与技术创新引智基地获批2.0项目。

（四）主办中澳研究创新与产业化高峰论坛

与蒙纳士大学及苏州市人民政府共同主办中澳研究创新与产业化高峰论坛。持续推进东南大学—蒙纳士大学苏州联合研究生院各项工作，扩大了招生专业和办学规模。

（五）着力"一带一路"的国际交流与合作

与多所"一带一路"沿线国家主要大学缔结合作关系。执行两批次赞比亚大学教师培训。

三、服务师生的举措及成效

（一）服务全校引智计划

校园网上办事大厅境外专家来华签证邀请函办理平台及名誉称号授予办理平台运行良好。

（二）服务全校师生出国出境

上线教师因公出国（境）网上申报系统和学生因公出国（境）网上申报系统。

（三）制作九龙湖校区英文版地图

开展志愿者服务活动，制作了九龙湖校区英文版地图。

四、党风廉政建设情况

全处上下均能严格遵守党章，遵纪守法，做到干净干事，自觉抵制不正之风，领导班子主动做出表率。严格执行《中国共产党党员领导干部廉洁从政若干准则》和廉洁自律的各项规定。

2019年与国(境)外高等院校及科研机构合作交流一览表

国家或地区	合作伙伴	合作内容	签署日期	协议名称	有效期
英国	University of Birmingham	生物大数据联合研究中心合作协议	2019-10-21	中国东南大学和英国伯明翰大学生物大数据科学联合研究中心合作协议(中英文)	2024-10-20
英国	University of York	框架备忘录	2019-4-16	谅解备忘录(中英文对照)	2022-4-16
英国	University of Leeds	框架协议	2019-8-2	Academic and Research Collaboration Agreement	2022-8-2
爱尔兰	Trinity College Dublin, The University of Dublin	框架备忘录	2019-6-19	Memorandum of Understanding as between University of Dublin, Trinity College Dublin and Southeast University	2022-6-19
爱尔兰	Trinity College Dublin, The University of Dublin	学生交换	2019-6-19	Student Exchange Agreement	2024-6-19
意大利	Sapienza-Università di Roma	框架协议续签	2019-5-24	Extension of the General Cultural and Scientific Cooperation Agreement between Sapienza University of Rome (Italy) and Southeast University (China)	2024-5-24
意大利	Università degli Studi di Padova (UNIPD)	文化科学合作	2019-10-2	Agreement of Cultural and Scientific Cooperation between the University of Florence and Southeast University	2026-10-2
意大利	Politecnico di Milano	双硕士	2019-11-27	Cooperation Agreement for the double degree program of master in architecture between Politecnico di Milano, Milan, Italy and Southeast University, Nanjing, China	2024-11-27
希腊	National Technical University of Athens	框架协议	2019-6-10	Agreement on Cooperation	2029-6-10
法国	法国电子与计算机信息学校(EFREI)	整建制学生来华交流一学期	2019-4-24	Contract	2023-1-1
法国	巴黎电信 Télécom Paris	双学位	2019-3-29	Agreement Telecom ParisTech-Southeast University Double Degree Programme	永久

(续表)

国家或地区	合作伙伴	合作内容	签署日期	协议名称	有效期
法国	Grenoble INP	MOU	2019-3-11	Memorandum of Understanding between Institute Polytechnique de Grenoble and Southeast University	2024-3-11
法国	Grenoble INP	Student Exchange	2019-3-11	Student Exchange Agreement between Institue Polytechnique de Grenoble and Southeast University	2024-3-11
法国	法国巴黎国立高等先进技术学院 Ecole Nationale Supérieure de Techniques Avancées (ENSTA)	双学位	2019-3-29	Agreement ENSTA ParisTech-Southeast University Double Degree Programme	永久
德国	Universität Ulm	框架协议	2019-4-29	Agreement on Academic and Scientific Cooperation(英文)	2024-4-29
奥地利	Technische Universität Wien	双学位协议	2019-9-2	Agreement on Double Degree Diploma School of Architecture, Southeast University (SEU), P. R. China and Faculty of Architecture and Planning TU Wien (TUW), Austria	2024-9-2
芬兰	Aalto University	框架备忘录	2019-1-28	Memorandum of Understanding between Aalto University, Finland and Southeast University, China	2024-1-28
瑞典	Uppsala University	博士联合培养(双博士学位)	2019-12-12	Agreement on Dual PhD Degree Program between School of Medicine, Southeast University and Disciplinary Domain of Medicine & Pharmacy, Uppsala University	永久
瑞士	Eidgenössische Technische Hochschule Zürich	建筑学科(框架备忘录)	2019-3-1	Memorandum of Understanding on Teaching and Research Exchange between the Department of Architecture ETH Zurich, Switzerland and School of Architecture Southeast University (SEU), Nanjing, P. R. China	2024-3-1
匈牙利	Eötvös Lorand University	框架备忘录	2019-11-13	Memorandum of Understanding between Southeast University and Eötvös Lorand University	2024-11-13

(续表)

国家或地区	合作伙伴	合作内容	协议名称	签署日期	有效期
捷克	Brno University of Technology	学术交流协议	Agreement on Academic Exchange between Southeast University and Brno University of Technology	2019-1-17	2024-1-17
白俄罗斯	Minsk State Linguistic University	谅解草案	中国东南大学与白俄罗斯明斯克国立语言大学谅解草案（中俄文）	2019-6-4	2024-6-4
美国	The University of Maryland, College Park	学术合作备忘录	东南大学与美国马里兰大学学术合作备忘录	2019-11-8	2024-11-8
美国	New Jersey Institute of Technology	框架备忘录	Memorandum of Understanding between New Jersey Institute of Technology, USA and Southeast University, China	2019-10-29	2024-10-29
美国	New Jersey Institute of Technology	学生交换	Cooperation Agreement on Student Exchange between Southeast University, Nanjing, China and New Jersey Institute of Technology, Newark, New Jersey, USA	2019-10-29	2024-10-29
美国	University of Wisconsin, Madison	VISP	Agreement between Southeast University, People's Republic of China and University of Wisconsin-Madison, U.S.A.	2019-4-24	2022-4-24
美国	University of Connecticut	6个月以上整建制出国交流项目	Program Agreement between the University of Connecticut and Southeast University & Attachment 1	2019-6-17	2021-6-17
新西兰	University of Auckland	学生海外学习协议	Study abroad Agreement between the University of Auckland and Southeast University	2019-3-13	2024-3-13
印度	National Institute of Technology Karnataka	院系级协议	General Agreement of Cooperation between Department of Electronics and Communication of National Institute of Technology, Karnataka and Institute of Radio Frequency and Optoelectronics Integrated Circuits Plus State Key Lab of Bioelectronics, Southeast University	2019-3-19	2022-3-19

(续表)

国家或地区	合作伙伴	合作内容	签署日期	协议名称	有效期
以色列	Israel Institute of Technology	学术合作备忘录	2019-1-30	Memorandum of Understanding for Academic Co-operation between Southeast University and Technion-Israel Institute of Technology	2022-1-30
以色列	Israel Institute of Technology	学生交换协议	2019-1-30	Student Exchange Agreement between Southeast University and Technion-Israel Institute of Technology	2022-1-30
日本	Tohoku University	续约	2019-8-21	Extension of Agreement	2024-6-28
日本	Hiroshima University	学术交流协议	2019-3-8	中华人民共和国东南大学与日本国广岛大学学术、教育交流协议书(中日文)	永久
日本	Hiroshima University	"3+1项目"附属协议	2019-3-8	中华人民共和国东南大学与日本国广岛大学关于实施"森户国际高等教育学院3+1项目"附属协议(中日文)	永久
日本	公立小松大学 Komatsu University	框架备忘录(外国语学院,海外教育学院)	2019-6-13	东南大学外国语学院及海外教育学院与公立小松大学国际文化交流学部学院际合作备忘录(中日文)	永久
日本	公立小松大学 Komatsu University	学生交换(外国语学院,海外教育学院)	2019-6-13	东南大学外国语学院及海外教育学院与公立小松大学学生交换协议书(中日文)	永久
巴基斯坦	Higher Education Commission	框架意向书	2019-12-9	Letter of Intent between Southeast University, China (SEU) and Higher Education Commission, Islamabad, Pakistan (HEC)	2022-12-9
台湾地区	成功大学	建筑学院学术合作交流	2019-9-2	东南大学建筑学院成功大学规划与设计学院学术合作与交流约定书	2024-9-2
台湾地区	中央大学	学术交流	2019-6-26	东南大学、中央大学学术交流与合作备忘录(繁简体)	永久
台湾地区	中央大学	学生交流	2019-6-26	东南大学、中央大学学生交流计划备忘录	永久
台湾地区	东吴大学	学生交流	2019-11-13	东南大学与东吴大学学生交流项目合约书	2022-11-13
台湾地区	台北大学	学术交流合作协议	2019-12-31	东南大学与台北大学学术交流合作协议书(繁简)	2024-12-31
台湾地区	台北大学	学生交流协议	2019-12-31	东南大学与台北大学学生交流协议书(繁简)	2024-12-31

2019年授予国外学者名誉教授、客座教授和名誉顾问名单

序号	英文姓名	中文姓名	所在单位	专业领域	聘请单位	名誉称号授予	聘请时间	来自国家	备注
1	Sarah Elizabeth Fraser	胡素馨	德国海德堡大学	东亚研究	艺术学院	客座教授	2019.01.04	美国	
2	Peter Lund	彼得·路德	芬兰阿尔托大学	能源与环境	国际合作处	客座教授	2019.01.18	芬兰	
3	Alain Tressaud	无	CNRS(法国国家科学研究中心)	化学、材料科学等	化学化工学院	客座教授	2019.03.11	法国	
4	Oliver Reiser	无	雷根斯堡大学	化学、材料、药学等学科	化学化工学院	客座教授	2019.03.11	德国	
5	Ye Kaiming	叶开明	美国纽约州立大学宾汉姆顿大学	生物医学工程	生物科学与医学工程学院	客座教授	2019.03.19	美国	
6	Iain McCulloch	无	帝国理工学院	化工、材料、电子等学科	化学化工学院	客座教授	2019.03.21	英国	
7	Richard Penty	理查德·彭迪	剑桥大学	光子学及通讯系统	电子科学与工程学院	客座教授	2019.03.27	英国	
8	Richard Prager	理查德·普拉格	剑桥大学	医学工程	生物科学与医学工程学院	客座教授	2019.04.23	英国	
9	Hitoshi Saeki	佐伯仁志	日本东京大学	法学	法学院	客座教授	2019.05.09	日本	
10	Li Lin	李琳	英国曼彻斯特大学	机械领域	机械工程学院	客座教授	2019.05.19	英国	
11	Dietmar Eberle	迪特马·埃伯勒	瑞士苏黎世联邦理工大学	建筑学	建筑学院	客座教授	2019.06.03	奥地利	
12	Philip Niklaus Ursprung	菲利普·乌斯普朗	瑞士苏黎世联邦理工大学	建筑学	建筑学院	客座教授	2019.06.03	瑞士	
13	Akira Wada	和田章	东京工业大学	建筑学	建筑学院	客座教授	2019.06.03	日本	

(续表)

序号	英文姓名	中文姓名	所在单位	专业领域	聘请单位	名誉称号授予	聘请时间	来自国家	备注
14	Yen Wei	危岩	清华大学	纳米材料	化学化工学院	客座教授	2019.06.21	美国	
15	Shahid Abrar-ul-Hassan	舍希德	约克维尔大学	英语语言教育	外国语学院	客座教授	2019.07.12	加拿大	
16	Taerwe Luc	卢克·塔尔维	比利时根特大学	土木工程	土木工程学院	客座教授	2019.08.26	比利时	
17	Michael Erzhuan Zhou	周二专	北京科东电力控制系统有限责任公司	电力系统	电气工程学院	客座教授	2019.09.22	加拿大	
18	Serge Cosnier	塞尔日	法国格勒诺布尔大学	生物燃料	化学化工学院	客座教授	2019.10.16	法国	
19	Kasper Moth-Poulsen	卡斯帕·莫斯波尔森	查尔姆斯理工大学	材料化学	化学化工学院	客座教授	2019.11.04	丹麦	
20	Hans Bernhard Schmid	施密特	维也纳大学	社会科学哲学	文学院	客座教授	2019.11.04	瑞士	
21	Chiumello Davide Alberto	曲美林	米兰大学	公共卫生	中大医院	客座教授	2019.11.04	意大利	
22	Albertus Petrus Henticus Johannes Schenning	阿尔伯特·审宁	埃因霍温理工大学	液晶智能材料	化学化工学院	客座教授	2019.11.12	荷兰	
23	Armin de Meijere	阿敏·德梅耶	哥廷根大学	化学	化学化工学院	客座教授	2019.11.12	德国	
24	Takao Tojo	东条隆郎	日本注册一级建筑师	建筑设计	建筑学院	客座教授	2019.11.12	日本	
25	Wei Ding	丁威	美国艾欧史密斯集团	能源	能源与环境学院	客座教授	2019.11.12	美国	
26	Itamar Willner	伊塔玛·维尔讷	以色列希伯来大学	分子超分子电学	生物科学与医学工程学院	客座教授	2019.11.21	以色列	
27	Zhongcong Xie	谢仲宗	美国哈佛大学	麻醉与脑功能	中大医院	客座教授	2019.12.23	美国	

2019年举办国际会议/两岸会议情况

序号	会议名称	会议时间	会议主席或召集人	论文数/篇	代表数/人		总数/人
					外	内	
1	2019中英冷链研讨会	2019.3.4—6	张小松	研讨	20	84	104
2	2019国际显示技术会议	2019.3.26—29	闫晓林	102	46	124	170
3	第三届微流控芯片与组织工程国际研讨会	2019.4.28—30	顾忠泽	研讨	15	60	75
4	2019苏黎世联邦理工大学-东南大学国际建筑研讨会	2019.4.28—5.1	韩冬青	28	29	41	70
5	第四届生物气溶胶国际研讨会	2019.5.10—12	钱 华	74	7	57	64
6	国际内镜坛研讨会	2019.5.30—6.1	嵇振岭	研讨	12	23	35
7	中国传统建筑术语注释与翻译国际研讨会：以营造术语为中心	2019.6.2—6	陈 薇	15	9	41	50
8	2019年第三届消费电子和器件国际会议	2019.6.13—15	王保平	53	16	77	93
9	2019年第4届国际模式识别研讨会	2019.6.28—30	陈贞祥	38	6	39	45
10	第十九届国际交通科技年会	2019.7.5—7	张 磊	100	150	600	750
11	第24届东亚体育科学学会年会	2019.8.7—9	孙麒麟	58	24	46	70
12	第73届RILEM周暨可持续土木工程创新材料国际会议	2019.8.21—29	缪昌文	研讨	40	313	353
13	射频集成技术国际研讨会	2019.8.28—30	洪 伟	68	25	125	150
14	第八届土木结构振动测试与分析国际会议	2019.9.5—8	吴智深	30	30	150	180
15	转型国家腐败治理经验研讨会	2019.9.14—15	刘艳红	30	9	36	45
16	脑神经元重建及其应用国际会议	2019.9.15—17	彭汉川	16	16	77	93
17	中西艺术交流国际学术研讨会	2019.9.18—20	王廷信	研讨	6	20	26
18	能源与环境国际会议	2019.9.19—22	肖 睿	356	28	112	140
19	"诗的治疗功能"国际研讨会	2019.10.19—21	王 珂	36	6	32	38
20	电气电子工程师学会信号处理系统会议	2019.10.20—23	张 川	61	26	72	98

(续表)

序号	会议名称	会议时间	会议主席或召集人	论文数/篇	代表数/人 外	代表数/人 内	总数/人
21	第17届中日韩居住问题国际会议	2019.10.24—26	张宏	32	26	104	130
22	第四届数字景观国际研讨会	2019.10.26—27	成玉宁	80	50	350	400
23	"伦理道德发展的文化战略"国际论坛	2019.10.27	郭广银	研讨	24	132	156
24	第四届"Go to GO"氧化石墨烯国际论坛	2019.10.28—30	孙立涛	研讨	20	138	158
25	以人为本的城市设计国际会议	2019.10.29—30	段进	10	7	40	47
26	第五届江苏-欧洲新能源国际会议	2019.11.8—12	王军	100	25	100	125
27	开发区转型与城市创新发展国际研讨会	2019.11.15—17	王兴平	127	30	70	100
28	玄武岩纤维及其复合材料国际会议	2019.11.16—17	吴智深	100	32	191	223
29	第十届中泰可再生能源国际研讨会	2019.12.6—9	肖睿	研讨	17	23	40
30	充气结构国际学术研讨会	2019.12.7	蔡建国	研讨	3	11	14

2019年华英文化教育基金会推荐资助"华英学者"出国研究一览表

序号	院及学科	姓名及通信方式	性别	出生日期	职称、学位	拟赴何国/何校、何教授处进修	本人学术条件 国家自然科学基金	本人学术条件 荣誉	本人学术条件 论文及著作	外语成绩	投票结果
1	仪器科学与工程学院 卫星导航/组合导航	汤新华 15305170393 xinhuatanggnss@163.com	男	1985年12月30日	讲师、博士	美国,科罗拉多大学博尔得分校 Univ. of Colorado Boulder Prof. Jade Morton	现正主持:国家自然科学基金青年基金项目,江苏省自然科学基金项目,航天803所***资助项目,上海导航重点实验室基金,高校合作项目(无人船)各1项;作为骨干参与:国家十三五重点面上项目1项,国家自然科学基金面上项目3项,国家自然科学青年基金3项等	欧盟GENIUS论文奖(2013年9月,个人奖)	1.累计发表论文10余篇,其中以第一作者/通讯作者在著名SCI期刊发表论文3篇(其中2篇发在导航领域顶级期刊);同时在导航国际顶级会议ION GNSS+发表论文2篇,并在2013年获得GENIUS论文奖;2.授权中国发明专利3项	免考	9票

国际交流合作与港澳台合作 ·553·

(续表)

序号	院及学科	姓名及通信方式	性别	出生日期	职称、学位	拟进何国、何校、何教授处进修	国家自然科学基金	本人学术条件		外语成绩	投票结果
								荣誉	论文及著作		
2	经济管理学院 应用经济学	赵驰 13815899407 angela_zc@seu.edu.cn	女	1981年12月6日	副教授、硕导、博士	英国，Oxford University Prof. Gordon L Clark	申请人主持并完成了国家社科基金青年项目1项、教育部人文社科基金青年项目1项，江苏省社科基金面上项目1项，以及南京市软科学重点项目2项，参与完成国家级项目、部级课题10余项。其中，教育部人文社科青年项目的阶段性研究成果之——《企业自组织成长研究》具有较高的学术水准与实践指导价值，被江苏汇鸿国际集团股份有限公司（股票代码：600981）的中长期战略规划采纳。江苏省社科基金项目之——《加快江苏小微企业持续性成长的对策建议》发表于《省长石泰峰通知批示》	1. 东南大学颜安奖教金（2016年度）； 2. 东南大学经管学院年度考评优秀（2015年度）； 3.《南开管理评论》《当代经济科学》审稿人； 4. 担任中国工业经济学会理事	第一作者在《管理工程学报》、《中国工业经济》、The Manchester School, Journal of Industry, Competition and Trade等国内外期刊发表高水平学术论文20余篇，出版学术专著4本。其中，SSCI检索2篇，《信用倾向、融资约束与企业成长研究》被引45次，具有良好的社会评价	130分	9票
3	能源与环境学院 新能源发电	孙立 18001206210 Sunli12@seu.edu.cn	男	1989年8月29日	讲师、博士	美国，Cornell University Prof. Fengqi You	现正主持： 1. 国家自然科学基金：基于数据驱动的热工过程不确定性补偿控制研究，24万元； 2. 江苏省自然科学基金：基于不确定性补偿的燃料电池发电过程抗干扰控制研究，20万元。 参与： 1. 参加项目，排名第二，负责燃烧点动态控制研究； 2. 参与国家青年基金优秀项目，排名第二，负责抗干扰控制研究	1. 江苏省双创人才、双创博士（世界名校类），江苏省委组织部，2018； 2. 江苏省青年科技人才托举工程、江苏省科学技术协会，2017； 3. 清华大学优秀博士学位论文，2017年； 4. 北京市优秀毕业生； 5. 美国控制会议编辑； 6. 国际自动控制联合会（IFAC）会刊客座副编辑； 7. Symposium Chair: 2017 ASME/IEEE MESA 会议	1. 第一作者在国内外著名期刊包括IEEE工业电子汇刊, Applied Energy等高水平SCI期刊正式发表高水平论文14篇； 2. 第二作者（协助沈炯教授）指导博士生论文SCI论文3篇； 3. 第一作者发表中文EI期刊6篇； 4. 申请国家发明专利5项，授权1项	免考	9票

2019年华英文化教育基金会奖助回国教学访问学者一览表

(资助总额2万美元,加上上年度节余1.1万美元,每名额资助0.4万~1万美元)

序号	姓名	国籍	出生日期	单位及职务	专业	学位	主请院系邀请人及联系方式	来校时间	备注
1	肯·祖尼·诺拉	美国	1974.11.7	俄亥俄州立大学舞蹈学院和艺术设计先进电脑技术中心教授,舞蹈与科技指导	舞蹈与环境科学	硕士	大学生艺术指导中心 曹菲菲 13851517272	2019.3.1—2020.1.1	9票 0.4万美元
2	Christopher K. Rayner	澳大利亚	1968.8.8	澳大利亚阿德莱德大学医学院终身教授,皇家阿德莱德医院胃肠科高级专科医师	临床医学	博士	医学院 孙子林 13951749490 sunzilin1963@126.com	2019.4.4-4.12	9票 0.5万美元
3	伊恩·怀特	英国	1959.10.6	剑桥大学常务副校长,耶稣学院院长,电子工程光电子研究中心主任	电子工程	博士	电子学院 叶莉华 13951603126 ylh@seu.edu.cn	2019.9.10—26	9票 1万美元
4	郑洁	美国	1973.2.17	The University of Akron Dept. of Chemical & Biomolecular Eng. Dept. of Integrated Science Prof.& Associate Chair	化学与生物工程	博士	生医学院 王婷 13813865291 101011454@seu.edu.cn	2019.7.7—21	9票 0.4万美元
5	王美红	英国	1966.9.15	Dept. of Chemical & Biological Eng. The University of Sheffield, UK Prof. in Procss & Energy Systems Eng.	工程与能源系统工程	博士	能环学院 许传龙 18936019152 chuanlongxu@seu.edu.cn	2019.7.10—17	9票 0.4万美元
6	张松	美国	1977.9.12	School of Mechanical Engineering Purdue University West Lafayette, Indiana, USA Tenured Associate Professor 美国普渡大学机械工程学院终身副教授	机械工程	博士	土木学院 何小元 18602511833 mmhxy@seu.edu.cn	2019.5.26—6.8	9票 0.4万美元

学科建设与发展规划工作

综　　述

　　学科布局进一步优化,学科水平显著提升。全力实施"一流学科攀升计划",学科水平和影响力稳步提升。扎实推进"优势理科攀升计划""精品文科攀升计划"和"马克思主义学院发展规划",启动实施"特色医科攀升计划"。2019年安排中央高校建设一流大学(学科)和特色发展引导专项资金3.7亿元、江苏省"双一流"建设补助经费2.17亿元、江苏高校优势学科建设经费3 700万元,统筹安排分配给相关部门和学科,并按照论证后的经费使用计划执行完成。设立一批世界一流学科建设项目,持续构建开放共享的重大科研和大型公共平台。加快布局建设量子信息、网络空间安全、智能制造、智慧城市、脑科学、生命科学、人工智能、集成电路等一批前沿、新兴和交叉学科,以及化学、外国语言文学、工商管理、中国史等一批理科和文科。"双一流"建设管理体制机制进一步完善,项目管理、过程管理、绩效评估和交叉性事务管理等系列文件陆续制定出台。以优异成绩通过"双一流"建设中期自评估。"双一流"建设和江苏高校优势学科建设存在问题的整改有力落实,第五轮学科评估准备工作扎实推进。建筑学、城乡规划学和风景园林学三个学科,首次开展国际评估试点。新增环境科学与生态学进入ESI学科,11个ESI学科排名稳步提升,其中进入ESI前1‰的工程学与计算机科学分别位列全球第20位、第16位,全球高被引科学家增至16人,软科世界大学学术排名提升到151～200位次。

　　学科建设体制机制持续完善,管理流程更加优化。严格规范教育统计数据工作制度建设,制定出台《东南大学统计工作管理办法(试行)》。完成"双一流"建设数据动态监测等教育统计数据的填报工作。系统研究主流第三方评价指标及评价体系,通过开展学科绩效评价系列讲座,畅通与相关评价机构交流合作渠道。建立ESI分析报告常态发布机制,发布《东南大学ESI学科分析报告》(6期)和《2008—2018东南大学ESI学科发展分析报告》。通过软科大学360度数据监测平台、学科发展水平动态监测数据平台,为各学院、学科提供第三方学科发展动态监测数据。完善、优化组织机构和调整工作流程,制定东南大学组织机构代码编码规则,完成东南大学组织机构基础数据信息库更新和日常维护工作。论证成立生命科学与技术学院。牵头组织申报成功国家首批"铸牢中华民族共同体意识研究基地"。

学 生 工 作

综 述

2019年,党委学工部、武装部、学生处和心理健康教育中心全面贯彻落实习近平总书记在全国教育大会、学校思想政治理论课教师座谈会、纪念五四运动100周年大会上的重要讲话精神,紧扣学校"双一流建设规划""一流本科教育行动计划""三全育人"综合改革的发展大计和奋斗目标,以学生全面发展为中心,强化"引领、服务、关爱、助力"的工作理念,以理想信念教育为核心,以社会主义核心价值观为引领,专注"有效度的思想引领,有温度的成长服务"为工作定位,服务学生发展、促进有效学习、助力健康成长,构建有东大特色的学生工作体系,全面提升学生思政工作质量,为培养具有家国情怀和国际视野、担当引领未来和造福人类的领军人才打下坚实基础。

一、加强思想引领和价值塑造,提升学生思政工作质量

(一) 党建领航,培养忠诚、有担当的建设者和接班人

加强支部建设,对标《中国共产党支部工作条例(试行)》,制定《东南大学院系本科学生党支部标准化建设考核方案》,为加强支部质量建设提供规范和依据,实施"凝心聚力"专项计划。强化学生理论武装,持续开设"永远在路上"红色讲堂,举办"从红旗渠到中国梦""不忘初心使命,不负时代勇担当""我国的国家安全与战略举措"等讲座,进一步激发青年的爱国情、强国志、报国行。实施学生党支部领航工程,完成26个党支部精品项目,2019年新立项30个精品项目,指导各学生支部开展"红色文化进校园"系列等学生支部精品活动,提升党支部影响力、战斗力。组织"不忘初心、牢记使命"主题社会实践,学生党员分赴云南线、井冈山线、北京、哈尔滨、成都、绵阳等地开展实践活动,强化使命担当。成功组织"青春心向党、奋进新时代"党史国情大型知识竞赛,千名党员参赛并带动同学们共同学习,发挥先锋效应。在新生年级中开展"学生支部书记上党课"活动,"讲青年人爱听的党课",深入每个新生班级,引导广大学生坚定"四个自信"。评选62名优秀本科生党员、10个优秀本科生党支部、12名优秀本科生党支部书记,培养忠诚、担当的建设者和接班人。

(二) 价值塑造,培养修德、勤学的践行者和传播者

结合新中国成立70周年等重要时间节点,组织近1 600名本科生前往南京国际博览中心参观"礼赞新中国,奋进新时代"江苏省庆祝中华人民共和国成立70周年成就展,组织学生集体观看70周年阅兵典

礼和电影《我和我的祖国》，从教育引导、文化熏陶等环节入手组织开展丰富多彩的主题教育活动，激发学生的爱国热情和使命担当意识。举办"国企领导上讲台"东南大学专场报告会，中央候补委员、原中国建筑集团有限公司董事长官庆做"新时代国有企业'走出去'的新姿态"主题报告，聘请全国建筑产业"大国工匠"丁锐、全国五一劳动奖章获得者张涛担任校外辅导员，将国有企业改革发展的最新成果、生动实践和矢志奋斗的鲜活案例、时代精神带到广大学子身边，助力学生成长成才。完成2018年社会主义核心价值观主题教育精品项目结项和成果验收展示，进一步培育建设14个2019年社会主义核心价值观主题教育精品项目，使社会主义核心价值观入脑、入心、入行。组织392名大学生参加江苏省第十一届大学生知识竞赛（文科组），进一步提升我校学生的综合素养。

（三）增强学生集体意识、责任意识和纪律意识，在2019级学生中实施集体出早操制度

各学院以班为单位在跑步线路附近自主集合，集中于早上6:50前在规定地点跑步。由学生线总值班室老师、体育系老师、各院系及大一辅导员、早操督导、各班体委等共同配合完成出早操质量检查与管理。

（四）阵地建设，依托大数据创新学生工作服务

合力构建网络阵地，整合学工部、学生事务中心、心理健康中心、就业指导中心等公众平台，丰富网络供给，创建学生工作的新媒体品牌"东南学工家"，结合学生学习发展需要推送支部微学习、心理帮扶、资助育人、朋辈榜样等专题内容500余条，总浏览量达53万，通过关注QQ群、微信朋友圈等社交媒体、深入学生宿舍、发挥学生骨干作用等方式常态化了解学生思想动态，占领网络阵地。突出健康教育阵地，在2019级新生中全面实行集体跑操制度，并开发上线跑操签到系统，助力新生集体跑操。增强学生体魄，焕发精神面貌，为领军人才培养打下健康基础。到访西安交通大学、成都电子科技大学等兄弟高校调研学工信息化建设，深度挖掘辅导员学生工作事务需求，详细制定下阶段信息化建设计划与执行方案。

二、坚持育人导向，深入推进"育志""育智"资助育人体系建设

（一）推进资助工作提档升级，提升资助工作科学化、精准化水平

为进一步健全学生资助工作制度，学校成立学生资助工作小组，研究建立符合学校实际的学生资助体系，制定相关管理规定和实施办法；探索资助育人工作的新思路新模式，构建物质帮助、道德浸润、能力拓展、精神激励有效融合的资助育人长效机制。2019年已完成修订《东南大学家庭经济困难学生认定工作办法》，简化学生申请流程；完成修订《东南大学勤工助学管理办法》，大幅提高学生勤工助学酬金标准，完善勤工助学考评机制，激发学生的主观能动性。学校在2019学年以精准资助为要求，贯彻落实奖学金、助学金、助学贷款、勤工助学、困难补助、学费减免等资助政策，各项资助政策，资助总金额达4 164.9万元，资助总人次达38 244人，实现了家庭经济困难学生资助全覆盖。

（二）举措保障四精准，双内涵推进双育人

落实"四措四准"的精准资助工作机制。充分认识学生资助工作在脱贫攻坚中的重要意义，以精准扶贫、精准脱贫思想为指南，以科学化、系统化、智能化、人性化的举措，保障每一位家庭经济困难的学生得到个性化精准资助。通过指标体系科学化保障资助对象精准；信息系统智能化保障资助力度精准；规划管理系统化保障资助统筹精准；项目设计人性化保障资助需求精准。

构筑"育志""育智"发展型资助育人体系。将"扶困"与"育智""育志"相结合，建立以人才培养为核心，以促进家庭经济困难学生德才兼备、全面发展为目标的发展型资助育人体系。"育志"工程以社会主义核心价值观为核心，以价值引领、道德浸润、理想指引为重点建设内容，立德树人，激发内生动力；"育

智"工程对标学生成长需求因材施教,以素质提升、社会实践、创新创业为重点建设内容,实现能力发展。

(三) 建设具有学院特色的资助育人典型案例

2019年3月面向学生线开展了东南大学资助育人精品项目申报工作,鼓励学院结合专业特点,以"育志"和"育智"为重心,以价值引领、道德浸润、理想指引、素质提升、社会实践、创新创业为重点建设内容,建设学院特色资助育人品牌,使资助育人工作更好地适应和满足学生成长诉求,形成一批具有示范效应和推广价值的特色资助育人典型案例。经过专家评审,共遴选出10个学院特色资助育人项目,资助金额为6.6万元。

(四) 搭建诚信感恩服务平台,深化道德浸润

在"诚信教育月"广泛开展诚信教育活动,创新了"听、说、读、写、行"互动式的诚信育人模式,举办诚信教育活动27场,覆盖2 500余人,强化育人效果;以国家奖学金获得者、资助专员等受助学生组建为资助宣传大使队伍,通过回访高中母校和进村入户两种模式宣传讲解国家资助政策。2019年共有2 195位组成603支团队前往全国30个省市的中学进行国家资助政策宣传,宣讲覆盖人数超过10万人;通过进村入户的方式向425户贫困家庭进行了政策宣传。2019年组织以相应奖学金获得者为主要成员的志愿服务类社团,围绕"践行公益,感恩社会"社会队伍,开展了文化学习、创新创业、感恩志愿等55项活动,覆盖超过4 000人次。开展2019"爱从家开始"暑期家访活动,组织师生成立60个家访团队赴河南、四川、甘肃等24个省份进行新生家访,累计走访了313个新生家庭,为新生送去国家和学校的温暖与关爱。同时,也培养了志愿者们的社会责任感与感恩意识。

(五) 服务学生成才,实施"金钥匙"能力素养提升计划

为了让家庭经济困难新生更好地成长成才,学校精心准备了"成长礼盒",包含一本励志书籍、一次"找寻更好的自己"心灵团辅、一场"视听的盛宴"音乐会、一段"谁的青春不奋斗"青春故事、一堂"绽放自信"演讲能力提升课,帮助他们实现综合素养的全面提升。在经济脱贫的同时,实现心理脱贫、精神脱贫。通过金钥匙育人平台开设口语、软件、高雅艺术欣赏等课程,累计开课97门次,覆盖超过2 800人次;举办"梦羽华章"金钥匙展示分享会,学生的综合素养和能力通过金钥匙工程得到显著提升。2019年通过"东南大学瑞华圆梦资助计划",全额资助30位家庭经济困难学生赴欧美和亚洲等地学习交流,拓展和提升国际视野,资助总额达65万元。

三、探索书院改革,服务学生发展,助力健康成长

(一) 认真做好2019级本科生大类招生、大类培养、大类管理的相关工作

前往清华大学和北京航空航天大学开展调研,校内开展多轮学院、职能部门讨论会,最终确定2019级大类招生、大类培养本科生"3+1"管理模式;结合九龙湖校区学生宿舍情况,优化本科生宿舍,尽可能按大类分配住宿;积极匹配大类培养、大类管理和书院制建设的需要;牵头组织开展2019级本科新生教育,协调组织大类共享精品活动。

(二) 积极探索书院制育人模式

通过书院工作推进会议、书院建设专题研讨交流等形式,持续研讨推进健雄书院和秉文书院建设,已行文《关于成立东南大学秉文书院、健雄书院的通知》。积极营造博雅环境,推动书院硬件空间建设,桃园7~8围合书院硬件空间目前正在建设施工中;以讲座、沙龙、对话等形式推动书院的导师交流活动,目前已举办"健雄书院导师交流时间""秉文大师面对面"30余场,让导师、大师贴近学生,以高尚师德和学术

风范熏陶学生,引导学生成长成才。

(三)积极推动优良学风建设、班级建设

继续推进优良学风班级的建设和评选,全面落实"学在东南、志在四方"的学风要求;持续落实"八个到位",积极采取有效的帮扶措施,重点关爱学习预警学生、少数民族学生、预科生、需要心理辅导的学生、家庭经济困难学生和学籍异动学生等特殊学生群体,把关怀、温暖与促进学生成长有效结合。开展23场"相伴"师生交流互动项目,建设师生交流互动平台,以班会、微沙龙、午餐会、下午茶、小型户外活动等形式进行师生互动,促进教师走进学生、了解学生,引领学生树立大目标、上大舞台、做大事业。

(四)加强少数民族学生教育管理工作

实施爱国主义教育、民族团结教育、学业帮扶、心理关怀、就业促进"五位一体"的少数民族优质人才培育计划。搭建"东南大学红石榴成长园"学生发展平台,聘请优秀学生骨干担任学生事务助理,结合新生文化季、民族团结教育月、心理健康教育月等契机开展思想教育活动,培育政治过硬、成绩优秀的少数民族人才,引导学生回乡服务基层、建设家乡。2019年重点关注少数民族学生的学习情况,与教务处一同推进优化培养资源,聘用优秀师资开设小班课程。开展"同行"计划,实施优秀学生与学习困难少数民族学生的一对一帮扶结对,在学习生活中充分发挥朋辈教育作用。举办"民族团结一家亲 同心共筑中国梦"迎新晚会,邀请优秀少数民族学生代表分享学习经验、宣传基层就业典型。

(五)评优树典发扬榜样力量

根据《东南大学学生奖励条例》,开展各类荣誉称号及奖学金评选工作;以典礼教育推动价值引领,着力组织开展了2019年本科生毕业典礼及各级各类奖学金颁奖典礼等一系列典礼活动;梳理、优化本科生评优评奖体系,调研启动东南大学"至善学子"评选工作,在广大学生中树立榜样,进一步发挥示范引领作用,引导东南学子不忘初心、砥砺前行,成长为具有家国情怀和国际视野、担当引领未来和造福人类的领军人才。

四、多举措加强心理健康教育,针对性、有效性提升心理健康教育工作

(一)大力优化专兼职队伍,强化日常咨询服务与规范管理,为学生提供贴心服务

注重选拔专职教师、招聘兼职心理咨询师,争取在2020年中期达到专职6人、兼职24人左右的规模,基本保证专职师生比1∶6 000,专兼职师生比1∶1 200。更好调动校内外心理咨询服务优质资源,以学生心理需求为中心,定期考核工作状态,主动联系院系,及时了解学生情况,及时总结分析咨询信息和学生心理问题分布状态,为全校师生提供及时有效的心理健康服务。

(二)细化心理健康教育普及工作,注重学生心理自助互助组织建设与管理,推进教育普及工作的特色创新

进一步充实2019级新生心理委员和心协组织力量,统一协调管理学生心协和学生心委两个心理自助与互助组织,并对他们开展培训和指导,增强学生自助互助关怀的力量,做到相得益彰、协同发力。首先,通过"320咱爱您""520我爱我"等特色创意的心理健康教育活动,润心无声、润行无碍,打造校内心理健康教育的相关品牌活动。加大力度亮化中心微信公众号,提高原创性,增加趣味性,提升影响力。其次,挖掘"920久爱联"心理健康教育周,将"中秋节""重阳节"等传统节日内涵融入学生生活,丰富学生心理健康普及教育的形式和内容。同时,注重把宿舍作为心理健康教育网络的基层单元,持续开展"暖心屋"系列活动,在宿舍层面指导学生开展自我心理保健和朋辈互助关爱,以帮助学生个体获得在离开原生

家庭后的情感需求,提升对新环境的认同感和归属感;同时与相关部门合作,通过加强体育锻炼等,协同提升学生的身心健康水平,以期降低心理疾病的发生率。

(三)加强研究生和导师的心理健康教育工作

心理健康教育中心与研究生工作部、教师工作部协同推进研究生心理健康教育的专业队伍、机构和组织建设,开展研究生心理健康教育工作;针对导师与研究生师生关系等重点问题,从学生、导师两个层面分别开展心理健康专题讲座及心理健康知识普及,集成学校相关学科及临床优势等,探索建立一体化诊疗干预系统;进一步深化与中大医院精神心理专科的合作,增加每月2次的精神科医生的现场坐诊;着力构建新时代新要求下的研究生心理健康服务体系,为研究生心理素质提升健心护航。

(四)完善心理健康教育通识课教学,优化心理素质培养的课程教育主渠道

做好已有课程教学,完成2019年"课程思政"示范课程建设;积极推进新开设的全校新生心理健康通识选修课《心理健康与生命成长》教学准备工作;在心理中心承担的学校《心理健康通识课程体系创新改革》项目基础上,探索具有东大特色的心理健康教育通识课教学风格,开展有特色的心理健康教育通识课建设,争创网络示范"金课",力争走在全省前列,为学生身心成长提供了必要条件和平台。

(五)加强学生心理健康状况分级分类评估和及时反馈机制,做好危机干预工作

实施"五色"卡片分级管理制度,根据学生行为表现和心理普查情况,将学生心理状态分为"红""橙""黄""蓝""绿"五级水平,加强"红""橙"和"黄"三类人群的过程追踪、重点干预和治疗反馈。从而形成定期筛查、准确评估、早期预防、及时干预、稳妥善后的五步心理危机预防与干预机制,促进危机化解与干预成效。强化通过辅导员"新生生活访谈"和"学生心理关怀"访谈等方式及时感知学生心理状态;完善《危机干预工作条例》,对有心理危机早期表现的学生建立观察反馈信息通道,形成"家-校-院-生"四向合力的心理健康维护体系,便于及时发现、有效干预。

(六)加强专业组织建设和理论与实践紧密结合的研究

结合工作要求和工作实际,开展专业学术组织建设、课程体系完善、心理服务体系架构和应用理论研究四层面工作。依托国家和省级心理学专业学术团体,成立"江苏省社会心理学会团体心理辅导专业委员会",或者"中国心理学会危机干预工作委员会'心理情景剧研究发展中心'"等挂靠东南大学心理健康教育中心的专业学术组织,开展专业学术组织建设,实现学校在"心理健康教育领域"中学术组织的"零突破"。

五、进一步推进学生工作队伍专业化、职业化建设,提升引领学生发展水平

(一)强化责任担当,增强理论武装

以"不忘初心、牢记使命"主题教育为契机强化责任担当,重点强化队伍领头人——副书记使命担当。2019年暑期召开学生思政工作队伍暑期研讨会,突出问题导向,围绕"怎样做好党委副书记工作""书院制的探索和思考"以及院系学生思政工作队伍和兼职辅导员队伍的建设思考等内容的专题报告及研讨。组织学生深入学习贯彻习近平新时代中国特色社会主义思想和党的十九大、十九届四中全会精神,以及习近平总书记在思想政治理论课教师座谈会、纪念五四运动100周年大会、庆祝中华人民共和国成立70周年大会上等重要讲话,开展专题业务学习16次、团建素拓1场、案例实操培训5次,选派26人参加全国高校思政骨干培训班。组织新任辅导员开展岗前专项培训,从意识形态与统战宗教事务、党建工作、思想政治教育等方面加强指导,更好担起引领学生发展、关爱学生健康成长的责任。

(二) 优化队伍结构,提升职业能力

严格准入标准,全年选聘专职辅导员 4 名,推荐 19 名优秀推免生担任辅导员,推荐 52 位优秀研究生/青年教师担任兼职辅导员。举办 2019 年辅导员素质能力大赛,通过笔试、案例分析、谈心谈话以及理论宣讲等环节,以赛促建、以赛促练。搭建"思政课教学工作坊",通过集体备课说课提高辅导员思政理论课教学能力。以问题为导向,设立 26 项辅导员专项课题申报,促进工作实践研究型转变。成功举办"你的青春我作伴"——2019 年离岗辅导员欢送会暨辅导员表彰分享活动。全年选派人员参加省部级各类培训,面向辅导员开展贯穿一学期共 96 学时的心理辅导专项培训,切实提升辅导员专业素养和业务能力。物理学院李凯同学荣获 2018 江苏省大学生年度人物,电气学院辅导员曹奕获"2018 江苏高校辅导员年度人物"入围奖。

(三) 畅通发展渠道,激活队伍内生动力

制定《推荐学生思想政治教育工作人员在职攻读博(硕)士评审办法》,已推荐 4 人在职攻读思想政治教育专业博士学位。着手启动思政序列职称评定修订细则,更加聚焦学生思想政治教育工作特点,突出工作实绩的考量。优化 KPI 考核与辅导员个人考核制度,突出主题班会等职业能力考核,强化"进宿舍""进课堂"等基本规范,明晰不合格退出机制——"不再续聘为专职辅导员";完善总值班制度,增设查看早操、宿舍、晚自习等工作,进一步贴近学生开展谈心谈话等工作。

六、以报效国家为己任,打造优质就业品牌

(一) 价值引领重实践,显实效

1. 开展"基层领航研习营"。与陕西、山西、安徽等地组织部门共建基层岗位挂职实践平台,暑假寒假选派优秀学生进行为期 1~2 个月的基层岗位挂职锻炼。今年已组织 89 名学生十余支队伍前往延安、连云港、太原、马鞍山、宿迁等地的住建局、人社局、乡镇机关与社区街道等机关单位进行挂职。

2. 开展"重点行业单位岗位研习营"。暑假寒假选派优秀准毕业生前往重点地区、重大工程、重大项目、重要领域的重点行业单位进行岗位体验。今年已组织 400 余名学生赴中国航天科技集团、中国航天科工集团、中国工程物理研究院、中国船舶重工集团等 20 余个重点单位走访研习。

3. 开展国际组织参访实践。寒假组织 20 名学生赴维也纳、日内瓦的国际组织进行为期 2 周的参访,暑期组选拔 15 名学生参加"2019 年联合国青年领袖暑期精英班",10 月组织 13 名学生赴杭州参加国家留学基金委组织的首届联合国机构宣讲咨询。另有 3 名同学参加"第九期中国国际公务员能力建设项目",学习国际组织实习资助政策、联合国考录制度和应聘技巧、联合国翻译等内容。

(二) 生涯教育促长效,夯保障

1. 强化价值引导,优化生涯教育。"就业导论"课引入企业专家授课,推进弹性考核实践,收效良好。全年开展东南大学生涯规划月、职业规划大赛、生涯嘉年华、职业大讲堂、模拟面试大赛等大型生涯教育类活动,累计 100 余场。启动生涯教育和职业指导个体咨询工作,现有 1 位兼职咨询师,每隔一周接受个体咨询。依托校企共建,对接人才培养与供给需求,通过名企 OPENDAY、一日职业体验等提升学生的实践能力和职业素养,为学生提供多样的职业成长路径。在今年第十四届全省大学生职业规划大赛中我校荣获"优秀组织奖"。

2. 加强典型示范,传递正向影响。广泛宣传毕业生就业典型人物事迹,加强"东南毕业生""选调人物志"等毕业生宣传专栏建设,今年推送 48 位典型毕业生。

3. 提升就业指导教师业务能力。2019 年先后组织"团体辅导(GCT)师资培训";选派老师参加全省

本科高校就创业指导骨干教师业务培训班;高校就业胜任力教练专题培训;全球职业规划师(GCDF);叙事治疗实务工作坊等共计96人次。

4. 促进校企工作站深入合作。增强校企联系,建立校企工作站校内外指导老师信息沟通渠道。完善机制建设,构建东南大学学生职业发展实践平台,初步造成校企工作站注册、登记,累计入住校企工作站共计20余家。加强校企工作站管理,出台《东南大学校企工作站管理办法》,规范工作站日常运营。

(三) 就业服务求精准,提效率

结合"互联网+",集成校园招聘系统、就业服务管理系统、职业生涯教育系统、就业调查分析预测系统,优化以就业管理、就业市场、生涯教育、质量追踪为主体的智慧就业服务平台。今年启用网上签约系统,实现签约数据实时监测;简化10余项就业事务办理流程,在校生90%的业务均可网上办理,用人单位端所有业务全部实现网上办理,逐步实现就业事务办理信息化。搭建集"网、端、微、屏"等深度融合的信息传播平台,创新信息发布渠道,促进供需精准匹配、精细推送,提档升级就业信息宣传实效,"东南大学就业指导中心"微信公众号2019年发布信息数1 879条,已关注粉丝量54 020人,净增粉丝数12 484人,阅读量3 342 840次。

七、加强国防教育,做好大学生征兵入伍工作

(一) 全面推进大学生征兵工作,组织动员广大学子携笔从戎,圆梦军营

根据国家征兵工作命令,征兵工作于3月初启动。我校根据军委国防动员部、教育部的文件精神下发了学校征兵工作通知,积极宣传。2019年应征报名19人,8人体检合格,进入政治考核工作环节。

(二) 江苏省首批试行自训教官培训,开展加强国防教育实践的综合育人功能

为解决部队承训力量不足的实际困难,党委武装部发起"军训自训教官训练营"计划,是江苏省首批试行自训教官持证上岗的高校之一。各学院选拔一批军政素质良好、品学兼优的在校学生,参与"军训自训教官训练营"的培训,培养一批能够承担学生《军事技能训练》课程的教官。2019年共有29名学员入营参加集训并考核合格,8月中旬38名退役士兵及自训教官在桃园操场合训,并参与到2019级新生军训工作中,配合承训部队,圆满完成新生军训任务,有力提高东南大学学子国防意识。

(三) 认真做好2019级新生军训工作,积极参与大一新生集体早操督导工作

武装部在人手少、工作量巨大的情况下,不怕苦不怕累,积极努力,保证新生军训工作圆满完成。在此基础上,国防军事实践团的成员继续保持自训教官的优良作风,参与到大一新生集体出早操的督导工作,为大一新生有序开展集体早操工作做出了应有的努力。

实验室建设与设备管理

综　　述

2019年是我校全面实施"十三五"发展规划、深化推进"双一流"建设的关键一年,在学校党政正确领导下,我处紧密围绕"双一流"建设目标,以服务教学、科研为宗旨,积极落实中央放管服文件精神,转变机关作风,不断增强"四个意识",坚定"四个自信"。根据服务师生、提升服务水平的总体方针,同心协力、不断进取,各方面工作都取得了明显的成效,以优良的作风、扎实的工作为我校双一流建设提供了坚实的组织保障。

一、实验室与设备情况总览

全校共有各类教学、科研建制实验中心(室)74个,其中教学实验室35个,教学科研并重实验室2个,科研实验室37个,实验室房屋使用面积18.744余万平方米。2019年,全校各类实验平台为全日制在校各类学生开设4 556个实验项目,总学时4.61万个,总实验人时数372.52万,其中综合(设计)型、研究(创新)型实验项目占65.98%以上。全校各类实验室获得省部级以上教研项目128项,发表教学、科研论文5 015篇,出版实验教材40本;教师获得国家级奖励和成果67项,省部级奖励99项,发明专利973项,承担省部级以上科研项目1 022项,其他科研项目706项;学生参加省部级以上学科竞赛获奖739项。

截至2019年12月31日,我校仪器设备资产总计178 101台(套),总值约37.99亿元,其中10万～40万元大型仪器3 131台(套),总值约6.71亿元;40万元及以上大型仪器1 360台(套),总值约16.85亿元;2019年新增设备资产1.49万余台(套),总值约4.09亿元。

二、实验室立项建设

累计获批国家虚拟仿真实验教学一流课程5项,连续2年列江苏第一位、并列全国第五位;2019年组织申报5项,列江苏第一位。为教育部研制国家级实验类一流课程建设标准,率先在我校应用。

三、实验技术队伍建设与管理

迅速应对实验技术队伍学历结构快速提升的态势,在国内率先构建、实施学术水平与教学科研线人员基本同等、突出实验技术特殊性的职称晋升、工作安排与考核制度。该制度得到北京大学等国内十多所高校的借鉴。《高校科研机构实验技术队伍建设》一书遴选编入我校制度4篇,列全国第一位。

组织主编《高等学校实验教学典型案例汇编(上、中、下册)》,收集757个典型案例,由高等教育出版社出版。高教司司长吴岩为该书做序。该书为我校实验教学提供了全国优秀参考案例,也对全国高校实验教学发展有推动作用。

四、实验室安全管理

进一步加强并健全实验室安全管理工作,提升实验室安全工作的规范性和有效性。继续推行常态化巡查机制和安全准入制,多次组织三校区的本科生、研究生参加实验室安全知识培训以及应急演练活动,组织实验室安全管理人员参加相关安全管理及应急处置培训;针对教育部、公安、环保等上级部门组织的各项实验室安全检查工作,认真开展校内实验室安全检查工作,积极排查安全隐患,堵塞安全漏洞,落实安全措施;对实验室突发事故积极做出应急响应,妥善处理,努力完善安全事故应急预案等。组织学生全员参加安全考试,相关院系通过率首次达到100%。以学院为主体、以学科为特色的安全培训有效推进,学生进入实验室开展实验的风险评估稳步推进。

危化品使用管理的把控能力进一步提升。优化网络管理,做到采购规范、记录可查、责任明确、便利高效。通过化学品管理平台进行试剂采购和审核工作,做到采购程序规范,采购记录可查,责任明确,便利高效。2019年度审核订单23 835单,金额4 985万元。主要流向327个实验室,430个房间,1 450位教师用户。细稳推进化工、物理等学院气路改造。危险固废处置16批次共68吨,生物固废处置60吨。

新建实验室安全管理科,进一步加强管理力量。3次组织全覆盖、无死角的全校实验室安全检查,168位督导、管理人员参与其中,覆盖24个学院、400多个实验室、500多间房间。多次组织实验室安全专项检查,常态开展督导督查。多次组织师生参加安全培训以及应急演练。

五、设备固定资产管理

完成全校近17.8万台(套),合计36.81亿元的仪器设备资产管理工作。尽管工作强度大、任务重,依然较好地完成各项管理工作,确保国有资产安全。进一步加强仪器设备资产建账管理,强化二次单位资产管理主体责任,提高工作效率。同时,也使我校仪器设备资产管理工作更加细化,切实提高我校设备资产管理水平。

对各二级单位仪器设备管理情况进行全覆盖检查。在全校自查基础上,组织80余人次专家对各单位管理的万余台(套)仪器设备进行抽查,使用管理总体良好。检查结果纳入实验技术队伍年度考核。

2019年报废处置仪器设备一批次,共计1 584台(件),账面原值2 746余万元,已通过国有资产处置领导小组会审核,待通过校长办公会审议形成决议后上报教育部备案。根据教育部批复的我校公车改革方案,完成了公务用车的评估、拍卖工作,拍卖实际收入52万元。

充分利用采购国产仪器设备退税的国家税收政策,克服人手紧、任务重的突出问题,认真准备配套资料,2019年度共向税务机关提交了近万台(套)国产仪器设备退税申请,截至目前成功退回近700万元。收入纳入学校财务统一管理,主要用于充实大型仪器维修基金、实验室运行管理支出,有效节省了学校事业经费的支出。

六、设备、材料采购管理(20万元以下)

为提高采购效率、降低采购成本、规范采购行为,进一步完善零散仪器设备采购网上竞价系统,实现采购过程的公开化、透明化。2018年度共审核采购申请单约3 000单,金额总计6 000余万元。在第十一届全国高校竞价网工作年会上,我校相关工作荣获先进集体奖和个人荣誉奖。

本年度线下审核2万元以上材料合同共计620余份,合同金额总计3 525余万元。2018年度材料平台共审核入库17 378单,金额总计11 524余万元,切实加强了实验材料的采购登记管理。

签订科教用品免税进口设备合同近180份,总价值1 100多万美元。完成进口设备合同的审核、海关免税手续、到货验收以及账目管理等工作,严格遵守国家各项法律法规规定,工作中未发生任何差错。

七、设备采购管理(20万元及以上)

2019年线上、线下审核设备采购单约2 500单,金额2.5亿元左右,完成所有采购计划与采购方式的评审、采购谈判以及合同的签署和招标文件的制作。

加强大型仪器设备采购管理工作,组织了大型仪器购置计划论证100余台(套),总经费预算1.3余亿元。今年对所有20万元及以上的仪器设备采购项目均进行了信息公开,采取委托代理机构招标采购和自主招标采购相结合的方式,进一步提高采购工作效率。全年共审核并签订20万元及以上设备合同233余份,合同金额合计约2.45亿元。

八、加强采购流程管理,提高资金执行效率

随着学校事业的快速发展,我校的设备资产总量每年以3亿元左右的速度逐年递增,设备采购工作政策严、时间紧、任务重。通过加强管理,优化服务流程,严格按照岗位职责和工作规范积极做好各项工作,保质保量按进度完成各项设备采购任务。根据学科办下达的双一流学科平台建设计划,积极组织专家进行论证和招标采购工作,圆满完成8 000万元的学科平台设备采购任务,全校设备购置项目预算执行进度顺利。

九、大型仪器设备使用管理

完成了科技部重大科研基础设施与大型科研仪器设备开放共享考核和江苏省大型仪器管理平台的重大科研基础设施和大型科研仪器基本信息统计和上报工作;对大型仪器共享管理系统进行了进一步升级,调整大型仪器测试收费模式,由用户预充测试费调整为按实结算,提高资金使用的合规性。在2019年度国家大型仪器开放共享评价考核中,我校成绩由2018年的合格提升为良好(部委高校优秀6所、良好19所、合格49所、较差3所),并获得85万元的奖励经费。

另外,大型公共平台建设成效显著。大数据中心运行良好,新落实建设面积100平方米。2019年中心服务用户数105个,是2018年的4.2倍;累计完成作业数近30万个,是2018年的6倍;当前运行核数5 900核,排队核数2 800核;累计提供189万CPU核小时的虚拟化服务,是2018年的9倍。

分析测试中心运行逐步理顺。中心主任、副主任3人到位,新增实验技术人员3位,协调新增中心建设面积近800平方米,为近3年发展拓展了空间。服务面向扩大到化学、材料、机械、能环、土木、电子、物理、生医、交通、医学等学科,大型仪器设备利用率和共享程度明显提升。

成立校级实验动物中心。完成中心过渡期改造项目立项和方案设计,同时与南京医科大学签署了实验动物饲养与科研合作协议,提升中心学科支撑能力。

2018—2019年度实验室基本情况表

制表单位：东南大学
制表人：
制表日期：2019-10-24

学校代码	实验室编号	实验室名称	实验室类别	建立年份	房屋使用面积/平方米	实验室类型	所属学科	教师获奖与成果			学生获奖情况	论文和教材情况					科研及社会服务情况			毕业设计和论文人数			开放实验					兼任人员数	实验教学运行经费/万元	
								国家级	省部级	发明专利		三大检索收录		核心刊物		实验教材	科研项目数		社会服务项目数	教研项目数省部级以上	专科生人数	本科生人数	研究生人数	实验个数		实验人数		实验人时数			小计	其中教学实验材料消耗费
												教学	科研	教学	科研		省部级以上	其他						校内	校外	校内	校外	校内	校外			
10286	0010100	建筑物理实验室	3	1981	750	1	0828	1	2	2	0	0	10	2	6	0	10	1	8	4	0	30	20	12	2	150	120	5 600	800	1	8	2
10286	0010200	建筑运算与应用实验室	3	1985	800	2	0828	0	1	2	0	0	6	2	8	0	4	2	4	0	0	16	8	6	6	50	0	3 000	0	1	10	8
10286	0010300	CAAD国家专业实验室	2	2015	300	1	0828	0	1	1	1	1	5	3	5	0	6	1	10	1	0	24	12	4	0	200	0	3 600	0	1	10	2
10286	0010400	城市与建筑遗产保护教育部重点实验室	4	2009	3 000	2	0828	0	5	10	2	2	20	6	40	0	36	3	60	0	0	180	120	18	16	180	36	12 000	0	1	20	10
10286	0020200	机电基础实验分中心	1	2006	3 000	1	0802	0	0	0	0	0	0	0	0	0	2	0	0	2	0	0	0	70	12	3 000	64	55 080	1 920	0	11	10
10286	0020300	机电综合实验分中心	1	2006	1 000	1	0802	1	2	26	89	89	28	0	36	0	26	89	8	0	0	204	156	52	0	1 040	0	17 800	0	0	2.8	2.2
10286	0020400	工业发展与培训中心	1	1992	10 000	1	0803	0	0	0	0	0	30	1	0	0	1	0	0	0	0	12	0	36	29	44 635	6 430	104 690	78 064	0	30	25
10286	0030100	能源与环境学院实验中心	3	2006	4 800	1	0805	0	0	40	0	0	33	0	99	0	21	20	0	0	0	100	90	83	0	225	0	42 000	0	5	4	0.6
10286	0030200	洁净煤燃烧与发电技术教育部重点实验室	4	2012	3 200	2	0805	5	2	66	0	0	33	0	99	0	58	30	0	0	0	50	100	0	0	0	0	0	0	5	0	0

实验室建设与设备管理

（续表）

学校代码	实验室编号	实验室名称	实验室类别	建立年份	房屋使用面积/平方米	实验室类型	所属学科	教师获奖与成果-国家级	教师获奖与成果-省部级	教师获奖与成果-发明专利	学生获奖情况	论文三大检索-教学	论文三大检索-科研	核心刊物-教学	核心刊物-科研	实验教材	科研项目数-省部级以上	科研项目数-其他	社会服务项目数	教研项目数-省部级以上	教研项目数-校级	毕业设计和论文人数-专科生	本科生	研究生	实验个数-校内	校外	实验人数-校内	校外	实验时数-校内	校外	兼任人员数	实验教学运行经费/万元 小计	其中教学实验年材料消耗费
10286	0030300	火电机组振动国家工程研究中心	4	1994	3 900	2	0805	0	0	6	0	4	20	4	23	0	4	40	0	4	0	0	74	35	10	2	90	40	8 000	200	6	2	2
10286	0040100	信息科学与工程学院实验中心	3	1998	850	1	0807	0	0	0	45	0	0	0	0	0	0	0	0	0	0	0	0	0	18	0	0	0	86 782	0	0	4	4
10286	0040200	移动通信国家重点实验室	4	1990	4 000	2	0807	6	2	0	1	0	375	0	252	3	64	40	0	0	0	0	119	139	0	0	0	0	0	0	0	0	0
10286	0040300	毫米波国家重点实验室	4	1991	12 000	2	0807	1	2	31	4	0	252	0	0	0	36	26	0	0	0	0	27	69	0	0	0	0	0	0	2	0	0
10286	0040400	射频集成电路教育部工程研究中心	4	2008	2 000	2	0807	1	3	5	0	0	49	0	49	0	13	0	0	0	0	0	48	37	0	0	0	0	0	0	0	0	0
10286	0040500	江苏省数码技术工程研究中心	4	2000	120	2	0807	0	0	0	0	0	8	0	8	0	0	0	0	7	6	0	10	12	0	0	0	0	0	0	0	0	0
10286	0040600	信息处理实验室	4	2002	4 300	2	0807	0	2	15	23	0	28	0	12	0	17	0	0	18	15	0	50	60	0	0	0	0	0	0	0	3	3
10286	0050100	力学实验中心	2	1952	1 800	1	0801	1	1	3	0	0	0	1	2	4	4	2	0	0	0	0	6	13	22	0	1 453	0	15 256	0	0	3	3
10286	0050200	土木工程实验中心	1	2002	3 580	1	0810	0	3	20	25	0	93	0	0	0	28	6	32	0	0	0	50	60	60	0	12 030	0	20 670	0	0	30	2
10286	0050300	混凝土及预应力混凝土结构教育部重点实验室	4	2000	11 700	2	0810	2	3	55	18	0	183	10	55	0	17	0	6	3	2	0	86	99	36	0	5 600	320	15 300	0	0	5	3
10286	0060100	电子科学与工程学院实验中心	3	1980	500	1	0807	1	0	1	18	0	0	0	0	0	0	0	0	0	1	0	13	19	16	0	210	0	9 696	0	0	0	0

（续表）

学校代码	实验室编号	实验室名称	实验室类别	建立年份	房屋使用面积/平方米	实验室类型	所属学科	教师获奖与成果					论文和教材情况					科研及社会服务情况					毕业设计和论文人数			开放实验					兼任人员数	实验教学运行经费/万元	
								国家级	省部级	发明专利	学生获奖情况		三大检索收录		核心刊物		实验教材	科研项目数		社会服务项目数	教研项目数		专科生人数	本科生人数	研究生人数	实验个数		实验人数		实验时数			小计	其中教学实验材料消耗费
													教学	科研	教学	科研		省部级以上	其他		省部级以上	校级				校内	校外	校内	校外	校内	校外			
10286	0060200	江苏省光通信器件与技术工程研究中心	4	2003	2400	2	0806	0	0	15	3	0	32	0	1	0	8	3	0	0	0	0	28	32	239	0	468	0	1176	0	0	2	2
10286	0060300	江苏省信息显示工程技术研究中心	4	2000	3700	2	0807	2	2	58	0	2	49	2	41	3	40	5	31	0	5	0	48	46	1	0	4	0	7024	0	0	30	2
10286	0060400	MEMS教育部重点实验室	3	2001	3800	2	0807	1	0	87	2	0	106	0	10	0	42	8	0	0	0	0	53	29	2	0	40	0	475	0	0	3	2
10286	0060500	国家专用集成电路系统工程技术研究中心	4	1992	1400	2	0807	1	1	97	7	54	29	58	55	0	34	0	29	34	0	0	49	95	7	5	405	100	17172	0	0	1.9	1.1
10286	0060600	光传感/通信综合网络国家地方联合工程研究中心	4	2000	800	2	0807	0	2	30	5	4	15	5	20	1	10	10	8	3	3	0	18	50	5	0	100	0	5971	250	1	5	5
10286	0070100	数学实验室	3	2007	400	1	0701	0	0	0	0	0	0	0	0	0	0	0	0	0	0	0	0	0	20	0	3300	0	63600	0	0	1.5	1.5
10286	0080100	自动化学院教学实验中心	3	1958	1190	1	0806	0	0	0	0	0	0	0	0	0	0	0	0	0	0	0	30	0	86	0	1400	0	54500	0	2	7	7
10286	0080300	复杂工程系统测量与控制教育部重点实验室	4	2007	3000	2	0806	0	2	22	99	0	200	7	93	0	60	40	0	1	22	0	103	140	0	0	0	0	0	0	5	5	5
10286	0090100	计算机教学实验中心	1	2007	7000	1	0809	10	14	18	60	9	0	5	0	9	15	69	0	0	4	0	330	200	347	0	13100	0	320000	0	40	56	25
10286	0090200	计算中心	3	1980	5000	1	0809	10	9	0	30	0	0	0	0	0	0	1	0	0	0	0	0	0	122	0	8000	0	800000	0	20	25	10

(续表)

学校代码	实验室编号	实验室名称	实验室类别	建立年份	房屋使用面积/平方米	实验室类型	所属学科	教师获奖与成果			学生获奖情况	论文和教材情况				科研及社会服务情况				毕业设计和论文人数			开放实验					兼任人员数	实验教学运行经费/万元	
								国家级	省部级	发明专利		三大检索收录 教学	三大检索收录 科研	核心刊物 教学	核心刊物 科研	实验教材	科研项目数 省部级以上	科研项目数 其他	社会服务项目数	教研项目数 省部级以上	教研项目数 校级	专科生人数	本科生人数	研究生人数	实验个数 校内	实验个数 校外	实验人数 校内	实验人数 校外	实验时数 校内	实验时数 校外		小计	其中教学实验年材料消耗费
10286	0090300	计算机科学与工程学院实验中心	3	2004	420	1	0806	0	0	0	0	0	0	0	2	0	0	0	0	0	0	0	0	0	56	0	3 000	0	150 000	0	5	1	0.6
10286	0090400	计算机网络和信息集成教育部重点实验室	4	1993	7 000	2	0806	0	4	29	0	0	136	0	33	0	77	96	0	0	0	0	200	190	0	0	0	0	0	0	0	0	0
10286	0090500	江苏省网络与信息安全高技术研究重点实验室	4	2003	400	2	0806	1	1	23	1	0	98	1	8	0	14	18	2	0	0	0	165	139	0	0	0	0	0	0	0	0	0
10286	0090600	江苏省计算机网络技术重点实验室	4	1997	400	2	0806	1	1	10	12	1	30	1	25	0	5	0	0	0	0	0	30	40	10	0	80	0	0	0	14	30	0
10286	0090700	江苏省软件质量研究所	4	2001	350	2	0806	0	0	0	0	0	0	0	0	0	0	0	0	0	0	0	0	0	0	0	0	0	0	0	0	0	0
10286	0090800	影像技术实验室	4	2001	300	2	0806	1	3	15	2	0	25	0	0	0	11	5	0	0	0	0	25	22	5	0	15	0	150	0	0	50	5
10286	00R0200	信息安全研究中心实验室	4	2001	3 600	3	0806	1	0	10	6	0	0	0	20	0	0	0	0	8	0	0	37	120	0	0	0	0	0	0	1	0	0
10286	0100100	物理实验中心	1	1997	4 500	1	0702	1	0	1	85	0	40	1	0	0	23	2	2	3	0	0	50	30	80	20	3 500	1 000	265 000	20 000	3	14	8
10286	0110100	医用电子技术实验中心	1	2000	200	1	0826	0	0	0	2	0	0	0	0	0	0	0	0	0	0	0	0	0	30	0	60	0	15 080	0	0	4	3.5
10286	0110200	医学电子学实验室	3	1992	260	3	0826	0	1	8	0	0	4	0	4	0	2	2	0	0	0	0	8	9	9	0	71	0	4 024	0	0	0	0
10286	0110300	江苏省生物材料与器件重点实验室	4	2004	1 000	2	0826	0	0	0	0	0	52	0	0	0	11	1	0	0	0	0	6	16	0	0	0	0	0	0	0	0	0

(续表)

学校代码	实验室编号	实验室名称	实验室类别	建立年份	房屋使用面积/平方米	实验室类型	所属学科	教师获奖与成果			学生获奖情况	论文和教材情况					科研及社会服务情况				毕业设计和论文人数			开放实验					兼任人员数	实验教学经费运行/万元	
								国家级	省部级	发明专利		三大索收录		核心刊物		实验教材	科研项目数		社会服务项目数	教研项目数	专科生人数	本科生人数	研究生人数	实验个数		实验人数		实验时数			小计	其中教学实验年材料消耗费
												教学	科研	教学	科研		省部级以上	其他		校级				校内	校外	校内	校外	校内	校外			
10286	0110400	生物电子学国家重点实验室	4	1985	9 000	2	0826	1	4	43	9	0	233	0	235	1	98	6	0	0	0	69	96	0	0	0	0	0	0	0	0	0
10286	0110500	生物技术与材料实验中心	1	2008	200	1	0826	0	0	0	0	0	0	1	0	0	0	0	0	0	0	0	0	45	0	64	0	15 872	0	0	5.75	4
10286	0120100	材料科学与工程学院实验中心	2	1994	4 100	1	0804	0	0	1	10	0	2	0	5	2	2	17	18	2	0	115	106	183	0	710	0	73 100	0	38	28	27
10286	0120200	东南大学分析测试中心	3	1983	1 120	1	0804	1	0	0	0	0	2	0	4	2	2	17	86	2	0	66	135	89	0	365	0	40 200	0	2	17	15
10286	0120300	江苏省土木工程材料重点实验室	4	2006	2 200	2	0804	2	2	16	3	0	24	3	44	1	18	33	24	1	0	32	55	13	0	228	0	24 100	0	9	27	16
10286	0120400	江苏省先进金属材料重点实验室	4	2007	2 400	2	0804	1	1	25	3	0	26	0	57	2	27	39	25	0	0	83	92	16	0	160	0	16 800	0	14	21	10
10286	0130100	人文学院实验中心	3	2006	120	1	0303	0	0	0	0	0	2	0	2	0	5	0	0	0	0	0	0	2	0	795	0	1 488	0	33	0	0
10286	0140100	经济管理学院实验中心	2	2006	800	1	0201	0	0	54	14	1	102	0	15	0	2	24	24	0	0	47	6	121	0	1 388	0	26 288	0	14	3	3
10286	0160100	电力工程实验中心	2	1986	800	1	0806	1	2	0	0	0	0	3	0	4	2	24	2	0	0	3	46	87	0	10 520	0	37 053	0	0	6.5	6
10286	0170100	外语学习中心	3	2006	4 500	1	0502	0	0	0	29	4	318	3	10	1	26	26	0	0	0	0	0	1	0	8 000	0	101 911	0	0	5.5	0.5
10286	0190100	化学化工实验中心	2	1998	4 500	1	0703	0	10	54	10	0	60	0	5	0	0	0	0	0	0	64	169	83	0	2 400	120	76 800	0	0	45	35
10286	0210100	交通学院实验中心	3	2006	7 100	1	0818	0	0	0	0	0	0	0	0	0	0	0	0	0	0	338	148	43	1	220	0	18 920	1 200	0	5	5

(续表)

学校代码	实验室编号	实验室名称	实验室类别	建立年份	房屋使用面积/平方米	实验室类型	所属学科类型	教师获奖与成果			学生获奖情况	论文和科教材情况					科研及社会服务情况				毕业设计和论文人数			开放实验					兼任人员数	实验教学运行经费/万元	
								国家级	省部级	发明专利		三大索引收录			核心刊物		实验教材	科研项目数		社会服务项目数	教研项目数		专科生人数	本科生人数	研究生人数	实验个数		实验人数		实验时数			小计	其中教学实验年材料消耗费
												教学	科研	教学	科研		省部级以上	其他		省部级以上	校级				校内	校外	校内	校外	校内	校外			
10286	0210200	江苏省交通规划与管理重点实验室	4	2013	2 500	2	0818	1	3	40	37	1	11	5	20	0	13	2	32	0	0	0	80	55	57	0	184	0	20 976	0	5	55	55
10286	0220100	测控技术与仪器实验室	3	1962	800	1	0804	1	1	0	12	0	0	1	3	0	1	1	0	0	1	0	4	4	208	0	720	0	46 500	0	1	5.5	5.5
10286	0220200	远程测控技术实验室	3	2007	3 000	2	0804	2	1	8	10	0	10	1	28	0	6	3	0	1	2	0	21	28	15	0	110	0	5 600	0	2	15	8.6
10286	0240100	艺术学院实验中心	3	2003	480	1	1301	2	4	15	7	30	50	20	95	5	33	7	4	2	2	0	90	80	15	0	480	0	7 200	0	0	3.3	0.5
10286	0250100	模拟法庭	3	2007	100	1	0301	0	0	0	0	0	0	0	0	0	0	0	0	0	0	0	0	0	5	0	242	0	320	0	1	0	0
10286	0260100	儿童发展与学习科学教育部重点实验室	4	2005	2 300	2	0826	0	1	4	2	0	37	0	9	0	42	0	0	34	0	0	11	28	100	2	890	0	3 276	0	2	7	3
10286	0410100	基础医学实验教学中心	3	2001	3 450	1	1002	0	0	0	1	0	12	3	0	0	4	0	0	0	0	0	8	5	16	4	534	4	147 550	456	0	5	3.8
10286	0410200	感染与免疫实验室	4	2007	400	2	1001	0	0	0	1	1	24	3	9	0	14	0	0	0	0	0	8	28	3	0	4	0	0	0	0	0	0
10286	0410300	分子病理实验室	2	2006	320	2	0704	0	0	0	0	0	0	0	0	0	0	0	0	0	0	0	0	0	0	0	0	0	0	0	0	0	0
10286	0410400	神经生物学实验室	3	2007	100	2	1001	0	0	0	1	0	1	0	0	0	2	2	0	0	1	0	4	5	4	0	34	0	600	0	2	2	2
10286	0410500	心脑血管疾病行为与功能实验室	3	2002	80	2	1001	0	0	0	0	0	0	0	0	0	0	2	0	0	0	0	0	0	0	0	0	0	0	0	0	0	0

（续表）

学校代码	实验室编号	实验室名称	实验室类别	建立年份	房屋使用面积/平方米	实验室类型	所属学科	教师获奖与成果				论文和教材情况					科研及社会服务情况				毕业设计和论文人数			开放实验						兼任人员数	实验教学运行经费/万元	
								国家级	省部级	发明专利	学生获奖情况	三大检索收录		核心刊物		实验教材	科研项目数		社会服务项目数	教研项目数				实验个数		实验人数		实验人时数			小计	其中教学实验材料年消耗费
												教学	科研	教学	科研		省部级以上	其他		省部级以上	校级	专科生人数	本科生人数	研究生人数	校内	校外	校内	校外	校内	校外			
10286	0410600	发育与疾病相关基因教育部重点实验室	4	2003	4 216	2	0710	0	0	0	0	0	26	0	0	0	24	1	1	0	0	0	0	32	0	1	0	3	0	76	2	9	7
10286	0420100	公共卫生学院实验中心	3	2001	684	1	1004	0	0	6	4	0	0	0	0	0	0	0	0	0	5	0	38	0	115	0	266	0	16 416	0	4	13	8
10286	0420200	环境医学工程教育部重点实验室	4	2007	150	2	1004	0	0	0	0	140	140	0	0	0	11	0	0	0	0	0	62	0	98	0	196	0	25 480	0	11	0	0
10286	0430100	临床技能训练中心	3	1995	650	1	1003	0	0	0	2	0	0	0	0	0	0	0	1	0	0	0	186	0	1 310	0	996	0	324 600	0	0	0	0
10286	0430200	临床医学实验中心	3	1995	890	1	1003	0	0	0	0	0	0	0	0	0	0	0	0	0	0	0	0	0	0	0	0	0	0	0	0	0	0
10286	0430300	临床科学研究中心	2	2007	880	2	1003	1	1	1	3	0	25	0	2	0	10	0	0	0	0	0	0	31	25	0	120	0	0	0	2	0	0
10286	0430400	江苏省分子影像与功能影像重点实验室	3	2007	400	2	1003	0	0	0	0	0	0	0	0	0	0	0	0	0	0	0	0	0	0	0	0	0	0	0	0	0	0
10286	0710100	软件学院实验中心	3	2003	480	1	0806	1	0	0	40	1	4	1	0	2	0	0	2	1	0	0	0	8	95	74	2 350	1 350	434 000	5 200	1	1	1
10286	0990100	电工电子实验中心	1	1997	8 000	1	0806	0	0	0	0	1	2	0	0	1	0	2	0	0	0	0	0	2	160	15	1 100	46	48 000	300	2	30	25
10286	0990200	实验动物中心	3	2006	2 000	2	0904	0	0	0	0	1	2	2	2	1	0	0	0	0	0	0	0	2	0	0	0	0	0	0	1	36	20

2018—2019年度东南大学教学科研仪器设备统计表

单位名称	数量/台或件	金额/万元	单价10万元以下		单价10万~40万元		单价40万元以上	
			台件数	金额/万元	台件数	金额/万元	台件数	金额/万元
建筑学院	3 827	7 019.8	3 735	3 536.89	68	1 685.52	24	1 797.39
机械工程学院	5 124	12 808.6	4 959	5 401.69	118	2 690.78	47	4 716.13
能源与环境学院	8 639	18 602.23	8 405	9 804.47	174	3 672.99	60	5 124.77
信息科学与工程学院	10 775	46 779.61	10 096	11 662.64	414	9 033.36	265	26 083.61
土木工程学院	7 006	13 259.02	6 871	5 885.7	96	2 101.35	39	5 271.97
电子科学与工程学院	4 663	2 9801.75	4 378	5 479.15	177	3 856.52	108	20 466.08
数学学院	1 322	979.53	1 318	821.03	2	44	2	114.5
自动化学院	3 877	5 635.1	3 806	3 305.2	52	1 064.73	19	1 265.17
计算机科学与工程学院	9 528	12 373.25	9 449	6 444.11	57	1 225.4	22	4 703.74
物理学院	4 597	7 196.89	4 527	3 490.6	49	974.81	21	2 731.48
生物科学与医学工程院	7 023	25 482.87	6 660	7 159.6	246	5 646.69	117	12 676.58
材料科学与工程学院	4 120	11 542.95	3 977	3 620.86	95	2 047.66	48	5 874.43
电工电子实验中心	6 282	2 405.82	6 279	2 221.97	2	28.68	1	155.17
经济管理学院	2 950	2 243.43	2 942	2 093.74	8	149.69	0	0
电气工程学院	3 740	7 092.91	3 643	3 602.27	77	1 501.25	20	1 989.39
外国语学院	2 407	1 345.49	2 399	1 169.5	7	133.37	1	42.62
体育系	1 093	774.07	1 086	653.26	7	120.81	0	0
化学化工学院	4 585	13 993.07	4 437	3 937.37	97	1 918.59	51	8 137.11
交通学院	7 217	12 412.91	7 087	6 457.6	100	2 123.59	30	3 831.72
仪器科学与工程学院	4 053	7 442.6	3 952	4 160.74	83	1 635.73	18	1 646.13
人文学院	184	130.16	184	130.16	0	0	0	0
法学院	477	314.34	475	279.34	2	35	0	0
艺术学院	395	483.28	390	300.31	3	80.21	2	102.76
马克思主义学院	356	175.21	356	175.21	0	0	0	0
网络空间安全学院	1 720	4 035.14	1 653	1 998.04	56	1 294.75	11	742.35
继续教育学院	527	625.66	520	418.08	5	84.25	2	123.33
教育技术中心(电教)	6 055	5 743.79	6 007	4 026.17	37	722.81	11	994.81

(续 表)

单位名称	数量/台或件	金额/万元	单价10万元以下		单价10万~40万元		单价40万元以上	
			台件数	金额/万元	台件数	金额/万元	台件数	金额/万元
网络与信息中心	4 275	10 557.69	4 090	2 669.68	128	2 695.77	57	5 192.24
建筑研究所	250	249.07	250	249.07	0	0	0	0
无锡分校	1 219	895.23	1 212	710.49	6	143.86	1	40.88
无锡分校ASIC工程中心	318	956.05	300	178.61	12	273.96	6	503.48
南京通信技术研究院	130	643.84	116	146.49	8	109.01	6	388.34
城市工程科学技术研究院	764	3 375.34	723	856.35	28	624.28	13	1 894.71
图书馆	1 367	3 031.66	1 319	1 166.14	35	675.74	13	1 189.78
工业培训中心	2 178	3 116.72	2 135	1 785.08	37	816.12	6	515.52
软件学院	1 025	724.3	1 022	665.06	3	59.24	0	0
AMS实验室	410	552.25	405	420.14	4	77.41	1	54.7
吴健雄学院	228	136.51	228	136.51	0	0	0	0
微电子学院	410	258.57	409	225.78	1	32.79	0	0
生命科学与技术学院	2 024	5 730.85	1 953	2 171.95	51	1 161.48	20	2 397.42
东南大学·蒙纳士大学苏州联合研究院	70	32.45	70	32.45	0	0	0	0
医学院	7 368	29 659.56	7 105	6 478.52	175	3 576.37	88	19 604.67
公共卫生学院	1 790	3 638.93	1 744	1 604.76	36	817.46	10	1 216.71
其他教学部门(动物中心)	209	213.83	205	84.63	3	41.7	1	87.5

财务与审计工作

财务工作

一、财务收支情况及分析

(一)财务收支总况

根据《政府会计准则第9号——财务报表编制和列报》(财会〔2018〕37号)要求,东南大学中大医院属于合并报表范围。2019年按要求将中大医院纳入决算编制范围。因此,2019年我校总收入和总支出与上年相比有较大幅度增长,其中:收入756 667.89万元,比上年增加299 158.84万元,增长65.39%;支出679 487.43万元,比上年增加261 518.24万元,增长62.57%。

(二)收入情况及分析

东南大学2018—2019年收入构成情况分析表

项目	2018年/万元	2019年/万元	占总收入比重/%	增减额/万元	增减百分比/%
(一)财政拨款预算收入	208 951.99	219 725.24	29.04	10 773.25	5.16
1. 教育拨款预算收入	196 197.22	201 589.83	26.64	5 392.61	2.75
(1) 基本支出	111 577.48	118 855.19	15.71	7 277.71	6.52
(2) 项目支出	84 619.74	82 734.64	10.93	−1 885.10	−2.23
2. 科研拨款预算收入	4 030.07	7 442.85	0.98	3 412.78	84.68
(1) 基本支出	1 285.07	1 299.85	0.17	14.78	1.15
(2) 项目支出	2 745.00	6 143.00	0.81	3 398.00	123.79
3. 其他拨款预算收入	8 724.70	10 692.56	1.41	1 967.86	22.56
(1) 基本支出	8 702.20	10 670.06	1.41	1 967.86	22.61
(2) 项目支出	22.50	22.50	0.00		
(二)事业收入	174 338.17	200 787.22	26.54	26 449.05	15.17

(续 表)

项目	2018年/万元	2019年/万元	占总收入比重/%	增减额/万元	增减百分比/%
1. 教育事业预算收入	38 749.09	40 936.89	5.41	2 187.80	5.65
2. 科研事业预算收入	135 589.08	159 850.33	21.13	24 261.25	17.89
(三) 上级补助预算收入					
(四) 附属单位上缴预算收入					
(五) 经营预算收入					
(六) 债务预算收入		3 000.00	0.40	3 000.00	
(七) 非同级财政拨款预算收入	34 689.13	46 985.68	6.21	12 296.55	35.45
(八) 投资预算收益	3 000.00	2 012.96	0.27	−987.04	−32.90
(九) 其他预算收入	36 529.76	284 156.79	37.55	247 627.03	677.88
合计	457 509.05	756 667.89	100.00	299 158.84	65.39

2019年我校总收入756 667.89万元。其中,财政拨款预算收入219 725.24万元,占总收入的29.04%;事业收入200 787.22万元,占总收入的26.54%,两项收入合计占总收入的55.58%。

(三) 支出情况及分析

东南大学2018—2019年支出构成情况分析表

项目	2018年/万元	2019年/万元	增减额/万元	增减百分比/%
一、工资福利支出	132 823.43	226 594.80	93 771.37	70.60
其中:1. 基本工资	22 424.21	24 462.30	2 038.09	9.09
2. 津贴补贴	19 260.86	21 696.13	2 435.27	12.64
3. 伙食补助费	182.94	437.90	254.96	139.37
4. 绩效工资	48 408.82	82 807.15	34 398.33	71.06
5. 机关事业单位基本养老缴费	8 953.23	9 198.50	245.27	2.74
6. 职业年金缴费	3 577.60	4 049.87	472.27	13.20
7. 其他社会保障缴费	328.95	331.73	2.78	0.84
8. 医疗费	1 841.21	1 724.67	−116.54	−6.33
9. 住房公积金	6 310.03	7 364.48	1 054.45	16.71
10. 其他工资福利支出	21 535.58	74 522.06	52 986.48	246.04
二、商品和服务支出	145 199.72	317 103.46	171 903.74	118.39
其中:1. 办公费	2 317.07	2 941.59	624.52	26.95
2. 印刷费	5 830.83	6 175.91	345.08	5.92
3. 水电费	7 052.82	7 009.06	−43.76	−0.62
4. 差旅费	10 443.92	11 629.45	1 185.53	11.35
5. 因公出国(境)	4 178.20	4 961.12	782.92	18.74

(续 表)

项目	2018年/万元	2019年/万元	增减额/万元	增减百分比/%
6. 劳务费	17 365.57	16 088.70	−1 276.87	−7.35
7. 会议费	737.75	1 490.00	752.25	101.97
8. 专用材料费	19 017.38	17 1774.39	15 2757.01	803.25
9. 委托业务费	25 136.80	31 650.72	6 513.92	25.91
10. 维修费	10 060.53	14 918.31	4 857.78	48.29
11. 其他商品和服务支出	30 610.43	30 233.68	−376.75	−1.23
三、对个人和家庭补助支出	89 256.61	70 415.41	−18 841.20	−21.11
其中：1. 离休费	2 395.89	2 759.86	363.97	15.19
2. 退休费	38 282.72	12 784.80	−25 497.92	−66.60
3. 抚恤金	779.58	803.63	24.05	3.08
4. 生活补助	92.40	109.31	16.91	18.30
5. 医疗费补助	4 792.77	6 207.19	1 414.42	29.51
6. 助学金	41 299.15	47 056.95	5 757.80	13.94
7. 其他对个人和家庭的补助	1 614.10	693.67	−920.43	−57.02
四、基本建设支出	14 048.00	4 779.09	−9 268.91	−65.98
其中：1. 房屋建筑物构建	14 048.00	4 779.09	−9 268.91	−65.98
五、其他资本性支出	36 641.43	60 498.28	23 856.85	65.11
其中：1. 房屋建筑物购建	4 265.56	8 579.14	4 313.58	101.13
2. 办公设备购置费	648.52	12 018.44	11 369.92	1 753.21
3. 专用设备购置费	29 971.56	35 890.38	5 918.82	19.75
4. 信息网络及软件购置更新	270.00	35.88	−234.12	−86.71
5. 其他交通工具购置		35.13	35.13	
6. 文物与陈列品购置	9.80	52.80	43.00	438.78
7. 无形资产购置		2 542.21	2 542.21	
8. 其他资本性支出	1 475.99	1 344.30	−131.69	−8.92
合计	417 969.19	679 487.43	261 518.24	62.57

2019年支出679 487.43万元，比上年417 969.19万元增加了261 518.24万元，增幅62.57%。其中，工资福利支出226 594.80万元，较上年132 823.43万元增加93 771.37万元，增幅70.60%，主要原因为将中大医院纳入决算编制范围，同时，调整了在职人员住房公积金基数及比例。商品和服务支出317 103.46万元，较上年145 199.72万元增加171 903.74万元，增幅118.39%，主要原因是将中大医院的药品支出纳入其中的专用材料费支出，导致商品和服务支出大幅增长。对个人和家庭补助支出70 415.41万元，较上年89 256.61万元减少18 841.20万元，减少21.11%，主要是由于2019年人均退休费与2018年人均退休费相比大幅下降，2019年退休人员工资改革，改革后退休人员的部分工资由养老保险基金支付，不再由学校发放。基本建设支出4 779.09万元，较上年14 048.00万元减少9 268.91万元，减少65.98%，主要是人文社科科

研楼中标方未能按时开出保函、九龙湖校区信息电子综合楼工程进度滞后等原因导致执行相对滞后。其他资本性支出60 498.28万元,较上年36 641.43万元增加23 856.85万元,增幅为65.11%。

二、2019年末财务状况分析

东南大学2018年—2019年财务状况分析表

项目	2018年/万元	2019年/万元	增减额/万元	增减百分比/%
流动资产:				
货币资金	740 561.94	805 803.41	65 241.47	8.81
财政应返还额度	3 029.86	10 440.95	7 411.09	244.60
应收账款	29 699.25	40 551.02	10 851.77	36.54
预付账款	8 689.40	10 077.86	1 388.46	15.98
其他应收款	4 177.80	5 027.73	849.93	20.34
存货	5 361.82	6 400.78	1 038.96	19.38
其他流动资产	12.82	4.84	−7.98	−62.24
流动资产合计	791 532.89	878 306.59	86 773.70	10.96
非流动资产:				
长期投资	68 181.08	71 738.42	3 557.34	5.22
固定资产原值	792 716.55	836 307.87	43 591.32	5.50
减:固定资产累计折旧	391 328.78	435 001.82	43 673.04	11.16
固定资产净值	401 387.77	401 306.04	−81.72	−0.02
在建工程	52 596.29	65 821.93	13 225.64	25.15
无形资产原值	13 277.49	15 977.53	2 700.04	20.34
减:无形资产累计摊销	4 234.48	5 755.42	1 520.94	35.92
无形资产净值	9 043.01	10 222.11	1 179.11	13.04
非流动资产合计	531 208.14	549 088.50	17 880.36	3.37
受托代理资产	5 947.10	6 208.58	261.47	4.40
资产总计	1 328 688.14	1 433 603.67	104 915.53	7.90
流动负债:				
短期借款	2 000.00	3 000.00	1 000.00	50.00
应缴税费	152.79	2 501.50	2 348.71	1 537.21
应付职工薪酬	78 401.87	75 716.04	−2 685.83	−3.43
应付票据	22 220.00	30 800.00	8 580.00	38.61
应付账款	44 564.55	50 476.81	5 912.26	13.27
应付利息				
预收账款	4 042.11	108 199.25	104 157.14	2 576.80

（续　表）

项目	2018年/万元	2019年/万元	增减额/万元	增减百分比/%
其他应付款	20 916.16	15 910.18	−5 005.98	−23.93
预提费用	8 883.23	29 297.30	20 414.07	229.80
其他流动负债	7.51	11.09	3.58	47.67
流动负债合计	181 188.23	315 912.18	134 723.95	74.36
非流动负债：				
长期应付款	1 888.40	1 864.42	−23.98	−1.27
非流动负债合计	1 888.40	1 864.42	−23.98	−1.27
受托代理负债	5 947.10	6 208.58	261.47	4.40
负债合计	189 023.74	323 985.17	134 961.44	71.40
净资产：				
累计盈余	1 075 603.63	1 041 818.60	−33 785.04	−3.14
专用基金：				
职工福利基金	13 488.78	13 670.57	181.79	1.35
学生奖助基金	5 449.33	5 416.20	−33.13	−0.61
其他专用基金	8 039.45	8 254.37	214.92	2.67
权益法调整	50 571.99	54 129.33	3 557.34	7.03
净资产合计	1 139 664.40	1 109 618.50	−30 045.90	−2.64
负债和净资产总计	1 328 688.14	1 433 603.67	104 915.53	7.90

根据《政府会计准则第9号——财务报表编制和列报》（财会〔2018〕37号）要求，2019年按要求将中大医院纳入决算编制范围，年初资产负债表按合并中大医院进行了调整。2019年末资产合计1 433 603.67万元，比上年1 328 688.14万元增加104 915.53万元，增长7.90%。其中，流动资产878 306.59万元，比上年791 532.89万元增加86 773.70万元，增长10.96%；固定资产净值401 306.04万元，比上年减少81.72万元，减少0.02%；在建工程65 821.93万元，比2018年增加13 225.64万元，增长25.15%；2019年长期投资增加3 557.34万元。

2019年末负债合计323 985.17万元，比上年189 023.74万元增加134 961.44万元，增长71.40%。负债类变化的主要原因是预收账款和预提费用大幅增加。2019年实行新的政府会计制度，在权责发生制核算的基础上，根据合同进度确认科研收入，收到款项尚未确认科研收入的部分年底全部体现在预收账款科目上，导致预收账款大幅增加。预提费用为学校按规定从科研项目收入中提取的项目间接费用或管理费。往年学校从科研项目收入中提取的项目间接费用均计入事业基金，2019年按照政府会计制度的要求，从科研项目收入中提取的项目间接费用计入预提费用。

2019年末净资产合计1 109 618.50万元，比上年1 139 664.40万元减少30 045.90万元，减少2.64%。2019年末累计盈余1 041 818.60万元，比2018年1 075 603.63万元减少33 785.04万元；主要原因是根据政府会计准则，2019年计提往年购入的符合条件的固定资产累计折旧、无形资产累计摊销合冲抵累计盈余。2019年末专用基金13 670.57万元，比2018年13 488.78万元增加181.79万元。专用基金包括职工福利基金、学生奖助基金和其他专用基金（主要是维修基金）。根据《政府会计准则制度解释第1号》，中央级行政事业单位应当自2019年1月1日起,将归属本单位的售房款及其利息收入纳入部门预算管理,收到的售房款项作为"其他收入";同时,事业单位在原账中将售房款计入"专用基金"科目的转入新账财务会计中的"累计盈余"科目。

2019年是新中国成立70周年,也是学校全面深化综合改革、加快实现"1—10—100"东大梦的重要一年。学校财务工作在校领导的正确领导下,在学校各单位、部门的支持配合下,坚持改革、不断创新,紧紧围绕学校事业发展需要,科学制订工作计划,全力推进政府会计制度改革、狠抓各项工作落实。在经济转型压力、从严监管压力、信息公开与绩效评价压力等多重因素影响下,学校财务以落实主题教育总体要求为主线,以深化"放管服"改革为抓手,始终坚持以优先保障为前提,以深化改革为动力,以强化管理为关键,突出抓重点、补短板、强弱项,全面加强教育经费投入使用管理,促进管理、服务能力水平双提升,财务运行状况良好,助力学校"双一流"建设事业快速健康发展。

三、2019年财务工作总结

(一)年度工作完成情况

2019年,外部环境变化对我校财务工作提出了新要求。在经济转型压力、从严监管压力、信息公开与绩效评价压力等多重因素影响下,学校财务以落实主题教育总体要求为主线,以深化"放管服"改革为抓手,始终坚持以优先保障为前提,以深化改革为动力,以强化管理为关键,突出抓重点、补短板、强弱项,全面加强教育经费投入使用管理,促进管理、服务能力水平双提升,财务运行状况良好,助力学校"双一流"建设事业快速健康发展,取得丰硕成果。

(二)部门标志性成果

1. 财务处推行院系财务联系人制度

院系财务联系人制度是指由财务处派驻财务人员嵌入院系工作群组,让联系人做财经政策的宣传员,财务信息的发布员,财务工作的联络员、引导员,在财务与院系师生之间架起直通的桥梁,铺设快速路,建立专线通道,及时、准确解决师生财务工作需求,着力解决相关财务问题。此项制度是财务处推进主题教育活动,落实回归初心、师生在我心中,践行全心全意为师生服务的宗旨,深入推进"放管服"改革,主动增强服务意识、责任意识和担当精神,改进工作方式方法,提高服务能力,提升服务效率,改进工作作风,体现初心使命的重要举措。

2. 进一步完善学生财务助理制度,引入网约单自动投递机,创新服务方式

为进一步推进财务管理标准化、规范化建设,落实精准服务,构建信息对称和互信,不断提升财务帮助师生处理复杂问题的能力,财务处积极推进学生财务助理工作,为科研人员提供专业的财务管理服务。财务处各科室积极参与学生财务助理培训组织工作、具体实施工作和后期服务工作,制订培训计划,加强宣传工作,规范聘用手续。财务处每年进行两次的学生财务助理系列培训,截至目前,经财务处培训合格的学生财务助理已达1000人以上,实现了2019年初财务处打造"学生财务助理千人计划"的目标。为配合学生财务助理制度的有效推广,财务处对学生财务助理实施每周7×24小时的微信群实时交互问答服务,及时解决学生财务助理的困难。学生财务助理在科研报销过程中起到的积极作用,也得到了广大教师和科研人员的好评。同时,为配合学生财务助理制度的有效推广,进一步优化财务报销模式。解决网约单投递时间和地点限制,实现报销不用跑财务,财务处全面推行网约单自动投递模式,再造收退网约单流程,在全校范围铺开投放网约单自动投递机。聘用学生财务助理的网约报销单可使用自动投递机投递,并且免去了自助投递单的院系盖章程序,每天由专人收集,财务优先处理,切实提高了办事效率,解决了师生非工作时间投递预约单据的问题。

(三) 重要改革举措及实施效果

1. 提早启动校内预算的编制工作

为了改善往年预算编制12月启动,第二年3月才确定下拨的情况,进一步提高预算管理统筹协调力度,促进预算科学、全面、规范、合理编制,提高预算绩效管理水平,加快预算执行力度,提升预算经费使用效益,财务处于2019年8月26日正式启动校内执行预算编制工作,与重大财政专项经费预算编制同时起步,至2019年10月21日完成各部门预算上报工作。11月完成与各部门预算需求交流,统筹自有资金与财政专项预算安排,预计12月底完成预算草案,按照规定履行相关程序后以正式文件形式下达各部门,保证校内预算与部门预算时间上的一致性,保障学校运行及各部门工作正常开展。

2. 推行会计档案电子化工作

10月中旬,会计档案电子化系统已经正式上线,两校区每日的会计凭证全部扫描上传形成电子档案。后续项目负责人可以在高级财务平台随时查看并下载凭证附件。项目中期检查、项目结题验收,不再需要到现场查阅拍摄凭证,给学校老师提供了极大的方便,同时提高了财务档案的管理效能,减少财务管理风险。

3. 推行电子票据工作

经过前期财政票据、税务票据电子化的准备工作,和相关业务系统的对接,学费、住宿费已可以开具电子发票。学生可登录东南大学缴费平台或登录缴费时登记的电子邮箱下载、打印此电子票据。财务处将电子票据查询嵌入"东大财务"微信公众号,方便学生随时随地查看、保存电子发票。推行电子票据工作极大地解决了以往收费、开票、入账结算等烦琐问题,大大提高工作效率。

(四) 服务师生的举措及成效

1. 持续优化"东大财务"微信公众号,加强财务信息公开工作

财务处努力构建新常态下信息化服务机制,提高工作透明度。自推出"东大财务"微信公众号后,持续优化改进,通过新媒体途径及时准确地将工作流程、财经政策、报销规则、查询信息、科研管理、实时动态、一卡通服务等第一时间推送给师生员工,做到服务人员和服务受众的信息完全共享,使教职工能根据第一手的信息进行其科研教学项目的相关工作,节约时间、提高工作效率。充分利用移动媒体的互动功能,更好地听取师生对财务工作的意见建议,增强财务工作的针对性和时效性。今年暑期微信公众号一卡通新增缴网费业务,师生可从手机平台一卡通账户和一卡通电子账户直接缴纳学校上网费,交费后可以直接上网,方便师生网络使用。

2. 简化、调整报销手续和办事流程,做好政策宣传工作

一是调整政策。主要调整了乘坐交通工具等差旅费和住宿费标准;调整外事接待陪餐人数;调整临时租车合同起点;扩大横向经费绩效支出比例;扩大引进人才启动预算自主权;修订了科研项目预算调整管理办法;扩大项目负责人自主权,取消科研项目财务系统预算控制;调整加班误餐费标准等。二是除调整财经政策外,财务处也加大了业务流程梳理工作。调整简化了关于科研项目申报、投标涉及财务资料领取流程,部分业务办理不再要求院系盖章。简化业务接待报销手续,简化外事接待餐费报销手续,简化乘坐外航航班审批手续,简化科研经费预开发票和入账流程,简化科研项目投标对公支付投标保证金流程。化整为零批量处理科研结题相关业务,修订了财务报销业务指南,梳理了因公临时出国(境)、邀请外国专家来华报销政策和流程。三是进一步强化财务信息公开,拓宽宣传渠道。第一时间深入医学院、公卫学院、能环学院、仪科学院、交通学院、电气学院、信息学院、土木学院等院系,将新政策宣传到院系基层单位,便于理解和执行。

3. 做好个人所得税改革衔接工作,让政策红利惠及教职工

2019年1月1日起国家实施个人所得税改革,计税方式由按月缴纳转变为按月预缴、按年汇总计算的方式。同时,提高了基本减除费用标准并设立6项专项附加扣除。财务处为做好个税改革的平稳过渡,前期做了大量准备工作,同时邀请税务局专家对全校教职工开展专项附加扣除政策宣讲工作,有力保障了教职员工的切身利益。明年年初会根据税务局指示,做好学校教职工的个人所得税汇算清缴工作,让政策红利惠及教职工。

4. "东南大学采购与合同管理平台"正式上线

"东南大学采购与合同管理平台"今年2月份正式上线,实现了学校采购管理的信息化。平台主要提供并优化采购申请、委托代理、方案审批等方面的专项服务,通过网上流程审核,取消了项目单位线下进行采购申请、业务主管部门审批、财务冻结资金等填表、盖章、签字环节,大大提高了采购工作的效率。另外,对线上审批过程中的采购审批文件资料,由采购中心经办人或代理机构完成打印、登记、存档工作。

5. 扎实推进科研采购"放管服"工作

采取的主要措施有:把科研仪器设备采购政策延伸至科研活动相关的外协服务采购项目;科研设备与科研外协服务的集中采购限额由20万元放宽到50万元;优化专家抽取方式,允许项目按3∶1推荐评审专家;20万到50万元的项目采用快速采购,从采购申请到采购完成时间缩短了三分之二;对于50万到200万元的项目直接采用竞争性磋商方式,无须采用公开招标方式,大大缩短了采购时间;在学校采购平台上专门设置"科研放管服"入口,方便监管;对于200万元以上需改变采购方式的,主动协助项目向教育部、财政部办理变更手续。

(五) 党风廉政建设情况

1. 财务处内部依法依规履职

财务处严格按照《东南大学经费支出财务审批管理办法》《东南大学财经工作领导小组议事规则》等文件要求履行经费支出审批和预算调整程序,落实学校内部控制建设评价要求,建立完善财务会审和预审机制,开展财务收支行为稽核等工作,保障财务人员和学校其他部门、单位依法依规使用经费,有效防范管理风险和财务风险,促进党风廉政建设。

2. 严格规范采购行为

为了杜绝部门插手采购工作,进一步严肃采购工作的规范性、公正性,维护采购工作公信力,学校采购中心通过采购需求的合理性审核、采购文件的规范编制、采购过程管理的把关、采购结果的监管几个方面加强采购管理。建立了学校工程项目采购人代表库,所有工程类项目采购人代表都从库内抽专家参加项目评标评审;重大民生项目的采购人代表也是采用抽取专家的方式参加评标评审;完善改进"评标专家管理系统",做到了评委抽取自动化,开标前半小时揭秘;实施政府采购合同公示举措;杜绝项目单位制作采购文件过程中出现倾向性和指向性;敦促主管部门认真履职;要求代理机构提高专业度和职业操守。力保伙食原料供应商遴选、食堂经营服务外包、九龙湖校区物业、大草坪工程、学生公寓家具、校医院药品、工会节日慰问、零修等重大民生项目顺利落地,无质疑投诉。

审 计 工 作

2019年审计处认真学习贯彻党的十九届四中全会精神和习近平总书记在庆祝中华人民共和国成立70周年大会上的讲话精神,紧紧围绕学校的中心工作,按照《审计署关于内部审计工作的规定》(2018年审计署令第11号)文件要求,依法履行审计职责,加大审计工作力度,创新审计工作方式,提高审计工作效益,切实维护学校经济秩序和促进廉政建设,充分发挥学校内部审计"免疫系统"功能作用,审计工作取得了显著成效。

(一) 财务审计方面

2019年共计完成各类财务审计项目25项,审计涉及金额14.52亿元,提交审计报告23篇,发现各类内部控制、财务管理、资产管理、合同管理等违规问题95个,发现账务处理不当等违规金额9 530.66万元,退款3笔共2 406元,提出审计建议61条。

1. 内部控制评价

推行审计全覆盖,首次开展内部控制评价工作。通过正式招标委托安永(中国)企业咨询有限公司,审计处全过程跟踪,对学校2018年控制环境、合同管理等12个管理模块的内部控制设计与运行的有效性进行评价。共发现内部控制缺陷105项,风险提示9项。

2. 经济责任审计

尝试"委托审计+跟踪审计"的方式,完成了任期经济责任审计24项,审计总金额14.52亿元,提交审计报告22篇,发现问题95个,违规金额9 530.66万元,提出审计建议61条。

3. 常规审计项目

按照教育部强化预算执行与决算审计的要求,开展2018年度财务预算执行情况和决算审计、2018年度部门业务费及校内预算执行情况的专项审计,针对审计发现的问题与财务处进行了充分沟通。

(二) 工程审计方面

1. 2019年共完成工程项目竣工结算审计233项,送审金额15 265.6万元,核减1 248.9万元,核减率8.18%。其中:基本建设项目14项,送审金额6 459.9万元,核减777.6万元,核减率12.04%;修缮工程项目219项,送审金额8 805.6万元,核减471.3万元,核减率5.35%;5万元以下审签备案工程91项,共计金额139.7万元。

2. 认真做好桃园学生宿舍9~10号院、游泳馆、信息电子教学综合楼、生医科研综合楼、能环科研综合楼等基本建设工程项目的全过程跟踪审计,跟踪审计人员参加工地例会、深入工地现场,解决工程实际问题,有效保证了工程进度和造价控制,每年为学校节约跟踪审计费用至少120余万元。

配合基建处完成人文社科楼的清单编制和控制价审核工作。

完成重点修缮工程的跟踪审计工作共计11项,合计金额3 600余万元。

(三) 强化审签制度,加强审计监督

坚持服务师生理念。在方便师生办理科研经费审签手续的同时,严格把关科研经费使用的合规性和效益性,共审签各类科研基金项目70项,总经费1 309万元。

(四) 强化审计成效,着力抓好审计结果整改落实

一是统一规范审计整改文件和要求;二是审计报告上报被审计单位分管校领导阅示,增强审计成果落实力度;三是提供指导和帮助,对难点问题提出建议;四是拟定《处内审计整改落实情况审核、审批表》,对整改反馈资料进行三级复核,推进审计结果整改落实。

(五) 积极开展管理审计,切实提高审计效益

加强制度建设,修订了《东南大学基本建设、修缮工程竣工结算审计办法》,将工程结算审计的起点设置为5万元。修订《审计档案管理》《审计方案编制》等13项处内规章制度。

整理归集最新财经审计法规和教育部近两年"经济责任审计情况通报"发现的问题,在项目审计过程中加以运用,使审计工作更具规范性和针对性。

对审计发现的问题,形成审计建议书,以书面形式上报有关校领导和相关职能部门,本年审计处共送

达审计建议书6份。

(六) 加强队伍建设,切实提高审计人员的专业能力

加强学习,不断提高审计人员的业务素质和专业化水平。把加强对审计人员的教育培训作为一种制度,将审计法规和制度学习纳入日常的工作安排。今年我校内审人员参加中内协、教育审计协会培训10人次,参加江苏省部分高校内部审计工作研讨会9人次,到部属高校调研10次,形成调研报告10篇。

继 续 教 育

2019年工作综述

2019年学院认真落实学校党政的各项工作部署，开展"不忘初心、牢记使命"主题教育活动。围绕创办与东南大学建设世界一流大学目标相匹配的一流继续教育目标定位，坚持以改革为驱动、以队伍建设为基础、以品牌建设为核心、以质量为支撑的可持续发展道路，加快转型发展步伐，较好地完成各项工作和任务，取得了一定的成绩。

一、开展"不忘初心、牢记使命"主题教育活动

1. 学院领导在自学《习近平关于"不忘初心、牢记使命"重要论述选编》等重要文献的基础上，通过党委理论学习中心组（扩大）和读书交流会等形式进行了集中学习研讨，共计11次；班子成员分别上了专题党课；听取了职工的意见和建议，梳理、凝练4个方面的主要问题，形成了调研报告。领导班子召开专题民主生活会，认真开展了批评和自我批评。

2. 在职教工党支部严格按照学院主题教育实施方案，结合"两学一做"学习教育常态化制度化，依托"三会一课"、主题党日等，认真完成主题教育学习活动。学院组织在职党员进行了7次集体学习；党支部书记完成1次专题党课或报告个人学习体会；组织了志愿者服务活动；开展了民主评议党员。

二、赴兄弟高校和相关单位开展学习调研

1. 3月份，赴清华大学、南开大学、浙江大学和上海交通大学的继续教育学院，就非学历继续教育培训的管理体制与运行机制、组织架构与岗位设置、人事与薪酬体系、培训项目管理与评价、在线培训和信息化管理系统、后勤保障等内容进行调研学习。

2. 6月份，赴云南省楚雄州南华县组织部开展干部人才教育培训对接调研工作。

3. 12月赴海南省教育厅和有关职业院校，就东南大学国家级职教师资培养培训基地为海南省"十三五"期间培训职教师资工作进行跟踪回访，就"十四五"期间相关培训进行对接调研。

4. 12月份，邀请浙江大学继续教育学院党委书记童晓明为学院作"从跟跑到快跑，打造一流特色培训品牌"专题报告，全面了解浙江大学的转型发展概况和具体举措与成效。

三、调整学院内部组织机构

1. 成立培训四部,与远程教学部合署办公。
2. 成立运行与评估部,负责培训项目的运行管理。
3. 成立教学委员会,负责对培训的师资、课程、项目合理性进行检查、监督、服务与指导。
4. 整合招生与站点管理部与培训三部、校本部站点合署办公。

四、完善内部规章制度

1. 制订《学历培训项目财务管理流程》,对培训项目的收费标准进行了统一;对培训班合影照片的价格、现场教学酬金及勤杂人员劳务酬金进行了规范。
2. 对培训宾馆等食宿资源进行了价格协商。
3. 建立非学历培训工作例会制度;建立培训工作督导和培训工作评价机制。

五、推进学院用人制度改革

随着学院在职职工退休人数的增加,学校政策无法满足学院招聘青年职工的需求,领导班子研究决定,今后学院将减少退休职工的返聘人数,主要通过劳务派遣的用工方式招聘新员工,增强学院的活力和创新动力。同时建立新员工培训制度。2019年度招聘了2名劳务派遣人员。

六、完成2018年度高校继续教育发展报告的撰写及报送

按照《关于开展2018年度高等学校继续教育发展报告工作的通知》(教职成司函〔2019〕35号)要求,对学校情况、专业设置、人才培养、质量保证、社会贡献、特色创新、问题挑战和对策建议等8个部分进行了全面总结与认真思考,对存在的问题进行了客观分析,并提出了相应的对策与建议,按规定报送江苏省教育厅和教育部。

七、规范管理,学历教育收尾工作有条不紊地进行

1. 2019年学历继续教育毕业生共计1 579人,其中成人教育毕业生767人,远程教育毕业生812人。成人教育毕业生278人获得学位,远程教育毕业生76人获得学位。
2. 首次为我院学历继续教育学生组织国家公共英语等级(PETS3)考试,共计报名386人。

八、非学历培训工作成绩喜人

1. 2019年学院共完成非学历培训项目85个,培训学员7 058人,培训收入1 601.66万元,培训收入较上年度增加33.47%。校内专业院系完成非学历教育培训249班次、60 127人次,培训收入993.78万元,较上年度增加11.4%。
2. 新建非学历培训现场教学基地7个,以满足现有非学历教育培训的教学需求。

九、召开2019年继续教育工作年会

会议认真总结了过去一年来的教学工作,表彰和奖励了2018—2019学年远程教育教学管理先进集体9个、先进个人18个,对下一年度工作提出希望与要求。

十、开展形式多样的主题教育活动

1. 组织赴无锡革命陈列馆开展"重温红色历史、传承革命精神"主题教育活动。
2. 和中国建设银行江苏省分行人力部等3个部门党员结对开展银校共建主题党日活动。
3. 在职教工第二党支部赴浦口行知教育基地王荷波纪念馆开展"党性教育和廉政教育"主题党日活动;在职教工第一党支部赴溧阳新四军纪念馆参观考察。
4. 举办"腾飞的交通"专家报告会、"宗教工作、民族工作"专题讲座会;举办了庆祝中华人民共和国成立70周年"壮丽祖国魅力东大"手机摄影比赛活动。

十一、完成党支部换届改选工作

1. 在职教工第一党支部委员会由丁蕾、张云霞和姜飞月3人组成,姜飞月任支部书记。
2. 在职教工第二党支部委员会由李广来、吴建玲和钱宇霞3人组成,钱宇霞任支部书记。
3. 退休教工第一党支部委员会由宛有宝、喻德文和谢蓉芳3人组成,宛有宝任支部书记。
4. 退休教工第二党支部委员会由王月华、王彤和史如龙3人组成,王月华任支部书记。
5. 退休教工第三党支部委员会由张学芳、查冠陵和章熙芬3人组成,章熙芬任支部书记。

十二、完成2019年度党内评优工作

王彤同志获校优秀共产党员,在职教工第二党支部荣获校先进基层党组织称号。

十三、退休协会完成换届工作

史如龙任理事长,章熙芬、金燕任理事。

2019年远程教育专业设置一览表

类别	学历层次	专业名称
远程教育	专科起点本科	护理学

2019年远程教育毕业学生人数统计表

学号	姓名	证件号码	性别	类型	学习形式	站点	专业方向	学籍年级	层次	毕业时间	毕业证号	状态
7722643815261009	章雅杰	321322199604080269	女	远程	网络	沭阳县卫生进修学校	护理学	2015秋	高中起点专科	2019-01-20	102867201906150008	毕业
7722643516251055	陈月	321322198908035083	女	远程	网络	沭阳县卫生进修学校	护理学	2016秋	专科起点本科	2019-01-20	102867201905180422	毕业
7722643516251053	殷悦	321322199109070223	女	远程	网络	沭阳县卫生进修学校	护理学	2016秋	专科起点本科	2019-01-20	102867201905180421	毕业
7722643516251052	仲芹	320831197911252626	女	远程	网络	沭阳县卫生进修学校	护理学	2016秋	专科起点本科	2019-01-20	102867201905180420	毕业
7722643516251047	李捷	321322199301010263	女	远程	网络	沭阳县卫生进修学校	护理学	2016秋	专科起点本科	2019-01-20	102867201905150419	毕业
7722643516251046	徐昕苗	610302199104094544	女	远程	网络	沭阳县卫生进修学校	护理学	2016秋	专科起点本科	2019-01-20	102867201905120418	毕业
7722643516251040	刘艳	321322198205273827	女	远程	网络	沭阳县卫生进修学校	护理学	2016秋	专科起点本科	2019-01-20	102867201905120417	毕业
7722643516251039	刘瑞	321322199307290649	女	远程	网络	沭阳县卫生进修学校	护理学	2016秋	专科起点本科	2019-01-20	102867201905100416	毕业
7722643516251038	韩妍	321322199005078829	女	远程	网络	沭阳县卫生进修学校	护理学	2016秋	专科起点本科	2019-01-20	102867201905190415	毕业
7722643815261019	韦星月	321322199511156084	女	远程	网络	沭阳县卫生进修学校	护理学	2015秋	高中起点专科	2019-07-15	102867201906250002	毕业
7722643517151062	孙静静	321322199310061644	女	远程	网络	沭阳县卫生进修学校	护理学	2017秋	专科起点本科	2019-01-20	102867201905210381	毕业
7722643516251033	陈燕	321322199202165227	女	远程	网络	沭阳县卫生进修学校	护理学	2016秋	专科起点本科	2019-01-20	102867201905100414	毕业
7722643517151049	张倩青	321322199508063223	女	远程	网络	沭阳县卫生进修学校	护理学	2017春	专科起点本科	2019-07-15	102867201905240380	毕业
7722643516251029	吴静	321322198406256089	女	远程	网络	沭阳县卫生进修学校	护理学	2016秋	专科起点本科	2019-01-20	102867201905140413	毕业
7722643517151046	张桃桃	321322199202204628	女	远程	网络	沭阳县卫生进修学校	护理学	2017春	专科起点本科	2019-07-15	102867201905200379	毕业
7722643516251024	姜璐璐	321322199301044623	女	远程	网络	沭阳县卫生进修学校	护理学	2016秋	专科起点本科	2019-01-20	102867201905190412	毕业
7722643517151045	陶玉	321322198803105823	女	远程	网络	沭阳县卫生进修学校	护理学	2017春	专科起点本科	2019-07-15	102867201905270378	毕业
7722643516251021	钱丽丽	321322198105125862	女	远程	网络	沭阳县卫生进修学校	护理学	2016秋	专科起点本科	2019-01-20	102867201905110411	毕业
7722643517151042	陈志慧	320831199308230249	女	远程	网络	沭阳县卫生进修学校	护理学	2017春	专科起点本科	2019-07-15	102867201905210377	毕业
7722643516251018	谢敏	321322199411085426	女	远程	网络	沭阳县卫生进修学校	护理学	2016秋	专科起点本科	2019-01-20	102867201905120410	毕业
7722643517151039	许黎黎	321341198706104442	女	远程	网络	沭阳县卫生进修学校	护理学	2017春	专科起点本科	2019-07-15	102867201905200376	毕业
7722643516251016	张晓雪	321322199409090242	女	远程	网络	沭阳县卫生进修学校	护理学	2016秋	专科起点本科	2019-01-20	102867201905230409	毕业
7722643517151037	陈闪闪	321341199611110828	女	远程	网络	沭阳县卫生进修学校	护理学	2017春	专科起点本科	2019-07-15	102867201905260375	毕业

(续 表)

学号	姓名	证件号码	性别	类型	学习形式	站点	专业方向	学籍年级	层次	毕业时间	毕业证号	状态
772264351625151013	李苏杰	321322199309011623	女	远程	网络	沭阳县卫生进修学校	护理学	2016秋	专科起点本科	2019-01-20	1028672019051401408	毕业
772264351715151028	葛迎娣	321322199312200222	女	远程	网络	沭阳县卫生进修学校	护理学	2017春	专科起点本科	2019-07-15	1028672019052003374	毕业
772264351625151012	李梦如	321322199107145105	女	远程	网络	沭阳县卫生进修学校	护理学	2016秋	专科起点本科	2019-01-20	1028672019051301407	毕业
772264351715151016	王 琼	321322199603100029	女	远程	网络	沭阳县卫生进修学校	护理学	2017春	专科起点本科	2019-07-15	1028672019052003373	毕业
772264351625151011	马 琼	321322199512071621	女	远程	网络	沭阳县卫生进修学校	护理学	2016秋	专科起点本科	2019-01-20	1028672019051601406	毕业
772264351715151013	耿欣仪	321322199605292423	女	远程	网络	沭阳县卫生进修学校	护理学	2017春	专科起点本科	2019-07-15	1028672019052802372	毕业
772264351625151009	汤婷婷	321322199302090023	女	远程	网络	沭阳县卫生进修学校	护理学	2016秋	专科起点本科	2019-01-20	1028672019051701405	毕业
772264351715151011	葛 红	321322199309927030X	女	远程	网络	沭阳县卫生进修学校	护理学	2017春	专科起点本科	2019-07-15	1028672019052102371	毕业
772264351625151008	刘婷婷	321323199001024723	女	远程	网络	沭阳县卫生进修学校	护理学	2016秋	专科起点本科	2019-01-20	1028672019051701404	毕业
772264351715151010	王冬梅	321322199211266265	女	远程	网络	沭阳县卫生进修学校	护理学	2017春	专科起点本科	2019-07-15	1028672019052403370	毕业
772264351615151089	许倩倩	321302199209060027	女	远程	网络	沭阳县卫生进修学校	护理学	2016春	专科起点本科	2019-01-20	1028672019051401403	毕业
772264351715151006	徐楚楚	321322199411100462	女	远程	网络	沭阳县卫生进修学校	护理学	2017春	专科起点本科	2019-07-15	1028672019052003369	毕业
772264351615151069	颜晓慧	321323199311154128	女	远程	网络	沭阳县卫生进修学校	护理学	2016春	专科起点本科	2019-01-20	1028672019051401402	毕业
772264351715151005	刘丹丹	321322199403188628	女	远程	网络	沭阳县卫生进修学校	护理学	2017春	专科起点本科	2019-07-15	1028672019052903368	毕业
772264351615151064	马 娇	321322199507304849	女	远程	网络	沭阳县卫生进修学校	护理学	2016春	专科起点本科	2019-01-20	1028672019051801401	毕业
772264351715151002	周思思	321322199504160202	女	远程	网络	沭阳县卫生进修学校	护理学	2017春	专科起点本科	2019-07-15	1028672019052403367	毕业
772264351615151060	李苏阳	321322199311130023	女	远程	网络	沭阳县卫生进修学校	护理学	2016春	专科起点本科	2019-01-20	1028672019051801400	毕业
772264351715151001	仲梦媛	321322199108163268	女	远程	网络	沭阳县卫生进修学校	护理学	2017春	专科起点本科	2019-07-15	1028672019052301366	毕业
772264351615151037	李会珠	321322198607225422	女	远程	网络	沭阳县卫生进修学校	护理学	2016春	专科起点本科	2019-01-20	1028672019051401399	毕业
772264351625151058	黄阳月	321322199111202088	女	远程	网络	沭阳县卫生进修学校	护理学	2016秋	专科起点本科	2019-07-15	1028672019052903365	毕业
772264351615151028	蔡丹丹	321322199206101028	女	远程	网络	沭阳县卫生进修学校	护理学	2016春	专科起点本科	2019-01-20	1028672019051903398	毕业
772264351615151049	马 婷	321322199409160247	女	远程	网络	沭阳县卫生进修学校	护理学	2016春	专科起点本科	2019-07-15	1028672019052101364	毕业
772264351615151027	郭 颖	321301199003030045	女	远程	网络	沭阳县卫生进修学校	护理学	2016春	专科起点本科	2019-01-20	1028672019051001397	毕业
772264351625151044	李 璇	321322199403251623	女	远程	网络	沭阳县卫生进修学校	护理学	2016秋	专科起点本科	2019-07-15	1028672019052301363	毕业
772264351615151025	宋秋菊	321321199001205740	女	远程	网络	沭阳县卫生进修学校	护理学	2016春	专科起点本科	2019-01-20	1028672019051901396	毕业
772264351625151037	胡楠楠	321322199206253224	女	远程	网络	沭阳县卫生进修学校	护理学	2016秋	专科起点本科	2019-07-15	1028672019052201362	毕业

(续表)

学号	姓名	证件号码	性别	类型	学习形式	站点	专业方向	学籍年级	层次	毕业时间	毕业证号	状态
77226435161151022	朱玲玲	321322199008200486X	女	远程	网络	沭阳县卫生进修学校	护理学	2016春	专科起点本科	2019-01-20	1028867201905180395	毕业
77226435162251026	殷思琪	321322199303163044	女	远程	网络	沭阳县卫生进修学校	护理学	2016秋	专科起点本科	2019-07-15	1028867201905230361	毕业
77226435161151013	司华林	320823197704062643	女	远程	网络	沭阳县卫生进修学校	护理学	2016秋	专科起点本科	2019-01-20	1028867201905140394	毕业
77226435162251025	王盼盼	321322199406250044	女	远程	网络	沭阳县卫生进修学校	护理学	2016秋	专科起点本科	2019-07-15	1028867201905210360	毕业
77226435161151009	周苏苏	321322199102224621	女	远程	网络	沭阳县卫生进修学校	护理学	2016秋	专科起点本科	2019-01-20	1028867201905180393	毕业
77226435162251019	张佳佳	321322199112283322X	女	远程	网络	沭阳县卫生进修学校	护理学	2016秋	专科起点本科	2019-07-15	1028867201905200359	毕业
77226435161251008	郑盼	320723199008164464X	女	远程	网络	沭阳县卫生进修学校	护理学	2016秋	专科起点本科	2019-01-20	1028867201905190392	毕业
77226435162251007	杜佩思	321322199401206220	女	远程	网络	沭阳县卫生进修学校	护理学	2016秋	专科起点本科	2019-07-15	1028867201905200358	毕业
77226435161151007	许雪梅	320827198011094423	女	远程	网络	沭阳县卫生进修学校	护理学	2016秋	专科起点本科	2019-01-20	1028867201905110391	毕业
77226435162251006	陈平平	321324197403132628	女	远程	网络	沭阳县卫生进修学校	护理学	2016秋	专科起点本科	2019-07-15	1028867201905250357	毕业
77226435161151006	王业华	321322199012126040	女	远程	网络	沭阳县卫生进修学校	护理学	2015春	专科起点本科	2019-01-20	1028867201905120390	毕业
77226435162251004	张宝艳	321324198011200067	女	远程	网络	沭阳县卫生进修学校	护理学	2015春	专科起点本科	2019-07-15	1028867201905250356	毕业
77226435161151005	顾芬	321322199312075222	女	远程	网络	沭阳县卫生进修学校	护理学	2015春	专科起点本科	2019-01-20	1028867201905160389	毕业
77226435162251003	钱坤	321322199009025202X	女	远程	网络	沭阳县卫生进修学校	护理学	2015春	专科起点本科	2019-07-15	1028867201905240355	毕业
77226435152251048	周月	321322198902224020	女	远程	网络	沭阳县卫生进修学校	护理学	2015春	专科起点本科	2019-01-20	1028867201905130388	毕业
77226435161151087	陈海文	321322198911125848	女	远程	网络	沭阳县卫生进修学校	护理学	2015春	专科起点本科	2019-07-15	1028867201905240354	毕业
77226435152251047	王威	342225198806102044	女	远程	网络	沭阳县卫生进修学校	护理学	2015春	专科起点本科	2019-01-20	1028867201905120387	毕业
77226435161151084	马书情	321322198702081842	女	远程	网络	沭阳县卫生进修学校	护理学	2016春	专科起点本科	2019-07-15	1028867201905240353	毕业
77226435152251031	丁亚娟	321322198507080609	女	远程	网络	沭阳县卫生进修学校	护理学	2015春	专科起点本科	2019-01-20	1028867201905100386	毕业
77226435161151083	米婷婷	321322198808031229	女	远程	网络	沭阳县卫生进修学校	护理学	2015春	专科起点本科	2019-07-15	1028867201905240352	毕业
77226435152151012	庄涛花	321324198902222206X	女	远程	网络	沭阳县卫生进修学校	护理学	2015春	专科起点本科	2019-01-20	1028867201905150385	毕业
77226435161151079	马娜	321322199107125841	女	远程	网络	沭阳县卫生进修学校	护理学	2016春	专科起点本科	2019-07-15	1028867201905250351	毕业
77226435152251011	张婷婷	321322199308060423	女	远程	网络	沭阳县卫生进修学校	护理学	2016春	专科起点本科	2019-01-20	1028867201905170384	毕业
77226435161151077	刘舒	321322199209100282	女	远程	网络	沭阳县卫生进修学校	护理学	2015春	专科起点本科	2019-07-15	1028867201905270350	毕业
77226435151151010	孟兰	321322199302280282	女	远程	网络	沭阳县卫生进修学校	护理学	2015春	专科起点本科	2019-01-20	1028867201905170383	毕业
77226435161151068	周光青	321322198702183346X	女	远程	网络	沭阳县卫生进修学校	护理学	2016春	专科起点本科	2019-07-15	1028867201905270349	毕业

(续)

学号	姓名	证件号码	性别	类型	学习形式	站点	专业方向	学籍年级	层次	毕业时间	毕业证号	状态
7722643514151036	陈兴丽	321322197508100224	女	远程	网络	沭阳县卫生卫生进修学校	护理学	2014春	专科起点本科	2019-01-20	1028672019051140382	毕业
7722643516151067	张 欣	321322199002265020	女	远程	网络	沭阳县卫生卫生进修学校	护理学	2016春	专科起点本科	2019-07-15	1028672019052290348	毕业
7722643514151030	王婷婷	321322198904050462	女	远程	网络	沭阳县卫生卫生进修学校	护理学	2014春	专科起点本科	2019-01-20	1028672019051160381	毕业
7722643516151066	王月月	321322198712220041	女	远程	网络	沭阳县卫生卫生进修学校	护理学	2016春	专科起点本科	2019-07-15	1028672019052210347	毕业
7722643514151015	范金梅	321324198910023447	女	远程	网络	沭阳县卫生卫生进修学校	护理学	2014春	专科起点本科	2019-01-20	1028672019051160380	毕业
7722643516151065	黄永果	321324199010060466	女	远程	网络	沭阳县卫生卫生进修学校	护理学	2016春	专科起点本科	2019-07-15	1028672019052260346	毕业
7650114415251050	王 涛	654127199010011007X	男	远程	网络	新疆伊宁市委党校	会计学	2015秋	专科起点本科	2019-01-20	1028672019051160379	毕业
7722643516151062	陈 敏	321322198810035026	女	远程	网络	沭阳县卫生卫生进修学校	护理学	2016春	专科起点本科	2019-07-15	1028672019052330345	毕业
7650114415251045	黄喜乐	410323199001260014	男	远程	网络	新疆伊宁市委党校	会计学	2015秋	专科起点本科	2019-01-20	1028672019051120378	毕业
7722643516151055	杨 艳	321322199206184425	女	远程	网络	沭阳县卫生卫生进修学校	护理学	2016春	专科起点本科	2019-07-15	1028672019052220344	毕业
7650114415251042	王 琳	654101198506042228	女	远程	网络	新疆伊宁市委党校	会计学	2015秋	专科起点本科	2019-01-20	1028672019051120377	毕业
7722643516151053	周 娴	321322198509041427	女	远程	网络	沭阳县卫生卫生进修学校	护理学	2016春	专科起点本科	2019-07-15	1028672019052280343	毕业
7650114415251041	周文君	654101198311127052X	女	远程	网络	新疆伊宁市委党校	会计学	2015秋	专科起点本科	2019-01-20	1028672019051100376	毕业
7722643516151051	侯向前	320827197909191823	女	远程	网络	沭阳县卫生卫生进修学校	护理学	2016春	专科起点本科	2019-07-15	1028672019052220342	毕业
7722643516151037	弓丽霞	371522198907199668	女	远程	网络	沭阳县卫生卫生进修学校	护理学	2015秋	专科起点本科	2019-07-15	1028672019052170375	毕业
7722643516151046	吴小青	321322198911113249	女	远程	网络	沭阳县卫生卫生进修学校	会计学	2016春	专科起点本科	2019-01-20	1028672019052240341	毕业
7650114415251012	李西梅	654126198208222121	男	远程	网络	新疆伊宁市委党校	会计学	2015秋	专科起点本科	2019-07-15	1028672019052290340	毕业
7650114415251045	杨 璇	321324198307290022	女	远程	网络	新疆伊宁市委党校	护理学	2016春	专科起点本科	2019-01-20	1028672019051180374	毕业
7722643516151008	魏孝强	620523198610210376	男	远程	网络	沭阳县卫生卫生进修学校	会计学	2015秋	专科起点本科	2019-07-15	1028672019051190373	毕业
7722643516151040	胡 艳	321322199306170629	女	远程	网络	沭阳县卫生卫生进修学校	护理学	2016春	专科起点本科	2019-07-15	1028672019052200339	毕业
7722643516151001	蔡 翔	654101199312020279	男	远程	网络	沭阳县卫生卫生进修学校	会计学	2015秋	专科起点本科	2019-07-15	1028672019052220338	毕业
7650114415251036	吴 丹	321324199105085244	女	远程	网络	新疆伊宁市委党校	护理学	2016春	专科起点本科	2019-01-20	1028672019051180371	毕业
7650114015251025	瞿敬会	654128199207240122	女	远程	网络	新疆伊宁市委党校	物流管理	2015秋	专科起点本科	2019-07-15	1028672019052180337	毕业
7650114015251024	李 青	321322199401252868	女	远程	网络	新疆伊宁市委党校	护理学	2016春	专科起点本科	2019-01-20	1028672019051160370	毕业
7650114015251019	江 生	654101199111091978	男	远程	网络	新疆伊宁市委党校	物流管理	2015秋	专科起点本科	2019-07-15	1028672019051240337	毕业
7722643516151023	耿 珏	321322199210066026	女	远程	网络	沭阳县卫生卫生进修学校	护理学	2016春	专科起点本科	2019-07-15	1028672019052240336	毕业

（续表）

学号	姓名	证件号码	性别	类型	学习形式	站点	专业方向	学籍年级	层次	毕业时间	毕业证号	状态
765011401525100 1	谢振	622425198306188038	男	远程	网络	新疆伊宁市委党校	物流管理	2015 秋	专科起点本科	2019-01-20	1028672019051903 69	毕业
772264351615101 6	徐静	321322199105186421	女	远程	网络	沭阳县卫生进修学校	护理学	2016 春	专科起点本科	2019-07-15	1028672019052602 35	毕业
745011611525103 1	蒋基超	450324199005282513	男	远程	网络	广西电大水利水电工作站	电气工程及其自动化	2015 秋	专科起点本科	2019-01-20	1028672019051203 68	毕业
772264351615101 5	祁树静	321322199404206461	女	远程	网络	沭阳县卫生进修学校	护理学	2016 春	专科起点本科	2019-07-15	1028672019052703 34	毕业
734194351525101 6	熊雪苹	340827198711270348	女	远程	网络	安徽医学高等专科学校	护理学	2015 春	专科起点本科	2019-01-20	1028672019051403 67	毕业
772264351615101 2	刘晓曼	321322199504115460	女	远程	网络	沭阳县卫生进修学校	护理学	2016 春	专科起点本科	2019-07-15	1028672019052303 33	毕业
734194351525101 5	韩丽民	340827199212120024	女	远程	网络	安徽医学高等专科学校	护理学	2015 秋	专科起点本科	2019-01-20	1028672019051903 66	毕业
772264351615101 1	王云	321322199104075826	女	远程	网络	沭阳县卫生进修学校	护理学	2016 春	专科起点本科	2019-07-15	1028672019052203 32	毕业
734194351425100 1	徐楠楠	342422199106173307	女	远程	网络	安徽医学高等专科学校	护理学	2014 春	专科起点本科	2019-07-15	1028672019051703 65	毕业
772264351615101 0	张菁倩	321322199209214626	女	远程	网络	沭阳县卫生进修学校	护理学	2016 春	专科起点本科	2019-07-15	1028672019052403 31	毕业
732994381526100 3	王小新	320682199006234100	女	远程	网络	南通卫生高等职业技术学校	护理学	2015 秋	高中起点本科	2019-01-20	1028672019061400 07	毕业
732994351615101 1	陈敏	320683199205297 16X	女	远程	网络	南通卫生高等职业技术学校	护理学	2016 春	专科起点本科	2019-01-20	1028672019051903 64	毕业
772264351615100 4	李丹	321322198912231626	女	远程	网络	沭阳县卫生进修学校	护理学	2016 春	专科起点本科	2019-07-15	1028672019052403 30	毕业
732994351615100 7	孙维君	320623199212187683	女	远程	网络	南通卫生高等职业技术学校	护理学	2016 春	专科起点本科	2019-07-15	1028672019051903 63	毕业
772264351525103 0	孙雁	321322198708048621	女	远程	网络	沭阳县卫生进修学校	护理学	2015 春	专科起点本科	2019-01-20	1028672019052902 9	毕业
732994351615100 1	龚菁菁	320681198908182425	女	远程	网络	南通卫生高等职业技术学校	护理学	2016 春	专科起点本科	2019-07-15	1028672019051903 62	毕业
772264351525102 5	孙茹	321322198803140020	女	远程	网络	沭阳县卫生进修学校	护理学	2015 秋	专科起点本科	2019-07-15	1028672019052203 28	毕业
772264351525102 0	仲洁	321322199009190260	女	远程	网络	沭阳县卫生进修学校	护理学	2015 春	专科起点本科	2019-01-20	1028672019052803 27	毕业
732994351615100 6	陈炜	320684199111155423	女	远程	网络	南通卫生高等职业技术学校	护理学	2015 秋	专科起点本科	2019-07-15	1028672019051803 61	毕业
772264351515101 4	章利娟	320823198101295848	女	远程	网络	沭阳县卫生进修学校	护理学	2015 秋	专科起点本科	2019-01-20	1028672019052803 26	毕业
732994351515100 4	朱娟	320682198512027169	女	远程	网络	南通卫生高等职业技术学校	护理学	2015 春	专科起点本科	2019-01-20	1028672019051003 60	毕业
772264351515100 3	单海林	321322199003260627	女	远程	网络	沭阳县卫生进修学校	护理学	2015 秋	专科起点本科	2019-07-15	1028672019052003 25	毕业

(续 表)

学号	姓名	证件号码	性别	类型	学习形式	站点	专业方向	学籍年级	层次	毕业时间	毕业证号	状态
73299435151151003	左瑞奇	320683199010316068	女	远程	网络	南通卫生高等职业技术学校	护理学	2015春	专科起点本科	2019-01-20	1028672019051110359	毕业
77226435151151024	顾 娟	321322199103066469	女	远程	网络	沭阳县卫生进修学校	护理学	2015春	专科起点本科	2019-07-15	1028672019052710324	毕业
77226053142161008	徐 勇	320621198507091817	男	远程	网络	南通理工学院	建筑工程管理	2014秋	高中起点本科	2019-01-20	1028672019061510006	毕业
77226435151151011	耿瑶瑶	321322199312138828	女	远程	网络	沭阳县卫生进修学校	护理学	2015春	专科起点本科	2019-07-15	1028672019052310323	毕业
77226052142151013	吴薪亚	321284199009286813	男	远程	网络	南通理工学院	工程管理	2014秋	专科起点本科	2019-01-20	1028672019051110358	毕业
77226435151151008	孙 杰	321322199010300500	女	远程	网络	沭阳县卫生进修学校	护理学	2015春	专科起点本科	2019-07-15	1028672019052110322	毕业
77226052141151010	蒋 伟	320611199111212610	男	远程	网络	南通理工学院	工程管理	2014春	专科起点本科	2019-01-20	1028672019051810357	毕业
77226051141151013	徐相飞	320623199111234532	男	远程	网络	南通理工学院	土木工程	2014春	专科起点本科	2019-07-15	1028672019051010356	毕业
77226435141151023	李依慧	321324199107140040	女	远程	网络	沭阳县卫生进修学校	护理学	2014春	专科起点本科	2019-07-15	1028672019052510321	毕业
76501441525151029	杨晓雯	650104198012310726	女	远程	网络	新疆伊宁市委党校	会计学	2015秋	专科起点本科	2019-07-15	1028672019052910320	毕业
76501441325152019	管云鑫	320611197703271818	男	远程	网络	南通理工学院	土木工程	2013秋	专科起点本科	2019-07-15	1028672019051710355	毕业
76501441525151002	赵丽丽	654101198501053526	女	远程	网络	新疆伊宁市委党校	会计学	2015秋	专科起点本科	2019-07-15	1028672019052510319	毕业
76501441325151017	潘建业	320924199007287178	男	远程	网络	南通理工学院	土木工程	2013秋	专科起点本科	2019-01-20	1028672019051810354	毕业
76501140152151047	李云峰	654125199102255273	男	远程	网络	新疆伊宁市委党校	物流管理	2015春	专科起点本科	2019-01-20	1028672019052410318	毕业
73292435151151012	宋海亚	320219198603171549	女	远程	网络	无锡卫生高等职业技术学校	护理学	2015春	专科起点本科	2019-07-15	1028672019051410353	毕业
76501140152151045	张 莉	650103198407053522X	女	远程	网络	新疆伊宁市委党校	物流管理	2015春	专科起点本科	2019-07-15	1028672019052610317	毕业
73292435151151004	谢伟伟	340823198910087583	女	远程	网络	无锡卫生高等职业技术学校	护理学	2015春	专科起点本科	2019-07-15	1028672019051910352	毕业
73292431625151003	郭施慧	321088199301055929	女	远程	网络	扬州环境资源职业学院	护理学	2016秋	专科起点本科	2019-01-20	1028672019051510351	毕业
76501140152151044	马秀莲	654101198501053542	女	远程	网络	新疆伊宁市委党校	物流管理	2015秋	专科起点本科	2019-07-15	1028672019052610316	毕业
73292431615151015	贾 燕	321011198709180629	女	远程	网络	扬州环境资源职业学院	护理学	2016春	专科起点本科	2019-07-15	1028672019051510350	毕业
76501140152151039	马文忠	652826198412200113X	男	远程	网络	新疆伊宁市委党校	物流管理	2015秋	专科起点本科	2019-07-15	1028672019052710315	毕业
73292431615151011	管院静	321027198807124242	女	远程	网络	扬州环境资源职业学院	护理学	2016春	专科起点本科	2019-01-20	1028672019051310349	毕业

(续 表)

学号	姓名	证件号码	性别	类型	学习形式	站点	专业方向	学籍年级	层次	毕业时间	毕业证号	状态
745011611525 1014	孙铭培	450502199303300778	男	远程	网络	广西电大水利水电工作站	电气工程及其自动化	2015 秋	专科起点本科	2019-07-15	1028672019052 40314	毕业
734194351525 1023	张 悦	342422199310257 84X	女	远程	网络	安徽医学高等专科学校	护理学	2015 秋	专科起点本科	2019-07-15	1028672019052 90313	毕业
732924351525 1021	卜恩明	340127198306014 82X	女	远程	网络	扬州环境资源职业技术学院	护理学	2015 秋	专科起点本科	2019-01-20	1028672019051 00348	毕业
734194351525 1022	李 姮	340111199312290021	女	远程	网络	安徽医学高等专科学校	护理学	2015 秋	专科起点本科	2019-07-15	1028672019052 60312	毕业
734194351525 1017	李兰英	440781198503146023	女	远程	网络	扬州环境资源职业技术学院	护理学	2015 秋	专科起点本科	2019-01-20	1028672019051 30347	毕业
734191611525 1009	孙立冬	342224189112011 79	男	远程	网络	安徽医学高等专科学校	电气工程及其自动化	2015 秋	专科起点本科	2019-07-15	1028672019052 80311	毕业
732924351525 1001	徐 倩	321283199201191 447	女	远程	网络	扬州环境资源职业技术学院	护理学	2015 春	专科起点本科	2019-07-15	1028672019051 40346	毕业
734191611525 1004	朱 萍	340702199306290 523	女	远程	网络	安徽医学高等专科学校	电气工程及其自动化	2015 春	专科起点本科	2019-07-15	1028672019052 90310	毕业
732924351515 1025	余福燕	321081198207206 322	女	远程	网络	扬州环境资源职业技术学院	护理学	2015 秋	专科起点本科	2019-01-20	1028672019051 60345	毕业
734191321525 1006	陈瑶瑶	340101199210060 02X	女	远程	网络	安徽医学高等专科学校	公共事业管理	2015 春	专科起点本科	2019-07-15	1028672019052 20309	毕业
732924351515 1011	徐佳美	321084198505176 722	女	远程	网络	扬州环境资源职业技术学院	护理学	2015 春	专科起点本科	2019-07-15	1028672019051 60344	毕业
734191321525 1005	陈 涛	342423198602035 431	男	远程	网络	安徽医学高等专科学校	公共事业管理	2015 秋	专科起点本科	2019-07-15	1028672019052 20308	毕业
732924351425 1044	高 芳	320382198909043 689	女	远程	网络	扬州环境资源职业技术学院	护理学	2014 秋	专科起点本科	2019-01-20	1028672019051 40343	毕业
734194351425 1013	黄冬冬	321081198912120 022	女	远程	网络	扬州环境资源职业技术学院	护理学	2014 秋	专科起点本科	2019-01-20	1028672019051 70342	毕业
734094351225 1012	王 群	340521198804162 325	女	远程	网络	东南大学医学院附属马鞍山医院	护理学	2012 秋	专科起点本科	2019-07-15	1028672019052 30307	毕业
732994351615 1006	何 云	320682199009027 529	女	远程	网络	南通卫生高等职业技术学校	护理学	2016 春	专科起点本科	2019-07-15	1028672019052 90306	毕业
732924351415 1003	季莹莹	320923199107250 923	女	远程	网络	扬州环境资源职业技术学院	护理学	2014 春	专科起点本科	2019-01-20	1028672019051 20341	毕业

(续 表)

学号	姓名	证件号码	性别	类型	学习形式	站点	专业方向	学籍年级	层次	毕业时间	毕业证号	状态
732914351625101	徐欣梦	321183199101751123	女	远程	网络	句容卫生职工中等专业学校	护理学	2016 秋	专科起点本科	2019-01-20	10286720190513034	毕业
732994351615105	金娜	320682199301313127	女	远程	网络	南通卫生高等职业技术学校	护理学	2016 春	专科起点本科	2019-07-15	10286720190527305	毕业
732914351625104	吴阳燕	320502198109130265	女	远程	网络	句容卫生职工中等专业学校	护理学	2016 秋	专科起点本科	2019-01-20	10286720190512039	毕业
732994351615103	丛井	320623199112255626	女	远程	网络	南通卫生高等职业技术学校	护理学	2016 春	专科起点本科	2019-07-15	10286720190527304	毕业
732914351625103	高丹	321183198911152629	女	远程	网络	句容卫生职工中等专业学校	护理学	2015 秋	专科起点本科	2019-01-20	10286720190513038	毕业
732994351525102	韩婷婷	320602199011095326	女	远程	网络	南通卫生高等职业技术学校	护理学	2016 秋	专科起点本科	2019-07-15	10286720190526303	毕业
732914351625102	陈苗	321183199105272022	女	远程	网络	句容卫生职工中等专业学校	护理学	2015 秋	专科起点本科	2019-01-20	10286720190512037	毕业
732605215251011	杜佳宝	320681199312300210	男	远程	网络	南通理工学院	工程管理	2016 秋	专科起点本科	2019-07-15	10286720190522302	毕业
732914351625101	孙姝	321183199510170022X	女	远程	网络	句容卫生职工中等专业学校	护理学	2015 秋	专科起点本科	2019-01-20	10286720190512036	毕业
732605215251006	王杰	320923199007286312	男	远程	网络	南通理工学院	工程管理	2016 秋	专科起点本科	2019-07-15	10286720190523301	毕业
732914351625105	徐晨露	321183199505230622	女	远程	网络	句容卫生职工中等专业学校	护理学	2015 春	专科起点本科	2019-01-20	10286720190512035	毕业
732605215251003	顾海东	320681199405093812	男	远程	网络	南通理工学院	工程管理	2015 秋	专科起点本科	2019-07-15	10286720190524030	毕业
732914351625149	何程	321183199304212620	女	远程	网络	句容卫生职工中等专业学校	护理学	2016 秋	专科起点本科	2019-01-20	10286720190512034	毕业
732605215151007	鞠金良	321282197304070001X	男	远程	网络	南通理工学院	工程管理	2015 春	专科起点本科	2019-07-15	10286720190525029	毕业
732914351625148	芮群	321183198411072622	女	远程	网络	句容卫生职工中等专业学校	护理学	2016 秋	专科起点本科	2019-01-20	10286720190512033	毕业
732605215151005	姜广银	320925199208036718	男	远程	网络	南通理工学院	工程管理	2015 秋	专科起点本科	2019-07-15	10286720190525028	毕业
732914351625147	张林燕	321183199410202442	女	远程	网络	句容卫生职工中等专业学校	护理学	2016 秋	专科起点本科	2019-01-20	10286720190511032	毕业
732605214251008	张杰	320723198308211618	男	远程	网络	南通理工学院	工程管理	2014 秋	专科起点本科	2019-07-15	10286720190520297	毕业

(续表)

学号	姓名	证件号码	性别	类型	学习形式	站点	专业方向	学籍年级	层次	毕业时间	毕业证号	状态
7329143516251046	王运艳	321183199212215322	女	远程	网络	句容卫生职工中等专业学校	护理学	2016 秋	专科起点本科	2019-01-20	1028672019051 00331	毕业
7329605214151005	孙海燕	320682199008183597	男	远程	网络	南通理工学院	工程管理	2014 春	专科起点本科	2019-07-15	1028672019052 60296	毕业
7329143516251045	张 莉	321111197903312921	女	远程	网络	句容卫生职工中等专业学校	护理学	2016 秋	专科起点本科	2019-01-20	1028672019051 90330	毕业
7329605114151016	潘明月	320611198202163717	男	远程	网络	南通理工学院	土木工程	2014 春	专科起点本科	2019-07-15	1028672019052 40295	毕业
7329143516251044	刘 慧	321183198911040627	女	远程	网络	句容卫生职工中等专业学校	护理学	2016 秋	专科起点本科	2019-01-20	1028672019051 50329	毕业
7329343515151009	徐章虹	320211198704221022	女	远程	网络	无锡卫生高等职业技术学校	护理学	2015 春	专科起点本科	2019-07-15	1028672019052 40294	毕业
7329243517151035	刘 慧	321088198904136328	女	远程	网络	扬州环境资源职业技术学院	护理学	2017 春	专科起点本科	2019-07-15	1028672019052 50293	毕业
7329143516251042	殷慧慧	321183199402233628	女	远程	网络	句容卫生职工中等专业学校	护理学	2016 秋	专科起点本科	2019-01-20	1028672019051 90328	毕业
7329243517151012	杨 娟	321084198606276722	女	远程	网络	扬州环境资源职业技术学院	护理学	2017 春	专科起点本科	2019-07-15	1028672019052 00292	毕业
7329143516251041	袁铃慧	321183199302202920	女	远程	网络	句容卫生职工中等专业学校	护理学	2016 秋	专科起点本科	2019-01-20	1028672019051 30327	毕业
7329143516251011	高 丹	321027198908155128	女	远程	网络	扬州环境资源职业技术学院	护理学	2017 春	专科起点本科	2019-01-20	1028672019052 40291	毕业
7329243517151040	高腊梅	321183199211273846	女	远程	网络	句容卫生职工中等专业学校	护理学	2016 秋	专科起点本科	2019-07-15	1028672019051 80326	毕业
7329243517151010	王奎娟	321284198710236844	女	远程	网络	扬州环境资源职业技术学院	护理学	2017 春	专科起点本科	2019-01-20	1028672019052 20290	毕业
7329143516251039	张 楚	321183198811012645	女	远程	网络	句容卫生职工中等专业学校	护理学	2016 秋	专科起点本科	2019-01-20	1028672019051 00325	毕业
7329243517151009	汪祁菁	341024198108305321	女	远程	网络	扬州环境资源职业技术学院	护理学	2017 春	专科起点本科	2019-07-15	1028672019052 10289	毕业
7329143516251037	林 哈	32118319870110002X	女	远程	网络	句容卫生职工中等专业学校	护理学	2016 秋	专科起点本科	2019-01-20	1028672019051 4032X	毕业

（续 表）

学号	姓名	证件号码	性别	类型	学习形式	站点	专业方向	学籍年级	层次	毕业时间	毕业证号	状态
7329243517151008	郭玲	321081198602663828	女	远程	网络	扬州环境资源职业技术学院	护理学	2017春	专科起点本科	2019-07-15	1028672019052000288	毕业
7329243516251036	谢舒	321183199408071025	女	远程	网络	句容卫生职工中等专业学校	护理学	2016秋	专科起点本科	2019-01-20	1028672019050100323	毕业
7329243517151007	王红	321002196901011782X	女	远程	网络	扬州环境资源职业技术学院	护理学	2017春	专科起点本科	2019-07-15	1028672019052500287	毕业
7329243516251035	孙学娇	321183199403152926	女	远程	网络	句容卫生职工中等专业学校	护理学	2016秋	专科起点本科	2019-01-20	1028672019051100322	毕业
7329243517151006	吴春秀	321011974092441560	女	远程	网络	扬州环境资源职业技术学院	护理学	2017春	专科起点本科	2019-07-15	1028672019052600286	毕业
7329243516251034	庞晶	321183199002833821	女	远程	网络	句容卫生职工中等专业学校	护理学	2016秋	专科起点本科	2019-01-20	1028672019051500321	毕业
7329243517151005	顾琴	321002196962440023	女	远程	网络	扬州环境资源职业技术学院	护理学	2017春	专科起点本科	2019-07-15	1028672019052400285	毕业
7329243516251031	朱静云	321183199207010322	女	远程	网络	句容卫生职工中等专业学校	护理学	2016秋	专科起点本科	2019-01-20	1028672019051700320	毕业
7329243517151002	高雅	321282199206093620	女	远程	网络	扬州环境资源职业技术学院	护理学	2017春	专科起点本科	2019-07-15	1028672019052600284	毕业
7329243516251027	王晓燕	321181198910131823	女	远程	网络	句容卫生职工中等专业学校	护理学	2016秋	专科起点本科	2019-01-20	1028672019051000319	毕业
7329243517151001	戴彩洋	321282199209291227	女	远程	网络	扬州环境资源职业技术学院	护理学	2017春	专科起点本科	2019-07-15	1028672019052400283	毕业
7329243516251026	马丹	321183199210282927	女	远程	网络	句容卫生职工中等专业学校	护理学	2016秋	专科起点本科	2019-01-20	1028672019051000318	毕业
7329243516251004	王美玲	321084199303073025	女	远程	网络	扬州环境资源职业技术学院	护理学	2017春	专科起点本科	2019-07-15	1028672019052800282	毕业
7329243516251025	房蕾	321183199205052924	女	远程	网络	句容卫生职工中等专业学校	护理学	2016秋	专科起点本科	2019-01-20	1028672019051800317	毕业
7329243516251024	周玥	321183199112292262X	女	远程	网络	扬州环境资源职业技术学院	护理学	2016秋	专科起点本科	2019-07-15	1028672019051900316	毕业
7329243516251001	夏菁	321084199307206729	女	远程	网络	扬州环境资源职业技术学院	护理学	2016秋	专科起点本科	2019-07-15	1028672019052400281	毕业

(续表)

学号	姓名	证件号码	性别	类型	学习形式	站点	专业方向	学籍年级	层次	毕业时间	毕业证号	状态
7329143516251023	涂静	321183199402024121	女	远程	网络	句容卫生职工中等专业学校	护理学	2016秋	专科起点本科	2019-01-20	1028672019051 20315	毕业
7329143516151014	仇文婷	320922198402223348	女	远程	网络	扬州环境资源职业技术学院	护理学	2016春	专科起点本科	2019-07-15	1028672019052 60280	毕业
7329143516251022	刘蕾	321183199006243226	女	远程	网络	句容卫生职工中等专业学校	护理学	2016秋	专科起点本科	2019-01-20	1028672019051 60314	毕业
7329143515251012	张玲	341221198503145825	女	远程	网络	扬州环境资源职业技术学院	护理学	2015秋	专科起点本科	2019-07-15	1028672019052 60279	毕业
7329143516251020	蒋竹	321183199407085820	女	远程	网络	句容卫生职工中等专业学校	护理学	2016秋	专科起点本科	2019-01-20	1028672019051 30313	毕业
7329143514251040	陈诗瑶	321283199203090068	女	远程	网络	扬州环境资源职业技术学院	护理学	2014秋	专科起点本科	2019-07-15	1028672019052 60278	毕业
7329143516251019	张银双	321183199409053427	女	远程	网络	句容卫生职工中等专业学校	护理学	2016秋	专科起点本科	2019-01-20	1028672019051 60312	毕业
7329143514251039	丁道拓	321002198611091242	男	远程	网络	扬州环境资源职业技术学院	护理学	2014秋	专科起点本科	2019-07-15	1028672019052 60277	毕业
7329143516251060	蔡晓	370982199204163 37X	女	远程	网络	句容卫生职工中等专业学校	护理学	2016秋	专科起点本科	2019-07-15	1028672019052 90276	毕业
7329143516251018	闵长嫒	321183199403194421	女	远程	网络	句容卫生职工中等专业学校	护理学	2016秋	专科起点本科	2019-01-20	1028672019051 00311	毕业
7329143516251055	李梅	321183199110274129	女	远程	网络	句容卫生职工中等专业学校	护理学	2016秋	专科起点本科	2019-07-15	1028672019052 90275	毕业
7329143516251017	周敏	321183199411200027	女	远程	网络	句容卫生职工中等专业学校	护理学	2016秋	专科起点本科	2019-01-20	1028672019051 00310	毕业
7329143516251032	孙梦姣	32118319940817442X	女	远程	网络	句容卫生职工中等专业学校	护理学	2016秋	专科起点本科	2019-07-15	1028672019052 50274	毕业
7329143516251016	蔡玥	321183198801213822	女	远程	网络	句容卫生职工中等专业学校	护理学	2016秋	专科起点本科	2019-01-20	1028672019051 40309	毕业
7329143516251028	邹红霞	321111197809262921	女	远程	网络	句容卫生职工中等专业学校	护理学	2016秋	专科起点本科	2019-07-15	1028672019052 90273	毕业
7329143516251014	丁云洁	32118319930101002X	女	远程	网络	句容卫生职工中等专业学校	护理学	2016秋	专科起点本科	2019-01-20	1028672019051 90308	毕业

（续表）

学号	姓名	证件号码	性别	类型	学习形式	站点	专业方向	学籍年级	层次	毕业时间	毕业证号	状态
7329143516251013	邢 倩	342224198809170687	女	远程	网络	句容卫生职工中等专业学校	护理学	2016秋	专科起点本科	2019-01-20	1028672019051503077	毕业
7329143516251021	伏庆凤	321123197601060066	女	远程	网络	句容卫生职工中等专业学校	护理学	2016秋	专科起点本科	2019-07-15	1028672019052502722	毕业
7329143516251012	张 瑞	321183199405290046	女	远程	网络	句容卫生职工中等专业学校	护理学	2016秋	专科起点本科	2019-01-20	1028672019051603066	毕业
7329143516251003	王 飞	321183197907080023	女	远程	网络	句容卫生职工中等专业学校	护理学	2016秋	专科起点本科	2019-07-15	1028672019052502711	毕业
7329143516251011	周 蓉	321183199403044845	女	远程	网络	句容卫生职工中等专业学校	护理学	2016秋	专科起点本科	2019-01-20	1028672019051203055	毕业
7329143515251010	庄慧慧	321183198708252421	女	远程	网络	句容卫生职工中等专业学校	护理学	2015秋	专科起点本科	2019-07-15	1028672019052302700	毕业
7329143516251009	倪锡芹	321183199302012625	女	远程	网络	句容卫生职工中等专业学校	护理学	2016秋	专科起点本科	2019-01-20	1028672019051603044	毕业
7329143514251017	蔡 慧	321183198612243822X	女	远程	网络	句容卫生职工中等专业学校	护理学	2014秋	专科起点本科	2019-07-15	1028672019052102699	毕业
7329143516251007	潘芊洋	320922198901084423	女	远程	网络	句容卫生职工中等专业学校	护理学	2016秋	专科起点本科	2019-01-20	1028672019051303033	毕业
7329143514251002	江 敏	321183199004260049	女	远程	网络	句容卫生职工中等专业学校	护理学	2014秋	专科起点本科	2019-07-15	1028672019052502688	毕业
7329043517151009	夏爱妹	321123197409163866	女	远程	网络	镇江卫生学校	护理学	2017春	专科起点本科	2019-07-15	1028672019052602677	毕业
7329143516251006	王翰雯	321183199402280088	女	远程	网络	句容卫生职工中等专业学校	护理学	2016秋	专科起点本科	2019-01-20	1028672019051303022	毕业
7329043517151008	朱小香	321123196910300049	女	远程	网络	镇江卫生学校	护理学	2017春	专科起点本科	2019-07-15	1028672019052802666	毕业
7329143516251005	李晓蓉	321123197207233424	女	远程	网络	句容卫生职工中等专业学校	护理学	2016秋	专科起点本科	2019-01-20	1028672019051103011	毕业
7329043517151005	郭贞贞	321102197611063824	女	远程	网络	镇江卫生学校	护理学	2017春	专科起点本科	2019-07-15	1028672019052102655	毕业
7329143516251004	简泽珍	321183198103034122	女	远程	网络	句容卫生职工中等专业学校	护理学	2016秋	专科起点本科	2019-01-20	1028672019051003000	毕业
7329043516251017	沈 逸	320583199210287622	女	远程	网络	镇江卫生学校	护理学	2016秋	专科起点本科	2019-07-15	1028672019052602644	毕业

(续表)

学号	姓名	证件号码	性别	类型	学习形式	站点	专业方向	学籍年级	层次	毕业时间	毕业证号	状态
7329143516251001	吴珊珊	32118319951225442X	女	远程	网络	句容卫生职工中等专业学校	护理学	2016秋	专科起点本科	2019-01-20	1028672019051 70299	毕业
7329043516251012	汪 云	320482198802 40523	女	远程	网络	镇江卫生学校	护理学	2016秋	专科起点本科	2019-07-15	1028672019052 10263	毕业
7329143515251047	张京晶	321183199406172228	女	远程	网络	句容卫生职工中等专业学校	护理学	2015秋	专科起点本科	2019-01-20	1028672019051 70298	毕业
7329043516251011	高志慧	321121198602101423	女	远程	网络	镇江卫生学校	护理学	2016春	专科起点本科	2019-07-15	1028672019052 70262	毕业
7329143515251035	邹柳苏	321183199309232620	女	远程	网络	句容卫生职工中等专业学校	护理学	2015秋	专科起点本科	2019-01-20	1028672019051 00297	毕业
7329143516251003	徐 庆	32082919810930302X	女	远程	网络	句容卫生职工中等专业学校	护理学	2016秋	专科起点本科	2019-07-15	1028672019052 40261	毕业
7329143515251030	李 婷	321183199310150841	女	远程	网络	句容卫生职工中等专业学校	护理学	2015春	专科起点本科	2019-01-20	1028672019051 40296	毕业
7329143516251040	石燕凤	340826199002142229	男	远程	网络	镇江卫生学校	护理学	2016春	专科起点本科	2019-07-15	1028672019052 50260	毕业
7329143515251003	梅栩南	321183199007212915	女	远程	网络	句容卫生职工中等专业学校	护理学	2015秋	专科起点本科	2019-01-20	1028672019051 80295	毕业
7329143516251031	彭 青	321111198706156143	女	远程	网络	镇江卫生学校	护理学	2016秋	专科起点本科	2019-07-15	1028672019052 70259	毕业
7329143515251002	许露巍	321183199210080823	女	远程	网络	句容卫生职工中等专业学校	护理学	2015春	专科起点本科	2019-01-20	1028672019051 60294	毕业
7329143516251013	钱雅萍	321181198503203164	女	远程	网络	句容卫生职工中等专业学校	护理学	2016春	专科起点本科	2019-07-15	1028672019052 50258	毕业
7329143515251001	陈 璐	342623199010095567	女	远程	网络	镇江卫生学校	护理学	2015秋	专科起点本科	2019-01-20	1028672019051 30293	毕业
7329143516151001	马 越	321183198707073229	女	远程	网络	句容卫生职工中等专业学校	护理学	2016秋	专科起点本科	2019-07-15	1028672019052 80257	毕业
7329143514251026	谢 玲	370403198801270723	女	远程	网络	句容卫生职工中等专业学校	护理学	2014秋	专科起点本科	2019-01-20	1028672019051 40292	毕业
7329043515251032	曹梦如	321188190710340	女	远程	网络	镇江卫生学校	护理学	2015春	专科起点本科	2019-07-15	1028672019052 80256	毕业
7329143513251044	赵 玲	321183189907100340	女	远程	网络	句容卫生职工中等专业学校	护理学	2013秋	专科起点本科	2019-01-20	1028672019051 80291	毕业
7329043515251017	郦志弟	321181198009165166	女	远程	网络	镇江卫生学校	护理学	2015秋	专科起点本科	2019-07-15	1028672019052 00255	毕业
7329043815161011	李颢颖	321102198111090425	女	远程	网络	镇江卫生学校	护理学	2015春	高中起点专科	2019-01-20	1028672019061 80005	毕业
7329043516251018	潘哲欣	320481199610250425	女	远程	网络	镇江卫生学校	护理学	2016秋	专科起点本科	2019-01-20	1028672019051 60290	毕业

(续表)

学号	姓名	证件号码	性别	类型	学习形式	站点	专业方向	学籍年级	层次	毕业时间	毕业证号	状态
7329043514251045	胡玲	321181198805253802	女	远程	网络	镇江卫生学校	护理学	2014秋	专科起点本科	2019-07-15	1028672019052702 54	毕业
7329043516251015	莫艳萍	321121198909054828	女	远程	网络	镇江卫生学校	护理学	2016秋	专科起点本科	2019-01-20	1028672019051102 89	毕业
7329043514251013	潘志倩	321102199003071563	女	远程	网络	镇江卫生学校	护理学	2014秋	专科起点本科	2019-07-15	1028672019052502 53	毕业
7329043516251008	李蕾	321102197908291545	女	远程	网络	镇江卫生学校	护理学	2016春	专科起点本科	2019-01-20	1028672019052302 52	毕业
7329043514151109	蒋晓旭	321102198611150068	女	远程	网络	镇江卫生学校	护理学	2014春	专科起点本科	2019-07-15	1028672019051102 87	毕业
7329043516251007	孙雨草	320923199008186022	女	远程	网络	镇江卫生学校	护理学	2016春	专科起点本科	2019-01-20	1028672019052702 51	毕业
7329043514151103	王慧	321102198506190420	女	远程	网络	镇江卫生学校	护理学	2014秋	专科起点本科	2019-07-15	1028672019051302 86	毕业
7329043516251005	师雯	321102198912271023	女	远程	网络	镇江卫生学校	护理学	2016秋	专科起点本科	2019-01-20	1028672019052602 50	毕业
7329043514151042	仇洋	32110219910224532X	女	远程	网络	镇江卫生学校	护理学	2014春	专科起点本科	2019-07-15	1028672019051002 85	毕业
7329043516251004	杨丽君	321102198710310442	女	远程	网络	镇江卫生学校	护理学	2016秋	专科起点本科	2019-01-20	1028672019052402 49	毕业
7329043514151041	吕莉娟	321181199001088623	女	远程	网络	镇江卫生学校	护理学	2014春	专科起点本科	2019-07-15	1028672019051202 84	毕业
7329043516151047	谭蕾	320621199311174922	女	远程	网络	镇江卫生学校	护理学	2016春	专科起点本科	2019-01-20	1028672019052202 48	毕业
7329043513151020	杨靓	321102198708225724	女	远程	网络	镇江卫生学校	护理学	2013春	专科起点本科	2019-07-15	1028672019052402 47	毕业
7328843517151014	魏小璐	321284199212255027	女	远程	网络	泰州职业技术学院	护理学	2017春	专科起点本科	2019-07-15	1028672019051402 83	毕业
7328843516151044	蒋城娟	321181198704285725	女	远程	网络	泰州职业技术学院	护理学	2016春	专科起点本科	2019-07-15	1028672019052902 46	毕业
7328843517151007	丁岁霞	321284199408166448	女	远程	网络	泰州职业技术学院	护理学	2017春	专科起点本科	2019-01-20	1028672019051902 82	毕业
7328843516151041	周佳	321111198903173321	女	远程	网络	泰州职业技术学院	护理学	2016春	专科起点本科	2019-07-15	1028672019052502 45	毕业
7328843517151003	徐文娟	32128219807242 62X	女	远程	网络	泰州职业技术学院	护理学	2017春	专科起点本科	2019-01-20	1028672019051002 81	毕业
7328843516151034	贡丹黎	32118119911025546X	女	远程	网络	泰州职业技术学院	护理学	2016春	专科起点本科	2019-07-15	1028672019052202 44	毕业
7328843517151002	刘姣	321202198502210020	女	远程	网络	泰州职业技术学院	护理学	2017春	专科起点本科	2019-01-20	1028672019051502 80	毕业
7328843516151030	苏星	321212199111222225	女	远程	网络	泰州职业技术学院	护理学	2016春	专科起点本科	2019-07-15	1028672019052202 43	毕业
7328843516151028	梁茹婷	321102199211241926	女	远程	网络	泰州职业技术学院	护理学	2016春	专科起点本科	2019-01-20	1028672019051302 79	毕业
7328843516151012	黄肉淳	321284199505228022	女	远程	网络	泰州职业技术学院	护理学	2016春	专科起点本科	2019-07-15	1028672019052502 43	毕业
7328843516151026	刘艳艳	321118198306234829	女	远程	网络	泰州职业技术学院	护理学	2016春	专科起点本科	2019-01-20	1028672019051902 78	毕业
7328843515151020	朱野	321284199205251044	女	远程	网络	泰州职业技术学院	护理学	2015春	专科起点本科	2019-07-15	1028672019052102 42	毕业

(续表)

号号	姓名	证件号码	性别	类型	学习形式	站点	专业方向	学籍年级	层次	毕业时间	毕业证号	状态
73290435171715101014	徐冬芝	320402199512222249	女	远程	网络	常州卫生高等职业技术学校	护理学	2017春	专科起点本科	2019-07-15	1028672019052700241	毕业
73290435161715101021	唐亮	340223199303175823	女	远程	网络	镇江卫生学校	护理学	2016春	专科起点本科	2019-01-20	1028672019051500277	毕业
73287435171715101013	周媛媛	320483199408108524	女	远程	网络	常州卫生高等职业技术学校	护理学	2017春	专科起点本科	2019-07-15	1028672019052600240	毕业
73290435161715101012	吴春艳	231121198606153994X	女	远程	网络	镇江卫生学校	护理学	2016春	专科起点本科	2019-01-20	1028672019051500276	毕业
73290435171715101012	庄珍	321181199601204624	女	远程	网络	常州卫生高等职业技术学校	护理学	2017春	专科起点本科	2019-07-15	1028672019052000239	毕业
73290435161715101008	骆蓉蓉	321183198402190029	女	远程	网络	镇江卫生学校	护理学	2016春	专科起点本科	2019-01-20	1028672019051400275	毕业
73290435171715101010	祁叶楠	320482199305151128	女	远程	网络	常州卫生高等职业技术学校	护理学	2017春	专科起点本科	2019-07-15	1028672019052100238	毕业
73290435161715101007	李雯	321111198905065324	女	远程	网络	镇江卫生学校	护理学	2016春	专科起点本科	2019-01-20	1028672019051700274	毕业
73290435171715101008	金兰	320483199001184242	女	远程	网络	常州卫生高等职业技术学校	护理学	2017春	专科起点本科	2019-07-15	1028672019052700237	毕业
73290435152515101033	黄源	320481198609090028	女	远程	网络	镇江卫生学校	护理学	2015秋	专科起点本科	2019-01-20	1028672019051000273	毕业
73287435171715101007	吴小雯	320223196909135028	女	远程	网络	常州卫生高等职业技术学校	护理学	2017春	专科起点本科	2019-07-15	1028672019052500236	毕业
73290435152515101028	李雨	321111198902922741	女	远程	网络	镇江卫生学校	护理学	2015秋	专科起点本科	2019-01-20	1028672019051600272	毕业
73290435171715101006	栾燕琴	320411197802194028	女	远程	网络	常州卫生高等职业技术学校	护理学	2017春	专科起点本科	2019-07-15	1028672019052600235	毕业
73290435152515101026	李雪	321088198709253780	女	远程	网络	镇江卫生学校	护理学	2015秋	专科起点本科	2019-01-20	1028672019051100271	毕业
73287435171715101005	芦桢	321181199112083788	女	远程	网络	常州卫生高等职业技术学校	护理学	2017春	专科起点本科	2019-07-15	1028672019052800234	毕业
73290435152515101025	钟玉秀	321181189910221263	女	远程	网络	镇江卫生学校	护理学	2015秋	专科起点本科	2019-01-20	1028672019051800270	毕业
73290435171715101003	张文娣	320102197101180245	女	远程	网络	常州卫生高等职业技术学校	护理学	2017春	专科起点本科	2019-07-15	1028672019052300233	毕业
73290435152515101014	束英华	321181197910077463	女	远程	网络	镇江卫生学校	护理学	2015秋	专科起点本科	2019-01-20	1028672019052300269	毕业
73287435161715101040	黄洁	321283199203130621	女	远程	网络	常州卫生高等职业技术学校	护理学	2016春	专科起点本科	2019-07-15	1028672019052100232	毕业

（续表）

学号	姓名	证件号码	性别	类型	学习形式	站点	专业方向	学籍年级	层次	毕业时间	毕业证号	状态
7329043515151045	范建芳	321181198710021822	女	远程	网络	镇江卫生学校	护理学	2015春	专科起点本科	2019-01-20	102867201905170268	毕业
7329043516151038	常双红	320483199306146685	女	远程	网络	常州卫生高等职业技术学校	护理学	2016春	专科起点本科	2019-07-15	102867201905210231	毕业
7329043514251008	费 菲	321181199008290445	女	远程	网络	镇江卫生学校	护理学	2014秋	专科起点本科	2019-01-20	102867201905160267	毕业
7328843516151037	武彩玲	320483199206056623	女	远程	网络	常州卫生高等职业技术学校	护理学	2016春	专科起点本科	2019-07-15	102867201905230230	毕业
7328843516151009	孟元元	321284199301114162X	女	远程	网络	泰州职业技术学院	护理学	2016春	专科起点本科	2019-01-20	102867201905110266	毕业
7328843516151017	黄恙恙	321102198809231023	女	远程	网络	常州卫生高等职业技术学校	护理学	2016春	专科起点本科	2019-07-15	102867201905260229	毕业
7328843516151008	凌晓琴	321284199105102025	女	远程	网络	泰州职业技术学院	护理学	2016春	专科起点本科	2019-01-20	102867201905110265	毕业
7328843516151003	邓 昇	500234198802246889	女	远程	网络	泰州职业技术学院	护理学	2016春	专科起点本科	2019-01-20	102867201905190264	毕业
7328843516151012	于文烨	320423199409225849	女	远程	网络	常州卫生高等职业技术学校	护理学	2016春	专科起点本科	2019-07-15	102867201905240228	毕业
7328843516151009	王艳洁	320404198604173420X	女	远程	网络	泰州职业技术学院	护理学	2016春	专科起点本科	2019-01-20	102867201905200227	毕业
7328843516151001	鲁 静	32120219940328394X	女	远程	网络	泰州职业技术学院	护理学	2016春	专科起点本科	2019-07-15	102867201905160263	毕业
7328843515151051	彭梦月	320723199205143020	女	远程	网络	常州卫生高等职业技术学校	护理学	2015春	专科起点本科	2019-07-15	102867201905290226	毕业
7328843515151021	吉 燕	321281198404085022	女	远程	网络	常州卫生高等职业技术学校	护理学	2015春	专科起点本科	2019-01-20	102867201905130262	毕业
7328843515151025	赵鹏飞	320483199310084210	男	远程	网络	常州卫生高等职业技术学校	护理学	2015春	专科起点本科	2019-07-15	102867201905240225	毕业
7328743515151093	朱媛媛	321202198302210042	女	远程	网络	常州卫生高等职业技术学校	护理学	2014春	专科起点本科	2019-01-20	102867201905120261	毕业
7328743515151020	秦 静	321181199108244366	女	远程	网络	泰州职业技术学院	护理学	2015春	专科起点本科	2019-07-15	102867201905290224	毕业
7328743515151052	孙慧芳	321002197901071528	女	远程	网络	泰州职业技术学院	护理学	2014春	专科起点本科	2019-01-20	102867201905130260	毕业
7328743515151035	程 晨	321202198703010041	女	远程	网络	常州卫生高等职业技术学校	护理学	2014春	专科起点本科	2019-07-15	102867201905140259	毕业
7328743515151086	蒋 倩	320483199101214621	女	远程	网络	常州卫生高等职业技术学校	护理学	2014春	专科起点本科	2019-01-20	102867201905210223	毕业
7328743515151030	徐明茗	321202198601120346	女	远程	网络	泰州职业技术学院	护理学	2014春	专科起点本科	2019-01-20	102867201905170258	毕业

(续)

学号	姓名	证件号码	性别	类型	学习形式	站点	专业方向	学籍年级	层次	毕业时间	毕业证号	状态
732874351415151030	陈丽红	320421197810313421	女	远程	网络	常州卫生高等职业技术学校	护理学	2014春	专科起点本科	2019-07-15	1028672019052440222	毕业
732864351625151045	张雨微	320124199502222829	女	远程	网络	东南大学医学院护理系	护理学	2016秋	专科起点本科	2019-07-15	1028672019052770221	毕业
732884351415151026	曹 蕊	320829199102040620	女	远程	网络	泰州职业技术学院	护理学	2014春	专科起点本科	2019-01-20	1028672019059190257	毕业
732864351625151038	陈雅文	321324198808300022	女	远程	网络	东南大学医学院护理系	护理学	2016秋	专科起点本科	2019-07-15	1028672019052330220	毕业
732884351415151011	徐臻阳	321282198602111427	女	远程	网络	泰州职业技术学院	护理学	2014春	专科起点本科	2019-01-20	1028672019055110256	毕业
732864351615151022	高芳萍	320125199504184623	女	远程	网络	东南大学医学院护理系	护理学	2016春	专科起点本科	2019-07-15	1028672019052440219	毕业
732884351415151004	张倩倩	321082198001280320	女	远程	网络	泰州职业技术学院	护理学	2014春	专科起点本科	2019-01-20	1028672019059120255	毕业
732874351615151030	甘爱红	321281198604257140	女	远程	网络	常州卫生高等职业技术学校	护理学	2016春	专科起点本科	2019-07-15	1028672019059150254	毕业
732850521525151066	梁国祥	32082919830607203X	男	远程	网络	南京房产东南培训中心	工程管理	2015秋	专科起点本科	2019-07-15	1028672019052900218	毕业
732874351615151027	李红霞	320482198601164201	女	远程	网络	常州卫生高等职业技术学校	护理学	2016春	专科起点本科	2019-01-20	1028672019051400253	毕业
732850521525151029	张宝剑	320721198410072850	男	远程	网络	南京房产东南培训中心	工程管理	2015秋	专科起点本科	2019-07-15	1028672019052500217	毕业
732814361615151026	杜文娟	320483198503214128	女	远程	网络	常州卫生高等职业技术学校	护理学	2016春	专科起点本科	2019-07-15	1028672019052170252	毕业
732850521525151017	刘 舒	320802199106111529	女	远程	网络	南京房产东南培训中心	工程管理	2015春	专科起点本科	2019-07-15	1028672019052300216	毕业
732850521425151148	王 宽	320483198302143327	女	远程	网络	南京房产东南培训中心	工程管理	2016春	专科起点本科	2019-01-20	1028672019059120251	毕业
732874351615151025	叶 云	321283198205135624	女	远程	网络	常州卫生高等职业技术学校	工程管理	2014秋	专科起点本科	2019-07-15	1028672019052770215	毕业
732814361615151025	张 莉	320121199007211322	女	远程	网络	江宁卫职工中等专业学校	护理学	2016春	专科起点本科	2019-07-15	1028672019052300214	毕业
732814351515151048	唐敏燕	320483199301223629	女	远程	网络	江宁卫职工中等专业学校	护理学	2015春	专科起点本科	2019-07-15	1028672019052100250	毕业
732814351515151017	史雅琴	320481198501106024	女	远程	网络	常州卫生高等职业技术学校	护理学	2015春	专科起点本科	2019-01-20	1028672019055250213	毕业
732874351515151047	陈 洁	320411199301304929	女	远程	网络	常州卫生高等职业技术学校	护理学	2015春	专科起点本科	2019-01-20	1028672019051300249	毕业
732734351715151066	汪 丽	320821198309267202	女	远程	网络	淮阴卫生高等职业技术学校	护理学	2017春	专科起点本科	2019-07-15	1028672019052100212	毕业

(续　表)

学号	姓名	证件号码	性别	类型	学习形式	站点	专业方向	学籍年级	层次	毕业时间	毕业证号	状态
732874351515151046	丁梦云	320401199112143721	女	远程	网络	常州卫生高等职业技术学校	护理学	2015春	专科起点本科	2019-01-20	102867201905160248	毕业
732734351715151064	尹乐	320821198901100209	女	远程	网络	淮阴卫生高等职业技术学校	护理学	2017春	专科起点本科	2019-07-15	102867201905230211	毕业
732874351515151040	吴春姝	320401198901283466	女	远程	网络	常州卫生高等职业技术学校	护理学	2015春	专科起点本科	2019-01-20	102867201905170247	毕业
732734351715151052	金静	320826199201071 28X	女	远程	网络	淮阴卫生高等职业技术学校	护理学	2017春	专科起点本科	2019-07-15	102867201905200210	毕业
732874351515151038	郭小燕	320401198908202841	女	远程	网络	常州卫生高等职业技术学校	护理学	2015春	专科起点本科	2019-01-20	102867201905180246	毕业
732734351715151050	朱祖贤	320802199310012528	女	远程	网络	淮阴卫生高等职业技术学校	护理学	2017春	专科起点本科	2019-07-15	102867201905250209	毕业
732874351515151034	胥雯雯	320482198405045301	女	远程	网络	常州卫生高等职业技术学校	护理学	2015春	专科起点本科	2019-01-20	102867201905170245	毕业
732734351715151045	王敏	320821199011025707	女	远程	网络	淮阴卫生高等职业技术学校	护理学	2017春	专科起点本科	2019-07-15	102867201905280208	毕业
732874351515151033	倪娟	341126199010202087	女	远程	网络	常州卫生高等职业技术学校	护理学	2015春	专科起点本科	2019-01-20	102867201905180244	毕业
732734351715151044	唐妍	320803199510072820	女	远程	网络	淮阴卫生高等职业技术学校	护理学	2017春	专科起点本科	2019-07-15	102867201905260207	毕业
732874351515151013	张倩	320621199112041828	女	远程	网络	常州卫生高等职业技术学校	护理学	2015春	专科起点本科	2019-01-20	102867201905190243	毕业
732734351715151041	杨雪	320802198710041024	女	远程	网络	淮阴卫生高等职业技术学校	护理学	2017春	专科起点本科	2019-07-15	102867201905290206	毕业
732874351515151002	朱红霞	320281198901080264	女	远程	网络	常州卫生高等职业技术学校	护理学	2015春	专科起点本科	2019-01-20	102867201905120242	毕业
732734351715151039	席亚男	320821198007305744	女	远程	网络	淮阴卫生高等职业技术学校	护理学	2017春	专科起点本科	2019-07-15	102867201905210205	毕业
732874351415151105	吴姗姗	341124198906200060	女	远程	网络	常州卫生高等职业技术学校	护理学	2014春	专科起点本科	2019-01-20	102867201905190241	毕业
732734351715151025	李云	320811199305122526	女	远程	网络	淮阴卫生高等职业技术学校	护理学	2017春	专科起点本科	2019-07-15	102867201905230204	毕业

(续表)

学号	姓名	证件号码	性别	类型	学习形式	站点	专业方向	学籍年级	层次	毕业时间	毕业证号	状态
73287435141151088	张忠琴	320402197008052024X	女	远程	网络	常州卫生高等职业技术学校	护理学	2014春	专科起点本科	2019-01-20	1028672201905130240	毕业
73273435171151014	叶爱云	321232319890926006X	女	远程	网络	淮阴卫生高等职业技术学校	护理学	2017春	专科起点本科	2019-07-15	1028672201905280203	毕业
73287435141151069	潘虹	320483199001254722	女	远程	网络	常州卫生高等职业技术学校	护理学	2014春	专科起点本科	2019-01-20	1028672201905140239	毕业
73273435171151008	杨慧慧	320821199106064709	女	远程	网络	淮阴卫生高等职业技术学校	护理学	2017春	专科起点本科	2019-07-15	1028672201905230202	毕业
73287435141151068	王飞	320482198411280080X	女	远程	网络	常州卫生高等职业技术学校	护理学	2014春	专科起点本科	2019-01-20	1028672201905130238	毕业
73273435171151007	顾正引	320821199211112325X	女	远程	网络	淮阴卫生高等职业技术学校	护理学	2017春	专科起点本科	2019-07-15	1028672201905240201	毕业
73287435141151033	徐莉	320421197911293925	女	远程	网络	常州卫生高等职业技术学校	护理学	2014春	专科起点本科	2019-01-20	1028672201905190237	毕业
73273435171151004	封姝姝	321322198902160246	女	远程	网络	淮阴卫生高等职业技术学校	护理学	2017春	专科起点本科	2019-07-15	1028672201905220200	毕业
73287435141151032	康晓芳	411424199109140586	女	远程	网络	常州卫生高等职业技术学校	护理学	2014春	专科起点本科	2019-01-20	1028672201905190236	毕业
73273435171151001	李丹利	321324199206111026	女	远程	网络	淮阴卫生高等职业技术学校	护理学	2017春	专科起点本科	2019-07-15	1028672201905240199	毕业
73287435141151022	甘佳能	320483198807124720X	女	远程	网络	常州卫生高等职业技术学校	护理学	2014春	专科起点本科	2019-01-20	1028672201905130235	毕业
73273435162251029	杜春艳	320804199203090187	女	远程	网络	淮阴卫生高等职业技术学校	护理学	2016秋	专科起点本科	2019-07-15	1028672201905200198	毕业
73287435131151116	程瑞燕	320402199001102229	女	远程	网络	常州卫生高等职业技术学校	护理学	2013春	专科起点本科	2019-01-20	1028672201905120234	毕业
73273435162251025	陈元元	320826199001092625	女	远程	网络	淮阴卫生高等职业技术学校	护理学	2016秋	专科起点本科	2019-07-15	1028672201905260197	毕业
73287435131151037	许午怡	320402199101265025	女	远程	网络	常州卫生高等职业技术学校	护理学	2013春	专科起点本科	2019-01-20	1028672201905140233	毕业
73273435162251021	孙云霞	320826198305060820	女	远程	网络	淮阴卫生高等职业技术学校	护理学	2016秋	专科起点本科	2019-07-15	1028672201905290196	毕业

(续 表)

学号	姓名	证件号码	性别	类型	学习形式	站点	专业方向	学籍年级	层次	毕业时间	毕业证号	状态
7328743516251151167	黄 芳	320411198403164344	女	远程	网络	常州卫生高等职业技术学校	护理学	2012春	专科起点本科	2019-01-20	1028672019051190232	毕业
7328643516251151052	孙 茜	320105198410011422	女	远程	网络	东南大学医学高等职业技术系	护理学	2016秋	专科起点本科	2019-01-20	1028672019051140231	毕业
7327343516251151019	刘楠楠	321321198809255826	女	远程	网络	淮阴卫生高等职业技术学校	护理学	2016秋	专科起点本科	2019-07-15	1028672019052220195	毕业
7328643516251151051	张 蕾	320124199312231 02X	女	远程	网络	东南大学医学高等职业技术系	护理学	2016秋	专科起点本科	2019-01-20	1028672019051110230	毕业
7327343516251151018	周 洁	321323199301080241	女	远程	网络	淮阴卫生高等职业技术学校	护理学	2016秋	专科起点本科	2019-07-15	1028672019052210194	毕业
7328643516251151050	李莹莹	320125199510220723	女	远程	网络	东南大学医学高等职业技术系	护理学	2016秋	专科起点本科	2019-01-20	1028672019051150229	毕业
7327343516251151015	杨 洋	320811198509264548	女	远程	网络	淮阴卫生高等职业技术学校	护理学	2016秋	专科起点本科	2019-07-15	1028672019052290193	毕业
7328643516251151049	丁彩云	320124199503030028	女	远程	网络	东南大学医学高等职业技术系	护理学	2016秋	专科起点本科	2019-01-20	1028672019051150228	毕业
7327343516251151012	宋 娟	320826198911281420	女	远程	网络	淮阴卫生高等职业技术学校	护理学	2016秋	专科起点本科	2019-07-15	1028672019052240192	毕业
7328643516251151047	赵 星	320124199412113047	女	远程	网络	东南大学医学高等职业技术系	护理学	2016秋	专科起点本科	2019-01-20	1028672019051140227	毕业
7327343516251151008	朱华媛	320821199107302 14X	女	远程	网络	淮阴卫生高等职业技术学校	护理学	2016秋	专科起点本科	2019-07-15	1028672019052300191	毕业
7328643516251151046	吴 磊	320124199303143247	女	远程	网络	东南大学医学高等职业技术系	护理学	2016秋	专科起点本科	2019-01-20	1028672019051110226	毕业
7327343516251151003	夏雪银	320802199003233021	女	远程	网络	淮阴卫生高等职业技术学校	护理学	2016秋	专科起点本科	2019-07-15	1028672019052210190	毕业
7328643516251151044	于晓艳	341224199411066904	女	远程	网络	东南大学医学高等职业技术系	护理学	2016秋	专科起点本科	2019-01-20	1028672019051160225	毕业
7327343516251151097	杜 鲜	320821198802080126	女	远程	网络	淮阴卫生高等职业技术学校	护理学	2016春	专科起点本科	2019-07-15	1028672019052210189	毕业
7328643516251151043	刘 云	320124199201212424	女	远程	网络	东南大学医学高等职业技术系	护理学	2016春	专科起点本科	2019-01-20	1028672019051100224	毕业
7327343516251151095	王 如	320811199302284044	女	远程	网络	淮阴卫生高等职业技术学校	护理学	2016春	专科起点本科	2019-07-15	1028672019052500188	毕业
7328643516251151042	李 颖	320124199608172620	女	远程	网络	东南大学医学高等职业技术系	护理学	2016春	专科起点本科	2019-01-20	1028672019051190223	毕业
7327343516251151094	陈萌萌	321322199408094428	女	远程	网络	淮阴卫生高等职业技术学校	护理学	2016秋	专科起点本科	2019-07-15	1028672019052500187	毕业
7328643516251151040	陈思佳	320124199506063247	女	远程	网络	东南大学医学高等职业技术系	护理学	2016秋	专科起点本科	2019-01-20	1028672019051500222	毕业

(续表)

学号	姓名	证件号码	性别	类型	学习形式	站点	专业方向	学籍年级	层次	毕业时间	毕业证号	状态
73286435162551092	黎月萍	320831199409242026	女	远程	网络	淮阴卫生高等职业技术学校	护理学	2016春	专科起点本科	2019-07-15	1028672019052501186	毕业
73286435162551036	刘婷	320124199208070022X	女	远程	网络	东南大学医学高等职业技术学院护理系	护理学	2016秋	专科起点本科	2019-01-20	1028672019051402221	毕业
73286435162551089	胡晓雨	320831199209010220	女	远程	网络	淮阴卫生高等职业技术学校	护理学	2016春	专科起点本科	2019-07-15	1028672019052801185	毕业
73286435162551035	许珏	320124199601180002X	女	远程	网络	东南大学医学高等职业技术学院护理系	护理学	2016秋	专科起点本科	2019-01-20	1028672019051602220	毕业
73286435162551084	吴迪	320811199210240546	女	远程	网络	淮阴卫生高等职业技术学校	护理学	2016春	专科起点本科	2019-07-15	1028672019052001184	毕业
73286435162551034	章玲	320124199102080227	女	远程	网络	东南大学医学高等职业技术学院护理系	护理学	2016秋	专科起点本科	2019-01-20	1028672019051901219	毕业
73286435162551081	李霞	320801198809120068	女	远程	网络	淮阴卫生高等职业技术学校	护理学	2016春	专科起点本科	2019-07-15	1028672019052301183	毕业
73286435162551033	程蓉	320124198903141822	女	远程	网络	东南大学医学高等职业技术学院护理系	护理学	2016秋	专科起点本科	2019-01-20	1028672019051701218	毕业
73286435162551077	刘爱静	320882198008214820	女	远程	网络	淮阴卫生高等职业技术学校	护理学	2016春	专科起点本科	2019-07-15	1028672019052401182	毕业
73286435162551032	王露	32012419950508322X	女	远程	网络	东南大学医学高等职业技术学院护理系	护理学	2016秋	专科起点本科	2019-01-20	1028672019052801181	毕业
73286435162551052	沈绪	320811199106240028	女	远程	网络	淮阴卫生高等职业技术学校	护理学	2016春	专科起点本科	2019-07-15	1028672019051202216	毕业
73286435162551030	曹丽佳	320124199111160245	女	远程	网络	东南大学医学高等职业技术学院护理系	护理学	2016秋	专科起点本科	2019-01-20	1028672019052001180	毕业
73286435162551051	邱小玉	321324199206274829	女	远程	网络	淮阴卫生高等职业技术学校	护理学	2016春	专科起点本科	2019-07-15	1028672019051302215	毕业
73286435162551029	朱丽	320124199605212025	女	远程	网络	东南大学医学高等职业技术学院护理系	护理学	2016秋	专科起点本科	2019-01-20	1028672019052101179	毕业
73286435162551037	卞迁	32082619901016124X	女	远程	网络	淮阴卫生高等职业技术学校	护理学	2016春	专科起点本科	2019-07-15	1028672019051902214	毕业
73286435162551028	张孟珺	320124198911302622	女	远程	网络	东南大学医学高等职业技术学院护理系	护理学	2016秋	专科起点本科	2019-01-20	1028672019052001178	毕业
73286435162551016	刘丹丹	320821199101243308	女	远程	网络	淮阴卫生高等职业技术学校	护理学	2016春	专科起点本科	2019-07-15	1028672019051002213	毕业
73286435162551027	赵盼盼	320124199412012625	女	远程	网络	东南大学医学高等职业技术学院护理系	护理学	2016秋	专科起点本科	2019-01-20	1028672019052901177	毕业
73286435162551007	周丽芹	321322199308027025	女	远程	网络	淮阴卫生高等职业技术学校	护理学	2016春	专科起点本科	2019-07-15	1028672019051602212	毕业
73286435162551026	严云	320124199111211022	女	远程	网络	东南大学医学高等职业技术学院护理系	护理学	2016秋	专科起点本科	2019-01-20	1028672019051602212	毕业

(续表)

学号	姓名	证件号码	性别	类型	学习形式	站点	专业方向	学籍年级	层次	毕业时间	毕业证号	状态
732734351525104 5	赵雅	321324199108120826	女	远程	网络	淮阴卫生高等职业技术学校	护理学	2015 秋	专科起点本科	2019-07-15	102867201905230176	毕业
732864351625102 5	罗萍	320124198309292628	女	远程	网络	东南大学医学院护理系	护理学	2016 秋	专科起点本科	2019-01-20	102867201905150211	毕业
732734351525103 8	徐晓娟	320821198506281302	女	远程	网络	淮阴卫生高等职业技术学校	护理学	2015 秋	专科起点本科	2019-07-15	102867201905290175	毕业
732864351625102 4	丁倩	321323199002085325	女	远程	网络	东南大学医学院护理系	护理学	2016 秋	专科起点本科	2019-01-20	102867201905170210	毕业
732734351525103 6	杜施王	341203199007061640	女	远程	网络	淮阴卫生高等职业技术学校	护理学	2015 秋	专科起点本科	2019-07-15	102867201905280174	毕业
732864351625102 3	成莹	320124199508270223	女	远程	网络	东南大学医学院护理系	护理学	2016 秋	专科起点本科	2019-01-20	102867201905120209	毕业
732734351525103 5	水玥	320826199108256626	女	远程	网络	淮阴卫生高等职业技术学校	护理学	2015 秋	专科起点本科	2019-07-15	102867201905210173	毕业
732734351525102 2	诸雯	320124199204042029	女	远程	网络	东南大学医学院护理系	护理学	2016 秋	专科起点本科	2019-01-20	102867201905150208	毕业
732734351525102 9	何梦媛	320821199009063544	女	远程	网络	淮阴卫生高等职业技术学校	护理学	2015 秋	专科起点本科	2019-07-15	102867201905240172	毕业
732734351525102 1	王倩	320124199211233229	女	远程	网络	东南大学医学院护理系	护理学	2016 秋	专科起点本科	2019-01-20	102867201905100207	毕业
732734351525102 8	叶婷	320882198908293026	女	远程	网络	淮阴卫生高等职业技术学校	护理学	2015 秋	专科起点本科	2019-07-15	102867201905230171	毕业
732734351525101 8	陈静	320124198911251028	女	远程	网络	东南大学医学院护理系	护理学	2016 秋	专科起点本科	2019-01-20	102867201905180206	毕业
732734351525102 7	李冬梅	320802199209102529	女	远程	网络	淮阴卫生高等职业技术学校	护理学	2015 秋	专科起点本科	2019-07-15	102867201905260170	毕业
732734351525101 7	李永亭	320124198712080641	女	远程	网络	东南大学医学院护理系	护理学	2016 秋	专科起点本科	2019-01-20	102867201905160205	毕业
732734351525102 6	郑春莹	320821199305051708	女	远程	网络	淮阴卫生高等职业技术学校	护理学	2015 秋	专科起点本科	2019-07-15	102867201905200169	毕业
732734351525101 6	段聚梅	320124199501060629	女	远程	网络	东南大学医学院护理系	护理学	2016 秋	专科起点本科	2019-01-20	102867201905100204	毕业
732734351525102 0	周士炜	320802198905232525	女	远程	网络	淮阴卫生高等职业技术学校	护理学	2015 秋	专科起点本科	2019-07-15	102867201905220168	毕业
732734351525101 5	汤艺蓉	320124199512213248	女	远程	网络	东南大学医学院护理系	护理学	2016 秋	专科起点本科	2019-01-20	102867201905120203	毕业
732734351525101 9	朱婷婷	320826198606150467	女	远程	网络	淮阴卫生高等职业技术学校	护理学	2015 秋	专科起点本科	2019-07-15	102867201905210167	毕业
732864351625101 4	蔡帆	320124199311141620	女	远程	网络	东南大学医学院护理系	护理学	2016 秋	专科起点本科	2019-01-20	102867201905160202	毕业

(续表)

学号	姓名	证件号码	性别	类型	学习形式	站点	专业方向	学籍年级	层次	毕业时间	毕业证号	状态
732864351525101 7	蒋婷	320829199102201228	女	远程	网络	淮阴卫生高等职业技术学校	护理学	2015秋	专科起点本科	2019-07-15	1028672019052102166	毕业
732864351625101 3	金笑	320124199607201629	女	远程	网络	东南大学医学院护理系	护理学	2016秋	专科起点本科	2019-01-20	1028672019051602 01	毕业
732864351525101 5	王金月	320821199303022305	女	远程	网络	淮阴卫生高等职业技术学校	护理学	2015秋	专科起点本科	2019-07-15	1028672019052002 65	毕业
732864351625101 2	黄双燕	320124199209122028	女	远程	网络	东南大学医学院护理系	护理学	2016秋	专科起点本科	2019-01-20	1028672019051402 00	毕业
732864351525101 4	陈蓉	320811199209181526	女	远程	网络	淮阴卫生高等职业技术学校	护理学	2015秋	专科起点本科	2019-07-15	1028672019052102 64	毕业
732864351625101 1	罗谦	360402199301113 12X	女	远程	网络	东南大学医学院护理系	护理学	2016秋	专科起点本科	2019-01-20	1028672019051201 99	毕业
732864351525101 1	徐晓晓	320826199402222822	女	远程	网络	东南大学医学院护理系	护理学	2015秋	专科起点本科	2019-07-15	1028672019052202 63	毕业
732864351625101 0	俞露露	320124198903171028	女	远程	网络	东南大学医学院护理系	护理学	2016秋	专科起点本科	2019-01-20	1028672019051401 98	毕业
732864351525101 0	张雪莲	320826189212260242	女	远程	网络	东南大学医学院护理系	护理学	2015秋	专科起点本科	2019-07-15	1028672019052101 62	毕业
732864351625100 9	韦欢欢	320124198712300229	女	远程	网络	东南大学医学院护理系	护理学	2016秋	专科起点本科	2019-01-20	1028672019051801 97	毕业
732864351525100 9	曹迎亚	320826199004204067	女	远程	网络	东南大学医学院护理系	护理学	2015秋	专科起点本科	2019-07-15	1028672019052601 61	毕业
732864351625100 8	秦颖	32012419911108 182X	女	远程	网络	东南大学医学院护理系	护理学	2016春	专科起点本科	2019-01-20	1028672019051101 96	毕业
732864351515114 7	严高玉	32080219810102 152X	女	远程	网络	淮阴卫生高等职业技术学校	护理学	2015春	专科起点本科	2019-07-15	1028672019052501 60	毕业
732864351625100 7	傅颖申	320124199512022222	女	远程	网络	东南大学医学院护理系	护理学	2016春	专科起点本科	2019-01-20	1028672019051801 95	毕业
732864351515114 2	陈玥	320821199107060160	女	远程	网络	淮阴卫生高等职业技术学校	护理学	2015春	专科起点本科	2019-07-15	1028672019052301 59	毕业
732864351625100 6	李敏	320124199309230421	女	远程	网络	东南大学医学院护理系	护理学	2016秋	专科起点本科	2019-01-20	1028672019051601 94	毕业
732864351515112 7	徐桃	320802198601405 44	女	远程	网络	淮阴卫生高等职业技术学校	护理学	2015春	专科起点本科	2019-07-15	1028672019052001 58	毕业
732864351625100 4	徐莉	320124199403230225	女	远程	网络	东南大学医学院护理系	护理学	2016秋	专科起点本科	2019-01-20	1028672019051001 93	毕业
732864351515111 0	吕巧梅	630104197807121525	女	远程	网络	淮阴卫生高等职业技术学校	护理学	2015春	专科起点本科	2019-07-15	1028672019052201 57	毕业
732864351625100 3	王欢	320124199304010227	女	远程	网络	东南大学医学院护理系	护理学	2016秋	专科起点本科	2019-01-20	1028672019051901 92	毕业

(续)

学号	姓名	证件号码	性别	类型	学习形式	站点	专业方向	学籍年级	层次	毕业时间	毕业证号	状态
7327343515151109	马楠	320821199042111545	女	远程	网络	淮阴卫生高等职业技术学校	护理学	2015春	专科起点本科	2019-07-15	1028672019052270156	毕业
7328643516251002	李倩倩	320124199402133263	女	远程	网络	东南大学医学院护理系	护理学	2016秋	专科起点本科	2019-01-20	1028672019051110191	毕业
7327343515151107	马宁	320826198511280004X	女	远程	网络	淮阴卫生高等职业技术学校	护理学	2015春	专科起点本科	2019-07-15	1028672019052230155	毕业
7327343516151023	周凤	340826199302198742	女	远程	网络	东南大学医学院护理系	护理学	2016春	专科起点本科	2019-01-20	1028672019051170190	毕业
7327343515151104	左晶晶	320826198703100189	女	远程	网络	淮阴卫生高等职业技术学校	护理学	2015春	专科起点本科	2019-07-15	1028672019052260154	毕业
7327343516151011	李百雪	320922199409119027	女	远程	网络	东南大学医学院护理系	护理学	2016春	专科起点本科	2019-01-20	1028672019051110189	毕业
7327343515151099	嵇茹	320826198910302883	女	远程	网络	淮阴卫生高等职业技术学校	护理学	2015春	专科起点本科	2019-07-15	1028672019052290153	毕业
7327343516151010	曹丽娟	320124198911132282X	女	远程	网络	东南大学医学院护理系	护理学	2016春	专科起点本科	2019-01-20	1028672019051160188	毕业
7327343515151068	许佳	320882198804134661	女	远程	网络	淮阴卫生高等职业技术学校	护理学	2015秋	专科起点本科	2019-01-20	1028672019052220152	毕业
7327343516151016	张毅	411522198712102443	女	远程	网络	东南大学医学院护理系	护理学	2015春	专科起点本科	2019-07-15	1028672019051170187	毕业
7327343515251046	姚霏霏	320826199112402X	女	远程	网络	淮阴卫生高等职业技术学校	护理学	2015春	专科起点本科	2019-07-15	1028672019052280151	毕业
7327343515151010	尤青	320124199406070028	女	远程	网络	东南大学医学院护理系	护理学	2015秋	专科起点本科	2019-07-15	1028672019051150186	毕业
7327343515251026	徐蓉	320826198905220004X	女	远程	网络	淮阴卫生高等职业技术学校	护理学	2015春	专科起点本科	2019-07-15	1028672019052250150	毕业
7327514015251013	刘杰	320124198907112831	男	远程	网络	南京房产东南培训中心	物流管理	2015秋	专科起点本科	2019-01-20	1028672019051110185	毕业
7327343515151025	顾萱	320811199010110544	女	远程	网络	淮阴卫生高等职业技术学校	护理学	2015春	专科起点本科	2019-07-15	1028672019052290149	毕业
7327514015251006	潘翔	330103197110300817	男	远程	网络	南京房产东南培训中心	物流管理	2015秋	专科起点本科	2019-07-15	1028672019051100184	毕业
7327343515151024	王翔燕	320802199007110563	女	远程	网络	淮阴卫生高等职业技术学校	护理学	2015春	专科起点本科	2019-07-15	1028672019052290148	毕业
7327343515151023	齐梦洁	320811199002143522	女	远程	网络	淮阴卫生高等职业技术学校	护理学	2014秋	专科起点本科	2019-01-20	1028672019052240147	毕业
7328504214251007	韩方超	320322198409080030	男	远程	网络	南京房产东南培训中心	物流管理	2015秋	专科起点本科	2019-01-20	1028672019051160183	毕业
7328505215251077	王旭文	320113199308142412	男	远程	网络	南京房产东南培训中心	工程管理	2015秋	专科起点本科	2019-01-20	1028672019051170182	毕业

(续表)

学号	姓名	证件号码	性别	类型	学习形式	站点	专业方向	学籍年级	层次	毕业时间	毕业证号	状态
7327343515151020	李明莉	320811199304050540	女	远程	网络	淮阴卫生高等职业技术学校	护理学	2015春	专科起点本科	2019-07-15	1028672019050250146	毕业
7328505215251076	李从政	320123199209021010X	男	远程	网络	南京房产东南培训中心	工程管理	2015秋	专科起点本科	2019-01-20	1028672019050150181	毕业
7327343514251052	刘 丽	321323198707264740	女	远程	网络	淮阴卫生高等职业技术学校	护理学	2014秋	专科起点本科	2019-07-15	1028672019050260145	毕业
7328505215251031	陆春华	320282198702644343X	男	远程	网络	南京房产东南培训中心	工程管理	2015秋	专科起点本科	2019-01-20	1028672019050160180	毕业
7327343514251051	赵 青	320811198902285022X	女	远程	网络	淮阴卫生高等职业技术学校	护理学	2014秋	专科起点本科	2019-07-15	1028672019050280144	毕业
7328505215251016	梅凡奇	320112199101101617	男	远程	网络	南京房产东南培训中心	工程管理	2015秋	专科起点本科	2019-01-20	1028672019050140179	毕业
7327343514251045	顾新艳	320826199002094761	女	远程	网络	淮阴卫生高等职业技术学校	护理学	2014秋	专科起点本科	2019-07-15	1028672019050210143	毕业
7328505215251015	徐益强	320683199103143455X	男	远程	网络	南京房产东南培训中心	工程管理	2015秋	专科起点本科	2019-01-20	1028672019050100178	毕业
7327343514251038	戚梦洁	321081199207037842	女	远程	网络	淮阴卫生高等职业技术学校	护理学	2014秋	专科起点本科	2019-07-15	1028672019050220142	毕业
7328505215251014	陈云帆	320106198908222039	男	远程	网络	南京房产东南培训中心	工程管理	2015秋	专科起点本科	2019-01-20	1028672019050100177	毕业
7327343514251036	陈 琴	320826197711270052X	女	远程	网络	淮阴卫生高等职业技术学校	护理学	2014秋	专科起点本科	2019-07-15	1028672019050270141	毕业
7328505215251006	张 力	320107196502094214	男	远程	网络	南京房产东南培训中心	工程管理	2015春	专科起点本科	2019-01-20	1028672019050170176	毕业
7327343514151210	汪丹丹	320882199204290024	女	远程	网络	淮阴卫生高等职业技术学校	护理学	2014春	专科起点本科	2019-07-15	1028672019050230140	毕业
7327343514251154	刘家敏	320124199210120425	女	远程	网络	淮阴卫生高等职业技术学校	护理学	2014秋	专科起点本科	2019-07-15	1028672019050140175	毕业
7328505214251168	翟明星	320821198301020766	男	远程	网络	南京房产东南培训中心	工程管理	2014春	专科起点本科	2019-01-20	1028672019050290139	毕业
7327343514151157	王宇航	320821199204240139	男	远程	网络	淮阴卫生高等职业技术学校	护理学	2014春	专科起点本科	2019-07-15	1028672019050270176	毕业
7328505214251047	张 青	320123198502280833	男	远程	网络	南京房产东南培训中心	工程管理	2014秋	专科起点本科	2019-01-20	1028672019050150174	毕业
7327343514151141	刘晓露	320821198603240107	女	远程	网络	淮阴卫生高等职业技术学校	护理学	2014春	专科起点本科	2019-07-15	1028672019050270137	毕业
7328505213251174	朱 莉	320102198112293223	女	远程	网络	南京房产东南培训中心	工程管理	2013秋	专科起点本科	2019-01-20	1028672019050180173	毕业

(续表)

学号	姓名	证件号码	性别	类型	学习形式	站点	专业方向	学籍年级	层次	毕业时间	毕业证号	状态
732814351615151033	李娜	320882199210102667	女	远程	网络	江宁卫生职工中等专业学校	护理学	2016春	专科起点本科	2019-01-20	102867201905110172	毕业
732734351415151140	丁雯	320821199008094728	女	远程	网络	淮阴卫生高等职业技术学校	护理学	2014春	专科起点本科	2019-07-15	102867201905240136	毕业
732814351615151032	刘卓欣	320121199304032320	女	远程	网络	江宁卫生职工中等专业学校	护理学	2016春	专科起点本科	2019-01-20	102867201905170171	毕业
732734351415151133	金晨	320802199007162064	女	远程	网络	淮阴卫生高等职业技术学校	护理学	2014春	专科起点本科	2019-07-15	102867201905270135	毕业
732814351615151022	朱盼盼	342423199109011166	女	远程	网络	江宁卫生职工中等专业学校	护理学	2016春	专科起点本科	2019-01-20	102867201905100170	毕业
732734351415151121	陈艳	320825198210070288	女	远程	网络	淮阴卫生高等职业技术学校	护理学	2014春	专科起点本科	2019-07-15	102867201905280134	毕业
732814351615151013	朱濛	320121199007114725	女	远程	网络	江宁卫生职工中等专业学校	护理学	2016春	专科起点本科	2019-01-20	102867201905120169	毕业
732734351415151085	张颖	320821199102221014X	女	远程	网络	淮阴卫生高等职业技术学校	护理学	2014春	专科起点本科	2019-07-15	102867201905240133	毕业
732814351615151011	孙凡	320382198506298222	女	远程	网络	江宁卫生职工中等专业学校	护理学	2016春	专科起点本科	2019-01-20	102867201905190168	毕业
732734351415151084	郭娟	320882198401143106	女	远程	网络	淮阴卫生高等职业技术学校	护理学	2014春	专科起点本科	2019-07-15	102867201905200132	毕业
732734351415151040	李丹	370404199103193321X	女	远程	网络	江宁卫生职工中等专业学校	护理学	2014春	专科起点本科	2019-01-20	102867201905120167	毕业
732734351415151076	流香如	320829198811060443	女	远程	网络	淮阴卫生高等职业技术学校	护理学	2014春	专科起点本科	2019-07-15	102867201905210131	毕业
732814351415151030	李莎莎	320721199006201643	女	远程	网络	江宁卫生职工中等专业学校	护理学	2014春	专科起点本科	2019-01-20	102867201905170166	毕业
732734351415151041	李芹	320882199111283466	女	远程	网络	淮阴卫生高等职业技术学校	护理学	2014春	专科起点本科	2019-07-15	102867201905260130	毕业
732814351415151027	蒋黎	320106198402636362X	女	远程	网络	江宁卫生职工中等专业学校	护理学	2014春	专科起点本科	2019-01-20	102867201905170165	毕业
732734351415151038	李娜	320811198202080525	女	远程	网络	淮阴卫生高等职业技术学校	护理学	2014春	专科起点本科	2019-07-15	102867201905280129	毕业

（续表）

学号	姓名	证件号码	性别	类型	学习形式	站点	专业方向	学籍年级	层次	毕业时间	毕业证号	状态
732734381426I002	方　芳	320826199007270461	女	远程	网络	淮阴卫生高等职业技术学校	护理学	2014秋	高中起点专科	2019-01-20	10286720190616000 4	毕业
732734514151032	吴　倩	321323198801046563	女	远程	网络	淮阴卫生高等职业技术学校	护理学	2014春	专科起点本科	2019-07-15	10286720190529012 8	毕业
732734381416I005	张　雷	320821198907124914	男	远程	网络	淮阴卫生高等职业技术学校	护理学	2014春	高中起点专科	2019-01-20	10286720190618000 3	毕业
732734514151030	魏明芬	321321199102232103	女	远程	网络	淮阴卫生高等职业技术学校	护理学	2014春	专科起点本科	2019-07-15	10286720190525012 7	毕业
732734516251030	张　琼	321323199203136328	女	远程	网络	淮阴卫生高等职业技术学校	护理学	2016春	专科起点本科	2019-01-20	10286720190512016 4	毕业
732734514151029	陆蓉蓉	320882198702287229	女	远程	网络	淮阴卫生高等职业技术学校	护理学	2014春	专科起点本科	2019-07-15	10286720190514016 3	毕业
732734514151005	王梦云	320821199403284900	女	远程	网络	淮阴卫生高等职业技术学校	护理学	2016秋	专科起点本科	2019-01-20	10286720190521012 6	毕业
732734514151017	王贤慧	320811198908094064	女	远程	网络	淮阴卫生高等职业技术学校	护理学	2014秋	专科起点本科	2019-07-15	10286720190525012 5	毕业
732734516251002	董枭鹭	320882199502180026	女	远程	网络	淮阴卫生高等职业技术学校	护理学	2016秋	专科起点本科	2019-01-20	10286720190510016 2	毕业
732734513251054	张　艳	321323199011281969	女	远程	网络	淮阴卫生高等职业技术学校	护理学	2013秋	专科起点本科	2019-07-15	10286720190520012 4	毕业
732734516251001	朱银银	321321199409213521	女	远程	网络	淮阴卫生高等职业技术学校	护理学	2016秋	专科起点本科	2019-01-20	10286720190515016 1	毕业
732734513251037	祖红燕	321324198605052620	女	远程	网络	淮阴卫生高等职业技术学校	护理学	2013秋	专科起点本科	2019-07-15	10286720190526012 3	毕业
732734516251103	朱玲玲	320821199302140721	女	远程	网络	淮阴卫生高等职业技术学校	护理学	2016春	专科起点本科	2019-01-20	10286720190513016 0	毕业
732734513251030	伏玉娟	320830198404036644	女	远程	网络	淮阴卫生高等职业技术学校	护理学	2013秋	专科起点本科	2019-07-15	10286720190522012 2	毕业
732734516151098	胡雨婷	320882199202110042	女	远程	网络	淮阴卫生高等职业技术学校	护理学	2016春	专科起点本科	2019-01-20	10286720190512015 9	毕业
732734513251025	牛佳苇	320821199101240160	女	远程	网络	淮阴卫生高等职业技术学校	护理学	2013秋	专科起点本科	2019-07-15	10286720190525012 1	毕业

(续 表)

学号	姓名	证件号码	性别	类型	学习形式	站点	专业方向	学籍年级	层次	毕业时间	毕业证号	状态
7327343516151093	葛彬彬	320823199308191426	女	远程	网络	淮阴卫生高等职业技术学校	护理学	2016春	专科起点本科	2019-01-20	102867201905120158	毕业
7327343513251017	徐希琳	320826198801030540	女	远程	网络	淮阴卫生高等职业技术学校	护理学	2013秋	专科起点本科	2019-07-15	102867201905250120	毕业
7327343516151088	王 霞	320826199102264764	女	远程	网络	淮阴卫生高等职业技术学校	护理学	2016春	专科起点本科	2019-01-20	102867201905170157	毕业
7327343513251009	王红杰	320821198902140309	女	远程	网络	淮阴卫生高等职业技术学校	护理学	2013秋	专科起点本科	2019-07-15	102867201905240119	毕业
7327343516151086	王郁美	320621199401167523	女	远程	网络	淮阴卫生高等职业技术学校	护理学	2016春	专科起点本科	2019-01-20	102867201905180156	毕业
7327343513251006	赵荣梅	320821198701150121	女	远程	网络	淮阴卫生高等职业技术学校	护理学	2013秋	专科起点本科	2019-07-15	102867201905200118	毕业
7327043517151041	徐茂香	341181198712190228	女	远程	网络	丁家桥护理专业教学点	护理学	2017春	专科起点本科	2019-07-15	102867201905260117	毕业
7327043517151085	朱玲玲	320882199210101269	女	远程	网络	淮阴卫生高等职业技术学校	护理学	2016春	专科起点本科	2019-07-15	102867201905160155	毕业
7327043517151038	许金金	372922198808205041	女	远程	网络	丁家桥护理专业教学点	护理学	2017春	专科起点本科	2019-07-15	102867201905220116	毕业
7327043517151073	戴 雯	320882199301030427	女	远程	网络	淮阴卫生高等职业技术学校	护理学	2016春	专科起点本科	2019-01-20	102867201905170154	毕业
7327043517151036	蔡阿香	320830198707281823	女	远程	网络	丁家桥护理专业教学点	护理学	2017春	专科起点本科	2019-07-15	102867201905230115	毕业
7327043517151070	赵 芹	320821198706173525	女	远程	网络	淮阴卫生高等职业技术学校	护理学	2016春	专科起点本科	2019-01-20	102867201905130153	毕业
7327043517151035	徐 芳	230103197902190624	女	远程	网络	丁家桥护理专业教学点	护理学	2017春	专科起点本科	2019-07-15	102867201905280114	毕业
7327043517151065	王 苏	321322199103040242	女	远程	网络	淮阴卫生高等职业技术学校	护理学	2016春	专科起点本科	2019-01-20	102867201905120152	毕业
7327043517151034	赵亚男	341125198512127944	女	远程	网络	丁家桥护理专业教学点	护理学	2017春	专科起点本科	2019-07-15	102867201905250113	毕业
7327043517151054	苏 硕	320804197912224002X	女	远程	网络	淮阴卫生高等职业技术学校	护理学	2016春	专科起点本科	2019-01-20	102867201905170151	毕业
7327043517151028	邱 月	341122198509065261	女	远程	网络	丁家桥护理专业教学点	护理学	2017春	专科起点本科	2019-07-15	102867201905230112	毕业
7327043516151025	吴明琦	320821199211190109	女	远程	网络	淮阴卫生高等职业技术学校	护理学	2016春	专科起点本科	2019-01-20	102867201905190150	毕业
7327043517151026	华 静	320103197603011763	女	远程	网络	丁家桥护理专业教学点	护理学	2017春	专科起点本科	2019-07-15	102867201905240111	毕业

(续表)

学号	姓名	证件号码	性别	类型	学习形式	站点	专业方向	学籍年级	层次	毕业时间	毕业证号	状态
73270435161151011	惠文静	320830199207022846	女	远程	网络	淮阴卫生高等职业技术学校	护理学	2016春	专科起点本科	2019-01-20	1028672019051 80149	毕业
73270435171151022	陈 银	320830199210156626	女	远程	网络	丁家桥护理专业高等职业技术教学点	护理学	2017春	专科起点本科	2019-07-15	1028672019052 90110	毕业
73270435161151005	石 红	321321199001034849	女	远程	网络	淮阴卫生高等职业技术学校	护理学	2016春	专科起点本科	2019-01-20	1028672019051 10148	毕业
73270435171151019	郑晓敏	320104199608190823	女	远程	网络	丁家桥护理专业高等职业技术教学点	护理学	2017春	专科起点本科	2019-07-15	1028672019052 40109	毕业
73270435151251032	李 丽	320826198605175021	女	远程	网络	丁家桥护理专业高等职业技术教学点	护理学	2015秋	专科起点本科	2019-01-20	1028672019051 20147	毕业
73270435171151018	王 琳	632802198903210028	女	远程	网络	丁家桥护理专业高等职业技术教学点	护理学	2017春	专科起点本科	2019-07-15	1028672019052 80108	毕业
73270435151251030	穆 月	320921199204263344	女	远程	网络	淮阴卫生高等职业技术学校	护理学	2015秋	专科起点本科	2019-01-20	1028672019051 00146	毕业
73270435151251016	葛 晶	320882199405066029	女	远程	网络	丁家桥护理专业高等职业技术教学点	护理学	2017春	专科起点本科	2019-07-15	1028672019052 20107	毕业
73270435151251024	郭尔曼	320826199201235627	女	远程	网络	丁家桥护理专业高等职业技术教学点	护理学	2015秋	专科起点本科	2019-01-20	1028672019051 10145	毕业
73270435171151014	刘雅钰	320121199505103121	女	远程	网络	丁家桥护理专业高等职业技术教学点	护理学	2017春	专科起点本科	2019-07-15	1028672019052 00106	毕业
73270435151251022	丁 月	320830199311060228	女	远程	网络	丁家桥护理专业高等职业技术教学点	护理学	2015秋	专科起点本科	2019-01-20	1028672019051 30144	毕业
73270435171151011	戴彤芮	320113199305265628	女	远程	网络	丁家桥护理专业高等职业技术教学点	护理学	2017春	专科起点本科	2019-07-15	1028672019052 50105	毕业
73270435151251013	谢银翠	320811198604294526	女	远程	网络	淮阴卫生高等职业技术学校	护理学	2015秋	专科起点本科	2019-01-20	1028672019051 00143	毕业
73270435171151010	董信杏	320113199302296426	女	远程	网络	丁家桥护理专业高等职业技术教学点	护理学	2017春	专科起点本科	2019-07-15	1028672019052 20104	毕业
73270435151251008	王 洋	320826197611116621	女	远程	网络	丁家桥护理专业高等职业技术教学点	护理学	2015秋	专科起点本科	2019-01-20	1028672019051 60142	毕业
73270435151251007	濮雪颖	320124199305110828	女	远程	网络	丁家桥护理专业高等职业技术教学点	护理学	2015秋	专科起点本科	2019-07-15	1028672019052 60103	毕业
73270435151251005	仲梦影	321322199212293820	女	远程	网络	淮阴卫生高等职业技术学校	护理学	2015秋	专科起点本科	2019-01-20	1028672019051 80141	毕业
73270435171151006	刘文静	341182198908246040X	女	远程	网络	丁家桥护理专业高等职业技术教学点	护理学	2017春	专科起点本科	2019-07-15	1028672019052 10102	毕业
73270435151251002	陈旭芹	321322199105184020	女	远程	网络	淮阴卫生高等职业技术学校	护理学	2015秋	专科起点本科	2019-01-20	1028672019051 00140	毕业
73270435171151005	程 唯	320121199107171946	女	远程	网络	丁家桥护理专业高等职业技术教学点	护理学	2017春	专科起点本科	2019-07-15	1028672019052 80101	毕业

(续 表)

学号	姓名	证件号码	性别	类型	学习形式	站点	专业方向	学籍年级	层次	毕业时间	毕业证号	状态
7327043515251001	李娟	320802198510022021	女	远程	网络	淮阴卫生高等职业技术学校	护理学	2015秋	专科起点本科	2019-01-20	10286720190510100139	毕业
7327043517151003	荆艳	37078519840706712X	女	远程	网络	丁家桥护理高等职业教学点	护理学	2017春	专科起点本科	2019-07-15	10286720190528010 0	毕业
7327043515151133	李艳	320830199201065220	女	远程	网络	淮阴卫生高等职业技术学校	护理学	2015春	专科起点本科	2019-01-20	10286720190511013 8	毕业
7327043517151002	左梅娟	320124197009293229	女	远程	网络	丁家桥护理高等职业教学点	护理学	2017春	专科起点本科	2019-07-15	10286720190526009 9	毕业
7327043515151125	周珊珊	320821199011030143	女	远程	网络	淮阴卫生高等职业技术学校	护理学	2015春	专科起点本科	2019-01-20	10286720190513013 7	毕业
7327043517151001	王玉玲	340825199203084524	女	远程	网络	丁家桥护理高等职业教学点	护理学	2017春	专科起点本科	2019-07-15	10286720190522009 8	毕业
7327043515151124	吴盼	320821198902241927	女	远程	网络	淮阴卫生高等职业技术学校	护理学	2015春	专科起点本科	2019-01-20	10286720190513013 6	毕业
7327043515151052	刘君	320113198507300423	女	远程	网络	淮阴卫生高等职业技术学校	护理学	2016秋	专科起点本科	2019-07-15	10286720190529009 7	毕业
7327043515151114	周婷婷	321323198909047525	女	远程	网络	淮阴卫生高等职业技术学校	护理学	2015春	专科起点本科	2019-01-20	10286720190513013 5	毕业
7327043516251048	唐成程	340521198810276222	女	远程	网络	丁家桥护理高等职业教学点	护理学	2016秋	专科起点本科	2019-07-15	10286720190525009 6	毕业
7327043515151111	谢玲玲	320811198401140586	女	远程	网络	淮阴卫生高等职业技术学校	护理学	2015春	专科起点本科	2019-01-20	10286720190516013 4	毕业
7327043516251047	刘燕	340302197906260626	女	远程	网络	丁家桥护理高等职业教学点	护理学	2016秋	专科起点本科	2019-07-15	10286720190522009 5	毕业
7327043515151106	王娜	321302198809182023	女	远程	网络	淮阴卫生高等职业技术学校	护理学	2015春	专科起点本科	2019-01-20	10286720190519013 3	毕业
7327043516251038	宗莹莹	341322199210221229	女	远程	网络	丁家桥护理高等职业教学点	护理学	2016秋	专科起点本科	2019-07-15	10286720190521009 4	毕业
7327043515151078	吴杰琼	320826199106142828	女	远程	网络	淮阴卫生高等职业技术学校	护理学	2015春	专科起点本科	2019-01-20	10286720190517013 2	毕业
7327043516251037	陆文琦	320105198411300242	女	远程	网络	丁家桥护理高等职业教学点	护理学	2016秋	专科起点本科	2019-07-15	10286720190524009 3	毕业
7327043515151049	金	320826199108307120	女	远程	网络	淮阴卫生高等职业技术学校	护理学	2015春	专科起点本科	2019-01-20	10286720190516013 1	毕业
7327043516251036	徐杨春缘	32010619910527362X	女	远程	网络	丁家桥护理高等职业教学点	护理学	2016秋	专科起点本科	2019-07-15	10286720190522009 2	毕业
7327043515151044	高硕	320811199204060020	女	远程	网络	淮阴卫生高等职业技术学校	护理学	2015春	专科起点本科	2019-01-20	10286720190517013 0	毕业
7327043516251030	孔丝鑫	320124199007082849	女	远程	网络	丁家桥护理高等职业教学点	护理学	2016秋	专科起点本科	2019-07-15	10286720190520009 1	毕业

(续 表)

学号	姓名	证件号码	性别	类型	学习形式	站点	专业方向	学籍年级	层次	毕业时间	毕业证号	状态
7327043515151021	陈嘉慧	320801199207030043	女	远程	网络	淮阴卫生高等职业技术学校	护理学	2015春	专科起点本科	2019-01-20	1028672019051110129	毕业
7327043516251028	刘丽芹	320121197508100023	女	远程	网络	丁家桥护理专业教学点	护理学	2016秋	专科起点本科	2019-07-15	1028672019052250090	毕业
7327043515151019	洪高敏	320821199012193307	女	远程	网络	淮阴卫生高等职业技术学校	护理学	2015春	专科起点本科	2019-01-20	1028672019051110128	毕业
7327043516251025	黄蕾	341024198511268022	女	远程	网络	丁家桥护理专业教学点	护理学	2016秋	专科起点本科	2019-07-15	1028672019052280089	毕业
7327043515151007	朱冬雪	320821198910020104	女	远程	网络	淮阴卫生高等职业技术学校	护理学	2015春	专科起点本科	2019-01-20	1028672019051120127	毕业
7327043516251019	宋悫	342626198605180028	女	远程	网络	丁家桥护理专业教学点	护理学	2016秋	专科起点本科	2019-07-15	1028672019052290088	毕业
7327043514251053	毛青云	320821198504184904	女	远程	网络	淮阴卫生高等职业技术学校	护理学	2014秋	专科起点本科	2019-07-15	1028672019051180126	毕业
7327043516251018	曾令岑	320122197101271222	女	远程	网络	丁家桥护理专业教学点	护理学	2016秋	专科起点本科	2019-07-15	1028672019051230087	毕业
7327043514251048	刘晓娟	320826198310272828	女	远程	网络	淮阴卫生高等职业技术学校	护理学	2014秋	专科起点本科	2019-07-15	1028672019051210086	毕业
7327043516251017	丁爱梅	320122197012300861	女	远程	网络	丁家桥护理专业教学点	护理学	2016秋	专科起点本科	2019-07-15	1028672019051160124	毕业
7327043514251044	沈丽	320831198705134244	女	远程	网络	淮阴卫生高等职业技术学校	护理学	2014秋	专科起点本科	2019-07-15	1028672019052000085	毕业
7327043516251013	张晓燕	320123198201301223	女	远程	网络	丁家桥护理专业教学点	护理学	2016秋	专科起点本科	2019-01-20	1028672019051190123	毕业
7327043514251043	赵文婷	320811199006062527	女	远程	网络	淮阴卫生高等职业技术学校	护理学	2014秋	专科起点本科	2019-07-15	1028672019052220084	毕业
7327043516251010	肖航	320882199012120685	女	远程	网络	丁家桥护理专业教学点	护理学	2016秋	专科起点本科	2019-01-20	1028672019051110122	毕业
7327043514251041	苗丽	320821199006160162	女	远程	网络	淮阴卫生高等职业技术学校	护理学	2014秋	专科起点本科	2019-07-15	1028672019052260083	毕业
7327043516251006	林丽虹	320102198908241621	女	远程	网络	丁家桥护理专业教学点	护理学	2016秋	专科起点本科	2019-01-20	1028672019051170121	毕业
7327043514251039	沈文娟	320802198208090541	女	远程	网络	淮阴卫生高等职业技术学校	护理学	2014秋	专科起点本科	2019-01-20	1028672019051110120	毕业
7327043516151086	任艳	320106198109102823	女	远程	网络	丁家桥护理专业教学点	护理学	2016春	专科起点本科	2019-07-15	1028672019052270082	毕业
7327043514251020	姚培培	320802198904290029	女	远程	网络	淮阴卫生高等职业技术学校	护理学	2014秋	专科起点本科	2019-01-20	1028672019051110120	毕业
7327043516151066	齐苗苗	342423199304141564	女	远程	网络	丁家桥护理专业教学点	护理学	2016春	专科起点本科	2019-07-15	1028672019052270081	毕业

(续)

学号	姓名	证件号码	性别	类型	学习形式	站点	专业方向	学籍年级	层次	毕业时间	毕业证号	状态
7327043514251013	颜世妤	321322199105220060	女	远程	网络	淮阴卫生高等职业技术学校	护理学	2014秋	专科起点本科	2019-01-20	1028672019051001119	毕业
7327043516151057	方学燕	320123199205114024	女	远程	网络	丁家桥护理专业教学点	护理学	2016春	专科起点本科	2019-07-15	1028672019052500800	毕业
7327043514251003	张 坤	320826199206096427	女	远程	网络	淮阴卫生高等职业技术学校	护理学	2014秋	专科起点本科	2019-01-20	1028672019051301118	毕业
7327043516151048	张 颖	320113197512094420	女	远程	网络	丁家桥护理专业教学点	护理学	2016春	专科起点本科	2019-07-15	1028672019052000079	毕业
7327043514251001	皮璐璐	320802199009262026	女	远程	网络	淮阴卫生高等职业技术学校	护理学	2014秋	专科起点本科	2019-01-20	1028672019051901117	毕业
7327043516151045	黄淑婷	320123199203395220	女	远程	网络	丁家桥护理专业教学点	护理学	2016春	专科起点本科	2019-07-15	1028672019052000078	毕业
7327043514151185	王荷芝	320826198708052024	女	远程	网络	淮阴卫生高等职业技术学校	护理学	2014春	专科起点本科	2019-01-20	1028672019051001116	毕业
7327043516151043	史倩倩	320321198901201424	女	远程	网络	丁家桥护理专业教学点	护理学	2016春	专科起点本科	2019-07-15	1028672019052100077	毕业
7327043514151182	钱迎锋	320802198103192066	女	远程	网络	淮阴卫生高等职业技术学校	护理学	2014春	专科起点本科	2019-01-20	1028672019051201115	毕业
7327043516151032	罗敏娇	320481199108081240	女	远程	网络	丁家桥护理专业教学点	护理学	2016春	专科起点本科	2019-07-15	1028672019052701076	毕业
7327043514151161	季婷婷	320821198808200504	女	远程	网络	淮阴卫生高等职业技术学校	护理学	2014春	专科起点本科	2019-01-20	1028672019051501114	毕业
7327043516151022	王 嫚	130682198505231983	女	远程	网络	丁家桥护理专业教学点	护理学	2016春	专科起点本科	2019-07-15	1028672019052301075	毕业
7327043514151114	罗 丹	32102319900812304X	女	远程	网络	淮阴卫生高等职业技术学校	护理学	2014春	专科起点本科	2019-01-20	1028672019051201113	毕业
7327043516151021	闰晓梅	130103198507112125	女	远程	网络	丁家桥护理专业教学点	护理学	2016春	专科起点本科	2019-07-15	1028672019052301074	毕业
7327043514151102	卢秦萍	320829197803100041	女	远程	网络	淮阴卫生高等职业技术学校	护理学	2014春	专科起点本科	2019-01-20	1028672019051901112	毕业
7327043516151004	赵安丽	320113198612213620	女	远程	网络	丁家桥护理专业教学点	护理学	2016春	专科起点本科	2019-07-15	1028672019052701073	毕业
7327043514151088	王 颖	320821198912230121	女	远程	网络	淮阴卫生高等职业技术学校	护理学	2014春	专科起点本科	2019-01-20	1028672019051401111	毕业
7327043516151001	陈 月	320121199409210023	女	远程	网络	丁家桥护理专业教学点	护理学	2016春	专科起点本科	2019-07-15	1028672019052601110	毕业
7327043514151086	刘 静	320821199011231500	女	远程	网络	淮阴卫生高等职业技术学校	护理学	2014春	专科起点本科	2019-01-20	1028672019051601110	毕业
7327043515251045	王 萌	320321198810100564	女	远程	网络	丁家桥护理专业教学点	护理学	2015秋	专科起点本科	2019-07-15	1028672019052101071	毕业

（续表）

学号	姓名	证件号码	性别	类型	学习形式	站点	专业方向	学籍年级	层次	毕业时间	毕业证号	状态
7327043514151052	陈忠霞	320821198908277728	女	远程	网络	淮阴卫生高等职业技术学校	护理学	2014春	专科起点本科	2019-01-20	1028672201905150109	毕业
7327043515251043	吴雨晴	320113199506200425	女	远程	网络	丁家桥护理专业教学点	护理学	2015秋	专科起点本科	2019-07-15	1028672201905260070	毕业
7327043514151048	张竹筠	320802199108013025	女	远程	网络	淮阴卫生高等职业技术学校	护理学	2014春	专科起点本科	2019-01-20	1028672201905170108	毕业
7327043515251024	滕宏月	320122199309172441	女	远程	网络	丁家桥护理专业教学点	护理学	2015秋	专科起点本科	2019-07-15	1028672201905200069	毕业
7327043514151046	姚 瑶	320923198611245440	女	远程	网络	淮阴卫生高等职业技术学校	护理学	2014春	专科起点本科	2019-01-20	1028672201905110107	毕业
7327043515151082	徐 昕	320103199202270261	女	远程	网络	丁家桥护理专业教学点	护理学	2015春	专科起点本科	2019-07-15	1028672201905260068	毕业
7327043514151045	陈 云	320826198603183028	女	远程	网络	淮阴卫生高等职业技术学校	护理学	2014春	专科起点本科	2019-01-20	1028672201905140106	毕业
7327043515151046	智慧琴	321201197909260627	女	远程	网络	丁家桥护理专业教学点	护理学	2015春	专科起点本科	2019-07-15	1028672201905290067	毕业
7327043514151043	何炎丞	320821198906203960	女	远程	网络	淮阴卫生高等职业技术学校	护理学	2014春	专科起点本科	2019-01-20	1028672201905180105	毕业
7327043515151021	高 洁	321324199110140041	女	远程	网络	丁家桥护理专业教学点	护理学	2015春	专科起点本科	2019-07-15	1028672201905210066	毕业
7327043515151033	顾 荣	321323198610080240	女	远程	网络	丁家桥护理专业教学点	护理学	2014秋	专科起点本科	2019-07-15	1028672201905180104	毕业
7327043515151017	刘 丽	320122199112113624	女	远程	网络	丁家桥护理专业教学点	护理学	2015春	专科起点本科	2019-07-15	1028672201905260065	毕业
7327043515151024	张 月	320821189010013286	女	远程	网络	丁家桥护理专业教学点	护理学	2014秋	专科起点本科	2019-01-20	1028672201905130103	毕业
7327043514251107	姚 璐	320882199001144625	女	远程	网络	丁家桥护理专业教学点	护理学	2014秋	专科起点本科	2019-07-15	1028672201905280064	毕业
7327043514151006	姜 璐	320811199012505 81	女	远程	网络	丁家桥护理专业教学点	护理学	2014秋	专科起点本科	2019-01-20	1028672201905100102	毕业
7327043514251051	王佳佳	320683198611024349	女	远程	网络	丁家桥护理专业教学点	护理学	2014秋	专科起点本科	2019-07-15	1028672201905240063	毕业
7327043514251053	张淼子	320324199008063288	女	远程	网络	丁家桥护理专业教学点	护理学	2013秋	专科起点本科	2019-01-20	1028672201905120101	毕业
7327043514251050	余 庆	342901198802146020	女	远程	网络	丁家桥护理专业教学点	护理学	2014秋	专科起点本科	2019-07-15	1028672201905240062	毕业
7327043513251004	李唯唯	320826199007140042	女	远程	网络	丁家桥护理专业教学点	护理学	2013秋	专科起点本科	2019-01-20	1028672201905150100	毕业
7327043514151159	蒋宇红	320114197108142749	女	远程	网络	丁家桥护理专业教学点	护理学	2014春	专科起点本科	2019-07-15	1028672201905260061	毕业

(续表)

学号	姓名	证件号码	性别	类型	学习形式	站点	专业方向	学籍年级	层次	毕业时间	毕业证号	状态
732704351325100Z	孙 玥	320802198811040522	女	远程	网络	淮阴卫生高等职业技术学校	护理学	2013秋	专科起点本科	2019-01-20	1028672019051900099	毕业
732704351625105O	江 敏	320123198001090046	女	远程	网络	丁家桥护理专业教学点	护理学	2016秋	专科起点本科	2019-01-20	1028672019051900098	毕业
732704351415113	李赛麒	321283199206201421	女	远程	网络	丁家桥护理专业教学点	护理学	2014春	专科起点本科	2019-07-15	1028672019052800060	毕业
732704351625103S	许俊雯	320113199409309023	女	远程	网络	丁家桥护理专业教学点	护理学	2016春	专科起点本科	2019-01-20	1028672019051600097	毕业
732704351415110O	饶丽华	342530198812191829	女	远程	网络	丁家桥护理专业教学点	护理学	2014春	专科起点本科	2019-07-15	1028672019052000059	毕业
732704351625102S	周 莲	320113195010040821	女	远程	网络	丁家桥护理专业教学点	护理学	2016秋	专科起点本科	2019-01-20	1028672019051100096	毕业
732704351415108I	常 洁	320123197807070066	女	远程	网络	丁家桥护理专业教学点	护理学	2014春	专科起点本科	2019-07-15	1028672019052200058	毕业
732704351625102S	蔡卫红	320123197812161042	女	远程	网络	丁家桥护理专业教学点	护理学	2016春	专科起点本科	2019-07-15	1028672019051400095	毕业
732704351415106S	陈桂兰	320102196950412ZX	女	远程	网络	丁家桥护理专业教学点	护理学	2014春	专科起点本科	2019-07-15	1028672019052700057	毕业
732704351415102Z	冯 辰	320123190052626Z0	女	远程	网络	丁家桥护理专业教学点	护理学	2014春	专科起点本科	2019-07-15	1028672019051900094	毕业
732704351415105O	沈 红	320525198703126220	女	远程	网络	丁家桥护理专业教学点	护理学	2014春	专科起点本科	2019-07-15	1028672019052600056	毕业
732704351625102I	王 玲	320106197103200428	女	远程	网络	丁家桥护理专业教学点	护理学	2016秋	专科起点本科	2019-07-15	1028672019051600093	毕业
732704351325107S	王继玲	321324198202285X	女	远程	网络	丁家桥护理专业教学点	护理学	2013秋	专科起点本科	2019-07-15	1028672019052500055	毕业
732704351625102O	孙鸿翔	320682197811274X	女	远程	网络	丁家桥护理专业教学点	护理学	2016春	专科起点本科	2019-07-15	1028672019051800092	毕业
732704351315106I	朱守霞	342623198010247562	女	远程	网络	丁家桥护理专业教学点	护理学	2013春	专科起点本科	2019-07-15	1028672019052600054	毕业
732704351225111S	张 玲	320922198201200083	女	远程	网络	丁家桥护理专业教学点	护理学	2012春	专科起点本科	2019-01-20	1028672019051300091	毕业
732704351225111S	张晴晴	320106198203303625	女	远程	网络	丁家桥护理专业教学点	护理学	2016秋	专科起点本科	2019-07-15	1028672019052600053	毕业
732704351625101Z	朱 欣	320123199210241247	女	远程	网络	丁家桥护理专业教学点	护理学	2016春	专科起点本科	2019-01-20	1028672019051300090	毕业
732694351425104S	张 琴	320722199407250047	女	远程	网络	连云港中医药高等职业技术学校	护理学	2014秋	专科起点本科	2019-07-15	1028672019052700052	毕业
732704351625101I	张月悦	32010519821006022X	女	远程	网络	丁家桥护理专业教学点	护理学	2016秋	专科起点本科	2019-01-20	1028672019051300089	毕业
732694351225111S	张严萍	320882199309030229	女	远程	网络	连云港中医药高等职业技术学校	护理学	2014秋	专科起点本科	2019-07-15	1028672019052700051	毕业
732704351625100S	卢 珺	320103198201272025	女	远程	网络	丁家桥护理专业教学点	护理学	2016秋	专科起点本科	2019-07-15	1028672019051200088	毕业
732490511525105A	徐连托	320623198207123015	男	远程	网络	南京房产教学点	土木工程	2015秋	专科起点本科	2019-07-15	1028672019052900050	毕业
732704351625100S	王 瑶	320321199102111443	女	远程	网络	丁家桥护理专业教学点	护理学	2016秋	专科起点本科	2019-01-20	1028672019051200087	毕业

(续表)

学号	姓名	性别	证件号码	类型	学习形式	站点	专业方向	学籍年级	层次	毕业时间	毕业证号	状态
7324905115151034	张远明	男	321123197208133003X	远程	网络	南京房产教学点	土木工程	2015春	专科起点本科	2019-07-15	1028672019052900049	毕业
7324704351625107	邱雨萌	女	320121199008043772X	远程	网络	丁家桥护理专业教学点	护理学	2016秋	专科起点本科	2019-01-20	1028672019051800086	毕业
7324905115151014	张佳晶	女	150429199104234222	远程	网络	南京房产教学点	土木工程	2015春	专科起点本科	2019-07-15	1028672019052000048	毕业
7324704351625105	董莹莹	女	320381198604010361	远程	网络	丁家桥护理专业教学点	护理学	2016秋	专科起点本科	2019-01-20	1028672019051500085	毕业
7324132142510002	陈云阶	男	32021119820222411X	远程	网络	无锡商业职业技术学院	公共事业管理	2014秋	专科起点本科	2019-07-15	1028672019052200047	毕业
7324704351625104	张学敏	女	341181198807096429	远程	网络	无锡商业职业技术学院	护理学	2016秋	专科起点本科	2019-01-20	1028672019051900084	毕业
7324132142510001	梁浩浩	男	320321199109040414	远程	网络	无锡商业职业技术学院	公共事业管理	2014秋	专科起点本科	2019-07-15	1028672019052100046	毕业
7324704351625103	王云	女	341222199101233284	远程	网络	丁家桥护理专业教学点	护理学	2016秋	专科起点本科	2019-01-20	1028672019051400083	毕业
7323405215251002	彭显棠	女	32020219900209352X	远程	网络	无锡商业职业技术学院	工程管理	2015秋	专科起点本科	2019-07-15	1028672019052000045	毕业
7324704351625102	赵红	女	320102197110061248	远程	网络	丁家桥护理专业教学点	护理学	2016秋	专科起点本科	2019-01-20	1028672019051700082	毕业
7323141351510008	王静霞	女	32029197805288022X	远程	网络	东南大学医学院附属江阴医院	护理学	2013春	专科起点本科	2019-07-15	1028672019052200044	毕业
7323041351625107	侯雨希	女	32032119920304186X	远程	网络	东南大学医学院附属徐州医院	护理学	2016秋	专科起点本科	2019-07-15	1028672019052400043	毕业
7323041351625101	许开芳	女	32021119891210352X	远程	网络	丁家桥护理专业教学点	护理学	2016秋	专科起点本科	2019-01-20	1028672019051500081	毕业
7323041351625126	杨甜甜	女	320321199206164267	远程	网络	东南大学医学院附属徐州医院	护理学	2016春	专科起点本科	2019-07-15	1028672019052200042	毕业
7323041351625125	王力	女	320106197010161247	远程	网络	丁家桥护理专业教学点	护理学	2016春	专科起点本科	2019-01-20	1028672019051400080	毕业
7323041351625125	孙雪茹	女	320321199309183022	远程	网络	东南大学医学院附属徐州医院	护理学	2016春	专科起点本科	2019-07-15	1028672019052000041	毕业
7323041351625075	栾婷婷	女	320122198911110425	远程	网络	丁家桥护理专业教学点	护理学	2016春	专科起点本科	2019-01-20	1028672019051800079	毕业
7323041351625022	刘晓娜	女	320321199311082626	远程	网络	东南大学医学院附属徐州医院	护理学	2016春	专科起点本科	2019-07-15	1028672019052400040	毕业
7323041351625164	吴进妹	女	320682197909037301	远程	网络	丁家桥护理专业教学点	护理学	2016秋	专科起点本科	2019-01-20	1028672019051400078	毕业
7323041351625015	段秦	女	320321199408257023	远程	网络	东南大学医学院附属徐州医院	护理学	2016秋	专科起点本科	2019-07-15	1028672019052700039	毕业
7323041351625163	徐婷	女	340521199112152024	远程	网络	丁家桥护理专业教学点	护理学	2016春	专科起点本科	2019-01-20	1028672019051400077	毕业

(续)

学号	姓名	证件号码	性别	类型	学习形式	站点	专业方向	学籍年级	层次	毕业时间	毕业证号	状态
7323043516251011	渠淑娇	32032119931217424X	女	远程	网络	东南大学医学院附属徐州医院	护理学	2016秋	专科起点本科	2019-07-15	10286720190520200038	毕业
7323043516151053	林海燕	341122198809273628	女	远程	网络	丁家桥护理专业教学点	护理学	2016春	专科起点本科	2019-01-20	10286720190511000076	毕业
7323043516251003	王昕雨	320321199404120425	女	远程	网络	东南大学医学院附属徐州医院	护理学	2016秋	专科起点本科	2019-07-15	10286720190524000037	毕业
7323043516151051	宣慧	341182199012104625	女	远程	网络	丁家桥护理专业教学点	护理学	2016春	专科起点本科	2019-01-20	10286720190516000075	毕业
7323043516151050	童盼盼	320111199012183027	女	远程	网络	丁家桥护理专业教学点	护理学	2016春	专科起点本科	2019-01-20	10286720190514000074	毕业
7323043515251034	刘瑶瑶	320321199406153626	女	远程	网络	东南大学医学院附属徐州医院	护理学	2015秋	专科起点本科	2019-07-15	10286720190524000036	毕业
7323043516151041	解迎梅	320882197604270027	女	远程	网络	丁家桥护理专业教学点	护理学	2016春	专科起点本科	2019-01-20	10286720190518000073	毕业
7323043515251033	刘雪华	32032119900508288X	女	远程	网络	东南大学医学院附属徐州医院	护理学	2015秋	专科起点本科	2019-07-15	10286720190521000035	毕业
7323043516151037	徐建新	320106197212030827	女	远程	网络	丁家桥护理专业教学点	护理学	2016春	专科起点本科	2019-01-20	10286720190518000072	毕业
7323043515251032	董雪晴	320321199406250303	女	远程	网络	东南大学医学院附属徐州医院	护理学	2015秋	专科起点本科	2019-07-15	10286720190525000034	毕业
7323043515251031	孙梦奇	320321199305027225	女	远程	网络	东南大学医学院附属徐州医院	护理学	2015秋	专科起点本科	2019-07-15	10286720190527000033	毕业
7323043516151031	李烨	320481199108213629	女	远程	网络	丁家桥护理专业教学点	护理学	2016春	专科起点本科	2019-01-20	10286720190519000071	毕业
7323043516151025	陈聪	320113199206276428	女	远程	网络	丁家桥护理专业教学点	护理学	2016春	专科起点本科	2019-01-20	10286720190512000070	毕业
7323043515251029	史珊珊	320321199202022667	女	远程	网络	东南大学医学院附属徐州医院	护理学	2015秋	专科起点本科	2019-07-15	10286720190525000032	毕业
7323043516151023	高丽丽	320922198704145725	女	远程	网络	丁家桥护理专业教学点	护理学	2016春	专科起点本科	2019-01-20	10286720190512000069	毕业
7323043515251025	邵琼尧	320321199302221428	女	远程	网络	东南大学医学院附属徐州医院	护理学	2015秋	专科起点本科	2019-07-15	10286720190528000031	毕业
7323043516151023	陈红岩	320321198605270222	女	远程	网络	东南大学医学院附属徐州医院	护理学	2016春	专科起点本科	2019-01-20	10286720190526000030	毕业
7323043516151011	陈艳	321282198412170063	女	远程	网络	丁家桥护理专业教学点	护理学	2016春	专科起点本科	2019-01-20	10286720190512000068	毕业
7323043516151010	陈新梅	320926198005141261	女	远程	网络	丁家桥护理专业教学点	护理学	2016春	专科起点本科	2019-01-20	10286720190516000067	毕业
7323043515251021	吕金萍	320321198406204628	女	远程	网络	东南大学医学院附属徐州医院	护理学	2015秋	专科起点本科	2019-07-15	10286720190524000029	毕业

(续表)

学号	姓名	证件号码	性别	类型	学习形式	站点	专业方向	学籍年级	层次	毕业时间	毕业证号	状态
7327043515151009	雷玉霞	340825197310130021	女	远程	网络	丁家桥护理专业教学点	护理学	2016春	专科起点本科	2019-01-20	1028672019051300066	毕业
7323043515251020	王晴晴	320321199408044482	女	远程	网络	东南大学医学院附属徐州医院	护理学	2015秋	专科起点本科	2019-07-15	1028672019052900028	毕业
7327043516151008	王云霞	320106197209250423	女	远程	网络	丁家桥护理专业教学点	护理学	2016春	专科起点本科	2019-01-20	1028672019051600065	毕业
7323043515251019	邓春燕	320321199001270306	女	远程	网络	东南大学医学院附属徐州医院	护理学	2015秋	专科起点本科	2019-07-15	1028672019052000027	毕业
7323043515251016	程梦婷	320321199408222621	女	远程	网络	东南大学医学院附属徐州医院	护理学	2015秋	专科起点本科	2019-07-15	1028672019052300026	毕业
7323043515251073	汪燕	321023198003291824	女	远程	网络	丁家桥护理专业教学点	护理学	2015秋	专科起点本科	2019-01-20	1028672019051800064	毕业
7323043515251012	王静	342222199110082845	女	远程	网络	东南大学医学院附属徐州医院	护理学	2015秋	专科起点本科	2019-07-15	1028672019052700025	毕业
7323043515251059	邱婷	421123199212137667	女	远程	网络	丁家桥护理专业教学点	护理学	2015秋	专科起点本科	2019-01-20	1028672019051800063	毕业
7323043515251008	张文文	320321199210163427	女	远程	网络	东南大学医学院附属徐州医院	护理学	2015秋	专科起点本科	2019-07-15	1028672019052800024	毕业
7323043515251048	秦雅彤	320114199305242123	女	远程	网络	丁家桥护理专业教学点	护理学	2015秋	专科起点本科	2019-01-20	1028672019051700062	毕业
7323043515251013	牛双	321302198608278846	女	远程	网络	丁家桥护理专业教学点	护理学	2015秋	专科起点本科	2019-07-15	1028672019051000061	毕业
7323043515251001	马榕	320321199211197020	女	远程	网络	丁家桥护理专业教学点	护理学	2015秋	专科起点本科	2019-01-20	1028672019051100060	毕业
7327043515151012	刘珊珊	320682198305121742	女	远程	网络	丁家桥护理专业教学点	护理学	2015春	专科起点本科	2019-07-15	1028672019052200023	毕业
7327043515151018	肖琳霏	320321199311044849	女	远程	网络	丁家桥护理专业教学点	护理学	2015春	专科起点本科	2019-07-15	1028672019052200022	毕业
7327043515251011	孟秀娟	320322198107244423	女	远程	网络	丁家桥护理专业教学点	护理学	2014秋	专科起点本科	2019-07-15	1028672019051700059	毕业
7321414425151010	陈智	320721198711144045	女	远程	网络	连云港职业技术学院	会计学	2014秋	专科起点本科	2019-07-15	1028672019052200021	毕业
7327043515251073	怀文婷	341124199102091449	女	远程	网络	丁家桥护理专业教学点	护理学	2015秋	专科起点本科	2019-07-15	1028672019051200058	毕业
7321414425151007	何洪月	320721198403290040	女	远程	网络	连云港职业技术学院	会计学	2014秋	专科起点本科	2019-07-15	1028672019052900020	毕业
7327043515151068	张亚娟	610429198511194164	女	远程	网络	丁家桥护理专业教学点	护理学	2015春	专科起点本科	2019-01-20	1028672019051600057	毕业
7321405215251014	胡镜倩	320705198812053548	女	远程	网络	连云港职业技术学院	工程管理	2014秋	专科起点本科	2019-07-15	1028672019052200019	毕业
7327043515151043	王杰	320124199204133027	女	远程	网络	丁家桥护理专业教学点	护理学	2015春	专科起点本科	2019-01-20	1028672019051100056	毕业
7321405215251007	尹燕	320704198708012547	女	远程	网络	连云港职业技术学院	工程管理	2014秋	专科起点本科	2019-07-15	1028672019052400018	毕业

(续表)

学号	姓名	证件号码	性别	类型	学习形式	站点	专业方向	学籍年级	层次	毕业时间	毕业证号	状态
7327043515151032	原 晓	410881198601435526	女	远程	网络	丁家桥护理专业教学点	护理学	2015春	专科起点本科	2019-01-20	1028672019051605055	毕业
7321405214251003	单明明	3203811990102071X	男	远程	网络	连云港职业技术学院	工程管理	2014秋	专科起点本科	2019-07-15	1028672019052605017	毕业
7321405215151012	潘 华	320482198111160128	女	远程	网络	丁家桥护理专业教学点	护理学	2015春	专科起点本科	2019-01-20	1028672019051605054	毕业
7321405214251002	李 芳	320111198304021229	女	远程	网络	连云港职业技术学院	工程管理	2014秋	专科起点本科	2019-07-15	1028672019052405016	毕业
7321010614261005	张小峰	320981199010203972	男	远程	网络	扬州高等职业技术学校	机电一体化技术	2014秋	高中起点本科	2019-07-15	1028672019062705001	毕业
7320435142251047	史 美	342626198801240163	女	远程	网络	丁家桥护理专业教学点	护理学	2014秋	专科起点本科	2019-07-15	1028672019051705053	毕业
7320502142521011	黄 强	320583199212149610	男	远程	网络	苏州网络大学园	工程管理	2014秋	专科起点本科	2019-07-15	1028672019052205015	毕业
7320435152151031	丁荣香	320123199008022024	女	远程	网络	丁家桥护理专业教学点	护理学	2015秋	专科起点本科	2019-07-15	1028672019051005052	毕业
7320505152251012	贺高升	320381198412138539	男	远程	网络	苏州网络大学园	土木工程	2015秋	专科起点本科	2019-07-15	1028672019052405014	毕业
7320435142251017	董 杏	320322198808123667	女	远程	网络	丁家桥护理专业教学点	护理学	2014秋	专科起点本科	2019-07-15	1028672019051005051	毕业
7320016152251035	刘彩琴	610403197903031040	女	远程	网络	东南大学校本部	电气工程及其自动化	2015秋	专科起点本科	2019-07-15	1028672019052005013	毕业
7320435141151104	薛 冰	321281199111061726	女	远程	网络	丁家桥护理专业教学点	护理学	2014春	专科起点本科	2019-01-20	1028672019051705050	毕业
7320016152251028	管 新	320106196610090855	男	远程	网络	东南大学校本部	电气工程及其自动化	2015秋	专科起点本科	2019-07-15	1028672019052205012	毕业
7320435141151072	王坤华	411425198909058646X	女	远程	网络	丁家桥护理专业教学点	护理学	2014春	专科起点本科	2019-01-20	1028672019051405049	毕业
7320016152251017	王永杰	320123199210252413	男	远程	网络	东南大学校本部	电气工程及其自动化	2015秋	专科起点本科	2019-07-15	1028672019052105011	毕业
7326943152251064	黄 慧	321283198811300247	女	远程	网络	连云港中医药高等职业技术学校	护理学	2014秋	专科起点本科	2019-07-15	1028672019051305048	毕业
7320014152251018	姚 诚	320102198611062438	男	远程	网络	东南大学校本部	会计学	2015秋	专科起点本科	2019-07-15	1028672019052405010	毕业
7326943152251008	秦 雪	320882199203265502X	女	远程	网络	连云港中医药高等职业技术学校	护理学	2014秋	专科起点本科	2019-07-15	1028672019051205047	毕业
7320143152251060	詹 芳	321081198206176029	女	远程	网络	东南大学校本部	电子商务	2014秋	专科起点本科	2019-07-15	1028672019052305009	毕业
7326943152251004	赵文欣	320706199403081565	女	远程	网络	连云港中医药高等职业技术学校	护理学	2014秋	专科起点本科	2019-07-15	1028672019051905046	毕业
7324905115251003	张丙飞	320882198302102010	男	远程	网络	南京房产教学点	土木工程	2015秋	专科起点本科	2019-01-20	1028672019051705045	毕业
7320014142251048	费 扬	320830198902121185X	男	远程	网络	东南大学校本部	电子商务	2014秋	专科起点本科	2019-07-15	1028672019052105008	毕业

(续 表)

学号	姓名	证件号码	性别	类型	学习形式	站点	专业方向	学籍年级	层次	毕业时间	毕业证号	状态
7324905115151041	汤 斌	342625197809191297	男	远程	网络	南京房产教学点	土木工程	2015 春	专科起点本科	2019-01-20	1028672019051300044	毕业
7320014314251033	王绍鹏	321323199201228305X	男	远程	网络	东南大学校本部	电子商务	2014 秋	专科起点本科	2019-07-15	1028672019052800007	毕业
7324905115151038	吴行健	612301198602151778	男	远程	网络	南京房产教学点	土木工程	2015 春	专科起点本科	2019-01-20	1028672019051200043	毕业
7320014314251026	汪 馨	340828199308033116	男	远程	网络	东南大学校本部	电子商务	2014 秋	专科起点本科	2019-07-15	1028672019052700006	毕业
7320013215251022	吴 昀	320102199412310819	男	远程	网络	东南大学校本部	公共事业管理	2015 秋	专科起点本科	2019-07-15	1028672019052400005	毕业
7324905115151010	李心峰	340323199112181732	男	远程	网络	南京房产教学点	土木工程	2015 春	专科起点本科	2019-01-20	1028672019051500042	毕业
7320013215251014	张一群	320821198909253904	女	远程	网络	东南大学校本部	公共事业管理	2015 秋	专科起点本科	2019-07-15	1028672019052400004	毕业
7324905114251107	王少清	340122199004204071	男	远程	网络	南京房产教学点	土木工程	2014 秋	专科起点本科	2019-01-20	1028672019051700041	毕业
7320013215251011	钱佳伟	320103198708161770	男	远程	网络	东南大学校本部	公共事业管理	2015 秋	专科起点本科	2019-07-15	1028672019052700003	毕业
7324905114251001	朱继洋	320322198108016836	男	远程	网络	南京房产教学点	土木工程	2014 秋	专科起点本科	2019-01-20	1028672019051800040	毕业
7320013214251023	祁海劲	320102199205262818	男	远程	网络	东南大学校本部	公共事业管理	2014 秋	专科起点本科	2019-07-15	1028672019052300002	毕业
7324905114151005	王攻峰	320921198208073877	男	远程	网络	南京房产教学点	土木工程	2014 春	专科起点本科	2019-01-20	1028672019051300039	毕业
7323043516251035	张 丽	320321197309201025	女	远程	网络	东南大学医学院附属徐州医院	护理学	2016 秋	专科起点本科	2019-01-20	1028672019051600038	毕业
7320013214251016	于 霞	321023198108044627	女	远程	网络	东南大学校本部	公共事业管理	2014 秋	专科起点本科	2019-07-15	1028672019052100001	毕业
7323043516251034	彭爱菊	320321197310112046	女	远程	网络	东南大学医学院附属徐州医院	护理学	2016 秋	专科起点本科	2019-01-20	1028672019051100037	毕业
7323043516251031	张习习	320321199310152426	女	远程	网络	东南大学医学院附属徐州医院	护理学	2016 秋	专科起点本科	2019-01-20	1028672019051700036	毕业
7323043516251030	韩 玉	320321199106230423	女	远程	网络	东南大学医学院附属徐州医院	护理学	2016 秋	专科起点本科	2019-01-20	1028672019051100035	毕业
7323043516251023	张灿灿	320321199307060440	女	远程	网络	东南大学医学院附属徐州医院	护理学	2016 秋	专科起点本科	2019-01-20	1028672019051000034	毕业
7323043516251021	张皓然	320321199402092627	女	远程	网络	东南大学医学院附属徐州医院	护理学	2016 秋	专科起点本科	2019-01-20	1028672019051500033	毕业

（续）

学号	姓名	证件号码	性别	类型	学习形式	站点	专业方向	学籍年级	层次	毕业时间	毕业证号	状态
73230435162251020	徐亚雯	320321199403167248	女	远程	网络	东南大学医学院附属徐州医院	护理学	2016秋	专科起点本科	2019-01-20	1028672019051180032	毕业
73230435162251019	周德婵	320321199502261440	女	远程	网络	东南大学医学院附属徐州医院	护理学	2016秋	专科起点本科	2019-01-20	1028672019051150031	毕业
73230435162251018	秦 溪	320321199403122621	女	远程	网络	东南大学医学院附属徐州医院	护理学	2016秋	专科起点本科	2019-01-20	1028672019051170030	毕业
73230435162251013	张会会	320321199407250487	女	远程	网络	东南大学医学院附属徐州医院	护理学	2016秋	专科起点本科	2019-01-20	1028672019051140029	毕业
73230435162251009	赵康莉	320321199210024224	女	远程	网络	东南大学医学院附属徐州医院	护理学	2016秋	专科起点本科	2019-01-20	1028672019051150028	毕业
73230435162251006	赵雪莲	320323199108190229	女	远程	网络	东南大学医学院附属徐州医院	护理学	2016秋	专科起点本科	2019-01-20	1028672019051130027	毕业
73230435162251001	张雪松	320322199410103441	女	远程	网络	东南大学医学院附属徐州医院	护理学	2016秋	专科起点本科	2019-01-20	1028672019051130026	毕业
73230435152251030	洪梦丽	320321199408102 70X	女	远程	网络	东南大学医学院附属徐州医院	护理学	2015秋	专科起点本科	2019-01-20	1028672019051180025	毕业
73230435152251013	陈 潭	320321199503100243	女	远程	网络	东南大学医学院附属徐州医院	护理学	2015秋	专科起点本科	2019-01-20	1028672019051130024	毕业
73230435151151034	刘向东	412725199110248299	男	远程	网络	东南大学医学院附属徐州医院	护理学	2015春	专科起点本科	2019-01-20	1028672019051120023	毕业
73230435141151012	张丹丹	320321199007113440	女	远程	网络	东南大学医学院附属徐州医院	护理学	2014春	专科起点本科	2019-01-20	1028672019051130022	毕业
73230435141151004	张 宁	320321199009183821	女	远程	网络	东南大学医学院附属徐州医院	护理学	2014春	专科起点本科	2019-01-20	1028672019051170021	毕业
73226114251151006	张迎磊	412725199110248299	男	远程	网络	沙洲职业工学院	电气工程及其自动化	2014秋	专科起点本科	2019-01-20	1028672019051180020	毕业
73226144152251010	孙陈洁	320582198703193025	女	远程	网络	沙洲职业工学院	会计学	2015秋	专科起点本科	2019-01-20	1028672019051100019	毕业
73214132152251005	杨 玥	320811198809161022	女	远程	网络	连云港职业技术学院	公共事业管理	2015秋	专科起点本科	2019-01-20	1028672019051170018	毕业
73214132152251004	谢 南	430703198610173026	女	远程	网络	连云港职业技术学院	公共事业管理	2015秋	专科起点本科	2019-01-20	1028672019051140017	毕业

(续表)

学号	姓名	证件号码	性别	类型	学习形式	站点	专业方向	学籍年级	层次	毕业时间	毕业证号	状态
732141321525 1001	杨雅琼	320705198606102202X	女	远程	网络	连云港职业技术学院	公共事业管理	2015 秋	专科起点本科	2019-01-20	1028672019051801 6	毕业
732140511525 1004	柳卫东	320721199009211070	男	远程	网络	连云港职业技术学院	土木工程	2015 秋	专科起点本科	2019-01-20	1028672019051201 5	毕业
732140511525 1001	朱静静	320922198402201445	女	远程	网络	连云港职业技术学院	土木工程	2015 秋	专科起点本科	2019-01-20	1028672019051901 4	毕业
732050521525 1006	李 权	320821199002171155	男	远程	网络	苏州网络大学园	工程管理	2015 春	专科起点本科	2019-01-20	1028672019051701 3	毕业
732050511525 1006	张 伟	321088199103170854	男	远程	网络	苏州网络大学园	土木工程	2015 秋	专科起点本科	2019-01-20	1028672019051301 2	毕业
732050511515 1005	张迎江	320501198209115250	男	远程	网络	苏州网络大学园	土木工程	2015 春	专科起点本科	2019-01-20	1028672019051201 1	毕业
732050511325 1002	张艺谋	320902199108217031	男	远程	网络	苏州网络大学园	土木工程	2013 秋	专科起点本科	2019-01-20	1028672019051401 0	毕业
732001615251 016	朱有乐	320122199208130015	男	远程	网络	东南大学校本部	电气工程及其自动化	2015 秋	专科起点本科	2019-01-20	1028672019051000 09	毕业
732001615251 005	徐颃耀	320103199101141014	男	远程	网络	东南大学校本部	电气工程及其自动化	2015 秋	专科起点本科	2019-01-20	1028672019051800 08	毕业
732001615251 004	陈炳权	320105199102271219	男	远程	网络	东南大学校本部	电气工程及其自动化	2015 秋	专科起点本科	2019-01-20	1028672019051400 07	毕业
732001601525 1013	苏 俊	320103198903161290	男	远程	网络	东南大学校本部	机电一体化技术	2015 秋	高中起点专科	2019-01-20	1028672019061800 02	毕业
732001601526 1011	施 辉	320106198311011212	男	远程	网络	东南大学校本部	机电一体化技术	2015 秋	高中起点专科	2019-01-20	1028672019061700 01	毕业
732001441425 1036	邹 蒙	421081199010294283	女	远程	网络	东南大学校本部	会计学	2014 秋	专科起点本科	2019-01-20	1028672019051700 06	毕业
732001441425 1027	徐梦莉	321183199307161320	女	远程	网络	东南大学校本部	会计学	2014 秋	专科起点本科	2019-01-20	1028672019051100 05	毕业
732001441425 1016	冯 肖	341322199201130843	女	远程	网络	东南大学校本部	会计学	2014 秋	专科起点本科	2019-01-20	1028672019051400 04	毕业
732001321525 1003	盛 琪	320401198910133742	女	远程	网络	东南大学校本部	公共事业管理	2015 秋	专科起点本科	2019-01-20	1028672019051800 03	毕业
732001321425 1028	陵暖暖	320103199212510 2X	女	远程	网络	东南大学校本部	公共事业管理	2014 秋	专科起点本科	2019-01-20	1028672019051500 02	毕业
732001321425 1026	胡星灿	432522197912964 12	男	远程	网络	东南大学校本部	公共事业管理	2014 秋	专科起点本科	2019-01-20	1028672019051100 01	毕业

2019年成人高等教育专业设置一览表

类别	学历层次	专业名称
业余	专科起点本科	护理学
		临床医学
		医学检验
		医学检验技术
函授	专科起点本科	土木工程
		电气工程及其自动化
		工商管理
	高中起点本科	机械设计制造及其自动化

2019年成人教育学生人数统计表

单位:人

项目	毕业生数		学位授予数		招生数	在校生数		
	合计	专升本	合计	专升本	合计	合计	专升本	本科
总计	767	767	278	278	0	1 216	1 078	138
函授	34	34	7	7	0	562	424	138
业余	733	733	271	271	0	654	654	0

2019年远程教育高起专毕业生名单(春季)

护理

　　章雅杰　王小新　李颖颖　方　芳　张　雷

机电一体化技术

　　苏　俊　施　辉

建筑工程管理

　　徐　勇

2019年远程教育专升本毕业生名单(春季)

电气工程及其自动化
蒋基超　张迎磊　朱有乐　徐翊耀　陈炳权

工程管理
吴薪亚　蒋　伟　王旭文　李从政　陆春华　梅凡奇　徐益强　陈云帆　张　力　刘家敏
张　青　朱　莉　李　权

公共事业管理
杨　玥　谢　南　杨雅琼　盛　琪　凌媛媛　胡星灿

护理学
陈　月　殷　悦　仲　芹　李　捷　徐昕宙　刘　艳　刘　瑞　韩　妍　陈　燕　吴　静
姜璐璐　钱丽丽　谢　敏　张晓雪　李苏杰　李梦如　马　琼　汤婷婷　刘婷婷　许倩倩
颜晓慧　马　娇　李苏阳　李会珠　蔡丹丹　郭　颖　宋秋菊　朱玲玲　司华林　周苏苏
郑　盼　许雪梅　王业华　顾　芬　周　月　王　威　刁亚娟　庄涛花　张婷婷　孟　兰
陈兴丽　王婷婷　范金梅　熊雪萍　韩丽民　徐楠楠　陈　敏　孙维君　龚倩茜　陈　炜
朱　娟　左瑞奇　宋海亚　谢伟伟　郭施慧　贾　燕　管晓静　卜恩明　李兰英　徐　倩
余福燕　徐佳美　高　芳　黄冬冬　季莹莹　徐欣梦　吴阳燕　高　丹　陈　苗　孙　姝
徐晨露　何　程　芮　群　张林燕　王运艳　张　莉　刘　慧　殷慧慧　袁玲慧　高腊梅
张　楚　林　晗　谢　舒　孙学娇　庞　晶　朱静云　王晓燕　马　丹　房　蕾　周　玥
涂　静　刘　蕾　蒋　竹　张银双　闵长娥　周　敏　蔡　玥　丁云洁　邢　倩　张　瑞
周　蓉　倪锡芹　潘学萍　王翰雯　李晓蓉　简泽珍　吴珊珊　张京晶　邹柳苏　李　婷
梅相南　许露巍　陈　璐　谢　玲　赵　玲　潘哲欣　莫艳萍　李　蕾　孙雨草　师　雯
杨丽君　谭　蕾　蒋城娟　周　佳　贡丹燚　苏　星　梁茹婷　刘艳艳　唐　亮　吴春艳
骆蓉蓉　李　雯　莫　源　李　雨　李　雪　钟玉秀　束英华　范建芳　费　菲　孟元元
凌晓琴　邓　异　鲁　静　吉　燕　朱媛媛　孙慧芳　程　晨　徐明茗　曹　蕊　徐臻阳
张倩倩　甘爱红　李红霞　杜文娟　王　宽　唐敏燕　陈　洁　丁梦云　吴春妹　郭小燕
胥雯雯　倪　娟　张　倩　朱红霞　吴姗姗　张忠琴　潘　虹　王　飞　徐　莉　康晓芳
甘佳能　程瑞燕　许午怡　黄　芳　孙　茜　张　蕾　李莹莹　丁彩云　赵　星　吴　磊
于晓艳　刘　云　李　颖　陈思佳　刘　婷　许　珏　章　玲　程　蓉　王　露　曹丽佳
朱　丽　张孟珺　赵盼盼　严　云　罗　萍　丁　倩　成　莹　诸　雯　王　倩　陈　静
李永亭　段厥梅　汤艺蓉　蔡　帆　金　笑　黄双燕　罗　谦　俞露露　韦欢欢　秦　颖
傅颖冉　李　敏　徐　莉　王　欢　李倩倩　周　凤　李百雪　曹丽娟　张　毅　尤　青
李　娜　刘卓欣　朱盼盼　朱　濛　孙　凡　李　丹　李莎莎　蒋　黎　张　琼　王梦云
董泉鹭　朱银银　朱玲玲　胡雨婷　葛彬彬　王　霞　王郁美　朱玲玲　戴　雯　赵　茜
王　苏　苏　硕　吴明琦　惠文静　石　红　李　丽　穆　目　郭尔曼　丁　月　谢银翠
王　萍　仲梦影　陈旭芹　李　娟　李　艳　周珊珊　吴　盼　周婷婷　谢玲玲　王　娜
吴杰琼　金　金　高　硕　陈嘉慧　洪高敏　朱冬雪　毛青云　刘晓娟　沈　丽　赵文婷

苗　丽	沈文娟	姚培培	颜世娇	张　坤	皮璐璐	王荷芝	钱迎锋	季婷婷	罗　丹
卢素萍	王　颖	刘　静	陈忠霞	张竹筠	姚　瑶	陈　云	何炎炎	顾　荣	张　月
姜　璐	张森子	李唯唯	孙　玥	江　敏	许俊雯	周　莲	蔡卫红	冯　辰	王　玲
孙鸿翔	张　玲	宋　欣	张月悦	卢　珺	王　瑶	邱雨萌	董莹莹	张学敏	王　云
赵　红	许开芳	王　力	栾婷婷	吴进妹	徐　婷	林海燕	宣　慧	童盼盼	解迎梅
徐甦新	李　烨	陈　聪	高丽丽	陈　艳	陈新梅	雷玉霞	王云霞	汪　燕	邱　婷
秦雅彤	牛　双	刘珊珊	孟秀娟	怀文婷	张亚娟	王　杰	原　晓	潘　华	史　美
丁荣香	董　杏	薛　冰	王坤华	黄　慧	秦　雪	赵文欣	张　丽	彭爱菊	张习习
韩　玉	张灿灿	张皓然	徐亚雯	周德婵	秦　溪	张会会	赵康莉	赵雪莲	张雪松
洪梦丽	陈　谨	刘向东	张丹丹	张　宁					

会计学

王　涛	黄喜乐	王　琳	周文君	弓丽霞	李西梅	魏孝强	蔡　翔	孙陈洁	邹　蒙
徐梦莉	冯　肖								

土木工程

徐相飞	管云鑫	潘建业	张丙飞	汤　斌	吴行健	李心峰	王少清	朱继洋	王攻峰
柳卫东	朱静静	张　伟	张迎江	张艺谋					

物流管理

瞿敬会	江　生	谢　振	刘　杰	潘　翔	韩方超

2019年远程教育高起专毕业生名单（夏季）

护理

韦星月

机电一体化技术

张小峰

2019年远程教育专升本毕业生名单（夏季）

电气工程及其自动化

孙铭培　孙立冬　朱　萍　刘彩琴　管　新　王永杰

电子商务

詹　芳　费　扬　王绍鹏　汪　骞

工程管理

杜佳宝　王　杰　顾海东　鞠金良　姜广银　张　杰　孙海燕　梁国祥　张宝剑　刘　舒
叶　云　彭昱霖　胡镔倩　尹　燕　单明明　李　芳　黄　强

公共事业管理

陈瑶瑶　陈　涛　陈云阶　梁浩浩　吴　昀　张一群　钱佳伟　祁海劲　于　霞

护理学

孙静静　张倩倩　张桃桃　陶　玉　陈志慧　许黎黎　陈闪闪　葛迎娣　王　琼　耿欣仪
葛　红　王冬梅　徐楚楚　刘丹丹　周思思　仲梦媛　黄阳月　马　婷　李　璇　胡楠楠
殷思琪　王盼盼　张佳佳　杜佩思　陈平平　张宝艳　钱　坤　陈海文　马书情　宋婷婷
马　娜　刘　舒　周光青　张　欣　王月月　黄永果　陈　敏　杨　艳　周　娣　侯向前
吴小青　杨　璇　胡　艳　吴　丹　李　青　耿　珏　徐　静　祁树静　刘晓曼　王　云
张倩倩　李　丹　孙　雁　孙　茹　仲　洁　章利娟　单海林　顾　娟　耿瑶瑶　孙　杰
李依檬　张　悦　李　婳　王　群　何　云　金　娜　丛　卉　韩婷婷　徐章虹　刘　慧
杨　娟　高　丹　王奎娟　汪祁青　郭　玲　王　红　吴春秀　顾　琴　高　雅　戴彩萍
王美玲　夏　菁　仇文婷　张　玲　陈诗琦　丁道拓　蔡　晓　李　梅　孙梦姣　邹红霞
伏庆凤　王　飞　庄慧慧　蔡　慧　江　敏　夏爱妹　朱小香　郭贞贞　沈　逸　汪　云
高志慧　徐　庆　石燕凤　彭　青　钱雅萍　马　越　曹梦如　郦志萍　胡　玲　潘志倩
蒋晓旭　王　慧　仇　洋　吕莉娟　杨　靓　魏小璐　丁岁霞　徐文娟　刘　姣　黄芮淳
朱　野　徐冬芝　周媛媛　庄　珍　祁叶楠　金　兰　吴小琴　栾燕琴　芦　桢　张文娣
黄　洁　常双红　武彩玲　黄恙恙　于文烨　王艳洁　彭梦月　赵鹏飞　秦　静　蒋　蓓
陈丽红　张雨微　陈雅文　高芳萍　张　莉　史雅琴　汪　丽　尹　乐　金　静　朱祖贤
王　敏　唐　妍　杨　雪　席亚男　李　云　叶爱云　杨慧慧　顾正引　封妹妹　李丹利
杜春艳　陈元元　孙云霞　刘楠楠　周　洁　杨　洋　宋　娟　朱华媛　夏雪银　杜　鲜
王　如　陈萌萌　黎月萍　胡晓雨　吴　迪　李　霞　刘爱静　沈　绪　邱小玉　下　迁
刘丹丹　周丽芹　赵　雅　徐晓娟　杜施玉　水　玥　何梦媛　叶　婷　李冬梅　郑春莹
周士炜　朱婷婷　蒋　婷　王金月　陈　蓉　徐晓晓　张雪莲　曹迎亚　严高玉　陈　玥
徐　桃　吕巧梅　马　楠　马　宁　左晶晶　嵇　茹　许　佳　姚霏霏　徐　蓉　顾　萱
王翔燕　齐梦洁　李明莉　刘　丽　赵　青　顾新艳　戚梦洁　陈　琴　汪丹丹　翟明星
王宇航　刘晓露　丁　雯　金　晨　陈　艳　张　颖　郭　娟　流香如　李　芹　李　娜
吴　倩　魏明芬　陆蓉蓉　王贤慧　张　艳　祖红燕　伏玉娟　牛佳苇　徐希琳　王红杰
赵荣梅　徐茂香　许金金　蔡阿香　徐　芳　赵亚男　邱　月　华　静　陈　银　郑晓敏
王　琳　葛　晶　刘雅钰　戴彤芮　董信杏　濮雪颖　刘文静　程　唯　荆　艳　左梅娟
王玉玲　刘　君　唐成程　刘　燕　宗莹莹　陆文琦　徐杨春缘　　　　孔垚鑫　刘丽芹
黄　蕾　宋　蕊　曾令芩　丁爱梅　张晓燕　肖　航　林雨虹　任　艳　齐苗苗　方学燕
张　颖　黄淑婷　史倩倩　罗敏侨　王　嫚　闫晓梅　赵安丽　陈　月　王　萌　吴雨晴
滕宏月　徐　昕　智惠琴　高　洁　刘　丽　姚　瑶　王佳佳　余　庆　蒋宇红　李赛麒
饶丽华　常　洁　陈桂兰　沈　红　王继玲　朱守霞　张晴晴　张　琴　张严萍　王静霞
侯雨希　杨甜甜　孙雪茹　刘晓娜　段　淼　渠淑娇　王昕雨　刘瑶瑶　刘雪华　董雪晴
孙梦奇　史珊珊　邵琼尧　陈红岩　吕金萍　王晴晴　邓春燕　程梦婷　王　静　张文文
马　榕　肖琳霏

会计学

　　杨晓雯　赵丽丽　陈　智　何洪月　姚　诚

土木工程

　　潘明月　徐连托　张远明　张佳晶　贺高升

物流管理

　　李云峰　张　莉　马秀莲　马文忠

2019年成人教育业余专升本毕业生名单

学习形式	层次	专业方向	姓名
业余	专科起点本科	土木工程	左文松
业余	专科起点本科	土木工程	朱　亮
业余	专科起点本科	土木工程	孙伟欣
业余	专科起点本科	临床医学	陶　凯
业余	专科起点本科	护理学	刘　婧
业余	专科起点本科	护理学	朱颖超
业余	专科起点本科	护理学	黄　琪
业余	专科起点本科	护理学	章　燕
业余	专科起点本科	护理学	余　雯
业余	专科起点本科	护理学	秦吉鑫
业余	专科起点本科	护理学	陈　瑶
业余	专科起点本科	护理学	张　颖
业余	专科起点本科	护理学	毛星怡
业余	专科起点本科	护理学	魏云云
业余	专科起点本科	护理学	周　雪
业余	专科起点本科	护理学	周晓菲
业余	专科起点本科	护理学	巫雁蓉
业余	专科起点本科	护理学	秦　梦
业余	专科起点本科	护理学	杨　欣
业余	专科起点本科	护理学	苑　莹
业余	专科起点本科	护理学	夏聪聪
业余	专科起点本科	护理学	邰蕴文
业余	专科起点本科	护理学	施　瑜
业余	专科起点本科	护理学	刘凌洁

(续　表)

学习形式	层次	专业方向	姓名
业余	专科起点本科	护理学	张　静
业余	专科起点本科	护理学	杨欢欢
业余	专科起点本科	护理学	黄玉蓉
业余	专科起点本科	护理学	吴姗姗
业余	专科起点本科	护理学	殷芳丽
业余	专科起点本科	护理学	孟　傲
业余	专科起点本科	护理学	杨专玲
业余	专科起点本科	护理学	孙　倩
业余	专科起点本科	护理学	张传雪
业余	专科起点本科	护理学	辛廷廷
业余	专科起点本科	护理学	詹茂婷
业余	专科起点本科	护理学	张双双
业余	专科起点本科	护理学	王　会
业余	专科起点本科	护理学	徐清霞
业余	专科起点本科	护理学	王慧敏
业余	专科起点本科	护理学	陈紫竹
业余	专科起点本科	护理学	杨晶晶
业余	专科起点本科	护理学	韩佳轩
业余	专科起点本科	护理学	李　靖
业余	专科起点本科	护理学	王　枢
业余	专科起点本科	护理学	李双双
业余	专科起点本科	护理学	黄　磊
业余	专科起点本科	护理学	乔继婷
业余	专科起点本科	护理学	孔　珍
业余	专科起点本科	护理学	吴秀琴
业余	专科起点本科	护理学	陈　清
业余	专科起点本科	护理学	鹿馨升
业余	专科起点本科	护理学	徐　菁
业余	专科起点本科	护理学	吕久悦
业余	专科起点本科	护理学	唐　莉
业余	专科起点本科	护理学	吴彦臻
业余	专科起点本科	护理学	周丹蓉
业余	专科起点本科	护理学	卞玲俐
业余	专科起点本科	护理学	张圆圆
业余	专科起点本科	护理学	王桂云

(续　表)

(续 表)

学习形式	层次	专业方向	姓名
业余	专科起点本科	护理学	傅俊涵
业余	专科起点本科	护理学	付 敏
业余	专科起点本科	护理学	岳 雯
业余	专科起点本科	护理学	葛 钰
业余	专科起点本科	护理学	段义凡
业余	专科起点本科	护理学	陈晓晨
业余	专科起点本科	护理学	马 兰
业余	专科起点本科	护理学	柏 珏
业余	专科起点本科	护理学	左立冰
业余	专科起点本科	护理学	解卉锦
业余	专科起点本科	护理学	方 珺
业余	专科起点本科	护理学	王晶晶
业余	专科起点本科	护理学	程 然
业余	专科起点本科	护理学	曹美娟
业余	专科起点本科	护理学	呼璐娜
业余	专科起点本科	护理学	申 畅
业余	专科起点本科	护理学	朱小燕
业余	专科起点本科	护理学	李 响
业余	专科起点本科	护理学	范瑞敏
业余	专科起点本科	护理学	孙彩云
业余	专科起点本科	护理学	尹 丽
业余	专科起点本科	护理学	王 雯
业余	专科起点本科	护理学	冯 敏
业余	专科起点本科	护理学	赵 芹
业余	专科起点本科	护理学	张 玲
业余	专科起点本科	护理学	李 静
业余	专科起点本科	护理学	王 可
业余	专科起点本科	护理学	刘娅丽
业余	专科起点本科	护理学	张晓艳
业余	专科起点本科	护理学	陈 越
业余	专科起点本科	护理学	尤可昕
业余	专科起点本科	护理学	仇安利
业余	专科起点本科	护理学	李晓妮
业余	专科起点本科	护理学	洪菲菲
业余	专科起点本科	护理学	宋 丹

（续　表）

学习形式	层次	专业方向	姓名
业余	专科起点本科	护理学	曹　威
业余	专科起点本科	护理学	胡　亚
业余	专科起点本科	护理学	张媛媛
业余	专科起点本科	护理学	任雯翠
业余	专科起点本科	护理学	李晨曦
业余	专科起点本科	护理学	管明娴
业余	专科起点本科	护理学	李文雅
业余	专科起点本科	护理学	侯婷婷
业余	专科起点本科	护理学	秦丹丹
业余	专科起点本科	护理学	付会子
业余	专科起点本科	护理学	杨　扬
业余	专科起点本科	护理学	徐苗敏
业余	专科起点本科	护理学	谢宗雪
业余	专科起点本科	护理学	刘海燕
业余	专科起点本科	护理学	张　献
业余	专科起点本科	护理学	陈晓彤
业余	专科起点本科	护理学	柯嫣然
业余	专科起点本科	护理学	赵婉茹
业余	专科起点本科	护理学	朱　静
业余	专科起点本科	护理学	程青青
业余	专科起点本科	护理学	严　琳
业余	专科起点本科	护理学	葛　鑫
业余	专科起点本科	护理学	高海敏
业余	专科起点本科	护理学	李　红
业余	专科起点本科	护理学	计　燕
业余	专科起点本科	护理学	刘菁菁
业余	专科起点本科	护理学	杨　佳
业余	专科起点本科	护理学	韩　玲
业余	专科起点本科	护理学	李汉露
业余	专科起点本科	护理学	朱　雅
业余	专科起点本科	护理学	赵佳莉
业余	专科起点本科	护理学	曹丹丹
业余	专科起点本科	护理学	周　璇
业余	专科起点本科	护理学	成　慧
业余	专科起点本科	护理学	朱微分

（续　表）

(续 表)

学习形式	层次	专业方向	姓名
业余	专科起点本科	护理学	沈 蓉
业余	专科起点本科	护理学	董莎莎
业余	专科起点本科	护理学	卞巧萍
业余	专科起点本科	护理学	刘锦锦
业余	专科起点本科	护理学	王 慧
业余	专科起点本科	护理学	洪先付
业余	专科起点本科	护理学	刘冰瑶
业余	专科起点本科	护理学	万浦雪
业余	专科起点本科	护理学	吴佳妍
业余	专科起点本科	护理学	王莹莹
业余	专科起点本科	护理学	尚学园
业余	专科起点本科	护理学	周雅琳
业余	专科起点本科	护理学	罗梦扬
业余	专科起点本科	护理学	沈 平
业余	专科起点本科	护理学	刘 芳
业余	专科起点本科	护理学	刘 念
业余	专科起点本科	护理学	王 昆
业余	专科起点本科	护理学	周晓蕾
业余	专科起点本科	护理学	高 冬
业余	专科起点本科	护理学	黄宸按
业余	专科起点本科	护理学	张艳秋
业余	专科起点本科	护理学	李 雪
业余	专科起点本科	护理学	沈 晨
业余	专科起点本科	护理学	李 悦
业余	专科起点本科	护理学	周 慧
业余	专科起点本科	护理学	王姗姗
业余	专科起点本科	护理学	杜 娟
业余	专科起点本科	护理学	韩 娟
业余	专科起点本科	护理学	赵 迪
业余	专科起点本科	护理学	王洪娟
业余	专科起点本科	护理学	周 俊
业余	专科起点本科	护理学	蒋继韦
业余	专科起点本科	护理学	倪 蕾
业余	专科起点本科	护理学	孙 琳
业余	专科起点本科	护理学	徐铃铃

(续)

(续　表)

学习形式	层次	专业方向	姓名
业余	专科起点本科	护理学	潘玉兰
业余	专科起点本科	护理学	郭亚芳
业余	专科起点本科	护理学	卜梦云
业余	专科起点本科	护理学	张荣琴
业余	专科起点本科	护理学	秦　芳
业余	专科起点本科	护理学	张国兰
业余	专科起点本科	护理学	桂红云
业余	专科起点本科	护理学	戚楚楚
业余	专科起点本科	护理学	刘婷婷
业余	专科起点本科	护理学	张　宇
业余	专科起点本科	护理学	王婉秋
业余	专科起点本科	护理学	金　伟
业余	专科起点本科	护理学	张　燕
业余	专科起点本科	护理学	杨　艳
业余	专科起点本科	护理学	吕　玲
业余	专科起点本科	护理学	王　雪
业余	专科起点本科	护理学	李青青
业余	专科起点本科	护理学	薛　山
业余	专科起点本科	护理学	宋秀婷
业余	专科起点本科	护理学	陈政印
业余	专科起点本科	护理学	徐梦娟
业余	专科起点本科	护理学	吴　敏
业余	专科起点本科	护理学	沈晨晨
业余	专科起点本科	护理学	刘　敏
业余	专科起点本科	护理学	李梦婷
业余	专科起点本科	护理学	王晓凤
业余	专科起点本科	护理学	胡　健
业余	专科起点本科	护理学	闻颖玮
业余	专科起点本科	护理学	孙　茜
业余	专科起点本科	护理学	潘　婷
业余	专科起点本科	护理学	钱梦静
业余	专科起点本科	护理学	孙　宇
业余	专科起点本科	护理学	赵盼盼
业余	专科起点本科	护理学	徐兵玲
业余	专科起点本科	护理学	刘　敏

（续　表）

学习形式	层次	专业方向	姓名
业余	专科起点本科	护理学	宋俊楠
业余	专科起点本科	护理学	高　杨
业余	专科起点本科	护理学	张　鑫
业余	专科起点本科	护理学	汪云云
业余	专科起点本科	护理学	夏　蕾
业余	专科起点本科	护理学	钱　荣
业余	专科起点本科	护理学	彭莎莎
业余	专科起点本科	护理学	陈凤玲
业余	专科起点本科	护理学	叶颖婷
业余	专科起点本科	护理学	王　金
业余	专科起点本科	护理学	俞婷婷
业余	专科起点本科	护理学	王　娟
业余	专科起点本科	护理学	葛海琪
业余	专科起点本科	护理学	徐　敏
业余	专科起点本科	护理学	李丹丹
业余	专科起点本科	护理学	周　璟
业余	专科起点本科	护理学	刘慧子
业余	专科起点本科	护理学	业　帅
业余	专科起点本科	护理学	王惠子
业余	专科起点本科	护理学	朱　蒙
业余	专科起点本科	护理学	刘　璇
业余	专科起点本科	护理学	姚　静
业余	专科起点本科	护理学	陶　云
业余	专科起点本科	护理学	陈　芳
业余	专科起点本科	护理学	冯　林
业余	专科起点本科	护理学	卜玉影
业余	专科起点本科	护理学	江　帆
业余	专科起点本科	护理学	孙文惠
业余	专科起点本科	护理学	杨　露
业余	专科起点本科	护理学	张　琦
业余	专科起点本科	护理学	张　炀
业余	专科起点本科	护理学	刘晓雪
业余	专科起点本科	护理学	汪　雨
业余	专科起点本科	护理学	程　清
业余	专科起点本科	护理学	陈　静

（续　表）

学习形式	层次	专业方向	姓名
业余	专科起点本科	护理学	徐礼好
业余	专科起点本科	护理学	周依然
业余	专科起点本科	护理学	周　晗
业余	专科起点本科	护理学	赵梦凡
业余	专科起点本科	护理学	林文秀
业余	专科起点本科	护理学	雷明霞
业余	专科起点本科	护理学	王甜甜
业余	专科起点本科	护理学	黄　露
业余	专科起点本科	护理学	谭　欣
业余	专科起点本科	护理学	李淑静
业余	专科起点本科	护理学	王晶丹
业余	专科起点本科	护理学	陈　慧
业余	专科起点本科	护理学	邵　玥
业余	专科起点本科	护理学	王　云
业余	专科起点本科	护理学	毛　旋
业余	专科起点本科	护理学	张明珠
业余	专科起点本科	护理学	万　娟
业余	专科起点本科	护理学	席小娟
业余	专科起点本科	护理学	张　敏
业余	专科起点本科	护理学	牛　双
业余	专科起点本科	护理学	苗礼文
业余	专科起点本科	护理学	崔冬晖
业余	专科起点本科	护理学	吕伟静
业余	专科起点本科	护理学	陈　静
业余	专科起点本科	护理学	李　洁
业余	专科起点本科	护理学	卢倩倩
业余	专科起点本科	护理学	仰晓凡
业余	专科起点本科	护理学	何　悦
业余	专科起点本科	护理学	童　昕
业余	专科起点本科	护理学	杜　扬
业余	专科起点本科	护理学	袁　媛
业余	专科起点本科	护理学	李霏霏
业余	专科起点本科	护理学	施　念
业余	专科起点本科	护理学	曹萌萌
业余	专科起点本科	护理学	陈娅君

(续 表)

学习形式	层次	专业方向	姓名
业余	专科起点本科	护理学	孟 琦
业余	专科起点本科	护理学	周明星
业余	专科起点本科	护理学	王 燕
业余	专科起点本科	护理学	鲍翠瑾
业余	专科起点本科	护理学	高 霄
业余	专科起点本科	护理学	陈学莉
业余	专科起点本科	护理学	孙 璐
业余	专科起点本科	护理学	时田田
业余	专科起点本科	护理学	乔维佳
业余	专科起点本科	护理学	马雨点
业余	专科起点本科	护理学	李 旺
业余	专科起点本科	护理学	史 莹
业余	专科起点本科	护理学	王 雪
业余	专科起点本科	护理学	于丽知
业余	专科起点本科	护理学	束 茜
业余	专科起点本科	护理学	褚 淦
业余	专科起点本科	护理学	倪应宁
业余	专科起点本科	护理学	康 丽
业余	专科起点本科	护理学	汪 玥
业余	专科起点本科	护理学	王 莹
业余	专科起点本科	护理学	王丹丹
业余	专科起点本科	护理学	胡园园
业余	专科起点本科	护理学	刘 曼
业余	专科起点本科	护理学	崔 佳
业余	专科起点本科	护理学	朱文静
业余	专科起点本科	护理学	印梦妍
业余	专科起点本科	护理学	王萌萌
业余	专科起点本科	护理学	丁如意
业余	专科起点本科	护理学	赵 楠
业余	专科起点本科	护理学	吴晓敏
业余	专科起点本科	护理学	马 玲
业余	专科起点本科	护理学	朱依依
业余	专科起点本科	护理学	夏 菲
业余	专科起点本科	护理学	于 卉
业余	专科起点本科	护理学	黄 慧

(续　表)

学习形式	层次	专业方向	姓名
业余	专科起点本科	护理学	黎素娟
业余	专科起点本科	护理学	王俊懿
业余	专科起点本科	护理学	李雅萌
业余	专科起点本科	护理学	周　琴
业余	专科起点本科	护理学	李金锦
业余	专科起点本科	护理学	仲琳玲
业余	专科起点本科	护理学	陈　俊
业余	专科起点本科	护理学	梅　鑫
业余	专科起点本科	护理学	张雯婷
业余	专科起点本科	护理学	王从悦
业余	专科起点本科	护理学	薛　盼
业余	专科起点本科	护理学	徐　悦
业余	专科起点本科	护理学	陶玲玲
业余	专科起点本科	护理学	陈　慧
业余	专科起点本科	护理学	秦　臻
业余	专科起点本科	护理学	吉云玥
业余	专科起点本科	护理学	谢泽星
业余	专科起点本科	护理学	郭　越
业余	专科起点本科	护理学	纪　悠
业余	专科起点本科	护理学	梅　萌
业余	专科起点本科	护理学	桑苏扬
业余	专科起点本科	护理学	肖紫薇
业余	专科起点本科	护理学	张健桦
业余	专科起点本科	护理学	石　悦
业余	专科起点本科	护理学	蒋炜莹
业余	专科起点本科	护理学	杨柳扬
业余	专科起点本科	护理学	钱长伟
业余	专科起点本科	护理学	汪　婧
业余	专科起点本科	护理学	衡　洁
业余	专科起点本科	护理学	钮香嫒
业余	专科起点本科	护理学	周　玥
业余	专科起点本科	护理学	王嘉文
业余	专科起点本科	护理学	金　莉
业余	专科起点本科	护理学	仇思悦
业余	专科起点本科	护理学	王　琳

(续 表)

学习形式	层次	专业方向	姓名
业余	专科起点本科	护理学	吴 君
业余	专科起点本科	护理学	王小波
业余	专科起点本科	护理学	杨 柳
业余	专科起点本科	护理学	代 莹
业余	专科起点本科	护理学	叶静洁
业余	专科起点本科	护理学	陈苗苗
业余	专科起点本科	护理学	郭 莹
业余	专科起点本科	护理学	刘 楚
业余	专科起点本科	护理学	周 历
业余	专科起点本科	护理学	朱淑荧
业余	专科起点本科	护理学	韩 月
业余	专科起点本科	护理学	贾婉瀛
业余	专科起点本科	护理学	朱超荣
业余	专科起点本科	护理学	李 俊
业余	专科起点本科	护理学	张 娟
业余	专科起点本科	护理学	章海霞
业余	专科起点本科	护理学	彭怡苇
业余	专科起点本科	护理学	周 蕾
业余	专科起点本科	护理学	周 倩
业余	专科起点本科	护理学	丁 婧
业余	专科起点本科	护理学	陈佳美
业余	专科起点本科	护理学	刘可佳
业余	专科起点本科	护理学	曹 力
业余	专科起点本科	护理学	王正颖
业余	专科起点本科	护理学	闫雪营
业余	专科起点本科	护理学	杨 蕾
业余	专科起点本科	护理学	朱 珠
业余	专科起点本科	护理学	裴 培
业余	专科起点本科	护理学	缪 烨
业余	专科起点本科	护理学	刁青青
业余	专科起点本科	护理学	高 奇
业余	专科起点本科	护理学	李 欣
业余	专科起点本科	护理学	刘文文
业余	专科起点本科	护理学	尹奇慧
业余	专科起点本科	护理学	项 丹

(续　表)

学习形式	层次	专业方向	姓名
业余	专科起点本科	护理学	马　群
业余	专科起点本科	护理学	龚梁爽
业余	专科起点本科	护理学	陈冬冬
业余	专科起点本科	护理学	刘　玲
业余	专科起点本科	护理学	张　帆
业余	专科起点本科	护理学	何姝柔
业余	专科起点本科	护理学	王亚丽
业余	专科起点本科	护理学	赵前慧
业余	专科起点本科	护理学	王　琴
业余	专科起点本科	护理学	杨晨杰
业余	专科起点本科	护理学	郑　莉
业余	专科起点本科	护理学	张赵一
业余	专科起点本科	护理学	张　兰
业余	专科起点本科	护理学	李心悦
业余	专科起点本科	护理学	张　燕
业余	专科起点本科	护理学	丁庆红
业余	专科起点本科	护理学	朱　萍
业余	专科起点本科	护理学	张锡梅
业余	专科起点本科	护理学	汪　磊
业余	专科起点本科	护理学	陈苏淑
业余	专科起点本科	护理学	张　莹
业余	专科起点本科	护理学	陈雪娇
业余	专科起点本科	护理学	汤　纯
业余	专科起点本科	护理学	余　蕾
业余	专科起点本科	护理学	钱　晨
业余	专科起点本科	护理学	何　洁
业余	专科起点本科	护理学	熊　瑛
业余	专科起点本科	护理学	杨　念
业余	专科起点本科	护理学	周子瑶
业余	专科起点本科	护理学	胡　娟
业余	专科起点本科	护理学	顾　树
业余	专科起点本科	护理学	李春梅
业余	专科起点本科	护理学	吴慧敏
业余	专科起点本科	护理学	蔡媛媛
业余	专科起点本科	护理学	洪培培

(续　表)

（续　表)

学习形式	层次	专业方向	姓名
业余	专科起点本科	护理学	史　慧
业余	专科起点本科	护理学	王　敏
业余	专科起点本科	护理学	江翠娟
业余	专科起点本科	护理学	钱小维
业余	专科起点本科	护理学	徐贻芬
业余	专科起点本科	护理学	朱宝娟
业余	专科起点本科	护理学	孙　蕊
业余	专科起点本科	护理学	王佳红
业余	专科起点本科	护理学	石雁凌
业余	专科起点本科	护理学	葛晓飞
业余	专科起点本科	护理学	晋仁玲
业余	专科起点本科	护理学	许　丽
业余	专科起点本科	护理学	陈　月
业余	专科起点本科	护理学	王爱凤
业余	专科起点本科	护理学	陈荔荔
业余	专科起点本科	护理学	周　洁
业余	专科起点本科	护理学	李　敏
业余	专科起点本科	护理学	周亚兰
业余	专科起点本科	护理学	万　燕
业余	专科起点本科	护理学	程　倍
业余	专科起点本科	护理学	彭海燕
业余	专科起点本科	护理学	孙　燕
业余	专科起点本科	护理学	张　静
业余	专科起点本科	护理学	鲁　芸
业余	专科起点本科	护理学	吕　杰
业余	专科起点本科	护理学	肖悦荣
业余	专科起点本科	护理学	冯　也
业余	专科起点本科	护理学	蔡　琏
业余	专科起点本科	护理学	张艺茹
业余	专科起点本科	护理学	陈雅静
业余	专科起点本科	护理学	陆安琪
业余	专科起点本科	护理学	朱凤娟
业余	专科起点本科	护理学	邱晓晓
业余	专科起点本科	护理学	孙孝昕
业余	专科起点本科	护理学	周　童

（续　表）

学习形式	层次	专业方向	姓名
业余	专科起点本科	护理学	张　璐
业余	专科起点本科	护理学	张诗琪
业余	专科起点本科	护理学	刘　畅
业余	专科起点本科	护理学	周　玲
业余	专科起点本科	护理学	潘　婷
业余	专科起点本科	护理学	周　琪
业余	专科起点本科	护理学	李　杭
业余	专科起点本科	护理学	蒋　蓉
业余	专科起点本科	护理学	邱曼丽
业余	专科起点本科	护理学	李　娟
业余	专科起点本科	护理学	张勇萍
业余	专科起点本科	护理学	陈　慧
业余	专科起点本科	护理学	孙雨桐
业余	专科起点本科	护理学	韩　骞
业余	专科起点本科	护理学	徐　家
业余	专科起点本科	护理学	陈　敏
业余	专科起点本科	护理学	马　琳
业余	专科起点本科	护理学	秦晓菲
业余	专科起点本科	护理学	颜婷婷
业余	专科起点本科	护理学	陆　楠
业余	专科起点本科	护理学	沈小娇
业余	专科起点本科	护理学	鞠欣怡
业余	专科起点本科	护理学	方余馨
业余	专科起点本科	护理学	曹思雯
业余	专科起点本科	护理学	吴　乐
业余	专科起点本科	护理学	朱慧玉
业余	专科起点本科	护理学	陈　颖
业余	专科起点本科	护理学	滕　菲
业余	专科起点本科	护理学	王玒琳
业余	专科起点本科	护理学	李金金
业余	专科起点本科	护理学	施　思
业余	专科起点本科	护理学	刘　琳
业余	专科起点本科	护理学	韩　蕾
业余	专科起点本科	护理学	胡　慧
业余	专科起点本科	护理学	阮婷婷

（续　表）

学习形式	层次	专业方向	姓名
业余	专科起点本科	护理学	陈　敏
业余	专科起点本科	护理学	吴燕晴
业余	专科起点本科	护理学	赵思雨
业余	专科起点本科	护理学	马克芳
业余	专科起点本科	护理学	夷立新
业余	专科起点本科	护理学	钱　成
业余	专科起点本科	护理学	吴玉倩
业余	专科起点本科	护理学	桂　花
业余	专科起点本科	护理学	王必庆
业余	专科起点本科	护理学	汤彤华
业余	专科起点本科	护理学	陈　慧
业余	专科起点本科	护理学	张　笑
业余	专科起点本科	护理学	张　元
业余	专科起点本科	护理学	马　慧
业余	专科起点本科	护理学	石晓亮
业余	专科起点本科	护理学	杨艾青
业余	专科起点本科	护理学	季诗凡
业余	专科起点本科	护理学	赵玉芳
业余	专科起点本科	护理学	杨静雯
业余	专科起点本科	护理学	林　艳
业余	专科起点本科	护理学	郭星星
业余	专科起点本科	护理学	陈　静
业余	专科起点本科	护理学	孙丹丹
业余	专科起点本科	护理学	陈丹慧
业余	专科起点本科	护理学	轩　璐
业余	专科起点本科	护理学	杨　敏
业余	专科起点本科	护理学	李娅婷
业余	专科起点本科	护理学	姚　远
业余	专科起点本科	护理学	余婷婷
业余	专科起点本科	护理学	莫德慧
业余	专科起点本科	护理学	沈雪菲
业余	专科起点本科	护理学	顾　欣
业余	专科起点本科	护理学	王　琴
业余	专科起点本科	护理学	邵金玉
业余	专科起点本科	护理学	漆何秀

(续 表)

学习形式	层次	专业方向	姓名
业余	专科起点本科	护理学	吴小露
业余	专科起点本科	护理学	王 莹
业余	专科起点本科	护理学	柴 艳
业余	专科起点本科	护理学	芮小勤
业余	专科起点本科	护理学	张 青
业余	专科起点本科	护理学	姜来娣
业余	专科起点本科	护理学	史雁翎
业余	专科起点本科	护理学	金聪聪
业余	专科起点本科	护理学	李 果
业余	专科起点本科	护理学	陈 珊
业余	专科起点本科	护理学	曹姗姗
业余	专科起点本科	护理学	秦彬彬
业余	专科起点本科	护理学	徐 然
业余	专科起点本科	护理学	邹 芬
业余	专科起点本科	护理学	邢玉婷
业余	专科起点本科	护理学	姜海玲
业余	专科起点本科	护理学	张 华
业余	专科起点本科	护理学	余成涛
业余	专科起点本科	护理学	张 欢
业余	专科起点本科	护理学	张 萍
业余	专科起点本科	护理学	薛白丽
业余	专科起点本科	护理学	周 倩
业余	专科起点本科	护理学	黄卉源
业余	专科起点本科	护理学	姚 炜
业余	专科起点本科	护理学	朱荣兰
业余	专科起点本科	护理学	吴金风
业余	专科起点本科	护理学	王雪玉
业余	专科起点本科	护理学	张彩红
业余	专科起点本科	护理学	张晓旭
业余	专科起点本科	护理学	郑晓红
业余	专科起点本科	护理学	李撒撒
业余	专科起点本科	护理学	张 甜
业余	专科起点本科	护理学	何清波
业余	专科起点本科	护理学	孟 宁
业余	专科起点本科	护理学	黄安丹

（续　表)

学习形式	层次	专业方向	姓名
业余	专科起点本科	护理学	王　婷
业余	专科起点本科	护理学	何婷婷
业余	专科起点本科	护理学	孙梦婷
业余	专科起点本科	护理学	杨　琳
业余	专科起点本科	护理学	范白云
业余	专科起点本科	护理学	闫学敏
业余	专科起点本科	护理学	徐慧萍
业余	专科起点本科	护理学	钱紫露
业余	专科起点本科	护理学	曹　月
业余	专科起点本科	护理学	施爱慧
业余	专科起点本科	护理学	孙莉雯
业余	专科起点本科	护理学	刘雅娴
业余	专科起点本科	护理学	毛　玲
业余	专科起点本科	护理学	马小蒙
业余	专科起点本科	护理学	杨文静
业余	专科起点本科	护理学	徐　云
业余	专科起点本科	护理学	杨青青
业余	专科起点本科	护理学	王天宝
业余	专科起点本科	护理学	钱　颖
业余	专科起点本科	护理学	苏　燕
业余	专科起点本科	护理学	崔警予
业余	专科起点本科	护理学	陶晓丹
业余	专科起点本科	护理学	程雪梅
业余	专科起点本科	护理学	张　巍
业余	专科起点本科	护理学	孙　婷
业余	专科起点本科	护理学	杨　丹
业余	专科起点本科	护理学	朱　铭
业余	专科起点本科	护理学	许　阳
业余	专科起点本科	护理学	马炜炜
业余	专科起点本科	护理学	殷　辉
业余	专科起点本科	护理学	赵　丹
业余	专科起点本科	护理学	王诗琦
业余	专科起点本科	护理学	王晓兰
业余	专科起点本科	护理学	马舒萍
业余	专科起点本科	护理学	陈雯茹

（续　表）

学习形式	层次	专业方向	姓名
业余	专科起点本科	护理学	彭海婷
业余	专科起点本科	护理学	邹云丽
业余	专科起点本科	护理学	张雯婷
业余	专科起点本科	护理学	陈园园
业余	专科起点本科	护理学	赵慧敏
业余	专科起点本科	护理学	范冬枝
业余	专科起点本科	护理学	毛玉娟
业余	专科起点本科	护理学	韦　伟
业余	专科起点本科	护理学	卞秋月
业余	专科起点本科	护理学	徐　晶
业余	专科起点本科	护理学	李晨艳
业余	专科起点本科	护理学	李　月
业余	专科起点本科	护理学	钱　芳
业余	专科起点本科	护理学	倪思梦
业余	专科起点本科	护理学	毛佩仙
业余	专科起点本科	护理学	朱孟如
业余	专科起点本科	护理学	张　颖
业余	专科起点本科	护理学	桂钰洁
业余	专科起点本科	护理学	唐　秋
业余	专科起点本科	护理学	汪幼梅
业余	专科起点本科	护理学	耿　娟
业余	专科起点本科	护理学	丁一言
业余	专科起点本科	护理学	耿梦楠
业余	专科起点本科	护理学	袁　坚
业余	专科起点本科	护理学	金　欣
业余	专科起点本科	护理学	张伟鑫
业余	专科起点本科	护理学	顾宝星
业余	专科起点本科	护理学	郭　颖
业余	专科起点本科	护理学	李婷婷
业余	专科起点本科	护理学	缪　菲
业余	专科起点本科	护理学	王　莹
业余	专科起点本科	护理学	虞丽萍
业余	专科起点本科	护理学	于　婷
业余	专科起点本科	护理学	李　双
业余	专科起点本科	护理学	王晨阳

（续　表）

学习形式	层次	专业方向	姓名
业余	专科起点本科	护理学	王　玮
业余	专科起点本科	护理学	蔡海燕
业余	专科起点本科	护理学	何佳佳
业余	专科起点本科	护理学	毛逸霞
业余	专科起点本科	护理学	杨惠慧
业余	专科起点本科	护理学	张　静
业余	专科起点本科	护理学	陈雁翎
业余	专科起点本科	护理学	王雨珂
业余	专科起点本科	护理学	殷　慧
业余	专科起点本科	护理学	赵梦婷
业余	专科起点本科	护理学	李月霞
业余	专科起点本科	护理学	程晶晶
业余	专科起点本科	护理学	杨初红
业余	专科起点本科	护理学	张　娟
业余	专科起点本科	护理学	沈　洁
业余	专科起点本科	护理学	陈　芳
业余	专科起点本科	护理学	张　茜
业余	专科起点本科	护理学	王　俭
业余	专科起点本科	护理学	李　庆
业余	专科起点本科	护理学	衡　洁
业余	专科起点本科	护理学	李　玲
业余	专科起点本科	护理学	彭朱霞
业余	专科起点本科	护理学	王　蓓
业余	专科起点本科	护理学	贡雅萍
业余	专科起点本科	护理学	李俊潮
业余	专科起点本科	护理学	程　妍
业余	专科起点本科	护理学	刘　巧
业余	专科起点本科	护理学	何宇婷
业余	专科起点本科	护理学	王　婷
业余	专科起点本科	护理学	宋文超
业余	专科起点本科	护理学	何焕焕
业余	专科起点本科	护理学	侯翠伟
业余	专科起点本科	护理学	徐路梅
业余	专科起点本科	护理学	徐界丽
业余	专科起点本科	护理学	严玉喜

(续　表)

学习形式	层次	专业方向	姓名
业余	专科起点本科	护理学	刘明星
业余	专科起点本科	护理学	毕春靓
业余	专科起点本科	护理学	陈飞云
业余	专科起点本科	护理学	朱梦娇
业余	专科起点本科	护理学	吴从舰
业余	专科起点本科	护理学	耿　迎
业余	专科起点本科	护理学	唐　颖
业余	专科起点本科	护理学	孙　瑾
业余	专科起点本科	护理学	王佳敏
业余	专科起点本科	护理学	王　杭
业余	专科起点本科	医学检验	赵　雅
业余	专科起点本科	医学检验	胡雪娇
业余	专科起点本科	医学检验	张　怡
业余	专科起点本科	医学检验	戴海瑞
业余	专科起点本科	医学检验	王　越
业余	专科起点本科	医学检验	崔　波
业余	专科起点本科	医学检验	卞娇娇
业余	专科起点本科	医学检验	韦　玮
业余	专科起点本科	医学检验	史永海
业余	专科起点本科	医学检验	李　丹
业余	专科起点本科	医学检验	尹世琴
业余	专科起点本科	医学检验	屈　展
业余	专科起点本科	医学检验	高　婷
业余	专科起点本科	医学检验	柳　业
业余	专科起点本科	医学检验	顾亚楠
业余	专科起点本科	医学检验	唐　斌
业余	专科起点本科	医学检验	孙　涛
业余	专科起点本科	医学检验	张　静
业余	专科起点本科	医学检验	吕文正
业余	专科起点本科	医学检验	孙天羽
业余	专科起点本科	医学检验	吕　圆
业余	专科起点本科	医学检验	周　涛
业余	专科起点本科	医学检验	顾啸宇
业余	专科起点本科	医学检验	樊　嘉
业余	专科起点本科	医学检验	郜　菲

（续　表）

学习形式	层次	专业方向	姓名
业余	专科起点本科	医学检验	陈　磊
业余	专科起点本科	医学检验	赵　贤
业余	专科起点本科	医学检验	凌海威
业余	专科起点本科	医学检验	夏年霞
业余	专科起点本科	医学检验	徐晓蓓
业余	专科起点本科	医学检验	王　娜
业余	专科起点本科	医学检验	沈夏萍
业余	专科起点本科	医学检验	周　康
业余	专科起点本科	医学检验	沈　盼
业余	专科起点本科	医学检验	陈　敏
业余	专科起点本科	医学检验	张　婧
业余	专科起点本科	医学检验	赵丽君
业余	专科起点本科	医学检验	耿治龙
业余	专科起点本科	医学检验	苏凯莉
业余	专科起点本科	医学检验	吉　宁
业余	专科起点本科	医学检验	孙　焱
业余	专科起点本科	医学检验	许元吉
业余	专科起点本科	医学检验	陈　洁
业余	专科起点本科	医学检验	李泽森
业余	专科起点本科	医学检验	丁　倩
业余	专科起点本科	医学检验	何　云
业余	专科起点本科	医学检验	陈明双
业余	专科起点本科	医学检验	张荣蓉
业余	专科起点本科	医学检验	王　薇
业余	专科起点本科	医学检验	王　祎
业余	专科起点本科	医学检验	高　练
业余	专科起点本科	医学检验	许　欣
业余	专科起点本科	医学检验	任思佳
业余	专科起点本科	医学检验	张　惠
业余	专科起点本科	医学检验	黄艳萍
业余	专科起点本科	医学检验	王晨凯
业余	专科起点本科	医学检验	肖　飞
业余	专科起点本科	医学检验	吴建南
业余	专科起点本科	医学检验	陆　慧
业余	专科起点本科	医学检验	袁佳慧

(续　表)

学习形式	层次	专业方向	姓名
业余	专科起点本科	医学检验	孙士佳
业余	专科起点本科	医学检验	徐秋君
业余	专科起点本科	医学检验	沙媛媛
业余	专科起点本科	医学检验	刘萌萌
业余	专科起点本科	医学检验	陈丽君
业余	专科起点本科	医学检验	万雪菲
业余	专科起点本科	医学检验	陈章蓉
业余	专科起点本科	医学检验	谢　静
业余	专科起点本科	医学检验	胡前双

2019年成人教育函授专升本毕业生名单

学习形式	层次	专业方向	姓名
函授	专科起点本科	电气工程及其自动化	刘政廷
函授	专科起点本科	电子信息工程	陶明子
函授	专科起点本科	电子信息工程	尹小凯
函授	专科起点本科	工程管理	李辰杰
函授	专科起点本科	工程管理	于世合
函授	专科起点本科	工程管理	袁天宝
函授	专科起点本科	工程管理	周　祥
函授	专科起点本科	工程管理	姜　霞
函授	专科起点本科	工程管理	徐云云
函授	专科起点本科	工程管理	陈一帆
函授	专科起点本科	工商管理	张洪梅
函授	专科起点本科	工商管理	翟君成
函授	专科起点本科	工商管理	段月姣
函授	专科起点本科	工商管理	王　敏
函授	专科起点本科	工商管理	张警文
函授	专科起点本科	工商管理	崔靖玮
函授	专科起点本科	工商管理	解晨阳
函授	专科起点本科	工商管理	李　涛
函授	专科起点本科	会计学	臧传宣
函授	专科起点本科	会计学	史桐萍
函授	专科起点本科	会计学	基天燕

(续 表)

学习形式	层次	专业方向	姓名
函授	专科起点本科	会计学	蒋世佳
函授	专科起点本科	会计学	罗雨婷
函授	专科起点本科	会计学	宋雪芳
函授	专科起点本科	会计学	王蔼如
函授	专科起点本科	会计学	陈 玲
函授	专科起点本科	会计学	陈 娟
函授	专科起点本科	土木工程	李 明
函授	专科起点本科	土木工程	朱 磊
函授	专科起点本科	土木工程	陈海萍
函授	专科起点本科	土木工程	徐 靓
函授	专科起点本科	土木工程	杨 阳
函授	专科起点本科	土木工程	张志强
函授	专科起点本科	土木工程	田 烽

教学科研服务工作

2019 年图书馆工作综述

2019 年,图书馆在学校党政领导的关心指导及各职能部门的大力支持下,贯彻落实立德树人根本任务,紧紧围绕《东南大学一流大学建设高校建设方案》《东南大学 2020 一流本科教育行动计划》等事业发展目标,以优质服务为根本、以文献资源为核心、以事业发展为动力、以制度建设为保障,加快推进一流大学图书馆建设,在全体馆员的共同努力下,圆满完成各项工作任务。

一、以"主题教育"为抓手,图书馆治理水平迈上新台阶

1. "不忘初心、牢记使命"主题教育期间,张广军校长、左惟书记等学校领导先后调研图书馆,既为图书馆建设发展中的问题把脉,又为发展规划了路径。

2. 图书馆第二党支部入选"2018 年度东南大学样板党支部"建设单位及"首批东南大学党支部书记工作室示范点"建设名单。开展"寻访身边的榜样"活动,选树 3 位优秀典型,发挥服务育人示范作用。举办"迎国庆,庆重阳——图书馆退休同志座谈会",旨在凝聚力量,让老同志的智慧与经验在图书馆建设中发挥更大作用。

3. 向我校对口支援单位云南省楚雄彝族自治州南华县捐赠 4 748 册期刊,与南华县家庭经济困难学生"一对一"结对帮扶,以支部名义与个人名义帮扶困难学生 4 名。

4. 梳理出环境改造升级和服务质量提升等"为民服务"类整改项目 6 项,其中 4 项已整改,另 2 项持续推进中。

二、以馆藏建设为核心,增加文献数量、优化馆藏结构

1. 全年购买纸质图书近 8 万册。截至 2019 年 12 月 31 日,馆藏纸质文献累计 445 万册;续订、增订、维持检索平台 139 个、数据库 205 个,梳理出与我校学科相符合的免费数据库资源 100 个。

2. ESI-2019 收录期刊 11 726 种,我馆订购 9 381 种,我校一流学科所需期刊文献保障率 80% 以上,较去年同比增长 4%。

3. 修订纸本图书荐购流程,缩短荐购周期。

三、以空间改造为契机,服务效能大幅提升

1. 完成李文正图书馆内部空间营造一期工程,改造面积 4 368 平方米,打造数字学术中心与新书展

示空间,重新开放漂流书屋,营造出功能区划合理、文化氛围浓厚的学习环境。

2. 拓展特色空间服务功能。教师教学发展中心、建筑学院等职能部门和院系利用图书馆特色空间举办讲座、研讨会、答辩会、读书会等,或将课堂引入图书馆。依托特色空间打造多处校园"网红拍摄地",深受师生欢迎。

3. 全年入馆 217 万人次,较去年同比增长 16.7%;网站访问 360 万次,较去年同比增长 2.8%;电子资源全文下载 1 871 万篇次,较去年同比增长 21%;原文传递 4 482 笔,满足率 94%;纸本图书借还 47 万册。36 间研修间共提供预约使用 84 691 小时、26 903 人次,电子阅览室使用 31 565 小时、23 216 人次。自助打印复印 50 余万张,印制海报 2 300 多幅、近 300 平方米。

四、以领军人才培养目标为牵引,全面强化教学支持

1. 与学校相关部门、院系和社团合作,深入开展多层次、多形式的信息素养教育。面向部分院系本科生和研究生开设文献检索课 286 课时,信息素养常规讲座 77 场、3 590 人次参加;面向建筑学院等 7 个院系开展嵌入式教学 66 学时、学术写作指导 19 次;分批次开展本科生和研究生新生入馆教育;面向 286 名留学生开展专场信息素养培训;与党委教师工作部合作开展新教师文献资源利用培训。

2. 配合专家组对我校化学化工学院、自动化学院、电气工程学院电气工程及自动化专业、土木工程学院工程管理专业的专业认证考察,提供专业或者学科相关的各类馆藏资源保障数据、学院师生文献资源使用数据、专题汇报、作品展览场地服务等,并建立专业评估认证支持服务规范,加强图书馆对学校专业评估认证的支持工作。

3. 利用"超星学习通"移动终端学习平台。一是构建新生入馆教育资源,创建图书馆教育微课堂系列视频,使新生入学前能快速了解图书馆的资源与服务;二是支持仪器科学与工程学院教师课程平台建设,通过搭建传感器技术实验平台,全程参与跟踪嵌入课程过程,完成 6 个实验的教学,拟逐步推广。

4. 在学校学生资助管理中心的指导下,为 361 名学生提供勤工助学岗位,全年累计工作 7 万小时,成为图书馆人力资源的重要补充。为充分发挥学生第二课堂作用,本年度修订《图书馆学生助理馆员工作管理办法》,集中组织培训 3 次,助力个人成长及图书馆事业发展。

五、以支持学校"双一流"建设为驱动,开展科研支持

1. 以学科馆员为主体,强化"双一流"学科建设,支撑服务团队建设,着力开展东南大学学科竞争力分析和评价。通过 ESI、InCites 学科分析工具跟踪国内外学科发展动态,与发展规划处合作发布《东南大学 ESI 学科分析报告》,分析我校重点学科的国内外发展现状和战略布局;挖掘重点学科的研究热点;洞察学院对学校科研产出的贡献度;发现高水平论文研究者和有研究潜力的学者。

2. 学科服务主动深入数学学院、公共卫生学院、材料科学与工程学院、土木工程学院等院系 26 次,全年拜访教授和教师近 200 位,完成科技查新 469 项、论文引证 3 903 项,审核博士论文开题查新 711 项,完成"高被引论文分析报告"等定题报告 30 余份,"东南大学伦理道德专题库""东南大学机构知识库"上线试运行。

3. 作为东南大学知识产权信息服务中心挂靠单位,积极开展专利服务工作。参与专利信息服务宣传推广,多次向科研院提供专利运营交流信息,为相关院系开展专利技术追踪与评估提供数据支持和技术分析,引进国际高端专利检索分析工具 Innography。江苏省高校图书馆专利信息传播与利用基地通过验收。加入高校知识产权信息服务中心联盟,联合其他高校发起成立中国知识产权研究会高校知识产权专业委员会。积极筹备申请高校国家知识产权信息服务中心(国家级)。

六、以计算技术应用为依托,赋能图书馆智慧服务

1. 正式发布"东南大学图书馆学科知识门户"(建筑学科)和"东南大学图书馆智能咨询系统"。其中,

"智能咨询"平台采用同一知识库,支持移动端、PC端、机器人端等多场景咨询。

2. 新增电子图书发布阵列、数字留声机、数字视窗等服务设备56台,升级自助打印、自助借还、选座、电子门牌等设备,完善图书馆运营数据发布平台、导引导视、数字视窗、学者库、图书捐赠管理、图书馆集成管理系统等应用,推出特色空间自助语音讲解服务,读者通过微信扫码即可获得语音解说和文字介绍。

3. 进一步强化信息基础设施,确保图书馆安全运行。完成图书馆各类设备设施维保更新,增设移动网络App 100个,实现图书馆网络全覆盖,新增万兆网络防火墙和服务器端的360安全软件,提升软硬件系统的安全等级;制定《图书馆数据备份制度》,为图书馆应用系统运行及数据资源保存提供可靠保障。

七、以弘扬校园文化建设为导向,融媒体阅读推广

1. 借助丰富的馆藏资源,积极推进校园阅读文化建设。强化特藏文献整理、保护和利用,汇总本校教师作品书目信息,挖掘南京工学院时期教材书目,整理校友捐赠图书资料,开展相应的文化宣传活动。

2. 以"善渊读书会""东南风文学社"等学生社团为平台,以各类书展、读书沙龙等日常活动为基础,瞄准服务节点,开展"东南大学第11届读书节""优质服务推广月"等系列活动59场,累计参加读者逾2.2万人次。全面启动"鸿声东南"系列读书活动,打造阅读推广综合品牌,构建阅读共同体。

3. 强力推进新闻采访及"两微一端"等新媒体运行。全年发布新闻776篇次,被《东南大学报》等校级媒体采纳稿件20篇。图书馆微信公众号在全国高校图书馆微信排行榜中跃升至第19名,原创杂志《书乐园》获2019年度江苏省"高校图书馆阅读推广优秀案例"一等奖。自媒和互媒的发展进一步提高图书馆的校园认知度和师生认可度。

八、以制度建设为保障,保证工作稳步规范运行

1. 倡导精细化管理和标准化服务,制定、修订《不纳入固定资产管理报刊的处置办法》等规章制度118项,通过制度规范程序、防范风险,为图书馆事业健康发展提供良好生态环境。

2. 人事工作稳步开展。2019年新进馆员5人(其中博士2人,硕士3人)、考核进编1人、续聘馆员34人、录用临时用工23人。重新论证图书馆岗位分级,开展2020年新一轮岗位聘任。

3. 与120位馆员签署安全责任书,召开专门安全会议4次;9月份启动馆总值班制。成立网络安全工作小组,制定应对网络安全突发事件的《图书馆网络信息安全管理及应急处理办法》。

4. 以读者需求为导向,时刻关注用户体验,开展"我与馆长面对面"活动,倾听师生意见和建议,及时处理馆长信箱、BBS、微信微博后台读者问题5 000余条。

5. 承担东南大学图书情报与档案管理学科点的研究生教学,全年开设11门课程,450课时;新增硕士生导师1名,申请新开设研究生课程"科研数据管理与共享"。指导在读硕士研究生23位、取得硕士学位者6位,录取硕士研究生8位。

九、以合作交流为契机,发挥图书馆行业示范作用

1. 发挥行业和区域引领示范作用。牵头或参与行业组织及文献保障系统建设,建立资源互补、服务开放、管理联动的发展战略体系,共同促进一流大学图书馆协调发展。馆长本年度被聘为江苏省图书馆学会第八届理事会副理事长,两位副馆长被聘为理事,一位馆员被评为江苏省图书馆学会2014—2018年度优秀会员;担任江苏省图书馆学会第八届图书馆空间再造专业委员会主任馆、江苏省高校图工委战略规划与空间建设专委会主任馆并牵头开展相关活动;组织召开江宁联合体馆长工作会议2次,顺利推进本年度网站升级、馆员培训、联谊活动等工作。

2. 全年共接待上海交通大学图书馆、广东省高校图工委等47批次、1 491人次的业界同人来访;先后承办教育部高等学校图书情报工作指导委员会"本科教育支持组"工作会议、IEEE助力"双一流"大学建

设研讨会、2019科技大数据分析与创新发展大会、东南大学图书馆"学科知识门户""智能咨询系统"发布暨江苏高校图书馆服务"双一流"建设研讨会,与中国知网签署战略合作意向协议。

十、以服务质量为导向,提升馆员服务与研究能力

(一) 重视馆员职业素养教育

修订新入职馆员轮岗规则,组织馆员业务能力提升讲座3次,召开学科馆员工作研讨会。全年共派出馆员127人次参与省内外短期培训、行业会议及外出交流,为业务工作开展汲取经验。

(二) 科研工作取得可喜成绩

2018年江苏省教育厅高校哲学社会科学重点项目顺利通过中期检查,获2019年江苏省研究生教育教学改革课题1项、江苏省教育厅高校哲学社会科学研究一般项目6项。以第一作者和通讯作者发表CSSCI论文11篇,1篇论文被人大复印报刊资料《图书馆学情报学》全文转载。获省级、校级或行业类等业务奖项近20项。

2019年图书馆事实数据

馆舍面积:66 900 米^2
阅览座位:4 914 席
文献资源购置经费:3 059 万元

一、馆藏情况

(一) 累积总量

纸质文献4 448 869册,电子图书3 587 200册,电子期刊81 127种。

(二) 当年入藏

纸质图书79 493册,纸质期刊合订本1 546册。

(三) 数据库情况

139个检索平台,205个子库。

二、流通服务情况

1. 读者44 891人,其中学生33 435人,教职工10 555人,校外读者901人;
2. 纸质图书外借24万册,电子资源全文下载1 871万篇次,网站访问360万次;
3. 开馆时间98小时/周,全年入馆217万人次。

三、信息服务情况

原文传递4 482篇;
查引查证3 903项;

科技查新 469 项,博士论文开题查新审核 711 项;

信息素养培训 95 场,9 936 人次参加;

信息检索课程 286 学时,895 人次参加;

阅读推广活动 59 场,22 643 人次参加。

2019 年档案馆工作综述

档案馆以服务学校、立德树人根本任务和"双一流"建设为宗旨,在缺编 4 人(编制 21 人)的情况下,高效完成超量工作任务。

一、本年度工作完成情况

1. 档案利用服务创新高,居同类高校前列。全年服务用户 12 120 人;利用档案 20 157 卷/件;收集整理归档 81 791 卷/件;刻录光盘 338 张共 6 760 GB;审核硕博论文 5 000 余篇;接受、转递学生档案 14 000 余人次。复印档案资料 61 390 张;专利档案在线查询 8 028 次;网站点击率 30 000 余次,回复电话、邮件 13 000 人次;吴健雄纪念馆接待国内外来宾近万人。

2. 按期完成"双一流"建设经费 15 万元、国家专项经费近 400 万元。涉及招投标项目 4 个、合同 29 个。

3. 珍贵史料征集取得新突破。征集到李国鼎主编出版的《物理学手册》印刷铜版和铅锌版实物、南京高等师范学校江谦校长的专著《江易园居士演讲集》等极具价值的档案资料。

4. 信息化建设增速明显。完成 140 万元数字化扫描,计 150 万页、录音录像带 1 200 盘、超长照片底片等 7 000 余张,高分通过验收。

5. 影响力不断提升。主办江苏省高校档案研究会馆长论坛、江苏省高校档案研究会年会。出版《江苏省高校档案工作研究与探索》。

二、部门标志性成果

1. 为学校重大活动贡献"档案力量"。提供近百张图片及史料,包括新生第一课《家国情怀,百年担当》《东南大学雨花英烈展》《东大人的国家记忆》思政课、央视电视片《陆军》《胡旭东》等。配合学校完成 600 余人养老保险核定查档,调阅案卷 1 800 余卷。

2. 档案基础建设不断加强。新建服务大厅;完成库房恒温恒湿和净化系统建设;完成库房安防监控升级改造;完成吴健雄馆展板照片出新和内部修缮。

3. 档案文化育人取得进展。举办国庆 70 周年"弦歌前行七十载砥砺奋进新时代"成就展;"6.9"国际档案日举办"毕业了,我的档案怎么办?"。3 篇文章入选教育部举办的"档案故事";3 篇推文发布在"江苏教育公布"微信公众号上。《东南大学报》上开辟"档案故事"专栏,已发 2 篇文章。

4. 获多项荣誉和奖项。1 人获校"优秀共产党员"荣誉;获直属高校青年档案论文一等奖 1 篇、三等奖 1 篇;获江苏省档案研究会论文二等奖 1 篇;获江苏省高校档案研究会"档案故事"征文"优秀组织奖";机关"龙舟赛"一等奖。

三、重要改革举措及实施效果

1. 本科生成绩"一键翻译"和"立等可取"。利用最新网络版本,提供成绩翻译远程预约、成绩在线认证,跑一次即可完成成绩翻译。

2. 专利档案服务"全年无休"。用户登录学校信息门户进行自助查询或下载,即可获取所需信息,实现"零跑腿"。

四、服务师生的举措及成效

1. 九龙湖校区设服务窗口:每周四办理成绩翻译业务,高峰期、假期增加办理频次,深受学生好评。
2. 学生档案跨校区服务:定点定期到九龙湖院系"接""送"新生档案,让院系不跑腿,备受学院肯定。
3. 取消所有学历认证收费,被广大校友点赞。

五、党风廉政建设情况

档案馆党政班子遵守党纪党规和学校各项规定制度,是一个团结进取、有事业心和担当的班子。档案馆集体风清气正,未有以权谋私等情况。

2019年出版社工作综述

2019,新中国成立70周年,对于出版行业来说,也是很特别的一年——它是出版工作作为宣传思想工作的重要组成部分被划归中宣部管理后,全面贯彻落实新的各项政策要求的开局之年,对于出版工作未来的规划、设计具有深远的意义。

一年来,出版社紧扣各政策要点,围绕高质量发展这一根本要求,牢牢把握出版导向,强化质量意识,坚持稳中求进,在大家的共同努力下,立足实际,凝心聚力,守正创新,各项工作取得了显著成效。

一、重点项目

注重精品建设,聚合导向、内容、管理、营销以及作者方面资源,在原有出版优势资源基础上,努力开拓精品出版的边界和前沿。

《数字景观》《实验动物组织病理学彩色图谱》《何处忆江南——江苏非物质文化遗产》3个项目获批国家出版基金资助346万元。

《行走中的红色课堂:淮海战役之旅》入选江苏省主题出版重点出版物选题并参加了江苏省委宣传部组织的庆祝新中国成立70周年主题出版物发布会。

《建筑结构》等20种教材入选2019年省级高等学校重点教材立项建设名单。

数字出版项目"东南大学堂——江苏司法能力现代化的大数据智能应用数字出版云平台建设项目"获得江苏省文化产业专项资金资助40万元。

协助东南大学申报的"江苏省精品在线开放课程"28门获立项,立项数省内第一。

"亚洲建筑遗产保护系列丛书"的第一本输出至东南亚国家,扩大了出版社影响。

二、获奖情况

高起点的重点立项加上出版各流程环节的认真打造,又使多个项目延伸孵化为获奖图书。

国家出版基金项目《敦煌家具图式》和江苏省文化产业专项资金项目《中国误诊大数据分析》入选"2018苏版好书";《实用家庭卫生保健》《实用防病与健康知识读本》获得"第十届江苏省优秀科普作品"奖;《格致南京》入选"2019共读南京书目";《中国丝绸之路上的墓室壁画》获评南京图书馆第八届陶风图书奖国学类优秀图书。

三、单位荣誉

"第九届江苏书展最受欢迎出版单位"
"第七届韬奋杯全国图书编校大赛初赛江苏赛区活动组织贡献奖"

四、融合发展

数纸融合、在线课程、电子书三大模块呈现出明显的上扬态势。配套纸书做在线资源的融合出版,收费模式取得了突破性成效,付费读者数逐日渐增;拍摄制作40多门校级立项课程,全年招标进账200余万元;电子书全年总销售分成收入80余万元,并通过海外数字馆配新渠道实现了中文在线资源"走出去"并收到一定的经济回报。

五、服务公益

先后向云南省楚雄彝族自治州南华县教育体育局、陕西省安康市镇坪县高级中学、北京蔚蓝公益基金会等机构捐赠图书,共计码洋70余万元;此外还向江苏省妇女儿童福利基金会捐款、参加江苏省"爱心助学共成长"社会公益事业等活动,积极践行出版工作历史使命和社会责任。

2019年学报(自然科学版)工作综述

一、2019年工作概况

《东南大学学报(自然科学版)》(以下简称《学报(自然科学版)》)编辑部深入贯彻党的十九大精神和习近平新时代中国特色社会主义思想,不忘初心,牢记使命,始终坚持正确的出版导向,坚持正确的办刊宗旨,不断学习并严格执行党和国家的出版法规,促进国内外学术交流,培育科研新人,服务国家创新战略。

编辑部以扩大学校国内外影响力、维护学术纯洁、弘扬科学精神为己任,实施积极有效的管理措施,加强编辑队伍建设,完善出版流程,拓宽宣传渠道,使学报质量稳步提高。

二、2019年工作具体成果

1. 2019年《学报(自然科学版)》和《东南大学学报(英文版)》(以下简称《学报(英文版)》)所发表的全部论文均被 Ei 收录,为巩固和提升我校三大检索论文排名起到了重要的作用。

2. 《学报(自然科学版)》和《学报(英文版)》除了被 Ei 收录之外,还被美国化学文摘(CA)、剑桥科学文摘(CSA)、数学评论(MR),以及 Elsevier 旗下的 Scopus 数据库收录。还即将被美国 EBSCO(艾博思科)学术数据库全文收录。

3. 《学报(自然科学版)》继续被国内三大核心《中文核心期刊要目总览》、《中国科学引文数据库》(CSCD)、《中国科技核心期刊》(CSTPCD)收录且均位于核心区。

4. 编辑部严把学术诚信关,严防学术不端。通过知网、万方查重系统对稿件内容是否涉嫌抄袭进行初步把关和判断。即使到了临近付印阶段,若发现明显抄袭(含自我抄袭),也一律退稿。对诸如基金项目的真实性、相关性等也逐一通过网络数据进行比对、核查,如此等等。编辑部也从不参与那种为提高期刊计量指标而搞的互引活动。

5. 在服务方面,努力提高编辑的主人翁意识,调动编辑的主观能动性,使其养成善待稿件、善待作者、善待读者的职业习惯,通过优质的服务吸引更好更多优秀稿件。每位编辑都清楚自己的言行和学识时刻都在展示着本刊的形象。持续不断的努力,让作者获益颇深,显著提高了他们后续高质量地撰写和发表论文的能力,也提升了本刊在作者和读者心目中的地位和影响力。

6. 履行社会职责,提高学报的行业影响力,同时不断扩大学校的影响面。作为中国高校科技期刊研究会副理事长单位、江苏省期刊协会副会长单位和江苏省高校学报研究会副理事长单位,编辑部通过扎实有效的工作,充分履行好自身的行业职责。例如,自2009年起每年第4季度都在四牌楼校区为"江苏期刊编辑技能大赛"这一品牌活动联系场地,因此每年都有300位左右来自全省各地、各类期刊的编辑在参赛期间亲身感受一下我校浓郁的学术氛围和丰厚的学术底蕴。

三、2019年工作概况

1. 学报编委会换届。学校党政和院系党政班子配备、换届均已到位。为了更好地开展好学报工作,计划2020年完成学报编委会换届。聘请编委的原则:(1)热心公益,乐于奉献;(2)看学术实力和行业影响力,更看作风正派和踏实肯干,即愿意并且能够承担学报部分稿件的初审;(3)老中青相结合;(4)考虑聘请一些校外、国外编委。

2. 学报网站新媒体功能扩展,初步计划增加HTML全文阅读功能,方便读者在移动端阅读。

3. 争取被更多的国际检索数据库和全文数据库收录,实质性地提升学报论文全文的国际显示度。

2019年学报(哲学社会科学版)工作综述

2019年,《东南大学学报(哲学社会科学版)》(以下简称"学报")出刊与编辑工作正常有序。在校党委和分管校长的领导下,我们在过去一年的时间内做了如下的工作。

一、圆满完成全年出刊任务

1. 2019年,学报全年共出版6期正刊、2期论文专刊(增刊)。全年处理稿件3 000余篇,公开发表200余篇,圆满完成了任务。

2. 学报继续加入由一流高校学报组建的数字化网络体系"中国高校系列专业期刊",是专业网刊《艺术学报》的主编单位。全年共出6期网络版《艺术学报》,提高了东南大学的学术知名度。

二、获得江苏省委宣传部"优秀社科理论期刊"资助

2019年,学报以高学术品位、较强的阵地意识获得江苏省委宣传部"优秀社科理论期刊"奖励与资助。

三、入选重要的核心期刊数据库

2019年,学报继续被"中文社会科学引文索引(CSSCI)来源期刊"、"中国人文社会科学核心期刊"、"RCCSE中国核心学术期刊"、《中国人文社会科学期刊AMI综合评价报告》收录,同时,学报2018年被中国社科院评价系统收录为A刊核心期刊。

四、落实"三审三校"制度

在制度建设方面,根据国家新闻出版署和教育部社会科学司的要求,落实出版单位"三审三校"制度,学报于2019年底自我检查的基础上,聘请校外专家担任"三审三校"审查员,对学报的审读、校对进行更加严格的把关。

五、组织撰写"东南大学历史文化源流"系列论文

为了梳理东南大学百年来的办学历程,挖掘东南大学在教育、历史文化方面的贡献,学报从 2019 年开始组织学者撰写相关论文,发表了《杜威中国之行与南高师——东南大学教育学科的发展》《东南大学历史文化源流:百年梅庵的艺术传承与革命记忆》系列论文,并将在 2020 年继续建设这一特色栏目。

所有这些,都为学报今后的发展奠定了更加坚实的基础。总之,本着为东南大学人文社会科学各学科服务、引领学科发展的宗旨,我们将挖掘潜力,提升学报的质量与声誉,强化精品意识,为繁荣发展东大哲学社会科学不断努力。

2019 年学报(医学版)工作综述

遵照东南大学 2019 年党政工作的总体部署,《东南大学学报(医学版)》编辑部坚持质量第一、学术第一的办刊宗旨,以更好地服务于大学"双一流"建设为主线,以提高作者读者满意度和文章引用率为目标,在省局报刊处和学校党政的正确领导、编辑部全体同志的共同努力下,保质保量完成三本杂志的全年出版工作计划。《东南大学学报(医学版)》的影响力指数、影响因子有所提升,在 214 种杂志学科排序中分别列第 20、8 位。

1. 保质保量完成编辑、出版、发行工作。2019 年度《东南大学学报(医学版)》《现代医学》和《中国医学文摘内科学分册(英文版)》分别完成 6 期、12 期和 4 期的编辑出版及发行工作。每期杂志定时送交样刊至北京图书馆、国家新闻出版署和江苏省新闻出版局报刊。

2. 加强编辑部内部管理,研究制定统一的审编标准和时间节点。增加统计学初审环节。坚持优稿优先、先投先用的原则;为解决编辑人员人手不足的困难,研究制定外聘编辑加工的质量和酬金标准。按大学要求的流程,组织校外专家对排版、印刷进行统一议标。启动校内招聘程序,拟通过校内调动调入 3 名人员。在大学财务、一卡通中心等部门的大力支持下,启动网络平台收费试运行,为 2020 年实现网络收费、电子发票奠定基础。

3. 进一步落实"三审三校"制度。聘请研究生参与收稿和稿件的查重、统计审核等稿件的初审工作,持续推进三校后校样的内部审读以及部分刊期(《东南大学学报(医学版)》1 期和《现代医学》2 期)的外审制度。通过校内和专业同行,对编辑工作进行量化调研,考虑到人员编制严重缺乏,继续外聘编辑参与期刊的编辑出版工作。

4. 扩大优质稿源,提高文稿质量。结合医学综合性期刊的特点和现有稿源的实际,研究制定相应的优惠和倾斜的办法,吸引国家级项目或省部级重点资助的科研成果和学术论文。安排编辑部人员参加医学专业方面的校友会,介绍东南大学的发展和建设目标,宣讲三本杂志的办刊情况,争取来自校友的高质量稿源。梳理我校临床医学、预防医学专业的实习和教学单位、中大医院的医联体单位,安排专人寄送每期《东南大学学报(医学版)》《现代医学》,扩大杂志影响力,吸引优质稿源。

5. 积极参加江苏省期刊协会和江苏省科学技术期刊编辑学会组织的学术研讨活动。编辑部主编当选为江苏省期刊协会科普工作委员会主任委员,受聘江苏省科协第四批首席科技传播专家。

2019 年网络与信息中心工作综述

2019 年,网络与信息中心调整为全校信息化建设归口部门,在校党政、校网络安全和信息化领导小组、王保平常务副校长正确领导下,在学校各部处院系单位大力支持下,不忘初心、牢记使命,全面加强自

身建设,全面服务学校"双一流"发展。主要工作总结为"三有两守",具体如下。

一、年度工作完成情况(有"苦劳")

1. 全面理清信息系统。走访联络72个部处院系,摸排2008年以来建设的206个应用系统、1 454个数据接口,备案审查247个网站,418个域名。下线17个老旧系统,关闭22个"双非网站",核销域名33个。

2. 全面梳理硬件资源。梳理2008年以来购置的231台服务器、18套存储、1 595台虚机,回收506台,释放1572核CPU、2 388 GB内存、44 TB存储空间。检查2003年以来上线的11 800台路由器、交换机与无线AP。

3. 全面推进系统建设。召开管理协调会67次、技术研讨会236次,推进网上办事大厅、本研一体化、干部测评系统等35个新老系统建设升级。

4. 全面强化网络安全。落实网络安全责任制21项指标,检查处理各类网络威胁156个(自查132个),完成4个三级、2个二级等保测评。

5. 全面加快项目执行。改善办学条件、"双一流"中央经费执行进度全校前三。

二、部门标志性成果(有"功劳")

1. 编规划。信息化建设规划完成编制,通过网信领导小组、校长办公会第一轮审议。

2. 扩带宽。出口带宽翻番,6 GB扩至12 GB。

3. 升网络。江苏首家全面开通IPv6服务高校。

4. 免填报。上线科研成果认领、新积分考核系统,减少重复填报。

5. 稳系统。信息门户等34个核心系统实现异地双活,连续45天无故障。

三、重要改革举措及实施效果(有创新)

1. 机制创新,党建与业务相融合。新一届支部成员加入主任办公会,实现四同步、四结合。

2. 组织创新,管理与技术相配合。组建两科室、四技术部,推行信息化项目"两总"体制。

3. 模式创新,共用与专用相结合。信息资产集中管理、专网业务特别保障。

四、服务师生的举措及成效(守初心)

1. 了解师生。召开30余次座谈会,收集680份线上问卷,征集师生建议。

2. 依靠师生。邀请12个院系近百名教师参与科研成果认领、新积分考核系统试用。发放漏洞报送证书鼓励师生共建网络安全。

3. 服务师生。受理师生业务咨询6 913人次,软件正版化激活55万次。

五、党风廉政建设情况(守底线)

1. 集体决策。重要事项班子集体决策。

2. 严管经费。支部纪检委员牵头审查经费支出。

3. 强化纪律。发布《关于严格工作纪律的通知》。

后勤管理与基本建设工作

2019年总务处工作综述

2019年，总务处以习近平新时代中国特色社会主义思想为指引，结合新中国成立70周年和"不忘初心、牢记使命"主题教育，在学校党政的坚强领导下，紧紧围绕学校"双一流"建设，各职能办公室及各服务经营实体全体员工同心同德，以"三服务、三育人"为宗旨，不忘初心，努力工作，满足师生对美好校园生活的需求，尽心尽力做好了后勤保障服务工作。

一、坚持规范管理，提供高效后勤服务

完善各项规章制度的落实、监督、检查与考核，修订了《东南大学学生公寓管理办法》《东南大学伙食原料供应商考核管理办法》等一系列规章制度。加强了员工岗前培训、岗中培训，明确责任和目标，扎实开展好后勤保障服务工作。

深化机制体制改革，提升管理服务水平，2019年成立了采购中心；调整了九龙湖学生公寓中心，四牌楼物业中心、饮食中心，使得工作开展更加规范，工作效率明显提升。

按照学校对总务工作的总体要求，进一步加强内部管理，明确责任目标，协调处机关与各服务经营实体之间的关系，增强部门间的配合度。坚持每月一次师生1 000人次参与对总务处的餐饮、维修、接驳车、物业、宿舍公寓、商贸、绿化等工作进行满意度测评，发现问题立行立改。通过这些举措，现在完成各项任务的质量越来越好，回应师生诉求的速度越来越快，师生反映的问题也越来越少了，师生的满意度越来越高。与此同时，我们继续完善后勤事务考评，广泛征求师生意见，通过听取总务各部门工作汇报、到现场检查验证等方式，对各服务单位的工作成效进行评价。这些工作的开展有力促进了后勤保障服务工作质量的全面提升。

高度重视新闻宣传工作，通过总务处网站、印象总务微信公众平台、江苏教育后勤协会新闻网站等进行宣传，增强与广大师生之间的交流。截至11月底，在总务处网站发布文章117篇，微信推送近70条，向校外各类媒体发布文章近40篇。

二、加强人才培养，做到敢于担当、勇挑重担

事业发展人才是关键。今年是学校的人才年，为适应"双一流"大学的后勤服务需要，总务处不断加强复合型人才的培养，提升总务后勤各行业的技术层次。将敢于担当、勇挑重担的人放在重要岗位、合适岗位，为总务后勤的服务提档升级。一年来，提拔中心副主任以上业务骨干7人，推荐副科级以上干部6

人,使得总务处一线干部年轻化、知识化、专业化得到了提升,大大提高了干部队伍的知识化水平,增强了干部队伍的战斗力。

三、大力开展节约型校园建设,加强水电管理

2019年度,颁布校内水电使用规定,下达并核定各单位用电指标,改造梅园宿舍电量模块360个,严格管理,节电显著。修复学校九龙湖、丁家桥两校区地下管网10个漏点,减少水资源浪费约10万吨。

四、做好与师生共建工作,优化校园绿化、汽车运输、饮食、各类大型活动后勤保障等服务水平

积极做好与师生共建工作,加强与服务对象的沟通交流工作。各职能办公室及学生公寓中心、饮食中心等定期组织召开学生座谈会;物业中心、修缮中心等定期与业主单位沟通,做好服务工作。高度关注BBS,对师生反映的相关问题及时回复和整改。

完成了原九龙湖物业退出和新物业引进工作。

做好四牌楼、九龙湖校区常规绿化养护工作:九龙湖校区机械楼南侧和体育馆北侧绿化改造约3 000平方米;国庆70周年绿雕、南门花卉布置,校区校门金箔出新工作;九龙湖校区图书馆周边河道改造、水塘清淤1 500平方米;举办"3.12"植树节活动;修剪并治理400多棵法桐;四牌楼校区木兰园绿地灌木补植1 000多平方米;对10 000多平方米的大草坪维护和施肥管理;定期组织召开古树名木专家论证会,完成了六朝松的紧急抢救性维护,搭建钢架加固工程和周边新设排水沟、围栏保护。

2019年,成功地完成了对丁家桥医林餐厅,四牌楼香园餐厅、莘园餐厅的服务外包的公开招标工作。认真做好食堂经营服务提升工作,多次组织召开服务对象座谈会等。在各类传统节日,向师生免费发放了粽子、月饼等。持续开展"服务规范化"和"菜肴展销"活动、"食话食说"美食文化节、"食尚东南喜迎校庆"教职工面食沙龙等。完成医林餐厅改造前、后场设备的招标采购,各餐厅餐厨垃圾处理设备改造,空调安装等。

积极做好全校各类大型活动的后勤服务保障,完成毕业典礼、四六级考试、自主招生考试、春季运动会、校庆等百余项重大事务的电力供应、环境美化、伙食供应、汽车运输服务等方面的后勤服保障工作。

关爱600多名退休老同志,组织相关活动丰富他们的业余文化生活,让老同志们老有所乐。

五、落实并做好改善办学条件专项项目,完成维修学校楼宇校舍等工作

2019年教育部改善基本办学条件专项财政经费共计约5 610万元,修缮改造工程项目11项,截至目前完成田家炳楼改造、晓庄校区维修、文昌12舍改造、前工院南楼出新、吴健雄纪念馆维修、土木工程学院九龙湖老实验室维修、四牌楼丁家桥九龙湖卫生间改造、档案馆电梯加装、配电房增容及楼宇配电改造工程、毕业生房间粉刷出新等工程。

通过与学校其他部门沟通、协商,申报2020年教育部专项。初步申报项目12个,并通过了教育部评审工作,评审金额约1.1亿元。

快速响应师生零修需求。三个校区全年维修次数达36 000余次。进一步完善零修管理体制,成功地完成日常修缮工程施工队伍年度入围资格公开招标,引进3家日常修缮工程准入队伍。四牌楼校区架空线路的改造从源头彻底解决了线路乱搭乱接的问题,对九龙湖和四牌楼校区的路灯检查、维修日检常态化,着实解决了夜间灯光美化和照明的问题。

2019年,对九龙湖校区188个、四牌楼丁家桥校区117个化粪池进行全面清淤;对梅园宿舍360个电量计费模块进行改造;彻底清洗了3个校区29个水箱,保证供水安全。

积极应对并完成紧急计划外项目。今年完成四牌楼校区校友之家改造、逸夫建筑馆13楼改造、智慧教室改造、翠屏东南D车库改造、九龙湖校区排水管道坍塌修复、污水管道堵塞清淤、秉文书院健雄书院

改造、行政楼车库改造。协助院系、部门完成丘成桐中心、浦口B座D座漏水维修、生医系生物电子学微波改造、古琴基地改造等,计划外项目合计经费约3 000万元。

规范管理院系部处自筹经费工程。2019年审批院系部处工程维修项目招投标文件、方案、合同97次,协助各院系、部处的施工管理,工程的方案论证、技术咨询、招标文件审核、施工申请审批,发放施工许可证等。

做好防汛防冻应急预案。本着"早预防,早动手,早排除"的原则,每年在汛情来临之前,对校区所有窨井进行清掏处理,确保雨季的排水畅通。对所有供水管道进行全面巡查,并进行管道保暖防护,做到防患于未然,确保冬季校区供水安全。

六、安全工作常抓不懈

2019年,重视安全,对食堂卫生、安全坚持每月由第三方检查,对查出的隐患坚决整改,对整改不到位的,坚决给予处罚。检查结果与员工年终绩效挂钩。先后召集安全会议8次,考核处理2次。

重点在学生公寓内进行日常安全规范宣传,结合时间节点与季节特点,及时调整安全提醒与警示内容,并请学生主动加入宣传中,提升学生自我安全意识。

开展多种形式、全员参与的安全教育和培训。在提高员工职业素质和专业素养的同时,更注重加强职工的安全教育与培训。做到"培训有计划、方案有重点、实施有记录、考核有效果"。突出提升员工的安全意识。各经营实体进行了包括灭火器及消防栓使用、消防知识及治安培训,食品安全知识讲座、行车安全事故分析、电器火灾事故及灾害自救和逃生技巧的演习培训。全年共开展安全培训37场次,各类演练13场次,专项安全知识讲座和比赛5场次。

七、加强国有资产管理,保障教职工切身利益

做好公房调配、院系搬迁,遵照校2018[3]号决议精神,响应学校以九龙湖校区为主体的发展思路,完成交通学院道桥实验室、岩土科学馆、ITS、校西教学楼从四牌楼至九龙湖的搬迁工作,解决了建筑、能环、自动化学院的四牌楼用房需求,同时完成对纪委监察处、发展规划处、档案馆、电子学院等十个院系部处的公房调配工作,调配面积共计约9 353平方米,进一步整合优化了四牌楼校区公房资源。

根据学校、基建处、相关院系的要求和申请,就化工学院、电气学院、网络安全学院、自控学院、仪科学院、公卫学院、医学院及文科院系的公用房面积进行测算,为公房调配工作、新文科大楼建设提供数据支撑。

完成审计署、教育部、国管局国有资产决算表数据填报及年报的制作等工作。

做好家具及行政办公设备登记、检查管理工作,完成新增家具登记8 803件,总金额20 551 852.68元;新增行政办公设备的登记132台件,金额1 228 305元;调离人员公积金办理18人次;将家具系统升级到V2.35版,实现了家具及行政办公用品采购申请在财务处采购和合同管理平台线上申请和审批,简化和规范了家具登记流程;完成了金额两万以下采购及金额两万元及以上采购合同线上审核226个;完成了已到年限家具报废1 536件原值634 944.74元和未到年限家具报废1 117件原值742 794元的上校长办公会的数据处理和资料准备工作;完成了2018年教财司国有资产报告及2018年国资决算(国务院机关事务管理局)家具部分工作;完成了2019年度住房改革支出预算工作;完成了5家单位358件家具的抽查工作;完成了2018年九龙湖后勤公寓226 848元租金收取工作。

完成本年度首批次人才公寓申请工作,共有6名教职工成功申请九龙湖人才公寓,并办理入住手续,解决住房困难问题。截至12月4号,最新批次人才公寓申请工作已有14名青年教师报名申请,将于12月6日前完成材料提交工作。办理新教职工住房货币化补贴共计153人次,发放总金额5 230余万元,租房补贴共计241人次。

按照学校人才引进要求,做好引进人才选房、售房相关工作,与南京市税务局等政府部门积极商洽售

房税费优惠政策,并由国资办向南京市税务局提交税费优惠申请报告。同时,帮助学校引进人才及时详尽了解房屋出售政策,尽快落实产权过户事宜。本年度因人才售房政策调整,税费压力巨大等,共完成人才选房8套,办证1套。

按照南京市房改政策及学校相关规定,做好历史遗留问题信访工作。完成了4户大石桥2号2001年扩建面积产权合并的历史遗留问题。

2019年在位于浦口校区成贤学院西侧与南京空军土地交界处,发现有约200平方米土地在对方围墙之内。经过与南京空军、浦口土地局等部门多次协调,于5月20日在正确红线处重新修建围墙,明确双方土地界线,保护我校土地安全。

配合江北新区建设,积极稳妥推进泰西路50号拆迁工作。泰西路50号共有我校产权房38套,建筑面积共计2 035.84平方米。经与江北新区国土与规划局、泰山街道征收办多次开会协调,上门逐户调查,基本将38套住房信息梳理准确。同时明确相关征收政策条件,为后续的实际征收补偿及安置工作打好了基础。

完成博士后公寓24间房间维修、出新,采购床垫178张。与基建处、学生公寓中心、水电中心多部门配合,顺利完成九龙湖学生宿舍桃九、桃十交接事宜。

经与梅园街道城管、安监等部门密切合作,成功将校东住宅区大门处长达十多年的违章建筑(用于餐饮经营)予以拆除,消除了食品及消防安全隐患。

八、规范日常财务核算和管理工作

根据国家法律法规和学校相关规定要求,做好会计核算工作;加强对原始凭证的审核,按时编制记账凭证,做到日事日清。截至11月底完成记账凭证约2 600份。按月清理往来账项,按月编制银行余额调节表,截至11月底完成电汇和支票合计1 440张,银行入账约1.65亿元,银行出账约1.78亿元。每月月末结账,准确计提各项费用;全年完成总务处营业收入9 023万元,补贴收入4 379万元和营业成本及费用1.37亿元、管理费用299万元、营业外支出225万元的核算与分配。全年编制机关及下属各中心月度资产负债表、损益表、工资明细表、工资累计表共48本报表。

完成六朝松账务处理及注销程序。全年完成六朝松186份凭证的记账、审核工作,开票50余张;完成年度六朝松资产负债表、利润表、现金流量表等33份报表的编制工作;完成月度企业增值税10余万元、所得税3万余元的网上报税工作;目前六朝松校园管理有限公司已完成工商注销手续。

根据总务处的规定,全面落实领导管理责任,强化经济责任审计,积极配合会计事务处做好前任总务处处长的离任审计,提供各类相关资料。核实固定资产,盘点库存,提供各类相关资料,为外部审计提供决策依据。

极力配合财政部江苏专员的审查工作,及时完成各项财务事项的整改工作,确保各项工作合法合规合理。积极协同安永(北京)会计师事务所做好内部控制评价事宜,按照要求进行整改,建立内部控制制度。全面落实税务总局推出的新一轮更大规模的实质性普惠减税措施。

加强账物核对。督促下属各中心进行固定资产盘查,及时办理待报废固定资产手续,落实固定资产核算流程,做到账实相符。全年报废固定资产370件,总计约268万元。定期盘点固定资产,共整理1 633张固定资产卡片,净值约1 469万元。根据学校财务处的规定,完成总务处2019年决算工作,及2020年预算工作。

九、幼儿园、商贸中心工作

2019年,江宁东南大学附属幼儿园通过了南京市优质园的验收、南京市平安校园的验收;东南大学幼儿园被评为东南大学安全先进单位、东南大学优秀党支部。6月,两园先后通过卫生保健合格证的验收工作;幼儿园全年接待来自日本、我国新疆和浙江等地的参访和跟岗学习800人次以上。

完成了江苏省"十二五"重点课题的结题工作。课题研究历时5年，共有9篇文章发表在省级刊物和幼教核心期刊；33篇论文在省市论文评比中获奖，其中一等奖5篇、二等奖12篇。有6项子课题已顺利结题，其中2项获得市级一等奖；对外展示"做中学"活动30余节，讲座17次。2019年全年，两园获奖的论文共计27篇，申报个人课题27个，对外讲座交流12次。

弘扬与传承东大精神，举办东南大学117周年校庆文化创意设计大赛（第三届），共征集优秀作品40余件。打造文化窗口，筹建九龙湖纪念品店。

十、加强党风廉政建设，开展多项主题教育

把党风廉政建设作为重点工作，坚持常抓不懈。开展廉政责任书签订工作，处党政领导与机关工作人员、中心负责人签订《东南大学总务处廉政责任书》，中心负责人与各中心班组长签订相应的廉政责任书，责任层层下达，确保廉政工作落到实处。

为充分贯彻十九大精神，深刻把握十九大报告的历史和现实意义，总务处围绕"不忘初心、牢记使命"，多次组织开展"70载峥嵘岁月，与中国梦同行"系列学习活动。以立足教育、服务教育、发展教育为后勤工作目标，注重聚焦主业、协同奋进，以改革创新为引领推动总务后勤工作高质量的发展。

贯彻落实《党政领导干部选拔任用工作的条例》，坚持从严治党、从严管理干部，强化"班子建设、作风建设"着力点，全面深化改革，充分释放工作活力，凝心聚力，狠抓实干，努力推进总务处工作新局面，进一步增强总务处全面保障广大师生良好的教学环境、科研环境、学习环境的能力和水平。

十一、重视信息化建设，推进新业态共享服务进校园

为了进一步优化信息化管理系统，推动总务工作高质量内涵式发展，2019年总务处已完成东南大学九龙湖校区配电智能化系统，已升级资产管理系统，正在升级学生公寓管理系统，已立项房产土地综合管理信息系统，新增垃圾分类箱和厕所卫生纸盒两个新业态服务。

十二、取得优异成绩，获得全国、省、市多项荣誉

1. 江苏省高校房地产管理工作先进单位。
2. 新中国成立70周年江苏餐饮业优秀团餐企业。
3. 江苏省高校后勤信息化建设先进单位。
4. 全国教育后勤系统信息宣传工作先进单位。
5. 南京市用电管理先进单位。
6. 全国节能宣传周优秀奖。
7. 陶文彬同志被评为江苏高校房地产管理工作先进个人。
8. 吴广华同志被评为江苏高校伙食管理工作先进个人。
9. 丁乐同志获全国高校第二届绿色学校节能环保研讨会年度改革先锋。
10. 幼儿园胡敏、殷蓓两位老师获得"玄武区优秀教育工作者"称号。

2019年基本建设处工作综述

一、推进在建工程6项

1. 完成桃园学生宿舍（9～10号）竣工交付，建筑面积24 884平方米，提供房间528间。
2. 完成土木交通教学科研楼实验楼B1区振动台基础的混凝土浇筑，该工程主要用于土木学院大型

振动台设备的基础,基础完成后交付土木学院安装振动台设备。

3. 完成信息电子教学综合楼主体工程,项目总规模58 197平方米,其中地下面积5 300平方米,设置100个地下停车位。

4. 完成能环科研综合楼基础工程,项目总规模38 921平方米,其中地下面积7 500平方米,设置126个地下停车位。

5. 完成生医科研综合楼基础工程和部分主体结构工程。项目总规模33 265平方米,其中地下面积5 900平方米,设置90个地下停车位。

6. 完成九龙湖游泳馆基础工程,项目总规模5 393平方米,设置一个50米×25米的标准泳池、10个泳道。

二、启动4个新建工程的前期工作

完成人文社科科研楼监理和总包单位招标;完成九龙湖兰园宿舍(Ⅰ)、(Ⅱ)设计任务书编制;完成九龙湖工科综合科研大楼、丁家桥校区生命科学大楼可行性研究报告上报。

三、完成2个校区校园规划修编

1. 完成九龙湖校区规划修编,通过南京市规划和自然资源局的专家咨询会,修改后已上报江宁区规划和自然资源分局审批。

2. 完成丁家桥校区规划修编,通过南京市规划和自然资源局的专家评审会,修改后已上报鼓楼区规划和自然资源分局审批。

四、申请基本建设国家拨款12 500万元

申请到2019年国家拨款12 500万元,其中:信息电子教学综合楼申请到国家拨款4 000万元;人文社科科研楼申请到国家拨款6 500万元;桃园学生宿舍(9～10号)申请到国家拨款2 000万元。

五、全年完成基建投投资12 882万元

2019年全年实际完成基建投资12 882万元,其中完成国家拨款4 779万元,完成自筹资金8 103万元。

医疗卫生工作

2019年东南大学中大医院工作综述

2019年,东南大学医院全面贯彻党的十九大、十九届二中、三中、四中全会和全国卫生与健康大会精神,在习近平新时代中国特色社会主义思想指导下,坚持以师生健康为中心的发展理念,围绕"满足师生健康需求、维护平安校园建设"的目标,继续开展"三好一满意"活动,提高医疗服务技能和质量,完善公共卫生管理体系,加强传染病防控,坚持以"提高服务质量、推进内涵发展"为主线,在科室建设、队伍建设、服务职能、绩效考核和社会职能等方面取得新发展。

一、医疗服务

(一) 医疗工作完成情况

1. 全年完成门急诊144 127人次;全年完成离退休职工及在职职工体检、硕士生面试、春季博士生入学、本硕迎新体检、体质调研、新入校职工健康体检、运动员体检、零散体检等各式各类体检总计21 236人次。

2. 全年西药房完成127 807张、中药房完成3 258人次处方调配。全年九龙湖医院完成换药30 720元,静脉输液784人次,肌肉注射451人次,与2018年相比,换药增加32%。四牌楼护理完成肌注3 812人次,送消毒物品218件。

3. 全年完成门诊血常规检查8 285人次,生化检查1 492人次,免疫指标检测1 054人次;放射科完成胸透1 210人次;完成B超检查1 113人次;完成心电图检查350人次;按时保质完成玄武区疾控的50张疟原虫涂片任务。

4. 九龙湖新添置糖化血红蛋白仪、尿沉渣仪、化学发光免疫分析系统,方便湖区师生员工对测肿瘤、激素、甲状腺功能和糖尿病病人远期控制情况监测。

5. 2019年按"东南大学巡诊保健医疗服务需求流转单"承担大型会议、国考省考、运动会等有关巡诊保健69人次,需求单位和参加工作人员双方反响良好。2019暑期夏令营及时处理上海某高校带队老师突发腹腔出血,为该老师的救治赢得时间。

6. 全年九龙湖校园120转运同学近百人。

7. 全年无医疗事故。

(二) 建设学习型医院,提高医疗卫生服务技能

1. 定期开展以输液反应、药物过敏、晕厥等门急诊常见急症的应急处置为主题的业务学习,每学期组织一次全院职工参加的心肺复苏急救培训,提高职工的急救意识和综合应急能力,确保突发医疗情况能够及时得到快速处理,切实保障校园健康。及时处置一起过敏同学 TAT 皮试过敏的急救。

2. 结合门急诊医疗服务的需求,开展常见病防治专题讲座,做好职工业务学习和培训等继续教育项目,请三级医院专家对医院工作人员进行相关培训,切实提高临床诊疗整体水平,营造学习型医院氛围。

3. 加强职业道德教育,严格执行首诊负责制,以"三好一满意"为目标,不定期开展医疗质量检查和满意度调查,及时妥善处理师生员工微信公众号投诉及来电来访诉求,针对问题采取改进措施,增强服务意识和责任意识,改善服务态度,更好服务师生员工。

(三) 加强医院建设,强调医疗安全

1. 在大学财务处和招标办的支持下,按计划完成2019年教育部改善基本办学条件立项的医疗设备招标采购工作,部分新设备已经投入使用,提升了医院服务能力。

2. 规范诊疗流程,提高诊疗服务能力。部分更新医生工作站所用计算机,做好门急诊处方电子化管理。

3. 保质完成药品采购,2019年药品采购是第三方招标,要求保护小微企业,医院坚持质量优先,保证师生员工用药安全。

4. 坚持"安全第一"原则。根据卫生主管部门要求,严格落实各项医疗操作规程,定期开展医疗质量检查,完善门诊病历书写要求,保障医疗安全。

5. 按有关规定做好医疗废弃物和四牌楼医院污水处理工作;积极联系后勤提出九龙湖医疗污水处理改建。

6. 加强"四防"安全宣传,认真落实"谁主管、谁负责,谁使用、谁负责"的安全要求,加强物业管理,确保防水、防电、防火和防盗等"四防"工作安全。与科室签订医疗安全生产责任书,强化二级负责制,确保安全服务。

7. 对全院职工每学期进行1~2次心肺复苏、复习除颤仪的使用操作培训,提高应对突发事件处置能力。

(四) 优质服务举措

1. 开展院长接待日活动,直面师生听取一手意见。

2. 九龙湖安装空调,改善新生体检人员密集场所条件,确保候检安全。

3. 建立服务信息意见快速沟通体系,利用二维码、微信公众号、BBS 等,及时发布实时医疗信息、收集师生意见,及时改正服务问题。12月份专门开展了优质服务月活动,提升医疗服务水平。

4. 让职工有更多的获得感、幸福感、安全感。考虑到教职工离退休后居住外地就医、外地办学点职工就医、出差异地就医等方便,联合其他高校向省政府提出参加职工医保的请求。

5. 在积极争取参保工作同时,为拓展医疗服务项目和优质医疗资源,提升教职工就医质量,为方便师生员工校外就医,在充分调研的基础上,对公费医疗政策进行修订,经校长办公会通过,《东南大学公费医疗管理暂行办法》中教职工外诊就医指定挂钩医院由原来的4家扩展至16家。

二、公共卫生

(一) 树立预防第一理念,做好公共卫生工作

1. 全年通过中国疾病预防控制信息网络直报系统,三个校区共报告传染病65例,未出现漏报、迟报等。其中九龙湖52例,四牌楼12例,丁家桥1例。全年共发现结核19例,对新发结核患者及时按照上级卫生行政部门的要求对确诊患者的密切接触人员进行症状筛查、PPD试验和胸片筛查200余人次。

2. 按照上级卫生行政部门的要求,定期和不定期检查门诊日志、化验室阳性登记、放射科阳性登记等,参加区疾病预防控制中心的例会。

3. 四牌楼采取每周接种的方式,截至12月09日共接种甲肝疫苗16支、乙肝疫苗531支、流感疫苗49支。全年总计596支。

4. 按上级卫生行政部门的要求,做好门急诊腹泻、发热门诊患者的登记与监测。加强可疑传染病患者的居住隔离和管理,做好传染病登记、网报和医学流程处置工作。根据埃博拉防控工作要求,一名留学生从刚果疫区返校,医院与海外学院共同制定防控预案,对该生体温和身体状况连续监测三周。

5. 在总务处、公共卫生学院等部门的支持协助下,按照校要求,除寒暑假外,每月一次对九龙湖校区、四牌楼校区和丁家桥校区8~9个食堂进行卫生检查、生活用水的微生物学和余氯监测。对检查中发现的不足提出书面整改意见和建议,让其及时整改。

6. 2019年对食堂进行卫生检查和食堂餐具的微生物学监测,全年共12次,检测餐具1 600余份,饮用水余氯检测100余份。

(二) 强化健康教育,落实预防保健措施

1. 3月24日世界结核病宣传日,在九龙湖校区宣传、发放结核病等常见疾病预防的宣传资料约3 000份。

2. 5月31日世界无烟日,在四牌楼校区发放3 000份吸烟有害健康等内容的彩色书签型健康教育处方。

3. 9月初迎新期间,分三次为刚入学的近4 000名本科新生讲授"心肺复苏""创伤急救技术""学校常见传染病的预防""健康生活方式"等内容的迎新健康教育,发放结核病、艾滋病、疫苗接种等常见疾病预防的宣传资料约15 000份。

4. 12月1日世界艾滋病日前夕,与公共卫生学院、青春健康工作室、学生红十字会等部门联合举办世界艾滋病日宣传活动,邀请省疾控傅更锋专家为学生讲授艾滋病相关知识讲座、艾滋病知识有奖答题等活动,制作展板以及横幅、世界艾滋病日主题画,并发放艾滋病防控的宣传资料约1 000份。

5. 制作了常见传染病和常见慢性病健康教育展板40余张,分别在四牌楼医院和九龙湖医院展出;三校区共张贴"健康之窗"数十张。

6. 在九龙湖医院和四牌楼医院摆放健康教育处方栏,方便师生自取。

7. 继续在三个校区医院(卫生所)大厅摆放体重秤和体重指数大转盘,方便师生了解自己是否超重、肥胖或体重过轻,倡导合理膳食的健康生活方式。

8. 自2014年创建了微信公众号"学生健康教育微平台""全民健康教育"后,继续不定期向学生和教工推送传染病防病知识和健康知识数十篇。

9. 保健科主任带领科室的预防接种人员参加并均获得了全国乙肝防治知识竞赛前100名的优异成绩,并参加了疫苗接种的培训,获得结业证书。

10. 做好教职工体检工作和体检结论的统计分析;为运动会、军训、大型考试等提供医疗保障;做好老干部巡诊保健工作。

三、加强职工公费医疗和学生医保政策宣传,做好日常服务工作

1. 继续做好面向教职工和学生的定期报销、转诊、咨询等服务工作。做好大病互助材料的收集、统计和核算工作;在学校财务处、学生处、研究生院等的支持和配合下,大学生医保全年理赔254人,理赔金额200万余元,51人正在理赔中;完成2019年大学生医保续保、参保工作,成功参保9 756人。

2. 每月对校医院HIS系统数据库进行日常维护,及时对药品、材料、项目的变动进行核对、修改、补充。

3. 在药品报销范围的学校公费医疗支出7 202.26万元,比2018年增加4.31%。

东南大学2018年、2019年各类人员医疗费支出增减额

项目	学生	在职	退休	离休	子女	合计
2019/万元	788.02	1 354.81	4 172.72	831.13	55.59	7 202.26
2018/万元	664.65	1 261.26	4 094.92	843.22	40.31	6 904.36
增减额/万元	123.37	93.55	77.80	−12.09	15.28	297.91
增减率/%	18.56	7.42	1.90	−1.43	37.90	4.31

4. 2019年在公费医疗日常管理中,继续在四牌楼校区医院对部分药品进行计算机跟踪管理,防止校公费医疗的不良支出。若发现不当支出,及时给予教育和纠正。对严重违规人员,根据公费医疗管理实施停医疗卡半年的处罚。

5. 按月联系人事处、学生处,及时核对全校师生员工及中大医院人员变动情况,及时完成修改、开、停、销卡工作。

6. 认真做好转诊、领支票、职工异地就医、80岁以上老人医疗定点、肿瘤人员备案、职工子女办卡、东南大学医院公众号咨询回复工作。

7. 配合人事部门,对参保大集体人员提出的医疗意见进行了梳理,提出大集体医疗补充方案。

8. 整理、计算、复核了643份2018年度互助材料,7月初加班发放564份大病补助金,共计377余万元,整个大病互助工作历时8个月。

9月份开始,对往年大病互助年底一次性办理的工作方式进行改进。目前采用报销、大病互助同步办理工作模式,尽量缩短整个大病互助的计算周期,让患病者能及时得到补助。

10. 每月按时完成与中大医院的帐目核对,及全校公费医疗费用结转工作,未发生一笔差错。

11. 完成江苏省物价部门对校医院进行的体检收费价格调整和招标工作。

四、群团工作与社会职能

(一) 发挥专业作用,协助大学红十字会开展工作

按照江苏省教育厅、江苏省红十字会《关于实施我省百万大学生应急救护提升行动的通知》(苏教体艺〔2014〕16号)的精神要求,对学生红十字会开展的健康宣传、同伴教育等活动提供专业指导,提升我校大学生应急救护的基本技能和健康素养水平。配合大学团委、红十字会等部门做好大学生无偿献血的现场医疗保障工作。

(二) 依托计生网络,做好计生管理和服务

2019年5月东南大学被南京市计划生育协会授予"先进集体"光荣称号;成功申报以艾滋病防控为主要宣传的中国计生协关于2019年青春健康高校项目;办理全校各部门、各单位独生子女父母奖励金发

放名单审核50家,共计843人次;职工子女幼儿园学费、私托费报销105人次;非在编职工子女参保费报销49人次;学生、教工的生育、婚育证明54人次;计生工具箱避孕工具投放约4 000只;组织东南大学青春健康俱乐部庆中国计生协成立39周年——"防艾一站到底"知识竞赛。开展"12.1"十字世界艾滋病日系列活动:和红十字会共同举办"愿世无艾,愿众抗艾"学生艾滋病预防及对策专题讲座;携手红十字会、关爱协会、新街口街道面向全校师生开展广场宣传活动"社区动员同防艾 健康中国我行动"。

(三)履行社会职能,完成相关工作

在省教育厅、省卫健委、省高等教育学会等部门领导下,门诊部同志承担了教育厅、省高校卫生健康研究会有关工作。完成全省13市2018年健康促进学校的相关材料审核整理、评审、拟文;参与了《江苏省学校及托幼机构急性传染病预防控制工作规范(试行)》的起草和研讨;参与了省高等教育学会卫生健康研究委员会2019年年会暨第十届会员代表大会组织工作;参与全省学校公共卫生管理、学生体质健康促进、高校艾滋病预防干预等工作;作为省健康教育专家讲师团成员受邀在部分高校进行了艾滋病等传染病防控专题讲座;组织并开展了大学新生传染病知识现场调查(20所高校)、高校卫生机构现状调查(全省高校),收集整理有关信息,组织做好数据分析和调查报告,为有关部门决策提供参考依据。

(四)参与健康教材编写,发表论文情况

2019年,医务人员发表科技核心论文2篇;获省高校第三十三届体育科学论文报告会二等奖论文1篇;获"江苏省高等教育学会卫生健康研究委员会"2019年度学术论文评选一等奖、二等奖;参与编写了《学生应急与避险》读本一套;主持的省教育科学"十三五"规划重点资助课题在项目中期考核中获得优秀(全省高校重点资助课题118项,东南大学4项;其中获得优秀11项,东南大学1项);2名同志参加了卓越联盟高校卫生机构发展论坛活动,做了大会交流;参与《中国学校结核病防控指南》的研讨和修订。

2019年东南大学医院工作综述

2019年,东南大学医院全面贯彻党的十九大、十九届二中、三中、四中全会和全国卫生与健康大会精神,在习近平新时代中国特色社会主义思想指导下,坚持以师生健康为中心的发展理念,围绕"满足师生健康需求、维护平安校园建设"为目标,继续开展"三好一满意"活动,提高医疗服务技能和质量,完善公共卫生管理体系,加强传染病防控,坚持以"提高服务质量、推进内涵发展"为主线,在科室建设、队伍建设、服务职能、绩效考核和社会职能等方面取得新发展。

一、医疗服务

(一)医疗工作完成情况

1. 全年完成门急诊144 127人次;全年完成离退休职工及在职职工体检,硕士生面试、春季博士生入学、本硕迎新体检、体质调研、新入校职工健康体检、运动员体检、零散体检等各式各类体检总计21 236人次。

2. 全年西药房完成127 807张、中药房完成3 258人次处方调配。全年九龙湖医院完成换药30 720元,静脉输液784人次,肌肉注射451人次,与18年相比,换药增加32%。四牌楼护理完成肌注3 812人次,送消毒物品218件。

3. 全年完成门诊血常规检查8 285人次,生化检查1 492人次,免疫指标检测1 054人次;放射科完成胸透1 210人次;完成B超检查1 113人次;完成心电图检查350人次;按时保质完成玄武区疾控的50

张疟原虫涂片任务。

4. 九龙湖新添置：糖化血红蛋白仪、尿沉渣仪、化学发光免疫分析系统方便湖区师生员工对测肿瘤、激素、甲状腺功能和糖尿病人远期控制情况监测。

5. 2019年按"东南大学巡诊保健医疗服务需求流转单"承担大型会议、国考省考、运动会等有关巡诊保健69人次，需求单位和参加工作人员双方反响良好，2019暑期夏令营及时处理上海某高校带队老师突发腹腔出血，为该老师的救治赢得时间。

6. 全年九龙湖校园120转运同学近百人；

7. 全年无医疗事故。

（二）建设学习型医院，提高医疗卫生服务技能

1. 定期开展以输液反应、药物过敏、晕厥等门急诊常见急症的应急处置为主题的业务学习，每学期组织一次全院职工参加的心肺复苏急救培训，提高职工的急救意识和综合应急能力，确保突发医疗情况能够及时得到快速处理，切实保障校园健康。及时处置一起过敏同学TAT皮试过敏的急救。

2. 结合门急诊医疗服务的需求，开展常见病防治专题讲座，做好职工业务学习和培训等继续教育项目，请三级医院专家对医院工作人员进行糖尿病、肺结节切实提高临床诊疗整体水平，营造学习型医院氛围。

3. 加强职业道德教育，严格执行首诊负责制，以"三好一满意"为目标，不定期开展医疗质量检查和满意度调查，及时妥善处理师生员工微信公众号投诉及来电来访诉求，针对问题采取改进措施，增强服务意识和责任意识，改善服务态度，更好服务师生员工。

（三）加强医院建设，强调医疗安全

1. 在大学财务处和招标办的支持下，按计划完成2019年教育部改善基本办学条件立项的医疗设备招标采购工作，部分新设备已经投入使用。提升医院服务能力。

2. 规范诊疗流程，提高诊疗服务能力。部分更新医生工作站用计算机，做好门急诊处方电子化管理。

3. 保质完成药品采购，2019药品采购是第三方招标，要求保护小微企业，医院坚持质量优先，保证师生员工用药安全。

4. 坚持"安全第一"原则。2019卫生行业个别卫生机构院感事件发生，医疗行业监管全覆盖，根据卫生行业要求，严格落实各项医疗操作规程，定期开展医疗质量检查，完善门诊病历书写要求，保障医疗安全。

5. 按有关规定做好医疗废弃物和四牌楼医院污水处理工作；积极联系后勤提出九龙湖医疗污水处理改建。

6. 加强"四防"安全宣传，认真落实"谁主管、谁负责，谁使用、谁负责"的安全要求，加强物业管理，确保防水、防电、防火和防盗等"四防"工作安全，与科室签订医疗安全生产责任书，强化二级负责制，确保安全服务。

7. 对全院职工每学期进行1～2次心肺复苏，复习除颤仪的使用操作培训，提高应对突发事件处置能力。

（四）优质服务举措

1. 开展院长接待日活动，直面师生听取一手意见。

2. 九龙湖安装空调，改善新生体检人员密集场所条件，确保候检安全。

3. 建立服务信息意见快速沟通体系，利用二维码、微信公众号、BBS等，及时发布实时医疗信息、收集师生意见，及时改正服务问题。专门开展了优质服务月活动提升医疗服务水平。

4. 能否让职工有更多的获得感、幸福感、安全感;教职工离退休后居住外地就医;外地办学点职工就医;出差异地就医等。联合其他高校向省政府提出参加职工医保的请求。

5. 在积极争取参保工作同时,为拓展医疗服务项目和优质医疗资源,提升教职工就医质量,为方便师生员工校外就医,在充分调研的基础上,对《东南大学公费医疗管理暂行办法》中教职工外诊就医指定挂钩医院条款进行修订,校长办公会通过:就医指定挂钩医院由原来的4家扩展至16家。

二、公共卫生

(一) 树立预防第一理念,做好公共卫生工作

1. 全年通过中国疾病预防控制信息网络直报系统,三个校区共报告传染病65例,未出现漏报、迟报等。其中九龙湖52例,四牌楼12例,丁家桥1例。全年共发现结核19例,对新发结核患者及时按照上级卫生行政部门的要求对确诊患者的密切接触人员进行症状筛查、PPD试验和胸片筛查200余人次。

2. 按照上级卫生行政部门的要求,定期和不定期检查门诊日志、化验室阳性登记、放射科阳性登记等,参加区疾病预防控制中心的例会。

3. 四牌楼采取每周接种的方式,截至12月09日共接种甲肝疫苗16支、乙肝疫苗531支、流感疫苗49。全年总计596支。

4. 按门急诊腹泻、发热门诊患者的登记与监测。加强可疑传染病患者的居住隔离和管理,做好传染病登记、网报和医学流程处置工作。根据埃博拉防控工作要求,一名留学生从刚果疫区返校,医院与海外学院共同制定防控预案,对该坚持三周监控和体温检测。

5. 在总务处、公共卫生学院等部门支持协助下,按照校要求,除寒暑假外,每月一次对九龙湖校区、四牌楼校区和丁家桥校区8~9个食堂卫生检查、生活用水的微生物学和余氯监测。对检查中发现的不足提出书面整改意见和建议,及时整改。

2019年对食堂进行卫生检查和食堂餐具的微生物学监测,全年共11次(不包含下周即将开展的第12次检查与检测),检测餐具1 600余份,饮用水余氯检测100余份。

(二) 强化健康教育,落实预防保健措施

1. 3月24日世界结核病宣传日,在九龙湖校区宣传、发放结核病等常见疾病预防的宣传资料约3 000份。

2. 5月31日世界无烟日,在四牌楼校区发放3 000份吸烟有害健康等内容的彩色书签型健康教育处方。

3. 9月初迎新期间,分三次为刚入学的近4 000名本科新生讲授《心肺复苏》、《创伤急救技术》、《学校常见传染病的预防》、《健康生活方式》等内容的迎新健康教育,发放结核病、艾滋病、疫苗接种等常见疾病预防的宣传资料约15 000份。

4. 12月1日世界艾滋病日前夕,与公共卫生学院、青春健康工作室、学生红十字会等部门联合举办世界艾滋病日宣传活动,邀请省疾控傅更锋专家为同学们讲授艾滋病相关知识讲座、艾滋病知识有奖答题等活动,制作展板以及横幅、世界艾滋病日主题画,并发放艾滋病防控的宣传资料约1 000份。

5. 制作了常见传染病和常见慢性病健康教育展板40余张,分别在四牌楼医院和九龙湖医院展出;三校区共张贴《健康之窗》数十张。

6. 在九龙湖医院和四牌楼医院摆放健康教育处方栏,方便师生自取。

7. 继续在三个校区医院(卫生所)大厅摆放体重秤和体重指数大转盘,方便师生了解自己是否超重、肥胖或体重过轻,倡导合理膳食的健康生活方式。

8. 自2014年创建了微信公众号"学生健康教育微平台"、"全民健康教育"后,继续不定期向学生和教

工推送传染病防病知识和健康知识数十篇。

9. 保健科主任带领科室的预防接种人员参加并均获得了全国乙肝防治知识竞赛前100名的优异成绩,并参加了疫苗接种的培训,获得结业证书。

10. 做好教职工体检工作和体检结论的统计分析;为运动会、军训、大型考试等提供医疗保障;做好老干部巡诊保健工作。

三、加强职工公费医疗和学生医保政策宣传,做好日常服务工作

1. 继续做好面向教职工和学生的定期报销、转诊、咨询等服务工作。做好大病互助材料的收集、统计和核算工作;在大学财务处、学生处、研究生院等支持和配合下,大学生医保全年年理赔254人,理赔金额200万余元,51余人正在理赔中;完成2019年大学生医保续保、参保工作,成功参保9 756人。目前正在进行照片整理工作。

2. 每月对校医院HIS系统数据库进行日常维护,及时对药品、材料、项目的变动进行核对、修改、补充。

3. 在增加药品报销范围学校公费医疗支出7 202.26万元,比2018年增加4.31%。

东南大学2018年、2019年各类人员医疗费支出增减额(万元)

年份	学生	在职	退休	离休	子女	合计
2019	788.02	1 354.81	4 172.72	831.13	55.59	7 202.26
2018	664.65	1 261.26	4 094.92	843.22	40.31	6 904.36
增减额	123.37	93.55	77.79	−12.09	15.28	297.90
增减率	18.56%	7.42%	1.90%	−1.43%	37.90%	4.31%

4. 2019年在公费医疗日常管理中,继续在四牌楼校区医院对部分药品进行计算机跟踪管理,防止校公费医疗的不良支出。发现不当支出,给予及时教育和纠正。对违规严重人员根据公费医疗管理停医疗卡半年处罚。

5. 按月联系人事处、学生处,及时核对全校师生员工及中大医院人员变动情况,及时完成修改、开、停、销卡工作。

6. 认真做好转诊、领支票、职工异地就医80岁以上老人医疗定点、肿瘤人员备案、职工子女办卡、东南大学医院公众号咨询回复工作。

7. 配合人事部门,对参保大集体人员提出的医疗意见进行了梳理,提出大集体医疗补充方案。

8. 整理、计算、复核了643份2018年度互助材料,7月初加班发放564份大病补助金,共计377余万元,整个大病互助工作历时8个月。

9月份开始,对往年大病互助年底一次性办理的工作方式进行改进,目前采用报销、大病互助同步办理工作模式,尽量缩短整个大病互助的计算周期,让患病者能及时得到补助。

9. 每月按时完成与中大医院的帐目核对,及全校公费医疗费用结转工作,未发生一笔差错。

10. 完成江苏省物价部门对校医院进行的体检收费价格调整和招标工作。

四、群团工作与社会职能

1. 发挥专业作用,协助大学红十字会开展工作

按照江苏省教育厅、江苏省红十会《关于实施我省百万大学生应急救护提升行动的通知》(苏教体艺〔2014〕16号)的精神要求,对学生红十会开展的健康宣传、同伴教育等活动提供专业指导,提升我校大学生应急救护的基本技能和健康素养水平。配合大学团委、红十字会等部门做好大学生无偿献血的现

场医疗保障工作。

2. 依托计生网络，做好计生管理和服务

2019年5月东南大学被南京市计划生育协会授予"先进集体"光荣称号；成功申报以艾滋病防控为主要宣传的中国计生协关于2019年青春健康高校项目；办理全校各部门、各单位独生子女父母奖励金发放名单审核50家，共计843人次；职工子女幼儿园学费、私托费报销105人次；非在编职工子女参保费报销49人次；学生、教工生育、婚育证明54人次；计生工具箱避孕工具投放约4 000只；组织东南大学青春健康俱乐部庆中国计生协成立39周年——"防艾一站到底"知识竞赛；开展12.1世界艾滋病日系列活动；和红会共同举办"愿世无艾，愿众抗艾"学生艾滋病预防及对策专题讲座；携手红会、关爱协会、新街口街道合作面向全校师生开展广场宣传活动"社区动员同防艾 健康中国我行动"

3. 履行社会职能，完成相关工作

在省教育厅、省卫健委、省高等教育学会等部门领导下，门诊部同志承担了教育厅、省高校卫生保健研究会有关工作。完成全省13市2018年健康促进学校的相关材料审核整理、评审、拟文；参与了《江苏省学校及托幼机构急性传染病预防控制工作规范（试行）》的起草和研讨；参与了省高等教育学会高校卫生健康研究会2019年年会暨第十届会员代表大会组织工作；参与全省学校公共卫生管理、学生体质健康促进、高校艾滋病预防干预等工作；作为省健康教育专家讲师团成员受邀在部分高校进行了艾滋病等传染病防控专题讲座；组织并开展了大学新生传染病知识现场调查（20所高校）、高校卫生机构现状调查（全省高校），收集整理有关信息，组织做好数据分析和调查报告，为有关部门决策提供参考依据。

4. 参与健康教材编写，发表论文情况

2019年，医务人员发表科技核心论文2篇；获省高校第三十三届体育科学论文报告会二等奖论文1篇；获"江苏省高等教育学会卫生健康研究委员会"2019年度学术论文评选一等奖、二等奖；参与编写了《学生应急与避险》读本一套；主持的省教育科学十三五规划重点资助课题在项目中期考核中获得优秀（全省高校重点资助课题118项，东南大学4项；其中获得优秀11项，东南大学1项）；两名同志参加了卓越联盟高校卫生机构发展论坛活动，做了大会交流；参与《中国学校结核病防控指南》的研讨和修订。

资产经营与管理工作

综　　述

2019年资产经营管理处以习近平新时代中国特色社会主义思想为指导,按照学校的部署和高质量发展要求,持续强化机关作风建设,以内控建设为契机,加强内部管理,提高工作效率和质量;依据我处"政策性、规范性、经营性、服务性"的工作特点,贯彻"依法、规范、高效"的新发展理念,开展了校属企业改革试点的摸底排查、国有资产管理绩效考核、经营性房产规划调整优化、网点综合服务功能改进和能力提升、科技成果转化政策贯彻落实等一系列工作,较好地完成了工作计划和各项任务。

一、经营性资产管理相关工作

1. 完善国有资产经营管理制度建设。结合中央巡视组巡视整改要求和内控建设工作要求,不断完善我校经营性资产管理的规章制度和工作流程。按照学校颁布的《东南大学企业国有资产监督管理暂行办法》《东南大学校办企业经营管理与绩效考核暂行办法》等文件,加强部门协同机制建设,群策群力对我校校属企业服务、监管、考核工作内容进行了梳理和细化,促进了我校国资经营监管和绩效考核体系的进一步完善。于2019年12月完成了校经资委对资产公司2018年度经营绩效考核工作。

2. 完成教育部直属高校僵尸企业调查工作,并向教育部提交东南大学"僵尸企业"处置情况摸底调查报告。完成教育部部属高校企业清理规范工作及部属高校资产管理绩效评价统计数据填报工作。配合财务处完成学校国有资产清查和教育部国有资产专项检查工作。完成学校内控工作中涉及产业相关管理内容的文件修订、完善工作。继续推进学校直接投资的僵尸企业的清理工作,经过艰苦的努力,此项工作有了比较大的进展。

东南大学无锡应用科学与工程研究院有限责任公司:经过与该公司各股东方历时5年艰苦细致的沟通、谈判,于2019年12月6日完成公司工商注销,历时6年的公司关门清算工作顺利结束。

南京宇桥医疗器械有限公司:根据教育部反馈意见,积极研究该公司的清算注销方案,于2019年12月24日完成公司工商注销。

3. 推进学校直接投资企业股权转让工作。江苏捷士达高校科技开发有限责任公司:在完成该公司股东会同意股权转让方案的股东会决议和股东约定协议的各股东方签章工作基础上,2019年4月启动了公司财务审计和资产评估工作。

4. 做好校属企业改革试点的相关工作。截止到2018年6月30日,东南大学直接投资的一级企业6家。东南大学及资产公司投资的二级企业60家,其中资产公司所属企业56家,江苏捷士达高校科技开发有限责任公司投资企业3家,东南大学机电开发总厂投资企业1家。东南大学三级企业33家,均为资产公司所属企业再行投资设立的企业。

2019年按照教育部和财政部批准的我校校属企业改革方案推进资产经营管理处管理的校属企业改革工作。按照"一企一策"改革方案扎实做好改革工作,定期上报资产经营管理处管理的校属企业改革进度;按照改革方案,联系企业股东、社会专业机构、政府管理部门,协调各方推进资产经营管理处管理企业的改革工作。

5. 根据校经资委成员工作变动情况,及时完成校经资委人员调整工作并发文。调整王景全、米永强两位同志为校经资委委员。按照经资委议事决策规则,进一步细化经资委的工作流程和工作要求。

6. 结合巡视反馈意见和校党委工作安排,遵照巡视中出台的管理规定,进一步完善我校校属企业经营管理的监督管理、绩效考核实施方案和细则,进一步落实整改要求,依据《东南大学校办企业经营管理与绩效考核暂行办法》,对学校直接投资的校属企业经营绩效考核指标和考核流程进行了进一步的调整和完善。

二、房产出租出借管理相关工作

1. 2019年由资产经营管理处负责出租和管理的经营性房产总面积约30.5万平方米,资产原值约4亿元。其中:全资控股企业使用房产资源约4.5万平方米,年租金1 663.74万元;成贤学院使用房产约16万平方米,年租金3 382.89万元;晓庄和浦口东校区对外整体租赁约4.7万平方米,年租金1 069.30万元;对外商业用房等出租约0.6万平方米,年租金1 038.92万元。此外,大学科技园三个园区约4.6万平方米,预算年租金1 283.23万元。2019年初上报房产出租出借收入预算8 229.80万元,12月30日前到账8 597.02万元。

2. 认真做好大学科技园房产经营管理费支付方案,协调做好面积核定、合同签署、物业管理到期续约等园区管理工作,反复推动科技园2019年起实施的新管理方案。

3. 按学校部署,与保卫处、总务处、校办、法制办、信访办、四牌楼管委会等部门联合,积极与承租户协商沟通,并协调新街口街道、新街口派出所、玄武区建设局及城管部门等做好拆违善后工作,完成了四牌楼校区成贤街和学府路沿街门面房的清退工作,保证道路景观改造和环境改善工程顺利完成。

4. 规范、及时地做好出租房产的维修工作,开展星零维修工程11项,金额约45万元,其中紧急突发维修4次。协调总务处、基建处、科技园公司等单位持续推进长江后街6号楼竣工备案事宜。

5. 加强房产对外出租公开招投标工作,2019年公开招标26个标段,面积1 238.54平方米,签署房屋租赁合同金额673.79万元。

6. 进一步优化完善房产出租管理信息系统,依托系统开展合同管理、租金收取、完税开票等相关工作,及时准确完成财政部、教育部、国管局等国有资产管理有关报表和数据。

7. 有效加强与学生会权益部、研究生会权益中心、学生事务校长特别助理的沟通联系,做好九龙湖校区服务师生生活商业网点的经营监管工作,协同江宁区市场监督管理局定期做好食品安全和价格等监督工作,严格整顿违规转租。在服务质量、价格、卫生、安全等各个方面加强管理,并设立了专门的投诉邮箱,由专人负责,积极处理师生投诉建议,受到师生好评。

8. 为更好地为九龙湖校区桃园生活区学生提供服务,我处多次与学生代表座谈,征求学生代表的意见及建议,邀请财务处、学生处等部门相关负责人与苏果超市主要负责人进行了多次商务谈判,引进苏果超市有限公司进驻桃园生活区,提高了师生的满意度。

三、加强专业化建设,转化科技成果,服务创新创业

1. 落实《东南大学科技成果资产评估项目备案工作操作细则(暂行)》(校发〔2018〕58号),优化评估备案流程,进一步规范科技成果资产评估备案工作,推进科技成果转移转化。

2. 完成"连续玄武岩纤维池窑用可移动式电极组件及其更换方法"等9项专利评估以及备案工作,其中直接转让225.29万元,作价投资1 000万元。

3. 完成"东南大学成贤街双创基地"项目结题。项目有效整合政府、学校、企业的成果转移转化和创新创业的优势资源,完成东南大学技术转移平台建设并上线,建设落成中国知识产权交易研究中心,提升改造大学科技园原有的公共服务体系,加强与校团委、教务处等部门的融合互动,积极开展模拟创业训练、大学生创新创业训练计划等创新创业实践活动,大力营造创新创业生态,有效服务区域经济发展,推动形成具有东南大学特色的产学研合作、双创服务新格局。

4. 完成"东南大学互联网众创园"阶段验收报告,继续推进项目建设。

四、加强党风廉政建设,健全工作管理机制

1. 处党支部组织全处及党员认真学习《习近平新时代中国特色社会主义思想学习纲要》、习近平总书记在全国高校思想政治工作会议上的重要讲话、十九届四中全会精神等,积极开展东南大学"不忘初心,牢记使命"主题教育活动,组织开展"雨花台英烈纪念暨改善雨花台交通环境"等支部活动。

2. 根据中央巡视整改要求和内控建设工作要求,加强制度建设,优化组织管理,完善工作流程。实行首问问责制、限时办结制,并建立健全廉政风险控制等相关制度。

3. 严格执行《资产经营管理处工作议事制度》,通过处务工作会、处务协调会和处长办公会,及时部署工作,研究和决策处内工作重要事项,检查工作落实执行情况,协调解决工作过程中出现的问题、遇到的困难。

4. 明确各科室岗位职责,加强处室岗位培训,提升工作能力与效率。认真学习国有资产管理及科技成果转化、国有企业管理的相关政策与文件,组织学习和调研,规范、廉洁地管理好学校国有经营性资产。

5. 完成网站改版工作,及时更新工作动态,做到信息公开。

合作共建与校友会工作

2019年基金会工作综述

2019年，东南大学教育基金会新签各类捐赠协议127份，签约金额2.27亿元，较上年同期增长53.4%。到账收益合计13 288万元，其中：捐赠收入11 209万元，较去年同期增长146.7%，理财、利息收入851万元，教育部财政配比1 228万元。我校78级杰出校友华生老师，向学校捐资兴建书院；原南京工学院1979级计算机科学与工程系杰出校友、金蝶国际软件集团创始人、董事会主席徐少春及其夫人章青捐资4 500万元，用于资助兴建综合楼；原南京工学院1977级校友伉俪周光平、严星捐资2 000万元，设立"平星基金"。联络在美部分校友共同发起设立东南大学教育基金会（美国），已完成初步注册工作，正在申请美国的联邦免税资格。

2018—2019学年，教育基金会评审奖助项目186项，3 099位师生，总额1 550.6万元，较上一学年增长23.5%。资助华英学者4人出国访学一年，3名国际知名学者来我校讲学，本科生出国（境）学习交流近50人次，博士生访学20人次，资助百余名国际名校学生参加研学营活动。有5位优秀教师荣获唐仲英基金会"仲英青年学者"，每人每年奖励金额为12万元，连续资助期限为3年；13位学者荣获"紫金学者"A类每人每年奖励金额为35万元，B类每人每年奖励金额为20万元，连续资助期限为3年；此外还开展了东南大学——ADI软件无线电（SDR）实验室建设等。

开展或支持2019年TI杯全国大学生电子设计竞赛江苏赛区、2019RoboCup机器人世界杯中国赛、第十五届"华为杯"东南大学大学生程序设计大赛、第三届江苏大学生交通科技大赛、东南大学电子设计竞赛、东南大学大学生CAD技术应用竞赛、东南大学智能车竞赛等一系列活动，受益人数达数千人。

主办、协办多项文化活动和公益活动，如：学在东南·胸怀世界——东南大学瑞华杯2019年最具影响力毕业生评选活动，瑞华筑梦公益平台正式启动，"硬核青春，骑遇人生"第四届百人公益单车成人礼活动，"你的未来我的梦"暑期支教活动，"至善东南，携芯彩云"2019年东南大学——南华县暑期科技夏令营，2019东南大学新生文化季系列活动，2019年东南大学"正青年"评选活动等。

在基金会中心网公布的"中基透明指数FTI"评分系统中获得满分100分。

2019年东南大学教育基金会奖助项目设置一览表

序号	项目名称	设立者	总金额/元
1	顾冠群、章玉琴奖助学金	顾冠群院士家属及学生	50 000
2	齐康奖助基金	齐康院士	50 000
3	何振亚、王孝书奖学金	何振亚、王孝书	本金 120 000
4	东南大学建筑设计与理论研究中心——程泰宁奖励基金	程泰宁院士	75 000
5	朱斐、孙绎奖助学金	朱斐、孙绎	15 000
6	周鹗奖学金	周鹗教授及夫人王慕藏教授,众高足	15 000
7	陈延年、王劲松奖学金	陈延年、王劲松	30 000
8	李元坤奖学金	徐元善先生	5 000
9	丁大钧教育基金奖助学金	丁大钧教育基金会	16 000
10	蒋永生教授奖励基金	蒋永生教授家属、学生及好友	60 000
11	郝英立奖学基金	高嵩同志及沈锦华、郭金林、沙敏等校友	10 000
12	言恭达奖教金、奖学金	言恭达先生	50 000
13	黄林、郭养滋奖学金	黄林、郭养滋伉俪	14 000
14	朱庆麻奖助学金	朱世平校友	10 000
15	恽瑛、常州校友会奖助学金	恽瑛教授,东南大学常州校友会	45 000
16	恽瑛奖助学金	恽瑛教授、潘天任、左韵芳	36 000
17	程文瀼教授奖助学基金	程文瀼教授家属及其弟子	本金 330 000
18	施明恒奖学金	施明恒教授及其弟子	15 000
19	徐百川OVM预应力奖学金、奖教金	柳州欧维姆机械股份有限公司	50 000
20	章春梅奖学金	章春梅教授家属及其弟子	12 000
21	何德玶奖学金	何德玶教授家属	本金 108 000
22	霞光奖助学金	程光蕴、许世霞夫妇	20 000
23	徐南荣奖学金	桂莲基金会	本金 500 000
24	东南大学陈珩教授奖励发展基金	陈珩教授的家属、学生及好友等	本金 1 160 000
25	孙国雄奖学金	孙国雄教授及其研究生	20 000
26	陈善年、余颖禾核电安全与创新奖学金	陈善年、余颖禾教授夫妇	本金 1 000 000
27	颜景平教授暨弟子奖学基金	颜景平教授暨弟子	10 000
28	张建坤基金	张嘉澍先生	本金 310 000
29	"徐吉谦—张秋"奖学金	徐吉谦教授及其曾指导的研究生	15 000
30	蒋贤文奖学金、奖教金	蒋时俊校友	本金 3 000 000
31	陆梓瑜奖助学金	陆虎进校友	100 000
32	轩铭奖学金	杨轩铭校友	5 000
33	吴健雄·生医奖学金	东南大学生物科学与医学工程学院发展基金	160 000

(续　表)

序号	项目名称	设立者	总金额/元
34	夏翔纪念奖学基金	夏元庆老师	本金 200 000
35	焦廷标助学基金	南京华新有色金属有限公司	本金 5 000 000
36	许尚龙光彩事业贫困学生奖助学金	南京 21 世纪投资集团	40 000
37	许尚龙奖教金	许尚龙校友	本金 1 000 000
38	唐仲英德育奖学金	唐仲英基金会(中国)	500 000
39	大连东岗奖教金、奖学金	大连信恒康医药科技有限公司	100 000
40	东南大学周远奖学金	中国科学院理化技术研究所	30 000
41	煜平公卫奖学金	方煜平校友	32 000
42	陈斌、曾珠奖学金	陈斌、曾珠校友夫妇	本金 1 000 000
43	何勤奋爱心基金	何勤奋校友父母及女儿	本金 1 500 000
44	王崎奖助学金	厦门均和房地产土地评估咨询有限公司	50 000
45	东南大学"苏州工业园区奖学金"	苏州工业园区	150 000
46	宝钢教育奖	宝钢教育基金会	140 000
47	光华奖学金	光华教育基金会	400 000
48	东南大学"苏州育才奖学金"	苏州市人才资源和社会保障局	216 000
49	东南大学 NITORI 国际奖学金	似鸟国际奖学财团	100 000
50	新鸿基地产郭氏奖学金、助学金	新鸿基地产郭氏基金有限公司	235 000
51	大连化物所奖学金	中国科学院大连化学物理研究所	100 000
52	东南大学工程管理英才奖学金	李启明教授	20 000
53	励志成功奖学金	王志功教授	12 000
54	软件创新奖学金	邓建明教授	12 000
55	文教羽翼奖学金	孙淼校友	3 000
56	朴衡奖学金	沙永春、卞鹏萱	36 000
57	铁肩膀奖助学基金	北京海湾京城房地产开发有限公司	本金 5 000 000
58	8480 奖学金	东南大学 80801、84802 班	9 000
59	686 奖助学金	电子科学与工程学院 1986 级校友	24 000
60	5187 级奖学金	5187 级校友	10 000
61	251991 奖助学金	东南大学法学院 251991 班	5 000
62	259991 奖助学金	东南大学法学院 259991 班	5 000
63	3180 诚信奖助学金	东南大学电气工程学院 3180 班	50 000
64	5181 励志奖学金	东南大学 5181 级校友	本金 265 180
65	90 级电子学院校友奖、助学金	东南大学电子学院 1990 级校友	15 000
66	160082 奖助学基金	160082 班全体校友	20 000
67	2195 届励志奖学金	交通学院 1995 届校友	30 000
68	8091 校友奖助学金	自控 1991 级校友	20 000
69	动力 91 级校友奖助学金	动力 1991 级校友	25 000

（续　表）

序号	项目名称	设立者	总金额/元
70	251001班校友奖助学金	251001班全体校友	12 000
71	422001/2班校友奖学金	422001/2班全体校友	9 000
72	81级医学校友励志奖学金	1981级医学校友	30 000
73	东南大学数学系2002级校友奖助学金	数学系2002级校友	3 000
74	马院92之芯奖学金	杭州腾果网络科技有限公司（马克思学院1992级全体校友）	25 000
75	无线电系82级校友奖学金	原无线电系1982级校友	20 000
76	东南大学4093级奖助学基金	无线电系1993级全体校友	6 000
77	临床医学92年级1班助学金	秦毅、齐晓昀校友伉俪	30 000
78	临床医学92年级奖助学金	临床医学1992年级校友	30 000
79	08级在职法硕奖助学金	2008级东南大学在职法硕班校友	5 000
80	广东省东南大学校友会奖助学基金	广东省东南大学校友会	50 000
81	闵瑜校友奖励基金	深圳市爱迪尔电子有限公司	200 000
82	09004级校友奖助学金	09004级校友	11 000
83	物理学院2013级校友奖学金	物理学院2013级校友	3 000
84	251971班创新实践基金	东南大学法学院251971班全体毕业生	10 000
85	"东大设计院"奖教金、奖学金	东南大学建筑设计研究院	82 500
86	CASC公益奖学金	中国航天科技集团有限公司	50 000
87	金智奖教金、奖学金	江苏金智科技股份有限公司	80 000
88	联创国际奖学金	上海联创建筑设计有限公司	25 000美元
89	三菱电机奖学金	三菱电机机电（上海）有限公司	50 000
90	东南大学中泰国立奖教金	江苏中泰集团有限公司	300 000
91	坚朗奖/助学金	广东坚朗五金制品股份有限公司	60 000
92	锦华装饰奖教金、奖学金	江苏锦华建筑装饰设计工程股份有限公司	55 000
93	南京长江都市奖助学金	南京长江都市建筑设计股份有限公司	90 000
94	东大智能奖励金	南京东大智能化系统有限公司	30 000
95	东大智能基金	南京东大智能化系统有限公司	100 000
96	东大智能体育奖学金、奖教金	南京东大智能化系统有限公司	20 000
97	科远自动化奖学金	南京科远自动化集团股份有限公司	80 000
98	海拉奖学金、奖教金	海拉（上海）管理有限公司	134 000
99	东南大学博世奖学金	博世（中国）投资有限公司	80 000
100	苏博特基金	江苏苏博特新材料股份有限公司	380 000
101	创远微波奖学金	上海创远仪器技术股份有限公司	110 000
102	正保教育奖学金、助学金	北京东大正保科技有限公司	135 000
103	东南大学建筑设计与理论研究中心·杭州中联筑境建筑设计有限公司基金	杭州中联筑境建筑设计有限公司	40 000
104	新蓝天钢结构奖学金	江苏新蓝天钢结构有限公司	60 000

(续 表)

序号	项目名称	设立者	总金额/元
105	中南助学圆梦奖学金	中南控股集团有限公司	250 000
106	特高压奖学金	国家电网公益基金会	100 000
107	"协鑫奖"奖学金	协鑫(集团)控股有限公司	50 000
108	东南大学——华为奖学金、奖教金	华为技术有限公司	400 000
109	外运长江奖学金	中国外运长江有限公司	20 000
110	德威奖学金	江苏德威新材料股份有限公司	100 000
111	亚派科技奖助学金	南京亚派科技股份有限公司	40 000
112	共进奖学金	深圳市共进电子股份有限公司	100 000
113	东南大学中国电科十四所国睿奖学金	中国电子科技集团公司第十四研究所	128 000
114	博事达律师奖助基金	博事达律师事务所	99 000
115	电子十二所奖学金	中国电子科技集团公司第十二研究所	130 000
116	东南大学路鼎奖学金	南京路鼎搅拌桩特种技术有限公司	30 000
117	东南咨询奖助学金	江苏东南工程咨询有限公司	50 000
118	梅花奖学金	南京梅花餐饮管理有限公司	30 000
119	数弈众城奖助学金、奖教金	南京数弈众城投资管理有限公司	55 000
120	中国路桥奖励金	中国路桥工程有限责任公司	230 000
121	蓝风国际奖学(教)金	江苏蓝风国际投资发展有限公司	100 000
122	日照钢铁奖学金、奖教金	日照钢铁控股集团有限公司	100 000
123	宝供物流奖学金	宝供物流企业集团有限公司	6 000
124	世茂奖学金	南京硕天投资管理有限公司	150 000
125	苏交科奖学金	苏交科集团股份有限公司	100 000
126	东大地下空间奖学金	南京东大岩土工程勘察设计研究院有限公司	20 000
127	仅一联智奖学金	江苏仅一联合智造有限公司	20 000
128	中虑基金	江苏中虑律师事务所	19 000
129	大成(南京)行政法师生奖助基金	李晨先生	34 000
130	国浩奖学(教)金	车捷先生	69 000
131	泓远师生奖助基金	江苏泓远律师事务所	49 000
132	东南大学云融基金	南京云融金融信息服务有限公司、江苏中科招商商业保理有限公司	9 000
133	东南大学交通设计院奖学(教)金	东南大学建筑设计研究院有限公司(交通规划设计院)	100 000
134	伍福乐周大华助学金	伍福乐、周大华校友伉俪	3 000
135	华生、铁凝助学金	华生、铁凝夫妇	本金 11 000 000
136	招商银行一卡通助学金	招商银行南京分行	50 000
137	东南大学捷成基金	上海捷奥广告有限公司	33 000
138	何耀光助学金	何耀光慈善基金有限公司	172 000
139	爱心助学金	蔡泉生校友	30 000

(续 表)

序号	项目名称	设立者	总金额/元
140	新生爱心助学金	钱慧敏女士	5 000
141	新生爱心助学金	范亚琴女士	10 000
142	新生爱心助学金	杨芳女士	5 000
143	新生爱心助学金	吉兵先生	6 000
144	南京永瑞助学金	南京永瑞科技有限公司	6 000
145	长北助学基金	张燕教授	5 000
146	东南大学法学院251981班助学金	东南大学法学院1998级校友会	9 000
147	南京工学院自动控制系81级校友助学基金	自动控制系1981级校友	50 000
148	东南大学8094级校友助学金	8094级校友	12 000
149	五系侨生助学金	不愿透露姓名的校友	5 000
150	东南大学未来电源精英助学金	南京丰道电力科技有限公司	95 000
151	东南大学机械系21901班爱心助学基金	东南大学机械系21901班校友	80 000
152	中国能建集团江苏省电力设计院员工博爱基金	中国能建集团江苏省电力设计院员工博爱基金	25 000
153	伯藜助学金	江苏陶欣伯助学基金会	1 000 000
154	东南大学吕志涛科技教育基金奖学(教)金	吕志涛院士的家属、学生和友好企事业单位	本金2 670 000
155	杨廷宝奖学金	杨廷宝先生家属,建筑学院,建筑学院86级校友	本金90 000
156	育殊奖学金	王育殊教授夫人徐凤女士及学生、校友	39 000
157	郭秉文基金东南大学人文学院奖助学金	郭秉文基金	14 000美元
158	王燕清奖学金	无锡先导智能装备股份有限公司	164 000
159	"陶行知教学质量管理"奖教金	南京盘龙传媒集团	95 000
160	东南大学薄曦、孙纯发展基金	薄曦、孙纯夫妇	20 000
161	东南大学瑞华基金	江苏瑞华慈善基金会	940 000
162	诺得物流奖学金	诺得物流股份有限公司设立	126 000
163	深交所奖学金	深圳证券交易所	106 000
164	埃斯顿奖学(教)金	南京埃斯顿自动化股份有限公司	100 000
165	东南大学森德兰舍奖学金	上海兰舍空气技术有限公司	40 000
166	江苏建工奖励金	江苏省建工集团有限公司	200 000
167	山石网科网络安全奖学金	山石网科通信技术有限公司	100 000
168	唯捷创芯奖学金	唯捷创芯(天津)电子技术股份有限公司	35 000
169	中交二公院志业精英奖学金	中交第二公路勘察设计研究院有限公司	105 000
170	迈瑞教育基金	深圳迈瑞生物医疗电子股份有限公司	55 000
171	联想研究院奖学金	联想(北京)有限公司	30 000
172	科达奖励金	苏州科达科技股份有限公司	150 000
173	金卡智能奖学金、奖教金	浙江金卡智能公益基金会	200 000
174	紫泉电力奖励金	南京紫泉电力设计咨询有限公司	100 000

(续　表)

序号	项目名称	设立者	总金额/元
175	建纬基金(工程法)	上海市建纬(南京)事务所	12 000
176	炜衡励志奖学金	北京市炜衡(南京)律师事务所	15 000
177	靖霖基金	浙江靖霖律师事务所	12 000
178	仲英青年学者	美国唐仲英基金会	1 800 000

2019年校友会工作综述

2019年，东南大学发展委员会以习近平新时代中国特色社会主义思想为指导，紧密围绕学校"双一流"建设和全面深化综合改革总体要求，实现高等教育内涵式发展的使命的中心工作，结合学校的"1—10—100"东大梦的发展目标，聚焦"新使命、新担当、新作为"关键词，强化责任担当，强化意识形态阵地管理，加强内部控制体系建设，广泛联络校友及社会各界，筹集资金、集聚资源促进学校发展，取得了显著成效；服务校友、服务母校、服务国家及地方经济建设工作，积极鼓励广大校友与母校一起担当使命，共赢发展。联系广大校友助力母校培养领军人才的新征程，助力母校打造一流师资的新高地，助力母校构建开放办学的新格局。

一、加强组织建设，提高党建水平

进一步加强党建工作，发展委员会网站"党建频道"建设完成，成为党建宣传、学习工作的一个重要阵地。根据社会组织党建工作要求，报请机关党委同意，支部更名为东南大学发展委员会(校友总会、教育基金会)支部，并完成换届工作。通过党课、集中学习、读书交流、民主生活会、网上辅导等多种形式，积极开展"不忘初心、牢记使命"主题教育活动，主题教育期间，先后赴土木工程学院、物理学院、法学院，武汉大学调研交流，并提交调研报告。为校友做一件实事，通过开展广泛调研和与校内相关部门密切沟通，启动校友卡开通工作，凝聚校友人心。深入实地，积极开展党日活动，赴中国矿业大学、王杰烈士纪念馆、淮海战役纪念馆、成贤学院等地交流、参观。

二、完善内部管理，提高专业化素养

强化、完善发展委员会管理机制，充实队伍，顺畅内部与外部协调，促进工作精细化，提高工作效率，在校友和筹资工作方面实现了一些新的突破。根据民政部年度审核整改要求，开设独立银行账户；完善"校友综合服务管理系统"，为加强海内外校友交流、校友与学校联系提供技术支撑和保障；更新了发展委员会、校友总会、基金会网站，强化并完善宣传主阵地；召开了校友总会校友信息化管理工作会议，为各级、各地校友组织培训信息管理员；完成了校友之家的一期建设，正式对校友开放，并启动二期建设设计工作；启动东南大学校友卡开通发行准备工作；加强和完善校友与筹募工作体制与机制，建立院系校友工作负责人、联络员制度，提高对校友与筹募工作的认识，充分发挥院系在校友与筹募工作中的主体地位，形成全方位、多层次的校友与筹募工作管理网络和服务平台。

三、完善校友组织，开展校友活动

积极推动海内外校友分会建设，新成立了广西、河北、雄安、泰州校友会，新成立集成电路行业校友会，地方校友会新成立了8个行业分会；徐州、无锡、南通、硅谷、美南校友会顺利换届；积极筹备西藏校友会、湖北校友会、重庆校友会、尼泊尔校友会的建设，推进淮阴、扬州等地校友会的换届；拜访各地校友企业、著名校友，联络感情、交流信息。

继续进行品牌服务项目：全球多地校友会开展"学长助新生，启航向东大"活动；全国各地近20个校友会积极开展迎新、校友送新生活动；校友总会继续为SCDA的学生职业发展活动进行指导；组织海内外校友积极参加江苏大学生马拉松联赛东南大学站暨迎校庆环校马拉松等活动。积极推动校友与在校师生的联系和交流，推荐多位杰出校友代表广大校友在校庆大会、本科生毕业典礼、研究生毕业典礼上发言，以及进行主题演讲。加强校友与在校师生、毕业生之间的交流。

接待和服务30多个班(年)级返校活动，为返校聚会安排教室、食堂、住宿、医疗保障、新校区参观交通及讲解，介绍学校取得的各方面成绩等。接待校友返校交流活动500多人次。校友之家直接接待近300多位校友。

四、强化校地合作，服务校友经济

积极参与南京市名城建设工作，努力为校友经济服务，为校友发展穿针引线，为"校友经济"献计献策，为南京市的商务、科技等委、局的招商(才)引智(资)活动提供积极帮助和支持，对接联系校友组织，为海内外各地校友创新创业提供机会。校友总会承办首届东南大学全球校友创新创业大赛；主办2019国际智慧城市产业高峰论坛；参与了T20南京高校海外校友会创新联盟2019年沙龙活动；主办了东南大学校友数字经济高峰论坛；与南京的江宁、玄武、栖霞、浦口、秦淮、建邺、江北高新等区进行对接，联系校友组织，邀请海内外校友会及校友和相关园区交流参观，就集聚校友资源进行对接；召开了第二届东南大学全球校友企业家六朝松论坛，为校友企业家搭建一个良好沟通交流平台。

五、加强宣传沟通，扩大社会影响

通过发展委员会、校友总会、教育基金会官方网站、微信公众号、微博等媒体与各界人士沟通交流，展示东大发展成果与动态。《东南季风》《校友通讯》《校友简报》等纸质和电子期刊，与院系合作，向广大师生、校友、各界人士展示东大学科发展、师生动态和人文情怀。

校区与院系及其他

丁家桥校区

一、校区工作

(一) 认真开展"不忘初心、牢记使命"主题教育

校区中心组认真读原著,参加中国教育干部网络学院开设的在线理论培训。召开驻区学生骨干座谈交流会。中层领导干部走访院系、物业公司以及食堂,开展四个主题的工作调研,并撰写调研报告。党员参观梅园新村,观看电影《我和我的祖国》,参加校区自行车清理志愿服务活动。邀请离休干部梁重言教授为党员讲授"马克思主义为什么灵"党课。校区党工委在档案馆为每位党员复印入党志愿书,开展"初心是什么、使命干什么、奋斗比什么"重读入党志愿书活动。校区领导班子和支部分别完成了专题民主生活会和党员评议工作。顺利完成支部换届工作。

(二) 开展庆祝新中国成立 70 周年系列活动

校区通过电子屏、主干道横幅、宣传栏等平台发布庆祝新中国成立 70 周年的内容。在每栋楼宇悬挂国旗,给每个办公室发放国旗。组织观看国庆阅兵式,带领职工认真学习习主席在庆祝中华人民共和国成立 70 周年大会上发表的重要讲话。协助档案馆和工会在综合楼先后举办"在雨花英烈精神的激励下前进——东南大学一代青年的红色记忆""我和祖国共成长,东南大学庆祝新中国成立 70 周年——摄影书画集邮展"的展览。

(三) 顺利举办卓越联盟多校区管委会会议

针对由我校主办的卓越联盟多校区管委会会议,校区作为承办单位积极做好会议的筹备和组织工作。来自北京理工大学、重庆大学、大连理工大学、哈尔滨工业大学、华南理工大学、天津大学、同济大学、西北工业大学和东南大学九所高校的校区管委会、党工委及相关部门负责人共四十余名代表以及我校校长办公室、学生工作部、四牌楼校区管委会、苏州校区管委会、无锡分校的主要负责人参加会议。

(四) 继续做好丁家桥校区建设相关协调工作

按照学校相关部门召开的专题会议,校区规划在推进中有所变化,管委会做好生命科学大楼建设需

求的函调工作,在交通管理、后勤保障、办公搬迁等方面拟定管理方案。

(五) 协助宣传部举行中国马拉松运动发祥地纪念标识设立仪式

(六) 校区后勤保障工作

医林餐厅,基一楼、基二楼部分卫生间,基一楼北篮球场,学生晒衣场,三舍学生宿舍门完成出新改造。

(七) 扎实做好校园安全、稳定和综合治理工作

建立并完善校区安全、维稳、消防、意识形态综合工作体系与联动机制,全年校区没有发生重大安全责任事故。结合4月15日国家安全教育日、5月12日全国第11个防灾减灾日和11月9日消防宣传日开展安全教育,提高师生安全防范意识与消防应急疏散技能。

加强校园舆情管理,与院系、物业联动,准确了解驻区留学生、少数民族生的生源结构,把握动态。做好校区宣传阵地的管理,专人负责科技会堂、学术报告厅、电子屏等场馆的使用。把握校园意识形态工作新内涵,做好校区维稳工作。

二、奖励与荣誉

1. 校区党政办获得学校"2019年度安全保卫先进单位"的荣誉称号。
2. 张立武、刘晓芸、刘培高、缪志坚、莫罕在2019年度党员民主评议中获评优秀。
3. 明红、莫罕获得校区2019年度人事考核优秀。

三、人事变动

1. 2019年6月,校区综合部门退休协会完成换届,范守德担任会长,张和良担任理事。
2. 2019年3月,缪志钢同志退休。

建 筑 学 院

建筑学院现有建筑学、城乡规划学、风景园林学3个一级学科博士点,建筑学、城乡规划学、风景园林学3个博士后流动站,建有城镇与建筑遗产保护教育部重点实验室、传统木构建筑营造技术研究国家文物局重点科研基地、当代城乡环境整合技术创新引智基地、江苏省城乡与景观数字技术工程中心、江苏省数字景观环境综合训练中心等学科平台。下设建筑系、城乡规划系、风景园林系、建筑历史与理论研究所、建筑科学与技术研究所、美术与设计研究所、建筑运算与应用研究所。截至2019年底,全院在职教工170人,专任教师144人。其中教授36人,副教授66人,31名博士生导师,具有博士学位的专任教师比例达87%。现有5名院士,2名教育部长江学者特聘教授,1名国家杰出青年基金获得者,1名"外专千人",1人入选全国"万人计划"教学名师,3名全国工程勘察设计大师,1人入选"青年长江学者",5人入选教育部"新世纪优秀人才支持计划",20人入选省人才培养计划,8名江苏省设计大师。

2019年是"双一流"建设的关键年度,在学校的统一部署和领导下,学院完成了行政换届,产生了院系两级新的行政领导班子。2019年教师节建筑学院荣获人力资源和社会保障部、教育部联合颁发的"全国教育系统先进集体"称号,王建国院士作为国家级教学成果一等奖的获奖代表受到习近平主席的接见。全院师生对照"双一流"建设的目标和任务,不忘初心,树立目标,寻找差距,攻坚克难,学院各方面工作取得了进展。

一、党建工作

深入开展"不忘初心、牢记使命"主题教育,落实巡察整改任务,扎实推进师德师风建设,落实立德树人根本任务。选优配强领导班子,提高领导班子党员干部比例。落实"双带头人"培育工程,完成党支部换届选举。坚持党管人才原则,加强人才引进和培育力度。做好宣传建设工作,筑牢意识形态主阵地。践行"三全育人"理念,推进课程思政,落实支部主体责任。学院党委入选第二批"全国党建工作标杆院系"培育创建单位,获评江苏省高校先进基层党组织。工作案例入选由中共中央组织部、教育部思想政治工作司编著的《基层党组织书记案例选编(高校版)》(全校唯一)。

二、学科建设

对照"双一流"建设目标和方案,组织3个学科进行中期自评,开展自我评估与诊断;同时组织第五轮学科预评估,梳理现有成果,寻找差距和问题,加大攻坚克难力度。本年度秋季学期组织开展建筑学院学科发展大讨论。以一级学科为单位,通过讲座、报告、论坛等形式,辨析学科核心价值,凝练关键科学问题,探讨未来10～20年学科发展的主要方向。东南大学(王建国院士主编)和高等教育出版社共同主办的 Frontiers of Architectural Research 全英文刊物被 A&HCI 收录(国内唯一)。

三、人才队伍建设

成立建筑学院人才工作小组,以"引育并举,突出高端"为人才工作指导原则。2019年段进入选中国科学院院士,淳庆入选青年长江学者,杨俊宴入选江苏省六大人才高峰资助计划,鲍莉入选江苏省青蓝工程优秀教学团队,李力入选东南大学"至善青年学者"(A类),史宜入选东南大学"至善青年学者"(B类)。积极引进海内外优秀人才,改善学缘结构,培育良好学术生态,本年度新引进教师5人(其中3人具有海外博士学位)。

四、本科生培养

深入贯彻落实东南大学"2020一流本科教育行动计划",实施大类招生和大类培养,修订并实施2019级本科人才培养方案,制定辅修专业及辅修学位(风景园林)培养方案;突出专业基础阶段的大类通合以及专业拓展阶段的前沿创新,尤其注重思政教育在整个人才培养体系中的整体化和结构性设置,强化立德树人的目标导向。积极推进课程思政建设,立项课程思政改革试点项目本科8门。进一步提升人才培养国际化水平,派出各类出国(境)交流本科生共计122人,组织国际暑期夏校项目1项。积极推进"双万计划"一流课程建设项目申报,本科3个专业全部获批教育部"双万计划"国家级一流本科专业建设点。

五、研究生培养

研究生生源质量进一步提高,通过夏令营活动,招收优秀营员146人,比去年增加19人,占总招生规模的63.5%。来自"双一流"高校的生源20人,由去年的56.7%大幅提升至63%;培养质量取得丰硕成果,2019年获评江苏省优秀博士论文1份,优秀学术型硕士论文1份,优秀专业型硕士论文2份。培养环节管理进一步深化,完成硕博士研究生培养方案的修订工作,制定和细化博士生中期考核管理细则等一系列政策和措施;国际化程度进一步提升,与三所国际一流院校签订了4项双学位培养计划,研究生累计出国(境)交流155人次,其中包括CSC联合培养16人,3个月以上出国交流学习人数20人。

六、科学研究

全年纵向科研经费到账2 070.17万元,横向科研经费到账1.278亿元。新增国家重点研发计划项目1项、课题4项,目前学院共有3个项目12个课题在研;2019年度获批国家自然科学基金项目18项,其中面上项目11项、青年基金项目6项、专项项目1项。2019年度获得省部级优秀工程设计一等奖22项，二、三等奖25项。同时学院积极谋划，探索组大团队、做大项目、出大成果的统筹科研机制，积极组织申报国家级奖项。

七、国际合作与交流

全面推进建筑国际化示范学院和111引智基地建设，积极探索国际化办学机制，成功组织了我院发展史上的第一次国际学科评估，以国际一流标准和视野审视学院的学科建设和办学水平。新引进顾大庆教授为国际化示范学院全职教授，意大利马可·德诺西欧为兼职教授，戴维·莱瑟巴罗教授获得中国国家友谊奖。积极推动亚洲建筑档案中心建设，亚洲遗产管理学会（AAHM）秘书处正式落户东南大学。积极拓展与国外知名建筑院校的学术交流与人才联合培养机制，新增5所国际高水平建筑院校专项学生互换交流计划，提升学生赴境外合作培养和交流学习的规模与质量。组织多项国际合作教学与国际论坛，包括与瑞士苏黎世联邦理工学院联合组织的博士论坛，展现和交流了两校青年建筑学子的研究水平等。

八、学生工作

全面落实党委委员进支部和班子成员联系班级制度。开展学生主题党日活动及团日活动40余场，获江苏省最佳党日活动一等奖1项，015151团支部获得"江苏省五四红旗团支部"的荣誉称号（全校唯一）。学生团队在专业内外各种竞赛、展览和公益活动中获得多项专业奖项和组织奖项，"智筑影像"和"筑行天下"两个项目分别获得全国第五届"互联网＋"大学生创新创业大赛国赛银奖和铜奖以及江苏省金奖，学生作品获UIA-CBC国际高校建造大赛一等奖、长三角大学生上海地标设计大赛金奖等其他奖项。学生工作室获得第四届中国青年志愿服务公益创业赛银奖、第八届阿克苏诺贝尔中国大学生社会公益奖、第三届江苏省志愿服务展示会优秀志愿服务项目、"力行杯"江苏省大学生社会实践项目大赛一等奖等社会实践和志愿服务表彰。获批中国建筑学会科普专项，举办南京创意设计周建筑研究生创新设计三年展、ETH-SEU建筑数字技术学术周等重要活动。

机械工程学院

一、人才培养

1. 毕业本科生192名、硕士生189名（含在职工程硕士生10名，留学硕士生4名）、博士生20名。

2. 新增开沃汽车、越博动力2个卓越工程师联合培养基地，开设3个卓工班——泉峰卓工班、苏美达卓工班、开沃汽车卓工班，26人参与卓工联合培养。全部企业开设的卓工课程达到8门；"设计原理与方法"课程群入选江苏省首批高校"金课"建设平台推进计划；"创造学与创造力开发训练"课程获得江苏省高校在线开放课程建设立项；开设研讨课48门；申报校级全英文课程立项6门、校级在线课程8门、校级课程思政7门、校级通选课程2门、国家级精品资源共享课2门；出版"十一五"规划教材2本、"十二五"规划教材1本；获批省高等学校重点教材1项；获省本科生优秀毕业设计1项，校本科生优秀毕业设计6项；成立新一届机械工程学院教学委员会、本科教学督导组；聘请贾民平教授为学院首席教学名师；任命莫景文和庄伟超同志分别担任兼职教学研究秘书和教学实践秘书；完成了2019级本科生培养方案大修订。

3. 入选国家级一流本科专业建设点（双万计划一流专业）；立项校级教改项目17项。完成教育部机械基础课程教学指导委员会、教育部工程训练教学指导委员会教研项目中期检查各1项。

4. 举办面向低年级的"机缘械逅"系列分享会;举办毕业生荣誉戒指颁奖典礼、"天机不可械露——寻ME"迎新晚会;继续支持科技型俱乐部,承办第二届全国大学生创新体验竞赛。

5. 共修订7项学生工作条例。学院获"资助育人优秀组织单位"荣誉;校第六十一届学生田径运动会上总分甲组第四名;"院系杯"棋牌比赛团体亚军,乒乓球赛第三名,篮球赛四强,辩论赛八强,羽毛球赛第八名。"新生杯"台球赛团体总分第一,羽毛球男单第七名,足球赛八强等。素质大赛中获得甲组第二名、第十一届"大力杯"拔河比赛中获得甲组第三名等。

6. 至善东南,携芯彩云——2019年科技夏令营获得"江苏省大中专学生志愿者暑期文化科技卫生'三下乡'社会实践活动优秀团队""江苏省'七彩假期'志愿服务项目优秀团队""知行计划全国优秀大学生团队"荣誉称号。

7. 2017级本科生李博文获得"东大好青年——自强向上好青年"称号。研究生叶建伟获得"正青年"称号,并获得"正青年"最佳风采奖。020173团支部获得"国旗团支部入围"称号;020173、026171团支部获得"特级团支部"称号;硕士173团支部获得"先进团支部"称号;020165班获得"省先进班集体"称号。

8. 本科生申请国创8项、省创10项、校院级83项。获国家级竞赛一等奖及以上奖项16人次,发表论文3篇,申请专利19件,获专利授权8件。

9. 获省优博学位论文1篇、省优硕(专硕)学位论文1篇;获校优博3篇,校优硕1篇,校优专硕1篇;新增江苏省研究生工作站1个;获批江苏省博士科研创新计划6项;获批校级研究生"课程思政"示范课程2门。

10. 出国(境)交流本科生10人;出国(境)交流研究生短访18人;资助4名博士生与国际一流大学联合培养,资助6名博士生参加高水平国际会议;聘请5名国外知名学者来校授课讲学。

二、学科与科研

1. 殷国栋牵头获教育部科技进步奖一等奖;费庆国牵头获国防科技进步奖二等奖;孙东科参与获中国化工学会一等奖;许飞云参与获省科技进步奖三等奖。陈云飞教授作为首席科学家获批国家重点研发计划1项。

2. 申报国家自然科学基金项目51项,获批10项(面上项目4项、青年项目5项);申报省自然科学基金9项,获批6项,省"优青"1项;获批省成果转化项目4项。

3. 获批GF类项目31项(领域基金预研重点项目1项,装发重大专项3项)。

4. 发表SCI论文153篇,其中 Journal of the American Chemical Society (IF=14.357)等国际一流刊物50余篇;申请发明专利208项,授权105项,申请国际PCT专利5项。

5. 牵头获批省空天机械装备工程研究中心;牵头获批工信部产业技术基础公共服务平台项目(总投资1.2亿元,其中国拨3 000万元)。

6. 科研经费到款7 280.48万元,其中纵向经费3 044.9万元、横向经费1 995.37万元、异地研究院2 240.21万元。

三、人才工程

1. 新增三级教授1人(费庆国),四级教授2人(刘晓军、罗翔),副教授3人(胡涛、陆荣生、邢佑强)。

2. 入职青年教师3人:吕之阳(上岗副研究员)、谢明江、岳士超。

3. 入选国家"优青"1人(刘磊)、省"优青"1人(项楠)、省第十六批"六大人才高峰"高层次人才2人(陈震、周怡君);入选校"青蓝工程"1人(王金湘)、校"至善青年学者"B类2人(李彦斌、邢佑强)。

4. 推荐申报"长江学者"1人(费庆国);申报"青年长江学者"1人(沙菁);申报国家"青年千人"2人(吕之阳、朱建雄)。

5. 获批博导7人、硕导4人;获批校外博导8人、校外硕导16人。

四、党委行政工作

1. 深入开展"不忘初心、牢记使命"主题教育：学院党政领导通过调研，提出重点解决 39 个问题。院系两级开展集中学习研讨 39 次，领导班子讲党课 16 次，专项调研 6 次，听取师生意见 800 人次，已整改 34 个，已整改需持续改进 5 个。
2. 以巡促建、以巡促改：上半年接受了校党委的巡察，对于校巡察组反馈意见中指出的 4 个方面、13 个主要问题、38 个具体事项，进行逐项整改。
3. 完成学院行政领导班子、学院系级行政领导班子、学院退协、党支部和工培中心主任的换届，新班子新气象。
4. 成立学院青年委员会；新建升级"教工之家"；升级厕所软硬件。
5. 学院校友会向 20 个校友班级发送电子版返校邀请函；接待了 22 个校友班级或年级返校聚会。学院发展基金收到捐赠款 254 318.09 元。
6. 汤蓓老师入选校"保密工作先进个人"。
7. 负责我校在江苏省苏州地区及四川省的本科招生宣传工作，与四川省 4 所重点高中签约"优质生源基地"，组织安排了 6 场教授进中学做科普讲座和 7 场重点生源中学的专场招生宣讲。

能源与环境学院

一、概况

截至 2019 年底，学院有教职员工共 186 人，其中专任教师 156 名，包括教授/研究员 59 名（含博士生导师 47 名）、副教授/副研究员 59 名（含博士生导师 12 名）、讲师 38 名。拥有中国工程院院士 1 名、中科院外籍院士 1 名、澳大利亚两院院士 1 名、国务院学位委员会学科评议组成员 1 名、教育部"长江学者"特聘教授 2 名、国家杰出青年基金获得者 2 名、国家"万人计划"中青年领军人才 1 名、国家"万人计划"青年拔尖人才 3 名、国家优秀青年基金获得者 2 名、全国优秀博士学位论文获得者 3 名、霍英东优秀青年教师基金获得者 2 名、教育部跨世纪人才 1 名、教育部新世纪人才 11 名、教育部高等学校优秀青年骨干教师 1 名、江苏省"六大人才高峰"高层次人才 16 名、江苏省"333 高层次人才培养工程"中青年科技领军人才 7 名、江苏省"333 高层次人才培养工程"中青年科学技术带头人 7 名、江苏省"青蓝工程"培养对象 13 名、江苏特聘教授 2 名、东南大学首席教授 1 名、东南大学特聘教授 2 名、东南大学青年特聘教授 4 名。

二、党群工作

1. 2019 年 5 月，经校党委研究决定，成立新一届能源与环境学院行政领导班子成员，肖睿任院长，朱光灿、李舒宏、许传龙、梁财、张会岩任副院长，司风琪任副院长（兼）。
2. 2019 年 11 月，学院 37 个党支部完成统一换届。
3. 经校统战部认定，学院新增 2 名无党派人士。
4. 2019 年举办入党积极分子培训班和发展对象培训班各一期，共培训合格 153 人；46 人参加学校预备党员培训班一期全部合格，全年完成预备党员转正 85 名，发展党员 91 名，其中优秀骨干教师 1 名。
5. 学院党委制定了《能源与环境学院"不忘初心、牢记使命"主题教育实施计划》。党员领导干部完成讲党课 6 次，领导班子在深入调研座谈的基础上完成调研报告 8 篇，检视梳理学院各方面问题 11 条。
6. 学院共开展廉洁教育宣讲 5 场，宣讲参加人数超过 100 人。
7. 学院领导班子召开了 18 次党政联席会，14 次中心组专题学习会。

8. 教师及机关支部开展了各式各样的支部活动,例如动力工程及自动化教师党支部联合江苏方天电力技术有限公司热能动力中心党支部开展了"拓专业视野,引创新火花,助力青年发展"的校企联合志愿服务活动。

9. 学院结题东南大学党建研究项目1项,新申报并获批党建研究项目1项,获批教师工作研究重点项目1项。

10. 学院获批"东南大学优秀共产党员"6名、"东南大学优秀党务工作者"1名、"东南大学先进基层党组织"4个。

三、队伍建设

1. 入选"青千"1人、"优青"1人、"青拔"1人,3人进入"青年千人"会评,1人进入"青年长江"会评;引进教育部核工程类教指委委员1人,引进中国高被引学者1人(Elsevier能源类)。

2. 入选江苏省"双创博士"2人。

3. 入选江苏省"六大人才高峰"3人。

4. 入选南京市留学回国人员择优资助1人。

5. 入选东南大学至善青年学者A类资助2人,B类资助2人。

6. 张会岩荣获"中国可再生能源学会科学技术人物奖"优秀青年科技人才奖。

7. 2019年学院新进专任教师13人,其中正高4人,副高4人,讲师5人;另有专职科研A类岗1人,B类岗2人。新晋升正高1人,副高4人。

8. 建立了新教师助教制度,加强对青年教师的指导。

9. 2019年学院共退休教职工7人,其中正高4人,副高2人,技师1人,高级工2人。延迟退休1人。2019年学院新进站全职博士后2人,在职博士后11人。

10. 2019年成功举办学校海外青年学者能源环境分论坛。出台了专职科研人员的聘用及考核办法,为建设高水平的专职科研队伍提供了制度保障。

四、学科建设

2019年,江苏省污泥安全处置与资源化工程研究中心启动建设,ESI环境科学与生态学排名稳步提升,已进入全球前1%。

(一) 本科

1. 江苏省教改项目申请1项,完成1项;教指委教改项目完成4项,其中1项优秀。

2. 能源与动力工程专业入选教育部"双一流"专业计划。

3. 校级在线开放课程2门,全英文课程立项2项,校级教改项目立项2项,7门本科生课程通过学校"课程思政"示范项目立项申请。

4. 2019培养方案大修订,教学大纲修订,为大类招生做准备;建立了2019级本科生导师制工作制度,为每位本科生配备导师。

(二) 研究生

1. 新增江苏省产业教授1名,学院现共有校外兼职导师172名、江苏省产业教授16名。

2. 去往山东大学、重庆大学等5所兄弟院校进行研究生招生异地宣传工作。

3. 完善了硕士学位论文校外评审专家库:其中动力工程及工程热物理180名,环境科学与工程56名。

4. 完成所有专业方向的硕士和博士研究生培养方案的修订。

5. 与蒙纳士大学的双学位硕士生项目今年开始招生,第一届招收 39 名能源动力专业学位硕士生,并确定了苏州研究院专业硕士培养方案。

6. 获批能源动力工程博士专业学位授权点和能源动力、资源与环境工程硕士专业学位授权点。

7. 1 门研究生课程通过学校"课程思政"示范项目立项申请。

五、人才培养

2019 年度学院研究生和本科生获省先进班集体 1 个、省优干 2 名、省三好 1 名、省优秀共青团员 1 名、东南大学优秀本科生党支部 1 个、东南大学先进研究生党支部 1 个,研究生党支部"最佳党日活动"三等奖 1 个。

(一) 本科

1. 获全国节能减排大赛一等奖 4 项、二等奖 1 项、三等奖 4 项。
2. 获"互联网+"大学生创新创业大赛"青年红色筑梦之旅"赛道商业组金奖(全国第一)。
3. 获"挑战杯"全国大学生课外学术科技作品竞赛二等奖 1 项。
4. 国创省创立项 18 项,结题 17 项,其中结题优秀 3 项。
5. 获批东南大学社会主义核心价值观教育精品项目重点项目 1 项。
6. 获 2019 年江苏省大中专学生志愿者暑期文化科技卫生"三下乡"社会实践活动优秀团队 2 个。
7. 本科生发表论文 16 篇,其中 EI 1 篇。
8. 本科生申请发明专利 11 项,实用新型 2 项。
9. 报江苏省优秀毕业设计论文 2 篇,东南大学优秀毕业设计论文 7 篇。
10. 2019 届本科生推荐免试研究生 51 人,出国深造 25 人。
11. 本科生出国交流 21 人次。

(二) 研究生

1. 2019 年共招收博士生 84 名(含 27 名工程博士),毕业博士生 53 名,在校博士生共 330 名;招收硕士生 262 名(包含苏州研究院 39 名),毕业硕士生 224 名,在校硕士生 758 名。
2. 在 2019 年优秀本科生推免选拔工作中,接受 100 名,其中直博生 3 名。
3. 申请优博基金 22 人,获批 19 人;申请江苏省研究生创新计划 4 项,获批 4 项。
4. 获江苏省优秀博士学位论文 1 篇、优秀硕士学位论文 2 篇;获东南大学优秀博士学位论文 4 篇、优秀硕士学位论文 5 篇。
5. 申请国家留学基金委出国攻读博士学位或联合培养 21 名,获批 19 名。
6. 研究生出国(境)参加国际会议、学习交流 74 人次。
7. 获得第十一届全国大学生节能减排大赛三等奖 3 项(研究生组)。
8. 获得第十六届中国研究生数学建模竞赛二等奖 14 项、三等奖 6 项。
9. 获 2019 年宝钢学生奖 1 名,东南大学"正青年"优秀研究生 1 名。

六、科学研究

1. 2019 年科研经费到款 9 681 万元,其中纵向到款 6 474 万元,横向到款 3 207 万元。
2. 申请国家发明专利 245 项,授权国家发明专利 151 项;PCT 授权 1 项。
3. 牵头国家重点研发计划 2 项,分别是"温差能转换利用方法与技术研究"(负责人:陈永平)和"有机固废高效气化及产品深度利用技术与装备"(负责人:张会岩);国家自然科学基金获批 19 项,其中重点 1 项(沈炯)、"优青"1 项(段伦博);江苏省基金及研发计划 6 项,其中省"杰青"1 项(宋敏)、"优青"1 项(吴啸）。

4. 学院全年发表SCI论文334篇，EI收录81篇；2018度SCI收录表现不俗论文117篇；其中青年教师郝梦龙团队与美国加州大学洛杉矶分校等单位合作以共同一作身份在 Science 发表了新型隔热气凝胶的研究成果。

5. 获2019年度江苏省科学技术奖一等奖1项["生物质定向热解制取高品质液体燃料关键技术及应用"（完成人：肖睿）]，二等奖1项["高效低污染污泥自持焚烧技术及应用"（完成人：葛仕福）]；获中国产学研合作促进会创新成果奖一等奖1项["高效低污染污泥自持焚烧关键技术"（完成人：葛仕福）]。

6. 获批"东南大学储能联合研究中心"，成立"东大能环-中冶华天联合研发中心"。

七、国际合作

1. 主办5场国际会议，包括第一届国际能源与环境会议、2019中英冷链研讨会、第五届江苏-欧洲新能源国际会议、第十届中泰可再生能源研讨会、东南大学能源环境国际青年学者论坛。

2. 分别与美国马里兰大学、芬兰阿尔托大学签订合作备忘录。

3. 芬兰阿尔托大学Peter D. Lund教授获江苏友谊奖，并成功申报江苏"外专百人计划"。

4. 邀请72名国（境）外学者来校授课、合作研究或做学术报告。

5. 教师出国（境）访问、合作研究和参加会议53人次。

6. 引进1名全职外籍教师（瑞典皇家理工学院朱斌教授）。

八、其他

1. 修订了《东南大学能源与环境学院2019年度综合考核及奖励性岗位绩效津贴分配办法》，以立德树人为导向，结合学院自身特点制定分配方案。

2. 修订了《能源与环境学院突出贡献奖励办法（修订）》，各项突出成果奖励力度有所提高，涉及的奖励与年底考核积分不可兼得。

3. 修订《能源与环境学院实验室安全工作管理条例（试行）》，在全校率先出台《关于违反能源与环境学院实验室安全管理的处罚条例》。

信息科学与工程学院

一、概况

学院现有"电子科学与技术""信息与通信工程"2个国家一级重点学科，并设有2个一级学科博士学位授权点及博士后流动站，涵盖"通信与信息系统""电磁场与微波技术""信号与信息处理""电路与系统"等4个国家二级重点学科。全院共有教职员工242人，其中，专任教师197人，教授/研究员63人，副教授/副研究员94人，博士生导师72人，硕士生导师139人。现有各类全日制在校生2 500余人，其中本科生1 000余人，硕士研究生1 000余人，博士研究生470余人，留学生20余人。

二、党建工作

1. 学院党委认真贯彻落实中央、学校党委关于"不忘初心、牢记使命"主题教育的部署和要求，努力推进主题教育真抓实做、取得实效。以落实"立德树人"为根本、以师生利益为导向、以推进学院改革发展为目标，班子成员分7个专题深入师生，通过座谈会、个别听取意见等形式广泛进行调研，查找问题，剖析原因，班子成员参加调研活动33人次，听取师生意见450人次。深入检视发现问题，做好即知即改，抓好整改落实。针对检视梳理出的20个问题点,逐一制定具体整改方案,其中,限时整改13项,需持续整改7项。

2. 学院党委对接受校党委的政治巡察和落实巡察整改工作高度重视,从思想认识上促提高,从谋求发展上找问题,从建章立制上下功夫,从日常工作中抓落实。坚持标本兼治,理清发展思路,细化工作措施,谋划发展工作,着力构建巡察整改的长效机制。巡察整改以来,学院党委、行政共出台规定、措施、实施办法等制度性文件15项,修订章程2项、规划性意见3项。

3. 对34个研究生支部的设置进行了优化调整(无锡鲁汶国际班支部除外),由按年级、学科横向设置支部,调整为按平台、团队或研究方向跨年级、不区分硕博差别的纵向设置。信息学科教工党支部、本科生党支部、2018硕士通信党支部被列入校"样板党支部"建设名单;信息学科教工党支部积极申报教育部第二批新时代高校"全国党建工作样板支部"的项目;获校最佳党日活动一等奖1项;获省高校优秀党务工作者1人、校优秀党员6人、校优秀党务工作者2人,校先进党支部5个,优秀研究生党支部书记3人,优秀研究生共产党员27人,优秀本科生党支部书记1人,优秀本科生党员2人。本科生党支部获得2019年度东南大学党史国情大型知识竞赛特等奖(第一名)。学院举办党校培训2期,共培训积极分子160人,发展新党员105人,其中3位青年骨干教师。

4. 学院党委出台了《信息科学与工程学院关于加强和改进教师思想政治工作和师德师风建设工作的通知》和《东南大学信息科学与工程学院"三全育人"工作体系方案和实施办法》,提出了要坚持教师思想政治工作与加强教师队伍整体建设相结合,强化教师政治理论学习和理想信念教育;本年度在课程思政建设方面取得较大的进展,本科第二批"课程思政"校级示范课改革试点立项10门课程(全校111门),第二批研究生"课程思政"示范课程建设试点立项6门。

5. 我院党委认真贯彻落实上级党组织关于落实意识形态工作的要求,切实履行意识形态工作责任制,建立健全意识形态工作制度。出台了《关于"加强完善意识形态工作,切实落实意识形态工作责任制"的实施办法》,修订了《信息科学与工程学院突发公共事件应急预案》,加强阵地管理,弘扬正能量。2019年共在学院网站刊发新闻动态119条;积极与校内外媒体合作并投稿,全年共在东南大学主页和《东南大学报》刊发学院新闻34篇,在《扬子晚报》、中国江苏网、新华网等校外媒体上刊发新闻11条;完成学院先进人物或知名教授专访22人、团队6个;发布校友人物风采报道26篇。

6. 党委高度重视统战工作,主动听取民主党派教师对学院工作的意见和建议;在校党委统战部的指导下,积极向民主党派推荐人才,本年度新增民主党派教师3人,入选南京市政府参事1人。

7. 以党建带动群团建设,院团委获校"五四红旗团委"荣誉称号,1名教师荣获东南大学五四青年奖章,1个团支部荣获校"五四表彰"国旗团支部提名,2个团支部被评为"特级团支部",1个班级获"江苏省先进班集体"荣誉称号;院研究生会获"东南大学优秀院系研究生会"和"学术倡导奖"的荣誉。

三、学科建设

1. 为切实做好学科建设的各项工作,迎接第五轮学科评估,促进学科建设和发展,向"双一流"建设目标迈进,成立信息科学与工程学院学科评估建设工作组,并于7月底完成第五轮学科评估学院预评估工作。

2. 我院牵头建立东南大学-华苏科技移动通信技术联合研发中心、东南大学-西觉硕信息技术联合研发中心、东南大学-华为无线通信联合实验室、东大-天创网络安全联合实验室;东南大学与航天科工通信技术研究院有限责任公司成立"量子信息与通信联合研究中心"。2019年5月底,我院牵头申请建设的"移动信息通信与安全前沿科学中心"通过教育部科技司组织的专家论证。

四、科研工作

1. 2019年科研到款总计19 539.61万元,其中纵向项目经费14 344.1万元,横向项目经费5 195.51

万元。作为牵头单位获教育部高等学校科学研究优秀成果(科学技术)技术发明奖一等奖 1 项。4 位教师入选 2019 年全球"高被引科学家"。

2. 2019 年共获批国家自然科学基金项目 24 项,其中"杰青"项目 1 项、国际(地区)合作与交流重点基金项目 2 项、面上项目 11 项、青年项目 9 项、"外青"项目 1 项;获批江苏省自然科学基金 13 项,其中杰出青年项目 2 项、面上项目 2 项、青年项目 9 项;牵头获批国家重点研发计划重点专项 2 项,其中"宽带通信和新型网络"重点专项 1 项,"光电子与微电子器件及集成"重点专项 1 项;牵头获批军委科技委创新特区项目 1 项;牵头获批江苏省前沿引领技术基础研究专项项目——前沿项目 1 项。

3. 截至 10 月 31 日,申请发明专利 300 项,申请实用新型专利 19 项,国防专利 2 项,PCT 专利 3 项;授权发明专利 217 项,授权实用新型专利 11 项,PCT 专利 1 项,登记计算机软件著作权 1 项。

五、队伍建设

2019 年新增中国科学院院士 1 人、"国家杰青"1 人、"长江学者"特聘教授 1 人、"万人计划"科技创新领军人才 2 人;新增省双创团队 1 个,双创人才 2 人,双创博士 1 人;新增省"六大人才高峰"1 人;获南京留学人员科技创新项目拟择优资助 4 人。目前正在申报或评审的有:长江学者申报 3 人、长江青年学者申报 2 人、"万人计划"青年拔尖人才申报 1 人、"大千人"申报 1 人、"青年千人"申报 6 人。新增东南大学紫金青年学者 A 类 1 人,B 类 6 人。目前通过学校引进 8 人,全年新入职教师 8 人。晋升正高职称 4 人,晋升副高职称 6 人。进站统招统分博士后 2 人,在职博士后 4 人,出站博士后 6 人。获得"东南大学人才工作先进集体"的称号。一位青年教授作为中组部第八批援藏干部人才,圆满完成在西藏民族大学为期两年的对口援建工作,先进事迹被《西藏日报》专题报道。

六、人才培养

1. 本年度学院组织 1 次全国范围的教学研讨会——高校电子信息类课程教学改革研讨会,参会高校 90 多所,参会教师 220 多人;学院支持和组织教师参加了包括"智慧教育与金课建设研讨会"在内的 8 次全国电子信息类教学研讨会。

2. "信息工程专业创新创业教育课程体系的构建与评估"等 4 项校级教改项目通过结题验收;"面向创新能力培养的信息类课程教学改革研究"项目通过省级教改结题验收;"信息工程一流专业建设的理论与实践研究"教改项目被推荐为 2019 年省级教改项目;6 项校级教改项目获得立项,含重中之重项目 1 项,重点项目 2 项;7 项教育部产学研协同合作项目立项建设。

3. 《专用集成电路设计(第 1 版)》被推荐申报"十三五"江苏省高等学校重点教材;出版《信号与系统》和《数字电路与系统》的数字化教材;立项建设《通信原理》教材及资源。

4. "通信原理""电子线路基础"获批江苏省精品在线开放课程;"信息通信网络概论"等 10 门本科生课程获第二批课程思政校级示范课改革试点立项;"创新创业工程实践导论"等 3 门课程获第六批校级通选课程建设项目;"无线通信网络基础"获第一批校级全英文精品课程立项。

5. 建成信息科学与工程学院-浙江华为通信技术有限公司等 3 项校企联合实践基地;东南大学-中兴通讯卓越工程师联合培养计划实践基地建设获批中国高等教育博览会"校企合作双百计划"典型案例;与亚马逊 AWS 合作共建了卓工课程"云计算概论(卓工)"。

6. 2019 年江苏省"互联网+"创新创业大赛中,信息学院本科生获得大赛冠军 1 项、二等奖 1 项;全国"挑战杯"竞赛中,信息学院本科生获得全国一等奖 1 项。2019 年全国大学生电子设计竞赛中,信息学院本科生获得一等奖 3 项、二等奖 1 项;全国大学生电子设计竞赛江苏赛区一等奖 1 项、二等奖 5 项;2019 年学院本科生发表学术论文 21 篇、取得专利 13 项;4 名本科生获得第 13 届 ASICON 会议优秀学生论文奖;2019 年 3 项国家级、省级 SRTP 顺利通过结题,其中获得优秀 1 项;75 项校院级 SRTP 通过结题。

7. 学院2019年度2位博士生获校优秀博士学位论文,其中1位博士生的博士学位论文被推荐参评2019年江苏省优秀博士学位论文;获3篇校优秀学术学位硕士学位论文,其中2位同学的硕士学位论文参评江苏省优秀硕士学位论文;获3篇校优秀专业学位硕士学位论文,其中1位硕士生的硕士学位论文参评江苏省优秀专业学位硕士学位论文;学院1位博士生的博士学位论文参评电子学会优秀博士学位论文;4位博士生的博士学位论文参评电子教育学会的优秀博士学位论文;学院9位博士生获2019年东南大学优秀博士学位培育基金;3位博士生入选江苏省研究生科研创新计划。

七、学生工作

1. 学院本科040164班荣获"江苏省先进班集体"荣誉称号,3位同学获"江苏省优秀学生干部"称号,1位同学获"江苏省三好学生"称号;研究生2017级硕士生通信班被评为2019年东南大学"研究生先进班级"。

2. 获全国辅导员2018年度人物入围奖、江苏发展大会志愿者优秀指导教师1名;获东南大学"优秀团务工作者"称号1名;获东南大学"2019军训优秀指导员"荣誉1名。

3. 2019届毕业生就业率99.31%(2019年年底更新):本科生99.57%(234人),升学率67.5%(国内升学率48.7%,出国(境)升学率18.8%),再次考研16人;硕士生100%(305人),博士生100%(55人)。

4. 研究生学科竞赛情况:全国特等奖1项3人次,一等奖2项6人次,二等奖34项103人次,三等奖23项68人次;省大区一等奖3项7人次。3位同学获江苏省研究生计算机视觉科研创新实践大赛特等奖;5位同学获第四届全国大学生物联网技术与应用"三创"大赛一等奖;3位同学获"华为杯"第十五届中国研究生数学建模竞赛一等奖。

5. 第五届"互联网+"大学生创新创业大赛江苏省赛,学院参赛团队"智芯中国芯"获得银奖(二等奖);第六届2019年"挑战杯"全国大学生课外学术科技作品竞赛终审决赛在北京航空航天大学举行,学院参赛团队作品《人工智能辅助的OFDM无线传输系统:设计与实现》获得全国一等奖,此前获得江苏省特等奖,助力学校以学校历史最高分捧得"优胜杯"。

6. 连续第十三年举办"2019东南大学新年音乐会"——享有盛誉的维也纳春之声交响乐团应邀在焦廷标馆剧场演出;承办由江苏省教育厅主办的"东南大学——5G智能驾驶创新应用"大学生万人计划学术冬令营,吸引来自全省十数个高校的几百位相关专业的优秀同学参与;举办第十一届新生成人仪式,举办第十届东南大学新生文化季系列活动之支教故事——"我的讲台我的娃"活动,承办新生文化季系列名家高层演讲活动,邀请到学院兼职院长、中国工程院院士陆军做报告;举行第五届"我与院长面对面活动";举办第六届东南大学卓越大赛。

土木工程学院

一、党建工作

1. 本年度全院新发展70位优秀同志加入中国共产党,其中本科生党员34名、研究生党员36名。

2. 我院党委牵头成立江苏省高校"全国党建工作标杆院系"联盟(共有来自省内12所不同高校的标杆院系参加),并顺利召开第一次工作交流会。

3. 我院师生共建党日活动"砼心抗震共筑新梦——汶川地震十周年系列活动"获2018年度江苏高校"最佳党日活动"优胜奖。

4. 按照要求认真开展"不忘初心、牢记使命"主题教育,承办"国企领导上讲台"特色党课。

5. 携手中建一局,举办"第二届全国土木类高校学生骨干交流论坛",激发青年学子社会责任感和时代使命感,打造党建品牌活动。

6. 建筑工程系党支部、2017级硕士第二党支部、2018级硕士第四党支部被评选为东南大学先进基层党组织;邱洪兴、舒赣平、陈韵、王燕华、徐照、司怡被评选为校优秀共产党员。

7. 顺利完成学院行政班子和系支部书记换届工作,选拔了一批能力全面、乐于奉献的青年教师作为学院事务助理,进一步健全学院后备干部队伍梯队建设。

二、学科建设

1. 土木工程、工程管理2个专业获首批国家一流专业建设点认定。
2. 江苏省高校品牌专业建设工程一期项目(土木工程专业)验收优秀。
3. 工程管理专业通过第五次全国专业评估。
4. 积极落实"六卓越一拔尖"计划2.0,申报"智能建造"新专业,卓越计划专业(土木工程)建设获评优秀。

三、队伍建设

1. 围绕"人才年"中心工作,我院师资队伍引育成效明显,荣获"东南大学人才工作先进集体"称号。
2. 徐赵东教授荣获首届"科学探索奖"。
3. 吴刚教授当选为第六届中国青年科技工作者协会会长。
4. 我院引进国家优秀青年科学基金项目获得者陈力教授。
5. 王景全教授入选国家"万人计划",庄妍教授荣获国家优秀青年科学基金项目,鲁聪教授入选国家青年"千人计划"和江苏省"双创人才"。
6. 李霞教授入选江苏省特聘教授。
7. 许妍副教授新增为江苏省"青蓝工程"优秀青年骨干教师培养对象。
8. 丁幼亮教授获得江苏省杰出青年基金项目。
9. 张建教授入选交通运输部科技创新人才计划、江苏省优秀科技创新团队带头人。
10. 陶天友博士入选江苏省科协青年科技人才托举工程。
11. 我院8名教师入选江苏省"双创"博士,3名教师荣获江苏省"六大人才高峰"项目。
12. 新晋教授4人:杨小丽、袁竞峰、糜长稳、黄娟。新增博导5人:陈力、鲁聪、徐明、许妍、张文明。新增硕导10人:陈力、邓温妮、冯德成、李星、马晓光、秦颖、谈超群、姚一鸣、张琦、朱明亮。
13. 引进陈力、吴畅、宫凤强等15位老师。
14. 童小东老师获宝钢优秀教师奖和"江苏省高等学校土木工程专业教学名师"称号。
15. 张培伟老师获教育部在线教育研究中心"智慧教学之星"荣誉称号。
16. 陆金钰老师获全国大学生创新创业训练计划优秀指导教师奖。
17. 管东芝老师获江苏省高等学校微课教学比赛一等奖;苏舒老师获江苏省工程管理专业青年教师讲课竞赛一等奖;郑宝锋、董志强、姚一鸣3位老师获江苏高校土木工程青年教师讲课竞赛二等奖;谈超群老师获东南大学第26届青年教师授课竞赛二等奖。
18. 土木工程学院教学督导组获得"东南大学优秀教学督导团队"奖。

四、本科教育

1. 为切实落实立德树人根本任务,全面深化本科教育改革,我院制定实施《东南大学土木工程学院2020一流本科教育行动计划》。
2. 获评东南大学首批校级"课程思政"示范课2门,第二批"课程思政"校级示范课改革试点项目8门。

3. 联合知名企业获批教育部产学合作协同育人项目6项，发起承办首届全国大学生智能建造与管理创新竞赛，承办江苏省BIM装配式创新大赛。

4. 大力推进"金课"资源建设与教学模式改革，重塑教学新态，获批国家精品在线开放课程1项，国家虚拟仿真实验教学项目1项，江苏省"十三五"高等学校重点教材1部，江苏省高校在线开放课程4门，校级在线开放课程15门。

5. 我院已在中国大学慕课网上线MOOC共计11门。

6. 学院获首批中国高校"金课"建设平台推进计划项目1项，江苏省高等教育教学改革研究课题重点项目1项，东南大学校级教学改革研究与实践项目18项。

7. 牵头制定《全国土木类学科领域虚仿实验项目建设指南》《土木类实验实践能力培养国家标准》。

8. 我院目前建设4门全英文本科生课程。

9. 郑宝锋老师指导的本科生张颖获江苏省普通高校优秀毕业设计二等奖。

10. 宋毅恒同学获评宝钢优秀学生奖。

11. 获批国家级大学生创新创业训练计划项目13项，江苏高校大学生创新创业训练计划项目19项。

12. 我院学生获省部级以上竞赛奖120余项，包括国际大学生工程力学竞赛团队金奖、美国土木工程大学生环境赛东南赛区亚军等国际竞赛奖24项；全国大学生创新创业年会最佳创意项目奖、全国大学生结构设计竞赛一等奖、全国土木专业本科创新实践成果一等奖、全国大学生结构设计信息技术大赛一等奖、全国大学生智能建造与管理创新竞赛一等奖、全国周培源大学生力学竞赛一等奖等国家竞赛奖34项。

13. 组织4 000余人参赛的校结构创新竞赛等大型创新活动，开展"小小结构师"等科普公益及科技支教活动，受益学生达7 000余人次。

五、研究生教育

1. 加强研究生思想教育工作，2019年课程思政示范课程建设全校排名第五名。

2. 我院目前建设21门研究生全英文课程。

3. 获江苏省研究生教育教学改革课题1项，新增江苏省研究生工作站1个。

4. 江苏省教育评估院2019年度抽检我院硕士研究生学位论文7篇，全部通过。

5. 吴刚教授指导的博士生董志强获江苏省优秀博士学位论文，陈锦祥教授指导的硕士生张晓明获江苏省优秀硕士学术学位论文，冯健教授指导的硕士生孙求知获江苏省优秀专业学位硕士学位论文。

6. 获江苏省研究生科研创新计划资助10人，获优秀博士学位论文培育基金资助14人，获博士生新生奖学金资助4人。

7. 成功举办土木工程学院知名专家系列讲座暨第十届全国研究生暑期学校。

六、科学研究

1. 龚维明教授、戴国亮教授牵头的"深基础自平衡法承载力测试成套技术开发及应用"荣获2019年度国家技术发明奖二等奖；吴刚教授、何小元教授牵头的"混凝土结构非接触式检测评估与高效加固修复关键技术"荣获2019年度国家科学技术进步奖二等奖；王景全教授（排名2）参与的"河谷场地地震动输入方法及工程抗震关键技术"和王浩教授（排名5）参与的"强风作用下高速铁路桥上行车安全保障关键技术及应用"荣获2019年度国家科学技术进步奖二等奖。

2. 王景全教授牵头的"在役桥梁工程性能提升关键技术创新与应用"荣获2019年度江苏省科学技术奖一等奖；吴智深教授牵头的"工程结构增强用高性能连续纤维复合材料制备及应用关键技术"荣获高等学校科学研究优秀成果奖技术发明二等奖；潘金龙教授牵头的"高延性水泥基复合材料优化设计及工程结构性能提升关键技术与应用"荣获高等学校科学研究优秀成果奖科技进步二等奖。

3. 郭彤教授牵头的"面向地震韧性的摩擦耗能式自复位抗震结构体系"荣获第47届日内瓦国际发明展金奖;吴刚教授牵头的"基于数字孪生模型的智慧桥梁管理系统"荣获第47届日内瓦国际发明展银奖。

4. 学院科研经费到款9719万元,其中纵向经费5711万元,横向3956万元,异地研究院52万元。

5. 获批国家自然科学基金27项、国家社会科学基金2项;获批江苏省自然科学基金9项。

6. 学院师生发表SCI论文351篇,SSCI论文12篇,EI论文109篇,CPCI论文5篇,67篇论文表现不俗,获得高引用率和重要的学界影响。

7. 授权国家发明专利151项,授权国际专利2项。

七、交流与合作

1. 教师参加国际会议74人次,出访包括美国、澳大利亚、新加坡、法国、比利时、韩国、挪威、荷兰等在内的20个国家;教师出国参加交流合作访问、考察培训、进修学习等30人次,出访包括美国、英国、加拿大、澳大利亚、韩国、日本等在内的14个国家;教师出国带领学生参加国际竞赛7人次。

2. 获国家留学基金委(CSC)资助国家建设高水平大学公派研究生项目33人,其中,联合培养博士生31人,攻读博士学位2人;学生短期出国学习共计61人次,博士研究生出国参加国际会议共计27人次;首次由学院层面资助优秀研究生参加短期国际交流,首批17人(博士5人,硕士12人)已从美国、加拿大、新加坡、澳大利亚、挪威、葡萄牙等国回国。

3. 截至2019年12月,我院在校留学生共有107人(学历博士生25人,学历硕士生58人,学历本科生12人,硕士交换生6人,本科交换生6人),在校研究生人数位列全校第3,英文授课项目人数位列全校第1;2019年,学院招收学历留学生25人(含学历博士生13人),3位本科留学生毕业并获得学士学位,6位硕士留学生毕业并获得硕士学位,2位博士留学生毕业并获得博士学位;接受新加坡国立大学本科交换生6人、法国工程师学校ESTP交换生6人。

4. 与新加坡国立大学、比利时根特大学、挪威奥斯陆城市大学、瑞典皇家理工学院等四所国际知名高校签订或达成合作协议。

5. 主办或承办了第三届土木工程海外华人青年学者学术交流与联谊会会议、2019东南大学岩土学科前沿及发展研讨会、第八届土木结构振动测试与分析国际会议、首届国际玄武岩纤维及复合材料大会、第四届建筑结构抗震技术国际会议等大型国际学术会议。

6. 邀请美国、澳大利亚、日本、新加坡等多国知名学者教授来院举行学术报告43场。

7. 邀请美国工程院院士、中国工程院外籍院士、国际风工程协会主席Ahsan Kareem教授担任我院名誉教授。

8. 挪威工程院院士、世界著名海洋工程公司挪威阿克工程公司专家级高级工程师贾军波校友,台湾"中央大学"营建管理研究生特聘教授、建筑物漏水鉴定研究中心主任陈介豪教授,比利时皇家科学院院士、根特大学工程学院院长Luc Taerwe教授受聘我校兼职/客座教授。

八、学生工作

1. 我院2015级本科生于路港同学荣获"全国优秀共青团员"称号,并获评东南大学"最具影响力毕业生"。

2. 王肖骏和康蕊2位同学获评"中国土木工程学会高校优秀毕业生";陆明飞等11位同学获评"江苏省土木工程专业优秀毕业生";刘峰同学获评2019年度"中国房地产业协会优秀毕业生"。

3. 陈佳龙同学获评"江苏省优秀共青团员"和"江苏省社会实践活动十佳使者";王肖骏同学获评"江苏省优秀学生干部";于思淏和刘哲铭2位同学获评"江苏省三好学生";聂文伟同学获评东南大学"正青年优秀研究生"。

4. 我院团委获得东南大学"五四红团委"荣誉称号;051166班和2017级硕士二班获评"江苏省先进

班集体";051166班获评东南大学"优良学风标兵班";2017级硕士第二党支部获评校"十佳"党支部。

5. 我院本科生荣获"新生杯"男篮五连冠,"院系杯"男篮、男排冠军;研究生获第61届田径运动会团体总分第一名、乒乓球联赛冠军。

6. 我院共计16名应届毕业生赴基层国家机关就业,总数位列全校第一。

九、其他重要活动

1. 土木系51642等10多个校友班级整建制相聚母校举办毕业纪念活动;校友持续为母校捐资助学,关心支持学院发展。

2. 我院1997级校友挪威阿克工程公司专家级高级工程师贾军波校友当选挪威工程院院士;1988届结构工程研究生校友、启迪设计集团股份有限公司董事长戴雅萍荣获新中国成立70周年暨第一届中国建筑设计行业管理卓越人物——十大领军人物奖;52782班本科、1987级硕士校友苏州市轨道交通集团有限公司党委书记、董事长周明保荣膺"中国地铁50年致敬人物";1999级工程管理专业校友、中海地产青岛公司党委书记、总经理张二伟荣获"青岛市优秀共产党员"。

3. 我院吴智深教授连任国际智能基础设施结构健康监测学会主席。

4. 东南大学"智慧建造与运维国家地方联合工程研究中心"揭牌。

电子科学与工程学院、微电子学院

电子科学与工程学院、微电子学院共有教职工(含博士后、专职科研人员)174名,专任教师123名,其中教授(研究员)48名,副教授(副研究员)58名;博士生导师59人,硕士生导师97人。具有博士学位的专任教师比例达到95.9%。学院目前拥有"电子科学与技术"国家一级重点学科,该学科在教育部学位与研究生教育发展中心2017年全国学科评估与清华大学、北京大学并列为A;另有"光学工程"江苏省一级重点学科。学院共拥有电子科学与技术、光学工程2个一级学科博士点,2个博士后流动站,3个二级学科博士点和5个硕士点。

一、人才培养

1. 电子学院与信息学院、生医学院组成本科生招生大类,完成第一次大类招生工作,电子学院负责其中5个班级的第一年在校管理,他们将于2020年6月份结合个人专业志愿和绩点进行专业分流。

2. 2019年上半年电子学院以优秀的成绩通过江苏省品牌专业一期项目验收(全校共8个品牌专业,获批为优的3个);2019年下半年电子学院主持电子科学与技术专业申报全国"双万"专业,已通过第一批评审(未公示)。

3. 2019年度电子学院教师合计承担本科课堂教学任务约5 000课时,无校级教学事故。李霁老师获得东南大学第26届青年教师授课竞赛二等奖,陈超、陈洁老师获三等奖,周再发、谢骁老师获提名奖。

4. 电子学院获批江苏省高等学校在线开放课程立项建设项目1项;另有1个课程群和3门课程获东南大学校级在线开放课程立项建设,其中一门MOOC课程已上线;另有2门课程入选2019年第一批校级全英文精品课程。

5. 电子学院获得江苏省高等教育教改研究课题立项2项(目前公示中);获校级教改项目立项4项;获东南大学第二批"课程思政"校级示范课改革试点项目3项。

6. 电子学院出版教材1部;申报入选2019年省"十三五"重点教材立项建设项目1项。

7. 电子学院接纳滑铁卢大学4名本科生顺利完成本科生实习;电子学院分别联合美国赛灵思公司

(Xilinx)和美国国家仪器公司(NI)圆满完成2项东南大学国际暑期学校－科研创新体验项目。

8. 电子学院继续联合南京集成电路产业服务中心承办了教指委全国竞赛2项(全国大学生FPGA创新设计竞赛、全国大学生嵌入式系统设计与应用竞赛)。

9. 电子学院本科生获得2018年江苏省高校优秀毕业设计(论文)二等奖1项,申报2019年江苏省高校优秀本科毕业设计(论文)1项。

10. 电子学院立项2019年大学生课外研学国创项目7项、省创项目8项;结题2018年课外研学国创项目5项、省创项目6项。

11. 电子学院本科生在2019年江苏省暨全国大学生电子设计大赛(TI杯)中获得一等奖16项、二等奖4项;2019年全国大学生电子设计竞赛获得一等奖6项(3支电子学院队伍和3支混合学院队伍)、二等奖3项,助力东南大学以9项一等奖获全国高校第二名;大学生FPGA创新设计竞赛获得特等奖1项、一等奖1项、二等奖2项;江苏省大学生课外学术科技作品竞赛暨"挑战杯",孙小菡教授团队指导的"扫频－温度补偿式二维光编解码入网链路监测系统"项目获省特等奖。

12. 电子学院2019年度本科生参与出国(境)各类交换生、联合培养及学术交流活动累计超过50人次。

13. 电子学院2019年共录取学术学位硕士生134人,专业学位硕士生18人,学术学位博士生40人,专业学位博士生15人,博士留学生3人;接收2020年度推荐免试研究生57人,其中推荐免试博士研究生2人;微电子学院2019年共录取学术学位硕士7人,专业学位硕士218人,非全日制专业学位硕士8人。

14. AISC中心博士研究生张龙获2019年度中国电子学会优秀博士学位论文奖;学院另获江苏省优秀学术学位硕士学位论文1篇,东南大学优秀博士学位论文2篇,东南大学优秀学术学位硕士学位论文2篇,东南大学优秀专业学位硕士学位论文2篇。

15. 电子学院获批2019年度江苏省普通高校研究生科研创新计划3项;获批校研究生"课程思政"示范课程建设试点立项项目1门。

16. 2019年度电子学院资助参加国际学术会议及国际学术交流活动的博士研究生21名,硕士研究生5名;10名博士研究生参加公派研究生项目赴国外进行联合培养。

17. 电子学院3名学术学位硕士研究生、2名专业学位硕士研究生通过2018年度的江苏省学位论文抽检,3名博士研究生通过2018年国务院教育督导办对博士学位论文的抽检。

18. 电子学院2016级APC硕士生班、本科060164班获得省"先进班集体"荣誉称号,2016级本科生张徐青获"省三好学生"称号,魏秋萌获"省优秀学生干部"称号。

二、科学研究

1. 电子学院黄庆安教授团队牵头完成的"高性能MEMS器件设计与制造关键技术及应用"获2019年度国家科学技术进步奖二等奖(已公示)。该项目深入、细致、系统地研发了高精度加工工艺模拟、材料参数在线测试等MEMS产业化共性关键技术,并以此为基础,研发出高性能MEMS压力传感器系列产品。

2. 电子学院孙伟锋教授团队的"智能功率驱动芯片设计及制备的关键技术与应用"项目获得2019年度江苏省科学技术奖一等奖(已公示)。该项目从高低压兼容工艺技术、抗瞬时电冲击电路技术、低损耗功率器件技术及高功率密度集成互联技术等四方面,开展了从机理探索、创新发明到集成应用的系列研究,构建了智能功率驱动芯片的完整技术链,实现了包括空调变频芯片在内的自主设计与制备,打破了国际垄断,并已形成广泛产业应用。

3. 孙立涛教授入选科睿唯安发布的2019年全球高被引科学家(科睿唯安发布了其2019年度"高被

引科学家"名单,该名单基于全球最大的科学和学术研究文献资源平台 Web of Science 数据,遴选出各领域中高被引论文数量最多的科研人员,其被引频次位于同学科前1%)。电子学院孙立涛教授入选跨学科领域(cross-field category)高被引科学家名单。

4. 孙立涛教授团队在原位光电器件研究方面取得重要进展,其研究成果2019年在 Nature 子刊《自然——纳米技术》(影响因子33.4)上在线发表,也是东南大学首篇该期刊文章。该团队自主发展了一种新型的原位光电-电子显微学技术,并构建了目前世界上最小尺度的量子点异质结太阳能电池结构,大大改善了电池的转化效率,揭示了界面工程对太阳能电池转化效率提升的重要作用。

5. 电子学院2019年牵头立项国家重点研发计划项目3项,合同款5 284万元;立项国家重点研发计划课题10项,合同款4 241万元。2019年学院申报自然基金项目54项,共获批立项12项。截至11月底,电子学院2019年共到款经费9 184万元,比去年同期增加75%。

6. 电子学院2019年高水平科研论文再创新高:东南大学电子学院2019年重点突破高水平科研论文,截至12月12日,电子学院2019年发表SCI论文171篇,其中JCR1区加2区文章共计121篇,占71%,高水平论文数量占比显著增高。

7. 2019年电子学院连续在 ISSCC、JSSC、VLSI Symp.等电子领域国际顶级期刊/会议报道创新成果,扩大了学院在国内集成电路产业界和学术界的影响力。首次设计了基于脉冲调制的存内计算神经网络芯片-Sandwich-RAM,形如三明治结构的"存储-计算-存储"的存内计算模式大大减少了存储器访问次数,成果在集成电路顶级会议 ISSCC 2019中发表,是我国首篇存储相关入选论文;设计了超高能效的AES加密电路,达到目前国际最高能效,成果发表在集成电路高水平会议2019 Symp. VLSI Technology and Circuits;提出并设计面向宽电压的在线时序监测单元及监测系统,有效降低短路径修复代价,同时提高监测系统的可靠性,并提出基于机器学习的密码芯片抗功耗攻击方法,能有效提高密码芯片的抗攻击能力,增强其安全性,相关两篇成果发表在集成电路顶级期刊 JSSC 上。

8. 2019年电子学院PCT专利和高价值专利数量都位列全校第一,涉及芯片设计和制造、电路设计和先进检测技术等。截至12月初,电子学院2019年共授权专利211件,专利转让合同金额达130万元。

9. 电子学院2019年主办国际会议3场,分别是6月份的第三届消费电子与设备国际会议 ICCE,第三届电路、系统与仿真国际会议 ICCSS,和10月份的第四届氧化石墨烯国际论坛(GoGo)。

三、师资队伍

1. 电子学院2019年新引进人才8人,退休6人,现有在职教职工总数170人。
2. 电子学院2019年新增硕士研究生导师9名、博士研究生导师7名、博士研究生兼职导师1名。
3. 电子学院孙伟峰教授荣获2019年宝钢优秀教师特等奖。
4. 电子学院2019年新引进的高端人才包括:与"半导体封装之父"美国工程院院士、中国工程院外籍院士汪正平教授签署兼职聘任合同;与"千人计划"专家崔铮教授签署兼职聘任合同;全职从美国引进学院首位"青年千人"钟立教授;全职从英国皇家帝国理工学院引进火星车重力传感器主要设计制造者窦广彬教授。

四、产学研合作

1. 东南大学电子科学与工程学院作为托管单位,围绕南京市集成电路产业地标发展规划,联合江北新区和南京其他高校,成立南京集成电路产业协同创新学院,从领军创业人才培养、高水平创新人才培养、紧缺型应用人才培养等方面整合和建设高水平人才培训资源,提升人才培养质量和改进产业生态,计划由南京市和江北新区每年各投入1 000万元,持续建设三年。
2. 2019年微电子学院陆续和中电海康、华润上华、中电58所等企业签订协议,开展实施非全日制学生的联合人才培养工作。

3. 2019年4月起,电子学院/微电子学院与华为海思开展研究生联合培养项目,首批参与联合培养的学生15名,均围绕企业急需突破的关键技术开展课题,企业、教师及学生均获益良多,为开展东南大学与华为海思的深度人才培养合作打下了较好的基础。

4. 2019年12月,东南大学-上海海思技术有限公司高能效芯片创新实验室正式签约,该实验室基于东南大学电子/微电子学院在高能效芯片设计等方面的优势,将围绕华为海思在智能终端、IOT等领域的技术需求开展全面的技术合作与人才培养。

五、学生工作

(一) 深入开展学生思想政治教育

学院重视学生思想政治教育工作,牢固树立政治意识、大局意识、核心意识和看齐意识,不忘教育初心,牢记育人使命。深刻认识当前思政教育工作的新形势、新发展,做好新时代的思想引领工作,深入学习贯彻习近平教育思想,坚持把立德树人作为中心环节,把思想政治工作贯穿教育教学全过程,实现全程育人、全方位育人。依托各项工作及活动,加强学生的思想政治教育,帮助学生树立正确的世界观、价值观、人生观。引导学生及时关注国家政治经济形势,关注民生,进一步培养学生的家国情怀。

(二) 进一步加强对学生党建工作的引领和指导

学院重视学生党建工作,落实"三会一课"等基本组织生活制度,认真做好入党申请和新党员的培养、教育和考察、转正工作,2019年上半年我院115名同学参加党校学习并顺利毕业。全年新发展党员60人,预备党员转正44人。学院长期积极开展丰富多彩的党日活动,取得了丰硕的成果。

(三) 全方面推进学生管理工作

学院特别关注学生的心理健康问题,针对突发事件,处理有效,无重大安全责任事故;学生各类评奖评优资助始终坚持公开、公平、公正的原则,无投诉;对一些特殊类型学生采取积极的帮扶措施并取得良好的效果。贯彻落实学校各类考试诚信教育的要求,结合本学院特点,开展多种教育活动,使学生进一步明确考试纪律的要求,增强诚信考试意识。学院重视对学生的综合素质的全面培养,认真做好就业指导工作,就业质量总体较高。2019届电子科学与工程学院毕业生就业率为100%。本科毕业生以升学、出国(境)、协议就业为主,硕士和博士毕业生均以协议就业为主。本科生升学出国率为66%。

(四) 辅导员队伍建设取得较好成绩

我院团委副书记、2017级本科生辅导员何倩老师在2019年东南大学辅导员主题年级大会(班会)展评大赛中获得一等奖。团委书记、2016级本科生辅导员栗雨蒙老师,在东南大学2018年辅导员考评中获得"优秀",并且荣获东南大学"初心"辅导员奖教金。学办主任、2018级本科生辅导员王一卉老师,在2019年东南大学辅导员主题年级大会(班会)展评大赛中获得提名奖,2019年东南大学辅导员素质能力大赛中获得三等奖,并获得东南大学"科达奖励基金"奖教金、2019年度东南大学优秀共产党员、2019年东南大学社会实践优秀指导老师荣誉。

六、党务与行政工作

1. 在学院党委的正确领导下,继续认真学习党的十九大,深入贯彻习近平新时代中国特色社会主义思想和党的十九大及十九届二中、三中、四中全会精神,紧紧围绕学校"双一流"建设,紧扣学校"人才年"工作主题,突出"新使命、新担当、新作为"关键词,强化学院班子建设,深入开展"不忘初心、牢记使命"主题教育学习,增强"四个意识",坚定"四个自信",做到"两个维护"。我们紧密结合工作实际,运用多种形式,组织师生员工进行不断学习,深刻领会其精神实质,不断提升工作能力和业务水平。

2. 继续认真落实党风廉政建设责任制,继续推进从严治党工作,完善学院的责任体系和工作体系,加强"三个一"工作常态化、机制化、长效化建设,一体推进构建"不敢腐、不能腐、不想腐"机制,持续推动学院班子成员履行"党政同责、一岗双责",认真履行"三重一大"。学院党政始终坚持一把手负总责,班子成员分工明确,责任到人,切实履行"一岗双责",分管领导既要对分管工作负责,又要担负分管工作的党风廉政建设责任,坚持谁主管、谁负责,形成压力传递,一级管一级,层层有人负责的机制。学院党委每年都要组织班子召开民主生活会,围绕"班子建设和党风廉政建设"主题,开展批评和自我批评,互相提醒帮助。学院不断健全党政联席会议制度,出台了"党政联席会议事规则",重新修订"三重一大"决策制度实施办法等,依靠制度规范行为。学院所有重大问题、重大决策都要经过党政联席会议充分讨论,并事前广泛征求各基地及师生员工的意见,充分酝酿,再做决策,付诸实施,保证师生员工的知情权、参与权、选择权和监督权。

3. 继续坚持"以人为本、以师生员工为中心"的服务理念,营造学院健康和谐的人文及学术环境。作为学院的窗口部门,办公室的教辅工作至关重要。做好日常工作的同时,精心筹划,周密部署,尽心尽力地组织落实好学校各职能部门下达的各项工作任务。办公室的日常工作很繁杂,只有紧紧围绕提高工作效率和服务质量,用科研的思维和学术的要求来做学院的管理工作。随着机关工作人员的年轻化、知识化,同时具有良好的个人素养和扎实的专业背景,虽然在工作的过程中遇到这样或那样的困难,大家都能克服困难,充分发挥个人的聪明才智和团队协作的精神,即使工作中受到误解和委屈,还是能以学院整体工作的大局为重,都能看到学院积极向上发展的主流和传播正能量。因此在工作中强化服务意识,营造和谐环境,坚持"以人为本、以师生员工为中心"的服务理念,紧密围绕学院"十三五"发展规划,结合学校的"双一流"建设目标,兢兢业业为师生员工服务,同时与外界往来过程中做好桥梁纽带的作用。

4. 学院认真学习落实学校财务下发的各类文件、通知,认真执行学校的财务制度,规范化管理与操作,不设小金库。

七、学院保密工作

2019年学院按照学校的保密要求,认真履行《东南大学保密基本制度》,严格执行学校保密规定,认真做好学院保密工作。

1. 完成了10次学习材料的学习。
2. 组织涉密研究生参加学校保密培训。
3. 按学校统一安排二次集中销毁报废材料。
4. 按要求配合学校保卫处对各基地保密室环境和"三铁一警"进行了自查、改造升级、布防撤防的培训。
5. 4月份按要求对各基地在"严格执行国家国防科技保密管理政策、规范保密管理工作以及加强高校国防科技保密管理、杜绝泄密隐患"等2个方面、14项内容进行了自查;下半年完成涉密、非涉密机的自查。
6. 配合学校对涉密机完成登记核查工作。
7. 建立学院信息发布台账,对网站新闻发布进行审核。
8. 完成了涉密老师事项登记簿填写的审核。
9. 认真做好涉密载体光盘统一管理发放登记工作。
10. 认真做好涉密载体复制的审批表登记工作。
11. 加强涉密师生因私护照的管理,出访美国行前谈话。
12. 加强科研辅助人员的管理。

13. 认真完成了校保密办下发的整改通知单上的内容,4台保密机分别进行了报废和更换处理。
14. 做好学院各项资料的存档工作。
15. 认真完成年底的考核和评优工作,张志强老师被评为先进个人。
16. 积极配合学校完成对学院保密管理资料的检查,较好地完成了学校布置的各项工作。

数 学 学 院

学院基本情况:数学学院现有教职工111人,其中专任教师102人,在职教职工党员67人。数学学院党委现有党支部10个,其中在职教职工党支部6个,退休党支部1个,学生党支部3个。党员人数267人,其中教工党员95人(含退休教职工),学生党员172人,预备党员44人。本科生251人(不含理科试验班),研究生132人,博士生68人。

一、党建工作及学生培养工作

1. 学院党委以制度建设为抓手,切实履行主体责任,认真贯彻落实中央和学校党政决策的各项部署,不断完善并严格落实《东南大学数学学院党政联席会议议事细则》《数学学院执行"三重一大"决策制度实施办法》,主持和参加党委会18次、党政联席会24次,及时通过党委会、党政联席会、党支部书记会议、全院教职工大会以及各系的会议贯彻落实中央和学校党政各项决策。

2. 10月,校党委第三轮巡察第二巡察组在我院开展了为期17个工作日的巡察工作,学院领导班子以高度的政治自觉和使命担当,全力配合巡察组开展工作。对于巡察组提出的立行立改的两个问题,学院立即进行了整改。

3. 认真做好党员发展工作,175名本科生、76名硕士生和46名博士生写了入党申请书,发展本科党员25名,转正党员13名;系统科学系党支部顺利通过教育部"全国党建工作样板支部"中期检查,成功申报东南大学党建项目重点研究课题1项;主办了首届卓越大学联盟数学学科党建工作论坛;顺利完成党支部换届工作,出台《数学学院关于教师党支部书记"双带头人"培育工程的实施方案》,教师党支部按照"双带头人"培养标准,选举产生了新一届党支部书记、支委。

4. 荣获"江苏省先进班集体"1项,省级"三好学生"称号1人,校级先进班集体1项,国旗团支部入围1次,特级团委1项。社会实践获媒体报道30篇,其中国家级媒体11篇。本科、硕士、博士毕业生就业率均为100%。

二、师资队伍与平台建设

1. 新增国际系统与控制科学院院士1人(曹进德);新增省部级平台2个(无障碍联合重点实验室、江苏省信息数学应用中心);5人(7人次)入选科睿唯安2019年度"高被引科学家"名单(曹进德、虞文武、梁金玲、卢剑权、温广辉)。

2. 科研获奖及项目经费再上新台阶。新增国际Obada奖1项;新增江苏省科学技术奖二等奖1项;1篇论文入选中国科协第四届优秀科技论文遴选计划;1位老师荣获"江苏青年五四奖章"(虞文武);1位老师荣获"东南大学青年五四奖章"(温广辉);新增国家自然科学基金项目10项,JW200万以上项目3项。

3. 学科排名与影响力持续提升。数学学科排名与影响力持续提升,取得历史最好成绩[ESI数学学科排名全球第84名,国内高校第7名;USnews 2020年数学学科全球第69名,国内第7名;软科2019年中国最好学科排名——0701数学第18名(排名名次提升)]。

三、教学工作与人才培养工作

1. 王周副教授在全国高校数学微课程教学设计竞赛中获华东赛区特等奖及全国一等奖。
2. 姚玲玲博士获江苏省高校第六届数学基础课青年教师授课竞赛本科组一等奖。
3. 申报成功3项江苏省高等教育教学教改研究课题。
4. 在2019年"高教社杯"全国大学生数学建模竞赛中获本科组一等奖4项、二等奖5项。
5. 3位学生分别获江苏省研究生"学术创新论坛优秀论文评选"一等奖、二等奖和三等奖。
6. 4个研究生团队分别获江苏省研究生数学建模科研创新实践大赛一等奖(1项)和二等奖(3项)。
7. 组织承办第十六届中国研究生数学建模竞赛获佳绩。全校有3个团队获一等奖,其中2个团队分别获得了"数模之星"和"华为专项奖",135个团队获二等奖,100个团队获三等奖,289个团队获成功参赛奖,一等奖获奖数并列全国第一、一、二、三等奖获奖总数并列全国第三;继续获得了"优秀组织奖"。数学学院研究生在本次竞赛中发挥出色,69人成功提交论文,15人获得二等奖,16人获得三等奖,获奖比例为44.9%。
8. 教学工作量超负荷完成。2018—2019学年全院共承担本科教学任务15 796学时。2019年秋季理科试验班正式启动招生。2018—2019学年全院共承担研究生授课总学时为3 948,其中面向全校的公共课程授课学时为1 410。

四、行政及其他工作

1. 坚持服务育人、管理育人,接待各兄弟院校学术交流40余次,教学及行政管理交流10余次、学者100多人次。
2. 加强工会工作,在新中国成立70周年之际,党委和工会联合开展了"壮丽祖国七十载、筑梦东大新时代"主题摄影比赛,师生积极参与。加强学院二级教代会建设,发挥教职工代表在学院民主管理和民主监督中的作用。关心退休老教师的工作,看望慰问教职工50余次,退休协会顺利完成换届。重视统战工作,推荐了东南大学无党派人士和东南大学欧美同学会的会员和理事。

自动化学院

自动化学院设有我国首批设立的控制科学与工程一级学科博士点和1992年批准建立的博士后流动站。该学科下设二级学科5个:控制理论与控制工程、模式识别与智能系统、检测技术与自动化装置、导航制导与控制科学、系统工程,其中控制理论与控制工程为国家重点学科(1988年)和江苏省优势学科。1998年,学院设立教育部长江学者奖励计划特聘教授岗并建有"复杂工程系统测量与控制"教育部重点实验室。2010年自动化专业入选教育部"卓越工程师"计划首批试点专业。2016年设立全国首个机器人工程专业并开始招生。2017年控制科学与工程入选国家首批"双一流"建设学科,第四轮学科评估进入A类专业。

自动化学院现有教职工81名,专任教师64名,其中,国家教学名师1名,教育部长江学者特聘教授1名,国家杰出青年基金获得者3名,国家"万人计划"2名,江苏省"333工程"培养对象3名,江苏省"青蓝工程"培养对象2名,博士生导师23名,教授25名,副教授26名。另有教育部长江学者特聘讲座教授1名,"千人计划"国家特聘专家1名,"青年千人"1名。今年学院招收学生298名,其中,博士研究生37名,硕士研究生133名,本科生128名。

一、学院内部改革工作

1. 学院机构调整初步到位。教学方面,学院成立了2个系(自动化系、机器人系),7个本科课程组,5个学科组(对应于5个二级学科),并成立了学院教学委员会、本科教学工作组、研究生工作组。形成了学院教学委员会、分管教学的副院长、本科教学工作组、系、本科课程组、教师为组成单元的本科教学管理体系,以及以学院教学委员会、分管研究生的副院长、研究生工作组、学科组、教师为组成单元的研究生教学管理体系。

2. 学院教师科研用房调整。为彻底解决学院科研用房分配问题,学院根据每位教师的职称和学生人数,核算了每位教师的应有基本面积,并摸底统计了每位教师和每个课题组的实际占用面积。在此基础上,学院撤销了硬件中心建制,坚决收回了部分呼声大的教师多占的面积,并将多出来的房间分给学院用房最紧缺的老师。目前学院用房调整已进入良性循环状态。

3. 完善了学院附加积分考核办法。教师工作量考核是教师绩效分配的基础。通过多次积极讨论,在学校积分考核系统的基础上,梳理了学院附加积分系统,对很多学院希望引导而且在学校积分考核系统体现不出来的教师贡献进行了梳理,并与年终绩效分配挂钩。该做法既体现了学院导向,也可让老师真正实现多劳多得。在2019年年终学院绩效分配方案中,学院附加积分系统发挥了重要作用。

二、党建和思想政治工作

1. 认真学习并深入贯彻习近平新时代中国特色社会主义思想和党的十九大精神,以习近平新时代中国特色社会主义思想为指引,认真贯彻落实中央重大决策部署和学校党委重要工作部署,认真做好学院的党建工作,推进"两学一做"学习教育常态化、制度化。

2. 学院党委切实履行抓基层党建主体责任,认真贯彻学校党委决定,认真落实党政联席会议制度,坚决执行"三重一大"决策制度,认真贯彻民主集中制原则,依法办事,充分发扬民主,集体行使职权。认真开展"书记项目"活动,把"增强班子团结,提高整体合力;切实强化'四个意识',提高政治站位;促进学院的党建工作,推进学院的事业发展"作为主要目标。

3. 坚持立德树人,坚持社会主义办学方向。以社会主义核心价值观为引领,不断创新人才培养模式,建设高素质教师队伍,注重教书和育人相统一,着力培养德才兼备、全面发展的社会主义建设者和接班人。努力做好习近平新时代中国特色社会主义思想进学术、进学科、进课程、进培训、进读本,营造学起来、教起来、传起来、干起来的良好氛围。

4. 进一步加强基层党组织建设,抓好基层党组织基本建设,认真落实"三会一课"等基本组织生活制度。发挥基层党组织战斗堡垒作用和党员先锋模范作用,要求各党支部建立党员教育培训工作计划、考核制度、工作台账,完成每位党员每年集中培训不少于32学时的教育、培训任务。全年共发展33名新党员、转正30余名预备党员。

5. 学院党委积极推进"两学一做"学习教育常态化、制度化,坚持领导带头,坚持从严要求,坚持问题导向,坚持责任追究。把"四个自信"转化为攻坚克难、改革创新的激情干劲,围绕中心大局,立足岗位实际,推动改革发展,加快一流学科建设。

6. 通过召开班主任会议、青年教师座谈会、随机走访、调查问卷、网络电话访谈等多种形式和途径,对广大师生思想状况进行调研,了解师生的思想动态,有针对性地开展思想政治教育。及时解决基层党员职工思想上的疑惑,化解矛盾,引领基层党员职工紧跟新常态,适应新常态。围绕优良学风、教风、工作作风的创建,强化师德师风和教风学风建设,落实意识形态工作责任制,抓好意识形态工作。及时开展网络思想政治教育,传播先进文化,弘扬主旋律,利用学院网站、"两微一端"等新媒介服务师生,加强网络互动。加强课堂及各类思想文化阵地管理,实施党建带群建、发展群团组织和做好教代会、学代会工作。

三、教学和人才培养工作

1. 顺利完成2019级自动化和机器人工程两个专业培养方案修订。

2. 积极参与并配合了自动化教指委组织的一流专业评审工作,并入围了最后的40个高校名单,且各项指标排名在全国高校前列。

3. 承办第十四届全国大学生"恩智浦杯"智能汽车竞赛(华东赛区)。

4. 罗克韦尔公司将向学院捐赠超过2 500万的先进控制设备,埃斯顿捐赠的设备共建了机器人本科教学实验室。

5. 立项省重点教材建设项目1项,自动化教指委协同育人项目2项;组织申报一流课程"计算机程序设计";发表教学论文8篇,其中1篇被评为2019年全国自动化教育学术年会优秀论文;立项自动化学院院级教改项目27项;组织课程思政教学工作坊。

6. 本科生学科竞赛获得国际级一等奖6项,二等奖3项;国家级一等奖5项,二等奖6项;省级一等奖8项,二等奖10项。共有34名本科生出国交流,比往年有了大幅增加,出国率排名全校第9位。

7. 积极吸引优秀博硕士生源,采取优惠政策留住本校优质资源,坚持举办免研生夏令营,报名人数超过900人,再创新高。

8. 研究生培养规范化,确立硕士生集中开题、集中中期考核、学位论文全盲送审、集中答辩制度,博士生预评审、预答辩制度,有力提升了论文质量。

9. 抓好全英文研究生课程建设,除了本院老师开设的全英文课程,还邀请到国际上3位著名教授来讲授全英文课程。积极协助学校进行新一轮研究生校外导师遴选工作,总计推荐46名校外博导、硕导人选。

四、学科建设和科研工作

1. 积极筹备教育部第五轮学科评估工作,成立了学科评估准备小组,梳理了短板和强项,有计划地改进相关工作,加强团队整合、成果转化、研究生竞赛、国际交流和国际生培养等。

2. 人才引进取得突破。引进院士1人,申报成功并全职入职"千人计划"教授1人,入选青年拔尖人才1人,当选IEEE Fellow 1人,入选全球高被引科学家3人,新入职高质量青年教师5人,入选东南大学"至善学者"2人。

3. 学院科研经费总量达历史新高。截至12月26日,2019年全年到款总经费合计2 669.1万元,同比增长19.1%,达到历史新高。

4. 学院重大项目取得突破。孙长银教授负责的基金委创新群体项目"自主无人系统协同控制理论及应用"获得资助,是学校和学院近年来最有影响力的重大项目之一。杨俊教授获中组部第四批"万人计划"青年拔尖人才计划项目。孙长银教授负责的国家科技创新2030——"新一代人工智能"重大项目获得资助。魏海坤教授负责的南极泰山站远程遥控能源供应模块项目进展顺利,项目组方仕雄、刘西陲、中大医院吴昌德三人赴南极泰山站参加科考。2019年获批5项国家重点研发计划项目,填补了历史空白。

5. ESI高被引论文保持优势。ESI高被引论文表现优异:2017年学院共28篇(全校第6),2018年49篇(全校第4),2019年这一数字为61篇,列全校第4。ESI高被引科学家3位(孙长银、李世华、魏延岭,全校共18位)。

五、学生工作

1. 招生指标圆满完成,名列前茅。线上生源录取比例在东南大学江苏省各地市招生组中名列前茅,其中盐城中学单校录取36人,为单所中学录取人数首位。

2. 就业率再创新高,质量提升。积极组织开展讲座沙龙类、生涯规划类、岗位实践类、职前培训类等就业价值引导活动,鼓励学生到重点行业、重点岗位就业。本科生、硕士生、博士生各学历层次年终就业率均为100%,基层就业人数明显提高,就业质量显著提升。

3. 创新开展党日活动,成效显著。结合新中国成立七十周年时代背景,创新性组织开展相关党日活动,扎实推进"两学一做"常态化、制度化。2018级硕士2支部工作突出,成效显著,被选送教育部参评"第二批新时代高校全国样板党支部"。2017级硕士3支部以总分第一获得东南大学"十佳"研究生党支部荣誉称号。

4. 创新大类管理模式,吸引力强。配合大类专业培养,面向大一新生举办学科论坛。拓宽学生视野,以通俗易懂的方式阐述自动化专业知识和应用场景。开设大一新生生涯规划指导讲座,印发《自动化学院专业指南》手册,帮助新生更好地了解专业。通过系列活动增强学生对自动化专业的了解,学部160余名学生选择自动化学院老师作本科生导师,大大超过自动化学院实际托管人数。

5. 大力构建帮扶中心,收效明显。为进一步落实学生管理工作"八个到位",学院大力构建和运作帮扶中心。针对心理困难生、就业困难生、学业困难生、经济困难生分别制定相应的帮扶政策。选拔优秀青年骨干教师担任学业帮扶班主任,从学习方法、学习态度等多个方面帮扶学业困难生。引导并组织学生党员和入党积极分子深入学生宿舍,将温暖切实送到每一位学生身边。

六、工会和退休协会工作

积极开展以教书育人为中心的"三育人"活动。鼓励并在经费上支持工会和退休协会组织开展的各种活动,丰富了教职工的精神文化生活。加强关工委常态化建设,积极开创我院关心下一代工作的新局面。重视离退休老同志在长期教学、科研等各项工作中积累的宝贵经验,努力发挥他们的重要作用,鼓励并支持他们继续为学院的各项工作贡献力量。

计算机科学与工程学院、软件学院、人工智能学院

一、党委工作

1. 2019年9月至11月开展了"不忘初心、牢记使命"主题教育活动。通过顶层规划、设计"不忘初心、牢记使命"主题教育工作导图,制定各党支部主题教育实施细则,指导党支部党日活动及志愿者服务20多次,扎实开展"不忘初心、牢记使命"主题教育。针对梳理出来的29个问题,进行落实整改,建立健全内控制度,切实让师生满意,为学院发展凝心聚力。

2. 深入贯彻落实意识形态责任制。成立了中共东南大学计算机科学与工程学院、软件学院、人工智能学院意识形态工作责任制小组。学院的中英文网站、微博、微信公众号等宣传阵地有专人把控,加强意识形态阵地管理和舆情管控;对少数民族及有宗教信仰的师生加强管理,建立台账,坚决抵制和防止宗教向校园渗透;坚持"学术研究无禁区,课堂讲授有纪律",全年学院举办60多场各类报告、讲座,严格从内容上把关,未发生一起意识形态方面的问题。

3. 全面落实"立德树人"根本任务。围绕"如何落实立德树人这一教育的根本任务"进行了深入、细致的探讨,寻找有效的途径和方法切实将"立德树人"落到实处。

4. 2019年共发展党员45名。4月和吴健雄学院党委党校、网络空间安全学院党委党校联合举办了2019年发展对象培训班。组织预备党员参加校党委组织部的第二十六期预备党员培训班。

5. 顺应学科发展要求,进一步完善了党支部设置,对教工支部框架做了合理的调整。于2019年12月顺利完成19个党支部(其中6个在职教工支部,9个研究生党支部,3个本科生党支部,1个退休教工支部)换届工作。

6. 坚持党管人才、党管干部。在引进人才和干部选用上,坚持"德才兼备,以德为先"的原则,由党委委员组成政治思想考核组,对引进人才的政治立场和思想进行考核。学院党委高度重视人才引进和在校教师的培养工作,围绕"人才年"对人才工作进行了专题集中研讨,针对扭转人才引进局面和内部培育高端人才集思广益,提出了相应的对策。

7. 在学校党委的正确领导下,严格按照学校选人用人的标准和纪律要求,配合学校推荐选拔新一任班子成员,顺利完成了学院行政领导班子的换届。

8. 院党委带领班子成员认真学习条例、准则。践行监督执行"四种形态"的第一种形态工作,将重要节点教育和日常谈心谈话相结合。坚持民主集中制,坚持党务院务公开,畅通线上线下党务院务公开渠道。

9. 切实做好学生和教工党支部建设,指导支部贯彻落实"不忘初心、牢记使命"主题教育、"两学一做"、"对标争先"和"提质增效"三年行动计划,认真检查各项工作核定各项指标,确保学院各党支部建设规范化、科学化,目前学院所有支部全部达标。

10. 党委委员与学院的民主党派人士结对,推进民主党派政治建设;积极推荐党外人士到学校职能部门挂职、锻炼,发挥作用,2019年推荐了一名老师去学生处当兼职副处长。

二、学科与师资队伍建设

1. 2019年底ESI计算机学科排名保持在全球前0.1%,全球排名从2018年底第23位,上升至第16位(列国内高校第2位),初步达到了"双一流"建设中期目标,并通过了"双一流"建设中期自评。完成了第五轮学科评估预评估工作,为第五轮学科评估顺利开展做好了前期准备。

2. 在学校高度重视人才工作并连续两年将工作主题设定为"人才年"的大背景下,在计算机学院分离出相当部分教师成立网络空间安全学院,并新成立人工智能学院、人工智能研究院的现实挑战下,学院的人才引进工作显得尤为重要和迫切。本届班子高度重视人才引进工作,将其视为计算机一流学科建设最重要的抓手之一,采取积极措施,大力加强人才引进力度,例如制定了鼓励教师国际交流期间联系潜在人才的措施,大幅提高引进人才考查的频率等。本年度学院共考查人才引进申请43人,进入学院面试环节28人,其中24人(86%)为2019年6月本届班子成立以来所考查。本年度通过学院面试,上报学校24人(其中申请正高岗3人,副高岗7人),其中21人(88%)为本届班子成立以来所考查。目前学校已同意引进4人(其中副高岗1人),其余尚待批复。整体来看,已基本扭转了学院人才引进乏力的趋势。

3. 学院目前共有专任教师92人(其中正高职称27人,副高职称45人,中级职称20人),实验和行政岗33人。2019年新入职教职工4人。1人由专任教师转为实验岗人员;1人辞职。2019年4月学院杨蕙书记到岗。

4. 高层次人才工作:"青年千人"申报2人;"长江学者"申报1人,"长江青年学者"申报3人。

5. 新增江苏省"六大人才高峰"2人,新增江苏省自然科学基金优秀青年基金获得者1人。新增江苏省"双创博士"资助对象1人,新增南京留学人员科技创新项目择优资助对象2人。新增东南大学"至善青年学者"A层次2人,B层次2人,新增东南大学"紫金青年学者"B类1人。

6. 职称评审:晋升正高职称2人,晋升副高职称5人。

7. 博士后工作:2019年进站博士后3人,出站博士后6人。在站博士后31人(其中全职3人,在职25人,企业3人)。

三、科研工作

1. 学院较好完成了学校年度国家自然科学基金立项指标,共获14项,其中包括面上项目7项,青年基金项目6项,专项项目1项,立项率34.15%。

2. 获批国家重点研发计划牵头项目1项,课题3项。

3. 获得教育部自然科学奖一等奖1项（合报，排第二），辽宁省科学技术进步奖二等奖1项（合报，排第二）。

4. 新增"东南大学-联想集团增强现实与计算机视觉联合创新中心""东南大学-博西华人工智能联合研发中心"等两个校企联合研发中心。

5. 申请国家发明专利85项，授权30项，PCT专利1项。发表SCI、EI检索论文及国内重要期刊论文163篇，其中CCFA类期刊、会议论文14篇。

四、人才培养

1. 按照《教育部办公厅关于实施一流本科专业建设"双万计划"的通知》精神，完成计算机科学与技术"双万"专业申报并获批建设。按照《教育部关于2019—2021年基础学科拔尖学生培养基地建设工作的通知》要求，在计算机科学强化班、软件工程卓工班/全英文班等特色班级建设的基础上，积极申报了"计算机科学拔尖人才培养基地"。

2. 按照"标准引领、问题驱动、目标导向"的思路，着手修订计算机、软件、人工智能各专业培养方案，重塑人才培养目标，重构大类基础课，优化专业主干课，强化实验实践课，拓展专业方向课，融合构建七大课程群，不断完善个性化培养方案。

3. 与网络空间安全学院协作，确定并上报了2019级计算机大类培养方案、专业分流方案。按照《东南大学本科生导师制实施办法（试行）》要求，完成了336位学生与119位本科生导师双选工作，印发了《计算机大类本科生导师指导手册》，不断加强过程管理。

4. 加强课程资源建设，获批4门全英文精品课程立项，1门在线开放课程立项，1门课程思政立项，2门通选课立项建设，4位教师与清华大学出版社等签订教材出版协议。参与教育部人工智能专业核心课程论证与2门核心课程的资源建设。

5. 强化学院教学督导队伍建设，形成了由罗立民教授领衔的督导组，协助抓好授课过程监督与教学质量调研反馈。

6. 学院学生在重要学科竞赛中成绩斐然，本年度共获得省级以上学科竞赛奖励60余项，其中国际级竞赛30项，含ICPC（国际大学生程序设计竞赛）14个奖项。

7. 本科生出国交流人数相比上年大幅提升，达到38人。

8. 申报获批了3门校级研究生"课程思政"示范课程，组织了2批研究生导师培训，召开了3场针对不同学科方向的研究生导师座谈会。

9. 2019年接收推免生98人，较2018年提升了8.9%，其中，本校推免生43人，较2018年提升了26.5%，一流大学推免生55人，较2018年提升了37.5%，一流大学推免生占比56.1%，较2018年提升了11.7%。2019年全日制博士生招生人数34人，较2018年提升了54.5%，其中"双一流"高校生源23人，较2018年提升了43.8%。

10. 制定出台了《计算机科学与工程学院、软件学院、人工智能学院专业学位硕士研究生专业实践管理与考核实施细则（试行）》。

11. 完成了计算机科学与技术、软件工程两个一级学科和电子信息专业学位的硕士、博士、直博生以及全英文专业共计11个研究生培养方案的修订。

12. 2019年获得江苏省优秀硕士学位论文1篇，获得江苏省计算机学会优秀博士学位论文1篇，获得江苏省人工智能学会优秀硕士学位论文1篇。

五、学生工作

1. 规范开展学生党建，共发展学生入党46人，其中本科生33人，研究生13人。

2. 推进辅导员队伍建设，2人分别获得2018—2019学年辅导员主题年级大会展评大赛三等奖和提名奖,1人获得2019年辅导员素质能力大赛三等奖,1人主持申报2019年江苏省"计算机伦理与职业修养"专项课题,并立项成功,1人参与申报2019年东南大学辅导员专项课题,并立项为重点课题,1人申报2019年东南大学研究生党建项目,并获批重点立项课题,1人获评校优秀党务工作者。

3. 认真物色具备班主任工作素质的新进专任教师,担任本科生班主任(任期为四年)。今年计算机大类由学院管理的8个行政班(其中有5位专任教师)担任班主任,包括一位教授、一位副教授。

4. 1个团支部获校特级团支部,1位同学被评为校优秀党员,3位同学获"省三好学生"称号,2位同学获"省优秀学生干部"称号。

5. 承办第十六届校史校情知识竞赛和第十一届环九龙湖自行车赛,指导成立学院人工智能学生俱乐部。

六、国际合作与交流

1. 学院积极参与东南大学-蒙纳士大学苏州联合研究生院计算机技术专业人才培养工作,今年新增人工智能方向,2019年招收硕士研究生83名。

2. 作为牵头单位负责法国巴黎电子与计算机信息工程师学院(EFREI)计算机专业整建制班2019年秋季学期来我校交流工作,28名法国学生完成在我校近4个月的学习。

3. 学院"深度学习与医学信息处理"项目获得东南大学第二批"卓越引智计划"资助立项。

4. 2019年6月,诺贝尔奖获得者、AMS实验负责人丁肇中教授访问东南大学,高度评价了计算机学科在AMS项目中的贡献。

5. 成功举办了CBD国际会议、中法生命健康信息研讨会等。

6. 由学院组织协调,丁辉副校长率团赴台湾"中央大学"参加第21届海峡两岸资讯技术研讨会,不断提高东南大学计算机学科的境外影响力。

七、综合管理

1. 院工会积极为教职工办实事,举办了多次教职工集体活动;经学院部门工会委员会讨论,制定了"学院工会慰问教职工的管理规定",并已提交学院党政联席会议通过,待学院二级教代会审议通过;顺利完成了2019年节日慰问品发放工作。

2. 学院二级教代会作为学院治理机构的有机组成部分,为学院的改革和发展发挥了重要作用;学院部门工会协助学院党政,在重阳节前后召开学院退休教职工茶话会,认真听取老同志们的意见和建议,回顾学院的发展历史,共同为学院的发展出谋划策。

3. 2019年签订保密工作责任制,及时调整了学院保密工作小组成员,为保密工作提供强有力保障;加强对涉密科研人员的保密教育及培训,提高保密人员保密意识,养成良好的保密习惯;在校保密办的指导下,做好日常保密管理工作,积极配合校保密办做好涉密人员的日常检查工作。

4. 积极落实安全责任人制度,及时整改实验室、计算机房存在的安全隐患,建立健全学院安全保卫管理制度。

物 理 学 院

一、本单位基本情况

物理学院现有"物理学"一级学科硕士点、博士点以及博士后科研流动站,东南大学物理学科是江苏省"十三五"重点学科,已连续多年进入"ESI"世界排名前1%行列(最新排名第426名,位列内地高校第16名)。学院设有物理系、应用物理系、大学物理教研中心、物理实验中心(国家级实验教学示范中心),拥有"物理学""应用物理学"两个本科专业。

物理学院现有教职工90人,其中专任教师66人。专任教师中有教授29人,副教授29人,其中博士生导师23人,硕士生导师42人。有国家杰出青年科学基金获得者1人,青年长江学者/国家优秀青年科学基金获得者2人,国家"青年千人计划"入选者1人,2位教授入选"高被引科学家"名单。

物理学院承担全校基础物理教学,其中"大学物理"约5 000课时/年,"大学物理实验"约6 000课时/年。学院主要科研方向包括凝聚态理论与材料设计、强关联与超导物理、微纳光子学与光电材料、磁学与自旋电子学、粒子物理与原子核物理等。近三年共承担国家级和部省级科研项目60余项,包括牵头国家重点研发计划1项,重点研发计划课题3项,自然科学基金重点项目2项等。近三年共发表SCI论文400余篇,其中以通讯单位在 Nature Physics、Nature Communications、Physical Review Materials、Advanced Materials、Nano Letters 等权威期刊发表论文30余篇。

二、本年度主要工作

(一) 学院体制机制建设

为深入贯彻落实我校"高端人才倍增计划"和"优势理科攀升计划",促进学院各项工作开展,加快推进物理学院师资队伍建设,为新进青年教师创造更好的发展条件,激发广大职工争先进位的工作积极性,对下列方案和文件进行了制定和修订:

1. 教职工奖励性绩效分配方案制定(通过KPI绩效体现"多劳多得,优绩优酬"的导向);
2. 专任教师年度考核办法修订(严格考核标准,新增"社会服务"考核要求);
3. 物理学院实验技术人员年度考核办法制定(提升实验技术人员工作积极性,规范考核和管理);
4. 新进青年教师攀升培育计划制定(为新进教师提供三年学术发展期);
5. 高端人才(科研、教学)培育计划修订(激励高端人才产出高水平成果)。

(二) 加强人才引进工作

将师资队伍建设作为学院发展的头等大事,采取的措施包括:组织相关学院一起前往美国参加MRS材料大会并开展海外招聘工作,前往英国剑桥大学、曼彻斯特大学访问交流并同时和高端人才洽谈,在 Physics Today 等媒体刊登招聘广告等。

2019年,新引进教授3人(顾佩洪、苗霖、林维维),副教授3人(至善A:王珊珊、郝祺、吴培文),讲师1人(至善B:仲帆)。实验技术人员1人(黎秋航),专职科研岗1人(武光芬),博士后5人(凌崇益、邢相灼、Masroor Ahmad Bhat、史丽、郎咸忠)。另有学校已批准待入职人员近10人,其中高端人才2人。

(三) 开展国际合作工作

物理学院学生国际交流和访问比例较低,2019年度推动与3所海外知名高校(新加坡国立大学、新加坡南洋理工大学、英国曼彻斯特大学)签订学生合作交流和联合培养协议。其中新加坡南洋理工大学为短期访问项目(两周),新加坡国立大学为中期交流项目(1学期),曼彻斯特大学为长期联合培养项目(3+1+1联合培养项目)。本年度有5位博士生获得CSC公派联培奖学金,赴国外联合培养。同时,在研究生院的支持下,有4名硕士生和4名博士生前往国际知名高校开展为期3个月的交流活动。

(四) 提升学院声誉

为了进一步提升东南大学物理学院/学科在国内外的声誉和影响力,本年度组织了三次学术交流和发展规划研讨会。

1. 物理学科"攀升计划"——院长论坛。时间：2019 年 12 月 14 日。邀请包括清华大学、复旦大学、浙江大学、南京大学、武汉大学、华中科技大学、北京理工大学、大连理工大学、吉林大学的 9 所知名高校的物理学院院长，针对东南大学物理学科现状，提出发展建议。

2.《物理学》系列教材的修订研讨会。时间：2019 年 11 月 23 日。邀请包括清华大学、同济大学、西安交通大学、哈尔滨工业大学、郑州大学等高校的物理教育领域专家，就《物理学》系列教材的修订以及教育教学方法进行研讨，并分享先进的教学理念和教学方法。

3. 光电材料与器件前沿科技论坛。时间：2019 年 10 月 11—13 日。邀请国内知名专家 60 余人（"杰青" 10 余人，"四青人才" 40 余人）就我国新型光电材料与器件的最新研究进展、存在的关键科学与技术问题，以及发展趋势进行深入广泛的交流与研讨。

（五）推动重大重点科研项目申报

认真落实学校科技工作会议精神，积极谋划国家级大项目取得新的进展。近三年牵头获国家重点研发计划项目 1 项，国家重点研发计划课题 3 项，国家自然科学基金重点项目 2 项。其中，2019 年牵头承担重点研发计划"基于 FeSeTe 涂层超导带材的下一代高场磁体关键技术及相关机理研究"（1 625 万元），以及国家自然科学基金联合基金重点项目"强磁场下准一维电子体系的量子序及输运性质研究"（300 万元）。

（六）研究生工作

大力提升研究生生源质量和培养质量。

在往年暑假开放日的基础上，首次举办物理学院推免生夏令营活动，接受报名 250 余人，经过筛选，总共遴选了 60 人参加了夏令营活动，最终接受推免生 14 人，比 2018 年增长了 250%。

另外，为了进一步提升研究生培养质量，设立研究生事务助理一人。根据 2019 年学校出台的《东南大学研究生教育综合改革实施方案》，修订硕士生、博士生、直博生培养计划，强调培养目标为领军人才。

新增研究生课程思政建设两门："高等量子力学""新材料设计"。新增研究生全英文课"Group Theory in Solids"。

获江苏省优秀博士学位论文 1 篇[詹翔（导师：薛鹏）]，江苏省优秀学术硕士学位论文 1 篇[张昊（导师：董帅/徐庆宇）]。获中国硅酸盐学会优秀博士论文提名奖 1 篇[翁亚奎（导师：董帅）]。我院研究生作为开学典礼新生代表发言 1 人，东南大学优秀研究生提名奖 1 人。

江苏省产业教授（研究生导师类）结题 1 人[朱凯（南京正春电子科技有限公司总经理）]，新增 1 人[朱琛（泰州隆基乐叶光伏科技有限公司组件设计中心总监）]。

（七）本科生工作

为落实东南大学"优势理科"攀升计划，创新理科人才培养机制和教学模式，经教育部批准，东南大学于 2019 年开设理科试验班。试验班以东南大学历史上的著名校长，我国著名科学家、文学家、艺术家顾毓琇先生之名命名，依托数学学院、物理学院、化学化工学院、土木工程学院四个学院共同建设，是东南大学培养理科精英人才的基地。理科试验班大类管理实行轮值学院管理制度，2019 年理科试验班共招收 216 人，由物理学院轮值管理。

（八）学生工作

在党组织建设方面，我院学生党员李凯保先后获得"2018—2019 大学生就业创业年度新闻人物"（全国仅 22 人）、"2018 年江苏省大学生年度人物"（东大唯一）、"2019 年东大好青年"和"2019 东南大学十大最具影响力毕业生"。本科生党支部将"领航计划——筑梦南华"列为主要特色项目,将"双周人物——党员篇"及格物论坛作为辅助,形成一主两副多渠道的党建特色项目体系。

在团组织建设方面,积极落实"青年大学习""信仰公开课"以及团干部上团课等系列学习计划,专项落实团中央"智慧团建系统"各项任务。我院"磐石计划"在非毕业班立项率为100%。2019年社会实践立项8项,其中十佳团队提名奖1个、优秀团队一等奖1个、优秀团队二等奖1个。

人才培养方面,学院积极落实东南大学优势理科"攀升计划"、探索大类培养教育模式改革,创新理科人才培养机制和教学模式,轮值管理首届2019级理科试验班(顾毓秀班)。

学生资助方面,保证各类奖助学金评比的公平、公开、公正。严格做好贫困生的评审工作,设立"物理学院大学生自强联盟",培养家庭经济困难学生的感恩意识和自强精神。全年共资助学生176人,总金额达535 664元。

心理健康教育方面,积极推进辅导员和班主任进宿舍、进班级的常态化,精准把握每一位学生心理健康情况。

就业指导方面,积极鼓励学生将个人梦与祖国梦相结合,推进重点岗位走访实践,鼓励学生前往基层及重点行业单位就业。2019年有5名同学参与东南大学重点行业岗位研习营,每年均有毕业生投身基层工作,奉献青春。

(九) 学院教学科研环境改善

为了改善物理学院整体教学科研环境,展示学院风采,在学校"校园楼宇文化专项"的支持下,本年度对下述环境进行了改善:

1. 大厅展示间:展示物理学院历史与风采;
2. 报告厅/会议室改造:提升学术交流环境;
3. 教工休息室:改善教职工工作环境;
4. 净水系统改造:关注教职工身体健康;
5. 文化连廊:提升师生人文素养;
6. 门禁系统改造:加强实验室安全建设。

(十) 推动社会服务工作

组织教师积极参加社会服务工作,包括组织东南大学"小小科学家科技夏令营",联合未来科技城小学开展"增强科技强国意识;小学生进大学校园"的红领巾主题活动,教师去中小学进行科普系列讲座等活动。

(十一) 党建工作

1. 干部队伍建设

完成学院行政领导班子换届工作,新提任行政领导干部3人。目前行政领导班子成员5人,平均年龄38周岁,其中青年长江学者2人。完成系(中心)领导班子换届工作,提拔新任领导干部5人。完成教工党支部换届工作,按照"双带头人"标准配齐了教工党支部书记,并完成支部书记述职评议考核工作。

2. 巡察工作

2019年10月11—25日,学校党委第三巡察组对我院党委开展驻点巡察,并于12月26日向学院党委反馈巡察意见。学院党委高度重视,召开专题党政联席会议讨论巡察整改工作,认真剖析了巡察反馈意见集中反映的四个方面12个问题,制定了详细的整改方案和整改清单,共计5类、22个问题、61条整改措施。

3. 主题教育活动

按照中央和学校党委工作部署,开展了"不忘初心、牢记使命"主题教育活动。考虑到学院行政领导班子刚完成换届的实际情况,院党委把主题教育活动要求和学院发展战略的讨论紧密结合起来,精心制定活动方案,充分动员广大师生积极参与,基本达到理论学习有收获、思想政治受洗礼、干事创业敢担当、为民服务解难题、清正廉洁作表率的目标。

4. 工会工作

在完成工会日常性工作的同时,继续加大对学院工会小家的投入及建设,对学院工会小家进行出新建设并在工会小家内增设了纯净水饮水机,保证咖啡机的日常使用及维护。院工会组织了丰富多彩的工会活动以加深教工之间的了解,增进教工之间的感情。如:"物理学院工会会员参观鼋头渚景区"活动、"物理学院工会会员观影交流"活动、"物理学院工会会员健步走活动月"活动、为物理学院参加学校篮球比赛教工购买队员队服等。

生物科学与医学工程学院

2019年,学院积极落实学校"人才年"的指示要求,加强高端人才的引育,大力推进教学改革,加强基于一流学科的高水平科学研究,全面推进各项工作,基本完成学院年初提出的工作目标。

一、基本情况

经过三十余年的发展,学院已形成了较为完善的高层次人才培养和高水平科学研究体系。学院目前拥有生物医学工程系、生物信息学系、智能医学工程系、脑与学习科学等4个学系;拥有1个国家重点学科及"双一流"学科,1个博士后流动站及"长江学者奖励计划"特聘教授岗位;拥有1个国家重点实验室、1个国家级实验教学示范中心、1个国家"111学科创新引智基地"、1个国家工程实践教育中心、1个教育部重点实验室、1个省级重点实验室、2个省级产业技术研究(院)所。学院现有专任教师110余人,教辅及行政人员25人;在校生1 041人,其中本科生近410人,硕士生355人,博士生276人;在站博士后62人。

学院已建成一支以优秀中青年博士为主的学科梯队,目前拥有教育部创新团队1个,现任教师中有工程院院士1人,国家"千人计划"入选3人,长江学者特聘教授3人,第四批国家"万人计划"入选2人,国家"青年千人"入选1人,国家杰出青年基金获得者6人,江苏省特聘教授2人;正高职称43人,副高职称51人;博士生导师50人,硕士生导师94人;90%以上教师具有海外留学背景。多名教授分别在中国工程院信息学部、国家重大科学计划以及"863"主题专家组等国家级学术机构或专家组中担任重要职务。

生物医学工程一级学科下自主设置神经信息工程二级学科,具有学习科学、生物信息技术、医学图像与医学电子学、生物医学纳米技术、生物医学材料等重要发展方向。设有生物医学工程系、生物信息学系、智能医学工程系、脑与学习科学等4个学系,开设生物医学工程、生物信息学等2个本科专业,及生物医学工程本硕连读专业。生物医学工程学科是涉及信息科学、生物医学以及化学、物理、材料学等诸多学科的新兴、前沿学科,主要应用电子信息工程和生物医学材料工程的理论、方法和技术解决生物医学技术问题,研究发展新型生物医学材料、器件及医疗仪器设备等,应用于疾病的预防、诊断、治疗和康复。

二、人才培养

在本科生培养上,学院2019年共开设50多门本科生课程,近70位教师参与教学。成功申报11门全校通识选修课,校级教改课题立项3项,"课程思政"立项2项,申报省教改课题1项,顾忠泽教授申报重点教材1部,完成国家一流本科"双万计划"申报、"智能医学工程"新专业申报。对2018级新生进行专业分流积极动员,完成电子信息大类导师分配工作,共选派30名优秀教师担任导师;出色完成本年度优秀本科推免生指标;2018级转系转专业,我院转入7名同学,转出3名同学,实现净转入。2019年,共有91名本科生毕业并被授予学位,结业2名,延长6名;本科毕业生国内升学率为55.6%,出国率为15.2%。

继续推进"基于神经教育学的本科教学改革",建设神经教育学示范教室、智能教室;发起成立国家生物医学工程实践教学联盟,成功主办2019年生物医学工程实践教学联盟夏季研讨会;成功召开东南大学——华大基因国家级工程实践教育中心项目十年总结与推进会;江苏高校品牌专业顺利通过验收;继续推进国家级实验教学示范中心的建设工作。学院双创氛围浓厚,聘任企业精英和知名校友担任校外导师,成功举办2019年"双创"论坛,在"互联网+"、iGEM等国内外重要赛事获奖,"新型生物医用微针的研究及其在疾病诊断与治疗方面的应用"项目荣获第十六届"挑战杯"全国大学生课外学术科技作品竞赛一等奖,学院代表队还获得本年度iGEM国际赛事金奖。

在研究生培养上,2019年硕士博士研究生报名人数及招录推免生人数较以往均翻番;硕士研究生统考50人,推免53人,学术学位博士补录5人,工程博士22人,拟录取全日制博士53人。共有学历博士40人、学历硕士100人、工程硕士9人进行学位申请,且均已通过。获批2019年度产业教授1人,专业学位研究生校外导师16人。6名同学参加整建制短期国际学术交流。启动与英国伯明翰大学互派学生、进行双学位人才培养等。推荐2人申报2019年度"东大好青年"评选,其中2017级硕士王月桐通过初选和复赛,成功获得"东大好青年"荣誉称号(全校5人);组织2人申报2019年度"正青年"优秀研究生评选,最终2016级博士生余筠如成功当选(全校6人),申报并立项"精品磐石计划"1项。

三、学科建设与科学研究

在科研立项上。全年到账科研经费总数5 549.11万元,其中国家纵向科研经费5 153.28万元,各类横向到账经费395.83万元;"双一流"学科建设经费1 450万元(含省配套经费500万元)。苏州医疗器械研究院科研经费到账1 272.47万元,建设经费1 000万元,纵向16.9万元,横向255.57万元;南京生物材料与医疗器械研究所经费到账361.53万元,纵向经费到账74.96万元,横向经费到账286.57万元。获国家自然科学基金项目14项。

在科研产出上。全年发表各类科研论文291篇,其中SCI论文256篇,高影响因子论文113篇,占学校高影响因子论文比重的8.5%;特别值得一提的是,何农跃教授再次入选高被引专家名录,赵远锦教授指导本科生在材料领域国际顶尖期刊 Advanced Materials 等杂志上发表4篇论文,总影响因子高达47.515。申请专利86项,授权71项,其中发明专利授权70项。以第一完成单位斩获国家科学技术发明奖二等奖、教育部自然科学奖一等奖、江苏省科学技术进步奖一等奖等各类国家级、省部级科技奖励10余项。

在研用结合上。面向国家和地方重大战略需求与产业发展,积极开展技术咨询、技术服务、技术开发等工作。先后与上海联影、鱼跃、东润、苏博、巴傲得、溯远、安徽同曦等多家单位签署技术服务协议,开展有偿技术服务工作。学院产学研全链条服务产生的辐射和带动效应为江苏省医疗器械产业的发展发挥了重要的支撑作用。

四、师资队伍建设

按照"立足校内、深化海外、重点高端、面向未来"的人才引育工作思路,持续营造全员引才、聚才、育才的良好氛围和生态,认真做好各类高层次人才候选人的选拔推荐工作,努力实现申报人数和入选人数取得突破。引进1名国家杰出青年科学基金获得者;刘宏、赵远锦入选国家"万人计划"科技领军人才;郑文明入选"2019年江苏特聘教授";刘宏获得学校首批"青年紫金学者"项目资助、被推荐参选教育部第十六届中国青年科技奖(全校仅2名);涂景获得2019年"六大人才高峰"项目资助;王梁入选2019年度东南大学"至善青年学者"(B层次)支持计划;杜鑫入选至善系列"医科攀登计划";孙先宝入选2019年博士后创新人才支持计划;共引进海内外优秀博士3人,聘请兼职教授1人、客座教授2人;招收全职博士后5人(全校最多),在职博士后4人,企业联合博士后6人,博后出站5人;做好教师职称晋升、岗位晋级、岗前培训、国家公派高级研修项目及合作出国访学项目等各项工作。

五、国际化进程

持续开展与国际知名高校实质性合作。进一步深化与英国伯明翰大学、东英吉利大学、澳洲蒙纳士大学等国际知名高校的合作,并上升到校校战略合作的高度;启动东南大学-蒙纳士大学苏州联合研究生院2020年双硕士学位研究生招生;邀请国内外知名专家来我院做学术讲座,全年共邀请到以色列希伯来大学Itamar Willner教授等23位国内外知名专家来院进行学术报告。此外,学院还积极组织学生赴海外交流与参加国际竞赛、专任教师赴国际一流高校访学等。

六、党建工作与其他保障工作

科学调整学科布局,完善学系设置,集中优势资源重点发展主导和关键学科方向,做大做强生物医学工程,调整现有的系为生物医学工程系、智能医学工程系、生物信息学系、脑与学习科学系。继续优化学院内部治理,进一步规范议事决策制度;坚持民主治院,充分发挥学术委员会、职代会、教指委等的职能,为学院良好运行提供智慧支持和监督保障;积极配合校党委巡察工作;认真落实"不忘初心、牢记使命"主题教育,检视存在的问题,加强整改落实,推进学院又好又快发展。开设"校友论坛",成立苏州校友会生医分会,举办2019年校友理事会年会;推动学院信息化建设,加强数据资源开发利用;设计制作面向中学生的生物医学工程专业宣传漫画,建立东南大学优质生源基地2个,组织教授赴生源基地中学开展科普讲座,吸引优质生源,所负责的辽宁省招生的理科录取最低分跃进全省前1 400名,再创新高;统筹规划生医学院新大楼建设,合理制定新大楼的使用管理细则。

材料科学与工程学院

秉天地材华,料乾坤至理!2019年,我院在学校党政的领导下,在全院师生的努力、支持下,主动作为,积极谋划,认真工作,扎实推进一流学科和一流学院建设。

一、师资队伍建设

截止到2019年年底,学院教职工总人数90人,其中专任教师71人,实验人员12人,行政人员7人。专业技术职称分布:正高职称32人。其中:教授30人、上岗研究员2人。副高职称30人,其中:副教授23人、副研究员及高级工程师8人。上岗副高3人,讲师10人。

在人才引进工作方面,聘任连云港鹰游纺机集团有限公司张国良董事长为东南大学兼职教授,引进上岗研究员孙文文、上岗副研究员范奇、讲师潘龙、讲师孙一苇、科研岗研究员刘志勇。在人才计划方面,蒋金洋教授获"国家自然科学基金委员会杰出青年"称号,陶立教授获"江苏省双创人才——六大人才高峰"称号,佘伟、范奇老师获评东南大学"至善青年学者"A层次,冯攀、周扬老师获评东南大学"至善青年学者"B层次,施锦杰老师获东南大学"仲英青年学者"称号。本年度,我院人事工作荣获"东南大学人才工作先进集体"。

二、学科建设

自2016年开展东南大学世界一流材料学科建设,我院学科建设做到了夯实基础,稳步提升。2019

年 ESI 国际排名提升至第 127 位。具体建设成果主要体现在如下：(1)人才培养体系进一步完善。启发式、探究式课程在专业课程中的比例高于 20%，全英文专业课程 8 门，聘请外籍教师数量达到 10 名。(2)师资队伍建设初见成效。三年来引进"国家千人"1 人、"外专千人"1 人、"国家杰青"1 人、"青千"3 人等高层次人才，新进教师均具有不少于 1 年的国际高水平大学或科研机构的学习或科研经历，其中获得国外名校博士学位的大于 80%。(3)科学研究成果突出。新增科研项目合计 184 项，合同总金额 11 600 余万元，到款 7 500 余万元。建设期间获各类科研奖项 21 项，其中牵头和参与国家科学技术进步奖二等奖 2 项。(4)产学研合作进展顺利。每年服务企业 50 家以上，已建立 2 家校企联合研发中心，并增加江苏省科技成果转化项目 4 项，企业委托项目 100 余项。

2019 年是"双一流"学科建设的中期评估年，也是东南大学材料学科建设的关键年和收获年。先进材料协同创新中心的成立进一步整合学校资源，凝聚了学科方向。《自然》杂志对我院的报道既为"双一流"学科建设提供了宣传阵地，又增进了国内外业界对我院的了解。

三、教学工作

本科生教学：东南大学 2019 级本科生实行大类招生制度，在大类招生制度的基础上，我院完成了 2019 级大类培养方案的制定工作，为匹配大类招生制度，材料学院开展了本科生导师聘任工作。为 2019 级新生聘任了我院 37 位均具有博士学位或具有副教授以上职称的优秀中青年教师担任本科生的导师，为他们提供学业指导、科研指导和思想指导，按照"本硕博"一体化的培养思路进行规划和培养。针对 2019—2020 学年本科课程教学工作，学院组织学生座谈，对照专业培养方案，督促其修读课程完成情况，采用责任人负责制，加强了学生选课跟踪与指导。

研究生培养：讨论制定东南大学-蒙纳士大学苏州联合研究生院专业学位研究生培养方案；讨论修订 2019 级学术型硕士和博士、专业型硕士和工程博士培养方案；与南京工业大学化学化工学院共同承担江苏省研究生教育教学改革重点课题"江苏省材料、化工类专业学位研究生培养现状调查与研究"。我院 3 门研究生课程进入东南大学第二批研究生"课程思政"示范课程建设试点项目。

国际交流方面，2019 年我院博士研究生参加国际会议共 18 人，组织整建制短期访问共派出 7 人，其中硕士 3 人、博士 4 人，7 名研究生获 CSC 国家公派研究生联合培养博士项目资助。2019 年 8 月至 11 月，我院与剑桥大学丘吉尔学院、穆勒学院经过多次沟通洽谈，就国际化人才培养合作内容达成了一致，签署学院级别的国际化人才培养"合作备忘录"。全年邀请 3 位国外专家到我院授课，同时指导美国华盛顿州立大学的 3 名本科交流生和法国精英工程师联盟学校 Grenoble INP-Phelma 大学的 3 名硕士研究生完成交流学习任务。

四、科研工作

本年度，我院教师获各类科研奖项 8 项，其中国家科学技术进步奖二等奖 2 项，高等学校科学研究优秀成果奖二等奖 1 项。发表 SCIE 检索论文 362 篇，其中 JCR 一区论文共计 148 篇，占 40.9%，申请(受理/公开)国家发明专利 165 件，获授权专利 73 件。全年实现总到款科研经费约 3 922.09 万元，其中到款纵向经费 2 202.68 万元，横向经费 1 719.41 万元，平台和学科建设经费 700 万元，年新增立项科研项目共计 71 项，总批复金额 6 560.64 万元。学院现有科研硬件设备 4 567 件，设备总值约 12 415 万元；2019 年新增科研硬件设备 490 件，共计 1 367 万元。

五、党建工作

2019 年是新中国成立 70 周年，是学习贯彻全国教育大会精神的开局之年。学院顺利完成行政班子换届工作，接受校党委的巡察，严格推进巡察整改工作，扎实开展"不忘初心、牢记使命"主题教育，严格按照《新时代江苏高校党支部假设"提质增效"三年行动计划(2019—2021 年)》要求，定期对党支部建设情况进行检查,着力提高党支部建设的规范化、制度化、科学化水平,不断增强党支部的创造力、凝聚力和战斗力,切实为学院一流学院和材料学科一流学科的建设提供坚强的组织保证。

目前我院共设15个党支部(教工党支部5个、学生党支部9个、退休党支部1个),截至2019年底共有党员333名。2019年,我院在党员发展方面积极发展、择优培养,定原则、建标准,严格发展程序,推行党员发展公示制度,确保党员发展质量,增强党组织的凝聚力和战斗力。全年我院共30名发展对象被吸收为预备党员,18位预备党员按期转正。本年度我院全体党员参与各级教育培训学习活动共计数千余人次,平均每位党员一年度参与各级学习教育活动不少于5次,每位党员干部一年度参与各级学习教育活动不少于10次。

院党委积极探索基层党组织的活动方式和工作方法,确保党的教育方针的贯彻落实。不断创新党的组织生活内容和载体,依托"不忘初心、牢记使命"主题教育活动,深入学习贯彻党的十九大精神进行《我和我的祖国》爱国主题影片、"反间防谍"等相关视频材料学习,以各类科技创新、文化体育、社会实践、志愿者服务等活动为载体,开展形式多样、有教育意义的组织活动。全年,学院基层党支部共开展各类主题党日活动共计十余项。这些活动的开展为学院搭建了立德树人育人平台,服务学院各项事业发展,促进学生成长成才,扎实推进学院党委思想政治引领工作。

六、学生工作

在党中央的学生思政工作精神引领下、围绕学校的领军人才育人目标,针对本科生培养"发动全院教师、鼓励朋辈互助,全面培养、重点帮扶",针对研究生培养"发挥导师作用,引领自我探索、自我成长",最终培养出具有国际视野和家国情怀的领军人才!

学院将学风建设放在日常教育的核心位置。学院结合大一和大二学生的学生生涯、大三学生的未来生涯、大四学生的职业生涯等生涯规划教育开展学风教育。学院在认真抓好学风建设的基础上,注重全体本科生、研究生的学术诚信道德教育。学院现有经济贫困生109人,其中本科生58人,研究生51人。在资助育人工作中,学院注重育人成效,注重贫困生暖心工作。学院积极开展心理健康教育工作,在校心理健康中心的指导下开展心理健康教育工作。

就业方面,学院对大一学生就开始进行职业生涯规划的教育。在学校开展的职业生涯规划大赛中,学院有3名同学入围决赛,取得了很好的成绩。学院获得2019年职业规划大赛优秀组织奖。蒋冰洁同学参加了江苏省第十五届职业规划大赛决赛,获得了一等奖的好成绩。

我院在学生工作中注重精神文化传承,开展新中国成立70周年系列活动,如"善思笃行鸿鹄志"——寻访一流领军人物及优秀校友、"建材发展""我和国旗合个影"等活动。总体而言,学院在党中央的学生思政工作精神的引领下,通过学院、教师、学生等多方面的努力,构建了学科沉浸式一体化育人体系,围绕学校的育人目标,努力把材料学院学子培养成具有国际视野和家国情怀的领军人才!

七、安全工作

2019年我院狠抓"人防、技防、物防"三方面的安全管理工作,通过出台相关安全工作管理制度,实现常态化推进、从严管理和高标准技术指导,有效扭转了以往师生对安全检查或安全督导有抵触、应付整改的现象。

在日常管理方面,通过更新我院安全工作领导小组成员名单并落实安全工作分工,校内聘请安全专家成立我院安全工作督导组,出台《督导组成员工作守则》《学院实验室安全事故应急预案》,完善安全管理机构和制度文件;每月由安全工作督导组进行督导巡察1~2次,及时向学院提出实验室存在的问题与整改建议,由学院督促三级安全责任人按时整改,并邀请学院督导组检查整改落实情况;执行每月一次的安全例会制度,遇到实验室共性安全问题,及时安排安全工作领导小组人员分工负责,集中整治,及时整改。

八、特色活动

1. 2019 年 7 月 17~20 日,我院成功举办第二届材料科学与工程全国优秀大学生暑期学术夏令营。
2. 2019 年 7 月 17 日,我院成功举办第四届全国土木工程材料教师讲课比赛暨第八届全国建筑材料研究生论坛。
3. 2019 年 8 月 27 日,我院成功举行第 73 届 RILEM 周可持续土木工程创新材料国际会议暨纪念孙伟院士系列活动。

人 文 学 院

在校党委和行政的领导、关心和支持下,人文学院在 2018 年的基础上有了进一步的发展和提高。2019 年人文学院全体教职员工,无论是在本科生还是在研究生的教育、招生、培养过程中,其教学、科研都有了新的进展。

一、学院概况

人文学院是东南大学一级学科最多的综合性学院,现有哲科、公管、中文、旅游、医学人文学、社会学、历史学 7 个系以及 MPA 中心,有 5 个本科专业、10 个硕士学位授权点(5 个学术学位和 5 个专业学位)、1 个博士学位授权点及博士后科研流动站。目前学院教职工 117 人,其中教师 106 人。现有本科学生(含郭秉文文科试验班)714 人,其中 2019 级郭秉文班 251 人,少数民族特招生 56 人,国家专项和高校专项学生 65 人,运动员特招生 27 人。在校博士研究生 74 人,硕士研究生 732 人,其中全日制硕士研究生 260 人,非全日制硕士研究生 472 人。

人文学院有哲学学科博士后流动站和"科技伦理与艺术"国家"985"哲学社会科学创新基地、"公民道德与社会风尚"江苏省 2011 协同创新中心、江苏社会文明建设研究基地"江苏省决策咨询研究基地"、江苏省首批重点高端智库"道德发展智库"以及哲学省级重点学科,东南大学首个文科学术特区文化传媒与国际战略研究院等。

二、师资队伍

学院拥有一支高层次、高素质、国际化、年轻化的师资队伍。在师资队伍中,教育部长江学者特聘教授 2 人、教育部新世纪人才 1 人、江苏省社科名家 1 人、中宣部"四个一批人才"1 人、江苏省"五个一批人才"1 人、江苏省教学名师 1 人,东南大学人文社会科学资深教授 2 人。本年度学院引进教授 2 人,博士 10 人。荣获江苏省"社科英才"1 人,"社科优青"2 人;获得学校"至善青年学者"计划 A 类 1 人、B 类 1 人,文科"攀升计划"1 人。专任教师中,教授、副教授占 56%,45 岁以下占 62%,有博士学历的占 95%(其中海外及国内其他高校博士占 81%),师资国际化的比例为全校之首。博士生导师 20 人,硕士生导师 52 人。教授为本科生授课率 100%,教授讲授本科课程占学院开课总门次 19%。

三、党建工作

2019 年,人文学院有在职教工党员 59 名,离退休党员 24 名,学生党员 237 名,党员总数 320 名。按系科专业结构特点在全院设立 9 个学生党支部,4 个教工党支部和 2 个退休教师党支部。

2019 年初,成立人文学院党委理论学习中心组,制订并落实人文学院党委 2019 年度理论学习安排;成立人文学院安全稳定工作及意识形态责任制领导小组,制订并落实党委 2019 年政治安全工作计划。根据校党委巡察反馈意见,落实整改措施 39 条。积极参加东南大学"不忘初心、牢记使命"主题教育学习各项活动,坚决贯彻执行校党委各项工作部署。

坚持党管干部、党管人才的原则,重点落实"人才年"工作目标,顺利完成了学院行政领导班子换届及哲学与科学系、社会学系行政负责人调整,调整补充了学院业务和管理干部。贯彻学校人事工作会议精神,坚持立德树人,强化人才培养,做到引育并举。

落实主体责任,加强政治建设、思想建设、组织建设与党风廉政建设,加强督促检查。成立人文学院党委巡察整改工作组,调整了人文学院党政领导班子成员分工及联系单位,修订人文学院党委会议议事规则、人文学院党政联席会议议事规则、人文学院"三重一大"决策制度实施办法,制订了人文学院网站管理办法。调整了人文学院教学委员会,成立人文学院教学督导组。

在主题教育工作中,组织班子成员积极参加学校党委统一安排的6场次"不忘初心、牢记使命"主题教育学习活动。认真组织好本单位的6场次主题教育集中学习交流活动。结合主题教育,人文学院班子成员认真讲好专题党课。广泛开展调研,认真听取意见,形成问题清单,提出整改措施。按要求高质量开好民主生活会。

积极履行全面从严治党主体责任,重点学习《中国共产党廉洁自律准则》和《中国共产党纪律处分条例》。重点运用监督执纪"四种形态"之"第一种形态",加强对责任对象的教育和监督,加强机关作风监督管理。严格执行领导干部廉洁自律各项规定。

四、学生培养

(一) 本科培养工作

首先,坚持党建引航,强化理论武装,夯实学生党建工作。人文学院各支部积极制订"不忘初心、牢记使命"主题教育计划,并按照计划方案开展形式多样、内容丰富的组织生活,发挥好党支部的战斗堡垒和政治核心作用。

2019年本科生党支部"党旗引领军学共话"主题教育活动获2019年"领航工程"东南大学本科生党支部精品项目;低年级本科生党支部"雨花英烈"红色文化进校园主题党日活动获"领航工程"东南大学本科生党支部精品项目重点项目;低年级本科生党支部和公共管理系研究生党支部分别获得"最佳党日活动"一等奖;人文学院团委荣获2018年度"五四红旗团委"称号,1个团支部获"国旗团支部入围"荣誉称号,4个团支部获"特级团支部"荣誉称号,4个团支部获"先进团支部"称号。

其次,坚持学风引导,筑牢精神根基,助力学生成长成才。以学校相伴计划、优良学风班和优良学风标兵班建设项目、大学生课外研学项目为依托,做好课外教育管理,促进学风建设工作。严格规范"第一课堂",活跃"第二课堂",多措并举,营造浓郁学习氛围。以秉文书院为依托,构建多元化学习生活社区,强化环境熏陶功能,发挥宿舍区的育人功能。

2019年,人文学院副院长洪岩璧荣获"青年五四奖章";人文学院团委书记付林获"优秀团务工作者"称号;人文学院1人被评为"江苏省优秀学生干部";1人获江苏省第五届"互联网+"大学生创新创业大赛青年红色筑梦之旅赛道公益组省级三等奖;2人获"力行杯"江苏省大学生社会实践项目大赛二等奖;1人获"江苏省社会实践先进个人"称号;"火炎焱"团队获第三届中国研究生公共管理案例大赛全国三等奖;"六朝松下听相声"团队获江苏省高校公共管理案例分析大赛三等奖;东南大学暑期社会实践评比共获得"十佳团队奖"1个,1人获暑期社会实践活动十佳个人提名。

(二) 研究生培养工作

研究生招生方面,重视招生宣传,吸纳优秀生源。2019级硕博连读生剌利青同学获东南大学2019级博士新生奖学金。在研究生培养上,注重提升研究生创新和实践能力。在2019年度江苏省研究生科研与实践创新计划申报中,彭智、杜盼盼两位同学获批科研与实践创新计划项目立项。研究生课程建设方面,本年度共有"《诗经》《楚辞》专题研究"等六门课程获批"课程思政"示范课程立项,立项数在全校名列前茅。

注重开拓研究生的国际视野,加强国际学术交流,本年度学生出境、出国进行学术交流的规模大幅提高。其中李娴同学作为2019年国家建设高水平大学公派研究生项目联合培养博士赴新加坡进行学术交流。王洁琳、胡碧波、张君、杨洁等同学作为汉语教师志愿者赴国外进行志愿服务。另有张金金、周世露、沈丽娜、王旭、段林、朱丹、胡珍妮六位同学以学校整建制交流为契机,前往香港、俄罗斯等地进行短期学术交流。

学位教育方面,注重提升学位论文质量,优秀论文数量显著提升。在教育部首届"全国优秀应用心理学硕士学位论文"的评选中,我院2015级应用心理学专业学位的硕士毕业生程佰健同学的学位论文《学前儿童自我控制的干预研究》被推荐为优秀硕士学位论文。在2019年度东南大学优秀研究生论文评选中,蒋艳艳同学的学位论文《网络时代的伦理方式》获评优秀博士学位论文,施蘅茹同学的学位论文《基于BBC语料库的"V一下"结构动词选用与对外汉语教学研究》和杨帆同学的学位论文《〈琵琶记〉的插图批评》获评优秀硕士学位论文,杨帆同学的学位论文还同时获评2019年江苏省优秀硕士学位论文(全校文科只有两人入选)。

五、科研成果

(一) 科研项目情况

2019年,学院教师获得国家社科重大项目2项、重点项目1项,国家社科一般和青年项目4项,共计划8项;获得教育部人文社会科学基金1项;获得江苏省社科基金5项。

人文学院2019年度国家社科基金立项项目

项目批准号	课题名称	所在学科	项目类别	姓名	所在学院	资助经费/万
19AZD040	技术创新哲学与中国自主创新的实践逻辑研究	哲学	年度重大项目	夏保华	人文学院	80
19ZDA256	明清小说戏曲图像学研究	中国文学	年度重大项目	乔光辉	人文学院	80
19AZX015	改革开放以来道德生活形态变迁研究	哲学	年度重点项目	谈际尊	人文学院	35
19FZXA002	黑格尔道德现象学讲习录	哲学	后期资助重点项目	樊和平	人文学院	35
19BSH017	新道德社会学评析研究	社会学	年度一般项目	李林艳	人文学院	20
19BSH075	"互联网+"时代绿色生活方式的新型日常实践研究	社会学	年度一般项目	高娜	人文学院	20
19BSH100	现象学社会学视角下的农村传统公共文化空间与乡村振兴研究	社会学	年度一般项目	胡伟	人文学院	20
19CZX006	批判实在论马克思主义的正义观及其当代价值研究	哲学	年度青年项目	蒋天婵	人文学院	20

(二) 获奖情况

人文学院哲学学科获"省优势学科"荣誉;卞绍斌教授获"江苏省社科英才"称号,高广旭教授、洪岩璧副教授获"江苏省社科优青"称号。

(三) 论文与著作

发表各类论文 104 篇,著作出版 16 本。

其中 CSSCI 论文 80 篇;各学科最高刊以外的最高刊:《中国社会科学》1 篇(樊和平),A&HCI 5 篇(Ionut Untea),SSCI 11 篇(徐菲菲 5 篇,顾秋实 2 篇,吕秋琳 1 篇,张晶 1 篇,黄亮 1 篇,杨昱 1 篇)。

六、国际交流

国(境)外专家学者来访讲学 21 人次以上,包括来自美国、英国、德国、瑞士、法国、澳大利亚和日本等国的学者。

教师出国/境参加学术会议、讲学 20 人次以上,包括美国、德国、荷兰、瑞士、韩国、挪威等国家或地区。

与密歇根州立大学全球健康中心(IGH)就学生交流和科研合作进行初步洽谈,确立合作意向。与俄罗斯、日本一些大学也已接洽初步达成合作意向。

28 名本科生参加国际交流(寒暑假项目为主),交流高校有美国斯坦福大学、英国伦敦大学等。

七、智库发展

3 月在 2018 年度省重点高端智库考核评估中荣获"优秀"等次。"道德发展智库月系列活动"工作案例入选"2019 年度 CTTI 智库最佳实践案例"。

举办多场高端学术会议:江苏青年智库学者学术沙龙"全面小康与道德风尚"专场;关于新中国 70 年伦理道德发展的"长江学者智库论坛"和"青年学者智库论坛";第二届江南文脉分论坛·道德发展智库国际论坛:"伦理道德发展的文化战略"等。

智库首席专家樊和平教授在《中国社会科学》发表《中国社会大众伦理道德发展的文化共识——基于改革开放 40 年持续调查的数据》,该论文获评"2019 年度江苏智库研究十佳成果"。

艺术学院

一、学院概况

2019 年末,艺术学院共有教职工 71 人,专任教师 62 位,其中教授 16 位,副教授 22 位,讲师 23 位,助教 1 位。卢衍鹏教授入选江苏省"江苏社科优青"人才计划;陈少鹏入选江苏省"双创博士"支持计划;于薇入选东南大学"至善青年学者"人才计划;卢衍鹏、李轶南教授入选中国文艺评论家协会会员。

2019 年末学生总人数为 539 人,其中学生党员数为 106 人。2019 届 84 名本科毕业生中,18 名同学进入国内著名高校深造,4 名同学进入国际知名高校深造,综合升学率 26%。2019 届硕士生中,有 2 位国内升学。在我院对毕业生就业工作的进一步推动下,艺术学院 2019 届毕业生(本硕博)年终就业率为 97.86%。

二、党建工作

截至 2019 年 12 月 30 日,我院共有党员 181 人,其中学生党员 143 人,教师党员 38 人(含退休党员 4 人);7 个党支部,其中 5 个学生党支部,2 个教工党支部。全年共遴选 64 人参加党员发展对象培训班,培养发展对象;发展党员 32 名,完成全年发展指标。12 月底,学院党委改变以往按照年级设置硕士生党支部的方式,重新按照专业对硕士生党支部进行调整,原硕士生3个党支部调整为2个党支部,并对教工党支部的人员按照系别进行了重新调整。

1月18日,学院全体党政领导慰问张道一先生。学院领导与张先生拉家常、话发展,详细询问了张先生的生活和健康情况,并向张先生简要介绍了学院一年来的发展情况。王廷信院长代表学院感谢张先生长期以来为学院建设发展作出的贡献、为培养艺术学子付出的努力,同时送上全体艺术学院师生对张先生的新年祝福。

3月15日,艺术学院联合东南大学党委学工部、东南大学机关党委共同举办的"尽善尽美·轻罗小扇绘丹青"文化活动在九龙湖校区举行。

3月20日下午,艺术学院机关工作作风建设会议在学院会议室召开。党委书记赵天为主持了本次会议,副院长崔天剑、副院长李轶南、党委副书记袁琴以及院机关全体成员共同参会。

4月2日下午,艺术学院师生代表赴牛首山祭扫李瑞清先生墓。活动以"探寻前人遗迹、追溯学院渊源"为主题,邀请我院退休教师尹文老师在牛首山弘觉讲堂开展了题为"追溯先生事迹"的讲座,开展题为"追思先生情怀:瞻仰中锻炼中国脊梁"的祭扫活动,让学生们充分了解院史,追寻先辈意志。

4月27日,本科生党支部在大金山国防园举行"艺游大金山,春聚国防园"党日活动,艺术学院本科生党员、发展对象、积极分子24人共同参加了活动。

5月31日下午,2019年东南大学"十佳"候选研究生党支部公开答辩在四牌楼榴园宾馆新华厅举行,我院2016级硕士生党支部和2017级硕士生党支部入围15个候选研究生党支部。

7月9—10日,艺术学院成功举办了新一届院领导班子成立以来的首次全院干部培训班。本次培训班以"不忘初心、牢记使命"为主题,校党委书记左惟同志,校党委副书记、纪委书记任利剑同志,亲临培训班授课指导。

9月9日教师节前夕,艺术学院党委书记赵天为,院长龙迪勇,副院长程万里、卢文超,党委副书记兼副院长袁琴,办公室主任马民华等一行前往慰问张道一先生。

10月8日下午,为庆祝新中国成立70周年,深入开展"不忘初心、牢记使命"主题教育活动,增强教职工的责任感、使命感与自豪感,在艺术学院党委、行政的领导下,院工会组织学院全体教职工观看影片《我和我的祖国》。

10月11日上午,第十四届东南大学党委第三轮巡察第五巡察组巡察艺术学院党委工作动员会在艺术学院二楼报告厅举行。

11月13日,艺术学院领导班子成员在学院三楼会议室开展"不忘初心、牢记使命"主题教育工作交流会议。

11月20日上午,艺术学院召开"不忘初心、牢记使命"主题教育领导班子民主生活会。

12月26日下午,第十四届东南大学党委第三轮巡察第五巡察组巡察艺术学院党委巡察情况反馈会在艺术学院二楼报告厅举行。

三、学科建设与学术研究

1月26日下午,东南大学中国画研究院成立仪式暨顾伟玺作品《六朝松》捐赠仪式在我校四牌楼校区图书馆举行。

3月13日上午,艺术学院梅庵学会换届会议在学院报告厅举办。学院党政领导、梅庵学会指导老师、博士生、研究生代表参加了会议。

3月20日下午,艺术学院网站建设工作推进会在学院三楼召开。本次会议由党委书记赵天为主持,副院长李轶南、党委副书记袁琴和学院网站相关管理员共同出席。

3月24—28日,在艺术学院三楼咖啡厅如期举行西方美术史学史工作坊两期活动。

3月29日下午,学院召开全院教职工大会,全体教职工共同出席了本次会议。会议由党委副书记袁琴主持。面向全体教职工,党委书记赵天为和院长王廷信分别作了学院党委和学院行政2018年工作总结及2019年工作计划的报告。

3月30日,教育部发布《2018年度普通高等学校本科专业备案和审批结果》,东南大学艺术学院艺术史论专业获批备案。

4月4日上午,学院举行杨左棠女士赠书仪式,杨左棠女士在东南大学老干部处党支部书记张楠和退休老干部朱玉佩的陪同下向学院赠书,党委书记赵天为代表学院接受了捐赠。

5月11日,东南大学校友总会艺术学院分会浙江院友会在浙江杭州举办成立大会。

6月6日,东南大学艺术学院在东南大学九龙湖宾馆至善厅隆重举行"艺术的文化、社会与历史研究研讨会暨东南大学艺术人类学与社会学研究所揭牌仪式",以学术研讨的形式庆祝东南大学艺术人类学与社会学研究所的揭牌和对方李莉教授的聘任。

6月18日,东南大学校友总会艺术学院分会广东院友会在广州举办成立大会。

6月25日,2019年国家社科基金立项名单公布,我院李倍雷教授《"二十六史·艺术列传"体系与相关问题研究》项目获批重点项目立项,于薇讲师"五代两宋'阿育王塔'研究"项目获批青年项目立项。

6月29日上午10时,东南大学文化发展战略规划研究中心在四牌楼校区举行成立仪式。

7月2日,全国艺术科学规划领导小组办公室公布了2019年度国家社科基金艺术学重大项目立项名单,我院王廷信教授申报的"中华传统艺术的当代传承研究"课题获批立项。

9月1日,2019年度国家社科基金艺术学重大项目"中华传统艺术的当代传承研究"开题论证会在东南大学九龙湖宾馆至善厅举行。

9月30日,我院在2019年国家社科基金艺术学年度项目中再创佳绩,喜获3项立项,包括甘锋教授的重点项目"马克思恩格斯艺术传播理论及其中国化研究"、杨朗讲师的青年项目"北宋馆阁与文人艺术",姚瑶讲师的青年项目"东亚文化圈视阈下的唐代佛教艺术对日影响研究"。

10月12—13日,为了持续探索中国设计产业升级变革与设计教育事业的未来发展,东南大学艺术学院成功举办以"未来·变革"为主题的第二届设计学研究与教育研讨会。来自全国各高等院校、科研院所、国内外设计组织机构的60余位专家与学者出席本次会议,共同探讨未来设计学发展的可行之路。我院设计系教师及部分博士生、研究生参加了本次研讨会,并同与会专家学者开展了广泛深入的交流。

10月18日,由东南大学艺术学院、南京大学艺术研究院、南京艺术学院艺术学研究所共同主办,东南大学艺术学院承办的"多维视野中的艺术理论暨第五届南京三校研究生艺术学论坛"在东南大学九龙湖宾馆举行。

10月19日,由东南大学艺术学院、东南大学文化发展战略规划研究中心联合江苏省昆剧研究会主办的"中国昆曲当代传承学术研讨会"在东南大学榴园宾馆召开。

10月20日上午9时,江苏省研究生学术创新论坛于东南大学九龙湖宾馆隆重开幕。

11月28日,我院举行国家社科基金申报动员会,特邀凌继尧教授指导申报工作,分享申报经验。会议由卢文超副院长主持,赵天为书记、龙迪勇院长以及10余位青年教师参加。会上,凌继尧教授从申报项目的类别、选题的提炼、申报书的撰写等方面进行了详尽阐述,并对成功的案例进行了细致入微的分析。

12月14日上午,东南大学古琴文化传承基地揭牌仪式隆重举行。下午,"古琴工作坊"及"古琴艺术的当代传承"专题研讨会在东南大学古琴文化传承基地热烈召开。

12月30日,"徐悲鸿助学金"颁奖仪式在艺术学院会议室举行。

此外,2019年间我院共举办"名师讲坛"13期,邀请国内外艺术学领域具有重要影响力的名师与我院师生开展学术研讨。邀请校外及业内专家举办了工作坊5次,我院青年教师主办的"梅庵工作坊"开展了4次研讨会。

四、交流合作

2019年1月5日上午,艺术学院二楼学术报告厅隆重举行德国海德堡大学讲席教授胡素馨博士为东南大学"客座教授"的授予仪式。仪式由艺术学院院长王廷信教授主持,艺术学院赵天为书记、李轶南副院长、周渝主任、沈淑琦副教授等教师和学生代表共70余人参加了本次仪式。双方就加强学术交流、联袂培养高级研究人才、共建高水平学术平台,为两校师生创造更多的学习和交流机会等方面进行了深入交流。

4月28日下午,北京航空航天大学新媒体设计与艺术学院一行来我院开展调研交流,与我院党委书记赵天为、副书记袁琴、本科教学副院长崔天剑、研究生教学副院长李轶南及各系负责人共同出席了本次调研交流。会上,双方就学科发展、专业建设、教学工作、职称评审等重要问题进行了热烈交流讨论。

6月19日下午,山东师范大学美术学院院长刘明波等一行来我院考察,院党委书记赵天为、副院长程万里、副院长卢文超、学科办主任周渝、实验中学主任刘江、人事秘书方跃武等进行了接待,双方就学科与科研建设、系科与机构设置、绩效考核、实验室建设等主题进行了深入交流。

2019年7月5日上午,江苏省委宣传部副部长徐宁、文化产业处处长王明珠、文艺处处长高民一行来东南大学调研文化发展战略规划研究中心工作。东南大学党委副书记、纪委书记任利剑,社科处副处长甘锋、艺术学院副院长程万里等陪同调研。东南大学文化发展战略规划研究中心主任王廷信,特聘主任陈国欢,中心顾问陈同乐,中心副主任李轶南、张志贤等主要成员参加了调研。

8月16日,我院与西北工业大学理学院以"非遗"文化传承为主题的社会实践交流会顺利开展,西北工业大学理学院"兰溪拾遗"实践队与我院"秣陵五色"实践小队分解介绍了各自关于开展"非遗"文化主题的实践方法、实践过程和实践收获。

9月18—20日,由东南大学艺术学院主办的"跨越边境:中西艺术交流"国际学术研讨会顺利召开。来自德国海德堡大学、法国国立艺术史研究所图书馆、法国赛努奇博物馆、英国伦敦大学、荷兰莱顿大学、中国人民大学、中央美术学院、故宫博物院、北京画院等10余所国内外院校和研究机构的学者,围绕西方艺术的中国传播,中国艺术的西方传播,中西艺术交流的理论、方法与路径,中西艺术交流的具体个案研究等问题展开了深入研讨。我院10余位师生也参与了本次研讨会,双方交流有力地深化和推进了学界对中西之间艺术交流的理解与认识。

10月30日,2019年中国艺术人类学学术研讨会召开中国艺术人类学学会三届一次常务理事扩大会,审议通过了方李莉会长有关将秘书处主要工作转移到东南大学艺术人类学与社会学研究所的提议。该研究所常务副所长、艺术学院副教授、博导孟凡行担任学会秘书长的提议,标志着我院已成为中国艺术人类学研究重镇。

12月16日下午,中山大学艺术学院直属党支部书记吴晓枫、副院长金婷婷、直属党支部副书记李燕、理论教研室主任孔庆夫一行来我院进行调研交流,艺术学院党委书记赵天为、党委副书记袁琴、副院长卢文超进行了接待。双方就党建工作、学科建设、人才培养等问题进行了深入交流。

五、教学与人才培养

3月21日,共青团东南大学第二十届委员会第三次全体(扩大)会议在九龙湖宾馆举行。开幕式上,东南大学党委书记左惟为荣获2018年度东南大学优秀学院团委的12个院系颁发奖牌。艺术学院团委荣获"2018年度优秀学院团委"荣誉称号,该奖项是2014年以来我院首次荣获的优秀学院团委称号。

4月18日,艺术学院研究生作品在第三届"全国大学生网络文化节"和"全国高校网络教育优秀作品推选展示活动"中喜获佳绩,我院硕士研究生刘巍、陈阿曼的作品《你的鼠标》荣获公益广告类三等奖,吴婷的作品《一封来自解忧杂货铺的回信》和《诱惑——留给花鲤的叹息》分获其他类网络创新作品三等奖和网文类优秀奖。

4月24日,第八届陶风图书奖评选结果公布,艺术学院汪小洋教授的著作《中国丝绸之路上的墓室壁画》(7卷本)获评陶风图书奖优秀图书。

4月28日,我院龙迪勇教授指导的博士后刘坛茹、许宏香获得2019年中国博士后基金立项,这也是东南大学人文学科2019年度仅有的2项获批项目。

5月5日下午,东南大学2018年度"五四表彰"大会在焦廷标馆举办,艺术学院荣获多项集体与个人荣誉。包括:学院团委荣获2018年度"五四红旗团委"称号;242161团支部荣获"特级团支部"称号;242161团支部、242171团支部、243162团支部荣获"甲级团支部"称号;2017级硕士团支部荣获"先进团支部"称号;艺术学院团委书记田清荣获"优秀团务工作者"称号;2016级本科生安泓霖等4人荣获"优秀团干"称号;2016级本科生张晨靖等15人荣获"优秀团员"称号。

5月29日,代表南京市文学艺术最高奖项的第七届南京文学艺术奖颁奖仪式在汉府饭店举行。我院张道一老师荣获终身成就奖、张燕(长北)老师著作《中国手工艺:漆艺》荣获特别作品奖、程万里老师著作《汉画四神图像》荣获入选作品奖。我院博士生、青年古筝演奏家任洁荣获突出贡献奖。

7月29日,"解构榫卯写意东方"第三届黄公望两岸文创设计大赛结果在江苏常熟揭晓。东南大学艺术学院瞿莹的《山石·山面》在279件参赛作品中脱颖而出,夺得金奖。

7月30日,2014级动画系毕业生赵雨心同学的动画短片 Bear in the Mirror 获选参展"The 2019 San Diego International Kids' Film Festival"。

9月11日,由教育部高等学校计算机类专业教学指导委员会、教育部高等学校软件工程专业教学指导委员会、教育部高等学校计算机课程教学指导委员会等联合举办的"2019年(第12届)中国大学生计算机设计大赛"落下帷幕,我院设计系学子取得喜人成绩。其中,陈子禾、孙振铎、焦奕博的作品《SEALF》获得数媒设计类专业组(工业产品设计组)国赛一等奖、省赛一等奖(指导教师:许继峰、郑德东);王欣佳、钟以恒的作品《你不知道的"室"》获得信息可视化设计类(信息图形设计组)国赛二等奖、省赛三等奖(指导教师:许继峰);余玥玮、陈果的作品《放逐身蓝缕》获得数媒设计类民族元素(图形图像设计组)国赛二等奖、省赛三等奖(指导教师:许继峰、陈绘)。

10月21日上午,由东南大学艺术学院主办的"东南艺韵颂中华——庆祝新中国成立70周年师生艺术作品展"在艺术学院三楼展厅开幕。

12月期间,艺术学院许继峰副教授指导徐将依同学的毕业设计《爱+——增强家庭情感交流的智能产品》荣获2018年江苏省普通高等学校优秀本科毕业设计(论文)三等奖。

六、学生活动

3月12日上午,艺术学院2019级春季博士新生入学典礼暨导师见面会在学院顺利开展,学院党政领导及博士生导师出席入学典礼。

4月12日,东南大学第六十一届田径运动会在九龙湖校区体育馆开幕,本次运动会学院本科生及研究生共40余人参加了全部27个田径项目和10个趣味项目。在为期两天的赛程中,学院运动健儿们奋勇拼搏,以总分101.5分的优异成绩,赢得本科生乙组团体第八名的历史最佳成绩。

4月22日,东南大学艺术学院"艺起心飞扬"心理健康活动在艺术学院二楼报告厅顺利召开。活动邀请心无限教育信息咨询有限公司创始人孙洋老师作为主讲嘉宾,开展以"情绪管理与身心健康"和"情绪管理与人际关系"为主题的讲座。

5月21日,"路——东南大学艺术学院2019届毕业作品展"在东南大学九龙湖校区焦廷标馆盛大开幕,此次展览共展出2019届80位毕业生71件作品,现场气氛活跃,热闹非凡。

5月27日,"华为杯"东南大学第五届大学生职业规划赛决赛在润良报告厅举办,2018级硕士研究生王亚迪同学在决赛中表现突出,荣获二等奖。此外,我院2018级本科生叶庚桐同学在本次活动中入围复赛,我院研究生辅导员田清老师荣获"优秀指导老师"称号。

5月29日，校团委在全校范围内开展了2019年"东大好青年"评选活动，我院2018级硕士研究生李国锦获2019年"东大好青年"荣誉称号（全校共10人），我院2016级硕士研究生王大也、2017级硕士研究生胡亚东获东大好青年入围奖。

6月3日，在东南大学第十五届"吾爱吾师"的评选中，我院许继峰副教授从诸多候选人中脱颖而出，荣获"院系最受欢迎老师"荣誉称号。

8月15—25日，艺术学院筹备组织开展了2019级本科生的迎新工作。8月25日晚，艺术学院2019级本科新生入学典礼在九龙湖校区教四301隆重举行。学院党政领导、各系系主任、新生班主任，以及学院教职工出席入学典礼。

9月6日，艺术学院在九龙湖校区学院二楼报告厅举办了2019级研究生入学典礼。

9月12日，艺术学院在东南大学2019级本科生军训工作中喜获佳绩，学院所在的二营四连荣获"军事技能训练优胜连""内务卫生优胜连""宣传报道优胜连"，总分全团第一，并获得"先进连队"称号，指导员刘畅老师荣获"优秀指导员"荣誉称号。

12月26日晚，以"追梦贰零·艺久弥新"为主题的艺术学院2020年艺术之夜迎新年晚会在九龙湖校区焦廷标馆剧场精彩上演。艺术学院全体党政领导、30余位学院教师和600余位学生欢聚一堂，辞旧迎新。

法 学 院

2019年，是冲刺第五轮教育部学科评估的收官之年，2020年，是"十三五"的收官之年。无论是对于国家治理战略层面法治人才的培养与法治理论建设，还是对于法学学科评估的各种准备和冲刺，以及对于明年"十三五"规划的完成，2019年度都是至关重要的一年。在"不忘初心、牢记使命"的主题教育学习中，在习近平新时代中国特色社会主义思想指导下，法学院继续贯彻"交叉性、团队式、实务型"办学宗旨，全面深化综合改革，努力开创"双一流"建设新局面，在立德树人、科研创新、平台发展、国际交流、社会办学等方面取得了巨大成绩。

一、坚持优化发展，学科平台不断攀升

法学专业成功入选国家级一流本科专业建设点。2019年12月31日，教育部公布了2019年度国家级和省级一流本科专业建设点名单[《教育部办公厅关于公布2019年度国家级和省级一流本科专业建设点名单的通知》（教高厅函〔2019〕46号）]，法学专业成功入选国家级一流本科专业建设点。

本年度，法学学科排名稳居前十左右。根据"2019软科中国最好学科排名"之法学排名，东南大学法学院位居全国第12位，排比6%；校友会2019中国一流学科排名：法学学科排名发布，我院排名全国第13位，在江浙沪地区排名与华东政法大学并列第1位，位次百分比占前7%。

本年度，学院获得法学博士后流动站。2019年9月29日，人力资源社会保障部、全国博士后管理委员会联合发布《关于批准新设湖南大学哲学等339个博士后科研流动站的通知》（人社部发〔2019〕105号），我院获批设立法学博士后科研流动站。自此，学院形成了法学本科、法学一级学科硕士点、法律专业学位硕士点和法学一级学科博士点在内的完整的法学人才培养体系。

本年度，学院又新增2个省部级以上基地：中央网信办网络安全法治研究中心和最高检民事检察研究基地。2019年8月28日，中央网信办发文"中网办秘字〔2019〕1038号"批示，我院成立中央网信办"网络安全法治研究中心"。2019年8月30日，最高人民检察院授予东南大学"民事检察研究基地"。

本年度，学院智库建设成效显著。一项智库成果获省智库优秀成果一等奖，3个智库入选CTTI；9个智库共提交21件咨询对策报告，其中共有10件获省部级以上领导批示。

二、坚持人才强校,师资水平稳中创优

本年度,学院成功引进急需学科的高端人才。在"人才年"的推动之下,学院成功引进河海大学法学院院长杨春福教授、南京工业大学吕建高教授、美国弗吉尼亚理工学院暨州立大学的邢晨曦博士。

本年度,学院师资力量稳中提升。3位教师实现了职称晋升。新增博导3位,硕导5位。

本年度,学院青年教师成长迅速,未来一流领军人才正蓄势待发。学院教师获省部级人才工程共计5人次,校内人才工程1人。

三、坚持创新引领,学术研究硕果累累

2019年度科研经费课题总数43项,总立项经费370.9万元。纵向课题共35项,立项经费共271.9万元;横向课题8项,立项经费99万元;不纳入统计的:校内课题经费44项,立项经费162.2万元。

纵向课题共35项,立项经费共271.9万元(国家社科5项,100万元;教育部课题3项,40万元;人才工程2项,40万元;省社科基金课题1项,5万元;中央网信办课题1项,10万元;司法部课题3项,8万元;最高人民检察院课题4项,6万元;中国法学会项目1项,0.5万元;共青团中央"青少年发展研究"课题1项,1万元;省人大理论研究会课题2项,4.4万元;省厅级课题4项,50万元;江苏省法学会6项,5万元;省级教学改革研究与实践项目1项,2万元)

本年度,学院师生学术论文发表量首破双百。学院师生科研创新力呈井喷式爆发,论文发表量首次实现建院以来总量破两百,C刊发表量破百。

本年度,学院教师总计出版学术著作24本,其中出版学术专著13本,编著和译著共11本。13本学术专著中,纸质出版物12本,电子出版物1本。

本年度,学院科研获奖如下:周佑勇教授个人专著《行政裁量基准研究》获得教育部第八届人文社科成果奖一等奖,这是人文社科领域的最高奖;刘艳红教授专著《开放的犯罪构成要件理论研究》,获第一届韩德培法学奖青年原创奖(2019年12月);刘艳红教授论文《网络时代言论自由的刑法边界》,获第一届中国网络法学优秀成果奖一等奖;刘启川副教授论文《责任清单编制规则的法治逻辑》,获第二届方德法治研究奖三等奖。

四、坚持立德树人,人才培养成效卓越

本年度,学院本科生于本年度取得"挑战杯"全国赛与省赛特等奖。学院本科生刘一帆、胡炜瑛、陈睿毅、王若男、邓心林同学作品《护航"网生代"——WEB 3.0时代未成年人网络权益软性保护路径研究》,夺得法学组头筹,斩获第十六届大学生课外学术科技作品竞赛"挑战杯"全国竞赛特等奖。这是我院历史上首次获得"挑战杯"全国赛特等奖。

本年度,我院严格贯彻并大力执行2018年8月《教育部关于狠抓新时代全国高等学校本科教育工作会议精神落实的通知》,一年来学院致力于消灭"水课"建设"金课";同时,努力推进马工程教材在课堂教学中的使用情况,严格保证并落实马工程教材全课堂过程的使用。

(1)获省级高校重点教材建设立项1项。

(2)一流学科课程建设成效斐然。周佑勇"工程法学课程群"与刘艳红"法理"课程获得在线开放课程立项建设支持;"医事与法律的对话""工程争议解决实务专题"2门课程在中国法学MOOC(慕课)上线;刘艳红"法理"课程获得校级线下、线上线下混合式、社会实践国家级一流本科课程立项建设,现正在参加国家级金课评选;刘建利、单平基、徐珉川、刘红、余涛共5位教师的5个项目获得校级教改项目立项支持;戴庆康"国际私法"和于文婕"国际贸易法"2门课程获得校级第一批全英文课程立项支持;欧阳本祺教授的"中国刑法专题"获研究生"课程思政"示范课程首批建设试点;6门课程获第二批研究生"课程思政"校级示范课改革试点立项建设支持。

(3) 打造精品文科,创新秉文文科试验班教学管理。本年度,学院贯彻学校对精品文科与一流人才的培养目标,继续聘请名师为秉文文科试验班同学授课,学院名师与骨干精英纷纷课堂授课,教学效果良好,法学院师生授课渐成秉文班一道独特的风景。

学院学生不忘初心、牢记使命,在其他方面也脱颖而出取得了骄人的成绩。除"挑战杯"外,学院各年级同学共获得各类奖项 80 余项。法学院 250171 班荣获"东南大学 2018—2019 学年校级优良学风标兵班"称号。法律职业资格稳中有升。2019 年法学院法律职业资格考试本科生通过率 46.38%(32/69),研究生通过率 74.7%(186/249)。学生继续深造率稳中有升。本年度,学院 2019 届本科毕业生中继续攻读硕士学位的有 26 人,深造比例为 41.3%(26/63)。其中,出国和港澳台留学人数为 5 人,占本科毕业生总人数的 8%(5/63)。研究生毕业生中,有 5 人继续攻读博士学位,占比 7.4%(5/68)。

认真落实推行本科生导师制,实现学生导师全覆盖,为其学习、生活、就业规划提供指导。全面推进教师月见会(院长午餐会、教授午餐会、导师月见会)制度,加强老师与学生的交流。积极主张明确研究生导师、本科生导师职责,丰富了意识形态工作兼职队伍的内涵。

五、学术交流活跃,国际办学创新格局

本年度,学院师生学术交流异常活跃,学院学术氛围浓厚,学术环境良好。我院全年举办学术会议共 21 次,学院邀请外校教师做讲座共 62 场;我院教师外出做讲座共 67 场,外出参会共 129 次。

本年度,学院国际化办学视野与办学能力日益提升,办学格局呈现出国内一流与国际一流齐头并进的发展新态势。

学术交流与学科发展日益国际化。本年度,学院成功举办大型国际会议——"转型国家腐败治理经验"国际论坛;成功邀请美国天普大学教授在我院开设为期 3 个月的全英文课程"英美法律制度""合同法专题";成功聘请日本东京大学、匈牙利佩奇大学和塞尔维亚商业大学 3 位教授为我校客座教授或我院荣誉教授;成功举办 7 场海外学者的学术讲座;接受国际交流学生 1 名。

培育国际一流人才,积极推进学生赴海外交流学习。我院学生出国(境)访问学习 24 人次,其中本科生 9 人次,硕士生 12 人次,博士生 3 人次。

学院教师出国交流活跃,国际化视野日益扩大。2019 年度,我院教师出国学术交流共 17 人/次,其中,出国短期或长期访学交流 8 人次,参加国际性学术会议 7 人次,出国举办学术讲座或者授课 3 人次。

积极拓宽办学渠道,与国外大学签约及交流活动频繁。本年度,我院与境外法学院合作项目拓展迅速,与美英法三个国家共计 4 所大学签订或者达成合作意向。本年度,英美共 5 所大学有关人员来我院进行宣讲与合作洽谈。

积极招募海外英才,加大国际化一流人才的引进力度。2019 年 5 月 14 日,我院成功举办了第二届"海外青年学者人才洽谈会",参加洽谈的两位海外青年才俊为德国柏林洪堡大学的周育博士和加拿大麦吉尔大学的陶南颖博士。

六、坚持开放办学,社会资源日益丰富

本年度,学院积极向司法实务部门开放办学。积极探索卓越法治人才协同育人机制,深化法学教育教学改革,成立东南大学法学实践教育中心。截至今年底,我院共聘任实务型导师十批,实务型兼职硕导共 168 名,这些大大丰富了我院校外资源,提升了我院在实务部门的凝聚力。

同时,本年度,我院教师理论结合实践,在一系列具有重要影响力案件的处理上发挥了重要作用,并对国家法治建设起到了有效的推动作用。2019 年 5 月,施建辉团队的"南京旅客穿越铁道被挤压致死"入选 2018 年度中国十大影响力诉讼。2019 年 5 月,胡朝阳团队的"华韩"注册商标侵权及不正当竞争纠纷案入选南京法院 2018 年度知识产权十大案例。

本年度，学院积极向校友和社会各方贤达人士开放办学，筹措社会捐款，助力学院"双一流"学科建设与人才培养。

本年度，学院加大了校友会工作的力度。2019年12月20日，学院召开了"东南大学法学院校友理事会2019年年会暨发展基金大会"，共计签约21家捐款单位和个人，共计募捐善款930余万元。

本年度，学院积极支援西部建设，向西部地区开放办学。2019年1月23日，我院徐珉川、杨洁副研究员圆满完成信息化援疆工作并获评"优秀援疆干部"。允许人才流动，本年度，我院张洪涛教授、李可副教授奔赴西部地区支持西部教育。张洪涛教授赴广西大学法学院任教，李可副教授赴新疆大学法学院任教。

经济管理学院

2019年是新中国成立70周年，是学习贯彻全国教育大会精神的开局之年，也是学校全面深化综合改革、加快实现"1—10—100"东大梦的重要一年。一年来，我院紧紧围绕党中央精神和学校党政工作部署，秉承"创新才有未来"的理念，肩负"育胸怀天下英才，铸通达古今新知"的使命，为实现"桃李天下皆有为"的学院愿景，继续开拓创新，争先进位，努力提升学科、科研、队伍和人才培养的质量，各项工作均取得了较好的成绩。

一、学科建设

2019年学院获得"中央高校建设世界一流大学（学科）和特色发展引导"专项资金预算300万元，省优势学科经费620万元（2018、2019年度各310万元，于2019年一并下达），其中高科技文明重点学科建设项目经费100万元，ESI学科建设费200万元，管理科学与工程省优势学科经费400万元，应用经济学省优势学科经费220万元。学院专款专用，严格经费预算申报和规范使用，较好完成预期建设任务。动员全院力量，整合全院资源，组织工商管理学科申报一级学科博士学位授权点。学院当选江苏省首届管理科学与工程学科联盟理事长单位。

二、人才培养

2019年，我院本科专业建设获新突破。经学院申报，学校评审推荐，高校主管部门审核，教育部高等学校教学指导委员会评议、投票，我院物流管理专业成功入选首批教育部一流本科专业建设"双万计划"，本次东南大学共有20个专业入选。

本科生培养方面，配合学校安排，基本完成学院2019级本科教学培养计划修订。新增校"课程思政"课程3门，校全英文精品课程立项5项、校级在线开放课程立项1项、省级在线开放课程立项2项、校教改立项4项。完成330名本科生2019届毕业设计，获省级本科生优秀毕业设计1项（二等奖）。2名教师获评江苏省"互联网＋"大学生创新创业大赛优秀指导教师。2019年全年校、院级SRTP项目结题132项，国创结题6项（优秀1项），省创结题5项。院、校级SRTP项目申报127项，批准116项。除临近退休教师与在外访学教师等特殊情况外，教授、副教授给本科生授课比例为100％。聘请国外高水平学校外教为本科生授课1门次；安排院领导和教学督导按要求完成听课任务。

研究生培养方面，2019年学院全年新招博士生44人，全日制硕士生179人（不含国际商务专业）。毕业博士生33人，硕士生194人（其中全日制硕士生147人，在职工程硕士生47人，不含MBA和EMBA）。完成10类研究生培养方案修订和6类博士研究生培养方案修订。全年开设博士、硕士研究生课程共164门，其中博士生课程30门，硕士生课程134门；外教全英文授课课程3门。3位老师负责的3

门研究生课程获得校研究生"课程思政"示范课程建设试点立项。安排院领导和教学督导按要求完成研究生教学听课任务。2019年江苏省研究生"管理学前沿研究与建模"暑期学校和2019年江苏省研究生金融科技学术创新论坛入选"江苏省研究生培养创新工程"项目并成功举办。获得东南大学优秀博士学位论文2项、优秀硕士学位论文1项。获得江苏省研究生培养创新工程研究生科研与实践创新计划项目（博士）6项，6名博士生获得CSC一年资助的"建设高水平大学公派研究生项目"联合培养博士研究生项目支持，5名同学获得学校2019年下半年研究生学院整建制短期出国学术交流项目支持。

三、科学研究

经过多年努力，学院已经形成良好的科研活动环境和氛围。2019年我院新获得18项国家级科研项目立项，包括：9项国家自然科学基金，其中面上项目6项，青年科学基金项目3项；6项国家社会科学基金，其中重大项目1项，重点项目1项，一般项目3项，青年项目1项；1项国家其他部委项目；1项人才计划项目。获得省部级等科研项目24项，包括3项教育部人文社科基金项目，4项江苏省社科基金项目，2项技装项目，1项部委人文社科项目，4项江苏省软科学项目，5项省社科应用研究精品项目，3项江苏高校哲学社会科学研究资助项目，2项全国高校其他社科项目。2019年，学院举办了82场学术讲座，组织科研学术会议4场，修订完成了学院学术讲座管理办法。2019年我院师生累计发表SSCI、SCI、EI检索的学术论文90余篇，论文主题涵盖管理科学工程、物流管理工程、金融工程等多个前沿领域。

四、师资队伍建设

2019年学院党政联席会讨论人才专项工作6次，聚焦"人才年"工作定位，坚持党管人才原则，不断加大引进人才力度。全年，学院从海内外知名高校引进4名优秀青年博士，其中海（境）外2名，进一步优化了师资队伍的结构。目前全院在职教职工147人，专任教师125人，具有博士学位的教师109人，占专任教师总数的87.2%，其中具有海外博士学位的教师22人，占具有博士学位教师的20.2%，较2018年进一步提高。

高度重视青年教师的培养，积极引导和动员专任教师参加国际合作与交流，在各项经费的支持下，学院教师赴国外进行学术交流90人次，支持青年教师作为访问学者赴美国深造1人次，选拔优秀的年轻教师兼职担任学院学科秘书，着力增设工商管理一级学科博士点。积极动员、认真组织"千人计划""万人计划"和"长江学者"等国家以及省级、校级人才计划的申报工作。王文平和陈志斌申报了"长江学者"特聘教授，何勇申报了"长江学者"青年学者；刘修岩教授成功入选"万人计划"青年拔尖人才。丁溢（A类）和邵秀燕（B类）入选东南大学"至善青年学者"支持计划；王亮亮（A层次）入选东南大学文科"攀登计划"。

五、国际化办学与合作交流

2019年，学院积极借力合作院校，利用国际师资开展高水平授课，提高各层次人才培养质量。依托与法国雷恩第一大学（简称"雷恩一大"）经济科学学院的长期合作，组织6位法方教授来我院讲授经济及金融相关课程；依托与美国福特汉姆大学的合作，邀请颜安教授讲授金融相关高级课程。这些高水平授课已经形成定期化、制度化。学院召开了Workshop on World Economy and Frontiers of International Economics和2019年美国经济研讨会，参与主办第十八届产业集群与区域发展国际学术会议，邀请来自东京大学等高校学者百余位，围绕国际经济前沿、美国经济及区域发展等热门议题展开研讨，拓展了师生国际化视野。留学生培养工作取得新成绩，在既有国际贸易全英文留学生班的基础上，与海外学院积极沟通，争取开展市场营销、工商管理等新的全英文留学生班。依托福特汉姆大学、雷恩一大、勃艮第高等商学院、日本东北大学、蒙纳士大学等合作院校，继续推动我院学生参加国际交流、开展联合培养。同时，与国际合作处等单位密切协作，积极接收国际交流生来我院交流学习。

六、学生教育管理

2019年,我院坚持秉承"开拓创业之路,树立一流品牌"的学生工作理念,坚持"经管先锋"学生工作品牌建设和人才培养目标,抓住五四运动100周年、新中国成立70周年、全党集中开展"不忘初心、牢记使命"主题教育的有利时机,立德树人,不断加强和改进学生工作,切实推进学生素质拓展,取得明显成效。围绕职业生涯发展和成长推进组织学生参加11个系列的"先锋"素质项目训练。组织第十五届"春到九龙"大型体育竞赛暨风筝节、第六届"至善东南"在宁高校研究生财经论坛、东南大学第十六届挑战CEO之职场秋点兵、"爱国·成才"东南大学第五届职业规划大赛、"经管先锋学校"学生骨干培训班、"2019东南大学新生文化季"闭幕式暨"诵读学传"主题教育活动等,学生素质全面提高。

获得第五届"互联网+"大学生创新创业大赛国家级金奖2项、银奖3项、铜奖1项,省级一等奖6项、二等奖3项、三等奖1项;京都大学生国际创业大赛国际二等奖1项;"郑和杯"中德青年创新创业大赛全国二等奖1项;第四届日日顺物流创客训练营"C轮训"——大学生"创客、创业、创新"集训金奖1项、铜奖1项和优秀组织奖;"马钢杯"第六届全国大学生物流设计大赛全国二等奖1项;第九届全国大学生电子商务"创新、创意、创业"挑战赛省级一等奖1项、二等奖2项、三等奖1项;第六届杭州大学生创业大赛一等奖1项、二等奖1项等。博士研究生"至善"党支部获评教育部思想政治工作司关于第二批新时代高校党建示范创建和质量创优样板支部。社会实践项目在2019年"中国大学生社会实践知行促进计划"核心项目——2019年立邦"为爱上色"中国大学生农村支教奖中,荣获全国铜奖1项。获全国"自强之星"1人,江苏省优秀学生干部2人,江苏省三好研究生1人,江苏省三好学生2人,东南大学"东大好青年"1人,校级其他荣誉称号155人;获评江苏省先进班集体1个;全年各类学生获奖148项,其中获得省级以上奖项80项168人次。

七、经管商业领袖高级教育中心工作

2019年,经管商业领袖高级教育中心在MBA、EMBA、MPAcc、EDP四大领域同步推进。

(一) MBA

MBA各项工作有序进行。2019年共录取MBA新生343人,仍保持较大的招生规模。在全国MBA教指委换届工作中,我院李东教授成功当选新一届全国MBA教指委委员。MBA中心积极探索教学改革,首次推行行动学习项目,收效良好;强化实践性教学,多次组织学员到企业参观学习,邀请知名企业家和专家学者举办讲座13次;注重学位论文质量,制定了《东南大学工商管理硕士(MBA)学位论文工作管理办法》(校经管〔2019〕9号);进一步开展海外交流,2名MBA学员前往美国福特汉姆大学深造学习,获得福特汉姆大学国际金融硕士学位,2名学员依托项目赴美学习2周;加强中心人员管理,制定并实施《东南大学MBA中心工作人员考核办法》(校经管〔2019〕14号)。积极组织MBA学员参加校内外活动,我校MBA/EMBA与台湾中正大学EMBA联合组队,在中正大学举行的两岸案例赛中荣获第二名,被授予"评审特别奖",撰写的案例荣获"服务创新奖"。在"第七届全国管理案例精英赛(2019)华东三区比赛""第八届亚太地区商学院沙漠挑战赛""第一届丝绸之路(张掖)国际商学院沙漠挑战赛"等赛事中均取得不错成绩。MBA中心加强校友会工作的组织和指导,定期走访MBA校友企业,就校友工作、校企合作、校友经济与校友们进行了深入的交流。

(二) EMBA

在EMBA教育项目发展转折时期,2019年招生录取工作圆满完成,录取学员12人,我校EMBA教育项目正式进入"双证"培养期。中心创新教学方式,在EMBA教学中首次引入"行动学习"模式,4个优秀项目完成组队,并将在明年如序推进。中心定期举办高水平师资讲座,学员积极参加,反响热烈。做好校友工作,维系高水准的校友圈。2019年5月,EMBA学员参加第十四届戈壁挑战赛,团队第三年获得戈赛"沙克尔顿百分百完赛奖""奋进奖";2019年5月,EMBA案例大赛挑战组,勇获台湾个案论剑比赛银奖、优胜奖。

(三) MPAcc

MPAcc(非全日制)目前在读学员共计133人。2017级、2018级、2019级三个年级学员发展均衡,教学培养工作平稳进行。2019年9月,举办东南大学MPAcc校外导师聘任仪式暨领军人才高端论坛。至此,MPAcc校外导师聘任人数增至54人,形成多元培养体系。在严格把控教学质量与科研水平的基础上,为MPAcc学员开展提升能力素养的学生活动,举办高水平讲座。

(四) EDP

2019年EDP办学成果显著,中心从需求调查、课程研发、教学实施到课程跟踪,已经形成了一套完整的工作体系,针对大型企业、政府机关深度合作。EDP项目稳定发展,2019年完成超过800人的培训工作,创收共计约171万元。

电气工程学院

一、党群及行政工作

学院党委组织开展"不忘初心、牢记使命"主题教育,各支部组织党员开展形式多样的主题教育活动。加强党员队伍建设,共发展党员57人,通过预备党员转正64人。

完成学院行政换届、系(中心)主任换届、支部书记换届、院长助理选拔等推荐任命工作。

宣传工作:完成学院楼宇文化建设项目,建成学院成果展示室;完成学院网站改版。

组织召开学院2019年暑期工作研讨会、首届教职工代表大会第四次会议。

组织教职工参加"江苏省建杯"东南大学第四届教职工男子篮球比赛,获二等奖。

校友工作:接待1989届校友毕业30周年、1999届校友毕业20周年回母校团聚。

二、教学工作

2019年6月电气工程及其自动化专业顺利通过工程教育专业认证。同年9月,完成2019年教育部双万专业的申报工作,并已获批。

完成校级全英文精品课程建设立项1项,东南大学校级"课程思政"建设立项1项,东南大学通选课程项目建设立项1项。《电机学(第三版)》通过2019年江苏省"十三五"重点教材项目的遴选立项。

2018—2019学年,学院新建立"电机课程组""电力系统课程组"和"电力电子课程组",全面推进大类基础课和专业主干课的小班化进程。1项江苏省高等教育教改研究立项课题教改项目立项,2项校级教改项目立项,1项校级教改项目获得优秀结题。

同自动化学院、仪器科学与工程学院共同协商制定了2019级工科试验班(自动化电气测控类)本科人才培养方案和大类分流方案。

2019年国家大学生创新性实验计划项目立项3项,江苏省高等学校大学生实践创新训练计划项目4项,校院各级SRTP项目58项。

学院举办了东南大学第四届电子装配竞赛,全校参赛人数258人。本科生第一作者发表学术论文2篇。共计国际级竞赛获奖4项、国家级25项、省部级41项;发表论文5篇,申请国家发明专利2项。

积极推进学校本科生导师工作,建立学院的本科生导师库(本科生导师76人,本院共计专任教师85人),完成2019级工科试验班(自动化电气测控类)的本科生导师双选工作。

三、研究生培养

入学硕士研究生共161人,其中留学生入学10人;学术学位研究生78人(恢复学籍2人),专业学位研究生73人。入学博士生67人,其中留学生7人,全日制工学博士37人,全日制工程博士8人,非全日制工程博士15人。

获博士学位学生共33人,获硕士学位学生共184人,其中全日制工学硕士73人(含5位海外留学生),全日制工程硕士66人,在职工程硕士45人。

获2019年度江苏省优秀博士学位论文1篇,江苏省优秀硕士学术学位论文1篇,东南大学优秀博士学位论文1篇,东南大学优秀硕士学术学位论文2篇。

获江苏省研究生科研创新计划3项,东南大学优秀博士学位论文培育基金7项,东南大学第二批研究生"课程思政"示范课程3项。

新增博导4人,其中兼职博导1人,新增硕导8人。目前博导总共42人(含兼职博导4人),硕导总共25人。新增专业博士校外导师2人,专业硕士校外导师12人。

招收2020年免试研究生102人,其中直博生3人,学术型免试研究生50人,专业型免试研究生49人。

录取2020年博士生45人,其中工学博士生36人,全日制工程博士生9人。

申报2019年江苏省研究生工作站6个,拟认定2个。

积极推荐合作企业1位专家申报江苏省产业教授,目前结果未出。

加强对研究生培养的过程管理,完善研究生论文的质量监控体系,提高学院研究生学位论文水平,保证学位授予质量,制定了提高硕士研究生学位论文盲审比例的实施办法,将从2017级硕士研究生开始执行;制定了博士生预答辩制度和管理办法,拟从2020年7月开始执行。

四、科研工作

基地建设:"伺服控制技术"教育部工程研究中心顺利通过教育部验收,正式以教育部工程研究中心的名义开放运行。依托智慧城市研究院,和土木工程学院联合申报成功"智慧建造与运维"国家地方联合工程研究中心并揭牌。2017年开始筹建的东南大学溧阳研究院举行了揭牌仪式。

科研经费:全年经费到款首次突破亿元大关,达10 757.17万元,其中纵向科研经费2 251.17万元,横向科研经费8 506万元。

申请国家自然科学基金44项,立项13项,包括1项重大基金、1项重点基金以及1项"优青"基金。获江苏省青年自然科学基金1项。

获江苏省科学技术进步奖一等奖1项,教育部技术发明奖二等奖2项。获第47届"日内瓦国际发明展"金奖2项。

申请国家发明专利231项,获国家发明专利授权167项,PCT专利申请16项,高价值专利4项。

参与国家重点研发计划项目2项。新立江苏省成果转化项目3项。新立技术服务项目73项,新立技术开发项目71项,技术咨询项目9项。

累计发表已检索SCI论文191篇,EI检索论文126篇。

五、实验室建设

完成校西新增公房二期(综合楼第6~8层)的装修改造工程。一期(综合楼第4~5层)正式投入使用。

完成学院公共科研实验室建设规划及管理制度规划工作。

完成实验室安全检查及固定资产检查工作。全年实验室未发生一起安全事故，学校组织的固定资产检查工作学院获得满分。

六、国际化工作

组织并承办第二届东南大学"六朝松"电气青年学者论坛，增强相关领域青年学者之间的交流合作，扩大了学院影响力。

组织成立了东南大学电气工程学院青年教师协会，该协会为由学院青年教师自愿组成的以教学研讨、学术交流、科研合作和文体联谊为主要活动的群众性组织，旨在增强学院青年教师的凝聚力，扩大其在国内外青年学者相关研究领域的学术影响力。

草拟《东南大学电气工程学院"卓越引智"计划项目经费支持方案》，充分激发学院教师参与国际化建设与交流工作的积极性。

访问加州大学伯克利分校电气工程与计算机科学学院，积极与专业对口院系联系，协商签订院系合作协议等事宜。

促成诺丁汉大学的Pat Wheeler教授受聘为东南大学客座教授，促成香港理工大学的傅为农教授受聘为东南大学兼职教授。下一步拟与诺丁汉大学开展国际化学术合作和交流，争取签订院系合作协议。

推进国际化办学工作，6名本科生出国学习交流，其中2名参与瑞典皇家理工学院KTH"3+2联合培养项目"。

七、师资队伍建设

新增教授1人、副教授5人。现有专任教师84人，其中教授31人，副教授32人，博士生导师42人（含兼职博导4人）。专任教师中94.05%具有博士学位，71.43%具有海外研修经历。有兼职院士2人，IEEE Fellow 1人，IET Fellow 2人，国家杰出青年基金获得者1人，国家"万人计划"教学名师1人，"万人计划"科技领军人才1人，青年"长江学者"1人，青年"千人计划"2人，国家优秀青年基金获得者2人，江苏省杰出青年基金获得者1人，教育部"新世纪优秀人才支持计划"人选1人，江苏省"333高层次人才培养工程"12人，"六大人才高峰"高层次人才19人，"青蓝工程优秀青年骨干教师"5人，"青蓝工程跨世纪学术带头人"2人，"青蓝工程中青年学术带头人"7人，享受国务院政府特殊津贴的教师2人和江苏省"双创计划"资助人选2人。

花为入选2019年江苏特聘教授、第四批国家"万人计划"科技创新领军人才；汪波入选2019年"香江学者计划"；徐炜入选2019年江苏省"双创计划"拟资助人选；陈武入选2019年国家优秀青年科学基金获得者；房淑华获得第十六批"六大人才高峰"高层次人才项目资助；邓富金、胡秦然入选2019年南京留学人员科技创新项目拟择优资助项目。谭林林获得2019年度东南大学"至善青年学者"A层次，张淦、王琦获得2019年度东南大学"至善青年学者"B层次。申报了6名"青年千人"。

聘请国家"千人计划"专家、国家电网首席技术专家、国家电网公司新一代调度控制系统工作组副组长、IEEE PES"下一代EMS"工作组联合主席、中国电力科学院国家电网超算中心负责人周二专教授为东南大学客座教授。

完成人才引进方面：面试18人次，学校审批5人，3人为海外博士。

八、学生管理

党团工作：学院本科生党支部为纪念新中国成立七十周年，回顾中国电力七十年，举办主题为"青春脉搏，致电中国"的大型专题党日活动。学院团委持续深入开展"磐石计划"——基层团支部主题团日活动专项，第一期"磐石计划"共申报14项，最终共成功结题12项；第二期"磐石计划"申报，共成功立项

16项。

班级建设：学院中层领导干部深入基层联系学生，每人对接一个班级，主动与班级保持联系，配合班主任共同做好基层班级建设，真正把立德树人落到实处，实现全员育人。

评优情况：江苏省优秀学生干部1人，江苏省三好学生2人，江苏省先进班级2个。

招生宣传：学院首次独立负责贵州省招生宣传工作，该省东大分数线由2018年的第17名提升到第16名。一直独立承担扬州地区的招生宣传工作，2019年，在理、文、医均100％完成招办任务，1102代码招生人数在省内排名第2。

就业情况：2019届毕业生总就业率本科生为98.03％，硕士生为100％，博士生为100％。

社会实践：1个团队获2019年江苏省大中专学生志愿者暑期文化科技卫生"三下乡社会实践活动"优秀调研报告及2019年东南大学优秀调研报告，2个团队获2019年东南大学优秀团队一等奖，1个团队获2019年东南大学暑期社会实践十佳个人提名及2019年东南大学优秀团队二等奖。

外国语学院

2019年，在学校党政领导的关心、支持下，在深入开展"不忘初心、牢记使命"主题教育活动中，外国语学院紧密围绕学校"双一流"建设战略目标和"人才年"定位，积极响应"精品文科"的建设要求，全院师生集思广益，凝心聚力，各项工作蓬勃开展。现将主要亮点汇报如下。

一、落实立德树人根本任务

（一）扎实深入开展"不忘初心、牢记使命"主题教育活动

全院积极开展"不忘初心、牢记使命"主题教育活动，聚焦人才培养、学科建设，以"守初心、担使命，找差距、抓落实"为要求，从学习教育、调查研究、检视问题、整改落实四个方面开展活动。针对本次主题教育活动，党政领导班子共开展集中学习研讨7次，讲党课6次，开展多方面多手段调研5次，调研高校含清华大学、北京大学、北京航空航天大学、上海交通大学、E9卓越联盟高校等国内知名大学，召开青年教师座谈会、专题调研座谈会3次，听取师生意见210人次（含其他学院学生调查问卷100份），基层党支部开展志愿活动6次，同时结合主题教育活动开展各项党建活动。通过这一系列主题教育活动，推动党员进一步增强"四个意识"、坚定"四个自信"、做到"两个维护"，推动学院领导班子、党员干部等履职尽责、团结奋进，牢记初心使命，重整行装再出发，在新时代把党的自我革命推向深入。

（二）举办4次大型高水平学术会议，激活学术氛围，探讨学科建设，扩大学院国内外影响力

1. 举办"海外藏东北义勇军与抗联史料的整理与研究"专题研讨会，东南大学党委副书记、纪委书记任利剑教授出席了本次会议。南京大学荣誉资深教授张宪文，中华书局副总编、长白山管委会副主任尹涛，中国社会科学院荣誉学部委员杨天石，中国日本史学会荣誉会长汤重南等40余位学界泰斗、专家学者及合作单位负责人受邀参与本次会议。

2. 举办第二届"一带一路"外语教育规划圆桌会议，东南大学党委副书记郑家茂教授出席了本次会议。中国语言政策与规划专业委员会会长李宇明教授等来自14个知名高校的22位专家学者受邀在本次会议上发言。会议是对近年来东南大学外国语学院和江苏省高校国际问题研究中心成果的一次集中展示，有力地提升了我校在语言政策研究领域的影响力和地位，体现了新时代外语教育发展中的"东南"力量。

3. 举办"一流学术期刊与中国外语学科建设"主编高端论坛。论坛邀请了国务院学位委员会外国语

言文学学科评议组召集人、浙江大学文科资深教授许钧,国务院学位委员会外国语言文学学科评议组召集人、《外国文学》主编、北京外国语大学金莉教授,国务院学位委员会外国语言文学学科评议组成员、《外语教学与研究》主编、北京外国语大学王克非教授,《当代外国文学》主编、南京大学外国语学院院长杨金才教授,《上海翻译》主编、上海大学傅敬民教授。东南大学社会科学处副处长甘锋教授,学院行政领导班子、教授委员会成员及青年骨干教师出席了本次会议。

4. 举办"'双一流'背景下多语教育政策与规划"研讨会。研讨会以"全球主义,多语言,文化和语言多样性"为主题,展示了在教育系统中实施适当语言政策的重要性。来自世界各地知名大学的教授出席了会议并介绍了他们的研究和调查。本次会议有力地提升了我校在语言政策研究领域的影响力和地位。

二、紧抓师资队伍建设,强化"外引内培"

学院建立并不断强化"外引内培"机制,强化师资队伍建设,着力打造高水平的师资队伍。注重"外引"海外名校博士,支持院内教师申报层次更高、时间更长、方向更明确的出国进修项目,注重教师科研能力提升,完善《外国语学院科研奖励条例》,举办学术讲座近30场/年,邀请国内外专家讲学、指导项目、课程设计,开设教学工作坊。尤其注重对青年教师的培养,一对一打磨青年教师教学科研水平,关注青年教师长远发展。本年度引进海外名校博士4人,举办各类重要科研项目申报指导会议5次,邀请欧洲科学院外籍院士、中国语言政策与规划专业委员会会长等37名国内外著名专家来我院指导学术科研。

开展师德师风专项学习,全院教师集中学习《新时代高校教师职业行为十项准则》《东南大学教师师德失范行为处理办法(试行)》。

发布《东南大学外国语学院微信公众号建设与管理办法》《东南大学外国语学院设备采购管理办法》。

为进一步提高外国语学院教学质量,传承优秀教学文化,更好地发挥教学督导在教学过程中的重要作用,成立新一届外国语学院教学督导组。

部分荣誉:
金晶副教授被评为2019年度江苏省"青蓝工程"中青年学术带头人培养对象。
成思副教授被评为东南大学"至善青年学者"文科攀升计划A层次对象。
陈文雪老师荣获"全国高校教师教学创新大赛——第五届中国外语微课大赛"全国总决赛一等奖。
聘请客座教授2人:美国密歇根州立大学Susan Gass教授、加拿大温哥华约克维尔大学Shahid Abrar-ul-Hassan教授。

三、人才培养

我院以立德树人为根本任务,注重人才培养,目前日语专业的学生出国交流率高达90%,英语专业学生出国交流学校含哈佛大学、伯克利大学、哥伦比亚大学、英国伦敦大学等国际知名高校,学生国际实习单位有联合国、马来西亚驻华大使馆等。

7月15日,我院成功举办2019年英语、日语专业优秀本科生暑期开放日活动。共80名来自全国各个高校的学生参加了本次开放日活动。本次英语、日语专业优秀本科生暑期开放日活动,旨在促进全国英语、日语专业优秀大学生之间的交流,增进优秀大学生对东南大学外国语学院的全面了解,为基础扎实、热爱学术、德才兼备、立志深造的优秀学生搭建平台,为想要进入我院读研深造的同学们提供更加快捷便利的通道。

8月19日至30日,东南大学-奥克兰大学2019年暑期英语学校在我校举行。本届暑期英语学校是东南大学首次与奥克兰大学合作的成果,为期两周,来自全校300余名本科生参加了本届暑期学校。东南大学与奥克兰大学合作开办"多元文化和多国交流"暑期英语学校,旨在创造一个真实的英语环境,促进师生之间的文化交流,借助国际优势教育资源培养学生的英语能力和交际能力,拓展国际视野。

体 育 系

体育系现有教职工75人（截至2019年12月31日），专任教师69人，行政后勤6人；江苏省"333高层次人才培养工程"首批中青年科学技术带头人1名，3人在省级及以上学术团体中任职；拥有国际级裁判9人、国家级裁判9人；教授2人、副教授46人、讲师及以下21人；具有博士学位的教师5人（海外博士1人）、具有硕士学位的教师29人；退休1人（赵颖奇）。

一、党建和行政工作

2019年，在校党政的正确领导下，体育系党总支认真贯彻落实中央和学校党政各项决策及工作部署，深入学习习近平新时代中国特色社会主义思想，"不忘初心、牢记使命"主题教育和十九届四中全会精神，紧密围绕体育系中心工作和建设目标，团结全系教职工，发挥体育育人在人才培养中的重要作用。

深化学习，切实履行党建主体责任。制定了《体育系2019年度党员领导干部和教职工思想理论学习安排》。深入开展"不忘初心、牢记使命"主题教育、习近平总书记关于扶贫工作重要论述专题学习，贯彻落实《东南大学教师师德失范行为处理办法（试行）》《东南大学党支部工作细则》。运用学习调研成果，针对检查出的问题，联系整改落实情况，认真开展批评与自我批评。

完成体育系行政领导换届及系室干部换届工作，及时做好新老班子的交接工作。

着力落实问题整改工作，扎实推进基层党建工作。不断强化目标管理，有效提升基层党组织组织力，推荐党支部书记参加培训班，打造"党性强、能力强"的党务骨干队伍。

高度重视师德师风和教风学风建设，认真履行意识形态工作责任制，自觉强化阵地意识；认真落实党风廉政建设责任制，以系领导干部为重点，切实加强党风廉政建设；落实主体责任，严明党的纪律，严格执行"三重一大"制度，建立健全民主科学的决策机制。

二、学科与队伍建设

2019年体育系始终将学科建设作为学校体育工作的重要内容之一。今年体育学一级学科顺利通过江苏省硕士学位点抽检；体育系新增一位硕士生导师（李晓智），现有硕士生导师7人：蔡晓波、张惠红、章迅、刘龙柱、陈东良、韩军生、李晓智。首次承办国际性体育学术会议——第24届中、日、韩东亚体育科学理事会，共接待三方会议代表近百人，从会议的准备、会议代表的接待、会议日程的制定等，体育系教师亲力亲为，积累了举办国际会议的经验，锻炼了队伍。

2019年招收体育学一级学科硕士生5人，即赵云、华琦嵩、肖路遥、周倩竹、陈超逸，顺利毕业3人，即孙岩、丁聪、苗爽，在校研究生共14人。体育系研究生发表省级刊物论文1篇（夏婧）；在第24届中、日、韩东亚体育科学理事会上获墙报交流1篇（夏婧）；在全国第十一届体育科学大会上获墙报交流1篇（夏婧）；在江苏省暨首届长三角体育学研究生学术创新论坛上获特等奖1篇（杨健）、一等奖4篇（王牧、张伯乾、刘皓愉、张仲坤）、二等奖8篇（陈超逸、华琦嵩、卢静雯、孙昌捷、夏婧、肖璐遥、赵云、周倩竹）；在江苏省第三十三届高校体育科学论文报告会上获得二等奖5篇（夏婧、孙昌捷、王牧、张伯乾、张仲坤）、三等奖2篇（杨健、夏婧）。

2019年根据学校整体部署，完成体育系党政干部换届工作，成立了新的有能力、有活力的领导班子，党总支书记蒋波，系主任金凯，系副主任沈辉、智永红、姬晶晶。根据学校体育工作实际，本着按需设岗的原则，经过全系教师自荐、推荐、民主测评以及干部谈话等各个环节，选举产生体育系新一届系室干部，明确各个岗位职责。有1名教师晋升副教授职称（王小红），师资队伍的整体素质继续得到优化。

2019年体育系9位教师参加了五项国际赛事的执裁工作。陆建明、张建宁、江菊、方元、刘龙柱、沈辉、丁亮七位教师参加了2019年国际田联世界挑战赛裁判工作；倪小焰老师参加了2019年世界游泳冠军赛、第七届世界军人运动会游泳比赛裁判工作;陆建明老师参加了第七届世界军人运动会田径比赛裁判工作;张学山老师参加了2019年"一带一路"运河城市杯乒乓球国际邀请赛裁判工作。

三、教学工作

积极落实"体育教学贯穿学生本科全过程"的要求,体育系共计承担全校四届本科生近16 000人的体育教学工作,开设近20门的体育课程。在体育教学工作中,始终将提高学生身体素质作为体育教学工作的首要任务,尝试"教会、勤练、常赛"新模式,在篮球、足球、棒垒球、健身气功、射箭以及跆拳道六个项目中取得较好的教学效果,让学生在体育锻炼中享受乐趣、增强体质、健全人格、锤炼意志。2019年成功申报"江苏省体育特色项目学校"。

明确教学工作的关键在于教学计划的合理性、教学方法和手段的科学有效性和教师的业务能力。2019年体育系坚持两周一次的教师集中备课和业务锻炼,在提高教师身体素质、保证教学质量的同时,增进教师间专业技能、教学手段方法的交流。进一步加强完善教学督导组和系室领导看课制度。

2019年通过参加全国和江苏省体育教师技能比赛,加强了与兄弟院校间的教学交流,提高了本校教师的教学水平和业务能力,刘皎老师参加全国高校体育教师校园足球教学与指导技能大赛;江苏省首届体育教师技能大赛中刘皎老师获得二等奖;赵云、郭璠、姬晶晶、王勇、陈娇五位教师在校第27届青年教师教学授课竞赛中获奖;林辛、赵衡两位老师获得"教育部直属工科院校优秀体育教师"称号;丁亮、周子华两位老师获得"南京高校优秀体育教师"称号。

四、校园体育文化

2019年积极组织面向全体师生的精品赛事:在"三六三"群体竞赛模式的基础上,圆满完成第61届学生运动会、第四届校园马拉松、庆祝新中国成立70周年万人长跑比赛,共组织学校、院系、体育社团三个层面200余场比赛,参与人数达15万人次。

2019年共招收23名高水平运动员,常年坚持训练的有6支高水平运动队和8支普通运动队,共计参加省级及以上比赛20余场,共获得7个冠军、13个亚军、15个季军的好成绩,其中慢投垒球实现历史性突破,获得江苏省第二名的好成绩。在2020年全国学生运动会江苏高校各运动项目选拔赛中,我校游泳队、乒乓球男队在选拔赛中成绩突出,获得全国第十四届学生运动会江苏省大学生组队学校资格,羽毛球、排球等多名队员入选江苏省大学生集训队,将代表江苏省大学生参加2020年全国第十四届学生运动会为学校争光。同时我校承办了江苏省羽毛球、沙滩排球大学生锦标赛等体育赛事。

五、科研与学生体质

2019年体育系教师出版专著1部(赵衡)、参编教材2部(杨文刚、江伟新);成功申报校级课题2项(姬晶晶、李晓智);共发表论文11篇,其中历史性突破SSCI论文2篇(严华、黄忠辉)、CSSCI论文2篇(李晓智)、中文核心期刊1篇(杨文刚)、省级刊物6篇。体育系5位教师参加了国际会议,郭璠老师参加了第六十六届美国运动与医学年会,撰写的论文被收录;韩军生、姬晶晶、智永红、张文静四位教师参加了第24届中、日、韩东亚体育科学理事会,均获墙报交流;在参加的江苏省第三十三届高校体育科学论文报告会上获墙报交流3篇(赵衡、郭璠、姬晶晶)、书面交流1篇(刘龙柱)。

作为国家级学生体质健康监测站,2019年我校抽测了2 200余名学生参加2019年全国暨江苏省学生体质与健康调研及国家学生体质健康标准抽查复核工作,完成年度全校学生《国家学生体质健康标准》测试工作,合格率为92.97%,比2018年度下降了0.65%。学生身高、体重平均数有所增长,坐位体前屈、立定跳远、800米、1 000米成绩均有所提高,50米跑、仰卧起坐、引体向上有所下降,肺活量有小幅下降。数据表明,学生的身体形态向正常方向发展,学生身体素质呈不均衡发展。男生上肢力量和女生腹部力量继续呈下降趋势,学生背部和腿部柔韧性、下肢力量和耐力素质均有所提高。

六、后勤保障和社会服务

2019年协助校办、学生处、团委及其他相关部门,完成如跨年演唱会、招聘会、开学典礼、毕业典礼等各项大型活动20余项。顺利完成体质测试仪器的招标工作;改建丁家桥篮球场。在2020年中央改善办学条件申报中我系共有三个项目通过,包括:九龙湖篮、排球场的改造,体育场馆的亮化工程以及游泳馆辅助设备的购置,共计1 600余万元。

积极做好挂靠我校的省高教学会体育研究会、省体育科学学会学校体育专业委员会、江苏省《国家学生体质健康标准》数据管理中心和江苏省大一新生身体素质测试回馈生源地工作。

附录:
2019年东南大学体育系国际级、国家级裁判员名录
2019年度东南大学学生参加省市级以上体育竞赛成绩一览表
2019年东南大学《国家学生体质健康标准》数据分析
2019年东南大学体育系十大新闻

2019年东南大学体育系国际级、国家级裁判员名录

项目	姓名	级别
田径	陆建明	国际级
	张建宁	国际级
	江菊	国家级
	刘龙柱	国家级
	方元	国家级
	沈辉	国家级
	丁亮	国家级
游泳	倪小焰	国家级
沙滩排球	赵衡	国家级
乒乓球	蔡晓波	国际级
	张学山	国际级
	方志	国际级
定向越野	尹红松	国家级
武术	徐红旗	国家级
啦啦操	杨文刚	国家级
龙舟	严华	国际级
举重	王青禾	国际级

2019年度东南大学学生参加省市级以上体育竞赛成绩一览表

序号	大项	小项	姓名	比赛名称	名次	地点	时间
1	游泳	200米自由泳	郝悦然	第十九届中国大学生游泳锦标赛	第三名	兰州	2019.8
2	游泳	200米仰泳	郝悦然	第十九届中国大学生游泳锦标赛	第一名	兰州	2019.8
3	游泳	4×100米自由泳接力	郝悦然	第十九届中国大学生游泳锦标赛	第一名	兰州	2019.8

(续 表)

序号	大项	小项	姓名	比赛名称	名次	地点	时间
4	游泳	4×100米混合泳接力	郝悦然	第十九届中国大学生游泳锦标赛	第三名	兰州	2019.8
5	游泳	男女4×100米混合泳接力	郝悦然	第十九届中国大学生游泳锦标赛	第五名	兰州	2019.8
6	游泳	4×200米自由泳接力	郝悦然	第十九届中国大学生游泳锦标赛	第二名	兰州	2019.8
7	游泳	200米蝶泳	黄子回	第十九届中国大学生游泳锦标赛	第五名	兰州	2019.8
8	游泳	4×100米自由泳接力	黄子回	第十九届中国大学生游泳锦标赛	第二名	兰州	2019.8
9	游泳	4×100米混合泳	黄子回	第十九届中国大学生游泳锦标赛	第五名	兰州	2019.8
10	游泳	4×200米自由泳	黄子回	第十九届中国大学生游泳锦标赛	第八名	兰州	2019.8
11	游泳	100米蛙泳	俞越琦	第十九届中国大学生游泳锦标赛	第六名	兰州	2019.8
12	游泳	200米自由泳	赵旭腾	第十九届中国大学生游泳锦标赛	第六名	兰州	2019.8
13	游泳	甲组4×200米自由泳接力	赵旭腾	第十九届中国大学生游泳锦标赛	第八名	兰州	2019.8
14	游泳	甲组4×100米自由泳接力	赵旭腾	第十九届中国大学生游泳锦标赛	第二名	兰州	2019.8
15	游泳	100米蝶泳	章沁卓	第十九届中国大学生游泳锦标赛	第九名	兰州	2019.8
16	游泳	200米蝶泳	章沁卓	第十九届中国大学生游泳锦标赛	第五名	兰州	2019.8
17	游泳	4×100米混合泳接力	章沁卓	第十九届中国大学生游泳锦标赛	第三名	兰州	2019.8
18	游泳	100米蝶泳	张音祺	第十九届中国大学生游泳锦标赛	第五名	兰州	2019.8
19	游泳	200米混合泳	张音祺	第十九届中国大学生游泳锦标赛	第二名	兰州	2019.8
20	游泳	4×100米自由泳接力	张音祺	第十九届中国大学生游泳锦标赛	第一名	兰州	2019.8
21	游泳	4×100米混合泳接力	张音祺	第十九届中国大学生游泳锦标赛	第三名	兰州	2019.8
22	游泳	4×200米自由泳接力	张音祺	第十九届中国大学生游泳锦标赛	第二名	兰州	2019.8
23	游泳	男女4×100米自由泳接力	张音祺	第十九届中国大学生游泳锦标赛	第五名	兰州	2019.8
24	游泳	男女4×100米混合泳接力	张音祺	第十九届中国大学生游泳锦标赛	第五名	兰州	2019.8
25	游泳	100米蛙泳	唐潇昂	第十九届中国大学生游泳锦标赛	第六名	兰州	2019.8
26	游泳	200米混合泳	唐潇昂	第十九届中国大学生游泳锦标赛	第二名	兰州	2019.8
27	游泳	4×100米自由泳接力	唐潇昂	第十九届中国大学生游泳锦标赛	第二名	兰州	2019.8
28	游泳	4×100米混合泳接力	唐潇昂	第十九届中国大学生游泳锦标赛	第五名	兰州	2019.8
29	游泳	男女4×100米自由泳接力	唐潇昂	第十九届中国大学生游泳锦标赛	第三名	兰州	2019.8

（续 表）

序号	大项	小项	姓名	比赛名称	名次	地点	时间
30	游泳	4×200米自由泳接力	唐潇昂	第十九届中国大学生游泳锦标赛	第八名	兰州	2019.8
31	游泳	男子4×100米混合泳接力	胡雪雷	第十九届中国大学生游泳锦标赛	第五名	兰州	2019.8
32	游泳	50米自由泳	韩 瑶	第十九届中国大学生游泳锦标赛	第六名	兰州	2019.8
33	游泳	100米自由泳	韩 瑶	第十九届中国大学生游泳锦标赛	第三名	兰州	2019.8
34	游泳	4×100米自由泳接力	韩 瑶	第十九届中国大学生游泳锦标赛	第一名	兰州	2019.8
35	游泳	4×100米混合泳接力	韩 瑶	第十九届中国大学生游泳锦标赛	第三名	兰州	2019.8
36	游泳	男女4×100米自由泳接力	韩 瑶	第十九届中国大学生游泳锦标赛	第三名	兰州	2019.8
37	游泳	4×200米自由泳接力	韩 瑶	第十九届中国大学生游泳锦标赛	第二名	兰州	2019.8
38	游泳	50米蝶泳	李佞偈	第十九届中国大学生游泳锦标赛	第三名	兰州	2019.8
39	游泳	女子甲组800米自由泳	刘泓琳	第十九届中国大学生游泳锦标赛	第四名	兰州	2019.8
40	游泳	女子甲组400米自由泳	刘泓琳	第十九届中国大学生游泳锦标赛	第四名	兰州	2019.8
41	游泳	女子甲组4×100米自由泳接力	刘泓琳	第十九届中国大学生游泳锦标赛	第一名	兰州	2019.8
42	游泳	女子甲组4×200米自由泳接力	刘泓琳	第十九届中国大学生游泳锦标赛	第二名	兰州	2019.8
43	游泳	1 500米自由泳	张山水	第十九届中国大学生游泳锦标赛	第六名	兰州	2019.8
44	游泳	200米蛙泳	温泽轩	第十九届中国大学生游泳锦标赛	第六名	兰州	2019.8
45	游泳	50米仰泳	王 牧	第十九届中国大学生游泳锦标赛	第二名	兰州	2019.8
46	游泳	100米仰泳	王 牧	第十九届中国大学生游泳锦标赛	第八名	兰州	2019.8
47	游泳	甲组4×100米自由泳接力	王 牧	第十九届中国大学生游泳锦标赛	第二名	兰州	2019.8
48	游泳	甲组4×200米自由泳接力	王 牧	第十九届中国大学生游泳锦标赛	第八名	兰州	2019.8
49	游泳	男女4×100米自由泳接力	王 牧	第十九届中国大学生游泳锦标赛	第四名	兰州	2019.8
50	游泳	男子4×100米混合泳接力	王 牧	第十九届中国大学生游泳锦标赛	第五名	兰州	2019.8
51	排球	女排	王雨瑄	2019年江苏省大学生排球比赛（高水平组）	第三名	南京	2019.6
52	排球	女排	王 翾	2019年江苏省大学生排球比赛（高水平组）	第三名	南京	2019.6
53	排球	女排	姚琪玥	2019年江苏省大学生排球比赛（高水平组）	第三名	南京	2019.6

(续 表)

序号	大项	小项	姓名	比赛名称	名次	地点	时间
54	排球	女排	熊玮琪	2019年江苏省大学生排球比赛（高水平组）	第三名	南京	2019.6
55	排球	女排	冷妍	2019年江苏省大学生排球比赛（高水平组）	第三名	南京	2019.6
56	排球	女排	陶逾	2019年江苏省大学生排球比赛（高水平组）	第三名	南京	2019.6
57	排球	女排	杨帆	2019年江苏省大学生排球比赛（高水平组）	第三名	南京	2019.6
58	排球	女排	郭梓芸	2019年江苏省大学生排球比赛（高水平组）	第三名	南京	2019.6
59	排球	女排	梅雁	2019年江苏省大学生排球比赛（高水平组）	第三名	南京	2019.6
60	排球	女排	徐吉睿	2019年江苏省大学生排球比赛（高水平组）	第三名	南京	2019.6
61	排球	女子沙滩排球	姚琪玥	2019年江苏省大学生沙滩排球比赛（高水平组）	第一名	南京	2019.6
62	排球	女子沙滩排球	陶逾	2020年江苏省大学生沙滩排球比赛（高水平组）	第一名	南京	2019.6
63	排球	女子沙滩排球	徐吉睿	2021年江苏省大学生沙滩排球比赛（高水平组）	第一名	南京	2019.6
64	羽毛球	男单	张旭鹏	江苏省大学生羽毛球锦标赛	第一名	南京	2019.5
65	羽毛球	男单	邢立康	江苏省大学生羽毛球锦标赛	第六名	南京	2019.5
66	羽毛球	男双	张旭鹏	江苏省大学生羽毛球锦标赛	第五名	南京	2019.5
67	羽毛球	男双	邢立康	江苏省大学生羽毛球锦标赛	第五名	南京	2019.5
68	羽毛球	男双	张旭鹏	中国大学生羽毛球锦标赛	32强	湖南	2019.8
69	跆拳道	男子太极一章	黄昊冉	江苏省第五届大学生跆拳道锦标赛	第一名	镇江	2019.5
70	跆拳道	男子太极三章	周若晨	江苏省第五届大学生跆拳道锦标赛	第一名	镇江	2019.5
71	跆拳道	女子太极一章	朱芷晴	江苏省第五届大学生跆拳道锦标赛	第二名	镇江	2019.5
72	跆拳道	女子太极一章	杨铭	江苏省第五届大学生跆拳道锦标赛	第二名	镇江	2019.5
73	跆拳道	女子高丽	陆沁怡	江苏省第五届大学生跆拳道锦标赛	第三名	镇江	2019.5
74	跆拳道	女子-49公斤	陆沁怡	江苏省第五届大学生跆拳道锦标赛	第三名	镇江	2019.5
75	跆拳道	男子-54公斤	李瑞冬	江苏省第五届大学生跆拳道锦标赛	第三名	镇江	2019.5
76	跆拳道	男子-63公斤	王立博	江苏省第五届大学生跆拳道锦标赛	第三名	镇江	2019.5

(续 表)

序号	大项	小项	姓名	比赛名称	名次	地点	时间
77	跆拳道	男子-80公斤	陈 正	江苏省第五届大学生跆拳道锦标赛	第三名	镇江	2019.5
78	跆拳道	女子-46公斤	叶敏敏	江苏省第五届大学生跆拳道锦标赛	第五名	镇江	2019.5
79	跆拳道	男子-74公斤	黄柏皓	江苏省第五届大学生跆拳道锦标赛	第五名	镇江	2019.5
80	男排	沙滩排球	王天恩	2019年江苏省大学生沙滩排球比赛	第四名	南京	2019.6
81	男排	沙滩排球	严啸峰	2019年江苏省大学生沙滩排球比赛	第四名	南京	2019.6
82	男排	男子沙滩排球高水平组	王 梓	第十五届中国大学生沙滩排球锦标赛	第十一名	鄂尔多斯	2019.8
83	男排	男子沙滩排球高水平组	谢天宇	第十五届中国大学生沙滩排球锦标赛	第十一名	鄂尔多斯	2019.8
84	男排	男子沙滩排球专业组	王天恩	第十五届中国大学生沙滩排球锦标赛	第六名	鄂尔多斯	2019.8
85	男排	男子沙滩排球专业组	严啸峰	第十五届中国大学生沙滩排球锦标赛	第六名	鄂尔多斯	2019.8
86	田径	100米	舒 阳	2019年南京高校普通大学生田径比赛暨江苏省大学生田径冠军赛	第一名	南京	2019.5
87	田径	400米	李 鹏	2019年南京高校普通大学生田径比赛暨江苏省大学生田径冠军赛	第二名	南京	2019.5
88	田径	200米	虞沁宸	2019年南京高校普通大学生田径比赛暨江苏省大学生田径冠军赛	第二名	南京	2019.5
89	田径	跳高	计梦颖	2019年南京高校普通大学生田径比赛暨江苏省大学生田径冠军赛	第二名	南京	2019.5
90	田径	4×100米	张子扬	2019年南京高校普通大学生田径比赛暨江苏省大学生田径冠军赛	第三名	南京	2019.5
91	田径	4×400米	刘雨轩	2019年南京高校普通大学生田径比赛暨江苏省大学生田径冠军赛	第三名	南京	2019.5
92	田径	4×100米	章一鸣	2019年南京高校普通大学生田径比赛暨江苏省大学生田径冠军赛	第三名	南京	2019.5
93	田径	4×400米	李 鹏	2019年南京高校普通大学生田径比赛暨江苏省大学生田径冠军赛	第三名	南京	2019.5

(续 表)

序号	大项	小项	姓名	比赛名称	名次	地点	时间
94	田径	4×100米	舒阳	2019年南京高校普通大学生田径比赛暨江苏省大学生田径冠军赛	第三名	南京	2019.5
95	田径	100米	虞沁宸	2019年南京高校普通大学生田径比赛暨江苏省大学生田径冠军赛	第五名	南京	2019.5
96	田径	4×100米	虞沁宸	2019年南京高校普通大学生田径比赛暨江苏省大学生田径冠军赛	第三名	南京	2019.5
97	田径	4×400米	李致远	2019年南京高校普通大学生田径比赛暨江苏省大学生田径冠军赛	第三名	南京	2019.5
98	田径	400米栏	周磊	2019年南京高校普通大学生田径比赛暨江苏省大学生田径冠军赛	第四名	南京	2019.5
99	田径	4×400米	周磊	2019年南京高校普通大学生田径比赛暨江苏省大学生田径冠军赛	第三名	南京	2019.5
100	田径	400米	周磊	2019年南京高校普通大学生田径比赛暨江苏省大学生田径冠军赛	第五名	南京	2019.5
101	田径	4×400米	李致远	2019年南京高校普通大学生田径比赛暨江苏省大学生田径冠军赛	第五名	南京	2019.5
102	田径	800米	李致远	2019年南京高校普通大学生田径比赛暨江苏省大学生田径冠军赛	第五名	南京	2019.5
103	田径	跳高	计梦颖	2019年江苏省大学生田径锦标赛(高水平组)暨第十四届全国学生运动会田径项目第二次选拔赛	第二名	苏州	2019.11
104	田径	4×400米	李鹏	2019年江苏省大学生田径锦标赛(高水平组)暨第十四届全国学生运动会田径项目第二次选拔赛	第二名	苏州	2019.11
105	田径	4×100米	舒阳	2019年江苏省大学生田径锦标赛(高水平组)暨第十四届全国学生运动会田径项目第二次选拔赛	第四名	苏州	2019.11
106	田径	4×100米	虞沁宸	2019年江苏省大学生田径锦标赛(高水平组)暨第十四届全国学生运动会田径项目第二次选拔赛	第四名	苏州	2019.11
107	田径	100米	舒阳	2019年江苏省大学生田径锦标赛(高水平组)暨第十四届全国学生运动会田径项目第二次选拔赛	第四名	苏州	2019.5
108	田径	跳高	闫添程	2019年江苏省大学生田径锦标赛(高水平组)暨第十四届全国学生运动会田径项目第二次选拔赛	第二名	苏州	2019.11

（续　表）

序号	大项	小项	姓名	比赛名称	名次	地点	时间
109	田径	4×400米	周　磊	2019年江苏省大学生田径锦标赛（高水平组）暨第十四届全国学生运动会田径项目第二次选拔赛	第二名	苏州	2019.11
110	田径	4×400米	刘雨轩	2019年江苏省大学生田径锦标赛（高水平组）暨第十四届全国学生运动会田径项目第二次选拔赛	第二名	苏州	2019.11
111	田径	4×400米	李致远	2019年江苏省大学生田径锦标赛（高水平组）暨第十四届全国学生运动会田径项目第二次选拔赛	第二名	苏州	2019.11
112	田径	4×400米	章一鸣	2019年江苏省大学生田径锦标赛（高水平组）暨第十四届全国学生运动会田径项目第二次选拔赛	第四名	苏州	2019.11
113	田径	4×100米	李　鹏	2019年江苏省大学生田径锦标赛（高水平组）暨第十四届全国学生运动会田径项目第二次选拔赛	第四名	苏州	2019.11
114	田径	400米	李　鹏	2019年江苏省大学生田径锦标赛（高水平组）暨第十四届全国学生运动会田径项目第二次选拔赛	第七名	苏州	2019.11
115	网球	女子团体	胡　博	第二十四届中国大学生网球锦标赛	第七名	台州	2019.4
116	网球	女子团体	苗文筱	第二十四届中国大学生网球锦标赛	第七名	台州	2019.4
117	网球	女子团体	陆可菲	第二十四届中国大学生网球锦标赛	第七名	台州	2019.4
118	网球	女子团体	张云茜	第二十四届中国大学生网球锦标赛	第七名	台州	2019.4
119	棒垒球	垒球	金惟杰	2019年江苏省大学生慢投垒球比赛	第二名	南京	2019.6
120	棒垒球	垒球	邢彩玉	2019年江苏省大学生慢投垒球比赛	第二名	南京	2019.6
121	棒垒球	垒球	许鹭燕	2019年江苏省大学生慢投垒球比赛	第二名	南京	2019.6
122	棒垒球	垒球	甘容菁	2019年江苏省大学生慢投垒球比赛	第二名	南京	2019.6
123	棒垒球	垒球	叶　鑫	2019年江苏省大学生慢投垒球比赛	第二名	南京	2019.6
124	棒垒球	垒球	林雄锋	2019年江苏省大学生慢投垒球比赛	第二名	南京	2019.6
125	棒垒球	垒球	于苏甫·喀哈尔	2019年江苏省大学生慢投垒球比赛	第二名	南京	2019.6
126	棒垒球	垒球	廖德莉	2019年江苏省大学生慢投垒球比赛	第二名	南京	2019.6
127	棒垒球	垒球	黄汉旺	2019年江苏省大学生慢投垒球比赛	第二名	南京	2019.6

(续 表)

序号	大项	小项	姓名	比赛名称	名次	地点	时间
128	棒垒球	垒球	王翔宇	2019年江苏省大学生慢投垒球比赛	第二名	南京	2019.6
129	棒垒球	垒球	吴柏毅	2019年江苏省大学生慢投垒球比赛	第二名	南京	2019.6
130	棒垒球	垒球	姚 晨	2019年江苏省大学生慢投垒球比赛	第二名	南京	2019.6
131	棒垒球	垒球	许毓芸	2019年江苏省大学生慢投垒球比赛	第二名	南京	2019.6
132	棒垒球	垒球	王舜泓	2019年江苏省大学生慢投垒球比赛	第二名	南京	2019.6
133	棒垒球	垒球	郭挺照	2019年江苏省大学生慢投垒球比赛	第二名	南京	2019.6
134	棒垒球	垒球	赵 楠	2019年江苏省大学生慢投垒球比赛	第二名	南京	2019.6
135	乒乓球	男子双打	王 瑞	第24届中国大学生乒乓球锦标赛	第三名	济南	2019.11
136	乒乓球	男子双打	张 超	第24届中国大学生乒乓球锦标赛	第三名	济南	2019.11
137	足球	男子足球	阿不都热西提·库提彼丁	2019年"省长杯"大学生足球联赛(校园组)	第三名	镇江	2019.11
138	足球	男子足球	甫尔塔韦斯	2019年"省长杯"大学生足球联赛(校园组)	第三名	镇江	2019.11
139	足球	男子足球	潘振宇	2019年"省长杯"大学生足球联赛(校园组)	第三名	镇江	2019.11
140	足球	男子足球	阿卜杜外力·努尔麦麦提	2019年"省长杯"大学生足球联赛(校园组)	第三名	镇江	2019.11
141	足球	男子足球	艾则麦提·艾尼瓦	2019年"省长杯"大学生足球联赛(校园组)	第三名	镇江	2019.11
142	足球	男子足球	约提库尔·乌布力排则	2019年"省长杯"大学生足球联赛(校园组)	第三名	镇江	2019.11
143	足球	男子足球	刘佳昊	2019年"省长杯"大学生足球联赛(校园组)	第三名	镇江	2019.11
144	足球	男子足球	肖凯提·努尔买买提	2019年"省长杯"大学生足球联赛(校园组)	第三名	镇江	2019.11
145	足球	男子足球	邹林甫	2019年"省长杯"大学生足球联赛(校园组)	第三名	镇江	2019.11
146	足球	男子足球	朱安云	2019年"省长杯"大学生足球联赛(校园组)	第三名	镇江	2019.11

（续表）

序号	大项	小项	姓名	比赛名称	名次	地点	时间
147	足球	男子足球	卡依萨尔·木鲁提江	2019年"省长杯"大学生足球联赛(校园组)	第三名	镇江	2019.11
148	足球	男子足球	迪里夏提·库尔班	2019年"省长杯"大学生足球联赛(校园组)	第三名	镇江	2019.11
149	足球	男子足球	王跃澎	2019年"省长杯"大学生足球联赛(校园组)	第三名	镇江	2019.11
150	足球	男子足球	朱冠达	2019年"省长杯"大学生足球联赛(校园组)	第三名	镇江	2019.11
151	足球	男子足球	齐天润	2019年"省长杯"大学生足球联赛(校园组)	第三名	镇江	2019.11
152	足球	男子足球	谢普凯提·艾力	2019年"省长杯"大学生足球联赛(校园组)	第三名	镇江	2019.11
153	足球	男子足球	顾马云龙	2019年"省长杯"大学生足球联赛(校园组)	第三名	镇江	2019.11
154	足球	男子足球	木斯塔帕·玉苏音	2019年"省长杯"大学生足球联赛(校园组)	第三名	镇江	2019.11
155	足球	男子足球	蔡伟浪	2019年"省长杯"大学生足球联赛(校园组)	第三名	镇江	2019.11
156	足球	男子足球	玛尔旦·依那木江	2019年"省长杯"大学生足球联赛(校园组)	第三名	镇江	2019.11

2019年东南大学《国家学生体质健康标准》数据分析

我校2019年度《国家学生体质健康标准》参与测试的有效数据为：13 593人比2018年度下降1 059人；大学一年级为3 309人次、大学二年级为3 337人、大学三年级为3 521人、大学四年级为3 426人，测试合格率为92.97%。

表1　2108年度东南大学《国家学生体质健康标准》测试等级分析

年级	不及格率/%	及格率/%	良好率/%	优秀率/%
一年级	4.99	74.01	19.55	1.46
二年级	5.15	70.92	22.04	1.90
三年级	6.90	72.84	18.98	1.28
四年级	8.49	73.22	16.89	1.40
全校	6.38	72.75	19.36	1.51

表2 2019年度《国家学生体质健康标准》总体等级分析

年级	不及格率/%	及格率/%	良好率/%	优秀率/%
一年级	3.54	71.89	23.15	1.42
二年级	5.24	72.37	21.07	1.32
三年级	1.22	18.49	72.02	8.26
四年级	10.89	74.64	13.72	0.76
全校	7.03	72.74	19.05	1.18

从表1、表2中可以看出,我校2019年度学生《国家学生体质健康标准》测试不及格率比2018年度增长0.65%,所有等级均比上年度有所下降,及格率下降0.01%,良好率下降0.31%,优秀率下降0.33%。

表3 2018年度各测试项平均值与标准差

项目	身高	体重	肺活量	50米	立定跳远	坐位体前屈	仰卧起坐	引体向上	1 000米	800米
平均数	169.92 cm	62.28 kg	3 861.14 mL	7.93 s	209.90 cm	14.24 个	38.48 个	3.87 个	249.92 s	235.60 s
标准差	8.30	11.98	967.89	0.947	33.24	6.86	9.01	4.20	28.79	22.83

表4 2019年度各测试项平均值与标准差

项目	身高	体重	肺活量	50米	立定跳远	坐位体前屈	仰卧起坐	引体向上	1 000米	800米
平均数	170.07 cm	63.17 kg	3 807.68 mL	7.95 s	210.74 cm	14.73 个	38.05 个	3.67 个	248 s	234 s
标准差	8.38	12.43	977.07	0.950	32.81	6.866	9.57	4.22	0.50	0.40

从表3、表4中可以看出,2019年度学生身高、体重平均数比2018年度有所增长,肺活量有小幅下降。50米跑、仰卧起坐、引体向上均有下降,坐位体前屈、立定跳远、800米、1 000米成绩均有所提高。数据表明,学生的身体形态向正常方向发展,学生身体素质呈不均衡发展。男生上肢力量和女生腹部力量继续呈下降趋势,学生背部、腿部柔韧性和下肢力量均有所提高,耐力素质比上年度有所提高。在今后的教学和课外锻炼中应加大速度和力量素质的练习,逐步提高耐力素质、下肢爆发力、柔韧素质水平。

2019年东南大学体育系十大新闻

1. 第六十一届学生运动会

4月12日上午,东南大学第六十一届学生运动会在九龙湖校区体育馆隆重开幕。校领导左惟、王保平、郑家茂、丁辉出席开幕式。

本届运动会有近3 000人参赛。此外,本次开幕式邀请了江苏技巧队为广大师生带来精彩震撼的演出,并有来自不同院系的640位学生带来的以庆祝新中国成立70周年和追寻"1—10—100"的东大梦为主题的大型团体操表演。

2. 九龙湖校区游泳馆开工

4月30日上午,由建设方南京宏亚建设集团有限公司组织的东南大学九龙湖校区游泳馆开工仪式在九龙湖校区举行,体育系主任蔡晓波,体育系党总支书记王强,体育系副主任金凯、沈辉、王青禾,基本建设处副处长汤磊、基本建设处建设单位项目负责人周伟及相关参建单位代表出席了开工仪式。

游泳馆位于九龙湖校区东侧,临近东门。预计竣工时间为2020年11月16日。游泳馆包含地上2

层,地下1层(含1层设备夹层)。泳池采用国际标准25米×50米的泳池,可兼顾高水平游泳队的训练以及游泳比赛的需求。

3. 江苏省大学生马拉松联赛

5月19日上午,江苏省大学生马拉松联赛东南大学站暨117周年校庆环校赛于九龙湖校区开赛。出席比赛开幕式的嘉宾有东南大学党委副书记郑家茂、江苏省教育厅体育卫生与艺术教育处处长张鲤鲤、江苏省体育局综合业务处调研员成裕阳、东南大学校长办公室主任冀民、东南大学体育系主任蔡晓波以及相关部门负责人。

本次比赛共有近4 000人参加,全程约6.6公里;除东大本校师生及校友外,还吸引了59所兄弟院校师生的积极参与,参赛选手中不乏来自各个国家的留学生;比赛起点设置在九龙湖校区的标志性建筑李文正图书馆广场,赛程采用环绕校园的路线设计,途经纪忠楼、南京校友林、桃园、梅园、橘园等地。此外,本次比赛采用定制奖牌,正面是东南大学的校标,奖牌上可篆刻姓名,具有纪念意义。

4. 江苏省大学生沙滩排球比赛、江苏省大学生羽毛球锦标赛

5月25日,2019年江苏省大学生沙滩排球比赛(高水平组)暨第十四届全国学生运动会选拔赛在东南大学九龙湖校区沙滩排球场举行,我校荣获高水平女子组第一名和高水平男子组第四名的好成绩。

5月25日至26日,2019年江苏省大学生(甲A组)羽毛球锦标赛暨2020年全国学生运动会第一次选拔赛在我校九龙湖校区举行,我校学子张旭鹏荣获男子单打第一名,张旭鹏、邢立康荣获男子双打第五名。

5. 第24届中、日、韩东亚体育科学理事会会议和论文报告会

由教育部全国高等学校体育教学指导委员会公体组发起和主办,东南大学承办的第24届中、日、韩东亚体育科学理事会会议和论文报告会于2019年8月7日至8日在东南大学四牌楼校区举行,本次会议主题为"大学生体质健康与运动技能提升"。

本次论文报告会是体育系首次承办国际学术会议,我系教师智永红、姬晶晶、韩军生、张文静,以及研究生夏婧参加墙报交流。

6. 全国大学生游泳锦标赛、中国大学生乒乓球锦标赛

8月24日,由中国大学生体育协会主办,中国大学生体育协会游泳分会、同济大学执行,兰州大学承办的第十九届全国大学生游泳锦标赛在兰州大学榆中校区游泳馆拉开帷幕。参加本次全国大学生游泳锦标赛的有倪小焰和郭璠2位教练以及来自不同专业的18位队员,取得"2金、5银、5铜"的好成绩!

11月7日至12日,第24届中国大学生乒乓球锦标赛在济南玉泉森信大酒店拉开战幕。我校学子王瑞、张超获得男子双打(高水平组)第三名。

7. "不忘初心、牢记使命"主题教育

9月25日,体育系党总支召开会议讨论我系"不忘初心、牢记使命"主题教育实施方案,各支部召开会议布置工作。10月9日至11月26日,系领导班子展开8次主题教育学习研讨、2轮问题检视,列出13项整改问题并提出整改措施。问题涵盖校际共建、教师发展、服务师生、场馆设施、规范制度、人才引进等多个方面。

8. 学生体质健康监测

11月16日至17日,东南大学学生体质健康监测工作在九龙湖校区圆满完成,来自信息科学与工程学院、外国语学院、材料科学与工程学院、艺术学院、法学院、土木工程学院、人文学院、经济管理学院、计算机科学与工程学院、机械工程学院、化学化工学院和交通学院的共计1 909位同学,以饱满的精神状态顺利完成了此次测试。

我校是教育部暨江苏省学生体质健康监测国家级监测站,承担了历次国家、省级的学生体质监测工作,并多次获得全国及江苏省监测工作的先进集体。

9. 江苏省暨首届长三角体育学研究生学术创新论坛

12月14日,江苏省暨首届长三角体育学研究生学术创新论坛在南通大学召开。本次论坛,我校体育系研究生积极投稿,共有13人获奖。其中由杨健同学、韩军生副教授撰写的《电竞运动参与动机的影响因素研究——以南京高校大学生参与者为例》喜获本次论坛的特等奖,并做分会场论文报告。

10. 万人长跑迎新年

为了鼓励广大同学在锻炼中强健青春的体魄、塑造健美的形象,12月28日下午,我校在九龙湖校区隆重举行"东南大学'迎新年'万人健身长跑活动"。东南大学党委副书记郑家茂、团委副书记杨文燮、学生处副处长宋健刚、体育系主任金凯、交通学院党委书记陈怡以及部分院系党委副书记出席了本次活动。活动分为竞赛组和健身组,吸引了25个参赛单位,近万名师生校友参加了活动,其中竞赛组有580余人。

化学化工学院

在学校党政的正确领导下,在各部门的支持下,2019年化学化工学院全院教职员工不懈努力,在人才培养、学科及队伍建设、科学研究、综合管理等各方面工作取得了一定的成绩。主要工作简要总结如下。

一、本科生教育培养方面

推进参与教学研究与改革工作,2019年立项校级教改项目6项,校级精品全英文课程2门,教师工作研究项目1项,院级教改项目8项。

2019年,工程教育专业认证委员会受理了化学工程与工艺专业的认证申请。4月份提交了专业认证自评报告,12月份正在进行自评报告修订工作。进行实验室规范改造和实验装置安装工作。制定大类导师制方案,协调大类完成环境化工生物大类导师选择。

年度共立项国家级SRTP项目7项,省级SRTP项目9项,校级重大项目7项,校级项目34项。在全校各学院中项目数量突出。组织了"第一届全国大学生化学实验竞赛"、第六届卓越联盟高校"卓越杯"化学实验竞赛、第七届江苏省高校化学化工联盟大学生实验竞赛、第八届江苏省大学生化工设计竞赛暨第十三届全国大学生化工设计竞赛,获得国家级一等奖2项、二等奖4项、三等奖3项,江苏省特等奖1项、一等奖3项、二等奖3项。

组织完成了2次教学中期检查。2019年度本科生11人次出国交流。

二、研究生培养方面

硕士研究生招生工作分两批完成录取22人,公开招考生网报538人,参加复试194人(含推免生),录取148人,其中学术学位硕士97人,专业学位硕士51人。博士招生分两批进行,共录取学术博士38人;此外还招收12名工程博士。

研究生培养方面,进一步对研究生集中开题进行规范化管理,首次从南京大学、浙江工业大学等高校聘请6位专家,对学生开题质量进行把关,效果良好。2019年我院1篇论文获得校级优秀硕士学位论文,1篇论文获得省级优秀博士学位论文。2019年四次学位分委会顺利召开,我院共173位研究生获得学位,其中博士生33人,硕士生140人。新增1名博导。拥有5个省级优秀企业研究生工作站,博士生境外学术交流比例100%。

三、人才队伍建设及人事工作方面

深入贯彻学校"人才年"各项工作部署,到岗及引进人才7名,签约1支"杰青"高水平科研团队。新增1名"青年长江学者"、1名"杰青"、1名"青年拔尖"。晋升2名教授、3名副教授。组织优秀教师申报国家、江苏省及学校的人才项目工程。进一步研究修订关键业绩指标(KPI)考核方案,完善绩效分配体系。完成退休人员的养老保险核定工作。

四、科学研究及学科建设方面

全院组织申报国家自然科学基金42项,命中6项;申请专利101件,获授权专利72件;发表SCI文章327篇(其中在 *Nat. Commun.* 、*J. Am. Chem. Soc.* 、*Adv. Mater.* 等国际顶尖杂志上发表5篇高水平学术论文);到账科研经费3 300万元左右。承担国家自然科学基金、科技部重大专项、省高技术和企业等各类科研项目50项,包括国家重点研发计划、国家重点研发计划课题、技装项目-ZF预研等。组织"化学工程与技术"学科评估和"化学"博士点的申报工作。邀请海内外专家学者举办41场科学研究、学术报告讲座。

五、学生综合素质教育发展方面

学院开创具有化院特色的三会制度。重视"磐石计划"的项目培育及落实,2019年申报第一期"磐石计划"15项,第二期"磐石计划"立项18项,其中3个支部被评为校优秀"磐石计划"。

学院出台了《东南大学化学化工学院班主任工作职责及考核办法》。在第十六届全国"挑战杯"全国大学生课外学术科技作品竞赛中学院本科生项目荣获一等奖。

六、综合管理方面

配合校党委顺利完成了行政换届工作。结合校党委巡察整改工作中发现的问题,努力将巡察整改工作作为推动学院整体工作的契机和抓手,落实整改要求,不断推进学院的政治建设、思想建设、组织建设、作风建设和制度建设,将思想政治工作渗透到中心业务工作中去。重视安全管理工作,全年无安全事故发生。组织召开了暑期工作研讨会,征集并讨论了11个议题,完善制定了5项内部管理规章制度。

交 通 学 院

一、党委工作

1. 圆满完成交通学院行政换届工作,成立新一届领导班子。

2. 开展"不忘初心、牢记使命"主题教育活动。主题教育期间,开展工作调研10次,召开师生座谈会10场,提出整改落实建议56条,班子成员讲党课7次,各教工学生党支部共开展志愿服务33场。

3. "塑优立标"促支部建设"提质增效"。交通学院道路与铁道工程学科党支部和2017级、2018级本科生联合党支部同时成功申报教育部第二批新时代高校党建"双创"工作中的"全国党建工作样板党支部"(全校3个我院获得2个)。

4. 承办2019年交通运输部机关处级领导干部调训班(第16期)。

5. 初步完成交通学院文化建设、环境设施改造工作,打造集思想交流、生活服务、学术研讨等功能在内的集成式公共文化空间,彰显交通文化的传承与创新,发挥文化育人功能;完成学院网站、官微、画册、年报、展示厅等宣传窗口与平台的改版优化工作,凸显人文关怀和交院情怀,达到"以文化人""以文育人"的全方位育人工作效果。

二、师资队伍建设

1. 高度重视高水平师资队伍的引进与培育,队伍建设再创佳绩。2019年刘攀教授获得国家自然科学基金杰出青年基金项目资助(全校4人);马涛、刘志远教授获得国家自然科学基金优秀青年基金项目资助(全校5人);新增交通运输部创新团队"现代城市智能交通技术创新团队"(刘攀教授牵头)。2019年年底将与"长江学者"特聘教授孟强、"千人"特聘专家蔡春生签订引进协议。学院获得2019年"东南大学人才工作先进集体"荣誉称号(全校6个)。

2. 多名教师获得高水平荣誉。刘松玉教授荣获2019年茅以升科学技术奖——土力学及岩土工程大奖,该奖已成为业内公认的我国土木工程领域个人最高荣誉奖;陆建教授荣获中国智能交通协会"中青年科技创新领军人才"称号;王炜教授、朱志铎教授获颁"庆祝中华人民共和国成立70周年"纪念章;钱振东教授团队参展的科技成果——"桥面沥青铺装养护与保存技术"项目于展会中斩获佳绩,荣获俄罗斯科学与技术协会(Technopol-Moscow)颁发的杰出贡献创新奖与日内瓦国际发明展览会银奖;马涛教授入选交通运输部"交通运输行业中青年科技创新领军人才",荣获"中国公路青年科技奖"并入选中国公路学会青年专家委员会,并喜得第九届"我最喜爱的研究生导师"东南大学优秀研究生导师第一名;杨敏教授获得第四届中国城市规划青年科技奖(两年评一次,每次不超过6人);新增刘攀教授牵头的交通运输部创新团队"现代城市智能交通技术创新团队"。

3. 持续坚持人才引进宣传工作。2019年,交通学院从英属哥伦比亚大学、荷兰代尔夫特理工大学、美国威斯康星大学麦迪逊分校等国际一流高校引进新入职青年教师13人。

三、本科生培养工作

1. 以立德树人为根本。全院教师积极参与课程思政教学改革申报,2019年学院2门课程获东南大学"课程思政"校级示范课荣誉称号(全校9门),并新增17门课程(全校111门)入选第二批"课程思政"校级示范课改革试点立项,验收及立项数量均为全校最多。

2. 全面推进人才培养方案修订。积极响应新时代交通强国发展战略,适应智能网联交通发展新趋势,践行卓越工程师计划2.0,贯彻《东南大学2020一流本科教育行动计划》,全院各专业全面推进2019级本科人才培养方案修订工作,全校第一批通过培养方案修订专家审核。

3. 高度重视教育教学改革。积极投入教育教学改革项目建设。2019年学院教师牵头获批教育部产学合作协同育人项目4项、江苏省高等教育教改研究立项课题1项、中国高等教育学会教学研究分会中国高校"金课"建设平台推进计划1项,以及东南大学教学改革重中之重、重点和一般项目共14项,教改立项再创新高。

4. 教材、课程资源建设成果丰富。高水平教材建设成果丰富。刘志远老师主编的《交通大数据理论与方法》入选中国高等教育学会工程教育专业委员会新工科教材立项。刘志远老师主编的《交通大数据理论与方法》、项乔君老师主编的《道路交通设计》获得申报2019年江苏省高等学校重点教材建设项目立项。

在线开放课程建设名列前茅。"交通规划"等8门课程入选江苏省高等学校在线开放课程立项建设名单(同批次全校28门入选,我院最多),"交通分析I"等8门新建在线开放课程组成的"交通学院新工科专业类核心课程群"获批东南大学在线开放课程群立项,"Data Mining for Transportation"等6门课程入选东南大学第一批全英文精品课程立项建设项目名单。入选数量名列前茅。

5. 各类学生创新创业竞赛中屡获佳绩。共获国际奖8人次,国家级奖43人次,省级奖50人次;2019年美国大学生数学建模竞赛一等奖5名、二等奖2名;第三届全国大学生"茅以升公益桥——小桥工程"

设计大赛一等奖1项(全国5项);第八届全国大学生GIS应用技能大赛一等奖1项;第十四届全国大学生交通科技大赛二等奖1项;第六届全国大学生物流设计大赛二等奖1项;第三届全国大学生岩土工程竞赛三等奖1项。

四、研究生培养工作

1. 研究生生源质量稳步提升。2019年录取硕士研究生中"双一流"高校生源比例超过90%;录取2020级推免硕士研究生130名,全部为"双一流"高校学生,其中"一流"高校生源超过60%;录取的东南大学-蒙纳士大学联合培养硕士研究生中"双一流"高校生源比例近75%;2019年博士研究生招生录取75名学生,"双一流"高校生源报考比例超过83%,录取比例超过92%,硕博连读生比例超过26%。总体研究生生源质量在东南大学名列前茅。

2. 研究生培养开展新探索。本年度研究生招生中,新增MPA道路交通管理与政策方向,首次报名考试人数达592人。

3. 优秀研究生培养成果显著。"中西融通,至善引领——交通运输工程学科拔尖人才培养模式的探索与实践"成果,获得江苏省研究生教育改革一等奖1项(全省共9项一等奖);获得江苏省优秀专业学位硕士学位论文1篇,东南大学优秀博士学位论文4篇,优秀硕士学位论文3篇;马涛教授荣获第九届"我最喜爱的研究生导师"东南大学优秀研究生导师第一名。

4. 国内外学科竞赛获奖。研究生参加数字中国创新竞赛获一等奖,参加全国高校新能源汽车大数据创新创业大赛(NCBDC)获得创新组金奖,参加中国数字人工智能领域顶级国际会议获得2项竞赛大奖Task2亚军以及Task1第4名,参加第三届全国大学生"茅以升公益桥——小桥设计大赛"获一等奖。

5. 研究生人才培养国际化取得新进展。2019年东南大学-蒙纳士大学联合交通运输工程专业硕士研究生培养项目录取59名学生;首届中国路桥-东南大学巴基斯坦留学生交通运输工程班10名研究生顺利毕业,本年度新录取21名研究生,培养体系不断完善;本年度28人入选国家公派研究生项目(CSC),入选人数居全校第二位,39人入选东南大学短期访学研究生项目,入选人数居全校首位;51名研究生的论文以第一作者身份被交通运输领域最权威的TRB年录用,总量在全国各高校中名列前茅。

6. 研究生教育教学改革不断推进。获得江苏省研究生教育教学改革课题1项(全校10个);获得江苏省普通高校研究生科研创新计划项目7项,位居东南大学第二位;入选东南大学优秀博士学位论文基金11人,位居东南大学第二位;获得东南大学第二批研究生"课程思政"示范课程建设试点立项项目5项,位居全校第四;已建成江苏省企业研究生工作站28个,拥有江苏省产业教授8人,新增江苏省优秀企业工作站1个(江苏圣泰环境科技股份有限公司企业工作站)(全校4个)。

五、科学研究工作

1. 科研项目与经费结构不断优化。交通学院2019年新增24项国家自然科学基金(其中"杰青"1项,"优青"2项),2项江苏省自然科学基金;1项军队后勤重点项目;牵头或参与重点研发计划课题17项。人才基金和国防项目有显著突破。

2019年学院科研总到款约1.36亿元,连续十一年科研经费超亿元,其中纵向经费到款近5 860万元,经费结构进一步优化。

2. 科研成果"质、量"并重。交通学院2019年发表SCI/SSCI检索论文近300篇;申请国家发明专利330多项,授权发明专利130多项,授权实用新型专利6项,授权软件著作权6项;专利及软著转化总经费约500万元,成果转化成绩突出。

2019年牵头获得省部级及以上科研奖项20项,其中:牵头教育部一等奖1项;牵头江苏省科学技术奖一等奖1项、二等奖2项、三等奖2项;牵头中国公路学会一等奖1项、二等奖2项、三等奖1项;牵头中国产学研合作促进会产学研合作创新成果奖1项、中国电子学会科学技术奖二等奖1项;交通规划设计院团队获得中国公路学会2019"世界人行桥"奖金奖。

3. 平台基地持续增加。2019年牵头新增江苏省物流枢纽工程研究中心的省级研发中心平台(江苏省发改委,已公示结束),参与新增交通运输部自动驾驶技术交通行业研发中心,另新增产学研合作企业9家,其中院级校企研发中心3家。

2019年,我院联合省发改委、江苏省战略与发展研究中心共同成立了江苏省物流与供应链研究院。布局物流学科发展前沿,未来将之打造成为国家物流与供应链智库,为国家重大物流与供应链决策提供理论方法及技术支撑,首任院长由我院毛海军教授担任。2019年11月15日,江苏省物流与供应链研究院揭牌仪式暨首届江苏物流与供应链创新发展高峰论坛在南京国际博览中心成功举办。

六、实验室工作

1. 2019年1月至3月,实验室整体从四牌楼校区成功搬迁到九龙湖校区;2019年4月至12月,推进了试验中心文化建设。交通学院试验中心建筑面积约1万平方米,建有城市虚拟交通系统智能测试平台、人车路协同系统智能测试与集成验证平台、交通基础设施智能化测试与分析平台三大试验平台,成为具有较高影响力和展示度的试验基地。

2. 试验中心接待交通运输部、教育部、江苏省、行业单位和兄弟院校领导和同行交流与访问50余次。江苏省政协主席黄莉新、教育部副部长翁铁慧、中科院赖远明院士,交通运输部科技司、交通运输部规划研究院等单位领导对试验中心的建设给予了高度评价。

七、国际合作

1. 推进人才培养国际化项目建设。在已有美国威斯康星大学麦迪逊分校、澳大利亚蒙纳士大学、巴黎市政工程师学院、加拿大滑铁卢大学环境工程学院等联合培养项目基础上,新增项目包括:2019年与新加坡国立大学土木与环境工程系"3+1+1"合作协议已通过校教务处和国际合作处审核,正在签订过程中;与澳大利亚蒙纳士大学2周暑校项目,已商讨完毕,协议在拟定过程中;与美国凯斯西储大学土木与环境工程系"3+2"提前录取硕士项目合作协议已通过校教务处审核,学校国际合作处正在审核过程中;正在商讨与西班牙马德里理工大学1年的双硕士学位项目。

2019年本科生出境交流人数59人,创历史新高,为2018年的3倍;28名研究生入选国家公派研究生项目(CSC),入选人数居全校第二位;39名研究生入选东南大学短期访学研究生项目,入选人数居全校首位。

2. 加强国际合作交流。依托牵头的高等学校学科"111"创新引智计划—现代智能交通技术创新引智基地,我院成功邀请国(境)外来华专家做学术报告30场次,邀请杜伦大学John C. Brigham教授讲授"工程逆问题的计算力学"主题的系列课程。

3. 学生成果国际获奖。2019年1月,在第98届交通运输研究学会TRB年会上,刘攀教授指导的博士毕业生柏璐荣获COTA最佳博士学位论文奖,这是继俞灏博士荣获内地地区首篇COTA最佳博士学位论文提名奖之后,内地地区首次获得该项荣誉。

2019年7月,刘志远教授团队刘洋博士、吕呈硕士喜获KDD CUP两项大奖,团队成员受邀前往ACM SIGKDD Conference on Knowledge Discovery and Data Mining(简称"KDD")会议现场领奖并展示获奖方案,相关工作被收录至KDD CUP论文集;KDD CUP有数据挖掘领域"世界杯"之称,是目前数据挖掘领域水平最高、最具影响力、规模最大的国际顶级赛事。

八、学科影响力提升(重要会议)

本年度累计承办4个国际(境外)重要会议、4个国内重要会议,参加多个国际重要会议,巩固提升了国内外学术影响力,为一流学科建设、学科评估打下了重要基础。

(一) 境外影响力提升

2019年1月13日至17日,东南大学交通学院师生组团赴美国华盛顿参加第98届交通运输研究学会(Transportation Research Board,简称"TRB")年会。本届年会,东南大学共有76篇论文被会议录用,80多名师生前往参会,整体规模居参会高校前列。师生们在各分会场进行了论文和海报宣讲,向全世界充分展示了东大人的风采。

2019年7月,我院成功举办了"中国交通2025:联通世界"第19届COTA国际交通科技年会,这是东南大学第三次主办该会议,大会邀请了海内外院士、华盛顿州交通厅厅长、韩国交通部副部长等来自20多个国家的80多位海外特邀专家和200多名国内知名专家学者出席,吸引了来自世界各个国家和地区逾千名学者参会。

2019年7月,我院成功举办了交通运输工程人才培养国际论坛,对于进一步深化我国交通运输领域高等教育教学改革、全面提高人才培养质量有着积极推动作用,有助于全面落实交通运输工程领军人才培养。

2019年4月,由我院承办的"2019可持续交通发展联合学术研讨会"在东南大学九龙湖校区土木交通学院楼隆重举行。来自逢甲大学、淡江大学、新加坡新跃社科大学、同济大学以及东南大学的80余位师生参与了本次研讨会,促进海峡两岸校级师生交流,扩大境外影响力。

2019年11月,我院承办了"自动驾驶引领未来智能交通创新"第二届车路协同自动驾驶国际论坛。

(二) 国内学科影响力提升

2019年5月,我院成功承办教育部科技委能源与交通学部2019年度第一次工作会议。教育部科技司综合处副处长王晟、教育部科技委能源与交通学部主任田红旗院士、西安交通大学何雅玲院士等委员和代表,以及能源与交通学部办公室杨彦主任、学部秘书姚松教授、孙志强教授等共50多人出席了本次会议。

2019年11月,我院承办了中国城市交通发展论坛2019年第4次(总第24次)研讨会。本次研讨会的主题是"交通规划与管理决策支持系统的研发及应用"。论坛主席住房和城乡建设部原部长汪光焘、论坛执行副主席同济大学教授陈小鸿和中国城市规划设计研究院城市交通研究分院总工殷广涛,以及包含论坛成员单位在内的,来自北京、上海、广州、深圳、南京、重庆、武汉、厦门、宁波、桂林等地的50余名专家学者参加了本次研讨会。

2019年12月8日至9日,学院承办了国家自然科学基金委员会工程与材料学部交通工程学科发展战略研讨会,36所高校的有关教授及专家参加了本次会议。

2019年11月,成功举办东南大学交通学院三十周年庆典暨"交通强国"战略下交通运输工程学科建设论坛,是对学院30年发展历程的总结和回顾,更是对新的奋斗征程的激励和展望。全国人民代表大会常务委员会委员、中国公路学会理事长翁孟勇,江苏省综合交通运输学会理事长史和平,中国科学院院士赖远明,以及34所兄弟院校领导、50余家企业代表、600余名交通学院校友和在校师生等1 200余人出席庆典,扩大交通学院重要影响力,提升校友、用人单位对学院的认可度。

九、学生工作

(一) 党建引领,创新丰富思想政治教育形式

1. 学生党建工作不断创新。在全校第一个开展"党支部书记讲党课"系列活动,将之体系化、品牌化,并推广至全校本科生党支部。研究生党支部获得校最佳党日活动5项;充分发挥"领航工程"项目的引领示范作用,本科生党支部共有3个主题党日活动立项2019年"领航工程"东南大学本科生党支部精品项

目,立项数量连续两年居全校第一;2015级本科生第二党支部荣获东南大学"先进基层党支部"称号、东南大学2018—2019学年"优秀本科生党支部"(全校共10个);2017级研究生第一党支部荣获东南大学"先进基层党支部"、东南大学"十佳研究生党支部"称号。

2. 承办全国科普日系列活动"综合交通高端科普报告会",宣传活动弘扬了科学精神,培育大学生科技创新意识与能力,引领交通专业青年学生投身交通强国建设,成为领军人才。江苏省副省长王江、省综合交通运输学会理事长史和平、教育厅厅长葛道凯、交通厅厅长陆永泉以及东南大学党委书记左惟等领导出席。本次报告会特邀中国工程院院士卢春房、吴光辉、孙逢春分别进行高端科普报告。报告会期间举行了2019年大学生交通科普公益作品创作大赛颁奖仪式,我院学生作品获得科学摄影类一等奖和科普视频类二等奖。

3. 以艺术团为载体开展学生思想政治教育。传扬社会主义核心价值观,发挥文化先锋作用与引领辐射效应。2019年JOIN艺术团面向全校新生连续三天献上原创大剧《茅以升》,观众达4 000多人次;制作的交通学院三十周年庆形象片《彼此的骄傲》,引起师生、校友强烈共鸣,微信阅读量高达3.5万次。

4. 2019年荣获江苏省先进班集体3个、江苏省十佳团支部1个、江苏省活力团支部1个、江苏省优秀学生干部及三好生5名、江苏省优秀团支部书记1名、东南大学国旗团支部1个、东南大学先进班集体3个、东南大学先进研究生班集体2个。

(二) 立德树人,以素质拓展、创新实践、职业发展、国际交流为核心,搭建学生发展平台

以"德才兼备,全面发展"为培养宗旨,以"JOIN"学生工作品牌为载体,全面培养学生综合素质与能力。荣获东南大学"优秀学院团委"、东南大学"优秀学生会"、东南大学"优秀院系研究生会"等荣誉。

1. 素质拓展全面开花。2019年勇夺东南大学第61届运动会团体总冠军,连续第十一次获得东南大学"大力杯"拔河比赛总冠军、第五次蝉联东南大学环九龙湖自行车赛、"啦啦操"大赛冠军;获得东南大学"院系杯"各项赛事总冠军。获年度东南大学体育先进院系,体育综合实力全校领跑。

"JOIN艺术团"作为工科生人文素质与思政教育基地,为学生搭建了素质拓展、能力锻炼、展现自我的舞台,是全校唯一的合唱团、器乐社、舞蹈团、话剧社都能单独承办专场的学院社团。承办《交·傲》交通学院三十周年庆晚会,传扬学科精神和院系文化,台前幕后共有600余名演职人员参加,为校友、师生呈现一场精彩绝伦的视觉盛宴。

2. 创新实践再创佳绩。学院积极培养学生创新创业能力,挖掘潜力项目,今年首次有两个项目成为中国"互联网+"大学生创新创业大赛备赛项目。在中国研究生创新实践系列大赛中,我院研究生作品获三等奖。

3. 社会实践成果丰硕。学院组建校级重点团队7个、院级重点团队16个、院级团队24个,是实践表彰中获优秀组织奖、优秀个人最多的院系。其中,"春泥·梦田"计划("向阳花"西部女童助学项目第二季)完成第一阶段的精准资助,30名彝族女孩全部考上高中,形成以"知识传授—知识内化—道德体验—道德实践"德育路径为核心的实践模式。活动获得2019年"状态由我"脉动校园公益行动全国优秀团队奖、最佳故事奖、江苏省社会实践"优秀团队"、东南大学十佳团队、十佳个人等荣誉。

4. 职业发展教育不断深化。建立全过程职业规划教育与就业指导体系,全面提升就业质量。组织重点岗位研习营前往交通运输部、中交公路规划设计院有限公司(简称"公规院")、中国路桥、中交雄安投资等8家重点单位体验交流,引导学生去国家重点单位就业;2019届本科生升学率62.2%,总就业率与本科生升学率均名列前茅。

5. 国际交流持续加强。2019年本科生出境交流人数59人,创历史新高,为2018年的3倍;首届中国路桥-东南大学巴基斯坦留学生交通运输工程班10名研究生顺利毕业,是交通运输领域针对"一带一路"国家培养的首批毕业研究生;组织巴基斯坦留学生参加第二届中国路桥中文演讲比赛,获三等奖及"最佳风采"荣誉。

（三）打造优质学生工作队伍及培养基地

不断为学校学工队伍输送优秀人才，2019年又输送4名流动助教（数量全校第一）。近年来培养的专兼职辅导员数量与队伍质量居全校前茅；以辅导员专业化发展为抓手，加强学生工作队伍建设。2019年成功申报省级项目2项，校级课题项目6项，发表CSSCI来源期刊论文2篇，省级期刊论文2篇，科研项目和论文数量及科研水平在全校各院系学工队伍中位列第一。2019年学工队伍荣获东南大学优秀党务工作者1名、东南大学优秀团务工作者1名，全校辅导员主题年级大会展评一等奖和辅导员素质能力大赛第三名。

（四）交通运输类拔尖创新人才培养基地茅以升班建设

不断探索完善具有专业特色文化的"知识-能力-素质"协同发展的交通运输类专业创新拔尖人才培养模式。2019年4月，张广军校长参加2016级茅以升班举办的"青春心向党，建功新时代"主题团日活动，结合纪念五四运动100周年讲授思政课，与同学们共话领军人才成长。2019年2016级茅以升班荣获"东南大学国旗团支部"（全校第一）、"江苏省先进班集体"、"江苏省十佳团支部"、"江苏省活力团支部"荣誉称号。

仪器科学与工程学院

一、学院历史沿革

仪器科学与工程学院所属学科门类原名"陀螺仪及导航仪器"专业，创建于1960年，于1961年开始招收研究生。先后于1981年和1984年被国务院学位委员会批准设立"精密仪器及机械"和"测试计量技术及仪器"两个硕士学位授权点。1990年被批准设立"精密仪器及机械"博士学位授权点。

1992年5月，为了适应学科发展需要，从自动控制系分出成立了仪器科学与工程系。2006年9月成立仪器科学与工程学院。

二、学院机构设置

（一）教学、科研机构

学院现设有六个研究所，一个教学实验研究中心：先进导航技术研究所、微惯性系统及器件研究所、信息导航与智能测控研究所、空间信息与导航定位研究所、机器人传感与控制技术研究所、汽车安全技术与虚拟现实研究所，以及测控技术教学实验研究中心。

（二）平台建设

学院现有"微惯性仪表与先进导航技术"教育部重点实验室、"远程测控技术"江苏省重点实验室和"土地实地调查监测技术"国土资源部重点实验室，以及江苏省农业物联网感知及系统控制工程中心。参与建设"生物电子学"国家重点实验室和"火电机组振动国家工程中心"。

同时，学院还建有国家级实验教堂示范中心——机电测控虚拟仿真实验教学中心，江苏省实验教学与实践教学中心——测控技术与仪器学科训练中心；参与建设国家级实验教学示范中心——机电综合工程训练中心，江苏省工程实践教学中心——物联网技术工程训练中心。

三、学院学科设置

目前,学院拥有1个博士后流动站、1个一级学科博士点,4个二级学科博士点(表1)。另建有2个国防特色学科:信息传感及系统技术、导航制导与控制。

表1 仪器科学与工程学院学科分布及专业设置

学科分布		学科性质	本科专业名称
一级学科名称	二级学科名称		
仪器科学与技术(一级学科博士点、博士后流动站、一级学科江苏省重点学科)	精密仪器及机械	博士点	测控技术与仪器
	测试计量技术及仪器	博士点	
	导航、制导与控制	博士点	
	微系统与测控技术	博士点	

四、学院人员配置

截止到2019年底,学院共有教职工71人,其中专任教师62人,管理人员9人。专兼职教师队伍中,具有国内外博士学位的教师占比约90%,其中教授(含重大项目岗)26人、副教授27人、讲师17人。博士生导师(含兼职)28人,硕士生导师(含兼职)49人。学院新增教授2人,副教授1人。入选东南大学"紫金学者"1人、"至善青年学者"4人;引进新教师1人、专职辅导员1人。积极推荐学院中青年教师申报各类人才计划,获批江苏省"杰青"1人。

表2 仪器科学与工程学院高层次人才与团队

人才工程	人员名单
中国工程院院士	张广军(2013)
国家杰出青年科学基金	宋爱国(2013)
国家"万人计划"科技创新领军人才	王 庆(2013)
国家"万人计划"教学名师	宋爱国(2018)
新世纪百千万人才工程	宋爱国(2009)
教育部"新世纪优秀人才"	陈熙源(2006)、严如强(2009)、宋光明(2010)
江苏省特聘教授	宋爱国(2013)
江苏省"333高层次人才培养工程"中青年科技领军人才(第二层次)	徐晓苏(2007)、宋爱国(2008,2011)、宋光明(2016)
江苏省"333高层次人才培养工程"中青年科学技术带头人(第三层次)	张为公(2003)、宋爱国(2004)、李建清(2007)、宋光明(2013)、刘锡祥(2016)、李会军(2018)
江苏省"青蓝工程"中青年学术带头人	徐晓苏(1998)、宋爱国(2002)、张为公(2005)
江苏省"六大高峰人才"	张为公(2005)、宋爱国(2006)、陈熙源(2008)、李建清(2011)、宋光明(2013)、杨波(2014)、赵立业(2015)、潘树国(2015)、刘锡祥(2016)、严如强(2016)、吴涓(2016)、李旭(2017)
东南大学特聘教授	宋爱国(2011,2013,2016)、徐晓苏(2014)、王庆(2016)
东南大学首席教授	宋爱国(2017)
东南大学优秀青年教师	陈熙源(2003)、金世俊(2004)、宋光明(2007)、梁金星(2011)、王立辉(2012)、莫凌飞(2013)、曾洪(2014)、张涛(2014)、徐宝国(2015)
东南大学"至善青年学者"	朱利丰(2018)、汤新华(2018)
江苏省"青蓝工程"科技创新团队	宋爱国团队(2016)

五、党政工作

认真开展"不忘初心、牢记使命"主题教育,分类制定领导干部和基层支部两个实施细则,坚持"学做结合、查改贯通",按时按质完成了主题教育规定的各项任务。

稳步加强干部人才队伍建设,顺利完成学院行政领导班子换届工作。设立创新研究所,大力加强学院引才力度,用于高端人才的引进。

深入开展师生思想政治教育工作,认真贯彻落实全国教育大会精神,举办"立德树人、师德为先"专题讲座,全面加强师德师风建设。以学生全面发展为目标,组织学生参观大院大所,积极推进全员全过程全方位育人,大力培育学生的家国情怀与责任担当。

严把学院意识形态阵地建设与管理,积极推进学院"课程思政"建设。制定《仪器科学与工程学院网络及新媒体建设管理办法》,进一步加强网络意识形态阵地建设与管理。

切实加强党员队伍和基层党支部建设,顺利完成基层党支部换届工作。党风廉政建设及安全、保密工作常抓不懈,扎实做好统一战线和群团工作。

安全、保密工作常抓不懈。认真开展安全保卫、综合治理责任制等工作,将定期检查和日常防范相结合,工作效果良好,保密工作规范化、制度化,组织全体涉密人员学习培训8次,全年无泄密事件。

六、学科建设

统筹使用各类学科经费,完成学院2019年度"双一流"建设经费、江苏省优势学科建设经费的使用预算以及"双一流"建设学科中期检查报告。提前准备教育部第5次全国一级学科评估,完成"仪器科学与技术"一级学科的预评估报告。

以我院教师(徐晓苏、王庆)为骨干申报的国家自然科学基金委创新团队"自主无人系统协同控制理论及应用"获批。

积极开展国际合作与交流活动,2019年共有教师40人次出国出境,参加国际学术会或工作交流访问,邀请国外知名专家学者15人来我院交流合作或做讲座,43位研究生出国出境参加国际学术会议或联合培养。

七、科学研究

基础研究项目进步明显。2019年,全院累计申报国家自然科学基金项目37项,获批8项,总经费372万元;获批省基础研究项目4项,其中青年基金2项、杰出青年基金1项,并成功获批省前沿引领技术基础研究专项1项(2 000万元)。

科研获奖保持优势。本年度牵头申报国家科学技术进步奖二等奖1项、教育部科技奖1项、江苏省科学技术奖1项,以及学会/行业科技奖励3项;截至目前,"高精度捷联惯性测量关键技术及应用"获江苏省科学技术奖二等奖,"复杂环境下智能巡检运维机器人关键技术及应用"获吴文俊人工智能科技进步奖一等奖。另获日内瓦国际发明银奖1项,获2019中国仪器仪表学会中国仪器仪表优秀科技创新人才奖1项。

科研经费总量稳定。全院到款总经费4 633.36万元,与2018年(4 638.67万元)基本持平,另有近2 300万元已到账。

论文、知识产权状况良好。据不完全统计,2019年全院申报发明专利204件、获授权发明专利76件,申报PCT专利19件,发表SCI论文136篇(表现不俗论文14篇)、EI论文157篇(部分与SCI重叠检索)。

八、本科生教学工作

获批"测控技术与仪器"双万专业(国家一流专业),完成"智能感知工程"新本科专业申报;顺利通过"测控技术与仪器"江苏省品牌专业一期建设验收,完成大类专业(测控、电气、自动化)一年级教学计划调整等工作;完成2019年本科人才培养方案修订工作,且组织教指委专家及企业专家进行评审,已顺利通过学校答辩评审。

出台《仪器科学与工程学院课程组及课程组负责人制度实施意见》,组建学院一期课程组13门课(专业基础课和专业主干课全覆盖);出台《仪器科学与工程学院在线开放课程建设及资助建议》,完成6门课程在线课录制工作;"信息通信网络概论"获2019年江苏省在线开放课程认定;立项2门校级"课程思政"项目;出版江苏省重点教材2部(《信息通信网络概论》《捷联式惯性导航系统初始对准理论与方法》);"误差理论与数据处理"立项2019年东南大学第一批全英文精品课程建设项目。入选第四批国家"万人计划"教师名师1人。

立项校级教改项目8项、江苏省教改项目1项;"基于通识课程的机电一体化与机器人技术创新基地建设"获教育部2019年第一批产学合作协同育人项目立项、"传感器技术课程实验"成功申报仪器类教指委虚拟仿真实验教学项目立项;完成2020届免研推荐工作,出台《东南大学仪器科学与工程学院免试推荐研究生工作细则》。

实施毕业设计学院集中答辩,获校级优秀毕业设计3项,推荐省级优秀毕业设计1项。结题SRTP项目30项(国家级4项、省级4项);新增立项31项(国家级4项,省级5项)。

学院还与德国亚琛工大合作定制暑期学校项目(Agile Innovation: Product Design Meets Engineering)整建制送出本科生30名;2019年度学院本科短期出国交流36人,3个月以上长期出国交流8人。本年度学院本科出国率由以往的5%左右提高到41%,全校排名第四(前三为吴健雄学院、外语学院和建筑学院)。

九、研究生教学工作

完成仪器科学与技术、电子信息(仪器仪表工程)和导航制导及控制3个学位点的硕士、博士层面的8个培养方案修订工作;统一组织实施研究生集中开题、中期考核、集中盲审以及集中答辩,首次实现了每个关键环节都由学院管控的全链条培养质量管理体系,切实提升研究生培养质量。获江苏省优博、优硕学位论文各1篇;获中国仪器仪表学会优博学位论文(提名奖)1篇;获校级优博、优硕学位论文4篇。

加大研究生课程教学改革力度。目前,学院在建4项校级课程思政项目、8项院级课程思政项目;2门课程入选国务院仪器科学与技术学科评议组审定的核心课程目录,并获得院级研究生教材建设立项支持;2门课程申报校级研究生在线开放课程;申报8门全英文课程。同时,针对专业学位硕士的培养,加大产教融合培养体系建设,推荐申报4家省级研究生工作站,获批江苏省产业教授3名。

十、学生工作

截止到2019年底,全院在校生人数为804人(表2)。

表3 仪器科学与工程学院在校生人数及性别　　　　单位:人

学历	年级	人数	性别(男)	性别(女)
本科生	一年级	97	72	25
	二年级	90	66	24
	三年级	101	74	27
	四年级	98	67	31
研究生	硕士 一年级	109	82	27
	硕士 二年级	110	84	26
	硕士 三年级及以上	110	70	40
	博士	87	70	17

医　学　院

2019年是新中国成立70周年,东南大学医学院学生工作在习近平新时代中国特色社会主义思想的指导下,在校党政的坚强领导下,深入贯彻落实党的十九大、十九大三中、四中全会精神,全面领会全国高校思想政治工作会议、全国教育大会精神,以立德树人为根本任务,以爱国主义教育为主线,以理想信念教育为主要任务,紧密围绕和服务于国家未来卓越医师人才培养目标,结合学院特色医科"攀升计划",将德育教育、素质教育和专业教育相融合,引导和构建全程育人、全员育人、全方位育人体系,培养具有崇高医德、精湛医术、科学素养、人文情怀、国际视野的医学领军人才。一年来,较好地完成了各项工作任务,取得如下进展。

一、科学研究

新增国家自然科学基金项目12项(青年基金3项,面上项目8项,重点项目1项,经费合计812万元)。新增江苏省自然科学基金3项(面上项目1项,青年项目2项,经费合计50万元)。新增江苏省重点研发计划1项(经费50万元)。

以第一单位和通讯作者单位发表SCI论文65篇,2018年表现不俗论文42篇。新增申请发明专利18项,新增授权发明专利12项。合计到款金额1 149.1万元。

完成特色医科"攀升计划"规划。基础医学博士后流动站获批。4个医学相关学科进入ESI学科排名前1%的学科中,临床医学排位持续上升至2019年11月的第1 113位,其余学科排名均呈上升趋势。在2018年软科中国最好学科排名中,东南大学临床医学列第30位,基础医学位列第41位。在世界一流学科排名中,医学技术2019年排在第201~300名,基础医学2019年排在第301~400名。

二、学科建设

利用"双一流"经费及ESI经费购置了大型仪器设备,包括流式细胞仪、实时定量PCR仪、超速离心机、酶标仪、激光扫描共聚焦显微镜等。ESI经费对各学系基本科研条件进行了改善和提升,包括改造实验室,购置中小型仪器设备等,为人才引进、学科发展和科学研究提供了强有力的支持。基本科研业务费资助新进教师和青年教师,对其基金项目申请进行一对一的辅导,为青年教师后续成长提供支持,打下良好基础。

三、师资队伍建设

1. 人才引进方面

截至2019年12月底,共引进新教师6名和1名在职博士后,其中3名副教授,1名讲师,均有海外经历。此外,共引进实验技术岗和管理岗2名。

2. 人才项目方面

2019年学院共获得5项人才项目,科技部创新人才推进计划中青年科技领军人才1人;江苏省"六大人才高峰"高层次人才C类1人;东南大学"至善学者"A层次2人、B层次1人。

四、本科教学

1. 专业教学建设与改革

临床医学专业先后获得教育部第一批"卓越医生教育培养计划项目"——五年制临床医学人才培养模式改革和拔尖创新医学人才培养模式改革试点项目和"国家级临床医学专业综合改革试点项目"。医学影像学专业为国家级特色专业,临床医学专业为江苏省特色专业建设点。

课程建设中积极推荐研讨型教学体系建设,改革初见成效:顶层设计:在"Ladder to top"医学教育理念的指导下,注重顶层设计,遵循"整体设计、先易后难、分步实施"的原则,创建了基于问题的学习(Problem-Based Learning,PBL)、基于系统的学习(Case-Based Learning,CBL)和基于搜索的学习(Research-Based Learning,RBL)三大课程体系,实现了"所有专业、所有年级、所有学生"的覆盖。PBL案例库:已有成熟案例120个,确保同一课程3年内不重复,以提高学生学习兴趣。平台建设:已建成PBL专用教室共42间,合计总面积超过2 000平方米,并购置了可移动桌椅等设备,满足全院3届学生同时开展PBL/CBL研讨课的需求。

2. 学生培养成果

组织东南大学第九届医学生临床技能竞赛,我院10个临床实习基地、2014级临床医学专业本科生全部参加了比赛,并组织各实习基地的55名临床一线医生/带教老师组成裁判团,极大地提高了学生们对临床技能训练的热忱与参与度。积极引导学生参加大学生课外研学活动,由此使得学生们可以在国际国内的专业学术活动中取得一定的成绩。

3. 教学改革成果

居胜红教学团队"医学影像学"申报国家级一流本科专业建设"双万计划"获得成功。

王立新教授获得"2019年宝钢教育奖——优秀教师奖"。

潘旻老师获得首届全国青年教师病理学教学竞赛总决赛一等奖和第二届中国MBBS项目青年教师英语授课竞赛二等奖。

2019年国家精品课程在线开放课程认定两门:"传统文化与中医养生"和"病理与健康"。

2019年度校级在线开放课程6门:"核医学""系统病理学(全英文)""神经精神病学""医学影像学核心课程群——放射诊断学""医学影像学核心课程群——影像解剖学""医学影像学核心课程群——影像技术学"。

"课程思政"示范课6门:"临床免疫学检验""循证医学与比较影像学Ⅲ""核医学""放射诊断学""生物分离工程""全科医学"。

2019年第一批校级全英文精品课程3门:"免疫学原理与技术(Immunology and Immunological techniques)""局部解剖学(Regional Anatomy)""肿瘤病理学(Pathology of tumor)"。

2019年"十三五"省教材立项申报1项:"影像诊断思维培养教程"。

2019年校级教改课题申报立项6项:"PBL教学法在生理学教学中的应用探索""服务于健康中国战略的病理学在线开放课程体系构建与优化""建立学生Mentor制度,丰富卓越医生培养途径,提升PBL教学质量""基于树立科研理念的〈医学免疫学实验〉课程内容更新改革""基于不同培养目标的拔尖创新班临床实习计划教学改革试点研究""团体心理辅导对医学实习生心理健康的影响与发展"。

五、研究生教学

1. 研究生招生

2019年招收硕士生252人(含留学生5人),其中专业学位硕士生67人、学术学位硕士生65人(含留学生5人),2014级本硕连读学生共120人(转"5+3"规培人数113人)。招收博士98人(含留学生6人),其中学术学位博士秋季入学43人(含留学生6人),全日制专业学位博士15人和非全日制专业学位博士40人。

修订完成了2020年博/硕士招生目录。5名新生博士入选东南大学博士新生奖学金。

2. 研究生培养

开设课程79门(博士生28门、硕士生51门),2019年医学院开设的全英文课程3门(分别为"病毒学基础与原理""母胎医学""代谢与疾病")。

确定2019年东南大学全日制临床医学专业学位博士研究生培养方案,并拟定"12+6+6"月模式轮转方案,逐步完善29个临床专科轮转要求。修订东南大学2019版博士研究生培养方案(包括各学科点学术学位博士培养方案、直博生培养方案及专业学位博士培养方案)。

2019级新生"5+3"一体化学生拔尖创新班选拔:报名36人,分两组专家面试。

2019级三年制统考学生双向选导师:资格审查160名硕导后,确定144名硕导具有招生资格,可进行双向选择学生(专硕67人+学硕60人)。

医学进展类讲座:2019年国内外知名专家来医学院讲学共计27人次。

博士中期考核:邀请校外和校内相关学院专家,对2016级秋季博士和2017级春季博士进行中期考核,参加人数为46人,通过率100%。

专业学位硕士研究生中期及终末综合能力考核:根据教学工作安排,由学院牵头抽调各基地医院专家对2013级临床医学"5+3"一体化和2018级专业学位研究生共177人进行临床技能中期考核;对2013级临床医学本硕连读七年制14人进行临床综合能力考核。

集中开题:本次开题的学生为2013级临床医学本硕连读七年制研究生和2017级硕士研究生(包括科研型硕士、专业学位型硕士和留学生),共计136人。专业学位硕士研究生的通过率为85.53%,科研型硕士研究生的通过率为96.67%。

3. 学位授予

2019年授予博士学位61人,硕士学位167人(含留学生16人)。

2019年医学院博士和硕士学位论文一次盲审通过率98%、二次盲审通过率为100%,抽检合格率97.2%。

2019年获得省级优秀博士学位论文2人、省级优秀硕士学位论文1人,校级优秀博士学位论文2人、校级硕士学位论文1人。

4. 导师遴选与学科点建设

2019年新增硕导30人(含兼职硕导11人)、博导14人(含兼职博导9人)。2019年新增临床专业学位博士生导师13人。

2020年专业学位研究生校外硕博导申报:新申报硕导22人,新申报博导3人。

江苏省第七批产业教授新增5人。

江苏省研究生工作站新增1个。

基地医院优秀专硕带教老师23人,优秀专业基地主任11人,优秀教学管理人员5人。

5. 教学改革项目与成果

江苏省研究生科研创新计划7项。

江苏省研究生教育教学改革课题省立校助1项。

6. 其他

2019年执业医师报名人数共计171人,包括2013级七年制和2018级专业学位硕士生。2016级临床医学专业学位学生的规范化培训理论通过率100%,技能通过率98.7%。临床医学专业学位学生的住院医师规范化培训考试一次性通过率为94.15%(2013级首届学生到2016级临床专硕共计188人参加考试,首次规培考试不通过人数为11人)。

六、学生教育管理

学院学生工作立足于学生成长和国家大政方针政策教育、十九大精神的深入学习,立足于五四运动一百周年、新中国成立七十周年等重要事件和对中美贸易摩擦的正确认识,引导学生领悟习近平新时代中国特色社会主义思想精神,引导他们将自己的个人梦想和中华民族伟大复兴的中国梦紧密相连,为"两个一百年"奋斗目标做出自己应有的贡献。

以"第二课堂"为抓手,通过讲座论坛(红色大讲堂等)、社会实践、志愿服务、文化活动等载体,利用学生喜闻乐见的丰富形式,充分调动学生积极性,开展有温度的思政教育,培育和践行社会主义核心价值观,使其坚定理想信念。

积极占领新媒体阵地,充分挖掘学院先进典型新闻线索,第一时间进行网络宣传报道,通过学院网站、中大医院网站及"东大MED""医路朝夕同辉"等微信公众号的多个版块定期推送,形成朋辈榜样引领氛围,切实发挥新媒体在学生思政教育中的重要作用。

加强对入党积极分子、发展对象以及预备党员的培养教育,协助学院党校举办发展对象培训班,通过率100%,本年度本科生共发展党员49名,完成50名预备党员的转正工作,推荐入党积极分子90人。

每月定期开展"红色大讲堂"系列活动;开展"读懂中国·90后对话'90'后"主题党日活动,通过走访东南大学医学院9位高龄著名老专家,由《医路历程》编写组将专家们的求学经历、奋斗往事整理编纂成册。

成功举办"求恩颂·峥嵘七十载 颂我中国梦"诵读竞赛,开展"青春向祖国告白——医学院学生党员上团课"活动。

开展题为"走好医学之路,讲好中国故事"的社会实践活动,获得暑期社会实践校级二等奖。

2017级研究生第一党支部"拳拳赤子心、浓浓医患情"活动获校党委研工部研究生最佳党日活动一等奖。低年级本科生党支部获得校优秀党支部的荣誉称号。汇总主题党日活动"90后对话'90'后"的访谈材料,出版了纸质版及电子版《医路历程》,受到了广泛关注,纸质版已被东南大学档案馆收藏。

积极开展团支部建设,2019年共申报"磐石计划"51项,2018年下半年申报的24项和2019年上半年申报的22项均顺利结题,其中2个支部作为优秀"磐石计划"典型案例被展示。在开展"磐石计划"的过程中,各个支部积极利用新媒体平台,建立自己的公众号、微博账号,扩大活动的影响力,调动支部成员的积极性,进一步加强了支部的凝聚力。同时,学院团委大力推进"做德智体美劳全面发展的医学生"精品"磐石计划",本项目采取"五位一体"模式,"五位"即德智体美劳五个方面,"一体"即医学人才培养。其中,德智体美劳均对应一项精品活动,所有活动均紧扣医学专业特色。

学院高度重视社会实践工作,组织低年级同学积极参与2019年寒假社会实践,最终"对话一流领军人才:访居胜红教授"获优秀团队一等奖,"对话一流领军人才:访邱海波教授"获优秀团队三等奖,勇婧妍、朱洪浩获优秀个人奖。暑期社会实践中,各团队均建立了微信公众号,及时推送有关社会实践的新闻,学院团委全程监督指导。医学院共推荐8支队伍进入校级,最终"心系医路"获得东南大学2019年"社会实践十佳团队"称号,"携爱至疆"获得十佳团队提名,李仁杰同学获得东南大学2019年"大学生暑期社会实践活动十佳个人"称号,孙子林、林奇志等两位老师获得"优秀指导老师"荣誉称号,刘熙等19位同学获得"社会实践优秀个人"荣誉称号;"心系医路"团队获评2019年江苏省"青春助力健康江苏"暑期社会实践活动优秀志愿服务团队;《新时代下的文物保护》获评2019年江苏省大中专学生志愿者暑期文化科技卫生"三下乡"社会实践活动优秀调研报告;江苏省淮安市疾病预防控制中心获评2019年江苏省大中专学生志愿者暑期文化科技卫生"三下乡"社会实践活动优秀社会实践基地;"心系医路"团队的队长刘熙获评2019年江苏省"青春助力健康江苏"暑期社会实践活动优秀志愿者,同时他作为十佳团队代表,在2019年暑期社会实践表彰大会上进行分享展示,展现了医学生的能量和情怀,"心系医路"团队风采也在《2019东南大学暑期社会实践集锦》进行了展示。各社会实践团队在院团委指导下,纷纷建立起自己的微信公众平台、QQ公众平台、微博号、抖音号等,并积极投稿至中华网、中青网、团学苏刊、网易新闻、大学生联盟网、SEU实践等多个平台,获得了广泛的关注。将线下实践成果通过新媒体平台进行线上推广,扩大了社会实践的影响力,发出了新时代大学生自己的声音。

2019年,医学院团委新增4个社会实践基地,即云南路社区、鼓楼区福利院、生命体验馆、新疆维吾尔自治区妇幼保健院，均已完成签约挂牌。学院团委还与江苏省淮安市疾病预防控制中心、睿泽残障人士服务中心达成合作协议，未来将为学生提供更多更好的社会实践基地，开拓更多的社会实践平台，孵化更多优秀的社会实践团队，培养更多的优秀人才。

在学校五四表彰中，431162团支部荣获"东南大学国旗团支部"称号，438171团支部荣获"东南大学特级团支部"称号，432172等8个团支部获得"东南大学甲级团支部"称号。张乐乐等11人荣获"东南大学优秀团干部"称号，张可、张宸等48人荣获"东南大学优秀团员"称号。6月，杨雯迪同学荣获校团委组织评选的"东大好青年——奉献至善"荣誉称号，2014级本科毕业生黄飞以第11名的成绩获最具影响力毕业生提名奖，2016级本科生杨雯迪获得"东大好青年"称号等。以上荣誉的获得充分体现了学院共青团工作的杰出成果及学生团员积极向上的精神面貌。

罗萍老师获得校"优秀党务工作者"荣誉称号和辅导员班会大赛二等奖，陆珈怡老师获得"暖心屋"和谐宿舍关系建设"优秀指导教师"称号和辅导员班会大赛优秀奖，王天诺老师获得"暖心屋"和谐宿舍关系建设"优秀指导教师"称号、江苏省大学生万人计划"新药创制菁英"学术冬令营"优秀指导老师"称号以及南京市红十字会颁发的可入会（30小时）服务证明。丁菡老师于2019年9月获得东南大学2019年"军训优秀指导员"称号。陆珈怡老师获得东南大学第七届辅导员素质能力大赛三等奖。

认真做好招生宣传工作。学院负责重庆市和江苏省淮安市的招生宣传工作，积极参加高考志愿填报期间的咨询和学生志愿填写指导工作，并于2019年11月8日至9日赴重庆市组织实施重庆市南开中学和重庆市第八中与东南大学签订"优质生源基地"的仪式。

七、国际合作与交流

国家留学基金委"研究生创新人才培养项目"，资助9名临床医学专业学位硕士毕业生赴德国汉堡大学和乌尔姆大学攻读博士学位。利用国家留学基金委"建设高水平大学公派研究生项目"资助12名研究生出国进行联合培养或攻读博士学位。派出32名本科生赴海外知名高校进行短/长期交流访问。利用东南大学研究生院专项基金，资助研究生出国参加国际会议或短期科研培养19人次。接收13名来自德国汉堡大学、德国乌尔姆大学、瑞典乌普萨拉大学的博士研究生在中大医院开展临床实习交流项目。利用东南大学"引智计划"引进法国国家科学研究中心班尼周（Serge Benichou）教授，签订全职在华工作9月以上劳务合同，开设"病毒学基础与临床"全英文课程。"引智计划"专家、英国利物浦大学统计学家王多劳教授开设"统计学"全英文课程。2019年4月德国乌尔姆大学医学院来访我院，为拔尖创新班举行第四届为期8天的春季学校（Spring School）。

公共卫生学院

2019年，学院在学校的正确领导下全面贯彻落实党的十九大和十九届二中、三中、四中全会精神，坚持"两学一做"学习教育常态化、制度化，扎实推进"不忘初心、牢记使命"主题教育，积极进行巡察整改工作。学院始终坚持立德树人，全面落实"三全育人"，注重实践教学，加强人才队伍建设，坚持医工结合学科发展方向，持续推进学生思政工作，规范综合治理体系，学院整体工作有序进行，为"十三五"规划的顺利完成奠定坚实基础。

一、党建工作情况

学院党委高度重视理论学习，不断提高政治站位。依据学院理论学习中心组学习计划，带领班子成员和党支部书记系统研读了《习近平新时代中国特色社会主义思想学习纲要》《习近平谈治国理政（第二卷)》及《毛泽东选集》等原著,认真学习总书记讲话、中央重要会议和有关理论原文20余篇,中心组理论集中学习11次,各党支部集中学习20次。

学院党委灵活运用所学理论知识指导实际工作,通过"不忘初心、牢记使命"主题教育,结合学院工作进行专题调研。在校党委首轮巡察反馈问题的基础上,针对调研梳理的6大类问题逐一落实和整改,感悟"学—做—改—效",努力做到知行合一。

坚持民主集中制,坚持党组织会议议事规则、党政联席会和"三重一大"决策制度,把方向、抓重点、管大局。学院共计召开党委会议18次、党政联席会议36次、理论学习中心组集中学习11次、党支部书记会议14次、学科系主任会议2次。各党支部严格执行"三会一课"、民主生活会等制度,召开各类会议82次,支部书记带头讲党课9次。

二、人才培养情况

在校本科生296人,其中少数民族同学86人,占本科生总数29%;在校研究生374人,其中博士87人,学术学位硕士123人,全日制专业学位硕士103人(Global Health硕士留学生21人、港澳台生源1人),非全日制专业学位硕士61人。

本科生培养方面,2019年获SRTP国创项目6项,省创8项,省在线课程1门;获学校各类教改项目28项,其中课程思政7门,发表教改论文6篇。本科生赴海外继续攻读学位9人,参加各类海外短期交流生项目23人。获本学科教指委组织的第二届全国大学生健康教育科普作品大赛一等奖1项、最受欢迎奖1项、三等奖1项。本科实验教学中心以提升学生素养为目标,继续深化推行实验室"6s"管理,并推广至环境医学工程教育部重点实验室。

研究生培养方面,获江苏省教育厅研究生教育成果奖一等奖1项;获全国医学专业学位研究生教育指导委员会课题3项;获省级研究生科研创新计划5项;获省级优秀硕士学位论文1篇;获校级优秀博士学位论文1篇、优秀硕士学位论文1篇。5名博士生获得国家留学基金委联合培养一年资助;5名博士生、1名硕士生获校资助3个月出国短期学术交流;1名博士生获校资助赴境外本领域国际会议做口头报告。研究生全英文授课课程13门,4门请海外教授授课;推进全日制研究生培养方案修订,从2019年开始,全院硕士研究生培养方案中要求至少有1门全英文课程。

三、实践教学情况

学院坚持"以公共卫生实践为主体、核心胜任力为导向、实践创新为中心"的教学理念,努力培育公共卫生领军人才。学院与西藏民族大学医学院联合申报国家突发公共卫生事件应急处置虚拟仿真软件,有近8 000名学生参与培训;学生代表队参加在本领域有较大影响力的第七届"扬子江新金融杯"2019 SAS(中国)高校数据分析大赛荣获一等奖;与江苏省疾病预防控制中心联合申报"以共建公共卫生应急学科为基础平台的合作教育模式创新与实践"项目,获江苏省预防医学会二等奖;积极配合东南大学教务处,和校医院、江苏省疾病预防控制中心共同承办了东南大学第六届大学生健康素养竞赛,3 000多位东大学生参与了线上知识的学习和竞赛。

四、师资队伍情况

坚持引进和培养相结合的方针,大力推进师资引育工作。全院在职教职工共计60人(女34人,男26人),中共党员38人,民主党派7人;专任教师49名,其中教授19人、副教授18人、讲师12人,有博士学位的占94%。2019年引进教授1人、晋升教授1人、新增东南大学"仲英青年学者"资助项目1人,东南大学"至善学者"计划2人(A、B层次各1名)。

五、科学研究情况

学院2019年到账科研经费1 142万元（纵向814万元，横向328万元），较去年增长200万元，人均科研经费23万元。在研2项国家自然科学基金重点项目和1项国际合作重点项目、27项面上项目；新立项国家自然科学基金4项、江苏省自然科学基金青年项目1项。获得国家一级学会三等奖1项，省级学会一等奖1项、二等奖1项。

发表SCI/ESI收录论文95篇，其中影响因子大于5的12篇（较去年增长9篇），JCRQ1区28篇（较去年增长10篇），人均发表SCI论文1.9篇，是学校进入ESI世界排名前1%相关学科的主要贡献者。申报发明专利7项，授权发明专利2项。

学院还积极发挥学科优势承接政府工作，与南京市溧水区卫生健康委员会签订战略合作协议，承担部分健康溧水建设技术方案的制定，完成了溧水年度健康白皮书。

六、学生工作情况

承办多场弘扬健康文化、助力健康中国、具有专业特色的主题活动："天天蔬果，健康你我"第五届全民营养周系列活动、"预防感染，遏制抗生素耐药"世界抗生素认识周主题活动、东南大学第六届健康素养大赛、"一起行动同防艾，健康中国我行动"世界艾滋病日主题公益活动等，参与人次过万。

着力提升学生的专业感知度和认同感，邀请多位校友面向本研同学开展三期校友论坛。积极组织学生开展社会实践，在东南大学暑期社会实践中，学院一支队伍获评校级十佳团队，一支队伍获得十佳团队提名，获得一等奖项目1项、三等奖项目2项；获得优秀工作案例1项，获得十佳个人1人。获得"江苏省先进班集体"1个、"东南大学特级团支部"1个和"东南大学国旗团支部"入围荣誉称号。1名辅导员获2019年东南大学辅导员能力素质大赛二等奖。

七、综合治理情况

深入落实学院安全管理职责，院系联动定期进行安全自查，坚持党支部书记楼层安全巡视制度，试行学生党员实验室安全示范岗工作机制。学院承办了由校实验室管理与设备处主办的"实验室安全工作交流研讨会"，学院连续5年获得"东南大学综合治理先进单位"称号。

马克思主义学院

2019年度，马克思主义学院在学校党政领导与各职能部处的指导与支持下发展迅速，深入贯彻落实习近平总书记在学校思想政治理论课教师座谈会上的重要讲话精神，围绕"思想政治理论课质量创优行动"这一中心工作，在高水平师资队伍引育、科学研究与学科建设等方面取得了显著的成效。

一、贯彻落实中央和学校党政决策部署，加快学院高质量发展

学院贯彻党的教育方针，坚持马克思主义指导地位，贯彻落实习近平新时代中国特色社会主义思想，贯彻党的十九大，十九届二中、三中、四中全会精神，深入贯彻习近平总书记在学校思想政治理论课教师座谈会上的重要讲话精神，落实中共中央办公厅、国务院办公厅《关于深化新时代学校思想政治理论课改革创新的若干意见》以及教育部《"新时代高校思想政治理论课创优行动"工作方案》，结合教育部颁发的《普通高校马克思主义学院建设标准》以及东南大学"双一流"建设实际，制定并出台了《东南大学思想政治理论课质量创优工程行动计划（2019—2021）》和《东南大学马克思主义学院建设发展规划（2019—

2023)》，推动思想政治理论课改革，提高思政课质量，发挥思政课在落实立德树人根本任务中的关键作用。

学院2019年上半年完成了行政领导班子换届，选拔了信念坚定、为民服务、勤政务实、敢于担当、清正廉洁的干部队伍，并且更加趋于年轻化。下半年接受第十四届东南大学党委第三轮巡察，学院党政领导班子及全院师生积极配合，巡察工作顺利完成。对于巡察中提出的立行立改事项，学院党委高度重视并积极落实整改，出台了相关管理规定和文件。学院党委积极组织开展"不忘初心、牢记使命"主题教育活动，开展集中学习研讨、调研交流、领导干部讲党课、志愿活动等，并在12月上旬召开领导班子民主生活会和支部组织生活会及民主评议党员活动，主题教育任务顺利完成并效果较好。学院党委组织各支部于12月份完成支部换届，各支部严格按照要求，履行换届程序，按照支部书记"双带头人"培育要求，选优配强支部书记，选拔了一批思想政治素质高、为人民服务热情高、综合能力强的年轻化干部，以进一步发挥支部的战斗堡垒作用。

二、引育并举，高水平教师队伍建设取得重要进步

学院响应学校"人才年"建设，加大人才引进力度，扩大增量，人才队伍逐渐壮大。本年度学院引进教授1人，博士后1人，博士2人，专职科研岗1人，行政人员1人，聘请兼职教授2人。同时积极培育存量，学院今年晋升教授2人，副教授2人，另有5人次获得人才计划资助，包括江苏省社科"优青计划"1人，东南大学"仲英青年学者"1人，"至善青年"2人，文科"攀升计划"1人。围绕"真学、真懂、真信、真用"讲好马克思主义，切实提高思政课教师综合素质，学院组织教师参加教育部主办的"周末理论大讲堂"，7月7日至9日组织全院教师参加江苏省高校"马克思主义基本原理概论"课教学骨干培训暨"真懂、真信、真用"马克思主义培训班，8月26日至31日组织教师开展井冈山革命传统教育专题培训等，提升思政课教师学术与教学能力。

学院加强教师教学质效考核与激励，建立了教师试讲制度、集体备课制度、教室听课互评制度等。同时加强教学督导，完善年终考核及绩效分配方案，设立"思政教师教学卓越奖"专项经费，并于12月份组织评选了一批教学效果优秀的教师给予奖励表彰。

三、以示范课堂为主要抓手，全面推进思政课创优行动

学院贯彻落实新时代高校思政课教学工作要求，教学工作量饱满。学院主要承担了全校本科生"马克思主义基本原理概论""毛泽东思想与中国特色社会主义理论体系概论""中国近现代史纲要""思想道德修养与法律基础""军事理论"的本科教学工作，总课时数达9 008，平均每位教师约200课时，学院教学管理工作规范，全年无教学事故。

以习近平新时代中国特色社会主义思想"三进"为核心内容，以提高质量效果为基本方向，全面推进思政课创优行动。学院建设了6个"名师工作室"，创新创优课程建设，开展高质量示范教学展示活动，发挥示范教学的引领作用。同时学院积极推动名师大家上讲堂，共有19人次校外专家走上讲台开展优质公开示范课；全国税务系统先进典型宣讲团6位先进模范做主题报告，为思政课教学增实力、做示范、立标杆。

改革创新方式方法，推进思政课课堂教学"革命"。构建了基于移动互联网的互动式"智慧课堂"，学院超过50%以上的教师可熟练使用。"马克思主义基本原理概论"和"形势与政策"两门慕课全新上线，将慕课视频、课堂讲授、讨论与作业相统筹。实践教学效果显著，组织学生前往雨花台革命烈士纪念馆、侵华日军南京大屠杀遇难同胞纪念馆开展现场教学，共计1 500余人次参加。普遍推行"问题式"专题化研究型教学，开展"大学生讲思政"等活动，充分发挥教师的主导作用和学生的主体作用，不断增强理论解释力和学生获得感。对思政课程创优行动计划落实情况的调研结果显示，90%的学生认为思政课教学效果好，学院思政课改革取得明显成效。

四、努力加强科研高水平成果产出与学科平台建设

学院实施"凝练方向、人才第一、抢占主流、强化特色、支撑育人"的学科发展战略,优化学科布局,发挥马克思主义理论学科的育人功能,涌现了一批科研项目、成果及奖项。学院本年度共获得各级各类科研项目立项23项,其中国家社科基金项目3项,江苏省社科基金项目6项;发表高质量学术论文69篇,其中CSSCI论文42篇,SSCI论文1篇,并出版专著5部;发表各级媒体重要理论文章33篇,其中中央媒体3篇,省部级媒体12篇;向省智库办提交精品决策咨询报告9篇,其中1篇刊登在省委宣传部《社科基金成果专刊》,2篇获省部级领导批示;获得4项奖励,"习近平新时代中国特色社会主义思想"系列论坛入选"2019年度江苏智库实践十佳案例","彰显对马克思主义的原创性贡献"获"2019年度江苏智库研究十佳成果"。对《预防未成年人犯罪法》的修订建议""构建南京创新型都市圈推进长三角创新格局重塑"2个项目入选"2019年度江苏省智库研究与决策咨询优秀成果"。学院今年举办"中国传统文化与新时代生态文明建设"暨第三届习近平新时代中国特色社会主义思想高层论坛、第二届"中华优秀传统文化与思想政治教育"高层论坛暨"中华优秀传统文化资源在思政课中的运用"研讨会等高层论坛2场,举办围绕习近平新时代中国特色社会主义思想的宣传阐释、党的十九届四中全会精神的学习贯彻等重大主题学术活动14场,"马克思主义大家谈"系列学术讲座3次。

五、规范研究生招生培养,培养质量显著提升

随着学院马克思主义理论一级学科的设立,硕士、博士招生人数逐年增加。2019年,硕士招生人数由去年的25人增加至34人(其中推免生8人),博士招生人数由去年的12人增加至14人,优质生源数量增加。2019届硕博生就业率为96.43%,硕士有4人继续深造读博,3人通过选调进入政府机关单位,毕业去向主要集中在高校及党政部门。2019年学院修订了马克思主义理论研究生培养方案,为规范研究生培养提供重要保证。

学院研究生党建工作扎实开展,研究生会作用充分发挥。本年度学院共接收预备党员10名,组织入党积极分子参与党校培训2期,组织预备党员参加培训1期,组织支委参加了研究生党支部书记培训班,并举办大型支部特色主题党日活动8次。研究生会本年度举办了系列文化体育活动,组织学院研究生参加学术活动8场,文体活动7场,公益活动1场,学院特色品牌"湖思读书会"共开展18期读书分享活动,并组织学生开展社会热点问题的广泛交流和研讨,增强自主创新能力与综合素质。

研究生学术活动丰富开展。本年度共发表学术论文43篇,其中第一作者发表的CSSCI核心期刊论文达21篇。另外有1篇博士学位论文和1篇硕士学位论文分别被评为2019年度东南大学优秀学术学位博士学位论文和优秀学术学位硕士学位论文。本年度学院研究生共有20人次参加了48场国内外不同级别的学术会议。同时在5月19日,学院成功主办了主题为"人类命运共同体与中国道路"的第五届南京高校马克思主义理论学科研究生论坛。

六、国际化交流合作取得重要进展

2019年度学院袁健红、盛凌振、袁利宏三位教师赴英国参加国际学术会议并与剑桥大学、爱丁堡大学等五所国际著名的教学及研究机构开展合作,就高水平师资引入、高质量国际科研合作、高层次人才联合培养达成合作意向。同时邀请罗伯特·梅森、格里高利·马奥尼等多名专家学者开展优质公开课及学术讲座。学院重视研究生的国际化培养,至今年已连续四年为全院硕博生开设"全球视野下资本主义与社会主义发展史"全英文课程,深受学生欢迎。8月30日至11月30日,学院派出2名研究生分赴英国爱丁堡大学和伦敦大学进行出国短访交流。

吴健雄学院

吴健雄学院作为东南大学培养拔尖创新优秀人才的荣誉学院，认真开展"不忘初心、牢记使命"主题教育活动，紧紧围绕中国特色、世界一流大学建设目标，贯彻落实学校"瞄准前沿、服务战略、师生为本、人才为先"的办学思路，持续深化"人才年"工作主题，聚焦"新使命、新担当、新作为"关键词，坚持将立德树人作为人才培养根本任务和人才培养方案改革的关键核心，全面深化综合改革，充分释放办学活力，学院全体师生凝心聚力、狠抓落实、团结拼搏，奋力推进学院各项工作的开展，在各方面均取得了显著的成效。现将2019年工作进展总结如下。

一、加强精神引领，牢抓思想教育建设

(一) 深入开展主题教育，强化学院政治建设和班子自身建设

结合学院实际开展"不忘初心、牢记使命"主题教育，举办各类集中理论学习32次、主题教育特色活动10场，面向全院师生开设专题党课3次，累计听课学生400余人。梳理查找各类问题清单31项，明确责任人，确保即知即改、应尽应改。扎实推进"两学一做"，全面加强基层党组织建设，切实增强领导班子的责任担当。完善每周例会制度。班子成员认真履行"党政同责、一岗双责"。发挥领导班子的率先垂范作用，建立班子成员密切联系学生制度，全年共和学生进行了6场专题分享交流。

(二) 推进学生管理改革，持续强化思想引领和价值塑造

深入推进新型班主任制度，形成由"班团导师""学术导师""朋辈导师"组成、以"班团导师"为核心的班主任团队，各类班主任导师聘请人数达到30余人。不断强化思想引领，提高学生管理质量。

(三) 落实意识形态工作责任

完善意识形态风险防控与应急处置流程，定期排查，认真执行安全月报制度。完善网络安全责任制，维护校园网络信息安全。加强网络舆情监控，完善舆情信息采集、预警报送与应急处置工作流程。抓实对讲座等活动的管理、审批和备案等流程。加强对学院学生组织的指导、管理和服务，做好敏感领域防控。加强公派出国(境)交流学生的管理，着力做好行前教育培训等工作。

(四) 充分发挥媒体功能，加大宣传思想工作力度

以学院网站建设为切入点，全面推进宣传思想工作，作为学院网站工作的先进典型在全校网站建设工作会议上发言交流。目前已经完成学院中英文网站的第一期、第二期的建设工作。全年发布综合新闻、学生活动、主题教育等报道总计超过208篇。网站新闻阅读总量接近2018年的15倍，单篇阅读量超过千次的新闻稿有14篇。推进学院微信公众号建设，目前累计图文消息群发数量达83篇，单篇最高阅读量6 651次。创建"小吴说事儿"微信公众号作为学生活动的宣传和展示平台。学院各方工作受到《扬子晚报》、新华访谈、江苏教育频道等多家媒体报道30余次，有效提升了学院在社会层面的知名度。

二、深化人才培养改革，全面提升培养质量

(一) 圆满完成2019年培养方案修订

学院广泛调研清华大学新雅书院、钱学森力学班和姚期智班，北京大学元培学院，上海交大致远学院，浙江大学竺可桢学院等国内一流高校拔尖人才培养特区，组织专家咨询会、师生座谈会，听取校友、毕

业生及在校师生的意见,重点研究 MIT、U. C. Berkey、UCLA 等校培养方案和课程体系。围绕相关工作,申报立项校级"重中之重"项目和江苏省教改"重点"项目,圆满完成 2019 年培养方案修订。

(二) 汇聚高端师资,推进四类课程改革

汇聚校内外优秀师资构建核心课程教学队伍。从南京大学、武汉大学、河海大学等校聘请高端师资 7 人,承担教学和教学改革。

围绕新的培养方案,推进数理基础、通识基础、大类平台、领域核心四类课程改革。①按照"强基深耕"的思路重新梳理和构建数学物理及自然科学基础。②按照"文理融合"思路构建博雅通识体系,包括:采用"主题专家/名家讲座+小班研讨+社会实践"的教学模式,创新思修课教学改革;邀请校内高端人才打造 7 门新生研讨课,培养基础学术素养;率先在校内建设大一必修"写作与交流"课程;打造特色人文课平台,邀请校内外名师开设 8 门高端人文通识课。③根据技术发展和未来需要,重构三大类平台课,重新整合了电子信息计算机类和土交类的平台课。④借鉴 MIT 方案,按照宽口径、个性化的思路,首次凝练构建了三大类领域核心课。

(三) 推动实施新型导师制度

全面实施"书院导师制(大一、大二)+学术导师制(大三、大四)"的特色导师制度。率先在校内设立"健雄书院导师交流计划",每周邀请学术名家和各界精英来院与学生分享交流。全年总计完成 26 期,开展 660 场次,参与交流导师 174 人次,覆盖学生 2 402 人次。聘请校内优秀的学术骨干担任学生的学术导师,共有 68 位优秀老师受聘 2017 级学术导师,推荐 17 位教师担任 2018 级优秀生学术导师。

(四) 推进教学管理制度建设

结合新形势,对学院的教学管理制度进行全面的认真总结,先后对荣誉学籍要求、毕业设计管理、出国交流管理等教学管理规章制度进行修订。针对学生个性化学习,颁布实施《吴健雄学院课程免修与免听管理实施办法(试行)》。

三、持续发力,学生创新创业教育成果突出

基于优秀的导师制平台,全年立项科研训练项目 82 项,其中国创项目 7 项,省创项目 9 项,校院级 SRTP 项目 66 项。结题验收科研训练项目 64 项。

依托高水平科研平台开展科研训练取得丰硕成果,学生共计发表论文 13 篇,其中国际核心刊物论文 5 篇,国际会议论文 4 篇;申请发明专利 17 项,获得软件著作权 6 项。

高水平学科竞赛成果突出,共有 201 人次获得省级以上学科竞赛奖项,其中国际级奖项 19 项/38 人次、国家级奖项 67 项/81 人次、省部级奖项 69 项/82 人次。牵头组织东南大学代表队参加 2019 年 ASC 世界大学生超级计算机竞赛并获得国际二等奖。

四、拓展国际化资源建设,学生双向国际交流成果显著

拓展高水平项目合作。与巴黎高科成员 TELECOM 和 ENSTA 等校签署可互换的"3+2/3+3"双学位项目,目前已与悉尼大学、日本早稻田大学、德国亚琛工业大学、美国佐治亚理工学院等 14 所一流名校建立特色院级国际化项目平台。

稳步推进师生国际交流。全年共计派出教师 12 人次出访国外一流高校。全年共派学生出国交流 125 人次(派出比例超过 100%),其中学期交换项目 7 人,联合培养项目 6 人,寒暑期课程、实训与实习项目 78 人,国际会议项目 12 人,学术与文化交流项目 8 人,国际竞赛项目 14 人。

建设学院国际化项目品牌,促进双向互动。全年共接收来自美国和法国等高校的交流学生 29 人。

其中3个月以上项目5人，2个月研究项目4人，两周暑期项目20人。本年度面向华盛顿州立大学、德州大学达拉斯分校举办的暑期项目课程内容丰富、形式多样，国外师生充分肯定，提升了学校和学院的国际声誉。

五、推进书院建设，构建学院文化育人氛围

（一）正式成立"健雄书院"

为全面落实"三制五化"，深入推进东南大学"书院制"改革，学校于2019年11月正式发文成立"健雄书院"，以吴健雄学院的学生为主体建立书院试点。"健雄书院"相关文化环境的规划设计工程已经施工过半，预计2020年初将竣工投入使用。

（二）推进书院文化建设

继往开来，打造书院考核体系和文化建设工程，包括：设计学院文化标识，邀请享誉世界的史学大师、美国匹兹堡大学历史系许倬云教授为吴健雄学院拟定16字院训，全面完成院徽设计，推出各种具有吴院特色的文创产品，加深和拓展学院文化元素的影响力；持续打造高端荣誉活动品牌，全年共邀请国（境）外专家8人、国内专家14人举办各类高端讲座28场，其中人文类讲座19场、学术类讲座9场；围绕发挥健雄先生精神资源开展主题图书交流和实践活动；持续打造"健雄学子"评选、新生文艺会演等品牌活动；发挥典礼仪式教育作用，精心策划新生开学典礼、毕业典礼（荣誉证书颁发仪式）、年度颁奖典礼以及班主任聘任等仪式，以荣誉感召，以仪式育人。

六、党团建设卓有成效

（一）创新支部制度建设

在全校率先开展师生同在支部的试点，将吴健雄学院的教工党员与学生党员合并重组，促进师生党员的融合，增强对党建工作的指导。颁布实施《东南大学吴健雄学院推荐优秀党员作党的发展对象工作实施细则》《东南大学吴健雄学院发展党员工作实施细则》；持续推进"两学一做"学习教育常态化、制度化建设；对标《东南大学党支部工作细则》，进一步加强学院党支部规范化建设和组织力提升。

（二）推进党团工作改革、以党建带团建取得显著成效

党员发展工作较2018年明显提升，全年共推优46人，发展党员38名，完成24名预备党员转正。培训发展对象68名；23人参加东南大学第25期预备党员培训班。

吴健雄学院党总支第一学生党支部被评为"先进基层党支部"，李鑫同志被评为"优秀共产党员"。张浩同志被评为"优秀本科生党支部书记"，金宇晖同志被评为"优秀本科生党员"。

全年组织学生立项校级"磐石计划"24个，615181团支部活动被推选为优秀"磐石计划"答辩案例，"强国一代有我在"专题教育实践活动获得东南大学2018年"磐石计划"精品项目立项。

强化核心价值引领，党员教育活动提档升级。2019届毕业班党员的继续深造率达92%，10名党员中4名获"优秀毕业生"称号。支部党员制定了学习帮扶计划，覆盖8门学科，参与党员达20人。

七、学生工作成果喜人

学院全年196人次获得省、校级荣誉称号。省级三好学生、优秀学生干部2人，东南大学三好学生标兵、优秀学生干部6人，东南大学三好学生95人，学习优秀生92人。"国旗团支部（提名）"1项，特级团支部1个，甲级团支部2个，615171团支部获评江苏省"活力团支部"和江苏省"先进班集体"。615181班获

得东南大学"优良学风标兵班"称号。"东南大学青年五四奖章"（全校仅4名获奖者）1人，"优秀团干"3人，"优秀团员"13人。年度"东大好青年"1人，东南大学第四届校长学生事务特别助理1人。

开展主题社会实践成绩卓著。获校级"十佳团队"1个，校级优秀调研报告1份，校级优秀团队一等奖1个、二等奖3个，校级优秀团队资助4个，社会实践"优秀个人"21人。与吴健雄先生父亲创办的"太仓明德小学"签署暑期社会实践基地协议，获评"优秀基地奖"，吴健雄学院"健雄学子家国天下行"暑期社会实践工作案例获评"优秀工作案例奖"，吴健雄学院团委获评"优秀组织奖"。姚梦雪同志获2019年江苏省大中专学生志愿者暑期文化科技卫生"三下乡"社会实践活动"先进工作者"称号。

进一步加强毕业生发展指导，成效显著。鼓励荣誉学院学生努力去国内外一流大学深造，为今后登上大舞台奠定基础。毕业生质量稳步提升，76人继续深造，占比83.52%，其中出国深造19人（20.88%），国内一流大学深造57人（62.64%）。10人获评"优秀毕业生"，金洁珺同学以现场最高分获评东南大学2019年度"最具影响力毕业生"。4人获推荐省级优秀毕业设计，10人获评校级优秀毕业设计。1人入选东南大学研究生支教团。

在取得成绩的同时，我们也清醒地认识到，对标学校"双一流"建设的目标和师生员工的期待，学院的改革发展还存在诸多需要破解的瓶颈问题。比如，学院汇聚高端资源的能力不足，领军人才培养模式与理念尚需进一步改革和提升，学院全面综合改革的力度和深度及全体员工的内生动力还需进一步激发等。面对全国高等教育的新形势和国家赋予高等教育的新内涵，面对学校对吴健雄学院的新要求，面对学校内部和社会各界对吴健雄学院的新期待，东南大学吴健雄学院全体师生员工需要进一步增强责任感、使命感和紧迫感，以时不我待的精神和一往无前的决心，加快改革创新的步伐，用新的奋斗踏上新征程，实现新作为。

海外教育学院

2019年，海外教育学院继续深入贯彻落实习近平总书记对全国留学工作会议的重要指示和我国教育外事工作"扩大规模、提高层次、保证质量、规范管理"的十六字方针，配合国家"一带一路"倡议，以东南大学"双一流"建设的总体目标为导向，以培养一流的国际学生为目标，制定了《东南大学海外教育工作攀升计划》。

一、招生工作

（一）概况

2019年来校留学生已达到1966人，其中学历生1523人，学历留学生比例达到77.5%。在读硕士生507人，博士生277人，硕博研究生在学历生中占比达到51.5%，实现了学历生比例和研究生比例的双增长，学历生中研究生比例超过了本科生。

（二）出访推进招生工作与拓展国际网络

2019年5月，学校代表团专程访问南美，我院圆满完成了出访日程设计与外联工作，代表团签署了一系列校际交流协议。同月，我院参加了学校访问法国的代表团，参与落实了东南大学-巴黎电子与计算机信息工程师学院国际硕士交流生班项目。6月，我院参加了江苏省教育厅组织的美国NAFSA教育展以及印度尼西亚、马来西亚教育展，参加了CSC组织的非洲教育展，访问了突尼斯、阿尔及利亚和埃塞俄比亚。12月，学校代表团访问巴基斯坦、尼泊尔，签署了一系列交流协议，建立了我校与巴基斯坦高教委HEC的直接联系，初步建立了与尼泊尔校友的联系。

(三) 奖学金和自费生招生

完成了各类政府奖学金生的申请材料整理和上报,以及非政府奖学金生的招生工作。2019年是推进国内企业奖学金项目的第三年:中国路桥-东南大学巴基斯坦留学生交通运输工程硕士研究生班招收21人。

二、教务管理工作

2019年度,我校共有249名留学生顺利完成学业,获得学位。其中134人获得学士学位,104人获得硕士学位,11人获得博士学位。获得学位的国际学生人数首次超过200人。

2019年度,我校共有5门课程获选"东南大学外国留学生精品课程"校级精品课程并获课程建设资助,分别为:皮肤性病学、运动医学、诊断学、医学遗传学及中国概况。

2019年,我校有4名博士生参加第四届"感知中国首都行活动",我校尼泊尔籍博士生沙青专访被收入官方杂志介绍。我校4名博士生分别参加由我校承办的第二届"学在中国"来华留学博士生论坛(理工组)分论坛、医学及农林组分论坛。

三、留学生管理工作

(一) 建章立制、完善管理

2019年,修订了最新版《国际学生生活指南》;拟定并翻译了《东南大学国际学生住宿管理办法(试行)》;继续完善国际学生请假制度、勤工俭学审批制度、签证证明管理制度等;继续推进"学生自我管理"的模式;协同市公安局进行试点,将法制教育课程作为我校部分国际学生必修学分科目。

(二) 提升服务质量、提高满意度

完成了各类奖学金的申请、遴选、上报和管理发放工作;完成了2019年度"中国政府奖学金"年审、评审结果上报和新老生注册工作;完成了2019年度省政府茉莉花奖学金、南京市政府奖学金的管理发放工作。

进一步优化国际学生学习和生活的环境:在四牌楼汉语教学区域设置饮水设施,配合总务处完成了荟萃楼的改造方案;在四牌楼校区和丁家桥校区国际学生公寓安装了电动车充电车棚。

(三) 进一步丰富国际学生校园文化活动

2019年4月,组织部分留学生参加了江苏省电视台主办的"外国人看江苏"活动;组织应届生参加了华为公司招聘宣讲活动,5月,组织学生参加了省第二届走出去企业外国留学生招聘会。10月,组织部分学生参加了重庆大学90周年校庆及国际文化节。10—11月,承办了由中国高等教育学会外国留学生教育管理分会主办的第二届"学在中国"来华留学博士生论坛(理工组)分论坛,获得了最佳组织奖。

(四) 其他

2019年,继续加强校友工作,积极筹建东南大学尼泊尔校友会。

2019年,我校首批3位国际学生专职辅导员已经正式进入招聘流程,将于2020年正式上岗。

2019年,我校国际学生干部加拿大籍留学生宋天成获得第九届"江苏青年友好使者"。2019年我校被评为"江苏省来华留学工作先进集体",同时有3位老师获得"外国留学生教育管理先进个人"称号。

四、对外汉语教学工作

2019年度,海外教育学院汉语中心主要在汉语教学、文化活动、学科建设等几个方面进一步提高教学、科研水平,强化留学生培养质量。

(一) 教学成果

2019年度,汉语中心进一步加强教学管理。首先是严格考勤制度,出勤率不达标的学生一律取消考试资格,下一学年付费重修。其次是严把语言关,汉语补习的留学生必须同时通过HSK四级和汉语中心组织的汉语结业考试,方能进入各院系学习专业。最后是开展独具特色的HSK培训,HSK五级通过率达到了100%,而入校时汉语零基础的汉语预科生HSK四级通过率也达到了96%。

(二) 学科建设

汉语中心积极加强与国内各大高校的学术、教学交流,组织研究生参加"首届长三角地区汉语国际教育专业学生创新论坛",指导的研究生在2019年"江浙沪汉语国际教育硕士教学技能大赛"中获得二等奖、三等奖、优胜奖各1项。有1名应届博士生通过我校招聘流程,将于2020年入职,将进一步充实我院师资力量。

海外教育学院与文学院联合建立的汉语国际教育专业硕士点发展良好,招生人数逐步扩大,目前共有中外学生32名,2019年有11名中国硕士生被孔子学院总部选派到欧洲、亚洲担任汉语志愿者教师。2019年12月又有4名中国硕士生通过汉语教师志愿者的选拔考试。2019年度共有15名中外学生顺利毕业,获得硕士学位。

(三) 文化活动

组织丰富多彩的文化体验活动,组织学生参加"庆祝新中国成立70周年在苏外国留学生图文微视频征集活动",参观博物馆、茶艺馆、江苏省昆剧院,观赏茶艺表演和昆曲演出,让留学生现场感受中华文化的博大精深,中国经济发展所带来的巨大变化。

五、孔子学院工作

(一) 基本情况

明斯克国立语言大学孔子学院自2011年成立至今,八年来累计招收学生总数突破万人。2019年该孔子学院在明斯克主办的"第二届江苏省教育展"进一步加深了江苏省高校与白俄罗斯在教育领域合作的深度和广度。在中国文化传播方面,明斯克国立语言大学孔子学院举办了白俄罗斯首届"传奇天下"中国歌舞大赛。由明斯克国立语言大学孔子学院主办,白俄罗斯各孔子学院及孔子课堂协办的"孔子学院日",不仅是白俄罗斯"汉语热"的生动体现,更是展现中华文化、促进中白两国文化交流的重要平台。

(二) 与外方合作情况

截至2019年11月,我校向白俄罗斯明斯克国立语言大学孔子学院累计派出中方院长2名、汉语教师1名、汉语教师志愿者8名,储备中方院长1名。

2019年6月,召开了明斯克国立语言大学孔子学院理事会。东南大学常务副校长王保平率团出席,并与明斯克国立语言大学校长娜塔莉亚·巴拉诺娃女士和孔院理事会成员等进行了友好会谈。

双方探讨了未来可能继续加强合作的领域并签署了关于深入开展教师及学生交流合作的意向书。

2019年度,我校孔子学院选手莉迪亚·安德鲁申科娃获得第十二届"汉语桥"世界中学生中文比赛白俄罗斯赛区冠军,并获得唯一一个代表白俄罗斯前往中国参加"汉语桥"世界中学生中文比赛总决赛的资格。

2019年10月,在中白教育年表彰大会上,我校中方院长石玲老师获得由白俄罗斯共和国教育部部长伊戈尔·瓦西里耶维奇·卡尔边科颁发的"推动中白教育与合作杰出贡献奖"。

东南大学无锡分校

2019年,无锡分校师生员工在习近平新时代中国特色社会主义思想的指引下,在学校党政领导下,按照"高端化、国际化、本土化、特色化"的办学思路,不忘初心,勇担使命,奋发有为,为异地办学开创新局面,取得新突破。重点汇报如下。

一、校区规模取得历史性突破

无锡分校主动向学校和无锡地方政府领导汇报办学情况,组织深入调研国内9所"双一流"大学异地办学经验,通过与无锡地方政府反复交流磋商,提出了办学规划方案和校区体制机制改革方案。继2018年3月签署新一轮市校合作办学框架协议之后,于2019年19日,东南大学与无锡市人民政府又共同签署了《东南大学无锡国际校区建设和使用协议》,2019年3月,无锡国际校区建设正式立项启动。

二、高水平师资队伍建设初见成效

2019年协助国家示范性微电子学院引进高层次人才9人,其中,美国国家工程院院士1名(兼职),国家"千人计划"2名。国家计划人才占比超30%。

三、重大教学科研载体国际先进

2019年启动微纳加工与测试公共服务平台建设,其中设备投资6亿元;完成高端芯片与微信息系统联合创新中心建设方案论证,该中心对标世界最顶尖微电子中心IMEC,设备投入1.89亿元。两个平台将一体化建设,覆盖微电子全产业链,为培养我国集成电路产业领域急需的领军人才,解决"卡脖子"问题提供强有力的支撑。

四、国际合作办学开启新篇章

经过1年多与无锡市政府的反复研讨、洽谈,促成了与世界一流大学鲁汶大学的联合办学项目,并于2019年12月签署《无锡市人民政府　东南大学支持建设东南大学-鲁汶大学联合学院协议》。配合完成首批鲁汶创新实验班的招生、英语强化培训、鲁汶大学教授及院士来华授课等工作。

五、人才培养与产教融合办学成效不断提升

2019年分校在重点推进上述工作的同时,不断探索与实践政产学研用的人才培养模式,取得的主要成效有:

1. 完成具有异地办学特色的2018级本科生"2+2"培养模式方案修订,2019届本科生深造率超60%。

2. 2019年累计在各类国家级竞赛中获一、二、三等奖共94人次,竞赛参与率和获奖率均位居全校前列。

3. 科研成效:"江苏省农业物联网感知及系统控制工程实验室"落户无锡进行建设;申请国内发明专利74件,授权14件。

六、全面从严治党抓紧抓实党风廉政建设

分校领导班子认真履行"党政同责、一岗双责",带头落实党风廉政建设责任制。抓紧抓实党风、教风、学风建设,认真组织开展"不忘初心,牢记使命"主题教育,引导广大师生通过读原著、悟原理、找差距、抓落实,增强"四个意识"、坚定"四个自信"、做到"两个维护",使得师生面貌焕然一新。分校全年严格执行八项规定,无违规违纪现象。

东南大学成贤学院

一、概况

全院教职工总计794人,其中,专任教师596人,行政人员157人,教辅人员38人,工勤人员3人。另外,聘请校外兼职教师74人。全院教职工中,具有正高级职称的60人,副高级职称的252人,中级职称的345人,初级职称的86人。

全院共设有11个党政管理部门:党政办公室(纪检监察室)、组织人事部、教务处、学生处(学工部、人民武装部)、财务与资产管理处、后勤管理处、保卫处、质量保障处(高等教育研究室、教师发展中心)、发展合作处、工会、团委;2个直属单位:图档信息中心(图书馆、档案馆、信息中心),招生就业办公室;6个学院和1个部:建筑与艺术设计学院、电子与计算机工程学院、土木与交通工程学院、机械与电气工程学院、制药与化学工程学院、经济管理学院和基础部。开设专业38个,在校生11 227名。

二、党建工作

(一)党的政治建设

2019年,学院党委深入学习贯彻党的十九大以及十九届二中、三中、四中全会精神,增强"四个意识"、坚定"四个自信"、做到"两个维护",全面加强党对学院各项工作的领导。按照东南大学党委的部署,深入开展"不忘初心、牢记使命"主题教育。学院党委准确把握"守初心、担使命、找差距、抓落实"的总要求,切实做到"五个着力",确保主题教育取得扎扎实实的成效。举办"不忘初心、牢记使命"江苏红色资源绘画汇报巡回展。

修订《东南大学成贤学院章程》,增加党建工作内容,为全面加强党对学院各项事业的领导打下坚实的基础。完善科学民主决策等制度与相关议事规则,修订学院《党委会议事规则》《党政联席会议议事规则》和《"三重一大"决策制度实施办法》。

(二)党的思想和宣传工作

加强领导班子理论学习,全年组织理论中心组学习13次。编印《党委理论中心组学习资料》4期。深化教职工思政教育工作,制定《2019年党员领导干部和教职工思想理论学习安排》。密切关注师生思想动态,出台学院《意识形态工作责任制实施细则》《舆情引导与应对工作规程》《横幅、海报管理办法》《公共场馆管理暂行办法》《校园新媒体建设与管理办法》等多个文件,严格各类宣传平台和活动场馆的审批管理。积极开展师德主题教育活动,制定学院《教师教学工作规范》。组织2 000余名师生参观江苏省庆祝中华人民共和国成立70周年成就展。刊发《成贤报》7期、《成贤快讯》23期,校园网站审核发布新闻稿件370余条等,各级各类重点媒体发稿20余篇。2篇新闻稿件分别获评全国高校校报好新闻、江苏省高

校校报好新闻三等奖。

（三）党的组织建设

2019年发展新党员285名、预备党员转正193名、延期转正1名。选派支部书记参加省支部书记示范班培训和支部书记网络培训。获批教育部第二批新时代高校党建"双创"工作培育创建推荐单位，荣获2017—2018学年东南大学最佳党日活动三等奖。制定《党内评优管理办法》，首次评选5名院级优秀共产党员和3个院级先进基层党支部。修订出台《中层管理干部选拔任用工作条例》，选派2名中青年干部参加省委党校中青年干部培训。

（四）作风建设和纪检监察工作

落实"党政同责、一岗双责、层层落实、重在基层"的党风廉政建设责任体系。做好学院干部选聘、招投标、招生以及各类评选的纪检监察工作。出台学院《机关作风建设考评办法（暂行）》，启动首次机关作风考评工作。调整学院领导院（部）联系点。制定并实施《中层以上领导干部深入基层联系院（部）、教职工、学生工作办法》。参加中国高等教育学会廉政建设分会2019年年会学习。加强在教师节、国庆节、中秋节等重要的时间节点的廉洁教育。举办2019年廉政文化作品征集活动和展览。及时回复12345市长热线13件，院长信箱来信171件。

（五）统战工作

加强党外代表人士的思想政治引领与队伍建设，做好统战工作及民族宗教工作。加强与江北新区、浦口区统战部门的沟通，推动构建校地统战融合大格局。

（六）工会工作

健全工会组织机构，完善会费收缴制度，成立部门工会小组19个，工会会员入会率100%。积极举办教职工迎新年联欢会，健康专题讲座，跳绳、羽毛球、踢毽子比赛，单身青年联谊，智力运动会等活动，以服务促发展，用暖心聚人心。

（七）共青团工作

围绕立德树人根本任务，大力弘扬以爱国主义为核心的伟大民族精神，推进校园德育品牌活动建设，推动形成特色系统"青马工程"培养体系。以历史纪念日和重大事件为契机，利用主题团日活动、主题报告会、艺术团展演等多种方式，帮助青年学生树立远大的理想，塑造高尚的人格。开展"青春心向党·建功新时代""纪念'五四'运动100周年"等各类形式主题教育活动。通过社会实践、志愿公益、体育健身、名家讲坛、创新创业竞赛、高雅艺术进校园等品牌活动，加强"第二课堂成绩单"的建设。共推出634名积极分子参加党校培训。

三、行政工作

1. 顺利通过江苏省民办高校2018年度检查以及首次检查组专家实地检查，喜获民办高等教育发展专项资金。做好2018年度基金会年检、事业单位年审和信用等级评审，完成民办学校办学许可证换证工作。完成教育部高等教育质量监测国家数据平台的数据填报以及教育厅现代化建设工作数据采集、防范化解风险专项行动材料上报。

2. 顺利召开东南大学成贤学院第三届董事会第四次会议。

3. 圆满召开东南大学成贤学院第一次校友代表大会暨校友会成立大会。

四、教学科研工作

1. 启动江苏高校一流本科专业建设工作,5个专业获评江苏高校一流本科专业建设点。制定《一流本科专业建设方案》,推进一流本科专业建设目标。
2. 组织申报功能材料、康复物理治疗学新专业。
3. 对建筑与艺术设计学院、土木与交通工程学院的专业综合改革试点工作分别进行二期和一期考核。
4. 荣获江苏省高校本科毕业设计(论文)三等奖2项,团队毕业设计(论文)三等奖1项。
5. 科研水平稳步提升。获批江苏省高等教育教改研究课题2项,江苏省高教学会"产教融合研究专项"开放课题2项,江苏省教育科学院教育技术研究所等课题13项。获得2018年度高等教育科学研究成果奖二等奖1项。
6. 获批江苏省高校自然科学研究面上项目3项,江苏省高校哲学社会科学项目18项,江苏省社科联课题2项。评选学院2020年度青年教师科研发展基金项目6项。喜获"2019年度南京江北新区知识产权专项奖励资金"。

五、合作办学工作

1. 进一步推进中德合作"太仓双元制人才项目"与西门子工业软件公司共建数字化制造学院,与淮安信息职业技术学院的"3+2"分段培养项目、与昆山登云科技职业学院合作的"高职+本科""3+2"项目等工作。
2. 获批教育部高等教育司产学合作协同育人项目4项、教育部"建筑信息模型(BIM)"和"智能财税"1+X证书制度试点院校;获批江苏省2019年度建筑产业现代化专项能力实训示范基地;与苏宁云财、Arm中国创新教育中心共建实训实践基地,891名学生参加校企合作项目。
3. 通过多方洽谈,开启校际"3+2""4+2""3+1+研究生"等不同类型的合作模式。组织20余场国际合作交流项目宣讲会和咨询会。
4. 56名学生赴美国波莫纳州立理工大学、韩国庆熙大学等高校参加境内外交流项目。

六、人才培养工作

1. 组织完成2019级人才培养方案的制定。
2. 出台《构建"大学工大教学"格局,建立健全全员全过程全方位育人机制实施方案》,推动建成"三全育人"长效机制。
3. 荣获江苏省先进班级6个、江苏省优秀学生干部8人、江苏省三好学生6人。
4. 组织学生参加国家级或省(市)级各类竞赛,392人次获奖。其中,在国际大学生数学建模竞赛中获二等奖,在全国大学生电子设计竞赛、第十三届全国大学生化工设计竞赛、第十二届中国大学生计算机设计大赛、第十届"蓝桥杯"全国软件和信息技术人才大赛、第十届社科奖全国市场营销大赛、第二届全国大学生创新体验竞赛、第十届中国高校美术作品学年展等7个项目中获得全国二等奖等。
5. 建立学生工作管理周报表制度;制定《毕业班学生日常管理办法(试行)》和学生请假制度;重点关注危机学生的动态发展。
6. 优化招生录取模式,加强招生宣传力度,提升我院生源质量。2019年我院普高共录取2 782人,"专转本"招生录取211人。
7. 2019届毕业生年终就业率为96.8%,考研录取率为13.4%,考研录取率创历史新高。

七、师资队伍建设工作

1. 成功入选2019年度高校"青蓝工程"优秀青年骨干教师1人、境外研修培养对象1人、高校教师英语强化培训3人,选拔国内访问学者5人。
2. 7位教职工获评副高职称任职资格,14位教职工获评中级职称任职资格。
3. 督导专家组累计听课达252人次,学院(部)领导听课81人次。
4. 举办教学讲座和教学沙龙7期。
5. 在江苏省微课教学比赛中,学院教师荣获二等奖1项,三等奖3项。
6. 推进学生工作队伍专业化、职业化建设。荣获江苏省高校辅导员工作案例三等奖1个,获批江苏省高校辅导员工作研究会专项课题1项,江苏省高校毕业生就业创业研究课题1项。评选院级思想政治教育专项课题3项,结题7项。1名辅导员被评为"全国民办高校优秀辅导员"。

八、其他工作

1. 严格执行网络安全制度,完成了校园网络系统、数十个业务系统的网络与数据安全维护工作,完成了3个二级等保项目的测评与报备工作,确保网络信息安全。
2. 积极推进"数字化校园"建设,完成了二期"OA及事务大厅"项目建设任务。

表1　东南大学成贤学院专业设置一览表

学院名称	专业代码及名称	学科类别	学制/年
电子与计算机工程学院	080901 计算机科学与技术	工学	4
	080902 软件工程	工学	4
	080801 自动化	工学	4
	080702 电子科学与技术	工学	4
	080701 电子信息工程	工学	4
土木与交通工程学院	081001 土木工程	工学	4
	120103 工程管理	管理学	4
	081801 交通运输	工学	4
	120105 工程造价	工学	4
经济管理学院	020401 国际经济与贸易	经济学	4
	120601 物流管理	管理学	4
	120801 电子商务	管理学	4
	120202 市场营销	管理学	4
	120203K 会计学	管理学	4
	020202 税收学	经济学	4
	120204 财务管理	管理学	4
机械与电气工程学院	080202 机械设计制造及其自动化	工学	4
	080201 机械工程	工学	4
	080601 电气工程及其自动化	工学	4

(续　表)

学院名称	专业代码及名称	学科类别	学制/年
建筑与艺术设计学院	130503 环境设计	艺术学	4
	130310 动画	艺术学	4
	082801 建筑学	工学	5
	082803 风景园林	工学	4
	130502 视觉传达设计	艺术学	4
制药与化学工程学院	081301 化学工程与工艺	工学	4
	081302 制药工程	工学	4
	100704T 药事管理	医学	4
	101101 护理学	医学	4
	080412T 功能材料	工学	4

表 2　东南大学成贤学院在籍学生人数统计

单位：人

项目	毕业生数	招生数	在校生数	预计毕业生数
总　数	2 682	2 849	11 227	3 063
本科生	2 682	2 849	11 227	3 063

东南大学苏州校区

在学校党政领导和地方政府的指导下，苏州校区带领全体师生员工，认真落实立德树人根本任务，围绕"国际化精品校区"新发展目标和"高端化、国际化、本土化、特色化"新发展理念，攻坚克难，开拓创新。在党建与思想政治、人才培养、师资队伍建设、科技服务与产学研合作、综合管理服务及校园安全等方面不断取得新进展。

一、党建与思想政治

严格按照中央和学校统一部署和要求，推进"不忘初心、牢记使命"主题教育，真抓实做、取得实效。3位班子成员讲党课5次，主题教育领导小组共开展10次集中学习、调研次数超过20次、听取师生意见人数超过400人、查摆需整改的问题14个（2019年度已完成6个），党支部或研会组织开展志愿活动11次（参与人数超过500人次）。

7月，苏州校区网站建成投入使用，制定了校区《网站管理办法》《网站发布操作规程》，进一步完善网站管理责任制。本年度，校区网站编辑发布新闻65条，其他各类信息近200条。

指导学生支部做好入党积极分子培养考察工作，组织新发展对象培训159人、新党员培训56人，发展党员45名、转正43名。

本年度校区党委及各党支部组织开展了"聚焦2019全国两会"展板制作与学习、2018级学生党支部上党课、"学习先进与党员标准大讨论""吴江家风家训馆"现场教学、2019级学生党支部上党课、"庆祝新中国成立70周年暨第四届放歌姑苏唱响东南"歌咏比赛等活动。

积极开拓服务地方经济社会发展新途径，探索校地共建新模式，11月校区党委与吴江农商行党委举行党建共建活动启动仪式。

12月31日,学校发文成立苏州校区党委。

二、人才培养

2019年,软件学院(苏州)招收全日制软件工程硕士60人,毕业104人;东南大学—蒙纳士大学苏州联合研究生院招收全日制硕士研究生384人,其中国际商务50人,英语笔译50人,计算机技术82人(含人工智能50人和非人工智能方向32人),建筑与土木工程55人,交通运输工程59人,工业设计工程49人,动力工程39人,毕业201人。

全年共开展各类大型学生活动、竞赛20余次。如:9场人文素养讲座、"我与师兄进有约"——阿里巴巴分享交流会、走进老人院系列志愿者活动、扫黑除恶系列活动、马拉松志愿者、新生杯篮球赛、苏州无锡分校趣味运动会、苏州校友会和学生联谊篮球赛、研会与新国大联谊交流会、迎新年晚会等。

针对家庭经济困难学生,一对一指导办理国家助学贷款、生源地贷款。指导学生办理生源贷款19人,国家助学贷款33人。通过设置5个勤工俭学岗位、申请助学金形式帮助经济困难学生顺利完成学业,指导5名学生获得慧湖立新慈善基金会"巾帼爱心工程"女大学生公益助学金3 000元/人以及5名学生获得慧湖优秀志愿者资助3 000元/人。

多人获得国家、省级、市级、区级奖项:东南大学-蒙纳士大学苏州联合研究生院2018级翻硕学生沈志贤在第八届全国口译大赛江苏赛区中获得"口译之星"称号,2018级张雨晨获一等奖,2018级陈仁清获二等奖,2018级崔明珠获三等奖;2018级土木班级的三人团队,在由南京大学承办的首届城市水环境与水生态科普创意大赛中荣获视频组一等奖;全国数模竞赛中获二等奖6个、三等奖6个,7人获得"国家奖学金";获独墅湖科教创新区扫黑除恶知识竞赛二等奖。

校内评优表现出色:22人获得教育基金奖励,"优秀研究生共产党员"11人,"优秀研究生党支部书记"3人,优秀团员21人,优秀团干部3人,先进团支部3个;2个学生支部获得东南大学"先进基层党组织"称号;2人获得东南大学"优秀共产党员"称号;1人获得东南大学"优秀党务工作者"称号;2个支部分别获得研工部最佳党日活动三等奖、优秀奖。

三、师资队伍建设

积极推进本土化师资队伍建设,做好人才队伍规划和人才引进工作。2019年引进6位专职科研人员,其中5位具有国外名牌大学博士毕业经历,为人才培养、成果转化提供重要支持。

2019年,2位教师获批"金鸡湖人才计划"。

四、科技服务与产学研合作

2019年纵向项目科研经费到账910万元,组织申报各类科技计划项目5项,获批5项。

东南大学—蒙纳士大学苏州联合研究生院重组5个联合研发平台,分别为未来城市、能源与环境、先进材料与制造、科学与工程领域的先进计算、生命科学,将人工智能等新领域纳入联合研究的范畴。召开了第一届东南大学—蒙纳士大学—江苏省产业技术研究院三方联合研讨会,两校联合发表SCI索引论文80余篇,与去年同期相比,稳步增长。

11月22日至24日,东南大学—蒙纳士大学苏州联合研究生院校区举办东南大学与蒙纳士大学共同召开的"中澳研究创新与产业化"高峰论坛等多场高规格的国际学术会议。

五、综合管理服务及校园安全

校区成立后,大力推进校区统一管理模式,加强校区内部治理,成立校区党政办公室、科技管理办公室、培养与管理办公室、综合管理办公室等内部管理部门,全面梳理管理制度,制定(修订)了苏州校区《低值易耗品、物料用品采购及管理规定》《公用房管理办法》《采购管理办法》《网上竞价采购管理办法》《仪器设备管理办法》等管理制度,以制度化、规范化提升管理服务能力和水平。

做好校园安全稳定工作,调整校园安全领导小组和工作小组,配合地方完成扫黑除恶专项工作。做好高校联合警务室筹建工作和教学楼、实验室、网络安全、消控设备设施的安全检查工作,公共设备设施的管理与修缮、办公室装修、公用机房规划建设、资产管理、公车拍卖处置等事务性工作。

出色完成苏州校友会秘书处工作,协助校友开展丰富多彩的活动。

东南大学建筑研究所

根据学校的文件精神,对本单位2019年的工作、学习情况汇报如下:

2019年,我单位紧跟国家形势发展,认真贯彻执行党的路线、方针、政策和国家的法律、法规。紧密团结在党中央周围和党中央保持一致,围绕学校中心任务开展工作。

在人才培养方面,积极为国家培养高素质创新型人才,2019年毕业了2名博士、7名硕士,去英国卡迪夫大学联合培养博士1名,1名博士去美国参加国际会议。

在学科建设和师资队伍建设方面,牢固树立科学技术是第一生产力和可持续发展的战略。我们注重学科、专业带头人梯队的建设、管理和培养工作。积极开发人才资源,不断提高专业技术人员队伍整体水平,已逐步建立起一支爱岗敬业、人员稳定、业务过硬的优秀技术队伍。

在科学研究方面,今年结题国家自然科学基金1项。在研国家自然科学基金3项,博士点基金1项,厅、局级项目3项。

做好研究生的管理、教育和培养工作。从研究生的选拔到研究生奖、助学金的评定,能够做到公开、公平、公正。平时不定期地召开学生座谈会和学生谈心,了解学生的思想情况和动态。能够充分发挥党支部的战斗堡垒作用。

2019年签订各项设计合同1 000多万元,到款800万元左右。出版宜居环境整体建筑学方面的书4本,齐康画册1本,得到好评。

智能运输系统(ITS)研究中心

一、党建工作

开展"不忘初心、牢记使命"主题教育活动。主题教育期间,开展集中学习5次,召开师生座谈会6场,中心支部领导讲党课2次。完成中心网站等宣传平台的改版优化工作,凸显人文关怀、以文育人工作效果。

二、师资队伍建设

1. 高度重视高水平师资队伍的培育,多名教师获得高水平荣誉:①钱振东教授团队参展的科技成果——"桥面沥青铺装养护与保存技术"项目于展会中斩获佳绩,荣获俄罗斯科学与技术协会(Technopol-Moscow)颁发的杰出贡献创新奖与日内瓦国际发明展览会银奖;②夏井新教授、郭建华教授牵头项目分别获得江苏省科学技术进步奖二、三等奖各1项;③钱振东教授、罗桑教授牵头项目分别获得中国公路学会科学技术奖一、三等奖各1项。

2. 持续坚持人才引进宣传工作。2019年,中心引进新入职青年教师2人。

三、学生培养工作

全中心教师积极参与课程思政教学改革申报,积极完成本科教学任务。积极响应新时代交通强国发展战略,适应交通信息化发展新趋势,贯彻《东南大学2020一流本科教育行动计划》,配合完成2019级本科人才培养方案修订工作。2019年录取硕士研究生中"双一流"高校生源比例历史最高。

四、科学研究工作

1. 科研项目与经费结构不断优化。中心2019年新增2个国家自然科学基金项目,2个江苏省自然科学基金项目;牵头国家重点研发计划课题2项。

2019年中心科研经费总到款约1719万元,其中纵向经费到款825万元,经费结构进一步优化。

2. 科研成果"质、量"并重。中心2019年发表SCI/SSCI论文超50篇;申请国家发明专利30多项,授权发明专利16项,授权软件著作权6项;专利成果转化2项。

2019年牵头获得省部级及以上科研奖项4项,其中牵头江苏省科学技术奖二等奖1项、三等奖1项;中国公路学会科学技术奖一等奖1项、三等奖1项。

生命科学与技术学院

2019年,在学校党委和行政的关心及正确领导下,东南大学生命科学学科的发展翻开了极具历史意义的新篇章。2019年5月底,学校正式发文成立了生命科学与技术学院,并于10月28日在榴园宾馆新华厅为新成立的生命科学与技术学院进行了揭牌仪式。新学院将瞄准国家需求,坚守人才培养的"国际化""个性化"原则,培养有国际视野和家国情怀的卓越人才。

回顾即将过去的2019年,学院始终秉承一贯的办学宗旨,"以学科建设为龙头,以队伍建设为着力点,以人才培养和科学研究为抓手,带动各方面工作稳步发展"的主导思想,全院所有教职工上下齐心,步调一致,在各自的岗位上,恪尽职守,无论在教书育人、科学研究,还是在保持研究院人文环境的稳定和谐、教学工作的井然有序上都取得了长足的进步,基本实现了2019年年初的既定目标。

一、围绕学科发展,完善人才队伍的多层次建设

学科发展是全体生科人的最终梦想,而多层次的人才队伍则能为我们在追逐梦想的道路上保驾护航。目前,生命科学与技术学院现有正式教职工44名,其中教授11名,副教授8名,中、初级科技人员12名,行政管理人员4名,博士后9名。全职教师中现有教育部"长江学者奖励计划"特聘教授1名,青年学者1名,国家杰出青年基金获得者2名,中组部"青年千人"5名,国家"优青"2人,教育部"新世纪人才"1名,江苏省杰出青年基金获得者5名,江苏省"创新创业人才"6名,江苏省特聘教授2人,江苏省"333"工程第二层次1人、第三层次1人,校"至善青年学者"A类2人、B类2人。

2019年,在学校人事制度改革的框架基础上,生命科学与技术学院继续推进机制改革,加强人才引进的力度和人才培养的力度。在继续实行高层次人才的全球招聘和聘用管理制度的基本框架下,学院完善和优化人才引进考核程序,推行多形式的考核办法;营造良好的工作氛围,促进新引进人才快速成长。2019年学院共面试海外高端人才19人次;积极申报"青年千人"4人,长江学者特聘教授3名,江苏省"双创"1人,校"至善青年学者"2人。

青年教师的职业发展关系到学院发展的未来,学院始终把青年教师的成长摆在学院工作的重要位置上。为培养多层次的学术梯队,2019年学院将校科研院等部门下拨的经费重点用于资助青年教师的科研创新工作,为青年教师申报省、国家项目以及人才计划助力。同时发挥建设优势理科的政策,积极加强

我院引进和培养高层次人才的支持力度。2019年，学院新增校"至善青年学者"A类1人，B类1人。在2019年全校人事工作会议上，学院作为6家"人才工作先进集体"之一，受到了学校表彰。

长期以来，学院在青年教师出国进修事务上始终保持积极的鼓励态度，希望教师尤其是青年教师尽可能走出学校，参加国内外的重要会议，以开阔思路、增进交流，扩大学科影响。2019年全院师生多次参加各类学术会议，积极对外交流扩大影响。此外，学院还有多名教授被邀参加重要项目评审、成果鉴定、论文评审等。

在对年轻教师教学能力的培养上，学院继续以课程小组的形式，不断吸纳青年教师加入，共同备课，提高备课质量，并适当给青年教师加压负重，高标准严要求，广泛听取学生的反馈意见和建议，针对性地采取有效措施。

这些举措，使学科整体水平有了很大的提高，生物学一级学科硕士点、博士点和博士后流动站得到了充实。

二、以学科建设为基础，大力提升科研水平

不断提升本学科的研究水平与能力是当前学院学科建设工作的重要目的。生命科学与技术学院拥有"发育与疾病相关基因"教育部重点实验室一个，这是我校生命科学研究的核心平台。经过十五年的积累，目前该实验室汇聚了一批高水平的研究人才，造就了一支年富力强、朝气蓬勃的高水平研究队伍。近年来，建成了以小鼠、大鼠、果蝇等模式生物研究的共用平台，形成了神经发育与功能的调控机制、干细胞的基础与应用、发育疾病的遗传调控与临床转化研究3个稳定的研究方向。

为了进一步提升科研支撑条件，提高科研服务质量，研究院继续加大在平台建设方面的投入。2019年安装了激光显微切割系统、组织样本制备系统等大型设备，经调试、培训，已经投入使用，进一步完善了生命科学科研支撑平台。同时，为了进一步完善干细胞研究条件，提升我院在干细胞领域研究的深度和广度，2019年采购了小鼠胚胎显微操作系统，建成了胚胎干细胞研究室；为进一步完善蛋白质分析与抗体制备平台支撑条件，增购了一台蛋白纯化仪。

为加强我院教师申报科研项目的中标率，启动了教授帮扶措施，从审核标书到标书院内答辩，我院教授都一对一把关。2019年全院教师共申报国家自然科学基金面上和青年项目14项（面上项目12项，青年科学项目2项），获得11项（面上项目10项，青年科学项目1项，总直接经费597万元），申报成功率达到78.6%，超额完成了科研院指标（8项）。环比立项项目数为2018年（5项）的220%，总直接经费为2018年（209万元）的286%。获得省科技厅科技项目2项（张莎莎讲师获省优青项目，柴人杰教授获省重点研发项目）。2019年全院共牵头或参与申报科技部重点研发项目6项，获立项项目3项（牵头1项，参与2项）：林承棋教授作为项目负责人牵头"发育编程及其代谢调节"重点专项1项，罗卓娟教授作为项目骨干参与"发育编程及其代谢调节"重点专项1项，柴人杰教授课题组的付小龙助理研究员作为项目骨干参与"干细胞及转化研究"重点专项青年项目1项。2019年邀请校外专家、学者莅临学院做学术报告21人次。相继在 Cell、Nature Communications、Science Advances、Advanced Science、Cerebral Cortex、Redox Biology、Cellular and Molecular Life Sciences、The Journal of Biology Chemistry 等国际著名期刊上发表高水平学术论文10余篇。

在扩大我院学术影响力方面，2019年我院承办了南京"脑—智"国际研讨会和南京脑科学光学成像技术培训班、首届江苏省高校生物学学科联盟会议。我院多位教授在各类学会中任职：谢维教授任中国神经科学会常务理事并担任中国神经生物学会儿童认知与脑功能障碍分会会长、中国遗传学会理事；陆巍教授担任中国神经科学学会理事、中国生理学会常务理事，青年工作委员会副主任委员；韩俊海教授任中国细胞学会理事；柴人杰教授担任中国生物物理学会听觉言语与交流分会副会长，国际耳内科医师学会常务委员，中国生理学会干细胞与神经分会秘书长、常务委员；另有江苏省神经科学学会（谢维、韩俊海、陆巍、潘玉峰等）、发育与细胞生物学会（韩俊海、柴人杰等）、遗传学会（刘向东、林承棋等理事）、医学会遗

传专委会(谢维主委、林承棋副主委)等任职。林承棋任国际知名期刊MCB编委等。

为加强高层次学术交流,形成品牌效应,2019年我院继续深入开展"三江大讲堂"高水平学术论坛,全年共邀请了11位国内外知名专家来我校进行讲座交流。

三、围绕教育质量工程建设,深化人才培养改革

2019年,生命科学与技术学院以立德树人为工作重点,以培养领军人才为工作目标,深化研究生培养的改革:①大力加强研究生招生宣传,提高生源质量。制作研究生招生宣传片1部,印制研究生招生宣传册500份,制作研究生招生宣传推送1部。通过向生源基地邮寄招生宣传材料、微信推送等多种形式扩大了我院的影响力。组织1次暑期夏令营活动、3场免试研究生面试活动,共计面试约60名学生,成功录取16名免试硕士研究生,其中6名免试生来自"双一流"高校或"双一流"学科。2019年公开招考的硕士研究生中有15名来自"双一流"高校或"双一流"学科。2019年招收的博士研究生中本校生占到82.4%,94%的博士研究生来自"双一流"高校或"双一流"学科。研究生生源质量显著提高。②完善研究生培养课程体系,提高研究生课堂教学质量。以培养领军人才为导向,通过研究生培养方案的修订,优化了研究生培养的课程体系,新开设研究生必修和选修课程7门。2019年全院共开设12门研究生课程,总计650学时。在教学实践中积极倡导研讨型教学和实践教学。重点建设了2~3门研究生全英文教学课程,其中"分子生物学"课程获批江苏省全英文精品课程。③完善研究生轮转制度。以提升研究生新生的基本素养和科研能力为目的,以提高研究生培养质量为目标,对全院硕士研究生新生实施了轮转制度。学院完善和规范了研究生轮转实施的具体方案和细则,提高了研究生新生的科研能力,促进了师生间的科研合作紧密度。④拓展教学实践活动,提升研究生培养质量。

2019年学院主办了"生命科学基础与前沿进展"江苏省暑期学校,邀请10位海内外知名专家学者为来自全国20所高校科研院所的60余名研究生系统讲授发育生物学课程,介绍生命科学领域的最新研究进展。学院为推动专业硕士的培养,积极拓展校外导师资源,申请了1位江苏省产业教授、20位校外兼职工程硕士导师。2019年共培养毕业31名硕士研究生,16名博士研究生,其中2名博士研究生的学位论文入选东南大学优秀博士学位论文,1名硕士学位论文入选东南大学优秀硕士学位论文。

此外,学院在2019年向教育部申报了生物科学本科专业,并成功获得批准,弥补了东南大学作为综合性大学却长期没有生物科学本科专业的不足。2020年,学院将开始生物科学本科生的招生工作,为东南大学在生物学科的发展做出贡献。

四、围绕院中心工作,党政合作整章建制,推动管理工作上台阶

围绕我院"十三五"制定的规划目标,党政密切配合,整章建制。通过体制创新,建立国际一流的研究机构,吸引优秀的科学家聚集,组织开展与国家发展密切相关的基础性、前瞻性、战略性的科学研究,解决国计民生中的重大问题;通过政策引导,促进科研力量最大化地聚集,形成我院/校的研究特色和制高点,在一定的领域引领世界的科学研究;通过机制创新,以绩效为杠杆,建立激励约束机制,使优秀的科学家能静心做研究,潜心做学问,进而培养品质优异的创新型人才。

学院党委将政治思想工作贯穿于日常管理中,充分发挥师生党员的模范带头作用,认真贯彻落实校党委的各项安排和圆满完成各项行政工作;学生党员在学习上起带头,在行为上做表率,处处以身作则;入党积极分子积极向党组织靠拢;全体学生积极向上,踊跃参加各类社团及校院组织的各项活动,学生党员在科研活动中发扬科研奉献精神,发表了多篇有影响力的高水平文章。一年来,全院教工遵纪守法、爱岗敬业,学生刻苦努力、积极向上,政治思想起到了引导和保障作用。

由于生命科学与技术学院成立不久,相关岗位配置尚未完全到位。目前学院党政管理队伍在人少事多的情况下,不辞辛劳、加班加点、不计报酬、毫无怨言、无私奉献,保证了学院的各项工作正常运行。

各项工作的顺利开展和完成,是党政班子和全体教职工密切配合、团结协作、勇挑重担的结果,是各

项通过制度建设和行政人员有力执行的结果。2019年全院教职工出于对党政班子的理解、配合、支持，在各自的工作岗位上埋头苦干、兢兢业业，为学院的发展做出了不懈的努力。

五、不足之处与改进措施

总结2019年，学院各方面在稳步发展，取得了一定的成绩，但不足之处也较为明显，主要如下：
1. 缺乏具有国际影响力的大师级人才。
2. 受国际形势的影响，学院人才引进工作近年有放缓的趋势。
3. 研究队伍集成度不高，大团队建设效应没有形成。
4. 管理能力与执行力有待提高。

六、2019年工作思路

围绕东南大学"双一流"发展战略，以学院"十三五"规划为核心，面对"国家脑科学与类脑"计划，加快组织队伍形成PI制与大团体制相结合的体制，争取在国家"脑计划"中做出更大贡献；以"转化医学"为中、长期目标，积极推动东南大学生命科学的发展并与医学的有机结合；加快推进及完善本科生培养方案；努力建设国内一流的生命科学学院，并为建设有国际影响力的生命科学学院打下坚实的基础。具体措施如下：

1. 积极争取学校各方面的支持和资源，加大高端人才的引进力度，特别是具有国际影响力的大师级人才的引进。加强人才引进的"前—中—后"的过程管理与服务，加速人才的快速引进与发展。
2. 进一步提高三江大讲堂的质量，组织国际青年学者论坛，以吸引更多海外优秀人才来我院申报国家各类人才项目。
3. 及早着手准备2020年国家自然科学基金的申报工作，拓展项目申报的渠道，加大校内外交叉学科的整合力度。组织跨学科、跨领域的专家研讨，提出超级大项目的建议书。
4. 进一步优化学术梯队的组织，形成团队，形成学科优势；完善实验室公共平台的软硬件建设。
5. 通过学习与选拔，提高管理团队的管理能力与执行力。

奖励与表彰

2019年获上级表彰的先进集体、先进个人名单

先进集体

◎2019年"创青春"浙大双创杯全国大学生创业大赛校级优秀组织奖
　　东南大学
◎第五届全国"助学·筑梦·铸人"主题宣传活动优秀组织奖
　　东南大学
◎第三届全国大学生网络文化节活动优秀组织奖
　　东南大学
◎第十六届"挑战杯"全国大学生课外学术科技作品竞赛江苏省选拔赛校级优秀组织奖
　　东南大学
◎江苏高校2018—2019年度党建工作创新奖一等奖
　　东南大学党委
◎第四届学生资助成效微电影比赛一等奖
　　东南大学
◎2019年度全国大中专学生志愿者暑期文化科技卫生"三下乡"社会实践活动先进单位
　　共青团东南大学委员会
◎2019年度江苏省宣传思想工作先进集体
　　东南大学党委宣传部

先进个人

◎2019年江苏省研究生教育改革成果奖
　一等奖
　中西融通，至善引领——交通运输工程学科拔尖人才培养模式的探索与实践

陆 建 王 炜 刘 攀 马 涛 陈 怡

应急胜任力为导向、合作教育模式下MPH人才培养的创新与实践

金 辉 谭兆营 沈孝兵 梁戈玉 朱凤才 尹立红 张 锋 胡建利

2019美国大学生数学建模竞赛 国际级特等奖指导教师团队
2019 IEEE CASS学生设计竞赛 国际级一等奖指导教师团队
2019国际大学生工程力学竞赛 国际级一等奖指导教师团队
2019国际大学生工程力学竞赛 （亚洲赛区）国际级特等奖指导教师团队
2019美国土木工程大学生竞赛 国际级一等奖指导教师团队
2019全国大学生英语竞赛 国家级特等奖指导教师团队
2019第六届全国大学生工程训练综合能力竞赛 国家级特等奖指导教师团队
2019 RoboCup机器人世界杯中国赛 国家级一等奖指导教师团队
2019第十二届全国大学生计算机设计大赛 国家级一等奖指导教师团队
2019第十二届全国大学生节能减排社会实践与科技竞赛 国家级一等奖指导教师团队
2019第十二届全国大学生信息安全竞赛 国家级一等奖指导教师团队
2019第五届全国大学生生物医学工程创新设计竞赛 国家级一等奖指导教师团队
2019第十二届全国周培源大学生力学竞赛 国家级一等奖指导教师团队
2019全国大学生结构设计信息技术大赛 国家级一等奖指导教师团队
2019第六届"卓越杯"大学生化学新实验设计及化学实验技能竞赛 国家级一等奖指导教师团队
2019第九届"北斗杯"全国青少年科技创新大赛 国家级一等奖指导教师团队
2019大学生健康教育科普作品大赛 国家级一等奖指导教师团队
2019第二届全国大学生创新体验竞赛 国家级一等奖指导教师团队
2019年第五届江苏省"互联网＋"大学生创新创业大赛冠军项目

"磐优科技——自主研发物联网数据管理平台的开创者"项目指导教师团队

◎江苏省人民政府第十五届哲学社会科学优秀成果奖

一等奖

《网络时代言论自由的刑法边界》 刘艳红

《政府会计概念框架论》 陈志斌

《伦理道德的精神哲学形态》 樊和平

二等奖

《从历史进程看中国道路的独特性》 袁久红 郭广银 陈 硕

《洛文塔尔文学传播理论研究》 甘 锋

《中国艺术海外传播的国家战略与理论研究》 王廷信

《中国艺术史学理论与研究方法》 李倍雷 赫 云

《艺术的自我整合——从艺术跨界作品表现形式论艺术创意的建构逻辑》 徐子涵

《具体的打击错误:从故意认定到故意归责》 欧阳本祺

《重大行政决策概念证伪及其补正》 熊樟林

《异质性出口固定成本、生产率与企业出口决策》 邱 斌等

《远与近:远程医疗服务模式创新》 赵林度

《流动性与金融系统稳定:传导机制及其监控研究》 刘晓星

三等奖

《尼采与现代道德哲学》 范志均

《段玉裁年谱长编》 王华宝

《明清小说戏曲插图研究》 乔光辉

《数据素养研究:源起、现状与展望》 孟祥保 常 娥等

《当代中国社会心态与道德生活状况研究报告》 马向真

《房价、迁移摩擦与中国城市的规模分布——理论模型与结构式估计》 刘修岩 李松林

《家族企业治理模式的分类比较与演进规律》 吕鸿江 吴 亮等

Hybrid Strategies, Dysfunctional Competition, and New Venture Performance in Transition Economics《转型经济下混合战略、不良竞争与新企业绩效关系研究》 杜运周等

《科技创新驱动江苏省经济增长研究》 徐盈之 岳书敬 郭 进 王书斌 赵永平 杨英超等

《中国丝绸之路上的墓室壁画(7卷本)》 汪小洋 王诗晓 邓新航 张骋杰 史亦真 段少华等

◎第七届钱端升法学研究成果奖

二等奖

《实质犯罪论》 刘艳红

◎2019年国家"万人计划"

科技创新领军人才:8人

青年拔尖人才:3人

◎2019年国家"千人计划"

创新人才长期项目:1人

外专千人长期项目:1人

青年千人:8人

◎2019年江苏特聘教授

李 霞 郑文明 花 为

◎2019年江苏省高校"青蓝工程"

优秀教学团队:鲍 莉等

中青年学术带头人:黄晓东 金 晶 熊樟林

优秀青年骨干教师:王金湘 许 妍 王翔宇 房 雷

◎2019年江苏省"六大人才高峰"

创新人才团队:杨俊宴 杨 毅等

高层次人才:

周怡君 陈 震 余 冉 杨 柳 殷勇高 李 潇 吴邵庆 张培伟 王春林

温广辉 牛 丹 曹向辉 杨 明 李小平 涂 景 陶 立 李守伟 王 昊

李大韦 朱丽娟 王远成 黄英姿 许 斌

◎2019年全国五一劳动奖章

崔铁军

◎2019亚太地区介入放射大会金奖(Gold Medal)

滕皋军

◎2019年度全省高校优秀党务工作者

李久贤

东南大学校级荣誉名单

2018—2019年度东南大学"工会工作先进集体"

机械工程学院工会
数学学院工会
计算机科学与工程学院、软件学院、人工智能学院工会
人文学院工会
经济管理学院工会
医学院工会
校机关工会
后勤工会
东南大学医院工会
中大医院工会
校机关教务处工会小组

2018—2019年度东南大学"优秀工会积极分子"名单

丁 冬	弓玉祥	王 臻	王国桂	王适之	王逢凤	王薇薇	牛亚峰	文 静	尹 群
石 然	叶培军	付 瑜	吉 鑫	吕 倩	吕晔灵	朱 仟	朱 萍	朱光宇	乔华云
庄学群	刘 田	刘 鹏	汤新华	许 峰	阮琳琳	孙 瑜	李 伟	李海涛	杨 明
杨全胜	杨丽荣	杨宝荣	杨盈珂	肖 驰	吴 敏	吴 晨	何 宁	张 辰	张 俊
张 琦	张 蕾	张文青	张可馨	张学义	张爱芹	张琳琳	张赛娟	陈 强	陈正霞
陈东方	陈鸣宇	范 晖	林 挺	岳 辉	岳晓英	周 宇	周晓宇	郑晓红	郝艳娟
胡晓健	侯 旭	施艳萍	贺 丹	夏 圆	顾晓怡	顾晓洁	唐 洁	陶金萍	黄 炎
黄 珊	葛建强	董世坤	蒋 莉	曾桃生	靳文静	詹 谦	熊朝辉	戴 凤	魏丽玲

2019年本科教学奖励与表彰

1. **万人计划名师**　　　　　宋爱国
2. **宝钢优秀教师特等奖**　　孙伟锋
   宝钢优秀教师奖　　　　鲍 莉　童小东　王立新
3. **2019年本科生学科竞赛国家级一等及以上奖项获得团队指导教师**
(1) 2019美国大学生数学建模竞赛国际级特等奖指导团队,10 000元;
(2) 2019 IEEE CASS学生设计竞赛国际级一等奖指导团队,10 000元;
(3) 2019国际大学生工程力学竞赛国际级一等奖指导团队,10 000元;
(4) 2019国际大学生工程力学竞赛(亚洲赛区)国际级特等奖指导团队,10 000元;
(5) 2018 ACM国际大学生程序设计竞赛(ACMICPC)亚洲区域赛国际级一等奖指导团队,10 000元;

(6) 2019美国土木工程大学生竞赛国际级一等奖指导团队,10 000元;
(7) 第四届中国"互联网+"大学生创新创业大赛金奖指导团队,5 000元;
(8) 2019全国大学生英语竞赛国家级特等奖指导团队,5 000元;
(9) 2019第六届全国大学生工程训练综合能力竞赛国家级特等奖指导团队,5 000元;
(10) 2018第八届中国教育机器人大赛国家级特等奖指导团队,5 000元;
(11) 2019 RoboCup机器人世界杯中国赛国家级一等奖指导教师团队,5 000元;
(12) 2019第十二届全国周培源大学生力学竞赛国家级一等奖指导教师团队,5 000元;
(13) 2019第十二届全国大学生计算机设计大赛国家级一等奖指导教师团队,5 000元;
(14) 2019第十二届全国大学生节能减排社会实践与科技竞赛国家级一等奖指导教师团队,5 000元;
(15) 2019第十二届全国大学生信息安全竞赛国家级一等奖指导教师团队,5 000元;
(16) 2018年第四届全国大学生生物医学工程创新设计竞赛国家级一等奖指导教师团队,5 000元;
(17) 2019年第五届全国大学生生物医学工程创新设计竞赛国家级一等奖指导教师团队,5 000元;
(18) 2019第九届"北斗杯"全国青少年科技创新大赛国家级一等奖指导教师团队,5 000元;
(19) 2019全国大学生结构设计信息技术大赛国家级一等奖指导教师团队,5 000元;
(20) 2019第六届"卓越杯"大学生化学新实验设计及化学实验技能竞赛国家级一等奖指导教师团队,5 000元;
(21) 2019大学生健康教育科普作品大赛国家级一等奖指导教师团队,5 000元;
(22) 2019第二届全国大学生创新体验竞赛国家级一等奖指导教师团队,5 000元;
(23) 2018第十三届"恩智浦"杯大学生智能汽车竞赛全国总决赛国家级一等奖指导教师团队,5 000元;
(24) 2018中国大学生程序设计竞赛国家级一等奖指导教师团队,5 000元;
(25) 2018第二届"卓越杯"大学生英语演讲比赛国家级一等奖指导教师团队,5 000元;
(26) 2018第七届全国大学生GIS应用技能大赛国家级一等奖指导教师团队,5 000元;
(27) 2018第十二届"三菱电机杯"全国大学生电气与自动化大赛国家级一等奖指导教师团队,5 000元;
(28) 2018第十届全国大学生高等数学竞赛国家级一等奖指导教师团队,5 000元;
(29) 2018中国机器人大赛国家级一等奖指导教师团队,5 000元;
(30) 2018第七届全国大学生金相技能大赛国家级一等奖指导教师团队,5 000元;
(31) 首届(2018)全国大学生嵌入式芯片与系统设计竞赛国家级一等奖指导教师团队,5 000元。

4. 青年教师授课竞赛奖

一等奖奖金额度5 000元/人,二等奖奖金额度2 000元/人,三等奖奖金额度500元/人。获奖名单如下:

表1 东南大学第25届青年教师授课竞赛获奖人员

序号	学院	姓名	获奖等级
1	土木工程学院	许妍	一等奖
2	建筑学院	唐斌	二等奖
3	建筑学院	鲍莉	二等奖
4	机械工程学院	阚亚鲸	二等奖

(续 表)

序 号	学 院	姓 名	获奖等级
5	能源与环境学院	郭 瑞	二等奖
6	土木工程学院	宋晓东	二等奖
7	土木工程学院	谈超群	二等奖
8	电子科学与工程学院	祝 靖	二等奖
9	电子科学与工程学院	张志强	二等奖
10	数学学院	钟 敏	二等奖
11	外国语学院	凌建辉	二等奖
12	医学院	王晓燕	二等奖
13	信息科学与工程学院	孟洪福	二等奖
14	外国语学院	姚羚羚	二等奖
15	法学院	刘启川	二等奖
16	建筑学院	殷 铭	三等奖
17	建筑学院	袁旸洋	三等奖
18	机械工程学院	张 宁	三等奖
19	机械工程学院	石云德	三等奖
20	能源与环境学院	陈晓乐	三等奖
21	能源与环境学院	潘 蕾	三等奖
22	信息科学与工程学院	赵涤燹	三等奖
23	信息科学与工程学院	彭林宁	三等奖
24	信息科学与工程学院	余 超	三等奖
25	土木工程学院	宁 延	三等奖
26	土木工程学院	刘家彬	三等奖
27	土木工程学院	吴佰建	三等奖
28	电子科学与工程学院	张晓阳	三等奖
29	电子科学与工程学院	张宇宁	三等奖
30	电子科学与工程学院	张若虎	三等奖
31	电子科学与工程学院	宗慎飞	三等奖
32	数学学院	赵 璇	三等奖
33	数学学院	徐 毅	三等奖
34	数学学院	朱 平	三等奖
35	自动化学院	甘亚辉	三等奖
36	计算机科学与工程学院	肖卿俊	三等奖
37	计算机科学与工程学院	杨冠羽	三等奖
38	生物科学与医学工程学院	张天柱	三等奖
39	材料科学与工程学院	史雅妮	三等奖

(续　表)

序　号	学　院	姓　名	获奖等级
40	材料科学与工程学院	张培根	三等奖
41	人文学院	张　晒	三等奖
42	经济管理学院	陈丰龙	三等奖
43	经济管理学院	李绍芳	三等奖
44	电气工程学院	谭林林	三等奖
45	外国语学院	刘　超	三等奖
46	外国语学院	赵彦阳	三等奖
47	化学化工学院	陈飞虹	三等奖
48	化学化工学院	李乃旭	三等奖
49	交通学院	冒刘燕	三等奖
50	交通学院	徐铖铖	三等奖
51	仪器科学与工程学院	李会军	三等奖
52	法学院	刘明全	三等奖
53	法学院	杨　洁	三等奖
54	医学院	黄英姿	三等奖
55	医学院	刘　玲	三等奖
56	医学院	汤成春	三等奖
57	医学院	陈　明	三等奖
58	医学院	程张军	三等奖
59	医学院	蔡云朗	三等奖
60	医学院	赵　蕾	三等奖
61	建筑学院	张　弦	三等奖
62	建筑学院	易　鑫	三等奖
63	电子科学与工程学院	王莉莉	三等奖
64	电子科学与工程学院	易真翔	三等奖

表2　东南大学第26届青年教师授课竞赛获奖人员

序　号	学　院	姓　名	获奖等级
1	自动化学院	王雁刚	二等奖
2	机械工程学院	李彦斌	二等奖
3	海外教育学院	张志凌	二等奖
4	外国语学院	赵　杨	二等奖
5	外国语学院	李　晨	二等奖
6	物理学院	刘　甦	二等奖
7	能源与环境学院	张　波	二等奖

(续 表)

序号	学院	姓名	获奖等级
8	信息科学与工程学院	汤文轩	二等奖
9	电子科学与工程学院	李 霁	二等奖
10	土木工程学院	管东芝	三等奖
11	公共卫生学院	吴添舒	三等奖
12	建筑学院	徐 瑾	三等奖
13	土木工程学院	孙 宾	三等奖
14	电气工程学院	何嘉弘	三等奖
15	电气工程学院	阳 辉	三等奖
16	交通学院	付 晓	三等奖
17	能源与环境学院	王晓佳	三等奖
18	能源与环境学院	张 伦	三等奖
19	信息科学与工程学院	姚 帅	三等奖
20	土木工程学院	秦 颖	三等奖
21	交通学院	王 菲	三等奖
22	计算机科学与工程学院	金嘉晖	三等奖
23	化学化工学院	赵 健	三等奖
24	法学院	王玮玲	三等奖
25	电子科学与工程学院	陈 超	三等奖
26	数学学院	张 鑫	三等奖
27	计算机科学与工程学院	单 冯	三等奖
28	公共卫生学院	孙蓉丽	三等奖
29	建筑学院	王 为	三等奖
30	材料科学与工程学院	佘 伟	三等奖
31	医学院	徐静媛	三等奖
32	能源与环境学院	邵应娟	三等奖
33	信息科学与工程学院	燕 锋	三等奖
34	自动化学院	王辰星	三等奖
35	交通学院	沈永俊	三等奖
36	土木工程学院	陆金钰	三等奖
37	生物科学与医学工程学院	周 平	三等奖
38	材料科学与工程学院	张 萍	三等奖
39	外国语学院	韩 晓	三等奖
40	医学院	郭芳芳	三等奖
41	数学学院	曹海燕	三等奖
42	自动化学院	盖绍彦	三等奖

(续　表)

序　号	学　　院	姓　名	获奖等级
43	材料科学与工程学院	田无边	三等奖
44	建筑学院	张　愚	三等奖
45	电子科学与工程学院	陈　洁	三等奖
46	人文学院	庞俊来	三等奖
47	外国语学院	吴　婷	三等奖
48	法学院	钱小平	三等奖
49	外国语学院	毛彩凤	三等奖
50	医学院	陆　军	三等奖
51	交通学院	廖公云	三等奖
52	医学院	郭凤梅	三等奖
53	医学院	秦永林	三等奖
54	医学院	张　莹	三等奖
55	医学院	吕海芹	三等奖
56	医学院	吴燕平	三等奖
57	生物科学与医学工程学院	罗守华	三等奖
58	能源与环境学院	刘　聪	三等奖
59	人文学院	王富宜	三等奖

2018—2019学年学习优秀生名单

正式学习优秀生名单(共148名)

建筑学院(共3名)

01116111	武淳雅	01217221	邓一秀	01516109	孙士臻

机械工程学院(共8名)

02016326	秦新宇	02016426	吴胜杰	02017310	李博文
02016106	丁远涛	02016309	李天润	02017614	杨博侃
02616103	陶沛冉	02617111	陈坤秀		

能源与环境学院(共10名)

03016403	刘祎璇	03216708	朱翠翠	03017127	别亦然
03016417	张家齐	03316501	张　帆	03017425	郭依庆
03016427	彭　铖	03217702	殷　玥	03017426	宋宇辉
03116628	席子昂				

信息科学与工程学院(共5名)

04017419	高佳峻	04017110	王　雨	04217710	王海洳
04017528	张一凡	04017245	胡玉嵘		

土木工程学院(共12名)

05116617	支新航	05117315	张　雨	05217105	刘婉琳
05216203	杜妍慧	05117526	周永峰	05317123	倪俊宇
05216209	尚旭妍	05117602	李思诚	05316118	王锦阳
05117613	邓昊祥	05516110	刘哲铭	05117604	刘继久

电子科学与工程学院(共6名)

06016107	魏秋萌	06A17203	李梦洁	06A17323	姚冠文
06A17525	李力行	06A17506	李可欣	06A17104	李雪绮

数学学院(共4名)

07316130	钱　成	07216114	雷正阳	07217115	张晨阳
07117122	朱晓炜				

自动化学院(共5名)

08016129	张明辉	08017116	侯润泽	08017309	韩　玥
08017209	常泰戈	08117130	杨绍枢		

计算机科学与工程学院、人工智能学院、软件学院(共5名)

09017320	吴子源	71Y17118	黄　旭	09017431	郭昊南
09017424	方　骏	71117225	王浩宇		

网络空间安全学院(共1名)

57117102	丛子晴

生物科学与医学工程学院(共2名)

11117122	雷予辰	11317108	祝云麓

材料科学与工程学院(共2名)

12016205	卢　果	12017127	叶奕柯

人文学院(共7名)

13316114	谭雪琪	13416108	陈可心	13616115	闪佳雯
13117123	王　硕	13317117	周乐莹	13617117	李子涵
13217121	李越洋				

经济管理学院(共4名)

14316120	蔡汝瑜	14717102	朱卓凡	14817105	覃倩琼
14Y16116	白　杨				

电气工程学院(共4名)

16016404	刘轶涵	16017201	黄怡涵	16017322	王竞泽

| 16016405 | 陈 畅 | | | | |

外国语学院(共1名)

| 17117123 | 姜文慧 | | | | |

化学化工学院(共3名)

| 19116101 | 白天滋 | 19216108 | 肖 琳 | 19317103 | 薛 婧 |

交通学院(共6名)

| 21016104 | 刘芷辰 | 21017103 | 谢 凝 | 21517110 | 钟青岑 |
| 21016106 | 雷明月 | 21017109 | 严学润 | 21016108 | 戚心怡 |

仪器科学与工程学院(共2名)

| 22017102 | 韩辉珺 | 22017202 | 李 茜 | | |

法学院(共1名)

| 25017132 | 陈睿毅 | | | | |

医学院(共7名)

43215112	蔡衬衬	43217118	刘善龙	43117306	单秋洁
43216113	陆 静	43117308	马 遥	43117113	严洪遥
43116206	蒋 扬				

公共卫生学院(共2名)

| 42217112 | 杜妍蓉 | 42116207 | 汪昱彤 | | |

吴健雄学院(共48名)

61516101	钱 昀	61516216	李雅惠	61516412	项文祥
61516105	钱玉蓉	61516218	孙昊宇	61516423	洪非凡
61516106	高炜涵	61516219	董 雍	61516429	吴超逸
61516110	胡正宇	61516221	王 旸	61517105	孙昊昕
61516114	葛永盛	61516222	吕嘉鑫	61517121	顾 泽
61516117	刘天雨	61516227	董启飞	61517425	曹苇杭
61516119	许文寒	61516308	俞睿智	61517323	孟声国
61516125	周啸峰	61516313	杨佳伟	61517226	张天石
61516201	马艺玲	61516319	罗易凡	61517111	蔡承志
61516204	金虹希	61516321	刘亚轩	61517124	唐华泽
61516210	冯一坤	61516322	严 格	61517103	陈雨荷
61517222	包绎成	61517225	万恒至	61517110	谢智超
61517227	王 尧	61517326	刘 强	61517421	黄 彦
61517321	雷重庆	61517322	李博文	61517313	张学超
61517423	高 祥	61517312	吴晨鹏	61517420	袁 华
61517119	王牵莲	61517320	张林炬	61517401	田 宇

预选学习优秀生名单(共 285 名)

建筑学院(14 名)

01117302	张玥莹	01216107	杨沛然	01218216	赵博韬
01117211	毛敬言	01118204	王雨潇	01218124	于 涵
01517116	徐垚汉	01118126	王箬雨	01518102	孙泽仪
01116312	林凯逸	01118127	谢 晗	01518105	赵鸣琪
01116202	万洪羽	01118315	王佳钺		

机械工程学院(12 名)

02017503	曹宇婷	02018528	康炜铭	02018122	谢逢铸
02017316	郑鸿璋	02018208	黄炜驰	02018308	王军飞
02017501	钟赫冉	02018322	潘健强	02018216	赵起祥
02018430	季 睿	02018616	秦楚晋	02618103	张紫涵

能源与环境学院(10 名)

03117604	郭晨玥	03018115	张文灿	03018109	翟晓龙
03017308	张宇鑫	03018409	周子宁	03218709	张云茜
03018108	方一之	03018206	郭思仪	03218713	徐凌凡
03118610	刘锡慧				

信息科学与工程学院(12 名)

04018104	郑添月	04018132	顾 昊	04018626	马庆银
04018112	韩 潇	04018713	王钒锰	04018114	陶震宇
04018302	谭 乐	04018105	张亦真	04018130	杨清元
04018129	张 猛	04018535	巩帅聪	04218804	周婧瑶

土木工程学院(16 名)

05217211	戴天琦	05118616	盛嘉琦	05218205	方卓祯
05517101	李欣蔚	05118621	尹世琛	05218218	史平凡
05118619	鲁海笑	05118617	朱天巡	05318122	黄金珂
05118502	孟宇昕	05118626	王业腾	05518106	刘佳欣
05118305	朱昕云	05218106	栾亚函	05518115	沈舒怀
05118417	刘新元				

电子科学与工程学院(12 名)

06217603	杨安琪	06A18220	徐泽瑞	06A18524	刘 森
06017310	姜媛媛	06A18222	隋东辰	06A18237	徐步青
06A18509	许璞凡	06A18218	张麒宁	06A18525	周恺泽
06A18302	宋星慧	06A18408	刘佳琪	06218612	王家灏

数学学院(5 名)

07317121	顾王韫	07318103	汪宇惠	07118136	吕茂银

07118107	储　越	07118132	耿敬璇		

自动化学院(9名)

08017315	陈国浠	08018118	张浩然	08018108	张耀辉
08018103	谢艺明	08018126	邱洪彬	08118123	张天浩
08018112	赵允琦	08018124	俞凯文	08118116	吴家杰

计算机科学与工程学院、人工智能学院、软件学院(18名)

09017113	邓翰文	09018133	高圣沂	71118314	谈金翰
71117133	张睦婕	09018131	闻深博	71118123	梅　磊
71117114	林敬凯	09018230	狄子昂	71118313	张晓铮
09018117	殷春锁	09018220	刘朗麒	71Y18103	王　然
09018331	唐宁远	09018124	陈　曦	09118202	赵基藤
09118206	陶　特	09118122	邵一展	09118120	徐浩卿

网络空间安全学院(10名)

57117127	贺博文	57118221	梅　昊	57118435	赵泽瑞
57117116	陈　辉	57118128	唐正涵	57118328	翟思宇
57118204	陈　盈	57118116	陈　煜	57118210	郑荔文
57118202	付　孜				

物理学院(4名)

10117102	马奕暄	10118115	李格非	10318120	章　盛
10318106	车君彦				

生物科学与医学工程学院(6名)

11117101	李翔菲	11218102	王子熙	11218107	王管诚
11118134	封雨欣	11218104	刘家铭	11318122	陶天童

材料科学与工程学院(7名)

12017116	蒋思遥	12018412	刘安晗	12018124	冯泽宇
12017110	王苏倩	12018308	陈柳燕	12018226	朱正瑞
12018322	刘钊龙				

人文学院(7名)

13417129	张岭南	13118128	张泽群	13418123	吴欣悦
13218120	潘宸越	13218107	曾露娇	13418119	肖媛媛
13618122	刘天语				

经济管理学院(22名)

14117109	李红丽	14118106	朱丽雯	14618117	薛惠文
14217119	周红辰	14218113	沈佳净	14718103	丁伟聪
14317101	张艺慧	14318107	秦世洋	14818114	魏　倩
14417113	陈泰宇	14418111	叶佳惠	14918121	汪可人
14517106	李逸文	14418103	王馨怡	14918102	夏静蕾

14617131	邵天润	14518118	刘潞渊	14Y18111	伊 诺
14917101	刘一夫	14518120	王思齐	14618122	张晓霞
14Y17116	赵霖洁				

电气工程学院(9 名)

16017123	强中元	16018307	徐梦瑶	16018215	徐定宽
16017224	卞 凯	16018506	董 琛	16018219	许 杨
16018605	郑思雨	16018301	李 沅	16018304	傅云芳

外国语学院(6 名)

17217203	李宣吟	17218102	吴熠丹	17118107	周靖子
17218209	陈奕竹	17118303	钱伊潆	17118104	金茉莉

化学化工学院(5 名)

19117106	浦斯茗	19018126	毕惠扬	19018323	何金泽
19217102	严 格	19018119	陆政希		

交通学院(21 名)

21217123	张洹崧	21018109	李兆亮	21018106	叶芊芊
21317106	王付有	21018110	高青源	21018217	刘川淳
21017218	余晓虎	21018115	励英迪	21018108	李梦芸
21717207	陆芽芽	21018206	黑天晴	21018105	商萧吟
21717131	白啸宇	21018107	董 润	21018207	许炜冬
21817133	宁博雯	21018112	范子龙	21018111	韩庚樾
21018216	李珂韦	21018103	王书涵	21518101	王蕴涵

仪器科学与工程学院(6 名)

22017105	颜佳慧	22018413	曹轲鸣	22018221	钟志伟
22018220	周烨康	22018120	唐子涵	22018323	凌 力

艺术学院(7 名)

24117101	刘 凌	24118106	李靖宜	24318204	徐一鸣
24217107	朱昕玥	24218104	董若菲	24318115	李浩然
24317214	夏陈宇				

法学院(4 名)

25017123	张天禾	25018233	马文清	25018215	彭佳璐
25018136	秦嘉茵				

医学院(12 名)

43217412	江雨昕	43618128	马 睿	43A18403	张 奕
43817102	常婧瑶	43618202	张宁悦	43A18315	王子慧
43818115	李浩然	43618129	丁子豪	43A18121	马煜博
43618224	郑国豪	43618223	李旭东	43A18407	王伊凡

公共卫生学院(3名)

42117212	王健力	42118205	赵雅琪	42218110	赵双雨

吴健雄学院(48名)

61517207	倖 朗	61517328	蒋定祎	61517413	宋晨辉
61517212	钱玮琦	61517330	陈家豪	61517415	李至诚
61517219	吴悠祺	61517406	蔡超宇	61517416	季书鹏
61517306	柳儒杨	61517407	张天择	61517427	刘李汉唐
61518319	司翀杰	61518324	盛玉成	61518225	贡 博
61518121	刘子易	61518127	汪春阳	61518330	周宇阳
61518301	冯 薇	61518321	张四维	61518310	花雨童
61518428	张森森	61518227	马硕宇	61518329	肖煜坤
61518226	盛乐恒	61518309	羊宇培	61518314	周圣阳
61518415	黄 凯	61518421	栾岱洋	61518422	石知一
61518423	姚嘉铖	61518420	姚 杏	61518113	王一璠
61518223	孙辰洋	61518424	王贵涛	61518411	吴 杰
61518320	卫智恺	61518322	张晨宇	61518416	周可儒
61518210	吉中旭	61518106	汪子涵	61518209	李家辰
61518122	丁自民	61518105	王 琰	61518204	吕婧菀
61518426	周之遥	61518128	江毅恒	61518129	刘子源

2020届本科毕业生免试攻读研究生推荐名单

建筑学院(35人)

01115222	陈泽旭	01115218	周嘉鼎	01215112	李艳妮
01115115	赵英豪	01115305	王佩瑶	01215109	佘 悦
01115126	邱一诺	01115205	吴晓璇	01215107	刘丛禹
01115225	郎烨程	01115221	张柏洲	01515131	陈雪纯
01115219	唐哲坤	01115107	洪 云	01515103	高 媛
01115304	冉 旭	01215124	陈乐琳	01515112	曹 息
01115309	杜淦琰	01215101	陶梦烛	01515117	叶 聪
01115207	秦令恬	01215118	李昊伦	01515115	常晓旭
01115307	张学荣	01215204	王 雨	01515132	谢祺铮
01115316	李东耘	01215123	李曼雪	01515116	翟志雯
01115121	宋哲昊	01215202	苏子玥	01515119	王建刚
01115201	孔 玉	01215105	贾璐菡		

机械工程学院(43人)

02016109	陈泽众	02016306	李尚杰	02016621	梁学斌
02016106	丁远涛	02016426	吴胜杰	02016209	冯 斌

02016328	李世林	02016310	顾中天	02016120	孙家乐
02016233	冯海钊	02016304	周欣安	02016425	左小庆
02016522	严　钧	02016226	周　澍	02016112	王　伟
02016530	罗　荣	02016527	余前国	02016523	吴　凡
02016326	秦新宇	02016503	袁伟钦	02016105	杨子亮
02016131	宋浩艺	02016423	李　超	02616113	王家政
02016601	邢姝钰	02016422	马浩瀚	02616117	孙　铭
02016305	董　畅	02016520	安照邦	02616101	戴松乔
02016217	李海宾	02016332	王敏学	02616103	陶沛冉
02016309	李天润	02016403	刘玲燕	02616114	李颖萌
02016316	吴德重	02016232	徐昌晖	02616106	李斯琪
02016424	王　帅	02016405	刘　武	02016229	张　乐
02016419	韩东明				

能源与环境学院(51人)

03016417	张家齐	03016310	任满乾	03116623	毛宇波
03016427	彭　铖	03016330	陈　浩	03116605	周凤娇
03016403	刘祎璇	03016312	詹卓轩	03216708	朱翠翠
03016402	余晨曦	03016414	李金罍	03216718	张　杉
03016429	陈宇恒	03016329	吴　笛	03216721	张家铭
03016204	刘　畅	03016215	曾名迅	03216720	丁江涛
03016103	赵婉吟	03016426	倪浩伟	03216703	张　医
03016301	张佳钰	03016420	汤　政	03216737	王洪毅
03016208	赵陶程	03016104	付　颜	03216701	魏　昕
03016304	沈诗宇	03016130	范欣琪	03316501	张　帆
03016209	刘东川	03016203	徐孟瑶	03316524	李金健
03016117	樊成成	03016214	林清宾	03316523	丁冠群
03016116	张亦松	03116628	席子昂	03316514	杨欣霈
03016332	陈显浩	03116630	岳　峥	03316507	金　钊
03016411	王利国	03116620	李文章	03316517	陈满福
03016122	李梦林	03116614	汤　琪	03316518	高　犇
03016201	秦可欣	03116626	陈鹏旭	03016419	许世朋

信息科学与工程学院(55人)

04016543	李　想	04016539	刘维丰	04016422	谢国炟
04016534	侯宏卫	04016140	邱宇杰	04016310	倪鹏宇
04016544	张弘毅	04016625	谢　昂	04016411	谭千里
04016640	薛家龙	04016202	强晓宇	04016538	谷伟齐
04016421	李子健	04016437	郑志刚	04016311	陈建润
04016244	杨　蕊	04016339	范瑞元	04016507	田　鑫
04016637	黄云川	04016410	常　琦	04016314	司家辰
04016105	刘林夕	04016136	张津铭	04016304	张蕴波
04016540	周天寅	04016604	赵　晨	04016340	林凤泰

04016338	杨　淳	04016239	陈延润	04016503	高语萱
04016415	陈　衍	04016322	沙路为	04016541	张　权
04016125	周逸轩	04016243	杨景策	04016514	郁煜铖
04016114	金惟杰	04016441	郭世哲	04016439	叶书涛
04016619	时宇博	04016242	符　蓉	04016129	徐浩博
04016341	郑恩淇	04016425	颜凡桓	04016229	原紫滨
04016638	孙颖卓	04016515	翟其俊	04016119	黄梓艾
04016110	房天昊	04016201	李子昕	04016632	张鹏辉
04016305	孙希茜	04016620	田晨浩	04016417	陈　磊
04016210	于培根				

土木工程学院(58人)

05116617	支新航	05116204	杨冬梅	05216229	宫飞宇
05116312	程　赟	05116310	余星宇	05216120	吴一帆
05116623	刘子航	05116615	李依委	05216216	肖阳功杰
05116608	王田虎	05116616	龚　旺	05216222	梁阳泽
05116610	李　盼	05116601	孙雨勤	05216126	欧德欣
05116624	仲　毅	05116308	张　一	05216106	熊　惠
05116631	于思淏	05116211	徐寅飞	05216217	陈佳龙
05116401	郑举乐	05116421	何威岩	05316118	王锦阳
05116423	黄鸿宇	05116224	程浩然	05316122	周崇博
05116630	夏梦涛	05116317	谢绍文	05316104	徐盈子
05116619	李佳滕	05116604	陆京京	05316110	胡明月
05116632	陈　欣	05116202	佘佩芸	05316116	杜逸方
05116123	宋毅恒	05116426	李　明	05316117	何子豪
05116212	鲍金昌	05116107	金煜朋	05516110	刘哲铭
05116625	何　谛	05116311	廖晓辉	05516101	颜　璐
05116628	姜　坤	05216203	杜妍慧	05516125	杨　航
05116221	常　栋	05216209	尚旭妍	05516108	孙　芸
05116622	刘为任	05216113	李岱枰	05516106	钱秀雯
05116113	宋俊霖	05216105	李柳洋	05116505	常佳琦
05216109	史润珂				

电子科学与工程学院(41人)

06016332	秦育彬	06016113	杨作民	06016131	孙文睿
06016205	杨雨夏	06016439	陈　龙	06016410	俞　祎
06016235	李　超	06016114	蔡家璇	06016405	吴欣茹
06016428	郭　宇	06016321	俞祚旭	06016416	吝晓楠
06016226	吴昱庚	06016325	洪　阳	06016302	王翘楚
06016230	蒋明俊	06016129	董之昊	06016440	张　钊
06016228	葛海涛	06016402	王雨非	06016109	梁星辰
06016107	魏秋萌	06016426	姚伟卓	06016438	田舟洲
06016240	史旭龙	06016413	梁　森	06116108	王宗辉

06016237	杨晨曦	06016401	张李萱	06116120	刘济源
06016441	王文熙	06016324	徐诗云	06116107	林玉成
06016304	石涵雨	06016425	穆琛	06116114	聂杰文
06016233	王成诚	06016334	周子焱	06016310	杜舒婷
06016206	徐晨铖	06016236	姜柏青		

数学学院(18人)

07116106	陈晓玲	07116130	赵紫苏	07316117	郑中兴
07116113	郑文典	07216114	雷正阳	07316125	颜贤众
07116133	覃诗曼	07216106	关图安	07316118	张成长
07116127	沈伟皓	07216110	杨伊凡	07316102	王雪晴
07116103	夏可扬	07216112	刘明	07316115	加佳
07116124	赵子彦	07316130	钱成	07316105	解嘉玉

自动化学院(27人)

08016129	张明辉	08016211	陈德锦	08016315	高一峰
08016140	程绮颖	08016132	郭泽宇	08116101	夏玉文
08016316	杭天恺	08016310	麦济仁	08116126	胥凯林
08016232	徐刘佳	08016134	刘蔚	08116103	臧璇
08016231	张宝文	08016124	饶勤	08116118	钟德锋
08016220	尹庆钊	08016204	梁海燕	08116111	常泽青
08016208	傅天羽	08016120	黄楚炫	08116107	赵文韬
08016128	冯若愚	08016320	宋天睿	08116128	颜睿
08016233	吴道凯	08016227	楼洲炜	08116112	章进

计算机科学与工程学院、软件学院(65人)

09016236	周逸帆	09016303	林诗超	71116120	李驰
09016428	宋子星	09016212	许静雯	71116227	姜文玉
09016447	刘峰江	09016413	杨越森	71116329	刘健
09016414	罗鉴洪	09016135	魏圣杰	71116333	吕健坤
09016322	许璠	09016202	宋欣楠	71116431	傅浩敏
09016203	孙泽雯	09016323	谢家骏	71116318	贾仲勋
09016129	陈嘉顺	09016328	吕顺	71116302	马欣宇
09016317	曹放	09016137	李嘉诚	71116305	陆瑶
09016235	董沛文	09016429	陈诚	71116334	张炯
09016209	彭子瑶	09016206	李青	71116147	王帆
09016327	刘子涵	09016304	沈文秀	71116414	张可
09016113	高睿昊	09016332	史德馨	71116146	王则陈
09016116	曹东江	09016404	陈柯霏	71116411	李嘉兴
09016319	叶志浩	71116339	王小丹	71116109	张乃心
09016424	季宇鑫	71116205	范群群	71116417	彭文强
09016109	商小雨	71116308	陈玥	71116202	王梦凡
09016227	刘睿钊	71116144	刘相君	71116229	刘昊洋

09016114	李多星	71116148	李元亨	71Y16124	孟　霖		
09016234	王　韬	71116215	郑　浩	71Y16127	江胤霖		
09016133	杜　森	71116233	白丰硕	71Y16115	刘彧静		
09016226	陶汉思	71116340	陈　鉴	09016221	林宇冰		
09016130	袁　宇	71116149	郭超政				

物理学院(12人)

10116102	李卓熠	10316119	赵威威	10316108	王福毅
10116118	彭　韩	10316123	金　昊	10316102	焦时雨
10116111	吴香蓉	10316103	李国平	10316120	王朝晖
10116133	宋俊明	10316104	李国安	10316115	陆佳华

生物科学与医学工程学院(17人)

11116205	孙　青	11116118	冉启勇	11316115	张卓凡
11116112	梁嘉炜	11116127	王俨铮	11316103	罗雨菡
11116216	戴　竹	11116220	万一臻	11316117	栾开昊
11116122	石诚欢	11116214	秦宇晨	11316110	林　禄
11116102	刘潇阳	11116120	许聿达	26116111	薛云龙
11116218	张泽群	11116204	谭媛元		

材料科学与工程学院(21人)

12016107	王　雪	12016305	贾谦伊	12016105	徐邦利
12016205	卢　果	12016408	石宇阳	12016315	李　凡
12016127	詹　科	12016207	杨绎原	12016420	沈凯栋
12016203	张　琪	12016120	许智斌	12016322	陈家辉
12016210	邢俊杰	12016106	蒋明玥	12016111	王惟钊
12016217	宁尚超	12016118	唐宇坤	12016321	陈　扬
12016317	贺志强	12016326	奚许峰	12016401	刘星妍

人文学院(33人)

13116112	杜宇轩	13216129	黄兆雄	13416134	赵博雅
13116123	赵东旭	13216120	王　雪	13416112	李若琳
13116108	杜聿书	13216105	牛润钰	13416133	李璟文
13116113	田　琪	13216123	余佳璇	13416124	丁文茹
13116122	王言言	13316120	赵鹏风	13416113	李　阳
13116107	潘紫柔	13316105	乔　萌	13416123	王　娟
13116121	李惜然	13316121	彭　桐	13416101	林婉婷
13116118	陈雨昊	13316110	廖　霞	13616115	闫佳雯
13216114	张一菡	13416108	陈可心	13616110	李　俏
13216109	李明慧	13416128	谭益波	13616113	武怡静
13216104	智媛媛	13416129	胡　志	13616108	梅玉倩

经济管理学院(66人)

14116114	孟雅之	14416221	张海洋	14616103	王　云

14116105	杨宇瑶	14416118	王彬龙	14616130	杨建强
14116112	金惠杰	14416201	董英睿	14716107	贾慧君
14116101	张正红	14416109	庄鑫怡	14716112	马治锐
14116107	丛靖怡	14516123	徐鹏	14716102	许炎
14216111	涂曼娅	14516119	卫星吉	14716114	龙一凡
14216108	袁航	14516107	赵颖	14816102	刘心怡
14216115	张巧	14516112	李慧聪	14816103	张沁媛
14216105	孟圆	14516106	杨朋沛	14816111	刘利君
14216107	程鑫	14516202	张柳悦	14816130	李路遥
14216123	姜凯旋	14516110	熊涓	14816117	黄潇琳
14216126	万思远	14516105	杨雅婷	14816129	吴冰晶
14316111	郭柯利	14516205	梅锦银	14916115	魏玮
14316129	李鑫	14516115	周薇	14916107	胡聪琳
14316130	马端友	14516222	王琛	14916117	黄成成
14316102	程冰洁	14516204	王欣平	14916116	陆焱
14316120	蔡汝瑜	14616105	陈婷	14916103	王菁文
14316114	宋思涵	14616122	花泽苏	14916114	万一
14416108	夏安琪	14616123	崔雪	14Y16112	高雅
14416203	郭希孺	14616135	张寅	14Y16111	盛雪绒
14416216	程少彤	14616120	田纪驰	14Y16108	曹瀚尹
14416117	梁杰	14616121	朱晓妍	14Y16118	蒋荣鑫

电气工程学院(35人)

16016516	亓臻康	16016405	陈畅	16016119	石晨
16016606	易开朗	16016113	曾维通	16016403	张涵璐
16016612	汪俊东	16016324	蒋奕昕	16016322	张博伦
16016501	叶冬萌	16016511	雷宇通	16016603	李瑾一
16016207	揭宇飞	16016528	杨灿	16016514	许芷源
16016202	陈雨菡	16016228	张伟椿	16016402	周昊玥
16016412	朱康顺	16016328	邓旭晖	16016102	林固静
16016407	侯洁华	16016517	王逸贤	16016301	叶海蓉
16016611	张汉林	16016104	亓丽君	16016519	詹丁
16016120	李山林	16016121	叶江川	16016512	叶俊杰
16016404	刘轶涵	16016413	陈泽华	16016421	李奥
16016115	顾胜东	16016329	陆春宇		

外国语学院(19人)

17116105	刘池恬	17116118	田宇健	17216112	钟荟娴
17116117	许婕	17116314	王雪琪	17216203	樊嘉颖
17116318	岳珏嘉	17116106	覃业恩	17216103	刘斐然
17116107	王艺	17116210	黄颖	17216113	王敏
17116312	周绮越	17116305	柳依溪	17216105	徐士文
17116201	卞舒婷	17216109	姜卓依	17116302	汤雨婷

17216111	许婷宜				

化学化工学院(12人)

19116101	白天滋	19216108	肖 琳	19316102	刘韵怡
19116102	冯一鸣	19216110	朱 琼	19316101	侯煜淋
19116116	陆丹晨	19216123	林圣球	19316114	赵忠兴
19216122	关贵钰	19316116	熊昱安	19316109	金茂路

交通学院(73人)

21016106	雷明月	21216114	高 静	21016220	宋恒宇
21016108	戚心怡	21316111	甘 露	21016219	钱李鹏
21016110	卢瑞颖	21316115	李宁皓	21016208	王 强
21016105	朱菊梅	21316114	杨兴华	21016209	王双平
21016101	彭显玥	21316116	刘濛濛	21716219	张大牛
21016107	陈子怡	21316103	陈紫琦	21016207	孙新宇
21016109	章明钰	21416129	刘佰文	21716126	陈辉民
21016118	巴贝尔	21416115	张程玮	21016203	董梦雨
21016116	霍锦彪	21416106	刘春雨	21016211	吴 昊
21116206	张陈彧	21516112	张嘉旭	21716110	叶钟匀
21016117	朱笑岳	21516111	徐 斌	21716112	陈天珩
21116128	万志杨	21516120	李亮斌	21716232	张 军
21116115	张聪伟	21516124	陈阳毅	21716205	秦 玥
21116104	李昱洁	21516123	莫昭洪	21816120	徐昭辰
21116225	张豫徽	21716135	彭 畅	21816102	唐紫琼
21116219	何逸凡	21716237	赵鑫莹	21816132	黄平山
21116226	胡浩东	21016216	孙圣泽	21816118	邱昌浩
21116215	肖嘉梁	21016210	刘泽宇	21816121	陈睿鑫
21216125	徐 扬	21016204	李雅琦	21816133	孙 帅
21216117	胡锦蓉	21016214	罗中畅	21816131	杨大禹
21216121	刘 洋	21016218	汤俊卿	21816125	梅雪松
21216109	陈 叶	21016215	黄威棋	21816114	林锦鸿
21216131	覃晓明	21016213	陈以争	21116101	彭玮玥
21216124	莫方旭	21716208	郭晓月	21216123	李 莹
21016201	方 苑				

仪器科学与工程学院(21人)

22016305	熊瑾乐	22016122	蔡鸿杰	22016206	李丹若
22016322	孙东杰	22016126	尹铭洋	22016321	张 恒
22016316	魏林琥	22016418	晋 帅	22016115	彭佳伟
22016202	马菲菲	22016222	李 勇	22016207	耿旖堃
22016307	万 缘	22016205	邓乐莹	22016225	常兴国
22016308	涂增源	22016111	陈昊星	22016204	李梓楠
22016401	顾 玥	22016301	李嘉懿	22016215	江 林

艺术学院(13人)

24116102	蔡璧岭	24216116	蔡林峰	24316208	王婧婕
24116113	张晨靖	24316202	唐万媛	24316118	李佳璇
24116103	王亚芳	24316104	王姝蕴	24316125	方 天
24116107	王 玥	24316115	李金珊	24216119	陈家伟
24316114	邵晨雨				

法学院(15人)

25016231	陆涵之	25016116	王 倩	25016107	刘 梦
25016128	张 超	25016201	鲍生慧	25016212	刘一帆
25016114	王海馨	25016203	曹爱凝	25016210	李思雨
25016211	李雅君	25016126	郝家亮	25016106	李雅芳
25016127	何玉旭	25016216	王广啸	25016224	张 璇

医学院(28人)

41116109	李钰勉	43115310	陈凌雁	43315105	周 梅
41116108	田 甜	43115301	耿知闻	43315109	邱连丽
41116127	王 鑫	43115121	倪维杰	43315104	马 丽
41116105	白 梅	43115202	唐 玥	43315111	严 蓉
43115223	陆天予	43115309	黄小莉	43315127	高 寅
43115102	王 燕	43115208	蔡雯雯	43315131	陆雪刚
43115311	朱笑笑	43115105	秦佳颖	43416106	马碧云
43115117	朱运霈	43115122	徐 力	43115305	金舒涵
43115113	余蓓蕾	43115204	王 颖	43115214	赵雅鑫
43315108	章智琪				

公共卫生学院(15人)

42115110	臧一腾	42115222	李明码	42216207	杨昊韵
42115105	瞿 靖	42115216	赵 航	42216203	陈 玲
42115208	伊有琴	42115103	蒋炫励	42216206	丁晨钰
42115209	冯延璐	42115210	张秀文	42216216	江雯欣
42115212	马雯青	42216111	向欣雅	42216211	刘依婷

吴健雄学院(47人)

61516216	李雅惠	61516201	马艺玲	61516215	徐劭辉
61516423	洪非凡	61516123	陶朝辉	61516302	李虹宇
61516218	孙昊宇	61516429	吴超逸	61516224	曹 政
61516221	王 旸	61516106	高炜涵	61516124	赵恺雍
61516109	王 炎	61516114	葛永盛	61516420	吴启范
61516117	刘天雨	61516401	王 煜	61516108	朱志斌
61516308	俞睿智	61516217	易晨扬	61516214	刘凯林
61516416	袁 瑞	61516210	冯一坤	61516307	朱 迪
61516326	熊广为	61516412	项文祥	61516404	林淑霞

61516129	曹　博	61516101	钱　昀	61516301	吴冰钰
61516219	董　雍	61516309	孙雅伦	61516422	华笛安
61516121	郭一君	61516115	郭　昊	61516211	杨蕴琦
61516417	李颖慧	61516230	李　洋	61516223	程家乐
61516222	吕嘉鑫	61516206	黄欣格	61516329	李智轩
61516321	刘亚轩	61516428	马浩岩	61516205	彭淼然
61516105	钱玉蓉	61516128	李耕余		

无锡分校(12人)

04216711	时　旻	04216730	张明洪	04216701	刘　婷
04216717	王天欣	04216712	薛　彤	04216743	刘　旭
04216733	崔艺鸣	04216727	吴天琦	06216606	郭　浩
04216703	刘雅婷	04216739	糜尧立	06216607	沈正国

2015级七年制生物医学工程专业本硕连读学生名单

序号	本科学号	学生姓名	导师姓名
1	11215101	蔡丽均	赵远锦
2	11215104	毕琪彦	赵兴群
3	11215105	邓媛媛	陶纬国
4	11215106	魏嘉莉	罗守华
5	11215108	刘心怡	陶纬国
6	11215109	杨　婧	孙　啸
7	11215110	顾　承	周　平
8	11215111	林玄悦	孙　钰
9	11215112	潘诗雨	蔡　彦
10	11215113	王卓颖	张　宇
11	11215114	田蕾蓉	崔兴然
12	11215115	王婕妤	孙清江
13	11215116	封雨潇	何思渊
14	11215117	吴舜雨	吴富根
15	11215118	张　慧	李敏俐
16	11215119	潘晨嫣	董　健

(续 表)

序号	本科学号	学生姓名	导师姓名
17	11215120	肖 杨	赵兴群
18	11215121	封开政	张 宇
19	11215122	刘家宝	吴富根
20	11215123	张倬豪	赵远锦
21	11215125	卫孟萧	顾忠泽
22	11215126	曹逸祥	张 宇
23	11215127	刘雪岩	周 平
24	11215128	张心平	吴富根
25	11215129	朱 寰	阮宗才
26	11215130	张 艳	朱纪军

2014级七年制临床医学专业本硕连读学生名单

张仪迪	刘 野	张 曦	张聂珂	刘孝琪	曹育嘉	张 炯	尹相杰	胡恩强	徐可文
敬吉波	张轩铭	魏祥羽	马晶晶	蒋婷婷	张心怡	史 曼	周 醒	王佳美	袁雅萍
董 琦	王新冬	胡天健	陈赟东	董 瑞	张 忠	江星炜	张 芮	施春燕	黄 蓉
张亦儒	周 蓉	刘瑶瑶	袁 帆	杨晴雯	张朔凡	顾资然	郭浩淳	张 浪	蔡 猛
孙 坚	王 进	林云峰	章安健	吴宇清	张雪芹	杨 玲	杨聿航	严若恬	周 青
罗 荣	王 真	陈钰桐	戴馨琳	张 璐	李欣欣	孙泽源	张哲嘉	支 磊	李 冶
赵雅宽	叶定德	沈 晖	邹瑞蔚	李珩娜	司佶宜	张梦洁	管忆楠	魏明明	陈诗锐
王梦莹	周文婷	陈依然	刘 杭	洪方正	王梧圩	虞 超	张 微	袁国栋	胡 强

2018年东南大学江苏省优秀本科毕业设计(论文)获奖名单

序号	学院	毕业设计(论文)题目	学生姓名	指导教师姓名	奖项
1	建筑学院	互动技术与建筑创作-11	贾 冕	虞刚	一等奖
2	计算机科学与工程学院	基于文化基因算法的任务调度方法及实现	许 旖	李小平	一等奖
3	自动化学院	用于无人驾驶汽车的超车/避障系统设计	陈一洲	黄永明	一等奖
4	仪器科学与工程学院	基于力反馈手控器的虚拟机器人遥操作系统设计	邵斌澄	宋爱国	一等奖

(续 表)

序号	学院	毕业设计(论文)题目	学生姓名	指导教师姓名	奖项
5	化学化工学院	分子铁电器件	潘强	游雨蒙	一等奖
6	土木工程学院	轴心受压不等边角铝构件的整体稳定性能研究	张颖	郑宝锋	二等奖
7	交通学院	复合改性沥青及其沥青混合料关键路用性能研究	汪锐	陈先华	二等奖
8	信息科学与工程学院	大规模 MIMO 的线性检测算法与实现研究	俞安澜	张川	二等奖
9	信息科学与工程学院	基于化学反应网络的逻辑与功能实现研究	钟志伟	张川	二等奖
10	电子科学与工程学院	集成多功能电极的微流控芯片研究	耿杨烨	朱真	二等奖
11	机械工程学院	卧式主被动腿部肌肉训练器设计	赵兴景	罗翔	二等奖
12	能源与环境学院	透平复杂主流影响下的冷气迁移机制	陈子聿	盛昌栋	二等奖
13	电气工程学院	无刷双馈风力发电系统及其控制技术研究	许利通	程明	二等奖
14	材料科学与工程学院	纳米杂化颗粒对水泥早期水化的影响	刘新	冯攀	二等奖
15	经济管理学院	银行贷款、融资租赁与经济增长:来自全球市场的新证据	翟玲	张颖	二等奖
16	生物科学与医学工程学院	一种基于金纳米粒子的三价砷检测方法	许成韬	刘宏	三等奖
17	吴健雄学院	1 310 nm 光纤相干成像系统的优化及软件平台搭建	卢凝	万遂人	三等奖
18	人文学院	从《奔月》看鲁敏创作新变	翟蕊晗	李玫	三等奖
19	艺术学院	爱+——增强家庭情感交流的智能产品	徐将依	许继峰	三等奖
20	建筑学院	策划·娱乐与设计——SDC2018 "C-House"空间展陈 活动组织以及建筑和环境设计	高雪 祝藜嘉 陈爽 叶鹏 陈思超 刘一雄 崔家宁 张若澜 吴逸雯 葛永瑞 杨浩辰 尹孟谦 徐庆南 朱明旸 马力凌 林卓文 程兵仑 陆琳	张弦 张旭 张宏 方立新 李向锋	团队优秀毕业设计(论文)
21	建筑学院	智岛·慢境——上海虹桥商务区拓展区城市设计	刘艺 马俊威 秦添 伍芳羽 钱辰丽 袁维婧 黄妙琨 周海瑶	高源 江泓 史宜	团队优秀毕业设计(论文)

2019届校级优秀毕业设计(论文)名单

序号	单位名称	学号	姓名	论文题目	课题性质	指导教师
1	建筑学院	01114322	尹涵	转变中的港口:新兴技术下的旧城更新-2	毕业设计	韩冬青
2		01114325	刘博伦	江南营造——江南村镇空间重构研究5	毕业设计	唐斌 葛明
3		01214105	张珣	基于数字化技术的山水城市设计(大连和黔西南州的探索)-1	毕业设计	杨俊宴 史宜
4		01214206	程丽圆	2019年城乡规划学本科毕业设计联合教学:我为雄安做规划-8	毕业设计	高舒琦 高源 陈晓东
5		01514122	张潇涵	绿道系统规划研究——以南京六合区绿道系统为例-4	毕业设计	成玉宁 袁旸洋
6	机械工程学院	02015414	林中盛	轮毂电机驱动电动汽车差动转向路径跟踪控制研究	毕业设计	王金湘
7		02015616	贾乐松	三维界面中的动态导航及自然手势设计	毕业设计	周小舟
8		02015619	刘子昂	热噪环境下飞行器动态分析及可视化系统开发	毕业设计	李彦斌
9		02015623	张振宇	固液界面双电层结构的理论与实验研究	毕业设计	陈云飞
10		02015701	李想	基于流体动压润滑的表面织构设计研究	毕业设计	邢佑强
11		02015727	桂超	小型永磁吸附磁焊缝超声检测机器人	毕业设计	王兴松
12	能源与环境学院	03015001	金宇晖	开放阴极PEMFC热电联供系统经济性分析及优化控制研究	毕业设计	孙立 沈炯
13		03015005	苗双双	微结构表面冷凝特性研究	毕业设计	张程宾
14		03015007	秦宇枭	光伏/SOFC/空调混合系统运行优化研究	毕业设计	孙立 苏志刚
15		03015309	胡胤博	吸入给药装置递送粉体在真实呼吸道模型中的沉积研究	毕业设计	佟振博
16		03115613	陆依然	高污染环境肺部沉降特性研究	科研论文	钱华
17		03215722	张嘉琦	声波团聚控制PM2.5实验及中试系统方案设计	毕业设计	仲兆平
18		03315501	田培好	直流蒸发器建模与仿真	毕业设计	胥建群
19	信息科学与工程学院	04015002	廖晓菲	硅基毫米波倍频器设计	毕业设计	赵涤燹
20		04015011	夏骋宇	雾无线接入网协作缓存方法研究	毕业设计	蒋雁翔
21		04015028	马小松	移动终端防窃听技术研究	毕业设计	宋宇波
22		04015122	张皓辰	基于180 nm BiCMOS工艺的频率综合器可编程分频器研究	毕业设计	黄风义
23		04015211	刘强	毫米波大规模MIMO系统混合波束成形算法研究	毕业设计	戚晨皓
24		04015216	熊柏苹	基于角度估计的大规模天线系统信道估计技术研究	毕业设计	张在琛
25		04015231	姜培文	人工智能辅助的OFDM接收机设计与实现	毕业设计	金石

(续　表)

序号	单位名称	学号	姓名	论文题目	课题性质	指导教师
26	信息科学与工程学院	04015319	庄雨辰	基于DNA反应的基带处理研究	科研论文	张　川
27		04015527	蒋彬乾	融合激光雷达与惯性导航的即时定位与地图构建	毕业设计	戚晨皓
28		04015536	陆煜翔	基于DNA反应的时钟信号研究	科研论文	张　川
29	土木工程学院	05115224	张　寒	面向高铁桥梁抗风的龙卷风风场CFD数值模拟	科研论文	王　浩
30		05115509	周　航	扬州市广播电视局综合服务楼钢框架结构设计	毕业设计	范圣刚 卢瑞华
31		05115619	肖宇凡	宿迁钟吾中学综合楼隔震设计	毕业设计	张志强
32		05115623	王肖骏	基于概率统计的岩体结构面信息升维研究	科研论文	何　磊
33		05115628	何至立	火灾下加固木结构的界面粘结与保护	科研论文	徐赵东
34		05215103	康　蕊	混凝土预制构件外观三维重建与生产质量管控研究	科研论文	徐　照
35		05315106	王思瑾	煤矸石水泥混凝土力学性能研究	科研论文	顾成军 杨才千
36		05515101	刘晓宇	沭阳凌志水务有限公司污水处理厂三期扩建工程设计	毕业设计	孙　越
37	电子科学与工程学院	06015002	王心沅	基于GTurbo算法的信号恢复研究	科研论文	张　川 汤勇明
38		06015136	张滕远	MEMS薄膜压电系数的测试结构研究	毕业设计	周再发
39		06015139	段升顺	基于柔性仿生角度传感器的手势识别和人机交互系统实现	毕业设计	吴　俊
40		06015228	张　驰	柔性衬底LC湿度传感器	毕业设计	王立峰
41		06015330	窦　刚	全聚焦超声成像算法在FPGA中的实现	毕业设计	董志芳 朱　为
42		06015337	岳　钒	面向环境微弱能量的能量存储器件和电路的研究	毕业设计	黄晓东
43	数学学院	07115126	刘照辉	具有时滞信息交互的多导弹协同攻击问题研究	毕业设计	温广辉
44		07215108	敖文言	分数次布朗运动的高效数值模拟方法	毕业设计	曹婉容
45		07315123	邵　其	基于神经网络算法的群体智能行为研究	毕业设计	陈都鑫 虞文武
46	自动化学院	08015202	刁　丽	基于深度学习的短时降水预测研究	毕业设计	牛　丹
47		08015212	黄赛金	含干扰和电流约束的DC-DC降压变换器控制算法研究	毕业设计	王翔宇
48		08015401	俞柯伊	高精度二维心脏腔室分割方法研究	毕业设计	王雁刚
49		08015431	赵子萌	基于深度学习的单图像3D场景重建	毕业设计	王雁刚
50	计算机科学与工程学院	09015101	程茜雅	基于联合主题和上下文注意力机制的争议焦点生成技术	毕业设计	漆桂林
51		09015137	陈小飞	基于Spark的大规模自动化超参调优系统研究与实现	毕业设计	张竞慧

（续　表）

序号	单位名称	学号	姓名	论文题目	课题性质	指导教师
52	计算机科学与工程学院	09015231	孙 凯	2.4 GHz 频段低功耗长距离可靠通信研究	毕业设计	何 田
53		09015322	贺建安	基于VTK的三维可视化平台开发	毕业设计	唐 慧
54	物理学院	10115114	李新新	基于片上氧化硅回音壁模光学微腔的孤子频率梳产生	毕业设计	范吉阳
55	生物科学与医学工程学院	11115103	廖家洁	分泌anti-PDL1scfv增强型CAR-T细胞的构建	毕业设计	肖忠党
56		11315102	杨奕璇	具有位置信息的转录组测序数据分析方法研究	毕业设计	涂 景
57		11315103	闫高洁	引起小鼠行为异常的肠道微生物分析	毕业设计	周东蕊
58	材料科学与工程学院	12015120	刘煜轩	硫化镍/磷化镍复合材料制备与电催化性能研究	科研论文	潘 冶
59		12015202	王 纯	钠离子电池负极材料 TiO2@NiCo2S4 的制备与研究	毕业设计	陈 坚 孙正明
60		12015429	韩寿雨	Cr3+激活磷酸盐基近红外荧光粉的制备和性能研究	科研论文	邵起越
61	人文学院	13115113	李知桧	选调生的身份困境及破解路径研究：基于东南大学选调生群体的分析	毕业设计	钟 佩
62		13215115	吴 宇	分级诊疗制度下的居民基层医疗信任——基于南京市的实证研究	科研论文	龙书芹
63		13415112	游思平	《三国演义》插图文学批评	毕业设计	乔光辉
64		13615113	沈知聪	从自然人格到代表人格：论霍布斯契约国家学说的主权问题	毕业设计	蒋艳艳
65	经济管理学院	14115125	田志涛	基于数据挖掘技术的手机销量影响因素研究	毕业设计	梅姝娥
66		14215112	张静怡	"一带一路"沿线国家间电力贸易互联经济效应分析	毕业设计	顾 欣
67		14315103	宋孟璐	市场融合背景下的汽车行业应用场景与商业模式协同演化研究——以XX为例	毕业设计	葛沪飞
68		14415212	方子茹	广告投入、声誉成本与公司避税	毕业设计	王亮亮
69		14515124	刘 乐	普惠金融、企业家精神与经济恢复力	毕业设计	杨 勇
70		14515219	周路妍	现行税收制度下融资租赁对企业价值的影响：来自中国2008—2017年A股上市公司的实证分析	毕业设计	张 颖
71		14615120	平 安	女性高管特征对企业绩效影响的实证研究	毕业设计	张 昕
72		14715103	王冰玉	在线医疗平台信息质量对平台价值影响的实证研究	毕业设计	沙溪清
73		14815119	步纤屿	恶劣天气下航空公司航班恢复应急规划	毕业设计	赖明辉
74		14915102	杨 旭	投资者情绪与股票市场异象——基于中国A股的研究	毕业设计	李绍芳

（续　表）

序号	单位名称	学号	姓名	论文题目	课题性质	指导教师
75	电气工程学院	16015201	王　丽	高频谐振变换器用电感调谐装置的设计和分析	毕业设计	张建忠
76		16015306	孙维佳	大规模风电场接入对电力系统暂态功角稳定影响研究	毕业设计	汤　奕
77		16015309	段成亮	PWM电流源型高压直流输电系统设计与控制	毕业设计	王　政
78		16015607	庄文楠	包含电、冷、热多种能流的多能互补系统潮流计算方法	毕业设计	周苏洋
79		16015631	孙锴宇	强不确定性环境下含电制气（P2G）设备的中小型综合能源系统优化运行方法	毕业设计	顾　伟 周苏洋
80	外国语学院	17115104	李子萱	工科本科生学习二外的动机：混合方法研究	科研论文	张静宁
81		17115222	陈雪蓉	《白牙》中人物的混杂身份探讨	毕业设计	赵建红
82		17115310	张亚萍	基于文本类型理论的南京商场公示语英译研究	毕业设计	毛彩凤
83	化学化工学院	19115101	徐婉琳	面向高温废气处理的高效、长效陶瓷纤维催化滤膜	毕业设计	代云茜
84		19315102	贺　唱	超薄二维MOF纳米材料用于污水处理	毕业设计	罗洋辉
85	交通学院	21015115	季钧一	共享单车短时需求预测与智能调度策略设计	科研论文	徐铖铖
86		21015202	李维珍	双塔单跨悬索桥成桥结构计算与分析	毕业设计	黄　侨
87		21015210	洪正强	基于无人驾驶车辆行驶稳定性的沥青路面车辙阈值研究	毕业设计	黄晓明
88		21115133	邵朴珩	面向汽车自动驾驶的专用道路设计	毕业设计	曲　栩
89		21215117	化丽茹	基于人工智能的高速公路"团雾"信息感知系统设计	毕业设计	赵池航
90		21315120	王家福	GNSS精密定位整数浮点解的精度性能分析	科研论文	于先文
91		21415106	姚金悦	以排水能力驱动的地面洪峰特性研究	科研论文	耿艳芬
92		21515114	吕景旭	面向Cesium的校园三维场景建模	毕业设计	蔡先华
93		21715135	张家钰	热致变色沥青微观作用机理与性能评价	科研论文	于　斌
94		21815118	刘涉川	悬浮性搅拌桩工作性状分析与设计方法	毕业设计	章定文
95	仪器科学与工程学院	22015116	张　昭	面向不动产单元测量的非线性滤波技术应用研究	毕业设计	吴　峻
96		22015301	赵钟瑶	基于时频分析和卷积神经网络的穿戴式心电质量评估与异常检测	毕业设计	刘澄玉
97		22015412	陈望隆	小型化无线六维力传感器设计	毕业设计	宋爱国
98	艺术学院	24215113	徐思佳	动画短片《闹奇有点忙》的剧本及分镜设计	毕业设计	傅丽莉
99		24315203	夏文琪	Funtouch系列图标及其衍生产品设计	毕业设计	许继峰 崔天剑
100	法学院	25015209	潘豫皖	未成年人毒品再犯法律适用研究	其他	梁云宝

（续　表）

序号	单位名称	学号	姓名	论文题目	课题性质	指导教师
101	学习科学研究中心	26115112	倪军	领导产生的脑间同步机制——基于近红外脑成像的研究	毕业设计	葛盛
102	无锡分校	06215606	骈续喜	光子计数成像系统的图像数据处理与算法研究	毕业设计	郑丽霞
103	公共卫生学院	42114211	刘彩萍	H19基因单核苷酸多态性与中国高发区人群胃癌发病风险相关性研究	毕业设计	梁戈玉
104		42215205	俞沁雯	长期护理保险的政策效果	科研论文	马超
105	吴健雄学院	61315101	金洁珺	基于线性迭代算法的大规模MIMO检测研究	科研论文	张川
106		61315111	张天舒	基于单目相机的人体动态三维重建	毕业设计	王雁刚
107		61315119	王辉征	基于随机计算架构的卷积神经网络实现研究	科研论文	张川
108		61315123	吕佳峰	扬州某职业技术学院教学楼（框架结构）	毕业设计	王春林
109	软件学院	71Y15102	孟越	时序社交网络的链接预测方法研究	毕业设计	汪鹏
110		71Y15123	闫怀宇	面向IoT固件的安全性分析	毕业设计	凌振
111		71115243	吴碧伟	基于深度强化学习的云计算资源管理机制研究	毕业设计	金嘉晖
112		71115339	肖君彦	LPBenchmark一个公平的社交网络链接预测评测系统	毕业设计	汪鹏
113	医学院	41115109	佘心宇	Foxg1在小鼠纹状体发育过程中的作用初探	毕业设计	赵春杰 吴晓菁

2019年第七届大学生学术报告会"优秀报告"

序号	论文题目	报告人	指导教师	所属学院	项目类别
1	基于GPRS和OpenCV的人脸数据采集传输与识别系统	郭大威	樊祥宁	信息科学与工程学院	省创
2	基于MPQ平台的虚拟服务机器人	黄文俊	黄蓓	信息科学与工程学院	国创
3	基于移动众包模式的室内地图生成系统	薛天昊	宋宇波	信息科学与工程学院	国创
4	基于Tensorflow机器学习的物体识别复杂地形探测器	李俊	张圣清	信息科学与工程学院	国创
5	油性金属——半导体异质结构可见光催化特性及在水处理中的应用研究	赵临风	张晓阳	电子科学与工程学院	国创
6	光电转换器件的伏安特性的快速测试方法设计及实现	周辰辉	赵宁	电子科学与工程学院	国创
7	CVD制备二维材料范德华异质结及其性质研究	刘城君	万能	电子科学与工程学院	国创
8	复杂场景下行人再识别与轨迹追踪	司马天瑜	伍家松	软件学院	校级

(续 表)

序号	论文题目	报告人	指导教师	所属学院	项目类别
9	Real-Time Single Image and Video Super-Resolution Using GAN Based Neural Network	王则陈	胡晓艳	软件学院	校级
10	基于微信的心理评测程序	张恒源	秦中元	计算机科学与工程学院	校级
11	住宅立面节能构件浅析——基于实证研究与计算机模拟	张学荣	郭茵 周欣	建筑学院	国创
12	基于社会网络分析的居住型历史地段保护与利用探析	程丽圆	王承慧	建筑学院	省创
13	基于公共空间周边共享单车时空演进特征的中、青年人群游憩出行规律研究	郭碧雯	周聪惠	建筑学院	省创
14	胶合竹柱偏心受压试验研究	刘常浩	徐明	土木学院	国创
15	八叉树与IFC集成的BIM模型空间查询方法	康蕊	徐照	土木学院	国创
16	甲虫前翅曲面的重构及其曲率分析	宋毅恒	陈锦祥	土木学院	省创
17	基于多源数据的岩石单轴抗压强度贝叶斯推断	王宁	张琦	土木学院	省创
18	基于网约车数据仿真的信号配时优化算法及应用系统开发	季钧一	曲栩 冉斌	交通学院	国家级竞赛
19	移动的高速公路智慧可变限速控制	顾熠卿	曲栩	交通学院	2019年省级竞赛
20	基于道路积水预测的路线规划系统	朱保航	耿艳芬	交通学院	2018年国家级竞赛
21	预享停车——基于预约模式的停车共享优化方案	彭显玥	陈峻	交通学院	2019年省级竞赛
22	磁性纳米颗粒对骨代谢的影响	张文君	刘璇	医学院	国创
23	纳米银致机体氧化损伤效应的研究	马秘	薛玉英	公共卫生学院	省创
24	基于系统动力学模型的狂犬病不同干预策略效果研究	汪昱彤	金辉	公共卫生学院	国创
25	溶菌酶电化学适体传感器的设计与研究	贺竞宇	王晓英	公共卫生学院	国创
26	lncRNA在纳米镍诱导大鼠生精－支持细胞凋亡机制研究	张年	孔璐	公共卫生学院	国创
27	基于MSP430的多生理信号数据采集与参数计算监测系统	肖杨	夏兰	生物科学与医学工程学院	国家级竞赛
28	基于AD8232的穿戴式心电监测系统设计与实现	袁一通	夏兰	生物科学与医学工程学院	国家级竞赛
29	具有腹腔丛神经电磁刺激功能的磁性凝胶	祝晓阳	孙剑飞	生物科学与医学工程学院	国创

(续 表)

序号	论文题目	报告人	指导教师	所属学院	项目类别
30	游戏吸引用户机理及其在其他行业应用的探究	程少彤	朱志坚	经济管理学院	省创
31	基于网格化的共享单车管理信息系统分析设计	金惠杰	刘新旺	经济管理学院	省创
32	《学衡》华兹华斯译诗中的古典意象及其翻译理念	曾欣乔	张晓青	人文学院	发表论文《参花》2018年7月下
33	义务教育改革与中等教育机会获得的性别分配	华 杰	高 娜	人文学院	其他
34	交通管理领域怠于履职规制模式的问题与解决	陆涵之	刘 红	法学院	省创
35	危险驾驶罪的立法合理性反思	郝修齐	杨志琼	法学院	创
36	网约车法律规制与发展模式的探讨	刘 微	顾大松	法学院	省创
37	网络直播在大学生中兴起原因与影响中日对比	徐士文	刘克华 郑小翔	外国语学院	校级
38	基于东南大学九龙湖校区护校河微流动水体流场及水质模型的生态改善策略研究	赵政坤	吴义锋	能源与环境学院	国创
39	ZnONPs胁迫下污水生物脱氮系统N_2O释放规律初探	阎春晖	余 冉	能源与环境学院	国创
40	氧化锌柔性可编织结构的制备及应用研究	丁冠群	徐春祥	能源与环境学院	国创
41	多效太阳能膜蒸发净水器的研发与性能研究	陈 浩	苏中元	能源与环境学院	国创
42	基于Robomaster机器人大赛的哨兵机器人的研制	马浩瀚	田梦倩	机械工程学院	国创
43	基于麦克纳姆轮移动平台单纵臂独立悬架	刘伟刚	夏 丹	机械工程学院	国创
44	医用不锈钢激光合金化铜钴合金的组织及其生物医学性能	陶 丰	孙桂芳	机械工程学院	国创
45	两自由度支撑平台硬件结构设计	冯 斌	刘晓军	机械工程学院	省创
46	预制构件梁板柱节点混凝土超声专用测强曲线研究	卢 果	张亚梅	材料科学与工程学院	国创
47	基于单体壳材料等同性测试的铺层实验设计优化与制作工艺改进	陈俊伟	戴 挺 陆 韬	材料科学与工程学院	省创
48	多飞行器系统的编队控制	田近尧	虞文武	数学学院	国创
49	基于比例导引策略导引律的参数改进	尤江城	温广辉	数学学院	国创
50	相场模型的格子Boltzmann的建模与仿真	陈 军	杜 睿	数学学院	国创

(续表)

序号	论文题目	报告人	指导教师	所属学院	项目类别
51	轨道交通客流量短时预测研究	李煜炜	赵璇 曹进德	数学学院	国家创
52	脉冲激光沉积技术制备 $CsPbBr_3$ 太阳能薄膜电池	吴宇	徐庆宇	物理学院	*ACS Applied Energy Materials*,2019,2,2305—2312
53	Determine Mesh Size Through Monomer Mean-Square Displacement	王朝晖	侯吉旋	物理学院	国创
54	Self-templated Formation of $CuCo_2O_4$ Triple-shelled Hollow Microspheres for All-solid-state Asymmetric Supercapacitors	刘斯琦	王育乔	物理学院	国创
55	基于醇溶性热激活延迟荧光材料的研究	苗书荣	蒋伟	化学化工学院	国创
56	$Co/Cu/TiO_2$ 制备及其光催化 CO_2 转化	周怡帆	李乃旭	化学化工学院	国创
57	$Co^0/Fe^{3+}-Ce^{4+}$ 在 $Co/Ce_{1-x}Fe_xO_{2-\delta}$ 催化剂中对乙酸加氢制乙醛的协同效应	刘韵怡	周建成	化学化工学院	国创
58	基于射频指纹特征的移动终端检测器	宋泽远	彭林宁	团委	国创
59	"ACXEL——微滴操控专家"项目商业计划	张睿憬	蔡钰萍	团委	竞赛(国家)
60	小禾苗·重点人群关注可视化平台	李天浩	蔡钰萍	团委	竞赛(校级)
61	基于校友资源的校友圈商业化应用	王宗辉	葛沪飞	团委	国创
62	智网江芯——新时代 5G 基站射频前端芯片	徐潇航	葛沪飞	材料科学与工程学院	省创
63	基于模型和代码重构的实时数字控制系统	时尚峰	杨文燮	电气工程学院	竞赛(国家)
64	点石成金——全国最领先的分布式秸秆处理解决方案	王雅妮	胡汉辉 杨文燮 蔡钰萍	团委	国创
65	"甲虫前翅仿生吸能盒"的创业探索	朱佳恒	陈锦祥	团委	国创
66	An Integrated Thermal Dissipation Micro Structure for 400 Gbit/s Optical Module	董家旭	刘旭	吴健雄学院	会议论文
67	Environmental Health Oriented Optimal Temperature Control for Refrigeration Systems Based on a Fruit Fly Intelligent Algorithm	秦宇枭	孙立	吴健雄学院	期刊文章
68	适用于毫米波 5G 基站的具有 17-dB 增益和 1.2-dB 噪声系数的宽带 GaAs 低噪声放大器	许晨煜	赵涤燹	吴健雄学院	发表论文

(续表)

序号	论文题目	报告人	指导教师	所属学院	项目类别
69	智能车竞赛节能组关键技术研究	顾凯栋	谈英姿 孙琳	自动化学院	国家级竞赛一等奖
70	Real-time 2D Hand Pose Estimation with Simultaneous Region Localization	张宝文	王雁刚	自动化学院	IEEE Transactions on Image Processing
71	基于麦克纳姆轮技术的高精度多功能搬运机器人	亢丽君	付兴贺	电气工程学院	省创
72	电机绕组热导率计算方法及通用分析软件开发	陈俊燃	张淦	电气工程学院	省创
73	基于机器学习的动态心电噪声抑制和早搏检测	赵钟瑶	刘澄玉	仪器科学与工程学院	发表论文
74	Modeling and Simulation of a Flapping-Wing Robot with Active Tails for Balancing Control during Wheeled Running	杨述焱	张军	仪器科学与工程学院	国创
75	智能跟随搬运机器人	张一鸣	吴建锋	仪器科学与工程学院	国创
76	基于强化学习的竞速小车仿真控制	李纡昶	李煊鹏	仪器科学与工程学院	省创

2019年第七届大学生学术报告会"十佳报告"

序号	论文题目	报告人	指导教师	所属学院	项目类别
1	多飞行器系统的编队控制	田近尧	虞文武	数学学院	国创
2	光电转换器件的伏安特性的快速测试方法设计及实现	周辰辉	赵宁	电子科学与工程学院	国家级、发表论文:《电子器件》ISSN:1005-9490
3	基于Tensorflow机器学习的物体识别复杂地形探测器	李俊	张圣清	信息科学与工程学院	国创
4	基于网约车数据仿真的信号配时优化算法及应用系统开发	季钧一	曲栩 冉斌	交通学院	2018年国家级竞赛
5	甲虫前翅曲面的重构及其曲率分析	宋毅恒	陈锦祥	土木学院	省创
6	基于系统动力学模型的狂犬病不同干预策略效果研究	汪昱彤	金辉	公共卫生学院	国创
7	危险驾驶罪的立法合理性反思	郝修齐	杨志琼	法学院	省创
8	预制构件梁板柱节点混凝土超声专用测强曲线研究	卢果	张亚梅	材料科学与工程学院	国创
9	智网江芯——新时代5G基站射频前端芯片	徐潇航	葛沪飞	材料科学与工程学院	省创
10	Real-time 2D Hand Pose Estimation with Simultaneous Region Localization	张宝文	王雁刚	自动化学院	IEEE Transactions on Image Processing

2018—2019 学年三好研究生名单

建筑学院(50人)

170002	陈欣涛	170167	崔峻通	180080	郭浩然
170004	花凯峰	170175	冯钰脉	180084	李凌娜
170008	王冠希	170177	岳　凯	180095	庞月婷
170040	丁金铭	170189	徐铭泽	180121	张雅楠
170050	周晓穗	170193	赵　书	180126	邹立君
170057	侯逸康	170209	陈丽丽	180129	周瑶逸
170068	杨怡然	170228	陆天启	180152	宋梦梅
170072	卜　天	179008	郑　屹	180171	李尚媛
170094	马雨萌	179691	戴一正	180172	乔　彬
170097	秦博娜	180008	于梦涵	180184	李　飞
170104	唐献超	180010	赵姝雅	180198	程俊杰
170112	夏晓瑜	180012	艾　荔	180205	王怡云
170118	许立瑶	180013	贾肖虎	180215	高　涵
170125	张　立	180043	蔚　韵	189011	王　超
170128	袁　毅	180046	刘芳奇	189012	任　凯
170133	程苏晶	180049	王铭瑞	189388	蔡陈翼
170164	廖　丹	180071	李烨晴		

机械工程学院(34人)

170253	刘　川	170360	陈孝烽	180266	朱阳洋
170271	叶　锋	179011	任　凯	180271	马德贤
170278	张志诚	179021	韩　权	180276	刘　畅
170289	郭　明	179353	赵孝礼	180277	吴梦阳
170303	丁逸飞	180234	侯红宇	180316	王紫筠
170306	朱松阳	180236	李昌远	180324	季善玲
170307	程志炜	180239	刘家铭	180335	陈　浩
170325	王　耀	180245	王天昱	180336	王　茜
170327	魏玉敏	180246	王学舟	180350	游泽军
170329	范家钰	180257	胡孙滢	189035	朱　锐
170346	邹　伟	180264	赵兴景	198922	周　阳
170357	徐亚东				

能源与环境学院(56人)

159344	孙　博	170537	陶建云	180454	程　鑫
159347	吕　玥	170554	冯东阳	180465	王　锐
160499	宋　鑫	170564	张奇月	180475	汤　瑞
170395	傅继敏	170570	姜　昊	180496	王海鑫

170400	顾 顾	170576	杨若钰	180503	崔 鉴
170407	雷舒尧	170588	胡 伟	180507	徐玉叶
170417	刘鑫雅	170601	曹 越	180530	王晓宇
170418	刘正浩	170605	王 柯	180531	严 攀
170423	沈 瑜	170623	裴舟韬	180549	华 明
170425	孙文卿	179033	刘凌沁	180559	邢天阳
170438	徐媛媛	179035	胡驾纬	180571	李冠儒
170454	王万山	179036	陈 健	180582	戚二兵
170466	彭 勃	179373	王 鑫	180588	胡明月
170468	王晶振	180397	韩 群	180590	庄欠瑶
170472	叶建栋	180398	胡华军	189036	黄天放
170504	董庆海	180399	胡纪伟	189041	周 群
170519	汪艺惟	180417	陈尚巧	189421	邓敏强
170522	徐柔柔	180423	周丽丽	189782	顾晋饶
170532	明祥栋	180425	郭康旗		

信息科学与工程学院(75人)

170630	高 源	170915	吕文韬	180769	陈 康
170633	韦晓林	170921	何 青	180776	胡欣毅
170653	钟能源	170938	姜 涛	180781	赖志超
170663	彭 双	170945	时永远	180787	濮 睿
170668	李浩天	170953	方 琪	180804	唐元博
170672	杨振宇	179056	马 骞	180814	宗培胜
170677	张志轩	179057	刘峻峰	180817	顾平生
170709	陆 超	179387	郑司斗	180863	任雨青
170712	阮 梦	179394	王 俊	180868	王琪胜
170714	时 伟	179396	吴良威	180876	周苗苗
170716	汤潇睿	179399	李治阳	180897	张浩兰
170730	杨与煜	180629	唐才溢	180900	尚思捷
170734	周少卿	180630	王 莹	180911	刘 闯
170769	李 杨	180654	戴雪雅	180914	田维维
170774	彭天慈	180662	易雪雅	180921	张天怡
170775	宋 畅	180672	任 意	180922	周 鑫
170786	张 也	180680	陈 凯	180928	马 源
170796	颜 帅	180681	董成柱	189071	王 萌
170844	李 林	180693	安宁伟	189072	杨佳伟
170856	王 丽	180694	蔡 欢	189075	张 静
170857	吴 霞	180702	黄启圣	189440	李 赫
170868	蔡景丰	180703	吉 超	189445	张乐鹏
170878	茅坤坤	180711	李怡宁	189450	庆业明
170882	王艺蓉	180731	易 凤	189455	张 科
170896	邱 宇	180744	范 鸣	189463	王武渠

土木工程学院(64 人)

170967	陆兴华	171213	赵　超	181058	乔　娜
170982	张迎春	171220	李伟民	181062	王　琦
170997	鞠　丹	171222	戚菲菲	181070	马白璐
171000	廖聿宸	171226	陈怡晓	181071	沈伶佳
171005	陆维杰	179080	王　谆	181110	涂刘辉
171015	王仲衡	179094	潘　城	181115	熊呈卓
171023	张庆方	179419	程家幸	181118	曹　宇
171039	刘　欢	179424	张晓辉	181136	敖　乐
171098	陈雅婷	179431	丁润民	181144	王志伟
171110	何　靖	179452	李　韬	181145	吴　睿
171111	李　佳	180969	黄日星	181164	刘　芸
171112	李林波	180972	曾少儒	181166	韩庭苇
171114	李　晴	180979	刘　颖	181184	朱慧娴
171123	潘　杰	180990	王佳伟	181188	丁红星
171128	司　怡	180994	温荣佳	181200	朱　婷
171140	吴　冉	180995	谢思聪	189084	马银行
171141	吴　仙	181004	宋来健	189103	郑为升
171154	邹　翼	181005	杨　乾	189475	王吉昌
171161	李　啸	181017	田根民	189479	冯帅克
171173	赵　京	181030	杨秀辉	189793	张志彤
171186	吴　磊	181035	赵坤松	198112	卿　缘
171207	曲悠扬				

电子科学与工程学院(37 人)

171280	金展翌	171381	项海龙	181336	厉俏单
171282	温永娇	171386	孟木子	181343	李楚文
171301	陈建成	171391	王金鑫	181349	王　涛
171312	刘　立	179101	徐敬坤	181350	吴成均
171314	王　萍	179714	董　猛	181359	耿杨烨
171318	张建勇	181270	杜敏玲	181379	刘康妮
171320	杜　航	181271	陆　于	181380	刘明月
171328	高　昕	181281	陈文鑫	189119	徐玮杰
171340	庞小一	181300	穆慧惠	189120	李国庆
171342	龚志鹏	181301	唐辛泉	189123	王振军
171343	刘文昭	181302	王诗璠	189507	钱峇廷
171361	韩珊珊	181326	曹林浩	189512	范雪梅
171369	秦瑞洁				

数学学院(11 人)

171460	查曼玉	179475	李　强	181446	孙春雷
171463	张　晶	181422	沈　丹	181463	丁　凯

171470	谈国星	181431	侯丽萍	198148	闫姣姣
179118	张寒苏	181445	朱诗勇		

自动化学院(32人)

171483	高卓越	171608	刘振鑫	181548	徐云辉
171490	黄雪颖	171611	魏　双	181553	金　菲
171497	李　康	179492	胡耀聪	181558	赵郑逸
171502	马哲文	181470	黄俊豪	181559	陈思睿
171524	张　琳	181475	刘　静	181577	邓程皓
171525	赵　伟	181478	王鹤莹	181581	刘跃博
171530	周军琦	181486	陈涵娟	181595	杨　峻
171540	王　曦	181487	陈　瑜	189138	孙路成
171541	徐　炜	181509	庄文林	189536	单　硕
171549	王元波	181510	黄文超	189546	许歆逸
171570	田力丹	181512	李　昱		

计算机科学与工程学院(30人)

161510	郭　佳	171757	华添聪	181653	何宇霆
169425	王雅娣	179501	艾　兵	181683	吴正凡
171615	龚志远	181630	王超迁	181684	徐方进
171634	王甜静	181631	王金梦	181687	张珍茹
171635	王　鑫	181637	董子辰	181712	吴显政
171640	徐　玲	181639	蒋心健	181714	王志可
171646	张晨妍	181640	刘思豪	181716	汤家凯
171672	贺　黎	181646	袁　勋	181732	李晓燕
171680	宋启威	181649	陈奕君	189144	刘　翔
171728	周　晶	181652	高雨枫	198164	毕　胜

物理学院(11人)

171800	崔有霞	181748	谭晨涛	181772	王如倩
179141	王美娟	181750	凌叶超	198170	李园园
181737	胡亚新	181753	梁天元	198172	章烨晖
181743	程　森	181762	万珺瑶		

生物科学与医学工程学院(31人)

159465	曾　易	181788	秦学燕	184911	张　涵
169669	游道通	181790	王蒙蒙	184912	张彩宁
174262	张　珍	181796	徐喆芸	184921	许鹏飞
174263	周安然	181798	陈　萌	184946	郑长坤
174264	王星星	181811	张佳蕾	184947	黎东升
174268	张晓淑	181816	李　怡	189175	陈卓玥
174277	缪　佳	181819	霍恩泽	189811	唐　健
174278	戴众鹏	181832	裴　聪	198580	程晓彤

174584	水恒涛	181836	张玉洁	198581	乔 祎
181782	张利平	181849	常婉晴	198835	许成韬
181783	周青青				

材料科学与工程学院(30人)

171867	李 淼	179169	逄 博	181921	刘宇翔
171871	唐静雯	181859	秦 媛	181922	余 亮
171903	王巧玲	181870	孙星浩	181930	李 锐
171922	王 畅	181871	王先丽	181945	贾晓健
171926	张伟超	181875	高 雪	181950	梁秀晨
171942	周星星	181887	王亚利	189185	孙善云
171944	朱建峰	181910	石加顺	189187	赵亚松
171962	汪 坤	181911	陈 浩	189191	骆 义
171968	郭 睿	181916	陈沁文	189814	狄思怡
179165	陈雪梅	181920	李佳棋	198206	王艺璇

经济管理学院(43人)

171985	王 姗	172153	张雨晴	182048	王 璐
172005	解一苇	172555	李晓佳	182059	潘红全
172008	陶梦倩	172557	李依娴	182070	郭 艺
172014	雷 蕾	179545	袁 茜	182072	胡雨林
172017	赵洪娜	179555	蒋舒阳	182080	杨泽宇
172063	宗思雨	179564	于 芳	182088	杨谠旺
172070	车爱丽	181972	徐 菱	182107	丁晶晶
172100	宋 娅	181990	黄 琰	182118	葛嘉卉
172112	王 斐	181992	徐慧敏	182125	庞 琦
172116	陈佳瑞	181993	张颖琦	182572	陈佳佳
172129	彭丽娟	182007	张 琰	189622	刘 亮
172130	石 志	182016	邵涌怡	189628	张秋萍
172138	李 宛	182017	黄 蕾	189630	杨 坤
172141	赵晓琪	182047	刘 莉	189819	李学诚
172150	戴 琦				

电气工程学院(36人)

159505	李佳承	172735	孙 乾	182663	徐 阳
172628	李昊洋	172754	彭 斌	182674	曹 阳
172644	王 栋	172758	刘同民	182698	王翌丞
172647	王志宇	179189	王景霞	182707	李丹奇
172655	赵 毅	179201	王学庆	182719	许恩华
172672	赵志刚	179576	姚云婷	182734	吴建章
172674	齐 琪	182624	王 帅	182747	卢泉篠
172679	高 尚	182636	陈逸涵	182759	吴佳丽
172684	杨 海	182639	郭昆健	182763	张新森

172689	丛小涵	182643	冷钊莹	189224	盘真保
172695	李 彪	182647	桑林卫	189237	刘鹏程
172720	郑 昊	182648	施 展	198850	刘诚恺

外国语学院(7人)

172784	陈 虹	182770	郭倩茹	182783	钱 蔚
172790	杨 悦	182781	吴 娟	182794	纪晓燕
172798	姚 雪				

体育系(1人)

| 172801 | 张仲坤 |

化学化工学院(38人)

172805	贺 强	172935	陈闪闪	182899	王 聪
172838	洪丹丽	172938	陈 媛	182907	束逸逍
172839	陈玉成	179207	陆海峰	182910	李美娟
172840	王印蕊	179589	辛雨萌	182925	杨丽霞
172860	黄 蓉	182805	李志慧	182928	王 佳
172864	黄美优	182806	刘志博	182937	吴青青
172872	刘 谣	182816	许 嫄	182950	费 婷
172873	沙 啸	182820	杜 倩	189242	李 杰
172884	万 菁	182827	马佳毅	189244	徐 晶
172891	余海华	182838	黄铭祺	189642	张含悦
172892	张耀祖	182843	孙 波	198253	陈方慧
172895	柳 旭	182891	刘 巧	198853	张志旭
172932	吴杨进	182892	虞四兵		

交通学院(55人)

172967	王 婧	173172	何煜洪	183061	王添令
172976	刘李君	173181	田家玲	183067	朱 梅
172982	关 健	179236	陈恩惠	183070	黄啊奇
172995	曹 钰	179237	陈 静	183081	李嘉雯
172996	邓涵宇	179754	刘长波	183102	陈 建
173007	李 怡	179755	宋占国	183104	郭昊旻
173010	林子豪	179822	刘晓燕	183118	朱 彤
173012	刘 月	182961	荣 琦	183126	王厚宇
173029	吴丽霞	182972	杨子豪	183141	熊睿成
173037	殷宇翔	182976	顾冠男	183155	胡敏琦
173040	苑霄哲	182985	沈 杨	183166	吴 桐
173054	高瑾瑶	182999	李树伟	183190	解宇祥
173057	蒋欢昕	183008	郭宗麒	189260	刘路路
173083	刘 刚	183010	邢 韵	189271	屠 雨
173096	高梦颖	183030	吴子馨	189663	张秉哲

173106	苏　强	183036	郑姝婕	189666	程　龙
173139	王家豪	183049	金　雪	189676	董瀚萱
173142	吴一帆	183059	王国昊	189842	董彦锋
173153	闫晓楠				

仪器科学与工程学院(25 人)

159227	秦欢欢	173273	王　健	183237	缪天缘
169556	柳　笛	173280	孙旭东	183239	沈　航
173186	曾　攀	173286	徐　昌	183252	刘斌斌
173189	戴　鹏	183200	厉　叶	183260	朱　栋
173195	郭小乐	183218	宋世奇	183264	邱佳楠
173213	邵　鑫	183221	卢世昕	183298	闫　靖
173222	徐　远	183222	潘绍华	189693	王　辉
173226	翟金凤	183227	管旭辰	198305	莫依婷
173240	宋　柳				

法学院(16 人)

169217	魏　超	173330	胡　昊	183356	王序丰
173306	宋子耕	173356	姜锴明	183366	葛　芸
173316	周　畅	183300	曾亚梅	183375	罗梦婷
173320	王彩婷	183311	檀玮洁	183376	周玲玲
173324	杨珺雨	183321	和亚娟	189696	刘振华
173328	石中艺				

生命科学研究院(11 人)

173375	陈　茹	179765	张　圆	183408	刘　菲
173383	吴秋媛	183396	李星宇	189302	巴　茹
173402	黄志惠	183399	吴　淼	189878	赵　环
173414	张明明	183405	羌睿颖		

公共卫生学院(18 人)

173422	何　盼	179273	柳和春	183429	管洁琼
173444	张　丽	179642	姜　飞	183431	施乃扬
173451	王瑞英	179767	潘　达	183468	黄金鑫
173453	许登峰	183425	岳青青	183469	兰莹利
173454	刘　腾	183426	陈剑双	183484	李　琪
173475	甘俊英	183427	储金金	189318	邱倩南

医学院(53 人)

169586	朱　尧	179312	王曦辉	183643	季　璇
173491	吕君文	179657	季清华	183660	秦　怡
173499	李冰钰	183515	姚园园	183668	孙仲煦
173505	王　玲	183518	胡秀秀	183669	陶花逸
173513	周　芳	183520	李　吉	183685	袁本银

173519	李林青	183526	刘小钰	183686	张倩男
173524	范嘉晨	183529	朱文文	183692	史天一
173553	周 影	183534	郭甲奇	183718	刘 硕
173555	金志成	183546	张 瑞	183719	陆 逊
173556	汪晓晨	183555	张 玲	183728	周梦月
173564	杜紫薇	183576	高 洁	183731	刘莉莉
173643	张田利	183586	嵇婷婷	189327	朱 奕
173649	甄朋浩	183587	季振军	189342	陈素珍
173659	范嘉俊	183593	刘佳宁	189731	龚文斌
173667	赵圆元	183609	王永芳	198336	张 微
173687	张 越	183617	薛 玉	198727	时 娟
173702	杜子伟	183623	张玉霞	198880	左文杰
179296	吕 翔	183625	仲之恒		

马克思主义学院(6人)

173719	陈妍冰	183748	余梦莉	183764	王美霞
179671	王 群	183756	杨 帆	183768	吴小丽

人文学院(20人)

163297	蒋憎澄	173784	张念莹	183795	赵 晶
173738	石王晨	173792	陈钰岚	183804	庄 苑
173744	袁 铮	173797	毕占方	183825	吴佳益
173750	张子晨	179324	彭 智	183834	王 旭
173752	吴玲芳	183774	雷 灏	183839	毛国一
173757	王晓繁	183776	徐 艳	198766	剌利青
173760	吴慕窈	183791	崔玉娇		

艺术学院(14人)

163382	黄敏婕	174008	胡亚东	184044	杨舒婷
173968	史韵荣	184004	王雪苗	184057	金 晖
173979	贺立群	184034	朱瑞萌	189375	李小君
173994	颉瑞红	184036	梁婷婷	189868	戎恺凯
174004	肖 广	184038	宋子杨		

苏州联合研究生院(25人)

184071	何雪珂	184151	崔明珠	184229	许胜寒
184081	姚佳妍	184159	李学恺	184235	徐 诺
184085	陈子浩	184160	张皓鹏	184250	唐晓楠
184093	辛 忠	184180	郑 茹	184269	左方敏
184104	皮韵熙	184183	刘 义	184270	许艳平
184112	武思佳	184213	丁 露	184275	吕 呈
184116	陈仁清	184218	张鹏宇	184287	郑 斌
184121	沈志贤	184223	陈 宁	184319	高思昱

| 184149 | 刘仲怡 | | | | |

网络空间安全学院(33人)

161513	贾 硕	184389	刘 慧	184493	裴秋莹
170808	梅流娟	184390	祁欣妤	184501	宋学文
170831	李 轩	184392	许 笑	184503	肖 强
171649	张千凤	184405	王凯旋	184511	龙 慧
171670	顾灵童	184407	殷 峥	184518	张 涛
179724	周余阳	184413	崔家瑞	184539	焦 俊
184342	郭 帅	184425	李宜铮	184558	李佳琦
184343	江咏涵	184453	杨丰赫	184572	王曼曼
184347	沈家赟	184464	靳凯莉	184573	王桦清
184375	汪周红	184466	李朝辉	189871	赵 丹
184388	季 澈	184470	刘 鹏	189876	祁春阳

建筑研究所(3人)

174257	刘政和	174259	刘 皓	184593	徐海闻

经济管理学院MBA中心(45人)

172164	曹 雷	172381	王京京	182302	孙兆林
172177	陈 竞	172389	王 敏	182307	唐甜甜
172182	陈 琼	172430	项宇星	182318	王 琳
172188	陈雪峰	172463	杨珊珊	182320	王倩倩
172214	范凯凯	172495	张放心	182338	吴婷婷
172251	江 璐	172498	张海涛	182384	张保伟
172262	康 庄	172515	张正军	182410	郑海峰
172267	李 超	182154	班瑜嫒	182416	周晓云
172299	刘国骏	182193	葛 瑞	182419	朱晨苇
172301	刘建胜	182195	巩永懋	182422	朱 敏
172308	刘炜铭	182200	关尔嘉	182445	陈小璞
172329	孟维娜	182201	郭 蒙	182458	陈玉杰
172342	邱 洁	182230	孔王平	182464	高鹤秋
172367	陶珏琳	182250	刘丽娟	182466	龚 芮
172368	田大千	182282	任 真	182535	姚 政

软件学院(6人)

184603	陈可欣	184616	张 硕	184628	单元元
184607	方苏东	184620	高和仁	184629	黄 震

微电子学院(21人)

174407	黄前村	174470	刘 奔	184733	丁 慧
174411	陈虹廷	174475	臧延峰	184743	陈吉荣
174412	陈 爽	174538	钱梦龙	184762	朱丽佳
174426	汤丽芝	179339	王亚洲	184780	柴一凡

174432	杨　晶	184680	周陈虹	184782	顾　阳
174455	陈　成	184687	杨　凯	184833	朱文涛
174459	李长波	184717	陈　东	184848	孙煜昊

2018—2019 学年优秀研究生干部名单

建筑学院(27人)

150066	吉倩妘	170132	程南溪	180128	孔圣丹
170001	陈麓西	170210	戴　楠	180148	胡　侃
170015	党新元	170231	焦经纬	180174	蔡苗苗
170043	花薛芃	179003	张军军	180181	李佳宇
170066	王　畅	180001	王琳晰	180186	孙　正
170084	姬扩新	180005	林文涵	180188	余小艺
170103	隋明明	180039	李伊格	180203	方煜昊
170111	奚涵宇	180090	刘辛遥	180211	吴　韵
170123	张皓翔	180122	张　煜	189385	夏丝飓

机械工程学院(17人)

170247	雷庆明	180240	罗俊文	180330	李玲玲
170257	钱逸程	180265	钟　义	180331	牟博康
170269	薛培林	180279	黄　魁	180338	林紫燕
170275	张道富	180287	胡　斌	180366	明　阳
170280	周芳宇	180321	赵亚康	198023	方　晨
180231	韩　添	180325	阚浩轩		

能源与环境学院(30人)

160411	王钱超	170499	李珂珂	180424	戴闻骁
169322	邱　雨	170507	高　磊	180442	吴　琳
170386	曹硕硕	170510	林　超	180458	季伟凯
170393	方　芳	170525	董　婷	180471	朱　赤
170427	唐炜洁	170559	连久翔	180520	马　莉
170432	魏　莉	170598	吴志鸿	180532	余加俊
170437	徐青蓝	170610	仲雨叶	180576	陈　苗
170444	张笑丹	179029	苏银海	180613	张　彤
170465	苗文筱	179032	查健锐	189042	韩哲哲
170467	粟自然	180392	仇兴雷	189045	刘晴雨

信息科学与工程学院(39人)

160852	王　莹	170926	邰文思	180774	侯坤林
170626	陈柏霖	170939	李　来	180796	周京鹏

170645	陈 慧	179067	王 晨	180825	彭俊杰
170671	贺 瑾	179388	刘睿佳	180850	郭萌萌
170708	李子园	179679	宋浩川	180892	田珊珊
170710	吕 钱	180624	陈 臻	180893	王 珏
170713	沈星欣	180655	林翰轩	180894	肖 萌
170768	胡 健	180666	周 睿	180936	闫 溪
170778	涂加颖	180673	申佳琳	189070	徐 鹏
170852	陈 鹏	180695	曹子建	189444	高欣欣
170870	仇 雯	180704	季玉婷	189457	李嘉欣
170877	龙 鹏	180708	李林泽	189465	韩磊鑫
170880	苏成清	180737	张明辉	198087	许 涵

土木工程学院(36人)

161163	唐 诗	171100	丛凡淇	180962	张维伦
170962	曹姝娟	171125	任昭昭	180986	钱臻旭
170983	王 洁	171131	所昱彤	180987	唐 林
170993	顾悦言	171138	王 艳	180999	张丽娜
171007	邱婷婷	171147	翟王颖	181008	杜 硕
171017	吴琨营	171170	沈佳辉	181010	王月峰
171025	章锦洋	171175	陈金桥	181011	张宸浩
171027	朱 婷	171219	王凯妮	181066	严 奕
171052	鲍 宁	179079	林 煜	181072	花昕捷
171055	蒋俊煮	179421	侯勇辉	189099	徐梓栋
171095	陈巧玲	179446	张兆昌	189105	闫春妮
171099	储长青	180950	王成聃	189798	汤育春

电子科学与工程学院(18人)

159425	邓文俊	171370	田 润	181294	张 豪
171284	刘瑞杨	171412	秦 阳	181299	马祥宇
171304	朱德明	179106	张倩茹	181310	刘天远
171323	陈 斌	179463	杨 阔	181354	杨 琳
171333	朱培星	181276	傅方正	181360	刘 荟
171358	高 波	181278	陈 艳	181385	王少朋

数学学院(5人)

171447	吴 格	179473	苏 鹏	181441	卢 添
171461	李文德	181440	林 琳		

自动化学院(17人)

169420	蒋 燕	171591	佘 飞	181483	张绪新
171488	华璧辰	171598	朱昱璇	181554	庚奕非
171510	唐艳秋	179491	赵冰雅	181555	李文慧
171516	王 帅	181476	邱厚瀚	181571	张紫璇

| 171576 | 薛裕峰 | 181479 | 郁宇轩 | 189537 | 戴 忱 |
| 171580 | 周颖娟 | 181482 | 张文港 | | |

计算机科学与工程学院(15人)

169105	王 彬	181620	鲍晓涵	181668	张 浩
171671	韩伟娜	181625	金 玉	181679	孙 凯
171707	李慧丹	181645	徐成龙	181702	陈 嵘
181614	魏 然	181650	范文鸿	181736	庆 丰
181616	姚 钦	181654	李甜甜	189148	吴桐桐

物理学院(5人)

| 171771 | 李明泽 | 171780 | 王 康 | 198176 | 魏 鑫 |
| 171775 | 王 宏 | 181774 | 朱佳璐 | | |

生物科学与医学工程学院(17人)

161696	李思雨	174267	崔艳婷	181802	苏 豪
161698	刘胜楠	174565	王凯旋	181805	尹非非
171822	汤海林	174577	黄梦婷	184939	张玉婷
171851	李晓冉	179144	毕长伟	189164	张峻宁
174261	陈信宇	181780	陈沙沙	199075	王月桐
174266	张志红	181789	孙 雪		

材料科学与工程学院(16人)

151704	黄艾婧	181866	凌艳芳	181957	岳超华
171887	朱 玉	181884	仲 雯	181966	王 梦
171924	罗 聪	181890	李 凯	189186	张 昕
171925	徐 巍	181892	施文强	189192	钱如胜
171928	郑燕梅	181947	费香鹏	189815	邵里良
181864	俞晓涵				

经济管理学院(23人)

161902	杨 萌	172133	黄嘉诚	182144	周宇婧
161916	张 钒	172142	韩 威	182558	郭子瑜
171980	陆 柔	172152	汤祎萍	182567	朱渊媛
171984	童皓月	179549	杜 聪	182575	赵双鹏
171990	刘政伟	182014	龚丽花	182576	周 玥
171995	陶 书	182073	黄孟丽	189202	刘嘉伟
172028	殷梦楠	182111	杨晓蕾	189218	王 磊
172125	张梦瑶	182124	高萍萍		

电气工程学院(20人)

169507	吉用丽	172704	苏 丹	182656	张瑞曦
172621	郭亚森	172713	徐浩喆	182702	陈 可
172631	陆 迪	172731	胡 澄	182716	徐文宝

172633	吕亚娟	179582	姚 帅	182721	姚金杰
172654	张一清	182629	夏 雪	182756	张文韬
172694	蒋 静	182634	蔡星浦	189238	张雅倩
172697	李雅超	182645	刘之涵		

外国语学院(5人)

172771	沈珏莹	182775	谈 昕	182796	顾 婕
172775	张宇纯	182791	夏佳雨		

体育系(1人)

182802	夏 婧

化学化工学院(19人)

172822	郭艳梅	172902	王佳良	182886	赵丽娜
172832	马 良	172920	蒋 鹏	182912	李志豪
172844	焦淑琳	172945	高 鑫	182929	徐健行
172850	于 萍	179746	吴鸿帅	182941	李 妍
172867	吴文婷	182815	母亚魁	189252	吴元锋
172874	王恒锋	182866	李先河	198249	何 雷
172878	许 言				

交通学院(28人)

162576	蒋永茂	173174	王祖光	183042	徐铭蔚
172974	武 猛	173175	徐浠鹏	183054	刘曼毓
172979	谢文涛	179230	王鹏飞	183064	张 泓
173061	潘东昊	179753	张翔飞	183103	高 照
173066	王正奇	182962	雷丁琳	183109	王玉杰
173071	杨 名	182970	郑宫夔	183165	孙建伟
173073	张文倩	183011	陈俊兰	189264	马 羊
173116	徐皓甜	183018	李 爽	189266	王书易
173124	赵润民	183041	谢欣欣	189669	郑永涛
173129	夏思琦				

仪器科学与工程学院(15人)

173187	曾 欣	173269	赵 凯	183255	欧阳云霞
173188	仇 超	173291	李长青	183280	张春霞
173198	胡素芸	183194	高 烨	183293	戴志军
173210	祁 艺	183204	邵斌澄	189694	王 迪
173215	石春凤	183219	胡山山	189844	闫 晰

法学院(9人)

173319	丁 鹏	173350	邹 洁	183345	顾海迪
173344	陈诗琪	183301	李吉映	183364	李语嫣
173345	王伟博	183302	林泽承	189699	刘双阳

生命科学研究院(5人)

173391	窦琳霞	183381	丁嘉伟	189299	车转转
183379	刘　敏	183391	陈江涛		

公共卫生学院(9人)

173423	花田甜	183430	钱依宁	183466	李传宝
173428	谢纬华	183433	孙艳芳	189316	杨　超
173457	赵　猛	183438	刘剀剀	189707	张　虎

医学院(26人)

169244	李　淼	179290	田　赛	183637	郭　敏
173504	杨晓珍	179653	杨一琼	183679	轩文彬
173507	王　婷	183504	王旭茹	183688	朱以鹏
173548	刘泽君	183551	宗静静	183693	陶金园
173568	郭炅承	183552	殷　瀚	183698	查明明
173600	邱　钰	183559	吕　霞	183726	叶子洋
173658	蔡杰瑞	183561	陈　琪	189336	陈佩佩
173666	于　月	183582	胡梓菡	189725	杨惠泉
173709	颜　涵	183590	雷思雨		

马克思主义学院(3人)

183749	耿馨洁	183757	刘欣怡	183769	李雨露

人文学院(10人)

163299	王洁琳	183792	吴　倩	183821	范彬彬
173764	刘思垚	183802	周相宜	183842	周汉金
173789	周　然	183807	苏锦锦	189742	何云梦
173800	刘　琦				

艺术学院(8人)

173969	郝　宇	174013	赵宇敏	184009	毕筱妍
173991	张琪儿	179330	窦慧菊	184022	杨俊宁
174005	杨心怡	184002	陈　宸		

苏州联合研究生院(13人)

184077	张　娟	184170	金友至	184236	仲志煜
184106	陈燕怡	184186	孙叶青	184266	段超睿
184133	潘　盼	184215	李　彤	184268	许必承
184141	蔡　敏	184217	杨笑康	184323	王丽侠
184155	张雨晴				

网络空间安全学院(16人)

170955	王玙璠	184446	于轶伟	184531	朱孝慈
184339	包莹星	184448	陈梓怡	184545	王紫悦

184350	苏 聪	184473	吴秀婷	184561	张秀芳
184374	任玉倩	184492	徐相杰	184564	郭 玲
184380	赵博阳	184515	刘玉超	189884	蒋山青
184385	韩 旭				

建筑研究所(1人)

174256	邹鸣鸣

经济管理学院MBA中心(15人)

172189	陈 艳	172394	王 侠	182221	嵇 晶
172212	范广兵	172400	王 璇	182303	索 畅
172216	房 宏	182164	陈梦蝶	182402	张渊博
172356	苏 畅	182177	崔豪杰	182406	赵 辉
172393	王 婷	182187	董上亿	182492	张 晶

软件学院(3人)

184597	蒋志强	184632	袁双双	184634	刘 好

微电子学院(7人)

174416	黄 翔	184669	郑 宇	184841	李 焱
174468	徐 峰	184741	邹艳勤	189766	吴佳欣
174493	陈鲁峰				

2018—2019学年研究生先进班级名单

序号	所在院系	班级名称
1	建筑学院	2017级景观美术班
2	能源与环境学院	2018级硕士生4班
3	信息科学与工程学院	2018级通信学硕班
4	土木工程学院	2018级硕士4班
5	电子科学与工程学院	2018级asic硕士班
6	数学学院	2018级硕士班
7	自动化学院	2018级硕士2班
8	计算机科学与工程学院	2018级硕士1班
9	生物科学与医学工程学院	2018级硕士2班
10	电气工程学院	硕士研究生183班
11	化学化工学院	2017级学硕班
12	交通学院	2018级硕士研究生1班
13		2018级硕士研究生4班

（续 表）

序号	所在院系	班级名称
14	仪器科学与工程学院	2018级硕士1班
15	网络空间安全学院	2018级硕士1班

2019届优秀硕士毕业生名单

建筑学院(22人)

150002	常 成	160017	叶 璇	160024	王 惠
160042	吴泽宇	160053	姚 炜	160060	赵胜波
160063	邓慧骏	160077	傅文武	160080	胡 蝶
160101	乔炯辰	160107	孙 青	160111	唐 松
160116	王亚元	160123	武 玥	160145	杜昕睿
160155	吴 舒	160156	应 媛	160162	俞 昊
160182	陈碧娇	160194	陈翰文	160195	施一峰
160200	樊益扬				

机械工程学院(16人)

140195	刘宗涛	160220	蔡子秋	160226	韩 硕
160228	华海涛	160240	刘 洋	160259	王佳俊
160276	余文斌	160277	张德明	160280	张 杰
160282	张帅帅	160304	王 沛	160311	莫志杰
160314	陈 毅	160333	代志永	160339	李 盛
160359	董莹莹				

能源与环境学院(22人)

160376	方振旅	160377	冯 璇	160381	顾家辉
160384	霍晓东	160387	李 巧	160419	许志康
160424	虞 然	160426	张 将	160455	刘旭婷
160458	钱丛昊	160462	王 晨	160479	郭 珊
160481	刘 文	160484	潘雨婷	160486	湛长丰
160487	诸葛阳	160511	邱君君	160546	仇 超
160567	李 娜	160577	李江通	160585	白 璐
160594	汪 莲				

信息科学与工程学院(30人)

140559	魏 睿	140650	王嘉频	150785	庄 莹
160601	何 蕾	160612	刘 缘	160620	胡 博
160627	陆倩云	160631	邵 函	160634	陶明翠
160638	邹冰清	160670	储良煜	160678	李骁敏

160688	申怡飞	160690	田 原	160696	杨 超
160734	张亚苹	160743	邓亭强	160744	丁嘉莹
160748	李 蕊	160751	刘婷薇	160752	刘 袁
160758	张 琳	160771	夏 添	160773	孙一博
160830	王曼丽	160851	王天奇	160853	吴梦婷
160888	景天琦	160892	孙旭耀	160895	徐煜耀

土木工程学院(19人)

160930	郑晨一	160933	沈 月	160945	王桂伦
160949	戴成龙	160950	杜 利	160961	刘 杨
160981	姚程渊	160988	周 警	160998	任 普
161007	冯升明	161019	张嘉晖	161047	唐 甜
161085	沈 浩	161089	孙春丽	161124	朱浩樑
161162	唐美玲	161165	吴洪樾	161172	张苏楠
161176	刘 笑				

电子科学与工程学院(13人)

161200	袁玉芬	161202	刘天宇	161218	吴 浩
161220	韩昱霄	161242	孙 卿	161247	许文婷
161255	闫隆鑫	161257	朱诚诚	161264	陈春妃
161273	王甫锋	161274	王 沁	161321	仝 飞
161329	徐意仁				

数学学院(3人)

161344	李 莉	161362	常丽策	161366	梁晓洁

自动化学院(13人)

161383	黄 林	161386	蒋立沫	161387	李 艺
161390	陆震宇	161395	孙启明	161398	王 玲
161400	王兆嘉	161405	张玲玲	161416	郭逸凡
161438	易善超	161454	冯 炽	161470	吴 凯
161472	余林威				

计算机科学与工程学院(12人)

141450	党一菲	161516	林 亚	161518	罗 骞
161543	朱力行	161544	朱雪林	161553	李云昊
161571	宋 玉	161572	苏 凯	161574	吴 璇
161576	叶华健	161585	钱 颖	161593	杨 扬

网络空间安全学院(1人)

161560	郑飞飞				

物理学院(3人)

161651	周 义	161655	陈 月	161657	荆启华

生物科学与医学工程学院(12人)

161702	盛梦颖	161706	吴　琳	161728	蒋建慧
161730	郑　巧	163621	信疏桐	163625	贾春平
163882	郭慕依	163884	段梦沁	163890	鲍琰雯
163910	花　蕊	163914	周　玥	163926	刘坤良

材料科学与工程学院(9人)

161742	凌　灏	161748	沈田甜	161749	孙　超
161782	李旭敏	161788	陈　岗	161794	柴文柯
161796	王　丹	161802	李　杨	161830	潘家怡

经济管理学院(19人)

161851	彭圆圆	161856	王宇轩	161860	朱雨婷
161863	林晓凤	161867	陈苔菁	161888	苏煜霖
161898	章志峰	161931	李　昕	161940	史文瑾
161941	孙筱霞	161942	王　杰	161947	张　亮
161972	陈静然	161979	杨　帆	161980	易兆强
161988	李宏伟	161990	汪官镇	161992	张新伟
162003	施艳萍				

经济管理学院MBA中心(16人)

162033	黄婉秋	162034	蒋　丽	162044	李　璞
162061	钱　呈	162067	眭　萱	162092	吴晓雯
162097	向　君	162099	肖　妍	162105	薛宇翔
162112	尤新年	162113	于　欢	162117	张曼琳
162126	周爱华	162135	曹歆汝	162143	江宗满
162145	李　佳				

电气工程学院(13人)

162198	段向梅	162207	李　晖	162210	刘梦佳
162223	魏晓婧	162237	朱　妍	162242	曾　成
162248	尹宏源	162267	曹水晶	162271	陈　雯
162273	葛浦东	162282	刘　杰	162292	唐爱慧
162316	舒万韬				

外国语学院(3人)

162336	陆孙男	162349	张　晨	162354	蓝　博

化学化工学院(15人)

162376	梁秀丽	162406	朱红允	162410	王彦云
162412	李海芳	162421	蒋积菲	162434	赵凯歌
162440	胡赛春	162446	杨海涌	162451	王冰冰
162458	孙　凯	162468	袁绅豪	162470	李春慧
162478	王华政	162480	须　立	162481	叶康伟

交通学院(23人)

162520	陈顺达	162524	刘志祥	162547	张 慧
162566	陈 忠	162574	季欣凯	162575	蒋常嘉
162581	李 瑞	162586	卢慕洁	162596	徐 特
162597	杨 博	162600	姚泽恒	162620	马静雯
162622	欧阳滢	162625	孙 悦	162640	杜明洋
162647	曹凯鑫	162665	杜则行	162673	李国强
162684	徐 磊	162687	杨 鸣	162697	于亚南
162715	杜树樱	162727	丁红亮		

仪器科学与工程学院(4人)

162740	范时秒	162758	唐心宇	162761	王 璞
162771	袁昌旺				

法学院(6人)

162842	蔡 燊	162849	俞梦丹	162855	董亚男
162862	周苏湘	162869	王梦瑶	162894	周维栋

生命科学研究院(2人)

162914	崔鹏飞	162939	李凯月

公共卫生学院(6人)

162961	吴晓丽	162971	杨 圣	162985	郭浩然
162992	李瑞仙	163002	王 否	163009	陈一佳

医学院(16人)

142905	吴菲菲	163082	张甜甜	163102	顾雨铖
163109	黄金健	163114	焦 娇	163172	殷婷婷
163184	赵福英	163192	赵 冉	163193	陈雅筝
163198	汪佳琦	163205	贾金芳	163220	杨 霞
163222	陈亚玲	163223	于星星	173619	王 倩
173656	卓华威				

马克思主义学院(2人)

163227	孙月月	163233	魏海华

人文学院(10人)

163250	沈宝钢	163260	张宇辉	163267	胡嵩雯
163273	葛晓青	163284	吴 赟	163305	张 虹
163308	吕玉洁	163310	司雨桐	163316	张 甜
163323	吕少波				

艺术学院(5人)

163362	李旭丹	163372	吴 婷	163393	张 婧

163395	章雅玛	163410	王 玥

苏州联合研究生院(14人)

163509	吴颖真	163541	雷心悦	163559	朱化梅
163561	陈嘉颖	163571	孙 磊	174018	何雨寒
174019	刘洺洲	174035	杜霖铱	174063	刘建航
174065	盛 皓	174071	杨静怡	174086	汤代群
174097	张一唯	174210	陈 天		

软件学院(1人)

163688	应雨婷

微电子学院(9人)

163757	薛永彬	163766	田江江	163769	夏梦雯
163770	徐文娟	163773	赵 洋	163826	戴鹏飞
163833	余晶晶	163848	张广超	163872	李国栋

2018—2019学年江苏省优秀学生干部、三好学生和先进班集体名单

优秀学生干部名单

序号	类型	姓名	学院
1	江苏省优秀学生干部	杨宇欣	建筑学院
2	江苏省优秀学生干部	王家政	机械工程学院
3	江苏省优秀学生干部	张家齐	能源与环境学院
4	江苏省优秀学生干部	李子箫	信息科学与工程学院
5	江苏省优秀学生干部	李子健	信息科学与工程学院
6	江苏省优秀学生干部	王肖骏	土木工程学院
7	江苏省优秀学生干部	魏秋萌	电子科学与工程学院
8	江苏省优秀学生干部	白丰硕	计算机科学与工程学院、软件学院
9	江苏省优秀学生干部	王小丹	计算机科学与工程学院、软件学院
10	江苏省优秀学生干部	缪居正	生物科学与医学工程学院
11	江苏省优秀学生干部	张 越	人文学院
12	江苏省优秀学生干部	方子茹	经济管理学院
13	江苏省优秀学生干部	黄思涵	经济管理学院
14	江苏省优秀学生干部	侯洁华	电气工程学院
15	江苏省优秀学生干部	许 婕	外国语学院
16	江苏省优秀学生干部	冯一鸣	化学化工学院
17	江苏省优秀学生干部	刘泽宇	交通学院

(续 表)

序号	类型	姓名	学院
18	江苏省优秀学生干部	罗中畅	交通学院
19	江苏省优秀学生干部	方 天	艺术学院
20	江苏省优秀学生干部	俞沁雯	公共卫生学院
21	江苏省优秀学生干部	严 格	吴健雄学院

三好学生名单

序号	类型	姓名	学院
1	江苏省三好学生	陈雪纯	建筑学院
2	江苏省三好学生	杜育瑞	机械工程学院
3	江苏省三好学生	邢姝钰	机械工程学院
4	江苏省三好学生	陈美君	能源与环境学院
5	江苏省三好学生	张 帆	能源与环境学院
6	江苏省三好学生	吴佳其	信息科学与工程学院
7	江苏省三好学生	于思淏	土木工程学院
8	江苏省三好学生	刘哲铭	土木工程学院
9	江苏省三好学生	张徐青	电子科学与工程学院
10	江苏省三好学生	郑文典	数学学院
11	江苏省三好学生	张明辉	自动化学院
12	江苏省三好学生	周逸帆	计算机科学与工程学院、软件学院
13	江苏省三好学生	杨航源	计算机科学与工程学院、软件学院
14	江苏省三好学生	耿子凡	材料科学与工程学院
15	江苏省三好学生	宋嘉馨	经济管理学院
16	江苏省三好学生	孟雅之	经济管理学院
17	江苏省三好学生	亓臻康	电气工程学院
18	江苏省三好学生	刘芷辰	交通学院
19	江苏省三好学生	徐昭辰	交通学院
20	江苏省三好学生	熊瑾乐	仪器科学与工程学院
21	江苏省三好学生	张 超	法学院
22	江苏省三好学生	陆天予	医学院
23	江苏省三好学生	李建平	医学院
24	江苏省三好学生	蒋 扬	医学院
25	江苏省三好学生	孙昊宇	吴健雄学院

先进班集体名单

序号	类型	姓名	学院
1	江苏省先进班集体	15151	建筑学院

(续 表)

序号	类型	姓名	学院
2	江苏省先进班集体	20165	机械工程学院
3	江苏省先进班集体	30164	能源与环境学院
4	江苏省先进班集体	40164	信息科学与工程学院
5	江苏省先进班集体	51166	土木工程学院
6	江苏省先进班集体	60164	电子科学与工程学院
7	江苏省先进班集体	70163	数学学院
8	江苏省先进班集体	103161	物理学院
9	江苏省先进班集体	13A171	人文学院
10	江苏省先进班集体	160165	电气工程学院
11	江苏省先进班集体	193161	化学化工学院
12	江苏省先进班集体	16级茅以升班	交通学院
13	江苏省先进班集体	211162	交通学院
14	江苏省先进班集体	250162	法学院
15	江苏省先进班集体	421162	公共卫生学院
16	江苏省先进班集体	431162	医学院
17	江苏省先进班集体	615171	吴健雄学院

2018—2019学年本科生先进班集体、三好学生标兵、优秀学生干部、三好学生表彰名单

先进班集体(50个)

东南大学优良学风标兵班(10个)
　　011172班　051176班　08A181班　091181班　141161班　160164班　2017级茅以升班
　　250171班　438171班　615181班

东南大学校级优良学风班(43个)
　　011171班　011181班　020173班　026161班　031166班　032177班　040172班
　　040186班　051186班　051173班　06A175班　06A182班　070183班　081171班
　　计算机科学与工程学院、软件学院、人工智能学院(2个)　090181班　711174班
　　100182班　111172班　120173班　134171班　13A188班　141171班　148171班
　　14B182班　160173班　172182班　171182班　192161班　2016级茅以升班
　　211172班　217171班　220162班　241181班　432172班　438181班　436182班
　　16级拔尖创新医学人才培养试点班　421162班　422171班　571172班

三好学生标兵(36人)

建筑学院
　　武淳雅　邓一秀

机械工程学院
　　曹宇婷

能源与环境学院
　　郭依庆　赵晓迪

信息科学与工程学院
　　胡玉嵘　谭　乐

土木工程学院
　　董道阳　刘婉琳

电子科学与工程学院
　　李梦洁　许璞凡

数学学院
　　钱　成

自动化学院
　　陈国浠

计算机科学与工程学院、软件学院、人工智能学院
　　殷春锁　林敬凯

物理学院
　　李国安

生物科学与医学工程学院
　　仪修琳

材料科学与工程学院
　　卢　果

人文学院
　　闪佳雯　潘宸越

经济管理学院
　　李红丽　魏　玮

电气工程学院
　　王竞泽

外国语学院
　　栾　霏

化学化工学院
　　薛　婧

交通学院
　　余晓虎　刘川淳

仪器科学与工程学院
　　谢雨臻

艺术学院
　　夏陈宇
法学院
　　陈睿毅
公共卫生学院
　　杜妍蓉
医学院
　　刘善龙　吴宇恒
吴健雄学院
　　孟声国　盛乐恒
网络空间安全学院
　　陈　辉

优秀学生干部(125人)

建筑学院(6人)
　　万洪羽　袁锦瑞　闻　健　张钰山　刘子玥　项林康
机械工程学院(6人)
　　安照邦　姚亿丞　陈炯浩　孙　铭　巫明蓉　谈秀丽
能源与环境学院(7人)
　　熊再立　孙冠勋　钟　红　陈祎祺　周　雪　张家铭　赵润玉
信息科学与工程学院(8人)
　　周逸轩　薛家龙　武汪洋　于　千　钱缪峰　郑添月　杨清元　黄乐扬
土木工程学院(9人)
　　郑举乐　方　瑜　王　霏　蒋心朗　赵佳怡　李承志　包尊杰　寒　麟
　　谷李革(三峡学院交流生)
电子科学与工程学院(6人)
　　刘朋朋　陈　琢　凡中华　李力行　方纪明　邓锐剑
数学学院(3人)
　　储　越　潘　闫　郑炳晨
自动化学院(4人)
　　李　玥　张　恒　赵　曦　许　婕
计算机科学与工程学院、软件学院、人工智能学院(9人)
　　管　政　郭昊南　宋一凡　黄开鸿　王昕彤　凌泰炜　任栗晗　陶一丁　杜昕昱
物理学院(2人)
　　王心悦　邓　啸
生物科学与医学工程学院(3人)
　　马靖原　帅哲玮　陶天童
材料科学与工程学院(3人)
　　郭雍祥　徐潇航　唐雪昊

人文学院(5人)

　　李　阳　沈栾可人　李子涵　张泽群　王佳钰

经济管理学院(11人)

　　李　颖　李诗岚　程少彤　秦小桅　左　振　于可熠　王雅妮　吴逸斌
　　胡聪琳　毕文夏　汪可人

电气工程学院(5人)

　　亢丽君　章　纯　杨辰宇　徐定宽　许　杨

外国语学院(3人)

　　谭梦娇　钱伊濛　彭芷馨

化学化工学院(2人)

　　严　格　王开智

交通学院(9人)

　　谢均衡　叶芊芊　苏弘扬　潘　杰　张程玮　罗佳惠　李纯茜　庞春地　周瑞先

仪器科学与工程学院(3人)

　　魏林琥　李　茜　宋怡晨

艺术学院(3人)

　　安泓霖　刘　凌　严秋杻

法学院(1人)

　　张天禾

公共卫生学院(2人)

　　刘　畅　季倩倩

医学院(9人)

　　陈怡文　杨雯迪　刘丽萍　周　玥　李松栗　张宁悦　张　可　魏　东　朱洪浩

网络空间安全学院(2人)

　　贺博文　戚吴祺

吴健雄学院(4人)

　　马立源　万恒至　曹苇杭　廉雨锟

三好学生(1 165人)

建筑学院(57人)

　　刘　璇　周楚茜　周嘉鼎　郎烨程　洪齐远　李东耘　张卓然　张　磊　王思语
　　姚秀凝　陈玉斌　林凯逸　周思文　刘浩然　丁怡如　李逸颉　包彦琨　徐明昊
　　张笑凡　张煜童　呼文康　杜　舰　李天宇　徐一涵　钱爱萍　许海晨　李　祎
　　王佳钺　冯　薇　李艳妮　王建刚　苏子玥　张井芳　鄢雨晨　杨沛然　黄雨悦
　　余青钱　郝思远　陈语桐　刘尚齐　孙　潇　漆紫莹　伍霖芳　陈　挚　冯　春
　　杨宇欣　曹　息　陈雪纯　崔梦洁　朱雨琪　李子晗　郎蕾洁　徐雨涵　徐垚汉
　　汤品娴　宋佳鸿　茅子仪

机械工程学院(51人)

　　丁远涛　张　乐　冯海钊　李天润　吴德重　李　超　杜育瑞　严　钧　陆振哲
　　原　嘉　赵昊琳　韩文虎　李博文　杨雯皓　章澳顺　王子豪　蔡天佑　金旻辛
　　岑家欢　贾英琦　殷　昊　刘依琳　潘毅峰　范巧林　陈月升　周　磊　鲁一笑

奖励与表彰

曾 琪	翟培然	葛明璇	王军飞	吴钟涛	董心仪	李玉雪	蔡瑞荣	苏常鹏
谷天龙	季 睿	孙 萌	张辰骁	秦楚晋	刘子龙	戴松乔	王家政	罗梓月
金子昕	陈坤秀	李子硕	蓝炜琴	侯俊琪	王思远			

能源与环境学院(56人)

张亦松	樊成成	胡 昊	万玥汝	赵陶程	曾名迅	任满乾	陈 浩	陈显浩
蔡 玉	王利国	倪浩伟	彭 铖	李晨阳	别亦然	孙金宇	陈沛凌	郑平洋
李婧怡	张宇鑫	赵聪凡	赵月琪	张煜尧	宋宇辉	方一之	左言骏	李翔宇
吴 旗	郭思仪	万天宇	邱 婕	南阳澜	李新修	王玉婷	汤 琪	言 澜
唐若诗	黄玮玮	汪伊婧	李智笼	魏翰泽	张钰淇	朱翠翠	蓝苑瑗	殷 玥
王佳鹏	韩 婧	张云茜	周龙鹏	张国乾	张 帆	李 昊	单思钧	卢怀畅
高天宇	邱天辰							

信息科学与工程学院(79人)

刘林夕	金惟杰	李哲鳌	强晓宇	李 颖	原紫滨	孙希茜	陈建润	吴治毅
施霁桐	陈 衍	郑志刚	侯宏卫	李 想	张弘毅	时宇博	黄云川	吴佳其
陈晓琳	王 雨	王星晨	相世杰	赵永康	刘 葭	龚 灏	叶炳辰	黄 橙
雷辰露	孙诗蕾	马天浩	李珮玄	田 沁	高佳峻	鲁文韬	刘昊东	张世炜
姚志伟	叶子文	凌泰炀	杨雨露	万子芊	刘 江	龚 涛	沈念澳	赵冰冰
张 猛	顾 昊	卢宇逍	倪雪楠	张俏轩	宋 词	田佳辰	叶育琦	宋禹震
汪宁海	闫思佳	吴小燚	颜世跃	邓皓鹏	袁雨辰	周宁欣	王冰珊	彭逸婷
孙玉泰	李笑寒	徐安梓	邵栩宁	刘鹏辉	刘 婷	朱云翼	糜尧立	黄婧佳
陈思怡	庄 媛	黄思宇	王海泇	张辰昱	孙 畅	王佳豪		

土木工程学院(78人)

宋俊霖	杨冬梅	廖晓辉	程 赟	黄鸿宇	常佳琦	陆京京	奚 旺	支新航
任泓宇	李泽宇	彭俊杰	刘洋艺	郭俊骁	朱灵杰	杨 震	陈金林	姚 震
张思博	叶王杰	郑继海	周永峰	袁 浩	朱旭明	刘继久	徐奎元	刘超然
刘册轩	耿天瑞	刘 畅	王诗涵	沈星航	林海巍	邓 颖	范靖宇	关美娜
朱昕云	沈泓熠	满今润	孟宇昕	赵 灿	陈鹏郅	万 杰	杨承华	王瑞时
王瀚轩	汪沛喆	朱天巡	胡松涛	鲁海笑	尹世琛	李岱杆	尚旭妍	黄海遥
王怡佳	金姗霖	戴天琦	王 克	栾亚函	周之皓	谭浩琦	方卓祯	储昕雨
周梓林	王锦阳	周崇博	时浩然	倪俊宇	徐立华	田佳卉	桂 辰	颜 璐
刘哲铭	李欣蔚	张家萱	岳志轩	沈舒怀	三峡学院交流生(1人):罗金武			

电子科学与工程学院(57人)

蔡家璇	徐晨铖	秦育彬	姚伟卓	贺 柳	张笑颜	丁奕婧	李可欣	马泽瑶
边中鉴	高佳灏	黄辰宇	何国庆	李紫茵	李 赞	易礼言	李 娜	陈欣玥
姜媛媛	闫卓娅	曹 静	姚冠文	雷 弈	李雪绮	夏晨婕	孟子轩	程星全
林玉成	郭 浩	杨安琪	李易之	蓝天聪	张子怡	买毅博	闫 翰	孙才艺
王柯胜	程新天	严梓芸	高雨甜	王乙杉	王慕恩	吉天义	徐泽瑞	钟汉峰
宋星慧	邱展蓬	王睿智	刘佳琪	华婉冰	程 皓	韩月明	邓李硕	凌 欢
陈珞珈	刘 森	周恺泽						

数学学院(21人)

| 夏可扬 | 刘嘉宁 | 冯章成 | 李雨恒 | 闫政宇 | 陈智浩 | 华尉雄 | 陈泽宇 | 李天睿 |
| 雷正阳 | 雷 苏 | 谭 馨 | 宁宸辉 | 丁佳莹 | 颜贤众 | 兰 叶 | 房正昊 | 顾王韫 |

汪宇惠　葛雨欣　孔德仁

自动化学院(35人)

叶诗秘　雷雅迪　陈德锦　楼洲炜　何　嵘　宋天睿　封　泽　杭念之　侯润泽
蓝学敏　王天瑶　任　珂　常泰戈　罗蕴轩　杨晨悦　尹珍琴　胡江勇　张浩然
俞凯文　王维钢　邱洪彬　赵云龙　王泓毅　臧　璇　梅　毓　常泽青　章　进
施　殊　胥凯林　欧亚明　唐昕炜　杜　煜　杨绍枢　唐姝蓓　谢艺明

计算机科学与工程学院、软件学院、人工智能学院(80人)

申池冉　李　蕾　姜景元　曹东江　孙泽雯　郭跃飞　林宇冰　李佳硕　许　璠
谢家骏　朱一苇　陈柯霏　华一丹　胡黛琳　张子烨　邓翰文　管　磊　韩　数
张泽宇　陈月瑶　周子易　马　瑞　霍　然　李昊博　姜飞虎　方　骏　陈启航
黄　茜　陆家俊　喻慈舟　李宇希　刘朗麒　狄子昂　蒋　迅　纪新龙　殷开颜
唐宁远　宋一凡　李思易　宋邵童　徐远琛　李春澍　庄　祎　邵一展　王靖婷
赵基藤　陶　特　薛翔天　尹鑫龙　王士一　林　欣　张诚天　吴　靖　李元亨
陈　哲　叶绵和　陆　瑶　陈　鉴　於明嘉　张潇艺　李雨峤　丁婧伊　张皓翔
柳沿河　周智圆　胡　昱　张婧媛　钟　昊　张景天　张心睿　涂煜洋　赵哲淳
谈金翰　陆舟洋　刘宇萌　孙嘉旋　叶宏庭　王梓岩　黄文政　黄　旭

物理学院(13人)

李卓熠　吴香蓉　马奕暄　高艺萌　张　芃　薛文立　李毓池　张鸣鹤　王志远
李国平　唐　欣　周　迪　张辰络

生物科学与医学工程学院(27人)

薛云龙　刘潇阳　杨天羿　石诚欢　蔡雨含　张泽群　李正雯　孙闻远　曹馨月
万　豪　赖露云　赵郁馨　顾东霖　封雨欣　李怀景　段秋怡　谷奕旸　鞠永旭
王天予　魏新若　严东楠　雷建昕　刘家铭　王佳晨　徐馨怡　罗雨茵　祝云簏

材料科学与工程学院(23人)

徐　骁　陈家辉　刘　非　袁梦晨　沈凯栋　魏明帅　魏　盈　蒋思遥　胡磊杰
李一桦　胡子扬　秦　波　任新润　黄　鹏　郭　成　顾德宇　陈　锴　徐　浩
康定轩　张斯鑫　冯蕙雅　朱正瑞　刘安晗

人文学院(35人)

邵　宇　许玥瑛　杜宇轩　王　雪　张凯宣　高佳琪　王筱钰　冀文琦　管雨欣
卢　也　王　硕　秦紫璇　孙恺禾　陈欣怡　李　妍　唐千千　李泽锋　张岭南
冯文斐　唐淑琰　谢　煜　吕　巧　周乐莹　朱家宸　陈俊蓉　谭　蓉　任慧琳
肖媛媛　刘亚坤　曾露娇　魏嘉仪　李佳音　张梦雪　吴瑶倩　林　硕

经济管理学院(91人)

杨宇瑶　孟雅之　曹梓睿　吴　庶　梁雪梅　贾玉洁　黄柯境　叶宾华　韩雨寅
杨文晴　王海铄　王永梅　许瀚文　曹长新　刘　洋　裴泽宇　涂曼娅　范欣晨
姜凯旋　张洁瑜　谢轶雯　刘珂昕　郭柯利　叶子贤　蔡汝瑜　郑智麒　陈思宇
韩杨烨　夏安琪　王彬龙　董英睿　周艺颖　胡　琪　司佳豪　李云鹤　陈星月
齐宣畅　兰秀华　黄思涵　周　薇　卫星吉　张柳悦　王　琛　李逸文　吴　晨
李彤彤　陈姣茹　景元元　丁　钰　刘潞洲　伊　娜　陈　婷　花泽苏　崔　雪
薛天怡　张天帷　唐　语　薛惠文　王思远　张晓霞　贾慧君　龙一凡　赵鑫森
刘心怡　张沁嫒　梁钰婷　李路遥　俞俊英　覃倩琼　赵锦锦　万　一　吴丹妮
李宛玥　朱　婧　苏　帅　胡若凡　沈成杰　汪子辰　曹瀚尹　刘宇啸　白　杨

陈兰馨　赵霖洁　倪嘉翊　唐　旗　高诗凝　王化瑾　陈奕璇
三峡学院交流生(3人)：杨　悦　屈　迪　袁秋琴

电气工程学院(41人)
林固静　揭宇飞　王　淞　张伟椿　李锦达　陈俊燃　赵强强　张涵璐　侯洁华
李　奥　许芷源　杨雨秋　陈荣佳　刘添驰　张汉林　袁　典　潘宇航　强中元
黄怡涵　刘浩然　徐崎凡　曾岚兰　丁明敏　李香锐　胡安庆　赵晓凯　赵　笛
余雪珂　刘学成　张　为　白晨晖　冯开源　徐梦瑶　曲凯宁　李泽璇　张伯儒
董　琛　王子辰　郑思雨　徐文宣　潘沈恺

外国语学院(23人)
刘池恬　王　艺　卞舒婷　陈雪明　柳依溪　岳珏嘉　吕文祎　王莉婷　姜文慧
顾嘉玥　鲁博雅　丁雨童　金茉莉　张　晶　杨　莹　刘烨清　单若璇　钱　容
濮婉如　李憧憬　陈嵩杰　蒲姿心　于婷壬

化学化工学院(16人)
冯一鸣　刘姿舍　周　静　曾梦缘　陆政希　何金泽　关贵钰　鄢　帆　张仁超
罗燕丽　韩天宇　侯煜淋　熊昱安　景政印　童　乐　宋泷腾

交通学院(95人)
彭显玥　张科扬　朱夏可　霍锦彪　吴　昊　陈以争　汤俊卿　谢　凝　严学润
李欣朋　陈思源　刘可欣　傅子建　王禄泰　吕玥妍　戴　琦　商萧吟　董　润
韩庚樾　范甬辰　励英迪　郭艺铧　江岸峰　李睿琦　李昊洋　刘雨欣　黑天晴
胡　兴　楚泽鹏　周华伦　李珂韦　刘晓萌　张聪伟　吴文晖　王欣妤　肖嘉梁
卢毅恒　何逸凡　龙贝丽　顾丝语　刘玉丽　曹　茜　安博成　肖乐瑶　王锐铧
吴俊逸　于浩利　杨昱元　赵嘉悦　王志宇　杨　丹　陈妍陆　王乐言　马牧原
严　杰　陈　叶　李　莹　莫方旭　刘紫昕　徐　步　张洹菘　苏子钧　甘　露
李宁皓　刘濛濛　李菲菲　刘若菡　陈盛金　刘佰文　谢　雯　王奕然　王怡丹
张　悦　徐　斌　张　颖　李　澳　孙　钰　郑　健　彭　畅　马思异　郭晓月
冯敏浩　范玉楼　李贝基　白啸宇　李嘉琪　黎　威　朱乐毅　肖睿强　于书恒
唐紫琼　徐汪祺　刘浩钰　亚　洲　宁博雯

仪器科学与工程学院(25人)
陈昊星　彭佳伟　李梓楠　李　勇　李嘉懿　熊瑾乐　万　缘　熊瑞珂　卢一凡
李启轩　肖惠迪　贾丰硕　郝楚战　招梓枫　杨函琦　陈秋语　陈宇涵　江蓄扬
张姊琪　周烨康　钟志伟　凌　力　史　睿　曹轲鸣　陈　俣

艺术学院(22人)
黄纬茜　蔡璧岭　赵静怡　吴鸥雯　崔瑾涵　刘汉仪　杨茗竹　朱昕玥　李泠希
邵晨雨　袁嘉莹　曾琪昕　黄泓玮　杨东升　葛鸿雁　乔红豆　王欣佳　李浩然
陆芷君　王心怡　陈映雪　徐一鸣

法学院(21人)
夏心怡　郝家亮　曹爱凝　李嘉宁　熊文菲　张雅杰　王若男　庄子睿　刘沁源
李殷湉　吴　仪　胡炜瑛　黄诗雯　胥　沁　高　瑞　朱千一　崔　露　马文清
王　琪　陈子怡　常瑞清

公共卫生学院(21人)
蒋炫励　马　秘　张维莉　马格格　汪昱彤　吴晶莹　程　锦　董书衡　王健力
李　尤　张晓轩　王世乐　向欣雅　杨昊韵　吴　蕊　陈媛婧　唐　恬　陈睿楠

王　宁　白琬懿　李欣辰

医学院(83人)

李　卫	徐洪威	王怡之	张　佟	贾莹婷	朱运霈	夏梦琴	蔡雯雯	黄小莉
陈凌雁	马华阳	赵卫婷	徐　易	张昕蕊	崔兰兰	马欢欢	董文琪	朵丽瑾
严洪遥	张乐乐	刘思琪	张　东	王　玥	张思宇	单秋洁	马　遥	廖　梦
徐樱华	姜莲莲	康安琪	彭　维	朱自馨	潘　烨	陈泽欣	黄淳淳	李浩宇
吉　欣	孙若语	余天香	张智博	庄秋予	刘　熙	邓子微	梅曦月	吴雯婕
江雨昕	周　梅	章智琪	邱连丽	严　蓉	钱莎莎	张婧琦	张　钰	陈亚亚
陈　嵘	丁子豪	赵泽宇	李旭东	谭延益	杨凯哲	章　琦	仲　敏	宋　杰
王雪娥	张孝虎	陈亚诺	史　楠	朱铟楠	常婧瑶	王溥丰	阮　亮	刘婉柔
贾　璐	杨占隆	李嘉伟	张紫薇	马煜博	刘　佳	葛士静	张　宸	王子慧
张　奕	杜金穗							

网络空间安全学院(21人)

任馨田	殷广成	舒卓卓	邵长捷	郭欣然	强珂阳	蔡义涵	谌雨阳	钟　杰
李嘉怡	付　孜	陈　盈	晏宇珂	刘欣宇	唐文熠	胡铖琳	陈天宇	时　光
陶博文	翟思宇	宋昌霖						

吴健雄学院(94人)

钱　昀	刘家怡	周兰迪	胡正宇	葛永盛	刘天雨	许文寒	郭一君	马艺玲
金虹希	黄欣格	冯一坤	徐劭辉	孙昊宇	王　旸	金鸿悦	李　洋	李虹宇
沃　媛	朱　迪	俞睿智	孙雅伦	罗易凡	刘亚轩	严　格	李智轩	王　煜
朱　锰	项文祥	李晓冉	华笛安	洪非凡	马浩岩	吴超逸	陈雨荷	张文睿
蔡承志	张鉴轳	王牵莲	丁明远	唐华泽	莫　菲	谢业凡	吴悠祺	江志康
包绎成	张天石	王　尧	周天遥	张学超	张林炬	雷重庆	李博文	何潜翔
蒋定祎	陈家豪	田　宇	张天择	季书鹏	郑钦元	徐天萌	高　祥	林云航
刘思进	王　琰	汪子涵	徐昱玮	徐天韵	王一璠	李阳明	刘志君	陈文迪
李欣玥	丁自民	陈一臻	许若彤	张竣铭	王昕琰	谢沁楠	羊宇培	花雨童
周圣阳	方大政	司翀杰	龚子豪	肖煜坤	张　荷	汤景然	李浩瑞	黄　凯
姚　香	方　涵	周之遥	张淼淼					

2019届本科优秀毕业生名单

建筑学院(9名)

| 刘　星 | 乔润泽 | 管　菲 | 刘博伦 | 邱怡箐 | 程丽圆 | 王怡鹤 |
| 黄　玲 | 张潇涵 | | | | | |

机械工程学院(10名)

| 蔡洋洋 | 姜开中 | 谭韬涌 | 乔　煜 | 贾乐松 | 关　晟 | 刘子昂 |
| 李　想 | 方　田 | 龙雪莹 | | | | |

能源与环境学院(11 名)

丁烨　　王艺涵　　戴文韬　　郑道　　胡胤博　　高远　　陆依然
张嘉琦　　万子仁　　田培妤　　刘祚人

信息科学与工程学院(11 名)

陶安　　杨济源　　施飞达　　林沁琦　　熊柏苹　　姜培文　　陈翔宇
黄洋　　蒋彬乾　　陆煜翔　　李俊

土木工程学院(14 名)

李志强　　李向杰　　周航　　张宁远　　范健华　　刘常浩　　卢毅
叶啸天　　王肖骏　　何至立　　康蕊　　王思瑾　　班友雪　　刘晓宇

电子科学与工程学院(9 名)

郑添　　寇梓黎　　段升顺　　陈柳宏　　纪愚　　张驰　　邹少锋
窦刚　　时宇健

数学学院(4 名)

车昱辰　　周晓　　刘照辉　　姜岱玮

自动化学院(7 名)

董林滔　　陈科圻　　刁丽　　李永胜　　庄集龙　　边张行　　赵子萌

计算机科学与工程学院、软件学院、人工智能学院(12 名)

程茜雅　　刘宗源　　陈小飞　　贺建安　　吴锐　　朱鑫　　张晓雯
吴碧伟　　肖君彦　　陈一雄　　孟越　　闫怀宇

物理学院(3 名)

李新新　　薛丰铧　　高柏植

生物科学与医学工程学院(3 名)

张筱萱　　缪居正　　顾承

材料科学与工程学院(6 名)

刘冀洋　　耿子凡　　王纯　　顾晓雯　　林娴　　韩寿雨

人文学院(7 名)

沃一婧　　李静　　董馨羽　　吴宇　　徐俐　　王铭茜　　李瑄

经济管理学院(16 名)

孙伊宁　　吉胜　　顾颐　　张静怡　　宋孟璐　　陈思雨　　周妮
方子茹　　周文棋　　杨帆　　王雪竹　　闫洁　　李雪娇　　王冰玉
步纤屿　　王论意

电气工程学院(8 名)

孙维佳　　王旭东　　包丽雯　　潘登　　李容冠　　庄文楠　　印航

孙锴宇

外国语学院(5名)

李子萱　　季培霖　　张亚萍　　单　婧　　任加勉

化学化工学院(3名)

孟闻飞　　周小清　　贺　唱

交通学院(17名)

陈英豪	周琳婕	李玲慧	周润瑄	黄梦雨	吴　阅	柳雨豪
张靖霖	曹家铖	方知言	化丽茹	沈　鑫	姚金悦	秦　棽
曹晨旭	徐　曼	徐为驰				

仪器科学与工程学院(5名)

罗佳奕　　刘倩雯　　胡　权　　杨述焱　　陈望隆

艺术学院(4名)

朱丽罕　　徐思佳　　夏文琪　　吴文轩

法学院(3名)

汪贝贝　　廖婧文　　潘豫皖

公共卫生学院(3名)

陈寒赟　　黄书奇　　俞沁雯

医学院(12名)

伏　敏	祁文俊	旻　绛	陈哲炜	张　芮	张朔凡	罗　荣
陈依然	王马丽	严湘川	周潇滢	付玉琪		

吴健雄学院(10名)

金宇晖	苗双双	秦宇枭	廖晓菲	夏骋宇	王心沅	金洁珺
张天舒	王辉征	吕佳峰				

2018—2019学年东南大学获国家奖学金学生名单

东南大学2019年本科生国家奖学金获奖学生名单

序号	学号	姓名	学院
1	01115225	郎烨程	建筑学院
2	01116111	武淳雅	建筑学院
3	01117302	张玥莹	建筑学院
4	01118204	王雨潇	建筑学院

（续　表）

序号	学号	姓名	学院
5	01216112	杨潇宇	建筑学院
6	01216107	杨沛然	建筑学院
7	01217221	邓一秀	建筑学院
8	01218216	赵博韬	建筑学院
9	01516113	朱雨琪	建筑学院
10	01516130	顾　佳	建筑学院
11	01517116	徐垚汉	建筑学院
12	02016217	李海宾	机械工程学院
13	02016229	张　乐	机械工程学院
14	02017327	黄汉文	机械工程学院
15	02017321	章澳顺	机械工程学院
16	02017523	殷　昊	机械工程学院
17	02017503	曹宇婷	机械工程学院
18	02018308	王军飞	机械工程学院
19	02018305	葛明璇	机械工程学院
20	02018427	姚亿丞	机械工程学院
21	02018401	董心仪	机械工程学院
22	02018616	秦楚晋	机械工程学院
23	03016103	赵婉吟	能源与环境学院
24	03016301	张佳钰	能源与环境学院
25	03016329	吴　笛	能源与环境学院
26	03017308	张宇鑫	能源与环境学院
27	03017426	宋宇辉	能源与环境学院
28	03018206	郭思仪	能源与环境学院
29	03018208	万天宇	能源与环境学院
30	03116630	岳　峥	能源与环境学院
31	03117604	郭晨玥	能源与环境学院
32	03217702	殷　玥	能源与环境学院
33	03218742	张国乾	能源与环境学院
34	03218709	张云茜	能源与环境学院
35	04016105	刘林夕	信息科学与工程学院
36	04016320	方崇舟	信息科学与工程学院
37	04016322	沙路为	信息科学与工程学院
38	04016640	薛家龙	信息科学与工程学院
39	04017220	龚　灏	信息科学与工程学院

(续 表)

序号	学号	姓名	学院
40	04017343	李珮玄	信息科学与工程学院
41	04017402	田 沁	信息科学与工程学院
42	04017419	高佳峻	信息科学与工程学院
43	04017527	张世炜	信息科学与工程学院
44	04018104	郑添月	信息科学与工程学院
45	04018114	陶震宇	信息科学与工程学院
46	04018130	杨清元	信息科学与工程学院
47	04018302	谭 乐	信息科学与工程学院
48	04018535	巩帅聪	信息科学与工程学院
49	05116204	杨冬梅	土木工程学院
50	05116423	黄鸿宇	土木工程学院
51	05117614	刘册轩	土木工程学院
52	05117604	刘继久	土木工程学院
53	05117606	徐奎元	土木工程学院
54	05117605	董道阳	土木工程学院
55	05118502	孟宇昕	土木工程学院
56	05118619	鲁海笑	土木工程学院
57	05216209	尚旭妍	土木工程学院
58	05217211	戴天琦	土木工程学院
59	05218205	方卓祯	土木工程学院
60	05316122	周崇博	土木工程学院
61	05516110	刘哲铭	土木工程学院
62	05517101	李欣蔚	土木工程学院
63	06017112	陈 琢	电子科学与工程学院
64	06017117	高佳灏	电子科学与工程学院
65	06017305	李 娜	电子科学与工程学院
66	06017310	姜媛媛	电子科学与工程学院
67	06017308	陈欣玥	电子科学与工程学院
68	06017304	易礼言	电子科学与工程学院
69	06017404	李雪绮	电子科学与工程学院
70	06A18220	徐泽瑞	电子科学与工程学院
71	06A18302	宋星慧	电子科学与工程学院
72	06A18509	许璞凡	电子科学与工程学院
73	07117108	邹熙灵	数学学院
74	07118107	储 越	数学学院

(续 表)

序号	学号	姓名	学院
75	07317121	顾王韫	数学学院
76	07317119	潘 闯	数学学院
77	08017307	尹珍琴	自动化学院
78	08017329	叶智奇	自动化学院
79	08018126	邱洪彬	自动化学院
80	08018103	谢艺明	自动化学院
81	08018127	赵云龙	自动化学院
82	08117130	杨绍枢	自动化学院
83	08118123	张天浩	自动化学院
84	09017210	周子易	计算机科学与工程学院、软件学院、人工智能学院
85	09017334	於其樊	计算机科学与工程学院、软件学院、人工智能学院
86	09017426	管 政	计算机科学与工程学院、软件学院、人工智能学院
87	09017431	郭昊南	计算机科学与工程学院、软件学院、人工智能学院
88	09018117	殷春锁	计算机科学与工程学院、软件学院、人工智能学院
89	09018220	刘朗麒	计算机科学与工程学院、软件学院、人工智能学院
90	09018331	唐宁远	计算机科学与工程学院、软件学院、人工智能学院
91	09118202	赵基藤	计算机科学与工程学院、软件学院、人工智能学院
92	09118206	陶 特	计算机科学与工程学院、软件学院、人工智能学院
93	71117133	张睦婕	计算机科学与工程学院、软件学院、人工智能学院
94	71117114	林敬凯	计算机科学与工程学院、软件学院、人工智能学院
95	71117435	张景天	计算机科学与工程学院、软件学院、人工智能学院
96	71118102	张心睿	计算机科学与工程学院、软件学院、人工智能学院
97	71118314	谈金翰	计算机科学与工程学院、软件学院、人工智能学院
98	71Y17105	李若涵	计算机科学与工程学院、软件学院、人工智能学院
99	71Y17111	黄文政	计算机科学与工程学院、软件学院、人工智能学院
100	10116111	吴香蓉	物理学院
101	10117102	马奕暄	物理学院
102	10118101	邓 啸	物理学院
103	11116211	周 月	生物科学与医学工程学院
104	11117101	李翔菲	生物科学与医学工程学院
105	11118134	封雨欣	生物科学与医学工程学院
106	11118208	李怀景	生物科学与医学工程学院
107	11317108	祝云簌	生物科学与医学工程学院
108	12016207	杨绎原	材料科学与工程学院
109	12017116	蒋思遥	材料科学与工程学院

(续 表)

(续　表)

序号	学号	姓名	学院
110	12017202	蔡雨曦	材料科学与工程学院
111	12017425	陈锴	材料科学与工程学院
112	12018111	唐雪昊	材料科学与工程学院
113	13118128	张泽群	人文学院
114	13218120	潘宸越	人文学院
115	13316105	乔萌	人文学院
116	13317117	周乐莹	人文学院
117	13417129	张岭南	人文学院
118	13616110	李俏	人文学院
119	13617117	李子涵	人文学院
120	14117109	李红丽	经济管理学院
121	14118106	朱丽雯	经济管理学院
122	14316116	叶子贤	经济管理学院
123	14416108	夏安琪	经济管理学院
124	14416118	王彬龙	经济管理学院
125	14417113	陈泰宇	经济管理学院
126	14417124	李杰	经济管理学院
127	14517106	李逸文	经济管理学院
128	14518118	刘潞渊	经济管理学院
129	14616105	陈婷	经济管理学院
130	14617108	薛天怡	经济管理学院
131	14618122	张晓霞	经济管理学院
132	14816103	张沁媛	经济管理学院
133	14817128	吴逸斌	经济管理学院
134	14917106	吴丹妮	经济管理学院
135	14918121	汪可人	经济管理学院
136	14918103	王化瑾	经济管理学院
137	14Y16116	白杨	经济管理学院
138	16017121	伊浩然	电气工程学院
139	16017123	强中元	电气工程学院
140	16017109	潘宇航	电气工程学院
141	16017204	章纯	电气工程学院
142	16017201	黄怡涵	电气工程学院
143	16017317	徐崎凡	电气工程学院
144	16017322	王竞泽	电气工程学院

(续　表)

(续 表)

序号	学号	姓名	学院
145	16017522	胡安庆	电气工程学院
146	16017627	刘学成	电气工程学院
147	17118104	金茉莉	外国语学院
148	17118102	丁雨童	外国语学院
149	17118303	钱伊濛	外国语学院
150	17217205	栾霏	外国语学院
151	17218209	陈奕竹	外国语学院
152	19217102	严格	化学化工学院
153	19316116	熊昱安	化学化工学院
154	19317103	薛婧	化学化工学院
155	21017102	王景慧	交通学院
156	21017104	张琬昕	交通学院
157	21017211	刘凤阳	交通学院
158	21017205	谢均衡	交通学院
159	21018111	韩庚樾	交通学院
160	21018107	董润	交通学院
161	21018106	叶芊芊	交通学院
162	21018115	励英迪	交通学院
163	21018206	黑天晴	交通学院
164	21217115	潘杰	交通学院
165	21217123	张洹菘	交通学院
166	21318103	刘若菡	交通学院
167	21417106	谢雯	交通学院
168	21517104	张颖	交通学院
169	21717236	朱乐毅	交通学院
170	21717207	陆芽芽	交通学院
171	21817133	宁博雯	交通学院
172	22017202	李茜	仪器科学与工程学院
173	22017214	李润发	仪器科学与工程学院
174	22017307	谢雨臻	仪器科学与工程学院
175	22018102	陈秋语	仪器科学与工程学院
176	22018123	陈宇涵	仪器科学与工程学院
177	24216104	余江	艺术学院
178	24316221	曾琪昕	艺术学院
179	24317214	夏陈宇	艺术学院

（续　表)

序号	学号	姓名	学院
180	24318115	李浩然	艺术学院
181	24318204	徐一鸣	艺术学院
182	25017123	张天禾	法学院
183	25017215	李殷湉	法学院
184	25018233	马文清	法学院
185	42115105	瞿　靖	公共卫生学院
186	42116207	汪昱彤	公共卫生学院
187	42217112	杜妍蓉	公共卫生学院
188	42218202	李欣辰	公共卫生学院
189	43115117	朱运霈	医学院
190	43115214	赵雅鑫	医学院
191	43116211	崔兰兰	医学院
192	43117308	马　遥	医学院
193	43216113	陆　静	医学院
194	43217118	刘善龙	医学院
195	43315108	章智琪	医学院
196	43417103	张　钰	医学院
197	43818132	张宁悦	医学院
198	43816133	史　楠	医学院
199	43816140	朱锢楠	医学院
200	43817102	常婧瑶	医学院
201	43A18121	马煜博	医学院
202	43A18407	王伊凡	医学院
203	43A18403	张　奕	医学院
204	43A18419	朱洪浩	医学院
205	57117127	贺博文	网络空间安全学院
206	57117116	陈　辉	网络空间安全学院
207	57118128	唐正涵	网络空间安全学院
208	57118204	陈　盈	网络空间安全学院
209	61517124	唐华泽	吴健雄学院
210	61517103	陈雨荷	吴健雄学院
211	61517226	张天石	吴健雄学院
212	61517425	曹苇杭	吴健雄学院
213	61518226	盛乐恒	吴健雄学院
214	61518319	司翀杰	吴健雄学院
215	61518428	张淼淼	吴健雄学院

东南大学2019年博士研究生国家奖学金获奖学生名单

序号	学生姓名	培养单位	基层单位	专业	学号	入学年月
1	邵星宇	东南大学	建筑学院	建筑学	179690	2017年9月
2	侯庆贺	东南大学	建筑学院	风景园林学	189397	2018年9月
3	熊伟婷	东南大学	建筑学院	城乡规划学	169304	2016年3月
4	任凯	东南大学	机械工程学院	机械工程	179011	2017年3月
5	李澜	东南大学	机械工程学院	机械工程	179022	2017年3月
6	赵孝礼	东南大学	机械工程学院	机械工程	179353	2017年9月
7	朱锐	东南大学	机械工程学院	机械工程	189035	2018年3月
8	李林	东南大学	能源与环境学院	动力工程及工程热物理	169021	2016年3月
9	王旭东	东南大学	能源与环境学院	动力工程及工程热物理	169025	2016年3月
10	韩超灵	东南大学	能源与环境学院	动力工程及工程热物理	169327	2016年9月
11	杨嵩	东南大学	能源与环境学院	动力工程及工程热物理	169637	2016年9月
12	胡驾纬	东南大学	能源与环境学院	动力工程及工程热物理	179035	2017年3月
13	陈健	东南大学	能源与环境学院	动力工程及工程热物理	179036	2017年3月
14	李骅	东南大学	能源与环境学院	环境科学与工程	169338	2016年9月
15	廖一龙	东南大学	信息科学与工程学院	电路与系统(本科直博)	159354	2015年9月
16	徐俊	东南大学	信息科学与工程学院	电磁场与微波技术	169033	2016年3月
17	蒋昊林	东南大学	信息科学与工程学院	电磁场与微波技术	169343	2016年9月
18	白国栋	东南大学	信息科学与工程学院	电磁场与微波技术	169346	2016年9月
19	张安琪	东南大学	信息科学与工程学院	电磁场与微波技术	169348	2016年9月
20	张信歌	东南大学	信息科学与工程学院	电磁场与微波技术	179395	2017年9月
21	张磊	东南大学	信息科学与工程学院	电磁场与微波技术(本科直博)	159360	2015年9月
22	徐之遐	东南大学	信息科学与工程学院	电磁场与微波技术(本科直博)	159363	2015年9月
23	华梦	东南大学	信息科学与工程学院	信息与通信工程	169360	2016年9月
24	韩瑜	东南大学	信息科学与工程学院	信息与通信工程	179070	2017年3月
25	李薇	东南大学	土木工程学院	管理科学与工程	179099	2017年3月
26	陆明飞	东南大学	土木工程学院	土木工程	169067	2016年3月
27	王希	东南大学	土木工程学院	土木工程	169069	2016年9月
28	茅建校	东南大学	土木工程学院	土木工程	169073	2016年3月
29	倪向勇	东南大学	土木工程学院	土木工程	169367	2016年9月
30	徐刚	东南大学	土木工程学院	土木工程	169380	2016年9月
31	董尧荣	东南大学	土木工程学院	土木工程	169383	2016年9月
32	庄美玲	东南大学	土木工程学院	土木工程	169384	2016年9月
33	郑文智	东南大学	土木工程学院	土木工程	169392	2016年9月
34	叶然	东南大学	电子科学与工程学院	微电子学与固体电子学	169087	2016年3月
35	蔡然	东南大学	电子科学与工程学院	微电子学与固体电子学	169401	2016年9月

（续　表）

序号	学生姓名	培养单位	基层单位	专业	学号	入学年月
36	陆　辉	东南大学	电子科学与工程学院	光学工程	169080	2016 年 3 月
37	张　雷	东南大学	电子科学与工程学院	光学工程	169657	2016 年 9 月
38	陈　晨	东南大学	电子科学与工程学院	光学工程（本科直博）	159423	2015 年 9 月
39	李亭亭	东南大学	数学学院	数学	169090	2016 年 3 月
40	王亚琦	东南大学	数学学院	数学	169407	2016 年 9 月
41	蒋　燕	东南大学	自动化学院	控制科学与工程	169420	2016 年 9 月
42	陶焕杰	东南大学	自动化学院	控制科学与工程	169422	2016 年 9 月
43	张　杨	东南大学	自动化学院	控制科学与工程	179122	2017 年 3 月
44	葛荣骏	东南大学	计算机科学与工程学院	计算机科学与技术	169430	2016 年 9 月
45	孙相国	东南大学	计算机科学与工程学院	计算机科学与技术	189143	2018 年 3 月
46	徐　宁	东南大学	计算机科学与工程学院	软件工程	169108	2016 年 9 月
47	于远方	东南大学	物理学院	物理学	169116	2016 年 3 月
48	肖　磊	东南大学	物理学院	物理学	179138	2017 年 3 月
49	游道通	东南大学	生物科学与医学工程学院	生物医学工程	169669	2016 年 9 月
50	陈晓凯	东南大学	生物科学与医学工程学院	生物医学工程	179153	2017 年 3 月
51	马　标	东南大学	生物科学与医学工程学院	生物医学工程	179156	2017 年 3 月
52	杜天宇	东南大学	生物科学与医学工程学院	生物医学工程	179727	2017 年 9 月
53	曾　易	东南大学	生物科学与医学工程学院	生物医学工程（本科直博）	159465	2015 年 9 月
54	刘羽霄	东南大学	生物科学与医学工程学院	生物医学工程（本科直博）	169455	2016 年 9 月
55	王凤娟	东南大学	材料科学与工程学院	材料科学与工程	169144	2016 年 3 月
56	吴　萌	东南大学	材料科学与工程学院	材料科学与工程	169460	2016 年 9 月
57	陈忠涛	东南大学	材料科学与工程学院	材料科学与工程	169470	2016 年 9 月
58	逄　博	东南大学	材料科学与工程学院	材料科学与工程	179169	2017 年 3 月
59	张　浩	东南大学	材料科学与工程学院	材料科学与工程（本科直博）	159479	2015 年 9 月
60	南永清	东南大学	经济管理学院	金融学	169680	2016 年 9 月
61	武　彤	东南大学	经济管理学院	管理科学与工程	169157	2016 年 3 月
62	何　鹏	东南大学	经济管理学院	管理科学与工程	169488	2016 年 9 月
63	谢婉莹	东南大学	经济管理学院	管理科学与工程	169492	2016 年 9 月
64	章恒亮	东南大学	电气工程学院	电气工程	169165	2016 年 3 月
65	戴剑丰	东南大学	电气工程学院	电气工程	169688	2016 年 9 月
66	王学庆	东南大学	电气工程学院	电气工程	179201	2017 年 3 月
67	邱海峰	东南大学	电气工程学院	电气工程	179743	2017 年 9 月
68	黄　煜	东南大学	电气工程学院	电气工程（本科直博）	159514	2015 年 9 月
69	陆海峰	东南大学	化学化工学院	材料物理与化学	179207	2017 年 3 月
70	刘　梅	东南大学	化学化工学院	材料物理与化学	179747	2017 年 9 月

（续　表）

序号	学生姓名	培养单位	基层单位	专业	学号	入学年月
71	花秀妮	东南大学	化学化工学院	材料物理与化学	189249	2018年3月
72	左　波	东南大学	化学化工学院	化学工程与技术	169189	2016年3月
73	马新卫	东南大学	交通学院	交通运输工程	169206	2016年3月
74	段　伟	东南大学	交通学院	交通运输工程	169537	2016年9月
75	张　琳	东南大学	交通学院	交通运输工程	169544	2016年9月
76	程泽阳	东南大学	交通学院	交通运输工程	179618	2017年9月
77	刘　洋	东南大学	交通学院	交通运输工程	179629	2017年9月
78	刘路路	东南大学	交通学院	岩土工程	189260	2018年3月
79	余振鹏	东南大学	交通学院	桥梁与隧道工程	169532	2016年9月
80	杨　博	东南大学	仪器科学与工程学院	导航、制导与控制	169213	2016年3月
81	张月新	东南大学	仪器科学与工程学院	仪器科学与技术	169211	2016年3月
82	柳　笛	东南大学	仪器科学与工程学院	仪器科学与技术	169556	2016年9月
83	魏　超	东南大学	法学院	法学	169217	2016年3月
84	齐洁玉	东南大学	生命科学研究院	生物学	169233	2016年3月
85	张　悦	东南大学	生命科学研究院	生物学	179262	2017年3月
86	汪　岩	东南大学	公共卫生学院	卫生毒理学	179275	2017年3月
87	屈　满	东南大学	公共卫生学院	卫生毒理学	189320	2018年3月
88	刘　桐	东南大学	公共卫生学院	劳动卫生与环境卫生学	179643	2017年9月
89	何灿灿	东南大学	医学院	神经病学	179297	2017年3月
90	陈素珍	东南大学	医学院	神经病学	189342	2018年3月
91	汤涛涛	东南大学	医学院	内科学	179283	2017年3月
92	田　赛	东南大学	医学院	内科学	179290	2017年3月
93	鲁　荐	东南大学	医学院	内科学	179656	2017年9月
94	朱　奕	东南大学	医学院	内科学	189327	2018年3月
95	徐晓敏	东南大学	医学院	影像医学与核医学（本科直博）	159595	2015年9月
96	许　丽	东南大学	马克思主义学院	思想政治教育	179775	2017年9月
97	王晓娣	东南大学	人文学院	哲学	169609	2016年9月
98	负兆恒	东南大学	人文学院	哲学	169721	2016年9月
99	冉令江	东南大学	艺术学院	艺术学理论	179325	2017年3月
100	高　扬	东南大学	网络空间安全学院	网络空间安全	179125	2017年3月
101	周余阳	东南大学	网络空间安全学院	网络空间安全	179724	2017年9月
102	汪　睿	东南大学	建筑研究所	建筑学	189763	2018年9月

东南大学2019年硕士研究生国家奖学金获奖学生名单

序号	姓名	培养单位	基层单位	专业	学号	入学年月
1	王琳晰	东南大学	建筑学院	建筑学	180001	2018年9月
2	李烨晴	东南大学	建筑学院	风景园林学	180071	2018年9月
3	黄晓庆	东南大学	建筑学院	城市规划(专业学位)	170197	2017年9月
4	丛晓雨	东南大学	建筑学院	城乡规划学	170038	2017年9月
5	石晗玥	东南大学	建筑学院	城乡规划学	170046	2017年9月
6	陆天启	东南大学	建筑学院	美术学	170228	2017年9月
7	沈洁	东南大学	建筑学院	建筑学(专业学位)	170101	2017年9月
8	沈祎	东南大学	建筑学院	建筑学(专业学位)	170102	2017年9月
9	张皓翔	东南大学	建筑学院	建筑学(专业学位)	170123	2017年9月
10	张祺	东南大学	建筑学院	建筑学(专业学位)	170150	2017年9月
11	刘辛遥	东南大学	建筑学院	建筑学(专业学位)	180090	2018年9月
12	周瑶逸	东南大学	建筑学院	建筑学(专业学位)	180129	2018年9月
13	廖逸天	东南大学	建筑学院	建筑学(专业学位)	180134	2018年9月
14	胡侃	东南大学	建筑学院	建筑学(专业学位)	180148	2018年9月
15	吴韵	东南大学	建筑学院	风景园林(专业学位)	180211	2018年9月
16	雷庆明	东南大学	机械工程学院	机械工程	170247	2017年9月
17	钱逸程	东南大学	机械工程学院	机械工程	170257	2017年9月
18	郭明	东南大学	机械工程学院	机械工程	170289	2017年9月
19	刘家铭	东南大学	机械工程学院	机械工程	180239	2018年9月
20	钟义	东南大学	机械工程学院	机械工程	180265	2018年9月
21	马德贤	东南大学	机械工程学院	机械工程	180271	2018年9月
22	黄魁	东南大学	机械工程学院	机械工程	180279	2018年9月
23	魏玉敏	东南大学	机械工程学院	机械工程(专业学位)	170327	2017年9月
24	傅方舟	东南大学	机械工程学院	机械工程(专业学位)	170336	2017年9月
25	孟佳琳	东南大学	能源与环境学院	动力工程及工程热物理	170421	2017年9月
26	吴响	东南大学	能源与环境学院	动力工程及工程热物理	170434	2017年9月
27	叶强	东南大学	能源与环境学院	动力工程及工程热物理	170452	2017年9月
28	罗英	东南大学	能源与环境学院	动力工程及工程热物理	170453	2017年9月
29	彭勃	东南大学	能源与环境学院	动力工程及工程热物理	170466	2017年9月
30	杨路宽	东南大学	能源与环境学院	动力工程及工程热物理	170471	2017年9月
31	罗正康	东南大学	能源与环境学院	动力工程及工程热物理	170479	2017年9月
32	韩群	东南大学	能源与环境学院	动力工程及工程热物理	180397	2018年9月
33	李珂珂	东南大学	能源与环境学院	供热、供燃气、通风及空调工程	170499	2017年9月
34	王远	东南大学	能源与环境学院	动力工程(专业学位)	170541	2017年9月
35	李银生	东南大学	能源与环境学院	动力工程(专业学位)	170591	2017年9月

(续 表)

序号	姓名	培养单位	基层单位	专业	学号	入学年月
36	吴志鸿	东南大学	能源与环境学院	动力工程（专业学位）	170598	2017年9月
37	李冠儒	东南大学	能源与环境学院	动力工程（专业学位）	180571	2018年9月
38	高 磊	东南大学	能源与环境学院	环境科学与工程	170507	2018年9月
39	王 莹	东南大学	信息科学与工程学院	电路与系统	180630	2018年9月
40	陈 慧	东南大学	信息科学与工程学院	电磁场与微波技术	170645	2017年9月
41	景建新	东南大学	信息科学与工程学院	电磁场与微波技术	170660	2017年9月
42	何沛航	东南大学	信息科学与工程学院	电磁场与微波技术	170690	2017年9月
43	景洪波	东南大学	信息科学与工程学院	电磁场与微波技术	170691	2017年9月
44	张连炜	东南大学	信息科学与工程学院	电磁场与微波技术	180649	2018年9月
45	申佳琳	东南大学	信息科学与工程学院	电磁场与微波技术	180673	2018年9月
46	陆 超	东南大学	信息科学与工程学院	信息与通信工程	170709	2017年9月
47	王梦涵	东南大学	信息科学与工程学院	信息与通信工程	170720	2017年9月
48	李 杨	东南大学	信息科学与工程学院	信息与通信工程	170769	2017年9月
49	陈 彤	东南大学	信息科学与工程学院	信息与通信工程	180696	2018年9月
50	何云峰	东南大学	信息科学与工程学院	信息与通信工程	180701	2018年9月
51	李怡宁	东南大学	信息科学与工程学院	信息与通信工程	180711	2018年9月
52	刘 祺	东南大学	信息科学与工程学院	信息与通信工程	180713	2018年9月
53	宛超逸	东南大学	信息科学与工程学院	信息与通信工程	180718	2018年9月
54	张明辉	东南大学	信息科学与工程学院	信息与通信工程	180737	2018年9月
55	侯坤林	东南大学	信息科学与工程学院	信息与通信工程	180774	2018年9月
56	濮 睿	东南大学	信息科学与工程学院	信息与通信工程	180787	2018年9月
57	熊佳媛	东南大学	信息科学与工程学院	电子与通信工程（专业学位）	180869	2018年9月
58	匡 彪	东南大学	土木工程学院	管理科学与工程	171227	2017年9月
59	乔 娜	东南大学	土木工程学院	市政工程	181058	2018年9月
60	汪 珍	东南大学	土木工程学院	力学	170968	2017年9月
61	尹 健	东南大学	土木工程学院	力学	170971	2017年9月
62	丁 一	东南大学	土木工程学院	建筑与土木工程（专业学位）	171102	2017年9月
63	石碧玲	东南大学	土木工程学院	建筑与土木工程（专业学位）	171127	2017年9月
64	耿佳名	东南大学	土木工程学院	建筑与土木工程（专业学位）	181104	2018年9月
65	刘 芸	东南大学	土木工程学院	建筑与土木工程（专业学位）	181164	2018年9月
66	陈 熹	东南大学	土木工程学院	土木工程	170985	2017年9月
67	顾悦言	东南大学	土木工程学院	土木工程	170993	2017年9月
68	钱凯瑞	东南大学	土木工程学院	土木工程	171006	2017年9月
69	余心笛	东南大学	土木工程学院	土木工程	171021	2017年9月
70	曾少儒	东南大学	土木工程学院	土木工程	180972	2018年9月

（续　表）

序号	姓名	培养单位	基层单位	专业	学号	入学年月
71	谢思聪	东南大学	土木工程学院	土木工程	180995	2018年9月
72	杨　乾	东南大学	土木工程学院	土木工程	181005	2018年9月
73	田根民	东南大学	土木工程学院	土木工程	181017	2018年9月
74	王维扬	东南大学	土木工程学院	土木工程	181039	2018年9月
75	田慕阳	东南大学	电子科学与工程学院	电路与系统	181338	2018年9月
76	俞　峰	东南大学	电子科学与工程学院	电路与系统	181339	2018年9月
77	唐辛泉	东南大学	电子科学与工程学院	物理电子学	181301	2018年9月
78	李　帆	东南大学	电子科学与工程学院	微电子学与固体电子学	171364	2017年9月
79	王　涛	东南大学	电子科学与工程学院	微电子学与固体电子学	181349	2018年9月
80	吴成均	东南大学	电子科学与工程学院	微电子学与固体电子学	181350	2018年9月
81	耿杨烨	东南大学	电子科学与工程学院	微电子学与固体电子学	181359	2018年9月
82	刘　荟	东南大学	电子科学与工程学院	微电子学与固体电子学	181360	2018年9月
83	温永娇	东南大学	电子科学与工程学院	光学工程	171282	2017年9月
84	李　静	东南大学	电子科学与工程学院	光学工程	171290	2017年9月
85	林　琳	东南大学	数学学院	数学	181440	2018年9月
86	朱诗勇	东南大学	数学学院	数学	181445	2018年9月
87	田可心	东南大学	自动化学院	控制科学与工程	171539	2017年9月
88	周梦迪	东南大学	自动化学院	控制科学与工程	171545	2017年9月
89	刘　静	东南大学	自动化学院	控制科学与工程	181475	2018年9月
90	庄文林	东南大学	自动化学院	控制科学与工程	181509	2018年9月
91	陈旭璇	东南大学	自动化学院	控制工程（专业学位）	171554	2017年9月
92	薛裕峰	东南大学	自动化学院	控制工程（专业学位）	171576	2017年9月
93	陈思睿	东南大学	自动化学院	控制工程（专业学位）	181559	2018年9月
94	张紫璇	东南大学	自动化学院	控制工程（专业学位）	181571	2018年9月
95	郭　佳	东南大学	计算机科学与工程学院	计算机科学与技术	161510	2018年9月
96	任欢欢	东南大学	计算机科学与工程学院	计算机科学与技术	171628	2017年9月
97	王　鑫	东南大学	计算机科学与工程学院	计算机科学与技术	171635	2017年9月
98	徐威鸿	东南大学	计算机科学与工程学院	计算机科学与技术	171641	2017年9月
99	杨运韬	东南大学	计算机科学与工程学院	计算机科学与技术	171643	2017年9月
100	贺　黎	东南大学	计算机科学与工程学院	软件工程	171672	2017年9月
101	李　娜	东南大学	计算机科学与工程学院	软件工程	171674	2017年9月
102	任　震	东南大学	计算机科学与工程学院	软件工程	171678	2017年9月
103	吴敬晗	东南大学	计算机科学与工程学院	软件工程	171684	2017年9月
104	李明泽	东南大学	物理学院	物理学	171771	2017年9月
105	王意天	东南大学	物理学院	物理学	171778	2017年9月

(续 表)

序号	姓名	培养单位	基层单位	专业	学号	入学年月
106	冉换换	东南大学	生物科学与医学工程学院	生物医学工程	171821	2017年9月
107	郑镠铮	东南大学	生物科学与医学工程学院	生物医学工程	174566	2017年9月
108	刘凌泽	东南大学	生物科学与医学工程学院	生物医学工程	174583	2017年9月
109	蔡维嘉	东南大学	生物科学与医学工程学院	生物医学工程	174585	2017年9月
110	于晓程	东南大学	生物科学与医学工程学院	生物医学工程	174598	2017年9月
111	郭佳慧	东南大学	生物科学与医学工程学院	生物医学工程	184943	2018年9月
112	张志红	东南大学	生物科学与医学工程学院	教育学	174266	2017年9月
113	邵俊能	东南大学	生物科学与医学工程学院	生物医学工程(神经信息工程)	174276	2017年9月
114	朱建峰	东南大学	材料科学与工程学院	材料工程(专业学位)	171944	2017年9月
115	徐小雪	东南大学	材料科学与工程学院	材料工程(专业学位)	171947	2017年9月
116	康晓娟	东南大学	材料科学与工程学院	材料科学与工程	171865	2017年9月
117	仲雯	东南大学	材料科学与工程学院	材料科学与工程	181884	2018年9月
118	李凯	东南大学	材料科学与工程学院	材料科学与工程	181890	2018年9月
119	施文强	东南大学	材料科学与工程学院	材料科学与工程	181892	2018年9月
120	许琪曼	东南大学	材料科学与工程学院	材料科学与工程	181895	2018年9月
121	解一苇	东南大学	经济管理学院	金融学	172005	2017年9月
122	王赛	东南大学	经济管理学院	金融学	182005	2018年9月
123	胡雨林	东南大学	经济管理学院	管理科学与工程	182072	2018年9月
124	王君宇	东南大学	经济管理学院	管理科学与工程	182087	2018年9月
125	庞琦	东南大学	经济管理学院	会计学	182125	2018年9月
126	戴琦	东南大学	经济管理学院	图书情报与档案管理	172150	2017年9月
127	魏海军	东南大学	经济管理学院	物流工程(专业学位)	172058	2017年9月
128	陆柔	东南大学	经济管理学院	应用经济学	171980	2017年9月
129	童皓月	东南大学	经济管理学院	应用经济学	171984	2017年9月
130	曹哲	东南大学	经济管理学院	应用经济学	172002	2017年9月
131	顾沛	东南大学	经济管理学院	应用经济学	172003	2017年9月
132	康曼琳	东南大学	经济管理学院	应用经济学	181973	2018年9月
133	陈勇	东南大学	电气工程学院	电气工程	172615	2017年9月
134	吕亚娟	东南大学	电气工程学院	电气工程	172633	2017年9月
135	陶苏朦	东南大学	电气工程学院	电气工程	172642	2017年9月
136	俞智鹏	东南大学	电气工程学院	电气工程	172652	2017年9月
137	赵毅	东南大学	电气工程学院	电气工程	172655	2017年9月
138	张超明	东南大学	电气工程学院	电气工程	172668	2017年9月
139	张珂	东南大学	电气工程学院	电气工程	172673	2017年9月
140	查道军	东南大学	电气工程学院	电气工程	172676	2017年9月

(续 表)

序号	姓名	培养单位	基层单位	专业	学号	入学年月
141	潘鹏鹏	东南大学	电气工程学院	电气工程(专业学位)	172701	2017年9月
142	李丹奇	东南大学	电气工程学院	电气工程(专业学位)	182707	2018年9月
143	陈秋宇	东南大学	外国语学院	英语语言文学	172765	2017年9月
144	沈珏莹	东南大学	外国语学院	英语语言文学	172771	2017年9月
145	陈 玲	东南大学	外国语学院	日语语言文学	172780	2017年9月
146	黄 蓉	东南大学	化学化工学院	材料物理与化学	172860	2017年9月
147	王瑞丽	东南大学	化学化工学院	化学	172809	2017年9月
148	王晨晨	东南大学	化学化工学院	化学	172830	2017年9月
149	高亚芳	东南大学	化学化工学院	化学	172835	2017年9月
150	洪丹丽	东南大学	化学化工学院	化学	172838	2017年9月
151	王佳莹	东南大学	化学化工学院	化学	182834	2018年9月
152	黄紫微	东南大学	化学化工学院	化学工程(专业学位)	172933	2017年9月
153	彭 豪	东南大学	化学化工学院	化学工程与技术	172897	2017年9月
154	王 聪	东南大学	化学化工学院	化学工程与技术	182899	2018年9月
155	曹 钰	东南大学	交通学院	交通运输工程	172995	2017年9月
156	邓涵宇	东南大学	交通学院	交通运输工程	172996	2017年9月
157	刘 月	东南大学	交通学院	交通运输工程	173012	2017年9月
158	汤钧尧	东南大学	交通学院	交通运输工程	173019	2017年9月
159	李树伟	东南大学	交通学院	交通运输工程	182999	2018年9月
160	马 克	东南大学	交通学院	交通运输工程	183023	2018年9月
161	陈 波	东南大学	交通学院	测绘科学与技术	172986	2017年9月
162	郑宫夔	东南大学	交通学院	岩土工程	182970	2018年9月
163	单彧诗	东南大学	交通学院	桥梁与隧道工程	172975	2017年9月
164	谢 磊	东南大学	交通学院	交通运输工程(专业学位)	173113	2017年9月
165	郝 俊	东南大学	交通学院	交通运输工程(专业学位)	173148	2017年9月
166	汪 锐	东南大学	交通学院	交通运输工程(专业学位)	183096	2018年9月
167	戴 鹏	东南大学	仪器科学与工程学院	仪器科学与技术	173189	2017年9月
168	郭小乐	东南大学	仪器科学与工程学院	仪器科学与技术	173195	2017年9月
169	杨 萍	东南大学	仪器科学与工程学院	仪器科学与技术	173238	2017年9月
170	高 烨	东南大学	仪器科学与工程学院	仪器科学与技术	183194	2018年9月
171	厉 叶	东南大学	仪器科学与工程学院	仪器科学与技术	183200	2018年9月
172	邵斌澄	东南大学	仪器科学与工程学院	仪器科学与技术	183204	2018年9月
173	杨美程	东南大学	仪器科学与工程学院	仪器科学与技术	183208	2018年9月
174	郭 茜	东南大学	法学院	法学	173300	2017年9月
175	丁 鹏	东南大学	法学院	法学	173319	2017年9月

(续　表)

序号	姓名	培养单位	基层单位	专业	学号	入学年月
176	李吉映	东南大学	法学院	法学	183301	2018年9月
177	和亚娟	东南大学	法学院	法学	183321	2018年9月
178	陈江涛	东南大学	生命科学研究院	生物学	183391	2018年9月
179	吴淼	东南大学	生命科学研究院	生物学	183399	2018年9月
180	刘菲	东南大学	生命科学研究院	生物学	183408	2018年9月
181	刘宇翔	东南大学	公共卫生学院	流行病与卫生统计学	173426	2017年9月
182	纪双斌	东南大学	公共卫生学院	劳动卫生与环境卫生学	173433	2017年9月
183	宫苗	东南大学	公共卫生学院	公共卫生(专业学位)	173476	2017年9月
184	王宁	东南大学	公共卫生学院	公共卫生(专业学位)	173484	2017年9月
185	查俊豪	东南大学	医学院	临床医学	173559	2017年9月
186	杜紫薇	东南大学	医学院	临床医学	173564	2017年9月
187	华欣	东南大学	医学院	临床医学	173572	2017年9月
188	靳诗颖	东南大学	医学院	临床医学	173577	2017年9月
189	王浩	东南大学	医学院	临床医学	173616	2017年9月
190	徐倩	东南大学	医学院	临床医学	173630	2017年9月
191	蔡杰瑞	东南大学	医学院	临床医学	173658	2017年9月
192	季振军	东南大学	医学院	临床医学	183587	2018年9月
193	轩文彬	东南大学	医学院	临床医学	183679	2018年9月
194	查明明	东南大学	医学院	临床医学	183698	2018年9月
195	徐雪妮	东南大学	医学院	临床检验诊断学	173532	2017年9月
196	周芳	东南大学	医学院	内科学	173513	2017年9月
197	李林青	东南大学	医学院	内科学	173519	2017年9月
198	向勇	东南大学	马克思主义学院	马克思主义理论	173722	2017年9月
199	李慧慧	东南大学	马克思主义学院	马克思主义理论	173725	2017年9月
200	苏锦锦	东南大学	人文学院	汉语国际教育硕士	183807	2018年9月
201	毕占方	东南大学	人文学院	公共管理	173797	2017年9月
202	李梦倩	东南大学	人文学院	公共管理	183837	2018年9月
203	尤宇轩	东南大学	人文学院	社会学	173749	2017年9月
204	姜卿卿	东南大学	艺术学院	艺术设计(专业学位)	174002	2017年9月
205	杨心怡	东南大学	艺术学院	艺术设计(专业学位)	174005	2017年9月
206	陈阿曼	东南大学	艺术学院	美术学	173973	2017年9月
207	张真	东南大学	艺术学院	艺术学理论	173957	2017年9月
208	张雨晨	东南大学	苏州联合研究生院	英语笔译(专业学位)	184137	2018年9月
209	董涵	东南大学	苏州联合研究生院	计算机技术(专业学位)	174106	2017年9月
210	高霞	东南大学	苏州联合研究生院	建筑与土木工程(专业学位)	174145	2017年9月

(续　表)

序号	姓名	培养单位	基层单位	专业	学号	入学年月
211	陈 骁	东南大学	苏州联合研究生院	交通运输工程(专业学位)	174196	2017年9月
212	吕 呈	东南大学	苏州联合研究生院	交通运输工程(专业学位)	184275	2018年9月
213	马国瑞	东南大学	苏州联合研究生院	工业设计工程(专业学位)	184322	2018年9月
214	宋 睿	东南大学	网络空间安全学院	网络空间安全	170815	2017年9月
215	张喆颖	东南大学	网络空间安全学院	网络空间安全	170820	2017年9月
216	邓峰杰	东南大学	网络空间安全学院	网络空间安全	184368	2018年9月
217	任玉倩	东南大学	网络空间安全学院	网络空间安全	184374	2018年9月
218	赵博阳	东南大学	网络空间安全学院	网络空间安全	184380	2018年9月
219	祁欣妤	东南大学	网络空间安全学院	网络空间安全	184390	2018年9月
220	杨俊杰	东南大学	网络空间安全学院	网络空间安全	184421	2018年9月
221	李宜铮	东南大学	网络空间安全学院	网络空间安全	184425	2018年9月
222	高和仁	东南大学	软件学院	软件工程(专业学位)	184620	2018年9月
223	单元元	东南大学	软件学院	软件工程(专业学位)	184628	2018年9月
224	何璐阳	东南大学	微电子学院	电子科学与技术(集成电路设计)	174406	2017年9月
225	陈 爽	东南大学	微电子学院	集成电路工程(专业学位)	174412	2017年9月
226	李宇峰	东南大学	微电子学院	集成电路工程(专业学位)	174454	2017年9月
227	徐 峰	东南大学	微电子学院	集成电路工程(专业学位)	174468	2017年9月
228	韩 雄	东南大学	微电子学院	集成电路工程(专业学位)	174487	2017年9月
229	钱智明	东南大学	微电子学院	集成电路工程(专业学位)	174497	2017年9月
230	陈 青	东南大学	微电子学院	集成电路工程(专业学位)	174500	2017年9月
231	陈 东	东南大学	微电子学院	集成电路工程(专业学位)	184717	2018年9月
232	陶心怡	东南大学	微电子学院	集成电路工程(专业学位)	184814	2018年9月
233	朱文涛	东南大学	微电子学院	集成电路工程(专业学位)	184833	2018年9月

2018—2019学年校长奖学金表彰名单

建筑学院(6人)

万洪羽　丁怡如　杜　舰　李艳妮　张钰山　徐雨涵

机械工程学院(6人)

杜育瑞　潘毅峰　翟培然　季　睿　孙　铭　李子硕

能源与环境学院(7人)

陈　浩　陈显浩　蔡　玉　熊再立　赵月琪　周　雪　韩　婧

信息科学与工程学院(8人)

周逸轩　侯宏卫　胡玉嵘　叶子文　凌泰炀　顾　昊　黄乐扬　邵栩宁

土木工程学院(8人)

奚　旺　方　瑜　刘　畅　朱昕云　尹世琛　李岱枰　栾亚函　徐立华

电子科学与工程学院(6人)

徐晨铖　秦育彬　李可欣　李力行　刘　森　周恺泽

数学学院(3人)

宁宸辉　房正昊　汪宇惠

自动化学院(4人)

陈德锦　李　玥　许　婕　唐昕炜

计算机科学与工程学院、软件学院、人工智能学院(9人)

孙泽雯　姜飞虎　方　骏　狄子昂　邵一展　张诚天　凌泰炜　涂煜洋　黄　旭

物理学院(2人)

李卓熠　高艺萌

生物科学与医学工程学院(3人)

仪修琳　刘家铭　罗雨菡

材料科学与工程学院(3人)

刘　非　徐潇航　郭　威

人文学院(4人)

高佳琪　曾露娇　李　阳　管雨欣

经济管理学院(11人)

杨宇瑶　孟雅之　叶宾华　杨文晴　陈思宇　秦小桅　崔　雪　王雅妮　薛惠文
魏　玮　唐　旗

电气工程学院(5人)

袁　典　刘浩然　杨辰宇　丁明敏　余雪珂

外国语学院(3人)

鲁博雅　谭梦娇　彭芷馨

化学化工学院(2人)

王开智　张仁超

交通学院(9人)

彭显玥　张科扬　李欣朋　刘雨欣　李珂韦　刘川淳　曹　茜　张程玮　范玉楼

仪器科学与工程学院(3人)

魏林琥　卢一凡　钟志伟

艺术学院(3人)

季泠希　黄泓玮　王心怡

法学院(2人)

胡炜瑛　高　瑞

公共卫生学院(2人)

刘　畅　向欣雅

医学院(9人)

杨雯迪　张乐乐　刘丽萍　康安琪　刘　熙　丁子豪　吴宇恒　张　可　张　宸

网络空间安全学院(2人)

邵长捷　付　孜

吴健雄学院(11人)

王牵莲　包绎成　万恒至　雷重庆　孟声国　高　祥　汪子涵　丁自民　羊宇培　肖煜坤　周之遥

2018—2019 学年奖教金、奖学金获奖名单

顾冠群、章玉琴奖助学金（顾冠群院士家属及学生设立）　奖金总额 5 万元

获奖名单

吴子瞻	03017122	何丹丹	13415102	刘宝昌	22017210
贺　柳	06A17139	刘一夫	14917101	傅城瑜	61517223
杨腾飞	07316119	柳依溪	17116305	姜飞虎	09017348
曾　铖	09017226				

齐康奖助基金（齐康院士设立）　奖金总额 5 万元

建筑学院教师获奖名单

任思捷

学生获奖名单

刘辛遥	180090	李佳宇	180181	李　奇	174255
沈　洁	170101	刘　皓	174259	王琳晰	180001
宋　爽	170217	徐海闻	184593		

何振亚、王孝书奖学金（何振亚、王孝书设立）　本金 12 万元

获奖名单

宋　畅　　170775

东南大学建筑设计与理论研究中心——程泰宁奖励基金（程泰宁院士设立）　奖金总额 7.5 万元

获奖名单

李沛文	184590	米锋霖	170095	李尚媛	180171
陈韵玄	170077	戴文诗	179345	赵英豪	01115115
姚秀凝	01116207	丁怡如	01117108	秦　瑜	01115226
万洪羽	01116202	刘逸卓	01117207	郎烨程	01115225
包彦琨	01117124	毛珂捷	01116128	费　诚	01115325

东南大学吕志涛科技教育基金奖学(教)金（吕志涛院士的家属、学生和友好企事业单位设立）　本金 400 万元

土木工程学院教师获奖名单

成于思　　徐照　　朱仟　　秦卫红

学生获奖名单

| 徐梓栋 | 189099 | 祝青鑫 | 179449 | 陆明飞 | 169067 |

殷秉动	05117222	姚佳明	05317105		

杨廷宝奖学金(杨廷宝先生家属、建筑学院、建筑学院1986级校友设立)　本金9万元
　　获奖名单

　　　　刘昌铭　　　01115116

朱斐、孙绎奖助学金(朱斐、孙绎及其子女设立)　奖金总额1.5万元
　　获奖名单

罗鑫磊	02016413	韩文虎	02017308	张洵健	02016623
王世彬	02016633	谈秀丽	02617107		

周鹗奖学金(周鹗教授及夫人王慕藏教授,众高足设立)　奖金总额1.5万元
　　获奖名单

张　珂	172673	查道军	172676	郑　昊	172720
郭轩江	16016529	阴含希	16016630		

陈延年、王劲松奖学金(陈延年、王劲松设立)　奖金总额3万元
　　获奖名单

张　浩	159479	康晓娟	171865	周文静	161763
冯建航	12015118	顾晓雯	12015203		

李元坤奖学金(徐元善先生设立)奖金5 000元
　　获奖名单

　　　　王钰恒　　　14C18419

丁大钧教育基金奖助学金(丁大钧教育基金会设立)　奖金总额1.6万元
　　获奖名单

尹　健	170971	刘海霞	171001	王　琳	171012
徐庆龙	171155	黄子杰	05217112	侯力元	05116511
金姗霖	05217111	马可心	05517109		

蒋永生教授奖励基金(蒋永生教授家属、学生及好友设立)　奖金总额6万元
　　获奖名单

石竟成	174131	曲悠扬	171207	王可欣	171011
张迎春	170982	徐孝宇	171018	文隆佳	171163
高　远	170992	李梦男	171113	张　铭	171059
言　炘	171020	宋俊霖	05116113	苏子阳	05115613
叶　超	05117110	杨　航	05516125	仇敏桦	05115631
王　霏	05117211	姜宇珍	05A18502	陈昊辉	05115626

朱旭明	05117603	谭经纬	05116411

郝英立奖学基金（高嵩同志及沈锦华、郭金林、沙敏等校友设立） 奖金1万元

获奖名单

耿新泽	179364

言恭达奖教金、奖学金（言恭达先生设立） 奖金总额5万元

艺术学院教师获奖名单

李小旋	郑德东	李　欣	姚　瑶	许继峰
程万里	杨　朗	徐习文	邱　军	薛　扬

学生获奖名单

李　卉	184041	姜卿卿	174002	戎恺凯	189868		
陶　伟	174011	陈家伟	24216119	吴文菠	24316222		
葛鸿雁	24317111	储刘博凯	24218116	钟以恒	24317119		
邵晨雨	24316114						

黄林、郭养滋奖学金（黄林、郭养滋伉俪设立） 奖金总额1.4万元

获奖名单

赵文韬	08116107	王汕昭	22017124	肖珏媛	08116104
李润发	22017214				

朱庆庥奖助学金（朱世平校友设立） 奖金总额1万元

获奖名单

夏　婧	182802	杜佳丽	14Y17101	刘　健	71116329

恽瑛奖助学金（恽瑛教授、潘天任、左韵芳设立） 奖金总额3.6万元

获奖名单

娄坤帅	03015212	李　钊	10117115	高睿昊	09016113
别亦然	03017127	姜乃松	16016317	杨恒星	10117123
沈嘉璐	08016212	陈荣佳	16016521	曹苇杭	61517425
宦冬亚	08016302	李博文	61517322	王　帆	71116147

恽瑛、常州校友会奖助学金（恽瑛教授，东南大学常州校友会设立） 奖金总额4.5万元

获奖名单

沈　睿	01117313	薛天怡	14617108	包绎成	61517222
蔡天佑	02017412	朱芷晴	17217114	裴玲茜	14517223
程丹莲	05117423	唐揽月	21117216	潘紫柔	13116107
吉天义	06A18214	严秋牠	24218103	强珂阳	57118106

| 张鹏宇 | 08117121 | 贺博文 | 57117127 | 狄子昂 | 09018230 |

程文瀼教授奖助学基金（程文瀼教授家属及其弟子设立） 本金33万元
获奖名单

王仲衡	171015	周劲峰	181067	穆智琼	181175
李志强	05115213	王怡佳	05217102	张　路	05215119
郑稼乘	05117217	李欣蔚	05517101		

施明恒奖学金（施明恒教授及其弟子设立） 奖金总额1.5万元
获奖名单

| 刘正浩 | 170418 | 曹硕硕 | 170386 | 郭振宇 | 03015111 |
| 陈祎祺 | 03116601 | 熊再立 | 03017211 | | |

徐百川OVM预应力奖学金、奖教金（柳州欧维姆机械股份有限公司设立） 奖金总额5万元
土木工程学院教师获奖名单

汤昱川　　舒赣平

学生获奖名单

李　勇	159063	卢　干	160962	姚　宽	171145
张　骞	189087	曹徐阳	159399	李　亮	181002
李春雨	169060	张同庆	171179	张旻权	171172
司　怡	171128				

章春梅奖学金（章春梅教授家属及其弟子设立） 奖金总额1.2万元
获奖名单

| 朱　玉 | 171887 | 郭鹏业 | 181880 | 张俊杰 | 12015419 |
| 刘星妍 | 12016401 | | | | |

何德坪奖学金（何德坪教授家属设立） 本金10.8万元
获奖名单

杨绎原　12016207

霞光奖助学金（程光蕴、许世霞夫妇设立） 奖金总额2万元
获奖名单

| 李海宾 | 02016217 | 陈月升 | 02017623 | 范巧林 | 02017620 |
| 王　帅 | 02016424 | 高艺萌 | 10117105 | | |

徐南荣奖学金（桂莲基金会设立） 本金50万元
获奖名单

| 刘　兴 | 172559 | 张静怡 | 14215112 | 崔　雪 | 14616123 |

东南大学陈珩教授奖励发展基金(陈珩教授的家属、学生及好友等设立)　本金 116 万元

获奖名单

王煜奇	149493	赵　毅	172655	李　峰	179198
王　亮	172752	吕亚娟	172633	赵　昕	16016107
钱牛欢	16016622	丁博豪	16016619	张煜佳	16016205
张仁超	19217112				

孙国雄奖学金(孙国雄教授及其研究生设立)　奖金总额 2 万元

获奖名单

薛　琳	149468	周镜茹	181885	樊一鸣	181874
高　雪	181875	沈奕阳	181876		

陈善年、佘颖禾核电安全与创新奖学金(陈善年、佘颖禾教授夫妇设立)　本金 100 万元

获奖名单

研究生奖 3 000 元

王昌朔　　160408

本科生一等奖 5 000 元

王培任　　03016110

本科生二等奖 4 000 元

高天宇　　03317520

本科生三等奖 3 000 元

林悦楠	03315523	霍文杰	03315514	徐　震	03317517

颜景平教授暨弟子奖学基金(颜景平教授暨弟子设立)　奖金总额 1 万元

获奖名单

陆振哲	02017126	周　磊	02017615

张建坤基金(张嘉澍先生设立)　本金 31 万元

获奖名单

周晶莹	171214	陈静怡	05215212	李诗萌	05216204

"徐吉谦-张秋"奖学金(徐吉谦教授及其曾指导的研究生设立)　奖金总额 1.5 万元

获奖名单

章明钰	21016109	朱晓蕾	21117106	李欣朋	21017111
曹　峥	21016120	马瑶琛	21117213		

育殊奖学金(王育殊教授夫人徐凤女士及学生、校友等设立)　奖金总额 3.9 万元

获奖名单

荆　珊	159607	安汝杰	159614	袁　铮	173744

| 沈栾可人 | 13617107 | 闪佳雯 | 13616115 | 梅玉倩 | 13616108 |

郭秉文基金东南大学人文学院奖助学金（郭秉文基金设立） 奖金总额1.4万美元

获奖名单

王　硕	13117123	周乐莹	13317117	王　琪	13A18302
文侃骁	13117124	刘思颖	13A18808	王佳钰	13A18513
苏　菲	13117119	胥　沁	13A18905	胡馨月	13A18617
卢　也	13217123	魏嘉仪	13A18317	王润浩	13A18826
陈欣怡	13417108	邓安琪	13617115	潘宸越	13A18802
唐千千	13417111	秦紫璇	13617118	张泽群	13A18827
陈俊蓉	13417121	马文清	13A18203		

蒋贤文奖学金、奖教金（蒋时俊校友设立） 本金300万元

物理学院教师获奖名单

解希顺　　陈世华

学生获奖名单

本科生一等奖

| 李国平 | 10316103 | 李国安 | 10316104 |

本科生二等奖

| 彭　韩 | 10116118 | 王心悦 | 10117103 | 陆佳华 | 10316115 |
| 张　苊 | 10117107 | 王福毅 | 10316108 | 潘斯语 | 10317113 |

研究生奖

| 米　伟 | 161674 | 曲登科 | 171792 | 王　宏 | 171775 |
| 丁　鑫 | 181760 | | | | |

陆梓瑜奖助学金（陆虎进校友设立） 奖金总额10万元

获奖名单

张凯亮	14715116	崔　柳	14816107	姜　硕	14817122
陈云峰	14715115	蒋昕昱	14816128	吴成勇	14817118
贾慧君	14716107	高晓文	14817123	俞俊英	14817104
龙一凡	14716114	佘欣健	14817129	林奥哲	14817118
陶雪莲	14716108	张　蕊	14817109	张沁媛	14816103
许　炎	14716102	县文虎	14817132	李　欣	14717104
唐水源	14716120	刘雨昕	14817120	朱卓凡	14717102
马治锐	14716112	李佳琳	14817107	王媛媛	14815104
张亦凡	14717109	袁　嘉	14817124	刘利君	14816111
姚许晶	14717106	赵锦锦	14817108	崔卓航	14816121

轩铭奖学金(杨轩铭校友设立)　奖金 5 000 元

　　获奖名单

　　　　徐海川　　　　21716209

吴健雄·生医奖学金(东南大学生物科学与医学工程学院发展基金设立)　奖金总额 16 万元

　　获奖名单

　　研究生特等奖

　　　　李思雨　　161696　　张玉洁　　181836　　张玉婷　　184939

　　研究生奖

　　　　缪　佳　　174277　　李　怡　　181816　　霍恩泽　　181819
　　　　郑长坤　　184946　　余筠如　　169750　　黎东升　　184947
　　　　郑　良　　171830　　郑镠铮　　174566　　邹旻含　　174571
　　　　王月桐　　174574　　刘凌泽　　174583　　蔡维嘉　　174585
　　　　陈卓玥　　189175　　刘羽霄　　169455

　　本科生特等奖

　　　　康　悦　　11115116　　雷予辰　　11117122　　帅哲玮　　11317105
　　　　刁铭一　　26115101

　　本科生奖

　　　　张筱萱　　11115108　　王卓颖　　11215113　　赵作翰　　11317115
　　　　缪居正　　11115122　　段秋怡　　11216103　　封雨欣　　11A18313
　　　　吕乾韬　　11115132　　魏新若　　11217114　　陶天童　　11A18309
　　　　王　颖　　11115109　　严东楠　　11217117　　周　月　　11116211
　　　　张　琪　　11116109　　王子熙　　11218102　　孙闻远　　11117121
　　　　梁嘉炜　　11116112　　王管诚　　11218107　　仪修琳　　11117203
　　　　石诚欢　　11116122　　李　根　　26116113

夏翔纪念奖学基金(夏元庆老师设立)　本金 20 万元

　　获奖名单

　　　　虞沁宸　　　　03016314

焦廷标奖学基金(南京华新有色金属有限公司设立)　本金 500 万元

　　教师获奖名单

　　　　罗守华　　生物科学与医学工程学院　　　　冷　玥　　生物科学与医学工程学院
　　　　徐　华　　生物科学与医学工程学院　　　　娄永兵　　化学化工学院
　　　　张久洋　　化学化工学院　　　　　　　　　李　健　　生命科学研究院

　　学生获奖名单

　　　　马　良　　172832　　卢　添　　181441　　辛雨萌　　179589

邵思羽	159230	孙春雷	181446	李长青	173291
陆琴辉	01214110	丁波文	19316120	高炜涵	61516106
余前国	02016527	刘安南	22017125	房正昊	07317117

许尚龙光彩事业贫困学生奖助学金（南京21世纪投资集团设立）　奖金总额4万元
获奖名单

吴 仿	02017625	张伟椿	16016228	李欣辰	42218202
韩镇蓬	03215728	杨 军	19317117	沈俊贤	43216320
尹帮伟	04016614	杨光煜	21815126	时 光	57118323
屈扬舒	05318123	俞采利	25017231	李成林	10316112
曹 静	06A17341	魏雅轩	41118105	李 俏	13616110
何霁洋	07316106	韩影波	42216101	郭静思	14517201
余沛文	09018310	袁 华	61517420		

许尚龙奖教金（校友许尚龙先生设立）　本金100万元
获奖名单

汤 斌	外国语学院	朱丽田	外国语学院
浦惠红	外国语学院	凌建辉	外国语学院
高 娜	人文学院	刘 敏	人文学院
庄紫园	马克思主义学院	杨 望	网络空间安全学院

唐仲英德育奖学金[唐仲英基金会（中国）设立]　奖金总额50万元
获奖名单

赵博韬	01218216	杨懿昕	11A18111	张宁悦	43618202
秦楚晋	02018616	庞慧婷	12018102	陈 盈	57118204
马文哲	03A18312	刘天语	13A18824	冯 薇	61518301
谭 乐	04018302	石小凡	14C18313	赵起祥	02018216
方卓祯	05218205	田佳辰	16018324	梁祥虎	04018727
程新天	06A18134	钱伊濛	17118303	兰秀华	14B18613
汪宇惠	07018105	韩庚樾	21A18316	韩天宇	19018310
谢艺明	08A18106	唐子涵	22018120	周建华	19018116
李思易	09018405	李靖宜	24118106	赵双雨	42218110
吴启乐	10018128	赵雅琪	42118205	杨 丹	21A18309

大连东岗奖教金、奖学金（大连信恒康医药科技有限公司设立）　奖金总额10万元
教师获奖名单

潘 旻	医学院	仲 明	医学院	封海霞	医学院
石 然	医学院	孔 璐	公共卫生学院		

学生获奖名单

刘泽君	173548	王 婷	173507	邱 钰	173600
颜 涵	173709	王希涛	173620	于 月	173666

杨　民	41115116	李　晨	43116105	庄秋予	43217214
季倩倩	42117111	格桑卓嘎	43116201	邓子微	43217304
向欣雅	42216111	张　炯	43214116	江雨昕	43217412
陈睿楠	42217211	高宇澄	43215429	吴昊天	43314126
温智珑	43114225	周　律	43216108	徐　艳	43415104
陈凌雁	43115310	黄淳淳	43216312	张思宇	43A17108

东南大学周远奖学金（中国科学院理化技术研究所设立） 奖金总额3万元

获奖名单

姜　川	03015236	赵婉吟	03016103	孙冠勋	03017225
张雨萌	03015202	曾名迅	03016215	朱永茂	03017307
刘　行	03015211	赵聪凡	03017322	付　颜	03016104
蒋　铮	03015329				

煜平公卫奖学金（方煜平校友设立） 奖金总额3.2万元

获奖名单

黄凯萍	173424	甘俊英	173475	李若琳	13416112
丁晨钰	42216206	陈媛婧	42217206	赵　航	42115216
刘依婷	42216211	沈诩翔	42116111		

陈斌、曾珠奖学金（陈斌、曾珠校友夫妇设立） 本金100万元

获奖名单

周兆忠	181094	王　艳	171138	朱佳恒	05117226
赵　灿	05A18529	刘佳钰	05117309	郑浩杰	12017211

何勤奋爱心基金奖学金（何勤奋校友父母及女儿设立） 本金150万元

获奖名单

邓一秀	01217221	施　殊	08116119	邓心林	25017218
饶　勤	08016124	傅晓晨	13116111	宋宇星	57117225
郭泽宇	08016132	俞思尧	24317120	王　旸	61516221
顾凯栋	08016328	李雅君	25016211		

王崎奖助学金（厦门均和房地产土地评估咨询有限公司设立） 奖金总额5万元

获奖名单

孙　潇	01217206	樊嘉颖	17216203	张林炬	61517320
吴　俊	02016630	李　燚	21517106	贾仲勋	71116318
吴欣茹	06016405	李启轩	22017107	李诗岚	14B18303
李　阳	13416113				

闵瑜校友奖励基金（深圳市爱迪尔电子有限公司设立） 奖金总额20万元

教师获奖名单

俞传飞	建筑学院	殷　铭	建筑学院

张　弦	建筑学院	贾亭立	建筑学院
唐　斌	建筑学院	阚亚鲸	机械工程学院
邢佑强	机械工程学院	李　晓	机械工程学院
章　寅	机械工程学院	吴闻宇	机械工程学院
段钰锋	能源与环境学院	苏志刚	能源与环境学院
余　冉	能源与环境学院	刘　倩	能源与环境学院
殷勇高	能源与环境学院	倪庆剑	计算机科学与工程学院
杨　明	计算机科学与工程学院	伍家松	计算机科学与工程学院
方效林	计算机科学与工程学院	杨全胜	计算机科学与工程学院
洪　鑫	医学院	赵　晟	医学院
甘光明	医学院	严春光	医学院
顾小春	医学院		

学生获奖名单

叶　波	01114326	言　澜	03117602	周　楠	43115307
张　涵	01114319	孟祥晖	03215734	陈依然	43214515
李心恬	01214101	张　帆	03316501	朱泽鹏	43215421
郑　婳	01514109	姜景元	09016115	史　楠	43816133
徐垚汉	01517116	商小雨	09016109	李斯琪	02616106
陈泽众	02016109	丁昂然	09016147	沈诗宇	03016304
周家琪	02016502	尤永庭	09016314	郑平洋	03017205
赵昊琳	02017204	顾婷瑄	09016401	张乐乐	43A17324
杨雯皓	02017311				

王燕清奖学金（无锡先导智能装备股份有限公司设立） 奖金总额16.4万元

获奖名单

柏正权	170349	杨文聪	170344	雷庆明	170247
俞智鹏	172652	陈　勇	172615	吴海富	172745
刘鹏翔	172699	姚　帅	179582	徐　舸	170302
王佳宇	172709	杨周宇	170378	刘　川	170253
余前国	02016527	王家政	02616113	叶江川	16016121
戴松乔	02616101	亢丽君	16016104	李锦达	16016307
张　乐	02016229	曾维通	16016113	周家乐	02616104
刘　武	02016405	陈雅宜	16016201	刘添驰	16016601

"陶行知教学质量管理"奖教金（南京盘龙传媒集团设立） 奖金总额9.5万元

获奖名单

贾民平	机械工程学院	杜　垲	能源与环境学院
孟　桥	信息科学与工程学院	于　虹	电子科学与工程学院
张福保	数学学院	马旭东	自动化学院
周雨青	物理学院	张天来	人文学院
陈良华	经济管理学院	黄学良	电气工程学院

郭玲香	化学化工学院	程建川	交通学院
程向红	仪器科学与工程学院	张建琼	医学院
窦 骏	医学院	唐 萌	公共卫生学院
巢健茜	公共卫生学院	翟玉庆	网络空间安全学院
堵国樑	电工电子实验中心		

东南大学薄曦、孙纯发展基金(薄曦、孙纯夫妇设立) 奖金总额2万元

建筑学院教师获奖名单

　　唐 芃　　李 哲

东南大学"苏州工业园区奖学金"(苏州工业园区设立) 奖金总额15万元

获奖名单

丁 浩	161783	邹婧叶	161825	徐嘉铭	171373		
李 帆	171364	青必浩	174109	高 霞	174145		
袁凤琴	174252	董 涵	174106	黄亚萍	174228		
罗玉琳	174168	陈碧娇	160182	袁佩桦	170121		
张夕林	174335	吴 穹	174351	王凯旋	174565		
程晓彤	174599	蔡景丰	170868	丛 韫	170936		
杨天阳	161403	徐 园	171575	陈雪纯	01515131		
逄淏崙	06016336	张嘉琦	71116140	高 媛	01515103		
沈正国	06216607	於明嘉	71116401	唐四维	01516114		
黄楚炫	08016120	沈梦烨	71116443	方 田	02015708		
陈德锦	08016211	杨慧雯	04016138	宋浩艺	02016131		
罗雨蒿	11316103	薛锦岑	05116516	张霁寒	02016506		
鲍卓珩	12015228	王翘楚	06016302	倪天恒	04015336		
陈家辉	12016322						

宝钢教育奖(宝钢教育基金会设立) 奖金总额14万元

教师获奖名单

宝钢优秀教师特等奖提名奖

　　陈建龙　　数学学院

宝钢优秀教师奖

　　张 彤　　建筑学院　　周雨青　　物理学院　　叶海涛　　马克思主义学院

学生获奖名单

宝钢优秀学生特等奖

　　汤渊源　　159526

宝钢优秀学生奖

　　余筠如　　169750　　宁光富　　169168　　张卓然　　01116110

高 远	03015319	寇梓黎	06015134	高柏植	10315112

光华奖学金（光华教育基金会有限公司设立） 奖金总额40万元

获奖名单

陆维杰	171005	陈忠涛	169470	乔 松	171124
俞昊然	179425	李保亮	159477	司 怡	171128
章锦洋	171025	刘 闯	161833	刘 涛	171119
王 希	169069	戴剑雯	171945	袁晶晶	171089
王 丹	161796	陈明秀	161837	马溢轩	171075
杨 莉	159677	李 晴	171114	王君娴	171076
张 宇	169142	高宇琦	171107	范健华	05115601
王肖骏	05115623	李柳洋	05216105	耿子凡	12015135
支新航	05116617	李岱杆	05216113	秦宇璇	12015208
刘子航	05116623	尚旭妍	05216209	徐 涵	12015306
蒋心朗	05117305	陈佳龙	05216217	罗心怡	12015403
王肖伊	05117601	周崇博	05316122	许智斌	12016120
刘继久	05117604	李 轶	05515105	刘 非	12016403
董道阳	05117605	熊紫伊	12015110	石宇阳	12016408
邓昊祥	05117613	金 鹏	12015124	徐潇航	12017222
刘 峰	05215216	董 樑	12015129	郭 威	12017419

电子十二所奖学金（中国电子科技集团公司第十二研究所设立） 奖金总额13万元

获奖名单

王 尚	159426	褚晨蕾	169088	陆扬扬	169089
谢祖帅	179111	丁 欣	179335	郑鹏飞	179100
李明泽	171771	李子园	170708	王 琳	170881
张宇豪	170930	陈颖琦	04015330	田舟洲	06016438
刘炫宇	06A17141	张鹏辉	04016632	孙耀辉	06A17116
李卓熠	10116102	钱缪峰	04017519	王明阳	06A17113
李 悦	06016309	岳 钒	06015337		

东南大学"苏州育才奖学金"（苏州市人才资源和社会保障局设立） 奖金总额21.6万元

获奖名单

徐 晶	189244	耿 苹	171704	刘 帆	179041
何 雷	198249	徐 玲	171640	姚青云	189136
张喜雯	189030	朱子龙	179037	李园园	171793
朱 锐	189035	杨伊凡	07216110	武淳雅	01116111
宋子星	09016428	叶钟匀	21716110	诸葛思懿	02615110
王朝晖	10316120	洪非凡	61516423	林玉成	06116107
谷奕旸	11216104	华轶凡	08116106		

东南大学中国电科十四所国睿奖学金(中国电子科技集团公司第十四研究所设立) 奖金总额 12.8 万元

获奖名单

水　涛	179137	张益之	159654	丁思宇	161587
刘　奥	150801	邓文俊	159425	孟　青	179720
徐锦丹	179071	李少红	169725	程婷婷	161504
邢月秀	169648	闫成刚	159080	胥　帅	149429
张梦娇	170732	郑　宇	149402	吕　钱	170710
宋　玉	161571				

特高压奖学金(国家电网公益基金会设立) 奖金总额 10 万元

获奖名单

李山林	16016120	陈泽华	16016413	杨雨秋	16016515
陈雨菡	16016202	朱康顺	16016412	叶冬萌	16016501
揭宇飞	16016207	张涵璐	16016403	陆春宇	16016329
蒋奕昕	16016324				

东南大学 NITORI 国际奖学金(似鸟国际奖学财团设立) 奖金总额 10 万元

获奖名单

杨沛然	01216107	夏宏洁	17217108	徐呈豪	22016112
刘开文	06116110	李宣吟	17217203	胡正宇	61516110
杨云涵	17217118	易　霞	17217215	余晓虎	21017218
黄秋月	17217102				

大连化物所奖学金(中国科学院大连化学物理研究所设立) 奖金总额 10 万元

获奖名单

康宏辉	12015125	邢俊杰	12016210	顾铤威	19215119
顾栩涵	12015201	顾柳瑜	19115102	刘韵怡	19316102
封媛嘉	12015305	邹茜茜	19215105	熊昱安	19316116
鲍作辉	12015423	文　韬	12015425	闫博雅	19115104
唐宇坤	12016118	冯一鸣	19116102	张　琪	12016203
楼　洋	19316110	卢　果	12016205	沙泰廷	19316117
鲍晨旭	12016314	苗书荣	19316107		

东南大学瑞华助学基金(江苏瑞华慈善基金会设立) 奖金总额 29 万元

东南大学瑞华济世奖学金 奖金总额 9 万元

获奖名单

马玥萱	41116104	陈怡文	43116204	钱琦镠	43815117
潘振宇	42114116	魏祥羽	43214201	唐珲鸿	43816118
杨　雯	42115206	张哲嘉	43214417	王汐玉	43817107
王　玮	42116112	陈泽欣	43216222	严洪遥	43A17313

陈　玲	42216203	韦嘉仪	43314104	马　遥	43A17408
余蓓蕾	43115113	章智琪	43315108	丁佳伟	43A17419

东南大学瑞华"一带一路"优秀国际新生奖学金　奖金总额20万元
　　获奖名单

Daniyal Muhammad(丹尼亚)	本科生	医学院	巴基斯坦
Wanyin Ong(王婉莹)	本科生	建筑学院	马来西亚
Choonyiaw Lim(林俊耀)	本科生	建筑学院	马来西亚
Liangtong Tie(池亮桐)	本科生	医学院	马来西亚
Xinmin Lim(林欣敏)	本科生	艺术学院	马来西亚
Jennet Mamedova(珍妮)	本科生	医学院	土库曼斯坦
Nabeela Tahneen(纳贝)	本科生	医学院	印度
Trin Phaktra(塔拉)	本科生	土木工程学院	柬埔寨
Kharbuja　Naresh(布甲)	硕士研究生	医学院	尼泊尔
Erdenebat Tuvshintur(任恩贝)	博士研究生	建筑学院	蒙古

东南大学工程管理英才奖学金(李启明教授、徐春校友、李皓燃校友设立)　奖金总额2万元
　　获奖名单

周倩雯	189106	张　磊	171211	楼智博	05216114
李志刚	05216221				

励志成功奖学金(王志功教授设立)　奖金总额1.2万元
　　获奖名单

冀贞昊	04017243	祝云麓	11317108	黄辰宇	06A17518
马艺玲	61516201				

软件创新奖学金(邓建明教授设立)　奖金总额1.2万元
　　获奖名单

李泓烨	71117228	梅洛瑜	71117408	施　展	71117324
黄文政	71Y17111				

文教羽翼奖学金(孙淼校友设立)　奖金3 000元
　　获奖名单

刘　旭	04216743

朴衡奖学金(沙永春、卞鹏萱设立)　奖金总额3.6万元
　　获奖名单
　　一等奖

孔雪逸	183363	王海馨	25016114

　　二等奖

韦语涵	162879	王　银	25016117	李思雨	25016210

三等奖

夏心怡	25016121	龚羽轩	25016105	郝修齐	25016205
贾林阳	25016208				

铁肩膀奖助学基金（北京海湾京城房地产开发有限公司设立）　本金500万元

获奖名单

吴梦婷	160853	阮　梦	170712	徐炜鸿	170726
陈伟聪	160886	王梦涵	170720	马文焱	170772
柯逸凡	160799	许　涵	150665	徐春梅	170784
陈　娜	170858	杨　超	160696	陈　慧	170645
张征明	169361	周少卿	170734	张信歌	179395
张国荣	04015105	胡明哲	04016528	周　南	04017307
秦昕暐	04015341	朱宇彤	04016608	姚致远	04017333
林泽鑫	04015619	余秋实	04017114	魏家烜	04017436
李哲鳌	04016122	田宛灵	04017201	乔　竞	04017437
向　晞	04016206	董冰书	04017205	姚志伟	04017531
符　蓉	04016242	李牧阳	04017212	杨雨露	04017605
杨　蕊	04016244	龚　灏	04017220	周天香	04017607
陈　衍	04016415	黄　橙	04017303	张子豪	04017615
余　倩	04016502	雷辰露	04017306	钱　宇	04017617
沈念澳	04017646				

"初心"学生工作奖励基金奖金　总额6万元

获奖名单

周明阳	建筑学院	栗雨蒙	电子科学与工程学院
蒋丽怡	数学学院	杨　吉	材料科学与工程学院
钱　程	电气工程学院	徐雪宁	外国语学院
慕　聪	交通学院	张　航	交通学院
吴志龙	生命科学研究院	钮长慧	公共卫生学院
奚社新	学生处（党委学工部）	江莉莉	学生处（党委学工部）

8480奖学金（东南大学80801、84802班设立）　奖金总额9 000元

获奖名单

江　林	22016215	全　一	22018204	钟志伟	22018221

686奖助学金（电子科学与工程学院1986级校友设立）　奖金总额2.4万元

获奖名单

赵雅茹	06015105	徐瑶瑶	06217610	刘佳琪	06A18408
戴荣时	06015338	刘玉洁	06A17109	顾哲玮	06016407

　　　　钱憬怡　　　　06016204　　　　崔忠迪　　　　06A18129

5187 级奖学金(5187 级校友设立)　奖金总额 1 万元
　　获奖名单
　　一等奖
　　　　陈　杰　　　　05116116

　　二等奖
　　　　肖宇凡　　　　05115619　　　　袁震阳　　　　05315133

251991 奖助学金(东南大学法学院 251991 班设立)　奖金总额 5 000 元
　　获奖名单
　　　　张雅杰　　　　25017118　　　　吴　仪　　　　25017219

259991 奖助学金(东南大学法学院 259991 班设立)　奖金总额 5 000 元
　　获奖名单
　　　　翟彦菁　　　　25016122　　　　庄子睿　　　　25017130

3180 诚信奖助学金(东南大学电气工程学院 3180 班设立)　奖金总额 5 万元
　　获奖名单
　　　　张博伦　　　　16016322　　　　叶俊杰　　　　16016512　　　　杨　灿　　　　16016528
　　　　李　奥　　　　16016421　　　　汤辰新　　　　16016505　　　　李瑾一　　　　16016603
　　　　王楚翘　　　　16016419　　　　刘湛湛　　　　16016503　　　　陈　宇　　　　16016513
　　　　吴润洁　　　　16016504

5181 励志奖学金(东南大学 5181 级校友设立)　本金 26.518 0 万元
　　获奖名单
　　　　陶云龙　　　　05116106　　　　孙雨勤　　　　05116601　　　　杨冬梅　　　　05116204
　　　　迪里夏提·库尔班　　　　05A18624

90 级电子学院校友奖助学金(东南大学电子学院 1990 级校友设立)　奖金总额 1 万元
　　获奖名单
　　科技创新奖
　　　　王宗辉　　　　06116108

　　社会公益奖
　　　　吴中行　　　　06A17316

160082 奖助学基金(160082 班全体校友设立)　奖金总额 2 万元
　　获奖名单
　　　　刘鹏辉　　　　16018108　　　　万玲玲　　　　16018504　　　　钟　敏　　　　16018503

| 朱子剑 | 16018612 | | | | |

2195届励志奖学金(交通学院1995届校友设立)　奖金总额3万元

获奖名单

付　瑶	03216715	黑天晴	21A18114	佘旭晖	21A18824
王佳鹏	03217730	叶芊芊	21A18501	任小乐	21A18901
吴梦贞	21017101	李梦荟	21A18707	李　旭	21017208
沈嘉豪	21017217				

8091校友奖助学金(自控1991级校友设立)　奖金总额2万元

获奖名单

| 王凡周 | 08016101 | 方逸然 | 08116125 | 刘一隆 | 08116105 |
| 楼洲炜 | 08016227 | 刘　智 | 08116115 | 陈卓然 | 08016221 |

动力91级校友奖助学金(动力1991级校友设立)　奖金总额2.5万元

获奖名单

董　婷	170525	魏　莉	170432	赵佳琪	03017428
陈肖楠	03115606	宋宇辉	03017426	赵月琪	03017402
唐若诗	03117606				

251001班校友奖助学金(251001班全体校友设立)　奖金总额1.2万元

获奖名单

| 杨玉洁 | 25015217 | 王若男 | 25017121 | 李雅君 | 25016211 |
| 胡炜瑛 | 25017230 | | | | |

422001/2班校友奖学金(422001/2班全体校友设立)　奖金总额9 000元

获奖名单

| 杨柳青 | 173461 | 李依檬 | 42217109 | 李佳欣 | 42217114 |

81级医学校友励志奖学金(1981级医学校友设立)　奖金总额3万元

获奖名单

索朗央吉	42116208	周　蓉	43214309	刘善龙	43217118
祁乐融	42117218	黄玉林	43215201	王　玥	43A17106
孙　瑞	43114228	毛倩倩	43216409	朵丽瑾	43116303
郭安琪	43115312				

东南大学数学系2002级校友奖助学金(数学系2002级校友设立)　奖金3 000元

获奖名单

| 雷　苏 | 07217101 | | | | |

马院 92 之芯奖学金[杭州腾果网络科技有限公司(马克思主义学院 1992 级全体校友)设立]　奖金总额 2.5 万元

　　获奖名单

刘欣怡	183757	许　丽	179775	杨程程	179672
张　玲	173710	李慧慧	173725		

无线电系 82 级校友奖学金(原无线电系 1982 级校友设立)　奖金总额 2 万元

　　获奖名单

林沁琦	04015203	王　宸	04017404	陈建润	04016311
原紫滨	04016229	陈谷乔	04018310		

东南大学 4093 级奖助学基金(无线电系 1993 级全体校友设立)　奖金总额 6 000 元

　　获奖名单

余　倩	04016502	李东松	04016518

临床医学 92 年级 1 班奖助学金(秦毅、齐晓昀校友伉俪设立)　奖金总额 3 万元

　　获奖名单

陈雪明	17116203	饶　琪	43115116	王笑媛	43817131
朱　悦	17116316	刘　燚	43216109	马煜博	43A18121
黄倩馨	17117202	陈金鹏	43814123	鲁博雅	17117325
朱恺琪	17117327				

临床医学 92 年级奖助学金(临床医学 1992 年级校友设立)　奖金总额 3 万元

　　获奖名单

陈哲炜	43114226	马　丽	43315104	邵飞雪	43A17105
袁钟姝	43114206	仇　玥	43316110	张　宸	43A18305
杨家鹏	43115314	马　睿	43618128	曹卜月	43217202
陈姝宇	43116205				

广东省东南大学校友会奖助学基金(广东省东南大学校友会设立)　奖金总额 5 万元

　　获奖名单

杜淦琰	01115309	蔡祺燊	09017447	桂乐桐	14B18422
刘宇飞	01117221	林枢桐	13217102	马伟国	21215134
冯　斌	02016209	张凯宣	13416132	郑有凤	21215113
曾健华	02017124	范欣晨	14216116	毛华杰	09017337
贾鹏琦	03015229	陈美君	03016401		

08 级土木杨廷宝班奖助学金(东南大学 612082 班设立)　奖金总额 9 000 元

　　获奖名单

05116224	程浩然	05116602	苏静然	05516108	孙　芸

09004 级校友奖助学金(09004 级校友设立) 奖金总额 1.1 万元
　　获奖名单
　　　　李多星　　　09016114　　　陈月瑶　　　09017202

物理学院 2013 级校友奖学金(物理学院 2013 级校友设立) 奖金总额 3 000 元
　　获奖名单
　　　　郭　宸　　　10116135

08 级在职法硕奖助学金(2008 级东南大学在职法硕班校友设立) 奖金 5 000 元
　　获奖名单
　　　　王伟博　　　173345

251971 班创新实践基金(东南大学法学院 251971 班全体毕业生设立) 奖金总额 1 万元
　　获奖名单
　　　　马文博　　　173305　　　宋子耕　　　173306

"东大设计院"奖教金、奖学金(东南大学建筑设计研究院设立) 奖金总额 8.25 万元
　　土木工程学院教工获奖名单
　　　　王建梅　　　沈　杰　　　陈　韵　　　廖东斌　　　邓温妮

　　学生获奖名单
　　　　陈巧玲　　171095　　李小龙　　181171　　陈　实　　171097
　　　　王佳伟　　180990　　李　铎　　171157　　李　剑　　170999
　　　　刘　霄　　171180　　徐　伟　　181048　　张悦浩　　05115621
　　　　王瀚萱　　05117629　朱铭轩　　05317111　王宇轩　　05116318
　　　　储昕雨　　05218206　张　雨　　05117315

CASC 公益奖学金(中国航天科技集团有限公司设立) 奖金总额 5 万元
　　获奖名单
　　　　惠文珊　　173201　　章烨晖　　171767　　宋　霞　　160405
　　　　石　珂　　179762　　吴　影　　159021　　丁嘉沼　　161365
　　　　余晨曦　　03016402　黄罗杰　　11115125　罗佳奕　　22015125
　　　　赵威威　　10316119

金智奖教金、奖学金(江苏金智科技股份有限公司设立) 奖金总额 8 万元
　　教师获奖名单
　　　　杨绍富　　计算机科学与工程学院　　　　赵永美　　计算机科学与工程学院
　　　　吕美香　　计算机科学与工程学院　　　　东　方　　计算机科学与工程学院
　　　　仲林林　　电气工程学院　　　　　　　　张　靖　　电气工程学院
　　　　夏芦胜　　电气工程学院　　　　　　　　吴　志　　电气工程学院

学生获奖名单

潘 覃	161599	吴旭东	172648	张超明	172668
许静文	161536	张子烨	09017109	丁英魁	16016310
詹 丁	16016519	任彦宇	09017219	冯 坚	16016410
马 瑞	09017305				

基础学科奖励金

焦淑琳　　172844

联创设计奖学金（上海联创建筑设计有限公司设立）　奖金总额 2.5 万美元

获奖名单

2018 年度

蒋洒洒	170085	吴余馨	01114104

2019 年度

雷 达	180151	李沛文	184590	刘 璇	01115109

三菱电机奖学金［三菱电机机电（上海）有限公司设立］　奖金总额 5 万元

获奖名单

曹子建	180695	王 珏	180893	周京鹏	180796
崔少娜	170697	来萧桐	180625	姚昕羽	170827
汪一帆	180847	张明辉	180737	陈 鑫	04015106
黄 晶	04216715	赵文远	04017323	蒋彬乾	04015527
刘 婷	04216701	管 玥	04217705	李 颖	04016208

东南大学中泰国立奖教金（江苏中泰集团有限公司设立）　奖金总额 30 万元

获奖名单

一等奖

鲍 莉	建筑学院		童小东	土木工程学院
李 伟	计算机科学与工程学院、软件学院、人工智能学院			

二等奖

张 宁	机械工程学院	黄晓东	电子科学与工程学院
徐君祥	数学学院	王雁刚	自动化学院
夏柱红	物理学院	王海燕	经济管理学院
陈良斌	马克思主义学院	王学华	外国语学院
陈 峻	交通学院	柴人杰	生命科学研究院

三等奖

沈德魁	能源与环境学院	张 川	信息科学与工程学院
管东芝	土木工程学院	陈 和	数学学院

周海清	物理学院	黄　雷	生物科学与医学工程学院
朱鸣芳	材料科学与工程学院	林鹤云	电气工程学院
赵　衡	体育系	赵　健	化学化工学院
王慧青	仪器科学与工程学院	郁火星	艺术学院
王晓英	公共卫生学院	刘俊华	医学院
陶　军	网络空间安全学院		

四等奖

易　鑫	建筑学院	刘　波	电子科学与工程学院
胡　伟	人文学院	谢一兵	化学化工学院
杨　波	仪器科学与工程学院	王玮玲	法学院
张　媛	医学院		

坚朗奖/助学金（广东坚朗五金制品股份有限公司设立）　奖金总额5万元

获奖名单

林文涵	180005	罗文博	160100	孙嘉昕	170155
周瑶逸	180129	吴昌亮	160120	吴晓璇	01115205
李曼雪	01215123	陈冰红	01216111	李希维	01116230
苏子玥	01215202	杨潇宇	01216112	林凯逸	01116312
邵云通	01215220	贾璐菡	01215105	陈轶男	01116327

锦华装饰奖教金、奖学金（江苏锦华建筑装饰设计工程股份有限公司设立）　奖金总额5.5万元

土木工程学院教师获奖名单

黄　珺	王燕华	王玉玲	林　岚	李兆霞

学生获奖名单

徐佳莹	171142	王　希	171201	朱云青	171153
陈　豪	181043	丁　一	171102	郭俊骁	05117221
戴天琦	05217211	关美娜	05A18303	朱灵杰	05117314
唐宇轩	05218212	陈华炜	05A18519	冯佳杰	05117529
吴远德	05315115	张　航	05217103	张　勉	05215130

南京长江都市奖助学金（南京长江都市建筑设计股份有限公司设立）　奖金总额9万元

教师获奖名单

孙　建	土木工程学院	秦庆东	土木工程学院	邓小鹏	土木工程学院
傅大放	土木工程学院	陈文彦	数学学院	金　晶	外国语学院

学生获奖名单

张雨霏	174167	沈佳辉	171170	鲁博铀	181160
曹泽芳	171225	朱　婷	171027	花昕捷	181072

张佳武	171148	冯 晶	170964	吴 冉	171140
王振凡	05117218	金岳潼	05217120	董浩哲	05216129
张东禹	05117626	田卓宇	05217222		

东大智能奖励金（南京东大智能化系统有限公司设立） 奖金总额 3 万元

艺术学院教师获奖名单

傅丽莉　　马民华　　李永春　　方跃武　　卢文超

学生获奖名单

吴限沛	184049	姚妍利	184055	夏凡钧	24317227
徐一鸣	24318204				

东大智能基金（南京东大智能化系统有限公司设立） 奖金总额 10 万元

教师获奖名单

钱小平	法学院	梁云宝	法学院
顾大松	法学院	刘明全	法学院
袁勇贵	医学院	易宏伟	医学院
李 慧	医学院	阳 媛	东南大学智慧城市研究院
吴向阳	东南大学智慧城市研究院	高 旺	东南大学智慧城市研究院

学生获奖名单

王 爽	183313	李 晓	173582	沈亮亮	173360
秦 阳	173211	查明明	183698	周苏湘	162862
左文杰	173508	王梦瑶	162869	郭翰宸	170082
孔德博	152684				

东大智能体育奖学金、奖教金（南京东大智能化系统有限公司设立） 奖金总额 2 万元

体育系教师获奖名单

李蓉蓉　　方　志

学生获奖名单

苗 爽	162370	郝悦然	13417124	王 瑞	13A18324

科远自动化奖学金（南京科远自动化集团股份有限公司设立） 奖金总额 8 万元

获奖名单

汤叶舟	161586	王瑜祥	150384	凌 晨	170414
李国帅	170596	杨若钰	170576	罗爱莲	170420
李泽瀚	170558	李 扬	170529	谢雨婷	162765
连久翔	170559	刘光鹏	170531	华璧辰	171488
林清宾	03016214	朱翠翠	03216708	顾 旭	22016317
吴 笛	03016329	蓝苑瑗	03216710	王梓岩	71Y16118
王 晨	03016316	丁江涛	03216720	席子昂	03116628

| 周凤娇 | 03116605 | 谈　成 | 08116120 | 王洪毅 | 03216737 |

海拉奖学金、奖教金、奖管金［海拉（上海）管理有限公司设立］　奖金总额13.4万元

教师获奖名单

于文婕	法学院		吴含前	软件学院
马小丹	苏州研究院		钱　芳	研究生院
赵益妹	国际合作处（港澳台办公室）		朱　明	教务处

学生获奖名单

薛裕峰	171576	叶　锋	170271	郭斯佳	171360
陈旭璇	171554	李晓敏	171366	李秀娟	171367
陈　龙	170235	甘玉琪	171357	许逸波	171375
李　鑫	170286	梁　森	06016413	吴德重	02016316
张　涵	06016203	郑崇义	06116111	杜育瑞	02016521
张泽童	06016209	张明辉	08016129	邢姝钰	02016601
官泽桐	06016320	杭天恺	08016316		

东南大学博世奖学金［博世（中国）投资有限公司设立］　奖金总额8万元

获奖名单

苏　凯	161572	魏家行	159084	李建珍	174327
刘　丽	159450	张　玲	171578	张　景	174367
李　唐	06016411	胡黛琳	09016407	梅　毓	08116108
陆　瑶	71116305				

苏博特基金（江苏苏博特新材料股份有限公司设立）　奖金总额38万元

材料科学与工程学院教师获奖名单

佘　伟

学生获奖名单

陈　熹	170985	柴丽娟	169472	刘国强	169538
逢　博	179169	卞　仙	161735	汪　坤	171962
霍文燚	159472	杨永敢	159478	李　杨	161802
刘超然	05117608	邓明月	12016112	陶金秋	12017210
于路港	05215214	郭雍祥	12016209	李　博	12017304
李佳明	07115122	刘一泽	12016424	李伟焕	12017311
雷正阳	07216114	魏明帅	12016426	赵　玮	12017324
李　凯	10315126	蒋思遥	12017116	刘池恬	17116105
李　岩	12015316	胡磊杰	12017118	卢瑞颖	21016110
蔡泽鑫	12015319	黎越鸥	21517115		

创远微波奖学金（上海创远仪器技术股份有限公司设立）　奖金总额11万元

获奖名单

| 胡蒙筠 | 179062 | 邓明罡 | 170657 | 杨本圣 | 179336 |

包 蕾	179061	滕 鑫	170652	高卓远	170658
马 骞	179056	刘 浩	170662	景建新	170660
郑司斗	179387	彭 双	170663	周 睿	180666
吴良威	179396	刘睿佳	179388	陈明正	180668
杨振宇	170672	石子豪	170664	汪正兴	170646
叶 凯	170673	张信歌	179395	郭建宇	170648
杨春凤	170675	张 翔	170667		

正保教育奖学金、助学金（北京东大正保科技有限公司设立） 奖金总额10万元

获奖名单

一等奖

徐 靖	04015238	张晨阳	07217115	李雅惠	61516216
孙希茜	04016305	张正红	14116101	喻泽弘	71117415
吴佳其	04016642	李 茜	22017202	于 千	04017424
王 雨	04017110				

二等奖

丁远涛	02016106	刘育铭	04018131	白 杨	14Y16116
张嘉琦	03215722	孙玉泰	04018618	胡丽丽	17117103
郑奕飞	04015124	陶云峰	04018615	孙赫阳	21A18729
刘元可	04015237	刘雅婷	04216703	孙诗蕾	04017308
陈鹏宇	04015530	刘 畅	04217722	刘昊东	04017445
李子昕	04016201	刘 可	06A17307	张 猛	04018129
陈延润	04016239	卢 傲	08016319	张学超	61517313
赵 晨	04016604	张皓天	09017118	刘 葭	04017203
曾欣乔	13415131				

东南大学建筑设计与理论研究中心·杭州中联筑境建筑设计有限公司基金（杭州中联筑境建筑设计有限公司设立） 奖金总额4万元

获奖名单

一等奖

岳 凯	170177	衷 毅	170128

二等奖

戴一正	179691	王菁蔓	170108	赵启凡	170180
郑运潮	170127				

新蓝天钢结构奖学金（江苏新蓝天钢结构有限公司设立） 奖金总额6万元

获奖名单

陆 鼎	171004	李 帅	160957	秦 乐	161082
韩建红	159649	冯 岩	161120	唐 诗	161163

黄健飞	05115602	邓玉琳	05116104	耿天瑞	05117618
叶啸天	05115611	常　栋	05116221	刘　畅	05117623

中南助学圆梦奖学金(中南控股集团有限公司设立)　奖金总额25万元

获奖名单

一等奖

叶　聪	01515117	王筱钰	13417131	李　勇	22016222
戴松乔	02616101	李东阳	14415114	周啸峰	61516125
陈　琛	06A17540	曾　嘉	17116202	郭昊南	09017431
顾王韫	07317121				

二等奖

黄玮玮	03117608	李菲菲	21B18102	朱弘智	61517106
黄冬梅	04016101	童铭靖	24317219	周天遥	61517229
时浩然	05317121	汪昱彤	42116207	蔡雨曦	12017202
袁双杰	08116117	陆　静	43216113	张汉林	16016611
高渠成	10116116	司晓凯	57117118	侯煜淋	19316101

三等奖

郭楚怡	01217209	何金泽	19018323	熊广为	61516326
郝志晟	02017414	顾　玥	22016401	马浩岩	61516428
殷　玥	03217702	叶庚桐	24118103	郭超政	71116149
孟子轩	06A17441	李殷湉	25017215	赵东旭	13116123
李昊辰	07316124	徐挺笠	42218208	闫思佳	14C18305
邓　啸	10018101	王溥丰	43817113	吴钧铃	17117111
查可扬	11117119	殷广成	57117216		

"协鑫奖"奖学金[协鑫(集团)控股有限公司设立]　奖金总额5万元

获奖名单

刘家铭	180239	陈慈伟	170523	王凯丽	170429
管　菲	01114307	陈昊星	22016111	周潇滢	43814108
许芷源	16016514	唐涵清	42115102	张大牛	21716219

华为奖学金、奖教金(华为技术有限公司设立)　奖金总额40万元

教师获奖名单

李向锋	建筑学院	茅　佩	能源与环境学院	曹海燕	数学学院
孙　靓	经济管理学院	何天宇	无锡分校	宋健刚	学生处

学生获奖名单

王　益	172645	狄　凯	169433	许　涵	198087

许 彪	182718	熊壬浩	169434	韩磊鑫	189465
宗 嘉	170846	徐 鹏	189070	傅保增	159439
陶焕杰	169422	龚志鹏	171342	高君慧	170699
陈 键	171808	杜亚琼	171415	陈柏霖	170626
孙 炜	174556	徐长栋	161533	徐 远	173222
缪海飞	161519	郭林森	161511	汪宋兵	162759
赵丽侠	171756	卢月亮	174365	黄 林	161383
何璐阳	174406	玄 玉	174388	赵 伟	171525
戴鹏飞	163826	卢彬清	170840	胡 健	170768
李 想	02015701	陶汉思	09016226	杜一鸣	71115217
贾 燚	04015344	金 昊	10316123	吕健坤	71116333
刘茵茵	04015448	马靖原	11216133	杨雨尧	08116124
金惟杰	04016114	张 鹏	11216139	尹英伦	09015417
朱云翼	04216737	王明晖	16016318	刘天雨	61516117
白昊天	06016126	吉蕴钰	22016203	高一峰	08016315
穆 琛	06016425	邓乐莹	22016205		

外运长江奖学金(中国外运长江有限公司设立) 奖金总额 2 万元

获奖名单

穆 标	172066	宗思雨	172063	梁钰婷	14816109
申 通	14816127	吴冰晶	14816129	高寒飞	14816113

德威奖学金(江苏德威新材料股份有限公司设立) 奖金总额 10 万元

获奖名单

吴文婷	172867	王恒锋	172874	于浩楠	19116108
刘美婷	19216103	向 馨	19316103	贾书坤	19116113
许红芹	19216104	薛 婧	19317103	陈子霖	19117108
王开智	19217110	王勐猛	19317111	谈梦璐	19215103

亚派科技奖助学金(南京亚派科技股份有限公司设立) 奖金总额 4 万元

获奖名单

胡紫晔	174362	刘木沐	161581	路秋瑞	161569
卢慧斌	174393	田六合	161528	陈小飞	09015137
郭嘉诚	71115429	吕洁卓	09015339	张奕裕	09015336
隋文正	71115445				

共进奖学金(深圳市共进电子股份有限公司设立) 奖金总额 10 万元

获奖名单

华鲁驰	189378	顾志方	170701	杨雪旗	151428
李海洋	04015343	傅天羽	08016208	丁志远	13117130
凌泰炀	04017539	张雪峰	08116122	高佳灏	06A17138

| 张泽宽 | 06016213 | 杜宇轩 | 13116112 |

东南大学路鼎奖学金(南京路鼎搅拌桩特种技术有限公司设立)　奖金总额3万元
获奖名单

| 王　婧 | 172967 | 杨子豪 | 182972 | 金　雨 | 21815125 |
| 黄平山 | 21816132 | 李勘晟 | 21815135 | 梅雪松 | 21816125 |

东南咨询奖助学金(江苏东南工程咨询有限公司设立)　奖金总额5万元
获奖名单

刘桃桃	161685	赵润民	173124	牛传同	182980
陈　萌	181798	马梦顿	173088	许成韬	184950
林子豪	173010	冉换换	171821	雷建昕	11218103
张　悦	21516106	李怀景	11A18125	文　威	21716238
徐馨怡	11218122	顾东霖	11A18107	刘浩钰	21816140
郑　璇	21316104				

数弈众城奖助学金、奖教金(南京数弈众城投资管理有限公司设立)　奖金总额5.5万元
经济管理学院教师获奖名单

丁　溢　　郑凯戎

学生获奖名单

刘政伟	171990	赵晓琪	172141	张　钒	161916
甄武警	172099	骆晓静	172146	高萍萍	182124
李依娴	172557	朱冬冬	182023	袁　茜	179545
申飞阳	172082	汪伟忠	179184	王　磊	189218
黄嘉诚	172133	赵美玲	182003	汪官镇	161990

中国路桥奖励金(中国路桥工程有限责任公司设立)　奖金总额20万元
教师获奖名单

| 田龙岗 | 土木工程学院 | 吕令毅 | 土木工程学院 | 杜延军 | 交通学院 |
| 廖公云 | 交通学院 | 季彦婕 | 交通学院 | | |

学生获奖名单
一等奖

| 储长青 | 171099 | 张文倩 | 173073 | 宋毅恒 | 05116123 |
| 王景慧 | 21017102 | 李秋娴 | 21016202 | | |

二等奖

| 邹　翼 | 171154 | 胡敏琦 | 183155 | 吴冠鹤 | 173028 |
| 张嘉琪 | 181079 | 曾梓逸 | 05117414 | 刘宇晴 | 21017117 |

| 张睿豪 | 21116125 | 郝巴瑄 | 05217113 | 谷慧静 | 21017202 |
| 解一璞 | 05A18617 | | | | |

三等奖

关　健	172982	周　杰	181139	郭昊旻	183104
章黎敏	181172	朱　雨	183007	黄　迪	183047
潘粮今	181083	杨伟杰	181138	黄义理	182977
马俊峰	181124	王丹钰	21017203	马浩然	05116609
王奕然	21417107	朱乐毅	21717236	王崇尧	05116613
张　颖	21517104	周瑞先	21817136	吴国琛	05217128
白啸宇	21717131	王剑超	21317107		

蓝风国际奖学(教)金(江苏蓝风国际投资发展有限公司设立)　奖金总额10万元

医学院获奖教师名单

李国宏　　吴燕平　　赵玉婷

获奖学生名单

朱雨婷	161860	徐慧敏	181992	廖小利	183735
张　亮	161947	刘智鹏	173591	丁晶晶	182107
王新宇	183535	童皓月	171984	蔡汝瑜	14316120
范　琳	41116102	王　岸	41115118	朱　晨	14316104
王　曼	41117106	毛婉彤	41116101	韩杨烨	14317111
徐洪威	41117123	朱镛安	41115117	陈　婷	14616105
卢轩泽	41117105	濮哲馨	41116103	张　寅	14616135
杨　奕	43114208	李　卫	41116106	张文君	41115103
吕　铖	43114223				

日照钢铁奖学金、奖教金(日照钢铁控股集团有限公司设立)　奖金总额10万元

艺术学院教师获奖名单

于向东　　陈　绘　　孟凡行　　萧宗志　　张　顺　　章旭清
周　缨　　刘　畅

学生获奖名单

张　欢	173992	李　蔷	173966	李小君	189375
欧阳欣畅	173997	张　煦	184020	李文喜	173960
付　清	184025	王宇晴	184048	李国锦	173956
杨格格	184010	曾琪昕	24316221	黄纬茜	24116101
黄泓玮	24317101	李浩然	24318115	刘　凌	24117101
夏陈宇	24317214	江婷婷	24316214	赵静怡	24118108

| 文昌萍 | 24317213 | 王欣佳 | 24317221 |

宝供物流奖学金(宝供物流企业集团有限公司设立)　奖金总额 6 000 元
　　获奖名单

| 贾东峰 | 149477 | 郑蓉蓉 | 14815121 |

世茂奖学金(南京硕天投资管理有限公司设立)　奖金总额 15 万元
　　获奖名单
　　卓越奖

| 王浩琛 | 171010 | 唐　松 | 160111 | 韩　兆 | 171204 |
| 张　立 | 170125 | 郑逸轩 | 161112 | | |

　　优秀奖

王旭彤	171013	常丽策	161362	刘凯旋	161077
杨　森	169058	蒋悟澄	163297	石煜威	161087
赖光书	171037	张　祺	170150	舒诚忆	140998
钱凯瑞	171006	张皓翔	170123	杨　莹	161049
申　洋	161010	徐心菡	170117	王　惠	160024
黄晓庆	170197	张子晨	173750	张鸣晨	174148
施一峰	160195	牛南南	173740		

苏交科奖学金(苏交科集团股份有限公司设立)　奖金总额 10 万元
　　获奖名单

吉倩妘	150066	吴丽霞	173029	张梦茹	173042
樊　瑶	173146	唐　旭	152521	肖　宏	173111
魏笑尘	171016	赵　超	171213	王月瞳	01216109
何明珈	21116207				

东大地下空间奖学金(南京东大岩土工程勘察设计研究院有限公司设立)　奖金总额 2 万元
　　获奖名单

| 刘宜昭 | 172965 | 郑宫冀 | 182970 | 刘金昊 | 21815103 |
| 沈　策 | 21816127 | | | | |

仅一联智奖学金(江苏仅一联合智造有限公司设立)　奖金总额 2 万元
　　获奖名单

| 邢姝钰 | 02016601 | 常泽青 | 08116111 | 牛浩然 | 02016607 |
| 管清泽 | 08116121 | | | | |

诺得物流奖学金(诺得物流股份有限公司设立)　奖金总额 12.6 万元
　　获奖名单

| 徐秋媛 | 02616105 | 覃倩琼 | 14817105 | 谢佳锋 | 71117411 |

孙　铭	02616117	李　磊	21216129	杜昕昱	71Y17121
李子硕	02617114	李　莹	21216123	杨志沐	02617112
夏可扬	07116103	张洹菘	21217123	黄潇琳	14816117
沈伟皓	07116127	徐　步	21217120	刘心怡	14816102
张斯然	07117109	李元亨	71116148	吴逸斌	14817128
杨子韬	07117112	王小丹	71116339		

东南大学交通设计院奖学（教）金[东南大学建筑设计研究院有限公司（交通规划设计院）设立]　奖金总额10万元

　　教师获奖名单

徐宿东	交通学院	宋晓东	交通学院	田　馨	交通学院
陈磊磊	交通学院	张豪裕	土木工程学院		

　　学生获奖名单

张旭华	183116	陈　建	183102	秦　依	173105
王喆正	173027	朱　形	183118	崔艺璇	181154
曹　宇	181118	张羽佳	171221	潘东昊	173061
郑　思	162602	盛　富	181042	徐炜铃	173031
刘　平	181107	刘春雨	21416106	陈以争	21016213
吴俊逸	21A18121	刘川淳	21A18919	陈　叶	21216109
戴　琦	21A18209	王怡丹	21516101	陈紫琦	21316103
鲁文雅	21A18312	于浩利	21A18515		

深交所奖学金（深圳证券交易所设立）　奖金总额10.6万元

　　获奖名单

钱　颖	161585	曹　凡	170692	李亚林	174361
王雅娣	169425	高璇璇	160671	苏前程	174342
段鹏飞	161507	申怡飞	160688	王光英	174401
李云昊	161553	华　梦	169360	糜尧立	04216739
周之恺	71115232				

埃斯顿奖学（教）金（南京埃斯顿自动化股份有限公司设立）　奖金总额10万元

　　教师获奖名单

黄　鹏	机械工程学院	金立左	自动化学院

　　学生获奖名单

　　特等奖

李　婷	169417

　　一等奖

赵孝礼	179353	易善超	161438

二等奖

戴雪梅	169419	叶　亦	160274	黄志亮	161384
刘帅鹏	170373	陈　涛	161373	段晋军	149415
张　琦	159326				

东南大学森德兰舍奖学金(上海兰舍空气技术有限公司设立)　奖金总额4万元

获奖名单

鲍旭奇	03015119	丁　烨	03115622	陈禹晨	03315522
陈　卓	03015426	李文章	03116620	杨欣霈	03316514
张家齐	03016417	岳　峥	03116630	余晨曦	03016402
刘祎璇	03016403	汤　琪	03116614	许婉婷	03115608

江苏建工奖励金(江苏省建工集团有限公司设立)　奖金总额20万元

教工获奖名单

季　鹏	土木工程学院	糜长稳	土木工程学院
邱洪兴	土木工程学院	汪进元	法学院
刘练军	法学院	陈绪赣	教师教学发展中心
张　胤	发展规划处(党委发展规划部)	俞　斌	保卫处(党委保卫部)
高　莹	工会	单　良	资产经营管理处

学生获奖名单

卢肖汀	173331	王凯妮	171219	邱婷婷	171007
刘文利	173346	邵越风	179436	严　奕	181066
李语嫣	183364	任昭昭	171125	马白璐	181070
和亚娟	183321	赵孟喆	05116309	黄海遥	05217101
梅思雨	25017124	张　一	05116308	任树欣	05516126
万凤云	25017127	冶书航	05117220	郝家亮	25016126
包尊杰	05216123	俞美刚	05117408	鲍生慧	25016201
梁阳泽	05216222				

梅花奖学金(南京梅花餐饮管理有限公司设立)　奖金总额3万元

学生获奖名单

周　然	173789	刘建航	174063	赵　宇	173410
盛　皓	174065	张玉花	189304	崔冰彦	174174
郑润芳	174041	李　瑶	162356	宋雨嘉	174192
花明明	174037				

山石网科网络安全奖学金(山石网科通信技术有限公司设立)　奖金总额10万元

获奖名单

蒋山青	189884	贾　硕	161513	吕　密	179416
赵　丹	189871	胡奥婷	189754	李　洋	171661
程　俊	161638	张喆颖	170820	周　晓	161610

钱德鑫	171627	任馨田	57117103	黎张子康	57117229
王星宇	57118324	丛子晴	57117102	王劭康	57117215
陈　辉	57117116	吴泽辉	57117112	王培丽	57117201
方瑞琦	57118313				

唯捷创芯奖学金[唯捷创芯(天津)电子技术股份有限公司设立]　奖金总额3.5万元

　　获奖名单

黄　杰	174469	李长波	174459	袁灿然	170634
张　硕	170837	曹　晨	171410	项海龙	171381
周培根	159367				

中交二公院志业精英奖学金(中交第二公路勘察设计研究院有限公司设立)　奖金总额10.5万元

　　获奖名单

胡仁健	161604	卢　尧	172983	蔺志一	171086
李　峰	161551	卢桂林	173103	郑逸川	180954
林　鑫	161515	马柏杨	183001	朱紫辉	170788
罗　骞	161518	黄啊奇	183070	陈　旭	170695
乔炯辰	160101	赵　京	171173	冯　源	170872
吴　韵	180211	马文昊	171046	邰文思	170926
张军学	169627	刘政和	174257		

迈瑞教育基金(深圳迈瑞生物医疗电子股份有限公司设立)　奖金总额5.5万元

　　医学院教工获奖名单

　　　　陈克平　　　夏国华

　　医学院学生获奖名单

许　伟	173533	韦逸婷	163063	张　瑞	183546
宋熙晶	43415103	吴梦婷	43417102	楼子龙	43418111
苏菲娅	43415106	任逸喆	43417111	张　钰	43417103

联想研究院奖学金[联想(北京)有限公司设立]　奖金总额3万元

　　获奖名单

朱佳涛	09118108	祁丁然	09118209	王昕彤	09118205
李春澍	09118116	陶　特	09118206	王一名	09118219

科达奖励金(苏州科达科技股份有限公司设立)　奖金总额15万元

　　教工获奖名单

孙　威	信息科学与工程学院	王一卉	电子科学与工程学院
宋美娜	计算机科学与工程学院	吴晓娜	自动化学院
张多良	学生处(党委学工部)	王玲艳	学生处(党委学工部)
张飒兵	发展委员会	宋云燕	发展委员会

学生获奖名单

汪锦言	171331	陶 哲	170951	王天鹏	171345
杨 哲	170928	杨 扬	161593	郭逸凡	161416
杨雅琦	174288	陆震宇	161390	郭佳媛	04016505
吴道凯	08016233	胡秋冉	71Y17120	陈 曦	04017310
宋天睿	08016320	易礼言	06A17305	王雨非	06016402
王浩宇	71117225				

金卡智能奖学金、奖教金（浙江金卡智能公益基金会设立） 奖金总额20万元

教工获奖名单

田梦倩	机械工程学院	裘文霞	信息科学与工程学院
邢婉秋	计算机科学与工程学院	杜 睿	数学学院
孙立博	仪器科学与工程学院	王海萍	人事处
任明旭	财务处	黄子珍	科研院
夏长敬	实验室与设备管理处	吕 霞	总务处

学生获奖名单

任 凯	179011	冯 鹏	171454	沈怡婷	170879
张 睿	160320	谈国星	171470	杨建勇	173224
邵瑞枫	161570	贺正然	150706	张琳琳	162774
党永成	161505	徐本烊	02016219	陈嘉顺	09016129
魏林琥	22016316	王孟雅	02615113	刘子涵	09016327
俞睿智	61516308	张 璇	04016104	左 振	14516120
颜贤众	07316125	李霏琳	04016204	刘嘉兴	22016224
郑中兴	07316117				

紫泉电力奖励金（南京紫泉电力设计咨询有限公司设立） 奖金总额10万元

电气工程学院教工获奖名单

陈歆技　　房淑华　　王蓓蓓

学生获奖名单

高 尚	172679	王学庆	179201	汤海波	172705
陶苏朦	172642	刘 瀚	149486	史文博	172641
戴剑丰	169688	刘 青	172753	刘 艺	16016101
赵强强	16016321	计 松	16016629	张国威	16016111
莫嘉轩	16016406	姚璟怡	16016304	陈俊燃	16016309
杨庚霖	16016526				

中虑基金（江苏中虑律师事务所设立） 奖金总额2.4万元

法学院教师获奖名单

单平基

学生获奖名单

| 黄 菊 | 173301 | 沈童非 | 183306 | 陈 茹 | 183319 |

大成(南京)行政法师生奖助基金(李晨先生设立) 奖金总额 3.4 万元

法学院教师获奖名单

熊樟林

学生获奖名单

| 张亚楠 | 169562 | 张颂昀 | 189287 | 李吉映 | 183301 |

国浩奖学(教)金(车捷先生设立) 奖金总额 6.9 万元

法学院教师获奖名单

教师奖

漆桂林　　张柏礼　　刘启川

团队奖

司法大数据团队：刘艳红、王禄生、漆桂林(计算机科学与工程学院)、张柏礼(计算机科学与工程学院)、冯煜清、徐珉川、杨洁、虞青松、苗泽一、高地

刑法团队：欧阳本祺、李川、陈洪兵、孟红、钱小平、刘建利、梁云宝、杨志琼、冀洋

行政法团队：周佑勇、孟鸿志、于立深、李煜兴、顾大松、杭仁春、熊樟林、刘启川

泓远师生奖助基金(江苏泓远律师事务所设立) 奖金总额 4.9 万元

法学院教师获奖名单

一等奖

孟鸿志

二等奖

于立深　　陆　璐

学生获奖名单

| 刘丹丹 | 173349 | 陆语嫣 | 173304 | 顾海迪 | 183345 |

东南大学云融基金(南京云融金融信息服务有限公司、江苏中科招商商业保理有限公司设立) 奖金总额 9 000 元

获奖名单

| 刘 春 | 159696 | 魏 超 | 169217 | 张运昊 | 179638 |

建纬基金(工程法)[上海市建纬(南京)事务所设立] 奖金总额 1.2 万元

获奖名单

| 高 山 | 162895 | 顾译予 | 173299 | 郭润泽 | 183305 |
| 杜 震 | 183320 | | | | |

靖霖基金(浙江靖霖律师事务所设立)　奖金总额 1.2 万元

　　获奖名单

　　　　杨　楠　　　179256　　　刘双阳　　　189699　　　张　林　　　173314
　　　　檀玮洁　　　183311

炜衡励志奖学金[北京市炜衡(南京)律师事务所设立]　奖金总额 1.5 万元

　　获奖名单

　　　　朱晓强　　　162870　　　周玲玲　　　183376　　　刘　梦　　　25016107
　　　　董　敏　　　25016104　　肖　麓　　　25016217

博事达律师奖助基金(博事达律师事务所设立)　奖金总额 9.9 万元

　　法学院教师获奖名单

　　　一等奖

　　　　　陈洪兵　　　杨志琼

　　　二等奖

　　　　　刘建利

　　　三等奖

　　　　　欧阳本祺

　　学生获奖名单

　　　一等奖

　　　　　夏　伟　　　159571

　　　二等奖

　　　　　丁　鹏　　　173319　　　解呈婧　　　173342　　　冯文杰　　　189293

"仲英青年学者"资助项目(美国唐仲英基金会设立)　资助总额 180 万元

　　获奖名单

　　　　李春国　　信息科学与工程学院　　　　陈　耀　　土木工程学院
　　　　管　杰　　物理学院　　　　　　　　　马　涛　　交通学院
　　　　熊樟林　　法学院

2019 届到基层就业的本科生表彰名单

序号	姓名	性别	学号	学位	院系
1	张英帅	男	162344	硕士	外国语学院
2	刘杨	女	160961	硕士	土木工程学院
3	蓝博	男	162354	硕士	外国语学院

（续　表）

序号	姓名	性别	学号	学位	院系
4	陈心怡	女	14515115	本科	经济管理学院
5	谈丽娜	女	163383	硕士	艺术学院
6	奚洋	女	162340	硕士	外国语学院
7	胡浩	男	161814	硕士	材料科学与工程学院
8	董耀轩	男	161790	硕士	材料科学与工程学院
9	汪劲草	女	06015306	本科	电子科学与工程学院
10	朱军	男	159695	博士	法学院
11	张瑞瑞	女	162851	硕士	法学院
12	相赐	男	162859	硕士	法学院
13	朱晓强	女	162870	硕士	法学院
14	高婷	女	162890	硕士	法学院
15	张文文	女	162981	硕士	公共卫生学院
16	蔡子秋	男	160220	硕士	机械工程学院
17	唐蓉	女	160151	硕士	建筑学院
18	夏冬	男	162627	硕士	交通学院
19	杨帆	女	161979	硕士	经济管理学院
20	毕珊珊	女	163237	硕士	马克思主义学院
21	杨树莹	女	160591	硕士	能源与环境学院
22	吴琳	女	161706	硕士	生物科学与医学工程学院
23	王燕	女	171439	硕士	数学学院
24	杜徐冰清	女	7315111	本科	数学学院
25	张玉杨	男	05115513	本科	土木工程学院
26	罗沙沙	女	161055	硕士	土木工程学院
27	于星星	女	163223	硕士	医学院
28	刘孟瑶	女	161670	硕士	物理学院
29	高有为	男	19215113	本科	化学化工学院
30	马悦	女	43114209	本科	医学院
31	贾卓	男	9015315	本科	计算机科学与技术
32	刘博	男	12015116	本科	材料科学与工程学院
33	周思贤	男	42215221	本科	公共卫生学院
34	韩翱瀚	男	163018	硕士	公共卫生学院
35	李恒	男	162522	硕士	交通学院
36	位风	女	163269	硕士	人文学院
37	李松林	男	4015535	本科	信息科学与工程学院
38	陈俊宇	男	12015226	本科	材料科学与工程学院

(续 表)

序号	姓名	性别	学号	学位	院系
39	苏俊杰	男	162624	硕士	交通学院
40	柯兴	男	162551	硕士	交通学院
41	郑天宇	男	14715121	本科	经济管理学院
42	田冬旭	女	14815105	本科	经济管理学院
43	彭韵琼	女	14115115	本科	经济管理学院
44	周项	男	13115126	本科	人文学院
45	吴婷	女	163372	硕士	艺术学院
46	程缘	女	13315115	本科	人文学院
47	杨娟	女	161676	硕士	物理学院
48	李瑞	男	163376	硕士	艺术学院
49	汤威	男	163249	硕士	人文学院
50	何学海	男	163239	硕士	马克思主义学院
51	张仕昭	男	160321	硕士	机械工程学院
52	杨雅琦	女	174288	硕士	软件学院
53	李栎	女	162986	硕士	公共卫生学院
54	徐俊	男	161784	硕士	材料科学与工程学院
55	段向梅	女	162198	硕士	电气工程学院
56	袁洁	女	161327	硕士	电子科学与工程学院
57	刘彤	男	162871	硕士	法学院
58	何林娜	女	162887	硕士	法学院
59	董亚男	男	162855	硕士	法学院
60	鲍齐康	男	162841	硕士	法学院
61	魏超	男	162997	硕士	公共卫生学院
62	夏泽华	男	162479	硕士	化学化工学院
63	梁秀丽	女	162376	硕士	化学化工学院
64	尤佺	男	149513	博士	交通学院
65	尹晓东	男	163570	硕士	交通学院
66	秦川	男	162529	硕士	交通学院
67	樊朋光	男	162569	硕士	交通学院
68	朱雨婷	女	161860	硕士	经济管理学院
69	孙筱霞	女	161941	硕士	经济管理学院
70	闵玉	女	162002	硕士	经济管理学院
71	刘欣一	男	14515223	本科	经济管理学院
72	何佳恒	男	163225	硕士	马克思主义学院
73	成洁	女	160448	硕士	能源与环境学院

（续 表）

序号	姓名	性别	学号	学位	院系
74	白 璐	女	160585	硕士	能源与环境学院
75	李知桧	女	13115113	本科	人文学院
76	胡嵩雯	女	163267	硕士	人文学院
77	胡 蝶	女	162932	硕士	生命科学研究院
78	曹 洁	女	161341	硕士	数学学院
79	朱浩樑	男	161124	硕士	土木工程学院
80	唐 甜	女	161047	硕士	土木工程学院
81	缪梦伊	女	161174	硕士	土木工程学院
82	李敬礼	男	160926	硕士	土木工程学院
83	刘 明	女	162362	硕士	外国语学院
84	张甜甜	女	163082	硕士	医学院
85	王大也	男	163360	硕士	艺术学院
86	陈紫荆	女	24115102	本科	艺术学院
87	陈 超	男	149323	博士	能源与环境学院
88	周衡安	女	162861	硕士	法学院
89	王明燏	男	160209	硕士	建筑学院
90	朱婉秋	女	152539	硕士	交通学院
91	赵 昊	男	162692	硕士	交通学院
92	牛永骎	女	162004	硕士	经济管理学院
93	刘建引	女	163265	硕士	人文学院
94	张 晨	男	162349	硕士	外国语学院
95	宋 涣	男	160891	硕士	信息科学与工程学院
96	景天琦	女	160888	硕士	信息科学与工程学院
97	李 真	女	162881	硕士	法学院
98	江海东	男	160230	硕士	机械工程学院
99	李招海	男	160568	硕士	能源与环境学院
100	李义柱	男	159393	博士	土木工程学院
101	胡颖雯	女	163367	硕士	艺术学院
102	沈 月	女	160933	硕士	土木工程学院
103	张王田	男	161806	硕士	材料科学与工程学院
104	陈晓欣	女	160561	硕士	能源与环境学院
105	陈阳阳	女	160566	硕士	能源与环境学院
106	安 杰	女	14715109	本科	经济管理学院
107	张文杰	男	173365	硕士	法学院
108	邢 博	男	162883	硕士	法学院

（续　表）

序号	姓名	性别	学号	学位	院系
109	贺小越	女	02015501	本科	机械工程学院
110	薛煜舒	女	14Y15118	本科	经济管理学院
111	王思琦	女	14615111	本科	经济管理学院
112	贾晓婷	女	05115207	本科	土木工程学院
113	赵　都	男	42215220	本科	公共卫生学院
114	屈靖耀	男	162623	硕士	交通学院
115	马皓天	男	3015222	本科	能源与环境学院
116	郭淇文	女	162668	硕士	交通学院
117	高　岩	女	162698	硕士	交通学院
118	方婧睿	女	163259	硕士	人文学院
119	吴　琴	女	162338	硕士	外国语学院
120	谭诗媛	女	14815116	本科	经济管理学院
121	张苏楠	女	161172	硕士	土木工程学院
122	杨健翔	男	161103	硕士	土木工程学院
123	成　诚	女	162663	硕士	交通学院
124	燕　迪	女	162880	硕士	法学院
125	邢帅超	男	162848	硕士	法学院
126	王梦瑶	女	162869	硕士	法学院
127	唐佳俊	男	162847	硕士	法学院
128	钱婧文	女	42215102	本科	公共卫生学院
129	吕　飞	男	162466	硕士	化学化工学院
130	宣哲琦	女	160420	硕士	能源与环境学院
131	王　宁	女	163301	硕士	人文学院
132	张　浩	男	163693	硕士	软件学院
133	王旭祥	男	160971	硕士	土木工程学院
134	宋璐逸	女	161037	硕士	土木工程学院
135	尚东浩	男	161171	硕士	土木工程学院
136	严　妍	女	162366	硕士	外国语学院
137	庄　莹	女	150785	硕士	信息科学与工程学院
138	黄泠潮	男	162744	硕士	仪器科学与工程学院
139	叶洛楠	男	21715131	本科	交通学院
140	郑逸武	男	160431	硕士	能源与环境学院
141	宋丽霞	女	161088	硕士	土木工程学院
142	郑　鑫	男	162553	硕士	交通学院
143	李　舒	男	119192	博士	土木工程学院

2019届最具影响力毕业生表彰名单

建筑学院	杜少紫
机械工程学院	蔡洋洋
土木工程学院	于路港
电子科学与工程学院	寇梓黎
数学学院	李佳明
物理学院	李　凯
经济管理学院	施依菲
外国语学院	王小禾
交通学院	李勖晟
吴健雄学院	金洁珺

大 事 记

1月4日 江苏高水平大学建设领导小组(扩大)会议在南京召开,江苏省副省长、领导小组组长王江出席会议并讲话。江苏省教育厅等相关单位负责人,进入国家"双一流"建设行列高校和部分省属高校主要负责人参加会议。

1月5日 东南大学在艺术学院二楼学术报告厅举行聘任仪式,聘请德国海德堡大学讲席教授胡素馨博士为客座教授。

1月8日 2018年度国家科学技术奖励大会在北京隆重举行,东南大学共有7个项目获奖,其中作为第一完成单位荣获5项大奖。

1月9日 东南大学无锡分校办学30周年纪念大会暨共建无锡国际校区协议签约仪式在无锡举行。

1月11日 东南大学2018年度院系级党组织书记抓基层党建述职评议考核大会在九龙湖校区举行。

1月14日 东南大学举行人工智能学院、人工智能研究院成立仪式暨人工智能高峰论坛。

1月17日 瑞士苏黎世联邦理工大学(ETH Zurich)的Ludger Hovestadt教授正式受聘为东南大学建筑国际化示范学院教授。

1月18日 中共东南大学第十四届代表大会2018年年会暨第八届教职工代表大会第三次全体会议在九龙湖校区举行。

1月19日 东南大学河北校友会、雄安校友会成立大会在河北隆重召开。东南大学副校长黄大卫,校友总会、发展委员会、交通设计院等相关领导出席会议。

1月22日 东南大学二级网站建设整改工作总结会在九龙湖校区行政楼举行,校长张广军、副书记任利剑及学校各院(系),各机关部、处、室,直属单位,附属单位负责人等参加了会议,会议由任利剑副书记主持。

1月24日 按照中央统一部署,东南大学校级领导班子召开2018年度民主生活会,校领导左惟、张广军、郑家茂、任利剑、丁辉、黄大卫、吴刚、金保昇、周佑勇参加会议,党委常委、工会主席李鑫,党委常委、经济管理学院党委书记仲伟俊,以及部分部门负责同志列席会议。会议由校党委书记左惟主持。

1月26日 东南大学中国画研究院成立仪式暨顾伟玺作品《六朝松》捐赠仪式在东大四牌楼校区图书馆举行。

1月31日 东南大学常务副校长王保平在校长办公室、总务处、后勤党工委、保卫处等相关部门负责人的陪同下,到九龙湖、四牌楼和丁家桥校区看望慰问了寒假期间在岗值班职工。

2月4日 东南大学党委副书记郑家茂在医学院党委书记谭东伟、学生处副处长徐进等陪同下,亲切看望留校过年的20名各族学生,并与同学们共进年饭。

2月15日 南京江北新区与东南大学合作建设中大医院江北新院区,签约仪式在东南大学四牌楼校区举行。

2月22日 东南大学2019年春季中层干部大会在九龙湖校区纪忠楼报告厅召开。

2月25日 东南大学校史编纂委员会（以下简称"委员会"）成立大会暨第一次会议在四牌楼校区举行。

2月28日 中国共产党优秀党员、国际著名土木工程材料专家和教育家、全国先进女职工、全国师德标兵、中国工程院院士、东南大学教授孙伟先生悼别仪式在南京举行。

3月1日 2019年教育系统全面从严治党工作视频会议在京召开。教育部党组书记、部长陈宝生，中央纪委驻教育部纪检组组长、教育部党组成员吴道槐出席会议并讲话。

3月8日 中南大学湘雅医院与东南大学中大医院战略合作签约仪式在东南大学中大医院2号楼会议中心学术报告厅隆重举行。

3月9日 国家863计划5G重大项目在东南大学通过科技部高新司组织验收。科技部高新司副司长梅建平、高技术研究中心副主任袁建湘、验收专家组组长邬江兴院士等专家，以及参与研究单位代表共60余人参会。

3月21日 共青团东南大学第二十届委员会第三次全体（扩大）会议在九龙湖校区举行。东南大学党委书记左惟出席会议，并为"2018年度优秀学院团委"颁奖。

3月26日 科技部高新司先进制造与网络处调研员李宏刚率专家组一行9人到东南大学专题调研网络空间安全领域的研究现状和趋势。

3月28日 东南大学举行新闻发布会，正式发布《东南大学2020一流本科教育行动计划》，全面贯彻落实全国高校思想政治工作会议、全国教育大会、学校思想政治理论课教师座谈会的重要精神。

3月29日 东南大学党委理论学习中心组召开专题学习会，传达学习习近平总书记在学校思想政治理论课教师座谈会上的重要讲话精神，研究部署贯彻落实工作。

4月10日 澳门菁英江苏参访团到访东南大学。东南大学副校长、江苏省青年科技工作者协会会长吴刚会见了参访团一行，双方就科学研究路径和青年教育理念展开了探讨。

4月12日 东南大学第六十一届学生田径运动会在九龙湖校区体育馆开幕。校领导左惟、王保平、郑家茂、丁辉，以及各院系、部门的负责同志参加了开幕式。

4月16日 南京市副市长蒋跃建一行到东南大学国家大学科技园玄武园区视察城市"硅巷"建设工作推进情况。

4月17日 东南大学校长张广军来到九龙湖校区教1-114智慧教室，参加所联系班级之一——交通学院2016级茅以升班之"青春心向党，建功新时代"主题团日活动，结合五四运动100周年纪念主题讲授思政课并与同学们共话领军人才成长。

4月18日 东南大学在九龙湖校区召开思政课质量提升工程方案推进会。校长张广军、党委副书记郑家茂，相关部门和学院负责人参加会议。会议由郑家茂副书记主持。

4月19日 教育部党组成员、副部长翁铁慧一行到东南大学调研"双一流"建设工作。教育部学位与研究生司副司长徐忠波、质量与学科建设处副处长郑玮斯等，江苏省教育厅厅长葛道凯、副厅长洪流，研究生教育处处长杨树兵等，东南大学党委书记左惟，校长张广军，副校长吴刚、金保昇以及相关职能部门负责人参加了调研座谈会。

4月20日 第二届江苏发展大会暨首届全球苏商大会志愿者专项培训在东南大学九龙湖校区举行。团省委副书记林小异、团省委高校工作部部长常晓岚、团省委高校工作部副部长柏茂林以及校团委相关负责同志等出席活动，东南大学76名"一对一"志愿者参加了培训活动。

4月25日 中国科学院院士、香港中文大学新亚书院院长黄乃正先生应邀到东南大学访问，受聘东南大学兼职教授并与吴健雄学院学子交流。

4月26日 江苏省高校"全国党建工作标杆院系"培育创建单位工作交流会在东南大学九龙湖校区

举行。东南大学党委书记左惟、江苏省委教育工委组织处处长眭平出席开幕式并致辞。

4月29日 江苏省庆"五一"表彰大会暨劳模先进事迹报告会在南京举行。江苏省委常委、统战部部长杨岳,省人大常委会副主任、省总工会主席魏国强,副省长陈星莺出席大会。

4月30日 东南大学九龙湖校区游泳馆开工仪式举行。体育系党政负责人及师生代表、基本建设处有关负责同志、建设单位项目有关负责人及相关参建单位代表参加了仪式。

5月5日 "青春心向党,建功新时代"东南大学纪念五四运动100周年主题活动在九龙湖校区焦廷标馆隆重举行。

5月8日 科技部副部长黄卫在南京市副市长蒋跃建、南京市科技局副局长黄益峰等人的陪同下,到位于无线谷的网络通信与安全紫金山实验室考察调研。

5月10日 2018年度江苏省科学技术奖励大会在宁召开,会上公布了2018年度江苏省科学技术奖评奖结果。全省共276个项目获江苏省科学技术奖。其中一等奖45项,二等奖79项,三等奖152项。东南大学拔得头筹,成绩喜人,共获江苏省科学技术奖24项,其中一等奖9项(牵头8项),二等奖5项(牵头2项),三等奖10项(牵头1项),获奖总数及牵头获得一等奖数均位列第一。

5月13日 中国航天科技集团科技委副主任、中国探月工程副总设计师于登云到东南大学九龙湖校区访问,受聘东南大学"兼职教授"并做学术报告。

5月14日 东南大学"第四届海外青年学者论坛"在九龙湖校区举行。东南大学校长张广军、副校长刘攀、中国工程院院士王建国、江苏省委组织部人才处副处长李炳龙、江苏省教育厅师资处副处长郭新宇以及学校各职能部门、各学院负责人和近120名海外优秀青年学者出席了此次开幕式。

5月15日 东南大学在九龙湖校区举行仪式,聘任美国工程院院士加弗尔·萨文迪(Gavriel Salvendy)教授为东南大学客座教授,东南大学副校长黄大卫以及来自清华大学工业工程系、东南大学机械工程学院的院系负责人和师生代表出席了聘任仪式。

5月17日 东南大学与江苏省产业技术研究院战略合作协议签署仪式在东南大学九龙湖校区举行。

5月19日 由东南大学中国画研究院、江苏省美术馆共同主办的"春风化雨——原中央大学美术教育实践作品文献展"学术论坛在东南大学四牌楼校区榴园会议中心举行。

5月20日 网络空间安全产学研合作论坛暨2019江苏省网络空间安全高校联盟年会在东南大学九龙湖校区纪忠楼报告厅举行。

5月23日 由中国社会科学院大学副校长张树辉、北京教育音像报刊总社副社长李青带队的北京教育"江苏高校行"调研团到访东南大学,就"双一流"建设、人才培养模式改革、学科优化与科研攀升等工作进行调研考察。

5月24日 东南大学院系单位关键业绩指标(KPI)绩效考核与管理实施办法指标体系修订工作推进会在四牌楼校区老图书馆召开。

5月26日 第十六届"瑞华杯"江苏省大学生课外学术科技作品竞赛暨"挑战杯"全国竞赛江苏省选拔赛决赛落幕。

5月27日 中国工程院重大咨询研究项目"中国城市建设可持续发展战略研究"结题评审会议在东南大学四牌楼校区召开。

5月28日 2019年南京创意设计周在东南大学四牌楼校区开幕。一批全球文化创意设计领域知名学者,全球知名文化创意产业设计师、企业家,南京本地知名设计师文化名人,南京文创头部企业家代表以及高校师生代表共700人参加了开幕式。

6月6日 东南大学在九龙湖校区焦廷标馆举行建校117周年庆祝大会。

6月10日 东南大学张广军校长主持召开2019年第3次校长、处长、院长(系主任)联席会,专题部署"双一流"建设工作。

6月11日 "国企领导上讲台"东南大学专场报告会暨"国企骨干担任校外辅导员"聘任仪式在九龙湖校区润良报告厅举行。

6月13日 东南大学校长张广军到党委学工部、学生处调研推进学生工作。

6月17日 东南大学2019届毕业生赴基层就业表彰会暨出征仪式在九龙湖校区隆重举行。

6月19日 第十四届校党委第一、第二、第三、第四巡察组分别召开建筑学院、机械工程学院、信息科学与工程学院、材料科学与工程学院党委巡察反馈大会。

6月20日 东南大学2019年研究生毕业典礼暨学位授予仪式在九龙湖校区体育馆举行。

6月21日 东南大学2019年本科生毕业典礼暨学位授予仪式在九龙湖校区举行。

6月24日 教育部巡视巡察工作座谈会(南京片会)在东南大学召开,教育部巡视办巡视员牛燕冰一行以及南京大学、东南大学、中国矿业大学、河海大学、江南大学、南京农业大学、中国药科大学、合肥工业大学等八所教育部直属高校负责巡察工作的有关同志出席座谈会。

6月27日 诺贝尔奖获得者、东南大学吴健雄学院名誉院长丁肇中教授一行到东南大学访问并与吴健雄学院学生对话交流。

7月3日 东南大学2019年学生思政工作暑期研讨会在九龙湖校区召开。本次研讨会以"新使命,新担当,新作为——学生思政工作队伍建设模式的传承与创新"为主题。

7月4日 校巡察工作领导小组副组长、校党委副书记、纪委书记任利剑带队,前往学校首轮被巡察单位化学化工学院进行巡察整改情况检查。

7月5日 东南大学九龙湖校区规划修编方案专家评审会顺利召开。以中国工程院崔愷院士为组长的专家组受南京市规划和自然资源局之邀参加评审。

7月17日至18日 东南大学党委书记左惟、校长张广军、党委副书记郑家茂、副校长金保昇等校领导,在党委办公室、校长办公室、人事处、教务处、保卫处、总务处、基建处、实验室与设备管理处、团委等部门相关负责同志的陪同下,慰问暑期坚守在岗位一线的教职工、留校学生,并开展安全检查工作。

7月18日 东南大学在九龙湖校区召开"双一流"建设中期自评报告会。

7月19日 东南大学党委理论学习中心组在九龙湖校区行政楼215会议室举行集体学习会。

7月23日 东南大学与南京医科大学实验动物饲养与科研合作协议签署仪式在东南大学举行。

7月26日 在《平等、参与、共享:新时代中国残疾人权益保障70年》白皮书发布之际,"无障碍联合重点实验室"揭牌仪式在东南大学九龙湖校区举行。

7月29日 东南大学在九龙湖校区举行2019年新任中层干部党性教育培训班集中培训活动,对新任领导干部进行党性教育和履职教育。

7月31日 东南大学—井冈山·大仓座谈会及共建基地揭牌仪式在井冈山荷花乡大仓村举行。

8月1日 东南大学—井冈山市人民政府战略合作签约仪式在井冈山市政府举行。

8月2日 由教育部高等学校网络空间安全专业教学指导委员会、中国互联网发展基金会主办,东南大学承办的第十二届全国大学生信息安全竞赛作品赛决赛在东南大学四牌楼校区落下帷幕。

8月14日 校党委书记左惟出席东南大学2019年大学生骨干研习营专题活动,为现场275名青年学生骨干带来了"一身许家国,全心为人民——周总理的党性修养及其启示"的主题报告。

8月16日 东南大学2019年秋季中层干部大会在九龙湖校区召开。

8月12日 东南大学"不忘初心、牢记使命"暑期专题读书班在九龙湖校区行政楼215会议室开班并举行第一次集中学习。

8月15日 东南大学2019年暑期工作研讨会在九龙湖校区举行。

8月19日 校党委书记左惟出席2019年东南大学新任专职辅导员岗前培训结业仪式,并与18名新任辅导员亲切座谈。

8月20日 东南大学校党委领导干部"不忘初心、牢记使命"暑期专题读书班组织全体成员,前往南京中共代表团梅园新村纪念馆开展校外研学。

8月23日 东南大学校党委领导干部"不忘初心、牢记使命"暑期专题读书班举行学习交流会,至此暑期读书班顺利闭班。

8月24日 东南大学文化传媒与国际战略研究院揭牌成立暨东大智库网站(http://thinktank.seu.edu.cn)上线,重大智库成果发布会在东南大学逸夫科技馆隆重举行。

8月26日 东南大学党委书记左惟在九龙湖校区体育馆,为2019级3 980余名本科新生讲授了题为"百年沧桑,家国担当"的开学第一课。

8月27日 玄武1 km²—环东大创新型城区国际设计营暨玄武"硅巷"发展论坛举行,百名专家学子受邀入营,共同为玄武"硅巷"建设出谋划策。

8月28日 东南大学校长张广军在副校长黄大卫以及学校相关部处负责同志的陪同下前往雄安新区访问。

8月30日 最高人民检察院检察研究基地授牌仪式暨检察理论工作座谈会在北京举行,东南大学被授予"最高人民检察院民事检察研究基地"。

8月31日 中国法学会行政法学研究会第四届法治政府研究方阵高端论坛在东南大学四牌楼校区举办。

9月1日 国家社科基金艺术学重大项目"中华传统艺术的当代传承研究"开题论证会在东南大学九龙湖宾馆举行。

9月2日 东南大学与中国电子科技集团公司第十四研究所战略合作协议签署仪式在东南大学九龙湖校区举行。

9月4日 伴随着各校区悬挂的"东南大学欢迎你,2019级新同学"的欢迎横幅,东南大学迎来了迄今为止入学人数最多的一级研究生——近6 000名秋季入学的2019级研究生相继前来报到。

9月5日 中共东南大学第十四届纪律检查委员会第十次全体会议在九龙湖校区行政楼举行。

9月6日 东南大学2019级研究生开学典礼在九龙湖校区体育馆举行。

9月9日 东南大学在九龙湖校区举行青年教师座谈会。

9月10日 在第35个教师节到来之际,东南大学在九龙湖校区纪忠楼报告厅召开庆祝大会。

9月11日 东南大学在九龙湖校区召开"不忘初心、牢记使命"主题教育动员部署会,深入贯彻落实习近平总书记在"不忘初心、牢记使命"主题教育工作会议上的重要讲话精神,对全校主题教育进行全面动员与重点部署。

9月12日 2019年度省社科基金项目立项名单正式公布。东南大学立项数再创历史新高,共有19项课题获得立项资助,立项总数全省第二,立项率超过24%,为全省平均立项率(12%)的2倍多。

9月12日 东南大学"双一流"建设中期评估会在九龙湖校区举行。

9月16日 新华社原副社长、新华网原总裁兼总编辑、东南大学首批人文社会科学资深教授周锡生应邀参加"2019东南大学新生文化季"活动,在李文正图书馆润良报告厅为全校师生做了一场主题为"70年风雨历程,中国巍然屹立世界"的信仰公开课。

9月17日 南京市江宁经济技术开发区人民法院院长陈晨一行到东南大学访问。

9月20日 江苏省科技企业孵化器30年巡礼暨东南大学国家大学科技园成立20年专场活动在东南大学四牌楼校区成功举办。

9月21日 由江苏省综合交通运输学会主办,东南大学、新华日报传媒有限公司承办的全国科普日综合交通高端科普报告会在东南大学举行。

9月24日 第五届"江苏省优秀青年法学家"表彰暨学术委员颁发聘书仪式在南京举行。

9月25日 "青春为祖国歌唱"——东南大学庆祝中华人民共和国成立70周年大合唱活动在九龙湖校区焦廷标馆举行。

9月26日 根据东南大学党委"不忘初心、牢记使命"主题教育安排,校领导班子来到南京雨花台烈士陵园开展主题教育现场学习。

9月27日 东南大学党委副书记郑家茂在党办、校办、保卫处、总务处、设备处、基建处等有关部门负责同志的陪同下对九龙湖校区进行了国庆节前安全检查。

9月28日 在新中国成立70周年之际,"我的南京·我与祖国共奋进"在宁62所高校院所2019级大学新生开学典礼在东南大学九龙湖校区体育馆举行。

9月29日 在师生的热切期盼中,东南大学"不忘初心、牢记使命"主题教育活动之一——"峥嵘七十载 与国共奋进——东大人的国家记忆"主题思政课在九龙湖校区焦廷标馆重磅开讲。

9月30日 2019年"烈士纪念日"主题教育活动——向东南大学革命英烈敬献鲜花活动在东南大学九龙湖校区举行。

10月1日 "我与祖国共奋进"——东南大学庆祝中华人民共和国成立七十周年升旗仪式在东南大学九龙湖校区体育馆东广场隆重举行。

10月8日 东南大学校长张广军主持召开2019年第4次校长、处长、院长(系主任)联席会,专题部署"双一流"建设工作,并研讨人事工作会议筹备工作。

10月10日 作为学校开展"不忘初心、牢记使命"主题教育的重要安排,东南大学2019年全面从严治党工作会议暨第十四届东南大学党委第三轮巡察工作部署动员大会在九龙湖校区纪忠楼报告厅召开。

10月13日 由东南大学党委学工部主办的"2019年本科生党支部骨干培训班"在九龙湖校区正式启动。

10月15日 东南大学在四牌楼校区举行第36次南极科考队员出征暨南极泰山站能源模块("东大极能")启运仪式。

10月16日 东南大学在九龙湖校区纪忠楼举行"不忘初心、牢记使命"主题教育学习会。

10月18日 团中央宣传部部长景临,团中央研究中心办公室主任、青运史档案馆负责人胡献忠,团江苏省委书记王伟、副书记潘文卿等一行来到东南大学调研,商讨中国社会主义青年团第二次全国代表大会的历史研究及宣传推广工作。

10月21日 东南大学2019年本科生招生工作总结会在九龙湖校区举行。

10月23日 江苏省委宣传部副部长、省委网信办主任徐缨在省委网信办副主任包丰及相关处室工作人员的陪同下到东南大学调研并举行座谈会。

10月24日 东南大学第四届校长学生事务特别助理聘任仪式在九龙湖校区举行。

10月25日 东南大学在九龙湖校区召开党外干部校内任职集体送岗会。

10月28日 东南大学生命科学与技术学院揭牌仪式在东南大学四牌楼校区举行。

10月29日 根据"不忘初心、牢记使命"主题教育有关安排,学校党委书记左惟面向全校辅导员讲授了主题为"坚定'四个自信',担好育人使命"的专题党课。

10月30日 根据学校党委"不忘初心、牢记使命"主题教育的工作安排,校领导班子围绕"党的政治建设"专题开展集中学习研讨。

10月31日 教育部教师工作司副司长杨燕滨、中央纪委国家监委驻教育部纪检监察组干部吴富伟、教育部教师工作司教师管理与师德建设处主任科员宋长远,在江苏省教育厅教师工作处处长马斌等陪同下,来到东南大学调研教师职业行为十项准则落实情况。

11月6日 作为学校党委"不忘初心、牢记使命"主题教育的重要学习安排,东南大学围绕"爱国主义"专题举行领导干部集中学习与研讨交流。

11月9日 中国马拉松运动发祥地纪念标识设立仪式在东南大学丁家桥校区举行。

11月12日 东南大学"不忘初心、牢记使命"主题教育校领导班子对照党章党规找差距专题会在九龙湖校区召开。

11月13日 根据学校党委"不忘初心、牢记使命"主题教育的工作安排,校领导班子围绕"宗旨性质"专题开展集中学习研讨。

11月15日 由东南大学中国特色社会主义发展研究院和马克思主义学院共同举办的"学习贯彻党的十九届四中全会精神座谈会"在四牌楼校区举行。

11月21日 根据中央"不忘初心、牢记使命"主题教育统一部署,东南大学校长张广军以"学习贯彻十九届四中全会精神,加快推进我校'双一流'建设"为题讲授"不忘初心、牢记使命"专题党课。

11月22日 东南大学党外知识分子联谊会换届选举大会在九龙湖校区行政楼120会议室举行。

11月25日 东南大学文科工作座谈会在九龙湖校区举行。会议由东南大学常务副校长王保平主持。

11月27日 东南大学校长张广军主持召开2019年度第5次校长、处长、院长(系主任)联席会,专题部署校区规划工作。

12月2日 按照中央统一部署,东南大学召开"不忘初心、牢记使命"主题教育校领导班子专题民主生活会。

12月4日 东南大学学习贯彻党的十九届四中全会精神省委宣讲团报告会在九龙湖校区纪忠楼报告厅举行。

12月6日 东南大学在九龙湖校区召开人事工作会议。会议以"'不忘初心、牢记使命',深化人事制度改革,建设世界一流大学"为主题。

12月13日 教育部党组成员、副部长钟登华到东南大学,调研考察学校人才培养改革工作。

12月24日 教育部网站正式公布了2019年度高等学校科学研究优秀成果奖(科学技术)获奖名单。东南大学共有9项成果入选,其中包括自然科学奖一等奖1项、二等奖1项,技术发明奖一等奖2项、二等奖3项,科学技术进步奖一等奖1项、二等奖1项。

12月27日 东南大学召开校长办公会,专题学习传达教育部2020年"二上"预算培训会议精神,就贯彻落实教育部关于"过紧日子"要求作出部署安排。

12月28日 教育部党组书记、部长陈宝生在教育部办公厅主任宋德民,发展规划司司长刘昌亚,学位管理与研究生教育司司长洪大用,江苏省教育厅党组书记、厅长葛道凯等陪同下到东南大学调研指导。

12月30日 中共东南大学第十四届代表大会2019年年会暨第八届教职工代表大会第四次全体会议在九龙湖校区举行。

12月31日 远在冰雪南极执行考察任务的中国第36次南极考察队发来元旦贺电,向东南大学全体师生致以诚挚的节日问候和衷心的感谢。